조선후기 심설논쟁

간재학파

표점·해제·선역

心說論爭 아카이브 구축 자료집 총서 02

조선후기 심설논쟁
간재학파

표점·해제·선역

한국전통문화대학교
한국철학연구소

學古房

이 책은 2017년 대한민국 교육부와 한국학중앙연구원(한국학진흥사업단)의
한국학분야 토대연구지원사업의 지원을 받아 연구되고 출판되었다.(AKS-2017-KFR-1250003)

조선 유학사의 '판맺음[結局]'을 한 간재(艮齋) 전우(田愚: 1841~1922)는 같은 시기 영남의 면우(俛宇) 곽종석(郭鍾錫: 1846~1919)과 함께 쌍벽을 이루었던 거유(巨儒)다. 율곡학파의 3백년 전통을 오롯이 이어받은 학자로 평가를 받는다. '판맺음'은 간재의 학술사적 위상을 한 마디로 드러내는 데 적합한 말이라고 하겠다.

세상에 전하기를 "간재의 제자가 3천 명에 이른다"고 한다. 1962년에 나온 활자본 『화도연원록(華嶋淵源錄)』을 보면 〈관선록(觀善錄)〉·〈급문(及門)〉·〈존모록(尊慕錄)〉이 3부에 등재된 문인이 2,338명이다. 이들은 대개 간재의 직전제자(直傳弟子) 범위에 든다. 간재 문인들의 거주지를 보면 제주도로부터 호남·영남·호서·영동을 거쳐 함경도 삼수(三水)·갑산(甲山), 북간도에 이르고 있다. 이처럼 광범한 경우는 여타 학파에서는 찾아보기 어렵다. 당시 전국적 조직망을 갖추고 있던 노론 학맥의 영향이 컸다고 본다. 게다가 영남학파가 지방색이 짙은 데 비해 간재 문하는 상대적으로 개방적이었으며, 간재는 찾아와서 배우는 것[來學]을 고수하지 않고 찾아가서 가르치는[往敎] 것에 힘썼던 것이 주효하였다. 사십 대 이후 전국 각지를 돌면서 수많은 강학 활동을 벌였으니 '삼천제자를 두었다'는 말이 허언은 아니었던 것이다.

간재만큼 세상의 훼예포폄(毀譽褒貶)을 한 몸에 받은 선유(先儒)도 드물다. 일세의 중망(重望)을 지고 있었음에도 국망(國亡)의 즈음에 분연히 일어서지 않은 것이 비판의 주된 이유다. 현실에 대한 판단과 인식은 간재에게 달린 것이지만, 그에 대한 평가는 공의(公議)에 속하는 것이다. 비판을 받아들여야 할 부분이 있으리라고 본다. 다만 간재가 처변(處變)의 방향을 '자정(自靖)'으로 정하게 된 여러 배경을 좀 더 자세히, 폭넓게 살필 필요가 있다.

간재는 스승 임헌회(任憲晦: 1811~1876)의 출처관(出處觀)에 지대한 영향을 받았다. 임헌회는 평생토록 암혈장수지사(巖穴藏修之士)로 자처하였다. 공자가 말한 '부재기위(不在其位), 불모기정(不謀其政)'과 주자가 말한 '신불출(身不出), 언불출(言不出)'의 법문(法門)을 출처대의로 삼아 이를 제자들에게 가르쳤다. 간재는 여기에다 '양능탁세(量能度勢)'를 출처에서 중요한 판단기준으로 삼았다. 간재가 말하는 '양능탁세'가 객관적, 합리적 판단 기준이라면, 주리파 학자들이 자주 말하는 '양심의 명령'은 주관적 판단이다. 간재는 스스로 자신을 판단해 볼 때 학문, 교육을 떠난 그 어떤 선택도 할 수 없었다. 도가 망해가려는 즈음에 우리 국민 더 나아가 인류의 미래를 위하여 '도덕생명'의 소중한 씨앗을 지켜내야만 했다. 먹히지 않고 남은 석과(碩果) 하나를 지켜내는 일이 그에게는 절체절명의 과제였다. 이에 "산림에 묻혀 교학(教學)하는 공적이 나라를 되찾는 일에 못지않다. 남들의 비방을 두려워할 것 없다"고 하는 지인의 권고에 힘을 얻어, 도술(道術)을 천명하여 한 줄기 양맥(陽脈)을 계승하는 일을 자신의 임무로 삼았던 것이다.

간재는 농암(農巖) 김창협(金昌協: 1651~1708)으로부터 노주(老洲) 오희상(吳熙常: 1763~1833)으로 이어지는 기호학파 낙론계(洛論系)의 성리학을 충실히 계승하였다. 율곡 이이의 성리학, 더 거슬러 올라가 주자의 성리학을 가장 잘 이해한 학자로 간재를 첫손에 꼽는 연구자도 있다. 간재의 성리학은 간재학파로 일컬어지는 문인, 후학 그룹에 의해 20세기 중반까지 활발하게 이어졌다. 오늘날에는 간재학파가 조선 말기 4대학파의 하나로 꼽히고 있다. 19세기 후반부터 20세기 전반까지 이어졌던 4대학파의 심설논쟁(心說論爭)에 가장 많은 학자들이 참여하여 위관(偉觀)을 보여주었다.

간재 성리학의 특징은 크게 두 가지를 들 수 있겠다. 그 하나는 시대상황에 구애되지 않고 성리학의 기본 논리에 충실하였던 점이요, 다른 하나는 '성(性)'의 중요성을 환기(喚起)하여 이로써 성리학의 종조리(終條理)로 삼으려 했던 점이다. 이항로(李恒老)·기정진(奇正鎮)·이진상(李震相)이 '리(理)'를 이념화하여 주리론(主理論)을 척사위정(斥邪衛正)의 철학적 근거로 삼았던 것과는 거리가 있다. 간재는 시대정신을 주리론에서 찾지 않았다. 그는 성리학을 '성을 높이고 기를 밝히는[尊性明氣]'의 학문으로 보고, 성(性)의 위상을 되찾는 것이 급선무라고 판단하였다. 그가 생각하는 '성'은 변치 않는 도덕규범의 객관적 표준이었다.

간재는 '성즉리(性卽理)', '심시기(心是氣)'를 성리학의 대강령으로 인식하고, 이 두 명제를 존성명기(尊性明氣) 넉 자로 연결하였다. 또 심을 '기'로 보는 정통 율곡학파의 관점에 따랐으며, '명덕(明德)은 심이다'는 견해에 철저하였다. 심을 리로 보는 학파, 특히 한주학파(寒洲學派)에 대해 '심종가(心宗家)'라고 비판하였다. 심을 마루[宗]로 받드는 집단이라는 것이다. 간재가 생각하는 심의 본령은 '기'에 속하는 것이었다. 아무리 서세동점(西勢東漸)의 상황 속에서 주리(主理)의 기치가 요구된다고 하더라도 심을 '리'로 볼 수는 없었다.

간재는 '성즉리'라는 성리학의 대명제가 학계의 논의에서 뒷전으로 밀리고, 관심의 초점이 '심(心)'으로 옮아가던 학계의 기풍을 통박(痛駁)하였다. 심은 어디까지나 성에 근본 해야 한다는 점을 강조하여 '심본성(心本性)'의 기치를 번쩍 들었다. 이것은 간재 성리학 체계를 대표하는 핵심 명제다. 심본성설은 '심사성제(心師性弟)', '성존심비(性尊心卑)'라는 학술명제로 발전하였으며, '이심학성(以心學性)'의 가치론으로 이어졌다. 간재가 생각하는 심은 성리(性理)의 보편성과 절대성에 순응하여 성리가 잘 발현할 수 있도록 매개하는 보조적 역할을 하는 것이었다.

간재의 성리학은 '심의 주재성'보다도 '성의 주재성'을 강조하는 데서 특성을 발휘하였다. 이는 『대학』 등 유가 경전의 해석에도 반영되었다. 간재와 그의 문인들은 심즉리설(心卽理說)을 내세워 심의 주재성, 능동성을 주장하는 이들에 대해 강력히 비판하였다. 심의 주재성, 능동성을 강조하다보면 현실을 자의적(恣意的)으로 판단하여 자가 위주로 행동하는 말폐가 없을 수 없다고 판단하였다. 심즉리설이 창광자자(猖狂自恣)로 흐를 우려가 크다는 점에서 양명학과 다를 바 없다고도 비판하였다.

간재학파 학인들은 다른 학파와의 학술 논쟁을 통해 학파의 위상을 확고하게 세워나갔다. 간재의 학설과 논리를 계승하면서 더욱 정련(精鍊)하는 작업을 게을리 하지 않았다. 특히 심설논변에서 불꽃 튀는 논전(論戰)을 벌였는데, 현재까지 남아 있는 논변 문자는 분량 상으로는 조선 말기 4대학파 가운데 가장 방대하다. 이런 귀중한 자료들이 여러 해에 걸친 아카이브 작업을 통해 학계에 선을 보이게 된 것을 동도(同途)의 학자들과 더불어 기뻐하여 마지않는다. 이 작업을 통해서 간재학파의 성리학에 대한 문제의식이 잘 드러나기를 바라마지 않는다.

끝으로 심설논쟁아카이브센터 연구원 여러분들의 노고에 감사하며 그동안 땀 흘린 보람을 이 짧은 머리글 말미에 적어둔다.

2022년 5월 31일
한국전통문화대학교 한국철학연구소
소장 최영성 적다

범례

1. 이 책은 "心說論爭 아카이브 구축 – 자료의 수집·발굴, 교감·표점, 해제, 해석 – "사업의 결과물로서, 총 4권의 자료집 중 제 2권에 해당한다.

2. 이 책은 간재학파의 전우, 곽종석, 김준영, 오진영, 최병심, 남진영, 권순명, 유영선의 심설논변자료이다.

3. 각 편마다 해제와 표점원문을 싣고, 중요문편을 선역하였다.

4. 표점원칙과 용례를 수록하여 독자가 참고할 수 있도록 하였다.

5. 책의 뒤편에는 이 책 본문에 나오는 인물들 전체를 표로 만들어 제시하였다. 또한 이들 인물이 나오는 본문의 페이지 수를 표기하고, 간략한 인명사전을 수록하였다.

1. 표점원칙과 용례(DB구축 기준)

	부호	부호명	구분	기능 및 사용 위치
1	。	고리점	종지	평서문, 어조가 약한 명령문·청유문의 끝에 사용함.[1]
2	?	물음표	종지	일반의문문 및 반어문 끝에 사용함.
3	!	느낌표	종지	감탄문 및 어조가 강한 명령문의 끝에 사용함.
4	,	반점	휴지	한 문장 안의 句나 節의 구분이 필요한 곳에 사용함.
5	、	모점	휴지	병렬된 명사 또는 밀접한 관계의 명사구 사이에 사용함.
6	;	쌍반점	휴지	두 구 이상으로 구성된 각 절이 병렬을 이룰 때 그 사이에 사용함.(네 구 이상은 쌍반점을 쓰지 않고 온점을 찍는 것을 원칙으로 함. 단, 글자 수가 많지 않거나, 단순구조는 예외로 함.)
7	:	쌍점	휴지	직접인용문을 제기하는 말 뒤, 또는 주장을 제기하는 말 뒤에 사용함.(愚按類)
8	" "	큰따옴표	1차 인용 및 강조	대화문·인용문·강조 어구에 사용함.
9	' '	작은따옴표	2차 인용	1차 인용부호 안에 사용함.
10	『 』	겹낫표	서명	서명을 묶을 때 사용함.
11	「 」	홑낫표	편명	편명을 묶을 때 사용함.(십익·괘명 포함)
12	〈 〉	꺾쇠표	작은 편명	편명 안의 소제목을 묶을 때 사용함.[2] 또는 원문에서 밝히지 않은 原註를 묶을 때 사용함.[3]
13	·	가운뎃점	편명구분	편명부호 안에서 층위 있는 편명이 나열될 경우, 가운뎃점을 두어 구분함.
14	_	밑줄	고유명사	고유명사(國名·地名·人名·字·號·시호·연호·건물명)[4]의 해당글자 밑에 사용함.
15	【 】	어미괄호	저본의 소주	小字로 된 原註를 본문과 구별하는 데 사용함.[5]
16	▨	판독불가부호	저본의 상태	저본의 판독불가 글자에 사용함.
17	교감 { }	중괄호	저본의 누락글자	누락글자의 보충에 사용함.[6]
18	교감 ( )	소괄호	저본의 誤字, 혹은 衍文	誤字로 추정되는 글자에 사용함.[7] 衍文으로 추정되는 글자에 사용함.[9]
19	교감 [ ]	대괄호	수정 글자	誤字를 대체할 글자에 사용함.[8]

1) 고리점으로 변경

2) 1-2-44 「闢邪錄辨」(『華西集』卷25)
　　　　〈上帝與天主相反辨〉

3) 원문에서 밝히지 않은 原註를 묶을 때 〈 〉를 사용함

　보기 堯, 舜不止於心之, 而必性之; 孔, 顔不止於心, 而必曰矩與仁也; 曾傳既曰"明明德", 而又必曰"止於至善"; 『中庸』首言性道, 而不及心靈。〈「序文」亦不以靈覺爲本, 又必曰原於性命。〉_『중재집』「田艮齋書瑣辨」

4) 인명 등 고유명사의 밑줄 예시

　華門 / 孔門 / 帝堯 / 大舜 / 伊川先生 /

　柳正言丈 / 王氏期齡 / 金參判

　洲上 / 圯上老人 / 金氏 / 朴公

　河朔 / 川蜀 (관습상 연용되는 경우)

　彪丈 / 彪某 / 姦檜 / 許賊 /

　二程 / 漢武帝 / 周公旦 / 澌伯 / 宋帝

　嶺南 / 湖南 / 關東 / 下三道 / 兩界 / 有明 / 皇淸

* 서양인의 인명은 원문에 밑줄표시하고, 각주를 달아줌. (DB구축시 말풍선과 메모창 활용)
　보기 利瑪竇 (마테오리치 Matteo Ricci, 1552~1610) : 이탈리아 출신의 예수회 선교사이다. 저서에 『천주실의』가 있다.

5) 소주의 내용도 표점하되, 명사형(서명, 인명)은 고리점을 찍지 않는다. 어미괄호 (【 】)는 앞 구절의 표점에 이어 붙여 쓰며, 닫는 어미괄호 뒤에는 한 칸을 띄워 준다. (원문은 14p, 소주는 11p. 단, 원주의 대상이 직전 단어에 대한단순단어이거나 고유명사인 경우는 표점부호를 닫는 어미괄호 뒤에 붙여 쓴다.)
　보기 章末無"此謂平天下在治其國"之結尾, 何也?【金漢驥】
　보기 蓋理有知【智】而氣無知, 故理能主宰而氣不能主宰; 氣有爲而理無爲,【莫之爲而爲, 便是無爲。】故氣能作用而理不能作用。
　보기 且其他以神明【本心】、虛靈【明德】, 直做理言者, 不一而足, 今於此却如此說, 未知何故也。

10

6) 저본에 누락된 글자가 있다고 판단될 경우, 중괄호 안에 해당글자를 보충하고 각주를 달아준다.

> **보기** 王氏認心爲理, 故嘗言仁人心也。心體本弘毅, 不弘{不}^{각주번호}毅者, 私欲蔽之耳。

각주 → {不}: 『간재집』에 의거하여 '不'을 보충하였다.

> **보기** 蓋天地之心, 卽下文所謂似帝字{者}。^{각주번호}

각주 → {者}: 『간재집』에 의거하여 '者'를 보충하였다.

7) 8) 저본에 誤字가 있다고 판단될 경우, 저본의 글자를 바로 수정하지 않고, 해당글자에 '( )', 수정글자에 '[ ]'를 하고, 각주를 달아준다.

> **보기** A. 言固可述, 意亦可記乎? 旣曰門人記之, 則曾子門人莫賢於子思, 何不因舊說爲子思記之?(民琡)[琡民]^{각주번호}

각주 → (民琡)[琡民]: 저본에 '民琡'으로 되어 있으나, 『蘆沙集』「答崔元則[琡民]大學問目」에 의거하여 '琡民'으로 수정하였다.

> **보기** B. 如田氏之說, 則性上而心下, 性尊而心卑, 是統之者反爲下爲卑, 而所統者反爲上爲尊, 揆諸事理, 亦豈安乎? 然而性尊心卑, 正是田氏之一生佩符, 不可奪也, 則亦(且)[自]^{각주번호}任而已。『중재집』

각주 → (且)[自]: 저본에 '且'로 되어 있으나, 문맥을 살펴 '自'로 수정하였다.

9) 연문으로 판단되는 글자에 '( )'를 하고 각주를 달아준다.

> **보기** 蓋恐人專認此心以爲主, (故)^{각주번호}不復以性爲主, 故爲此極本窮源之論, 以詔後世聖賢憂患道學之心, 可謂至深切矣。『性理類選』

각주 → (故): 『艮齋集』前編권2「答柳稗程」에 의거하여 연문으로 수정하였다.

※ [교감각주 유의] 저본과 원출처본의 글자가 다르나, 내용상 차이가 없을 때는 수정하지 않고, 각주만 달아줌.

> **보기** 所 : 『간재집』에는 '少'로 되어 있음을 밝힌다.

※ 20.1207 한자팩에 없는 글자는 우선 각주에 '(이미지요망)'이라고 표기하고, 제출시 일괄처리한다.

2. 체제

모든 문장의 줄바꾸기는 원전에 의거하되, 원전에서 줄이 바뀐 경우는 1줄을 띄어준다. 원전에서 줄이 바뀌지 않은 경우라도 문단의 내용을 고려하여 줄바꾸기를 할 수 있다. 但, 후자는 1줄을 띄우지 않는다.

(1) 기존 저술이나 주장을 인용한 다음, 이에 대한 '저자의 견해'등 답변이 이어지는 문장은 '저자의 견해'등 답변에 해당하는 부분을 전체 '왼쪽들여쓰기 20(Alt T)'을 한다. 이때, 인용문과 답변을 하나의 문단으로 보고, 답변과 새로 이어지는 인용문 사이에 1줄을 띄운다.

　　보기 (『남당집』에서 인용, 이에 대한 화서의 견해)

我國風俗有兩班常漢, 多結者大抵皆在兩班, 而無田者得以佃作, 獲其半利。田主獲其半, 而於其中又出公稅; 佃作者獲其半, 而無公稅之出, 所食反優於田主矣。

　　愚按: 小民食力, 大民食德, 天地之常經也。……(본문생략) …… 何故以佃作所食反優田主啓達耶? 耕作之家, 十失其五; 兼併之室, 十斂其五, 已非古制。況彼耕有限, 而此兼無節, 則其所食之多寡豐約, 尤非常較之地矣。此實難得之會, 而未得對揚, 可勝歎哉? 亦命矣夫!

(2) 문답문에서의 물음과 답변은 줄을 바꿔 구분하고, 인용문의 쌍점 뒤에 큰 따옴표를 하시 않는다.

　　보기

① 화서「心與氣質同異說」

　　或問: 心與氣質同乎異乎?

　　余曰: 按朱子之訓, 則心有以理言處, 有以氣言處。以理言者, 如『孟子』"盡心"、"仁義之心"、"本心"之類是也; 以氣言者, 如"心猶陰陽, 性猶太極"、"心者, 氣之精爽"之類是也。蓋心者, 人之神明, 主於一身而管乎萬事者也。其原則出於天, 而非人之所得私也; 其用則應於物, 而非人之所得己也。……(본문생략) …… 蓋如性字本然、氣質之異同。但性本屬理而不離乎氣, 故亦言氣質; 心本屬氣而乘載其理, 故亦言本體。此又不可不辨也。

② 「明氣問答」

　　客有問於臼山老生曰: 子以明德爲非理, 烏據諸?

　　曰: 據朱子。

　　何謂據?

　　朱子曰: "虛靈是氣之明處, 具衆理應萬事是虛靈之能處。" 吾故曰"據朱子"也。

3. 인용문 및 기타

(1) 여러 인용문이 이어서 제시될 경우, 인용문 사이에 반점(,)을 사용하지 않는다.

蔡九峯曰: "智則吾心虛靈知覺之妙。" 雲峯胡氏曰: "智則人之神明, 所以妙衆理而宰萬物者也。"

(2) Ⓐ,Ⓑ 둘 다 가능하지만, Ⓑ를 취한다.

Ⓐ『易』曰"所樂而玩者, 爻之辭也", 何謂也?

Ⓑ『易』曰: "所樂而玩者, 爻之辭也。" 何謂也?

(3) 병렬관계의 여러 인용문이 오는 경우, 인용문과 설명문이 비교적 짧고 단순하다면, 각각의 인용문을 위 Ⓐ형으로 처리한다.

朱子曰"發而中節", 卽此在中之理發見於外; 陳北溪曰"喜怒之中節處", 是性中道理流出來; 李子「中圖」說曰"子思、孟子", 只指理言; 大山先生曰『中庸』喜怒哀樂之中節", 爲天性之發。吾黨相傳宗旨, 本自如此。「答尹士善」別紙(『寒洲集』卷8)

cf. 이래의 경우와 구분해야 함.

孟子曰: "『詩』云: '旣飽以德。' 言飽乎仁義也。" 韓子曰: "道德, 合仁與義言之也。" 朱子曰: "仁義禮智便是明德。" 此皆以形而上者說德也。

(4) 未知의 처리 : 평서문·의문문 둘 다 가능

李氏時常暗指栗谷以下諸賢爲主氣之學, 未知諸賢"心是氣"氣字, 果是李氏所認矗雜之物?

(5) 云云의 처리 : 말줄임표의 의미로 쓰인 "云云", "云"은 간격 없이 인용부호 밖에 두고, 인용문의 끝에는 종지부호(。? !)를 일체 쓰지 않는다. 직접 인용문의 경우도 동일하다.
〈중국 표점 용례〉

鍾羽正稱"(子咸)信道忘仕則漆雕子, 循經蹈古則高子羔"云。『明史·列傳』

孝宗曰: "是謂良齋者耶? 朕見其《性學淵源》五卷而得之"云。『宋史·列傳·謝諤』

> [보기]

問: "禮行遜出?" 朱子曰: "行是安排恁地行, 出是從此發出"云云。此等安排字, 何嘗是不好底?_『해상산필』

4. 牛山章 등의 편명여부와 화법

(1) 『孟子』牛山章『附註』, 蘭溪范氏曰: "蓋學者, 覺也。覺由乎心, 心且不存, 何覺之有? 心雖未嘗不動也, 而有所謂至靜。彼紛紜乎中者, 浮念耳, 邪思耳, 物交而引之耳。雖百慮煩擾, 而所謂至靜者, 固自若也。君子論心, 必曰存亡云者, 心非誠亡也, 以操舍言之耳。"

  恒老按: 心者, 人之神明, 主一身而宰萬事者也。動與靜不可頃刻不存, 而其存之之方, 亦不可他求。苟能操之, 則斯存矣; 纔不操而捨之, 則昔之存者, 忽焉亡矣。操舍之頃, 只爭毫髮; 存亡之判, 不翅天壤。是以君子之心, 一動一靜, 無非着操存之地, 而亦不敢少忽舍亡之戒於瞬息之間也。今范氏之言曰: "心未嘗不動, 而有所謂至靜" 未知所謂動者指何心, 而所謂至靜者又指何心耶? 是一耶二耶? 一則動靜不可同時, 二則方寸不容兩主, 奈何? 其言又曰: "彼紛紜于中者, 浮念耳, 邪思耳, 物交而引之耳。雖百慮煩擾, 而所謂至靜者, 固自若也。" 果如是言, 則浮念邪思自浮念邪思, 至靜者自至靜。彼各爲二心, 不相干涉, 不相株累, 固不害爲無時不存矣。尙何存與亡之可言, 又何待於操而後不亡也耶? 譬之於車, 則循塗轍而行, 卽此車也; 不循塗轍而行, 亦此車也。若曰不循塗轍之時, 別有循塗轍者自在云爾, 則奚可哉? 其言又曰"君子論心, 必曰存亡云者, 心非誠亡也, 以操捨言之耳", 篁墩從而釋之曰"存心在至靜"。以此參互, 則所謂操捨之工已不干於存亡之實, 而操之之云只當施之於靜, 而不可施之於動矣。所謂存者不過存得靜者, 而不能存得動者矣, 烏乎其可哉? 朱子初年未發說, 微有此意, 而晚年改本, 不翅明白。辨胡文定起滅體用之說曰: "非百起百滅之中, 別有一物不起不滅也。" 朱子之訓炳如指南, 而後學之尙困冥埴, 亦云何哉? _「心經附註記疑」【甲寅】(『華西集』卷23)

(1) 第一條: "心固是一箇知覺"【止】"道氣者不危也"

  旣曰"心固是一箇知覺", 又曰"若論其全體之本然, 則直以太極當之, 固是知覺", 正文註以"不只是知覺", 乍予乍奪, 此爲何意? 若如今說, 太極全體原於仁而爲惻隱, 原於義而爲羞惡也。太極之原於性命, 豈非頭上有頭之說乎? 於性於道, 曰德曰仁, 是形容性道之辭, 故性無失德之性, 道無違仁之道。而至若道心, 心之從道, 是爲道心。故心不從道時, 道自道, 心自心, 不可以道心曰之也。以舜之道心, 比例於孔子"人能弘道", 則道爲無爲之道體, 心爲有覺之人心。而俛宇以道爲理之當行, 以心爲理之知覺, 此非"六經我註"之某子法門也耶?_「觀俛宇集柳省齋【重敎】心說辨」

5. 표점 부호 코드

구분		표점명	기호(유니코드)	구분	비고
전각 → 반각	1	모점	、 (02CE)	휴지부호	단, 모점 뒤 1칸 띄움
	2	홑낫표	「　」 (FF62/3)	편명부호	
	3	겹낫표	『　』 (0F0854/5)	서명부호	
개선안	4	고리점	。 (FF61)	종지부호	

(1) 한글 문서 디폴트값 : (글꼴) '굴림' → '함초롱바탕'으로 변경(以此參互검토)

(2) 서명이나 편명의 순번양식은 『　』, 「　」에 포함하지 않는다.

> **보기**
>
> 2-1-07 「答人問」第一
>
> 2-1-08 「答人問」第二
>
> 2-1-15 「性命」一之二
>
> 2-1-16 「心性情」一之三
>
> 『艮齋集』前篇

(3) '易'은 『周易』이 확실한 경우에만 서명 표시함.

> **보기**
>
> ※ 서명표 하는 경우
>
> 　　『易』之"各正性命"
>
> 　　老子言無爲, 聖人作『易』
>
> 　　猶『易』所謂"一陰一陽之謂道"歟!
>
> ※ 서명표 안하는 경우
>
> 　　易有太極
>
> 　　易與太極分言, 則易如心字, 太極如理字.
>
> 　　生生之謂易

(4) 이미 모점을 사용한 문장에서 다시 모점이 필요한 경우는 4/1각(Alt+space bar)을 사용함.

> **보기** 於是有堯桀之殊、人物之分, 而華夷之判、儒釋之異, 亦皆從此而見矣。

15

(5) 제시어 按

제시어 按은 쌍점처리하되, 큰 따옴표는 사용하지 않는다. 但, 단순서술어는 해당하지 않음.

보기

① 之東之西, 惟馬首是瞻。

　按: 人心自能識東西, 又有箝制之術。故東西惟吾意之所欲也。理亦有此識認指揮之能歟? 此似是認理爲有爲者然, 可疑也。

② 按: 主與器相對, 主是"命物者"之謂也, 器是"命於物者"之謂也。

[단순서술어]

更按『論語』, 無"子路爲仁"語, 路當作貢。

(6) 所謂~~者

所謂와 者 사이의 3字 이상에 강조 표시함.

보기 栗谷所謂"參差不齊者, 亦是理當如此, 非理不如此而氣獨如此"者, 正謂此也。

(7) 『 』: 서명의 약칭이나 이칭에도 사용한다.

『三百篇』『馬史』『麟經』

(8) 『』: 관습적으로 사용하는 몇 책의 합칭에도 허용한다.

『四書』『三經』『春秋三傳』

(9) 편지인용문의 제목이 원전의 제목과 일치하지 않을 경우라도 편명표시를 하고, 원전의 제목을 각주로 달아준다.

각주)「答朴弘菴」書:『華西集』에는 「答朴善卿」으로 되어 있다. 弘菴 朴慶壽(?~?)의 자가 善卿이다.

16

1. 田愚 心說論爭 資料

2. 田愚 門人 心說論爭 資料

1.

田愚

心說論爭 資料

『오현수언五賢粹言』

해제

1) 서지사항

전우가 편찬한 유학서. 총14권 2책으로 제1책(상)은 권1부터 권7까지이고, 제2책(하)은 권8부터 권14까지이다. (국립중앙도서관 소장본)

2) 저자

전우(田愚: 1841~1922)로, 자는 자명(子明)이고, 호는 간재(艮齋)이다.

3) 내용

이 책은 전우가 스승 임헌회(任憲晦, 1811~1876)의 명으로 조광조, 이황, 이이, 김장생, 송시열의 글을 주제별로 수집, 선별하여 편찬한 것이다. 전우는 이 책의 편제가 『근사록』을 모범으로 취했음을 밝혔다. 이 편제에 따라 상책은 도체와 수기 및 가도와 관련되어 "도체(道體)", "위학대요(爲學大要)", "격물궁리(格物窮理)", "존양(存養)", "개과천선극기복례(改過遷善克己復禮)", "제가지도(齊家之道)", "출처진퇴사수지의(出處進退辭受之義)"의 주제로 배열하였고, 하책은 "치국평천하지도(治國平天下之道)", "제도(制度)", "군자처사지방(君子處事之方)", "교학지도(敎學之道)", "개과급인심자병(改過及人心疵病)", "이단지학(異端之學)", "성현기상(聖賢氣像)"의 주제로 배열하였다. 대부분 다섯 현인의 육성을 발췌하여 실었고, 간간히 후학들의 눈에 비친 다섯 현인의 모습과 평가를 함께 기록하였다. 이 책의 서문에서 전우는 요순으로부터 공맹을 거쳐 염락관민(濂洛關閩)에 이르기까지 중국의 성현을 나열한 뒤, 정암(靜菴)·퇴계(退溪)·율곡(栗谷)·사계(沙溪)·우암(尤菴)을 붙이고, 이것이 전재(全齋) 임헌회선생께서 말씀하신 도통의 순서라고 하였다. 전우는 다섯 현인에 대해 개략적으로 평하기를 "정암선생은 천품이 매우 고명하여 요순 같은 군주와 요순의 백성으로 만들려는 뜻을 품었으나, 다만 세상에 미처 베풀지 못하신 것이 애석하다."고 하였고, "퇴계선생은 천품이 빼어나고 온화하며 순수하여 조예가 깊고 높았으며 성실하게 실천하셨으니, 백대 후손에게 전해지더라도 폐단이 없을 것"이라고 하였다. "율곡선생은 삼대시절의 인물과 같으며 안자·증자에 버금갔으니, 스스로 말씀하시기를 '내가 다행히도 주자(朱子) 이후에 태어나서, 학문이 틀리지 않게 되었다'고 하셨다."고 하였으며, "사계신생은 겸손하고 편안하며 방정하고 명확한 자질로 전적(典籍)의 의례를 삼가 행하시고 간사함과 바름을 엄히 구별하시어, 품으신 도(道)는 땅이 만물을 진 것같이 진중하고, 덕(德)은 봄기운이 만물을 소생하게 하듯이 두터우셨다."고 하였다. "우암선생은 영웅호걸의 걸출한 자태에 엄숙하고 강인하니, 선생이 연구하신 주자의 바른 학문과 『춘추(春秋)』의 대의는 백성이 지금까지 의뢰하고 있다."고 하였다.

전우는 이 책의 목적이 공부하는 이들이 학문과 정사(政事)를 일관하는 방법을 익히도록 하는 데 있으며, 명목상의 공부가 아니라 정밀한 연구와 실천에 있음을 밝혔다. 따라서 이 책을 읽을 때에 상책 첫머리의 '도체'와 관련된 부분보다는 이하의 글들을 충분히 읽은 다음에 첫 부분으로 돌아감으로써, 점진적으로 실공을 쌓기를 권면하였다.

2-1-1 『五賢粹言』 上

『靜菴先生文集』【先生姓<u>趙氏</u>, 名<u>光祖</u>, 字<u>孝直</u>, <u>漢陽</u>人。文科, 大司憲, 謚<u>文正</u>。】
『退溪先生文集』【先生姓<u>李氏</u>, 名<u>滉</u>, 字<u>景浩</u>, <u>眞寶</u>人。文科, 右贊成, 謚<u>文純</u>。】
「退溪先生言行錄」
『栗谷先生全書』【先生姓<u>李氏</u>, 名<u>珥</u>, 字<u>叔獻</u>, <u>德水</u>人。文科, 右贊成, 謚<u>文成</u>。】
『沙溪先生遺稿』【先生姓<u>金氏</u>, 名<u>長生</u>, 字<u>希元</u>, <u>光山</u>人。逸刑曹參判, 謚<u>文元</u>。】
『宋子大全』【先生名<u>時烈</u>, 字<u>英甫</u>, <u>恩津</u>人。號<u>尤菴</u>, 逸左議政, 謚<u>文正</u>。】
『朱子大全劄疑』

<u>唐</u>, <u>虞</u>, <u>夏</u>, <u>殷</u>, <u>周</u>, <u>孔</u>, <u>顏</u>, <u>曾</u>, <u>思</u>, <u>鄒</u>, <u>濂溪</u>, <u>程</u>, <u>張</u>, <u>朱</u>, <u>靜</u>, <u>退</u>, <u>栗</u>, <u>沙</u>, <u>尤</u>, 此先師<u>全</u>
<u>齋</u>先生, 道統吟也。愚敬讀而歎曰: "學貴於門路正而趨向的, 不然, 其一生所苦思
而勇詣者, 究止于傍蹊矣。是烏可不明審而謹擇之哉?"
竊惟我<u>靜菴</u>先生, 天資儘高明, 而懷<u>堯</u>, <u>舜</u>君民之志, 但惜其不及施也。<u>退溪</u>先生,
賦質穎悟溫粹, 造詣嵩深, 踐履慤實, 可以傳之百代而無弊。<u>栗谷</u>先生, 三代上人,
<u>顏</u><u>曾</u>流亞, 而其自言曰'余幸生<u>朱子</u>後, 學問庶幾不差矣'。<u>沙溪</u>先生, 謙冲樂易, 方
正確實, 謹於典禮, 嚴於邪正, 而道如地負, 德如春生。<u>尤菴</u>先生, 英豪傑特, 嚴毅
剛直, <u>考亭</u>正學, 『<u>麟經</u>』大義, 民到于今賴之。
愚嘗妄謂以<u>靜菴</u>之材志, 有<u>退溪</u>之德學, 契<u>栗谷</u>之理氣, 循<u>沙溪</u>之禮敎, 立<u>尤菴</u>之義
理焉, 則其於爲人, 可謂幾乎聖者矣。先師嘗命門人, 掇取五先生粹言, 爲十四卷,
使學者由思及行, 以成厥德, 明體適用, 用經斯世, 其用心可謂至矣, 立敎可謂正矣。
頃年<u>洪君大徵</u>用活字, 印得若干本, 學者病其流布之未廣。比者, <u>密陽朴察訪晚煥</u>
, 樂善好義, 願出貲鋟板, 以與四方士友共之。愚旣歎其美意, 又書其篇首曰: "聖
賢之敎, 亦多術矣。其目不過曰'博文約禮, 衛正闢異, 進賢黜奸, 尊華攘夷'數者而
已, 而其始又只要辨義利而已。夫義也者, 天人授受之正理, 四海循之, 則家國天
下將無不治安矣; 利也者, 物我對生之私欲, 一日從之, 則君臣父子亦罔不賊害
矣。嗚呼! 其幾可不愼諸? 海內有志之士, 讀此書者, 其於此一義, 特加之意焉, 則

庶不負五先生之敎矣。"

癸卯季夏, 後學潭州 田愚敬書。

『五賢粹言』卷之一
「道體」凡三十八條

靜菴先生曰: "道非心無所依, 而立心非誠, 亦無所賴而行。"【『文集』。下同。】

"人受天地之中以生, 只有仁義禮智之德, 天理豈有惡哉! 但爲氣稟所拘, 故乃有差。姑息懦弱, 仁之差也; 暴虐厲猛, 義之差也; 諂諛過恭, 禮之差也; 奸譎詭詐, 智之差也。理惟微而氣易勝, 故善人常少而不善人常多。"

退溪先生曰: "兼理氣、統性情者, 心也。性發爲情之際, 乃一心之幾微, 萬化之樞要, 善惡之所由分也。"【『文集』。下同。】

"仁者, 雖與天地萬物爲一體, 然必先要從自己爲原本、爲主宰, 仍須見得物我一理相關親切意味, 與夫滿腔子惻隱之心, 貫徹流行, 無有壅閼, 無不周徧處, 方是仁之實體。若不知此理, 而泛以天地萬物一體爲仁, 則所謂仁體者, 莽莽蕩蕩, 與吾身心, 有何干預哉?"

"此理無內外, 無物我, 無分段, 無方體。方其靜也, 渾然全具, 是爲一本, 固無在心在物之分。及其動而應事接物, 事事物物之理, 卽吾心本具之理。"

"凡有貌象形氣而盈於六合之內者, 皆器也, 而其所具之理, 卽道也。道不離器, 以其無形影可指, 故謂之形而上也; 器不離道, 以其有形象可言, 故謂之形而下也。"

"死槁土塵, 亦莫不有其氣。有其氣便有其理, 惟其氣各有偏, 理之在是物者, 亦不能不隨而偏。若指其一物而言之, 其偏處固偏矣; 若摠指其無物不在而言之, 尤可以見其全體之渾淪矣, 何者? 理之爲體, 不囿於氣, 不局於物, 故不以在物者之少偏, 而虧其渾淪之大全也。"

"理無形影, 而盛貯該載於心者, 性也; 性無形影, 而因心以敷施發用者, 情也; 因情之發, 而經營較計, 主張要如此者, 意也。"

"名以太極者, 占造化自然之地分意思; 名以天命者, 有人物所受之職分道理。"

"觀萬物之異體, 則物之偏塞, 固不具健順五常之全; 言一理之均賦, 則物物之中, 莫不有天然自在之性。"

"太極有動靜之妙, 而其動也本於靜; 聖人全動靜之德, 而其動也主乎靜。"

"凡天下所當行者, 理也; 所不當行者, 非理也。事有大小, 而理無大小, 放之無外, 斂之無內。無方所無形體, 隨處充足, 各具一極, 未見有欠剩處。"【「言行錄」】

栗谷先生曰: "未發之體, 亦有善惡之可言者, 甚誤。喜怒哀樂之未發謂之中, 中也者, 大本也, 安有善惡之可言耶?"【『全書』。下同。】

"衆人之心, 幸於一瞬之間, 或有未發之時, 卽全體湛然, 與聖人不異。"

"理一而已矣, 而乘於氣, 則其分萬殊。然則參差不齊者, 氣之所爲也。雖曰氣之所爲, 而必有理爲之主宰, 則其所以參差不齊者, 亦是理當如此。非理不如此, 而氣獨如此也。"

"發之者, 氣也; 所以發者, 理也。非氣, 則不能發; 非理, 則無所發。【本註云: "聖人復起, 不易斯言"。】"

"水之就下, 理也; 激之則在手者, 亦理也。水若一於就下, 雖激, 而不上, 則爲無理也。激之而在手者, 雖氣, 而所以激之而在手者, 理也。水之就下, 本然之理也; 激而在手, 乘氣之理也。求本然於乘氣之外, 固不可; 若以乘氣而反常者, 謂之本然, 亦不可; 若見其反常, 遂以爲氣獨作用而非理所在, 亦不可也。"

"理無形而氣有形, 故理通而氣局; 理無爲而氣有爲, 故氣發而理乘。" "理氣, 本合也, 非有始合之時。以理氣二之者, 非知道者也。"

"理有本然之理, 氣亦有本然之氣, 氣之本然者, 道心浩氣也。[1] 聖賢千言萬語, 只使人檢束其氣, 使復其氣之本然而已。"

"以理之乘氣而言, 則理之在枯木死灰者, 固局於氣而各爲一理; 以理之本體言, 則雖在枯木死灰, 而其本體之渾然者固自若也。故枯木死灰之氣, 非生木活火之氣, 而枯木死灰之理, 卽生木活火之理也。唯其乘氣而局於一物, 故曰'理絶不同'; 雖局於氣而本體自如, 故曰'理自理, 氣自氣, 不相挾雜'。只見局於氣而各爲一理, 不見渾然一體之理, 雖在於氣, 而無所不通, 其於一貫之旨, 奚啻隔重關複嶺哉?"

---

1) 道心浩氣也:『栗谷全書』「答成浩原」에는 "浩然之氣也"로 되어 있다.

"氣之一本者, 理之通故也; 理之萬殊者, 氣之局故也。本體之中, 流行具焉; 流行之中, 本體存焉。"

"就氣上, 單指其理, 曰本然之性; 合理氣而命之, 曰氣質之性。"

"有形有爲而有動有靜者, 氣也; 無形無爲而在動在靜者, 理也。"

"性, 理也; 心, 氣也。先賢於心性, 有合而言之者, 孟子曰'仁, 人心'是也; 有分而言之者, 朱子曰'性者, 心之理'是也。"【尤菴先生代太學生擬疏曰: "柳樱以心是氣之語爲珥之病。自孔子至宋儒, 以性屬理, 以心屬氣者, 不翅詳矣, 正如大明中天, 瞽者不見。故珥以一言, 直截說破, 使聖賢之意, 粲然於世, 此可見珥之有功於後學也。且心雖涉於氣, 而該貯此理, 故聖賢有合而言之者, 孟子所謂仁義之良心, 張子所謂'合性與知覺, 有心之名'者是也。然此亦指其中所具之理而言也, 何嘗直以心爲理如樱之見乎?"】

"四端, 專言理; 七情, 合理氣。"

"心之虛靈, 不拘於稟受。"

尤菴先生曰: "流行者, 氣運也; 對待者, 象數, 而所謂理者, 氣運象數之所以然者也。然氣運還爲對待, 象數亦爲流行。一氣流行於四時, 而春夏與秋冬爲對待, 是流行中有對待也; 天地以形體相爲對待, 而天地之氣實相流通, 是對待中有流行也。推之萬事萬物, 莫不皆然。"【『大全』。下同。】

"聖賢論心, 以知覺爲主, 而知覺卽氣也。"

「答鄭景由」書曰: "來論理與氣相合, 然後生虛靈者, 甚誤。如改曰'理與氣合, 而其虛靈者, 心也; 其虛靈中所具者, 性也', 如此則近之矣。今曰'理與氣合, 然後生虛靈', 是以虛靈爲性也。是何異於釋氏以作用爲性邪?"[2]

"退溪言: '理之體, 雖無情意造作, 而其用之妙, 則發見而無不到也。' 又曰: '向也, 不知妙用之能顯行, 殆若認(以)[理][3]爲死物。' 其意蓋以爲理之用是活物云爾, 與朱子意迥然不同矣。夫體用一源、顯微無間者, 自是不可易之道理, 豈有其體則無情意造作, 而其用則有情意造作也? 夫所謂'發見'、'顯行'云者, 蓋謂此理乘氣流行而以爲用, 如朱子論鳶飛魚躍之義而已, 非謂此理其體則無情意造作, 而至於用

---

2) 이미 원주에 '【『大全』。下同。】' 방식의 출처를 밝힌 경우라도 구체적으로 출처를 밝힌 인용문이면 직접 화법으로 표점하였다. 이하 동일하다.

3) (以)[理]: 저본에 '以'로 되어 있으나, 『退溪文集』에 의거하여 '理'로 수정하였다.

則有情意造作也。【本註: '此理之無情意造作, 無間於體與用也。'】"

沈明仲問: "理無情意造作, 則氣專用事, 理只掛搭氣上而已, 其所以主宰之意安在? 且旣曰生物之心, 則不可謂無情意; 使動使靜, 則不可謂無造作, 如何?" 先生曰: "所謂'理之主宰, 使動使靜'者, 亦不過曰自然而已, 不如陰陽五行之運用造作也。然此陰陽五行之運用造作者, 豈非理乎? 大抵從源頭看, 有是理然後有是氣, 故謂'理爲主宰', 又謂'使動使靜'。從流行處看, 則理便在氣中, 淸濁善惡, 隨氣之所成而已。此處必須仔細理會。"

"太極爲陰陽之主, 而反爲陰陽之所運用也。凡生於太極陰陽者, 莫不皆然。"

"本然之性、氣質之性, 此二名雖始於程、張, 然孔子性相近三字, 已是兼本然、氣質而言也。孟子開口便說性善, 是皆說本然。然其曰牛之性、馬之性, 則亦以氣質而言也。"

"天地雖大, 旣有形象, 有形象者, 終歸於消化; 又有終始, 有始者, 必有終。此與萬物何異? 但有大小、遲速之分而已。若夫道則無形象、無終始, 不可名狀, 只一箇無窮底物事。而天地者, 其中一塊小物, 成壞生滅, 如一瞬息。過去無窮, 將來亦無窮。"

"道體無窮, 而心涵此道, 故心體亦無窮。故曰'道爲太極, 心爲太極'。"

問: "心之虛靈, 只是氣歟? 抑以理氣合故歟?" 先生曰: "是氣。"【「附錄」】"

"以理對心而言, 則理爲理而心爲氣; 以心對形而言, 則心爲理而形爲氣。蓋心雖是氣, 而該貯此理, 故或謂理或謂氣, 而皆可通, 惟觀其所見如何耳。"【『朱書箚疑』】

『五賢粹言』卷之二
「爲學大要」凡六十九條

靜菴先生曰: "以明道、謹獨, 爲治心之要。"【『文集』。下同。】
"學術不可有一毫之雜, 不雜則處事皆合於經矣。"
"學問非止澄明一心而已, 當見諸施爲, 若徒論難而不措諸事業, 則近於釋氏, 若以措諸事業爲先, 而不務自修, 亦不可須敬義交相養也。"
"用心苟剛, 爲善不難。"
"志大之人, 雖未必做經綸之業, 當大節能不失所守。故聖人云'必也狂狷乎!'"

"先生每患學者務外而志不篤。"【「語(錄)[類]」4)】

退溪先生曰: "眞知、實踐之說, 方其始也, 所知或有黯晦而未瑩, 所行或有矛盾而不合, 愼勿因此而生厭沮之心。當知聖賢必不我欺, 但我功力未至, 勉勉循循, 而不廢於中道, 如此積習之久, 純熟之餘, 自至於精義入神, 而目牛無全, 睟面盎背, 而左右逢原。此之謂躬行心得, 而道明於己也。"【『文集』。下同。】

"古人眞見義理之無窮, 故其虛心造道之意亦無窮。"

「答栗谷先生」5)書曰: "窮理、居敬二者, 雖相首尾, 而實是兩段工夫。切勿以分段爲憂, 惟必以互進爲法。勿爲等待, 卽今便可下工; 勿爲遲疑, 隨處便當著力; 虛心觀理, 勿先執定於己見; 積漸純熟, 未可責效於時月; 弗得弗措, 直以爲終身事業。理至於融會, 敬至於專一, 皆深造之餘, 自得之耳。豈若一超頓悟, 立地成佛者之略見影象於怳惚冥昧之際, 而便謂大事已了邪?"

"果敢之力, 亦非可強作。但知言養氣, 而見理必從, 聞義必徙, 則漸可馴致。"

"學者先須收斂身心, 以冷淡家計, 作辛苦工夫。"

"儒者之學, 若升高必自下, 若陟遐必自邇。夫自下自邇, 固若迂緩, 然舍此, 又何自而爲高且遐哉? 著力漸進之餘, 所謂高且遐者, 不離於卑且邇者而得之, 所以異於釋、老之學也。今未一擧足, 而遽責以窮高之升; 未嘗發軔, 而亟期以極遐之陟, 天下安有此理哉? 又不能到詳, 徒恃其一言半句而欲有得焉, 則是使人妄意懸想, 大言誑嚇, 而卒陷於欺天罔聖之罪矣。其爲害豈但小小文義之差而已哉?"

「答鄭子中」書曰: "左右學問, 常有急迫、期必、安排、扭捏之意, 此正延平所謂'積下一團私意', 亦孟子所謂'揠苗助長'之患。然則所由雖善, 而爲心害甚重。"

"富貴易得, 名節難保; 末俗易高, 險途難盡。難易之間, 正當明著眼審著脚, 庶不負平生所學也。"

"主於理, 則包數在其中, 其或有包不得處, 不計利害, 而事皆得正。主於數, 則其常者固亦理在其中, 其變者則鮮合於理, 而雖趨利避害、賊倫滅義之事, 皆不憚爲之, 此二程所以不貴其術也。"

---

4) (錄)[類] : 저본에 '錄'으로 되어 있으나, 『靜菴集』에 의거하여 '類'로 수정하였다.

5) 「答栗谷先生」: 『退溪文集』권14에는 「答李叔獻」으로 되어있다. 栗谷 李珥(1536~1584)의 자가 叔獻이다.

"道體流行於日用之間, 無有頃刻停息, 故必有事焉而勿忘; 不容毫髮 安排, 故須勿正與助長。然後心與理一, 而道體之在我者, 無虧欠無壅遏矣。"

"吾輩中心願學, 初豈有盜名欺人之意? 但立志不篤, 遵道中廢, 往往口談天理之際, 遊聲已不禁四馳矣, 而在我日用躬行之實, 一無有可靠處。然則雖欲免盜欺之責, 何可得邪?"

"大凡爲學, 雖曰以類而推, 亦不貴徑就杳茫不可知處, 窺測影象, 推求異同, 轉使心路, 少明多惑。須先從義理, 顯然明白平實處做將去, 積之之久, 漸解漸明, 以馴至於精粗隱顯, 一時融徹乃佳耳。"

"須先以韜晦爲養德酬世之方, 不然, 吾學未成, 而先以駭世致跲, 所謂無益而有害者也。"【又曰: "所謂'韜晦避禍'者, 但不當夸張衒露, 以取善名, 而內實虛僞, 適入禍網云耳。若爲學實地工夫, 豈可因世變而有所改邪?"】

<u>李宏中</u>問: "心志不定, 奈何?" 先生曰: "古人云'不敢自信而信其師', 今師不足信, 須信取諸聖賢之言。聖人必不欺人。"

"常人之學, 至於無成者, 只緣一覺其難, 遂輟而不爲。若能不疑不輟, 毋以欲速而過於迫切, 毋以多悔而至於撓奪, 講究踐履, 久久漸熟, 則自當見意味浹洽, 眼目明快。<u>朱子</u>嘗曰'做到極辛苦不快活處, 方是好消息來', 正謂此也。"

"隨時隨處, 量力加工, 常以義理栽培, 勿令廢墜, 則此箇道理, 時常在心目之間矣。若無此根本, 則雖日與師友相從, 亦無益耳。"

"人之爲學, 趨向正當、立志堅確, 爲貴。"

"降衷之理, 與我本一。(然)[緣]6)氣拘欲蔽, 遂成遮隔重重了。窮理做工, 用力硏精, 初間消磨了這一重隔子, 極難; 次又消磨了一重, 而其難不至如前; 次又消磨了一重, 覺得爲力稍易。理義之心, 輒隨消磨分數, 漸次而見。然人能過極難而至稍易者, 固鮮矣。其或至稍易處, 不加勉以至明全見, 而遂輟功者有之, 尤可惜也。"

"毋欲速, 毋憚難, 毋一不得而遂輟, 直要硬著脊梁, 依法做去, 仍勿計較近效。然又不可一向如此辛苦, 亦必有時時虛閒, 休養意思, 乃與忍辛耐苦不快活之功, 互相滋益也。"

"聖賢之書, 未易讀; 義理精微, 未易窮; 相傳宗旨, 未可輕改; 立論曉人, 未可輕發。

---

6) (然)[緣]: 저본에 '然'으로 되어 있으나, 『退溪文集』에 의거하여 '緣'으로 수정하였다.

爲學, 莫把作高奇玄妙想。且當依本分名理上, 做切近低平明白底工夫, 硏窮體驗, 積之之久, 自然日見其高深遠大而不可窮處, 乃爲得之。"

"人雖有與堯、舜同歸之性, 而其志道爲學, 必須奮發剛勇, 硬著脊梁, 克自擔當, 盡死力而痛理會, 如血戰然, 乃可以得之。不然, 悠悠泛泛, 終無可得之理。夫不知而不爲者, 非其人之罪也; 知而不爲者, 其知也非眞知矣; 爲而不自力者, 同歸於自棄者也; 力而執私見者, 無異於賊道者也; 避名而讓與他人, 自伏退產之類也; 慮患而甘處下流, 詭託荒酗之比也。"

"學者畏毀譽, 則無以自立; 且遽然立異, 爲衆所怪, 則無以自保。要之, 學者須是硬確, 方能有所據守。"【「言行錄」。下同。】

"君子之學, 爲己而已, 所謂無所爲而然也。如深山茂林之中, 有一蘭草, 終日薰香, 而不自知其爲香, 正合於君子爲己之義, 宜深體之。"

"儒家意味自別, 工文藝, 非儒也; 取科第, 非儒也。因歎曰: '世間許多英才, 混汨俗學, 更有何人, 能擺脫得此科臼邪?'"

栗谷先生曰: "東方學者之病, 正坐{於}[7]不窮其理, 而務以禮法自守, 繩趨尺步。但制其外, 只守此爲持身之法, 則何以見其實理之本乎? 此所以終不能有所見也。"
【『全書』。下同。】

"玉不琢, 不成器; 人不學, 不知道。不知道, 無以爲人, 士而不學者, 是皆不憚爲禽獸者也。"

"學者近思、力行爲急務。至於天命, 則非猝然可談者也。"

"先須大其志, 以聖人爲準則。一毫不及聖人, 吾事未了。"

"用力不緩不急, 死而後已。若求速效, 此亦利心。"

"聖賢立言, 反復推明, 書籍漸多, 自今以後, 更無未盡之言。只可因其言而察夫理, 明其理而措諸行, 以盡成己成物之功而已。"

"學固當博, 不可徑約。但趨向未定, 立心未固, 而先事乎博, 則心慮不專, 取捨不精, 或有支離失眞之患。必先尋要路, 的開門庭, 然後博學無方, 觸類而長矣。"

"學者終身讀書, 不能有成, 只是志不立耳。志之不立, 其病有三, 一曰不信, 二曰

---

7) {於}: 『栗谷全書』에 의거하여 '於'를 보충하였다.

不智, 三曰不勇。所謂不信者, 以聖賢之言爲誘人而設, 只翫其文, 不以身踐, 故所讀者聖賢之書, 而所蹈者世俗之行也。所謂不智者, 自分資質之不美, 安於退託, 不進一步, 故所讀者聖賢之書, 而所守者氣稟之拘也。所謂不勇者, 人或稍知聖賢之不我欺, 氣質之可變化, 而只是恬常滯故, 不能奮勵振發, 故所讀者聖賢之書, 而所安者舊日之習也。人有此三病, 故君子不世出, 六籍爲空言。嗚呼! 可勝歎哉! 苟能深信聖賢之言, 矯治不美之質, 實下百千之工, 終無退轉之時, 則大路在前, 直指聖域, 何患不至乎?"

"世人或有修飾容儀, 而內無操存之功者, 此固穿窬之比, 不足議爲。若其天資寡欲, 而坦率自樂, 以爲但當內正其心, 不必拘拘於外貌者, 亦不可入道, 終爲俗中好人而已。況外貌不莊, 中心亦懈, 未保其不流於放蕩也哉? 此所以既正其心, 又不可不檢其身也。然彼身無檢束者, 心必不得其正故也。苟能正心, 則事事無不求正矣, 豈有以其身安於不正之理乎? 然則身之不修, 乃心之不正故也。"

"人情各有所樂, 其不能以學爲樂者, 必有所蔽故也, 知其所蔽而用力以祛之。蔽於聲色者, 務放聲而遠色; 蔽於貨利者, 務賤貨而貴德; 蔽於偏私者, 務捨己而從人。凡有所蔽, 莫不務絶其根本, 實用其力。不計難易, 勇趨力進, 喫緊辛苦, 斷然不退, 用力之狀, 初甚險塞, 而後漸條暢; 初甚棼亂, 而後漸整理; 初甚艱澀, 而後漸通利; 初甚澹泊, 而後漸有味。必使情之所發, 以學爲樂, 則舉天下之物, 無以加於此學矣。何暇有慕於外, 而怠緩於此乎? 此顏子所以欲罷不能也。"

"人生斯世, 非學問, 無以爲人。所謂學問者, 只是日用動靜之間, 隨事各得其當而已, 非馳心玄妙希覬奇效者也。"

"當常自奮發曰'人性本善, 無古今智愚之殊, 聖人何故, 獨爲聖人; 我則何故, 獨爲衆人邪? 良由志不立, 知不明, 行不篤耳。志之立, 知之明, 行之篤, 皆在我耳, 豈可他求哉? 顏淵曰: '舜, 何人也? 予, 何人也? 有爲者亦若是。' 我亦當以顏之希舜爲法。"

"人雖有志於學, 而不能勇往直前以有所成就者, 舊習有以沮敗之也。必須大奮勇猛之志, 如將一刀快斷根株, 淨洗心地, 無毫髮餘脈, 而時時每加猛省之功, 使此心無一點舊染之汚, 然後可以論進學之工夫矣。"

"必以忠信爲主, 而勇下工夫, 然後能有所成就。黃勉齋所謂'眞實心地, 刻苦工夫’, 兩言盡之矣。”

“收斂身心, 莫切於九容, 進學益智, 莫切於九思。”

“當正身心, 表裏如一, 處幽如顯, 處獨如衆, 使此心如靑天白日, 人得而見之。”

“常以行一不義, 殺一不辜, 而得天下, 不爲底意思, 存諸胷中。”

“居敬以立其本, 窮理以明乎善, 力行以踐其實, 三者終身事業也。”

“每日頻自點檢, 心不存乎, 學不進乎, 行不力乎? 有則改之, 無則加勉, 孜孜無怠, 斃而後已。”

“道學者, 格致以明乎善, 誠正以修其身, 蘊諸躬則爲天德, 施之政則爲王道。彼讀書而無實踐者, 何異於鸚鵡之能言邪?”

“道非高遠, 人自不行。語其事, 則在於日用; 語其時, 則卽可下手, 莫更遲疑等待, 莫更畏難趑趄。存心涵養, 窮理省察, 兩進其功。無事靜坐, 此心不昏不亂; 應事接物, 截然捨惡趨善。動靜循環, 顧諟明命, 表裏如一, 無少間斷, 用功雖久, 莫求見效, 惟日孜孜, 死而後已。”

信道未篤, 而先事於文; 和順未積, 而先發英華, 則其不幾於重外而輕內, 玩物而喪志乎?【「拾遺」。下同。】

“道者, 文之本也; 文者, 道之末也。得其本而末在其中者, 聖賢之文也, 事其末, 而不業乎本者, 俗儒之文也。”

沙溪先生曰: “張子曰; ‘以己心爲嚴師, 日用動靜, 必須從令於天君, 察其公私是非而行之, 則雖不中, 不遠矣。’ 司馬溫公曰: ‘吾平生所爲, 未嘗有不可對人言者。一念之微, 一事之細, 皆存誠敬, 無愧於屋漏, 則心身安舒洞徹矣。”【「遺稿」。下同。】

“學問之道無他, 討論聖賢之言, 求其義理之精, 必須體之於身, 驗之於心。無事之時, 此心渾然, 惺惺不昧, 湛若止水, 及其念慮之發, 察其公私理欲之分, 克私猶恐不猛, 擴善猶恐不廣, 則日用云爲, 自得天理之正, 千古聖賢, 相傳旨訣, 不過如此。”

尤菴先生曰: “論學不遺乎物, 論治必本於學。不遺乎物, 故學爲有用; 必本於學, 故治得其道。”【「大全」。下同。】

“血氣未定, 則益思在色之戒; 私意未去, 則益思至公之道; 燕安之心或生, 則益思鴆毒之懼; 侈麗之心或萌, 則益思鬼闞之憂。常存百不能百不及之意, 而猶恐不克, 則學業自然益明, 志氣自然益完矣。”

“天下道理, 固有盡者, 亦有未盡者。當以盡者爲法, 不當以不盡者爲準也。”

“知學與事不是別件, 然後聞一善行其善, 明一理推其理。不使學問從肚裏過, 然後乃爲有益。”

“爲士者, 屈首讀書, 存心致志而已。未可遽及於事功, 此實爲己著實底工夫。”

“孔、孟之後, 此學不傳, 故雖有有志於學者, 而莫能得其門而入矣。自朱子闡明之後, 則精粗本末, 小大巨細, 無不坦然明白, 無纖毫可疑。今之學者, 只當守其說而不變, 循其序而不躐, 則隨其才之明暗, 而所至自有淺深矣。”

“天下道理, 有第一義, 有第二義。其就第二義者, 不可與下層者同科, 然其失於第一義則均矣。”

“此事, 不難於看書閱理, 而惟義利之辨, 誠僞之分, 爲難著力, 亦難於精察耳。”

“理無精粗隱顯之間, 故聖賢之學, 內外一致, 本末同塗。”

先生示諸子孫曰: “朱子於陰陽義利黑白, 剖判之嚴且勇, 如一刀兩段, 不敢少有依違因仍之意, 此正『大學』誠意章事也。大抵依違兩間者, 終必入於陰與利與黑, 蓋皆人情之所便也。人有陰陽, 事有義利, 物有白黑,【本註: “『論語』‘席不正’, 『小學』‘邪味’。”】此日用之相接者也, 汝等戒之哉!”

語大而遺小之弊, 宋時頗有之。故朱子力救其弊而曰: “所謂‘浩然之氣’者, 斂藏於規矩繩墨, 不敢走作之中。” 又曰: “眞正大英雄, 却從‘戰戰兢兢, 臨深履薄’處, 做將出來。” 其示學者, 所以用功切要者, 至矣盡矣。

“聖人之事, 學者之功, 無逾於勤勵不息。”

“朱子曰: ‘聖人本天, 釋氏本心。’ 夫聖人本天, 見於『詩』、『書』者多矣, 而子思所謂‘天命之謂性’, 尤所謂直截根源也。”

“悠悠二字, 果爲大病。學者之有始無終, 却步退轉者, 皆自悠悠中出來, 豈不大可懼哉?”【『附錄』】

『五賢粹言』卷之三
「格物窮理」凡三十三條

靜菴先生嘗棲山寺, 讀『孟子』浩然章, 一月乃得通解。【『年譜』】

退溪先生曰: "窮理多端, 不可拘一法。如窮一事不得, 便生厭倦, 遂不復以窮理爲事者, 謂之遷延逃避可也. 不然, 所窮之事, 或値盤錯肯綮, 非力索可通, 或吾性偶闇於此, 且當置此一事, 別就他事上窮得。如是窮來窮去, 積累深熟, 自然心地漸明, 義理漸著。時復拈起向之窮不得底, 細意紬繹, 與已窮得底道理, 參驗照勘, 不知不覺地, 幷前未窮底, 一時相發悟解。是乃窮理之活法, 非謂窮不得而遂置之也。"

【『文集』。下同。】

「答奇高峯」[8]書曰: "在滉讀書之拙法, 凡聖賢言義理處, 顯則從其顯而求之, 不敢輕索之於微; 微則從其微而究之, 不敢輕推之於顯; 淺則因其淺, 不敢鑿而深; 深則就其深, 不敢止於淺。分開說處, 作分開看, 而不害有渾淪; 渾淪說處, 作渾淪看, 而不害有分開。不以私意, 左牽右掣, 合分開而作渾淪, 離渾淪而作分開。如此久久, 自然漸覰其有井井, 不容紊處; 漸見得聖賢之言, 橫說豎說, 各有攸當, 不相妨礙處。"

"通天下萬物, 只此一理。故義理語言, 若儱侗合說, 則無不可同; 牽引指說, 則無不近似。終無奈當初聖賢立言本意不如此, 不足以發明經訓, 適足以晦眞理亂實見, 此學者之通患也。古人所以終身講學, 惟日不足者, 豈不以義理微密處, 易差難明如此, 及至下手著脚, 又甚不易, 而又不容休罷故邪?"

"窮格, 不可向幽深隱僻處求。大而君臣父子, 細而日用事物, 皆就坦然明白平實處, 求其是處當然處。究得精微之蘊, 又推類傍通, 則其所以然之妙, 只於此中得之。"

"讀書多礙, 欲問而不知所以爲問, 初學固如此。惟能忍辛耐煩, 愈讀愈思, 積久浸漸之餘, 有漸開發處, 有忽通透處。又必有可問難處, 正欲速不得也。"

"課程須嚴立, 志意須寬著。所謂嚴立, 非務多也, 謂量力立課而謹守之也; 所謂寬著, 非悠泛也, 謂虛心玩繹而無急促也。"

"讀聖經有不通處, 須思聖人垂訓, 必可知可行, 而我之所見如此, 是我著力不精之故也。益信聖賢之言, 而虛心求之, 則將有見得處。"【『言行錄』。下同。】

嘗病, 德弘盡看小註曰: "如谷騰霧如波滾沙之說, 君其省之。"

"『小學』, 如修正基址而備材木也; 『大學』, 如大廈千萬間結構於基址也。此外他書, 皆爲修粧所入矣。"

---

8)「答奇高峯」:『退溪文集』권16에는「答奇明彥」으로 되어 있다. 高峯 奇大升(1527~1572)의 자가 明彥이다.

先生自言“吾得『心經』而後, 始知心學之淵源, 故平生, 信此書如神明, 敬此書如嚴父。”

“「太極圖」, 道理大頭腦處, 學聖人者, 求端自此。”【『文集』。下同。】

“「西銘」, 反復推明物我理一之故, 狀出仁體, 因以破有我之私, 使頑然如石之心, 融化洞徹, 故名之曰訂頑。”

“讀書以『四書』、『五經』爲本原, 『小學』、『家禮』爲門戶。”

“晦菴文字如靑天白日, 本無纖翳。只義理淵深微奧, 學者用意未深,用工未熟, 猝難得入處。要當把作久遠功夫, 到眞積力久, 看如何耳。”

“『易』乃理數淵源之書, 誠不可不讀。但不如『語』、『孟』、『庸』、『學』之切於學者日用工夫。故先正或以爲非學之急, 其實莫急於窮理盡性之學也。”【又曰: “讀『易』以『本義』爲先。”】

“凡讀史, 須看治亂之所由, 然後有益矣。”【『年譜』】

一日出示「八陣圖」說曰: “此亦格致一端, 讀書之暇, 可以留意究觀也。”【『言行錄』】

栗谷先生曰: “道理須是潛思自得, 若專靠人言, 何時有定見?”【『全書』。下同。】

“道理難看, 最忌執著一邊。”

“人之所見有三層, 有讀聖賢之書, 而曉其名目者, 一層也; 有旣曉名目, 而又能潛思精察, 豁然悟其理, 瞭然在心目之間者, 又一層也; 有旣悟名目之理, 而又能眞踐力行, 親履其境, 不徒目見而已也。如此然後, 方可謂之眞知也。下一層, 聞人言而從之者也; 中一層, 望見者也; 上一層, 履其地而親見者也。”

“理氣之說, 要須做題目入思議, 積一二十年體認之功而得之。”

“窮格之際, 或有一思而便得者, 或有精思而方悟者, 或有苦思而未徹者。今遇事理會, 及看聖賢之語, 若心慮澄然, 略綽一見, 便會於心, 無少可疑, 則此一思便得者也。若更生疑慮, 則反晦眞見。如或思而未得, 則專心致志, 抵死血戰, 至忘寢食, 方有所悟。又或苦思之久, 終未融釋, 窒塞紛亂, 則須一切掃去, 使胷中空無一物, 然後却舉起精思, 猶未透得, 則且置此事, 別窮他事。窮來窮去, 漸致心明, 則前之未透者, 忽有自悟之時矣。”

“道之浩浩, 乍來難盡曉。學者見道之大意, 則不自以爲知; 見道之一偏者, 則自以爲知。譬如人見中原者, 不以小國之見爲大; 只見小國者, 則必自以爲大也。”【『語錄』】

“入道莫先於窮理，窮理莫先於讀書。以聖賢用心之迹，及善惡之可效可戒者，皆在於書故也。”【『全書』。下同。】

“凡讀書，必熟讀一冊，盡曉義趣，貫通無疑，然後乃改讀它書，不可貪多務得，忙迫涉獵也。”

“讀書雖貴成誦，然若著意於成誦，則不久生厭，且無意味，莫如覼索潛究之爲愈也。”【『語錄』】

“「聖學輯要序」曰: 此書雖主於人君之學，而實通乎上下。學者之博覽而泛濫無歸者，宜收功於此，以得反約之術; 失學而孤陋寡見者，宜致力於此，以定向學之方。學有早晚，皆獲其益，此書乃『四書』、『六經』之階梯也。”【『全書』】

“『大學』，明道之書也，其旨則不外乎敬之一字而已; 『論語』，入道之書也，其旨則惓惓於仁之一字而已; 『孟子』，衛道之書也，其旨在乎存天理而已; 『中庸』，傳道之書也，其旨豈在於誠之外哉?”【『拾遺』】

“『五書』、『五經』，循環熟讀，理會不已，使義理日明。而宋之先正所著之書，如『近思錄』、『家禮』、『心經』、『二程全書』、『朱子大全』、『語類』及他性理之說，宜間間精讀，使義理常常浸灌吾心，無時間斷。而餘力亦讀史書，通古今達事變，以長識見。若異端雜類不正之書，則不可頃刻披閱也。”【『全書』。下同。】

“『詩』本性情，非矯僞而成。聲音高下，出於自然。三百篇，曲盡人情，傍通物理，優柔忠厚，要歸於正，此『詩』之本源也。”

沙溪先生曰: “『綱目』是朱子大事業，實秦、漢以後之『春秋』也。”【『語錄』】

尤菴先生曰: “人之所見，切不可差。所見差，則所行雖善，終與惡同歸矣。司馬公帝魏而寇蜀，故朱子謂‘溫公當三國時，則便去仕魏’，其爲羞辱甚矣。愚以爲東坡盛稱荀彧爲聖人之徒，若生於當時，則當與彧幷爲操謀臣矣。是故窮理是『大學』第一大事，而栗谷論人，每以識見爲先。”【『大全』。下同。】

“讀書之法，自有味而至無味，自無味而至有味，始是眞讀書耳。”

“讀書有二益，理明與心存也。”

“大抵讀書，當謹守先賢註脚，切不可自立新說也。”

“大概看文字，最忌粘惹異說，滾合爲一。故朱子嘗曰‘我欲同而彼自異’，此言當深體也。”

學者以微瑣字義爲問, 則先生答之, 使曉其義, 每曰: “如此微瑣字義, 知亦可也, 不知亦可也。漢儒之學, 專務微瑣之義, 以爲註解, 而大義則茫然, 故曰‘漢儒專門之章句’。”【「附錄」。下同。】

“朱子每令學徒讀書精熟, 以「范雎傳」‘得寸王寸, 得尺王尺’之語比之, 讀書當務精而勿貪廣雜, 自小而大, 自近而遠, 積以歲月, 莫之間斷, 則自底學博而義精, 正如遠交近攻而取天下也。”

“『擊蒙要訣』, 文簡意備, 當使學者先讀。”【『大全』】

人有不習『四書』, 而務博經書者, 先生戒之曰: “朱子以爲‘經書義理不如『四書』之明白, 而一生用功, 多在『四書』’, 後學亦可熟讀『四書』, 而後方可學經書也。”【「附錄」。下同。】

“先生最好朱子書, 教授後學, 亦以是書爲先, 曰: 讀書當以栗谷所定次第爲主。而後學{得力}9)處無如朱(子)[書]10)。”【「雜著」又曰: “朱子說頗有初晩之異, 亦有『語類』、『大全』之不同, 不可執一, 是此而非彼, 徐觀義理之所安, 可也。”】

“『春秋』旣曰‘文成數萬, 其指數千’, 則聖人之微辭奧義, 雖不可得以知, 而只將聖人筆削之義, 毋強通其所難通。而只於天理王法民彝物則之不可易者, 講而明之, 則雖使聖人家奴, 復出於地中, 可也。”【『大全』】

『五賢粹言』卷之四
「存養」凡四十五條

靜菴先生曰: “心是活物, 若欲著於一處, 則是以敬直內, 非操存之道也。所謂操存者, 非必每存善念。但矜持虛靜, 敬以直內, 雖非應事接物之時, 而常惺惺之謂也。”
【『文集』。下同。】

“心虛, 則邪似易入, 而不能入者, 以其敬爲之主也。”

“敬守此心, 對越上帝。”

---

9) {得力}: 『宋子大全』에 의거하여 보충하였다.

10) (子)[書]: 저본에 ‘子’로 되어 있으나, 『宋子大全』에 의거하여 ‘書’로 수정하였다.

退溪先生曰: “求放心, 淺言之, 則固爲第一下手處。就其深而極言之, 瞬息之頃, 一念少差亦是放。顏子猶不能無違於三月之後, 只不能無違, 斯涉於放。惟是顏子纔差失, 便能知之, 纔知之, 便不復萌作, 亦爲求放心之類也。”【『文集』。下同。】

“心爲萬事之本, 性是萬善之原。故先儒論學, 必以收放心養德性, 爲最初下手處, 乃所以成就本原之地, 以爲凝道廣業之基, 而其下工之要, 亦曰主一無適也, 曰戒愼恐懼也。主一之功, 通乎動靜; 戒懼之境, 專在未發。二者不可闕一, 而制於外以養其中, 尤爲緊切。故三省、三貴、四勿之類, 皆就應接處言之, 是亦涵養本原之意也。苟不如是, 而一以心地工夫爲至, 則鮮不墮於釋氏之見矣。”

“只於日用間, 一言一動得宜, 則無害浩氣。纔一有慊, 則與天地不相似, 便是有害於浩氣之養。雖造孟子不動心地位, 其初必自此些子地始下工夫。”

“不獨惡思慮, 雖好思慮, 若有心驅遣 或制縛令不動, 則皆能爲病。”

“此道理無間內外, 凡致謹於外, 乃所以涵養其中也。故孔門未嘗言心學, 而心學在其中。”

“靜處專一, 非難鬧處, 專一爲難。”

“預作閑安排, 不濟事。只當敬以無失, 涵養深厚, 而發於應接者, 不敢輕易放過。至於久久漸熟, 則自然已無所失, 而應人中節。”

“欲治心病, 不待他求, 只就平平存在, 略略收拾處, 能接續用工, 至於純熟, 則自然心地虛明, 不累於事物, 非有意於放下, 而自放下矣。”

“心中不可有一事, 此乃持敬之法, 和靖所傳程門旨訣也。既謂之不可有一事, 則雖事之善者, 固不可著一毫矣。蓋不可不豫者, 事也, 而有期待之心, 則不可; 不可不應者, 物也, 而存留不忘, 則不可。聖門之學, 心法之要, 正在於此。人徒見心爲物漬之害, 遂謂事物爲心害。故厭事而求忘, 惡動而耽靜, 不惟老、佛之徒, 由是而陷溺其心, 雖爲吾儒之學者, 所見少有毫髮之差, 鮮不淪入於此域。故以上蔡之賢, 猶不免。此明道引『孟子』養氣之說, 轉作存心之法以教之, 此敬義夾持, 直上達天德, 最緊切用功處。苟能從事於此, 而眞積力久, 一朝而有得焉, 則心之於事物, 未來而不迎, 方來而畢照, 既應而不留。本體湛然, 如明鏡止水, 雖日接萬事, 而心中未嘗有一物, 尙安有爲心害哉?”

「答金惇叙」書曰: “所云一事方思, 他事不暇思之, 此亦心無二用, 主一工夫當然。

然一向如此, 恐又有礙理處, 如人有視聽偕至, 手足幷用時節。苟一於所聽, 而所視全不照管; 一於手容, 而足容任其胡亂, 則奚但於事一得一失而已? 其不照管任胡亂處, 可見其心頑然不靈, 便是心失其官處, 以此酬酢萬變, 豈能中節哉? <u>程子</u>所謂'九思各專其一', 是就一事上, 說心無二用之理耳。若遇衆事交至之時, 豈可雜然而思? 旋思旋應, 只是心之主宰, 卓然在此, 爲衆事之綱, 則當下所應之事, 幾微畢見, 四體默喩, 曲折無漏矣。若徒曰'一事方思, 不暇他事', 則恐未免反爲此事所累, 而成支離畔援之病也。"

"事無善惡大小, 皆不可有諸心中, 此有字, 泥著繫累之謂。正心助長, 計功謀利, 種種病痛, 皆生於此, 故不可有。若如三省之類, 有事於心, 卽<u>孟子</u>所謂'必有事焉'之有, 此豈所當無邪? 然此一事字, 亦難看, 如<u>延平</u>所謂'非著意, 非不著意', 卽此事字之意也。靜而涵天理之本然, 動而決人欲於幾微。如是眞積力久, 至於純熟, 則靜虛動直, 日用之間, 雖百起百滅, 心固自若, 而閑雜思慮, 自不能爲吾患矣。"

"不就容貌、辭氣、動作、衣冠上, 做持敬工夫, 亦無捉摸心神處矣。"

"敬是百病之藥。"

"口腹節適, 所以養氣; 義理準則, 所以養德。"

"收斂妙用, 屛止閑思。"

"敬可以立主宰。"【「言行錄」。下同。】

"靜坐, 然後身心收斂, 道理方有湊泊處。"

<u>栗谷先生</u>曰: "主一無適, 敬之要法; 酬酢萬變, 敬之活法。若於事上, 一一窮理, 知其當然之則, 則臨時應接, 如鏡照物, 不動其中, 東應西答, 而心體自如, 因其平昔斷置事理分明故也。"【『全書』。下同。】

"欲見天理之妙, 當自愼獨始。"

"心定者言寡, 定心, 自寡言始。"

"執事專一, 此亦定心功夫。"

"萬惡, 皆從不謹獨生, 謹獨, 然後可知浴沂詠歸之意味。"

"常特立昭曠之境, 以養吾心。"

"保養正氣, 所以矯治客氣也。"

"仁義之心, 人所同受, 而資稟有開蔽; 眞元之氣, 人所同有, 而血氣有虛實。善養仁義之心, 則蔽可開而全其天矣; 善養眞元之氣, 則虛可實而保其命矣。其養之之術, 亦非外假它物, 只是無所撓損而已。人之氣與天地相通, 故良心、眞氣, 亦與之俱長。惟其戕害多端, 所長不能勝其所消, 輾轉梏亡, 故心爲禽獸, 氣至夭札, 可不懼哉? 害良心者, 耳目口鼻四肢之欲, 而害眞氣者, 亦不出是欲焉。然則養心養氣, 實是一事。良心日長, 而無所戕害, 終至於盡去其蔽, 則浩然之氣, 盛大流行, 將與天地同其體矣。死生脩夭, 雖有定數, 在我之道, 則有以盡之矣, 豈不自慊乎?"

"未發之前, 固無一毫思慮。但寂然之中, 知覺不昧, 有如沖漠無眹, 萬象森然已具, 此處極難理會。但敬守此心, 涵養積久, 則自當得力, 所謂敬以涵養者。只是寂寂不起, 念慮惺惺, 無少昏昧而已。"

問: "未發時亦有見聞乎?" 曰: "若見物聞聲, 念慮隨發, 則固屬已發矣。若物之過乎目者, 見之而已, 不起見之之心; 過乎耳者, 聞之而已, 不起聞之之心, 雖有見聞, 不作思惟, 則不害其爲未發也。"

"延平於靜中體認大本。旣云體認, 則是省察工夫, 非未發時氣象也。但學者靜坐時, 輕輕照顧未發時氣象, 則於進學養心, 必有益也。"

"心之本體, 湛然虛明, 如鑑空衡平, 而感物而動, 七情應焉者, 是心之用也。惟其氣拘欲蔽, 本體不能立, 故其用或失其正, 其病在於昏與亂而已。昏之病有二, 一曰知昏, 謂不能窮理, 昧乎是非也; 二曰氣昏, 謂怠惰放倒, 每有睡思也。亂之病有二, 一曰惡念, 謂誘於外物, 計較私欲也; 二曰浮念, 謂掉擧散亂, 相續不斷也。常人困於二病, 未感物時, 旣失未發之中矣, 其感物也, 豈得已發之和乎? 君子窮理以明善, 篤志以帥氣, 涵養以存誠, 省察以去僞, 以治其昏亂。然後未感之時, 至虛至靜, 鑑(平)[空]¹¹⁾衡平之體, 雖鬼神, 有不得窺其際者, 及其感也, 無不中節, 鑑空衡平之用, 流行不滯, 正大光明, 與天地同其舒慘矣。學者之最難得效, 在於浮念。蓋惡念雖實, 治之亦易。惟浮念倏起忽滅, 有不得自由者, 須是恒主於敬, 遇事主一, 各止於當止。無事靜坐時, 若有念頭之發, 則必卽省覺。若是惡念, 則卽勇猛斷絶, 不留苗脈; 若是善念, 而事當思惟者,【此善念之適乎時者。】則窮究其理, 了其未了者, 使此理豫明。若不管利害之念, 或善念而非其時者, 此是浮念。浮念之發, 有意厭惡, 則尤見擾亂, 只可輕輕放退。提撥此心, 勿與之俱往, 則才發復息矣。

---

11) (平)[空]: 저본에 '平'으로 되어 있으나, 『栗谷全書』권21에 의거하여 '空'으로 수정하였다.

如或有悶鬱無聊之時, 亦須抖撇精神, 洗濯心地, 以來淸和氣象, 久久純熟, 至於凝定, 則本體之明, 無所掩蔽, 睿智所照, 權度不差矣。最不可遽冀朝夕之效。正心是終身事業, 其要則方氏所謂中虛而有主宰者是也。”

“念慮橫馳, 不能專一, 則此心之忘也。覺此則惕然警省, 竪立此心, 著意收斂可也。若神識昏然, 惹來睡思, 則此氣之忘也。覺此則肅然奮起, 喚醒精神, 振發聰明可也。若欠伸跋倚, 手足妄動, 則此形之忘也。覺此則儼然齊整, 莊攝儀容, 痛刮弛慢可也。”

沙溪先生曰: “學主於敬, 不愧屋漏, 最緊要也。”【遺稿】

尤菴先生曰: “在突奧之間, 堂阼之上, 持守身心, 常若上帝鬼神, 臨之在上, 質之在傍, 則儼然至正, 泰然甚安, 淸明在躬, 志氣如神。”『大全』。下同。】

“方寸之間, 一有偏係, 則是雖與邪思惡念有間, 而其所以害乎天理者大矣。此不待發之外, 而庶事百爲, 已受其病敗矣。”

“收心內照, 厚積而薄用, 自至完健, 此不但養病, 兼亦養心之要法。”

“畏字之義, 不須深求, 只於應接之際, 存此謹畏之意, 不敢恣意戲劇, 則便覺寡過。”

“所謂敬者, 固當行於無事存養之時, 尤不可不行於有事省察之際也。必須動靜如一, 然後始可言持敬之功矣。然此事, 靜時易爲湊泊, 而動時易爲渙散, 要使一日之間, 靜時多而動時少, 然後漸見其效矣。”

“涵養, 如讀書時, 沉潛義理, 心無他適者是也。無事時此心澄然瑩然, 無有紛擾者亦是也。”

“養志莫如敬以直內。”

“必須涵養此心, 以立其本, 然後省察之功, 始有巴鼻。若此心不立, 而徒欲掠撮於古紙上, 以爲最初之功, 則恐其隨手渙散, 終無湊泊之地矣。”

先生年滿耄耋, 氣甚壯肅, 亦少疾病。每曰: “今日猶如此者, 以其有少時愼色之功也。”【「附錄」。下同。】

“操則存者, 非如手執堅物用力之謂也。只是謹愼畏敬, 則心自存而不放也。第淨掃一室, 正其衣冠, 肅其容儀, 刻苦工夫, 初雖艱澀, 積日用工, 則自然習熟, 心存而不放矣。”

『五賢粹言』卷之五
「改過遷善、克己復禮」凡二十八條

靜菴先生曰: "人能克己, 則無私矣。"【『文集』。下同。】
"持己當使嚴中有泰, 泰中有嚴, 此所謂禮樂不可斯須去身者也。"
"七情之中, 惟怒易發, 當於應物之時, 秉心公明, 勿繫於私怒, 可也。"
"學者先務, 莫切於義利之辨。私欲之萌, 皆出於利, 從念頭拔去根本, 然後可安於
學矣。"【『語(錄)[類]』12)】
金文敬公得一雉, 將送大夫人, 所被猫偸食。文敬公盛責守婢, 辭氣頗厲, 先生進
曰: "奉養之誠雖切, 君子辭氣, 不可不省察也。" 文敬公起前握手曰: "我非汝師,
而汝實吾師也。"【時先生年十七。○『年譜』。○尤菴先生曰: "金先生改過之勇、受善之量, 趙先生
資稟之美、用功之要, 皆可爲百世師也。】

退溪先生曰: "私者, 一心之蟊賊, 而萬惡之根本也。欲去心賊、拔惡根, 以復乎天理
之純, 不深藉學問之功不可, 而其爲功亦難。蓋一時一事之私, 勉強不行非難, 平日
萬事之私, 克去淨盡爲難。雖或旣已克盡, 不知不覺之間, 忽復萌動如初, 此所以爲
難。是以古之聖賢, 兢兢業業, 如臨深淵, 如履薄氷, 日乾夕惕, 惟恐頃刻怠忽, 而
有墮坑落塹之患。其心未嘗自謂吾學已至, 不患有陷於私邪也。"【『文集』。下同。】
「答奇高峯」書曰: "人慾之險, 乃有以扛天地貫日月之氣節, 一朝摧銷, 陷沒於一妖
物頰上之微渦, 取辱至此, 爲天下訕笑如胡公者, 其可畏如此。故朱夫子尙云'寄
一生於虎尾春冰', 我輩當如何哉?"
"飮食男女, 至理所寓, 而大慾存焉。君子之勝人欲而復天理, 由此; 小人之滅天理
而窮人欲, 亦由此。故治心修身, 以是爲切要也。"
"聖人心如明鏡止水, 雖怒, 而不爲血氣所動; 雖避寇難, 而亦信不能違天害己; 雖
不忘德, 而終無滯物之累; 雖履虎尾, 而無惴怯失措之心。今當深思熟講, 求知吾
心所以不及聖人心病處如何, 聖人所以異於衆人其體段功用意思如何, 就自己分
上, 密切用功, 乃爲得之。"

---

12) (錄)[類]: 저본에 '錄'으로 되어 있으나, 『靜菴集』에 의거하여 '類'로 수정하였다.

"紛華波蕩之中, 最易移人, 余嘗用力於此, 庶不爲所動。嘗爲議政府舍人, 聲妓滿前, 便覺有喜悅之心, 其機則生死路頭也。可不懼哉!"【「言行錄」。下同。】

"少時與人遊獵, 醉而墜馬, 醒來痛自克責, 警省之心, 未嘗暫忘。到今思之, 惕然若前日事。"

栗谷先生曰: "力行在於克己, 以治氣質之病。柔者矯之, 以至於強; 懦者矯之, 以至於立。厲者濟之以和, 急者濟之以寬。多欲則澄之, 必至於淸淨; 多私則正之, 必至於大公, 乾乾自勗, 日夕不懈, 此是力行之要也。"【『全書』。下同。】

"非禮勿視、聽、言、動, 四者修身之要也。禮與非禮, 初學難辨, 必須窮理以明之。但於已知處力行之, 則思過半矣。"

"克己工夫, 最切於日用。必須檢察吾心好色乎, 好利乎, 好名譽乎, 好仕宦乎, 好安逸乎, 好宴樂乎, 好珍玩乎? 凡百所好, 若不合理, 則一切痛斷, 不留苗脈。然後吾心所好, 始在於義理, 而無己可克矣。"

"先絕利心, 然後可以學仁。"

"欲去私欲, 須是整理身心, 一遵乎禮, 然後己可克而禮可復矣。"

"財利榮利, 雖得掃除其念, 若處事時, 有一毫擇便宜之念, 則此亦利心, 尤可省察。"

"飢食渴飮, 冬裘夏葛, 天職也。有一毫踰分之求, 則是私吝心也。"【「語錄」。下同。】

"凡言語, 除可戒可法外, 當一切不談。"

問: "慾萌於中, 知而窒之, 後有復萌者, 或有不萌者, 何也?" 曰: "譬如除草, 窒不復萌者, 去其根者也; 窒而復萌者, 以土覆之者也。以土覆之者, 姑似除去, 而不久復萌矣。顏子之不貳, 去其根者也。"

李景震問: "色慾頻發難制, 何以抑絕乎?" 曰: "此也, 無別工夫。只是心有存主, 讀書則專心窮理, 應事則專心踐履, 無事則靜中涵養, 常使此心無忘時, 則色念自不得發, 雖發亦必省覺, 省覺則自退矣。不然放心忘忽, 而欲與色念廝戰, 雖極費力, 如土壓草, 愈壓愈生矣。"

沙溪先生曰: "少時於防制色欲, 煞用工夫, 雖久留關西, 終不萌於心。"【語綠】

"毋自欺三字, 是吾平生所自勉者。"【附錄】

<u>尤菴先生</u>曰: "暴怒, 非但害其德性, 亦損其氣血, 非所以養壽命之道也."【『大全』。下同。】

"人之慍怒, 多生於事不如意, 而意之所萌, 例因其有私而發, 此一私字, 實百病之所根也。苟不於此痛察而勇斷, 則因此而起意, 因意而起必, 必之不得, 則怒因生焉。一事才已, 他事又來, 循環無端, 漸至熾盛, 而政事之得失, 國家之興喪, 判焉。豈不甚可懼哉?"

"「顔子好學論」, 不專論<u>顔子</u>, 蓋統說學問綱領。其中'約其情, 使合於中', 是緊切精要法。食色喜怒, 最是日用省約照管處也."

<u>先生</u>過<u>扶餘邑</u>, 倅出接, <u>尹拯</u>在座, 飯出有河豚爛烹者, 先生指而語曰: "老夫業嗜此物." <u>尹拯</u>曰: "此味固佳, 而往往有遇毒而見傷者, 願加審愼." 主倅曰: "吾家慣食此物, 習於烹飪, 萬無一失。吾母況又親監, 豈有可疑?" 先生曰: "大夫人爲客盛設, 親嘗其味, 何敢生疑, 而不之食乎?" <u>拯</u>又曰: "非謂有可疑。此固危道, 而因口腹之累, 忘愼疾之戒, 可乎?" 先生方下箸而旋止曰: "理到之言, 不敢不服也."【「附錄」。下同。】

<u>先生</u>見少輩困憊昏睡不能讀書者, 責曰: "何其昏劣? 吾昨日登陟而猶夜分看書。古有'戶樞不蠹, 流水不腐'之語。勤勞則病無自而入矣。氣力亦壯, 實不息而有用故也."

『五賢粹言』卷之六
「齊家之道」凡二十條

人有不協於室家{者}13), 欲出其妻, 據七去之義, 稟於<u>靜菴先生</u>, 先生正色答曰: "夫婦, 人倫之始, 萬福之原, 所關至重。婦人之性, 陰暗無知, 雖有所失, 爲君子者, 當率以正, 使之感化, 此是厚德。如或未盡於表率之道, 而遽欲去之, 不近於薄乎?" 聞者嘆服。【語(錄)[類]14)】

<u>退溪先生</u>「答鄭子中」書曰: "古人所以爲學者, 必本於孝悌忠信, 以次而及於天下萬事盡性至命之極。蓋其大體, 無所不包, 而其最先最急者, 尤在於家庭唯諾之

---

13) {者}: 『靜菴集』에 의거하여 '者'를 보충하였다.

14) (錄)[類]: 저본에 '錄'으로 되어 있으나, 『靜菴集』에 의거하여 '類'로 수정하였다.

際, 故曰‘本立而道生’。今以幹蠱之故, 至妨於爲學之功, 無乃與古所云者有異乎? 然則其所以承幹者, 得無緩於義理, 而急於營爲, 故馴至於此邪? 請無改其名, 而改其所從事之實, 自承順懽奉之餘, 一切惟盡義理之所在, 則其向所營爲者, 未必不在其中矣。”【『文集』。下同。】

“事親節目, 無非天衷所在, 天理所寓。量古今之宜, 至誠溫謹, 以漸而行之, 安有上拂親意而下爲一家之驚怪乎? 躬親甘旨, 乃事親中緊要事, 其以爲妨於學業而勸止者, 亦異於餘力學文之旨矣。但末俗刓薂, 人家子弟鮮有行之者, 一朝卒然每親調膳, 或未爲親意所安, 則亦當隨意斟量, 以漸成慣, 要在自盡其心 而無忤親意, 可也。”

「與李平叔」書曰: “聞公有琴瑟不調之歎, 不知因何而有此不幸。竊觀世上有此患者不少。有其婦性惡難化者, 有嬽醜不慧者; 有其夫狂縱無行者, 有好惡乖常者, 其變多端, 不可勝擧。然以大義言之, 除性惡難化者外, 皆在夫。反躬自厚, 黽勉善處, 以不失夫婦之道, 則大倫不至於斁毁, 而身不陷於無所不薄之地。其所謂性惡難化者, 若非大段悖逆得罪名敎者, 亦當隨宜處之, 不使遽至於離絶, 可也。何可以情意不適之故, 而或待若路人, 或視如讎仇, 胖體歸於側目, 衽席隔於千里, 使家道無造端之處, 萬福絶毓慶之原乎?”

“夫婦, 人倫之始, 萬福之原, 雖至親至密, 而亦至正至謹之地。故曰‘君子之道, 造端乎夫婦。’世人都忘禮敬, 遽相狎暱, 遂致侮慢陵蔑, 無所不至者, 皆生於不相賓敬之故。是以欲正其家, 當謹其始。”

“欲子孫之佳, 人之至願, 而顧多徇情愛而忽訓勅, 是猶不芸苗而望禾熟, 寧有是理?”

“兄弟有過, 但當致吾誠意, 使之感悟, 然後始得無害於義。若誠意不孚, 而徒以言語正責之, 則不至於相疎者幾希, 兄弟怡怡, 良以此也。”【『言行錄』。下同。】

“士君子, 當以風素文雅、恬淡寡慾自處, 而餘事及於生業, 則無害。若(全)[專]15)文雅修潔, 而埋頭沒身於營產服(飭)[飾]16)之末, 則此乃鄕里俗人所爲, 何有於儒家之風乎?”

---

15) (全)[專]: 저본에 ‘全’으로 되어 있으나, 『退溪文集』에 의거하여 ‘專’으로 수정하였다.

16) (飭)[飾]: 저본에 ‘飭’으로 되어 있으나, 『退溪文集』에 의거하여 ‘飾’으로 수정하였다.

栗谷先生曰: "一家之人不化, 只是誠意未盡。"【『全書』。下同。】

"一家之人, 務相雍睦, 其心和平, 則家內吉善之事必集。若相偏側乖戾, 則凶沴之氣生矣, 豈不懼哉?"

"刑妻之道無他, 只是修己而已。修己旣至, 而心志一乎內, 容貌莊乎外, 言語動止, 一循乎禮, 夫婦之間, 相敬如賓, 袵席之上, 無暱狎之失, 幽暗之中, 持整肅之容, 則后妃亦觀感變化。若不先修己, 而惟責后妃之正, 切切於禮貌之間而已, 而於隱微之際, 未免縱情而失儀, 則已失正家之本矣, 烏能儀表於一家乎?"

"今人多是被養於父母, 不能以己力養其父母。若此奄過日月, 則終無忠養之時也。必須躬幹家事, 自備甘旨, 然後子職乃修。"

"日月如流, 事親不可久也。故爲子者, 須盡誠竭力, 如恐不及, 可也。古人詩曰: '古人一日養, 不以三公換', 所謂愛日者如此。"

"冠昏喪祭, 當一依家禮, 不可苟且從俗。"

"兄弟, 同受父母遺體, 與我如一身, 視之當無彼我之間, 衣食有無, 皆當共之。今人兄弟不相愛者, 皆緣不愛父母故也。若有愛父母之心, 則豈可不愛父母之子乎?"

<u>趙大男</u>歎僕夫難得善者, <u>土亭</u>曰: "士之善者, 尙不易得, 況僕隸乎? 人家得善奴者, 萬一之幸也。必求善奴, 則勞心無益。當求善使之道, 不當求善奴也。使奴爲善主之奴, 可也, 豈必欲爲善奴之主乎?" 先生曰: "此言甚好, 有責己恕人之意。"【『語錄』】

先生居家, 孝友敦睦, 出於天性。奉伯兄寡嫂于家, 撫養其子女猶己出, 與兄弟諸姪聚一堂, 連枕而宿。歲時設酒食, 命弟彈琴, 使少長歌而和之。朔望參奠後, 坐正寢, 受男女子姪之拜。作同居戒辭以警之, 諄諄教飭, 率以爲常。庶母性悍且嗜飮, 先生事之如親母, 出入必告, 晨必湯酒, 適寢所問起居, 祿俸亦不自專。或有不豫色, 則柔辭起敬, 懽其心乃已。庶母後乃感化, 先生之沒, 服喪三年。事仲兄, 愛敬(備)[俱]¹⁷⁾至, 應對服勤, 如事嚴父, 旣貴如一日。門人或疑其過, 先生曰: "父兄之前, 行過乎恭, 禮也。" 儉於自奉, 不問產業, 家貧屢空, 而每日晨起, 必先經紀庶母及兄嫂供奉炊爨之具。飯非粳米, 饌無兼味, 則不敢進。閨門之間, 內外斬斬, 姬妾僮僕, 無敢閑語。【『附錄』】

---

17) (備)[俱]: 저본에 '備'로 되어 있으나, 『栗谷全書』에 의거하여 '俱'로 수정하였다.

尤菴先生曰: "孝子悅親之道, 不 其端。惟喩父母於道者, 是第一義也。"【『大全』。下同。】

"凡禮, 若以先世不行, 而遂不行之, 則將無可行之時矣。知非禮而以先世所行, 爲難停廢, 則是非禮之禮, 無時可改也。世人喜說喪祭從先祖之文, 此殊未安。"

問: "我國士夫, 固無取孀婦爲妻者, 而作妾則多矣。妾非配身也, 無害於義乎?" 先生曰: "雖非配身, 而家畜失節之女, 與之相親, 豈安於心? 不如不畜之爲愈也。"【『附錄』】

『五賢粹言』卷之七
「出處、進退、辭受之義」凡四十二條

靜菴先生曰: "士須見信於君, 然後乃可出而事君。"【『文集』。下同。】

"士生於世, 業爲學問, 冀得展其懷抱, 有補於生民耳。孟子歷聘齊、梁, 豈有他意? 但欲行其道而已, 後世士子, 自私而已。"

"學問之功, 未至堅確, 而驟登仕路, 事物無窮, 而心地不定。故當事舛錯, 不能措手。"

"賢者惟知義理而已。豈有意於窮達哉? 其用與不用, 在君不在己也。"

退溪先生曰: "可進而進, 固義也; 不可進而不進, 亦義也。義之所在, 卽爲事君之道, 何可拘也?"【『文集』。下同。】

"士生於世, 或出或處, 或遇或不遇, 歸潔其身、行其義而已, 禍福非所論也。然嘗怪吾東之士, 稍有志慕道義者, 多罹世患, 是雖由地褊人澆之故, 亦其所自爲者, 有未盡而然也。其所謂未盡者無他, 學未至而自處太高, 不度時而勇於經世, 此其取敗之道, 而負大名當大事者之切戒也。"

"古之君子, 明於進退之分者, 一事不放過, 少失官守, 則必奉身而亟去。彼其愛君之情, 必有所大不忍者。然不以此而廢其去者, 豈不以致身之地, 義有所不行, 則必退其身, 然後可以循其義? 當此之時, 雖有大不忍之情, 不得不屈於義所揜也。"

「答鄭子中」書曰: "公方今爻象, 如聘而未行之處子, 何可輕自往見人邪? 正須內植其志, 壁立萬仞, 而所以行於世者, 則每以退人一步、低人一頭, 爲第一義也。"

"今人每以榮養藉口, 而受無禮義之祿食。若充類而言之, 與乞墦間而充甘旨, 自以爲孝, 殆無以異。故君子雖急於奉養, 不以是變所守也。"

“世臣雖與他人不同, 然諫不用, 言不聽, 則亦安得不去? 但某去之, 決不得如它人之輕且易耳。”

“格君之非, 大人之事。假使有大人之才德, 如不量時而動, 則無益於國, 而有失於己。世或有言不見用, 徒蒙顯擢者, 誠可恥也。”【「言行錄」。下同。】

“通文上疏, 非儒者所當爲也。”

“不顧出處之義, 而徒以君寵爲重, 則是君使臣、臣事君, 不以禮義而以爵祿也, 其可乎?”

“君雖賢大臣, 若有妨撓之事, 不得行我所爲, 則不可也。”

“雖爲貧而仕, 擧主非其人, 則不可出也。”

栗谷先生曰: “山林自重之士, 如女之未歸。故必待人君致敬盡禮, 然後乃就徵辟也。”【『全書』。下同。】

“學者雖未至於聖賢, 而進退出處, 當以聖賢爲師。若曰‘我非聖賢, 不可效聖賢之所爲’, 而可進不進, 可退不退, 則其可謂學聖賢者邪?”

“科擧雖曰近世之通道, 其迹近於衒玉, 由此而祿仕, 則可; 欲行道, 則不能也。大丈夫囂囂畎畝之間, 千駟萬鍾, 有所不屑, 必待人君致敬盡禮, 然後乃可幡然一起, 兼善天下, 功覆斯民耳。安有售才騁藝, 決得失於一夫之目, 而乃希聖賢之出處哉? 古之不見諸侯者, 決不爲此也。”

嘗曰: “求退陳疏, 猶恐不得請, 得請之後, 還抱耿耿。彼荷蕡者, 獨何心哉?”

「答龜峯宋先生」[18]書曰: “古人有以天民自處, 必見斯道之大行, 然後乃出者, 亦有漸救世道, 納約自牖者。若遽以三代之政, 羅列建請, 而不得施, 則輒引去, 恐非今日之時義也。億萬蒼生在漏船上, 而匡救之責, 實在吾輩, 所以惓惓不忍去也。”

“俗降風頹, 志士鮮作議者, 乃以捨生爲偏行, 保身爲全德, 殊不知捨生不害中道, 保身未必明哲也。”

“士之官乎朝者, 職各不同。必求大行, 則非居卿相, 不能也。卿相非人人所能爲, 惟宰邑親民, 可以自行其道, 施澤於民。故不爲卿相, 則當爲邑宰。”

“忠厚與氣節, 相爲表裏, 無自守之節, 而以模稜爲忠厚, 不可也; 無根本之德, 而

---

18) 「答龜峯宋先生」: 『栗谷全書』에는 「答宋雲長」으로 되어 있다. 龜峯 宋翼弼(1534~1599)의 자가 雲長이다.

以矯激爲氣節, 不可也。世俗渝薄, 實德日喪, 非詭隨阿人, 則必矯亢尙氣, 中行之士, 誠難得見矣。”

“學者要須以輕富貴、守貧賤爲心。”

“凡辭受取與之際, 必精思義與非義, 義則取之, 不義則不取, 不可毫髮放過。若朋友有通財之義, 所遺皆當受。但我非乏, 而遺以米布, 則不可受也。其它相識者, 則只受其有名之饋。若是大段惡人, 則其饋雖有名, 不可受也。”

“位高者, 主於行道, 道不可行, 則可以退矣。家貧未免祿仕, 則須辭內就外, 辭尊居卑, 以免飢寒而已。”

先生乞退, 或曰: “人皆有求退之志, 則孰有扶持國家者乎?” 先生笑曰: “若使上自三公, 下至參奉, 皆是求退之人, 則國家之勢, 自升大猷, 勿患其不能扶持也。”

“君臣之義, 無所逃於天地之間, 臣不能事君者, 人倫之變也, 非其本心也。”

先生將退, (南)[東]19)岡南公謂先生曰: “如此紛紜之時, 公豈可退?” 先生曰: “不見信於上下, 奈何?” 南公曰: “豈無一分之益?” 先生曰: “爲一分之益, 而誤我平生, 何如哉?”

問: “伊川三辭而後就徵, 牛溪何以終不就也?” 曰: “伊川當時以其有嚮用之意, 故就之; 牛溪則無其意而徒爾招徠, 故不就矣。”【「語錄」。下同。】

“問: ‘伊尹、太公生於漢、唐, 則亦赴擧乎?’ 曰: ‘若其年少道德未成之前, 則安知其不赴擧? 及乎道明德立, 則必不爲矣。程、朱之就擧, 亦在少時, 若在晚年, 則不就審矣。’”

“自科擧發身, 則已非自重之士, 而爲自售矣。”

沙溪先生曰: “古人退讓不仕者, 其志各有所在。如君上失德, 朝廷濁亂, 或有委以不敢當之職, 則皆不可輕出。”【『遺稿』】

尤菴先生曰: “士君子抱負重大, 而扶持此物者, 無間於出與處也。出而扶持者, 以扶持而扶持者也; 處而扶持者, 以不扶持而扶持者也。士君子出無所爲, 而處無所守, 則焉能爲出處哉?”【『大全』。下同。】

---

19) (南)[東]: 저본에 ‘南’으로 되어 있으나, 『栗谷全書』를 참고하여 ‘東’으로 수정하였다. 南公은 南彦經 (1528~1594)으로 호가 東岡이다.

“出處進退, 下聖人一等, 則無不謹愼. 以孔門言之, 傳道者二大賢, 皆處而不出. 閔子騫則有汶上之辭, 至於程·朱, 則世無孔子, 故不得不以世道自任, 而出爲世用. 然難進易退之節, 則炳如日星矣. 然則何嘗有不出而爲君子之病乎?”

“比年熟觀考亭文字, 每於出處, 極有公私之辨. 其意蓋謂自求安逸而無救世之心者, 決是人欲而非天理也. 顧以今日天下, 異於前時, 故持論之士, 輒以失己爲戒, 此亦不可不審也.”

“朱夫子, 不仕則不肯入京, 不過至於儷信而止, 旣入則必任職行公. 故平生出處大節, 實如靑天白日矣.”

“今人無可行之道, 而虛膺時用; 世無所挽住者, 而苦不能藏. 此由於昧敬事後食之戒.”

朱子嘗言: “太學生有係國家存亡之事, 則不得不言. 今草野之士, 又與居太學者有間, 尤不可出位而輒言也.”

「答沈德升」書曰: 君子出處之道, 量時度力, 相勢揣分, 以爲去就之大綱, 而其間亦有隨事斟酌. 沈淪下位, 而不失其正者, 非可以一例斷定也. 惟其素所抱負, 可以挽回世道, 轉移國勢者, 則不敢以天降之重, 埋沒草莽, 而出當世任者, 此則程·朱以上人是也. 下此而窮居求志者, 如欲寡過, 則如來諭所謂'貧賤而不敢有當世之志'者, 其庶幾乎! 在平世猶且如此, 則其在亂時者, 其義又當自別矣.”

“人或有忘義趨利者, 則必誘之父兄. 父兄信或有强之者, 然與其從令而俱入於不義, 曷若開陳而俱出於義邪?”

2-1-2 『五賢粹言』下

『五賢粹言』卷之八

〈治國平天下之道〉

靜庵先生曰: "古之聖人, 以天地之大, 兆民之衆爲一己, 觀其理而處其道, 是以是非善惡無所逃於吾心, 而天下之事皆得其理, 天下之物皆得其平, 此萬化之所以立, 治道之所以成也。"【『文集』。下同。】

"不以政事文具之末爲紀綱法度, 而以一心之妙爲紀綱法度之本。使此心之體, 光明正大, 周流通達, 與天地同其體, 而大其用, 則日用政事之際, 皆爲道之用, 而紀綱法度不足立而立矣。雖然, 有其誠而後, 其心之道, 立於貞固, 終見其成也。"

"帝王所以篤化美俗, 帥衆而爲善者, 不過循其公論, 而不奪其情也。故攸儆厥心, 無謂民小, 敏勇果斷, 務循物情。夫識是非謂之聰, 察邪正謂之明, 不能移惑謂之剛, 確然無疑謂之斷。四者, 皆人主之用, 不可一日而離者也。存之以無爽, 則其於應事處物, 儘無混淆并容遲回之病矣。"

"王政當純一, 而正民志。"

"利源一開, 其害大矣。國家須絶功利之習。"

"君臣上下, 須以至誠相孚, 通暢無間, 然後可以爲治。"

"君臣者, 爲民而設也。上下須知此意, 晝夜以民爲心, 則治道可成。"

"流俗固不可猝變, 當以俗尚商量可。改者即改之, 使耳目觀感, 優遊而善導之, 則斯民亦直道而行者也。安有終不改之理乎?"

"人君之德, 莫大於敬。"

"本原之地, 須要澄澈, 無一點邪穢, 然後發於朝廷政事之間者, 莫不純正矣。"

"立志, 以古昔帝王爲期, 處事當斟酌得宜。"

"聖人貴乎明教化, 人知綱常之重, 則國家元氣在是矣。"

退溪先生曰: "人主者, 一國之元首也; 而大臣者, 腹心也; 臺諫, 其耳目也。三者, 相待而相成, 實有國不易之常勢, 而天下古今之所共知也。"【『文集』。下同。】

"人君勢位高亢, 苟不知進極必退, 存必有亡之理, 至於亢滿, 則志氣驕溢, 慢賢自聖, 獨智馭世, 不肯與臣下同心同德, 共成治理, 膏澤不下於民, 比如陽氣亢極而不下交, 則陰氣無緣自上而交陽, 豈能興雲致雨而澤被萬物乎?"

"『大學』末章不言禮樂刑政, 夫禮樂刑政爲治之具也。治具非一端亦不能勝擧矣。『大學』一書以修身爲本, 乃端本清源以爲出治之地而已。故治國本於孝弟慈以及仁讓忠恕之屬, 平天下亦本於三者, 眷眷於審好惡、外財用, 謹用人、辨義利之類中, 以先愼於德統之, 而貫之以絜矩之道。蓋不如是, 則本源之地爲私爲僻, 利欲蔽固, 德不崇而矩不方, 仁賢伏而娼疾昌, 雖有禮樂刑政, 誰與而行諸?"

栗谷先生疏略曰: "臣謹以三事獻于聖明。一曰, 正心以立治本。二曰, 用賢以清朝廷。三曰, 安民以固邦本。所謂正心以立治本者, 古之人君, 莫不欲治, 而治日常少, 亂日常多者, 只是修已未盡, 無以表正萬邦, 故以正心爲首。其目有三, 一曰, 立大志; 二曰, 勉學問; 三曰, 親正人。所謂用賢以清朝廷者, 修已雖盡而朝廷未清, 則有君無臣, 無以出治, 故以用賢次之。其目有三, 一曰, 辨邪正; 二曰, 振士氣; 三曰, 求俊乂。所謂安民以固邦本者, 人君所以立治本者, 欲爲表準於斯民也。所以清朝廷者, 欲施仁政於斯民也, 故以安民次之。其目有四, 一曰, 詢瘼瘼; 二曰, 寬一族; 三曰, 選外官; 四曰, 平獄訟。"【『文集』。下同。】

"人君之急務, 莫先於明理, 明理之後, 又以善斷爲貴, 人君是一國之本, 而虛心從善, 又是人君進德修業之本。"

"時有否泰, 事有機會。時否而有治之幾, 時泰而有亂之幾, 在人主審察而善秉之耳。"

"聖王處心行事, 如青天白日, 萬物咸覩, 至於蚩蚩, 下民亦莫不洞知上意, 故殺之而不怨, 利之而不庸。"

"國是未定, 則人心易搖; 正名未盡, 則善政難成。"

"或者以文帝不相廣國, 爲內不足而避嫌, 此不知文帝者也。文帝爲子孫慮深矣。賢如廣國, 尚不可柄用, 況不賢者乎? 以此爲坊, 子孫昧於家法, 尚且以外家亡國, 況素無貽謀者乎? 夫外戚之亂政, 皆由人君不能好賢故也。惟其不能好賢, 故忠邪臧否, 茫不辨識, 疎遠之臣, 擧歸之不信, 而只以戚畹爲可親信, 殊不知小人見利忘義。雖父子之間, 尙不能無隙, 況於外族乎? 惟喻義之君子, 然後乃能愛君如父, 伏節死義矣。尙何親疎遠近之有間乎?”

“人君修德是爲政之根本, 先知君(德)[職][20]在乎父母斯民, 然後建中建極以爲表準, 則其效若衆星拱之矣。”

“嗚呼, 父母之於子, 慈愛者衆, 而人君之於民, 行仁者寡, 其不念天地付畀之責, 甚矣。”

“建中建極爲政之根本也。富庶而教爲政之規模也。九經之事爲政之節目也。”

“辨別內外, 閑以禮法, 則男女得其正。克去偏私, 莅以公明, 則好惡當乎理。嚴嫡妾之分, 則上和而下敬。謹國本之定, 則統一而民安。教戚屬以謙德, 則義正而恩隆。律宦寺以常憲, 則陽長而陰消。其綱在於閑以禮, 莅以公耳。禮不嚴而心不公, 則嘉言善政, 皆苟爲文具而已。”

“人君, 父事天, 母事地, 以斯民爲兄弟, 以萬物爲儕輩, 以充仁心, 然後可盡其職。”

“道德之士, 非致敬盡禮, 則不可得見, 非諫行言聽, 則不可得臣。人君所當推誠委任, 終始勿貳者也。後之人君, 略知賢者之可好, 而不知所以好之之道, 或有縻以爵祿, 不用其言, 使之難於進退者, 或有徒好其名, 不求其實, 强委以所不能, 使之僨事失已者, 皆非眞好賢者也。必也知之極其明, 用之適其材, 信之盡其誠, 然後可謂眞好賢矣。”

“人君所痛嫉者, 莫甚於私黨。故小人之陷君子, 必以是爲嚆矢, 第患人君不之察耳。苟或察之, 則公私忠佞, 辨之何難? 所謂察者, 只是察其心耳, 其心在於正君治國乎, 在於榮身固權乎。正君治國之士, 以同道爲朋, 愛君徇國, 黨益盛而君益聖, 國益安矣。人君猶恐其少黨, 豈患其彙征乎? 榮身固權之士, 以同利爲朋, 營私蔑公, 其黨雖少, 亦足以亡國矣。人君當如撲火於始然, 豈待其寔繁乎?”

“宰相不用極選, 則政柄授諸非人, 而朝廷亂矣。有司必求備才, 則取人未免狹窄, 而庶職曠矣。”

“時務不一, 各有攸宜, 撮其大要, 則創業、守成、更張三者而已。創業之道, 非堯、舜、湯、武之德, 値時勢改革之際, 應乎天而順乎人, 則不可此無以議焉。所謂守成

---

20) (德)[職]: 저본에 ‘德’으로 되어 있으나, 『栗谷全書』卷24「聖學輯要」爲政 第4上에 의거하여 ‘職’으로 수정하였다.

者, 聖賢創制治具畢張, 則後賢後王, 只得按規遵守而已。所謂更張者, 盛極中久微, 法久獎生, 狃安因陋, 日謬月誤, 則必有明君哲輔, 慨然興作, 扶擧綱維, 洗濯舊習, 矯革宿獎, 善繼先王之遺志, 煥新一代之規模, 然後功光先烈, 業垂後裔矣。"

"爲治須要識時爲治須以<u>唐</u>、<u>虞</u>爲期而事功則須以漸進也."

"古者, 無學問之名, 只行其所當爲者而已。後世, 道學不明, 彝倫隨晦, 於是以行其所當爲者, 名之以學問。學問之名既立, 反爲世所指目, 使爲善者, 諱秘遷就, 以避學問之名, 此後世之大患。人君須主張學問, 使流俗不得謗議可也。"

"以法爲治, 以人行法, 故有法無人, 則徒法不能自行, 有人無法, 則惟人可以制法, 不患法之不美, 而患人之未善耳。"【「拾遺」】

<u>沙溪先生</u>疏曰: "以正大存心, 而絶偏係之私; 以雄斷制事, 而戒優遊之失。任人惟取實地, 而無眩於虛僞, 接下務盡誠款, 而勿事於表襮, 毋厭逆耳之言, 毋輕守正之士, 採納務博, 裁擇務精, 毋執先入而格羣議, 毋拘常規而失事機。"【『文集』。下同。】

"紀綱, 國家之命脈也。國家之治亂, 係於紀綱之修否, 紀綱之修否, 在人君維持之, 如何?"

<u>尤菴先生</u>曰: "論相必以大人之能格君者爲之首, 任之不疑, 使摠百職。次選公直敢言者以充臺閣, 使吾腹心耳目之託, 在於賢士大夫, 而不在於羣小, 進退予奪之柄, 常在於廊廟, 而不出於私門, 則人主自當恭已南面, 而主威自立, 國勢自重, 綱維自張, 刑政自清, 民力自裕, 軍政自修, 何必自親細務, 日入於叢脞之地哉?"【『大全』。下同。】

"人君誠以已子視民, 而加惻隱之念, 則寧有浚其膏血, 絶其咽喉, 以自快足於已? 又寧有放縱權豪, 以刻斷吾子, 因循獎法, 以毒虐吾子乎? 誠使憂念隱痛, 未遑暇食, 一粒妄用, 若割吾子之肌肉, 一縷濫費, 若斷吾子之毛髮, 然後實惠下究, 恩浹骨髓, 愛結肺腑, 而邦本求固矣。"

"爲國須有體統, 理事須有緩急。"

"古昔帝王, 無一事不出於學, 故其治道之隆, 如彼其至也。後世則只以才能氣意爲治, 而學問爲無用之糟粕, 故治出於言, 終不見大猷之盛。"

"爲天下國家者, 不過曰'明大倫立大法'而已。所謂大倫者, 父子君臣夫婦也; 所謂大法者, 所以行乎三者之間者也。斯三者, 一有不明, 而所以行乎三者之間者, 一有未盡, 則中國淪於夷狄, 人類入於禽獸, 故聖人之所以自爲與教人者, 蓋莫不以是爲先也。”

“人君之道, 自修其身之外, 惟論相, 爲至大而且急。夫毗輔一人, 總率百官者, 相也。君德之得失, 人物之邪正, 無不揆焉, 其不可不擇也, 明矣。”

“節義明, 則家國以之扶持。節義晦, 則世道隨而喪亡。傳曰‘禮治則治, 禮亂則亂’, 禮之於治道, 其所關如此。”

『五賢粹言』卷之九

〈制度〉

靜庵先生曰: “民生衣食既厚, 凡事畢擧 而後欲行古禮, 則緩矣。大抵力行古道, 而以保民爲根本, 則可矣。”【『文集』。下同。】

“欲厚民生, 須使貢賦軍額二事得宜, 而後治化可出也。”

“上之人不以科擧爲重, 則人人知上意之所在樂於爲善, 而科擧自輕矣。”

“國家取士, 既無鄕擧里選之風, 專倚科第, 擧子惟務記誦詞章之習, 而不知義理之如何。教化不興, 治道日卑, 良由於此, 誠非細。故倣漢家明經孝廉之科, 內自卿相, 外及方伯各, 薦其人作爲一科, 庶有益於國家矣。”【語錄】

“先生爲政一年, 市井小民事其父母, 生養以誠, 死葬以哀, 衰麻三年。軍卒賤隷, 亦爲居廬, 祭用木主, 墓必立石, 退邇感化, 乃自然而然。以身敎人, 聳動感發而速行, 如先生者, 三代以下, 有幾人哉?”【『附錄』】

退溪先生曰: “鄕黨序齒, 以年之長少爲坐次也。若分貴賤, 則是序爵也。豈序齒之謂乎?”【『文集』。下同。】

“國家設學而養士, 其義甚隆。士子入學以自養, 寧可苟爲。而况師生之間, 尤當以禮義相先, 師嚴生敬, 各盡其道。其嚴, 非相厲也; 其敬, 非受屈也, 皆主於禮。禮之行也, 又不外乎衣冠之飭、飮食之節、揖讓進退之則而已。”

先生立約條於所居之鄕, 其言曰: “古者, 鄕大夫之職, 導之以德, 行道藝, 而糾之以不率之刑, 爲士者, 亦必修於家著於鄕, 而後得以賓興於國, 若是者, 何哉? 孝弟忠信, 人道之大本, 而家與鄕黨, 實其所行之地也。先王之敎, 是爲重, 故其立法如是至於後世, 法制雖廢, 而彝倫則固, 自若也。惡可不酌古今之道而爲之勸懲也哉?”

“昔在三代之隆, 敎法極備, 家有塾, 黨有庠, 州有序, 國有學, 蓋無適而非學也。降及後世, 敎壞而學崩, 則國學鄕校, 僅有文具, 而家塾黨庠之制, 寥寥焉。至使篤志願學之士, 抱墳策而無所於歸, 此書院之所由起也。大書院之與家塾黨庠制, 雖不同義, 則同歸其有關於風化也, 甚大。故知道之士、願治之主, 莫不於是而拳拳焉。"【「年譜」又云, 先生爲豐基郡, 有<u>白雲洞</u>, 乃<u>安文成公裕</u>故居也。<u>周世鵬</u>爲守, 始創書院, 以祀之且爲諸生遊學之所, 先生以爲東方舊無書院, 今始創見, 轉聞于朝, 依宋朝故事, 頒降書籍, 宣賜扁額, 兼給土田臧獲, 書院之興, 始此。】

<u>栗谷先生</u>曰: "古之帝王所與爲婚姻者, 莫非仁賢之裔, 而其求之之道, 不過曰'窈窕淑女, 寤寐求之'而已。未聞聚會闕庭, 辨其優劣, 如今日之爲也。三代之下家法之正, 莫如<u>趙宋</u>, 其立后也, 必咨于大臣, 此眞後世之法也。"【『全書』。下同。】
"明明揚側陋, 盡收一時賢才, 不論新舊, 不問門閥, 只擇其人器相稱者, 任之專而持之久, 期以成績, 不限日月, 其間才過於位者, 超陞之才, 不稱位者, 左遷之, 才位相當者, 雖終身一職, 可也。"
"欲於書院, 設洞主山長之員, 薄有俸祿, 擇有學行可爲師表者及休官退隱之人, 使居其職, 責以導率, 則其教育之效, 必有可觀, 而它日國家之得人, 未必不資於此也。"
"括緇門游手之徒, 歸之畎畝, 罷非禮無福之禱, 以正祀典。"
"養兵, 以養民爲本; 足兵, 以足食爲本。"
"設教之術, 莫先於學校, 使監司移文列邑, 每三年一度, 選鄕人之能通經史可爲人師者, 報于監司, 監司移于吏曹, 吏曹更加精擇。凡差訓導之際, 必以其邑之人授之, 其邑無人, 則授以鄰邑之人, 鄰邑又無人, 則授以其道之人, 不限其箇滿, 惟以成教爲期, 使持身自重勉勵學者, 然後每年監司親臨考績。但試儒生, 不試訓導。若使儒生能知道學之可尚, 整其威儀, 飭其行檢, 其讀書務以窮理爲要, 則績之上也。若使儒生, 讀書不倦, 操行無疵, 雖不免科擧之習, 而不至奪志, 則其次也。若使儒生, 曉解文義, 能善製述, 則又其次也。績之上者, 馳啓論賞授以六品之職, 以聳動士林。其次者, 亦加其資級, 以示褒賞, 若具依舊碌碌。無績可考者, 即課以殿, 又若依舊貪鄙, 誅求校生者, 按律治罪。"
或曰: "泮官士習, 日偷不知學問, 徒慕榮利, 何術而可救邪?" 曰: "此非儒生之過, 朝廷之導率, 未得其道也。取人只以文藝爲重, 不以德義爲貴, 導率如此, 士習何由可正乎? 爲今之計, 使八路五部, 選士之有學問不爲非義之人, 錄移于吏禮曹吏, 禮曹按簿, 商議取上舍生二百人, 居于太學。【分五番, 每番四十人, 雖在鄕者, 必及期而至。】又取幼學二百人, 分處四學【每學五十人, 亦分五番, 每番十人。】名之曰'選士'。別擇儒臣之學成行尊者, 爲太學及四學之官, 使誨諸生, 惟以講明正學爲務, 其學必本於人倫, 明乎物理, 擇善修身以成德爲期, 曉達治道以經濟爲志。若有學行皆中於是者, 則陞于朝, 使居臺侍之列, 雖不及此, 而行無瑕玷年過四十者, 亦授以百執事之職。如有信道不篤, 行己無檢者, 刊除其籍, 擇人隨補。其廩養之具, 極其豐潔, 以盡待賢之道。若外方幼學與選之人, 居于鄕校或書院,【量宜分番。】官給供具, 使受教于訓導。若外方選士, 別有學行卓異者, 俾居于太學與生員無異。夫如是, 則爲士者, 皆知德義之可尊, 不徒文藝之爲尙, 凡民興起, 而四方風動矣。"

"三代教世子之法, 『禮記』及「保傅篇」備載, 而近世之失, 朱子言之詳矣。蓋人有所敬畏, 然後能進學修德焉。後世之教, 固甚疎略, 而六七歲後, 便已習爲人上, 而無所敬畏。進講之官, 極其尊奉, 師道廢絶。接見有時, 規諫罕聞, 惟宦官宮妾, 日與親暱, 導以宴安, 慣以奢侈, 如是而望世子之學成德立爲臣民之所仰賴, 豈不難哉? 必擇道德之士爲之傅, 使世子致敬, 以嚴師道, 觀感取法。寮屬皆選端方志道之士, 晝夜與處, 左右夾輔, 薰習成性, 而有過則記, 有怠則警, 使世子心常謹愼, 不暇自逸, 然後學可日就, 德可日躋矣。"

"夫旣安養斯民, 則禮樂教化, 行之有漸, 必使風俗, 有於變之美, 制産得井田之意, 用人合周官之度, 事神遵三代之禮, 然後王道之至者, 可庶幾也。今者田無限制, 而貧富懸絶, 民無檢束, 而鄕約廢壞, 科擧之規, 有愧於賓興, 宗廟之禮未合於古制, 則王道之至者, 烏可易言邪?"

"今俗多不識禮, 其行祭之儀, 家家不同, 甚可笑也。若不一裁之以禮, 則終不免紊亂無序, 歸於夷虜之風矣。"

先生爲大司憲旣就職, 嘆曰: "都憲國之重任, 立紀綱、正風俗, 其在斯乎? 因爲化俗儀五十餘條, 榜示通衢, 使人人誦習, 不待禁而自不犯, 大要在父慈子孝兄友弟恭親上死長之義。其犯者, 一犯而教之, 再犯而申之, 三犯而治之, 人情莫不悅服。至於市人, 咸曰: '自我公之臨也, 各司無橫斂之事。' 行路時亦必致恭, 齊手展拜。"

【「附錄」。下同。】

"禁錮庶孼過百年, 人皆習熟見聞, 而先生獨以爲王者立賢無方, 不可廢棄人才, 每欲通庶孼仕路, 至是啓行之。"

沙溪先生論私廟屬號疏曰: "聖上於大院君不可以考稱之也明矣。帝王之家, 只以承統爲主, 雖叔繼姪, 兄繼弟, 亦有父子之道。殿下於宣廟, 雖無父子之名, 而有父子之義矣。今當依程子說, 稱叔稱姪無疑矣。"【『文集』。下同。】

"齊民之於軍丁, 其多寡不啻相萬, 而終年不輸一錢, 軍丁獨賢之怨, 於是轉甚矣。若通計一國之男口, 毋論大小貴賤, 人出若干米斗, 名曰軍食。歲給軍丁, 使之優其衣食, 資其弓馬, 庶爲優惠之一道耳。"

尤菴先生曰: "學制當一依大典, 而製述可去, 以爲革罷科擧之漸, 可矣。"【『大全』。下同。】

"夫死不嫁, 是天經地義, 聖人豈不以是爲教哉? 然只是教之以禮, 使民日趨於善而已, 必不如今日之嚴刑峻法, 一截以繩之也。"

"同姓託以異貫而婚娶者, 誠夷虜之風也。聖上斷然禁之, 甚盛擧也。"

"父子天性也, 不可以人力斷續, 而惟人君代天理物, 有存亡繼絶之仁, 故必須命於君, 然後乃爲父子。"

"今日之稱儒而無役者, 實是國家無政之故也。有田, 則有租; 有身, 則有庸, 事理之當然。儒士徵布, 豈非當然之事乎?"【「附錄」。下同。】

"先生慨然有意於唐、虞、三代之風。而立朝, 則以尊攘爲急務; 居家, 則以遵用華制爲變俗之漸。國內婦人及童子之辮髮, 皆胡俗也。先生家童子之雙紒, 業已久矣。晚來又令婦人, 皆從華制而作髻爲首飾, 不以駭俗爲嫌。蓋純用華夏, 盡變夷風, 馴致比屋可封之俗者, 實先生志也。"

問: "若非平原廣野, 則難行井田之法也。我國山多崎嶇, 決不可施, 奈何?" 先生曰: "箕子畫爲井地, 基址尚存, 何可以山多而不可行乎? 地雖崎嶇, 而計其畝數, 分授八家, 使之同力合作, 則井田恐無不可行之地也。"

『五賢粹言』卷之十

〈君子處事之方〉

靜庵先生曰: "善觀事者, 不觀於顯然之迹, 而觀於不迹之跡。"【『文集』。下同。】

"朝廷之上, 事事公平, 以善相推, 則是謂禮讓也。學至於高明, 則權亦可用, 權而得中, 則於天下之, 事何有?"

"大臣聞人之善, 若己有之, 休休然有樂善之誠, 則百執事各恭其職矣。上而感動人主, 下而感化百姓者, 責在大臣。大臣誠能恊心, 與其善, 而正其不善。三公正六卿, 六卿正百官, 則百僚師師, 而朝廷清明矣。故大臣必得老成之人, 可也。"

"待小人, 不惡而嚴, 正己之謂也。然苟知其爲小人, 則不可不深惡, 而痛絶之也。"

"人臣愛其身, 餘無足觀。"

經筵有一新進之官, 推奬人物, 甚非其宜。先生退語人曰: "進講之際, 雖小官, 計論經義, 極陳皇王之道, 輔養君德, 則無所過矣。" 至於薦進人才, 大臣之職, 非人人所得言, 其患一時新進之士, 每有喜事之漸者如此。"【語錄】

退溪先生曰: "凡事到無可奈何處, 無恰好道理, 則不得已擇其次者而從之, 乃所謂權也, 亦此時所當止之處也。然尤當審處, 不然或至於乖僻亂道之罪也。"【『文集』。下同。】

"利雖在於義之和, 然畢竟與義相對, 爲消長勝負者, 非利之故然, 人心使之然也。故君子之心, 雖本欲正義, 而臨事或不能一於義, 而少有意向於利, 則是乃有所爲而爲之。其心已與義背馳, 而所謂利者, 非復自然義和之利矣。"

"欲速不得, 清心省事爲要法。"

"臨事而太顧人情, 必不得其正, 亦可戒也。"

"事至無可奈何處, 非人力所能, 如何? 惟思自盡其所處之道。"

"人患不能敬耳。纔能敬, 則但看所做之事, 是何事? 或大或小、或難或易、或彼或此, 心無所不管, 事無所不可爲者矣。"

"先生吏治一以簡靜不擾爲尚, 其收賦於民也。雖甚輕約, 而若民所當爲者, 亦無所增減, 不爲違道干譽之事。"【『言行錄』】

栗谷先生曰: "政貴知時, 事貴務實。"【『全書』。下同。】

"革舊更新, 但計其是非利害, 要在有便於民而已。若必待貪官汚吏與夫幸民一切樂從, 然後乃欲有爲, 則宿弊終無可改之日矣。"

"天下事得成爲幸, 出於己、出於人, 何異哉?"

"凡事有第一義, 有俗例, 有非義。天下義理, 固隨時不同。然其不同者, 必有所以然, 不可泛觀時變, 徒循流俗而已。"

"惟義可以盡忠, 忠不必盡義。"

"觀人, 當以其心; 賞罰, 當以其迹。"

"爲邑有二策, 興利除害, 足民設教者, 上也。量鐲舊弊, 清淨無爲者, 其次也。由前之說者, 失於煩擾, 則民怨作; 由後之說者, 失於疎脫, 則吏情懈。有爲而不煩, 無爲而不疎, 然後可以治千室之邑矣。"

贈柳應瑞治郡說曰: 今之爲邑一出於正, 則觸事拘碍。蓋鐲無名之役, 則官儲一空, 絶貨請之路, 則貢獻必阻, 止族鄰之侵, 則軍伍多闕。玆三者, 俗吏之所恬視, 而學者之所魘頞也。昔者, 明道先生爲邑, 不枉道, 不廢法, 不駭俗, 而爲之沛然。柳君有學於此, 則何難之有? 余見今世之士, 欲不枉道, 則長徃而不出; 欲不廢法, 則深文而厲民; 欲不駭俗, 則模而屈己, 用於時而不失其身者, 無幾。故愚於柳君, 深有望焉。"

"凡遇事, 若可爲之事, 則盡誠爲之, 不可有厭怠之心。不可爲之事, 則一切截斷, 不可使是非交戰於胸中。"

"俯仰四顧, 當無一毫乖戾之氣。"

"貪汚諂佞, 是小人之常態, 苟非庸闇之人, 則辨之不難。惟似是而非者, 雖智者, 或不能辨焉。蓋君子正色諤諤, 而小人之色厲訐直者似之。君子行全無瑕, 而小人之謹愿無刺者似之, 宜乎聖賢深以爲戒也。"

"觀人先取其大節, 然後可議其細行。"

先生欲積誠, 以回天心, 黽勉從仕。牛溪 成先生語之曰: "儒者以格君爲務, 若上心不可回, 則當速引退, 不能得上心, 而先務事功, 則是枉尺直尋, 非儒者事。" 先生曰: "此言固然。但上心豈可遽回, 當遲遲積誠, 以冀感悟。若以淺薄之誠, 責效於跳月而不如意, 則輒欲引退, 亦非人臣之義也。"

洪某等深忌士類, 松江謂: "士類當先發。" 先生曰: "不可。彼心未現於事, 上下皆不知, 今遽攻擊, 不能見信, 而反桃禍堦。莫如自守飭躬, 務積誠意, 以得上心而已。彼亦不能先發, 今日事勢, 先發則必凶矣。"

朝廷之上, 識見爲先。識見不明, 雖賢, 不濟事。許魯齋曰: "仁義禮讓孝弟忠信而亡國敗家者, 皆是也。" 嘗以爲過言今始驗之, 古人之言, 不可輕也。

問: "先生擔當國事, 如到極難處, 將如何?" 曰: "繼之以死而已。學問亦然。成不成, 姑置不論, 當鞠躬盡瘁, 斃而後已。"【『語錄』。下同。】

"君子平日立心, 必以義爲利, 然後其處天下之事, 庶無所失矣。"

"胡兵圍鍾城, 中外騷動, 先生專掌軍務, 一時措置策應, 皆出於先生, 號令明肅, 施爲有序, 不擾而事集。"【「附錄」。下同。】

先生秉銓時, 龜峯列書若干人以薦, 先生帖之窓間。沙溪見而大驚, 請去之。先生曰: "此何妨? 泛論人才, 伊川之所不辭也。"

"先生與人言, 不問親疎, 必豁然, 無所碍阻傾倒無餘, 可見其德量之宏大。"

"常以士論之携貳爲朝廷痼弊務欲打破東西同濟國事, 雖人心不如我心, 卒未能調其乖隔, 而公平正大之心, 可質神明。"

"道之不可並者, 是與非也; 事之不可俱者, 利與害也。徒以利害爲急, 而不顧是非之所在, 則乖於制事之義, 徒以是非爲意, 而不究利害之所在, 則乖於應變之權。然權無定規, 得中爲貴, 義無常制, 合宜爲貴, 得中而合宜, 則是與利在其中矣。"【「拾遺」。下同。】

"處士進見, 因下問而言事則可, 先陳時事, 恐非道理。"

"沙溪先生議論忠厚和平, 絶不爲刻核之言, 而至於是非邪正, 則極其嚴截。"【語錄】

尤庵先生封事曰: "臣常謂俗學之見, 反不如憸人之智也。夫憸人之欲亂人國家者, 必先壞人主之心術, 然後行其巧亂之謀, 無不如志。故仇士良教其徒以爲天子常宜娛以奢靡, 勿使之讀書親近儒士, 心知憂懼也。彼乃深知天下之事, 不問善惡, 無不本於人主之一心, 而彼俗學者, 乃不知以正心誠意爲本, 徒聘乎事爲之末流, 不亦舛乎?"【『大全』。下同。】

"喜偏論而矯枉過直者, 固不足道, 惡朋黨而含糊兩可者, 尤害於事也。"

"宰相以知人爲務, 致士爲功。"

"今日諂諛之風, 一似西漢之末, 更不可說。必須正大剛毅, 不爲習俗所汨, 然後能不失吾身, 而正人格物, 庶可言矣。"

"凡事依古, 則寡悔; 師心, 則易差。"

"爵祿榮利, 古之有志之士, 所謂鴻毛樊屣。人臣知此, 然後可知事君父、言忠孝矣。"

"凡事當以峻潔白直爲宜, 如欲(完)[宛]21)轉逶迤, 左顧右視, 則必生病矣。"

"居官之道, 大概以愛民爲本, 而清愼自持, 則是爲要道耳。又須求忠信無餙者 爲掾屬, 誠心任之, 是聖人所謂先有司也。又寧拙毋巧, 豈非士大夫之政體耶?"

"當國家搶攘之際, 自量才力, 有可以討賊定國者, 則君爲輕社稷爲重, 豈可不以是而自任乎? 如其不然, 則無寧執靮從君, 以保君身, 是亦臣子之道也。此難可以一例斷定也。"

"孔子作春秋, 大義炳然者數十, 而内夏外夷爲之首矣。故曰'不忍以禮義之身, 甘爲犬羊之羣', 此在儒生, 尤不當受虜染汚也。"

荅朴子晦書曰: "程子被姦邪之目, 朱子遭逆黨之斥, 然其時門人弟子, 無有上疏訟冤者, 自栗谷遭讒, 辨之者至於三四百爲羣, 則與程、朱時, 其事有異矣。吾意以爲爲士者, 且從程、朱時法門似可矣。其時惟李季周, 以愚言爲是, 故其諸子一不參疏矣。"

"臨民, 必須先之以平近, 使各得輸其情, 而亦必持己莊敬, 使民不慢, 然後漸可以教民以禮, 而爲政之道始備矣。"

"夫義理, 天下之公也。守經、行權, 雖並行不悖, 然其輕重取舍之間, 有不可以毫釐差者, 故曰'權非聖人不能用也'。"

"士君子須辨得見義不見利底心志, 然後言行灑落矣。不然, 其不爲禍福動者, 鮮矣。"

"陰陽消長之際, 必有有道君子識微慮遠, 强此之衰, 艱彼之進, 不計其身之利害, 其力既不可敵, 則含章括囊, 沒世無悶, 其心亦仁矣哉。"

---

21) (完)[宛]: 저본에 '完'으로 되어 있으나, 『宋子大全』卷74「與金永叔」乙丑五月八日에 의거하여 '宛'으로 수정하였다.

『五賢粹言』卷之十一

〈教學之道〉

靜庵先生曰: "教養不可過於急迫, 當從容訓誨, 使之浸漬成就, 可也。"【『文集』】

退溪先生曰: "古之聖賢, 教人爲學, 豈不欲立談之頃, 盡擧而傳付邪? 然而不能者,
非靳道之傳, 而畫人於卑近也, 勢有所不可也。三千之徒, 日遊聖門, 而所講者, 惟
孝悌忠信詩書執禮, 其論仁也, 亦止於爲仁之事而已。及其久也, 隨材成就, 各有
所得, 而一貫之妙, 惟曾子、子貢可以與聞, 故至是而後乃告之, 非得已也。"【『文集』】
"下學上達, 固是常序。然學者, 習久無得, 則易至中廢, 不如指示本源也。"【先生之
接引學者, 頗指示源頭處。○『言行錄』】

栗谷先生曰: "教人本於自修也。"【『全書』】
"先生教人, 不問貴賤, 而來者受之; 無分賢愚, 而各因其材。"【『附錄』】

"沙溪先生接引後進, 雖幼賤者, 必開心見誠, 反復誘掖, 諄諄不倦, 大要必以立志
爲先, 躬行爲務, 隨其材器, 多方開導, 見其爲己務實, 則心悅而色喜, 若已有之或
涉於浮泛, 則丁寧戒之。其授書次第, 則始以『小學』、『家禮』, 次以『心經』、『近思』
以培其根本, 以開其門路, 然後及於四子五經, 循循有序, 階級甚嚴, 至於時文華
藻之末, 則未嘗及於言議也。"【『行狀』】

尤菴先生曰: "自古聖賢不能行道濟世, 則必立言著書, 世爲一經, 是蓋天之所命,
不得以辭者也。"【『大全』。下同。】
"子思作『中庸』以教之, 一字合尖於天命率性之下者, 其旨深哉?"
有人欲學杜詩, 先生却之曰: "此等詩詞, 吾所不知也。蓋習舉科工取第榮身之事,
先生一切不以教人。"【『附錄』】

『五賢粹言』卷之十二

〈改過及人心疵病〉

靜庵先生曰: "非上智, 未必事皆合理, 常常儆畏, 乃君子之道也。"【『文集』。下同。】
"人氣欝, 則天氣亦欝, 欝而生戾, 暢而生和。故救災之方, 暢開羣情, 以和天心。凡悖道害政之恨欝人心者, 必暢祛而慰悅之, 人氣自然和暢, 天無乖戾之作矣。"
"禍在顯著者易見, 而禍在隱微者, 尤可畏也。"
"終南守「善箴」儕輩過失。先生一日執李延慶手流涕曰: '自終南死後未聞過失爲恨。' 延慶曰: '公別無病處, 恐器量不寬弘也。' 先生曰: '正中我病。' "
"人主常以禍在朝夕爲心, 如朽索之衘六馬, 則庶保其位也。"
"異質不可悖也。才氣過人者, 爲善固易矣, 爲惡亦不難, 不可不慮也。"
"人君勢位高亢, 驕溢易生, 聲色媚悅之攻, 非匹夫比。心一不正, 氣一不順, 則兆應於冥冥, 而蠥作於昭昭, 彝倫斁而萬物不遂。人主所以存心事天, 以致中和之極功者, 其可少忽乎?"【『附錄』】

退溪先生曰: "激昂軒輊, 固勝於委靡頹塌, 然苟恃此自負而謂人莫己若也, 則必至於矜豪縱肆, 不循帆度, 傲物輕世。其行於世也, 有無限病痛悔吝, 而猶不知自反, 又不肯遜志屈首, 密切敦厚, 加工於此學, 則無以變化, 其一偏之樊習矣。【『文集』。下同。】
"眞剛眞勇, 不在於逞氣強說, 而在於改過不吝, 聞義即服也。"
"自古高尚之士, 例多好奇, 自用好奇, 則不遵常帆, 自用則不聽人言。"
"古人因窮而動心忍性, 故業進; 今人因窮而壞志逐物, 故業退。苟志之誠篤, 一窮字, 豈能奪之?"
"今於篁墩, 以平生尊敬之心, 一見勢利二字, 便使人不覺失其慕仰之悃。天理人欲之間, 纔有毫釐之分, 而其驗於人如影響, 此古人所以兢業戒惕, 未嘗頃刻而可忽也。"
"自古, 有志此事者, 多矣。人心本自靈明, 苟有意讀聖賢書, 豈無一知半解窺得其影象之髣髴處? 於是此人之心, 遽已侈然自足, 以爲吾已知之, 而世人皆不知之,乃自以其身, 抗而置之, 天下第一流上, 不復知有求益與來善之事, 甚 則不惟於一世人爲然。雖古昔儒生之列, 亦率欲陵跨蹣蹀, 必出於其上而後爲快者, 滔滔皆是, 此卽明道先生所謂'輕自大而卒無得者也'。"

"有始無終之可恥, 甚於撻市, 而日夕策勵, 則庶或有望。不然, 其隳名辱節之間, 或反有甚於隨俗出沒者矣。"

"凡事有大小輕重, 各有所當, 若以小事爲大事, 輕悔爲重悔, 則殊有迫切激惱之病, 將見日用應酬, 七顚八倒, 無一毫安平和豫從容灑落底氣象。"

"一時之悔過自新非難, 而能終始不變, 卓然立脚於頹波之中者爲難。"

"人不能篤信好學, 才見風吹草動, 便驚惶失措, 回面汚行, 以蘄免於指目, 吾輩正當自反, 而厲壁立之操耳。"

"凡自處太高, 或妄爲推重它人, 皆無實得也。若有些實得, 豈至如此?"【『言行錄』】

栗谷先生曰: "君子小人之進退, 治亂所係, 而機關常發於所忽, 易於所忽, 非知幾者也。"【『全書』。下同。】

"學者當礱磨涵蓄, 不露圭角。"

"人君徒嚴而不畏義, 未有不敗者。"

"士而無恥, 易足爲士哉?"

"心迹不同, 已非儒者。"

"異端豈必佛、老、禪、陸爲然? 世之非先王之道徇一己之欲者, 莫非異端也。"

"爲善而求名, 亦利心也。君子視之, 甚於穿窬。"

"量狹者, 不能容物, 從狹隘上, 生萬般病痛。"

"量之小者, 其病有三。一曰, 偏曲; 二曰, 自矜; 三曰, 好勝。偏曲者, 滯而不周, 不能公心以觀理。自矜者, 足於少得, 不能遜志以進德。好勝者, 安於餙非, 不能虛心以從善。三者, 都是一箇私而已, 治私之術, 惟學p061而已。學進, 則量進, 天資之美惡, 非所論也。"

"後世之士, 若指爲鄕原, 則孰不憾且怒哉? 然夷攷其所爲, 則瞻前顧後, 謹身持祿, 一聞復古之說, 一見志道之士, 則輒嗤以迂闊難成。惟以因循牽補爲務, 此皆學鄕原者。"

因講"始則不知愛物, 充之以至好殺", 曰: "吾少時, 著木屐行泥濘, 初來, 持心甚謹, 猶恐泥汚, 一蹶陷泥之後, 踏泥自安。爲惡之人, 亦如是也。可不謹於始乎?"

【語錄】

尤菴先生曰: "欲杜朝廷之私者, 莫要於先防人主之私意。"【『大全』。下同。】

"怠惰逸豫, 人君之至戒也。"

"從容, 雖是好題目, 一變則爲苟偸。"

"一時利害甚小, 萬世論議可畏。"

"古今之亡身敗家, 喪其天下者, 孰不由於禮義之先亡也。"

"省之於事, 不若省之於身, 省之於身, 不若省之於心。"

答李汝九書曰: "朱子嘗以東萊不攻異端爲深厚, 而亦病其爲害不小。今哀侍實以深厚望我, 此固善意。然竊以爲深厚之云, 便於身圖, 而不便於世道也。"

"楊、墨學仁義者, 其嘉言善行, 必有大過人者, 而毫釐之差, 必有千里之謬, 故其獘必至於無父無君也。今大尹之嘉言善行, 誠爲悅於人之耳目。然旣失身於虜變, 且又黨助攻朱子之賊鑴, 則其人本亡矣, 大質虧矣, 其嘉言善行, 適足爲娼家之讀禮, 屠家之禮佛, 幾何而不爲世人之笑阻哉?"

"本源不正, 則發之事爲者, 無由可正矣。"

"朱子嘗論莊子害正之說, 最以'爲惡無近刑'一句爲悖理之甚, 此說最中。後世好利取便者之心, 其害甚於洪水猛獸之禍, 此邪說之尤者。近世一種【本註尼尹。】時義, 從衆偟身, 凡干利害之說, 正如此矣。朱子之拈出而痛斥者, 其旨深矣。"

『五賢粹言』卷之十三

〈異端之學〉

退溪先生曰: “主靜而能御動, 聖賢之所以爲中和也。耽靜而絶事物, 佛、老之所以爲偏僻也。中和之極, 位天地而育萬物, 偏僻之極, 滅天理而殄人倫, 故程、朱門下, 屢以是警切於學者, 而門人之賢者, 徃徃流入於虛無寂滅而不自反, 何哉? 知靜之汨於動, 而遂乃厭動而求靜, 則未免遺粗而索精, 去器而探道, 不知不覺而陷溺至此, 所謂差之毫釐, 謬以千里者, 甚可畏也。”【『文集』。下同。】
“主於踐理者, 養氣在其中, 偏於養氣者, 必至於賊性衞生之道。苟欲充其極致, 則匪懈匪躬之職, 皆當頓廢而後, 可庶幾其斁理害正如此。”
“陳白沙、王陽明之學, 皆出於象山, 而以本心爲宗, 蓋皆禪學也。然白沙猶未純爲禪, 至如陽明學術頗忒, 其心强狠張皇震耀, 使人眩惑賊仁義亂天下, 未必非此人也。詳其所以至此者, 其初, 亦只爲厭事物之爲心害而欲去之, 顧不欲滅倫絶物如釋氏所爲。於是創爲心卽理之說, 謂天下之理只在於吾內, 而不在事物。然則所謂事物者, 雖如五倫之重, 有亦可無亦可, 刳而去之, 亦可也。是庸有異於釋氏之教乎哉?

栗谷先生曰: “唐、虞三代, 四凶飛廉惡來之徒, 亦足害正, 此異端之首也。只賴聖君賢臣上下交修, 正長而邪消, 故不受其害, 周衰, 老、莊、楊、墨聘其邪說, 雖經孟子闢之, 亦未能止。自漢以下又有佛學, 自唐以下佛變爲禪, 其精微動人, 非老、莊、楊、墨之比。於是高明之士, 靡然從之, 遂使中國爲禪佛世界。幸賴程、朱作興, 其摧陷廓清之功, 比古尤盛。於是禪佛之學, 衰久微不振, 程、朱旣沒, 乃有外儒內禪之學, 噓灰起火, 復熾于世甚矣, 異端之難息, 有如是夫。”【『全書』。下同。】
“禪學雖足以惑人, 其言非儒, 其行滅倫, 稍知有秉彛者, 固已疑阻。陸學則言必稱孔、孟, 行必本孝悌, 而其用心精微處, 乃是禪學也。闢之之難, 十倍於佛氏, 佛氏之害, 如外冦之侵突, 陸氏之害, 如奸臣之誤國。”
“先生入金剛山, 至深處, 靜坐凝思, 至忘寢食者久之, 一日忽思以爲佛氏戒其徒, 勿作增減想者, 何意也? 因究其所以戒之之意, 蓋其學無它奇妙, 只欲截斷此心走作之路, 凝聚精神, 以造靜極虛明之域, 故假設話頭, 使之倚靠下工, 而恐人先知此意, 則著力必不專, 故又設此禁而誑之也。遂疑其學之詐, 復取聖賢書, 而溫繹之, 知其說之眞不我欺也。始乃大悟, 束裝而歸。”【「附錄」】

尤菴先生曰: “聖人本天, 故動靜語默, 一出於天理之公。釋氏本心, 故以運水搬柴爲道, 而不問其當運與不當運, 當搬與不當搬, 而惟心之所出, 此儒、釋之所以分, 釋氏初亦豈有私心哉?”【『大全』。下同。】

“陸氏之徒, 不以讀書窮理爲本, 而直截以分別義利去, 取善惡爲務, 故明知其義與善之所在, 則當死即死, 當生即生, 無復依違婥婀之習。是以能使一時歆艷後世嚮慕, 然以其不以讀書窮理爲本, 故所謂義善者, 或非眞義善, 而還入於利與惡, 此學者之所當明辨也。”

“格致, 『大學』劈初頭第一工夫, 而孟子所謂知言, 實格致事也。無一物之可遺, 而其目之大者, 詖淫邪遁四辭而已。此四者, 始害於性命道德之正, 而終爲國家生民之禍者, 甚於洪水夷狄, 蓋源於心術之不正而生故也。是以孟子苦死明辨而曰‘聖人復起, 必從吾言’。朱子贊其勳烈, 而配之於明四端之大功。蓋曰明四端, 是安社稷之功; 闢異端, 是打邊境之功。夫社稷雖安, 而戎賊外侵, 則豈可以社稷之安, 不爲討伐驅逐之乎?”

“老氏不可謂無其理, 但悖於天理, 白日蜚昇亦然。”【「附錄」。下同。】

問一僧曰: “爾道以天地人物皆爲妄然, 則是全體都是妄也。雖日月薄蝕戕父與君亦無害否?” 對曰: “妄中亦有善惡矣。” 先生笑曰: “此爾家窘處。既曰妄, 又安有善乎?”

“應觀法界性, 一切唯心造, 此釋氏語也。其意以爲萬物之性, 皆從心上造出。故朱先生嘗曰‘聖人本天, 釋氏本心’。”【『朱書劄疑』】

“[先生天分異甚, 絶出][22]等夷, 鸑停而鵠峙, 玉潤而金精, 又如猗蘭播芬, 而皓月揚輝也。年十七八, 慨然有求道之志。聞寒暄先生學有淵源, 徃從之得聞爲學之大方。其爲學也篤信『小學』, 尊尚『近思』, 而發揮於諸經傳。其在平居, 夙夜歛飭,

---

22) [先生天分異甚, 絶出]: 저본에 이 부분이 없으나, 『退溪集』권48 「行狀」에 의거하여 위와 같이 수정하였다.

儼然肅然, 冠服威儀, 罔或愆度, 出言制行, 動稽古訓, 其持敬之法也。講習之暇, 兀坐終暑, 潜心對越, 涵養本原, 堅固刻厲, 人所莫及, 其主靜之學也。素履有聞, 而才足以率世, 英華發外, 而風足以動人, 其自任之重也。謂吾君可以爲堯、舜, 謂吾民可以躋仁壽, 其忠貫金石, 其勇奪賁育, 以匡躬之王臣, 當九五之盛際, 進則日有三接, 退則人爭手額, 斯可謂上下交欣, 千載一時矣。奈之何天不能不使陰沴蜮蜍於其間, 上不見其志之大行, 下不蒙其澤之普被, 是則關時運, 係邦厄, 天地之所憾, 而鬼神之所爲戲, 於先生何哉?"【『文集』】

<u>趙月川穆</u>作<u>退溪先生</u>「言行總錄」曰: "先生天資穎悟, 神彩精明, 性幼端慤, 不喜狎弄, 長好學問, 養以道義, 故聰明正直, 孝悌忠信, 而精純溫粹, 不露圭角, 氣和而毅, 辭婉而直, 學博而要, 行全而篤, 清而不激, 介而不矯, 慕古而不滯, 處世而不混, 先生之於[爲人, 可謂幾乎美且大安而成者矣。]"[23]

---

23) [爲人, 可謂幾乎美且大安而成者矣。]: 저본에 이 부분이 없으나, 『退溪先生年譜』권3 「言行總錄」에 의거하여 위와 같이 수정하였다.

『五賢粹言』卷之十四

〈聖賢氣象〉

栗谷先生曰: "堯、舜之道, 行乎一時, 一時之君師也。孔子之道, 明於萬世, 萬世之君師也。堯、舜之化有限, 而孔子之化無窮也。"【「拾遺」】

尤庵先生曰: "集羣聖而大成者, 孔子也。集羣賢而大成者, 朱子也。"【「大全」。下同。】
"文元公以爲孟子之功, 誠不在禹下, 而朱子之功, 又或過之。蓋非夫子, 則堯、舜、周、孔之道, 不明於天下後世也。竊以爲此說當, 百世以俟而不惑也。"
"圃隱先生, 實我東理學之宗也, 百世以俟而不惑也。始傳洛、建諸書於中國以爲教, 而其尊周背虜, 用夏變夷, 使我箕封得爲禮義之邦者, 功誰與競?"

栗谷先生曰: "我國邈在海隅, 文獻無徵, 箕子以後, 寥寥千載, 不聞儒者之作。麗末圃隱始倡理學, 而猶未大著我朝金寒暄遠紹其緒, 爲士子矜式, 而未克達施無事業可考。惟靜菴奮于衰世, 馨德夙青播, 譬如天白日, 有目者, 莫不識其清明, 其丕闡絶學之功, 優於圃隱、寒暄也。"【『全書』】

退溪先生撰靜菴先生行狀曰: "先生天分異甚絶出, 爲人可謂幾乎美且大安而成者矣。癯然若不勝衣, 而進道之志, 堅如金石; 翛然復出塵表, 而操修之功, 著於日用。爵祿之榮, 懼若坑塹; 義理之眞, 耽如芻豢。學已成矣, 而汲汲乎如未能及; 德已修矣, 而謙謙然若無所得。古人所謂資稟既異而充養有道者, 將非先生之謂歟!"【「年譜」】

金鶴峯誠一作退溪先生實紀曰: "先生襟懷洞徹, 如秋月氷壺, 氣象温粹, 如精金美玉, 莊重如山岳, 靜深如淵泉, 端詳閒泰, 篤厚眞純, 瞻之也儼然, 有可敬之儀刑, 即之騂温然, 有可愛之容德, 雖頑夫狂子, 望其門而驕氣自消, 使之遭可爲之時, 居可致之位, 得君而行道, 則其事業, 豈止此而已哉? 近世士大夫讀書, 則唯知決科之利, 而不知有聖賢之學, 居官則唯知寵祿之榮, 而不知有恬退之節, 自先生之起爲士大夫者, 始知所以爲人之道, 不在彼, 而在此間, 有聞風而興起, 雖時不遇學, 不見試, 而功化之及物者, 已不淺矣。"【「言行錄」。下同。】

栗谷先生曰: "先生[24]爲世儒宗, 靜菴之後, 無與爲比。其才調器局, 雖不及靜庵, 至於深究義理, 以盡精微, 則又非靜菴之所及矣。"

李月沙廷龜撰栗谷先生諡狀曰: "先生天資極高, 英儁出人, 淸明溫粹, 忠厚愷悌, 寬而有制, 和而不流, 慕古而不泥, 應俗而不混。待人開心, 洞亦無隱, 處事坦夷, 不設崖岸, 終日樂易, 未見忿厲之容。光輝洞徹, 符彩秀朗, 望之如祥雲瑞日, 輒知其爲, 盛德君子也。少時雖泛濫諸家, 流入禪學, 惟其氣質明透, 乃能釋然開悟, 旋即歸正。自是用力益深, 進修益專, 刻意覃思, 精詣實踐。其於義理, 洞見大原, 不待師承, 暗合道妙。其功程次第, 一本於濂、洛宗派, 而得之考亭者尤多。故門路之正, 雖質之前聖而無疑, 至於六經之奧義, 百家之異說, 無不硏窮探賾, 瞭問然截判於胸中矣。蓋先生學之精深, 德行之淳備, 論議之俊發, 出處之正大, 皆非俗士淺見所可窺測, 如祥麟儀鳳之瑞世, 如泰山喬嶽之鎮物, 日星于中天, 砥柱于奔流, 而其高才遠識, 貫穿今古, 偉略宏猷, 軒擧宇宙, 旣任斯文之責, 又荷君上之眷, 將欲挽回一世, 陶鑄唐虞, 興一代之禮樂, 振百年之頹廢, 其所抱負期待, 爲如何哉? 而流俗不知, 黨議相軋, 羣擠衆咻, 使不得安於朝廷, 先生之事, 其亦戚矣, 而其設敎立言, 足以開喩後學, 遺風餘韻, 足以聳動衰俗, 則先生之道, 雖未及大行於當時, 而先生之澤, 亦可謂流及於無窮, 或者斯亦天意也邪?"【『全書』「附錄」。下同。】

牛溪成先生曰: "栗谷誠山河間氣, 三代上人物。"
申承旨應榘言: "每對先生, 如登高閣, 洞開八窓, 使人自無邪僻之心。"又曰: "吾於山, 見楓嶽; 於人, 見栗谷先生。"
權石洲韠曰: "先人常以栗谷, 有明道氣象。"

農巖金文簡公曰: "靜菴、栗谷天資皆屬高明。然靜菴簡重溫栗, 栗谷淸通灑落。靜菴如精金美玉, 栗谷如光風霽月。靜庵精白專一, 精神足以聳動人, 栗谷公誠坦蕩, 心事足以悅服人, 然栗谷才較大。"

渼湖金文敬公作栗谷先生贊曰: "有英邁絶異之資, 有淸通正大之胸, 懇懇乎其致

───────────────────
24) 先生: 저본에는 '先生'으로 되어 있으나, 본래 출전인 『석담일기』에는 '滉'으로 기재되어 있다.

君澤民之志, 卓卓乎其繼往開來之功, 翱翔巖廊則百僚瞻其瑞輝, 棲遲江湖則四方薰其化風, 豁然天(高)[開]25)而海濶, 皎然日光而玉潔, 豈不信三代上人物而爲諸儒宗耶!"【「附錄」續編】

栗谷先生曰: "余幸生朱子後, 學問庶幾不差矣。"【「語錄」】

"沙溪以栗谷爲敏快豁達, 亞於生知, 若在孔門, 必與顔、曾同科云。"【『宋子大全』「附錄」】

尤庵先生撰沙溪先生行狀曰: "先生天賦敦厚, 氣貌和粹, 謙沖樂易之資, 方正確實之操, 自然近道。早承家訓, 已知向學及從事師友之間, 慨然有求道之志, 遂專意於性理之學。其所以爲學者, 必以讀書窮理爲先, 反躬力行爲主。自少至老, 祈寒暑雨, 造次顚沛, 未嘗有斯臾之間, 以至於明誠純一, 觸處洞然, 明以察其微, 則大極陰陽, 萬事萬物之理, 貫於一而無餘。剛而任其重, 則古今聖賢至德懿行之美備於已, 而不遺用力之確也。雖事物糾紛而不能奪自守之篤也。雖死生交變, 而不能移威儀容止之, 則猶謹於衰暮耆艾之境, 戒懼省察之功, 益嚴於幽暗隱微之中, 工夫日新, 上達不已。至其晚年, 道尊德盛, 則渾全完厚, 崇深廣博, 不可涯涘。冲和之氣, 達於面背, 豈弟之意, 溢於言笑, 神定而貌莊, 色溫而言厲。動靜語黙, 徐泰詳緩, 自然之中, 成法分明, 燕居油油, 樂勿多恕, 及其酬酌事變, 斷以義理, 則截然有不可犯者。學已至於高明, 而勉勉乎如未及見, 德已臻於純茂, 而謙謙然如未有得, 年已踰於八袠, 而玩索之功, 日加一日, 悠然不知老之將至。觀於外則可謂安且成矣, 而測其內則蓋有人不及知而獨覺其進者存焉。宜其學成而行尊, 道純而德備, 蔚然爲一世之儒宗矣。蓋天既生栗谷於前, 以高明超絶之資, 抽關啓鍵, 洞開道學之源委, 以日星乎乾坤, 又生先生於後, 以篤實踐履之學, 真積力久, 卒究聖賢之成法, 以模範乎來裔, 天之所以生兩先生, 以啓我東方道學之統者, 夫豈偶然哉? 『易』曰'智崇禮卑, 崇效天、卑法地', 抑兩先生之氣象造詣, 各有相近者, 而其於朱子所論'二程夫子如文王治岐, 周公制禮之不同', 亦或庶幾焉爾。"【『大全』。下同。】

"沙溪先生, 道如地負, 德如春生。"

李澤堂植曰: "先生之於禮, 非惟講解而已, 固已身履而家習, 爲平生律度, 故其德崇業廣, 羽翼斯文, 爲後學柯, 則有如此者矣。"【「疑禮問解序」】

遂菴權文純公撰尤庵先生墓表, 其略曰: "栗谷作於前, 先生繼於後, 以啓我海外道學之傳, 豈天之正氣東行, 自不得不然邪? 朱子之道至栗谷而復明, 栗谷之業, 至先生而益廣, 栗谷如天開日朗, 先生如地負海涵, 世有知德者, 必信斯言之非誣也。"【『大全』「附錄」。下同。】

農巖作尤庵先生畫象贊曰: "以豪傑英雄之姿, 有戰兢臨履之工。斂浩氣於環堵之窄, 可以塞宇宙, 任至重於一身之小, 可以抗華、嵩。進而置之巖廊, 爲帝王師而不見其泰, 退而處乎丘壑, 與麋鹿友而不見其窮。巖巖乎砥柱之峙洪河, 凜凜乎寒松之挺大冬。苟億世之下, 觀乎此七分之貌, 尚識其爲三百年間氣之所鍾。"

三淵金文康公曰: "朱子之訓, 有關於世道, 而爲尤翁平生所執守者, 其大綱有四焉。曰: '距詖滛以承三聖也。' 曰: '崇節義以尊東周也。' 曰: '嚴懲討以扶倫紀也。' 曰: '惡鄕原以反正經也。' 四義之行建天地而懸日星。" 又曰: "尤翁嚴正規模, 剛毅氣象, 置身於利害禍福之外, 束世於禮義廉恥之中。"

南塘韓文純公曰: "尤翁學宗朱子, 義秉春秋, 崇節義、闢邪說, 以不負孝廟明天理正人心之託, 民到于今賴之, 事業之盛, 莫或尙之。然此猶東方事耳。異日東國之大義聞於天下, 百世之下, 爲萬邦視法者, 惟先生是賴矣。"

『五賢粹言』者, 全齋任先生命門人輩, 取靜菴、退溪、栗谷、沙溪、尤庵五先生書鈔節, 其有關於"性命心術之正"、"人生倫理之恒"與夫範世、宰物、閑道、闢邪之說者, 爲十四卷。其規模綱目, 大槪與『近思錄』一例。編旣成, 先生略加是正, 使學者熟讀精究, 以爲學問政事一貫之術, 其有裨世程, 顧不大歟? 士友每患傳寫不能給, 洪君大徵欲以活字印出, 而廣其傳。余深歎其有志, 而第念此書首載天道性命之說者, 特以使人知其名義有所嚮望而底止爾。比觀儒流不務精義求仁以進實功,或但說心譚理, 反成虛辨, 所以亂聖學之序, 而召流俗之侮者, 非細患也。昔勉齋以近思先太極說謂名『近思』, 反若遠思, 此爲救弊而發, 不可以不念也。雖然, 朱子固已言"首卷難看, 某所以使伯恭載數語於後", 又使門人且"從第二卷看起, 久久後看第一卷, 則漸可曉也"。其爲後世慮, 可謂至深遠矣。愚所受教於先生者, 亦如此。既以自勗, 又以公諸同志相與盡心, 而庶幾無躐等陵節之失也。己亥孟秋後學潭陽 田愚敬題。

2-1-1~2 『오현수언五賢粹言』 서문序文

요(堯)임금, 순(舜)임금으로부터 하(夏)나라, 은(殷)나라, 주(周)나라와 공자(孔子), 안자(顏子), 증자(曾子), 자사(子思), 맹자(孟子)와 염계(濂溪) 주돈이(周敦頤), 정자(程子), 장자(張子), 주자(朱子)와 정암(靜菴), 퇴계(退溪), 율곡(栗谷), 사계(沙溪), 우암(尤菴)의 순서는 선사(先師)인 전재(全齋) 임헌회(任憲晦, 1811~1876)선생께서 말씀하신 도통의 순서이다. 나는 공경히 읽고 아래와 같이 탄식하였다. "학문은 문로가 바르고 취지와 방향이 적확한 것을 귀하게 여긴다. 그렇지 않으면 일생동안 고심하여 생각하고 용감하게 나아간 것이 결국 샛길로 빠진 것에 그칠 것이니, 이것을 어찌 밝게 살펴 삼가 선택하지 않을 수 있겠는가."

삼가 생각건대, 우리 정암선생은 천품이 매우 고명하여 요순 같은 군주와 요순의 백성으로 만들려는 뜻을 품었으나, 다만 세상에 미처 베풀지 못하신 것이 애석하다. 퇴계선생은 천품이 빼어나고 온화하며 순수하여 조예가 깊고 높았으며 성실하게 실천하셨으니, 백대 후손에게 전해지더라도 폐단이 없을 것이다. 율곡선생은 삼대시절의 인물과 같으며 안자, 증자에 버금갔으니, 스스로 말씀하시기를 "내가 다행히도 주자(朱子) 이후에 태어나서, 학문이 틀리지 않게 되었다."고 하셨다. 사계선생은 겸손하고 편안하며 방정하고 명확한 자질로 전적(典籍)의 의례를 삼가 행하시고 간사함과 바름을 엄히 구별하시어, 품으신 도(道)는 땅이 만물을 진 것같이 진중하고, 덕(德)은 봄기운이 만물을 소생하게 하듯이 두터우셨다. 우암선생은 영웅호걸의 걸출한 자태에 엄숙하고 강인하니, 선생이 연구하신 주자의 바른 학문과 『춘추(春秋)』의 대의는 백성이 지금까지 의뢰하고 있다.

나는, '정암의 능력과 의지에다 퇴계의 덕성과 학문이 있으며, 율곡의 이기설에 부합하고, 사계의 예교를 따르며, 우암의 의리를 확립한다면, 사람 됨됨이에 있어서 성인에 가깝다고 말할 수 있을 것'이라고 함부로 생각한 적이 있다. 전재선사께서 일찍이 문인에게 명하여 다섯 선생의 수언(粹言)을 수집하게 하니, 14권이 만들어졌다. 그리하여 배우는 자들에게 이로 말미암아 생각하고 행하여 그 덕을 이루어 본체를 밝히고 작용에 알맞게 하여 세상을 다스리는 데 쓰게 하시니, 선사의 마음 씀이 지극하다고 이를 만하며, 교육을 확립함이 바르다고 이를 만하다.

지난해에 홍대징(洪大徵)군이 활자를 사용하여 약간의 책을 인쇄하였으나, 배우는 자들이 이 책이 널리 유포되지 못함을 근심하였다. 근래에, 선(善)을 즐기고 의(義)를 좋아하는 밀양의 찰방 박만환(朴晩煥)이 자금을 내어 간행해서 사방의 선비와 벗들에게 나눠주어 함께하기를 원했다. 나는 그의 아름다운 뜻에 찬탄하고, 또 그 책머리에 쓰기를 아래와 같이 하였다. "성현의 가르침은 방법이 다양하나, 그 소목은 '문(文)으로써 넓히고 예로써 요약함[博文約禮]', '정학(正學)을 보호하고 이교를 물리침[衛正闢異]', '현인을 등용하고 간사한 이를 물리침[進賢黜奸]', '중화를 존중하고 오랑캐를 물리침[尊華攘夷]'의 몇 가지에 불과할 뿐인데, 그 처음은 또한 단지 의(義)와 리(利)를 분별하는 것일 뿐이다. 의(義)란 하늘이 주고 사람이 받은 바른 이치이니, 사해의 사람들이 이를 따른다면 천하의 국가가 장차 편안히 다스려지지 않음이 없을 것이다. 리(利)란 남과 내가 대립하여 생겨나는 사사로운 욕심이니, 하루라도 그것을 따르면 군신간이나 부자간도 또한 해롭지 않음이 없을 것이다. 아아! 어찌 이것을 삼가지 않을 수 있겠는가. 세상에서 이 책을 읽는 뜻있는 선비가 이와 같은 의(義)에 특별히 의지를 더한다면, 거의 다섯 분의 가르침을 저버리지 않을 것이다."

1903년 6월 후학 담주(潭州)인 전우(田愚)는 삼가 쓰다.

唐, 虞, 夏, 殷, 周, 孔, 顔, 曾, 思, 鄒, 濂溪, 程, 張, 朱, 靜, 退, 栗, 沙, 尤, 此先師全齋先生, 道統吟也。愚敬讀而歎曰: "學貴於門路正而趨向的, 不然, 其一生所苦思而勇詣者, 究止于傍蹊矣。是烏可不明審而謹擇之哉?"

竊惟我靜菴先生, 天資儘高明, 而懷堯、舜君民之志, 但惜其不及施也。退溪先生, 賦質穎悟溫粹, 造詣嵩深, 踐履慤實, 可以傳之百代而無弊。栗谷先生, 三代上人, 顔曾流亞, 而其自言曰'余幸生朱子後, 學問庶幾不差矣'。沙溪先生, 謙沖樂易, 方正確實, 謹於典禮, 嚴於邪正, 而道如地負, 德如春生。尤菴先生, 英豪傑特, 嚴毅剛直, 考亭正學, 『麟經』大義, 民到于今賴之。

愚嘗妄謂以靜菴之材志, 有退溪之德學, 契栗谷之理氣, 循沙溪之禮敎, 立尤菴之義理焉, 則其於爲人, 可謂幾乎聖者矣。先師嘗命門人, 掇取五先生粹言, 爲十四卷, 使學者由思及行, 以成厥德, 明體適用, 用經斯世, 其用心可謂至矣, 立敎可謂正矣。

頃年洪君大徵用活字, 印得若干本, 學者病其流布之未廣。比者, 密陽朴察訪晚煥, 樂善好義, 願出貲鋟板, 以與四方士友共之。愚旣歎其美意, 又書其篇首曰: "聖賢之敎, 亦多術矣。其目不過曰'博文約禮, 衛正闢異, 進賢黜奸, 尊華攘夷'數者而已, 而其始又只要辨義利而已。夫義也者, 天人授受之正理, 四海循之, 則家國天下將無不治安矣; 利也者, 物我對生之私欲, 一日從之, 則君臣父子亦罔不賊害矣。嗚呼! 其幾可不愼諸? 海內有志之士, 讀此書者, 其於此一義, 特加之意焉, 則庶不負五先生之敎矣。"

癸卯季夏, 後學潭州 田愚敬書。

4-1 『오현수언(五賢粹言)』권1

「도체(道體)」

모두 38조목이다.

1. 정암(靜菴)선생이 말하였다. "도(道)는 마음이 아니면 의뢰할 곳이 없는데, 마음을 확립하는 것은 성실함이 아니면 의뢰하여 행할 곳이 없다."【『정암선생문집』에 나온다. 이하도 마찬가지이다.】

2. "사람은 천지(天地)의 중정함을 받고 태어나 인의예지(仁義禮智)의 덕(德)만을 가지고 있으니, 천리(天理)에 어찌 악(惡)이 있겠는가! 다만 기품(氣稟)에 구속을 받기 때문에 어긋남이 있는 것이다. 목전의 편안함만 취하는 나약함은 인(仁)이 어긋난 것이고, 포학하고 사나움은 의(義)가 어긋난 것이며, 아첨하여 지나치게 공손함은 예(禮)가 어긋난 것이고, 간사한 속임수는 지(智)가 어긋난 것이다. 리(理)는 은미하여 기(氣)가 리를 이기기 쉽기 때문에 언제나 선인(善人)이 적고 불선인(不善人)이 많은 것이다."

3. 퇴계(退溪)선생이 말하였다. "리와 기를 겸하고 있으며 성(性)과 정(情)을 통솔하는 것이 마음이다. 성(性)이 발현하여 정(情)이 되는 즈음이 바로 마음의 기미(幾微)이고 온갖 변화의 중추이니, 선악이 여기에서 갈라지는 것이다."【『퇴계선생문집』에 나온다. 이하도 마찬가지이다.】

4. "인(仁)이란 비록 천지만물과 더불어 일체가 되는 것이지만, 반드시 먼저 자기가 근본이 되고 주재가 되어야 한다. 그리하여 모름지기 남과 내가 하나의 리(理)로 관련되어 있다는 절실한 의미와, 가슴에 가득한 측은한 마음이 관철되고 유행해서 막힘이 없고 두루 미치지 않은 데가 없음을 깨달아야, 이것이 바야흐로 '인의 실체'이다. 만약 이러한 리를 모르고 두루뭉술하게 천지만물이 일체인 것만을 인(仁)이라 여긴다면, 이른바 '인(仁)의 실체'라는 것이 한없이 넓고 머니, 나의 심신(心身)과 무슨 상관이 있겠는가."

5. "이 리(理)는 안팎이 없고, 남과 나의 간격이 없으며, 구분이 없고, 방위와 형체도 없다. 바야흐로 고요할 때에는 한 덩어리로 온전히 갖추어 있으니, 이것이 하나의 근본으로서, 본래 내 마음에 있거나 남에게 있거나 간에 구분 없다. 마침내 움직여 사물에 응접할 때에는 모든 사물의 이치가 바로 내 마음에 본래 갖추어진 이치이다."

6. "무릇 모양과 형기를 지니고 천지 사방에 가득 차 있는 것은 모두 기(器)이고, 그것이 갖추고 있는 이치가 곧 도(道)이다. 도는 기(器)를 떠나지 않지만 가리킬 만한 형체나 그림자가 없기 때문에 '형이상'이라고 한다. 기(器)는 도를 떠나지 않지만 형언할만한 형체와 모양이 있기 때문에 '형이하'라고 한다."

7. "죽고 마르고 흙이 되고 티끌이 되는 것들도 그 기(氣)가 있지 않음이 없다. 기가 있으면 곧 리(理)가 있지만, 오직 기는 각각 편벽한 것이 있으니, 물건에 들어있는 리도 기를 따라서 편벽하

지 않을 수 없다. 그러나 한 가지 물건을 가리켜 말한다면 그 편벽한 곳이 진실로 편벽하겠지만, 물건마다 있지 않음이 없는 것을 총체적으로 가리켜 말한다면 더욱 리(理)의 혼륜한 전체를 볼 수 있을 것이다. 어째서일까? 리라는 존재는 기에 구속되지 않고 물건에 국한되지 않기 때문에, 물건에 있는 작은 편벽함으로 크게 온전한 혼륜한 리를 해칠 수 없는 것이다."

8. "형체도 없고 그림자도 없는 리(理)가 마음에 담기고 실려 있는 것이 성(性)이고, 형체도 없고 그림자도 없는 성(性)이 마음에 기인하여 펼쳐 베풀어지고 발용하는 것이 정(情)이며, 정의 발용에 기인하여 계획하고 헤아려 이렇게 하도록 주장하는 것이 의(意)이다."

9. "태극(太極)으로 명명한 이유는 천지조화의 자연스런 지위를 점유한 뜻이고, 천명(天命)으로 명명한 이유는 사람과 사물이 품부 받은 바의 직분상 도리가 있기 때문이다."

10. "만물의 형체가 각기 다른 것으로 보면 편벽되고 막힌 물건은 본래 온전한 건순과 오상을 갖추지 못하였지만, 하나의 리(理)가 고루 부여된 것으로 말하면 물건마다 본래 있는 타고난 성(性)이 있지 않은 것이 없다."

11. "태극(太極)에는 동정(動靜)의 신묘함이 있지만, 그 움직임은 정(靜)에 근본한다. 성인(聖人)은 동정의 덕을 온전히 하지만, 그 움직임은 정(靜)을 위주로 한다."

12. "무릇 천하에 마땅히 행하여야 할 것은 리(理)이고, 마땅히 행해서는 안 되는 것은 리가 아니다. 사물에는 크고 작음이 있지만 리에는 크고 작음이 없어서, 아무리 풀어놓아도 밖이 없으며 아무리 거두어들여도 안이 없다. 방위도 없고 형체도 없으면서 어디에나 충만해 있으며, 거기마다 하나의 태극을 갖추고 있어서, 남거나 모자라는 것을 볼 수가 없다."【『언행록(言行錄)』26)에 나온다.】

13. 율곡선생이 말하였다. "미발(未發)의 본체(本體)에도 선과 악을 말할 수 있다는 것은 매우 잘 못이다. 희로애락(喜怒哀樂)이 발현되지 않은 상태를 중(中)이라고 하는데, 중은 큰 근본이니 어찌 선과 악을 말할 수 있겠는가?"【『율곡선생문집』에 나온다. 이하도 마찬가지이다.】

14. "중인(衆人)의 마음이라도 다행히 어느 순간에 혹 미발의 때가 있다면, 그 때는 바로 전체가 맑으니 성인과 다르지 않다."

15. "리(理)는 하나일 뿐이나 기(氣)를 타면 그 나뉨이 만 가지로 다르다. 그렇다면 들쭉날쭉하여 가지런하지 않은 것은 기가 그렇게 만든 것이다. 비록 기가 그렇게 만든 것이라고 하나 반드시 리가 주재함이 있는 것이니, 들쭉날쭉하여 가지런하지 않은 까닭은 또한 리가 마땅히 이와 같기 때문이다. 리가 이와 같지 않은데 기만 홀로 이와 같은 것이 아니다."

16. "발하는 것은 기(氣)이고, 발하는 까닭[所以]은 리(理)이다. 기가 아니면 발할 수 없고, 리가 아니면 발할 것이 없다."【본주에 말하였다. "성인이 다시 살아나시더라도 이 말을 바꾸지 않을 것이다."】

---

26) 『언행록(言行錄)』: 『鶴峯集』의 「退溪先生言行錄」을 가리킨다.

17. "물이 아래로 내려가는 것도 리(理)이며, 충격을 가하면 손 위로 튀어 오르는 것도 리(理)이다. 물이 만약 한결같이 아래로만 내려가 아무리 충격을 가해도 튀어 오르지 않는다면 리(理)가 없는 것이다. 충격을 가하면 손 위로 튀어 오르는 것은 비록 기(氣)나, 충격을 가하면 손 위로 튀어 오르는 까닭은 리(理)이다. 물이 아래로 내려가는 것은 '본연의 리[本然之理]'이고 충격을 가하면 손 위로 튀어 오르는 것은 '기를 탄 리[乘氣之理]'이다. 기를 탄 리 밖에서 본연의 리를 따로 찾는 것은 진실로 옳지 않고, 기를 탐으로써 상도(常道)에 위배되는 것을 가리켜 본연의 리라고 말하는 것도 옳지 않으며, 상도에 위배되는 것을 보고서 마침내 기만 홀로 작용하고 리(理)가 거기에 있지 않다고 여기는 것도 옳지 않다."

18. "리(理)는 형체가 없고 기(氣)는 형체가 있기 때문에, 리는 통하고 기는 국한된다. 리는 작위(作爲)가 없고 기는 작위가 있기 때문에, 기가 발하면 리가 타는 것이다."

19. "리(理)와 기(氣)는 본래 합쳐진 것이고, 처음 합쳐진 때가 있는 것이 아니다. 리와 기를 둘로 나누려는 자는 도를 아는 자가 아니다."

20. "리에는 본연의 리가 있고, 기에도 본연의 기가 있다. 기의 본연이란 도심(道心)이며, 호연지기(浩然之氣)이다. 성현의 수많은 말씀이 다만 사람들로 하여금 기(氣)를 단속하여 기의 본연을 회복하게 할 뿐이다."

21. "리(理)가 기를 탄 것으로 말하면 마른나무와 식은 재에 있는 리는 본래 기에 국한되어 각각 하나의 리가 된 것이지만, 리의 본체로 말하면, 비록 마른나무와 식은 재에 있더라도 그 혼연한 본체는 그대로이다. 그러므로 마른나무와 식은 재의 기는 살아있는 나무와 살아있는 불의 기가 아니지만, 마른나무와 식은 재의 리는 바로 살아있는 나무와 살아있는 불의 리이다. 오직 리가 기를 타서 하나의 물건에 국한되었기 때문에 '리는 절대로 같지 않다.'고 말하며, 리가 기에 국한되었더라도 본체는 스스로 같기 때문에 '리는 리요, 기는 기로서, 서로 뒤섞이지 않는다.'고 말한다. 단지 기에 국한되어 각각 하나의 리가 된 것만 보고, 혼연한 일체의 리가 비록 기에 있더라도 통하지 않는 데가 없는 것을 보지 못한다면, '하나로 통한다[一貫]'는 뜻에 있어서 어찌 겹겹의 관문과 고개를 사이에 둔 것처럼 막혀 있는 것일 뿐이겠는가."

22. "기의 근본이 한가지인 것은 리가 통하기 때문이고, 리가 만 가지로 나누어진 것은 기가 국한되기 때문이다. 본체 가운데 유행이 갖추어 있고, 유행 가운데 본체가 들어 있다."

23. "기(氣)에 나아가 리(理)만을 가리킬 때에는 본연지성이라 하고, 리와 기를 합하여 명명할 때에는 기질지성이라고 한다."

24. "형체가 있고 작위(作爲)도 있어서 동(動)함이 있고 정(靜)함이 있는 것은 기이고, 형체가 없고 작위도 없으나 동에도 존재하고 정에도 존재하는 것은 리이다."

25. "성(性)은 리이고, 마음은 기이다. 선현이 마음과 성을 합하여 말한 것이 있으니, 맹자가 '인

(仁)은 사람의 마음이다.'라고 한 것이 이것이고, 나누어 말한 것이 있으니, 주자가 '성(性)은 마음의 리(理)이다.'라고 한 것이 이것이다."【우암선생이 태학의 유생을 대신하여 쓴 의소(擬疏)에 "유직(柳樸)은, 이이(李珥)가 '심(心)이 기이다.'라고 말한 것이 이이(李珥)의 병통이라고 하였다. 공자로부터 송유(宋儒)에 이르기까지 성을 리(理)에 붙이고 심(心)을 기(氣)에 붙인 것이 자세할 뿐만이 아니다. 그런데도 이런 말을 하니, 이는 마치 태양이 중천에 밝아도 소경은 보지 못하는 것과 같다. 그러므로 이이가 한마디 말로 곧바로 잘라 설파해서 성현의 뜻을 세상에 빛나게 하였으니, 이런 점에서 이이가 후학에게 공이 있음을 알 수 있다. 다만 심이 형기(形氣)에 관계되더라도, 이 리(理)를 저장하고 있기 때문에, 성현들이 이를 합하여 말한 것이 있다. 맹자가 '인의(仁義)의 양심(良心)이다.'라고 말한 것이나, 장자(張子)가 '성과 지각(知覺)을 합하여 심의 명칭이 있게 된 것이다.'라고 말한 것이 이것이다. 그러나 이것도 그 가운데 갖추어 있는 리를 가리켜 말한 것이니, 어찌 일찍이 곧바로 유직의 소견과 같이 심을 리라 하였겠는가."라고 하였다.】

26. "사단(四端)은 리만을 말한 것이고, 칠정(七情)은 리와 기를 합하여 말한 것이다."

27. "마음의 허령함은 '품부받은 것[氣]'에 구속되지 않는다."

28. 우암선생이 말하였다. "유행(流行)은 기의 운행이고, 대대(對待)는 상수(象數)인데, 이른바 리(理)라는 것은 기의 운행과 상수가 그렇게 되는 까닭이다. 그러나 기의 운행이 도로 대대가 되고, 상수도 유행이 된다. 하나의 기운이 사시에 유행해서, 봄·여름과 가을·겨울이 대대가 되니, 이는 유행 가운데 대대가 있는 것이다. 천지가 형체로써 서로 대대가 되어, 천지의 기운이 서로 유행하여 통하니, 이는 대대 가운데 유행이 있는 것이다. 온갖 사물을 미루어 보아도 모두 그렇지 않음이 없다."【『송자대전』에 나온다. 이하도 마찬가지이다.】

29. "성현은 마음을 논함에 지각을 주로 삼는데, 지각이 바로 기(氣)이다."

30. 「정경유(鄭景由)에게 답하다」[27]의 편지에 말하였다. "보내 온 편지에서 '리(理)와 기(氣)가 서로 합한 뒤에 허령(虛靈)이 생긴다.'고 한 것은 매우 잘못된 것이다. 만약 고쳐서 '리와 기가 합쳐진 것에서, 그 허령한 것이 심(心)이고, 그 허령한 가운데 갖춰진 것이 성(性)이다.'고 한다면 거의 타당할 것이다. 그런데 지금 '리와 기가 합한 뒤에 허령이 생긴다.'고 하였으니 이는 허령을 성(性)으로 여긴 것이다. 이 어찌 석씨(釋氏)가 작용(作用)을 성이라 하는 것과 다르겠는가."

31. "퇴계는 '리(理)의 본체는 정의와 조작이 없더라도 그 작용의 신묘함은 밖으로 드러나서 이르지 않은 곳이 없다.'고 하였고, 또 '지난날에는 신묘한 작용이 드러나 행해질 수 있다는 것을 몰라 하마터면 리를 죽은 것으로 오인할 뻔했다.'고 하였다. 대개 그 뜻은 리의 작용은 살아 있는 것이

---

27) 「鄭景由에게 답하다」: 鄭景由는 鄭纘輝(1651~1723)를 가리킨다. 경유는 그의 자. 호는 窮村. 송시열의 문인으로 鄭夢周의 후손이다. 이 편지는 송시열이 流配地인 長鬐에서 3년 만에 그의 편지를 받고 그동안에 변천된 여러 가지 일을 개탄하고, 질문한 『大學章句』 問目에 대하여 별지로 회답한 것이다.

라고 여긴 것일 뿐이니, 주자의 뜻과 크게 다른 것이다. 체와 용의 근원이 하나이고 드러난 이치와 은미한 이치의 간격이 없는 것은 본래 바꿀 수 없는 도리인데, 어찌 본체는 정의와 조작이 없고 작용은 정의와 조작이 있을 수 있겠는가. 이른바 '밖으로 드러난다'거나 '드러나 행해진다'는 것은, 주자가 연비어약(鳶飛魚躍)의 뜻을 논한 것과 같은 맥락에서 이 리가 기를 타고 유행하여 작용함을 말한 것이지 이 리(理)의 본체는 정의와 조작이 없는데 작용에 이르러서는 정의와 조작이 있다는 말이 아니다."[본주: 리(理)에 정의와 조작이 없는 점은 리의 본체와 작용에도 차이가 없다.]

32. 심명중(沈明仲)[28]이 물었다. "'리는 정의(情意)도 없고 조작도 없다.'라고 한다면 기(氣)만 작용을 하고 리는 단지 기에 매달려 타고 있을 뿐이니, 주재한다는 의미가 어디에 있습니까? 또 이미 '물건을 낳는 마음[生物之心]'이라 했으니, 정의가 없다고 이를 수 없으며, '동(動)하게 하고 정(靜)하게 한다.'고 했으니 조작이 없다고 이를 수도 없겠습니다. 어떻습니까?" 우암선생이 답하였다. "이른바 '리가 주재하여 동하게 하고 정하게 한다.'는 것은 또한 '저절로 그렇게 된다.'는 말에 지나지 않으니, 음양오행이 운용하고 조작하는 것과는 같지 않다. 그러나 이 음양오행이 운용하고 조작할 수 있는 소이(所以)가 어찌 리(理)가 아니겠는가. 대체로 근원적인 측면에서 보면 리가 있고 난 다음에 기가 있는 것이므로 '리가 주재가 된다.'고 하였고 또 '동하게 하고 정하게 한다.'고 하였다. 유행하는 측면에서 보면 리가 곧 기 속에 존재하여 청탁과 선악을 기가 조성하는 대로 따를 뿐이다. 이런 곳은 모름지기 자세히 이해하여야 한다."

33. "태극(太極)은 음양(陰陽)의 주재자인데 도리어 음양에 의해 움직인다. 무릇 태극과 음양에서 나온 것은 모두 그렇지 않은 것이 없다.

34. "본연지성(本然之性)과 기질지성(氣質之性)의 두 이름은 정자(程子)와 장자(張子)에서 시작되었으나, 공자의 '성은 서로 가깝다[性相近]'는 세 글자는 이미 본연과 기질을 겸하여 말한 것이다. 맹자가 입만 열면 '성선(性善)'을 말했는데, 이는 모두 본연의 성을 말한 것이다. 그러나 그가 소[牛]의 성과 말[馬]의 성을 말한 경우에는 또한 기질을 가지고 말한 것이다."

35. "천지는 비록 크지만 형상(形象)이 있으니, 형상이 있는 것은 마침내 없어지는 것이고, 또 처음과 끝이 있으니 처음이 있는 것은 반드시 끝이 있게 마련이다. 그렇다면 이것이 만물과 무엇이 다른가. 다만 크고 작고 빠르고 늦은 차이가 있을 뿐이다. 도(道)의 경우는 형상이 없고 처음도 끝도 없어 이름으로 형용할 수 없이 단지 하나의 무궁한 사물이다. 천지는 그 가운데 있는 한 덩어리의 조그마한 물건으로서 생성과 괴멸이 일순간처럼 빠르니, 과거의 시간도 무궁하고 장래의 시간도 무궁하다."

---

28) 沈明仲: 심정희(沈廷熙, 1656~1714)를 가리킨다. 明仲은 그의 자이다. 본관은 靑松, 호는 孤松齋이다. 송시열의 문인이다.

36. "도체(道體)는 무궁한데, 마음이 이 도를 머금고 있기 때문에 심체(心體)도 무궁하다. 그러므로 도를 태극(太極)이라 하고, 마음도 태극이라 하는 것이다."

37. 물었다: "마음의 허령함은 단지 기(氣) 때문입니까? 아니면 리와 기가 합하였기 때문입니까?" 우암선생이 답하였다. "기 때문이다."【『송자대전(宋子大全)』「부록(附錄)」에 나온다.】

38. "리(理)를 마음을 상대하여 말하면 리는 리이고 마음은 기이지만, 마음을 형체와 상대하여 말하면 마음이 리이고 형체가 기이다. 이는 마음이 비록 기이지만, 이 리(理)를 포함하고 있기 때문에, 때로는 리라 하고 때로는 기라 해도 모두 통하는 말이다. 오직 소견이 어떠한지를 볼 뿐이다."【『朱子大全劄疑』에 나온다.】

『五賢粹言』 卷之一
「道體」 凡三十八條

靜菴先生曰: "道非心無所依, 而立心非誠, 亦無所賴而行."【『文集』。下同。】

"人受天地之中以生, 只有仁義禮智之德, 天理豈有惡哉! 但爲氣稟所拘, 故乃有差。姑息懦弱, 仁之差也; 暴虐厲猛, 義之差也; 諂諛過恭, 禮之差也; 奸譎詭詐, 智之差也。理惟微而氣易勝, 故善人常少而不善人常多。"

退溪先生曰: "兼理氣、統性情者, 心也。性發爲情之際, 乃一心之幾微, 萬化之樞要, 善惡之所由分也。"【『文集』。下同。】

"仁者, 雖與天地萬物爲一體, 然必先要從自己爲原本、爲主宰, 仍須見得物我一理相關親切意味, 與夫滿腔子惻隱之心, 貫徹流行, 無有壅閼, 無不周徧處, 方是仁之實體。若不知此理, 而泛以天地萬物一體爲仁, 則所謂仁體者, 莽莽蕩蕩, 與吾身心, 有何干預哉?"

5. "此理無內外, 無物我, 無分段, 無方體。方其靜也, 渾然全具, 是爲一本, 固無在心在物之分。及其動而應事接物, 事事物物之理, 卽吾心本具之理。"

6. "凡有貌象形氣而盈於六合之內者, 皆器也, 而其所具之理, 卽道也。道不離器, 以其無形影可指, 故謂之形而上也; 器不離道, 以其有形象可言, 故謂之形而下也。"

7. "死槁土塵, 亦莫不有其氣。有其氣便有其理, 惟其氣各有偏, 理之在是物者, 亦不能不隨而偏。若指其一物而言之, 其偏處固偏矣; 若摠指其無物不在而言之, 尤可以見其全體之渾淪矣, 何者? 理之爲體, 不囿於氣, 不局於物, 故不以在物者之少偏, 而虧其渾淪之大全也。"

8. "理無形影, 而盛貯該載於心者, 性也; 性無形影, 而因心以敷施發用者, 情也; 因情之發, 而經營較計, 主張要如此者, 意也。"

9. "名以太極者, 占造化自然之地分意思; 名以天命者, 有人物所受之職分道理。"

10. "觀萬物之異體, 則物之偏塞, 固不具健順五常之全; 言一理之均賦, 則物物之中, 莫不有天然自在之性。"

11. "太極有動靜之妙, 而其動也本於靜; 聖人全動靜之德, 而其動也主乎靜。"

12. "凡天下所當行者, 理也; 所不當行者, 非理也。事有大小, 而理無大小, 放之無外, 斂之無內。無方所無形體, 隨處充足, 各具一極, 未見有欠剩處。"【『言行錄』】

13. 栗谷先生曰: "未發之體, 亦有善惡之可言者, 甚誤。喜怒哀樂之未發謂之中, 中也者, 大本也, 安有善惡之可言耶?"【『全書』。下同。】

14. "衆人之心, 幸於一瞬之間, 或有未發之時, 卽全體湛然, 與聖人不異。"

15. "理一而已矣, 而乘於氣, 則其分萬殊。然則參差不齊者, 氣之所爲也。雖曰氣之所爲, 而必有理爲之主宰, 則其所以參差不齊者, 亦是理當如此。非理不如此, 而氣獨如此也。"

16. "發之者, 氣也; 所以發者, 理也。非氣, 則不能發; 非理, 則無所發。【本註云: "聖人復起, 不易斯言"。】"

17. "水之就下, 理也; 激之則在手者, 亦理也。水若一於就下, 雖激, 而不上, 則爲無理也。激之而在手者, 雖氣, 而所以激之而在手者, 理也。水之就下, 本然之理也; 激而在手, 乘氣之理也。求本然於乘氣之外, 固不可; 若以乘氣而反常者, 謂之本然, 亦不可; 若見其反常, 遂以爲氣獨作用而非理所在, 亦不可也。"

18. "理無形而氣有形, 故理通而氣局; 理無爲而氣有爲, 故氣發而理乘。"

19. "理氣, 本合也, 非有始合之時。以理氣二之者, 非知道者也。"

20. "理有本然之理, 氣亦有本然之氣, 氣之本然者, 道心浩氣也。[29] 聖賢千言萬語, 只使人檢束其氣, 使復其氣之本然而已。"

21. "以理之乘氣而言, 則理之在枯木死灰者, 固局於氣而各爲一理; 以理之本體言, 則雖在枯木死灰, 而其本體之渾然者固自若也。故枯木死灰之氣, 非生木活火之氣, 而枯木死灰之理, 卽生木活火之理也。唯其乘氣而局於一物, 故曰'理絕不同'; 雖局於氣而本體自如, 故曰'理自理, 氣自氣, 不相挾雜'。只見局於氣而各爲一理, 不見渾然一體之理, 雖在於氣, 而無所不通, 其於一貫之旨, 奚啻隔重關複嶺哉?"

22. "氣之一本者, 理之通故也; 理之萬殊者, 氣之局故也。本體之中, 流行具焉; 流行之中, 本體存焉。"

23. "就氣上, 單指其理, 曰本然之性; 合理氣而命之, 曰氣質之性。"

24. "有形有爲而有動有靜者, 氣也; 無形無爲而在動在靜者, 理也。"

---

29) 道心浩氣也: 『栗谷全書』「答成浩原」에는 "浩然之氣也"로 되어 있다.

25. "性, 理也; 心, 氣也。先賢於心性, 有合而言之者, 孟子曰'仁, 人心'是也; 有分而言之者, 朱子曰'性者, 心之理'是也。"【尤菴先生代太學生擬疏曰: "柳樱以心是氣之語爲珥之病。自孔子至宋儒, 以性屬理, 以心屬氣者, 不翅詳矣, 正如大明中天, 瞽者不見。故珥以一言, 直截說破, 使聖賢之意, 粲然於世, 此可見珥之有功於後學也。且心雖涉於氣, 而該貯此理, 故聖賢有合而言之者, 孟子所謂仁義之良心, 張子所謂'合性與知覺, 有心之名'者是也。然此亦指其中所具之理而言也, 何嘗直以心爲理如樱之見乎?"】

26. "四端, 專言理; 七情, 合理氣。"

27. "心之虛靈, 不拘於稟受。"

28. 尤菴先生曰: "流行者, 氣運也; 對待者, 象數, 而所謂理者, 氣運象數之所以然者也。然氣運還爲對待, 象數亦爲流行。一氣流行於四時, 而春夏與秋冬爲對待, 是流行中有對待也; 天地以形體相爲對待, 而天地之氣實相流通, 是對待中有流行也。推之萬事萬物, 莫不皆然。"【『大全』。下同。】

29. "聖賢論心, 以知覺爲主, 而知覺卽氣也。"

30. 「答鄭景由」書曰: "來諭理與氣相合, 然後生虛靈者, 甚誤。如改曰'理與氣合, 而其虛靈者, 心也; 其虛靈中所具者, 性也', 如此則近之矣。今曰'理與氣合, 然後生虛靈', 是以虛靈爲性也。是何異於釋氏以作用爲性邪?"30)

31. "退溪言: '理之體, 雖無情意造作, 而其用之妙, 則發見而無不到也。' 又曰: '向也, 不知妙用之能顯行, 殆若認(以)[理]31)爲死物。' 其意蓋以爲理之用是活物云爾, 與朱子意迥然不同矣。夫體用一源, 顯微無間者, 自是不可易之道也, 豈有其體則無情意造作, 而其用則有情意造作也? 夫所謂'發見'、'顯行'云者, 蓋謂此理乘氣流行而以爲用, 如朱子論鳶飛魚躍之義而已, 非謂此理其體則無情意造作, 而至於用則有情意造作也。【本註: '此理之無情意造作, 無間於體與用也。'】

32. 沈明仲問: "理無情意造作, 則氣專用事, 理只掛搭氣上而已, 其所以主宰之意安在? 且既曰生物之心, 則不可謂無情; 使動使靜, 則不可謂無造作, 如何?" 先生曰: "所謂'理之主宰, 使動使靜'者, 亦不過曰自然而已, 不如陰陽五行之運用造作也。然此陰陽五行之運用造作者, 豈非理乎? 大抵從源頭看, 有是理然後有是氣, 故謂'理爲主宰', 又謂'使動使靜'。從流行處看, 則理便在氣中, 清濁善惡, 隨氣之所成而已。此處必須仔細理會。"

33. "太極爲陰陽之主, 而反爲陰陽之所運用也。凡生於太極陰陽者, 莫不皆然。"

34. "本然之性、氣質之性, 此二名雖始於程、張, 然孔子性相近三字, 已是兼本然、氣質而言也。孟子開口便說性善, 是皆說本然。然其曰牛之性、馬之性, 則亦以氣質而言也。"

---

30) 이미 원주에 '【『大全』。下同。】' 방식의 출처를 밝힌 경우라도 구체적으로 출처를 밝힌 인용문이면 직접 화법으로 표점하였다. 이하 동일하다.

31) (以)[理]: 저본에 '以'로 되어 있으나, 『退溪文集』에 의거하여 '理'로 수정하였다.

35. “天地雖大, 旣有形象, 有形象者, 終歸於消化; 又有終始, 有始者, 必有終。此與萬物何異? 但有大小、遲速之分而已。若夫道則無形象、無終始, 不可名狀, 只一箇無窮底物事。而天地者, 其中一塊小物, 成壞生滅, 如一瞬息。過去無窮, 將來亦無窮。”

36. “道體無窮, 而心涵此道, 故心體亦無窮。故曰‘道爲太極, 心爲太極’。”

37. 問: “心之虛靈, 只是氣歟? 抑以理氣合故歟?” 先生曰: “是氣。”【『附錄』】”

38. “以理對心而言, 則理爲理而心爲氣; 以心對形而言, 則心爲理而形爲氣。蓋心雖是氣, 而該貯此理, 故或謂理或謂氣, 而皆可通, 惟觀其所見如何耳。”【『朱書箚疑』】

「정시기질설靜時氣質說」【己巳】

해제

1) 서지사항

전우(田愚, 1841~1922)가 미발시(未發時)의 기질(氣質)에 대하여 쓴 논설. 『간재집(艮齋集)』전편 권14에 실려있다. (한국문집총간 333)

2) 저자

전우

3) 내용

이 글은 전우가 29세인 1869년에 지은 논설로 초년설에 해당한다. 제목에서 말한 "정시(靜時)"란 "미발시(未發時)"를 의미한다. 이 글에서 전우는 "미발시의 기질은 청명하고 순수함을 믿을 만하다.(未發時氣質淸粹之說, 有能信之者。)"고 하여 이간(李柬, 1677~1727)으로 내려온 낙론의 미발심설을 따랐다. 또한 글 후반에는 이간 이외에도 성혼(成渾, 1535~1598), 권상하(權尙夏, 1641~1721), 이재(李縡, 1680~1746), 한원진(韓元震, 1682~1751), 김원행(金元行, 1702~1772), 박윤원(朴胤源, 1734~1799) 등의 관련 주장을 통해 자신의 미발심론을 정립하였다.

2-1-3 「靜時氣質說」【己巳】(『艮齋集』前編 卷14)

余嘗有言曰: "未發時氣質淸粹之說, 有能信之者, 體一兩字盡之矣, 否則徒費脣舌耳, 無補於道也。" 客有難之者曰: "吾子言之然矣。昔賢之論, 可得而聞歟?" 曰: "前言浩穰, 難以徧擧而悉論, 姑且一二言, 以該其餘可乎? 先輩有以美惡爲本領, 而謂'未發之際亦有不齊'者, 有謂'人之氣質, 雖有定分, 也有好時, 也有不好時, 屢變而不常, 故雖衆人而其未發則淸而粹'矣, 有謂'衆人雖有未接物時, 其濁駁猶在, 所以無未發者', 是其爲說不同, 而以美惡爲本則同, 此余之所以不能無惑也。" 客曰: "所引第二說則善矣, 奈何疑之。" 曰: "其謂淸濁有定分, 則亦美惡本領之說也。其曰'淸粹於未發'者, 特指其偶然者耳, 非以是爲氣質之體, 此余之所以不能無遺恨也。" 客曰: "<u>巍巖</u>說中, 有'以未發時淸粹者, 爲氣之本然', 此則可謂盡之矣乎?" 曰: "氣質之論, 至此而庶幾焉, 然謂之盡則未敢知也, 若要盡也, 當曰'氣質, 用雖不齊, 體則無二, 故衆人而靜, 則用息而體見, 玆其所以純於淸粹, 而與聖人一同也'云爾矣。今其言無慮百萬, 而卒不能以體一用殊四字, 提其綱而振之, 則其於氣質, 所見無或有未盡而然歟? 抑識則已到, 而詞有未悉歟? 未敢質也。" 客曰: "<u>寒泉先生</u>答<u>南宮氏</u>之問者, 子以爲如何?" 曰: "亦善矣, 而其答之之詞, 疑亦有未盡者, 夫濁云駁云, 豈體之云乎哉? 而彼<u>南宮氏</u>方以未發爲問, 而指濁駁爲本分, 而疑其自在於一邊, 則其見之可謂麤矣。苟欲正之, 當曰'雖昏愚甚者, 其氣質之體則醇且全, 豈有用之濁駁而曾與於未發之時耶? 況可槩以濁駁爲本分耶?' 如是爲言, 庶乎可以盡之矣。" 客唯而去, 因記其說, 先儒諸論, 并附見焉。

<u>牛溪</u>曰: "從人生以後而言, 則未發之性,【本註, 并氣質言。】亦有善惡之一定者, 然未可謂之未發之中也。愚謂未發之體者, 指氣稟一定而言, 非言未發之中也。"

<u>遂菴</u>曰: "人之氣質, 得於有生之初, 雖未發之前, 美惡自在, 及其動也, 美者感於正而易趨於善, 惡者, 感於邪而易趨於惡, 此理勢之不得不然者也。"

<u>陶菴</u>曰: "未發時, 不可著氣質字。雖昏愚之人, 或有未發, 則雖一霎之頃, 全

是湛一本然之體, 有淸粹而無濁駁, 不如是, 何以云'未發時堯、舜塗人一也.'若曰'本分濁駁一邊在了', 則不幾於善惡之混者耶?"

或曰: "人生而靜, 氣未用事, 其性渾然至善, 感於物而動, 氣得用事, 故其情有善有不善. 魏莊渠曰: '如是則體用二原矣. 性善情亦善, 靜時性被氣稟炎雜, 先藏了不善之根, 故動時情被物欲汙染, 不善之萌芽纔發. 存養於靜, 默消其不善之根; 省察於動, 纔覺不善之萌芽, 便與鋤治, 積習久之, 本體渾然是善, 發用處亦粹然無惡矣'."

南塘曰; "有生之初, 便有氣質之性. 淸濁粹駁, 有萬不齊, 其本領之美惡如此, 故爲發後淑慝之種子, 非謂未接物時, 惡念常存於心也." 又曰: "未發之際, 心體惺惺, 湛然虛明, 而虛明之中, 隨人氣稟, 不能無偏全美惡之不齊."

屛溪「與兪兼山」書曰: "高明只知人物之氣, 發用則異, 故所乘之理, 隨氣各異, 而不知人物之氣, 已自稟初而異, 故不待發用, 而其所囿之理, 隨其位分, 亦已不同矣."

兼山「答屛溪」書曰: "所謂人物之氣異, 故不待發用, 而所囿之理不同者, 愚則曰'氣質之性', 而執事則曰'本然之性'也"云云.

巍巖曰: "求於未發之旨, 則無論聖凡, 必此心寂然不動, 如水止鏡明, 則所謂淸濁粹駁之有萬不齊者, 至是一齊於純淸至粹,【本註, 此氣之本然也.】而不偏不倚之中體, 亦於是乎立."

『渼湖語錄』問: "人生氣稟, 得於有生之初, 淸濁粹駁, 自有定分. 當未發之時, 卽此濁駁, 在於何處?" 先生曰: "人之氣質, 雖有定分, 也有好時, 也有不好時, 屢變而不常. 衆人未發, 固未易有, 如或有之, 此時其氣質, 亦純淸極粹矣."

近齋曰: "衆人雖有未接物時, 卽其方寸之閒, 氣質之濁駁猶在也. 譬如火焰雖息, 而煙氣猶熏, 烏得有所謂中乎?"

凡人得游氣之有粹、有雜、有多、有寡者, 以爲氣質, 則說者皆謂此乃得於有生之初, 卽認作氣質之體, 殊不知游氣之本卽是醇且全者, 其醇且全者爲其體, 而亦未嘗不得之於有生之初也。【右一條, 卽愚所嘗「與申言汝」書也。 今見先輩諸說, 恐未免有今世說者之意, 敢附之于此, 知罪知罪!】

『검본檢本』

해제

1) 서지사항

전우가 1877년 성리(性理)의 전반적인 이론을 정리하여 간행한 단행본. 전우의 제자인 경재(絅齋) 정연국(鄭然國)에 의해 상·하 2권 1책, 석인본으로 간행되었다.

2) 저자

전우(田愚: 1841~1922)로, 자는 자명(子明), 호는 간재(艮齋)이다,

3) 내용

이 책은 전우가 37세였던 1877년에 간행된 책으로 저자의 장년기 시기의 성리설을 집약한 저서이다. 상편은 『주자어류(朱子語類)』를 모방하여 「심(心)」, 「허령지각(虛靈知覺)」, 「신(神)」, 「리(理)」, 「정(情)」, 「기(氣)」, 「덕(德)」, 「사(事)」 등 여덟 가지 주제에 대해 주자의 견해를 중심으로 설명하였고 안설(按說)을 통해 자신의 의견을 서술했다. 하편은 상편에서 제시한 여덟 가지 주제에 대해 우암(尤庵) 송시열(宋時烈, 1607~1689), 농암(農巖) 김창협(金昌協,1651~1708) 등 기호학자를 중심으로 견해를 모아 상편의 여덟 가지 학설을 밝혔다.

2-1-4『檢本』【『語類』, 先生言: "余正甫, 堅說一國一宗。某言其非是, 則渠高聲抗爭。某檢本與之看, 方得口合。"】

上篇【此編, 專引朱子之訓以爲本字。】

心

○ 朱子曰: "惟心無對。" ◆『啓蒙』引邵子語曰: "心爲太極。"

○ 朱子曰: "性猶太極也, 心猶陰陽也。太極非能離陰陽, 然太極自太極, 陰陽自陰陽, 惟性與心亦然。" ◆"趙致道謂'心爲太極', 林正卿謂'心具太極'。先生曰: '看來心有動靜, 其體則謂之易, 其理則謂之道, 其用則謂之神'。"【朱子又嘗曰: "易在人便是心, 道在人便是性, 神在人便是情。" 又曰: "其體則謂之易, 在人則心也。語默動靜, 變化不測者是也。言體則亦是形而下者, 其理則形而上者也。"】

> 按: 統論心之大用, 則性固在其中, 故得太極之名而爲無對之物矣。若以之對性, 則心實屬氣, 而性却爲太極, 蓋理無二體故也。

○ 朱子曰: "心者, 人之神明, 所以具衆理而應萬事者也。五峯云:'心妙性情之德, 妙是主宰運用之意。' 五峯此說, 不曾去研窮深體, 如何直見得恁地!"

○ 朱子曰: "心者, 氣之精爽。"

○ 或問: "仁, 人心也, 則心與仁, 宜一矣。而又曰: 心不違仁, 則心之與仁, 又若二物焉者, 何也?" 朱子曰: "孟子之言, 非以仁訓心也。蓋以仁爲心之德也。仁字、心字, 亦須略有分別, 始得。李先生說 '孟子言仁人心也, 不是將心訓仁字', 此說, 最有味。" ◆"向使顏子, 天假之年, 大而化之, 則其心與仁, 無待於不違而常一矣。"

> 按: 潘端叔擧"心不違仁"以質於先生也, 有以此合彼之語。先生謂: "如此, 則心與仁眞成二物了。" 有以此爲心理一物之證者, 此固似矣。先生於二蘇之辨, 旣譏其"道與陰陽各爲一物"之病, 又有"形而上下, 不可以二物言"之論。若如或者之見, 豈惟心與仁爲一物而已? 理之與氣, 亦只是一物已矣。是豈先生立言之本意哉?

○ 朱子「答鄭子上」書曰: "儒、釋之異, 正爲吾以心與理爲一, 而彼以心與理爲二耳. 然近世一種學問, 雖說心與理一, 而不察乎氣稟物欲之私, 故其發亦不合理, 却與釋氏同病."【農巖說, 見下篇.】 "從心所欲不踰矩", 聖人大而化之, 心與理一, 渾然無私欲之間而然也.【按: 『大學講義』論氣稟之分曰: "極淸且純者, 氣與理一而自無物欲之蔽" 云云, 當與此段參看.】 ◆ "孟子所以不如孔子者, 正爲於理義, 有未合一耳."【按: 此段所謂義, 正指心之發用而言. 『論語』志學章集註, "欲卽用, 用卽義"云者, 當與此段參看.】

按: 求仁之功, 至於非有所存而自不亡, 然後可以言心與理一也. 苟未至此, 雖知得心理相須, 不容偏廢之妙, 亦要得持志養氣, 以防其失理之患, 此所謂利仁則二也. 釋氏不知心理二者不能相無之道, 而專以心爲本, 却謂理是心之障而欲去之, 故先生以 "心理爲二" 爲釋氏之失矣. 然其實非謂心便是理、理便是心, 而讀者多錯認語意, 便說 "心卽是理、理爲氣主, 安有所謂理而反隨氣者?" 如此者, 其異乎陸氏之恃心自用者幾希, 反引先生心理爲一之訓而强合之, 誤矣.

虛靈知覺

○ 朱子曰: "靈處, 只是心, 不是性. 性只是理." ◆ "性則理也, 今人, 往往指有知覺者爲性, 只說得箇心." ◆ "佛氏磨擦得這心極精細, 它便認做性, 殊不知此正聖人之所謂心. 心是該得這理, 佛氏元不曾識得這理一節, 便認知覺做性." ◆ "有知有覺者, 皆氣之所爲也."

○ 汪長孺言: "性有神靈." 朱子曰: "神靈非所以言性, 告子、釋氏之失, 正墜於此, 不可不深究也." ◆ "釋氏以識神爲根本. 若吾儒之論, 則識神乃是心之妙用, 如何無得? 但以此語性, 則無交涉耳."

○ 問: "人賦氣成形之後, 便有知覺, 所有知覺, 自何而發?" 朱子曰: "知覺, 正是氣之虛靈處, 與形氣査滓, 正作對也."

○ 朱子「答潘謙之」書曰: "性只是理, 情是流出運用處, 心之知覺, 卽所以具此理而行此情者也. 以智言之, 所以知是非之理卽智也、性也; 所以知是非而是非之者, 情也; 具此理而覺其爲是非者, 心也. 此處分別, 只在毫釐之間, 精以察之, 乃可見耳."【尤庵說, 見下篇.】

神

○朱子曰: "氣之精英者, 爲神." ◆問: "神在人言之則如何?" 曰: "知覺便是神."
◆直卿問: "神是氣之至妙處, 所以管攝動靜. 十年前, 曾聞先生說, 神亦只是形而
下者." 賀孫問: "神旣是管攝此身, 則心又安在?" 先生曰: "神卽是心之至妙處, 滾
在氣裏說, 又只是氣. 然神又是氣之精妙處, 氣又是麤了." ◆直卿云: "看來神字,
本不專說氣, 可就理上說, 先生只就形而下者說." 先生曰: "某所以就形而下說,
畢竟就氣處, 發出光彩便是神."

按: 神之本色, 只是箇氣, 而其至精至妙之體, 直與理無間. 故先生之言, 或有
以神爲理者, 此當活絡看, 不可執言而迷旨也.

理

○問: "理是道理, 心是主宰底意否?" 朱子曰: "心固是主宰底意, 然所謂主宰者,
卽理也." ◆"人物之生, 莫不得其所以生, 以爲一身之主."【尤庵曰: "所以生, 仁義禮知
之性也."】◆"氣之流行, 性爲之主."

按: 無爲之理, 若不可以主宰言. 然凡人心之造化運用, 擧不能外乎此理, 此理
之所以爲自然之主宰也. 其曰心宰性, 則又是就流行上, 指其能有覺有制者
以爲言. 此又與"理爲氣主"之云, 語意有不同者, 讀者詳之.

○朱子曰: "釋氏, 豈不識此心? 而卒不可與入堯、舜之道者, 正爲不見天理, 而
專認此心以爲主宰, 故不免流於自私耳. 前輩有言'聖人本天, 釋氏本心', 蓋謂
此也." ◆"大本者, 天命之性, 天下之理, 皆由此出."

○朱子論道心曰: "心之知覺, 原於性命之正."

○朱子曰: "氣則能凝聚造作, 理却無情意無計度無造作." ◆"作用是心, 亦是氣,
釋氏自錯認了." ◆"形而上者是理. 纔有作用, 便是形而下者." ◆"有理, 便有氣,
流行發育萬物. 問發育, 是理發育之否? 曰: '有此理, 便有此氣流行發育, 理無形
體'." ◆"釋孟子'天使先知覺後知'之語曰'天理當然. 若使之也'."

○朱子曰: "人心有覺, 而道體無爲."

○朱子曰: "人之識太極者少, 往往只於禪學中, 認得箇昭昭靈靈能作用底, 便謂
此是太極, 而不知所謂太極, 乃天地萬物本然之理也." ◆"性字, 蓋指天地萬物之

理而言, 是乃所謂太極者也。” ◆“心之理, 是太極。”

　　按: 先生之言如此, 而或以爲“太極, 是天地人物之本心”, 又謂“太極, 卽在人
　　之活體惺惺有主宰者是也”。二說之是同是別, 觀者自應辨之矣。

情

○ 朱子曰: “橫渠以太和爲道體, 却只是說得形而下者, 是發而皆中節謂之和處。”

氣

○ 朱子曰: “論集義所生, 則義爲主; 論配義與道, 則氣爲主, 一向都欲以義爲主,
故失。”【以上「答萬正淳」書。】若果如此, 則孟子於此, 不當以氣爲主, 以倒二者賓主之
常勢也。【以上「答呂子約」書。○退溪說, 見下篇。】
○ 朱子曰: “理寓於氣, 日用間運用, 都由這箇氣, 只是氣强理弱。聖人所以立敎,
正是要救這些子。” ◆“理離氣不得, 而今講學用心着力, 却是用這氣去尋箇道理,
佛、老, 却不說着氣, 以爲此已是査滓。必是外此然後, 可以爲道, 遂至於絶滅人
倫, 外形骸, 皆以爲不足卹也。” ◆“心之知覺, 是那氣之虛靈底。有這知覺, 方運用
得這道理, 所以橫渠說心能盡性, 性不知檢其心。”

德

○ 朱子曰: “『中庸』分道德曰父子、君臣以下爲天下之達道, 智仁勇爲天下之達德。
君有君之道, 臣有臣之道, 德便是箇行道底。故爲君, 主於仁; 爲臣, 主於敬。仁、
敬可喚做德, 不可喚做道。” ◆或問: “德者, 己之所自得, 何也?” 曰: “若爲父子而
得夫仁, 爲君臣而得夫義者是也。” ◆謝氏謂“使其能輝光, 何害其爲形而上者?”
先生曰: “夫形而上者, 乃名理之辭, 而非指其地位之稱也。”
按: 謝氏以德爲理, 故先生非之。

事

○ 或問: “程子言下學人事, 便是上達天理, 何也?” 朱子曰: “學者學夫人事, 形而

下者也, 而其事之理, 則固天之理也, 形而上者也。學是事而通其理, 卽夫形而下者而得其形而上者焉, 非達天理而何哉?" ◆蘇子由謂"非於學之外, 別有形而上者。" 先生曰: "如此, 則是但有事而無理, 但有下學而無可上達也。" ◆"程子所謂'灑掃應對, 便是形而上之事', 其意蓋曰不離乎是耳, 非卽以此爲形而上者也。" ◆仁義, 理也; 孝弟, 事也。

『檢本』上篇終

檢本

下篇【此篇雜引後賢之論, 以發明前篇之說云。】

心

○陳北溪曰: "謂道爲太極者, 言道卽太極無二理也; 謂心爲太極者, 只是萬理總會於吾心, 此心渾淪是一箇理爾。" ◆尤庵曰: "道體無窮而心涵此道, 故心體亦無窮。故曰'道爲太極, 心爲太極'。" ◆"以理對心而言, 則理爲理而心爲氣; 以心對形而言, 則心爲理而形爲氣, 蓋心雖是氣而該貯此理, 故或謂理或爲氣而皆可通, 惟觀其所見如何耳。"

○農巖曰: "心性之不能相離而亦不相雜也, 猶太極之於陰陽也。今以性爲心之盛貯發用, 而遂以心言性, 則是陰陽可喚做太極, 其可乎?" ◆栗谷曰: "性, 理也; 心, 氣也。先賢於心性有合而言之者, 孟子曰'仁, 人心', 是也; 有分而言之者, 朱子曰'性, 心之理', 是也。" ◆尤庵曰: "心性, 雖可謂之一物, 然心自是氣, 性自是理, 安得謂之無彼此哉?" ◆農巖曰: "性者, 心之理; 心者, 性之器, 卽心而指性則可, 認心以爲性則不可。此儒者之學所當精覈而明辨者, 於此或差, 則墮於釋氏之見矣。" ◆羅整庵曰: "程子言'性卽理也', 象山曰'心卽理也', 至(常)[當][32]歸一, 精一無二, 此是則彼非, 彼是則此非, 安可不明辨之? 夫子曰'以此洗心', 曰'易其心而後語', 曰'能說諸心'。夫心而曰洗, 曰易, 曰說, 洗心而曰以此。詳味此數語, 謂心卽理也, 其可通乎! 且孟子嘗言'理義之悅我心, 猶芻豢之悅我口', 尤爲明白易見。學而不取證於經書, 一切師心自用, 未有不自誤者矣。"

○農巖曰: "雲峯云'智則心之神明, 所以妙衆理而宰萬物者也', 此只說得心之知覺, 與智字不相干。智, 則理也, 而謂之妙衆理, 是以理妙理, 恐尤未安。"

○近齋曰: "湛一之氣, 聚而爲心, 卽所謂精爽。心之所以本善者, 以氣之精爽也。精爽之稱, 自是心之名目, 一言以蔽之者, 故聖凡之心, 同矣。" ◆農巖曰: "心者無

---

32) (常)[當]: 저본에 '常'으로 되어 있으나, 문맥을 살펴 '當'으로 수정하였다.

它, 氣而已矣。專言, 則聚五行之精英; 偏言, 則屬乎火。屬乎火, 故能光明不昧, 而照燭萬物; 聚五行之精英, 故能變化無窮, 不滯於一方。”◆尤庵代疏曰: “柳稷以心是氣之說爲珥之病, 從古聖賢, 以氣論心者多矣。自孔子至宋儒, 以心屬氣者, 不啻詳矣。正如大明中天, 瞽者不見。故珥以一言, 直截說破, 使聖賢之意, 粲然於世, 此可見珥之有功於後學也。但心雖涉於氣, 而該貯此理。故聖賢有合而言之者, 孟子所謂‘仁義之良心’, 張子所謂‘合性與知覺有心之名’者, 是也。然此亦指其中所具之理而言耳, 何嘗直以心爲理如稷之見乎?”

○黃勉齋曰: “心(者)[字]33), 各有地頭說。如云‘仁, 人心也’, 這說心, 是合理說, 如說‘心不違仁’, 是心爲主而不違乎理。就他地頭看, 始得。”◆羅整庵曰: “近世學者, 因孟子‘仁人心也’一語, 便要硬說心卽是仁, 獨不思以仁存心, 仁義禮智根於心, 其言亦出於孟子, 又將何說以通之邪? 孔子之稱顔淵, 亦曰‘其心三月不違仁’, 仁之與心, 固當有辨, 須於此見得端的, 方可謂之識仁。”

○農巖釋朱子「答鄭子上」書曰: “所謂一種學問, 蓋指象山而言, 象山動說心(則)[卽]34)理, 理卽心, 然心之發, 未必純乎天理而或不免氣禀物欲之私。故其病, 與釋氏同也。此意, 先生蓋屢言之矣。”◆“朱子說有‘以心與理爲一’者, 爲釋氏言也; 有以爲二者, 爲陸氏言也。蓋心爲理之器, 理爲心之道, 固不容相離, 而亦不容相混矣。釋氏以理爲心之障, 欲去理而明心, 是判以爲二物而不覩夫不相離之妙矣, 故朱子以其一者而正之; 陸氏以心卽理、理卽心, 但存此心, 理無不得, 是則直以爲一物而不察其不相混之實矣, 故朱子以其二者而正之。言固各有當也。”

虛靈知覺

○尤庵曰: “聖賢論心, 以知覺爲主, 而知覺卽氣也。”◆“心之虛靈, 分明是氣也。”
◆農巖曰: “氣之虛靈, 自會知覺, 初不干仁義禮智事也。”◆陶庵「答屛溪」曰: “未知虛靈獨非心之氣, 而心之氣之外, 抑別有所謂虛靈者, 而是爲何等物事邪?”◆羅

---

33) (者)[字]: 저본에 ‘者’으로 되어 있으나, 『朱子語類』에 의거하여 ‘字’로 수정하였다.

34) (則)[卽]: 저본에 ‘則’으로 되어 있으나, 『朱子語類』에 의거하여 ‘卽’으로 수정하였다.

整庵曰: “近時格物之說, 亦未必故異於先儒, 只緣誤認‘知覺爲性’云云。” ◆農巖曰: “陽明直以良知爲天理, 則心與性混矣。心性之混, 儒、釋之所以亂也。” ◆老洲曰: “象山拈出良知二字作話頭, 至陽明, 始捏合於『大學』致知, 思欲以此而易天下。其曰‘良知卽天理’者, 實欲陰借天理, 引入靈覺也。與象山‘心卽理’之說, 陰祖明心之學, 可謂相傳三昧也。要之皆不能的見天命實體, 自私用智, 以致此耳。”

○ 尤庵曰: “釋氏認心爲性, 故以心之自然發用者, 皆謂之性也。”

○ 胡敬齋曰: “釋氏誤認神識爲理。故以作用爲性, 殊不知神識是氣之英靈, 所以妙是理者。性是吾身之理, 作用是吾身之氣, 認氣爲理, 以形而下者爲形而上者矣。”

○ 農巖曰: “人之生也, 聚精英之氣以爲心。旣有是氣, 便有是理。是則所謂性也, 而氣之所聚, 便自虛靈。於是乎有知覺之名, 而知覺上面所乘載而運用者, 又莫非此理, 則固未有無理之知覺矣。是以言知覺之大用, 則雖不可外理而爲言, 求知覺之本色, 則又不可舍氣而它求。”

○ 尤庵論朱子「答潘謙之」書曰: “朱子以知覺爲智之用者, 多矣。此書始以知覺屬心, 此恐是晚年所定, 當以此爲正。” ◆農巖曰: “朱子此書, 於心性之辨, 極其精微, 殆是晚年定論。其它異同之說, 無論『語類』所錄, 雖出於當日手筆者, 亦當以此而決矣。” ◆顧涇陽曰: “吾儒以理爲性, 釋氏以覺爲性。朱子曰‘仁未嘗不覺, 而覺不可以言仁’, 此語極精。至羅文莊, 又曰‘覺非特不可以名仁, 且不可以名智’, 則益精矣。◆農巖曰: “知覺非惟不可以爲智, 亦不可以爲智之用也。”

神

○ 羅整庵「答湛甘泉」書曰: “白沙之言曰‘夫道, 至近而神, 執事從而發明之曰神者, 天之理也’云云, 『易』曰‘一陰一陽之謂道’, 又曰‘陰陽不測之謂神’, 明道曰‘上天之載, 無聲無臭, 其體則謂之易, 其理則謂之道, 其用則謂之神’。今乃認不測之神爲天理, 則所謂道者, 果何物邪?” ◆“朱子嘗言‘神亦形而下’者, 又云‘神乃氣之精英’, 須曾實下工夫體究來, 方信此言確乎其不可易。不然則誤以神爲形而上者, 有之矣。黃直卿嘗疑『中庸』論鬼神有'誠之不可掩'一語, 則是形而上者, 朱子答以只是實理處發見, 其義愈明。" ◆"神化者, 天地之妙用也。天地間, 非陰陽不化, 非太極不神。然遂以太極爲神, 陰陽爲化, 則不可。夫化乃陰陽之所爲, 而陰陽非化也; 神乃太極之所爲, 而太極非神也。爲之爲言, 莫之爲而爲者也。於此或差, 鮮不流於釋氏之歸矣。" ◆老洲曰: "此理之發用敷施, 專藉乎神。故『易』中凡言理之用處, 率多以神字當之。然宜活化看, 不可以此直把神爲理也。"

理

○ 老洲曰: "理之無爲, 似不可以主宰言。然心之活化不測, 而自有常而不易之體, 無爲而恒爲有爲者之主, 無是, 則只是靈覺之作用, 此乃佛氏所弄精魄者耳。"

○ 栗谷曰: "無形無爲而爲有形有爲之主者, 理也; 有形有爲而爲無形無爲之器者, 氣也。" ◆老洲曰: "直就神理妙合處, 看其本體, 則幾乎泯然無別, 然去其中, 又揀別出, 理爲氣本性爲心宰之義, 方不墮於異端之見也。"

○ 薛敬軒曰: "理爲氣主。" ◆陶庵曰: "聖賢千言萬語, 都不外於理爲氣主四字矣。"

○ 尤庵曰: "聖人本天, 見於『詩』、『書』者, 多矣, 而子思所謂天命之性, 尤所謂直截根源也。" ◆"'應觀法界性, 一切惟心造', 此釋氏語也。其意以爲萬物之性, 皆從心上造出。故朱先生嘗曰'聖人本天, 釋氏本心'。" ◆"聖人本天, 故動靜語默, 一出於天理之公; 釋氏本心, 故以運水搬柴爲道, 而不問其當運與不當運, 當搬與不當搬, 而惟心之所出。此儒、釋之所以分, 釋氏初亦豈有私心哉?" ◆農巖曰: "雖曰治心而不本乎性命之理, 則亦將何執以鍼彼之膏肓哉? 此昌黎之闢佛, 終見屈於太顚, 而象山之攻禪學, 適見笑於紫陽者也。"

○ 栗谷「答牛溪」書曰: "以道心爲本然之氣者, 亦似新語, 雖是聖賢之意, 而不見於文字, 兄若於此不疑, 則無所不合矣。" ◆農巖曰: "心, 物也; 性, 則也。道心, 雖原於性, 而亦不可直謂之則, 蓋既曰心, 則只是箇虛靈知覺底物事。特其所感者, 義理之公耳。以此而言, 道心, 是物之循乎則者也。” ◆黃氏曰: “近世喜言心學, 單撦‘道心’二字, 直謂卽心是道, 蓋陷於禪學而不自知矣。” ◆汪氏曰: “禪學盛而好言心學, 舍却執中而單拈出心字, 而至謂卽心是道, 楊慈湖詩所謂‘此道元來卽是心’, 『傳習錄』所謂‘心卽理, 理卽心’是也, 此乃釋氏卽心是佛之說也。”

○ 栗谷「答安應休」書曰: “理本無爲而乘氣流行, 變化萬端, 雖流行變化, 而其無爲之體, 則固自若也。吾友見此理之乘氣流行, 乃以理爲有動有爲, 此所以不識理氣也。大抵有形有爲而有動有靜者, 氣也; 無形無爲而在動在靜者, 理也。” ◆尤庵曰: “退溪言‘理之體, 雖無情意造作, 而其用之妙, 則發見而無不到也’, 又言‘向也, 不知妙用之能顯行, 殆若認(以)[理]³⁵⁾爲死物’云云, 其意蓋以爲理之用是活物也。然則與朱子意迥然不同矣。夫體用一源, 自是不可易之道理, 豈有其體則無情意造作, 而其用則有情意造作也?”【本註, 理之無情意造作, 無間於體與用也。】

○ 栗谷曰: “理無爲而氣有爲, 故氣發而理乘之。陽動則理乘於動, 非理動也; 陰靜則理乘於靜, 非理靜也。故天地之化, 吾心之發, 無非氣發而理乘之也。” ◆農巖曰: “理無爲而氣有爲, 故凡性之發, 卽心之知覺者爲之。性中雖有仁, 而非知覺, 則不能發而爲惻隱, 是則性爲經而知覺爲緯, 性爲道而知覺爲器。以性爲知覺, 固不可。若以知覺與性, 截然分爲二歧而各自有其用, 則亦誤矣。”

○ 尤庵曰: “理與氣合而其虛靈者, 心也; 其虛靈中所具者, 性也。今曰‘理與氣合, 然後生虛靈’, 是以虛靈爲性也, 是何異於釋氏以作用爲性邪?”

情

○ 栗谷曰: “先賢多就情上論天理, 以情之善者, 爲天理之流行, 此非以情爲天理也, 謂天理流行於情上耳。” ◆“氣機動而爲情, 乘其機者, 乃理也。故理在於情, 非情便是理也。今以桃仁爲仁, 以芽爲仁之發, 而不知理在芽而芽非理, 則是昧於理氣之分也。” ◆“天理者, 無爲也, 氣不動而理動, 萬無其理。性之乘氣而動者, 乃爲

---

35) (以)[理]: 저본에 ‘以’로 되어 있으나, 『退溪集』과 『宋子大全』에 의거하여 ‘理’로 수정하였다.

情, 則離氣求情, 豈不謬乎?" ◆農巖曰: "朱子云'仁義, 性也; 愛惡, 情也; 以仁愛、以義惡者, 心也'. 此其分析, 可謂極微密矣. 性情之判, 而理氣之分也, 從可見矣. 蓋方其言性也, 非無氣也, 而其本體則理也; 及其言情也, 非無理也, 而其發用則氣也."

氣

○ 退溪論朱子「答呂子約」書曰: "以二者常勢言, 則道義爲主, 氣爲賓, 今此則方論浩氣, 氣固爲主, 故以氣爲主而言. 子約不曉其意, 必欲主道義爲說, 故先生設此言以曉之." ◆農巖「與權瘟溪」書, 論「思辨錄辨」曰: "本語所謂'道義爲之主'者, 槪以學問之道言之, 則固如此, 而但孟子此言, 專是發明氣之功用, 以爲此箇物事, 如此如此云耳. 其意固以氣爲主也. 今云道義爲之主, 不免有礙, 故欲改之耳."

○ 尤庵曰: "太極爲陰陽之主, 而反爲陰陽之所運用也. 凡生於太極陰陽者, 莫不皆然." ◆老洲曰: "吾儒法門, 雖貴理賤氣, 氣亦不可低看了. 發揮運用做得事者, 全藉此氣, 須將孟子養氣之旨, 反復深體認之, 乃可見也." ◆栗谷曰: "氣亦有本然之氣. 氣之本然者, 道心、浩氣是也. 聖人千言萬語, 只使人檢束其氣, 使復其氣之本然而已."

2-1-4 『검본檢本』

선역

검본 【『주자어류』에서 선생께서 언급하셨다. "여정보가 '한 나라에는 하나의 종가(宗家)만 있어야 한다'고 강력하게 주장하기에, 내가 그 잘못을 말했지만, 그는 오히려 소리 높여 항쟁했다. 그러므로 내가 근본을 검토하여 함께 살피니, 비로소 입을 다물게 되었다."】

상편 【이 편은 오로지 주자의 훈계를 인용했기 때문에 '본(本)'자를 붙였다.】

심(心)

○ 주자가 말씀하셨다. "오직 심(心) 만이 상대되는 것이 없다."[36] ◆『역학계몽』에서 소자(소옹)의 "심이 태극이 된다"는 말을 인용하였다.

○ 주자가 말씀하셨다. "성(性)은 태극과 같고, 심은 음양과 같다. 태극은 음양과 떨어질 수 없으나, 태극은 태극일 뿐이고 음양은 음양일 뿐이다. 성과 심 또한 마찬가지이다."[37] ◆ "조치도(조태위)는 '심이 태극이 된다.'고 말했고, 임정경은 '심은 태극을 갖추고 있다'고 했다. 선생은 말씀하시기를, '살펴본다면 심에는 움직임과 고요함이 있는바, 그 본체를 역(易)이라 말하고, 그 리(理)를 도(道)라고 말하며, 그 작용을 신(神)이라 말한다."[38] 【주자가 일찍이 또 말씀하셨다. "역(易)은 사람에 있어 심(心)이요, 도(道)는 사람에 있어 성(性)이요, 신(神)은 사람에 있어 정(情)이 된다."[39] 또 말씀하시기를, "그 체(體)를 역(易)이라 하니, 사람에 있어서는 심이다. 말하고 묵묵히 있고 움직이고 고요히 있어서, 변화를 예측할 수 없는 것이 바로 이것이다. 그 체(體)를 말하면 역시 형이하자이나, 그 리는 형이상자이다."[40]】

안설 : 심의 대용(大用)에 대해 통합하여 논한다면, 성이 진실로 그 가운데 있으므로, 태극이라는 이름을 얻어 상대가 없는 사물이 된다. 만약 심과 성을 상대시킨다면, 심은 진실로 기(氣)에 속하고, 성이 도리어 태극이 되니, 대개 리에는 두 개의 체가 없기 때문이다.

---

36) 『朱子語類』卷5, 「性理二」에 보이는 내용이다.
37) 『朱子語類』卷5, 「性理二」에 보이는 내용이다.
38) 『朱子語類』卷5, 「性理二」에 보이는 내용이다.
39) 『朱子語類』卷95, 「程子之書一」에 보이는 내용이다.
40) 『朱子語類』卷95, 「程子之書一」에 보이는 내용이다.

○ 주자가 말씀하셨다. "심은 사람의 신명(神明)으로서, 온갖 리를 구비하고 모든 사물에 대응하는 것이다.[41] ◆ 오봉(호굉)은 '심은 성정(性情)의 덕을 묘용하니, 묘는 주재하고 운용한다는 의미이다.'라고 말했다.[42] ◆ 오봉의 이 말씀은 일찍이 깊이 연구하고 체득하지 않았다면 어찌 이러한 점을 깨달을 수 있었겠는가!"[43]

○ 주자가 말씀하셨다. "심은 기의 깨끗하고 밝은 것이다."[44]

○ 혹자가 묻기를, "'인(仁)은 인심'이라 하면, 심과 인(人)은 마땅히 하나일 것이다. 그런데 또 '심이 인(仁)을 어기지 않는다'고 하니, 심과 인(仁)이 두 개인 것 같다. 어떠한가?" 주자가 답하기를, "맹자의 말씀은 인(仁)으로 심을 풀이한 것이 아니다. 대개 인(仁)을 심의 덕으로 삼은 것이다. ◆ 인(仁)자와 심(心)자는 모름지기 약간의 분별이 있어야만 될 것 같다. 이선생께서는 '맹자의 인(仁)은 사람의 마음이라는 말씀은 심(心)자를 가지고 인(仁)자를 풀이한 것이 아니다'라고 하셨는데, 이 설명이 가장 의미가 있다."[45] ◆ "예전에 만약 안자에게 하늘이 수명을 연장해 주시어 '위대하면서도 저절로 완성된 인물'이 되게 하셨다면, 그 심과 인(仁)이 어긋나지 않음을 기다릴 것도 없이 항상 하나가 되었을 것이다."[46]

안설 : 반단숙이 "심이 인(仁)을 어기지 않는다."라는 말을 들어 선생께 질문할 때, '이것을 저것에 부합하게 한다'는 말이 있었다. 이에 대해 선생은 "이와 같다면, 심과 인(仁)은 정말로 두 개의 사물이 된다."라고 설명하셨다. 이것으로 '심과 리가 하나'라는 증거로 삼는다면, 진실로 비슷하다고 할 수 있다. 선생이 이소(소식, 소철)에 대해 논변할 때, 이미 "도와 음양이 각각 하나의 사물이 된다"는 병통에 대해 기롱하셨고, 또 "형이상, 형이하는 두 개의 사물로 말할 수 없다"는 주장을 하셨다. 만약 혹자의 견해와 같다면, 어찌 오직 심과 인(仁)만 하나의 사물이 되겠는가? 리(理)와 기(氣)도 또한 하나의 사물일 뿐이다. 이것이 어찌 선생께서 말씀하신 본의겠는가?

○ 주자가 「답정자상」에서 말씀하셨다. "유가와 불가의 차이는 바로 우리는 심과 리를 하나로 보는 반면 저들은 심과 리를 둘로 보는 것이다. 그러나 근세에 일종의 학문은 심과 리가 하나라고

---

41) 『孟子集註』, 「盡心章句上」에 보이는 내용이다.
42) 『朱子語類』卷101, 「程子門人」에 보이는 내용이다.
43) 『朱子語類』卷101, 「程子門人」에 보이는 내용이다.
44) 『朱子語類』卷5, 「性理一」에 보이는 내용이다.
45) 『朱子大全』卷40, 「答何叔京」에 보이는 내용이다.
46) 『論語或問』에 보이는 내용이다.

말하지만, 기품과 물욕의 사사로움을 살피시 않기 때문에 그 발용이 또한 이치에 맞지 않으니, 도리어 불가와 동일한 폐단이 있다." 【농암의 학설은 하편에 보인다.】 "마음이 원하는 대로 하더라도 법도에 어긋나지 않는다"는 것은 성인께서 위대하면서도 저절로 완성되어, 심과 리가 하나가 되어, 혼연하여 사욕의 개입이 없어서 그런 것이다. 【안설 : 『대학강의』에 기품의 나눔을 논하며 언급하길, "지극히 맑고 순수한 사람은 기와 리가 하나가 되어, 저절로 물욕의 폐단이 없게 된다." 운운했는데, 마땅히 이 단락과 같이 참고해서 봐야 한다.】 ◆ "맹자가 공자만 못한 까닭은 바로 의리에 있어 하나로 합치하지 못한 것에 있다." 【안설 : 이 단락에서 이른바 '의(義)'는 바로 심의 발용을 지적하며 말씀한 것이다. 『논어』 지학장 집주에 "욕(欲)은 곧 용(用)이요, 용(用)은 곧 의(義)이다."라고 언급했으니, 마땅히 이 단락과 같이 참고해서 살펴봐야 한다.】

안설 : 구인(求仁)의 공부가 보존하려고 노력하지 않아도 저절로 없어지지 않는 경지에 이른 다음에야 '심과 리가 하나'라고 말할 수 있다. 진실로 이런 경지에 이르지 못하면, 비록 심과 리가 상수(相須)하여 어느 하나를 없앨 수 없는 묘(妙)를 알게 되었더라도, 또한 뜻을 간직하고 기를 기르는 공부를 하여 리를 잃는 근심을 막아야 한다. 이것이 이른바 '인(仁)을 이롭게 여기는 것'으로서, (이러한 경지에서는 심과 리가) 둘인 것이다. 석씨는 심과 리 두 사물이 서로 없을 수 없음을 알지 못하여, 오로지 심을 근본으로 삼고 도리어 리를 심의 장애로 여겨 제거하고자 했다. 그러므로 선생께서 "심과 리를 둘로 삼는 싯"을 석씨의 실수로 규정하신 것이다. 그러나 이는 사실 '심이 바로 리이고, 리가 바로 심이다'라는 말이 아닌데, 읽는 사람들이 말뜻을 오인하는 경우가 많아, 곧바로 "심은 곧 리요, 리는 기의 주인이 되니, 어찌 이른바 리가 반대로 기를 따를 수 있겠는가?"라고 말한다. 이와 같다면 육씨(육구연)의 '심을 믿고서 제멋대로 구는 것'과 다른 점이 거의 드물 것인데, 도리어 선생의 '심과 리가 하나가 된다'는 가르침을 인용하여 억지로 부합시키니, 잘못된 것이다.

허령지각(虛靈知覺)

○ 주자가 말씀하셨다. "허령(虛靈)은 단지 심(心)으로 성(性)이 아니다. 성은 단지 리(理)이다."[47] ◆ "성은 곧 리이다. 지금 사람들은 가끔 지각(知覺)이 있는 것을 가리켜 성으로 삼지만, 단지 심을 말한 것이다."[48] ◆ "불씨는 이 심을 닦는 것이 매우 정밀하고 자세하다. (심을 닦아서 심이 밝게 빛나면) 그들은 이것을 마침내 성으로 간주하여, 이것은 바로 성인이 말하는 심인 것을 알지 못한다. 심은 저 리를 담고 있는데, 불씨는 원래 리 한 구절을 알지 못하여, 문득 지각하는 것을 성으로 간주하는 것이다."[49] ◆ 지(知)가 있고 각(覺)이 있는 것은 모두 기(氣)가 하는 바이다.[50]

---

47) 『朱子語類』卷5, 「性理2」에 보이는 내용이다.
48) 『朱子語類』卷5, 「性理2」에 보이는 내용이다.

○ 왕장유가 "성에 신령(神靈)이 있다"고 말하자, 주자가 말씀하시길, "신령은 성을 말하는 것이 아니다. 고자(告子)와 석씨의 실수는 바로 여기에 있는바, 깊이 살피지 않을 수 없다."51) ◆ "석씨는 의식(意識)과 정신을 근본으로 삼는다. 우리 유가의 논리로 본다면, 의식과 정신은 곧 심의 묘용인바, 어찌 얻는 것이 없겠는가? 다만 이것으로 성을 말하면, 관계가 없을 뿐이다."52)

○ 묻기를, "인간은 기(氣)를 품수하여 형체가 만들어진 다음에는 바로 지각(知覺)이 있으니, 지각이 있는 것은 어디로부터 발생합니까?" 주자가 말씀하셨다. "지각은 바로 기의 허령(虛靈)한 것으로, (허령한 것은) 형기(形氣)의 찌꺼기와 함께 바로 상대되는 것이다."53)

○ 주자가 「답반겸지」에서 말씀하셨다. "성은 리일 뿐이요, 정(情)이란 성에서 흘러나와 운용하는 곳이다. 심의 지각이란 바로 이 리를 갖추고서 이 정(情)을 운행하는 것이다. 지(智)로 말한다면, 옳고 그른 이치를 아는 까닭이 바로 지(智)요, 성이다. 옳고 그름을 알아 옳게 여기고 그르게 여기는 것은 정이다. 이 리를 갖추고 그것이 옳고 그름을 깨닫는 것은 심이다. 이곳의 분별은 다만 털끝만한 간격에 있으니, 정밀하게 살펴야 알 수 있을 것이다." 【우암의 학설은 하편에 보인다.】

신(神)

○ 주자가 말씀하셨다. "기(氣)의 정밀하고 영특한 것이 신(神)이 된다."54) ◆ 묻기를, "신(神)은 사람에 있어 말한다면 무엇입니까?" 대답하셨다. "지각이 신(神)이다."55) ◆ 직경(황간)이 질문하였다. "신(神)은 기의 지극히 묘한 것으로서, 동정(動靜)을 주관한다. 십년 전 선생님의 설명을 들었는데, 신(神)은 다만 형이하자라고 하셨습니다." 하손이 질문하였다. "신(神)이 이미 이 몸을 주관한다면, 심은 또 어디에 있습니까?" 선생이 말씀하셨다. "신(神)은 바로 심의 지극히 묘한 것으로서, 기 안에 섞여 있는 것을 말하니, 또한 단지 기일뿐이다. 그러나 신(神)은 또 기의 정묘한 것이요, 기는 거친 것이다."56) ◆ 직경이 말씀하셨다. "제가 보기에 신(神) 자는 본래 오로지 기만 말한 것이 아니고, 이(理)에 나아가 말하는 것인데, 선생께서는 다만 형이하자에 나아가 말씀하십

---

49) 『朱子語類』卷126, 「釋氏」에 보이는 내용이다.

50) 『朱子語類』卷3, 「鬼神」에 보이는 내용이다.

51) 『朱子大全』卷52, 「答汪長孺」에 보이는 내용이다.

52) 『朱子大全』卷52, 「答汪長孺」에 보이는 내용이다.

53) 『朱子大全』卷61, 「答林德久」에 보이는 내용이다.

54) 『朱子語類』卷1, 「理氣上」; 卷14, 「大學一」; 卷94, 「周子之書」에 보이는 내용이다.

55) 『朱子語類』卷94, 「周子之書」에 보이는 내용이다.

56) 『朱子語類』卷63, 「中庸二」에 보이는 내용이다.

니다." 선생이 말씀하셨다. "내가 형이하의 측면에서 말한 것은 결국은 기(氣)의 측면이 많기 때문이다. 광채를 내는 것이 곧 신이다."[57]

안설 : 신(神)의 본색은 단지 기(氣)로서, 그 지극히 정밀하고 오묘한 본체는 곧 리(理)와 더불어 간격이 없는 것이다. 그러므로 선생의 말씀에 간혹 신(神)을 리(理)로 여긴 것이 있는데, 이것은 융통성 있게 보아야 하며, 말에 집착하여 요지를 잃어서는 안 된다.

리(理)

○ 묻기를, "리(理)는 도리(道理)이고, 심(心)은 주재한다는 뜻입니까?" 주자가 말씀하셨다. "심은 진정으로 주재한다는 뜻이다. 그러나 이른바 '주재자'는 바로 리이다."[58] ◆ "사람과 사물이 태어날 때, 그 태어나는 까닭을 얻어서 한 몸의 주재자로 삼지 않는 경우가 없다."[59]【우암이 말씀하셨다. "태어나는 까닭이란 인의예지의 본성이다."】 ◆ "기(氣)의 유행은 성(性)이 주가 되는 것이다."[60]

안설 : 무위(無爲)의 리는 '주재'로 말할 수 없을 것 같다. 그러나 무릇 인심(人心)의 조화와 운용은 대부분 이 리를 벗어날 수 없는바, 이것이 리가 자연의 주재가 되는 까닭이다. '심이 성(性)을 주재한다'는 말은 또한 유행하는 곳에 나아가 그 능히 지각하고 능히 제어하는 것을 가리켜 말하는 것이다. 이는 또 '리는 기의 주재자'라는 말과 어의가 같지 않으니, 읽는 사람이 자세히 살펴야 한다.

○ 주자가 말씀하셨다. "석씨가 어찌 이 심을 알지 못했겠는가? 그런데 마침내 요·순의 도에 함께 들어가지 못한 까닭은 바로 천리를 보지 못하고 오로지 이 심만 알아 주재자로 삼았기 때문이니, 그러므로 자신의 사사로움에 빠지는 것을 면치 못했다. 선배들의 '성인은 하늘을 근본으로 삼았고, 석씨는 심을 근본으로 삼았다'는 말씀은 대개 이것을 말씀하신 것이다."[61] ◆ "대본(大本)은 천명의 성이니, 천하의 리가 모두 이로부터 나온다."[62]

○ 주자가 도심(道心)을 논하면서 말씀하셨다. "심의 지각(知覺)이 성명(性命)의 바름으로부터 근원한 것이다."[63]

---

57) 『朱子語類』卷95, 「程子之書」에 보이는 내용이다.

58) 『朱子語類』卷1, 「理氣上」에 보이는 내용이다.

59) 『朱子語類』卷17, 「大學五或問下」에 보이는 내용이다.

60) 『朱子語類』卷69, 「易五」에 보이는 내용이다.

61) 『朱子大全』卷32, 「答張敬夫」에 보이는 내용이다.

62) 『朱子大全』卷32, 「答張敬夫」에 보이는 내용이다.

○ 주자가 말씀하셨다. "기는 엉겨 모이고 조작할 수 있으나, 리는 도리어 정의(情意)도 없고 계탁(計度)도 없고 조작도 없다."64) ◆ "작용하는 것은 심이니, 또한 기이다. 석씨가 스스로 착각한 것이다."65) ◆ "형이상자는 리이다. 조금이라도 작용이 있으면 바로 형이하자이다." ◆ "리가 있으면 문득 기가 있어서, 유행하여 만물을 발육시킨다. 묻기를, '발육은 리가 발육하는 것입니까?' 대답하기를, '이 리가 있으면 문득 이 기가 있어서, 유행하여 만물을 발육시킨다. 리는 형체가 없다.'"66) ◆ "맹자의 '하늘은 먼저 안 사람으로 하여금 늦게 아는 사람을 깨우치게 한다.'라는 말을 풀이하기를, '천리의 당연함이 마치 그렇게 시킨 것과 같은 것이다.'라고 하였다."67)

○ 주자가 말씀하셨다. "인심에는 깨달음이 있지만, 도체(道體)는 무위(無爲)하다."68)

○ 주자가 말씀하셨다. "사람 가운데 태극을 아는 자가 적다. 가끔 선학(禪學) 가운데 하나의 소소영영(昭昭靈靈)이 능히 작용하는 것을 보고서 바로 이것이 태극이라고 말하는 사람이 있는데, 이른바 태극은 천지만물 본연의 리임을 알지 못한 것이다."69) ◆ "심의 리, 이것이 바로 태극이다."70)

안설 : 선생의 말씀이 이와 같거늘, 혹자는 "태극은 천지와 인물의 본심"이라고 여기고, 또 혹자는 "태극은 곧 사람에게 있는 활체(活體)가 성성(惺惺)하게 주재하는 것"이라고 말한다. 두 가시 학실의 같고 다른 점을 보는 자 스스로가 마땅히 변별해야 한다.

정(情)

○ 주자가 말씀하셨다. "횡거(장횡거)가 태화(太和)를 도체(道體)로 삼은 것은 단지 형이하를 말한 것이니, 이는 '발하여 모두 절도에 맞는 것을 화(和)라고 말한다'는 것에 해당한다."71)

기(氣)

○ 주자가 말씀하셨다. "'의(義)를 모아서 생긴 것'을 논하게 되면 의가 주인이 되고, '의와 도에

---

63) 『中庸』, 「章句序」에 보이는 내용이다.
64) 『朱子語類』卷1, 「理氣上」에 보이는 내용이다.
65) 『朱子語類』卷126, 「釋氏」에 보이는 내용이다.
66) 『朱子語類』卷126, 「釋氏」에 보이는 내용이다.
67) 『朱子語類』卷58, 「孟子八」에 보이는 내용이다.
68) 『朱子語類』卷39, 「論語二十一」에 보이는 내용이다.
69) 『朱子大全』卷36, 「答陸子靜」에 보이는 내용이다.
70) 『朱子語類』卷2, 「性理二」에 보이는 내용이다.
71) 『朱子語類』卷99, 「張子書二」에 보이는 내용이다.

짜한다'를 논하게 되면 기(氣)가 주인이 되니, 한결같이 모두 의로 주인을 삼고자 함으로써 실수를 범하게 된 것이다." 【이상은 「답만정순」의 글이다.】 "만약 이와 같다면, 맹자는 이에 대해 마땅히 기로 주인을 삼아 두 가지가 손님과 주인이 되는 떳떳한 형세를 도치시키지 않았을 것이다." 【이상은 「답여자약」의 글이다. ○ 퇴계의 설명은 하편에 보인다.】

○ 주자가 말씀하셨다. "리(理)가 기에 깃들면, 일용(日用) 사이의 운용은 모두 기로부터 말미암으니, 다만 기는 강하고 리는 약하다. 성인이 가르침을 세운 까닭은 바로 이 조그마한 것을 구제하려는 것이었다."[72] ◆ "리는 기와 떨어질 수 없다. 지금 학문을 강마하여 마음을 쓰고 노력을 기울이는 것은 기를 통하여 도리를 살피려는 것이다. 불씨와 노자는 도리어 기에 대해서는 말하지 않고, 기를 찌꺼기로 여겼을 뿐이다. 그리하여 반드시 기를 외면한 다음에 도가 될 수 있다고 하여, 마침내 인륜을 멸절하고 육체를 도외시하는 곳에 이르면서도 모두 걱정거리가 되지 못한다고 여긴다."[73] ◆ "심의 지각(知覺)은 기의 허령(虛靈)에 속한다. 지각이 있으면 바야흐로 운용하여 도리를 얻을 수 있으니, 그러므로 장횡거는 '심은 본성을 다할 수 있으나, 본성은 심을 단속할 줄 모른다'라고 말한 것이다."[74]

덕(德)

○ 주자가 말씀하셨다. "『중용』에서는 도와 덕을 나누면서 부모와 자식, 임금과 신하 등의 관계를 '천하의 보편적인 도(道)'라고 하였고, 지혜로움·인자함·용맹함을 '천하의 보편적인 덕(德)'이라고 하였다. 임금에게는 임금의 도가 있고, 신하에게는 신하의 도가 있으며, 덕은 도를 행하는 것이다. 그러므로 임금이 되어서는 인(仁)을 위주로 하고, 신하가 되어서는 경(敬)을 위주로 한다. 인과 경은 덕으로 바꿔서 부를 수 있지만, 도(道)로 바꿔서 부를 수 없다."[75] ◆『혹문』에 언급하였다. "덕은 자신이 스스로 얻은 것이란 무슨 말인가?" 대답하였다. "예컨대 부모와 자식이 되어 인(仁)을 얻고, 군주와 신하가 되어 의를 얻는 것이 바로 이것이다."[76] ◆ 사씨(사양좌)의 "능히 빛난다 하더라도, 형이상자가 되는 데 무슨 방해가 있는가?"라는 주장에 대해, 선생이 말씀하시기를, "무릇 형이상자라는 것은 리를 명칭한 말이지, 지위를 가리키는 명칭이 아니다."[77]

---

72) 『朱子語類』卷1, 「性理一」에 보이는 내용이다.

73) 『朱子語類』卷1, 「性理一」에 보이는 내용이다.

74) 『朱子語類』卷60, 「孟子十」에 보이는 내용이다.

75) 『朱子語類』卷3, 「性理三」에 보이는 내용이다.

76) 『論語或問』에 보이는 내용이다.

77) 『論語或問』에 보이는 내용이다.

안설: 사씨는 덕(德)을 리로 여겼으므로, 선생께서 옳지 못하게 여기신 것이다.

사(事)

○『혹문』에 언급하였다. "정자는 아래에서 인간의 일을 배우면 문득 위로 하늘의 이치에 통달한다고 말씀하셨는데, 무슨 뜻인가?" 주자가 말씀하셨다. "배움이라는 것은 인간의 일을 배우는 것으로, 형이하자이다. 그러나 그 일의 이치는 진실로 하늘의 이치이므로, 형이상자이다. 이 일을 배워서 그 리에 통달하는 것은 곧 형이하자에 나아가 형이상자를 터득하는 것이니, 천리에 통달한 것이 아니면 무엇인가?"[78] ◆ 소자유(소철)의 "배움의 밖에 별도로 형이상자가 있는 것이 아니다"라는 주장에 대해, 선생이 말씀하시기를, "이와 같다면 단지 일은 있지만 이치가 없는 것이요, 하학(下學)만 있지 상달(上達)은 없는 것이다."[79] ◆ "정자의 '물을 뿌려 쓸고 응대하는 것이 바로 형이상의 일이다'라는 말씀은 대개 '형이상자는 일상생활에서 떠나지 않는다'는 뜻이요, '일상생활을 곧 형이상자로 삼는다'는 뜻이 아니다.[80] ◆ 인과 의는 리(理)요, 효(孝)와 제(弟)는 일이다.[81]

『검본』 상편 종

心

○ 朱子曰: "惟心無對。" ◆『啓蒙』引邵子語曰: "心爲太極。"

○ 朱子曰: "性猶太極也, 心猶陰陽也。太極非能離陰陽, 然太極自太極, 陰陽自陰陽, 惟性與心亦然。" ◆"趙致道謂'心爲太極', 林正卿謂'心具太極'。先生曰: '看來心有動靜, 其體則謂之易, 其理則謂之道, 其用則謂之神'。"【朱子又嘗曰: "易在人便是心, 道在人便是性, 神在人便是情。" 又曰: "其體則謂之易, 在人則心也。語默動靜, 變化不測者是也。言體則亦是形而下者, 其理則形而上者也。"】

按: 統論心之大用, 則性固在其中, 故得太極之名而爲無對之物矣。若以之對性, 則心實屬氣, 而性却爲太極, 蓋理無二體故也。

○ 朱子曰: "心者, 人之神明, 所以具衆理而應萬事者也。" ◆五峯云:"心妙性情之德, 妙是主宰運用之意。" ◆五峯此說, "不曾去研窮深體, 如何直見得恁地!"

---

78)『論語或問』에 보이는 내용이다.
79)『晦庵先生朱文公文集』卷70,「讀蘇氏紀年」에 보이는 내용이다.
80)『朱子語類』卷44,「論語二十六」에 보이는 내용이다.
81)『朱子語類』卷1,「性理一」과 卷7,「學一」에 보이는 내용이다.

○朱子曰: "心者, 氣之精爽。"

○『或問』: "仁, 人心也, 則心與仁, 宜一矣。" 而又曰: "心不違仁, 則心之與仁, 又若二物焉者, 何也?" 朱子曰: "孟子之言, 非以仁訓心也。蓋以仁爲心之德也。" ◆"仁字、心字, 亦須略有分別, 始得。李先生說 '孟子言仁人心也, 不是將心訓仁字', 此說, 最有味。" ◆"向使顔子, 天假之年, 大而化之, 則其心與仁, 無待於不違而常一矣。"

> 按: 潘端叔擧"心不違仁"以質於先生也, 有以此合彼之語。先生謂: "如此, 則心與仁眞成二物了。" 有以此爲心理一物之證者, 此固似矣。先生於二蘇之辨, 旣譏其"道與陰陽各爲一物"之病, 又有"形而上下不可以二物言"之論。若如或者之見, 豈惟心與仁爲一物而已? 理之與氣, 亦只是一物已矣。是豈先生立言之本意哉?

○朱子「答鄭子上」書曰: "儒、釋之異, 正爲吾以心與理爲一, 而彼以心與理爲二耳。然近世一種學問, 雖說心與理一, 而不察乎氣稟物欲之私, 故其發亦不合理, 却與釋氏同病。"【農巖說, 見下篇。】 "從心所欲不踰矩", 聖人大而化之, 心與理一, 渾然無私欲之間而然也。【按: 『大學講義』論氣稟之分曰: "極淸且純者, 氣與理一而自無物欲之蔽"云云, 當與此段參看。】 ◆"孟子所以不如孔子者, 正爲於理義, 有未合一耳。"【按: 此段所謂義, 正指心之發用而言。『論語』志學章集註, "欲卽用, 用卽義"云者, 當與此段參看。】

> 按: 求仁之功, 至於非有所存而自不亡, 然後可以言心與理一也。苟未至此, 雖得心理相須, 不容偏廢之妙, 亦要得持志養氣, 以防其失理之患, 此所謂利仁則二也。釋氏不知心理二者不能相無之道, 而專以心爲本, 却謂理是心之障而欲去之, 故先生以"心理爲二"爲釋氏之失矣。然其實非謂心便是理、理便是心, 而讀者多錯認語意, 便說"心卽是理、理爲氣主, 安有所謂理而反隨氣者?" 如此者, 其異乎陸氏之恃心自用者幾希, 反引先生心理爲一之訓而强合之, 誤矣。

虛靈知覺

○朱子曰: "靈處, 只是心, 不是性。性只是理。" ◆"性則理也, 今人, 往往指有知覺者爲性, 只說得箇心。" ◆"佛氏磨擦得這心極精細, 它便認做性, 殊不知此正聖人之所謂心。心是該得這理, 佛氏元不曾識得這理一節, 便認知覺做性。" ◆"有知有覺者, 皆氣之所爲也。"

○汪長孺言: "性有神靈。" 朱子曰: "神靈非所以言性, 告子、釋氏之失, 正墜於此, 不可不深究也。" ◆"釋氏以識神爲根本, 若吾儒之論, 則識神乃是心之妙用。如何無得, 但以此語性, 則無交涉耳。"

○問: "人賦氣成形之後, 便有知覺, 所有知覺, 自何而發?" 朱子曰: "知覺, 正是氣之虛靈處, 與形氣査滓, 正作對也。"

○朱子「答潘謙之」書曰: "性只是理, 情是流出運用處, 心之知覺, 卽所以具此理而行此情者也. 以智言之, 所以知是非之理卽智也、性也; 所以知是非而是非之者, 情也; 具此理而覺其爲是非者, 心也. 此處分別, 只在毫釐之間, 精以察之, 乃可見耳."【尤庵說, 見下篇。】

神

○朱子曰: "氣之精英者, 爲神." ◆問: "神在人言之則如何?" 曰: "知覺便是神." ◆直卿問: "神是氣之至妙處, 所以管攝動靜. 十年前, 曾聞先生說, 神亦只是形而下者." 賀孫問: "神旣是管攝此身, 則心又安在?" 先生曰: "神卽是心之至妙處, 滾在氣裏說, 又只是氣. 然神又是氣之精妙處, 氣又是麤了." ◆直卿云: "看來神字, 本不專說氣, 可就理上說, 先生只就形而下者說." 先生曰: "某所以就形而下說, 畢竟就氣處發出光彩便是神."

按: 神之本色, 只是簡氣, 而其至精至妙之體, 直與理無間. 故先生之言, 或有以神爲理者, 此當活絡看, 不可執言而迷旨也.

理

○問: "理是道理, 心是主宰底意否?" 朱子曰: "心固是主宰底意, 然所謂主宰者, 卽理也." ◆"人物之生, 莫不得其所以生, 以爲一身之主."【尤庵曰: "所以生仁義禮知之性也。"】 ◆"氣之流行, 性爲之主."

按: 無爲之理, 若不可以主宰言. 然凡人心之造化運用, 擧不能外乎此理, 此理之所以爲自然之主宰也. 其曰心宰性, 則又是就流行上, 指其能有覺有制者以爲言. 此又與"理爲氣主"之云, 語意有不同者, 讀者詳之.

○朱子曰: "釋氏, 豈不識此心, 而卒不可與入堯、舜之道者, 正爲不見天理, 而專認此心以爲主宰, 故不免流於自私耳. 前輩有言'聖人本天, 釋氏本心', 蓋謂此也." ◆大本者, 天命之性, 天下之理, 皆由此出.

○朱子論道心曰: "心之知覺, 原於性命之正."

○朱子曰: "氣則能凝聚造作理, 却無情意無計度無造作." ◆"作用是心, 亦是氣, 釋氏自錯認了." ◆"形而上者是理. 纔有作用, 便是形而下者." ◆"有理, 便有氣流行發育萬物. 問發育, 是理發育之否? 曰: '有此理, 便有此氣流行發育, 理無形體'." ◆"釋孟子'天使先知覺後知'之語曰'天理當然. 若使之也'."

○朱子曰: "人心有覺, 而道體無爲."

○朱子曰: "人之識太極者少, 往往只於禪學中, 認得簡昭昭靈靈能作用底, 便謂此是太極, 而不知所謂太極, 乃天地萬物本然之理也." ◆"性字, 蓋指天地萬物之理而言, 是乃所謂太極者也." ◆

"心之理, 是太極。"

按: 先生之言如此, 而或以爲太極, 是天地人物之本心, 又謂太極, 卽在人之活體惺惺有主宰者, 是也。二說之是同是別, 觀者自應辨之矣。

情

○朱子曰: "橫渠以太和爲道體, 却只是說得形而下者, 是發而皆中節謂之和處。"

氣

○朱子曰: "論集義所生, 則義爲主; 論配義與道, 則氣爲主, 一向都欲以義爲主, 故失。"【以上「答萬正淳」書。】若果如此, 則孟子於此, 不當以氣爲主, 以倒二者賓主之常勢也。【以上「答呂子約」書。○退溪說, 見下篇。】

○朱子曰: "理寓於氣, 日用間運用都, 由這箇氣, 只是氣强理弱。聖人所以立敎, 正是要救這些子。" ◆"理離氣不得, 而今講學用心着力, 却是用這氣去尋箇道理, 佛、老, 却不說着氣, 以爲此已是査滓。必是外此然後可以爲道, 遂至於絶滅人倫, 外形骸, 皆以爲不足卹也。" ◆"心之知覺, 是那氣之虛靈底, 有這知覺, 方運用得這道理, 所以橫渠說心能盡性, 性不知檢其心。"

德

○朱子曰: "『中庸』分道德曰'父子、君臣以下爲天下之達道, 智仁勇爲天下之達德, 君有君之道, 臣有臣之道, 德便是箇行道底。故爲君, 主於仁; 爲臣, 主於敬。仁、敬可喚做德, 不可喚做道'。" ◆『或問』: "德者, 己之所自得, 何也?" 曰: "若爲父子而得夫仁, 爲君臣而得夫義者是也。" ◆謝氏謂使其能輝光, 何害其爲形而上者? 先生曰: "夫形而上者, 乃名理之辭, 而非指其地位之稱也。"

按: 謝氏以德爲理, 故先生非之。

事

○『或問』: "程子言下學人事, 便是上達天理, 何也?" 朱子曰: "學者學夫人事, 形而下者也, 而其事之理, 則固天地理也, 形而上者也。學是事而通其理, 卽夫形而下者而得其形而上者焉, 非達天理而何哉?" ◆"蘇子由謂'非於學之外, 別有形而上者'。先生曰: '如此, 則是但有事而無理, 但有下學而無可上達也。'" ◆"程子所謂'灑掃應對', 便是形而上之事, 其意蓋曰不離乎是耳, 非卽以此爲形而上者也。" ◆仁義, 理也; 孝弟, 事也。

하편【이 편은 후현(後賢)의 논설을 이것저것 인용하여, 전편의 설명을 밝힌 것이다.】

심(心)

○ 진북계(진순)가 말씀하셨다. "'도(道)가 태극이 된다'고 말하는 것은 도가 바로 태극으로서 두 가지 이치가 아님을 말한 것이요, '심(心)이 태극이 된다'고 말하는 것은 단지 모든 이치가 나의 심에 모인 것으로, 이 심이 하나의 혼륜한 리라는 말이다."[82] ◆ 우암이 말씀하셨다. "도체(道體)는 무궁한데, 심이 이 도를 담고 있기 때문에 심체(心體) 또한 무궁하다. 그러므로 도를 태극이라 하고, 심을 태극이라 한다."[83] ◆ "리(理)로 심을 대비하여 말한다면 리는 리가 되고 심은 기가 된다. 심으로 형체를 대비하여 말한다면 심은 리가 되고 형체는 기가 된다. 대개 심은 비록 기이지만 이 리를 갖추고 있으므로, 혹은 리라고 말하고 혹은 기라고 말하는 것이다. 두 주장이 모두 통할 수 있으니, 오직 보는 것이 어떤 것이냐를 볼 뿐이다."[84]

○ 농암이 말씀하셨다. "심과 성(性)이 서로 분리될 수도 없고 섞일 수도 없는 것은 태극과 음양의 관계와 같다. 지금 성은 심이 담고 있으면서 발용하는 것이라 하여, 마침내 심을 성(性)이라고 한다면, 이는 음양을 태극이라 불러도 된다는 말이니, 그것이 옳겠는가?"[85] ◆ 율곡이 말씀하셨다. "성은 리요, 심은 기이다. 선현이 심과 성에 대해, 합하여 말씀한 것이 있으니, 맹자의 '인(仁)은 사람의 마음'이라는 말씀이 이것이다. 나누어 말한 것이 있으니, 주자의 '성은 심의 리'라는 말씀이 이것이다."[86] ◆ 우암이 말씀하셨다. "심과 성은 비록 같은 것이라고 말할 수는 있으나, 심은 본래 기이고 성(性)은 본래 리인데 어찌 피차가 없다고 말할 수 있겠는가?"[87] ◆ 농암이 말씀하셨다. "성은 심의 리이고, 심은 성의 도구이다. 심에 나아가 성을 가리키는 것은 옳지만, 심을 성이라고 인식하는 것은 옳지 않다. 이것은 유자(儒者)가 학문할 때에 정밀히 살피고 분명히 분변해야 할 대상이니, 이에 대해 혹시라도 어긋나면 불가(佛家)의 논리로 떨어져 버릴 것이다."[88] ◆ 나정암(나순흠)이 말씀하셨다. "정자는 '성은 곧 리'라고 말했고, 육상산은 '심은 곧 리'라고 말했으니, 마땅히 귀일(歸一)시켜야 한다. 정밀한 이치는 하나로서, 둘이 없으니, 이것이 옳다면 저것은 잘못

---

82) 『朱子語類』卷100, 「邵子之書」에 보이는 내용이다.

83) 『宋子大全』卷131, 「看書雜錄」에 보이는 내용이다.

84) 『淵齋集』卷10, 「答李景莊圭錫 問目」에 보이는 내용이다.

85) 『農巖集』卷14, 「答閔彦暉」에 보이는 내용이다.

86) 『栗谷全書』卷12, 「答安應休」에 보이는 내용이다.

87) 『宋子大全』卷104, 「答金直卿」에 보이는 내용이다.

88) 『農巖集』卷14, 「答閔彦暉」에 보이는 내용이다.

된 것이고, 저것이 옳다면 이것이 잘못된 섯이다. 어찌 명확히 분별하지 않을 수 있겠는가? 공자가 말씀하시기를, '이것으로 마음을 씻는다', '마음을 바꾼 다음에 말을 한다', '마음을 설명한다.'라고 하셨다. 무릇 마음으로서, '씻는다'고 말하고, '바꾼다'고 말하며, '설명한다'고 말하고, '이것으로 마음을 씻는다'고 말했으니, 이 여러 말들을 자세히 음미하면, '심은 바로 리'라는 말이 통할 수 있겠는가? 또한 맹자는 일찍이 '리와 의가 나의 마음을 기쁘게 하는 것은 고기가 내 입을 기쁘게 하는 것과 같다.'라고 하셨으니, 더욱 명백히 쉽게 알 수 있다. 배우면서 경서(經書)에서 증거를 취하지 않고, 모든 것을 마음을 스승으로 삼아 제멋대로 군다면, 스스로 오류에 빠지지 않는 경우가 없다.

○ 농암이 말씀하셨다. "운봉(雲峯)은 '지(智)는 바로 심의 신명이니, 그러므로 모든 리를 묘용하고 만물을 주재한다'라고 말했다. 이는 단지 심의 지각(知覺)만 말한 것으로, '지(智)'와는 아무 상관도 없다. 지(智)는 리인데, '모든 리를 묘용한다'고 말한다면, 이는 '리로서 리를 묘용하는 꼴'이니, 아마도 더욱 온당치 못할 것이다."[89]

○ 근재(박원윤)가 말씀하셨다. "담일(湛一)한 기가 모여 심이 되니, 바로 이른바 정상(精爽)이다. 심이 본래 선한 까닭은 기의 정상(精爽)이기 때문이다. '정상(精爽)'이라는 칭호는 본래 심의 명목을 한마디로 갈음한 것이니, 그러므로 성인의 심과 보통사람의 심은 같은 것이다."[90] ◆ 농암이 말씀하셨다. "심은 다른 것이 아니라 기일 뿐이다. 전언(專言)하면 '오행의 정수를 모은 것'이고, 편언(偏言)하면 '화(火)에 속하는 것'이다. 화에 속하기 때문에 광명하고 어둡지 않아 만물을 비추는 것이고, 오행의 정수를 모았기 때문에 변화가 무궁하여 한 곳에 정체되지 않는 것이다."[91] ◆ 우암이 대신 올린 상소에서 말씀하셨다. "유직(柳㮨)이 '심이 바로 기'란 말을 이이(李珥)의 병통으로 여겼는데, 예부터 성현들이 기로 심을 논한 것이 많습니다. 공자부터 송나라 유자(儒者)에 이르기까지 심을 기에 소속시킨 것은 자세할 정도가 아닙니다. 이는 마치 태양이 중천에 밝아도 소경은 보지 못하는 것과 같았기 때문에, 그러므로 이이가 한마디 말로 곧바로 잘라 설파해서 성현의 뜻을 세상에 빛나게 하였으니, 여기에서 이이가 후학들에게 공이 있음을 알 수 있습니다. 다만 심은 비록 형기(形氣)에 관계되나, 이 리를 담고 있습니다. 그러므로 성현들이 (심과 리를) 합하여 말한 것이 있으니, 맹자의 '인의(仁義)의 양심(良心)'이라는 말씀과 장자(張子)의 '성(性)과 지각을 합하여 심이라는 명칭이 있게 된 것'이라는 말씀이 바로 이것입니다. 그러나 이것도 그

---

89) 『農巖集』別集 卷3, 「附錄二」, 「語錄」에 보이는 내용이다.

90) 『近齋集』卷9, 「答李善長」에 보이는 내용이다.

91) 『農巖集』卷19, 「答道以」에 보이는 내용이다.

가운데 갖추고 있는 리를 지칭하여 말한 것이지, 어찌 일찍이 유직의 소견처럼 곧바로 심을 리라 한 것이겠습니까?"[92)

○ 황면재(황간)가 말씀하셨다. "'심(心)'이라는 글자에도 각각 초점의 차이가 있다. 예컨대 '인(仁)은 사람의 심'이라는 말에서의 심은 리를 합해 말한 것이요, 예컨대 '그 심이 인(仁)을 거스르지 않았다'는 말에서는 심이 주가 되어 리를 어기지 않은 것이다. 그러므로 각각의 초점을 살펴야 비로소 깨달을 수 있다."[93) ◆ 나정암이 말씀하셨다. "근세의 학자들은 맹자의 '인(仁)은 인심(人心)이다'라는 한 마디 말로 인해 심을 바로 인(仁)으로 설명하면서, 오직 '인(仁)으로 심을 보존한다', '인의예지가 심에 뿌리를 박고 있다'는 말도 역시 맹자로부터 나온 것임을 생각하지 않으니, 장차 어떻게 설명해야 통할 수 있겠는가? 공자가 안연을 칭찬하면서 '그 심이 세 달 동안 인(仁)을 거스르지 않았다'라고 말씀하셨으니, 인(仁)은 심과 당연히 변별해야 하는 것이다. 모름지기 이곳에서 단적으로 깨달아야만 바야흐로 '인(仁)을 안다'고 말할 수 있을 것이다."[94)

○ 농암이 주자의 「답정자상」 편지를 풀이하면서 말씀하셨다. "이른바 '일종의 학문'이란 대개 육상산을 지칭하여 말한 것이다. 육상산은 걸핏하면 심은 리이고, 리는 심이라고 말했다. 그러나 심이 발할 때엔 반드시 천리에 순수한 것이 아니니, 간혹 기품(氣稟)과 물욕(物慾)의 사사로움을 면치 못한다. 그러므로 그 병폐가 석씨와 동일한 것이다. 이러한 뜻을 선생께서는 여러 번 말씀하신 바 있다."[95) ◆ "주자가 '심과 리를 하나로 삼는다'고 말씀한 것은 석씨를 위한 말이고, '둘로 삼는다'고 말씀한 것은 육씨를 위한 것이다. 대개 심은 리의 그릇이고, 리는 심의 도이니, 진실로 서로 분리할 수도 없고 서로 혼동할 수도 없다. 석씨는 리를 심의 장애가 된다고 여겨 리를 제거하고 심만을 밝히고자 하였으니, 이것은 심과 리를 두 개의 사물로 나눈 것으로서, 서로 분리할 수 없는 묘를 보지 못한 것이다. 그러므로 주자는 '하나'라고 바로 잡은 것이다. 육씨는 심은 곧 리요 리는 곧 심이니, 단지 이 심을 보존하면 리를 얻지 못함이 없다고 여겼으니, 이것은 심과 리를 곧바로 하나의 사물로 여긴 것으로서, 서로 섞일 수 없는 실상을 살피지 못한 것이다. 그러므로 주자는 '둘'이라고 바로잡은 것이다. (이처럼 '하나'와 '둘'이라는 말은) 진실로 각각의 경우에 타당한 바가 있는 것이다."[96)

---

92) 『宋子大全』卷21, 「擬兩賢辨誣疏」에 보이는 내용이다.

93) 『朱子語類』卷2, 「性理二」에 보이는 내용이다.

94) 『朱子語類』卷1, 「性理一」에 보이는 내용이다.

95) 『農巖集』卷20, 「答吳大夏」에 보이는 내용이다.

96) 『農巖集』卷20, 「答吳大夏」에 보이는 내용이다.

허령지각(虛靈知覺)

○ 우암이 말씀하셨다. "성현들이 심(心)을 논한 것은 지각(知覺)을 위주로 하였는데, 지각은 곧 기이다."97) ◆ 심의 허령(虛靈)은 분명히 기(氣)이다.98) ◆ 농암이 말씀하셨다. "기의 허령함이 저절로 지각할 줄 아는 것이니, 애당초 인의예지와 상관이 없는 일이다."99) ◆ 도암(이재)이 병계(윤봉구)에게 답한 편지에서 말씀하셨다. "나는 허령이 유독 심의 기가 아니라는 것을 이해할 수 없다. 심의 기 밖에 별도로 이른바 '허령'이 있다면, 이것은 어떤 종류의 사물인가?"100) ◆ 나정암이 말씀하셨다. "근래의 격물(格物)의 학설도 반드시 일부러 선유(先儒)와 다른 주장을 편 것은 아니요, 다만 지각을 성(性)으로 오인한 것에 기인한 것이다." ◆ 농암이 말씀하셨다. "왕양명이 곧바로 양지(良知)를 천리로 삼았으니, 심과 성을 혼동한 것이다. 심과 성을 혼동함은 유가와 석씨가 혼란스럽게 되는 원인이다."101) ◆ 노주(오희상)가 말씀하셨다. "육상산이 양지(良知) 두 글자를 끄집어 내 화두로 삼았고, 왕양명에 이르러 비로소 『대학』의 치지(致知)와 억지로 합쳐서 이것으로 천하를 바꾸고자 생각했다. 그가 '양지가 바로 천리'라고 말한 것은 사실 천리를 몰래 빌려 영각(靈覺) 속으로 넣은 것이다. 육상산의 '심은 곧 리'라는 학설과 함께 암암리에 '심(心)'을 밝히는 학문'의 시조가 되었으니, '서로 삼매(三昧)를 전했다'고 말할 수 있겠다. 요컨대 천명(天命)의 실체를 또렷하게 보지 못하고, 스스로 사사롭게 지(智)를 사용하여 이 지경까지 이른 것뿐이다."102)

○ 우암이 말씀하셨다. "석씨는 심을 성으로 오해했으니, 그러므로 심이 자연히 발용한 것을 모두 성이라고 말한 것이다."103)

○ 호경재(호거인)가 말씀하셨다. "석씨는 정신과 의식(意識)을 리로 잘못 알았으니, 그러므로 작용을 성으로 여긴 것이다. 이는 특히 정신과 의식은 기의 영령(英靈)으로서, 이 리를 묘용하는 것임을 모른 것이다. 성은 내 몸의 리요, 작용은 내 몸의 기이다. 기를 리로 오해하면 형이하자를 형이상자로 삼는 것이다."

---

97) 『宋子大全』卷21, 「擬兩賢辨誣疏」에 보이는 내용이다.
98) 『宋子大全』卷21, 「擬兩賢辨誣疏」에 보이는 내용이다.
99) 『農巖集』卷13, 「與李同甫」에 보이는 내용이다.
100) 『陶菴集』卷10, 「答尹瑞膺」에 보이는 내용이다.
101) 『農巖集』卷32, 「雜識」, 〈內篇二〉에 보이는 내용이다.
102) 『老洲集』卷25, 「雜識三」에 보이는 내용이다.
103) 『宋子大全』卷101, 「答鄭景由」에 보이는 내용이다.

○ 농암이 말씀하셨다. "사람이 태어날 때 정밀하고 빼어난 기운을 모아서 심이 된다. 이미 이 기를 받으면, 바로 리가 있으니, 이것이 이른바 성이다. 기가 모이는 곳은 스스로 허령하게 되니, 이에 지각의 이름이 있는 것이다. 지각의 윗면에 실려 운용되는 것은 또 모두 이 리가 아닌 것이 없으니, 진실로 리가 없는 지각은 없다. 그러므로 지각의 큰 쓰임을 말한다면, 비록 리를 벗어나서 말할 수 없으나, 지각의 본색을 탐구하면 또 기를 버리고 다른 데서 구할 수 없다.[104]

○ 우암이 주자의 「답반겸지」를 논하면서 말씀하셨다. "주자는 '지각'을 '지(智)의 용'이라고 한 것이 많다. 이 편지에서 비로소 지각을 심에 붙였는데, 이것은 아마도 만년(晚年)에 확정한 것이니, 마땅히 이것을 정론(正論)으로 삼아야 한다."[105] ◆ 농암이 말씀하셨다. "주자의 이 편지는 심과 성의 분별을 지극히 정미하게 했으니, 아마도 만년정론(晚年定論)인 듯하다. 기타의 같고 다른 설들은, 『주자어류』에 기록된 것은 물론이요, 비록 당시 손수 쓰신 것에서 나왔다 해도 이 말을 기준으로 결정해야 할 것이다."[106] ◆ 고경양(고헌성)이 말씀하셨다. "우리 유자들은 리를 성으로 여기나, 석씨는 각(覺)을 성으로 삼았다. 주자는 '인(仁)은 일찍이 깨닫지 못한 경우가 없지만, 깨달음을 인(仁)이라고 말할 수 없다.'라고 말씀했는데, 이 말은 지극히 정밀하다. 나문장(나흠순)에 이르러 다시 말하기를, '각(覺)은 인(仁)으로 명칭 할 수 없을 뿐만 아니라, 또한 지(智)라고 명칭 할 수도 없다.'라고 했으니 더욱 정밀하다." ◆ 농암이 말씀하셨다. "지각(知覺)은 '지(智)'라고 할 수 없을 뿐만 아니라, 또한 '지(智)의 용(用)'이라고도 할 수 없다."[107]

신(神)

○ 나정암이 「답담감천」에서 말씀하셨다. "백사(白沙)가 '무릇 도(道)는 지극히 가깝고 신묘하다'고 하자, 집사께서 이를 따라 밝히면서 말씀하시기를 '신(神)은 하늘의 리(理)이다'라고 하셨습니다. 『주역』에서는 '일음일양(一陰一陽)을 도라고 한다'고 하였고, 또 '음양이 헤아릴 수 없는 것을 신(神)이라고 한다'라고 하였습니다. 또한 정명도는 '하늘이 하는 일은 소리도 없고 냄새도 없으니, 그 체는 역(易)이라 하고, 그 리는 도(道)라고 하며, 그 용(用)은 신(神)이라 한다.'라고 하였습니다. 지금 '헤아릴 수 없는 신'을 천리하고 오인하니, 이른바 도는 과연 무엇입니까?" ◆ "주자는 일찍이 '신(神)도 또한 형이하자이다'라고 말씀하셨고, 또 '신(神)은 바로 기(氣)의 정밀하고 빼어난 것이다'라고 말씀하셨다. 모름지기 진실로 공부를 오래 하고 몸소 체험해야만 비로소 이 말이

---

104) 『農巖集』卷32, 「雜識」, 〈內篇二〉에 보이는 내용이다.
105) 『宋子大全』卷131, 「雜著」, 〈看書雜錄〉에 보이는 내용이다.
106) 『農巖集』卷14, 「答閔彦暉」에 보이는 내용이다.
107) 『農巖集』卷13, 「與李同甫」에 보이는 내용이다.

정학하여 바꿀 수 없음을 확신할 수 있나. 그렇지 않다면 신(神)을 형이상자로 오해하는 자가 있을 것이다. 일찍이 황직경(황간)이 『중용』의 귀신을 논하는 곳에 '성(誠)을 가릴 수 없다'라는 한마디 말이 있는 것을 보고, (귀신은) 형이상자일 것이라고 의심하자, 주자는 '다만 진실한 리가 있는 곳에서 발현한다'고 답변하셨으니, 그 의리가 더욱 분명하다." ◆ "신화(神化)란 천지의 묘용이다. 천지 사이에 음양이 아니면 조화(造化)가 이루어질 수 없고, 태극이 아니면 신묘할 수 없다, 그러나 마침내 태극으로 신(神)을 삼고 음양으로 조화를 삼으면 불가하다. 무릇 조화는 음양이 하는 일이지만 음양이 곧 조화인 것이 아니요, 신은 바로 태극이 하는 일이지만 태극이 곧 신인 것은 아니다. '한다[爲]'는 말은 '함이 없이 하는 것'이다. 이에 간혹 어긋나면 석씨에게 흘러 들어가지 않는 경우가 드물 것이다." ◆ 노주가 말씀하셨다. "이 리가 발용하여 펼쳐지는 것은 오로지 신(神)에 의지한다. 그러므로 『주역』 가운데 무릇 '리의 쓰임'을 말하는 곳에서는 대부분 '신(神)' 자로 설명한 경우가 많다. 그러나 마땅히 활간(活看)해야 하니, 이것 때문에 곧바로 신을 리로 여기는 것은 잘못이다.[108]

리(理)

○ 노주가 말씀하셨다. "리(理)의 무위(無爲)하니, 주재로 말할 수 없을 것 같다. 그러나 심(心)은 활물(活物)로서 변화를 헤아릴 수 없으나, 스스로 항상 바뀌지 않는 본체가 있어 무위(無爲)하지만 항상 유위(有爲)한 것의 주재자가 된다. 이것이 없으면 단지 영각(靈覺)의 작용일 뿐이니, 이것은 바로 불씨(佛氏)가 정신과 혼백을 놀리는 것일 뿐이다.[109]

○ 율곡이 말씀하셨다. "형체도 없고 작위도 없으면서 형체도 있고 작위도 있는 것의 주재자가 되는 것은 리(理)요, 형체도 있고 작위도 있으면서 형체도 없고 작위도 없는 것의 그릇이 되는 것은 기(氣)이다."[110] ◆ 노주가 말씀하셨다. "곧바로 신(神)과 리(理)의 묘합처에 나아가 그 본체를 보면 거의 뒤섞여 분별이 없지만, 그러나 그 가운데로 들어가 또 '리가 기의 근본이 되고, 성(性)이 심(心)의 주재자가 된다'는 뜻을 가려내야만, 바야흐로 이단의 견해에 떨어지지 않을 것이다."[111]

○ 설경헌이 말씀하셨다. "리는 기의 주인이 된다." ◆ 도암이 말씀하셨다. "성현의 수많은 말씀들은 모두 '리위기주(理爲氣主)' 네 글자에서 벗어나지 않는다."[112]

---

108) 『老洲集』卷25,「雜識三」에 보이는 내용이다.
109) 『老洲集』卷25,「雜識三」에 보이는 내용이다.
110) 『栗谷全書』卷10,「答成浩原」에 보이는 내용이다.
111) 『老洲集』卷25,「雜識四」에 보이는 내용이다.

○ 우암이 말씀하셨다. "성인은 하늘을 근본으로 삼으니, 『시경』과 『서경』에 보이는 것이 많다. 자사(子思)의 이른바 '천명지위성(天命之謂性)'은 더욱 이른바 '근원을 직절(直截)하게 말씀한 것'이다."113) ◆ "'마땅히 법계의 본성을 살펴야 하니, 모든 것은 심이 지어낸 것이다[應觀法界性 一切惟心造]'라는 말은 석씨의 말로서, 그 뜻은 만물의 본성은 모두 심으로부터 만들어져 나온다는 것이다. 그러므로 주선생께서 일찍이 '성인은 하늘을 근본으로 삼고, 석씨는 심을 근본으로 삼는다'고 말씀한 것이다."114) ◆ "성인은 하늘을 근본으로 삼기 때문에, 동작과 언어가 하나같이 천리의 공정함에서 나오는 것이다. 석씨는 마음을 근본으로 삼기 때문에, 물을 긷고 땔나무를 나르는 것[運水搬柴]을 도로 삼으면서, 당연히 운반하여야 할 것과 운반하지 않아야 할 것을 따지지 않고 오직 심에서 나오는 대로 하는 것이다. 이것이 유교와 불교가 분별되는 까닭이니, 석씨가 애초에 어찌 사심(私心)이 있었겠는가?"115) ◆ 농암이 말씀하셨다. "비록 말로는 심(心)을 다스린다고 하지만 성명의 리에 근본하지 않는다면, 또한 장차 무엇을 잡아 저들의 심각한 오류에 일격을 가할 수 있겠는가? 이것이 창려(한유)가 불교를 물리치려다가 마침내 태전(太顚)에게 굴복을 당한 이유요, 육상산이 선학(禪學)을 공격하려다가 마침내 주자에게 비웃음을 받은 이유이다."116)

○ 율곡이 우계(성혼)에게 답한 편지에서 말씀하셨다. "도심을 본연지기(本然之氣)라고 한 것도 새로운 말인 듯합니다. 이는 비록 성현의 뜻이나, 문자에 보이지 않습니다. 형께서 만약 이 말에 대하여 의심하지 않는다면 합치되지 못할 것이 없을 것입니다."117) ◆ 농암이 말씀하셨다. "심은 사물이고, 성(性)은 법칙이다. 도심은 비록 성에 근본하고 있지만, 또한 곧바로 법칙이라고 말할 수는 없다. 대개 이미 '심'이라고 말했으면 또한 허령(虛靈)하여 지각(知覺)하는 사물인바, 다만 그 지각한 바가 의리의 공정한 것일 뿐이다. 이것으로 말한다면, 도심은 바로 이 사물이 법칙에 따르는 것이다."118) ◆ 황씨(황진)가 말씀하셨다. "근래에는 심학(心學)을 말하기를 좋아하면서, 단지 '도심(道心)' 두 글자를 가리개로 삼아 곧바로 '심이 곧 도'라고 말하니, 대개 선학(禪學)에 빠지면서도 스스로는 알지 못하는 것이다." ◆ 왕씨(왕응진)가 말씀하셨다. "선학이 성행하면서 심학을 말하기 좋아하여, 정일집중(精一執中)을 버리고 간단하게 '심(心)'자만 붙들고 있다. 그리하여 마침내 '심이 곧 도'라고까지 말하니, 양자호의 시에서 '이 도가 원래 심이다'라고 말한 것과

---

112) 『陶菴集』卷10, 「答尹瑞膺」에 보이는 내용이다.

113) 『宋子大全』卷131, 「雜著」, 〈看書雜錄〉에 보이는 내용이다.

114) 『宋子大全』卷131, 「雜著」, 〈看書雜錄〉에 보이는 내용이다.

115) 『宋子大全』卷131, 「雜著」, 〈看書雜錄〉에 보이는 내용이다.

116) 『農巖集』卷32, 「雜識」, 〈內篇二〉에 보이는 내용이다.

117) 『栗谷全書』卷10, 「答成浩原」에 보이는 내용이다.

118) 『農巖集』卷32, 「雜識」, 〈內篇二〉에 보이는 내용이다.

『전습록』에서 '심이 곧 리요, 리가 곧 심이다'라고 말한 것이 그것이다. 이것은 바로 석씨의 '심이 곧 부처'라는 학설이다."

○ 율곡이 「답안응휴」에서 말씀하셨다. "리는 본래 무위(無爲)한데, 기를 타고 유행함에 온갖 변화가 생긴다. 비록 유행하여 변화하여도, 그 무위한 본체는 진실로 그대로 있는 것이다. 그대는 이 리가 기를 타고 유행하는 것을 보고는 곧 '리에도 동정이 있고 작위도 있다'고 여기는데, 이것은 리와 기를 알지 못하는 것이다. 무릇 형체도 있고 작위도 있어서 동정(動靜)이 있는 것은 기(氣)요, 형체도 없고 작위도 없어서 동정(動靜)에 있는 것은 리(理)이다." ◆ 우암이 말씀하셨다. "퇴계는 '리의 체(體)는 비록 정의와 조작이 없더라도, 그 용(用)의 묘함은 밖으로 드러나서 이르지 않은 곳이 없다'고 하였고, 또 '지난날에는 신묘한 작용이 능히 현행(顯行)하는 것을 몰라서, 하마터면 리를 죽은 물건으로 오인할 뻔했다'고 말씀하셨는데, 그 뜻은 대개 리의 용(用)은 '살아 있는 것'이라는 것이다. 그렇다면 주자의 뜻과는 크게 다른 것이다. 무릇 '체(體)와 용(用)은 하나의 근원'이라는 것은 본래 바꿀 수 없는 도리이다. 어찌 체는 정의와 조작이 없으나 용은 정의와 조작이 있을 수 있겠는가?"[119] 【본주에, 리는 정의(情意)의 조작이 없다는 것은 체(體)와 용(用)의 차이가 없다.】

○ 율곡이 말씀하셨다. "리는 무위이고 기는 유위이므로, 기가 발함에 리가 타는 것이다. 양(陽)이 동(動)하면 리가 동(動)에 타는데, 리가 동(動)하는 것이 아니며, 음이 정하면 리가 정(靜)에 타는데, 리가 정(靜)하는 것이 아니다. 그러므로 천지의 조화와 우리 마음의 발함이 모두 '기가 발함에 리가 타는 것'이다."[120] ◆ 농암이 말씀하셨다. "리는 작위가 없고 기는 작위가 있으니, 그러므로 모든 성의 발현은 곧 심의 지각이 하는 일이다. 성 가운데 비록 인(仁)이 있지만, 지각이 아니면 발현되어 측은히 여기는 마음이 될 수 없다. 그렇다면 성이 날줄이라면 지각은 씨줄이요, 성이 도(道)라면 지각은 그릇인 것이다. 성을 지각이라 해도 진실로 안 되지만, 만일 지각과 성을 두 갈래로 갈라서 각자 그 용(用)이 있다고 해도 또한 잘못이다."[121]

○ 우암이 말씀하셨다. "리와 기가 합하여 허령한 것은 심이요, 그 허령한 가운데 갖춰진 것은 성이다. 지금 '리와 기가 합한 뒤에 허령이 생긴다.'라고 하였으니, 이는 허령을 성이라 한 것이다. 이것이 어찌 석씨가 작용을 성이라 하는 것과 다르겠는가?"[122]

---

119) 『宋子大全』卷104, 「答金仲固」에 보이는 내용이다.
120) 『栗谷全書』卷10, 「答成浩原」에 보이는 내용이다.
121) 『農巖集』卷13, 「與李同甫」에 보이는 내용이다.
122) 『宋子大全』卷101, 「答鄭景由」에 보이는 내용이다.

정(情)

율곡이 말씀하셨다. "선현들은 정(情)에 나가 천리를 논하여, 정(情)의 선한 것을 천리의 유행이라고 여긴 경우가 많은데, 이것은 정(情)을 천리로 여긴 것이 아니라, 천리가 정(情)에서 유행함을 말한 것이다."[123] ◆ "기의 기틀이 동하여 정이 되는데, 그 기틀을 타는 것이 리이다. 그러므로 리가 정 속에 있는 것이지, 정이 곧 리인 것은 아니다. 지금 복숭아씨를 인(仁)이라 하고 싹을 인(仁)이 발한 것이라 하는데, '리가 싹에 있는 것'이요 '싹이 바로 리인 것은 아님'을 모른다면, 이는 리와 기의 구분에 어두운 것이다."[124] ◆ "천리는 무위한 것이니, 기가 동하지 않는데 리가 동한다는 것은 전혀 있을 수 없는 일이다. 성이 기를 타고서 동하는 것이 바로 정이니, 기를 떠나서 정을 구하는 것은 어찌 잘못이 아니겠는가?"[125] ◆ 농암이 말씀하셨다. "주자는 '인의(仁義)는 성이요, 애오(愛惡)는 정(情)이며, 인으로 사랑하고 의로 미워하는 것은 심이다.'라고 하셨는데, 이 말은 그 분석이 극히 치밀하다고 할 수 있다. 성과 정의 판별 및 리와 기의 구분까지 따라서 알 수 있다. 성(性)이라는 말속에 기가 없지 않지만 그 본체는 리이고, 정(情)이라는 말속에 리가 없지 않지만 그 발용하는 것은 기이다.[126]

기(氣)

○ 퇴계가 주자의 「답여자약」을 논하면서 말씀하셨다. "이 둘은 떳떳한 형세로 말하면 도의가 주인이 되고 기(氣)가 손님이 된다. 그러나 지금 바야흐로 호연지기를 논할 경우 진실로 기가 주인이 되는 것이니, 그러므로 기를 주로 삼아 말한 것이다. 자약이 그 의미를 깨닫지 못하고 반드시 도의를 주로 삼아 말하고자 하므로, 선생께서 이와 같은 말씀을 하여 깨닫게 해주신 것이다."[127] ◆ 농암의 「여권구계」에서 「사변록변」을 논하면서 말씀하셨다. "본래 '도의(道義)가 기의 주가 된다'는 말은 대개 학문하는 도리로 말하면 진실로 이와 같다. 그러나 맹자의 이 말씀은 전적으로 기의 효용을 밝혀서 이 사물은 이러이러하다고 말한 것이니, 그 뜻은 진실로 기를 주로 삼은 것이다. 지금 '도의가 주가 된다'는 말은 사리가 통하지 않으므로, 이처럼 고쳤으면 한다."[128]

○ 우암이 말씀하셨다. "태극(太極)은 음양(陰陽)의 주인이나, 도리어 음양이 운용하는 바가 된다.

---

123) 『栗谷全書』卷12, 「答安應休」에 보이는 내용이다.
124) 『栗谷全書』卷12, 「答安應休」에 보이는 내용이다.
125) 『栗谷全書』卷12, 「答安應休」에 보이는 내용이다.
126) 『農巖集』卷14, 「答閔彦暉」에 보이는 내용이다.
127) 『退溪集』卷25, 「答鄭子中別紙」에 보이는 내용이다.
128) 『農巖集』卷15, 「與權有道再論思辨錄辨」에 보이는 내용이다.

무릇 태극과 음양에서 나온 깃들은 모두 그렇시 않은 것이 없다."129) ◆ 노주가 말씀하셨다. "우리 유가의 법문에서는 비록 리를 귀하게 여기고 기를 천하게 여기지만, 기 또한 낮게 볼 수 없는 것이다. 발휘하고 운용하여 어떤 일을 하는 것은 모두 이 기의 도움을 받는 것이다. 모름지기 맹자가 말씀한 '양기(養氣)'의 취지를 반복해서 깊이 체인(體認)해야만 비로소 알 수 있을 것이다."130) ◆ 율곡이 말씀하셨다. "기 또한 본연의 기가 있다. 기의 본연은 도심과 호연지기가 바로 이것이다. 성인의 수많은 말씀은 다만 사람들로 하여금 기를 검속하여 그 기의 본연을 회복하게 한 것일 뿐이다."131)

『검본』하편 종

心

○ 陳北溪曰: "謂道爲太極者, 言道卽太極無二理也; 謂心爲太極者, 只是萬理總會於吾心, 此心渾淪是一箇理爾." ◆尤庵曰: "道體無窮而心涵此道, 故心體亦無窮. 故曰'道爲太極, 心爲太極'." ◆"以理對心而言, 則理爲理而心爲氣; 以心對形而言, 則心爲理而形爲氣, 蓋心雖是氣而該貯此理, 故或謂理或爲氣而皆可通, 惟觀其所見如何耳."

○ 農巖曰: "心性之不能相離而亦不相雜也, 猶太極之於陰陽也. 今以性爲心之盛貯發用, 而遂以心言性, 則是陰陽, 可喚做太極, 其可乎?" ◆栗谷曰: "性, 理也; 心, 氣也. 先賢於心性有合而言之者, 孟子曰'仁, 人心是也'; 有分而言之者, 朱子曰'性, 心之理是也'." ◆尤庵曰: "心性, 雖可謂之一物, 然心自是氣, 性自是理, 安得謂之無彼此哉?" ◆農巖曰: "性者, 心之理; 心者, 性之器, 卽心而指性則可, 認心以爲性則不可. 此儒者之學所當精薇而明辨者, 於此或差, 則墮於釋氏之見矣." 羅整庵曰: "程子言'性卽理也', 象山曰'心卽理也', 至(常)[當]132)歸一, 精一無二, 此是則彼非, 彼是則此非, 安可不明辨之? 夫子曰'以此洗心', 曰'易其心而後語', 曰'能說諸心'. 夫心而曰洗, 曰易, 曰說, 洗心而曰以此. 詳味此數語, 謂心卽理也, 其可通乎! 且孟子嘗言'理義之悅我心, 猶芻豢之悅我口', 尤爲明白易見. 學而不取證於經書, 一切師心自用, 未有不自誤者矣."

○ 農巖曰: "雲峯云'智, 則心之神明, 所以妙衆理而宰萬物者也', 此只說得心之知覺, 與智字不相

---

129) 『宋子大全』卷130, 「雜著」, 〈浩然章質疑〉에 보이는 내용이다.

130) 『老洲集』卷24, 「雜識二」에 보이는 내용이다.

131) 『栗谷全書』卷10, 「答成浩原」에 보이는 내용이다.

132) (常)[當]: 저본에 '常'으로 되어 있으나, 문맥을 살펴 '當'으로 수정하였다.

干。智, 則理也, 而謂之妙衆理, 是以理妙理, 恐尤未安。"

○近齋曰: "湛一之氣, 聚而爲心, 卽所謂精爽。心之所以本善者, 以氣之精爽也。精爽之稱, 自是心之名目, 一言以蔽之者故聖凡之心, 同矣。" ◆農巖曰: "心者無它, 氣而已矣。專言, 則聚五行之精英; 偏言, 則屬乎火。屬乎火, 故能光, 明不昧而照燭萬物, 聚五行之精英。故能變化無窮, 不滯於一方。" ◆尤庵代疏曰: "柳稷以心是氣之說爲珥之病, 從古聖賢, 以氣論心者多矣。自孔子至宋儒, 以心屬氣者, 不啻詳矣。正如大明中天, 瞽者不見。故珥以一言, 直截說破, 使聖賢之意, 粲然於世, 此可見珥之有功於後學也。但心雖涉於氣, 而該貯此理。故聖賢有合而言之者, 孟子所謂'仁義之良心', 張子所謂'合性與知覺有心之名'者是也。然此亦指其中所具之理而言耳, 何嘗直以心爲理如稷之見乎?"

○黃勉齋曰: "心(者)[字]133), 各有地頭說, 如云'仁, 人心也。這說心, 是合理說, 如說心不違仁, 是心爲主而不違乎理, 就他地頭看, 始得。" ◆羅整庵曰: "近世學者, 因孟子'仁人心也'一語, 便要硬說心卽是仁, 獨不思以仁存心, 仁義禮智根於心, 其言亦出於孟子, 又將何說以通之邪? 孔子之稱顏淵, 亦曰'其心三月不違仁', 仁之與心, 固當有辨, 須於此見得端的, 方可謂之識仁。"

○農巖釋朱子「答鄭子上」書曰: "所謂一種學問, 蓋指象山而言, 象山動說心(則)[卽]134)理, 理卽心, 然心之發, 未必純乎天理而或不免氣稟物欲之私。故其病, 與釋氏同也。此意先生, 蓋屢言之矣。" ◆"朱子說有'以心與理爲一'者, 爲釋氏言也; 有以爲二者, 爲陸氏言也。蓋心爲理之器, 理爲心之道, 固不容相離, 而亦不容相混矣。釋氏以理爲心之障, 欲去理而明心, 是判以爲二物而不覩夫不相離之妙矣。故朱子以其一者而正之, 陸氏以心卽理、理卽心, 但存此心, 理無不得, 是則直以爲一物而不察其不相混之實矣。故朱子以其二者而正之, 言固各有當也。"

虛靈知覺

○尤庵曰: "聖賢論心, 以知覺爲主, 而知覺卽氣也。" ◆"心之虛靈, 分明是氣也。" ◆農巖曰: "氣之虛靈, 自會知覺, 初不干仁義禮智事也。" ◆陶庵答屛溪曰: "未知虛靈獨非心之氣, 而心之氣之外, 抑別有所謂虛靈者而是爲何等物事邪?" ◆羅整庵曰: "近時格物之說, 亦未必故異於先儒, 只緣誤認'知覺爲性'云云。" ◆農巖曰: "陽明直以良知爲天理, 則心與性混矣。心性之混, 儒、釋之所以亂也。" ◆老洲曰: "象山拈出良知二字作話頭, 至陽明, 始捏合於『大學』致知, 思欲以此而易天下。其

---

133) (者)[字]: 저본에 '者'으로 되어 있으나, 『朱子語類』에 의거하여 '字'로 수정하였다.
134) (則)[卽]: 저본에 '則'으로 되어 있으나, 『朱子語類』에 의거하여 '卽'으로 수정하였다.

曰'良知卽天理'者, 實欲陰借天理, 引入靈覺也。與象山'心卽理'之說, 陰祖明心之學, 可謂相傳三昧也。要之皆不能的見天命實體, 自私用智, 以致此耳。"

○尤庵曰: "釋氏認心爲性, 故以心之自然發用者, 皆謂之性也。"

○胡敬齋曰: "釋氏誤認神識爲理。故以作用爲性, 殊不知神識是氣之英靈, 所以妙是理者。性是吾身之理, 作用是吾身之氣, 認氣爲理, 以形而下者爲形而上者矣。"

○農巖曰: "人之生也, 聚精英之氣以爲心。旣有是氣, 便有是理。是則所謂性也, 而氣之所聚, 便自虛靈。於是乎有知覺之名, 而知覺上面所乘載而運用者, 又莫非此理, 則固未有無理之知覺矣。是以言知覺之大用, 則雖不可外理而爲言, 求知覺之本色, 則又不可舍氣而它求。"

○尤庵論朱子「答潘謙之」書曰: "朱子以知覺爲智之用者, 多矣。此書始以知覺屬心, 此恐是晚年所定, 當以此爲正。" ◆農巖曰: "朱子此書, 於心性之辨, 極其精微, 殆是晚年定論。其它異同之說, 無論『語類』所錄, 雖出於當日手筆者, 亦當以此而決矣。" ◆顧涇陽曰: "吾儒以理爲性, 釋氏以覺爲性。朱子曰'仁未嘗不覺, 而覺不可以言仁', 此語極精。至羅文莊, 又曰'覺非特不可以名仁, 且不可以名智', 則益精矣。" ◆農巖曰: "知覺非惟不可以爲智, 亦不可以爲智之用也。"

神

○羅整庵「答湛甘泉」書曰: "白沙之言曰'夫道, 至近而神, 執事從而發明之曰神者, 天之理也'云云, 『易』曰'一陰一陽之謂道', 又曰'陰陽不測之謂神', 明道曰'上天之載, 無聲無臭, 其體則謂之易, 其理則謂之道, 其用則謂之神'。今乃認不測之神爲天理, 則所謂道者, 果何物邪?" ◆"朱子嘗言'神亦形而下', 者, 又云'神乃氣之精英', 須曾實下工夫體究來, 方信此言, 確乎其不可易。不然則誤以神爲形而上者, 有之矣。黃直卿嘗疑『中庸』論鬼神有'誠之不可掩'一語, 則是形而上者, 朱子答以只是實理處發見, 其義愈明。" ◆"神化者, 天地之妙用也。天地間, 非陰陽不化, 非太極不神。然遂以太極爲神, 陰陽爲化, 則不可。夫化乃陰陽之所爲, 而陰陽非化也; 神乃太極之所爲, 而太極非神也。爲之爲言, 莫之爲而爲者也。於此或差鮮不流於釋氏之歸矣。" ◆老洲曰: "此理之發用敷施, 專藉乎神。故『易』中凡言理之用處, 率多以神字當之。然宜活化看, 不可以此直把神爲理也。"

理

○老洲曰: "理之無爲, 似不可以主宰言。然心之活化不測, 而自有常而不易之體, 無爲而恒爲有爲者之主, 無是, 則只是靈覺之作用, 此乃佛氏所弄精魄者耳。"

○栗谷曰: "無形無爲而爲有形有爲之主者, 理也; 有形有爲而爲無形無爲之器者, 氣也。" ◆老洲曰: "直就神理妙合處, 看其本體, 則幾乎泯然無別, 然去其中, 又揀別出, 理爲氣本性爲心宰之義, 方不墮於異端之見也。"

○薛敬軒曰: "理爲氣主。" ◆陶庵曰: "聖賢千言萬語, 都不外於理爲氣主四字矣。"

○尤庵曰: "聖人本天, 見於『詩』、『書』者, 多矣, 而子思所謂天命之性, 尤所謂直截根源也。" "應觀法界性, '一切惟心造', 此釋氏語也。其意以爲萬物之性, 皆從心上造出。故朱先生嘗曰'聖人本天, 釋氏本心'。" ◆"聖人本天, 故動靜語默, 一出於天理之公; 釋氏本心, 故以運水搬柴, 爲道而不問其當運與不當運, 當搬與不當搬, 而惟心之所出, 此儒、釋之所以分, 釋氏初亦豈有私心哉?" ◆農巖曰: "雖曰治心而不本乎性命之理, 則亦將何執以鍼彼之膏肓哉? 此昌黎之闢佛, 終見屈於太顚, 而象山之攻禪學, 適見笑於紫陽者也。"

○栗谷答牛溪書曰: "以道心爲本然之氣者, 亦似新語, 雖是聖賢之意, 而不見於文字, 兄若於此不疑, 則無所不合矣。" ◆農巖曰: "心, 物也; 性, 則也。道心, 雖原於性, 而亦不可直謂之則, 蓋旣曰'心則只是簡虛靈知覺底物事'。特其所感者, 義理之公耳。以此而言, 道心, 是物之循乎則者也。" ◆黃氏曰: "近世喜言心學, 單摠'道心'二字, 直謂卽心是道, 蓋陷於禪學而不自知矣。" ◆汪氏曰: "禪學盛而好言心學, 舍却執中而單拈出心字, 而至謂卽心是道, 楊慈湖詩所謂'此道元來卽是心', 『傳習錄』所謂'心卽理, 理卽心'是也, 此乃釋氏卽心是佛之說也。"

○栗谷「答安應休」書曰: "理本無爲而乘氣流行, 變化萬端, 雖流行變化, 而其無爲之體, 則固自若也。吾友見此理之乘氣流行, 乃以理爲有動有爲, 此所以不識理氣。大抵有形有爲而有動有靜者, 氣也; 無形無爲而在動在靜者, 理也。" ◆尤庵曰: "退溪言理, 心體雖無情意造作, 而其用之妙, 則發見而無不到也。又言向也, 不知妙用之能顯行, 殆若認以爲死物云云, 其意蓋以爲理之用是活物也。然則與朱子意迥然不同矣。夫體用一源, 自是不可易之道理, 豈有其體則無情意造作, 而其用則有情意造作也。"【本註, 理之無情意造作, 無間於體與用也。】

○栗谷曰: "理無爲而氣有爲, 故氣發而理乘之。陽動則理乘於動, 非理動也; 陰靜則理乘於靜, 非理靜也。故天地之化, 吾心之發, 無非氣發而理乘之也。" ◆農巖曰: "理無爲而氣有爲, 故凡性之發, 卽心之知覺者爲之。性中雖有仁, 而非知覺, 則不能發而爲測隱, 是則性爲經而知覺爲緯, 性爲道而知覺爲器。以性爲知覺, 固不可。若以知覺與性, 截然分爲二歧而各自有其用, 則亦誤矣。”

○尤庵曰: “理與氣合而其虛靈者, 心也; 其虛靈中所具者, 性也。今曰‘理與氣合, 然後生虛靈’, 是以虛靈爲性也, 是何異於釋氏以作用爲性邪?”

情

○栗谷曰: “先賢多就情上論天理, 以情之善者, 爲天理之流行, 此非以情爲天理也, 謂天理流行於情上耳。” ◆“氣機動而爲情, 乘其機者, 乃理也。故理在於情, 非情便是理也。今以桃仁爲仁, 以芽爲仁之發, 而不知理在於芽而芽非理, 則是昧於理氣之分也。” ◆“天理者, 無爲也, 氣不動而理動, 萬無其理。性之乘氣而動者, 乃爲情, 則離氣求情, 豈不謬乎?” ◆農巖曰: “朱子云‘仁義, 性也; 愛惡, 情也; 以仁愛以義惡者心也’。此其分析, 可謂極微密矣。性情之判, 而理氣之分也, 從可見矣。蓋方其言性也, 非無氣也, 而其本體則理也; 及其言情也, 非無理也, 而其發用則氣也。”

氣

○退溪論朱子「答呂子約」書曰: “以二者常勢言, 則道義爲主, 氣爲賓, 今此則方論浩氣, 氣固爲主, 故以氣爲主而言。子約不曉其意, 必欲主道義爲說, 故先生設此言以曉之。” ◆農巖「與權癯溪」書, 論「思辨錄辨」曰: “本語所謂‘道義爲之主’者, 槪以學問之道言之, 則固如此, 而但孟子此言, 專是發明氣之功用, 以爲此箇物事, 如此如此云耳。其意固以氣爲主也。今云道義爲之主, 不免有礙, 故欲改之耳。”

○尤庵曰: “太極爲陰陽之主, 而反爲陰陽之所運用也。凡生於太極陰陽者, 莫不皆然。” ◆老洲曰: “吾儒法門, 雖貴理賤氣, 氣亦不可低看了。發揮運用做得事者, 全藉此氣, 須將孟子養氣之旨, 反復深體認之, 乃可見也。” ◆栗谷曰: “氣亦有本然之氣。氣之本然者, 道心、浩氣是也。聖人千言萬語, 只使人檢束其氣, 使復其氣之本然而已。”

「주재설主宰說」【戊寅】

해제

1) 서지사항

　전우(田愚, 1841~1922)가 주재(主宰)에 관하여 쓴 논설. 『간재집(艮齋集)』전편 권14에 실려있다. (한국문집총간 333)

2) 저자

　전우

3) 내용

　이 글은 전우가 38세인 1878년 1월에 지은 논설이다. 이 글에서 전우는 "심위성정지주재(心爲性情之主宰)"를 인간의 작용으로 "성위심지주재(性爲心之主宰)"를 태극혼연의 본체로 해석하고 이를 근거로 성을 심보다 상위의 개념으로 설정하였다. 또 심은 경(敬)을 통해 성과 합일할 수 있다고 하였다. 이러한 그의 심(心)·성(性)·경(敬)의 관계 설정은 이후 그의 독창적인 심론인 "성사심제(性師心弟)"의 근거가 되었다.

2-1-5 「主宰說」【戊寅】(『艮齋集』前編 卷14)

靜而大本之無少偏倚, 動而達道之無所乖戾, 皆是此心之妙用, 故曰"心爲性情之主宰", 此卽所謂人能弘道也。心之功用, 至於參天地、贊化育, 然其所以參贊之理, 則出於性而不出於心, 故曰"性爲心之主宰", 此卽所謂性是太極渾然之體也。至於心之所以爲主宰者, 以其能敬也, 不然則戾於性情之德, 而役於形氣之私矣, 故曰"敬爲一心之主宰", 此卽所謂敬是此心之自做主宰者也。

或曰: "道體與人功, 如之何則可以合一也?"

曰: "敬而已矣。"

"敬宜如何用功也?"

曰: "心必本於性而不敢自用也。"

「화서아언의의華西雅言疑義」【辛巳】

해제

1) 서지사항

전우가 「화서아언(華西雅言)」을 읽고 1881년에 지은 글. 『간재집(艮齋集)』전편 권14에 실려 있다.(한국문집총간 333)

2) 저자

전우(田愚: 1841~1922)로, 자는 자명(子明), 호는 간재(艮齋)이다.

3) 내용

이 글은 전우가 이항로(李恒老, 1792~1868)의 어록(語錄)을 비롯하여 그가 남긴 여러 가지 글 가운데 성리설과 관련하여 중요한 부분을 발췌한 「화서아언(華西雅言)」을 읽고 의심나는 부분을 비판한 글이다. 「화서아언」은 이항로 사후에 김평묵(金平默, 1819~1891)과 유중교(柳重敎, 1821~1893)가 편집하여 1874년 간행하였다.

전우는 「화서아언의의」에서 「화서아언」의 22개 조목을 비판하였는데, 리무위가 아닌 리유위, 심시기가 아닌 심주리를 주장하는 것에 대한 비판에 집중되어 있다. 전반부에서는 주로 리유위에 대한 비판을 하고 있으며, 후반부에서는 심에 대한 리기론적 해석과 리의 주재 문제에 집중되어 있다. 특히 전우는 「화서아언」에서 이항로의 성리설을 리유위를 전제한 리의 주재를 주장하는 것으로 결론짓고 이것은 결국 리가 운용, 조작할 수 있다는 것을 말한 것이며, 심이 리라고 말한 것이며 또한 심을 높이고 성을 낮추는 것이라고 강도 높게 비판했다. 전우가 이항로의 성리설을 강도 높게 비판하는 것은 무엇보다도 리유위를 전제하고 이를 통해 심의 주재를 리로써 해명하는 것은 결국 악의 원인과 발생은 물론 이것을 근거로 논리적 추론을 하면 당시의 성리학적 가치 질서의 붕괴 역시 모두 '리'의 잘못이 되기 때문이었다. 따라서 전우는 「화서아언」을 통해 이항로의 주리적 성리설에 대해 비판을 한 것이며, 또한 이항로의 학문적 입장은 전우 자신이 철저하게 고수하고 계승하는 기호 성리설의 전통적 입장에 어긋나는 것이

기에 비판의 강도가 높았던 것이었다. 그리고 전우는 「화서아언」에서 주자를 비롯한 송시열 (宋時烈, 1607~1689) 등의 글을 근거로 이항로의 성리설을 비판하였는데, 이는 이항로가 자신의 학문적 연원을 송시열과 주자로 소급하는 것에 따른 논리적 반박이라고 할 수 있다.

전우의 「화서아언의의」는 화서학파의 김평묵, 유중교과의 논쟁 그리고 전우의 스승인 임헌회 (任憲晦, 1811~1876)의 제문을 둘러싼 화서학파와의 대립 이후에 발표된 것으로 화서학파 성리설에 대한 종합적 비판서라 할 수 있으며, 1902년에는 「심설정안변(心說正案辨)」도 발표하여 화서학파 성리설에 대한 비판 작업을 계속해서 진행하였다. 그리고 전우의 타학파 성리설 비판을 시기적으로 구분하면 화서학파 성리설에 대한 비판은 제1기에 해당된다고 할 수 있다.

2-1-6 「華西雅言疑義」【辛巳】（『艮齋集』前篇 卷14）

識理之言, 理字活而氣字死; 不識理之言, 氣字活而理字死。【一卷四板】

　　愚按: 理字, 似未可以死活論。大抵有死、有活者, 氣也, 理則其所以然之故也。昔安應休見乘氣流行之理, 便謂理亦有爲, 則栗翁斥之以不識理氣。退翁偶誤有理活之論, 而尤翁謂之與朱子意迥然不同, 此是儒門相傳宗旨。後來諸老先生, 未之有改焉者也。華老之意, 豈非就理爲氣主處說耶? 如"太極生陰陽", 及"使動、使靜者理也"之類, 似微有理活氣死之意。然沈明仲嘗認"理爲主宰"語, 爲有情意、有造作之義看了。尤翁告之云: "所謂理爲主宰者, 不過曰自然而然, 豈如氣之有運用造作也?" 是訓也, 可以斷此案矣。至於"氣活理死"之評, 未知指誰語。若是指"理之運用, 都由於氣, 氣有爲而理無爲", 及"理在氣中, 其善惡隨氣之所成而已"等語, 則有不然者。孔子曰: "人能弘道, 非道弘人。" 朱子曰: "靈處只是心, 不是理。" 栗翁曰: "有動有靜者, 氣也; 在動在靜者, 理也。" 尤翁曰: "太極爲陰陽之所運用。" 此類略如華老所譏之說, 而其實與理爲氣主之論, 初不相妨矣。未知如何! ○鳳岀金丈曰: "所謂識理之言【止】理字死"者 固未知立言之如何, 而竊以意度之, 此死活字, 只使箇本意, 非挿入外來意也。恐是謂識理者言理張王而抹殺了氣, 不識理者反是。蓋是言主理、主氣者之偏著一邊耳。如此看, 未知不悖於本旨耶?【庚寅】○又曰: "今因來諭而觀於其諸說, 則果有這意思。鄙之前言, 可謂郢書燕說。蓋若以有爲爲活, 無爲爲死者然。理有爲、氣無爲, 一反前訓, 而自處以識理, 可異也。"【辛卯】

理者, 一而不二者也, 命物而不命於物者也, 爲主而不爲客者也。是故在天言命物之主, 則曰天曰帝; 在人言命物之主, 則曰心曰心君; 在物言命物之主, 則曰神曰神明, 其實一理也。【同上板。】

　　愚按: 天帝、心君、神明之類, 若渾淪而言, 則如此說, 亦無不可。【如言在天下言命物之主, 則曰天子; 在一邑言命物之主, 則曰知縣, 亦是一而不二, 爲主而不爲客者也。】若欲辨別其本來面目, 則又似未可如此說。未知華老本意, 是就渾淪上說, 抑是就本色上說。俟當審問。

聖而不可知之神, 亦極其理之本體而言, 理外更無神。【五板】

　　愚按: 聖而不可知, 謂聖人之德, 至神至妙, 無聲無臭, 有非常人所能窺測。故
　　謂之神爾。恐非謂此是理之本體也。蓋善、信、美、大、聖、神六者, 皆言德之
　　高下, 非論理之本末。故朱子論南軒指善爲理之說曰: "此六位爲六等人爾。
　　今爲是說, 則所謂善者, 乃指其理, 而非目其人之言也。" 遂以'過高而非本意',
　　貶南軒之解, 非特此爾。『語類』亦曰: "此六位, 皆佗人指而名之之辭。"『論語
　　或問』論謝氏指德爲理之說, 亦曰: "形而上者, 乃名理之辭, 而非指其地位之
　　稱。"【見「瑚璉章」。】此類指意, 大煞分曉, 而華老之說, 乃如彼, 未知何故也。"理
　　外更無神"此句, 亦似可疑。若不論其本來面目, 但以理外更無者, 蔽之而已,
　　則非獨神者爲然。雖魂魄、氣質、血肉、形骸之屬, 亦何嘗是理外之物乎? 未知
　　如何! ○鳳崑金丈曰: "所謂聖而不可知之神, 是極其理之本體者, 此實可疑。
　　蓋此言是說體道之極至處, 豈專就理上說者耶?"【庚寅】

先生辨臨川吳氏太極說曰: "天地之閒, 只有動與靜而已。自其無形者而觀之, 則
太極也。太極者, 卽一動一靜之道也。自其有形者而觀之, 則氣機也。氣機者, 卽
一動一靜之器也。無是動靜, 則旣無所謂太極者矣, 烏有所謂氣機者乎?"【云云。】
今曰: '太極無動靜, 而動靜全仰於氣機。' 然則太極淪於空寂, 而不足爲氣機之本
源矣; 氣機疑於專擅, 而反作太極之主宰矣。【云云。】太極旣無動靜矣, 則動靜之主
宰者, 專歸於氣機固。然則天地之閒, 動不動, 只有一箇氣機足矣, 尙何待於太
極也哉? 百家害理尙氣之說, 無所不備, 苟求其所差之源, 則臨川太極無動靜之
說, 未必不爲之兆。"【六、七板】

　　愚詳吳說本文曰: "太極無動靜, 動靜者, 氣機也。氣機一動則太極亦動, 氣機
　　一靜則太極亦靜。" 此與栗翁言"陰靜陽動, 機自爾也。陽之動則理乘於動, 非
　　理動也; 陰之靜則理乘於靜, 非理靜也" 一段, 語意相符, 無可非議。況吳說下
　　文, 又以太極爲主宰此氣者, 則體用兼擧矣, 本末該備矣。華老所譏"太極不
　　足爲氣機之本源", 及"動靜之主宰, 專歸於氣機"者, 恐非吳說之所患也。蓋
　　"太極無動靜"云者, 只是理無爲之意爾, 非謂初無動靜之理也。然則雖曰太極

無動靜, 而陽之動陰之靜, 必本於太極之理, 則未嘗無也; 雖曰陽之動陰之靜本於太極, 而太極之無動靜, 則又固自如也。至於太極便會動靜, 則朱子固有此言, 而勉齋又豈不曰那太極卻不自會動靜乎? 二說各有所指, 宜會而通之, 不當偏主一邊也。昔沈明仲疑兩說不同, 而質於尤菴先生, 則曰: "便會動而生陽, 從源頭處, 論其有是理然後有是氣。【愚按: 所謂"有是理", 是謂有此氣動靜之理云爾, 非謂此理卻自有動有靜也。】所乘之機, 則卻就流行處, 論此理無形狀無造作, 只乘此氣而運用也。言各有當。如不能活看, 則節節滯泥也。" 華老之言, 似與此不同也。大抵以氣爲有動有靜, 以理爲在動在靜, 栗翁平生所執之說, 而見於『文集』「語錄」者, 明且詳矣。今華老之疑, 無一言及此, 乃獨舉吳說而攻之, 不遺餘力。至曰: "百家尙氣害理之說, 無所不備, 苟求其源, 則臨川太極無動靜之說, 未必不爲之兆", 此於栗翁之訓, 得無有隱然見逼之慮乎? ○鳳岊金丈曰: "若如此說, 是太極陰陽互有動靜也, 果成何義理? 且旣曰: 太極者, 一動一靜之道也; 氣機者, 一動一靜之器也。器則有形, 可言動靜。道亦有形而可言動靜耶? 言之矛盾, 有眼者皆能辨之。況聖賢之訓, 昭揭日星, 誰有能易之者, 置之不須費雌黃也?【辛卯】

能所出自禪語。諭以看花折柳, 則看折爲能, 花柳爲所。蓋借有形之物, 明無形之理。看折有看折之理, 花柳有花柳之理。引此證彼, 語極精巧。但吾儒借行其說, 而錯施於理氣之分, 則種種醜差, 何也? 能字由我, 所字由物, 而由我者皆屬乎形而下之器; 由物者皆屬乎形而上之道, 則如妙性情之妙、致中和之致、孝親之孝、忠君之忠, 不得爲道, 而反屬之器矣。坤以簡能之能、良知良能之能、至誠爲能之能, 一例屬氣, 而不得爲道矣, 烏可乎哉? 所字能字, 本非實字。於理於氣, 皆可通。使若膠固偏配, 移動不行, 觸處梗礙, 不成義理。讀者不可不知也。【九板】

　　愚按: 張元德訓道爲行, 呂子約訓學爲理。朱子以爲元德以所能爲能, 子約以能爲所能, 因以倫類不通, 心意太麤, 戒之矣。此豈非吾儒借行能所之說, 而錯施於理氣者耶? 至於栗翁, 則又以能所, 分配於理氣。華老於二先生之訓, 不知如何處置也。由我、由物之論, 疑亦有未然者。事物雖在外, 而事物之理, 無一不具於人性之中, 故曰"萬物皆備於我"矣。我字上, 非無所之可言, 特從

其有爲者而謂之能。物字上，非無能之可言，特指其自在者而謂之所，豈可別
立由我、由物之說以難之乎？且以妙、致、忠、孝、知、能之屬，皆謂之形而上之
道，則似尤可疑也。性情、中和，是義理名目，而其妙之、致之者，又指爲理，則
是理能妙理，理能致理，豈理無作用之謂乎？豈理無二體之謂乎？其佗忠之、
孝之、能之之類，亦無非心之能處，似未可直謂之道也。朱子曰："仁義，理也；
孝悌，事也。"又曰："學者學夫人事，形而下者也，而其事之理，則乃形而上者
也。"此皆理氣能所之說，而似非如華老之見也。○又按："看折有看折之理，
花柳有花柳之理"，此語亦合更商。愚竊意花柳分上，本有看折之理。若舍花
柳，則更別無討看折之理處。如孝親忠君，君親便自帶著忠孝之理，恐難謂忠
孝自有忠孝之理，而與君親各有兩種道理也。未知是否。

人有恒言，皆曰："所以然者，理也。以之爲言，用也。"須有一箇做主，然後始言其
用與不用矣。做主者，在天地則主宰謂之帝，在萬物則主宰謂之神，在人則主宰謂
之心，其實一太極也。易簡，乾坤之德也，以易知以簡能者，非帝而何哉？健順，天
地之德也，以之而自強不息，以之而厚德載物者，非心而何哉？推此而例之，餘皆
倣此。朱子釋此以字之義，大段分曉。其言曰："元亨利貞，性也；生長收藏，情也；以
元生、以亨長、以利收、以貞藏者，心也。"此明天地之心爲以字之主也。"仁義禮智，
性也；惻隱、羞惡、辭讓、是非，情也；以仁愛、以義惡、以禮讓、以智知者，心也。"此
明人之心爲以字之主也。非心則無以見以字之主，非以則無以著心字之妙。【十板】

愚按：此段華老極力說理能運用矣，又極力說心卽是理矣，又極力說心至焉性
次焉之義矣，而其門人，奈何欲諱之，未可曉也。大抵以仁愛，是氣之直截作
用處，所以然，是理之原頭自在處。乃華老以其然之事，直喚做所以然之理，
此無亦爲以能爲所能者耶？朱子曰："動以天，聖人之事，龜山此語，若以誠者
天之道言之，則以字不爲害，若直指道體而言，則以字下不得矣。"尤翁釋之曰：
"以字當屬人身，若下於道體，則不可也。"今以「雅言」此段觀之，無或與二先生
之意異歟？愚竊謂，必若程子所謂"灑掃應對是其然，必有所以然"，與朱子所
謂"所以然之故，卽是更上面一層"者，然後乃爲形容道體之語也。未知如何。

以理言則聖凡之心，一也，理同故也；以氣言則天下之心，有萬不同也，氣異故也。

周子所謂"物則不通, 神妙萬物", 栗谷所謂"理通氣局", 是也。【三卷二板】

　　愚按: 周子所謂"神妙之妙", 是有運用不測之能; 栗谷所謂"理通"之理, 是指"沖漠無眹"之體。似難以一律論。

心者, 合理氣而立名, 單指理一邊曰本心。【二板】

　　愚按: 本心, 得非有靈覺神識, 能涵理明義, 盡性立極底物事耶? 以此而謂之理, 則理之有爲明矣。可疑也。

心, 氣也物也。但就此氣此物上面指其德, 則曰理也。聖賢所謂心, 蓋多指此也。【同上板。】

　　愚按: 此是藥門說心宗旨, 而以愚言之, 所謂指心之德曰理, 此句若是性外別有所謂理, 則未知自古聖賢, 曾有此論否? 若曰此句仍是指性而言云爾, 則心性又都無分別, 心性無分, 豈非儒門之大禁也耶? ○ 又按: 『尙書』言"以禮制心", 又言"有言逆于心, 必求諸道"。『論語』言"從心不踰矩", 又言"其心不違仁"。仁、禮、道、矩, 豈非所謂就氣上指其德曰理者耶? 而今以此對心而言, 則所謂心者, 不應復指爲理, 如華老之言, 孟子所言"理義之悅我心", 尤難如此說矣。

心之一字, 兼包形氣神理。故有以形言, 有以氣言, 有以神言, 有以理言。當隨文異看, 不可滯泥。【三板】

　　愚按: 以兼包形氣神理而言, 則豈獨心字爲然, 凡物皆然。如孟子言"形色天性", 朱子言"浩氣亦有以理言處", 是也。

心也、性也、情也 一理也。自主宰而謂之心, 其體謂之性, 其用謂之情, 所謂"心統性情", 是也。然所乘者, 氣也。心焉而不察其氣, 則釋氏之師心, 是也; 性焉而不分其氣, 則告子之食色, 是也; 情焉而不克其氣, 則陽明之良知, 是也。【四板】

　　愚按: 三家之病, 只爲認心爲極則, 而不復以性爲此心之本, 此其受病之源爾。其不察氣質, 則特其餘證也。彼三家者, 苟以性爲主, 而不敢本於心而止焉爾, 則其於氣質之病, 自不敢不察也。今也旣以心爲理, 而其論三家之學, 又徒病其不察氣質之失, 而不斥其認心爲極之誤, 則恐無以拔本塞源而反之正也。

未知如何. ○又按: 陽明曰"理一而已, 以其主宰而言則謂之心, 以其凝聚而言則謂之性, 以其發動而言則謂之意, 以其明覺而言則謂之知." 此與「雅言」所謂"心也、性也、情也, 一理也. 自主宰而言, 謂之心, 其體謂之性, 其用謂之情"一段意思, 似無大異同矣. 未知何以辨別也.

心者, 理與氣妙合, 而自能神明者也.【同上板.】
　　愚按: 此語似欠賓主之別. 必若朱子所謂"靈處只是心. 不是理," 尤翁所謂"理氣合而虛靈者心也, 虛靈中所具者理也"之訓, 然後始得分曉矣. 鄭𪀚邨偶誤言"理與氣相合而生虛靈", 則尤翁謂此無異於釋氏"作用是性"之見. 吁! 理氣之辨, 豈可以不明乎哉? ○鳳峀金丈曰: "按, 朱子曰'心者, 人之神明, 所以具衆理而應萬事者也.' 據此而觀華說, 醇疵判矣."【辛卯】

心卽理也一句, 陽明之自信處, 專在於此, 自蔽處, 亦在於此.【云云.】雖然, 懲刱"心卽理"之說, 專以氣字當之, 則矯枉過直而反失聖賢之指, 何也? 蓋心固理也, 而所乘者氣也. 認心爲理, 而不問氣欲之拘蔽, 則其害固不可勝言; 指心爲氣, 而不知天命之主宰, 則其理亦有所不明矣.【六七板】
　　愚按: "心固理也, 所乘者氣"兩句, 是華老折衷斷案之論也. 然則所謂心者, 畢竟是形而上之理也. 其下又卻以"認心爲理, 指心爲氣"兩下說弊, 有若不專主於心卽理之論者然, 愚未敢知也. 以愚觀之, 認心爲理者, 必皆不察氣欲之蔽, 何也? 所見旣如彼, 卽自然以心爲極則故也. 陸、王之已事可見矣. 指心爲氣者, 未有不主性命之理, 何也? 所見旣如此, 則不敢以心爲準的故也. 朱、宋之宗旨可見矣. 未知如何.

心、性、情, 由所載而言則理也, 由所乘而言則氣也. 故心有人心、道心之分, 性有本然、氣質之分, 情有天理、人欲之分.【七板】
　　愚按: 栗谷先生曰, "以道心爲本然之氣者, 亦似新語. 雖是聖賢之意, 而未見於文字, 兄若於此言, 不疑怪而斥之, 則無所不合矣."【「答牛溪」書. ○愚按: 知覺是氣, 而其發原於理則爲本然, 乖於理則非本然. 故先生之言如此. 若於此言, 有所攜貳, 則將無所不戾矣.】又曰: "先賢多就情上論天理. 以情之善者, 爲天理之流行, 此非以情

爲天理也, 謂天理流行於情上耳。” 又曰: “理在於情, 非情便是理。” 今不知理
在情而情非理, 則是昧於理氣之分也。華老之言, 似與栗翁定論不同, 可疑。

孔子曰: “形而上者, 謂之道; 形而下者, 謂之器。” 朱子最喜橫渠“心統性情”之語。
若認心爲氣而已, 則氣反統攝乎理矣。所謂上下之分, 果安施也哉?【八板】
　　愚按: 尤菴先生曰“太極爲陰陽之主, 而反爲陰陽之所運用。” 上句卽形而上下
　　之分也, 下句乃心統性情之說也。蓋以心有知而理無爲言, 則曰心統性情; 以
　　性爲本而心爲用言, 則曰理爲氣主。言各有當, 初不相礙。若必欲執上下之
　　分, 施之於心統性情之說, 則獨不念有知有爲者, 假冒形上之名, 而純善無惡
　　者, 降在形下之等乎? 仁在覺下, 自是朱子之所斥,【「見答程允夫」書。】則似未可
　　將心字放在性字上面, 如華老之見也。○鳳囬金丈曰: “統字, 政所以明理無
　　爲氣有爲, 而心性之分判然矣, 惡乎見得心之爲理?【辛卯】

宋子曰: “心有以氣言者, 有以理言者。” 此二句實是論心之八字打開也。【同上板。】
　　愚按: 心有以氣言, 尤翁指心之當體言, 華老以心之所乘言。心有以理言, 尤翁
　　幷心之所具言, 華老指心之本色言。兩說雖同, 而所指自異, 讀者似不可以不
　　察也。【尤翁說, 見『大全』「浩然章質疑」、「兩賢辨誣疏」。又一條, 見『朱書箚疑』, 論吳伯豐書。】

『五子近思錄』, 載朱子“心者氣之精爽”一段, 先生云: “此固是朱子之訓。‘心者理
之主宰’, 亦是朱子之訓, 論其主客, 則理當爲主。云云。”【八板】
　　愚按: “心者理之主宰”, 此語未知。是說心是理中主宰之理云耶, 則當如華老
　　之言矣。據愚見, 似只是說心爲性情之主宰而已, 非便謂心卽是理也。如此則
　　華老所論, 無或有失於照勘者歟? 今錄本語, 以備參究。○朱子曰: “心也者,
　　妙性情之德也。所以致中和立大本, 而行達道者也, 天理之主宰也。”

心能虛靈不昧者, 理也。雖曰虛, 而今不能無塞; 雖曰靈, 而今不能無頑; 雖曰不
昧, 而今不能免乎有時而昧者, 有氣故也。心能具衆理者, 理也。雖曰具衆理, 而
今不能具得一理者, 有氣故也。心能應萬事者, 理也。雖曰應萬事, 而今不能應得
一事者, 有氣故也。是故, 不可不先明其理, 當以十分無欠者爲之本爲之準, 以爲

嚮望恢復之地; 又不可不密察其氣, 當以一毫未淨者爲之病爲之闕, 以施克治變化之功。是故, 就一心字兩邊分說, 而惟恐其或雜之而不明也, 惟恐其或離之而不察也。若說理而遺氣, 執氣而當理, 則大失本文之旨矣。【十一板】

　　愚按: 此段最難理會。今試泛論天下之理, 則當曰: "心能湛一精爽者, 理也, 而不能然者, 以有蔽之者也。" 又當曰: "手足之能恭重者, 理也, 而其不能者, 以有拘之者爾。" 今以此意觀此段, 則所謂"心能虛靈具理應事者理也"之云, 固亦無害。但以下文推之, 則上文云云, 似非泛論事理之當然, 而乃若直指此心之能然者, 以爲理也。如此則指形氣之循軌者, 亦以爲道體得否? 夫以氣之善者, 亦以爲理, 此天理、人欲之辨也。若正論理氣之分, 則凡有知有爲者, 雖合於理, 而終是氣之屬耳。故朱子於東萊往復, 論動以天之義, 以爲若以誠者天之道言之, 無害。若直指道體而言, 則以字下不得矣。愚竊謂動以天是理也, 而與欲字相對; 道體亦是理也, 而卻與氣字相對。此理欲理氣兩理字, 所以合有分別, 而不可使混也。不然, 恐易致得學者有"認氣爲理"之蔽矣。愚妄意如此, 未審是否。

氣質之淸、濁、粹、駁, 一定於有生稟受之初。【云云。】若曰凡人所以異於聖人者, 只在發用之後, 則『中庸』只存致和一節足矣, 又何必言致中?【十五板】

　　愚按: 以氣質對心而言, 則固有一氣本末之分。若單就氣質上說, 則又自有本末之分。蓋淸、濁、粹、駁之有萬不齊者, 畢竟是發後事, 此則其末也。若論其本, 則有淸而無濁, 有粹而無駁, 此緣人物接得那天地所儲精醇不二之氣以生故也。【精則人物聖凡之所同得, 此本也。其秀者, 人所獨也; 秀之秀, 又聖人之所獨也, 此其末也。先輩或有以精字屬心看。然以『易傳』、「好學論」、『大學或問』等書觀之, 皆以精字屬氣質而言矣。】雖然, 凡人於靜時, 若不用略略收攝之功, 恐有走失之慮。此君子所以又必有致中之功也歟!

智有知覺無運用。【十七板】

　　愚按: 智有知覺而無運用, 此是朱先生「答廖子晦」書中語。竊意, 智是五性之一, 而爲無情之理; 知覺全一心之德, 而爲有爲之氣。故智不可以知覺論也。故先生以知覺言智者甚多, 而至於晚年「答潘謙之」書, 始以知之理屬智, 以知覺屬心。此見於尤翁『劄疑』農翁書尺者, 不啻明白, 而況『論語集註』, 以"人心有覺, 道體無爲," 兩下對說;『孟子集註』, 譏告子不知性之爲理, 而以知覺運動之氣當之。又於『中庸』「序」, 以知覺與性分而言之, 則「答子晦」書, 爲未定之論, 亦益明矣。華老乃特表而出之, 未知何意也。

心外無性, 性外無心; 心之知覺, 卽性之知覺; 性之知覺, 卽心之知覺, 安有各爲二物之理?【同上板。】

愚按: 心性一源, 則固未嘗有二物也。然心性有知無知之分, 則又不能無也。必以此外無彼, 彼外無此者爲言, 則奚獨心性然也, 固未嘗有形性也。然形之所以爲形, 性之所以爲性, 則豈可以莫之辨哉? 故尤翁曰: "心性雖可謂之一物, 然心自是氣, 性自是理, 安得謂之無彼此哉?" 今華老之言乃如此, 是未可知也。且使心性無辨, 知覺互屬, 而無害於道, 則釋氏之認心爲性、認知覺爲性者, 吾儒又何苦而斥之也? 甚可疑也。○鳳出金丈曰: "心性之分固難言, 而不離中也有不雜, 不雜中也有不離。今曰: '心之知覺, 卽性之知覺; 性之知覺, 卽心之知覺。' 其爲不離則然矣, 惡覩所謂不雜者也? 若如是說, 則夫子所爲分道器辨上下之旨晦矣。"【辛卯】

朱子曰: "道義別而言, 則道是物我公共自然之理; 義是吾心之能斷制者, 所用以處此理者也。" 義卽性也, 亦可以理言。今曰處此理者是義也, 則亦無以理處理之嫌乎? 明德章句, 以具衆理之訓, 及胡氏智則心之神明, 所以妙衆理, 沈氏智涵天理動靜之機, 俱無以理具理、以理妙理、以理涵理之嫌。蓋心與理相對說, 當如此; 心與性相對說, 亦如此; 道與德相對說, 亦如此。【廿一板】

愚按: 義是是字意, 直貫到此理者也。"吾心之能斷制者", 此句只說心, 不說義。所用以處此理者所字, 釋於處此理下, 而正指義字。今單擧處此理者四字, 而曰是義也, 是以能爲所, 而大失朱子意也。虛靈以具理, 亦非如華老之指矣。至於以理妙理、以理涵理, 自是胡、沈二家之失, 而藥門之所本也。以此段觀之, 以心爲理、以靈爲理, 華老之所不諱也, 而近見金監役所與「沈雲稼」書, 乃謂"心卽理, 靈覺是理, 華老之所力排", 吾不知其何說也。【愚按: 以理妙理之說, 最礙理。如其言, 則以理之理, 分明是有爲之物。以有爲之物, 爲究極之理, 則其流之弊, 無亦有難言者歟？未知如何。】○鳳岀金丈曰：“朱子曰：‘義是吾心之能斷制者，所用以處此理者也。’未知其曰斷制曰處者，是以心言者耶、以義言者耶？若曰以義言也，則理無作爲矣。若曰以心言也，則其制之處之，得其宜處，是爲義也。非指其當初用意制處者，便呼之爲義也。夫安有以理處理之疑乎？若如華說，須有二理方得，無亦近乎佛氏以心觀心之說歟？”【辛卯】

道心，卽太極也；人心，卽陰陽也。大體，卽太極之謂也；小體，卽陰陽之謂也。
　愚按：道心兩字，便有理氣之分。道是太極之理，心是陰陽之氣也。道心云者，指知覺之發，本於性命之正者而言。故栗翁以道心爲本然之氣也。大體，孟子既以心官之有思者爲言，尤似未可直以爲理也。夫道心與大體，雖皆合理之心，而終是有知有思之物，豈得以太極之冲漠無眹者當之乎？若直以有知覺有思慮者，命之爲太極，則其所以知覺，所以思慮之樞紐根柢，又是何物也？○鳳岀金丈曰：“心爲太極，則便成形而上矣，便是大違之端，佗不須云也。”【辛卯】

2-1-6 「화서아언의의華西雅言疑義」【辛巳】

선역

심은 기이고 사물이다. 다만 이 기와 이 사물 위에 나아가 그 덕만 가리켜 말하면 리라고 한다. 성현이 심이라고 한 것은 대개 이것을 가리킨다. 【위의 판과 같다.】

내가 생각하기를, 이것은 벽문(蘗門: 화서학파)에서 심을 말한 종지(宗旨)이다. 내 생각을 말하면, 이른바 '심의 덕을 가리켜 리라고 한다'라는 구절은, 만약 성 밖에 별도로 리가 있다는 것이라고 한다면, 잘 모르겠지만 예로부터 성현이 일찍이 이러한 논의를 하였는가? 만일 '이 구절은 바로 성을 가리켜 말한 것일 뿐'이라고 한다면, 심성은 또 전혀 분별이 없는 것이니, 심성의 분별이 없음은 어찌 유문(儒門)의 대금(大禁)이 아니겠는가? ○ 또 생각하건대, 『상서(尙書)』에서 "예로써 심을 제어한다."[135]고 하였고, 또 "말이 심에 거슬리면 반드시 도에서 구한다."[136]고 하였으며, 『논어』에서는 "심을 좇아도 법도에 넘지 않는다"[137]고 하고, 또 "그 심이 인(仁)을 어기지 않는다"[138]고 하였다. 이상에서 말한 '인', '예', '도', '구'가 어찌 기에 나아가 그 덕을 가리켜 리라고 한 것이 아니겠는가? 이제 이것으로 심을 상대하여 말하면, 이항로의 말처럼 다시 이른바 심을 가리켜 리라고 말할 수 없는 것이다. 『맹자』의 "리와 의가 나의 마음을 기쁘게 한다"[139]는 말은 더욱 이렇게 말하기 어려울 것이다.

'심' 한 글자는 형·기·신·리를 겸하여 포함한다. 그러므로 형으로서 말한 것이 있고, 기로서 말한 것이 있고, 신으로서 말한 것이 있고, 리로서 말한 것이 있다. 마땅히 글에 따라 달리 보아야 하니, 하나에 막혀서 얽매어서는 안 된다. 【3판】

내가 생각하기를, 형·기·신·리를 겸하여 포함한다는 것으로 말한다면, 어찌 유독 '심'만 그러하겠는가? 무릇 만물이 모두 그러하다. 예를 들면 맹자가 "형색이 천성이다"고 말하고,[140] 주자가 "호연지기도 리로서 말하는 곳이 있다"고 하는 것이 이에 해당한다.

---

135) 『書經』卷4, 「仲虺之誥」에 보인다.
136) 『書經』卷4, 「太甲下」에 보인다.
137) 『論語』卷2, 「爲政」에 보인다.
138) 『論語』卷6, 「雍也」에 보인다.
139) 『孟子』卷11, 「告子上」에 보인다.
140) 『孟子』卷13, 「盡心上」에 보인다.

심, 성, 정은 하나의 리이다. 주새하는 측면에서 말하면 심이라 하는데, 그 체는 성이라 하고 그 용을 정이라 하니, 이른바 '심이 성과 정을 통솔한다[心統性情]'는 것이 바로 이것이다. 그렇지만 타는 것은 기이다. 심에게만 맡겨 놓고 그 기를 살피지 않으면 석씨의 '심을 섬긴다[師心]'는 것이 이것이고, 성에게만 맡겨 놓고 그 기를 분별하지 않으면 고자의 '식색'이라는 것이 이것이며, 정에게만 맡겨 놓고 그 기를 극복하지 못하면 양명의 '양지'라는 것이 이것이다. 【4판】

　　내가 생각하기를, 석씨, 고자, 양명 삼가의 병통은 단지 심을 지극한 법칙으로 여겨 다시는 성을 이 심의 표준으로 여기지 않는 것이니, 이것이 그 병통의 근원이요, 그 기질을 살피지 못한 것은 다만 그 곁가지의 증거에 불과하다. 저 삼가가 만약 성을 주재로 삼고서, 감히 심을 표준으로 삼고서 그치지 않는다면, 그 기질의 병통에 대해 스스로 감히 살피지 않을 수 없을 것이다. 지금 화서가 이미 심을 리로 여겨 놓고서, 삼가의 학문을 논하면서 한갓 그 기질을 살피지 못하는 잘못을 병통으로 여기면서도 그 심을 표준으로 여기는 잘못을 배척하지 않고 있으니, 이는 아마도 발본색원(拔本塞源)하여 올바름으로 돌이킬 수 없을 듯하다. 잘 모르겠지만 어떻게 생각하는가. ○ 또 생각하기를, 양명이 "리는 하나일 따름인데, 주재의 측면에서 말하면 심이라 하고, 그 응취의 측면에서 말하면 성이라 하고, 그 발동의 측면에서 말하면 의라고 하고, 그 명각의 측면에서 말하면 지라고 한다"[141]고 하였다. 이것은 『화서아언』의 "심, 성, 정은 하나의 리이다. 주재의 측면에서 말하면 심이라 하는데, 그 체는 성이라 하고 그 용을 정이라 한다."는 단락의 의미와 크게 다를 것이 없는 듯하다. 어떻게 구별되는지 잘 모르겠다.

심은 리와 기가 묘합하여 스스로 신명할 수 있는 것이다.

　　내가 생각하기를, 이 말은 빈주(賓主)의 구별이 부족한 듯하니, 반드시 주자의 "허령한 곳은 단지 심일 뿐, 리가 아니다"[142]라는 말과 우암의 "리와 기가 합한 것에서, 허령한 것이 심이고, 허령 속에 갖춰진 것이 리이다"[143]라고 한 말과 같게 한 연후에 비로소 뜻이 분명하게 될 것이다. 궁촌(窮邨) 정찬휘(鄭纘輝)가 우연히 "리와 기가 서로 합하여 허령을 생성한다"고 잘못 말하였는데, 우암은 이것은 석씨의 '작용이 성이다'는 견해와 다름이 없다고 비판하였다. 아! 리·기의 분변을 어찌 분명하게 하지 않을 수 있겠는가? ○ 봉수 김 어른은 "생각하건대, 주자는 '심은 사람의 신명으로, 중리를 갖추고 만사에 응하는 것'이라고 하였다. 이에

141) 『王文成全書』 卷2, 「答羅整菴少宰書」에 보인다.

142) 『朱子語類』 卷5, 「性情心意等名義」에 보인다.

143) 『宋子大全』 卷101, 「答鄭景由丁巳二月二十三日」에 보인다.

의거하여 이항로의 설을 보면, 순정한 것과 결함이 있는 것이 판별될 것이다."라고 하였다.[신묘(1891년)]

'심즉리' 이 한 구절은 즉 양명이 자신한 곳도 오로지 여기에 있고 스스로 잘 못 본 것도 역시 여기에 있다. ……. 비록 그렇지만, 심즉리의 설에 대해 잘못을 바로잡는데 오로지 '기(氣)'자만을 해당시킨다면, 구부러진 것을 바로 잡으려다 곧음을 지나쳐서 도리어 성현들의 뜻을 잃게 된다. 어째서 그런가? 대개 심은 진실로 리이나 타는 것은 기이다. 심을 리로 인식하여 기에 구애되고 욕망에 가려지는 것을 묻지 않는다면 그 폐해는 진실로 이루 말할 수 없으며, 심을 가리켜 기로 여기면서 천명이 주재하는 것을 알지 못한다면 리가 또한 밝지 못할 것이다.[6판, 7판]

    내가 생각하기를, "심은 진실로 리이고 타는 것은 기이다"라는 두 구절은 이항로가 절충하여 내놓은 단안(斷案)이다. 그렇다면 이른바 심이란 것은 필경 형이상의 리이다. 그런데 그 아래에서 또 "심을 리라고 인식한다, 심을 가리켜 기라고 여긴다"는 두 주장의 폐단을 언급하여, 마치 전적으로 심즉리를 주장하지 않는 것처럼 하였으니, 나는 감히 그 의미를 알지 못하겠다. 어리석은 나의 견해로 본다면, 심을 리로 인식하는 자는 반드시 모두 기욕의 엄폐를 살피지 못하는 것이다. 어째서 그런가? 소견이 이미 저와 같다면, 곧 자연히 심을 지극한 법칙으로 여기기 때문이다. 육구연과 왕수인의 이미 지난 일에서 그것을 알 수 있다. 심을 기로 인식하는 자는 성명의 리를 주장하지 않음이 없다. 어째서 그런가? 소견이 이와 같다면 감히 심을 준적(準的)으로 여기지 않기 때문이다. 주자와 송시열의 종지에서 그것을 알 수 있다. 잘 모르겠네만 어떻게 생각하는가.

心, 氣也物也。但就此氣此物上面指其德, 則曰理也。聖賢所謂心, 蓋多指此也。【同上板。】
    愚按: 此是蘗門說心宗旨。而以愚言之, 所謂指心之德曰理, 此句若是性外別有所謂理, 則未知自古聖賢, 曾有此論否? 若曰此句仍是指性而言云爾, 則心性又都無分別, 心性無分, 豈非儒門之大禁也耶? ○ 又按: 『尙書』言"以禮制心", 又言"有言逆于心, 必求諸道"。『論語』言"從心不踰矩", 又言"其心不違仁"。仁、禮、道、矩, 豈非所謂就氣上指其德曰理者耶? 而今以此對心而言, 則所謂心者, 不應復指爲理, 如華老之言, 孟子所言"理義之悅我心", 尤難如此說矣。

心之一字, 兼包形氣神理。故有以形言, 有以氣言, 有以神言, 有以理言。當隨文異看, 不可滯泥。【三板】
    愚按: 以兼包形氣神理而言, 則豈獨心字爲然, 凡物皆然。如孟子言"形色天性", 朱子言"浩氣亦有以理言處", 是也。

心也、性也、情也 一理也。自主宰而謂之心, 其體謂之性, 其用謂之情, 所謂"心統性情", 是也。然所乘者, 氣也。心焉而不察其氣, 則釋氏之師心, 是也; 性焉而不分其氣, 則告子之食色, 是也; 情焉而不克其氣, 則陽明之良知, 是也。【四板】

　　愚按: 三家之病, 只爲認心爲極則, 而不復以性爲此心之本, 此其受病之源爾。其不察氣質, 則特其餘證也。彼三家者, 苟以性爲主, 而不敢本於心而止焉爾, 則其於氣質之病, 自不敢不察也。今也既以心爲理, 而其論三家之學, 又徒病其不察氣質之失, 而不斥其認心爲極之誤, 則恐無以拔本塞源而反之正也。未知如何. ○ 又按: 陽明曰"理一而已, 以其主宰而言則謂之心, 以其凝聚而言則謂之性, 以其發動而言則謂之意, 以其明覺而言則謂之知。" 此與「雅言」所謂"心也、性也、情也, 一理也。自主宰而言, 謂之心, 其體謂之性, 其用謂之情"一段意思, 似無大異同矣。未知何以辨別也。

心者, 理與氣妙合, 而自能神明者也。【同上板。】

　　愚按: 此語似欠賓主之別。必若朱子所謂"靈處只是心, 不是理," 尤翁所謂"理氣合而虛靈者心也, 虛靈中所具者理也"之訓, 然後始得分曉矣。鄭窮邨偶誤言"理與氣相合而生虛靈", 則尤翁謂此無異於釋氏"作用是性"之見。吁! 理氣之辨, 豈可以不明乎哉? ○ 鳳出金丈曰: "按, 朱子曰'心者, 人之神明, 所以具衆理而應萬事者也.' 據此而觀華說, 醇疵判矣。"【辛卯】

心卽理也一句, 陽明之自信處, 專在於此, 自蔽處, 亦在於此。【云云。】雖然, 懲朌"心卽理"之說, 專以氣字當之, 則矯枉過直而反失聖賢之指, 何也? 蓋心固理也, 而所乘者氣也。認心爲理, 而不問氣欲之拘蔽, 則其害固不可勝言; 指心爲氣, 而不知天命之主宰, 則其理亦有所不明矣。【六、七板】

　　愚按: "心固理也, 所乘者氣"兩句, 是華老折衷斷案之論也。然則所謂心者, 畢竟是形而上之理也。其下又卻以"認心爲理, 指心爲氣"兩下說弊, 有若不專主於心卽理之論者然, 愚未敢知也。以愚觀之, 認心爲理者, 必皆不察氣欲之蔽, 何也? 所見既如彼, 卽自然以心爲極則故也。陸、王之已事可見矣。指心爲氣者, 未有不主性命之理, 何也? 所見既如此, 則不敢以心爲準的故也。朱、宋之宗旨可見矣。未知如何。

「수현재우기守玄齋偶記」【見嘉陵答雲稼書, 因筆記之, ○戊寅】

1) 서지사항

전우가 1878년(38세)에 지은 글로 같은 해 김평묵(金平默, 1819~1891)이 심기택(沈琦澤, 1826~?)에게 보낸 편지를 조목조목 분석하여 비판한 글이다. 『간재집사차(艮齋集私箚)』 1에 실려 있다. (한국문집총간 336) 김평묵이 심기택에게 보낸 편지는 『중암집(重菴集)』 권11 「답심경규(答沈景珪)戊寅二月」, 「답심경규(答沈景珪)戊寅五月」에 실려 있다.

2) 저자

전우

3) 내용

「수현재우기(守玄齋偶記)」는 전우와 화서학파의 갈등 양상이 잘 드러나는 자료이다. 전우와 김평묵의 불편한 관계는 전우의 스승 임헌회로부터 비롯되었다. 1875년 9월 김평묵은 임헌회를 방문하여 시국과 출처에 대해 논하였다. 이른바 성전야화(星田夜話)가 그것이다. 그해 임헌회가 돌아갔는데, 그는 명덕주리설을 물리치라고 유언하였고, 이에 따라 그의 아들 임진재와 전우는 김평묵에게 절교를 선언하는 편지와 함께 김평북이 보내온 제문을 돌려보냈다. 또한 김평묵의 제자인 유중교(柳重敎)는 1878년은 전우가 임헌회(任憲晦)에게 올린 제문의 내용을 이유로 절교의 편지를 보냈다.

「수현재우기」에서는 17조목에 걸쳐 김평묵의 서신을 비판하고 있다. 16번째 조목에서는 유중교가 보내온 편지 가운데, 명덕(明德), 태극, 신(神)과 관련한 심주리설(心主理說)을 비판하는 내용을 첨부하고 있다. 마지막에는 이상수(李象秀, 1820~1882)가 쓴 「서수현재우기후(書守玄齋偶記後)」를 덧붙여 놓았다.

「수현재우기」의 내용은 대체로 학문적 비판의 범위를 넘어서 있다. 김평묵의 심술(心術)이 바르지 못하고, 그가 전우 자신의 학문과 사람됨을 바라보는 시각이 왜곡되어 있어, 그 처사가 온당히지 못하다는 내용들이 주를 이루고 있다. 이 글에서 전우가 논박한 내용들을 살펴보면 대략 다음과 같다. 전우 자신의 뜻을 곡해하여 공격하는 일이 온당치 못하다는 것, 선현을 대하는 태도에 모순이 있다는 것, 전우 등이 임헌회에게 올린 제문이 지나치게 미화되었다는 김평묵의 비난을 힐난하는 내용, 김평묵은 율곡, 우암의 설을 이끌어 자신의 설을 정당화 하는데, 실상 율곡, 우암의 설은 김평묵의 것과 같지 않다는 내용, 김평묵은 전우가 이항로를 비난했다고 하는데, 전우 자신은 김평묵의 설에 응대했을 뿐 이항로를 직접 거론한 적이 없다는 해명 등이다. 결론적으로 이단과 정학의 이론적 차이는 매우 근소하여 분별하기 어렵지만, 그것이 발현되어 적용될 때에는 그 차이가 막대한 것이므로, 전우 자신이 부득이 심주리설의 폐단을 논하지 않을 수 없다는 것이다. 당시 임헌회 문하와 김평묵 문하의 문인들이 대립하던 양상을 전반적으로 알 수 있는 글이다.

金書曰: "來諭欲弟'引過自屈'者, 不敢聞命。蓋田愚不但擊此漢而已。自初開口
泚筆, 侵斥華西, 目之以洋學, 目之以禪學, 目之以象山, 目之以陽明, 而其祭師之
文, 則又一謗書也。至以剙新奇, 喜苟難, 斥華西, 則又"索隱行怪"之註腳也。到
此地頭, 若使此漢置之度外則可, 若使誣服其罪, 而乞憐於攻師之人, 則豈人情天
理之所近乎?"

　　沈丈書, 以寓譏貶於告衷之文, 殊非"立誠修辭"之意責之, 又以"引過自屈"之
　　意諭之。則彼乃擡起其已沒之先師, 被之以洋、禪、陸、王之目, 納之於"索隱
　　行怪"之科, 以爲是田愚之說如此, 一以爲拒諫之資, 一以爲報怨之計, 此則果
　　天理人情之所近也耶?

金書曰: "此漢祭文, 粗知文理者, 可知其非譏貶之詞, 而老兄亦不免云云。豈瞥眼
驟看, 故爲其所惑也耶? 講天下之事, 斷天下之訟, 雖仔細究覈, 尙恐有失, 今瞥眼
驟看, 而能保其無郢書燕說之歸乎?"

　　其文謂門人盡棄其學, 而爛漫於彼, 然後始可謂之允紹斯文, 以此而謂之非譏
　　貶之詞, 果足以欺五尺之童乎? 試以其說加之於華西, 則彼豈肯安而受之乎?
　　己之所不安, 而加之人, 而不肯受, 又從而怒之, 恐或非聖門恕以及人之道也。
　　瞥眼之說, 只是書辭閒例語, 以此而謂之郢書燕說, 恐亦不然也。

金書曰: "涑水之盛德大業, 朱子推尊甚隆"云云。

　　彼常以溫公爲不知道而貶薄之, 至於近事以後, 卻又推尊甚隆, 幾與程、朱無
　　異。此又與平時謂栗谷見道未透, 比又以爲洛、閩正統之說, 正相類, 是亦其
　　人權宜之道也。

金書曰: "胡康矦平生心事, 如日光玉潔, 而田、徐諸人, 以媚竈斷之, 無乃誣伯夷
爲貪乎"云云。

胡公心事之日光玉潔, 及所據『語類』、『名臣錄』、『宋史』之說, 在愚不過爲魏徵獻昭陵之論也。愚聞吳伯豐, 朱門之顏淵也。慶元閒, 樹立卓然, 屢被師門之稱獎矣。尤翁之作滄浪文字, 有李誠父、吳伯豐等語, 後以大尹之言而削去之。夫尤翁之比擬, 大尹之請刪, 豈以伯豐眞有趨勢之累, 只爲其嘗有附韓之誘也。今之疑彼文者, 亦豈眞以胡公爲媚竈之人, 特以當時有目爲檜黨者,【『語類』德明錄曰: "秦與呂倂相。呂出甚所在, 秦一時換了臺諫, 呂不下。有容告云: '其黨魁, 乃胡文定, 可逐去, 則秦不足慮。' 呂如其言, 諷臺諫論之。" ○揚錄同。】沒後有立祠之議, 則有不平而扼腕者,【此見於朱子「與劉共父」書, 而尤翁釋之曰: "文定爲秦檜薦進, 故魏元履不平於立祠也。"】故疑其文與前日媚竈貴恥之毀相涉入, 而有未安於心耳。今以此爲誣辱胡公之罪, 而力討之, 然則謂尤翁誣伯豐, 可乎? 彼書言若使康矦有媚竈之心, 則是鄙夫也, 此言是也。然則彼何以鄙夫之事, 致疑於先師,【彼所謂再誅文, 言不曾以媚竈疑公, 此若可以自解矣。至其「與洪晚柏」書, 則乃曰"媚竈貴恥, 生前果有責善之言", 此又何謂也? 彼之言語文字, 大抵多尙氣少誠實, 使人把捉不定也。】既以鄙夫之事見疑, 則又何以引日光玉潔之胡康矦以擬之也? 彼雖假辭於儀衍, 恐終無補於自欺之實病矣。

金書曰: "孟子稱宰我、子貢不阿其所好, 蔡伯喈於郭有道, 幸其無媿辭。尤翁撰沙溪行狀, 稱停甚謹, 而愼齋猶病其有些溢辭, 古之君子於父兄師友, 稱述不苟如此矣。今星田固一世之醇儒, 若其所造地位, 則雖呂、馬、尹、胡, 不敢容易班列, 而田之祭文, 以顏子之中庸擬之, 徐則又上一級, 以大聖人之踐形盡性稱之, 此足以爲傳笑四方矣。丕默雖妄, 豈肯效彼之頓而納諛於死友乎?"

同門諸公之不安於彼文, 豈爲其無溢辭不納諛而然乎? 惟彼以四賢襯貼於大小參差之句, 而暗加譏貶, 又以先師之括囊, 謂之未當剝陽而不免純坤,【使先師, 一從彼說, 則彼必以「剝」之上九見推, 而無所謂純坤之說矣。】終以門人之立牗, 誘以允紹斯文, 而冀見天心, 則其用意可謂巧矣, 侵斥無復餘地矣。特以其文變幻捭闔, 有未易窺測者, 故人多被惑, 而不覺其主意之所在也, 此不在多言, 只以其分疏之說觀之, 可見也。蓋愚告絶之書, 以參差爛漫之說爲主, 而彼邊文字之分疏祭文者, 無慮累萬言, 而終無一句就此分明道破者, 只須就宋朝四賢, 巧爲辭說而張皇之, 以爲眩惑一世之計, 只以此觀之, 其心所在, 可見矣。至於顏淵大聖之說, 尤不足辨也。延平祭文, 有一以貫之之句, 尤菴年譜, 有盡性盡倫之語,【見寧宗癸亥十月】此皆有所指而言, 今不問作者本意之如何, 惟以稱述過當譏之, 則朱子、遂菴, 當先被傳笑四方之譏矣, 豈不誤乎? 竊伏惟念, 先師之學, 以孝悌爲本, 而讀書窮理以輔之, 其遇事制義, 務求至當, 而不求人知也。蓋當年前敦召之頻仍也, 人皆曰可起, 而終不膺命; 倭夷之續好也, 人皆曰可言, 而終不進言。知舊煎迫, 門人質疑, 鎭日而至, 而先生確然自守, 樂道無悶, 以此一事論之, 所謂依乎中庸, 不知不悔者, 庶幾無媿矣。愚所謂讀『中庸』十一章, 而有感於先生者, 正謂此也。然而猶不敢直以中庸、不悔者仰贊, 乃以得善不失者爲言, 當時頗費裁處矣。今以朱子祭延平文觀之, 如愚者, 可謂過於難愼而失之太柔者矣。至於野愚之文, 則又專就孝一節而言, 如尤菴年譜盡性盡倫之專指愛君一事而言。蓋梅山、全齋記, 有以踐形盡性望之先師, 桃符詩, 有以操心盡性自勉者, 故取而用之, 未見其不可也。○朱子作延平行狀云: "先生進不獲施之於時, 退不及傳之於後, 而方且玩其所安樂者於畎畝之中, 悠然不知老之將至。蓋所謂'依乎中庸, 遯世不見知而不悔'者, 先生庶幾焉。" 使金、洪諸人觀此, 不知將如何說也。【右一條, 壬午三月九日追籤。】

金書曰: "荷衣蕙帶云云, 尤不覺一笑。若以見用於祭尹之文, 而禁不得移用於他人, 則一星砥柱, 亦在祭尹之文, 今老兄以是稱弟, 何也? 弟之子孫門人, 以此怒兄, 則兄欲以何語防之耶? 此雖戲語, 而執此舒究, 則荷蕙之襲用, 本不足爲病矣。"

曾見沈丈之書, 其略曰"吾黨之孤, 如曙後之一星, 同心合力, 尙恐無以砥柱於頹波"。今老兄一文字之出, 反歸於分裂云云, 此何嘗以一星砥柱稱彼人耶, 而其答書之說乃如此? 蓋其計旣以眩荷衣蕙帶之說, 又以揚一星, 砥柱之名, 此俗所謂一擧兩得之術, 而可謂不曾讀誠意章者也。『詩』云"彼醉不臧, 不醉反恥", 豈此類之謂歟? 彼之子弟門人, 苟有眞實爲己之心者, 自當恥其師之欺人, 而何暇怒沈書之近嫌耶? 自柳洪以下諸君子, 無一人格其非心者。夫不覺其詐則爲不智, 知而不諫則爲不仁, 不仁不智, 金門諸人, 必居一於是矣。愚之此說, 近於發人陰私, 不類聖門渾厚氣象, 然其徒方且推爲儒宗, 以欺一世, 而世人鮮不墮其術中, 其爲斯文世敎之累, 果何如哉? 吾有所畏, 不得已而有此言, 余豈好發人陰私哉! ○柳稚程荷蕙之辨曰: "尤翁此文, 在尹罪未著之前, 誠信相與, 極意贊美, 無一辭間然。故篇中句語, 後人爛漫受用, 而不以題目爲拘。" 夫不拘題目之說, 誠亦然矣。蓋無心用之壽而康, 且無所拘, 況其他乎? 惟大尹之不討亂賊, 尤翁深以爲病, 而誄語亦以見微意矣。今彼文, 有狂瀾大揚儉德純坤等語, 則其引祭尹文, 豈不礙人眼目哉? 且柳所謂極意贊美, 無一辭間然者, 恐考之有未詳也。『大全』附錄卷六之二十五板曰: "先生與尹, 從遊之久, 悼傷不淺, 而誄語揄揚, 惟以初年一疏, 亂後自廢爲大致, 而參差爛漫之云, 卽亦指鵝寺夜話等事。至於問學進修, 不少槩及, 則微意已可見矣。" 文集七十一之四十板「答芝郵」書, 又曰: "鄙文瓦全等語, 豈彼之所樂聞哉?" 據此則於悼傷稱述之中, 有瑕瑜不掩之意, 而今曰極意贊美, 無一辭間然, 豈非考之未詳而言之太輕耶? 近見一士人所與梧丈書, 大意只是柳說, 而但加之以誣尤翁三字, 爲此漢之罪。洪在龜「遺蘆溪」書, 則曰: "荷蕙之云, 尤翁稱吉甫自靖之節者也, 壽康之說, 宋人譏孫覿順天之說者也, 此果相近乎?"【又曰, 田也本有惡念, 而執事引壽康之說, 以助之, 無乃敎猱升木乎?】夫謂壽康之例云者, 但謂彼文同於李庁之例而已, 何嘗直指荷蕙以爲壽康之義乎? 此等又皆不察人言, 而輕肆已見者, 不足挂齒頰間也。【向見金示金士緩、李子善之說, 亦是發明荷蕙之疑者, 而其所謂尤翁之稱栗谷, 襲用歐陽氏稱許平仲之語法云者, 可謂苟之苟者。其下引重峯墓表中後世子雲一句, 以爲亦將謂誣辱趙、金二先生乎云云。此尤可笑, 不足辨也。】

金書曰: "田也始以文章才辯, 震耀張皇, 而瞞過其師。其師生時推爲第一流, 師沒之後, 四方同學之士, 以爲知道, 靡然歸嚮, 徐政淳負湖中士望而輔之。是以一雄唱之, 則百雌和之, 自涑水、和靖、康侯以及華西先師, 剗地埋殺, 而無復忌憚。又使徐也, 入留輦下, 做謊騁怪, 其所以誑惑稠衆, 而壞敗四方人材, 豈細故也哉?"

宋朝諸賢之說, 殺有曲折, 彼嘗以貴恥難洗之說,【丙子六月二十七日, 所與先師書, 有此語也。】史筆直書之說,【丙子八月, 彼見鄭胤永言, 若使史官, 直書某年以某爲諭善爲祭酒, 則嗟惜當何如哉! 鄭今年正月, 與愚書, 有此語。】媚竈取寵之說【丙子九月, 李承旭所傳如此。○今年七月八日, 彼「答洪晚柏」書言, 媚竈貴恥, 生前有此說。】騰諸口舌, 形諸紙墨, 欲以塗一世之耳目, 其用意固已叵測, 而及其操文致奠也。又有洋亂儉德, 不免純坤之譏焉; 又有大小皆舛, 無與斯文之譏焉。中間又必引不絕蔡、秦之賢, 又於未奠之前, 不使門人知之, 則豈能使人無疑?【愚始見其文, 疑惑不定, 以書問於申仰汝, 仰汝書來, 有曰: "彼固妄人, 不惟難免不知之愚, 抑又必是心術之病。" 又曰: "彼認朝家處倭, 爲冠履倒置, 以先師括囊, 爲希世取寵。" 又曰: "引康疢以譏晚節。" 又曰: "只此誣辱爲大, 則固當麾之門牆之外, 而其未奠之前, 不使吾輩知之者, 莫亦有意否?" ○ 愚按: 洪在龜齋文來奠之時, 歷見申仰汝而不言其師有祭文, 故其書云然也。】 既有此疑, 亦安能無痛迫之心? 以若痛迫之心, 草祭告之文, 故本欲言彼疑之曲折, 而遣辭之際, 不覺其至於過耳。

【吾曹發言造事, 始因義理, 而客氣乘之, 則終陷於過不及之偏, 此正是氣反動志處, 甚可懼也。】 此雖非出於有意之私, 而亦既有欠於尊賢之道, 則惟當遄改以從善而已, 何敢有他言也? 嘗讀朱、宋二先生之書, 見其於自己所失, 明言其所以, 而無所隱諱, 故其心迹表裏, 明白痛快, 仰之若日月, 此非後學所當法耶? 愚雖無狀, 豈敢舍朱、宋, 而反效他人文過遂非, 以欺一世之術也? 彼以身後贊述, 與生前講磨不同, 此誠然也。然雖祇以祭文觀之, 既以先師爲大小皆舛, 無與斯文之人, 而又必引諸賢以擬之, 則諸賢惡得免大小皆舛之失乎? 若曰吾於諸賢, 只以爲大賢名儒而引之, 初無什麼意思存乎其間, 則又何以貶屈大賢, 而比之於無與斯文之人歟? 彼於此, 若不能分明說破, 而惟欲以侮賢之罪, 加之於愚, 則豈能使人厭服, 反而求之, 亦豈無不慊之累耶?【再祭文所謂得延年壽, 不能驅抑, 公門傳鉢, 情狀莫逃兩句, 又是前文之斷案也。以此而謂之贊頌, 足以欺尺童乎?】彼書言: "愚使徐也, 入留轝下, 做謊騁怪。" 又言: "春閒幼七出沒轝轂, 逾月而返, 未知裏面設計如何, 而危憬則甚矣。" 此等似非有德者之言也, 沈丈之辨, 已得之矣。今附見于下,【沈丈答金書曰: 田愚弟未嘗接其面聽其言, 而幼七則累造其廬, 見其著述, 而聽其言論矣。天性忠厚, 質行有餘, 決非做謊騁怪, 敗人惑衆之人也。雖篤信師說, 而與田情厚, 亦非中無所主, 而逐風隨波者也。春間之暫來洛下, 爲見「申桂田尙書」, 而受其先人墓文故也, 得此情外之謗, 豈不冤甚哉?】

金書曰: "況先師明德理氣之說, 前此致湖、洛諸公之疑, 其來已久。於是時也, 田、徐一隊, 出其死力, 以益其疑, 則先師之道, 幾何不晦蝕撲滅而無餘地也? 馮厚齋有言: '聖門諸子, 平日單辭數語, 形容夫子, 平淡含蓄。惟子貢、孟子, 激於世人之不知, 始乃極口辨之。'【馮說止此。】今按: "極口辨之", 如辨武叔之毀, 責子禽之言, 答章、丑之問, 皆是, 而癰疽、瘠環章問答, 又其最也。後之君子, 爲師辨誣, 其源蓋出於此, 此在憂世之義, 恐不可全然泯默, 以自託於奉塵刹報佛恩之說也。"

此段所論誠是矣。然愚聞子貢、孟子之辨, 只爲激於世人之不識夫子而然爾, 未聞其爲人所鄙薄, 而假夫子以洩其忿懥不平之氣, 如今之君子矣。【愚之與柳書, 所謂本心之說, 只就柳說而云爾。野愚之與梨山長書, 亦就金之言行而言也。而今皆移之, 爲攻師之說, 而以爲雪恥之資, 吾恐君子尊師之道, 聖人報怨之說, 似不如是也。】

金書曰: "雖然, 若曰直向田也, 呶呶爭鬩, 若與之對壘, 則弟雖無似, 亦不至如此多事矣。但今風靡之勢如右所云, 而子貢、孟子之義, 不可全付於弁髦, 故南中則答鄭君祚【胤永】、李重九【承旭】書, 略與辨說, 爲其兩人是正士, 而系是全齋門人者, 適彼詢及, 不得不說破也。此中朋友隨問而答之者, 爲其朋友之際, 辨析是非, 決定好惡, 不厭其詳也, 此皆講學窮理之體然也, 然只就田愚而云爾。若徐也, 氣槩文辯, 本不足以惑人。原其實狀, 則只是立云則立, 坐云則坐, 可哀而不可惡者也。雖其言語文字, 目不忍見, 有加於田也, 而都不曾相校矣。今此呶呶爭辨, 有若對壘之敎, 未知何據而發也。竊不勝瞿然也。"

鄭、李書之類, 猶可諉以隨問而答也, 如申砩安、金希聖, 不過是一面之人, 彼亦無一言之及, 而金、柳兩人, 皆投以長書而詬詈之, 此又何義也? 沈丈之譏, 恐終免不得也, 且愚旣告絕矣, 雖欲直向愚而呶呶, 何可得也? 今以未嘗直向呶呶, 爲非對壘爭鬩者, 亦可笑也。且其所謂辨析是非, 決定好惡者, 依舊是錯認話頭, 若只以舊來所見爲主, 則其所辨析而決定者, 皆非出於性理之本然, 而不過是靈覺之所發耳。如今所論野愚人品之說, 與鄭、李正士之云, 都只出於一己之私見, 然則雖終日講學, 終日窮理, 亦劃地不是矣。

金書曰: "春閒, 重九來, 示數田十罪之書曰: '侍生欲以此抵徐丈, 使之破惑云云。' 弟瞥地一見而別矣。追聞聖五得此, 播之京中, 而重九則迫於湖中人嗔責, 畏難而不敢出。徐則徑見於京中, 斷以爲此中贗作, 以爲脅持之計云。若使此中, 果爲此贗作, 則直是無狀小人之心術, 豈止爲對壘爭校之淺丈夫而已哉?"

十罪書, 卽所謂僞答徐野愚書, 而其篇末有云: "田之祭文, 譏斥龍田華西, 砥山、洞山, 三溪、石南云云。" 此書固以李名行于世, 而承旭卻言 "田文懸註", 春閒往加平, 見重菴門人, 已皆如此磨鍊。故吾於徐書, 亦取以爲言, 此恐是實際語也。蓋李書之前, 金答沈丈書, 已有云: "田愚祭師之文, 又一謗書也。"

據此則李書固非彼中贗作，而其慫慂而爲之，則的然矣。此是假手殺人之計，似恐非君子、長者之用心，而反不若對壘爭校之淺丈夫，其病顯然而易治之爲愈也。【李書中，佗說姑勿論，至於弒之一字，苟有一分愛旭之心者，豈忍使之仍存，而陷於大惡也？只此亦見其所存之淺深矣。】

金書曰：“今日紛紛，實此漢妄爲之根本也。當初不自知誠信不足以孚人，欲以古人朋友切偲箴規之道，妄施於名位隆顯之大人，門人子弟至以大聖大賢推之者，其言不相入，而積忤於田、徐，致此不靖之端，不亦宜乎？子思不曰：‘君出言，卿大夫莫敢矯其非，卿大夫出言，士庶人莫敢矯其非，君臣旣自賢矣，而羣下同聲賢之，賢之則順而有福，矯之則逆而有禍乎？’子思之時，去古未遠，猶尙如此，況於今日乎？君臣之際如此，則朋友之際，何獨不然乎？今此妄漢不識此理，自心性說以下，至辭受語默之際，例不敢苟同，而有多少說話，末流遂至於此，而不可收拾，自究乃罪，雖屛裔，不可贖矣。”

彼始以虛靈屬理之新說，處士進言之錯見。【牛溪之登筵也，栗谷與書曰：“處士之進見，因下問而言事則可，若先陳時事，則恐非道理。”以此論之，在野儒賢，尤不當無問而有言。其門人之未仕者，又與儒賢不同，尤不當出位而論事矣。】欲先師之已從，及其不見從也，遂以誣衊之說，顯訾於往復，暗譏於祭文，恐古人箴規之道，決不如是之狠愎險譎也。爲門人子弟者，見其如此，而避與人失和之小嫌，而忘爲師辨誣之大義，則師生之倫，自此廢矣。師生之倫廢，則三綱九法，亦無所賴以立矣。彼書所引子思矯之而有禍之說，正不謂此也，且其所謂名位隆顯之大人者，其用意尤覺不美矣。

金書曰：“梅山先師，因論周司徒三物之敎而云‘觀人之法，先視其本源，內行次之，文學又次之’，竊謂此意最可理會。只管才高識博者，不可遽恃。歷觀古人才識絕人而本源不正，卒致狼狽者何限？徇名爲人，售僞假眞，訑訑自足，人我忌克，論篤內荏，許多惡證，根於方寸，而濟之以出衆之才識，則是虎而附翼也，患害尤不貲矣。交遊之際，恐不可不審也。”

梅山先生之訓，非但以之觀人，亦可以自觀矣。才識之云，便是喚做別人，而其曰“徇名爲人，售僞假眞，訑訑自足，人我忌克，論篤內荏者”，正是我之實病。

彼言雖出於忿恨不平, 而在我道理, 惟當警惕自新之不暇, 佗何足校也?

金書曰: "田也以陸、王侵斥華西先師, 其來已久, 非但祭文刱新云云爲然, 前此與省齋書, 種種有此等話頭。而星田諸子, 視效而作茶飯語, 然其時則以爲講論閒薄過而忍之矣。今此祭文, '刱出新奇'一段, 以前日話頭照之, 明是指斥華翁之說也; "忽忽閒斷"一段, 明是指斥蕭齋之說。"

祭文兩段之疑, 只是揣摩億逆之見, 非以明覺爲自然者也。至於斥華已久, 省書話頭之云, 則又恐非以"直報怨"、"立誠修辭"之道也。豈未聞伯程子只是爲僞之戒耶?【『近思錄』二卷第十六章】省齋於此, 視若細故, 而不與止之。師生相對, 能無愧乎? 非所望於平日也。就如其言, 前後徑庭, 私心作用, 沈丈之辨, 亦善矣。【沈丈答金書曰: "田愚以陸、王斥華西, 而前以爲講論閒薄過而忍之矣, 今因祭文, 而始知其情狀云者, 恐無以服彼之心也。夫指其學爲陸、王, 則頭顱已判矣, 侵斥已無餘地矣, 尙何待祭文之出耶? 況祭文中, 刱新奇云者, 雖曰明指華西, 而不過是斥爲陸、王之註脚耳。由前則以爲講論薄過而忍之, 由後則以爲師門大辨而力討之, 前後之徑庭如是, 非但田愚之不心服, 亦恐傍觀者以爲出於私心之作用, 而非出於義理之當然也。況趙蕭齋則全老之同門畏友也, 爲全老門徒, 而侵斥蕭齋, 太不近理, 且有援人入己, 以添彼罪案之嫌, 望老兄更加深思, 如何如何?"】

金書曰: "最後祭文, 記全老遺命。有曰: '新學方熾, 栗翁見疑, 曰汝小子, 盍爲辭而之云。' 則其情狀昭然, 不可掩矣。【華翁尊信栗谷, 亞於朱子。如理通氣局之說, 及無形無爲而爲有形有爲之主者, 理也; 有形有爲而爲無形無爲之器者, 氣也, 此等語, 皆嘗謹守而不貳, 未知見疑者別在何處耶? 若於微言去處, 或不無異同者, 則朱子之於二程所不免, 豈可謂之背馳先賢, 而當被辭闢乎? 全老生前, 果以辭而闢之, 託於田也。如今所云, 則是所謂非鄭之仇, 乃子西也, 但言出於田也, 故不敢妄疑死友耳。】似此皆非眞贓而何? 此外攻華老之辭, 如曰'祖襲陸、王, 譏斥栗、尤。'【華翁平生, 以栗、尤兩賢, 直接程、朱之統, 只看『雅言』一書, 亦可以見。今日譏斥者, 豈非睞上之載鬼也耶?】又如攻斥此漢一隊, 以藥門餘孽之類, 往往流傳於南來文字, 此不可一切歸之於虛誑, 則刱新奇一段, 安得謂泛論學術之弊乎?"

愚之先師, 尙未得見『雅言』之書, 則華西之於栗、尤, 其所從違, 皆不及知, 而金書乃有云云, 豈亦所謂自作元隻者耶? 先師所謂新學疑栗, 正指金某栗、農見理未徹,【鄭胤永親聞此說而來, 傳於先師】及栗、尤全體大用之學, 固無可疑, 至其心性理氣之論, 則未敢以爲是也。【此語愚與申仰汝同聽, 而愚竊以爲如此, 則格致誠正, 判爲兩塗, 此最害理等語而言也。】彼不以自當, 而乃欲使華西替受其斥, 得無未安者乎? 指華西以祖襲陸、王, 譏斥栗、尤及藥門餘孼之說, 非惟手所不書, 亦口所不言, 而今日流傳於南來文字, 此必浮薄之人。幸吾黨閒隙, 而造爲此等話頭, 以增其嫌怒也, 此是古今一轍。故『詩』有"信讒如醋"之戒, 『易』有"噬嗑而亨"之訓焉爾矣。至於栗翁理氣之說, 則華西之謹守不貳, 不知是如何。而若但以柳說論之, 旣以心屬理, 則心非無爲之物, 不可謂有爲者之主矣。又心爲有爲之物, 則亦不得不爲無爲者之器矣。今卻欲倂守心屬理, 理無爲之兩言, 故必以無爲屬於理之體, 有爲屬於理之用, 此豈成說乎? 朱子所譏一袴管兩隻脚之說, 正指此類也。栗谷「答安應休」書曰: "理雖乘氣流行, 變化萬端, 而其無爲之體, 固自若也。" 尤菴答金仲固、李君輔諸書, 皆謂理之無爲, 無閒於體與用, 此皆出於朱子之說矣。【『論語集註』曰: "人心有覺而道體無爲。"『語類』曰: "作用是心亦是氣, 釋氏自錯認了。" 又曰: "形而上者是理, 纔有作用, 便是形而下者。"】今宗本栗、尤, 而於此等訓說, 若不聞也者, 乃直以自見折之, 吾不知其可也。且以有爲爲理, 則此何異於陸、王之見乎? 此而不闢, 程、朱、栗、尤之道, 將不得行矣。身爲士子, 目見其然, 而不敢出一語, 以爲衛道之計, 則恐辜負了聖賢敎育之恩也。【今觀「猥筆」題跋, 金氏譏斥栗翁之迹, 綻露無隱, 吾復何辨? 壬子追識。】

金書曰: "來敎謂田也未嘗目其兒而聽其言者, 此正爲老兄之幸也。如野徐才短而識矗, 文章無條理, 言論無精采, 不足以惑人。田也不然, 才高識博, 旣如來敎, 而外面和順, 色笑可親, 其文章言語, 動輒成理, 其機警敏妙, 造次有動人手段, 雖以老兄之明智, 一接其人, 則恐不免神怡心醉, 而認賊爲子矣。觀全老之平生被惑, 而至於付託後事, 可知也。"

此一段, 可見其心術影子矣。【先師被惑之說, 直使人痛心也。○九月初, 沈丈見訪於野愚家, 一宿而還, 語次戲謂余曰: "何不露出動人惑衆底手段也?" 因指金書此段而曰: "言語文章, 動輒成理, 則豈可以所憎而不之從乎?"】其以不能惑人短野愚, 正如或者之病仲弓不佞, 同一所見也。愚見野愚, 德氣有餘, 而文辭少遜焉, 故其發於言語文字之閒者, 如其爲人, 以故惟質勝者, 識其貴而服其賢矣。其不能使之惑者, 乃賤名檢尙文華之人爾。此恐未足爲儒者之病也。如使野愚能巧其言, 善其文, 以眩惑後生，如佗人之爲，則何足以稱於先師之門乎？其不能惑人，乃所以爲賢也。

金書曰：“‘心卽理也’、‘良知靈覺，皆理也’，此二句，卽程子所謂釋氏之本心者也。朱子所謂‘禪家只有虛靈不昧而無具衆理以下事者也’，勉齋所謂‘陸氏守虛靈之識而昧天理之眞’，借儒者之言而文老、佛姦者也。此華翁之所嘗深惡而力排之者也，觀於『雅言』一書，昭然可證也。焉有其師力排於前，而弟子墨守於後哉？全門諸人，顧乃以此持省齋。凡人言語文字，截去首尾，孤行一句，以造謗爲能事，則雖聖人經傳，豈有一句完語乎？田愚一隊之用意，大抵皆然，吁可畏也！
苟使柳說但如此段所論而已，則田愚之用意，誠不仁也哉！雖然，彼此十餘年往復辨難，而不能歸一者，亦豈無謂也？柳書言：‘重敎亦曰心屬氣，但心之本體，乃是形而上之理也。’【又曰：“所謂心之本體，卽本心明德是也。”】此語驟看，似是矣。第其所謂‘屬氣之心’者，非指此心本色而言，卻是遞降一等，舉其精神魂魄之麤迹而言也。未知聖賢以心屬氣之意，果如是乎？且其所謂‘心之本體’者，非指性命之理而言，只是卽其當體指出虛靈知覺之妙用而言也。未知聖賢以理言心之旨，果如是乎？此其所以言愈相似而意愈相詿也。今且以金書本心明德之說論之，亦不過曰‘全理具衆理，大理統細理也’。所謂‘全理’、‘大理’，正指心與良知與靈覺而言也。以此而譏禪、陸，得無近於以夫子之道，反害夫子者乎！噫，與人辨論，而孤行一句，以造謗爲能事，固不可。其左右逃遁以避謗，爲良策，獨可乎哉？小程子嘗譏釋氏善遁，纔窮，佗便道我不爲此，然到得寫在策子上者，又如何遁得？今取柳書中論心與良知靈覺之說，不用愚截去首尾之惡習，試舉其圓成段落之定論，以載之下方。而其以三者屬之於理與不屬之理，及愚之用意脅持與不用意脅持，使觀者，得而自決，而愚無所預焉，則似無復恩怨之可言也。然後人恐有與田愚同所見，而又得郢書燕說之誚者也。”

附「柳穉程書」
愚問：“心性細分，則心當屬氣，抑猶當屬理？”柳答曰：“心性二字，欲細分，須就一理上分界，心是性之主宰，性是心之準則。”
　　愚謂：統言心時，倂指所具之性而謂之理。如此說，亦無不可。但心性相對處，猶必以心爲理，此非心卽理之說而何？

柳書曰: “要識明德, 須先識得心, 要識心, 須先識得太極, 向詢理亦能應物乎? 一句最是巴鼻所在處, 足下且道太極是有主宰能命物者耶? 抑是沒主宰受命於物者耶? 若是有主宰, 則天地閒許多感應, 皆太極之所爲, 何獨至於心而疑之?”

　　愚謂: 有應事之才能者, 心也, 爲應事之根柢者, 理也. 今曰“理亦能應事”, 則是以靈靈昭昭能作用者爲太極, 此是江西帶來, 彼雖不伏. 然實是如此, 何可諱也?

柳書曰: “太極非別物, 卽是天地人物之本心. 故周子既作「太極圖」, 又著『通書』以明之, 一用心字註脚, 解太極之妙, 如‘誠無爲’之誠字, ‘神妙萬物’之神字, ‘匪靈不瑩’之靈字, 是也.”

　　愚謂: 謂太極卽是本心, 與謂心爲太極, 語意似同而實異, 讀者宜察之.

柳書曰: “謂陽明所指而爲良知者, 非良知之眞則可矣, 謂良知本不是理則不可. 程子曰: ‘良知良能, 出於天, 不係於人.’ 夫知與能, 皆人之所爲, 而曰‘不係於人’, 何也? 蓋言其一出於理, 而不涉絲毫氣用事也云云. 執事之意, 豈不曰愛親敬兄固是天理, 而知愛知敬, 與愛親敬兄, 惡得無別云爾耶? 竊謂此在四端上說, 則愛親仁之實也, 敬兄義之實也, 知斯二者, 智之實也. 又以心對性說, 則當愛當敬, 性也, 理之本體也; 知愛知敬, 心也, 理之妙用也. 此誠不可無別, 然橫分縱分, 要皆就一理上區別出來, 豈可遽以理與非理界之哉?”

　　愚謂: 知之能之者, 氣也,【以理氣而分, 非惟知愛知敬, 和愛親敬兄, 亦不得爲理也.】知之能之之理, 乃理也. 此以愛之理例之可見也. 今以良知良能, 直謂之理, 而至以爲不涉絲毫氣用事, 則與陽明之說, 何以異乎? 所引程子語, 非謂良知良能亦是理, 只是指心之由理而發者言耳. 若欲姑置理氣能所之說, 而但論天理人欲之辨, 則又別是一義, 不可如此儱侗合說, 牽引指言, 以亂彼此之大分也.

柳書曰: “靈有以理言, 有以氣言. 乃若「太極圖」、『通書』所謂靈及明德註所謂靈, 恐當以理看.” ○ 又曰: “日前所稟卽夫氣稟正通之中, 指出天理呈露之妙兩句, 本爲虛靈洞徹四字而發.”

　　愚謂: 若使虛靈洞徹之云, 便已是理也, 則朱子於其下, 又何必更著萬理咸備一句耶? 朱子譏禪家認靈覺以爲性, 此豈非柳氏之謂乎? 金雖欲爲之諱避其名, 終無奈其實之與彼相符, 何哉?

柳書曰: "釋氏但知靈覺之爲靈覺, 而不復有揀別。此其所見, 只在形而下者, 所謂知覺, 是氣之虛靈處者, 是也。吾儒必揀別其知愛知敬者, 以爲天理。此其所指, 乃在形而上者之流行於形而下者, 所謂非人心, 太極之至靈, 其孰能知之者, 是也。朱子平生論儒、釋之分, 其緊要眼目, 政在於此。"

愚按: 林德久問: "人賦氣成形之後, 便有知覺, 所有知覺, 自何而發?" 朱先生答云: "知覺, 正是氣之虛靈處。" 此處問答, 是泛言人生所有底知覺, 非是論釋氏底知覺矣。先生又於『通書』「理性命章」, 以人心之至靈, 係於太極之部位, 此以章內三節辨之, 取其名之屬乎是者而分之耳。若太極之自然而無情, 則又何可以靈覺目之哉? 此與「孔子章」以道德屬陰陽, 夫子屬太極者, 同一義例。此等不過隨文而論其所屬, 非以人心之靈。夫子之身, 正訓太極之理也。今以答林書『通書解』二者, 爲先生論儒、釋之大分, 可謂矯誣前賢而誑惑衆生者矣。

柳書曰: "朱子'未動而能動者, 理也'之訓, 與『中庸或問』'至靜之中但有能知覺者, 而未有所知覺, 故以爲靜中有物',【自註朱子曰, 靜中有物, 此物只太極也】一段, 政相發。未動者, 未有所知覺之謂也; 能動者, 但有能知覺之謂也。理指靜中有物者而言, 卽太極在人之活體, 惺惺有主宰者也。如『語類』所謂性如一團火煨, 在灰裏撥開便明者, 是也。"

愚謂: 以知覺之惺惺活物爲太極, 則如枯槁無知覺之類, 不可謂之有太極也, 其可乎? 所引陳安卿書『中庸或問』、『語類』諸說, 亦不過彼此俱昧, 而欲互以相明, 如麞邊之鹿, 鹿邊之麞, 循環無端而卒無所決, 如朱子之所譏也。○柳氏所論心與良知與靈覺之說如此, 而金乃欲爲之掩藏諱避, 至以用意造謗, 爲愚之罪, 豈不可笑之甚乎? 與其心勞辭費, 而無補於自欺之實病, 曷若然改轍而一出於儒門之宗旨耶?

金書曰: "尤翁曰: '心有以氣言者, 有以理言者。' 今按以氣言者, 如言心有善惡, 心者氣之精爽【幷朱子語】之類, 是也。以理言者, 如言心本善【程子語】, 心爲太極【朱子語見『啓蒙』]之類, 是也。『大學』之明德、『孟子』之本心, 卽天理至善之主宰, 朱子所謂一而不二, 爲主而不爲客, 命物而不命於物者也。此當屬之心本善, 心爲太極之類, 不當屬之心有善惡, 氣之精爽之類也。華門傳受大意如此。非都無曲折, 而使云心卽理, 如陸、王之見也。雖然, 心之全體, 固已涵性情在其中, 故明德雖曰理之全部, 而裏面之衆理, 乃其實體也。本心雖曰理之綱領, 而節目之仁義, 乃其準則也, 非所謂無星之秤, 無寸之尺也。是故, 君子之學, 旣當莊敬養心以立其主宰, 又當卽物窮理以理應物, 不可恃心爲理而恣行其胃臆之所發, 如所謂'黃花翠竹', 無非眞如般若者之說也。今也不勝其爭心勝氣, 黨同伐異之惡習, 看人文字, 聽人言語, 都不察意脈之所在, 一唱百和, 胡叫亂喚, 以爲聚分之機軸。夫以華西師生, 爲異端而攻之, 則朱子心爲太極之說、尤翁心有以理言之說, 實華門傳授之根柢也, 渠欲幷朱子、宋子, 而斥之爲異端耶? 若曰朱、宋爲此說, 則不失爲聖賢, 華門有此言, 乃可謂異端, 則是後世炎涼之習也, 何足與議於性道之源乎? 藉曰橫渠之淸虛一大, 終未免有過, 要其全體大用, 不失爲周、程一流人。今華西之說, 設令有一二聽瑩者, 若其明體適用之學, 闢邪距詖之功, 垂諸冊書, 嘉惠後世者, 固炳如日星, 而不可誣, 則'采葑采菲, 無以下體', 而有此云云也。況平心細究, 本無可疑, 而彼之訾謗者, 直如矮人觀場, 郢書燕說之類乎? 況今邦域內潰, 洋鬼外蝕, 正是將恐將懼, 惟予與汝之秋, 而喙喙爭鳴, 欲爲仇敵, 以待(下)[卞][144]莊子之來。噫, 其亦不仁也哉? 甚於作俑者矣。"

心爲太極, 心有以理言之說, 曾於柳書見之。然其意卻與朱、宋不同, 不可以不辨也。蓋統論心之大用, 則性固在其中, 故心得太極之名, 而有以理言心之論矣。若以之對性, 則心實屬氣, 而性卻爲太極。蓋性外無理, 而理無二體故也。此實二先生之意, 而見於『文集』、『語錄』者, 不啻詳矣。若使二先生之意, 亦謂以心對性, 性固是理, 而心亦屬理, 不嫌於二理之相疊, 而又只認得箇惺惺活體, 有知覺能應物者, 爲太極之理, 如柳氏之見而已, 則朱、宋亦誤矣, 何以爲朱、宋乎? 愚之前後苦心極力, 費了許多辭說, 送了許多文字, 只是欲辨明二先生之意不如此也。蓋爲其彌相似而彌不同也。然亦只就柳說而云爾, 乃若華西, 則未嘗有一語侵斥。此非惟未見其名理之說而已, 事體道理, 亦不

---

144) (下)[卞]: 저본에 '下'로 되어 있으나,『重菴集』「答沈景珪別紙」에 의거하여 '卞'으로 수정하였다.

當如此也。非特不當如此, 亦有不必然者。蓋只辨得柳說之非, 則其師說之同於柳者, 不待另加論辨, 而取舍從違之意, 已可見矣。亦何苦揣度其所未見之說, 而詆斥其所尊敬之人, 以自陷於不誠不敬之罪乎? 愚之實迹如此, 而彼之急持如彼, 殊可笑也。金書曰: "田愚與省齋書, 直斥華西爲洋學。"【見上第一條。】夫目爲陸、王之說, 猶不當捏造, 況洋學二字, 苟有愛敬華西之心者, 其何忍以無爲有乎? 愚故曰"汗衊華西, 無如金、柳二人也。"彼書曰: "心爲太極, 心有以理言之說, 朱、宋爲之, 則不失爲聖賢, 佗人有此言, 乃可謂異端, 則是後世炎凉之習, 何足與言?"此說似然, 而實不然。若不問指意之不同, 徒以句語之相似, 而便謂其無二道, 則大誤矣。尊德性, 子思、象山之所同; 談良知, 孟子、陽明之所同, 而其道之不同, 則有如冰炭之不相入也。程叔子言佛說與吾儒同處, 恁地多, 只是本領不是, 一齊差卻。朱先生亦言: "元來此事, 與禪學十分相似, 所爭毫末耳。然此毫末, 卻甚占地位。"【朱子語止此。】惟其如是也, 故儒者之學, 必欲於同中辨其異也。不然, 其不爲循名忘實者幾希矣。夫小異而曰同, 由不識精義者言之。孰不曰何遽有害, 而從上聖賢憂患道學之心, 只要辨別是非之原, 剖判異同之趣, 令分明而已? 愚又聞, 尤翁之訓曰, 釋氏認心爲性, 故以心之自然發用者, 皆謂之性也。今彼旣以對性之心, 亦謂之理, 則亦將以心之自然發用者, 皆謂之理矣, 此與釋氏所見, 何所別乎? 朱子嘗言率夫性之自然, 則是道也。今竊取此意以論之曰"聖人以性爲理, 故以性之自然流出者, 皆謂之道也"。以此折衷, 彼釋氏、柳氏之誤, 皆可見也。若欲以心之自然發用者, 皆謂之理, 此須就聖人分上說乃可。然若論聖人, 則非惟心可如此說, 氣亦可如此說,【朱子論氣稟之說曰: "極淸且純者, 氣與理一, 而自無物欲之蔽"云云。】形亦可如此說也。【朱子曰: "聖人其體雖是人, 其實渾然一團天理。"】故其曰心與理一者, 亦謂其運用造化極於神妙, 而與理無閒云爾, 非謂聖人分上, 心便是理, 理便是心, 而更無道器之分也。而今於始學之人, 卽語之以心是理, 則無乃使人有恃心自用之患乎? 若又曰"不可恃心自用", 則所謂心屬理者, 乃爲假說之空言也。吾聞聖人之道不然, 言之必可行, 故纔說性卽理, 則便使人以是爲本, 而無復有可恃不可恃之論矣。愚竊謂與其心屬理而有流遁失守之累,【旣曰"心屬理", 而又曰"不可恃", 則是理窮勢極, 而必爲是遁辭以自解免也。】豈若以性爲本而無猖狂自恣之弊也? 今旣以心爲極本之理, 又不肯以性爲此心之主, 則其所謂養心者, 只是養得那無本之心; 所謂窮理者, 只是窮得那有爲之理。既養得無本之心, 以之爲主宰; 窮得有爲之理, 以之應事變, 則雖自謂未嘗恣行其胷臆之所發, 而其末流之弊, 安得不與黃花翠竹無非眞如般若者之所爲, 潛符默契, 而不能以自別矣乎? 假饒以心爲極則而能不爲異學之歸, 則豈不誠可敬服? 顧恐無此理也。愚之於柳, 有道義相與之樂, 無嫌怒可乘之隙, 何不同心戮力, 以禦外至之侮, 而乃有此云云也。第以洋鬼之禍, 淺近而易知, 柳說之害, 精微而難辨。易知者, 雖愚夫愚婦, 皆能畏而避之; 難辨者, 非朋友講質, 不能擇而精之。故愚於前後往復, 誠有僭率之言矣。設所言有過當者, 要皆出於相愛相謀之心, 實非所以相訾訾也。以故柳之答愚書, 亦言吾輩講說, 當赤心相與, 常患其不十分直截, 豈復以周旋人情爲念耶?【壬申書。】又曰: "謹密之戒, 不敢聞命。" 蓋此所論, 皆天下之公理, 非一人一家之私事。外人之識不及此而徒資脣舌者, 亦何足與言? 若以句語之時有諷切者爲嫌, 則前輩於講論異同之際, 有十此百此者, 而未聞有以此爲嫌者, 以其出於相愛之誠心故也。【甲戌書。】此何等平正高明之見, 優遊寬大之論也。讀之, 使人歎服不已也。大抵前日柳之所言如彼, 而今者金之見怒如此, 豈亦所謂識不及此而徒資脣舌者耶? 其欲爲仇敵以待卞莊子之來者, 恐在此而不在佗也。噫! 其亦不仁也哉?

○ 金書所引尤翁說, 出於『大全』浩然章質疑, 而其全文曰: "心者, 氣之精爽。"【愚按: 此句果兼善惡而言, 如金書之云乎? 觀者, 請下一轉語。】然實該貯此理,【愚按: 此理之外, 更別無理也。】故有以氣言者, 亦有以理言者。愚竊謂: 以氣言者, 直指心之本色而言, 以理言者, 兼指心之所具而言。【心有以理言, 如言性有以氣言。以氣言性云者, 不過是兼指所乘而言, 何嘗直指性之本色以爲氣乎? 知此則知以理言心之說矣。『大全』辨柳櫻疏, 略曰"聖賢有合理而言心者。然亦指其中所其之理而言也。何嘗直以心爲理, 如櫻之見乎?" 只此便見尤翁以理言心之本意矣。】豈有纔說以理言心, 則便掉了本色, 而直喚做理, 不嫌於以理具理, 以理統理, 如金書之云乎? 金書又以心本善者, 屬之於理。如此則所謂氣者, 更無本善之可言歟。且以氣之精爽, 併歸於有善有惡之科者, 恐亦未安。蓋心有善惡, 兼擧本末而言; 氣之精爽, 專指其本而言。【『語類』氣之精英者爲神。此與心者氣之精英, 同一意致也。】氣之本, 何嘗有惡? 程子本善之云, 亦正指此而言,【梅山「與李龜巖」書曰: "主心本善者, 從程子說而曰'氣之精爽者爲心, 則本體豈有不善?'。" ○ 老洲曰: "性純善, 心本善, 本與純之間, 理與氣之分也。"】而金直以本善者謂之理, 得無爲認氣爲理之見乎? 且『孟子』所謂本心、『大學』所謂明德, 皆是有知覺有運用之物。故雖是一而不二, 爲主而不爲客, 命物而不命於物者, 然語其屬則氣也。而金直以此爲理, 又豈非認氣爲理之見乎? 金書又謂"非都無曲折, 而便云心卽理, 如陸、王之見", 恐尤說得絮了。如象山、陽明, 亦何嘗自謂以有善惡者爲心乎? 只爲以心爲理爲極, 而不復以性爲心之所主, 故終歸於異學矣。老洲「答梅山書」一段, 有可考者, 今附見焉。【老洲曰: "鹿門於此氣一混處, 先有所見。其初年, 與渼湖論明德書, 善說能字。但幾與理無別者, 是其過當處, 此爲改見之張本也。其晚年所見, 從氣上說理, 卻有模象可據, 見其頭頭合曲曲通, 認爲一物, 守之甚固。然竊詳其所以說理者, 要非此理之本色, 而直是關閩所說神字部位也。神是氣之一原, 雖與理無間, 自有形而上下, 作爲無作爲之別, 一而非一, 二而非二, 非一非二之際, 正宜洗心愼思, 豈可徒見其一, 而逞言於其間, 陷於一偏也哉? 陸九淵之以陰陽爲太極, 王守仁之以良知爲天理者, 非不善觀於氣, 而於合一之妙, 又可謂有見。然卒得罪於聖門, 此不可不卻顧而深思也。】

書守玄齋偶記後

昔有問止謗之道者。文中子曰: "自修, 其次曰無辨。" 譬之病, 則自修者, 補養之藥也; 無辨者, 對證之劑也。於止謗無以易矣, 然當論其事可也。苟爲利害耶, 君子有所不辨; 苟爲是非耶, 君子必辨焉。孔子惡鄭聲, 惡佞人, 惡鄉愿, 惡利口, 爲其似是而非, 能惑衆也。若厄於陳、蔡, 危於匡, 未嘗自言其冤, 何則? 君子不爲利害爭也。然使其事利害是非兩存焉, 則奈何? 欲辨之, 則不得爲長者, 君子之所羞也; 欲無辨, 則義理不明, 學道者之所懼也。寧受不長者之名, 而使義理由我而少明, 是大願也。故雖冒嫌而不避, 病夫世之君子克己有未盡, 好勝之私未化。自諉曰"吾以救夫世道之害, 不得已也"。夷考其情, 未嘗不恥己之屈於人, 而患人之不我下而已。然則一循乎理而不附其私意, 乃得其正, 艮齋必能勉乎此矣。

理氣心性之辨, 難矣, 以爲一不可, 以爲二又不可。所爭在於毫忽, 自夫告子、荀、揚言性之差, 以及釋氏, 率于理氣界部, 有不明。至象山、陽明, 出於講學大暢之後, 猶然錯誤, 可異焉。蓋知者過之也。我國徐花潭, 專用功於格致, 所見極其高詣, 然於理未之透, 信乎其難矣。凡涉於靈者, 皆氣爲之也, 不得侵入於理之界部。雖以妙用之神, 幾於與理無異, 而猶當屬之形而下, 豈可以惺惺有知覺, 謂之太極乎? 艮齋讀書精密, 于古人言語, 能不滯於辭, 論辨剖析, 動多破的。惜乎! 余之鹵莽, 不足以涉其堂奧, 且也不學, 故老而易衰, 鼎器已敗, 如漏巵隨注而亡。少壯不努力, 老大徒傷悲, 竟何益哉? 因讀其文, 自鳴懊恨之意云爾。庚辰季秋之晦, 李象秀書。【啎丈跋語所謂"世之君子克己有未盡, 好勝之私未化。自(誘)[誋]145)曰‘吾以救夫世道之害, 不得已也’。" 此一轉語, 語意微婉, 詳味之, 乃見所指也。愚識, 辛巳正月五日。】

---

145) (誘)[誋]: 저본의 소주에 ‘誘’로 되어 있으나, 저본의 본문에 근거하여 誋로 수정하였다.

「심본성설心本性說」【辛丑】

해제

1) 서지사항

전우(田愚, 1841~1922)가 심과 성에 대한 위상을 심본성(心本性)으로 정리한 논문.『간재집(艮齋集)』전편속 권3에 실려있다. (한국문집총간 333)

2) 저자

전우

3) 내용

이 글은 전우가 61세인 1901년에 심과 성에 대한 자신의 논리를 정립한 논문이다. 심본성(心本性)이란 "심은 성에 근본한다."는 의미로 성사심제(性師心弟)의 핵심 근거였다. 전우는 젊은 시절부터 심본성이라는 입장에서 학문을 견지해 왔다고 주장하고 당시 젊은 유학자들도 이에 근거해서 자신의 입장을 세우는 것이 바람직하다고 언급하였다. 또 글 말미에는 심본성의 근거 경전을 나열함과 동시에 심즉리(心卽理)와 심속리(心屬理)를 비판하였다.

2-1-8 「心本性說」【辛丑】(『艮齋集』前編續 卷3)

晦翁先生雅言: "學者須是靠定一箇物事, 做骨子方得。" 今余與諸君, 相從於此, 不知靠得甚麼做骨子。昔嘗與朋友講論, 得"心本性"三字, 今以之做骨子如何? 此當以實事求之, 不可但騁辯說以爭之。如爲人君者, 必先有敬畏天地之理, 而後用心以敬畏之; 必先有父母黎元之理, 而後用心以父母之。致賢責任, 發政施仁, 亦莫不然。爲人臣者, 必先有愛君如愛父, 愛百姓如妻子之理, 而後用心以愛之。用行舍藏, 辭受去就, 亦莫不然。齊家之正倫理、篤恩義, 修身之務格致、盡誠正, 亦皆先有其理, 而後用心以循之。如此, 則天下國家, 安有不治者哉? 反是則亂必至矣。然則所謂"心本性"者, 或似非孟浪不精要之言, 諸君宜細玩而實體之。如居家庭間, 奉一槃水, 請一席趾; 在函丈間, 貳一豆饌, 錯一束總。絲絲無一件不從天命之性, 透露出來, 然後始有此心之妙用也。然則學者於此三字, 靠定做箇骨子, 恐無不可。諸君毋以其言之出於老拙而忽之哉! 近世乃有心屬理之論, 而士流有祖述之者。然以余觀之, 心是氣, 非刱自栗翁。直從舜、禹, 以至程、朱, 無有以心屬理者。今始略舉數段於左, 諸君其有考焉可也。

"道心。" "堯、舜之民, 以堯、舜之心爲心; 朕之民, 以朕之心爲心。" "簡在帝心。" "小心翼翼。" "無貳爾心。" "聖人以此洗心。" "從心所欲不踰矩。" "其心三月不違仁。" "正心。" "心不在焉。" "理義之悅我心。" "見其大則心泰。" "聖人之心如明鏡止水。" "聖人本天、釋氏本心。" "大其心, 則能體天下之物。" "聖人之心, 渾然天理。" "吾心之所知無不盡。" "人心有覺, 道體無爲。" ○ 按: 以上所舉心字, 如以理字替換看, 而語意義理, 無一毫礙澀去處否? 爲心理之說者, 宜置辨焉。

2-1-8 「심본성설心本性說」【辛丑】

회옹(晦翁, 朱子) 선생은 평소에 "배우는 자는 모름지기 하나의 사물에 의거해야 뼈대를 이룰 수 있다"고 말씀하셨다. 지금 나와 제군들은 서로 이 일에 종사하면서도 무엇에 의거해야 뼈대를 이룰 수 있는지 모른다. 예전에 일찍이 붕우들과 강론하면서 "심본성(心本性, 심은 성에 근본한다.)"[146]이라는 세 글자를 얻었는데, 지금 이로써 뼈대를 삼는 것이 어떻겠는가? 이는 마땅히 실제의 일에서 탐구해야 하니, 변설(辯說)만 늘어놓으며 논쟁해서는 안 된다. 예컨대 군왕이 된 사람은 반드시 먼저 천지를 경외하는 이치를 갖춘 다음에 마음을 써서 천지를 경외하고, 반드시 먼저 백성의 부모라는 이치를 갖춘 다음에 마음을 써서 백성의 부모가 되는 것과 같다. 어진 사람을 불러다가 임무를 맡기고 정사(政事)를 펼쳐 인정(仁政)을 베푸는 것도 또한 모두 이와 같다. 신하가 된 사람은 반드시 먼저 임금 사랑하기를 부모 사랑하는 것처럼 하고 백성 사랑하는 것을 처자식 사랑하는 것처럼 하는 이치를 갖춘 다음에 마음을 써서 임금과 백성을 사랑하는 것이다. 자기를 써주면 자신의 도(道)를 행하고 자기를 버리면 자신의 도(道)를 감추며, (벼슬을) 사양하고 받고 (조정을) 떠나고 나아가는 것도 또한 모두 이와 같다. 제가(齊家)에서의 윤리를 바르게 함과 은의(恩意)를 돈독히 함, 수신(修身)에서의 격물치지(格物致知)에 힘씀과 성의정심(誠意正心)을 다함에도 또한 모두 먼저 그 이치를 갖춘 다음에 마음을 써서 따르는 것이다. 이와 같이 한다면 어찌 천하 국가를 다스리지 못함이 있겠는가? 이와 반대로 하면 반드시 혼란에 빠진다. 그렇다면 이른바 '심본성'이란 아마도 맹랑하거나 정밀하지 못한 말이 아닐 것이니, 제군들은 마땅히 자세히 헤아리고 진실로 체험해야 할 것이다. 예컨대 집안에서 생활할 때엔 (부모님께) 한 대야의 물을 떠다 받치고 이부자리를 펴면서는 발을 어느 쪽으로 뻗으실지 묻는 것, 스승을 모실 때엔 한 그릇의 음식을 더 준비하고 한 다발의 섶단을 마련해 두는 것 등 모든 일에 한결같이 천명지성(天命之性)이 드러나는 것을 따른 다음에야 비로소 이 마음의 신묘한 작용이 있게 된다. 그렇다면 배우는 자가 이 세 글자에 의거하여 뼈대를 삼아도 좋을 것이다. 제군들은 이것이 못난 늙은이의 말이라 여겨 소홀히 하지 말지어다. 근래에 "심속리(心屬理, 심은 리에 속한다.)"라는 이론이 등장함에, 그 말을 조술(祖述)하는 선비들이 생겼다. 그러나 내가 보건대 "심시기(心是氣, 심은 기이다.)"는 율곡이 지어낸 것이 아니라 바로 순(舜)과 우(禹)의 가르침을 따른 것이다. 정자와 주자에

---

146) 간재가 말하는 '心本性'은 '心은 性을 표준으로 삼는다'는 뜻으로서, 이러한 맥락에서 간재는 '性師心弟'라고 주장한 것이다.

이르러서도 심을 리에 소속시킨 경우는 없었다. 이제 아래에 몇 개의 문단을 대략 열거하니, 제군들이 살펴보는 것이 좋겠다.

도심(道心).

요순의 백성은 요순의 마음으로 마음을 삼고, 짐의 백성은 짐의 마음으로 마음을 삼는다.(堯舜之民, 以堯 舜之心爲心; 朕之民, 以朕之心爲心。)

간택은 상제의 마음에 있다.(簡在帝心。)

마음을 졸이며 삼가고 공경한다.(小心翼翼。)

두 마음을 품지 말라.(無貳爾心。)

성인은 이로써 마음을 씻는다.(聖人以此洗心。)

마음이 하려는 대로 해도 법도에 어긋남이 없다.(從心所欲不踰矩。)

그 마음이 석 달 동안 인(仁)을 어기지 않았다.(其心三月不違仁。)

마음을 바르게 한다.(正心。)

(하려고 하는) 마음이 있지 않다.(心不在焉。)

의리가 나의 마음을 기쁘게 한다.(理義之悅我心。)

그 큰 것을 보면 마음도 커진다.(見其大則心泰。)

성인의 마음은 밝은 거울과 같고 잔잔한 물과 같다.(聖人之心, 如明鏡止水。)

성인은 하늘을 표준으로 삼고, 석씨는 마음을 표준으로 삼는다.(聖人本天, 釋氏本心。)

그 마음을 크게 하면 천하 만물을 체득할 수 있다.(大其心, 則能體天下之物。)

성인의 마음은 혼연한 천리이다.(聖人之心, 渾然天理。)

내 마음이 아는 바를 다하지 않음이 없다.(吾心之所知無不盡。)

사람의 마음은 지각(知覺)이 있고, 도(道)의 본체는 작위가 없다.(人心有覺, 道體無爲。)

○ 생각하건대, 위에서 열거한 "심(心)" 자를 만약 "리(理)" 자로 바꾸어 보아도 말의 뜻과 의미가 조금도 막히고 거북한 곳이 없는가? "심은 리에 속한다"고 주장하는 사람들은 마땅히 이에 대해 설명해주어야 할 것이다.

晦翁先生雅言: "學者須是靠定一箇物事, 做骨子方得。" 今余與諸君, 相從於此, 不知靠得甚麼做骨子。昔嘗與朋友講論, 得"心本性"三字, 今以之做骨子何如? 此當以實事求之, 不可但騁辯說以爭之。如爲人君者, 必先有敬畏天地之理, 而後用心以敬畏之; 必先有父母黎元之理, 而後用心以父母之。致賢責任, "發政施仁", 亦莫不然。爲人臣者, 必先有愛君如愛父, 愛百姓如妻子之理, 而後用心以愛之。"用行舍藏", "辭受去就", 亦莫不然。齊家之正倫理、篤恩義, 修身之務格致、盡誠正, 亦皆先有其理, 而後用心以循之。如此, 則天下國家, 安有不治者哉? 反是則亂必至矣。然則所謂心本性者, 或似非孟浪不精要之言, 諸君宜細玩而實體之。如居家庭間, 奉一槃水, 請一席趾; 在函丈間, 貳一豆饌, 錯一束總。絲絲無一件不從天命之性, 透露出來, 然後始有此心之妙用也。然則學者於此三字, 靠定做箇骨子, 恐無不可。諸君母以其言之出於老拙而忽之哉! 近世乃有心屬理之論, 而士流有祖述之者。然以余觀之, 心是氣, 非朒自栗翁, 直從舜、禹以至程、朱, 無有以心屬理者。今始略舉數段於左, 諸君其有考焉可也。

"道心。" "堯、舜之民, 以堯、舜之心爲心; 朕之民, 以朕之心爲心。" "簡在帝心。" "小心翼翼。" "無貳爾心。" "聖人以此洗心。" "從心所欲不踰矩。" "其心三月不違仁。" "正心。" "心不在焉。" "理義之悅我心。" "見其大則心泰。" "聖人之心如明鏡止水。" "聖人本天、釋氏本心。" "大其心, 則能體天下之物。" "聖人之心, 渾然天理。" "吾心之所知無不盡。" "人心有覺, 道體無爲。" ○按: 以上所舉心字, 如以理字替換看, 而語意義理, 無一毫礙澁去處否? 爲心理之說者, 宜置辨焉。

「수현재우기守玄齋偶記」【見嘉陵答雲稼書, 因筆記之。○戊寅】〈부유치정서附柳穉程書〉

1) 서지사항

전우가 유중교의 편지에 자신의 견해를 붙여 기록한 글.『간재집』사차 권1에 실려 있다.(『한국문집총간』336)

2) 저자

전우(田愚: 1841~1922)로, 자는 자명(子明), 호는 구산(臼山)·추담(秋潭)·간재(艮齋)이다.

3) 내용

전우는 1878년(고종 15) 5월에 심기택(沈琦澤: 1826~?)이 찾아와 만났는데, 마침 그는 김평묵(金平默: 1819~1891)이 심기택에게 답한 편지를 보고 있었고 후에 김평묵과 심기택 간의 편지 글을 「수현재우기」로 재구성하였다. 전우는 이 「수현재우기」의 후반부에, 유중교(柳重敎, 1832~1893)가 자신에게 답한 편지에 대해, 다시 자신의 견해를 서술하여 첨부했다.

전우는 "심(心)과 성(性)을 세분(細分)하면 심이 기(氣)에 속하는지 리(理)에 속하는지"에 대해서 질문하였고, 유중교는 "심과 성을 세분하고자 한다면 마땅히 리에서 세분할 수 있으며, 심은 성의 주재(主宰)가 되고 성은 심의 준칙(準則)이 된다"고 답하였다. 이에 대해서 전우는 "심을 통틀어 말할 때는 유중교의 학설과 같이 심이 갖추고 있는 성과 함께 가리켜 리라고 해도 되지만, 심과 성을 상대적으로 말할 때는 오히려 심이 리가 되는 것이니, 이렇게 되면 심즉리(心卽理)의 학설이 아닌지" 의문을 품었다. 전우는 이와 같은 방식으로 유중교의 편지 가운데 명덕(明德)·심(心)·태극(太極)·양지(良知) 등에 대한 내용을 소개하고, 그에 대한 자신의 비판적 견해를 서술하였다.

전우는 "심이 태극이 된다."와 "심은 리로 말할 수 있다."라는 유중교의 학설에 대해서, 그 의미가 주자(朱子)나 송시열(宋時烈: 1607~1689)과는 같지 않다고 비판하였다. 요컨대 심의 대용(大用)을 통틀어 논하면 성은 심 속에 있게 되므로 심이 태극이 이름을 얻게 되고 리를 심이라 말할 수 있지만, 심과 성을 상대하여 말다면 심은 기에 속하고 성은 태극이 되므로 "심이 태극이 된다"와 "심은 리로 말할 수 있다"는 학설은 잘못되었다는 것이다.

2-1-9 「守玄齋偶記」【見嘉陵答雲稼書, 因筆記之。○戊寅】〈附柳稗程書〉 (『艮齋集』私箚, 卷1)

附柳稗程書

愚問: "心性細分, 則心當屬氣, 抑猶當屬理。" 柳答曰: "心性二字, 欲細分, 須就一理上分界, 心是性之主宰, 性是心之準則。"

愚謂: "統言心時, 倂指所具之性而謂之理, 如此說, 亦無不可。但心性相對處, 猶必以心爲理, 此非心卽理之說而何?"

柳書曰: "要識明德, 須先識得心; 要識心, 須先識得太極。向詢‘理亦能應物乎’一句, 最是巴鼻所在處。足下且道太極是有主宰能命物者耶? 抑是沒主宰受命於物者耶? 若是有主宰, 則天地間許多感應, 皆太極之所爲, 何獨至於心而疑之?"

愚謂: "有應事之才能者, 心也; 爲應事之根柢者, 理也。今曰‘理亦能應事’, 則是以靈靈昭昭能作用者爲太極。此是江西帶來, 彼雖不伏, 然實是如此, 何可諱也?"

柳書曰: "太極非別物, 卽是天地人物之本心。故周子既作「太極圖」, 又著『通書』以明之。一用心字註脚, 解太極之妙, 如誠無爲之誠字, 神妙萬物之神字, 匪靈不瑩之靈字, 是也。"

愚謂: "謂‘太極卽是本心’, 與謂‘心爲太極’, 語意似同而實異。讀者宜察之。"

柳書曰: "謂‘陽明所指而爲良知者, 非良知之眞’, 則可矣。謂‘良知本不是理’, 則不可。程子曰: ‘良知良能, 出於天, 不係於人。’ 夫知與能, 皆人之所爲, 而曰: ‘不係於人’, 何也? 蓋言其一出於理, 而不涉絲毫氣用事也。【云云】執事之意, 豈不曰: ‘愛親敬兄, 固是天理, 而知愛知敬, 與愛親敬兄, 惡得無別云爾耶?’ 竊謂此在四端上說, 則愛親仁之實也, 敬兄義之實也。知斯二者, 智之實也。又以心對性說, 則當愛當敬, 性也, 理之本體也; 知愛知敬, 心也, 理之妙用也。此誠不可無別, 然橫分縱分, 要皆就一理上區別出來, 豈可遽以理與非理界之哉?"

愚謂: "知之能之者, 氣也,【以理氣而分, 非惟知愛知敬, 不可屬理, 和愛親敬兄, 亦不得爲理也。】知之能之之理, 乃理也。【此以愛之理例之, 可見也。】今以良知良能, 直謂之理, 而至以爲不涉絲毫氣用事, 則與陽明之說, 何以異乎? 所引程子語, 非謂良知良能亦是理, 只是指心之由理而發者言耳。若欲姑置理氣能所之說, 而但論天理人欲之辨, 則又別是一義, 不可如此儱侗合說, 牽引指言, 以亂彼此之大分也。"

柳書曰: "靈, 有以理言, 有以氣言。乃若「太極圖」、『通書』所謂靈, 及明德註所謂靈, 恐當以理看。" ○ 又曰: "日前所稟, 卽'夫氣稟正通之中, 指出天理呈露之妙'兩句, 本爲'虛靈洞徹'四字而發。"

愚謂: "若使'虛靈洞徹'之云, 便已是理也, 則朱子於其下, 又何必更著'萬理咸備'一句耶? 朱子譏禪家認靈覺以爲性, 此豈非柳氏之謂乎? 金雖欲爲之諱避其名, 終無奈其實之與彼相符, 何哉?"

柳書曰: "釋氏但知靈覺之爲靈覺, 而不復有揀別, 此其所見, 只在形而下者, 所謂知覺, 是氣之虛靈處者, 是也。吾儒必揀別其知愛知敬者, 以爲天理, 此其所指, 乃在形而上者之流行於形而下者, 所謂非人心, 太極之至靈, 其孰能知之者, 是也。朱子平生論儒、釋之分, 其緊要眼目, 政在於此。"

愚按: 「林德久問」: '人賦氣成形之後, 便有知覺, 所有知覺, 自何而發?' 朱先生答云: '知覺, 正是氣之虛靈處。' 此處問答, 是泛言人生所有底知覺, 非是論釋氏底知覺矣。先生又於『通書』理性命章, 以人心之至靈, 係於太極之部位, 此以章內三節辨之, 取其名之屬乎是者而分之耳。若太極之自然而無情, 則又何可以靈覺目之哉? 此與孔子章以'道德屬陰陽、夫子屬太極'者, 同一義例。此等不過隨文而論其所屬, 非以人心之靈, 夫子之身, 正訓太極之理也。今以「答林書」、『通書解』二者, 爲先生論儒、釋之大分, 可謂矯誣前賢而誑惑眾生者矣。

柳書曰: "朱子'未動而能動者理也'之訓, 與『中庸或問』'至靜之中, 但有能知覺者, 而未有所知覺, 故以爲靜中有物。'【自註。朱子曰'靜中有物', 此物只太極也。】一段, 政相發。未動者, 未有所知覺之謂也; 能動者, 但有能知覺之謂也。理指靜中有物者而言, 卽太極在人之活體, 惺惺有主宰者也, 如『語類』所謂'性如一團火煨在灰裏, 撥開便明'者, 是也。"

愚謂: "以知覺之惺惺活物爲太極, 則如枯槁無知覺之類, 不可謂之有太極也。其可乎? 所引「陳安卿」書、『中庸或問』、『語類』諸說, 亦不過彼此俱昧, 而欲互以相明, 如麞邊之鹿、鹿邊之麞, 循環無端, 而卒無所決, 如朱子之所譏也。" ○ 柳氏所論心與良知與靈覺之說如此, 而金乃欲爲之掩藏諱避, 至以用意造謗, 爲愚之罪, 豈不可笑之甚乎? 與其心勞辭費, 而無補於自欺之實病, 曷若(缺)然改轍而一出於儒門之宗旨耶?

金書曰: "尤翁曰:'心有以氣言者, 有以理言者'。今按以氣言者, 如言心有善惡。心者氣之精爽【併朱子語】之類, 是也。以理言者, 如言心本善,【程子語】心爲太極【朱子語。見『啓蒙』。】之類, 是也。『大學』之明德、『孟子』之本心, 卽天理至善之主宰, 朱子所謂'一而不二, 爲主而不爲客, 命物而不命於物'者也。此當屬之心本善、心爲太極之類, 不當屬之心有善惡、氣之精爽之類也。華門傳受大意如此, 非都無曲折, 而便云'心卽理', 如陸、王之見也。雖然, 心之全體, 固已涵性情在其中。故明德, 雖曰'理之全部', 而裏面之衆理, 乃其實體也; 本心, 雖曰'理之綱領', 而節目之仁義, 乃其準則也。非所謂無星之秤, 無寸之尺也。是故, 君子之學, 旣當莊敬養心以立其主宰, 又當卽物窮理以理應物, 不可恃心爲理而恣行其胷臆之所發, 如所謂黃花翠竹無非眞如般若者之說也。今也不勝其爭心勝氣、黨同伐異之惡習, 看人文字, 聽人言語, 都不察意脈之所在, 一唱百和, 胡叫亂喚, 以爲聚分之機軸。夫以華西師生, 爲異端而攻之, 則朱子'心爲太極'之說、尤翁'心有以理言'之說, 實華門傳授之根柢也, 渠欲併朱子、宋子, 而斥之爲異端耶? 若曰朱、宋爲此說, 則不失爲聖賢, 華門有此言, 乃可謂異端, 則是後世炎凉之習也, 何足與議於性道之源乎? 藉曰橫渠之'淸虛一大', 終未免有過, 要其全體大用, 不失爲周、程一流人。今華西之說, 設令有一二聽瑩者, 若其明體適用之學, 闢邪距詖之功, 垂諸冊書, 嘉惠後世者, 固炳如日星, 而不可誣, 則'采葑采菲, 無以下體', 而有此云云也。況平心細究, 本無可疑, 而彼之訾謗者, 直如矮人觀場、郢書燕說之類乎? 況今邦域內潰, 洋鬼外蝕, 正是'將恐將懼, 惟予與汝'之秋, 而喙喙爭鳴, 欲爲仇敵, 以待卞莊子之來。噫! 其亦不仁也哉, 甚於作俑者矣。"

“心爲太極”、“心有以理言”之說，曾於「柳書」見之。然其意卻與朱、宋不同，不可以不辨也。蓋統論心之大用，則性固在其中，故心得太極之名，而有“以理言心”之論矣。若以之對性，則心實屬氣，而性卻爲太極，蓋性外無理，而理無二體故也。此實二先生之意，而見於文集語錄者，不啻詳矣。若使二先生之意，亦謂“以心對性”，性固是理，而心亦屬理，不嫌於二理之相疊，而又只認得箇惺惺活體，有知覺能應物者，爲太極之理，如柳氏之見而已，則朱、宋亦誤矣。何以爲朱、宋乎？愚之前後苦心極力，費了許多辭說，送了許多文字，只是欲辨明二先生之意不如此也。蓋爲其彌相似而彌不同也，然亦只就柳說而云爾。乃若華西，則未嘗有一語侵斥，此非惟未見其名理之說而已。事體道理，亦不當如此也。非特不當如此，亦有不必然者。蓋只辨得柳說之非，則其師說之同於柳者，不待另加論辨，而取舍從違之意，已可見矣，亦何苦揣度其所未見之說，而詆斥其所尊敬之人，以自陷於不誠不敬之罪乎？愚之實迹如此，而彼之急持如彼，殊可笑也。「金書」曰：“田愚「與省齋」書，直斥華西爲洋學。”【見上第一條。】夫目爲陸、王之說，猶不當捏造，況洋學二字，苟有愛敬華西之心者，其何忍以無爲有乎？愚故曰：“汙衊華西，無如金、柳二人也。”彼書曰：“‘心爲太極’、‘心有以理言’之說，朱、宋爲之，則不失爲聖賢，佗人有此言，乃可謂異端，則是後世炎涼之習，何足與言？”此說似然，而實不然。若不問指意之不同，徒以句語之相似，而便謂其無二道，則大誤矣。尊德性，子思、象山之所同，談良知，孟子、陽明之所同，而其道之不同，則有如冰炭之不相入也。程叔子言：“佛說與吾儒同處恁地多，只是本領不是，一齊差卻。”朱先生亦言：“元來此事，與禪學十分相似，所爭毫末耳。然此毫末，卻甚占地位。”【朱子語止此。】惟其如是也。故儒者之學，必欲於同中辨其異也。不然，其不爲循名忘實者幾希矣。夫小異而曰同，由不識精義者言之，孰不曰何遽有害？而從上聖賢憂患道學之心，只要辨別是非之原，剖判異同之趣，令分明而已。愚又聞，尤翁之訓曰：“釋氏認心爲性，故以心之自然發用者，皆謂之性也。”今彼旣以對性之心，亦謂之理，則亦將以心之自然發用者，皆謂之理矣。此與釋氏所見，何所別乎？朱子嘗言率夫性之自然，則是道也。今竊取此意以論之曰：“聖人以性爲理，故以性之自然流出者，皆謂之道也。”以此折衷，彼釋氏、柳氏之誤，皆可見也。若欲以心之自然發用者，皆謂之理，此須就聖人分上說乃可。然若論聖人，則非惟心可如此說，氣亦可如此說。【朱子論氣稟之說曰：“極清且純者，氣與理一，而自無物欲之蔽云云。”】形亦可如此說也。【朱子曰：“聖人其體雖是人，其實渾然一團天理。"】 故其曰"心與理一"者，亦謂其"運用造化極於神妙，而與理無間"云爾，非謂"聖人分上，心便是理，理便是心，而更無道器之分也。" 而今於始學之人，卽語之以"心是理"，則無乃使人有恃心自用之患乎？ 若又曰"不可恃心自用"，則所謂"心屬理"者，乃爲假說之空言也。 吾聞聖人之道不然，言之必可行。 故纔說"性卽理"，則便使人以是爲本，而無復有可恃不可恃之論矣。 愚竊謂與其"心屬理"而有流遁失守之累。【既曰"心屬理"，而又曰"不可恃"，則是理窮勢極，而必爲是遁辭，以自解免也。】 豈若以性爲本，而無猖狂自恣之弊也？ 今既以心爲極本之理，又不肯以性爲此心之主，則其所謂養心者，只是養得那無本之心，所謂窮理者，只是窮得那有爲之理。 既養得無本之心，以之爲主宰，窮得有爲之理，以之應事變，則雖自謂未嘗恣行其胷臆之所發，而其末流之弊，安得不與黃花翠竹無非眞如般若者之所爲，潛符默契，而不能以自別矣乎？ 假饒以心爲極則而能不爲異學之歸，則豈不誠可敬服？ 顧恐無此理也。 愚之於柳，有道義相與之樂，無嫌怒可乘之隙，何不同心戮力，以禦外至之侮，而乃有此云云也？ 第以洋鬼之禍，淺近而易知；柳說之害，精微而難辨。 易知者，雖愚夫愚婦，皆能畏而避之；難辨者，非朋友講質，不能擇而精之。 故愚於前後往復，誠有僭率之言矣。 設所言有過當者，要皆出於相愛相謀之心，實非所以相訾謷也。 以故柳之答愚書，亦言："吾輩講說，當亦心相與，常患其不十分直截。 豈復以周旋人情爲念耶？"【壬申書】 又曰："謹密之戒，不敢聞命。 蓋此所論，皆天下之公理，非一人一家之私事。 外人之識不及此而徒資脣舌者，亦何足與言？ 若以句語之時有諷切者爲嫌，則前輩於講論異同之際，有十此百此者，而未聞有以此爲嫌者，以其出於相愛之誠心故也。"【甲戌書】 此何等平正高明之見，優遊寬大之論也？ 讀之，使人歎服不已也。 大抵前日柳之所言如彼，而今者金之見怒如此，豈亦所謂識不及此而徒資脣舌者耶？ 其欲爲仇敵以待卞莊子之來者，恐在此而不在佗也。 噫！ 其亦不仁也哉。 ○「金書」所引尤翁說，出於『大全』「浩然章質疑」，而其全文曰："心者，氣之精爽。【愚按此句，果兼善惡而言，如「金書」之云乎？ 觀者，請下一轉語。】 然實該貯此理。【愚按此理之外，更別無理也。】 故有以氣言者，亦有以理言者。" 愚竊謂以氣言者，直指心之本色而言，以理言者，兼指心之所具而言。【心有以理言，如言性有以氣言，以氣言性云者，不過是兼指所乘而言，何嘗直指性之本色以爲氣乎？ 知此則知以理言心之說矣。『大全』「辨柳櫻疏」，略曰："聖賢有合理而言心者，然亦指其中所具之理而言也。 何嘗直以心爲理，如櫻之見乎？" 只此便見尤翁以理言心之本意矣。】 豈有纔說以理言心，則便掉了本色, 而直喚做理, 不嫌於以理具理, 以埋統理, 如「金書」之云乎?「金書」又以心本善者, 屬之於理。如此則所謂氣者, 更無本善之可言歟? 且以氣之精爽, 倂歸於有善有惡之科者, 恐亦未安。蓋心有善惡, 兼舉本末而言; 氣之精爽, 專指其本而言。【『語類』“氣之精英者爲神”, 此與“心者氣之精英”, 同一意致也。】氣之本, 何嘗有惡? 程子本善之云, 亦正指此而言。【梅山「與李龜巖」書曰: “主心本善者, 從程子說, 而曰‘氣之精爽者爲心’, 則本體豈有不善?” ○ 老洲曰: “性純善, 心本善, 本與純之間, 理與氣之分也。”】而金直以本善者謂之理, 得無爲認氣爲理之見乎? 且『孟子』所謂本心, 『大學』所謂明德, 皆是有知覺有運用之物。故雖是一而不二, 爲主而不爲客, 命物而不命於物者, 然語其屬則氣也。而金直以此爲理, 又豈非認氣爲理之見乎?「金書」又謂非都無曲折, 而便云“心卽理”, 如陸、王之見, 恐尤說得絮了, 如象山、陽明, 亦何嘗自謂以有善惡者爲心乎? 只爲以心爲理爲極, 而不復以性爲心之所主, 故終歸於異學矣。老洲「答梅山」書一段, 有可考者, 今附見焉。【老洲曰: “鹿門於此氣一(混)[源][147]處, 先有所見。其初年, 與渼湖論明德書, 善說能字。但幾與理無別者, 是其過當處, 此爲改見之張本也。其晩年所見, 從氣上說理, 卻有模象可據。見其頭頭合曲曲通, 認爲一物, 守之甚固。然竊詳其所以說理者, 要非此理之本色, 而直是闢、闓所說神字部位也。神是氣之一原, 雖與理無間, 自有形而上下, 作爲無作爲之別, 一而非一, 二而非二, 非一非二之際, 正宜洗心愼思。豈可徒見其一, 而逞言於其間, 陷於一偏也哉? 陸九淵之以陰陽爲太極, 王守仁之以良知爲天理者, 非不善觀於氣, 而於合一之妙, 又可謂有見。然卒得罪於聖門, 此不可不卻顧而深思也。】

---

147) (混)[源]: 저본에는 ‘混’으로 되어 있으나, 『老洲集』「答洪伯應」에 의거하여 ‘源’으로 수정하였다.

「서유치정명덕설후書柳穉程明德說後」

1) 서지사항

전우가 유중교의 〈심여명덕형이상하설(心與明德形而上下說)〉을 읽고 평한 글.『간재집(艮齋集)』전편 권16에 실려 있다.(한국문집총간 333)

2) 저자

전우(田愚: 1841~1922)로, 자는 자명(子明), 호는 간재(艮齋)이다,

3) 내용

이 글은 전우가 유중교의 〈심여명덕형이상하설(心與明德形而上下說)〉을 읽고 비판한 글이다. 〈심여명덕형이상하설〉은『성재집(省齋集)』권33「강설잡고(講說雜稿)」에 실려있다. 여기서 유중교는 오희상의 만년 저술인 〈잡지(雜識)〉에서 '인, 명덕, 성선' 등을 '바뀌지 않는 형이상의 도리'로 규정하고, "장황하게 기(氣)를 주장하는 자들은 비록 이론이 고묘(高妙)해도 성학(聖學)에 보탬이 될 것이 없다"고 말한 구절을 읽고 "가슴이 시원했다"고 하였다. 그리고 이어서 오희상의 문인인 서준순(徐峻淳)이 오희상의 명덕설(明德說)은 전후의 차이가 있는데, 전설로 보면 명덕은 바로 형이하의 그릇이고, 후설로 보면 형이상의 도라고 말했고,『중용』은 리를 설명한 것이고『대학』은 기를 설명한 것이라고 말한 것을 소개했다. 이에 대해 전우는 오희상이 명덕설은 문제될 것이 없고 완미할 만하지만, 오희상이 명덕을 형이상의 도로 여긴 부분이 만년의 정설이라고 본 유중교의 주장은 오히려 맹자나 주자가 때에 따라서 나누어 보고 합해 보기도 하는 부분을 간과한 것이라고 비판하였다. 전우에 의하면, 의리가 마음을 기쁘게 하는 것을 말할 때는 인(仁)과 인심, 리와 기가 각기 두 가지 물건이 되지만, 형이상과 형이하는 두 가지 물건이라고 말할 수 없다. 따라서 같은 개념이라도 관점에 따라 달리 볼 수 있는 경우를 따지지 않고 오희상의 명덕설을 초년과 만년으로 나누어 한 쪽을 정론으로 삼은 것은 오류이다. 뿐만 아니라『대학』이 기의 측면을 논했다는 주장도 오류 중의 오류이다. 전우에 의하면

리는 정의와 지각이 없지만 명덕은 정의와 지각이 있고, 리는 운용조작이 없지만 명덕은 운용조작이 있으며, 명덕은 능히 리를 갖출 수 있지만 리는 리를 갖출 수 없는 것이다. 그런데 만약 명덕을 리라고 한다면, 리와 명덕의 명실(名實)이 모두 교란되고 학문의 본말이 전도된다는 것이다. 그는 유중교처럼 명덕이 리라는 것을 설명하기 위해 말을 많이 하면 할수록 도는 더욱 어두워지고 마음을 쓸수록 뜻은 더욱 맞지 않게 된다고 비판하였다.

2-1-10 「書柳穉程明德說後」(『艮齋集』前編 卷16)

吳老洲先生, 晚年「雜識」之篇有曰: "聖賢垂世立言, 不過發揮此道, 欲使人人知此
而行此而已. 所謂此道, 何也? 如孔門之仁、孟子之性善、曾傳之明德、子思之性
道是已. 此只是無妄不易形而上底道理也. 雖窮深硏微, 不過闡明此箇皆有實著
落處. 彼談道而必主氣張皇者, 雖極高妙, 畢竟所補者, 何事耶?" 讀之, 使人骭胸
灑然, 全不似以上諸說. 不知向後淵源之所漸, 何故都無一人表章此言, 以廣其
傳? 此其所以然, 夫豈無其說哉? 常願得與當世諸君子, 一番聚合, 開心見誠, 互
相資正, 以共求義理至當之歸, 而迄玆未有會也. 老洲門人徐處士峻淳, 以書抵老
洲弟通川公曰: "先生明德說, 有前後之異. 以前說觀之, 明德乃形而下之器; 以後
說觀之, 明德是形而上之道云云." 前說指「答朴命璧」書, 書見本集; 後說卽「雜識」
此段也. 據此則「雜識」此段, 乃晚年改正之論, 徐公審知如此, 而猶固守主氣之論,
嘗著一篇文寄來云: "『中庸』一部, 只是理而已; 『大學』一部, 是氣而已. 蓋以『中
庸』首言性、『大學』首言明德故云爾."

晦翁雅言心猶陰陽, 尤翁力主心屬氣之論, 而以其含具此性也, 故又有心爲太
極, 心以理言之說焉. 今有人纔見此語, 以爲"讀之, 骭胸灑然, 不知向後淵源
之所漸, 何故都無一人表章此言, 以廣其傳"云爾, 則豈非笑話? 吾於柳穉程所
論老洲明德形上之說, 亦云爾. 昔孔子嘗譏管氏爲得儉不知禮, 而佗日更有
如其仁之褒, 孟子於伯夷, 嘗稱爲聖人, 而異時復有隘不由之評焉. 後之尙伯
術者, 於許其仁; 學鄉原者, 於譏其隘, 以爲此乃晚年定論, 而佗皆歸之舊說,
則吾未知二夫子之意果如此否乎? 孟子於心仁, 朱子於理氣, 皆有分合之言,
如言理義悅心, 仁人心及理氣決是二物, 形而上下, 不可以二物言者, 是也.
今使象山單主仁人心, 而廢理義悅心, 使整菴獨據形而上下不可以二物言, 而
棄理氣決是二物, 則豈得爲平正周徧之見哉? 老洲明德神理之說, 俱無所礙,
翫之儘有餘味. 徐公於此, 遽謂之有前後兩說者, 可謂察之太粗, 而言之太輕
矣. 蓋明德雖是極好底物事, 終非無爲之理, 故直指當體而言, 則不可謂之形
而上之理也. 然那箇又有具理妙理之能, 故幷擧其所具所妙而言, 則亦有時

謂之形而上之理, 而無礙也。 此與向所拈晦、尤兩先生論心之說, 同一意致, 今不察其立言之地頭, 遂以爲初、晚之異見, 固已誤矣。 況其所謂"一部『大學』, 只是氣"云者, 誤之又誤也。

老洲言所謂道者, 如"孔門之仁、孟子之性善、曾傳之明德、子思之性道是已。 此是無妄不易形而上底道理", 此大槩引四書之言, 以明聖賢發明此道, 學者主本此理之意也。 如『大學或問』論理處, 歷擧性與天道, 天命之性、仁義之心、天然自有之中之類以實之, 此亦大槩說而已。 非必以心與性道, 爲無毫髮之異也。 若有問於朱子者曰: "仁義固理也, 仁義之心, 亦卽是理歟? 然則仁義之氣仁義之人, 皆卽喚做理亦得否?" 又問於老洲曰: "明德中所具者, 固理也, 其具理者, 亦卽是理歟? 然則形色之具天性, 陰陽之具太極者, 皆卽名爲理亦得否?" 二先生於此, 必明有辨晳之辭, 決不如近世牽引附會, 以亂心性之名目, 而撅學問之本根者矣。

朱子釋盡心之心、致知之知, 大槩與明德章句同, 今直以明德爲理, 則假如言盡其理者, 知其性也。 又如言致理在格物, 物格而后理至, 果說得去否? 若必單據明德形上之說, 而謂之晚年所定, 則其明德主心,【見「雜識」三篇十板右。】此理無爲【見二篇十八板右, 見三篇三板左。】之說, 亦在「雜識」之篇者, 將何以區處乎? 且章句所謂應萬事, 豈無爲之謂乎? 然則與其偏執一段, 而盡廢佗說, 又孰若以明德爲心而渾淪說, 則心與明德皆可以理言, 而理則依舊是無爲之爲四通八暢矣乎? 柳穉程於此一義, 積費心思, 多方安排, 卒以心與明德有辨爲斷, 而以心屬氣, 以明德屬理。 然以愚觀之, 朱子所釋心知明德三處槩同, 安可一屬理二屬氣, 如彼之見乎? 然則心更無可以理言之時歟? 其亦不通甚矣。 況謂明德爲理, 則理無情意知覺, 而明德有情意知覺; 理無運用造作, 而明德有運用造作; 明德光明燦爛, 而理不能光明燦爛; 明德能具理, 而理不能具理。 理德名實, 一切交亂; 學問本末, 無不顚倒; 祇見其言愈多, 而道愈不明; 心愈勞, 而意愈不愜, 何苦爲此呑吐苟且之態, 而不從勢如破竹之論也乎?

穉程纔見明德形上之言, 便覺胷膈灑然。 余謂使彼更見「雜識」, 言『大學』之明德、孟子之盡心, 俱是心也; 又言心與明德非有二也。 德主本體而言, 心主靈覺而言, 又言以鬼神之嫌於主氣, 而謂理; 猶明德之嫌於主心, 而謂性。 均之爲過當之類, 不知又如何分初、晚, 恐未可遽以灑然自許也。 且必以有爲之明德, 目之爲理, 則又必於古今經傳子集中, 得非道弘人爲誤之證; 又必於程、朱議論中, 得作用是性爲正之證。然後其說方通, 每思之, 輒使人心下憒憒。不知稺程於此, 亦能灑然否也。

「심설정안변心說正案辨」【壬寅】

해제

1) 서지사항

전우가 유중교가 정리한 「심설정안」을 비판한 글. 『간재집(艮齋集)』전편 권3에 실려 있다.(한국문집총간 333)

2) 저자

전우(田愚: 1841~1922)로, 자는 자명(子明), 호는 간재(艮齋)이다,

3) 내용

이 글은 유중교가 자신의 스승인 이항로의 글 가운데 심설의 핵심을 뽑아 정리하고 해설한 「심설정안」을 비판한 글이다. 이항로는 "심은 인간 몸에 있는 하나의 사물[物]이다. 이 사물은 반드시 이 사물이 된 리가 있고, 반드시 이 사물이 된 직분이 있으니, 이것이 소위 심(心)의 도(道)이다. 만약 '심은 기를 지닌 사물이요, 리를 지닌 사물이 아니다'라고 한다면 다시 의심할 것이 없거니와, 만약 '또한 그 리가 있고, 그 직분도 있다'고 한다면, 소위 명덕(明德)이란 심의 리가 아니고 무엇이겠는가?"라고 하였다. 또 "심은 기(氣)이고 물이지만, 그 덕을 가리킨다면 리이다. 성현들이 말하는 심이란 대개 이것을 가리킨 것이 많다."고 하였고, "심은 리와 기를 합하여 명칭을 세운 것이다. 리 한쪽만을 가리킨다면 본심(本心)이라고 한다."라고 하였다. 이에 대해서 전우는 심의 리와 심의 덕이 성을 가리킨 것이라는 이항로와 그 후학들의 견해는 심을 기로 삼고 성을 리로 삼는 유교의 종지와 다르다고 비판하였다.

또 이항로를 옹호하면서 신명령각(神明靈覺)의 당체를 말하면 기이나 그 본체를 궁구하면 리라고 한 유중교의 견해도 심의 본체가 곧 천리라는 왕수인의 견해와 같다고 비판하였다. 성 이외에 리가 있다는 견해는 주자가 배척한 것이다. 유중교는 세간에서 명덕과 신(神)을 전적으로 기로 간주했지만 이항로는 명덕이 천명의 본체가 되고 신이 리의 묘용이 된다는 것을 추명한 점을 높게 평가했다. 이에 대해서 전우는 율곡이 천명(天命)의 성은 명덕이 갖추고 있는

바이고 솔성(率性)의 도는 명덕이 행하는 바라고 하였으니, 이들의 견해는 율곡의 정맥이 아니고 오히려 양명의 문인이 양심을 천명의 본체로 삼은 것과 같다고 보았다. 그는 이항로와 유중교가 말하는 리는 진정한 리가 아니고 사실상 기를 잘못 알고 리로 간주한 것일 뿐이라고 하였다. 신은 기의 정묘한 곳이어서 선현들이 신을 리의 묘용처로 삼은 적은 있지만 그 뜻이 신이 곧 리여서 묘용이 있다고 말한 것은 아니라고 하였다.

또 유중교가 기본적으로 심이 리와 기를 합친 것임을 인정한 경우도 있지만, "그 지각과 운용에는 모름지기 리가 위주가 될 때도 있고 기가 위주가 될 때도 있다. 소위 본심(本心)이란 리(理)가 위주가 된다는 한 쪽 경우만을 가리켜 이름을 붙인 것이다."라고 한 것은 지각운용이 심의 능한 것이지 리가 아니라는 사실을 간과한 것이라고 보았다. 전우에 의하면 맹자의 성선론은 사람으로 하여금 성을 기준으로 삼아 감히 악을 행하지 못하게 한 것이나, 왕수인의 이론은 사람들이 심을 법도로 믿게 하여 감히 제멋대로 한 것이니, 양자는 확연히 다르다. 그는 유중교의 견해가 이런 왕수인이나 왕수인을 성문으로 삼은 황종희의 견해와 다를 바가 없다고 비판하였다.

2-1-11 「心說正案辨」【壬寅】(『艮齋集』前編 卷3)

心是物也, 必有爲是物之理, 是所謂心之道也。心, 氣也, 但就此氣上面指其德, 則
曰理也。【華西。】

> 心旣曰‘物也、氣也’, 則無復可疑, 但所謂‘心之理、心之德者, 是指性’云爾, 則
> 心爲氣, 性爲理, 自是吾儒宗旨。華門諸子, 何爲復有心卽理之論也? 若曰‘性
> 外又自有心之理、心之德’, 上下數千年, 吾儒門中, 未聞有此語。

所謂明德, 非心之理而何?【同上。】

> 心之理, 當是性, 今卻將‘虛靈神明’, 所以具得性理, 而應得事務底心字以當
> 之, 何也? 華丈「答金監役」書, 論明德云: “以心當之, 則認氣爲德矣。” 據此,
> 則其認心與明德有理氣之分, 的然矣。但朱子於明德、盡心兩處, 所釋一同,
> 恐未有此理彼氣之分。如華門之見, 大可疑也。且明德云者, 據孔經, 則明是
> 弘道之人, 決非不能弘人之道; 據朱註, 則明是有覺之人心, 決非無爲之道體,
> 明是盡性之心, 決非不知檢心之性矣。華丈之言, 疑與孔、朱異, 是必有其說,
> 而恨未及奉質而祛惑也。

聖賢所言心, 蓋多指此。【同上。○此指上文理字而言。】

> 試以聖賢所言相準, 則以此洗心, 曰“洗理”; 以禮制心, 曰“制理”, 小心翼翼,
> 曰“小理”。佗如理不踰矩, 理不違仁, 理義悅理。釋氏本理之類, 頭頭不合, 曲
> 曲相戾, 而華丈之言如彼, 不知是如何?

指氣言心者, 依本分, 辨位、正名之辭也; 指理言心者, 就上面, 推明、發揮之辭也。
【柳說。】

> 此爲糢糊支離之說也。如辨位、正名, 則議政是人臣也, 就議政上面, 推明發
> 揮, 則亦可指議政, 爲人君乎? 無是理矣。若曰‘辨位、正名’, 則議政固是臣, 而
> 其所承用, 則實君命也, 則庶矣。

心者, 理氣妙合, 而自能神明者也。【華西。】

　　昔鄭窮邨, 偶誤有'理與氣合, 而生虛靈'之說, 尤菴先生斥之以釋氏之見。華丈此說, 又與尤翁懸別, 可異也。

神明靈覺, 擧其當體, 則是氣, 而究其本體, 則是理也。【柳說。】

　　陽明「與舒國用」書, 言心之本體卽天理也;「答周道通」書, 言心之本體卽是天理。今柳之指神明靈覺之本體爲理者, 不知其與陽明異同, 何如? 要之本體卽理, 歸之性分, 則無病。但柳曾與余往復, 每不肯以性當之, 是性外有理而疑於二, 如朱子之所斥矣。

世方以明德貶作氣看, 而先生則苦心闡明其爲天命之本體。【同上。】

　　此又與栗谷先生異矣。『聖學輯要』按說, 分明說, 天命之性, 明德之所具; 率性之道, 明德之所行, 而今曰"明德爲天命之本體", 此果爲栗翁正脈乎? 昔陽明門人季本, 直以良心爲天命之本體, 柳豈未見此說, 而與之暗合耶? 大抵可異也。且雖柳氏, 決不應指明德爲無知思無運用底, 而今謂之理, 此豈非認氣做理之見乎? 認氣做理, 而謂之聖學宗旨明, 吾不知其何說也。○『中庸』言天命之謂性, 『大學』言天之明命, 語似而指別。故朱子於明命, 以'光明燦爛'四字言者, 不一而足, 至於『中庸』首句, 罕見有以此四字言者, 此豈非以理言以心言之辨歟? 據此, 則恐未可槪將天命本體, 貼明德說也。

世方以神全作氣看, 而先生則苦心, 推明其爲理之妙用。【同上。】

　　氣之精英者爲神, 知覺便是神, 神亦形而下者, 氣發出光彩便是神, 神是氣之精妙處。此皆朱子之所公誦於門人知舊者, 而柳敢以世方以神全作氣看立目, 而謂其師爲不世之大功。此又決與朱子角立而自成一家者, 吁亦異矣。先賢有以神爲理之用處, 其意非謂神直是理而有妙用, 特謂其於理爲之用。此與言氣爲理用同一語致, 學者宜細辨。

天統地, 故天專言之則道也; 神統鬼, 故神專言之則理也; 心統百體, 故心專言之則人極也。【華西。】

天、神、心三者, 非直是理, 故必待專言而後, 乃得道理人極之名。若性與太極, 豈必待專言而謂之理耶?

心, 合理氣而立名者也, 單指理一邊曰"本心"也。【同上。】
　　請華門諸公, 且道本心是有覺無覺、有爲無爲。

心旣合理與氣, 則其知覺運用, 須有理爲主時, 有氣爲主時。所謂本心者, 乃單指其理爲主一邊, 而名之也。【柳說。】
　　不踰矩、不違仁之心, 豈不是理爲主? 而其知覺運用者, 心之能也。其矩與仁, 乃爲性之理也。蓋道器、眞靈上下之分, 則初無聖人、凡人之別矣。

　　余嘗看『陽明集』, 有小辨云。孟子言"理義之悅我, 心猶芻豢之悅我口", 口之於芻豢是二物, 則心之與理義, 亦非一物, 而陽明卻云"理也、義也, 皆吾之心也", "心外無理亦無義", 此豈與孟子合? 黃宗羲乃極口贊之曰: "先生恢復心體, 一齊俱了, 眞大有功於聖門, 與孟子性善之說同。"余謂孟子性善, 使人視性爲準, 而不敢爲惡。王氏心理, 使人恃心爲極, 而敢於自用, 安在其同功乎? 然則黃氏所謂聖門, 無乃指金谿而云爾歟? 今見柳氏心說, 似與王、黃不甚自別, 不知何爲其然也。

2-1-12

「외필변猥筆辨」

해제

1) 서지사항

전우가 「외필(猥筆)」을 읽고 1902년에 지은 변론문. 『간재집(艮齋集)』전편 권13에 실려 있다. (한국문집총간 333)

2) 저자

전우(田愚: 1841~1922)로, 자는 자명(子明), 호는 간재(艮齋)이다.

3) 내용

이 글은 전우가 기정진(奇正鎭, 1798~1879)이 지은 「외필(猥筆)」을 읽고 비판한 글이다. 『노사집(蘆沙集)』이 중간(重刊)되면서 기정진의 성리설이 본격적으로 성리학계에 소개되었는데, 이때 「외필(猥筆)」에 대한 논란이 있었다. 「외필(猥筆)」에 대해 먼저 반응을 보인 학파는 연재학파로서 「외필(猥筆)」이 율곡의 리기론(理氣論)을 비판한 것이라고 하여 노사학파에 『노사집(蘆沙集)』 발간을 중지할 것을 요청하였다. 하지만 노사학파는 이를 거절하면서 「외필(猥筆)」을 둘러싼 기호학계의 논쟁이 본격적으로 진행되었다. 특히 연재학파의 권봉희(權鳳熙, 1837~1902)가 전우에게 「외필(猥筆)」의 부당성을 알리면서 전우는 「외필변(猥筆辨)」을 짓게 되었다.

기정진은 기본적으로 리무위(理無爲), 기유위(氣有爲)의 입장을 가지고 있지만 리가 소이연(所以然)의 법칙으로서 기에 대한 적극적인 주재성을 갖는 것이라고 주장했다. 그는 「외필(猥筆)」에서 인용한 이이(李珥)의 "기자이, 비유사지(機自爾, 非有使之)"라는 명제가 리와 무관한 기의 자발적인 운동을 의미하는 것이라고 비판했다. 또 이이가 말한 "동(動)하고 정(靜)하는 것은 기(氣)이고, 동(動)하게 하고 정(靜)하게 하는 것은 리(理)이다"(動者靜者, 氣也, 靜之動之 理也.)라는 문장에 대해서는 "동(動)하게 하고 정(靜)하게 하는 것이 그렇게 시키는 것이 아니고 무엇이겠는가?"라고 지적하고, 사지(使之, 시킴)를 리의 주재로 해석하여 기에 대한 리의 철저한 주재 관계를 분명히 하였다. 이에 대해 전우는 "'리가 시킨다[理使]'는 것은 단지 '근본이 됨[根柢]'을 말하는 바, '기에 정의(情意)가 있음'과는 다르다."고 하고, 그렇기 때문에 송시열도 '동(動)하게 하고 정(靜)하게 한다'는 것이 어떻게 조작(造作)이 없다는 의미가 되냐는 심명중의 질문에 "그것은 자연(自然)에 불과할 따름이니, 음양과 오행의 운용과는 다르다"고 말한 것이라고 하였다. 전우는 리의 주재를 자연 또는 근원의 의미로 해석하고 사지(使之)와 같은 직접적 명령에 따른 주재의 의미로 해석하지 않았다. 따라서 리의 주재가 있지만 현실에서 운동하는 것은 오로지 기에만 한정된 것이며, 리는 기 운동의 추뉴(樞紐)와 근저(根柢)의 의미라고 본 것이다. 이러한 전우의 입장은 리는 무위하며, 기는 유위하다는 이이의 리기론의 원칙에 입각한 것이다. 그가 "도는 지극히 존귀한 실체로서 만물의 주인이 된다. 만약 그것이 내려와 '작용이 있는 것'과 등급이 같게 된다면, 도(道)와 기(器), 상(上)과 하(下)의 구분이 문란하게 된다"(夫道是至尊之實, 而爲萬物之主者, 若乃降而與有作用者同科焉, 則道器、上下之分亂.)라고 한 것은 리무위에 따른 리의 순수성과 절대성을 강조한 것이다.

2-1-12 「猥筆辨」【壬寅】(『艮齋集』前篇 卷13)

栗翁嘗言"陰陽動靜, 機自爾也, 非有使之也", 蘆沙「猥筆」深駁之。然以愚觀之, 朱子雅言"纔有作用, 便是形而下者", 動靜者, 作用也, 故曰"機自爾也"。孔子分明說"天之生物, 栽者培之, 傾者覆之", 而朱子卻言"此非有物使之然, 但物之生時, 自長將去, 恰似有物扶持佗。及其衰也, 自消磨去, 恰似箇物推倒佗, 理自如此。" 孟子分明說"天之生物, 使之一本", 而朱子卻言"自然之理, 若天使之然也。" 伊尹分明說"天之生民, 使先知覺後知", 而朱子卻言"天理當然, 若使之也。" 此何以故? 只是恐人錯認使字爲作用之意, 則害道大矣。故另下若字, 恰似字, 非有物使之然字, 以見其無作用之使也。故曰"非有使之也。" 栗翁豈無所受而妄言之哉? 且如"人能弘道," "機自爾也", "非道弘人," "非有使之也。" 蓋"人心有覺", 是"陰陽動靜之機也", "道體無爲", 是"太極自然之妙也。" 朱子於『集註』, 載張子語, 而未聞後賢以"性不知檢其心", 爲天命已息, "心能盡性", 爲天命之外又一本領, 而奮筆肆罵也。若論理爲氣主, 性爲心本, 則栗翁又嘗言"氣之所爲, 必有理爲之主宰。" 又曰"無爲而爲有爲之主者, 理也。" 又曰"孰尸其機, 嗚呼太極。" 此類不一而足矣。人苟有見於此, 雖曰"機自爾也," 而其自爾之所以然, 則依舊是理也。雖曰"非有使之," 而其不使之使, 則依舊是理也。何曾有魏延、楊儀同府乖張之變, 如「猥筆」之謂乎?

物之生, 雖曰自長自消, 而其自長自消, 究是理自如此; 陰陽之機, 雖曰自動自靜, 而其自動自靜, 亦是理當如此, 此豈難曉之理乎? 或言朱子於自長自消下, 繼以理自如此, 而栗翁無此一轉語, 所以來蘆沙之疑, 此又不然。朱子嘗言"一氣流行, 萬物自生自長, 自形自色, 豈是逐一糚點得如此?" "豈是逐一糚點得如此"卽栗翁"非有使之"之謂, 而更無"理自如此"之云, 此亦將以自行自止不關由天命, 罵之乎? 亦將以吾懼夫氣奪理位而爲萬事本領, 斥之乎?

蘆沙曰: 動者靜者, 氣也, 動之靜之者, 理也, 動之靜之, 非使之然而何? 竊謂理使云者, 只是根柢之謂, 非如氣之有情意者。故尤翁於沈明仲"使動使靜豈無造作"之問曰: "此不過曰自然而已, 不似二五之運用也。" 今蘆沙之見, 正與沈氏同, 則豈不歸於認氣爲理乎? 大抵理雖曰主宰, 而實則自在; 氣雖曰動靜, 而實本於理。此前天地後天地千古萬古不易之定理, 故栗翁既曰: "無形無爲而爲有形有爲之主者, 理也; 有形有爲而爲無形無爲之器者, 氣也。" 又曰: "有形有爲而有動有靜者, 氣也; 無形無爲而在動在靜者, 理也。" 此可謂本末兼盡, 體用無漏, 非洞見道體者, 其孰能與於此哉? 今不能如是看破, 如是體得, 卻只主主宰一義而幾於理有操縱, 不復撿束此氣, 以循乎理之本然, 則其工夫豈非有所疎漏處乎? 且如其說, 則語者默者, 口也, 語之默之者, 性也, 吾聞性爲語默之理, 而口舌從而語默, 未聞此性自會語默也。是故告子、釋氏之"知覺作用是性", 陽明之"良能, 視聽言動便是天理", 皆歸於認氣爲理, 而與吾聖人異矣。

朱子「答胡季隨」書, 有"自心自省"語, 豈不知省之之理出於性, 而其能省之者心而非性? 故立語如此, 詞理俱到, 無些子疵類, 而後人有習聞猥筆之說者, 誤以自行自止, 不由性命。兩箇本領, 各自樞紐等說, 奉疑於朱子, 則竊意蘆沙有靈, 亦應蹙頞於泉下也。

"理一而已矣, 而乘於氣則其分萬殊", 此栗翁說也。曰: "豈一之時, 初無所乘, 至萬之時, 始上著機歟?" 曰: "不然。今單言機上之太極, 則曰理一而已矣, 兼舉四時之氣而言元亨利貞, 則曰乘於氣, 而其分萬殊云耳, 豈昔日徒行, 而今日跨馬之謂乎?" 今「猥筆」乃曰: "此若太極謾無主張, 忽見馬匹當前, 趫捷而騰上者然," 此決非栗翁之本意也。又曰: "是馬爲塞翁之得, 非元來所乘, 此後勢必之東之西, 惟馬首是瞻", 此亦須消詳, 未可草草打過。蓋人皆有太極而氣稟既異, 則欲動情勝, 利害相攻之患, 往往而有。是時所謂元來乘馬之主人, 既有操縱之力, 而亦非無適莫者,【"操縱適莫", 皆「猥筆」中語。】奈何有此東西惟馬之失也? 此宜明核而勘破。不然, 則其曰"主之所向, 僕焉有不往者", 人將不之信矣, 嗚呼殆哉!

「猥筆」又曰: "理發二字, 爲今日一大禁避語, 而纔見行變化成條理者, 則曰'氣也'。問'孰主張是', 則曰'其機自爾, 非有使之者', 問'所謂理者落在何處', 則曰'乘之矣'。始既無使之然之妙, 末又非有操縱之力, 寄寓來乘, 做得甚事? 有之無所補, 無之靡所闕, 嗚呼可憐矣! 究其{厥}端由, 原於乘字失其本旨, 駸駸致得理輕氣重, 直至氣奪理位, 爲萬事本領而後已。一字之失, 其禍乃至此乎?" 愚按, 栗翁亦嘗言"執尸其機, 嗚呼太極!" 此何嘗以氣爲萬事本領乎? 又言"性發爲情", 則「猥筆」云云, 栗翁已見之昭陵也。但其以理發爲非者, 卻有曲折, 實由理氣互發而云爾。蓋從理爲根柢上說, 則氣爲理之用。故雖氣發, 亦可謂之理發。如行者雖馬, 而主者是人。故統而言之曰人行也。若據氣能作用上說, 則理實無情意。故雖善情, 但可謂之氣發。如乘者雖人, 而行者是馬。故辨而明之曰馬行也。若都欲以理爲主, 而至於用事處, 亦禁不下氣發字, 非其情實也。譬如臣行君令, 其所行固出於君, 然其行之, 畢竟是臣而非君, 如必以所行是君命, 指臣行爲君行, 則名不正而言不順矣。況遽指臣行二字, 爲臣奪君位而誅之, 則豈法理之所當出乎?

「猥筆」所舉"一陰一陽之謂道", "太極生兩儀"兩句, 誰曰"不然?" 但"人能弘道, 非道弘人", 獨非孔子之言乎? 恐不必執一而棄一也。竊嘗思之, 自鄉人而至於爲聖爲賢, 豈非奪天地之造化者乎? 其功夫雖存乎心, 而其本源一出於性, 然則謂之道能弘人, 亦何不可? 而聖人之言如此, 此宜深思其故。夫道是至尊之實, 而爲萬物之主者, 若乃降而與有作用者同科焉, 則道器, 上下之分亂, 而無以杜此心覬覦之萌矣。嗚呼! 聖人之指微矣哉!【以此防心, 後世猶有此心自稱大理其小理者。】抑又思之, 心之能事, 至於敬尊德性, 義扶世教, 鑄凡作聖, 竪人參天, 其有功於人, 何如哉? 雖假以形上之名, 宜若無可惜者, 而聖人之於心, 乃不肯與道齊頭幷腳, 是又何故? 釋氏不知理之爲道, 而天上天下惟我獨尊, 我是心自我也。心雖磨錬得極精細, 比之沖漠無眹之道, 畢竟微有迹。蓋靈之與眞, 原自有辨而然也。聖人不欲指心以爲道, 其謹嚴之意, 豈不以是歟? 此是吾儒第一義理, 亦第一防閑。欲以奉質於曩哲, 而旣未可得, 則亦願幷世與後來之賢者, 與之是正。

程子曰: "天地萬物之理, 無獨必有對。" 有問於朱子曰: "太極便對甚底。" 曰: "太極便與陰陽相對。" 「猥筆」第五段, 正論此義云: "把氣與理對擧, 此非聖人之言。今人纔見理字, 必覓氣來作對偶, 於是理之流行一大事, 盡被氣字帶去, 作家計, 所餘者, 只混淪也, 沖漠也。此雙本領之履霜也, 悲夫!" 愚按, 蘆沙意欲尊理, 而有此云云。然辭氣之間, 陵轢過越, 大損尊畏聖賢之體, 此豈非氣之失理處乎? 況朱子何嘗非聖人? 何嘗非一本領? 然而把陰陽太極做對, 此亦謂奪卻理之流行一大事, 以與氣字, 而爲雙本領之履霜, 而受蘆沙悲夫之歎者耶。

「猥筆」曰: "聖人的見流行發見, 變化昭著, 莫非此道之爲"云云, "此道之爲"四字, 恐合商量。朱子於『論語集註』, 旣云道體無爲。尤翁之「答人」書, 又云, "非此理其體則無情意造作, 而至於用則有情意造作也。" 二先生豈不知道之流行發見, 而其言如此耶? 此宜再入思議看也。【莫非此道之爲, 若添數字云, 莫非此道爲之根柢樞紐, 則似更詳明, 未知如何!】

2-1-12 「외필변猥筆辨」【壬寅】

율곡은 일찍이 "음양(陰陽)이 동정(動靜)하는 것은 기틀이 스스로 그러할 뿐, 그렇게 시키는 존재[使之者]가 있는 것이 아니다."라고 말씀했는데, 노사가 「외필(猥筆)」에서 이를 심하게 반박했다. 그러나 내가 보기에, 주자는 평소에 "조금이라도 작용이 있으면 이는 곧 형이하자(形而下者)이다."라고 했는데, 동정은 작용이므로 "기틀이 스스로 그러할 뿐"이라고 말한 것이다. 공자는 분명히 "하늘이 만물을 낳음에, 자라는 것은 북돋고 기울어진 것은 엎어 버린다."[148]라고 말씀했는데, 주자는 도리어 "이것은 어떤 존재가 있어서 그렇게 시키는 것이 아니다. 단지 물(物)이 생기면 스스로 자라는 것인데 마치 어떤 존재가 있어 그것을 지탱하는 것 같고, 그것이 쇠할 때가 되면 저절로 닳아서 없어지는 것인데 마치 어떤 존재가 그것을 밀어 엎어트리는 것 같으니, 이치가 스스로 이러한 것이다."라고 말했다. 맹자는 분명히 "하늘이 만물을 낳음에 그 근본을 하나이게 했다."[149]라고 말씀했는데, 주자는 도리어 "자연의 이치는 마치 하늘이 그렇게 시킨 것과 같다."[150]고 말했다. 이윤은 분명히 "하늘이 백성을 낳음에, 먼저 아는 사람으로 하여금 뒤에 알게 될 사람을 깨우치게 했다."[151]고 말씀했는데, 주자는 도리어 "천리의 당연함이 마치 그렇게 시킨 것과 같다."[152]고 말했다. 이것은 무슨 까닭인가? 다만 사람들이 '사(使)'를 '작용'의 뜻으로 오해하여, 도(道)를 크게 해치게 될까 염려했기 때문이다. 그러므로 별도로 '같다[若]', '흡사하다[恰似]', '어떤 존재가 있어서 그렇게 시키는 것이 아니다[非有物使之然]' 등의 말을 붙여, 그 '작용이 없는 부림[無作用之使]'을 알려준 것이다. 그러므로 〈율곡은〉 "그렇게 시키는 존재가 있는 것이 아니다."라고 말한 것이다. 율곡이 어찌 전수(傳受)한 바 없이 함부로 말씀했겠는가? 또 "사람이 도를 넓힐 수 있음[人能弘道]"은 "기틀이 스스로 그러할 뿐"에 해당하며, "도가 사람을 넓히는 것이 아님[非道弘人]"은 "그렇게 시키는 존재가 있는 것이 아님"[153]에 해당한다. 대개 "사람의 마음은 지각이 있음[人心有覺]"은 "음양이 동정하는 기틀"에 해당하고, "도체는 작위가 없음[道

---

148) 『中庸章句』「17章」에 보인다.

149) 『孟子』「滕文公上」에 보인다.

150) 『孟子集註』「滕文公上」에 보인다.

151) 『孟子』「萬章上」에 보인다.

152) 『孟子集註』「萬章上」에 보인다.

153) 그렇게 시키는 존재가 있는 것은 아니다 …… 그렇게 시키는 존재가 있는 것이 아님:『栗谷全書』卷10 「答成浩原 壬申」: 陰靜陽動, 機自爾也, 非有使之者也.

體無爲]"154)은 "태극의 자연한 묘용(妙用)"에 해당한다. 주자는 『논어집주(論語集註)』에 장횡거의 〈"심은 성을 다할 수 있으니 사람이 도를 넓힌다는 것이고, 성은 심을 검속할 줄 모르니 도가 사람을 넓힌다는 것이 아니다."155)라는) 말을 실었는데, 후현(後賢)들이 "성은 마음을 검속할 줄 모른다[性不知檢其心]"는 말을 "천명이 이미 끊어진 것"으로 여기고, "마음은 성을 다한다[心能盡性]"는 말을 "천명 외에 별도의 본령이 있다"고 여겨서, 분노한 필치로 방자하게 꾸짖었다는 말은 들어보지 못했다. 만약 리가 기의 주재가 되고 성이 심의 근본이 됨을 논한다면, 율곡도 일찍이 "기(氣)가 하는 일은 반드시 리가 주재하는 것이다."156)라고 말했고, 또 "작위(作爲)가 없지만 작위가 있는 것을 주재하는 것은 리이다.157)"라고 말했으며, 또 "누가 그 기틀을 주재하는가? 오호라, 태극이구나!"158)라고 말했으니, 이러한 말들은 매우 많다. 사람들이 만약 이러한 것들을 보았다면, 비록 "기틀이 스스로 그러할 뿐이다."라고 말했지만 스스로 그러한 소이연(所以然)은 여전히 리요, 또한 비록 "그렇게 시키는 존재가 있는 것은 아니다."라고 말했지만 그 시키지 않으면서 시키는 존재는 여전히 리인 것이니, 어찌 「외필」에서 말한 것처럼 위연과 양의가 같은 승상부에서 다투는 것과 같은 변고가 있겠는가?

사물의 생명은 비록 스스로 자라나고 스스로 소멸한다고 하더라도, 스스로 자라나고 스스로 소멸함도 결국엔 이치가 스스로 이와 같은 것이요, 음양의 기틀은 비록 스스로 움직이고 스스로 고요하다고 하더라도, 스스로 움직이고 스스로 고요함도 역시 이치가 마땅히 이와 같은 것이니, 이것이 어찌 깨우치기 어려운 이치인가? 혹자는 주자는 "스스로 자라나고 스스로 소멸한다."는 말 뒤에 "이치가 스스로 이와 같다."는 말을 붙였지만, 율곡은 이러한 말이 없으므로, 노사의 의심을 일으켰다고 하는데, 이 또한 그렇지 않다. 주자는 일찍이 "일기(一氣)가 유행하여, 만물이 스스로 생겨나고 자라나며, 스스로 형색을 갖춘다. 이것이 어찌 하나하나 단장하여 이렇게 되겠는가?"라고 말했는데, "이것이 어찌 하나하나 단장하여 이렇게 되겠는가?"라는 말은 곧 율곡의 "그렇게 시키는 존재가 있는 것이 아니다."라는 말과 같은 바, 〈주자도〉 여기에 "이치가 스스로 이와 같다."라는 말을 덧붙이지 않았다. 이에 대해서도 또한 "스스로 행하고 스스로 그쳐서, 천명과 관련이 없다."고 비난할 수 있겠으며, 또한 "나는 기가 리의 자리를 빼앗아 만사의 본령이 될까 두렵

---

154) 사람의 마음은 지각이 있음 …… 도체는 작위가 없음:『論語集註』「衛靈公」

155) 『論語集註』「衛靈公」: 張子曰: "心能盡性, 人能弘道也; 性不知檢其心, 非道弘人也。"

156) 『栗谷全書』卷10 「答成浩原 壬申」: 雖曰氣之所爲, 而必有理爲之主宰, 則其所以參差不齊者, 亦是理當如此, 非理不如此而氣獨如此也。

157) 『栗谷全書』卷10 「答成浩原 壬申」: 無形無爲而爲有形有爲之主者, 理也 ; 有形有爲而爲無形無爲之器者, 氣也。

158) 『栗谷全書』卷1 「理一分殊賦」: 敦化無窮, 川流不息, 孰尸其機, 嗚呼! 太極。

다."159)고 배척할 수 있겠는가?

노사는 "동(動)하고 정(靜)하는 것은 기이며, 동하게 하고 정하게 하는 것이 리이다. 동하게 하고 정하게 하는 것이 그렇게 시킴이 아니고 무엇인가?"160)라고 말했다. 내 생각에, '리가 시킨다[理使]'는 것은 단지 '근본이 됨[根柢]'을 말하는 바, '기에 정의(情意)가 있음'과는 다르다. 그러므로 심명중의 "동(動)하게 하고 정(靜)하게 한다는 것이 어찌 조작(造作)이 없는 것입니까?"라는 물음에 대해, 우암은 "그것은 자연(自然)에 불과할 따름이니, 음양과 오행의 운용과는 다르다."161)라고 말하였다. 지금 노사의 견해는 바로 심씨와 같은 것이니, 어찌 '기를 리로 여기는 것[認氣爲理]'으로 귀결되지 않겠는가? 대개 비록 '리가 주재한다' 말하더라도 실제로는 '〈기가〉 스스로 존재하는 것'이며, 비록 '기에 동정이 있다'고 말하더라도 실제로는 '리에 근본하는 것'이다. 이것은 이 세상에서나 저세상에서나 영원히 변하지 않는 정해진 이치이다. 그러므로 율곡은 이미 "형체도 없고 작위도 없지만 형체가 있고 작위가 있는 것의 주재자가 되는 것은 리이며, 형체도 있고 작위도 있지만 형체도 없고 작위도 없는 것의 그릇이 되는 것은 기이다."162)라고 말했고, 또 "형체도 있고 작위도 있어서 동(動)과 정(靜)이 있는 것은 기이며, 형체도 없고 작위도 없어서 동(動)과 정(靜)에 있는 것은 리이다."라고 말했다. 이는 '본과 말을 모두 다하고, 체와 용을 빠뜨림이 없다'고 말할 수 있으니, 도체(道體)를 꿰뚫어 본 사람이 아니라면 그 누가 여기에 참여할 수 있겠는가? 지금 이처럼 간파하거나 체득하지 못하고, 단지 '주재'라는 한 가지 뜻에만 매달려서 '리에 조종함이 있는 것'163)처럼 여기며, 다시는 기를 검속하여 리의 본연에 순응하도록 하지 않는다면, 그 공부를 어찌 누락됨이 없는 것이라 하겠는가? 또 그 말대로라면, 말하고 침묵하는 것은 입이며, 말하게 하고 침묵하게 하는 것은 성(性)인 것이다. 나는 "성(性)은 말하고 침묵하는 이치가 되고, 입이나 혀는 그에 따라 말하거나 침묵하는 것"이라는 말은 들었어도, "성(性)이 스스로 말하거나 침묵한다."는 말은 들어보지 못했다. 그러므로 고자나 불교의 "지각과 작용이 성(性)이다."라는 주장과 양명의 "양능(良能) 및 보고 듣고 말하고 행동하는 것이 곧 천리"라는 주장은 모두 '기를 리로

---

159) 스스로 행하고 스스로 그쳐서……만사의 본령이 될 까 두렵다. : 『蘆沙集』卷16 「猥筆」: 天命爲萬事本領, 今有自行、自止, 不關由天命者, 則天命之外, 又一本領也。兩箇本領, 各自樞紐, 則造化必無此事, 又理弱氣强, 吾懼夫氣奪理位也。

160) 『蘆沙集』卷16 「猥筆」에 보인다.

161) 『宋子大全』卷105 「答沈明仲」:性爲之主此性字, 指上文"五行之生也各一其性"之性, 其註所謂"仁義禮智信之理者", 卽是也。且所謂理之主宰使動使靜者, 亦不過曰自然而已, 不如陰陽五行之運用造作也。

162) 형체도 있고 작위도 있어서 …… 동(動)과 정(靜)이 있는 것은 리이다. : 『栗谷全書』卷12 「答安應休 天瑞」에 보인다.

163) 『蘆沙集』卷16 「猥筆」: 初旣無使之然之妙, 末又非有操縱之力, 寄寓來乘, 做得甚事?

어기는 짓[認氣爲理]'으로서 우리 성인(聖人)의 가르침과는 다른 것이다.

주자가 호계수에게 답한 서신에서는 "자심자성(自心自省)"[164]이라는 말이 있는데, 어찌 성찰하는 이치는 성(性)으로부터 나오고, 능히 성찰하는 것은 심이고 성이 아님을 알지 못했겠는가? 그러므로 이처럼 말씀한 것인 바, 말과 이치가 모두 지극하여 작은 하자도 없는 것이다. 그런데 후세 사람들 중 「외필」의 주장을 들어서 익힌 자들이 "스스로 가고 스스로 그쳐서, 성명(性命)에 말미암지 않는다."거나 "두 개의 본령이 각자 추뉴(樞紐)가 된다."는 뜻으로 오해하여 주자에게 의문을 제기한다면, 내 생각에 노사의 혼령이 있다면 역시 황천에서 얼굴을 찡그릴 것이다.

"리는 하나일 뿐이지만, 기를 타면 만 가지로 나누어진다."[165]는 것은 율곡의 말이다. 말하기를 "어찌 하나일 때엔 애초에 '타는 일[所乘]'이 없었다가, 만 가지로 나누어지는 때에 이르러 비로소 기틀에 붙겠는가?" 답하기를, "그렇지 않다. 지금 기틀 위의 태극만을 말한다면 '리는 하나일 뿐'이라고 말하지만, 사계절의 기를 함께 거론해서 원형이정이라고 말할 때엔 '기에 타서 그 나뉨이 만 가지로 다르다'고 말할 뿐이다. 어찌 '어제는 걸어서 가다가, 오늘은 말을 타고 간다'는 말이겠는가?" 지금 「외필」에서는 "이는 태극이 게을러 주장함이 없다가, 말이 눈앞에 당도한 것을 갑자기 보고 재빨리 그 위에 올라타는 것과 같다."고 했는데, 이는 결코 율곡의 본지가 아니다. 또 "이 말은 새옹(塞翁)이 얻은 것으로서, 원래부터 타던 것이 아니다. 그 후 반드시 동쪽으로 가고 서쪽으로 가는 형세를 당해서는 오직 말의 머리를 바라 볼 뿐이다."라고 했는데, 이 또한 자세히 따져보아야 하며 간단히 보아 넘겨서는 안 된다. 대개 사람들은 모두 태극을 지니고 있지만 기품이 이미 다르니, 그리하여 욕심이 움직이고 감정이 이겨서, 이해(利害)가 서로 공박하는 우환이 종종 발생한다. 이러한 때에 이른바 '원래부터 말에 탔던 주인'이 이미 조종(操縱)하는 힘이 있고 또한 적막(適莫)이 없지 않다면【조종(操縱)과 적막(適莫)은 모두 「외필」에 있는 말이다.】 어떻게 동쪽으로 가거나 서쪽으로 가는 것이 오직 말에 달려있는 잘못이 생기겠는가? 이는 마땅히 명확히 따져 확실하게 간파해야 한다. 그렇지 않으면 사람들이 "주인이 향하는 곳으로 종이 어찌 가지 않을 수 있겠느냐?"는 말을 믿지 않을 것이다. 아, 위태롭도다!

「외필」에서 또 말하기를, "'리발(理發)' 두 글자는 지금의 학자들이 크게 금하여 피하는 말이 되었다. 단락이 있고 변화를 행하여 조리를 이루는 것을 보면 곧바로 '기'라고 말하거니와, '무엇이 이것을 주장하느냐'고 물으면 '그 기틀이 스스로 그러하여, 시키는 것이 없다'고 말하며, '이른바

---

164) 이 말은 주희가 호계수(胡季隨)의 경(敬)에 대한 질문에 답한 내용이다. 『朱子全書』卷2 「學2」
165) 『栗谷全書』卷10 「答成浩原 壬申」에 보인다.

리는 어디에 존재하는가'를 물으면, '기를 타고 있다'고 말한다. 애초에 이미 그렇게 시키는 묘(妙)가 없고, 결국엔 또 조종(操縱)하는 힘도 없으며, 다만 붙어있어 탈 뿐이라고 하면, 무슨 일을 할 수 있겠는가? 있어도 도움이 될 만한 바가 없고, 없어도 부족한 바가 없어서, 살에 붙어 있는 혹이나 천리마를 쫓아다니는 파리에 불과하니, 가련하구나! 그렇게 된 이유를 탐구해보면, '타다[乘]'라는 글자가 그 본지를 잃은 것에 근원하여, 어느새 리는 가벼워지고 기는 무거워지는 데 이르러, 곧바로 기가 리의 자리를 빼앗아 만사의 본령이 된 다음에야 그친 것이다. 한 글자가 본지를 잃음에, 그 화(禍)가 여기에 이른 것인가?"라고 했다.

내 생각에, 율곡 역시 일찍이 "누가 그 기틀을 주장하는가? 오호라, 태극이다!"라고 말했는데, 이것이 어찌 일찍이 기를 모든 일의 본령이라고 여긴 것인가? 〈율곡은〉 또한 "성이 발한 것이 정이다.[性發爲情]"라고 말했으니, 「외필」에서 말한 것들은 율곡도 이미 훤히 알고 있는 것이었다. 다만 '리발(理發)'을 잘못이라고 여긴 것은 곡절이 있으니, 사실 리기호발설(理氣互發說)로 인해 그렇게 말한 것일 뿐이다. 대개 '리가 근본[根柢]이 됨'으로부터 말하면, 기는 리의 용(用)이므로, 비록 '기발'이라 하더라도 또한 '리발'이라고 할 수 있다. 이는 마치 가는 것은 비록 말이라 하더라도, 그 주인은 사람이므로, 통괄적으로 '사람이 간다'고 말하는 것과 같다. 만약 '기만이 작용할 수 있음'에 의거하여 말하면, 리는 사실 정의(情意)가 없으므로, 비록 선한 정(情)이라 하더라도 다만 '기발'이라고만 말할 수 있다. 이는 마치 타고 있는 것이 비록 사람이라 하더라도, 길을 가는 것은 말이므로, 구분하여 분명하게 '말이 간다'고 말하는 것이다. 만약 모두 리를 위주로 하고자 하여 용사처(用事處)에서도 '기발'이라는 글자를 붙이지 못하도록 금한다면, 이는 실정에 맞지 않는다. 비유하자면 신하가 군주의 명령을 시행함에, 시행하는 내용은 진실로 군주로부터 비롯되었지만, 그것을 시행하는 사람은 결국 신하이며 군주는 아니다. 그런데 만약 시행하는 내용이 군주의 명이라고 하여, 신하의 행동을 가리켜 군주의 행동이라고 한다면, 명칭도 바르지 않고 말도 순조롭지 않게 된다. 하물며 갑작스럽게 '신하가 시행한다'는 글자를 가리켜서 '신하가 군주의 자리를 빼앗았다'고 말하면서 주살한다면, 어찌 이치에 마땅하겠는가?

「외필」에서 "한 번 음이 되고 한 번 양이 되는 것을 도(道)라고 말한다.", "태극이 양의[陰陽]를 생한다."는 두 구절을 거론한 것은 누가 "그렇지 않다"고 하겠는가? 그러나 오직 "사람이 도를 넓힐 수 있고, 도가 사람을 넓히는 것이 아니다."라는 것은 공자의 말씀이 아닌가? 아마도 하나에 집착하여 다른 하나를 버릴 필요는 없을 것이다. 내가 일찍이 생각해보니, 향인(鄕人)으로부터 성인(聖人)이 되고 현인(賢人)이 되는 것은 어찌 천지의 조화(造化)를 빼앗은 것이 아니겠는가? 그 공부는 비록 마음에 달려있는 것이라도, 그 근원은 한결같이 성(性)에서 비롯되니, 그렇다면

'도가 사람을 넓힐 수 있다'고 말하더라도 어찌 안 되겠는가? 그런데도 성인의 말씀이 이와 같으니, 이에 대해서는 그 까닭을 깊이 생각해야만 한다. 무릇 도는 지극히 존귀한 실체로서 만물의 주인이 된다. 만약 그것이 내려와 '작용이 있는 것'과 등급이 같게 된다면, 도(道)와 기(器), 상(上)과 하(下)의 구분이 문란하게 되어, 마음이 야심을 드러내는 싹을 저지할 수 없게 된다. 오호라! 성인의 뜻이 이처럼 은미하구나! 【이를 통해 마음을 제한해야 하는데, 후세에는 오히려 이 마음을 대리(大理)라고 부르며, '대리(大理, 마음)가 소리(小理, 성)를 구비한다'고 말하는 사람이 있다.】 또 생각해보니, 마음이 할수 있는 일은 경(敬)으로 덕성(德性)을 높이고, 의(義)로 세교(世敎)를 돕고, 보통 사람을 가다듬어 성인(聖人)으로 만들며, 사람을 세워 천지에 참여하는 것까지 있으니, 사람에게 있어 그 공효가 어떠하겠는가? 비록 '형이상'이라는 명칭을 빌려주더라도 아깝지 않을 것 같다. 그런데 성인이 마음에 대해서 도(道)와 나란히 하는 것을 기꺼워하지 않았던 것은 또한 무슨 까닭인가? 석씨(釋氏)는 '리가 도가 된다'는 사실을 모르고서 '천상천하에 나만이 홀로 존귀하다'고 했는데, '나'는 마음이 스스로 '나'라고 한 것이다. 마음을 비록 정밀하게 연마하더라도 충막무짐(沖漠無朕)[166]한 도와 비교한다면 결국 조금이나마 자취가 있으니, 대개 '허령한 것[마음]'과 '참된 것[성]'은 원래부터 구별이 있어서 그런 것이다. 성인이 마음을 가리켜 도(道)라고 하지 않은 것은, 그 근엄한 뜻이 어찌 이 때문이 아니겠는가? 이는 우리 유학에서 첫 번째 의리로 삼는 것이며, 또한 첫 번째 둑[防閑]으로 삼는 것이다. 이를 옛 현자들에게 질정하고 싶지만 그렇게 할 수 없으니, 또한 현세와 후세의 현자들과 함께 바로잡을 수 있기를 바라는 바이다.

정자는 "천지만물의 리는 홀로인 것이 없고, 반드시 상대가 있다."[167]고 말하였다. 어떤 사람이 주자에게 "태극의 상대는 무엇인가?"라고 묻자, "태극은 음양과 서로 상대한다."[168]고 말하였다. 「외필」의 다섯 번째 단락에서는 바로 이러한 뜻을 논하면서 "기와 리를 짝지어 거론하는데, 이는 성인의 말씀이 아니다. 지금 사람들은 '리'라는 글자를 보면 곧바로 '기'를 찾아 짝을 지운다. 이에 리가 유행하는 하나의 큰일이 모두 기의 영향을 받게 되며, 남는 것은 겨우 혼륜(混淪)과 충막(沖漠)일 뿐이다. 이는 두 개의 본령이 있게 되는 조짐이니, 슬프다!"라고 말했다. 내 생각에, 노사는 리를 높이고자 하여 이러한 말을 한 것이다. 그러나 그 말을 함에 있어서 업신여기는 기운이 도를 지나쳐 성현을 외경하고 존귀하게 높이는 체모(體貌)에 큰 해를 끼쳤으니, 이는 어찌 '기가 리를 잃은 것'이 아니라 하겠는가? 하물며 주자가 어찌 성인이 아니겠으며, 어찌 하나의 본령이 아니라

---

166) 『朱子語類』卷95 「程子之書」에 보인다.

167) 『近思錄』卷1 「道體」에 보인다.

168) 『朱子語類』卷95 「程子之書」 : 便有對; 至於太極, 便對甚底" 曰: "太極有無極對。" 曰: "此只是一句. 如金木水火土, 卽土亦似無對, 然皆有對。太極便與陰陽相對。

했겠는가? 그런데 음양과 태극을 짝으로 삼았으니, 이 또한 리가 유행하는 하나의 큰 일을 빼앗아 기에게 부여하여 두 개의 본령이 있게 되는 조짐이라 하여, 노사의 슬픈 탄식을 받을 것인가?

「외필」에서는 "성인(聖人)이 유행하여 드러나고 변화가 밝게 나타나는 것이 모두 이 도(道)가 하는 일임을 분명히 보고서(…)"라고 말했는데, "이 도가 하는 일"이라는 말은 자세히 따져보아야 한다. 주자는 『논어집주』에서 이미 "도체는 작위가 없다."고 말했고, 우암도 어떤 사람에게 답한 서신에서 "이 리는 체(體)에는 정의(情意)와 조작(造作)이 없으나 용(用)에는 정의와 조작이 있는 것이 아니다."[169]라고 말했다. 두 선생이 어찌 도(道)의 유행과 드러남을 몰라서 이처럼 말했겠는가? 이는 마땅히 다시 생각해 보아야 한다. 【"모두 이 도(道)가 하는 일"이라는 말에 만약 몇 글자를 보태 "모두 이 도가 근저(근저根柢) 추뉴(樞紐)가 되는 것"이라고 한다면, 더욱 상세하고 분명할 것 같다. 어떠한지 모르겠다.】

栗翁嘗言"陰陽動靜, 機自爾也, 非有使之也", 蘆沙「猥筆」深駁之。然以愚觀之, 朱子雅言"纔有作用, 便是形而下者", 動靜者, 作用也, 故曰"機自爾也"。孔子分明說"天之生物, 栽者培之, 傾者覆之", 而朱子卻言"此非有物使之然, 但物之生時, 自長將去, 恰似有物扶持佗。及其衰也, 自消磨去, 恰似箇物推倒佗, 理自如此。" 孟子分明說"天之生物, 使之一本", 而朱子卻言"自然之理, 若天使之然也。" 伊尹分明說"天之生民, 使先知覺後知", 而朱子卻言"天理當然, 若使之也。" 此何以故? 只是恐人錯認使字爲作用之意, 則害道大矣。故另下若字, 恰似字, 非有物使之然字, 以見其無作用之使也。故曰"非有使之也。" 栗翁豈無所受而妄言之哉? 且如"人能弘道," "機自爾也", "非道弘人," "非有使之也。" 蓋"人心有覺", 是"陰陽動靜之機也", "道體無爲", 是"太極自然之妙也。" 朱子於『集註』, 載張子語, 而未聞後賢以"性不知檢其心", 爲天命已息, "心能盡性", 爲天命之外又一本領, 而奮筆肆罵也。若論理爲氣主, 性爲心本, 則栗翁又嘗言"氣之所爲, 必有理爲之主宰。" 又曰"無爲而爲有爲之主者, 理也。" 又曰"孰尸其機, 嗚呼太極。" 此類不一而足矣。人苟有見於此, 雖曰"機自爾也," 而其自爾之所以然, 則依舊是理也。雖曰"非有使之," 而其不使之使, 則依舊是理也。何曾有魏延、楊儀同府乖張之變, 如「猥筆」之謂乎?

物之生, 雖曰自長自消, 而其自長自消, 究是理自如此; 陰陽之機, 雖曰自動自靜, 而其自動自靜, 亦是理當如此, 此豈難曉之理乎? 或言朱子於自長自消下, 繼以理自如此, 而栗翁無此一轉語, 所以來蘆沙之疑, 此又不然。朱子嘗言"一氣流行, 萬物自生自長, 自形自色, 豈是逐一糚點得如此?"

---

169) 『宋子大全』卷104 「答金仲固 丙辰」에 보인다.

"豈是逐一糚點得如此"卽栗翁"非有使之"之謂，而更無"理自如此"之云，此亦將以自行自止不關由天命，罵之乎? 亦將以吾懼大氣奪理位而爲萬事本領，斥之乎?

蘆沙曰: 動者靜者，氣也，動之靜之者，理也，動之靜之，非使之然而何? 竊謂理使云者，只是根柢之謂，非如氣之有情意者。故尤翁於沈明仲"使動使靜豈無造作"之問曰: "此不過曰自然而已，不似二五之運用也。" 今蘆沙之見，正與沈氏同，則豈不歸於認氣爲理乎? 大抵理雖曰主宰，而實則自在; 氣雖曰動靜，而實本於理。此前天地後天地千古萬古不易之定理，故栗翁既曰: "無形無爲而爲有形有爲之主者，理也; 有形有爲而爲無形無爲之器者，氣也。" 又曰: "有形有爲而有動有靜者，氣也; 無形無爲而在動在靜者，理也。" 此可謂本末兼盡，體用無漏，非洞見道體者，其孰能與於此哉? 今不能如是看破，如是體得，卻只主主宰一義而幾於理有操縱，不復撿束此氣，以循乎理之本然，則其工夫豈非有所疎漏處乎? 且如其說，則語者默者，口也，語之默之者，性也，吾聞性爲語默之理，而口舌從而語默，未聞此性自會語默也。是故告子、釋氏之"知覺作用是性"，陽明之"良能，視聽言動便是天理"，皆歸於認氣爲理，而與吾聖人異矣。

朱子「答胡季隨」書，有"自心自省"語，豈不知省之之理出於性，而其能省之者心而非性? 故立語如此，詞理俱到，無些子疵類，而後人有習聞猥筆之說者，誤以自行自止，不由性命。兩箇本領，各自樞紐等說，奉疑於朱子，則竊意蘆沙有靈，亦應蹙頞於泉下也。

"理一而已矣，而乘於氣則其分萬殊"，此栗翁說也。曰: "豈一之時，初無所乘，至萬之時，始上著機歟?" 曰: "不然。今單言機上之太極，則曰理一而已矣，兼舉四時之氣而言元亨利貞，則曰乘於氣，而其分萬殊云耳，豈昔日徒行，而今日跨馬之謂乎?" 今「猥筆」乃曰: "此若太極謾無主張，忽見馬匹當前，趫捷而騰上者然，" 此決非栗翁之本意也。又曰: "是馬爲塞翁之得，非元來所乘，此後勢必之東之西，惟馬首是瞻"，此亦須消詳，未可草草打過。蓋人皆有太極而氣稟既異，則欲動情勝，利害相攻之患，往往而有。是時所謂元來乘馬之主人，既有操縱之力，而亦非無適莫者，【"操縱適莫"，皆「猥筆」中語。】奈何有此東西惟馬之失也? 此宜明核而勘破。不然，則其曰"主之所向，僕焉有不往者"，人將不之信矣，嗚呼殆哉!

「猥筆」又曰: "理發二字，爲今日一大禁避語，而纔見行變化成條理者，則曰'氣也'。問孰主張是'，則曰'其機自爾，非有使之者'，問所謂理者落在何處'，則曰'乘之矣'。始既無使之然之妙，末又非有操縱之力，寄寓來乘，做得甚事? 有之無所補，無之靡所闕，嗚呼可憐矣! 究其{厥}端由，原於乘字失其本旨，駁駁致得理輕氣重，直至氣奪理位，爲萬事本領而後已。一字之失，其禍乃至此乎?" 愚按，栗翁亦嘗言"孰尸其機，嗚呼太極!" 此何嘗以氣爲萬事本領乎? 又言"性發爲情"，則「猥筆」

云云, 栗翁已見之昭陵也。但其以理發爲非者, 卻有曲折, 實由理氣互發而云爾。蓋從理爲根柢上說, 則氣爲理之用。故雖氣發, 亦可謂之理發。如行者雖馬, 而主者是人。故統而言之曰人行也。若據氣能作用上說, 則理實無情意。故雖善情, 但可謂之氣發。如乘者雖人, 而行者是馬。故辨而明之曰馬行也。若都欲以理爲主, 而至於用事處, 亦禁不下氣發字, 非其情實也。譬如臣行君令, 其所行固出於君, 然其行之, 畢竟是臣而非君, 如必以所行是君命, 指臣行爲君行, 則名不正而言不順矣。況遽指臣行二字, 爲臣奪君位而誅之, 則豈法理之所當出乎?

「猥筆」所擧"一陰一陽之謂道", "太極生兩儀"兩句, 誰曰"不然?" 但"人能弘道, 非道弘人", 獨非孔子之言乎? 恐不必執一而棄一也。竊嘗思之, 自鄉人而至於爲聖爲賢, 豈非奪天地之造化者乎? 其功夫雖存乎心, 而其本源一出於性, 然則謂之道能弘人, 亦何不可? 而聖人之言如此, 此宜深思其故。夫道是至尊之實, 而爲萬物之主者, 若乃降而與有作用者同科焉, 則道器, 上下之分亂, 而無以杜此心覦覬之萌矣。嗚呼! 聖人之指微矣哉!【以此防心, 後世猶有此心自稱大理具小理者。】抑又思之, 心之能事, 至於敬尊德性, 義扶世敎, 鑄凡作聖, 豎人參天, 其有功於人, 何如哉? 雖假以形上之名, 宜若無可惜者, 而聖人之於心, 乃不肯與道齊頭幷腳, 是又何故? 釋氏不知理之爲道, 而天上天下惟我獨尊, 我是心自我也。心雖磨鍊得極精細, 比之沖漠無眹之道, 畢竟微有迹。蓋靈之與眞, 原自有辨而然也。聖人不欲指心以爲道, 其謹嚴之意, 豈不以是歟? 此是吾儒第一義理, 亦第一防閑。欲以奉質於曩哲, 而旣未可得, 則亦願幷世與後來之賢者, 與之是正。

程子曰: "天地萬物之理, 無獨必有對。" 有問於朱子曰: "太極便對甚底。" 曰: "太極便與陰陽相對。"「猥筆」第五段, 正論此義云: "把氣與理對擧, 此非聖人之言。今人纔見理字, 必覓氣來作對偶, 於是理之流行一大事, 盡被氣字帶去, 作家計, 所餘者, 只混淪也, 沖漠也。此雙本領之履霜也, 悲夫!" 愚按, 蘆沙意欲尊理, 而有此云云。然辭氣之間, 陵轢過越, 大損尊畏聖賢之體, 此豈非氣之失理處乎? 況朱子何嘗非聖人? 何嘗非一本領? 然而把陰陽太極做對, 此亦謂奪卻理之流行一大事, 以與氣字, 而爲雙本領之履霜, 而受蘆沙悲夫之歎者耶。

「猥筆」曰: "聖人的見流行發見, 變化昭著, 莫非此道之爲"云云, "此道之爲"四字, 恐合商量。朱子於『論語集註』, 旣云道體無爲。尤翁之「答人」書, 又云, "非此理其體則無情意造作, 而至於用則有情意造作也。" 二先生豈不知道之流行發見, 而其言如此耶? 此宜再入思議看也。【莫非此道之爲, 若添數字云, 莫非此道爲之根柢樞紐, 則似更詳明, 未知如何!】

「노사설기의蘆沙說記疑」【壬寅】

해제

1) 서지사항

전우가 기정진의 명덕설(明德說)에 대해 의문나는 점을 짧게 기록한 글.『간재집(艮齋集)』전편 권14에 실려 있다.(한국문집총간 333)

2) 저자

전우(田愚: 1841~1922)로, 자는 자명(子明), 호는 간재(艮齋)이다.

3) 내용

이글은 전우가 기정진(奇正鎭, 1798~1879)의 성리설 가운데 명덕설에 대해 의문스러운 점을 기록한 글이다. 기정진은 명덕을 단적으로 리(理) 혹은 기(氣)라고 하지 않았지만, 당시 낙론계 에서 명덕을 주기(主氣)적으로 해석하는 것에 대해 비판하였다. 그래서 기정진은 당시 낙론계 명덕설에 대해 '기를 밝히는 학'[明氣之學]이라고 표현하였다. 이에 대해 전우는 명덕은 허령 신명(虛靈神明)하며, 기의 정묘처(精妙處)이지만 곧바로 리는 아니며 리가 아니기 때문에 기 에 배속시킬 수밖에 없다고 말하였다. 또한 기정진이 명기지학(明氣之學)이라 하거나 신령함 이 리라 하거나 이치를 갖춘 것이 리라고 하거나 일에 대응하는 것이 리라고 하는 주장은 모두 주자의 본지와 다르다고 비판했다.

2-1-13 「蘆沙說記疑」【壬寅】(『艮齋集』前偏 卷14)

『蘆沙集』, 有斥"明德單氣"之說。夫明德謂之單氣, 則雖極言虛靈之氣, 亦不免於
禪家之但以虛靈不昧爲性, 而無具衆理以下之事者, 其見斥宜矣。但觀其所以斥
之之說, 則乃曰: "氣是噓吸榮衛也。精爽字, 方是心字境界。然此亦皮殼說, 須合
性情, 方是心字本旨。然猶不可遽言明德, 須是本心, 方是明德。回顧單氣字, 經
幾重關, 方到明德。繼以來麰論氣, 麴蘗論精爽, 酒論合性情之心, 甘露論明德, 而
曰: '今云甘露來麰也,' 則不成說。明德是氣, 何以異此"。此見於「答朴瑩壽」書矣。
吾未知朴氏所謂單氣, 果指人身上鼻息及血氣歟, 則全不成說, 未足與之辨詰也。
若懲此而遂指明德爲理, 則又恐近於矯枉過直, 而同歸於枉矣。蓋明德是虛靈神
明, 以該得道體, 敷施義用之心。所謂虛靈神明, 是氣之精妙處, 而非直是理。何
者? 理不可以神靈言也。該得道體, 是心而非理。何者? 無理能具理之理也。敷施
義用, 是心而非理。何者? 無理能行理之理也。然則明德不可直謂之理也。夫不
可直謂之理, 則不得不屬之氣分。所謂氣者, 有幾多精麤之分, 今纔見人說明德是
氣, 便以呼吸榮衛當之, 而斥之曰"明氣之學," 得無爲不盡人言之過歟! 如曰"神
靈是理", 則程、朱之闢釋氏認心爲性, 何也; 如曰"具理是理", 則朱子之「答南軒」
有性外有理而疑於二之駁, 何也; 如曰"應事是理", 則朱子之言"纔有作用, 便是形
而下者" 何也? 夫論理而不本於洛閩, 則將何所取正, 亦何以取信耶? 且以本心言
之, 則所謂本心, 果是無情意、無計度, 而但爲其氣之所以然而已乎? 恐決不然也。
今以本心直認做理, 則所謂理者, 將爲有覺有爲底物事, 此與朱子定論,【見『論語』「人
能弘道章」集註。】不啻相南北矣。竊見蘆沙固聰明警捷, 而非後人所能及, 然使世間
士流, 棄朱子定論, 而從蘆沙新說, 則恐不能矣。且其所論東人大病, 亦有不然者,
今學者身上有本明底, 卻被氣欲所昏而欲明之, 則豈有全然不識得本明今昏底是
甚物事, 而可以用得祛昏復明底功夫來。如人欲明燈火者, 若不識火是炷頭一點
光明底, 只認得脂膏爲火, 而不曾挑起這炷子, 只去吹噓了這脂膏, 如何明得火。
蓋理是無兆眹、 無精采底, 那緣有箇光明燦爛之象, 亦何緣有箇昏昧黭闇之弊。
朱子論明明德, 每書提撕省察, 醒覺刮磨。今有人, 直就性理上, 用提省醒磨的工

大, 如何得相當, 吾恐其徒勞而無得也。聖人本天之說, 亦合理會到底, 未可只說過便休。竊見程、朱二先生, 每以本天本心, 分別得儒、釋之學, 而以心天相對說, 則心之非理可見。昔年愚以此詰柳穉程, 則始雖多般周遮, 及其詰到極處, 乃曰: "釋氏本於心而止, 吾儒又必本於理"。愚請再道此言而曰: "今公分明如此說, 更勿變動。" 不知渠後來欲調補其師心說, 或因此而回見歟。蓋本天云者, 謂凡心之思慮運用, 一以性命自然無爲之理爲主耳。未嘗謂其認得有知覺、有情意之心, 以爲百行萬善極本之地, 而無以復加也。如此則彼之本心, 吾儒何苦闢之不遺餘力也。若曰: "彼以明德本心道心之屬爲主, 則程、朱何必非之。" 此又有說, 此心原來是氣分上物事, 故本心者爲異學, 惟其如是也, 故必合理說, 然後乃有明德本心道心之名。如氣固是氣也, 若合理說, 則亦有德氣道氣浩氣之名耳。且程、朱豈不知有本心道心, 而卻以本天本心, 判別儒釋之界至, 正以心本非理, 故以之對天也。此等訓辭, 後學正要細心體會, 明眼辨認。如此始知二先生憂慮深切, 剖析精當之至意矣。蘆沙又言: "聖人本天, 東方說氣太張王, 幾乎代天造命, 可憂可憂!" 愚亦竊有一言, 以爲"聖人尊性, 後儒攙得心字太高, 殆於代性做極, 可慮可慮!" 適與金君聲煜, 看『蘆沙集』, 拈筆記箚, 以備世間識者監正。

「납량사의의목納凉私議疑目」【壬寅】

해제

1) 서지사항

전우가 「납량사의(納凉私議)」을 읽고 1902년에 지은 변론문. 『간재집(艮齋集)』전편 권14에 실려 있다.(한국문집총간 333)

2) 저자

전우(田愚: 1841~1922)로, 자는 자명(子明)이고, 호는 간재(艮齋)이다.

3) 내용

이글은 전우가 기정진(奇正鎭, 1798~1879)이 지은 「납량사의(納凉私議)」을 읽고 비판한 글이다. 글의 체제는 먼저 「납량사의」에 나와 있는 글을 인용하고 전우의 비판부기한 방식으로 되어 있다.

「납량사의」는 기정진이 호락논쟁(湖洛論爭)에 대한 자신의 학문적 관점을 표현한 글로서 1843년에 초본이 작성되고 1874년에 다시 수정된 만큼, 호락논쟁이 그의 전 생애에 걸쳐 매우 중요했던 학문적 주제였음을 알 수 있게 하는 저술이다. 기정진은 「납량사의(納凉私議)」에서 리(理)와 분(分)의 상함성을 토대로 리일지리(理一之理)와 현상계 분수지리(分殊之理)를 상호 매개하여 천명과 성(性)이 유기적 연관성을 지닌 것이라 주장했다. 그리고 이를 통해 인성(人性)과 물성(物性)의 동이(同異)를 리분(理分)의 체계 속에 유기적으로 결합시켜, 동(同)과 이(異) 극단적 지양을 지향하고 동(同)과 이(異)의 관점이 모두 가능함을 통해 호론과 낙론의 극단성을 지적했다. 이에 대해 전우는 총 14개조 항목을 통해 기정진의 「납량사의(納凉私議)」에 의문을 제기하였다. 특히 「납량사의(納凉私議)」에는 전우가 계승한 낙론 뿐 아니라 호론에 대한 비판적 입장이 담겨져 있기에 전우는 「납량사의의목(納凉私議疑目)」에서 주로 낙론에 대한 비판을 반박하는 방식으로 글을 전개하였다. 전우는 기정진이 낙론의 입장을 비판하는 것은 온전함과 지우침[偏全]에 대한 서로 다른 이해 때문이라 밝혔으며, 특히 기정진이 낙론에 대해 편전지성(偏全之性)을 본연이 아니라고 비판한 것에 대해 대응을 했다. 전우는 분(分)은 일신 가운데 귀, 눈, 손, 발과 같이 하나의 완전함을 의미하는 것이고, 따라서 일(一) 가운데 본래 있는 리(理)라고 주장했다. 반면 편(偏)은 한 귀만 들리고 반신(半身)이 편수(偏邃)하는 것과 같이 현상계에서 기가 온전하게 드러나지 않은 것이라고 했다. 따라서 분(分)은 완전한 것을 가리키는 리(理)이며, 편(偏)은 현상계에서 빚어지는 병리(病理)현상이라는 것이었다. 전우의 「납량사의의목(納凉私議疑目)」은 그 후 노사학파의 문인들에게 알려지면서 노사의 문인들도 이에 대한 반비판서를 저술하였다. 대표적으로 정의림(鄭義林, 1845~1910)의 「변전우소저노사선생납량사의기의(辨田愚所著盧沙先生納凉私議記疑)」, 정재규(鄭載圭, 1843~1911)의 「납량사의기의변(納凉私議記疑辨)」, 「납량사의기의추록변(納凉私議記疑追錄辨)」, 최숙민(崔琡民, 1837~1905)의 「변전간재량사의辨田艮齋凉議疑」 등이 있이 있으며, 「납량사의(納凉私議)」는 기정진의 또 다른 저술인 「외필(猥筆)」과 더불어 노사학파 성리설을 둘러싼 기호학계의 대표적인 논쟁 가운데 하나였다.

分也者, 理一中細條理, 理分不容有層節, 分非理之對, 分殊二字, 乃對一者也。

　　此語驟看, 則無可疑者。但蘆沙「答奇景道」書, 論偏全云: "在天原無此分, 則
　　人物何處得來而有此偏全?" 然則此言分者細條理, 將爲異日人物所得偏本然、
　　全本然之源。愚意偏之與分, 元非一串。分如一身中耳目手足, 偏如一耳獨
　　聽, 半身偏遂也。分是一中本有之理, 偏是氣上對全之性, 恐難做一樣說也。

朱子曰: "太極者, 象數未形, 而其理已具之稱; 形器已具, 而其理無眹之目。" 夫象
數未形, 則未破之一矣, 而其理已具, 則非分之已涵乎? 形器已具, 則旣定之分矣,
而其理無眹, 則非一之自在乎?

　　未審蘆沙以其理已具, 爲人物所稟偏全之源乎? 竊意此句指意, 恐是父子君臣
　　未生之前, 慈孝禮忠之理已具; 事物微細未有之先, 事物微細之理已具云爾。
　　非謂聖人未生之前, 已有理一中分殊之全理; 賢人衆人未生之前, 已有幾分未
　　全之理; 下愚大憝未生之前, 已有十分不移、十分乖戾之理; 鳥獸枯槁未生之
　　前, 已有偏塞之理, 而各爲萬衆所得之源也。然則似與蘆沙所謂"在天原無此
　　分, 則人物何處得來而有此偏全"云者, 判然殊別矣, 可疑。下段所引"沖漠萬
　　象"亦然。

性同者, 吾不曰不然, 而以偏全之性爲非本然, 則是分外有理也, 遂主同而廢異,
則性爲有體無用之物矣。

　　洛家若指性中發出來底忠孝仁讓, 而曰此分之殊, 非本然之性也, 則分外有理,
　　而性爲無用之物矣。但謂萬衆之性, 其體本全, 而自學知以下至於翔走枯槁
　　之發見, 各隨所稟之氣, 而自爲一性, 由未達一間至一點子, 由"相近"至"絶不
　　同", 由"天縱之聖"至"下愚不移", 其品有萬不齊, 是安可皆謂本然之性乎?

天下之性, 不全則偏, 固未有不全又不偏之性也。偏全皆非本然, 則天下無一物能

性其本然之性者, 而本然之性, 永爲懸空之虛位, 則將安用彼性矣? 所貴乎正通者, 以其得本然之全也. 若與偏塞者均之, 爲非其本然, 則何正通之足貴乎? 蓋以無分爲一, 其弊必至於此, 其以各正之性, 爲落分殊犯形氣, 不足以爲一原, 與甲邊之議, 恐無異同.

問: "氣質不同, 則天命之性, 有偏全否?" 朱子曰: "非有偏全." 此洛家之所本也. 今若譏之曰"天下之性, 旣無偏又無全, 則不過爲虛位云爾", 則是得爲盡人之言者耶? 此不待多般而明矣. 所貴乎正通者, 以其得本然之全. 然則偏塞者, 其所得只是本然偏矣, 無乃與天命之性非有偏全者相盭矣乎? 若改之曰所貴乎正通者, 以其能全本然之性, 則似無可議矣.

偏全, 指善一邊. 如孔隙雖有大小, 而月光自若; 盤盂雖有方圓, 而水性無恙, 豈不是本然?

信斯言也, 蜂虎果然之仁義, 堯、舜、周、孔之仁義, 毫無殊別矣. 然則朱子何以言"仁義禮智之粹然者, 人與物異"乎?

氣質是兼善惡, 如和泥之水, 稠淸百層; 隔牕之月, 明暗多般. 以偏全爲氣質, 豈不低陷了偏全?

堯、舜、孔子之全, 固當爲本然. 至於夷、惠之偏於淸和, 顔、閔之具體而微, 游、夏之僅有一體, 則豈非由於氣質乎?【此類不可謂兼善惡也.】人猶如此, 況於微物乎? 今不欲以偏全爲氣質, 恐終可疑.

氣質之性, 君子有不性者焉; 人物偏全之性, 君子亦有不性焉者乎?

"氣質之性, 君子有不性者焉", 本橫渠先生語. 先生又嘗言: "凡物莫不有是性, 由通蔽開塞, 所以有人物之別; 由蔽有厚薄, 故有知愚之別." 今以上一(股)[段][170]爲偏全, 而屬於本然之性; 下一(股)[段][171]爲氣質 而降爲不性之科,

---

170) (股)[段]: 저본에는 '股'으로 되어 있으나, 오기로 보이며 『毅菴集』권34 「納凉私議疑目講辨」에도 '段'으로 되어 있어 '段'으로 수정하였다.

171) (股)[段]: 저본에는 '股'으로 되어 있으나, 오기로 보이며 『毅菴集』권34 「納凉私議疑目講辨」에도 '段'으로 되어 있어 '段'으로 수정하였다.

恐文義事理俱難, 如蘆沙之言矣。問: "氣質不同, 則天命之性有偏全否?" 朱子曰: "非有偏全。" 偏全之性, 豈非朱子之所不性焉者乎? 據此, 則南塘、蘆沙兩說, 似當更加商確, 恐未可認爲千聖不易之論也。

理旣云萬事本領, 氣是甚樣物事, 乃獨爾一我殊背馳去? 近世諸先生坼開理分, 大抵皆爾一我殊之論。其蔽也氣無聽命於理, 理反取裁於氣, 天命之性, 徒爲虛語耳。
理一分殊, 固是理中事。然分殊, 先賢直就氣異處說者極多。今且以隙日譬之, 隙之長短大小, 自是不同, 然却只是此日。【見『語類』。】只是此日, 理一也; 隙自不同, 分殊也。【朱子「答余方叔」, 歷擧人獸、草木、枯槁而曰: "雖其分之殊, 而其理則未嘗不同。" 此亦以理氣區屬於理一分殊, 此類甚多, 不可枚引。】此與前一義, 可竝行而不相礙也。至若天命之性, 雖十分大全, 十分至善, 無奈所賦形氣有異, 莫能遂其本然? 雖是性體而氣用, 亦是理弱而氣强, 故不能無蔽也。若以分殊專歸之理, 則理果號令乎氣, 氣果隨順於理, 而更無不治之國, 更無爲惡之人也乎? 恐難如此立語。

五常人物性同異, 畢竟惡乎定? 曰: 定於先覺之言。朱子之論此固多矣, 其見於『四子註』說者, 則手筆稱停, 非記錄易訛書疏倉卒之比。其言人物五常, 凡有三處, 曰"人物之生, 必得是理, 然後有以爲健順仁義禮智之性"者, 『大學或問』也。"人物之生, 各得所賦之理, 以爲健順五常之德"者, 『中庸章句』也。此皆不區分人物, 一例說去, 粗通文理者, 初不難辨。且得以爲性、得以爲德之云, 皆屬成性以下, 而非繼善以上事, 則朱子之意, 明以人物之性爲同五常矣。獨於『孟子』生之謂性章『集註』"以理言之, 則仁義禮智之粹然者, 豈物之所得以全哉?"【粹然者, 本作稟, 以本作而。】此爲區分人物處。【愚按: 此註亦不專於區分人物, 何以言之? 上文旣言性形而上者, 人物之生, 莫不有是性, 是性何性? 卽所謂仁義禮智之性也。是亦與『章句』、『或問』之說同矣。如以"物豈得全"爲區分人物之斷案, 則『章句』下文, 豈不曰"氣稟或異, 故不能無過不及之差"; 『或問』下文, 豈不曰"彼賤而爲物者, 梏於形氣, 而無以充其全矣"乎? 此二條又皆與『孟註』之云, 無些子異意。愚竊謂三處俱是同體異用之說也。】然而只曰"物豈得全", 不曰"物莫得與", 則此亦人物同五常之說也。云云。朱子之爲此說, 豈喜爲刱新之論, 以同人道於庶類哉? 蓋此理之外, 更無佗理。是以直以從上聖賢四破人性的字, 一萬物而貫之, 不以爲嫌也。【愚按: 以上所論,無不與洛家同。】雖然, 一而無分, 非吾所謂一也。故『庸』『學或問』, 卽言鳥獸草木之生, 僅得形氣之偏, 而不能有以通貫乎全體, 彼賤而爲物者, 梏於形氣之偏塞, 而無以充其本體之全。此言人物之性, 雖同此一理, 而理中之分限不能無也。氣所以承載此理, 故雖不離形氣而言分, 而一之未嘗無分, 於此因可見矣。合此上下文義而觀之, 其與生之謂性章『集註』, 亦非有異意也。後人各占一半, 就生軒輊, 此豈朱子之所能豫料哉? 是知物我均五常者, 理之一也; 五常有偏全者, 一中之分也。蓋自統體一極, 理分圓融而無間, 故其成性於萬物者, 又如此。是故先覺論性, 有言理同者, 有言理不同者, 非相戾也。公共以論其妙, 則挑出而言之; 眞的以指其體, 則卽氣而明之。挑出則理本一, 故理一爲主而萬殊涵於其中。【愚按: 以偏而不全者爲萬殊, 殊不可曉。】卽氣則氣已分, 故分殊爲主, 而理一存乎其間。自是話有兩般, 何曾性有多層? 諸家緣理分一體處, 未甚著眼, 說異, 則欲獨擅五常; 說同, 則乃低視偏全, "差之毫釐, 謬以千里", 豈不信哉?

　　『庸』『學或問』, 若單言微物, 而不竝擧衆人, 則猶或可如蘆沙之言矣。今其文, 明明言知愚賢否氣稟之異, 而曰"於其所謂性者, 有所昏雜而無以全其所受之正", 又曰"其所謂明德者, 已不能無蔽而失其全矣"。此與微物之不能通、無以充者, 語意一致, 類例無二。而以不能通、無以充, 歸之本然之性; 無以全、失其全, 歸之氣質之性, 則無亦有失其平之嫌乎? 如有人質於蘆沙曰"聖、凡均德性者, 理之一也; 德性有偏、全者, 一之分也", 則將應之曰然乎否乎?

曰本體而云無以充, 本體爲性分耶? 至無以充三字, 始爲性分耶? 全體而云不能通貫, 全體爲性分耶? 至不能通貫四字, 始爲性分耶? 曰本體全體, 卽性分中理一處; 無以充不能通貫者, 卽性分中分殊處也。兩項事理, 有則俱有, 今必欲二而論之謬矣。

　　無以充、不能通貫, 分明是形氣偏塞之病。今必以爲性之分殊, 使人聽瑩, 且以『大學』論之"天降生民, 莫不與性", 性分中理一處; "氣稟不齊, 不能皆全", 性分中分殊處; "虛靈具應", 德分中理一處; "拘蔽或昏", 德分中分殊處。如此說亦得否? 請觀者下一轉語。

"以理言之, 則萬物一原, 固無人物貴賤之殊", 此一節所謂"挑出以言其妙", 理一

爲主者也。"以氣言之, 則得其正且通者, 爲人; 得其偏且塞者, 爲物", 此一節所謂
"卽氣以指其實", 分殊爲主者也。

　　上一節, 言一性之中, 含具萬理。一性, 理一也; 萬理, 分殊也, 人物同此一原
也。【雖言分殊, 不害其無人物貴賤之殊, 據此可見分偏之不可以相準, 此一著最可領悟。】下一
節, 却只專言氣稟事。蓋此二十一字, 無一點一畫可指理之實處, 而蘆沙之言
如此, 可疑。

心雖氣分事 而乃所具則性也。心具性, 吾之心與聖人之心同; 心不能盡性, 吾之
心與聖人之心異。其同、其異, 皆所重在性也。南塘乃忘却其同者, 主張其異者,
以聖、凡異心爲法門, 其亦矛盾於聖人之意矣。與南塘辨者, 亦不言其所重之有
在, 區區較其光明之分數, 欲以此爲同聖凡之心, 未爲箚著痛處。

　　氣質者, 淸濁粹駁, 有萬不齊; 心者, 虛靈神妙, 有一無二。南塘乃認兩者爲無
辨之物, 今不指其光明之無優劣、分數, 只擧"心具性, 聖、凡同"者以辨之, 其
不被南塘之哂者鮮矣。況心之具性, 微物亦然, 此何足以辨南塘之疑乎?

碎紙中得鹿門任氏一段議論: "苟言異, 則非但性異, 命亦異也; 苟言同, 則非但性
同, 道亦同也。" 此言驟看外面, 殆若鹿邊者獐, 獐邊者鹿, 而其實說得道理源頭,
無有滲漏。伊川理一分殊四字, 賴此公而一脈不墜於東方歟? 恨不得其全書而攷
閱也。

　　理一分殊, 伊川何嘗以之論性? 只因「西銘」, 使人推理而知其一, 存義而立其
分而已。楊、李、朱子所論, 亦皆如此。至羅整菴, 始揭此四字, 以爲性命之妙
無出於此。其言曰: "受氣之初, 其理惟一; 成形之後, 其分則殊。" 此與蘆沙之
意遠矣。羅氏又曰: "以理一分殊論性, 則自不須立天命、氣質之兩名。" 則其
說更乖矣。又其認理氣爲一物, 而深病乎朱子理氣二物之訓, 則愈不可說矣。
我東任鹿門, 又祖述羅氏四字之旨, 而其言曰: "「乾」之健卽太極, 而健之中有
元亨利貞;「坤」之順卽太極, 而順之中有元亨利貞。元亨利貞, 卽陰陽五行也。
然「乾」之元亨利貞, 依舊是健;「坤」之元亨利貞, 依舊是順, 然則「乾」、「坤」之
於太極, 自不害其不同也。" 又作「人物性圖」, 人圈具書五常太極, 物圈只書太
極, 而不書五常。又論朱子"渾然太極, 各具於一物"之說云: "此謂卽此各一

處, 天理完全無所虧欠耳, 非謂一物各具萬理也。" 此皆看得分殊之過, 而至
於如此。又論人性之善曰: "此乃氣質之善耳。非氣質之外, 別有善底性也。"
此尤不可曉矣。使蘆沙復起見此, 不覺蹙頞而長太息也。老洲吳先生嘗有論
羅、任兩家者極多, 今擧三段, 附見于下, 使蘆門諸公看詳焉。○『老洲集』「雜
識」曰: "整菴、鹿門均爲理氣一物之論。然整菴於理一看得重, 鹿門於分殊看
得重。看理一重, 則自然理爲主; 看分殊重, 則畢竟氣爲主。以此較論得失, 整
菴殆其小疵矣乎。" 又曰: "整菴、鹿門, 皆從氣推理, 看得合一之妙者, 驟看非
不高妙, 然其究也, 皆歸於主氣。而整菴則猶有每每提掇此理之意, 鹿門直以
一氣字, 盡冒天下之理, 更不求理之所以爲理。蓋鹿門之見, 實本於整菴, 而
其主張氣字, 則殆過之耳。" 又曰: "整菴以理一分殊爲說理氣底稱子。其曰'性
以命同, 道以形異'者, 極是。'性以命同', 則未發而指理一也; '道以形異', 則已
發而指分殊也。鹿門之祖述其理一分殊, 而獨深斥此語, 何也? 終是拘於人物
之偏全, 不能疏觀性道雖有體用之異, 不害其一原之同也。"

余旣爲此, 或告余曰: "後輩之疑先進, 得不爲罪?" 余曰: "昔溫公平生不喜『孟子』,
至謂之僞書, 而公休、元城, 皆尊『孟子』。【司馬康字公休, 溫公子也, 嘗曰: "『孟子』書最善, 疾
病猶爲注解二卷。" 姚福稱"其父子至親, 而不爲苟同, 亦異乎阿其所好者矣。" 劉元城『學案』曰: "先生
所守凜然, 死生禍福不變, 蓋其生平喜讀『孟子』, 故剛大不枉之氣似之。"】朱、呂爲「知言疑義」,
而南軒與焉。然未聞後世斥公休不孝, 劉、張背師者。余于蘆沙, 非親子弟門人比,
不尤有間乎? 況其爲言, 但擧所未徹, 以爲問而已, 更無一毫輕肆意象, 縱遇褊心,
決不見怒。抑余之爲此, 正欲蘆門諸公, 看詳而平議之, 庶幾得聞解惑之言, 子毋
以流俗視諸公也。

2-1-14 『납량사의의목納凉私議疑目』【壬寅】

선역

분(分)은 리일(理一) 가운데의 세세한 조리(條理)여서, 리(理)와 분(分) 사이에는 층과 마디가 용납되지 않는다. 분(分)은 리(理)에 상대되는 것이 아니요, 분수(分殊) 두 글자가 '일(一)'에 상대되는 것이다.

이 말을 언뜻 보면 의심할 만한 것이 없다. 다만 노사의 「답기경도(答奇景道)」의 편지글에서는 '치우침[偏]과 온전함[全]'을 논하면서 "하늘에 원래 이 분(分)이 없다면 사람과 사물이 어디에서 이러한 치우침과 온전함을 얻었겠는가?"라고 말하였다. 그러므로 여기서 말하는 분(分)은 세세한 조리로서, 장차 사람과 사물이 얻은 '치우친 본연'과 '온전한 본연'의 근원이 될 것이다. 내 생각에 '치우침'과 '분(分)'은 원래 맥락이 다른 것이다. '분(分)'은 일신(一身)의 눈, 귀, 손, 발과 같고, '치우침'은 한 귀로만 듣고, 반신(半身)만 치우치게 이루어진 것과 같다. '분(分)'은 하나 가운데 본래 있는 리이고, '치우침'은 기에서 '온전함'에 상대하는 성(性)이니, 아마도 동일한 맥락의 말로 간주하기는 어려울 듯하다.

주자는 "태극이란 상수(象數)가 아직 형체로 드러나지 않았지만 리가 이미 갖추어진 것을 일컫고, 형기(形器)가 이미 갖추어져 있으나 그 리는 조짐이 없음을 가리킨다."라고 말하였다. 무릇 '상수가 아직 형체로 드러나지 않은 것'은 '아직 나누어지지 않은 하나'인데, '리는 이미 갖추어져 있다'고 했으니, 그 안에 이미 분(分)이 포함되어 있는 것 아닌가? '형기가 이미 갖추어져 있는 것'은 '이미 정해진 분(分)'인데, '그 리가 조짐이 없다'고 했으니, 그 안에 일(一)이 스스로 존재하는 것 아닌가?

알지 못하겠거니와, 노사는 '그 리가 이미 구비된 것'으로 사람과 사물이 품수한 치우침과 온전함의 근원이라 하는 것인가? 내가 생각하건대, 이 구절이 가리키는 뜻은 아마도 부자와 군신이 아직 생겨나기 이전에 자효(慈孝)와 예충(禮忠)의 리가 이미 구비되고, 사물의 미세한 것들이 있기 이전에 사물의 미세한 리가 이미 구비되었다고 말하는 것일 뿐이다. 성인(聖人)이 아직 생겨나기 이전에 이미 리일(理一) 가운데 분수(分殊)의 온전한 리가 있고, 현인(賢人)과 중인(衆人)이 아직 생겨나기 이전에 이미 어느 정도 나누어진 아직 온전하지 않은 리가 있으며, 하우(下愚)와 대대(大懟)가 아직 생겨나기 이전에 이미 전혀 변이시킬 수 없고 완전히 어긋난 리가 있으며, 조수(鳥獸)와 고목(枯槁)이 아직 생겨나기 이전에 이미 치우치고 막힌 리가 있어 각각 만 가지 사물들이 얻는 근원이 된다는 말이 아니다. 그렇다면 노사가

"하늘에 원래 이 분(分)이 없다면 사람과 사물이 어디에서 이러한 치우침과 온전함을 얻었겠는가?"라고 말하는 것과 판연하게 다르니, 의심할 만하다. 하단에서 인용한 "충막만상(沖漠萬象)"도 그러하다.

'성(性)이 같다'는 것을 내가 '그렇지 않다'고 말하는 것은 아니지만, 편전(偏全)의 성을 본연의 성이 아니라 한다면, 이것은 분(分) 밖에 리가 있는 것이니, 결국 같음을 주로 하여 다름을 폐한다면, 성이 체(體)만 있고 용(用)이 없는 사물이 된다.

낙가(洛家)가 만약 성 가운데 발출한 충, 효, 인, 양을 가리켜 "이것은 분(分)의 다름이지 본연의 성이 아니다."라고 말했다면, 분(分) 밖에 리가 있어 성은 '용(用)이 없는 사물'이 되었을 것이다. 다만 만물(萬物)의 성은 그 체가 본래 온전하지만, 배워서 아는 사람 이하부터 날짐승·길짐승이나 마른 나무의 발현에 이르기까지 각각 품수한 기에 따라 스스로 하나의 성이 되니, 한 칸을 미달한 자로부터 겨우 한 획을 아는 어린이[172]에 이르기까지, 상근(相近)으로부터 절부동(絶不同)[173]에 이르기까지, 하늘이 낸 성인으로부터 옮겨갈 수 없는 하우(下愚)에 이르기까지, 그 품류는 천차만별 가지런하지 않으니, 이를 어찌 모두 '본연의 성'이라 말할 수 있겠는가?

천하의 성은 온전한 것이 아니면 치우친 것이니, 진실로 온전하지도 않고 치우치지도 않은 성은 없다. 치우친 것과 온전한 것이 모두 본연이 아니라면, 천하에 하나의 사물도 그 본연의 성을 성으로 삼을 수 없게 되어, 본연의 성은 영원히 허공에 매달린 헛것이 될 것이니, 장차 저 성을 어디에 쓰겠는가? '바르고 통함[正通]'을 귀하게 여기는 것은 그것이 본연의 온전함을 얻었기 때문이다. 만약 '치우치고 막힌 것[偏塞]'과 마찬가지로 본연이 아니라고 한다면, 어찌 바르고 통함을 귀하게 여기기에 충분하겠는가? 대개 분(分)이 없는 것으로 일(一)을 삼으면 그 폐단이 반드시 여기에 이르고, 그 '각각의 바른 성'을 분수(分殊)에 떨어지고 형기를 범한 것이라고 하여 일원(一原)으로 삼기에 부족하다고 하면, 갑쪽의 논의와 차이가 없게 된다.

(혹자가) "기질이 같지 않다면 천명의 성은 치우침과 온전함이 있는 것인가?"라고 묻자, 주자는 "치우침과 온전함이 있지 않다."[174]고 답하였다. 이는 낙가(洛家)들이 근본으로 삼는 바이다. 이제 만일 "천하의 성은 이미 치우침이 없고 또 온전함이 없다고 하면, 헛것이 되는 것에

---

172) 『朱子語類』卷4 「性理1」: 氣相近. 如知寒煖, 識飢飽, 好生惡死, 趨利避害, 人與物都一般. 理不同, 如蜂蟻之君臣 只是他義上, 有一點子明, 虎狼之父子, 只是他仁上, 有一點子明.

173) 『朱子語類』卷4 「性理1」: 論萬物之一原, 則理同而氣異. 觀萬物之異體, 則氣猶相近, 而理絶不同.

174) 『朱子語類』卷4 「性理1」에 보인다.

불과 할 뿐이다."라고 꾸짖는다면, 이를 다른 사람의 말을 완전히 이해했다고 할 수 있겠는가? 이것은 많은 말을 하지 않아도 분명하다. 바르고 통한 것을 귀하게 여기는 것은 그 본연의 온전함을 얻었기 때문이다. 그렇다면 치우치고 막힌 것은 그 얻은 것이 단지 본연의 치우침일 것이니, "천명의 성에는 치우침과 온전함이 있지 않다."는 것과 서로 어긋나지 않는가? 만일 "바르고 통한 것을 귀하게 여기는 것은 그 본연의 성을 온전히 하였기 때문"이라고 고친다면, 의심할 만한 것이 없을 듯하다.

편전(偏全)은 선(善) 한쪽만을 가리켜 말한 것이다. 구멍에 크고 작은 차이가 있어도 들어오는 달빛은 동일하고, 그릇에 모나고 둥근 차이가 있어도 담긴 물(水)의 성질은 다름이 없는 것과 같으니, 이와 같은 것들이 어찌 본연이 아니겠는가?

이 말이 믿을 만 하다면, 벌과 호랑이가 발휘하는 인의(仁義)는 요·순·주공·공자의 인의와 조금도 다름이 없는 것이다. 그렇다면 주자는 왜 "인의예지의 순수한 것은 사람과 사물이 다르다"고 말하였겠는가?

기질(氣質)은 선악을 겸하여 말한 것이니, 흙탕물에 탁하고 맑은 것이 여러 층인 것과 같고, 창문 사이로 들어오는 달빛의 명암이 다양한 것과 같다. 편전을 기질이라고 한다면, 어찌 편전을 낮은 곳에 빠뜨린 것이 아니겠는가?

요·순·공자의 온전함은 진실로 마땅히 본연이라 할 것이다. 백이와 유하혜가 맑음과 화합함에 치우치고, 안연과 민자건이 본체를 갖추었지만 미약하고, 자유와 자하가 겨우 하나의 본체만 갖춘 것은 어찌 기질에 연유한 것이 아니겠는가? 【이러한 종류는 선악을 겸하였다고 말할 수 없다.】 사람도 오히려 이와 같거늘, 하물며 미물이야 어떻겠는가? 이제 치우침과 온전함을 기질 탓으로 여기지 않고자 한다면, 아마도 끝내 의심스러울 것이다.

'기질지성'은 군자가 성으로 여기지 않는 것이니, 사람과 사물의 '편전(偏全)'의 성'도 군자가 역시 성으로 여기지 않는 것이겠는가?

"기질의 성은 군자가 성으로 여기지 않는다."[175)는 것은 본래 횡거 선생의 말이다. 〈횡거〉 선생은 또 일찍이 "모든 사물은 이 성이 있지 않음이 없는데, 통하고 가려지고 열리고 막힌 것으로 말미암아 사람과 사물의 구별이 있게 되고, 가림에 두텁고 얇음이 있기 때문에 지(知)와 우(愚)의 구별이 있다."[176)고 말하였다. 이제 위의 한 단락을 '치우침과 온전함'으로 삼아

---

175) 『孟子集註』 「告子上」 : 形而後有氣質之性, 善反之則天地之性存焉。故氣質之性, 君子有弗性者焉。
176) 『張子全書』卷14 「性理拾遺」에 보인다.

본연의 성에 소속시키고, 아래 한 단락을 '기질'로 삼아 성으로 여기지 않는 부류로 강등시킨다면, 아마도 노사의 말처럼 문자의 의미나 사리가 모두 곤란하게 될 것이다. 〈혹자가〉 "기질이 동일하지 않으면 천명의 성에 치우침과 온전함이 있는 것인가?"라고 묻자, 주자는 "치우침과 온전함이 있지 않다."[177]고 답하였다. 편전의 성은 어찌 주자가 성으로 여기지 않은 것이 아니겠는가? 이에 근거하면 남당과 노사의 두 설은 마땅히 더 헤아려 확정해야 할 듯하다. 아마도 천고의 성인들이 바꿀 수 없는[千聖不易] 정론이라고 여길 수 없을 듯하다.

리는 이미 만사(萬事)의 본령이라 했는데, 기는 어떤 사물이기에 홀로 '너는 동일하나, 나는 다르다'고 등질 수 있겠는가? 근세의 여러 선생들은 모두 리(理)와 분(分)을 쪼개어 갈랐으니, 무릇 모두 '너는 동일하나, 나는 다르다'는 논의이다. 그 폐단은 '기는 리의 명령을 듣지 않고, 리가 거꾸로 기에게 재단되는 것'으로서, '하늘이 명한 것을 성이라고 한다[天命之謂性]'는 말이 한갓 빈말이 되는 것이다.

리일분수(理一分殊)는 진실로 리 가운데 일이다. 그러나 분수(分殊)는 선현들이 곧바로 기질의 다른 곳에 나아가 말한 것이 지극히 많다. 이제 문틈으로 비치는 빛으로 비유해보면, 문틈의 길고 짧음과 크고 작음은 원래 같지 않지만, 그러나 단지 이 빛일 뿐이다.[『주자어류』에 보인다.] '단지 이 빛일 뿐임'은 리일(理一)이고, '문틈이 본래 같지 않음'은 분수(分殊)이다.[주자의 「답여방숙(答余方叔)」 편지글에서는 사람과 짐승, 풀과 나무, 말라죽은 나무를 차례로 열거하여 "비록 그 분(分)은 다르지만 그 리는 일찍이 같지 않은 적이 없다."고 말하였다. 이것 또한 리와 기를 리일(理一)과 분수(分殊)에 구별해서 소속시킨 것으로, 이러한 종류는 매우 많아 하나하나 인용할 수 없다.] 이는 앞 단락과 같은 의미로서, 병행하여도 서로 막히지 않는다. 천명의 성 조차도 충분히 크고 온전하며, 충분히 선하다고 하더라도 품수한 형기에 다름이 있어 그 본연을 완수할 수 없지 않은가? 비록 성이 체(體)라도 기가 용(用)이며, 또한 리는 약하고 기는 강하니, 그러므로 가림이 없을 수 없는 것이다. 만일 분수(分殊)를 오로지 리에 귀속시킨다면, 리는 과연 기를 호령하고 기는 과연 리를 따라 순종해서, 다시는 다스려지지 않는 나라가 없고, 다시 죄악을 짓는 사람이 없다는 것인가? 아마도 이와 같이 말하기는 어려울 듯하다.

〈혹자가 묻기를〉, "사람과 동물의 오상(五常)의 성은 같은가, 다른가에 대해 결국 어떻게 판정해야 하는가?" 답하기를, 선각(先覺)의 말씀에 따라 판정해야 한다. 주자가 이것을 논한 것이 진실로 많지만, 『사서(四書)』의 주설(註說)에 보이는 것은 손수 써서 다듬은 것이어서, 와전되기 쉬운 기

---

177) 『朱子語類』卷4「性理1」에 보인다.

록이나 급하게 쓴 편지, 소(疏)와는 비교할 바가 아니다. 『사서(四書)』의 주설(註說)에는 '사람과 사물의 오상'에 대해 말한 것이 세 곳이 있다. "사람과 사물이 태어남에 반드시 이 리를 얻은 후에 건순(健順)과 인의예지(仁義禮智)의 성이 된다."는 것은 『대학혹문(大學或問)』에 있으며, "사람과 사물이 태어남에 각각 그 품부한 리를 얻어서 건순(健順) 오상(五常)의 덕이 된다."는 것은 『중용장구(中庸章句)』에 있는데, 이는 모두 사람과 사물을 구분하지 않고 한 가지로 설명하였으니, 조금만 문리에 통한 사람이라면 처음부터 분별하기 어렵지 않다. 또 '얻어서 성(性)이 된다'거나 '얻어서 덕(德)이 된다'는 것은 모두 성지자성(成之者性) 이하에 속하고 계지자선(繼之者善)[178] 이상의 일이 아니므로, 주자의 뜻은 사람과 사물의 본성은 이 오상을 동일하게 지닌다고 여긴 것이 분명하다. 오직 『맹자』 생지위성장(生之謂性章)의 주에서 "리로 말하면 인의예지의 순수한 것을 어찌 사물이 온전히 얻었다고 할 수 있겠는가?"['수연(粹然)'은 본래 '품(稟)'으로 썼으며, '이(以)'는 본래 '이(而)'로 썼다.]라고 하였으니, 이는 사람과 사물을 구별한 것이다. 【내가 생각하건대, 이 주석도 오로지 사람과 사물을 구분한 것이 아니다. 무슨 근거로 이렇게 말하는가? 위의 문장에서 이미 "성은 형이상자" 라고 말하였고, "인간과 사물이 태어날 적에 이 성이 있지 않음이 없다."고 했는데, 이 성은 무슨 성인가? 이른바 인의예지의 성이니, 이 또한 『장구』 및 『혹문』의 설명과 같은 것이다. 만일 '사물이 어찌 온전하게 얻었겠는가[物豈得全]'라는 구절로 사람과 사물을 구분하는 단안(斷案)으로 삼는다면, 『장구』의 아래 문장에서도 "기품이 혹 다르기 때문에 과(過)와 불급(不及)의 차이가 없을 수 없다."고 말하지 않았으며, 『혹문』의 아래 문장에서도 "저 천하여 사물이 된 것들은 형기에 질곡되어 온전함을 확충시키지 못한다."고 말하지 않았던가? 이 두 조목은 또 『맹자집주』의 말과 조금도 다른 뜻이 없다. 내가 생각하건대, 이 세 곳은 모두 '동체이용(同體異用)'의 설이다.】 그러나 단지 "사물이 어찌 온전하게 얻었겠는가?"라고만 하고, '사물은 얻지 않았다'고 말하지 않았으니, 이것 역시 '사람과 사물이 오상을 동일하게 지닌다'는 설명이다. …… 주자가 이렇게 말한 것이 어찌 새로운 말을 지어내 사람의 도를 다른 부류와 같게 만들기를 좋아해서였겠는가? 대개 이 리 이외에 다시 다른 리가 없다. 그러므로 곧바로 위의 성현을 따라 '사람의 성'이라는 글자를 넷으로 분석하고, 만물에까지 일관시킨 것도 혐의가 되지 않는 것이다.【내가 생각하건대, 이상에서 논한 것은 낙가(洛家)의 주장과 다르지 않다.】 비록 그러하나, '일(一)이면서 분(分)이 없음'은 내가 말하는 일(一)이 아니다. 그래서 『중용혹문』과 『대학혹문』에서는 곧 "조수(鳥獸)와 초목(草木)은 태어나면서 겨우 치우친 형기를 얻어, 전체를 관통할 수 없다."고 했고, "저 천하여 사물이 된 것들은 치우치고 막힌 형기에 질곡되어 온전함을 확충시키지 못한다."고 했는데, 이는 사람과 사물의 성이 비록 이 하나의 리(理)를 동일하게 지니고 있다고 하더라도, 리 가운데의 분한(分限)이 없을 수 없음을 말한 것이다. 기는 리를 싣고 있는 것이므로, 비록 형기를 떠나지 않고 분(分)을 말하더라도, 일(一)에는 일찍이 분(分)이

---

178) 『周易』 「繫辭傳上」 : 一陰一陽之謂道, 繼之者善也, 成之者性也。

없지 않음을 여기에서 알 수 있다. 상하의 글 뜻을 합해서 보면, 이 두 설명은 또한 생지위성장(生之謂性章)의 집주(集註)와 다른 뜻이 있는 것이 아니다. 후세의 독자들이 각각 〈세 곳의 설명을〉 절반씩만 가지고 올리고 내리고를 하였으니, 이 어찌 주자(朱子)가 예상할 수 있었던 일이겠는가? 이로써 '사물과 내가 모두 오상을 균등하게 지님'은 리의 일(一)이고, '오상에 편전이 있음'은 일(一) 가운데 분(分)임을 알 수 있다. 대개 본래 통체가 하나의 태극이며[統體一太極][179], 일(一)과 분(分)이 원융하여 간격이 없으므로, 만물에서 성을 이룸도 또한 이와 같다. 그러므로 선각자들이 성을 논할 때, '리가 같다'고 말한 사람도 있고, '리가 다르다'고 말한 사람도 있는데, 이는 서로 어긋난 것이 아니다. 공통적으로 그 묘(妙)를 논할 때엔 (理를) 도출해서 말하고, 진실로 정확하게 그 체(體)를 가리킬 때엔 기에 나아가서 설명한다. 도출하면 리는 본래 하나이기에 리일(理一)이 주가 되나, 만수(萬殊)가 그 가운데에 포함된다.[내가 생각하건대, 치우쳐 온전하지 않은 것을 만수로 여기는 것은 결코 이해할 수 없다.] 기에 나아가면 기가 이미 나누어진 것이므로 분수(分殊)가 주가 되나, 리일(理一)이 그 사이에 존재한다. 이로부터 서로 다른 두 설명이 있는 것인 바, 어찌 성에 여러 층이 있겠는가? 여러 학자들은 리(理)와 분(分)이 일체가 되는 곳에 깊이 착안하지 못함으로써, '다르다'고 말하면 오상을 〈사람만〉 혼자서 차지하는 것이 되고, '같다'고 말하면 편전을 낮추어 보는 것이 되니, '털끝만큼의 차이가 천리나 어긋나게 한다'는 말이 어찌 믿을 만하지 않겠는가?

『중용혹문』과 『대학혹문』에서 만약 미물(微物)만을 말하고 중인(衆人)을 아울러 거론하지 않았다면 오히려 노사의 말과 같을 수 있을 것이다. 지금 그 문장에서 분명히 지혜로운 자, 어리석은 자, 현자와 그렇지 못한 자 사이의 기품의 차이를 말하면서 "그 이른바 성이라는 것에 혼잡된 바가 있어 부여받은 바의 올바름을 온전히 할 수 없다"고 하고, 또 "그 이른바 명덕이 이미 가려지지 않을 수 없어 그 온전함을 잃었다"고 하였다. 이는 미물(微物)이 통하지 못하고 확충하지 못한다는 것과 말의 뜻이 일치하고 유례(類例)도 다르지 않다. 그런데 '통하지 못함'과 '확충하지 못함'은 본연의 성에 귀속시키고, '온전히 할 수 없음'과 '온전함을 잃음'은 기질의 성에 귀속시킨다면, 또한 그 공평함을 잃었다는 의심이 없겠는가? 만일 어떤 사람이 노사에게 "성인과 범인이 덕성을 균등하게 지닌 것이 리의 일(一)이고, 덕성에 치우침과 온전함이 있는 것은 리의 분(分)인가?"라고 질문한다면, 장차 "그렇다"고 응답할 것인가, "그렇지 않다"고 응답할 것인가?

〈그 본체의 온전함을 확충시킬 수 없다[無以充其本體之全]'는 말에서〉 '본체'를 말하면서 '확충시킬 수 없다[無以充]'고 하였는데, '본체'가 성분(性分)인 것인가? '무이충(無以充)' 세 글자에

---

179) 『近思錄』卷1「道體」: 蓋合而言之, 萬物統體一太極也; 分而言之, 一物各具一太極也。

이르러야 비로소 성분이 되는 것인가? 〈'전체에 통관할 수 없다[不能有以通貫乎全體]'는 말에서〉 '전체'를 말하면서 '통관할 수 없다[不能通貫]'고 하였는데, '전체'가 성분(性分)인 것인가? '불능통관(不能通貫)' 네 글자에 이르러야 비로소 성분이 되는 것인가? '본체'와 '전체'라고 말하면 곧 성분(性分) 가운데 리일(理一)에 해당하는 곳이요, '확충할 수 없음'과 '통관할 수 없음'은 성분(性分) 가운데 분수(分殊)에 해당하는 곳이다. 이 두 가지 일은 있으면 모두 있는 것인데, 지금 굳이 둘로 갈라서 논하려고 함은 잘못이다.

　'확충할 수 없음'과 '통관할 수 없음'은 분명히 형기가 치우치고 막힌 병폐인데, 지금 반드시 '성의 분수(分殊)'로 여기면서 사람들에게 깨달으라고 한다. 또 『대학』으로 논하자면, "하늘이 백성을 낳을 때 성을 주지 않음이 없다."는 것은 성의 분(分) 가운데 리일(理一)에 해당하고, "기품이 가지런하지 않아 모두 온전히 할 수 없다."는 것은 성의 분(分) 가운데 분수(分殊)에 해당하며, "허령하여 (리)를 갖추고 (만사에) 응한다."는 것은 덕의 분(分) 가운데 리일(理一)에 해당하고, "얽매이고 가려서 간혹 어둡다."는 것은 덕의 분(分) 가운데 분수(分殊)에 해당한다고 말하면, 또한 옳은 것인가? 청컨대 보는 자는 한 마디 해주길 바란다.

"리로 말하면 만물이 일원(一原)이어서, 진실로 사람과 사물에 귀천의 다름이 없다."는 구절은 이른바 '도출하여 그 묘(妙)를 말한 것'이니, 리일(理一)이 주가 되는 것이다. "기로 말하면 그 바르고 통한 것을 얻으면 사람이 되고, 치우치고 막힌 것을 얻으면 사물이 된다."는 구절은 이른바 '기에 나아가 그 실상을 가리킨 것'이니, 분수(分殊)가 주가 된 것이다.

　위 구절은 하나의 성 가운데 만리(萬理)가 갖추어져 있음을 말한 것인 바, '하나의 성'은 리일(理一)이고, '만리(萬理)'는 분수(分殊)이며, 사람과 사물이 이 하나의 근원을 함께하는 것이다.[비록 분수(分殊)를 말하는 것이 사람과 사물의 귀하고 천한 차이에 방해가 되는 것은 아니나, 이에 의거하면 분(分)과 치우침이 서로 준거할 수 없음을 알 수 있다. 이것이 가장 먼저 깨달아야 할 것이다.] 아래 구절은 오히려 기품(氣稟)의 일만을 말했다. 대개 이 스물 한 글자는 한 점, 한 획도 리의 진실한 곳을 가리킬 수 없는데, 노사의 말이 이와 같으니, 의심할 만하다.

마음은 비록 기분(氣分)의 일이지만, 갖추고 있는 것은 성(性)이다. 마음이 성을 갖추고 있으므로 나의 마음과 성인의 마음이 같은 것이요, 마음이 성을 다하지 못하므로 나의 마음과 성인의 마음이 다른 것이다. 그 같음과 다름은 모두 중점이 성에 있다. 남당은 그 같은 것을 망각하고 그 다른 것만을 주장하여, '성인과 범인의 마음이 다르다'는 학설을 법문(法門)으로 삼았으니, 또한 성인의 뜻과 모순된다. 남당과 변론한 사람들 또한 '그 중점이 있는 곳'은 말하지 않고, 구구하게 광명의 분수(分殊)만을 비교하면서, 이로써 '성인과 범인의 마음이 같다'고 하니, 〈남당의〉 아픈 곳을 찌르지 못한 것이다.

　　기질은 맑고 흐리고 순수하고 잡박함이 만 가지로 가지런하지 못한 것이요, 마음은 허령신묘(虛靈神妙)하며 하나밖에 없는 것인데, 남당은 이 둘을 변별할 필요가 없는 것으로 인식했다. 지금 그 밝음에 우열과 분수가 없는 것을 가리키지 않고, 단지 "마음이 성을 구비함은 성인과 범인이 같다."는 것을 들어 변론한다면, 남당의 비웃음을 사지 않을 자가 드물 것이다. 하물며 '마음이 성을 구비함'은 미물(微物)도 마찬가지이니, 이 어찌 남당의 의혹을 변파(辨破)하기에 충분하겠는가?

　찢긴 종이 가운데 녹문임씨(鹿門任氏)의 의론 한 단락을 얻었는데, "진실로 '다르다'고 한다면 성(性)만 다른 것이 아니라 명(命) 또한 다르고, 진실로 '같다'고 한다면 성(性)만 같은 것이 아니라 도(道) 또한 같다."고 하였다. 이 말은 얼핏 겉으로 보면 '사슴 옆에 있는 것은 노루, 노루 옆에 있는 것은 사슴'이라는 말처럼 두루뭉술한 것 같지만, 실제로는 도리의 원두처(源頭處)를 조금도 물샐틈없이 말한 것이다. 정이천의 '리일분수(理一分殊)' 네 글자가 임공(任公)에 의지하여 우리나라에서 한 맥이 추락하지 않은 것 같다. 그 『전서(全書)』를 얻어 참고하지 못한 것이 한스럽다.
　　리일분수(理一分殊)에 대해 이천이 어찌 일찍이 그것으로 성을 논한 적이 있었는가? 단지 「서명(西銘)」을 계기로 하여, 사람으로 하여금 리를 미루어 그 하나를 알게 하고, 의(義)를 보존하여 그 분(分)을 세우도록 하였을 따름이다. 양구산(楊龜山), 이연평(李延平), 주자가 논한 것도 모두 이와 같다. 나정암(羅整菴)에 이르러 비로소 이 네 글자를 들어 "성명(性命)의 오묘함이 여기서 벗어나지 않는다."고 말한 것이다. 그의 말에 "기를 받은 처음에는 그 리가 오직 하나이지만, 형체를 이룬 뒤에는 그 분(分)이 다르다."[180]고 하였는데, 이는 노사의 뜻과는 멀다. 나정암은 또 "리일분수(理一分殊)로 성을 논하면, 원래 천명과 기질 두 이름을 세울 필요가 없다."고 하였는데, 그 설명은 다시금 〈노사의 뜻과〉 어긋날 것이다. 또 〈나정암이〉 리와 기를 하나의 사물로 여겨 주자의 '리와 기는 두 개의 사물'이라는 가르침을 심하게 병폐로 여겼으니, 더욱 말할 것이 못된다. 우리 동방의 임녹문은 또 나정암의 네 글자의 뜻을 조술(祖述)하여, "건(乾)의 건(健)은 바로 태극인데 건(健) 가운데에는 원형이정(元亨利貞)이 있고, 곤(坤)의 순(順)은 바로 태극인데 순(順) 가운데에는 원형이정이 있다. 원형이정은 바로 음양오행이다. 그러나 건(乾)의 원형이정은 여전히 건(健)이고, 곤의 원형이정은 여전히 순(順)이다. 그렇다면 건(乾)·곤(坤)과 태극은 원래 서로 다른 것임을 알 수 있다."[181]라고 말하

---

180) 『困知記』上卷81 조목에 보인다.
181) 『鹿門集』卷19 「鹿廬雜識 理氣心性○ 己卯庚辰」에 보인다.

였다. 또 「인물성도(人物性圖)」를 만들었는데, 인권(人圈)에는 오상과 태극을 갖추어 쓰고, 물권(物圈)에는 단지 태극만을 쓰고 오상을 쓰지 않았다. 또 주자의 "혼연한 태극이 각기 하나의 사물에 구비되었다."[182]는 말을 논하면서 "이는 각각 하나의 사물이 있는 곳에도 천리가 완전하여 부족한 것이 없음 말한 것이요, 하나의 사물이 각각 만리(萬理)를 갖추었다는 말이 아니다."[183]라고 하였다. 이는 모두 분수(分殊)를 간파함이 지나쳐서 이와 같은 것에 이른 것이다. 또 인성의 선함을 논하면서 "이는 바로 기질의 선일 뿐이니, 기질의 밖에 별도로 선한 성이 있는 것이 아니다."[184]라고 하였는데, 이는 더욱 이해 할 수 없다. 만약 노사가 다시 일어나 이것을 보게 된다면, 자신도 모르는 사이에 얼굴 찡그리며 길게 탄식할 것이다. 노주 오희상 선생이 일찍이 나정암과 임녹문 두 학자를 논한 것이 지극히 많다. 이제 세 단락을 들어 아래에 덧붙여, 노사의 여러 문인들이 자세히 살필 수 있도록 하겠다. ○『노주집(老洲集)』「잡지(雜識)」에서는 "정암과 녹문은 모두 리기일물론(理氣一物論)을 주장했는데, 정암은 리일(理一)에 중점을 두었고, 녹문은 분수(分殊)에 중점을 두었다. 리일(理一)을 중요하게 보면 자연히 리가 주인이 되고, 분수(分殊)를 중요하게 보면 결국 기가 주인이 된다. 이것으로 그 득실을 비교하여 논하면, 정암이 아마도 잘못이 적을 것이다."라고 하였다. 또 "정암과 녹문은 모두 기를 좇아 리를 미루이 합일의 오묘함을 간파하려고 했거니와, 언뜻 보면 고상하고 오묘한 것 같지만, 그 궁극처는 모두 기를 주로 한 것으로 귀결된다. 그런데 정암은 오히려 언제나 리를 일깨우는 뜻이 있었지만, 녹문은 곧바로 하나의 '기(氣)' 자로 천하의 리를 완전히 덮어버리고서 다시는 리가 리가 되는 까닭을 탐구하지 않았다. 대개 녹문의 견해는 실로 정암에게 근본하였으나, '기(氣)' 자를 주장함이 너무 지나쳤다."라고 하였다. 또 "정암은 리일분수(理一分殊)로 리기를 말하는 저울을 삼았다. 정암의 '성(性)은 명(命)으로 같고, 도(道)는 형(形)으로 다르다'는 말은 지극히 옳다. '성이 명으로 같다.'는 것은 미발(未發)에 나아가 리일(理一)을 지칭한 것이며, '도는 형으로 다르다.'는 것은 이발(已發)에 나아가 분수(分殊)를 지칭한 것이다. 녹문이 정암의 리일분수(理一分殊)를 조술하면서도 유독 이 말을 배척한 것은 무엇 때문인가? 끝내 사람과 사물의 치우침과 온전함에 얽매여 '성과 도는 비록 체와 용의 다름이 있으나, 그 일원의 같음을 방해받지 않는다'는 것을 시원하게 살피지 못했기 때문이다."라고 하였다.

내가 이미 이 글을 쓰자, 혹자가 나에게 고하여 "후배가 선배를 의심하는 것이 어찌 죄가 되지

---

182) 『太極解義』: 渾然太極之全體, 無不各具於一物之中。
183) 『鹿門集』卷19 「鹿廬雜識 理氣心性○ 己卯庚辰」에 보인다.
184) 『鹿門集』卷19 「鹿廬雜識 理氣心性○ 己卯庚辰」에 보인다.

않겠는가?"라고 말하였다. 나는 "옛날 사마온공(司馬溫公)이 평생 『맹자』를 좋아하지 않고 위서 (僞書)라고까지 말했는데, 공휴(公休), 원성(元城)은 모두 『맹자』를 높였으며【사마강(司馬康)은 자가 공휴(公休)이고 온공(溫公)의 아들인데, 일찍이 "『맹자』가 가장 좋은 책이다. 나는 아픈 가운데도 오히려 주해(注解) 2권을 지었다"고 했다. 요복(姚福)은 "그 부자(父子)는 지극히 친하면서도 구차하게 같아지지 않았으니, 그 좋아하는 것에 아첨하는 것과는 다르다."라고 칭술하였다. 유원성(劉元城)의 『학안』에서는 "선생은 지킨 것이 늠름하여 사생(死 生)과 화복(禍福)에 변화되지 않았다. 대개 그가 평생 즐거이 『맹자』를 읽었으니, 그러므로 굳세고 크며 굽히지 않는 기상이 그와 비슷하였을 것이다."라고 말하였다.】 주자와 여조겸(呂祖謙)이 「지언의의(知言疑義)」를 짓는 데 장남헌(張南軒)이 함께하였다. 그러나 후세에 "공휴는 불효를 했고, 유원성과 장남헌은 스승을 배반하였다."고 배척했다는 것을 듣지 못하였다. 나와 노사의 관계는 매우 친한 자제(子弟)나 문 인(門人)과는 비교할 것이 못되니, 더욱 간격이 있지 않겠는가? 하물며 내가 말한 것은 다만 철저 하지 못한 것을 거론하여 질문을 제기한 것뿐이요, 털끝만큼도 경솔하거나 방자한 뜻이 없으니, 비록 우연히 편협한 마음의 사람을 만나더라도 결단코 노여움을 사지 않을 것이다. 게다가 내가 이 글을 쓴 것은 노사 문하의 여러 학자들이 자세히 살피고 공평하게 논의해서 의혹을 풀어줄 말을 듣기를 원하는 것이다. 그대들은 세속적인 시각에서 노사 문하의 여러 학자들을 보지 말지 어다."라고 말하였다.

分也者, 理一中細條理, 理分不容有層節, 分非理之對, 分殊二字, 乃對一者也.

　　此語驟看, 則無可疑者. 但蘆沙「答奇景道」書, 論偏全云: "在天原無此分, 則人物何處得來而 有此偏全?" 然則此言分者細條理, 將爲異日人物所得偏本然、全本然之源. 愚意偏之與分, 元非一串. 分如一身中耳目手足, 偏如一耳獨聽, 半身偏遂也. 分是一中本有之理, 偏是氣上 對全之性, 恐難做一樣說也.

朱子曰: "太極者, 象數未形, 而其理已具之稱; 形器已具, 而其理無眹之目." 夫象數未形, 則未破 之一矣, 而其理已具, 則非分之已涵乎? 形器已具, 則旣定之分矣, 而其理無眹, 則非一之自在乎? 　　未審蘆沙以其理已具, 爲人物所稟偏全之源乎? 竊意此句指意, 恐是父子君臣未生之前, 慈孝 禮忠之理已具; 事物微細未有之先, 事物微細之理已具云爾. 非謂聖人未生之前, 已有理一中 分殊之全理; 賢人衆人未生之前, 已有幾分未全之理; 下愚大慈未生之前, 已有十分不移、十 分乖戾之理; 鳥獸枯槁未生之前, 已有偏塞之理, 而各爲萬彚所得之源也. 然則似與蘆沙所謂 "在天原無此分, 則人物何處得來而有此偏全"云者, 判然殊別矣, 可疑. 下段所引"沖漠萬象" 亦然.

性同者, 吾不曰不然, 而以偏全之性爲非本然, 則是分外有理也, 遂主同而廢異, 則性爲有體無用之物矣。

　　洛家若指性中發出來底忠孝仁讓, 而曰此分之殊, 非本然之性也, 則分外有理, 而性爲無用之物矣。但謂萬衆之性, 其體本全, 而自學知以下至於翔走枯槁之發見, 各隨所稟之氣, 而自爲一性, 由未達一間至一點子, 由"相近"至"絶不同", 由"天縱之聖"至"下愚不移", 其品有萬不齊, 是安可皆謂本然之性乎?

天下之性, 不全則偏, 固未有不全又不偏之性也。偏全皆非本然, 則天下無一物能性其本然之性者, 而本然之性, 永爲懸空之虛位, 則將安用彼性矣? 所貴乎正通者, 以其得本然之全也。若與偏塞者均之, 爲非其本然, 則何正通之足貴乎? 蓋以無分爲一, 其弊必至於此, 其以各正之性, 爲落分殊犯形氣, 不足以爲一原, 與甲邊之議, 恐無異同。

　　問: "氣質不同, 則天命之性, 有偏全否?" 朱子曰: "非有偏全。" 此洛家之所本也。今若譏之曰"天下之性, 旣無偏又無全, 則不過爲虛位云爾", 則是得爲盡人之言者耶? 此不待多般而明矣。所貴乎正通者, 以其得本然之全。然則偏塞者, 其所得只是本然偏矣, 無乃與天命之性非有偏全者相盭矣乎? 若改之曰所貴乎正通者, 以其能全本然之性, 則似無可議矣。

偏全, 指善一邊。如孔隙雖有大小, 而月光自若; 盤盂雖有方圓, 而水性無恙, 豈不是本然?

　　信斯言也, 蜂虎果然之仁義, 堯、舜、周、孔之仁義, 毫無殊別矣。然則朱子何以言"仁義禮智之粹然者, 人與物異"乎?

氣質是兼善惡, 如和泥之水, 稱淸百層; 隔牕之月, 明暗多般。以偏全爲氣質, 豈不低陷了偏全?

　　堯、舜、孔子之全, 固當爲本然。至於夷、惠之偏於淸和, 顔、閔之具體而微, 游、夏之僅有一體, 則豈非由於氣質乎?【此類不可謂兼善惡也。】人猶如此, 況於微物乎? 今不欲以偏全爲氣質, 恐終可疑。

氣質之性, 君子有不性者焉; 人物偏全之性, 君子亦有不性焉者乎?

　　"氣質之性, 君子有不性者焉", 本橫渠先生語。先生又嘗言: "凡物莫不有是性, 由通蔽開塞, 所以有人物之別; 由蔽有厚薄, 故有知愚之別。" 今以上一(股)[段]¹⁸⁵⁾爲偏全, 而屬於本然之性; 下一(股)[段]¹⁸⁶⁾爲氣質 而降爲不性之科, 恐文義事理俱難, 如蘆沙之言矣。問: "氣質不

---

185) (股)[段]: 저본에는 '股'으로 되어 있으나, 오기로 보이며 『毅菴集』권34 「納凉私議疑目講辨」에도 '段'으로 되어 있어 '段'으로 수정하였다.

同, 則天命之性有偏全否?" 朱子曰: "非有偏全." 偏全之性, 豈非朱子之所不性焉者乎? 據此, 則南塘、蘆沙兩說, 似當更加商確, 恐未可認爲千聖不易之論也.

理旣云萬事本領, 氣是甚樣物事, 乃獨爾一我殊背馳去? 近世諸先生坼開理分, 大抵皆爾一我殊之論. 其蔽也氣無聽命於理, 理反取裁於氣, 天命之性, 徒爲虛語耳.

理一分殊, 固是理中事. 然分殊, 先賢直就氣異處說者極多. 今且以隙日譬之, 隙之長短大小, 自是不同, 然却只是此日.【見『語類』.】只是此日, 理一也; 隙自不同, 分殊也.【朱子「答余方叔」, 歷擧人獸、草木、枯槁而曰: "雖其分之殊, 而其理則未嘗不同." 此亦以理氣區屬於理一分殊, 此類甚多, 不可枚引.】此與前一義, 可竝行而不相礙也. 至若天命之性, 雖十分大全, 十分至善, 無奈所賦形氣有異, 莫能遂其本然? 雖是性體而氣用, 亦是理弱而氣强, 故不能無蔽也. 若以分殊專歸之理, 則理果號令乎氣, 氣果隨順於理, 而更無不治之國, 更無爲惡之人也乎? 恐難如此立語.

五常人物性同異, 畢竟惡乎定? 曰: 定於先覺之言. 朱子之論此固多矣, 其見於『四子註』說者, 則手筆稱停, 非記錄易訛書疏倉卒之比. 其言人物五常, 凡有三處, 曰"人物之生, 必得是理, 然後有以爲健順仁義禮智之性"者, 『大學或問』也. "人物之生, 各得所賦之理, 以爲健順五常之德"者, 『中庸章句』也. 此皆不區分人物, 一例說去, 粗通文理者, 初不難辨. 且得以爲性、得以爲德之云, 皆屬成性以下, 而非繼善以上事, 則朱子之意, 明以人物之性爲同五常矣. 獨於『孟子』生之謂性章『集註』"以理言之, 則仁義禮智之粹然者, 豈物之所得以全哉?"【粹然者, 本作稟, 以本作而.】此爲區分人物處.【愚按: 此註亦不專於區分人物, 何以言之? 上文旣言性形而上者, 人物之生, 莫不有是性, 是性何性? 卽所謂仁義禮智之性也. 是亦與『章句』、『或問』之說同矣. 如以"物豈得全"爲區分人物之斷案, 則『章句』下文, 豈不曰"氣稟或異, 故不能無過不及之差"; 『或問』下文, 豈不曰"彼賤而爲物者, 梏於形氣, 而無以充其全矣"乎? 此二條又皆與『孟註』之云, 無些子異意. 愚竊謂三處俱是同體異用之說也.】然而只曰"物豈得全", 不曰"物莫得與", 則此亦人物同五常之說也. 云云. 朱子之爲此說, 豈喜爲刱新之論, 以同人道於庶類哉? 蓋此理之外, 更無佗理. 是以直以從上聖賢四破人性的字, 一萬物而貫之, 不以爲嫌也.【愚按: 以上所論, 無不與洛家同.】雖然, 一而無分, 非吾所謂一也. 故『庸』『學或問』, 卽言鳥獸草木之生, 僅得形氣之偏, 而不能有以通貫乎全體, 彼賤而爲物者, 梏於形氣之偏塞, 而無以充其本體之全. 此言人物之性, 雖同此一理, 而理中之分限不能無也. 氣所以承載此理, 故雖不離形氣而言分, 而一之未嘗無分, 於此因可見矣. 合此上下文義而觀之, 其與生之謂性章『集註』, 亦非有異意. 後人各占一半, 就生軒輊, 此豈朱子之所能豫料哉? 是知物我均五常者, 理之一也; 五常有偏全者, 一中之分也。蓋自統體一極, 理分圓融而無間, 故其成性於萬物者, 又如此。是故先覺論性, 有言理同者, 有言理不同者, 非相戾也。公共以論其妙, 則挑出而言之; 眞的以指其體, 則卽氣而明之。挑出則理本一, 故理一爲主而萬殊涵於其中。【愚按: 以偏而不全者爲萬殊, 殊不可曉。】卽氣則氣已分, 故分殊爲主, 而理一存乎其間。自是話有兩般, 何曾性有多層? 諸家緣理分一體處, 未甚著眼, 說異, 則欲獨擅五常; 說同, 則乃低視偏全, “差之毫釐, 謬以千里”, 豈不信哉?

『庸』『學或問』, 若單言微物, 而不竝擧衆人, 則猶或可如蘆沙之言矣。今其文, 明明言知愚賢否氣稟之異, 而曰“於其所謂性者, 有所昏雜而無以全其所受之正”, 又曰“其所謂明德者, 已不能無蔽而失其全矣”。此與微物之不能通、無以充者, 語意一致, 類例無二。而以不能通、無以充, 歸之本然之性; 無以全、失其全, 歸之氣質之性, 則無亦有失其平之嫌乎? 如有人質於蘆沙曰“聖、凡均德性者, 理之一也; 德性有偏、全者, 一之分也”, 則將應之曰然乎否乎?

曰本體而云無以充, 本體爲性分耶? 至無以充三字, 始爲性分耶? 全體而云不能通貫, 全體爲性分耶? 至不能通貫四字, 始爲性分耶? 曰本體全體, 卽性分中理一處; 無以充不能通貫者, 卽性分中分殊處也。兩項事理, 有則俱有, 今必欲二而論之謬矣。

無以充, 不能通貫, 分明是形氣偏塞之病。今必以爲性之分殊, 使人聽瑩, 且以『大學』論之“天降生民, 莫不與性”, 性分中理一處; “氣稟不齊, 不能皆全”, 性分中分殊處; “虛靈具應”, 德分中理一處; “拘蔽或昏”, 德分中分殊處。如此說亦得否? 請觀者下一轉語。

“以理言之, 則萬物一原, 固無人物貴賤之殊”, 此一節所謂“挑出以言其妙”, 理一爲主者也。“以氣言之, 則得其正且通者, 爲人; 得其偏且塞者, 爲物”, 此一節所謂“卽氣以指其實”, 分殊爲主者也。
上一節, 言一性之中, 含具萬理。一性, 理一也; 萬理, 分殊也, 人物同此一原也。【雖言分殊, 不害其無人物貴賤之殊, 據此可見分偏之不可以相準, 此一著最可領悟。】下一節, 却只專言氣稟事。蓋此二十一字, 無一點一畫可指理之實處, 而蘆沙之言如此, 可疑。

心雖氣分事 而乃所具則性也。心具性, 吾之心與聖人之心同; 心不能盡性, 吾之心與聖人之心異。其同、其異, 皆所重在性也。南塘乃忘却其同者, 主張其異者, 以聖、凡異心爲法門, 其亦矛盾於聖人之意矣。與南塘辨者, 亦不言其所重之有在, 區區較其光明之分數, 欲以此爲同聖凡之心, 未爲箚著痛處。
氣質者, 清濁粹駁, 有萬不齊; 心者, 虛靈神妙, 有一無二。南塘乃認兩者爲無辨之物, 今不指其光明之無優劣、分數, 只擧“心具性, 聖、凡同”者以辨之, 其不被南塘之哂者鮮矣。況心之具性, 微物亦然, 此何足以辨南塘之疑乎?

碎紙中得鹿門任氏一段議論: "苟言異, 則非但性異, 命亦異也; 苟言同, 則非但性同, 道亦同也。" 此言驟看外面, 殆若鹿邊者獐, 獐邊者鹿, 而其實說得道理源頭, 無有滲漏。伊川理一分殊四字, 賴此公而一脈不墜於東方歟? 恨不得其全書而攷閱也。

理一分殊, 伊川何嘗以之論性? 只因「西銘」, 使人推理而知其一, 存義而立其分而已。楊、李、朱子所論, 亦皆如此。至羅整菴, 始揭此四字, 以爲性命之妙 無出於此。其言曰: "受氣之初, 其理惟一; 成形之後, 其分則殊。" 此與蘆沙之意遠矣。羅氏又曰: "以理一分殊論性, 則自不須立天命、氣質之兩名。" 則其說更乖矣。又其認理氣爲一物, 而深病乎朱子理氣二物之訓, 則愈不可說矣。我東任鹿門, 又祖述羅氏四字之旨, 而其言曰: "「乾」之健卽太極, 而健之中有元亨利貞;「坤」之順卽太極, 而順之中有元亨利貞。元亨利貞, 卽陰陽五行也。然「乾」之元亨利貞, 依舊是健;「坤」之元亨利貞, 依舊是順, 然則「乾」、「坤」之於太極, 自不害其不同也。" 又作「人物性圖」, 人圈具書五常太極, 物圈只書太極, 而不書五常。又論朱子"渾然太極, 各具於一物"之說云: "此謂卽此各一處, 天理完全無所虧欠耳, 非謂一物各具萬理也。" 此皆看得分殊之過, 而至於如此。又論人性之善曰: "此乃氣質之善耳。非氣質之外, 別有善底性也。" 此尤不可曉矣。使蘆沙復起見此, 不覺麤頻而長太息也。老洲吳先生嘗有論羅、任兩家者極多, 今擧三段, 附見于下, 使蘆門諸公看詳焉。○『老洲集』「雜識」曰: "整菴、鹿門均爲理氣一物之論。然整菴於理一看得重, 鹿門於分殊看得重。看理一重, 則自然理爲主; 看分殊重, 則畢竟氣爲主。以此較論得失, 整菴殆其小疵矣乎。" 又曰: "整菴、鹿門, 皆從氣推理, 看得合一之妙者, 驟看非不高妙, 然其究也, 皆歸於主氣。而整菴則猶有每每提掇此理之意, 鹿門直以一氣字, 盡冒天下之理, 更不求理之所以爲理。蓋鹿門之見, 實本於整菴, 而其主張氣字, 則殆過之耳。" 又曰: "整菴以理一分殊爲說理氣底稱子。其曰'性以命同, 道以形異'者, 極是。'性以命同', 則未發而指理一也; '道以形異', 則已發而指分殊也。鹿門之祖述其理一分殊, 而獨深斥此語, 何也? 終是拘於人物之偏全, 不能疏觀性道雖有體用之異, 不害其一原之同也。"

余旣爲此, 或告余曰: "後輩之疑先進, 得不爲罪?" 余曰: "昔溫公平生不喜『孟子』, 至謂之僞書, 而公休、元城, 皆尊『孟子』。【司馬康字公休, 溫公子也, 嘗曰: "『孟子』書最善, 疾病猶爲注解二卷。" 姚福稱"其父子至親, 而不爲苟同, 亦異乎阿其所好者矣。" 劉元城「學案」曰: "先生所守凜然, 死生禍福不變, 蓋其生平喜讀『孟子』, 故剛大不枉之氣似之。"】朱、呂爲「知言疑義」, 而南軒與焉。然未聞後世斥公休不孝, 劉、張背師者。余于蘆沙, 非親子弟門人比, 不尤有間乎? 況其爲言, 但擧所未徹, 以爲問而已, 更無一毫輕肆意象, 縱遇褊心, 決不見怒。抑余之爲此, 正欲蘆門諸公, 看詳而平議之, 庶幾得聞解惑之言, 子母以流俗視諸公也。

「납량사의의목納凉私議疑目」【初本六條, 追錄。】

1) 서지사항

전우가 「납량사의(納凉私議)」을 읽고 지은 변론문인 「납량사의의목(納凉私議疑目)에 6개 항목을 추가한 글. 『간재집(艮齋集)』전편 권14에 실려 있다.(한국문집총간 333)

2) 저자

전우(田愚: 1841~1922)로, 자는 자명(子明), 호는 간재(艮齋)이다,

3) 내용

이글은 전우가 기정진(奇正鎭, 1798~1879)이 지은 「납량사의(納凉私議)」을 읽고 비판한 글인 「납량사의의목(納凉私議疑目)에 6개 항목을 추가한 짧은 글이다. 글의 체제는 기정진의 「납량사의(納凉私議)」를 인용한 뒤에 전우의 비판적인 생각을 표현했다. 이 글에서도 리(理)와 분(分), 편전(偏全)에 대한 전우의 비판이 담겨 있는데,「납량사의의목(納凉私議疑目)에서 비판하는 내용과 크게 다르지 않다. 특히 전우의 낙론의 입장에서 리(理)와 분(分), 치우침과 온전함[偏全]에 대한 기정진의 이해가 잘못되었음을 지적하고 있다.

2-1-15 「納凉私議疑目」【初本六條, 追錄。】(『艮齋集』前編 卷14)

諸家言人物之性, 一是皆以理爲無分之物, 分爲因氣而有, 限理一於離形氣之地。
局分殊於墮形氣之後, 於是理自理分自分, 而性命橫決矣。

　　若使洛家謂太極而無元亨利貞, 性而無仁義禮智, 則當曰理爲無分之物矣; 若
　　謂元亨利貞因氣而始有, 仁義禮智待氣而始生, 則當曰分爲因氣而有矣。今
　　旣不然, 則安有理自理分自分之患乎?

今有一塊銅鐵, 可以爲盤盂, 可以爲刀劍, 是分殊之涵於一, 所謂粲然者, 非東邊
可爲盤盂, 西邊可爲刀劍, 則渾然。及其入盤盂爐而爲盤盂, 入刀劍爐而爲刀劍,
各得其本分之一。【渾然上下, 疑有缺誤。】

　　假如有人言, 入輕淸爐而爲天。入重濁爐而爲地, 入淸粹爐而爲上智, 入濁駁
　　爐而爲下愚, 入陽剛爐而爲男, 入陰柔爐而爲女。是各得其本分之一云爾, 則
　　將如何辨破。

旣以分爲因氣而有, 則無怪其以人物同五常爲本然之性, 而偏全之性爲非本然, 有
人物性同之論.

　　偏全、通塞, 與分殊之分, 殺有不同。分雖具於天地人物未生之前, 而偏全、通
　　塞, 卻繫於所賦之氣。且偏全非可單言於人物, 亦可幷言於聖凡, 故朱子言"學
　　知以下, 氣之淸濁, 有多寡, 而理之全缺繫焉"。今以聖凡同五常, 爲本然之性,
　　而理之全缺者, 爲非本然, 有何窒礙乎? 知此則人物之性, 可以三隅反也耶?

五常之隨物而偏全, 乃此理之本分, 何可同也? 偏全不同, 而猶謂之同者, 如盤盂
刀劍, 爲銅鐵則同之同, 非以混同無盤盂刀劍而謂之同也。偏全之性非本然, 離盤
盂刀劍而求銅鐵之說也。

　　人物一原之中有五常, 此爲理之本分。今以五常之隨氣而發見有全缺者, 謂之
　　理之本分, 而喚做性之本然。此與朱子性之在氣質者, 其品不一。所謂氣質之

性, 與"以氣質論, 則凡言性不同者, 皆冰釋"之訓, 無或相戾乎?

以一視五, 五者同一; 以五相視, 分於是存。雖散殊之無窮, 皆本分中事, 欲低視偏全可乎?

　　以一身視四肢, 四肢同一身; 以四肢相視, 則分於是存, 此固然矣。然豈可以四肢與分殊, 分偏全乎? 愚故曰分與偏全不同, 如欲言偏, 當曰四肢或有痿痺不仁, 癱瘓不遂, 然後方可謂之偏爾。雖欲不低看, 得乎?

『庸』『學或問』, 既從陰陽五行說來, 言其綱理之一般。繼以陰陽五行之偏全, 言其條件之不同。一時事而先後言之, 有何可疑之端乎?

　　陰陽五行之偏全, 自屬氣質; 健順五常之條件, 自屬分殊。何可直指分殊, 爲偏全乎? 若如此則手足之異名, 而可謂之偏全, 恐不成言。

「주리주기문主理主氣問」【壬寅】

해제

1) 서지사항

전우가 당시의 주리주기논쟁의 실상을 자신의 관점에서 그 오류를 지적하고 비판한 글.

2) 저자

전우(田愚: 1841~1922)로, 자는 자명(子明)이고, 호는 간재(艮齋)이다.

3) 내용

이 문편은 전우가 성리학 이외의 유가 여러 학파 및 불교에서 말하는 '주리'는 취할 만한 내용이 못된다는 취지를 논설한 것이다. 전우는 주자와 이를 올바르게 계승한 성리학자인 율곡과 우암은 항상 주재자인 심을 '기'로 규정하였고, '기를 검속하여 기의 본연을 회복하게 하는 것'을 추구하였다고 주장한다. 반면 불교, 고자, 육상산, 왕양명 등은 오히려 기를 도외시 하고, 심의 본체를 그대로 천리라 한다는 것이다. 그렇다면 도교, 불교, 육왕학이 '주리'이며, 주자의 가르침은 '주기'라는 것이냐고 반문하면서, 당시의 주리주기논쟁이 바로 이러한 잘못을 범하고 있다고 주장한다.

近時士流, 有主理主氣之爭, 此不可不審問而明覈之。大抵主理者, 爲正學; 主氣者, 爲異端, 異端宜莫如佛、告、陸、王。今考『金剛經』, 以見如來爲宗旨, 如來者, 彼所謂性也。告子亦嘗言性, 生之謂性, 是也。亦嘗循性食色性也, 是也。詹阜民, 用力操存, 半月忽覺, 此心澄瑩, 象山目逆而視之曰: "此理已顯矣。" 陽明言: "心之本體卽天理也。" 以此觀之, 古今之主理者, 又孰若四家, 而吾儒却反謂之主氣, 何也? 尤菴先生言: "自孔子至宋儒, 以性屬理, 以心屬氣, 不啻詳矣。" 旣曰"自孔子至宋儒", 則古今聖賢擧在其中, 而其心爲主宰之云, 又無異論, 則主氣莫如吾儒, 而吾儒乃自處以主理, 又何也? 朱子言, 老、佛却不說著氣以爲外此, 然後爲道。栗翁言聖賢千言萬語, 只要人檢束其氣, 使復其氣之本然而已。據此, 則老、佛爲主理, 而聖賢爲主氣也耶? 今欲辟主氣之名, 而爲主理之實, 宜何所適從?

「명기문답明氣問答」【壬寅】

해제

1) 서지사항

전우(田愚, 1841~1922)가 명기(明氣)에 대하여 논한 문답록. 『간재집(艮齋集)』전편 권15에 실려 있다. (한국문집총간 333)

2) 저자

전우

3) 내용

이 글은 전우가 62세인 1902년에 구산노생(臼山老生)과 객이 명기(明氣)에 대해 논한 것을 기록한 문답록이다. 여기서 구산노생은 전우 자신이고 객은 누구인지 명확하지 않다. 전우는 27세인 1867년 4월에 모친상과 부친상을 당하여 그해 9월 공주 월하동 구산(公州 月下洞 臼山)에 합장하였는데, 그 후 그는 구산(臼山)도 자신의 호로 사용하였다. 이 글은 전우의 명기설을 이단이라 평하는 호남모인에 대한 반박으로부터 시작하고 있다. 전우는 자신의 명기론이 주자의 명덕론으로부터 나왔음을 논증하여 이단이 아닌 정론임을 밝혔다. 이 같은 전우의 명기론은 율곡학파의 심시기(心是氣)를 계승하고, 그의 독창적 심론인 성사심제(性師心弟)로 나가는 철학적 교량이었다.

客有問於白山老生, 曰: 子以明德爲非理, 烏據諸?

曰: 據朱子。

何謂據?

朱子曰"虛靈是氣之明處, 具衆理應萬事, 是虛靈之能處", 吾故曰"據朱子"也。

曰: 湖南某人, 譏吾子爲明氣之異學, 子以爲如何?

曰: 明其氣者爲異學, 則昏了氣者乃正學也。然吾願爲明氣之異學, 不願爲昏氣之正學也, 何以言之? 聖人之敎, 使人明其氣之昏而復其性之善而已。今欲復其性, 而昏其氣, 則未有能成者也。今且粗而言之, "日暮人倦, 昏氣易乘, 而不使之振發精明, 則心君昧而性天陰矣。" 故陶山先生取陳氏之箴, 以充進御十圖之一。"怠惰昏睡, 則心不得正, 而中體不立矣。" 故石潭先生以"篤志帥氣, 抖擻精神"之說, 眷眷陳達於黈纊之下矣。彼皆未之見耶? 抑嘗聞其家庭之敎, 而不滿於二先生之說歟? 又精而言之, 上蔡之常惺惺, 朱子之常喚醒, 皆聖門要法也。又進而言之, 天之明命, 朱子以爲這箇物事卽是氣, 此爲朱子六十八歲以後語, 而『大學註』又以爲常目在之則無時不明矣。彼于此亦將指爲異學歟? 又廣而言之, 凡聖賢所謂志氣淸明、虛明氣像、氣皃淸明、神彩淸明之屬, 彼將一切歸之異學, 而與吾儒無交涉耶? 又降而言之, 程、朱二夫子論禽獸之性, 每有氣昏推不得之說, 今如彼之見, 一任氣之昏, 而禁不下明之之功, 則瞌睡也不管, 酩酊也不管, 其于性果能推得去, 而有以自別於庶物矣乎? 甚矣! 人之好己勝也, 己勝縱好, 其奈背馳洛、閩, 而禽獸同科, 何哉? 彼誠能淸夜思省, 則亦惕然懼赧然悔, 而改其舊見矣。吾惟是之望焉爾。使其蚤有見於氣之不可不明焉, 則必不印出其先所秘之書, 以取譏於今與後之君子矣。惜乎! 其未也。

客曰: 吾固疑彼之說, 今聞子之言, 而豁然悟矣。

白山老生記其答問, 以示從遊之士。

「화문이자론華門二子論」【癸卯】

해제

1) 서지사항

전우(田愚, 1841~1922)가 화서학파 문인인 김평묵과 유중교에 대하여 비판한 논설.『간재집(艮齋集)』전편 권14에 실려있다. (한국문집총간 333)

2) 저자

전우

3) 내용

이 글은 전우가 33세인 1873년에 지은 논설로, 화서학파 문인 김평묵(金平默, 1819~1891)에 대해서는 스승인 이항로(李恒老, 1792~1868)와는 달리 기정진(奇正鎮, 1798~1879)를 긍정하였다고 비변하고, 유중교(柳重教, 1832~1893)에 대해서는 주자와는 달리 "존심강성(尊心降性)"론을 주장하였다고 논변하였다. 또 이 경우 화서학파는 고자(告子)나 불교같은 이단으로 빠질 수 있다고 경고하였다.

李華西之門, 有高弟二人, 金監役、柳持平是也。金謂"其師與譏罵栗翁之奇氏, 不約而相符", 此已非常情之所出。又贊奇氏, 爲合於洙、泗、濂、閩, 而指諸先生之祖述栗翁者, 爲暴揚先正過失於天下後世, 此又顯然驅逐栗翁於孔、朱之門之外, 而納其二師於道統之正位矣。使華西之於栗翁, 眞有心說誠服之意, 則其高第弟子, 豈敢有此語? 此理外之事, 似難謂其無些子苗脈矣。柳謂"天命之性, 面貌不同, 指心靈知覺, 爲太極之理", 此分明是尊心降性之論也。朱子言"天命之性, 通天下一性", 今謂"性面貌不同", 則朱子誤矣。朱子斥告子、釋氏, 認"心靈知覺爲性"之謬, 則告、釋冤矣。噫! 率天下而矯朱子之誤, 以伸告、釋之冤者, 必柳之言也。夫使華西之於朱子, 眞有篤信不貳之實, 則其高第弟子, 豈敢有此語? 此理外之事, 似難謂其無些子苗脈矣。吾聞"性理議論, 是儒門本源, 而師生之所同"也, 吾雖未見『華西全集』, 而今據其高弟之論著者推之, 華西之於朱、栗, 未知果何如耳。若使華西實有不然者, 吾甚幸之! 吾甚幸之! 然二人者之倍其師說, 而陷於異蹊, 則吾又甚慨然也。【柳持平後來改見。○追註。】

「동지정지문답動之靜之問答」【癸卯】

1) 서지사항

전우가 기정진 『외필』의 내용을 문답의 형식으로 비판한 글. 『간재집(艮齋集)』에 실려 있다.

2) 저자

전우(田愚: 1841~1922)로, 자는 자명(子明)이고, 호는 간재(艮齋)이다.

3) 내용

전우이 이 글에서 객(客)과의 문답 형식을 빌려, 기정진이 『외필』에서 '동지정지(動之靜之)'를 '리가 그렇게 시킨 것[使之]'으로 본 견해를 비판한다. 객이 '동지정지'를 리로 본 것은 노사뿐 아니라 율곡과 우암도 그러했는데, 왜 노사만 비판하는가를 묻자, 전우는 '동지정지(動之靜之)'라는 말은 같아도, 기정진이 쓰는 의미는 사뭇 다르다고 답한다. 요컨대 율곡과 우암이 말하는 '동지정지'는 '리의 자연스러운 주재'를 뜻하는 반면, 기정진이 말하는 '동지정지'는 '리가 이러저러하게 기를 조종한다'는 뜻이라는 것이다. 또한 율곡이 매번 '기(氣)의 유위(有爲)'를 말한 것에 대해 기정진은 '기가 리의 지위를 빼앗았다[氣奪理位]'고 비판했는데, 이로써 '기정진이 말하는 리'는 '율곡이 말한 기(氣)'에 해당함을 알 수 있다는 것이다. 전우는 기정진이 결국 기(氣)를 리(理)로 잘못 알아서, 결과적으로 이단의 설에 빠지는 잘못을 면치 못했다고 비판한다.

2-1-19 「動之靜之問答」【癸卯】(『艮齋集』)

客有過余而詰之者曰: “動者靜者, 氣也; 動之靜之者, 理也。” 此豈獨『猥筆』云然? 栗翁「格物」、「天道」兩策及尤翁科義, 皆嘗言之, 而吾子獨非蘆沙, 何也? 吾聞, 儒者之立心啓口, 上可以合天地, 下可以竢後聖。今之士, 往往隨風逐波, 甚者, 或至於炎凉之習, 吾子豈亦不免於流俗圈套耶?

余瞿然, 良久應之曰: 中原有中原之習, 偏邦有偏邦之習, 一門有一門之風, 一家有一家之風, 時代有古今之異, 山川有彼此之殊, 此固未易超脫, 何也? 以專志於道者之難也。余以何人自謂不圉於一世之風氣? 至於「猥筆之辨」, 亦未嘗妄加分外之譏、用犯不韙之罪也。夫“動之靜之”之云, 使蘆沙果能默契於栗、尤兩先生之指, 則其於“機自爾”、“非有使之”敎, 宜其心領神會之不暇, 何乃錯認其意, 而反有兩本領之譏耶? 蓋“動之靜之”一也, 而二先生之言, 只是自然爲主之意, 『猥筆』之云, 却是操縱適莫之意, 是豈非言同而指異者歟? 吁, 尊德性, 子思、象山之所同; 先立乎其大者, 孟子、象山之所同; 生之謂性, 明道、告子之所同; 良知, 孟子、陽明之所同; 體用一源、顯微無間, 伊川、淸凉【唐時, 僧號。】之所同。然究其所指之實, 則不啻如朔南之分、氷炭之異也。夫言論不同者, 原無足辨, 惟語同而指異者, 不得而無辨, 吾故常曰“聖門事功, 惟別嫌明微爲最要也”。【凡干禮制, 人物、文字、事功, 都要究極其端由之, 所以分, 不可有一些渾淆之態。蓋非獨理氣之辨爲然也。】栗翁每言氣之有爲, 而蘆沙輒譏其氣奪理位, 卽此一語可見其所認以爲理者, 卽栗翁所言之氣也。今夫指有爲之氣, 而當無爲之理, 則何以自別於異學之見歟? 且蘆沙之意, 果與栗翁不異, 則何不引據兩策以爲證佐, 而乃爲不聞不見也者, 而單擧“機自爾”、“非有使”兩語, 肆筆奮罵刳地埋殺也? 然則其所謂“動之靜之”者, 豈非與栗翁發之者氣之云, 同一意致乎? 惟其如是也, 故“動之靜之者, 理也”一也, 而吾則主栗、尤, 而非蘆沙。“蓋其理之所當然, 而不得不然”。其於世俗炎凉之嫌, 自有不得而避者。

客聞之喜曰: 吾無復所疑於斯言矣。

「외필후변猥筆後辨」

해제

1) 서지사항

전우가 「외필변(猥筆辨)」에 이어서 1904년에 「외필(猥筆)」을 다시 변론한 글. 『간재집(艮齋集)』전편 권13에 실려 있다.(한국문집총간 333)

2) 저자

전우(田愚: 1841~1922)로, 자는 자명(子明), 호는 간재(艮齋)이다.

3) 내용

이글은 전우가 기정진(奇正鎭, 1798~1879)이 지은 「외필(猥筆)」을 읽고 비판한 글인 「외필변(猥筆辨)」에 이어 지은 글이다. 전우는 1902년에 「외필변(猥筆辨)」을 지었는데, 「외필변(猥筆辨)」이 세유의 기상이 없다는 주변의 불만들이 있어서 「외필후변(猥筆後辨)」을 지었다고 밝혔다. 「외필변(猥筆辨)」과 「외필후변(猥筆後辨)」에서 기정진의 「외필(猥辨)」을 비판하는 내용은 대동소이하다. 즉 이이가 말한 "동(動)하고 정(靜)하는 것은 기(氣)이고, 동(動)하게 하고 정(靜)하게 하는 것은 리(理)이다"(動者靜者, 氣也, 靜之動之 理也.)를 기정진이 "동(動)하게 하고 정(靜)하게 하는 것이 그렇게 시키는 것이 아니고 무엇이겠는가?"(動者靜者, 氣也, 動之靜之者, 理也, 動之靜之, 非使之然而何?)라고 해석한 것에 대한 비판이 요지라 할 수 있다. 「외필후변(猥筆後辨)」에서는 「외필(猥辨)」에 대한 비판 근거를 전보다 더 세부적으로 제시하는데, 특히 주자와 이이를 비롯한 공자, 맹자의 다양한 언설을 제시하여 자신의 입장을 더욱 정당화하는데 심혈을 기울였다. 그리고 기정진의 말이 옳다면 주자, 율곡 뿐 아니라 공자와 맹자의 말도 옳지 않은 것이 되니 폐해가 크다고 말하였다. 뿐만 아니라 전우는 이 글이야 말로 육왕(陸王)이 유학에 해를 끼친 것보다 더 크다고 하면서 「외필(猥筆)」의 부당성을 강도 높게 비판했다.

栗谷先生嘗以"陰陽動靜, 機自爾也, 非有使之", 釋上文氣發二字之義; "陽之動則理乘於動, 陰之靜則理乘於靜", 釋上文理乘二字之義, 大小大明快, 無可闒然。而奇氏錯認自字, 爲獨自之義, 乘字爲捷騰之義, 遂奮筆肆罵, 而無復少有尊敬審愼之象。此於後學事先賢之禮, 雖所見皆是, 猶爲不順之弟子, 況未必是乎? 愚謂士之欲論理氣之說者, 須先審敬肆之節。夫禮恭而言是, 是所存所發, 皆合於法; 見差而言孫, 猶不失爲質疑之道。若夫所見未正而執禮不恭者, 烏得免士類之議也乎? 今且以其說論之, 朱夫子, 孔、孟以後一人而已, 而其六十六歲所定『楚辭集註』, 有曰: "一動一靜一晦一朔, 皆陰陽之所爲, 非有爲之者"。此與栗翁"機自爾, 非有使"之指, 有毫髮差爽乎? 又陳北溪錄朱子六十一歲、六十九歲語有云"屈伸往來是二氣自然能如此。" 此又"陰靜陽動, 機自爾"之左契也。夫"自爾"者, 自然之謂也。今曰"由己不由佗", 又曰"自行、自止, 不由天命", 看文字何其齟疎也? 且伊尹、孟子皆有"天使之"語, 而『集註』卻皆言"若使之"也。其意正慮後人有錯將使字爲眞能使之之意, 則有害於道體無爲之理, 故逐處註明, 使之無疑, 而猶有今日之變, 大可歎也。『中庸或問』, 又分明說所謂"天使我有是者, 猶曰上帝降衷云爾, 豈眞以爲有或使之者哉?" 此尤可謂和盤托出, 而無復餘蘊矣。使彼未考乎此, 而有所云云, 固未免於謏寡之失矣。如知有此等定論, 而故爾云云, 直是"呵佛罵祖"之習, 人孰不惡之? 吾未知彼既輕慢栗翁, 則其於朱子, 亦將指爲氣奪理位, 而誚以兩本領耶? 況栗翁自言: "氣之所爲, 必有理爲之主宰", 又曰: "孰尸其機, 嗚呼! 太極"。此又從本原說者, 與所謂"自爾"、非使之據流行言者, 初無毫髮相礙也。雖曰"皆陰陽之所爲", 曰"二氣自然能如此", 曰"機自爾也", 然其所以爲、所以能所以自爾者, 非理而何? 雖曰"非有爲之者", 曰"豈眞有使之者", 曰"非有使之也", 然其無爲之爲自然之使, 又何損於太極之爲主歟? 夫如是, 又安有魏延、楊儀同府乘張之患, 如「猥筆」之云乎? 愚謂人能於此一段, 有所領悟, 後面許多說話, 雖無之, 亦無所虧矣。非惟「猥筆」, 凡近世認心謂理, 而謂理亦有知有能之說, 無不冰釋, 請世之君子, 與之講辨, 而不惜指誨焉。

或人擧「猥筆」"動者靜者, 氣也; 動之靜之者, 理也"一段, 以爲與栗翁「對策」脗然契合, 奈何世人不考乎此, 而妄疑之也? 愚以爲此正語愈相似而意愈相悖處, 不可以不明覈也。夫「對策」固有"動之靜之者理也"之語, 然其上文, 又有"自然之氣"云者, 則與"機自爾"者, 初不相妨, 如騎而主者雖是人, 而其四蹄之一前一卻, 自屬馬事也。使彼於栗翁之指, 無所差互, 則何不擧而爲證? 乃若不聞也者, 而只將"自爾"、"非使"兩語, 以譏罵之也。夫動之靜之之云一也, 而栗翁只是根柢自然之意, 而彼則卻是操縱做事之說也。惡可以其句語之偶同, 而不覈其指意之懸別乎?

"太極動靜", 「猥筆」以爲本是平坦語, 其意似直認動靜, 爲太極動靜者然, 此其所以誤也。『語類』董叔重錄, 在朱子六十九歲以後, 而其言曰: "太極理也, 動靜氣也"。此可謂毫分縷析, 而從分金秤上秤出來者。【凡朱子說中, 言"天命流行", "道體發見", "理有動靜", "理有知識", "理詣其極", "理之發", 此理光明燦爛之類, 皆要如此辨認。】若不如此精覈, 其不爲指氣爲理者幾希。格致家, 苟能思索到此, 說"氣機自爾也"得, 說"太極動靜也"得。其不能然者, 於聖賢之言, 將無所不窒礙矣。蔽一言, 太極動靜四字, 看得淸楚, 說有歸宿, 則凡諸說之紛紜者, 無不冰釋矣。

董錄下文, 有人馬出入之論, 此但言理氣不離而已。若馬之橫逸, 人之駕馭, 則未之及焉, 明儒曹月川, 乃曰: "死人騎馬, 行止疾徐, 一由乎馬"。其說一似「猥筆」之譏栗翁者, 豈不爲執言迷指之弊乎? 愚於三家太極辨, 辨之已盡矣, 至於人能馭馬之說, 則只可施於心志之率氣, 不當並及於太極、性、道之自然爲主而靡所知能者也。必欲如是, 則豈惟天地之有憾, 賢智之有偏, 爲此理不能善處之咎而已? 雖冒頓之淫, 亂賊之禍, 爲此理者, 並不得逃其罪矣, 是豈理乎哉? 一義未明, 其害至此, 此讀書者所宜明核審愼, 而不可鹵淺看得、胡亂說過而已也。

「猥筆」謂"今人看乘字, 有若忽見馬匹, 趫捷騰上。"今人誰也? 有謂指栗翁, 『栗翁全書』, 何嘗有一點半畫怎麼意脈而乃敢爾乎? 若曰指近世前輩, 則近世前輩, 亦何曾有此乖見? 今文無, 古文無, 而曰云云, 豈亦自爲元隻乎? 無論今與古人與己, 其見直是乖甚, 此箇乖見, 從甚麼太極來? 豈原來乘馬底, 使得氣如此, 抑如塞翁之得, 而自不得不爾歟? 只此一難, 便可覺悟。

「猥筆」所謂“氣之順理而發者, 氣發卽理發”數句, 非曰不然, 而栗翁所謂“機自爾”, 亦安知其必爲逆理而動、逆理而靜者乎? 然則陰陽之順理而動靜, 亦可曰卽太極之動靜也。 此是從根柢上統合說下來者, 然若但如此, 而更不細分其能所界至, 則指神通妙用爲道之釋氏, 認知覺運用爲性之告子, 目光輝燦爛爲理之金谿, 擧視聽言動爲理之姚江, 皆得與吾聖門爲一轍, 而麋所異同, 其害理亂眞之患, 有不可勝言者。 此朱子所以於太極動靜四字, 亦界破理氣, 而不容混淆者也。 愚於是亦曰: “理發兩字, 亦須認得理爲理而發爲氣, 方是具眼者。” 非惟是已, 如孟子言性之性固是性, 而性之卻是氣分事, 況氣發而曰卽理發, 陰陽動靜而曰卽太極動靜者, 尤何可不精辨活看, 而概曰理而已耶? 今自家言氣發, 而栗翁之“機自爾”, 則禁之使不得立, 何也? 栗翁言“太極尸機”, 而不曾奉以周旋, 卻將“命者爲主”一句, 認做自家獨擅之詞, 又何也? 無乃其心先有輕視先賢之根苗, 故不及細察其指趣, 而妄肆其譏誚歟。 有志求道者, 最要先正心術而後, 可以講辨乎理氣之說, 其序不可亂也。【凡孝弟、禮義, 是所當行而不可緩者, 太極天命, 是所以然而不可躐者, 請吾儒諸公之自治與敎人者, 咸以此意, 爲爲學第一大主腦焉。】

「猥筆」言“到過不及處, 不得已而有說氣時, ‘蹶者趨者氣也’, 是也。 蓋過不及, 雖亦本於理, 而末流之害於理, 則不可無區別。” 此亦非曰不然, 而又有不盡然處。 孟子雖說蹶趨之氣, 然未嘗不言“浩然之氣”, 此何曾因過不及而不得已而言者耶? 且“末流之害理”者, 固“不可無區別”而謂之氣, 然其本體浩然而配義與道者, 亦何可混淪而直喚做理? 畢竟不得不謂之氣耳。

「猥筆」言“近世說理, 概以無適莫者爲理。” 吾聞適爲專主, 莫爲不肯, 故君子之心, 於天下之事, 無此二病, 而惟義理之是從也。 今謂理爲有專主, 有不肯, 則奚可哉? 豈或認心爲理, 故自不覺其言之至此歟? 未可知也。【按: 蘆沙「答人」書謂“以明德道心爲理者爲未安, 則今‘此認心爲理’一句, 當改云‘認神爲理’。” 蓋蘆沙旣不肯言明德是氣, 又不肯言是理, 則豈或認以爲默運妙用之神, 爲理歟? 更詳之, 可也。乙巳二月追識。】

「猥筆」言“理發二字, 爲今日學士家一大禁避語”。 今日學士, 未知爲誰。 若是指栗翁, 則其言之悖慢無禮, 姑無論已, 雖以栗翁言議觀之, 亦有大不然者。 蓋天地旣無理氣迭化之理，並無太極陰陽替動替靜之理，則人心獨有理氣互發之理乎？故栗翁於退翁理發之說，每謂其未然。然若直從根源說，則『全書』中"太極動靜"，"性發爲情"等語，皆不嫌而承用矣。性發、理發，初無異議，何嘗禁避此二字來？雖以後來羣賢之尊信栗翁者言之，其言亦未嘗不如此，何可槪以今日學士家五字了之耶？

有人擧有段落"行變化、成條理"者，問於栗翁曰："此無所主張者乎？必將曰太極爲之主矣"。此何等明白，而彼乃自爲答語曰："機自爾，非有使之者。"是直驅率先賢之言，使不成道理，而必欲見屈於自家，這是甚麼講學？甚麼心腸？至於末，又"無操縱之力"數句，全然無理。所謂太極是元來乘氣者，然則將有做得事底氣力矣，審如是也。曩所謂末流害理之氣，又何不到底操束，而乃使之至此哉？楚人有誇其盾之堅者曰："物莫能陷" 又譽其矛之利曰："物無不陷"。或曰："以子之矛陷子之盾，何如？"，其人無以應。今「猥筆」上下文之不相副，正如是矣。

「猥筆」言"由乘字失其本旨，駸駸致得理輕氣重，直至氣奪理位，爲萬事本領，一字之失，其禍至此。"謹按：『全書』，初無理能蠢動隨寓輒乘底意脈，則所謂"失其本旨"，指誰而言，可異也。今雖以不失本旨，元來所乘者言之，所謂道者，從來是無爲底，如何能撿攝得氣？故栗翁之前，朱子已有"氣強理弱"，"氣麤理微"之論，而曰："譬如子不肖，父也管佗不得，君所欲行，臣下沮格，君亦不能一一督責"。此爲朱子六十四歲以後語也。今有人擧以問於奇氏曰："以「猥筆」觀之，朱子也未免啓子奪父位，臣行君權，萬世亂賊之禍矣。"此宜如何排闢，彼將如何對？

「猥筆」曰："把氣與理對，而喚做理氣，始於何時？此必非聖人之言。" 今按：孟子之性命，【"性也有命，命也有性。"】周子之眞精，明道之性氣，【"性卽氣、氣卽性，論性不論氣"云云。】伊川之理象，【"至微者理；至著者象。"】朱子之心性，【"性猶太極；心猶陰陽。"】皆理氣之對擧者也。溯而上之，虞帝之論心而曰人道，【"人是形氣；道是性命。"】孔子之論學而曰人道，【"人是心覺；道是性理。"】論『易』而曰道、器，亦皆理氣之對擧者也。至於『語類』，又直言"太極，便與陰陽相對"，又直言"形而上，便對形而下"，此類彼皆未之見歟？何其言之妄也？彼又謂"今人纔見理字，必覓氣作對，於是，理之流行一大事，盡被氣字帶去作家計，遂欸其爲雙本領之履霜。"今按：朱子說中如言纔"有天

命, 便有氣質", "有是理, 便有是氣"者, 豈非纏見理字覓氣做對之見乎? 然則雙本
領之履霜, 朱子可以當之, 又推其本, 則舜、孔、孟、程皆不得免, 而至栗翁則可謂
堅冰矣。吾聞一邊人推尊奇氏, 爲我東五百年來第一大賢, 而僅有一李華西, 與之
同德相符。則靜、退以下諸先生, 原不足數, 而其言乃與大舜、孔子一切與之相貳,
抑何理也? 吾則寧被主氣之斥, 而不欲負四千年以來諸聖賢, 以假冒主理之名也。

「猥筆」言"聖人的見流行發見, 變化昭著, 莫非此道之爲。" 愚謂奇氏眞謂此道自
能流行發見, 變化昭著, 如論太極動靜之見耶? 朱子旣以太極爲理, 動靜爲氣, 則
凡言"天命流行", "道體呈露", "天理發見昭著", "道理光明燦爛"之類, 皆是上面
是理, 下面是氣也。此等處子細咀嚼, 其味無盡, 未可鹵淺說過便休也。若槪以出
於道理言之, 則邪妄過惡, 程、朱且指爲出於理, 況天理流行發見之云乎? 雖然, 吾
聖門宗旨, 以道體爲無爲, 而凡有爲者, 皆屬乎氣。故"灑掃應對", 程子謂"便是形
而上", 而朱子釋之曰: "其意蓋曰不離乎是耳, 非卽以此爲形而上者"。又如下學
人事, 豈外於理? 而朱子辨蘇子由"非學之外別有形而上者"之說云"如此則是但
有事而無理, 但有下學而無可上達也"。若不如此綜核辨析, 泛指天地造化, 聖賢
行能, 皆謂之理, 則將使學者, 有錯認神通妙用, 直做性體, 而匍匐於佛子之門者
矣。是其害理亂眞, 爲何如哉? 凡吾黨之士, 眞欲爲主理之學者, 於此宜猛著精采,
而審著腳跟也。

「猥筆」言"今人驅道理於冥漠, 纏有發見昭著, 一屬之氣, 如此者, 爲識理氣, 不如
此者, 爲不識理氣, 雖以虛名過去說, 說道說理, 其實氣奪理位, 爲萬事本領而已。
若是則天下更無詖淫邪遁矣。顚倒猖披, 何事不有。" 近日諸公, 多謂此指栗翁,
愚每隱之於心, 縱有恃才騁氣之人, 亦何敢乃爾? 故前後記筍, 不曾隨衆詆斥。近
檢『全書』「答安應休」書言"理何以流行乎? 氣之流行, 理乘其機故也。理本無爲,
而乘氣流行, 變化萬端, 雖流行變化, 而其無爲之體, 固自若也。吾友見此理之流
行變化, 乃以理爲有動有爲, 此所以不知理氣也。" 今以「猥筆」準此, 則其所謂"驅
道理於冥漠"者, 豈或指"理本無爲, 無爲之體固自若"等語耶? 其所謂"纏有發見
昭著, 一屬之氣"者, 豈或指"理何以流行, 乘氣而流行"之云耶? 其所謂"不如此者,
不識理氣", 卽是指"吾友不知理氣"而云也。此旣如是, 則詖淫邪遁, 顚倒猖披, 將

何所歸? 雖有善辨, 殆難爲之出脫矣。以此而謂之"尊慕栗翁, 無如我奇、李二先生",【此兩語, 出金監役「猥筆後題」】則夫子所謂"吾誰欺欺天乎"者, 恐不可不惕念而亟改之也。

「猥筆」言"欲以瑣力矯救, 則彼必曰, 前賢亦嘗云爾。童行學子, 一能勝余。"
愚按: 主之所往, 僕焉有不往; 理之所專主, 氣焉有不從? 理之所不肯, 氣何敢自行? 果如奇論, 而天地間誠有此理此氣, 則栗翁亦必生於此理此氣, 何緣有此妄發? 後人亦必生於此理此氣, 何緣誤信栗翁? 且奇氏之言, 亦自亭亭當當, 直立不倒於天地之間, 而千人萬人, 自不敢與之爭衡矣。何者栗翁之發之太快, 而流弊後世者, 亦氣也, 後人之頭戴前賢, 而聲討奇氏者, 亦氣也。如使所謂"理者, 果能管攝乎氣", 所謂"氣者, 果不能違悖乎理", 則何以有此流弊聲討之變哉? 以此究勘彼說之無理, 如視諸掌矣。世之尊奇氏者, 請置辨。○ 以愚觀於奇氏, 其八十年內抱耿耿者, 不過見理之誤也。其不敢發口明言者, 猶有畏義之象也。今其後人, 大書深刻, 以暴揚於天地間者, 豈非近於無忌憚耶? 於是乎氣之有時乎違理, 理之不能管攝乎氣者, 亦可驗矣。雖然, 奇氏當日銳意寫出之心, 卽今日放膽印布之源也。惜乎! 其祖孫師生, 生平謾說"太極自有適莫, 陰陽莫敢誰何", 而不曾自檢其心, 自制其氣, 以致上謾祖師, 中誤自己, 而下迷後進之罪。嗚呼! 吾儒之於心, 其可自聖, 其於氣, 又豈可一刻不加撿束之功乎? 其於太極性命之妙, 尤何可輕易立論? 其於孝悌恭遜之道, 尤何可不盡心力以體之乎?

愚昔親聞金監役言"栗、尤理氣之說, 未敢以爲是者, 頗有駁正矣。" 柳穉程與人書, 謂愚捏造, 此被金所欺而爾也。申仰汝則與愚同聽, 故雖爲金左祖, 然不敢諱之, 只歸之一時妄發。今觀金「猥筆」跋語"已譏其尊畏先正者, 爲暴揚其過失於天下後世", 此指沙、尤以下羣賢之祖述栗翁者言也。又曰"知此則尊先正者, 莫如我奇、李兩先生。" 此指蘆沙、華西之自立門戶而一反栗翁定論者言也。據此則知金前日之言, 非愚之捏造明矣。知其爲平生所執, 非一時妄發更明矣。抑余又有所感者, 往年蘆碑之出, 私與同志語云"勉台謾入華山同德"一句, 而使之並受人疑, 使金、柳而在者, 必厚誚勉台矣。今見金跋, 亦自言"我華西不約而相符", 是其師友之間, 必有單傳密囑者矣。愚曾因金語, 而有新學方熾, <u>栗翁</u>見疑之云。<u>金</u>不以自當, 乃奉以納諸<u>華西</u>, 而大張雄辯矣。由今觀之, 豈不爲掩耳盜鐘之歸也耶?

余旣爲此篇, 或言"子之初辨, 言略而氣平, 觀者歎其無世儒氣象。及此再辨, 則言之, 切論之備, 而斥之較嚴, 無乃有所激而不免於末俗之習歟?" 余曰: "否, 不然也。彼之「猥筆」, 固足以亂人知思, 故余爲之條析, 而略其辭者, 蓋猶有爲之相惜者矣。及得<u>金監役</u>題跋, 其尊尙<u>奇氏</u>之意已甚, 譏侮<u>栗翁</u>之辭更極, 其意將使後來之秀, 無不篤信彼說, 而『栗谷全書』, 則欲束之高閣, 而不復宣露於世, 是其爲害斯文, 豈止於<u>陸</u>、<u>王</u>二氏而已哉? 余故不得已而再加辨斥, 此正<u>朱夫子</u>所謂'彼之惑愈深, 而此之辨愈力'者也。然是亦理之所當然, 而不敢肆其客氣, 騁其浮辯, 則又何損於持心之平裁義之中也乎? 蓋亦欲使吾黨之士, 無眩於彼, 彼之後人, 有悟於此而已, 吾何容私於其閒哉?" 甲辰上元。

「노화이동변蘆華異同辨」【甲辰】

해제

1) 서지사항

전우(田愚, 1841~1922)가 1904년에 지은 논변. 『간재집(艮齋集)』전편 권13에 실려 있다. (한국문집총간 333)

2) 저자

전우

3) 내용

이 글은 전우가 심에 대한 리기론적(理氣論的) 해석, 그리고 리의 주재 문제를 중심으로 이항로와 기정진의 입장을 비교, 분석한 글이다. 「노화이동변(蘆華異同辨)」은 전우가 이항로와 기정진의 성리설에 대한 일련의 비판 작업을 마무리 한 후에 지은 글로서 이항로와 기정진 성리설에 대한 전우의 최종적인 입장을 확인할 수 있다. 먼저 전우는 이항로와 기정진 성리설의 다른 점은 기정진의 경우 심을 곧바로 리라고 하지 않았지만, 이항로의 경우 리에 소속시킨다고 말했다. 즉, 전우는 심에 대한 리기론적 해석에서 이항로와 기정진은 서로 다르다고 판단했다. 그리고 전우는 화서학파와 노사학파의 문인들이 자파의 심론이 서로 통한다고 말하는 것에 대해서도 의문을 제기했다. 이것은 전우가 기정진의 심론과 이항로의 심론이 서로 다르다는 생각 때문이었다. 그럼에도 불구하고 이항로와 기정진의 성리설에서 같은 점은 리가 주재자라고 말하면서 리를 유위한 것으로 전제한다는 것이었다. 하지만 전우는 리가 주재자임은 인정하지만, 이때의 주재는 무위의 주재라고 주장하여 이항로와 기정진의 입장을 비판했다. 따라서 「노화이동변」은 한말 심설논쟁에서 다루어진 핵심쟁점인 리의 유위무위, 그리고 심에 대한 리기론적 해석에 대해 이항로, 기정진 그리고 전우의 입장을 확인할 수 있는 글이다.

蘆沙言“明德、道心, 皆此心上說話。今曰‘明德, 理也; 道心, 亦理也’, 以心直謂之理, 恐未安。”此見「答奇景道」書, 而語意明確, 無可非議處。曾見華西師生議論, 皆以明德、道心, 直謂之理, 而其意見則可謂壁立萬仞矣。今蘆沙之言如此, 而華門人卻援之, 以爲同德相符。夫明德、道心, 是吾儒議論之緊要, 而不可不同處, 彼此所見, 一南一北乃如彼, 殊不敢知也。

理是主宰, 兩家之所同, 而一則以心爲理, 一則不以心爲理, 此卻不同也。然而兩家有礙, 何以言之? 一則指明德、道心之有知覺、有情意者以爲理, 而曰理是主宰, 分明是理有爲之見也; 一則雖不肯指明德、道心爲理, 而乃認有操縱、有適莫者以爲理, 而亦曰理是主宰, 亦分明是理有爲之見也。是則同中有異、異中卻復有同。此一義, 講理家之所宜明核, 而不可草草放過也。鄙見須是言“理是無爲而爲主者”, 纔是十分亭當之論也。

2-1-21 「노화이동변蘆華異同辨」【甲申】

노사는 "명덕과 도심은 모두 이 심에서 말한 것이다. 그런데 지금 '명덕은 리이고, 도심 역시 리이다'라고 하여 심을 곧바로 리라고 하니, 온당하지 못한 듯하다"고 했다. 이것은 기경도에게 답한 서신에 보이는데, 말과 의미가 명확하여 비판을 제기할 것이 없다. 일찍이 화서와 제자가 의론한 것을 보니, 모두 명덕과 도심을 곧바로 리라고 했는데, 그 의견이 매우 우뚝하다고 이를 만 하였다. 지금 노사의 말이 이와 같은데, 화서의 문인들이 그 말을 가져다가 '같은 덕은 서로 부합한다'고 여기고 있다. 무릇 명덕과 도심은 우리 유가의 의론에서 매우 중요한 것으로서 같지 않을 수 없는 것인데, 피차의 견해가 저와 같이 완전히 다르니, 자못 알 수 없는 노릇이다.

'리는 주재자'라는 것은 양가(화서학파와 노사학파)에서 동의하는 것인데, 한쪽에서는 심을 리라고 여기고 다른 한쪽에서는 심은 리가 아니라고 하니, 이점은 도리어 다른 것이다. 그런데 두 학파 사이에는 서로 저애(沮碍)되는 것이 있으니, 무슨 말인가? 한쪽에서는 명덕과 도심의 지각이 있고 정의(情意)가 있는 것을 리라고 하며, 리는 주재자라고 말하니, 이는 분명 리가 유위(有爲)하다고 보는 것이다. 다른 한쪽에서는 비록 명덕과 도심을 가리켜 리라고 하지는 않지만 조종(操縱)과 적막(適莫)이 있는 것을 리라고 하며, 또한 리는 주재자라고 하니, 이 또한 분명하게 리가 유위(有爲)하다고 보는 것이다. 이는 같은 가운데 다름이 있는 것이며, 다른 가운데 같음이 있는 것이다. 이 하나의 뜻은 리를 탐구하는 사람들이 명확히 파악해야 할 내용으로서, 범범하게 보아 넘겨서는 안 된다. 내 생각에, 리는 무위(無爲)하지만 주재자가 된다고 해야 십분 마땅한 논의가 된다.

蘆沙言"明德、道心, 皆此心上說話。今曰: '明德理也, 道心亦理也', 以心直謂之理, 恐未安。" 此見「答奇景道」書, 而語意明確, 無可非議處。曾見華西師生議論, 皆以明德、道心, 直謂之理, 而其意見則可謂壁立萬仞矣。今蘆沙之言如此, 而華門人卻援之, 以爲同德相符。夫明德、道心, 是吾儒議論之緊要, 而不可不同處, 彼此所見, 一南一北乃如彼, 殊不敢知也。

理是主宰, 兩家之所同, 而一則以心爲理, 一則不以心爲理, 此卻不同也。然而兩家有礙, 何以言之? 一則指明德、道心之有知覺、有情意者以爲理, 而曰理是主宰, 分明是理有爲之見也; 一則雖不肯指明德、道心爲理, 而乃認有操縱、有適莫者以爲理, 而亦曰理是主宰, 亦分明是理有爲之見也。

是則同中有異、異中卻復有同。此一義講理家之所宜明核, 而不可草草放過也。鄙見須是言理是
無爲而爲主者, 纔是十分亭當之論也。

「노한이동변蘆寒異同辨」

해제

1) 서지사항

전우(田愚, 1841~1922)가 「노화이동변(蘆華異同辨)」에 이어 기정진(奇正鎭, 1798~1879)과 이진상(李震相, 1818~1886)의 성리설을 비교, 분석한 논변. 『간재집(艮齋集)』전편 권13에 실려있다. (한국문집총간 333)

2) 저자

전우

3) 내용

이 글은 전우가 「노화이동변(蘆華異同辨)」과 동일한 방식으로 기정진과 이진상의 성리설을 비교 분석한 글이다. 이 글에서도 심에 대한 리기론적 해석과 리의 동정 문제를 가지고 기정진과 이진상의 성리설을 비교했다. 전반부에는 기정진의 리기, 심, 명덕에 대해 서술하고, 후반부 이진상의 리기, 심, 명덕 대비시켜 둘 사이의 차이점을 부각시켰다. 전우는 이 글에서 기정진은 분명 심을 곧바로 리라고 하지 않았으며, 동정하는 것은 기이며, 동정하는 소이는 리라고 주장한 것으로 생각했다. 하지만 노사학파인 정재규는 스승인 기정진과 달리 심을 리라고 주장하며 자파의 학설과 이진상의 성리설이 부합한다고 하여 의문을 제기했다. 또한 전우는 이진상이 정재규에게 "노사학파의 지결(指訣)이 나의 생각과 부합한다."고 했는데, 상호간의 성리설에서 입장 차이가 남에도 불구하고 왜 그런지 모르겠다고 반문했다. 무엇보다도 이 글에서 전우는 기정진과 이진상의 성리설이 서로 다른 입장 차이를 가지고 있는데 기정진의 제자인 정재규가 스승의 성리설을 이진상의 성리설과 억지로 꿰어 맞추려 함을 비판했다. 「노화이동변(蘆華異同辨)」, 「노한이동변(蘆寒異同辨)」에서 한 가지 주목할 점은 전우는 분명 기정진의 심론이 이항로와 이진상의 심론과는 다르다고 생각했던 것 같다.

蘆沙曰: "動者靜者, 氣也; 動之靜之者, 理也。" 又曰: "怕學者誤謂太極不待氣機而自動自靜。"【「猥筆」】 又曰: "明德、道心, 皆是心上說話, 若直以爲理, 則恐未安。"【奇景道書。】

寒洲曰: "發者, 理也; 發之, 氣也。"【張新齋、郭鳴遠諸書。】 又曰: "今以動之靜之爲太極, 發之爲理, 則大本不端矣。"【崔海菴書。】 又曰: "若云發者氣, 發之者理, 則氣爲大本云云。"【郭鳴遠書。】 又曰: "理不自動, 陽何從生; 理不自靜, 陰何從生。"【李器汝書。】 又曰: "明德, 卽大本達道之總名, 所謂理之體用也。"【族叔書。】 又曰: "古今人論心, 莫善於心卽理, 莫不善於心卽氣。"【「心卽理說」】

蘆、寒二家, 其本源之論不同, 正如朔南之判。而鄭氏以心是理之說, 和同於寒, 而寒又極口贊之曰: "理到之言, 忽聞於氣學擾攘之世, 斯文之幸也。" 冷眼傍觀, 不覺一笑。寒答鄭書, 又云, "蘆門旨訣, 深契鄙懷", 不知太極自動靜不自動靜, 明德道心屬理屬氣之外, 別有兩家旨訣之深相契者耶? 蘆以"精爽爲皮殼說話", 此與寒之謂"精爽是指理之詞"者, 直冰之與炭。而寒答鄭書, 贊蘆語金秤上稱出來, 豈亦有感於鄭之附己, 而用此偏伯之術邪?

2-1-22 「노한이동변蘆寒異同辨」

노사가 말하기를 "움직이는 것과 고요한 것은 기이며, 움직이게 하고 고요하게 하는 것은 리이다."라고 하였다. 또 말하기를, "학자들이 태극이 기의 기틀을 기다리지 않고 스스로 동정한다고 오인할까 두렵다."라고 하였다.【「외필」】 또 말하기를, "명덕과 도심은 모두 심에서 말한 것이다. 만약 곧바로 이것을 리라고 한다면, 온당하지 못한 듯하다."라고 하였다.【기경도에게 답한 편지.】

한주가 말하기를 "발하는 것은 리이며, 발을 돕는 것은 기이다."[187]라고 하였다.【장신재, 곽명원에게 보낸 편지.】 또 말하기를 "지금 움직이게 돕고 고요하게 돕는 것을 태극이라 하고, 발하게 돕는 것을 리라고 한다면, 대본(大本)이 바르게 확립되지 않는다."라고 하였다.【최해암에게 보낸 편지.】 또 말하기를, "만약 발하는 것이 기이고, 발을 돕는 것이 리라고 한다면, 기가 대본(大本)이 된다."라고 하였다.【곽명원에게 보낸 편지.】 또 말하기를, "리가 스스로 움직이지 않으면 양이 어디로부터 생겨나겠으며, 리가 스스로 고요하지 않으면 음이 어디로부터 생겨나겠는가?"라고 하였다.【이기여에게 보낸 편지.】 또 말하기를, "명덕은 대본(大本)과 달도(達道)를 합친 명칭으로, 이른바 리의 체용이다."라고 하였다.【족숙에게 보낸 편지.】 또 말하기를, "옛날과 지금 사람들이 심을 논의한 것 중에, 심을 리라고 한 것보다 좋은 것이 없고, 심을 기라고 한 것보다 나쁜 것이 없다."라고 하였다.【「심즉리설」】

노사와 한주 두 학자의 본원에 대한 이론은 남과 북처럼 서로 다르다. 그런데 정재규는 심을 리라고 주장하여 한주에게 부화(附和)했고, 한주 또한 극찬하며 말하기를, "논리가 주도면밀하다. 기학(氣學)이 어지럽히는 세상에서, 홀연히 이러한 주장을 접하니, 사문(유학)의 큰 다행이다."라고 하였다. 곁에서 냉정한 안목으로 관찰하자니, 나도 모르는 사이에 웃음이 나온다. 한주는 정재규에게 답한 편지에서 또 "노사학파의 지결(指訣)은 나의 생각과 깊이 부합한다"고 했는데, '태극이 스스로 동정하는가, 동정하지 않는가? 명덕과 도심이 리에 속하는가, 기에 속하는가?' 이외에 별도로 양가(兩家)의 지결(指訣)이 깊이 서로 부합하는 것이 있는 것인지 모르겠다. 노사는 "정상(精爽)은 피상적인 설명"이라 했는데, 이는 한주가 "정상은 리를 가리키는 말"이라고 한 것과 얼음과 숯처럼 양립하기 어려운 것이다. 그런데 한주는

---

187) 이진상은 "發者 則發之主也 發之者 則發之資也"라고 말한 바 있는데, 이에 따르면 "發者, 理也; 發之, 氣也."의 해석은 "발하는 것은 리이며, 발을 돕는 것은 기이다."라고 해야 이진상의 성리설과 부합한다.

정재규에게 답한 서신에서 노사의 말을 '눈금이 있는 저울로 잰 것처럼 정밀하다'고 극찬했으니, 어찌 또한 정재규가 자신에게 부화(附和)한 것에 감격하여, 이처럼 편향된 패도의 술수를 쓰는 것이겠는가?

蘆沙曰: "動者靜者, 氣也; 動之靜之者, 理也。 又曰: 怕學者誤謂太極不待氣機而自動自靜。"「猥筆」 又曰: "明德、道心, 皆是心上說話, 若直以爲理, 則恐未安。"【奇景道書。】

寒洲曰: "發者, 理也; 發之, 氣也。"【張新齋、郭鳴遠諸書。】 又曰: "今以動之靜之爲太極, 發之爲理, 則大本不端矣。"【崔海菴書。】 又曰: "若云發者氣, 發之者理, 則氣爲大本云云。"【郭鳴遠書。】 又曰: "理不自動, 陽何從生; 理不自靜, 陰何從生。"【李器汝書。】 又曰: "明德, 卽大本達道之總名, 所謂理之體用也。"【族叔書。】 又曰: "古今人論心, 莫善於心卽理, 莫不善於心卽氣。"【「心卽理說」】

蘆、寒二家, 其本源之論不同, 正如朔南之判。 而鄭氏以心是理之說, 和同於寒, 而寒又極口贊之曰: "理到之言, 忽聞於氣學擾攘之世, 斯文之幸也。" 冷眼傍觀, 不覺一笑。 寒答鄭書, 又云, "蘆門旨訣, 深契鄙懷", 不知太極自動靜不自動靜, 明德道心屬理屬氣之外, 別有兩家旨訣之深相契者耶? 蘆以"精爽爲皮殼說話", 此與寒之謂"精爽是指理之詞"者, 直冰之與炭。 而寒答鄭書, 贊蘆語金秤上稱出來, 豈亦有感於鄭之附己, 而用此偏伯之術邪?

「외필기의猥筆記疑」【乙巳】

해제

1) 서지사항

전우가 기정진(奇正鎭, 1798~1879)이 지은 「외필(猥筆)」을 읽고 의심나는 점을 기록한 글. 『간재집(艮齋集)』전편 권14에 실려 있다.(한국문집총간 333)

2) 저자

전우(田愚: 1841~1922)로, 자는 자명(子明)이고, 호는 간재(艮齋)이다,

3) 내용

이 글은 전우가 기정진이 지은 「외필(猥筆)」을 읽고 의심나는 점을 기록한 짧은 글이다. 을사년인 1905년에 쓰여진 것으로 보아 「외필변(猥筆辨)」과 「외필후변(猥筆後辨)」을 쓰고 난 뒤에 다시 의심나는 구절에 대해 기록한 글로 추정된다. 글의 체제는 먼저 기정진의 「외필(猥筆)」에 나온 글을 인용한 뒤, 'O'로 구분하여 그에 대해 전우의 글을 싣고 있다, 전우가 「외필(猥筆)」에서 의심나는 것을 기록한 것은 "천명은 만사의 본령이다(天命萬事本領)", "참됨이 아니면 사물이 존재할 수 없다(不誠無物)", "부득불 그러한 까닭이다(不得不然之故)", "이미 기의 몫으로 돌아가게 된다(已被氣分占取)", "기가 리의 자리를 빼앗다(氣奪理位)", "동으로 가고 서로 가는 것을 오직 말의 머리만 보는 것이다(之東之西, 惟馬首是瞻)", "주인이 가는 방향에 종이 어찌 따라가지 않을 수 있는가?(主之所向, 僕豈有不往者乎)", "근세에 적막(適莫)이 없고 주장함이 없는 것을 리라고 한다近世以無適莫沒主張者爲理)" "단락이 있고 변화를 행하여 조리를 이루는 것을 보면 곧바로 기라고 말한다(纔見有段落行變化成條理, 則曰氣也)" "조종(操縱)하는 힘도 없으면, 무슨 일을 할 수 있겠는가?(非有操縱之力, 做得甚事)" "리의 유행(流行)이라는 하나의 큰 일이 모두 '기' 자와 함께 이루어지는 것이 되고 말았다.(理之流行一大事, 盡被氣字帶去作家計)" "유행하고 발현하여 변화가 환하게 나타나는 것은 모두 이 '리'가 하는 일이라는 것을 분명하게 보았다(流行發見, 變化昭著, 莫非此理之爲)" "배우는 사람들이 태극

이 기의 기틀을 기다리지 않고 스스로 동정한다고 오인할까 두렵다(怕學者, 誤以爲太極不待氣機, 而自動自靜)"인데 이러한 구절에 대해 전우는 기정진이 리에 대해 한 말들과 상충되는 부분이 있다고 지적했다. 따라서 「외필기의(猥筆記疑)」에서 전우는 리에 대한 기정진의 입장과 상충될 수 있는 부분을 주로 발췌한 것임을 알 수 있다. 이 글의 말미에서도 한유(韓愈, 1868~1911)가 "노사도 일찍이 리가 무위하다는 묘함을 알았다(蘆沙亦嘗見得理無爲之妙)"라고 한 것에서 보면 리에 대한 기정진의 이해가 올바른 것도 있지만 그렇지 않은 부분도 있기에 몇 구절을 뽑아 의목(疑目)을 만들었다고 밝혔다.

天命萬事本領。

> 按: 命以理言, 固也。天以帝言。帝與性, 程子別而言之, 卽未可直指爲理。故
> 朱子言: "帝是理爲主。" 曰理爲主, 則不可直喚做理。且如太極性命直是理,
> 未可但言理爲主而止也。蓋天如神字, 命如理字。此處界分, 直是爭毫釐。極
> 宜精察。

不誠無物。

> 按: "不誠", 恐未可以語理。今此所引, 無乃隱隱地認得此理有些神用意脈否?

不得不然之故, 已被氣分占取。

> 按: "不得不然之故"一句, 上四字屬氣, 下兩字屬理。觀朱書"天理當然而吾不
> 得不然"之語, 可見也。栗翁所謂"陰靜陽動, 機自爾", 卽"不得不然"也。其故
> 則栗翁所謂"所以動、所以靜之理"也。今曰: "被氣占取," 則栗翁"動靜、自爾"
> 數句中甚字, 是氣占取所以然底實跡也。氣無其實, 而勒定罪案可乎?

氣奪理位。

> 按: 所謂理位者, 何也? 不能自動自靜, 而爲能動能靜者之主, 是也。今如栗翁
> 說, 則氣果不能動靜, 而只爲動靜者之主乎? 如此, 乃可謂之奪取理位矣。栗
> 翁但言"氣自動靜", 而遽曰氣奪理位, 則豈非其平日認得理自動靜而然耶? 不
> 然, 何以發此非常之言, 以爲"三大變"之根本, 而歸咎於先賢耶?

之東之西, 惟馬首是瞻。

> 按: 人心自能識東西, 又有箝制之術。故東西惟吾意之所欲也。理亦有此識認
> 指揮之能歟? 此似是認理爲有爲者然, 可疑也。

主之所向, 僕豈有不往者乎?

按: 僕未必皆順主意。然所謂主者, 是有心之人。故能呵責, 而使之從令。至於理, 何嘗有心意要向某方, 而所謂氣者, 何能一一視其所向而必往無違哉?

近世以無適莫沒主張者爲理。

按: 觀此, 豈非認有適莫者爲理歟? 主張與適莫爲一意, 而屬之於理, 亦似過重。

纔見有段落行變化成條理, 則曰氣也。

按: 行成兩字, 於理字分上, 無乃貳重歟? 此處纔差, 恐有認神用爲道體之失, 不可以不審也。

非有操縱之力, 做得甚事?

按: 此豈所以言理歟? 蘆沙自言: "理非有造作, 自蠢動。" 此言卻是。【旣曰: "理非有造作自蠢動", 則造作自蠢動依舊是氣。然則又何以指氣自動靜爲病耶? 無乃自相矛盾歟?】然操縱做事與造作蠢動, 何以分別?

理之流行一大事, 盡被氣字帶去作家計。

按: "理之流行一大事", 不過曰理爲氣本, 而乘在氣上, 以爲天地間許多造化之樞紐而已。此事氣何嘗帶去。雖曰氣機自動靜, 而其於本、乘、樞紐等字, 初無毫髮干涉, 而謂之盡帶去, 豈不冤在了氣字?

流行發見, 變化昭著, 莫非此理之爲。

按: 此無乃認神用爲道體歟?

怕學者, 誤以爲太極不待氣機, 而自動、自靜。

按: 太極待氣機而動靜, 則機動而極動, 非極自動, 機靜而極靜, 非極自靜也。蘆沙旣已知此, 則何故復以動靜機自爾爲病而斥之?

韓希甯言: "蘆沙亦嘗見得理無爲之妙。" 此言似然, 而又時有不然處, 此宜細論。故就「猥筆」中拈出數段, 以爲疑目, 欲質於諸公云。

「분언(忰言」

1) 서지사항

전우(田愚, 1841~1922)가 지은 논설. 『간재집(艮齋集)』전편 권12에 실려 있다. (한국문집총간 332-336) 1906년(66세)저술.

2) 저자

전우

3) 내용

심성이기, 화이론, 당대의 제도 개선 등에 대해 정리한 수상록이다. 전우는 만고에 가장 존귀한 것은 성이며, 심이 성을 높이는 학문은 유자의 학문이지만 심이 성을 높이지 않고 스스로 높이면 이단의 학문이 된다고 하였다. 그는 고금에 심을 리로 인식한 자는 모두 자신의 마음을 스스로 존대하게 여긴 것이라고 하였다. 그리고 유자는 천리의 바뀌지 않는 근원을 궁구하여 인심의 치우치지 않는 덕을 세우고 국가에 유용한 사업을 연구하며 사민에게 무궁한 혜택을 베풀어야 하니 이것이 바로 체용이 모두 온전하고 이(理)와 사(事)가 일치하는 학문이라고 하였다.

이 글에 의하면 무위이면서 주체가 되는 것은 성이고 유위하면서 사역이 되는 것은 기이며 성을 근본으로 삼고 기를 주재하는 것은 심이다. 심은 리에 있어서 운용하고 주재(主宰)하는 공이 있으니 이는 신하가 임금에게 명령을 받지만 일에 임해서는 도리어 신하가 스스로 기다려서 운용하는 것과 같다. 리는 무위하고 심은 지각이 있으며 임금의 명은 무위하고 신하는 능력이 있기 때문이다. 여기에는 결코 심이 높고 성이 낮다는 뜻이 없다. 성인이 근본으로 여기는 것은 성이며 성을 근본으로 삼는 것은 심이니, 심이 성을 근본으로 삼는다는 것은 성인이 다시 태어나도 바꿀 수 없는 것이다. 전우는 주자가 '심은 사람에게 있는 천리의 전체'라고 했지만 중화신설을 세운 이후 '심은 사람이 몸을 주재하여 이 리를 갖춘 것이다.'라고 개정하였는데, 유중교가 이 점을 살피지 않고 심즉리설의 근거로 삼은 것은 잘못이라고 하였다. 그리고 자신의 '심은 성에 근본한다.'는 주장은 원래 유중교가 심을 지나치게 높이고 성을 비교적 낮게 말함으로 인해서 나온 것이지 두루 고찰하는 바가 있어서 그런 것은 아니라고 하였다.

전우는 제도 개선 면에서 인재등용을 중요하게 논하였다. 그에 의하면 인군은 마땅히 천지가 만물을 낳는 마음으로 마음을 삼아야 한다. 군심이 바르면 천심도 기뻐서 경상이 모이고 군심이 바르지 못하면 천심도 기뻐하지 않아 지혜가 이르게 된다. 인군은 시 문장이나 해박함을 학문으로 삼아서는 안 되고 오직 명철함과 결단력이 있어야 한다. 명철함과 결단력은 오직 현유를 친근히 하고 경사를 강론하는 데 있다. 현자를 세우는 것이 중요하다. 금일의 형세는 마땅히 경장(更張)할 때인데, 현자를 얻어 정권을 주고 먼저 기강을 세우고 풍속을 바르게 하여 백성들의 마음을 통일해야 한다고 하였다. 그는 국세를 진작시키고자 할 때는 색목이나 개가한 자손에 구애받지 말고 모두 발탁해야 하며 적임자가 아니라면 장상의 자제라도 조정에 서서는 안 된다.

우는 서구문명을 비판하고 중화와 이적의 구분을 명확히 하고자 하였다. 그는 이적(夷狄) 또한 사람이라고 보는 견해는 이적이 사람의 모습은 갖추었지만 기가 동식물과 다름이 없음을 모르는 것이며 예부터 이적과 혼잡하여 무사한 경우는 없었다고 하였다. 그에 의하면 이렇게 생각하는 사람은 자기 자신을 다스리는 공부에 있어서도 전혀 천리와 인욕을 분별하지 못하는 사람이다. 이적과 어울리고 이단을 반드시 공격할 필요가 없다고 여기는 자 또한 다 마찬가지이다. 전우는 당대의 시론은 만국이 통행하는 공법을 핑계로 삼아 이를 어지럽히는 것이니, 만국의 법이란 결코 통일할 수 없는 것이며 중화와 이적의 구분은 천리와 인욕의 구분과 같다고 하였다. 그는 천하에 이적이 있는 것은 마음에 이욕이 있는 것과 같으므로 한시라도 바뀔 수 없다고 하였다. 그는 국모 시해의 상황에서 국모를 위해 죽은 자가 없고 반역자 토벌을 발의한 자도 없으며 적을 물리칠 계책을 세우는 자가 없이 한결같이 만국공법을 핑계의 단서로 삼았다고 비판하였다.

2-1-24 「怾言」1(『艮齋集』前編 卷12)

學者立志以定趨向, 主誠以立基本, 學文以長識見, 愼動以尊德性, 主靜以養本原。

萬古最尊是性,【本體】六合可用惟敬。【功夫】此兩句心理兼擧, 體用俱備, 可以翫味, 可以持守。

性爲太極, 心之動靜是陰陽, 日用酬酢是五行, 事物是萬類, 而一以尊性爲入道之門。

性居尊位, 而心從而尊之, 則爲儒者之學也; 心不尊性而自尊, 則爲異端之學矣。

本性者以心配之, 心在其中矣; 其本心者直以心爲主, 而不復本於性也。然則所謂性者, 無足爲輕重也。性而無足爲輕重, 則將見天地翻覆, 綱常斁壞, 而莫之救矣。

孔門敎學, 全在尊性; 外家敎學, 全在主心。如以性爲極, 卽源頭旣正, 而末流無往不正。心也是善底, 故曰"心不違仁"; 情也是善底, 故曰"發而皆中節謂之和"; 氣也是善底, 故曰"其爲氣也, 配義與道"。【曰仁、曰節、曰道義, 皆性也。】如以心爲極, 卽源頭一差, 而末流無一不差。心也是不好底, 故曰"人心自由便放去",【程子語。】又曰"釋氏專認此心以爲主宰, 故不可與入道",【詳見朱子「答南軒」書】情也是不好底, 故曰"情旣熾而益蕩, 梏其性而亡之"; 氣也是不好底, 故曰"氣壹則動志"。今不就功夫源頭處辨別, 而或曰"心是好底, 必本此然後爲道", 或曰"氣是粗底, 必外此然後爲道", 皆末流之論也。

以心爲極天下之尊, 而無以復加之物,【劉念臺語。】遂使聖人治心、尊性一段正法, 牽拽而降之於下。縱使磨擦得此心極精細,【此句『語類』, 論釋氏語。】亦只於靈覺上造化運用而已, 其於天命之性純粹至善之體, 無復有尊崇敬奉之意。

吾儒於心性名目, 辨別得分曉, 惟恐其或混; 於心性工夫, 依傍得切近 惟恐其或離也。異學之人, 反是, 於其工夫, 違背得闊遠, 而不嫌其爲二, 於其名目, 附會得儱伺, 而每欲其合一, 執此兩端, 以觀人之言行, 則學術之邪正可見矣。【心性二字內面智知、仁覺、靈極之屬, 皆在其中矣。】

或問"人之爲學, 子以爲'心是氣也, 須要心本於性', 與其如是而流於迂回之弊, 曷若指心之本善者以爲理, 而從其所欲而自不踰矩之爲直截也耶?" 愚對曰: "如使所謂心者, 果是至理, 則豈不是人之所甚幸? 顧以從心不踰矩者, 聖人之妙用, 而非可以襲取也。至於自心自省, 務要合理, 則其功夫切於己, 而有可據之迹矣。然則人之爲學, 先其切己可據者, 後其'不思不勉'者, 是乃由淺入深, 從生至熟之序, 使其由是而勉勉不已焉, 則所謂從心不踰矩者, 亦將可以馴致。今必以是爲迂回難成, 而直截以自然中道者從事焉, 吾見其失先後之序, 違高下之等, 其弊將至於恃心自聖, 而聖人之妙用, 終非一朝一夕之所能致, 是亦兩病之而已矣。況所謂心者, 固是神明之物, 畢竟是有作爲運用, 而不離乎氣字位分。故其本善者, 但能不礙夫理而助其流行耳, 恐未可據之以爲極則也。況所謂理者, 乃是無爲之物, 又安有所欲之可論乎? 無乃於心理之妙, 茫然兩無所見, 而徒爲此大言, 以亂其眞也耶?"

學者欲不宗朱子則已, 如不欲畔朱子, 須是將虛靈知覺之心, 屬於至神之氣; 以仁義禮智之性, 屬於太極之理, 而使心之存主運用, 必本於性而不敢自用焉, 則豈惟不畔於朱子? 雖孔、顏之"心不踰矩"、"心不違仁", 亦只是此箇旨訣, 特有生熟之分耳。

以體段言, 則異端主心而不主性; 以心術言, 則世儒主肆而不主敬; 以施用言, 則俗流主利而不主義。然鞫其病源, 則一而已矣。吾儒必以性爲本, 而敬與義皆在其中矣。

枯木死灰, 異端之空寂也; 撐眉弩眼, 奮髥切齒, 禪客之使氣也; 拖泥帶水, 自同市井, 鄉愿之媚世也; 三日新婦樣子, 始學之怯懦也。若夫聖賢之教, 則靜而有理, 非空寂也; 動而循理, 非使氣也; 其處俗大同而小異, 非媚世也; 持身小心而大膽, 非怯懦也。

天以純粹至善之性, 畀付於我; 而我以誠實不欺之心, 奉承乎天。常使兩目照管,無有障礙, 子常見得孝, 父常見得慈。常使兩腳立住, 無有遷移, 子常踏得孝, 父常踏得慈。此是"對越上帝"、"顧諟明命"、"各正性命, 保合大和"之道也。

儒者以吾心不雜之功, 窮天理不易之源, 立人心不偏之德, 究國家有用之業, 施斯民無窮之澤, 垂後世必取之法, 斯乃爲體用兩全, 理事一致之學也。

不誠者, 視天地、君親, 亦如無有; 誠的人, 見鄙夫、小兒, 都用眞情應之。不敬者, 事父母、神明, 猶且放慢; 敬的人, 在衽席、溷廁, 皆以小心處之。

知己之重者, 斯可與入道矣。

存養,【心用性體, 無時不致一源。】省察。【天理人欲, 觸手便成兩片。】

靜坐時, 將此心立在昭曠之原, 亭亭卓卓, 未有一物干乎其前。應事時, 將此身放在天地萬物中, 作一體看, 不使自己敢傷了佗一物。讀書時, 將聖賢所說道理, 納在自家身心上, 不令佗一理走失了。此是聖門相傳宗旨, 時時刻刻, 習熟而體悉也。

向世俗粗淺之事, 研究得精深之理, 將聖賢微妙之論, 體貼在顯著之迹。

窮經而不事事, 書肆爾; 耽靜而不事事, 禪會爾。須是靜坐看書, 而於治家之法, 當官之政, 無所疏脫, 方是道學爾。總之一敬字, 通貫於三者之中, 是道學之要也。

窮理則多從無形影、無稽考處遊心, 未甚研精於過庭居室之際, 所以知識終歸於空虛無用; 持敬則只向承大祭、見大賓時下手, 不曾戒謹於鄙事小物之閒, 所以存養未免於閒斷不續。

<u>明道</u>以記誦博識爲玩物喪志, <u>伊川</u>以作文爲玩物, 又指專務詞章爲俳優, 又論易之義理而曰: "必欲窮象之隱微, 盡數之毫忽, 乃尋流逐末, 術家之所尚, 非儒者之所務也。" 此等皆當入心記著。

莊敬持己而審規矩之蹈, 公平待人而去町畦之隔, 省過周匝而非出於畏譏, 玩心

高明而非由乎厭事, 禮義勵世而戒稜角之峭, 嚴正衛道而慮權衡之偏。凡此疵病, 同志之士, 正宜互檢而交修耳。

大凡人須是有高世之志, 勢利拘絆佗不住, 威武驅脅佗不屈, 乃可與共學聖賢之道也。然又須是無厭事之心, 不憚繩檢以畔道, 不騖虛遠以落空, 始不流而爲異端之歸, 此是吾儒中正之訣也。

得志行道, 非一人之力所爲, 故朱子曰: "狂狷雖不中道, 聖人無厭而薄之之意, 況敎不素明, 材不素具, 亦將何以自輔而有爲耶?"【『論語』「斐然成章章」或問。】若夫闡明道學, 編集簡策亦然, 故伊川先生曰: "仲尼刪『詩』、『書』, 作『春秋』, 定『禮』、『樂』, 已前簡策甚多, 豈是仲尼一人獨力, 當時皆付諸弟子編集, 然後刪定。"【『論語精義』「斐然成章章」。】退翁曰: "朱子發明道學之功, 豈一身之力哉? 當時及門之士傑然樹立者, 轉相授受。"【本集「答鄭子中」書。】至於講學修德, 亦必藉朋友之助, 故橫渠先生言"惟聖人知朋友之取益爲多, 故樂得其來。"【『近思錄』第五卷。】以若聖人之資之學, 猶尙如此, 況後輩新學, 何敢自聖狹人, 不求天下之善以自助矣乎?

朱柏廬『講義』言: "制外所以養中, 故旣齊明而又要盛服。古人雖獨居燕處, 大暑隆冬, 必整衣冠, 危坐終日, 良以此也。"【見『中庸彙參』。】此得聖門宗旨。乃見近世士流, 有謂"學問本爲治心, 心正則可已, 又何事於衣帶之節也?"【此說之弊, 栗翁於『輯要』「修身章」, 痛與劈破。】居家旣不著上服, 見客又只戴燕巾, 此與子桑氏何異? 後進少輩之樂縱肆惡拘撿者, 爭相慕效, 而幾於山鹿野麋矣。萬曆間, 有郝敬者, 號爲當世之巨擘, 而所著述, 與宋賢每每立異。至曰: "世衰道裂, 日事浮華, 粉飾鋪張。且如『論語』, 言敬只是謹愼無敢慢之意, 而理學家, 必曰 '主一無適', 使學人終日正襟危坐, 束縛桎梏, 以爲操心, 此如捕風繫影, 終無所得。" 此言極使人駭痛, 殊不知程子"主一無適", 原兼理事動靜, 而正襟危坐, 亦本於『論語』之"正其衣冠"、"尊其瞻視"而爲之。彼乃自認作粉飾鋪張, 而妄肆譏評, 無所畏憚, 可謂無恭敬之心者也。此如朱門格物, 先自倫理始, 而其於禽獸草木之理, 則自當隨力所至, 而以次及之, 其序不可亂。乃陽明先格官舍之竹, 及至無得而反生心恙, 輒曰"朱子誤矣"。此當與郝敬之論敬, 并案也。【朱子「答陳齊仲」書曰: "爲學而不窮天理、明人倫、講聖言、

通世故, 乃兀然存心於一草木、一器用之閒, 此是何學問? 如此而望有所得, 是炊沙而欲其成飯也。"】

理爲心本, 亦心所運用。惟程、朱辨得精覈, 故其言心理合一處, 直是"渾融無閒"。後儒說卽心是理, 其所謂心理一致, 反成兩相違戾。程、朱之合一, 所主在理, 欲心與理合; 後儒之合一, 所重在心, 謂心便是理。此與聖門求放心以尊德性之學正相反。學者於此, 須精察而深戒之也。

鏡本明者, 心之說也, 鏡爲塵所蝕而有時不明, 須刮垢劚光而使之明者, 此學之說也。甲見心之用有善惡之雜, 而斥心本善爲學佛; 乙見心之體有本善之妙, 而斥心屬氣爲主氣。嗚呼! 不識本然者, 輒疑其與氣質無辨, 而其弊旣以學爲不當求諸心; 其見本然者, 遂信其爲太極主宰, 而其弊又以學爲不必本於性, 道果何時而明, 學果何日而醇哉?

心固是一身之主。然其所以主乎一身者, 以其靜而涵渾然之天, 動而循粲然之天, 而有是妙用耳。近世之言心者, 異於是。蓋其靜也, 只有一團靈明之象; 其動也, 只據一直發出之情。但於其閒認得瞥然精神底, 便謂"心學之極, 不過如是", 把持作弄, 做聖門宗旨看, 不知此只是心之自用耳。所以爲其學者, 於其見到處, 亦不無自樹立處, 然其行處已有輕肆狂妄, 不顧義理之弊矣。此眞可戒而不可法也。

論心一也, 而聖門之本性, 告子之強制, 釋氏之悟空, 柳氏之自尊, 不得不異矣。【指心爲極, 則亦是心之自言, 故曰"自尊"。自尊云者, 是心自尊也。】

崔氏銑言: "自求心習靜之論興, 竊見孔經之在世, 猶襄、獻之王周、漢也。方伯連帥雖曰'同獎王室', 然別出敎令, 自立社稷矣。" 余謂自柳氏心理之論興, 栗、尤二書之在世, 亦猶崔氏之所歎也。

人之一身, 卽理之所在, 須究見此身卽載道之器, 不得不悉心愛敬之。苟欲愛敬其身, 必須修省, 要使一念慮、一動作, 無不合理。此是天來大事, 惟日不足, 何暇爲人? 今士人不務修行, 而務騁辯; 不求進德, 而求邀名, 非其本心也。以爲不若是, 不足以取勝於朋儕之閒, 故爲人而強爲之。其績學謹行, 亦非出於誠心也。以爲不若是, 不足以享學問之名, 故亦爲人而勉爲之。是善與不善, 固皆爲人, 非爲自身道理而爲之也。此道理, 初無烜赫聲華, 只有淡泊滋味。今人只爲世情濃厚, 亦何暇念及於此? 平生所爲, 不過揭標榜修門面, 以爲別人耳目, 下梢無一毫補益於自家載道之身也。

士君子見識行義, 最要不俗。前輩有言"流俗之害, 甚於異端", 此誠深惡之之辭也。然愚卻又怕儒者而染俗者。大抵喜同惡異, 自是初學之通患, 而爲之師友者, 乃復爲依違回護之論, 以投其隙。是以聽者渙然不逆, 而輒認爲中道, 往往破壞牆壁, 脫略繩墨, 而相與淪陷於拖泥帶水之歸。其實栗翁所謂學鄉愿者, 而乃假途於吾儒, 以蓋其迹耳。學絶敎弛, 變異日出, 以欺世而取仁, 使後進之有志於學而未知所擇者, 例爲所誤, 深可悼懼耳。

爲學使人人皆悅, 周公、孔子之所不能。常見今世士類無骨力, 如爲人作妾婦奴僕, 只知以順爲道, 絶可痛也。

聖賢之學, 主於實勝, 故語簡要而有味; 後世之學, 主於文勝, 故其言瞻麗而無實。曾見某某數公之書, 論人論事, 動輒數千言, 而求其可用之實, 則竟未有一句端的與人做樣轍者。故知夫子"文莫吾猶人也, 躬行君子則吾未之有得", 早已防其弊矣。蓋言之而亂人心目, 豈若敎人躬行心得, 而文華流露之爲美也?

今日西洋各國, 英吉利最號富強, 而天主敎之徒, 結黨謀叛, 窖公會殿下, 藏火藥, 俟王至, 將轟殺之, 事覺誅死。查理第二弟嗣位, 素習天主敎, 强民從之。民習耶穌敎, 久不肯變, 渡海招荷蘭王爲主。又國人競尙耶穌敎, 而馬理,【女姿絶世。】仍執天主敎, 殺夫有邪行。又父子異財, 飢寒不相恤, 債負不相償, 終其身, 如路人。三綱之斁壞如此, 其佗又何論也? 苟鞫其源, 咸出於利之一字。甚矣利之爲害也。奈之何執政者之莫悟也?

魏莊渠言: "通宇宙全體, 渾是一理,【此語儘當體玩, 愈體玩愈有味。】充塞流行, 隨氣發用, 千變萬化。人見其用有許多, 遂疑體亦有許多, 不知只是一理所爲隨在而異其名耳, 本體更無餘二也。" 余謂魏氏此言甚佳, 如仁原是一箇生理, 而發爲惻隱, 其羞惡、辭讓、是非, 只是從所乘之氣, 而有許多名字。故孔門只教人求仁。仁得則義禮智皆在其中矣。然晦翁嘗言: "萬理雖只是一理, 學者且要去萬理中千頭百緖, 都理會四面湊合來, 自見得是一理。"【『語類』訓陳氏淳。】此又不可不知也。蓋學者未及致察於用處, 只管說一理, 只管說一體, 恐其流爲異端之見也。

孔子曰: "君子畏天命。"『集註』: "天命, 天所賦之正理也。" 子思子曰: "君子尊德性。"『章句』: "德性, 人所受於天之正理。" 此諸天字, 與"天命之謂性"天字同, 而若曰"理所賦之正理, 人所受於理之正理", 則成何說話? 故余嘗疑此處天字, 只主帝字爲得爾。【"人所受", "人之所得", "在人爲性", 此諸人字, 亦主心字看爲正。下不可做形體說, 上不可做理字看。】

『大學』明德, 無聖凡之分;『中庸』明德, 惟聖人有之;『中庸』率性, 無聖凡之分; 盡性, 惟聖人能之。

『大學』明德, 或者據『語類』問: "明德便是仁義禮智之性否?" 曰: "便是。" 一段以爲德卽是理之證, 此似未然。有問: "明道便是伯子否?", 宜答曰: "明道卽是伯子。" "便是", 是二物相似之辭; "卽是", 是一物無二之辭也。若觀春【從木】錄, "人皆具此明德, 德內便有此仁義禮智四者"之云, 則便見德字理字略有分別之實矣。又如銖錄問明德曰: "我之所得以生者, 有許多道理在裏。其光明處乃所謂明德也。" 此亦見德理非卽是一物之意矣。

『中庸章句』: "人身具此生理, 自然便有惻怛慈愛之意。" 余謂惻怛慈愛, 正就自身而言, 其於愛衆親仁, 是從吾身推去。此意人多不能信及。及見朱子言"人首圓象天, 足方象地, 中閒虛包許多生氣, 自是惻隱, 不是爲見人我一理後方有此惻隱。而今便敎單獨只有一箇人, 也自有這惻隱",【『語類』「孟子 · 人皆有不忍人之心章」。】始信愚慮之不爲無得也。

『語類』論『中庸』末章云: "一章之中, 皆是發明箇德字, 然所謂德, 實無形狀, 故以無聲臭終之。"【九十七卷, 必大錄。】愚每謂無聲無臭, 只是贊明德不顯之妙, 非指道體而言, 人之聞者, 例不見信。今見『語類』此段, 指意曉白, 無復可疑。然細玩『章句」, 亦自可見矣。

明儒錢啓新, "以『四書章句集註』, 朱子自謂自悞悞人不少, 後人以信其說爲尊其人", 是以小人之心事朱子。余常謂朱子云云, 要必據未定本而云爾。後見『大全』「答許順之」書曰: "『大學』近多更定, 舊說極陋處不少。大抵本領不是, 只管妄作, 自悞悞人, 深可懼耳。" 果然。蓋錢氏之意, 欲以破『章句集注』而云爾。

『近思錄』論戍役云: "再期而還, 今年春暮行, 明年夏代者至, 復留備秋, 至過十一月【愚按: 此是冬至月, 非謂十一箇月也。】而歸。又明年中春遣次戍者, 每秋與冬初, 兩番戍者, 皆在疆圍。" 『近思釋疑』云: "『詩』「采薇」章註, 中春下有至春暮三字。" 愚按: 仲春至三字, 當爲一句, 至謂還至于家也。『詩』「杕杜」章小註, 安城劉氏說可考。又按「杕杜」之詩, "作於春暮而期逝不至", 則戍役歸家之期, 在中春明矣。"期逝不至", 朱『傳』曰: "歸期已過而猶不至。" 據此則『近思錄』亦當依『詩』註, 中春下當添至春暮三字矣。

墓祭先降是『要訣』, 而沙翁以『家禮』本文"先參後降"爲難違, 而南塘、近齋、梅山, 皆主先參, 任先生亦然。故鄙家曾守『要訣』, 後改從沙翁矣。

尤翁「答叔弟」書論神衣, 以綠紬爲材, 而"其制只如男子直領, 兩傍有耳, 袂口不圓殺, 且以紅緣領及傍際下際袂口。" 此與『便覽』之制不同, 而似無內供, 窮家所易辦, 故欲令家人依此製用矣。【袂口不圓殺, 此口字恐衍。】

兄弟爲君者, 或謂同昭穆, 或謂異昭穆。其主同昭穆者, 如左氏云"設令兄弟四人, 皆立爲君, 則祖父之廟, 卽已毀埋, 必不然"者是也。其主異昭穆者, 如『周禮』疏云"弟已爲臣, 臣子一例, 則如父子, 故別昭穆"者是也。左氏以情言, 疏家以義言。後世行禮, 情常掩義。故同昭穆之說常勝。然是禮也, 只如左氏之說而已, 則諸侯之國取高曾之行, 入承大統者, 其已遷數世之主, 亦不得不還奉矣。諸侯而八廟九廟, 豈不害理? 程、朱二先生論兄弟傳國, 皆主異昭穆之說, 亦豈不念及於左氏所說之疑, 而苟然爲之哉?

釋菜儀, 先聖居中, 配位居東西向。從祀位, 濂溪東一, 明道西一, 伊川東二, 康節西二, 司馬東三, 橫渠西三, 延平東四, 此略倣古昭穆之禮也。『家禮』時祭, 祔位之尊者居西, 卻是從後世以西爲上之制也。【釋菜儀見『朱子大全』, 『語類』。】

我國校院位次, 尊位居中南向, 配享位居東西向, 略似昭穆之遺意。至於從祀位, 卻又以西爲上,【尊者居西故云。】此乃因襲後世之謬制也。朱子所定, 則明是以東爲上。故尤翁亦謂"今當以此爲準", 而鏡湖於此有所不察, 乃以配位居東爲天道尙左, 從享西上, 爲地道尙右。信如此說, 則朱先生於滄洲精舍, 行釋菜儀, 何以處濂溪於東一, 明道於西一也?

弟子侍坐於先生, 見同列則不起禮也。梅山先生與人書, 引"禮樂不可斯須去身", 以爲起而相揖是亦禮也。愚意其不敢起, 乃所以爲禮也。『通典』「晉制」, 皇帝會公卿, 坐位定, 太子後至。孫毓以爲群臣不應起禮曰: "父在斯爲子, 君在斯爲臣。" 侍坐於所尊, 見同等不起, 皆以爲尊無二上, 故有所壓之義也。

無爲而爲主之謂性, 有爲而爲役之謂氣, 本性而宰氣之謂心。心也者, 靈於氣而粗於性矣。是故君子資其妙用, 而慮其守之之難也。人皆有是心, 其昧者不及守, 過者又謂之可恃, 而惟其心之所欲爲。此氣之所以愈盛, 而理之所以愈晦也。故惟慮其守之難者, 爲能資其不測之用也。其守之宜如何? 曰: "其敬乎!" 敬也者, 心之所以爲主宰者也。

朱子言: "功夫用力處, 在敬而不在覺耳。" 愚繼之云: "主宰準的處, 在性而不在心耳。"

存養二字出『孟子』, 而本兼動靜。『論語』: "無終食之閒, 造次必於是, 顚沛必於是。" 註云: "終食造次顚沛之頃, 無時無處而不用其力"云。而曰: "存養之功密。" 『中庸』戒懼是通動靜, 而『章句』以爲存養。然則雖對省察, 亦不害其爲該貫全體也。明道言: "若不能存養, 只是說話。" 此亦不偏主靜一邊而言也。涵養亦然。

吾儒之學, 自其有形有象處, 儆戒無怠, 漸次收斂, 以至於萬用俱息, 一心湛然淸靜中一物不可著, 而鬼神不得窺其兆眹。是時功夫平平存在, 氣象淵淵靜深, 此是學問大根本。學者可時時習之。【『要訣』教初學, 亦令靜坐收斂, 使寂寂無念, 惺惺不昏矣。】但此境界極微密, 猝乍難著腳。惟就未發已發之幾善端呈露而私意人欲未及萌芽處, 默識心契而安靜以養之,【程、朱所論復卦處有此意。】馴致充盛而牢固焉, 則可以省得多少氣力, 占得多少地步矣。然此亦非資性沈靜謹密者, 未易爲力。又思其次, 則默坐澄心, 將日用間道理, 一一體究, 令分明認得, 則此卻漸有路脈可尋, 條理可辨, 雖始學之士, 亦須時時習之。以上三層功夫, 苟能切實下手腳, 而有所進步處, 則凡聖賢文字師友講論, 與夫家國天下之事務, 無一非此理之所流行, 隨處相證, 觸類可通矣。其爲功用, 豈淺淺哉? 又其次則惟莊敬整肅, 以自持於言動事爲之間,【如『曲禮』張子謂之"天地魂魄藏府之所寓", 『小學』朱子謂之"已自是聖賢坯墣了", 學者最當以此類, 作爲手笏, 而步步踏著去也。】卓然自立, 不被氣習物欲之所搖奪者, 顯有田地可據, 節文可行矣。若此處亦不復能守之, 更無安頓此身處矣。

學者, 靜時要有淵然虛明氣象, 動時要有截然嚴正氣象。

敬者, 心之所以爲主宰也。只言心, 則只是虛靈精妙之氣耳。著箇敬字功夫, 如舟在大洋中不辨方所, 而仰見北極, 始有子午可指。心而無敬, 便放倒, 無復可以承夫理而宰乎身者也。

敬字功夫至, 則此心有事時, 洞然外達; 無事時, 卓然中立, 動而不累於物, 靜而不淪於空。此是敬功至妙至妙處, 然極難得力。

敬功至於無虧闕無動搖, 至精至微, 至正至方, 時時淵瑩, 處處圓融, 方是盡處。若僅取一番操持, 瞥然有主時, 便謂之敬, 恐少閒已不可恃矣。

無事時, 守箇精明字; 有事時, 守箇正當字。

"碧潭風定影涵虛, 神物中藏岸不枯, 一夜四郊春雨足, 卻來閒臥養明珠。" 此歐公「河龍潭」絕句, 意思涵蓄, 可以玩味。

"古人蘊蓄深厚, 故發越盛大, 今人容易漏泄於外, 何由厚積而遠施? 學者當深玩默成。氣象渾厚則開文明, 澆薄則開巧偽, 學須涵養本原。" 此魏莊渠語。余今日看此, 覺得平生大病, 在容易漏泄四字。從茲以後, 深以默成涵養爲務也。

心所以活者, 以其無礙也。若滯在一事, 此與手足耳目之拘於一職而不能以相通者無異。近覺自心往往有死局底氣象, 子細簡點, 只緣事物之來, 不能隨其本分而從容應酬。於是此心之用, 滯礙於一處, 而無復見其活化之妙矣。

天地和氣爲之主, 人亦當以此爲主。氣一不和, 物我皆病。試以反觀, 心氣和平時, 雖夷狄禽獸之類, 亦皆與之相得; 心氣忿戾時, 雖父子兄弟之親, 尚且患乎難容。此生理殺機之分, 學人正宜細心體察也。

啓口雖邇言, 亦如對獄吏草供辭; 持身雖微動, 亦如使畫工打影本; 居心雖細念, 亦如入帝庭被簡點。

"未發之時, 有聲色過乎前, 不起聞見之念, 此靜也復也; 自無聞見之念, 此至靜也坤也, 皆未發也。" 此丹臺李丈說也。不起聞之見之之心, 『輯要』亦嘗有此語。然下文無所謂"自無聞見"之說, 則雖曰"不起", 實則"自無"也。而今以"不起", 對"自無"而言, 則所謂"不起"者, 畢竟是有心要不起也。既有心要不起, 則已是動也, 豈可謂之未發乎? 若曰"自然不起"云爾, 則又與"自無"之意相疊, 而不得爲復矣。且既是復, 則又安得爲未發也乎? 今以此說, 欲解諸家之棼, 愚恐其愈解而愈棼也。

人心本有樂, 而只被客氣、世習、物欲三者所纏繞, 便有萬般苦惱。須識得溫然生物之仁, 肅然成物之義, 以之加培養之功, 令被三者, 漸次銷鑠, 庶幾得固有之樂也。

古人學問, 常於平時積聚, 及至利害在前, 禍福當頭, 無可如何處, 便將平日學問, 承當受用。今人只是平時學問, 變處不學問了。

禹之告舜曰: "后克艱厥后, 臣克艱厥臣, 政乃乂, 黎民敏德。" 非惟治天下爲然, 卽治家亦當然也。父克艱厥父, 子克艱厥子, 兄弟夫婦, 亦皆夙夜祗畏, 各務盡其所當爲者, 則其家事乃能修治而無敗壞, 家衆自然觀感, 速化於善而不待督責矣。今

家人之不率教, 非其罪也, 乃吾與汝不能盡克艱之道之過耳。從玆以往, 只宜默默自加功焉可也。【此一條告子。】

今日人才之弊, 性近恬靜者, 卽是於世務都不關念, 而其欲救世者, 又不免以功利之心作起事端。要之儒者之道, 以天地萬物爲一體, 痒痾疾痛, 擧切吾身, 而至於出處語默, 則一毫不放過, 此乃爲中道也。【伊川曰: "賢者不可自進以求於君也。" ○ 貞庵曰: "無召命則不可先進疏本。"】

君子之仕, 無必待擧世皆淸, 然後出脚之理。又不可舍吾之所學, 包羞忍恥, 夷獸同羣, 而可以期異日之事功。竊意惟杜門講學, 使一脈陽氣, 得以長養於積陰之中, 則雖不能奏功於一時, 而其澤亦足以及於無窮矣。如此乃爲至公無我之心, 不然乃霸者之餘習, 豈足稱於聖賢之門乎?

程子論顯比之道而曰 "以臣於君言之, 竭其忠誠, 致其才力, 乃顯其比君之道也。用之與否, 在君而已, 不可阿諛逢迎, 求其比己也。" 此以已仕者言。若乃未仕之士, 則必也明先王之道, 繼前聖之學, 以扶人紀, 通世務, 而有以不負乎國人之望焉, 則只此便是顯比君上之道。至若擧錯用舍, 在朝廷而已, 豈可自以其言投進公門, 以求君上之用我也乎?
人臣之於君上, 必懷道抱德, 然後可以應延聘之禮。若或上之人未及審察, 而失擧措之宜, 則下之人當自量度, 而遠負乘之醜矣。

或疑近世儒林, 不應召命, 殊無義理。余嘗謂朝家所以抄選儒賢, 名義固好, 而爲儒賢者, 亦非不肯爲之用者, 但朝家實非欲用儒賢, 乃欲以是爲觀聽之美, 故前輩多不應命。且君上之左右, 未有賢者維持調護之, 則君子亦何所恃而出哉?

儒者進用, 於國計民隱, 必不敢不盡心焉, 則非獨一時權要所厭惡, 雖號爲賢士大夫者, 亦未必不指爲已甚而沮擾之。此儒者之所以難於出仕也。

無虞人而卽鹿, 惟入林莽, 非君子之見幾矣。比射者而得禽, 雖若丘陵, 亦御者之所羞也。

古之君子, 量而後入; 今之君子, 欲入而後量, 及其入也, 又棄其所學, 而從人焉已矣。

向蒙將作之除, 中仰汝得書, 有道長彙征之語。愚答云: "如賤子者, 無足言, 公兄弟既出而供仕, 必須理會第一著, 其佗勿問可也。" 不知其意云何, 而所謂第一著, 卽爲國母明大義也, 因軍亂以卻敵也, 勸主上還私親也。此三者今日所當爲之大綱, 而不可以時刻淹者也。吾言見用, 則固宗社生靈之福, 如其不可, 卽奉身而退可也。

昌黎作「羑里操」云: "臣罪當誅兮, 天王聖明。" 此語愚甚愛之, 必如此而後, 方可謂之盡君臣之性。程子謂之"道得文王心出來, 此文王至德處"【『遺書』】, 朱子亦嘗答"愛君之心何以不如愛父"【愚按: 此語極害理。】之問, 因舉此云: "退之此語, 如何道是好? 文王豈不知紂之無道, 卻如此說? 蓋臣子無說君父不是底道理, 只得說如此。"【見『孟子』「離婁下」君之視臣章小註。】愚按: 程子以心言, 朱子以理言, 合二說, 其義乃盡。近見輔潛庵論「凱風」"母氏聖善"之語云: "此唯子可以施之於母, 臣而事君, 如此則未安。韓文「羑里操」, 先生嘗云: '看得文王之心不解如此。'【朱子語止此。】豈有紂如是無道, 而乃強以爲聖明者哉?" 輔氏所引朱子說及其所論, 於義如何? 愚竊以爲就事而論, 則有是有非, 原心而論, 則無不是。羅先生言: "天下無不是底父母。" 陳潛室亦嘗言: "臣子當知天下無不是底君父。" 此皆原心之論, 正好體悉, 儘體悉儘有味也。愚意恐當以『程書』及『孟』註爲正。

人君當以天地生物之心爲心。君心正, 則天心豫, 而慶祥集焉; 君心不正, 則天心不豫, 而災害至焉。天人感應, 昭然可見也。

人君之德, 以寬洪簡重仁厚誠實爲本, 而濟之以學問。學問之道, 必須親近賢士而後, 乃能有成也, 故『書』稱成湯之德者, 必曰"早自得師"。

人君不以詞藻博洽爲學, 惟務在明與斷, 明則無邪正相混之弊, 斷則無好惡未盡之患。然明與斷, 又惟在親近賢儒, 講論經史爾, 如此則佗餘嗜好, 亦無可乘之隙矣。

人君須是識見高志氣定, 乃有所濟。

人君所以正朝廷之本, 莫急於黜私循理; 所以正朝廷之具, 莫先於得人立賢。

杜子美詩云: "艱危須藉濟時才。"『語類』先生說"某思至此, 不覺感歎", 因言"濟時才, 分明是難得", 直卿問: "志與才, 互相發否?" 曰: "有才者, 未必有志, 有志則自然有才。" 或言: "有志者或未必有才。" 愚謂儒者能存得濟時之志, 亦須留心於濟時之術。雖人之資稟不同, 而亦須有進, 未有志至而氣不至者。世俗認籌數制度之類, 當得一件大事。然此等只是技藝, 所謂濟時之才, 非指此也。

愚謂我國今日之勢, 正宜更張, 而更張之難, 非如守成之易。必也主上卓然立志, 又必得有才有德有誠之人, 委國而授之以政, 使之先立紀綱, 以尊朝廷之體。次正風俗, 以一百姓之心,【立紀綱者, 辨賢邪以定黜陟之分, 核功罪以公賞罰之施是也; 正風俗者, 崇信義以塞功利之源, 明教學以距詖淫之說是也。】而崇節儉, 薄賦斂, 制民產, 修軍政之類, 以次而行, 庶幾年歲之後, 可以盡復先王之政也。夫尙義而下利, 內夏而外夷, 是百王之所因, 非一日而可革者也。而竊聞近日時議之所欲更變者, 非欲行堯、舜三代之法, 乃欲效夷狄富強之術, 是豈爲"高下者因丘陵、川澤"之謂乎? "事不師古, 而以克求世, 匪說攸聞"者, 可謂準備語也。栗谷先生言: "時務之宜, 雖能曉達, 而先王之政, 不能追復, 則譬如不遵規矩, 手造方圓者也。" 使栗翁而不知道則已, 不然, 可不爲之寒心也哉?

欲張大國威, 振起國勢, 不在於技藝之神巧, 惟在乎進用賢才, 保護民庶而已。苟其可用之人, 不拘東南色目, 西北微賤, 改嫁子孫, 列邑胥徒, 無不甄拔, 先從庶僚試之, 終至大官。如入戶曹爲小史, 而年久有履歷者, 以次陞遷, 至於長官, 其閒不得轉注佗官, 佗曹倣此。如非其人, 雖將相子弟, 亦不得立朝。且居官失職者, 一切論罪, 無或容私。國君以民爲天, 不可以不悉心保護。我民與外國人有干, 而曲在我民, 治之不少貸。如無所失而爲彼所困, 則爲之伸理而不使有冤, 則民亦有所畏而不敢爲非, 有所恃而不受其欺矣。如此則賢才在朝, 小民安業, 而國家昇平矣。

人主旣斥遠邪佞, 親近儒賢, 以達其識, 以修其德, 而又必求老成誠實剛嚴明達之人, 以爲大臣, 使之廣詢博訪, 不拘朝野。惟篤志力學, 曉達治道, 主忠信, 勵廉恥, 足以有爲有守者, 量才授官, 隨職責成。

"方臘起, 向薌林時爲小官言: '今無策, 只有起劉元城、陳了翁作相, 則必不戰而自平.'" 此見『語類』論兵門, 而朱先生又嘗於金虜侵宋之日, 移書籍溪, 論其救本之術, 亦不過曰; "視天下人望之所屬者, 舉而用之, 使其舉錯用舍, 必當於人心, 則天下之心, 翕然聚於朝廷之上, 其氣力易以鼓動." 愚竊謂自古國家自盛而衰, 必由小人壞亂法綱動撓人心而然. 及其禍亂既作, 又必得傾否亨屯旋乾轉坤之賢才, 以柄用之, 庶幾轉危爲安, 起死回生矣. 然至于今日, 未知誰可爲當此者, 而無或有『大學』"雖有善者, 亦無如之何"之歎也耶?

『春秋胡傳』言: "古者寘卿, 必求賢德, 不以世官.""其後官人以世, 而先王之禮亡矣.""至於三家專魯, 六卿分晉, 諸侯失國, 出奔者相繼, 職由此也." 今我國專任戚臣, 戚臣果賢且德也, 則所賴大矣, 不然則其毒民誤君也, 大臣莫之敢制, 諫官莫之敢言, 而卒致亡國之禍, 其視官人以世, 所損尤大. 士君子讀書爲學, 蓋將欲得君而澤民也. 至於時不可道難行而不能進, 則豈其心之所樂爲哉? 是以雖聖賢之處此, 不免於慨然之歎, 而不忍果於忘世. 甚或數月無君, 則遑遑焉相與弔之, 而出疆載贄, 以冀其道之行也, 其於君臣之性, 恩義可謂篤矣. 固不爲末世高尙之虛名而樂於獨善其身也.

朝廷倖位, 一切革罷, 外方小邑, 亦皆合幷, 京外吏胥, 又從寡約, 此亦今日急務也.

財出於民, 而民命之所繫也. 今小民之財, 見奪於官吏與豪強, 而至於不得養其父母, 育其妻子, 則彼非知道安命之君子, 如何能不聚而爲盜? 如何能不起而作挐? 民之爲盜作挐, 固國家之大患. 然欲止其患, 無佗, 只在節用以愛民而已矣.

國家之屯難極矣, 危亡在呼吸間. 使主上知求而往明之義, 至誠求賢, 致敬以迎之, 誠信以任之, 則爲賢者者, 其出處宜如何? 出而用世, 則其于各國, 何以待之? 與之同朝共居, 則華夷無混處之義, 苗莠無相容之理, 若欲攘斥而驅遣之, 彼勢方盛, 吾力未足, 安能以正道顯然逐之乎? 若謂賢者不當出, 則「遯」之"與時行", 「否」之"志在君", 「蹇」之"蹇蹇", 固已不然. 又與夫聖人不忍以無道必天下而棄之之心不同矣, 未知如何. 抑陰盛而抗陽, 則君子亦不可以有行也歟? 恐聖人之視天下無不可爲之時, 則亦必有處之之術, 而其妙用, 非常人所能揣度。姑以淺見言之, 今日所當受用者, 其惟屯之"小貞之吉"乎! 所謂貞者, 如立志講學, 擧賢黜邪, 尙義下利, 信賞必罰, 節用愛民之類是也。此數者, 苟能深明而實行之, 則彼各國之人, 必將畏服而不敢侵陵矣。至於各國已立之約, 則欲一朝盡更之, 徒致凶咎而事終不成。今且先擇其甚不便於國計民生者若干條, 至誠陳其利害, 漸圖變通之道, 而彼若適己自便, 不卹我邦, 則便非交鄰之道, 亦必善爲辭令, 辨其是非, 而歸曲於彼, 彼雖强悍, 終難據曲以爲壯。且彼之奇技淫巧之屬, 學之何用, 而乃以此有求於彼, 而使彼得以此致驕於我也? 自此宜一刀兩段, 不復實意, 以示無求於彼之意, 則我雖寡弱, 亦將守正以自强矣。程子論處塞之道曰: "凡處難者, 必在乎守貞, 設使難不解, 不失正德, 是以吉也。若遇難而不能固守, 入於邪濫, 雖使苟免, 亦惡德也, 知義命者, 不爲也。" 今也不行先王之舊章, 反效裔戎之新法, 寘吾民於度外, 卻養豺狼於城中, 此所謂入於邪濫, 而知義命者之所不爲也。

曾見朴潛冶集, 有言"衛輒之得位, 固當於義, 其不可爲君者, 但以拒父之志耳。若無拒父之志, 則子路之死其難亦當。" 愚竊謂此說恐未安。朱子嘗言: "據理, 輒合下便不當立, 不待拒父而後爲不當立。"【見『語類』「論語門」〈衛君待子章〉。】以此觀之, 冶說之得失可見矣。然朱子之論, 但據其始而言耳。輒今君臨一國, 若又無拒父之罪, 則衛之臣子, 拒蒯瞶而輔之, 如『大全』范伯崇書所引『胡傳』之說, 似可矣。然於愚意, 猶有所更商者。蒯瞶之來, 輒果能悔其不當立, 而思所以善其後之道, 則但當以父子之倫爲重, 而不可一日立乎其位。自始至終, 自表至裏, 只有必辭之心而已, 都不見其佗, 然後庶幾少贖前罪。若有一毫外爲避位之迹, 而陰幸廷臣輔己, 天王與己之心焉, 則其視據國拒父, 情理尤不好矣。由前則朱子所謂"若其必辭則當請命而更立君"者, 爲可遵用也。由後則又朱子所謂"掩耳盜鐘, 爲罪愈大"者, 其不可有國也, 亦明矣。然則輒之人地, 原無可輔之理。此程伯子所以止言"輒從父則衛之臣子拒蒯瞶可也而已", 未嘗言拒瞶而輔輒, 如文定之云也。故『語類』壽錄一條, 以胡氏之論爲不是, 而以致堂立郢爲是之說, 爲救文定之錯。以是觀之, 其「答伯崇」書, 輔輒之說, 決是未定之論也。或疑"使輒於卽位之初, 便迎蒯瞶以入, 使君臣父子之間, 道幷行而不相悖, 則如何"。愚意謂之此善於彼則可, 謂之恰好道理則未也。輒之義, 當於靈公薨而南子欲立之之時, 卽逃而從父, 遵海濱而處, 終身忻然樂, 而忘南面之位, 然後方爲第一等十分道理也。【『大全』方賓王答問可考。】蓋輒不立而逃之, 則於靈公之命, 旣無所違逆。【蒯聵出奔後, 靈公謂少子郢曰: "吾將立若爲後。" 郢辭。靈公卒, 夫人曰: "命郢爲太子, 君命也。" 郢曰: "亡人之子輒在。" 乃立輒爲君。文定亦言: "輒雖由嫡孫得立, 然非有靈公之命。"】於父子之間, 亦無所遺憾矣, 而輒不知出此, 乃敢卽位以違其祖, 興師以拒其父, 亦獨何心哉? 噫! 此豈但輒之罪已哉? 靈公旣不能早定國本, 衛之大臣, 又不能謀於國人, 選公子之賢者, 以主其國, 公子郢亦不能以大義自處, 乃爲區區之嫌, 當立而不立, 以致禍亂, 皆不免爲『春秋』之罪人也。

聖人之仁, 如天地生物之心, 有教無類, 仁民愛衆, 而後賢於幷世異學之士, 諭之不聽, 則可以已矣, 至於斥之甚嚴而不遺餘力, 獨何也? 曰: 正道之有異端, 猶天理之有人欲也。天理人欲, 不容幷立於方寸之中, 是以遏人欲而存天理也。汎愛有教者, 心德之體, 衛正道而闢異端者, 道學之用。二者, 不惟幷行而不悖, 亦要相須而相成。蓋異言不熄, 正道不明, 正道不明, 天下大亂, 而民生不遂矣。其明辨痛闢, 乃所以順天命而扶人窮也。是豈世俗之見所能窺測者哉? 然聖賢之於彼, 雖斥之甚嚴, 而亦待之甚恕, 觀孟子歸斯受之, 朱子救寧海僧之類, 可見。

聖賢之用心截然者, 其用之時見也; 渾然者, 其體之常存也。論事是非, 絕無一毫回互之態。然其隱惡揚善, 長善救失之意, 則未嘗無耳。

性氣狹隘戇直底人, 心下常切切硬硬, 以此自恃爲直, 非也。心氣若不和緩, 與人便乖, 遇事便惱, 豈不自苦? 須放敎寬平, 滿腔春意, 則觸處皆是歡喜氣象。

今之時, 天地正氣已衰, 聖賢道術寖弱, 故夷狄禽獸, 橫行中國; 異類邪說, 蠹食人心。吾儒幾人, 窮而在下, 未可與之爭鋒。【伊川先生言: "時之盛衰, 勢之強弱, 學『易』者, 所宜深識。"】且須與知舊朋輩, 潛相講辨, 默與挽回, 是爲持守父母之遺體, 傳述先師之道學, 以輔助吾君之風化。庶幾如"碩果不食", 以爲復生之本矣。

君子虛懷應物, 固無必以聖賢望人之理。又未可羈縻小人, 回護異說, 而投合於世好。竊意惟分明直截, 爲可以寡過。顧其間屈伸變化, 則自有斟酌, 不可至於已甚耳。

荀子有言: "天不爲人之惡寒而輟其冬。" 余繼之曰: "君子不爲流俗之惡直而貶其道。"

余見流俗之害道甚於異端, 有志於明道者, 不忍任其自爾。故每遇知舊言行有半上落下者, 輒正言之, 聞者率不堪, 甚則恨之, 視若仇敵, 要之不足恤也。士之存心行事, 當上鑑千載之得失, 下視來世之是非。苟可以利天下裨世程, 堅持而不撓, 必達而後止, 安可顧一時之毀譽耶? 徇一時之毀譽者衆, 此道之所以不振, 而有識之所爲歎也。

近世功利之說, 陷溺人心, 故世俗多尙功利喜夸詐, 而其於"範我馳驅"之道, 有不暇顧, 甚可歎也。

頃得某丈書, 謂余"每事不以方便善處, 故無事中惹事。" 此誠有之。蓋余禀性徑直粗率, 不解婉轉周悉, 凡處俗遇人, 例多不合, 以致仇敵滿前。余亦尋常自病, 而不能遽化之也。大抵近世作事近義理者, 常苦於掣礙而不得行, 其周旋人情而有損於道者, 則隱忍遷就, 彼此相徇, 以爲不得不然。假使眞有聖賢者出, 發之以誠心, 行之以直道, 恐亦未必貼然無事而致世人之悅。此可歎也已。

"渾厚, 自是渾厚, 今淅中人, 只學一等回互底事, 不是渾厚。渾厚是可做便做, 不計利害之謂。今淅中人, 卻是計較已甚, 其弊至於可以得利者無不爲也。"【朱子語, 見『語類』論淅學處, 有璘錄兩條, 學者當熟玩之。】包荒者, 只是不爲忿疾之義, 非知其無狀而與之共事之謂也。【宋子語, 見『大全』「答李畏齋」書。】

義君子之路, 利小人之府。

近看『大學』"仁人放流"節, 『困勉錄』曰: "天下有可直之小枉, 故擧直以化之; 有不可容之巨奸, 故放流以絶之。此皆仁人之天則也"。余因思聖門, 有可恕之小失, 故曉諭以正之; 有不可混之異端, 故明辨以斥之。此皆儒者之道術也。

「剝」卦『傳』曰: "理有消衰, 有息長, 有盈滿, 有虛損。" 胡氏曰: "消息盈虛, 皆爲陽言。復者, 陽之息; 姤者, 陽之消; 乾者, 陽之盈; 坤者, 陽之虛也。"【止此。】此謂理有陽氣消息盈虛之理, 故陽氣有消息盈虛也。若無此理, 則氣何自而有此乎? 凡世之讀朱子「答鄭子上」書者, 宜於此澄心省悟焉。

既要得官以榮身, 又要嘿口以避禍, 決非君子事君致身之道也。

自己持守, 固宜謹嚴, 至於御家衆、接鄉人、處世儒, 則物性不齊, 習心亦異, 豈可以一律斷? 但要各隨其人本分而應之, 令不至大錯而已, 不宜先懷一段煩惱之心。如此, 非惟處物有失, 自家存養功夫, 實有未充而然爾, 此宜深加警省。

處家處世, 不要有忿戾激發之意。但常自體此心, 溫厚無暴厲, 寬坦無繫礙, 則日充日達, 享用無邊。視民如傷, 反己自盡, 聖門仁愛體用, 原來如此。

寘此身於衆人之中, 而愛憎予奪, 一切無偏私之蔽, 則於求仁之功庶矣。然非敬靜, 則必做不成矣。

處習俗不美之時, 思量得"直道可行無古今之異", 勵君子特立之操, 徵驗了衆情可協無物我之閒。【此是書贈趙景憲。】

君子與小人處, 無苟合之理, 而有相睽之勢。然君子於小人, 勢必不能勝, 心亦不求勝, 故益自修而已。

余於世人, 未嘗立異, 亦未嘗混同。只看別人循理, 則同然而無異辭; 若見俗輩害理, 則異論而不詭隨。晦菴雅言: "天下事, 安可必同, 安可必異? 且如爲子須孝, 爲臣須忠, 我又如何異於人? 若是不好事, 又安可必同? 只是有理在。" 余以爲此是儒門正法, 纔異於此, 便是無礙禪也。

「伊川年譜」, 載辭張茂則事, 註云"或謂恐無此事", 蓋疑其近於已甚也。嘗記三淵亦以此爲似沒人情者, 後因『梅山』『雜錄』, 知張之爲宦者, 始快於心。但可疑者, 當時諸公, 皆一時名流, 而宦者之召, 伊川外, 無一人不往, 直是難曉。及見『龜山語錄』曰: "張茂則, 宦官之賢者也。曾請諸公啜茶觀畫, 惟正叔不往, 辭之曰: '某素不識畫, 亦不喜茶.’ 如正叔, 眞箇不去得, 佗人到此, 須容情與佗去.” 據此則諸公之往, 正以茂則之賢爾, 非畏其勢也. 然終是不往更好, 此見伊川見處高, 其佗皆不免做人情, 恐定力不逮也. 伊川辭以不能於畫茶, 梅山以爲“是託辭”, 誠然矣. 但以此直謂之“不惡而嚴”, 則恐少失伊川意.

余於某人, 嘗兩有規語, 久不見答, 無乃有以也歟? 記得陳白沙與羅一峯書云: “君子未嘗不欲人入於善. 苟有求於我者, 吾以告之可也. 强以語之, 必不能入, 則棄吾言於無用. 又安取之? 且衆人之情, 旣不受人之言, 又必別生枝節以相矛盾, 吾猶不舍而責之益深, 取怨之道也.”【止此.】余實犯此戒, 從今以往, 宜訒其出. 因錄陳語, 以爲明鏡.

天生烝民, 不能皆賦之以美質, 則所見之淺近, 所行之過差, 不能免焉. 幸而有聖賢者出於其閒, 則必俾之立德而盡心於世道. 故天之命賢, 所以補世, 如使賢者而無益於斯人, 則賢不肖之相去, 能幾何矣?

敎導後進, 固是當激勵振作, 然於其閒, 又須以涵育薰陶漸劘以進爲要. 不然, 卻只是急切縛束, 使人不長進.【聖賢之敎導後進, 猶天地之化成萬物, 不緩不急, 因其所至, 而利導之. 今之敎人者, 不問其人所至之淺深高下, 槩以一等高妙之理, 驟而語之, 彼何能循序漸進, 以底于成德也?】

揚雄, 溫公『通鑑』, 匿其所受莽朝官爵, 而以“卒”書. 朱子乃於『綱目』, 特書“莽大夫揚雄死”, 所以著畏死失節之罪也. 蓋彼雖無臣莽之心, 而其跡固莽之臣. 故不免於誅絶之罪矣. 豈惟人臣爲然? 師生亦然. 程門之郭忠孝, 朱門之楊方固, 亦未嘗爲邢、沈之鷹犬, 然其恐禍及己, 而包羞忍恥之迹, 則已著矣. 豈能免法義之誅乎? 吁! 可畏也.

尹直『瑣綴錄』, 謂“白沙初至京, 潛作十詩, 頌大監梁方, 方言於上, 乃得授職.” 丘瓊山採入『憲廟實錄』. 余謂白沙爲學, 偏於虛靜, 後賢多以禪目之, 然汙不至作詩媚竈, 以要官爵. 黃宗羲嘗論丘氏此事云: “可謂遺穢靑史.” 又云: “文莊深刻, 喜進而惡退, 一見之於定山, 再見之於白沙, 與尹直相去不遠.” 余謂黃語非過矣, 莊定山昊, 謫判桂陽, 遭喪服闋不起, 垂二十年, 後特旨起用。先是丘氏嫉其不仕, 嘗曰: "率天下士大夫, 背朝廷者, 昊也, 彼不讀『祖訓』乎?" 蓋『祖訓』有不仕之刑也, 因已躁進, 而惡人恬退。古今一轍, 吁! 其可歎也已。

尤翁之於文谷、老峯, 其相與何如, 而至於光南被劾之事, 則乃曰: "文谷、老峯, 皆一代名流, 而俱在相位, 如癡如聵, 況彼年少爲臺諫者乎? 庚申以來, 不能克明是非, 含糊度日, 至使有誣殺賊堅之語, 此大臣不明之罪也。" "陳俊卿、汪應辰可謂南渡賢臣", 而晦翁之於二公, 亦嘗以善類宗主許之, 及魏元履以言見逐而不能救, 則便斥俊卿爲本無可觀, 而應辰爲碌碌。以此觀之, 聖賢之論人, 取其所長而責其所短, 其心自至公, 而今人每謂既有稱道之語, 則不當復有所答責。如此, 二先生豈或爲私心所累而然乎?

金氏以文章氣節自夸, 而下視梅門諸賢蔑如也。 然使其熟看『朱子大全』「黃州二程祠記」所論魏公事業, 東坡文章及二程道學之分, 則可以見彼此之孰重孰輕誰高誰卑, 而知所以取舍矣。

金氏學問則以氣節事功, 爲第一等十分道理, 而不知佗上面更有箇極誠無妄之德; 講說則以心靈知覺, 爲人身上太極主宰, 而不知那源頭復有箇至尊無對之性。

近世諸人, 議論英發, 要其所就, 卻只是意氣。如吾先師全翁, 但自韜晦誠敬, 比之佗人, 卻似無文華。然識者無不推服, 乃知務實近名之效不同如此。

聖賢以天下爲一家, 千載爲竝世, 惟其如是也, 故其心念所到, 自遠且大。如今苦要就自家一身上起意, 所較得失毀譽, 豈有出於軀殼之外者哉? 此無佗, 只緣爲學, 不以仁敬做本, 所以私意爲主, 而公道不行, 究竟竝與此身而亦不得善保。哀哉!

人之所見者偏, 故有世俗紛紛之爭。若能於道之全體, 有所見, 自視其身, 敗闕多矣, 何暇非人, 亦何暇計人之謗讟也?

言人過惡有三損, 損氣損德損人也。損氣則傷生, 損德則虧行, 損人則害仁。

謹於禮者, 爲行怪; 自待重者, 爲傲物。其然? 豈其然也?

辯而無實爲小人, 不言而躬行者, 斯爲君子。

余性峭直, 見人不是, 定容耐不過, 所以有與物睽絶之患。試思天地生物氣象, 春風和暢, 萬物不見有拂戾之者, 其秋冬凝肅之氣, 亦只是令萬物堅固而已, 初未有傷害之心。吾人心裏, 亦自有此氣象, 有此道理, 只被養之不厚, 故發之甚易, 而至於如此。可不於涵養處益加勉也?

吾於某人, 以賢者自重之道望之, 固不薄矣。彼乃不勝其惡人規好己勝之私, 遂以忿辭厲色應之, 此實意慮所不到也。然以聖人"不失言"之戒揆之, 吾亦不能無輕擧之咎矣。【朱子「答何叔京」書, 論南軒所述諸葛瞻之論, 而曰: "此乃是以『春秋』責備賢者之法, 責之於瞻, 不薄矣。"】

世固有不慕榮利, 而以明理正心爲務者。然其所見有眇忽之差, 則其所謂明者, 或非實理, 而所謂正者, 或非眞心, 其弊有不可勝言者矣。此古人所以重師友之淵源也。

古今認心爲理者, 皆是心自尊自大也, 如言自恣自用, 亦皆是此心自如此耳。程子言"心自做主宰", 朱子言"自心自省", 胡敬齋言"敬是心自敬", "所謂操存, 亦自操而自存耳", 此一箇自字, 所繫甚大, 而有邪正得失之分, 不可以不審也。

講學人固亦有假塗濫竽之弊, 然其閒又卻有眞者, 何可因彼之好名而吾亦廢夫務實之功乎? 昔鄒南皋【元標】解『中庸』云: "何以謂之行怪? 今服堯服, 冠伊川冠之類。"【止此。】如此則須是如市井之人滔滔混俗而後, 方可謂之中庸矣乎? 眞所謂矯枉過直者矣。鄒東廓【守益】講學京師, 一士人誚之曰: "今之學者, 皆服堯之服, 誦堯之言, 而行桀之行者也。" 東廓曰: "如子所言, 固亦有之, 然未聞服桀之服, 誦桀之言, 而行堯之行者也。如欲得行堯之行者, 須於服堯之服, 誦堯之言者求之。且不服堯之服, 不誦堯之言, 又惡在其行堯之行也? 士人愧服。" 南皋於此, 不啻降下一層矣。

人之於學, 苟能實用其力, 則可以爲賢爲聖。每見今人特藉之以取名聲而已, 豈非所謂夜明珠彈黃雀者耶?

近時士人, 平居論學近似, 作文可觀。至其處家而篤恩義, 正倫理, 立朝而進君子, 退小人, 則所行例與所言相戾, 至有假仁義以規名利, 惡忠賢而附邪佞者, 蓋以其學專求之言語文字, 而不曾驗之於心, 揆之於理故也。是以心迹理事, 常判而爲二。心迹理事, 旣判而爲二, 故處處乖戾, 時時違悖, 而無足觀也。

近時士氣萎茶, 鼓作不起, 目擊時輩侮聖賢, 蔑禮義, 慢君父, 混華夷, 而猶不敢正言折之。且曰: "人貴和緩, 事忌激觸爾。" 此等議論, 爲全身保名之良策, 而爲害道斁倫之毒藥也。噫!

鄕原一副精神, 全在無忤於人, 不稽古不筭後, 彼亦好此亦好, 惟以無圭角爲道。儒者十成規模, 惟求不戾於性, 不干譽不畏謗, 己亦成物亦成, 一以無虧闕爲功。然而媚世者, 究亦不免於聖門之斥; 而守正者, 終亦見推於後世之賢也。

"名世不係名位, 每一代必有司此道之柄者, 卽名世也。" 此爲鄒南皐語也。今之士人, 認名位爲名世。噫! 何其無見識也?

博聞強記以爲學, 隨俗習非以爲中, 黨同伐異以爲公。噫! 其弊也夫。

近日看得儒林諸公, 能守經義習文學者, 誠有之。若其扶植人紀, 維持世敎之責, 則未知誰可爲擔荷者。昔晦菴先生論"魯秉『春秋』"云: "蓋於是時, 地醜德齊之中, 猶能守得舊日禮樂文章耳。若三綱九法之亡, 則當時諸侯蓋莫不然, 亦非獨魯之責也。" 此見於「答李時可」書。每一奉誦, 輒思吾輩所以自立者。使後之君子觀之, 其果不以綱常壞敗諸人同然見待也耶? 直是凜然悚然, 不知所以措其身也。

"尙氣節者, 易致矙豪, 工文章者, 多歸浮誇。二者, 皆妨於造道。" 是爲梅山先生語也。愚謂以涵養格致誠正爲本, 而有氣節文章, 然後其氣節爲衛道之功, 文章爲載道之具也。不然則氣槩之高, 詞令之華, 自流俗觀之, 非不欽尙而歎慕之, 然以道理觀之, 只是外也末也。學者, 可不究其故也哉?

"自古小人所以敗亂國家, 豈皆凶惡猛鷙? 有可畏之威而後能之, 但有'患失之心, 便自無所不至', 先聖言之, 精且切矣。" 此朱先生之言也, 知此則知所以斥小人矣。"楊、墨學仁義者, 其嘉言善行, 必有大過人者, 而毫釐之差, 必有千里之謬。故其弊必至於無父無君矣。" 此宋先生之言也, 知此則知所以闢異端矣。噫! 人之知此義者, 一何鮮也?【伊川曰: "楊出於義, 墨出於仁, 仁義雖天下之美, 然如此者, 失之毫釐, 謬以千里。" 讀此語, 使人警惕。】

『語類』淳錄, 問先生盡心說曰: "'心者天理在人之全體。' 又曰: '性者天理之全體' 此何以別?" 曰: "分說時, 且恁地, 若將心與性, 合作一處說, 須有別。" 昔年柳稦程引此以證心之爲理。余考『大全』本說, 初無所謂"心者天理在人之全體"之語, 但云"心則人之所以主於身而具是理者也", 此是後來改定本也。稦程於此, 不及致詳, 而但喜其與己見合, 故舉以爲說也。今學者要須究得先生所以改定之意, 不可只草草放過也。

或勸陳默堂,【淵, 龜山壻。】遷就以隨世立名。默堂歎曰: "吾知上不負天子, 下不負所學而已。子孫榮枯, 不暇計也。" 余謂此意直與天地符合, 聖賢同歸, 可遵無疑。非惟仕者爲然, 儒者亦當以上不負前聖, 下不負所學爲心也。

葬師以禍福詿嚇愚俗, 故欲得妙穴以安體魄者, 費力捐財, 行險蹈危, 而不知止。至於父祖生前飢寒, 或憚竭力以救之, 疾痛亦鮮憂心以養之。豈其爲蔭生父祖不及死父祖乎? 此大惑也。甚者又言"先儒之爲有山論者, 多子孫; 其爲無山論者, 子孫衰替", 此又奸言之深一層者。噫! 何其甚哉?

近聞一種議論, 謂夷狄亦人, 不必外之。此疑於仁厚, 然殊不知彼雖人形, 而其氣則固與物無異。是以謂之"非我族類, 其心必異也", 是以謂之"在人與禽獸之間, 而終難改也"。自古未聞有與夷狄混雜而終無事者, 是知先王之攘之也, 以彼帶得見攘之理來, 從而攘之耳。是所云"物各付物, 我無容心"者也, 且如"天地何所不容? 聖人何所不愛? 但處之有道, 未嘗以其理之一而槩施之也。" 余謂爲此說者,必其於自治之功, 絶無天理人欲之辨。 故其論爲邦之道, 亦復出此淆雜之言也。夫其始也, 爲"不必外之"之言, 是猶微有賓主之分, 其終也, 與之俱化, 而不自知其爲夷也。凡謂"流俗不必憂, 異端不必攻"者, 皆此類也。

愚謂凡生於兩間者, 雖曰同胞, 而山海爲之限隔, 風氣爲之不通, 則區域旣分, 俗尙各異。此非人之所爲, 乃天地自然之理也。今日時論, 咸以萬國通行之公法爲諉。然華夷之分, 猶陰陽之辨, 固難混同, 至於華與華, 夷與夷, 其國俗亦各不同。以愚料之, 天下萬國之法, 必不可得而一, 徒亂人民而已。奈何諸公, 以爲如是, 則國可富、兵可强、民可保, 而享太平之樂? 然殊不知各國相挺, 彼皆滿其所欲, 惟有我邦了無所益, 而軍亂民散, 終至於危亡之勢迫在朝夕。噫! 其不思之甚也。

向者伏睹傳敎"以强弱之異, 學倭洋之技", 此必諸公之所建白。愚竊謂效夷狄之奇技, 不如得百姓之死力。苟百姓之心, 固結於上而不可解, 則彼之火輪電線, 無所施其巧矣。若民心渙散, 不可收拾, 則雖有利器, 將誰與禦敵哉? 善乎! 朱子之言曰: "古昔聖王所以制御夷狄之道, 其本不在乎威强, 而在乎德業; 其備不在乎邊境, 而在乎朝廷; 其具不在乎兵食, 而在乎紀綱。" 嗚!, 今日諸公, 孰有以此謦欬於吾君之側也?

黃遵憲欲我國結日本聯美國, 以防俄羅之患, 而邦域之內, 有識之士, 咸以爲不可, 而一種議論, 卻謂之神策。至養異類於輦轂之下, 竄言者於嶺海之間, 韓非所謂"不用近賢之謀, 外結千里之交, 飄風一朝起, 外交不及至"者, 豈非今日之謂乎?

裔戎之不可一日親, 華制之不可一日變, 天地之常經, 春秋之大義, 而今日時論諸公, 乃謂"天下大勢, 誰可如何?", 視諸夷之混處都城, 若應行故事者然。然愚見竊謂自古爲國, 未有失士類之心, 咈百姓之情, 而可以無事者。向來中殿出宮之變, 實緣倭夷住城之由, 是豈非九法斁敗、三綱淪滅者耶? 見今士論沸騰, 民心渙散, 危亡之勢, 迫在呼吸, 而諸公輕於用世, 急於榮身, 不憚以儒學之身爲陳相之行, 豈不得罪於聖人之門耶? 且如其言, 而天下大勢雖無奈何, 而吾之所以出處去就之道, 則可以自由。誰敎佗如此枉尺枉尋而低回不去乎?

天下之有夷狄, 猶人心之有利欲。固未有天理人欲幷立於方寸之閒, 而終無事者, 則亦未有諸夏裔戎雜處於一國之內, 而卒無事者矣。故『春秋』之法, 內夏而外夷, 學問之道, 克己以復禮。此天地之閒亭亭當當直上直下之正理, 不可一日一時而有所改易矣。今者諸公所以處倭洋法、美者, 一切反是, 是何理也? 今年六月之變, 乃天下萬世之所刱見, 天下萬國之所未有也。而在廷諸臣, 無一人爲國母死者, 無一人發討逆之論者, 亦無一人指此爲釁以爲却敵之計者, 而一味以萬國公法, 爲藉口之端。若其守經之論, 又指爲鄉人無識之流。噫! 區區常竊以爲萬國公法, 不如萬世正法, 弁髦『春秋』之義, 重於鄉里無知之目, 則凡爲吾聖人之徒者, 寧有死, 不忍以冠帶之身, 甘爲豺狼之羣。

今天下擧化爲戎, 惟吾東獨保衣冠, 有如「剝」之上九一爻未變。故曩哲言: "吾輩之生, 不在乎今日中州, 而在乎一片乾淨之地, 斯已奇矣。" 自今觀之, 所謂一片乾淨之地, 時論諸公又從而滓穢之, 甚矣! 其不仁也。爲吾儒者, 正當嚴於華夷之辨, 以存萬世之大防, 庶不負上帝與孔聖焉爾, 是爲目下時措之宜也。

從古異端, 其說多端, 而其所主則一, 一者何, 心是已, 吾聖賢千言萬語, 無非是主性語。

吾儒之於異學, 斥之甚嚴, 不少假借。蓋其道正大, 其心明白, 無所顧慮而然, 孟子之於楊、墨, 朱子之於蘇、陸, 是也。爲異學者, 其於吾儒, 多取其近似之言, 以附會而說合之, 以幸其不異於己, 而便於出入兩是之私。如夷之之援儒入墨, 推墨附儒, 李伯諫之斥因果以避儒者之攻, 藉伊川以爲自家之重, 程允夫之於程、蘇, 爲兩斥兩可之論, 江德功之內主釋學而外爲儒論, 是也。蓋其趨向偏邪, 而心術依違, 自不得不爲此迷亂回護之態, 以少緩儒者排闢之辭也。

『墨子』「兼愛」三篇, 大意謂"察亂之所由起, 蓋起於不相愛, 若使天下兼相愛, 視人之室若其室, 誰竊? 視人身若其身, 誰賊? 視人家若其家, 誰亂? 視人國若其國, 誰攻? 國與國不相攻, 家與家不相亂, 盜賊無有, 天下治矣。" 黑氏之意如此, 故程子嘗稱墨子其德至矣。又考墨氏「非儒」篇, 詆毀孔子, 至以爲"汙邪詐僞", 則其罪有不容於誅者矣。然而孟子何不闢「非儒」, 而獨斥兼愛也? 以其「非儒」之罪, 人所易見, 而兼愛之害, 非窮理至者, 不能識也。

荀況言"性惡禮僞"。如此, 天下之人皆以善爲害性, 而惟恐所爲之或善; 以禮爲損眞, 而惟恐所行之近禮。是因其言而爲性與禮之禍也。如是者, 尙可謂之非異學, 而使之與於聖賢之列矣乎?

退之「讀荀子」一篇, 極駁雜。荀氏言: "性者, 天之就也; 禮義者, 聖人之所生也。聖人化性而起僞, 僞起而生禮義, 禮義生而制法度。" 此徒知禮法之作在乎聖人, 而不知禮法之生因於天性。使其見用於時, 則將使一世之人, 認得氣習情欲, 爲性爲眞, 而先王禮樂, 掃地殆盡, 安在其大醇乎? 退之謂"始吾讀孟某書, 然後知孔子之道尊", 又曰: "荀氏書, 要其歸, 與孔子異者鮮矣。" 信斯言也, 荀氏之於孟子, 宜其異世而神交矣。何乃以孟子、子思爲仲尼之罪人? 使其同朝, 則其斥而去之必矣, 而退之之言乃如彼, 可謂矛盾之大者矣。嗚呼! 讀書論世, 良亦非易事也。

「胠篋」一篇, 是莊子憤世之心所發。故以世之竊仁義以爲盜者, 爲聖人之過, 至謂"絕聖棄知, 大盜乃止, 焚符破璽而民朴鄙, 剖斗折衡而民不爭", 其言過激不中理矣。然後之文士, 借聖賢之訓, 以濟其姦詐之謀者, 亦或有之, 使人視之, 反不若野人之猶爲近本也, 然彼誠詐也, 而見欺者實亦愚矣。故聖人之心, 正欲懲其詐而開其愚, 觀孔子言"鄕原德之賊", 孟子言"五伯久假不歸"可見。若只如莊生之言, 是所謂"末之難矣", 此其所以爲異端之學也。

佛氏遺外世累, 專理會明心一事。無世網業障可以縛住, 止餘一點靈覺, 以求見所謂諸相非相, 從此悟入, 是則名爲見性。若吾聖人之敎, 使人在世法中, 旣不棄物, 亦不罣物, 以求所謂雜出於人心之間底道心而守之。然其耳目之玩, 宮室之奉, 妻妾之累, 名宦之愛, 凡可以損人之志而違天之命者, 不一而足, 日夜煎迫, 表裏牽制。自非有卓然之見、毅然之操者, 定難免頭出頭沒, 腳起腳陷之患。於是而以靈覺卽理者, 倡之於其間, 豈不重爲自肆之津梁也乎? 噫!

退之「讀墨」篇, 程子以爲意亦甚好, 蓋謂其樂取人善。然其言太混淪, 使異學之士, 有藉口之弊。故程子又譏其不謹嚴, 朱子亦斥其孔、墨幷稱之謬矣。愚謂上世異端之害未甚, 則取其善而略其學, 猶可也。 後世異端之說寖精, 卽據其賢而信其道, 未可也。 退之乃謂"儒、墨同是堯、舜, 同非桀、紂, 同修身正心, 以治天下國家, 奚不相悅如是? 余以爲辨生於末學務各售其師之說, 非二師之道本然也。" 此言極害道, 後來"蘇、程同室",【程允夫】"朱、陸一道"【程篁墩】之說, 皆源於此。 呂滎公則至謂"晚年乃知佛之道與吾聖人合", 司馬溫公以若誠實, 猶嘗言"君子非惡佛老之道, 特欲護名教而不言耳"。【如此則君子心迹, 便成兩截, 豈不害事?】此等議論, 皆足以使後生輩, 迷於趨向也。 大抵如退之之說, 則人必訶聖罵賢, 姦詐怠荒, 以敗亂天下而後, 始可謂異端。 吾聞異端必須有嘉言善行而學術小差者也。 故程子曰: "墨子之德至矣, 君子不學, 以其舍正道而之佗也。"【尤翁論楊、墨, 意亦如此。】況以辨說起於末學, 而非其道本然, 然則墨氏之以詐僞詆孔聖, 孟子之以無父斥墨氏, 又何也? 今人於正道異學分界處, 見得不曉白者, 纔見人辨別邪正, 輒曰"此是鬪爭競, 非長者之風", 其源蓋出於退之也。 孟、朱二夫子, 豈不是長者, 而平生以力辨異學爲己任, 至曰: "能言距楊、墨者, 聖人之徒。" 又曰: "於儒、釋之辨, 見得不分明, 說得不痛切, 縱使有忠孝過人之行, 亦必深爲正道之害。" 讀之直使人感激悚惕, 不已已也。 近時士友, 亦有謂人能尊朱斥陸, 而所行又賢, 則不可以議論之小差而謂之異端。 此說與「讀墨」篇同意。 昔朱先生以率獸食人斥呂子約。 呂公豈不是當時學問中人, 而乃得此言, 何也? 且如楊龜山、游察院、陳了翁、呂原明諸公, 豈非名賢鉅卿, 亦何嘗不以闢異端爲心? 然至其論學術是非之源, 則先賢或謂之佛學, 或謂之禪術, 而不少回護, 此皆必有謂矣。 嗚呼! 學術邪正之際, 實世敎升降之關, 可不爲之深察而明辨之哉?

宋朝諸名卿賢士, 多認儒、釋無二致。 如云: "堯、舜雖知寂滅之旨, 乃以安民爲急。"【呂正獻公告宋帝語。】 又云: "晚年乃知佛之道與吾聖人合。"【呂滎公家傳】 又云: "君子非惡佛、老之道, 特欲護名敎而不言耳。"【司馬溫公語。】 又云: "二聖人者,【此指孔子、老聃而謂之二聖人。】皆不得已也。"【蘇子由語。】 非獨此爾, 雖程、朱門下, 亦不免此弊。 如龜山之張皇佛氏, 上蔡之歷擧儒、佛同處, 游氏之「答呂居仁」書言"佛說, 世儒亦未深考", 王信伯之答門人儒、佛同異之問曰"公本來處還有儒、 佛否?"者, 是也。 葉正則、李伯諫、吳公濟之上朱子書, 則或曰: "佛書本不與治道相亂, 而儒、釋辨爭, 亦是讀者不深考爾。"【葉氏語。】 或曰: "儒、佛見處, 無二理。"【李氏語】 或曰:

“儒、釋之道, 本同末異。”【吳氏語。】諸如是者, 不可殫記也。嘗竊思之, 此皆已經韓、歐、程、張辭闢之後, 而諸公尙爾有此語, 何也? 正緣佛之說揣摩精巧, 有足以亂人知思故爾。不然豈以諸公之高明, 乃反不及於近時初學之士哉? 至若王守仁之序『象山集』, 則引孟氏以接之; 程敏政之作『道一編』, 則援晦翁以混之, 與夫蔡壽祺之謂朱、陸無二學。柳稗程之認心理爲一物者, 亦皆爲異說所亂, 而不自知其誤也, 豈不深可懼哉? 或謂: “儒、釋之異, 洛、閩以還明矣; 朱、陸之辨, 羅、陳【淸瀾陳氏建, 嘗著書辨『道一編』之誣。】以後定矣, 後之學者, 不患其誤入。” 愚竊以爲未然。蓋儒、釋、朱、陸邪正之辨, 雖曰“已明矣, 已定矣”, 若自不用功於性理原頭心術隱微者, 則其所謂明且定者, 亦何補於吾之迷且亂矣乎? 愚故曰: “學者須要自著力爾, 不可徒恃前賢已定之論, 以爲能事畢矣。”

“象山不窮理, 佗卻肯窮理。但其窮理, 只是將聖賢言語來, 護己見耳。” 此語見『明儒學案』婁一齋下。余嘗謂金只主心, 佗卻自謂主理。但其所謂理者, 只是佗心卽理之理, 非謂儒門性卽理之謂也。然則只是將好題目來, 掩護其非, 不謂古人早有如此道者。但愚亦自以主理爲正, 而心氣粗厲, 常只自用而止, 此卻可憂也。

陽明言: “學貴得之心, 求之於心而非也, 雖其言之出於孔子, 不敢以爲是也, 而況其未及孔子者乎?”【見答整菴書。】此是王氏本心之學, 不但手腳盡露, 亦是心肝難掩。李氏「條辨」言: “如此, 則是陽明之心, 在孔子之心之上矣。” 其譏之亦深切矣。仇滄柱乃爲王氏塗飾, 何也?

陽明送欒子仁詩曰: “從來尼父欲無言, 須信無言已躍然, 悟到鳶魚飛躍處, 功夫原不在陳編。” 此欲借夫子此言而句牽學者, 以納之於釋氏寂照之門也。若如其意, 則夫子何不令諸子絶學捐書, 而以杳冥玄默爲道, 乃與顔子言終日, 而曰“回也於吾言無所不悅”? 又嘗“憂其學之不講”, 顔子之稱夫子亦曰“循循然善誘人”。子路“何必讀書然後爲學?”之言, 又何以見斥於聖門? 若乃“予欲無言”之云, 則由門人專以言語觀聖人, 故夫子以是警之, 非眞以無言率人, 如禪家豎拳擎拂之爲也。

孫奇逢所編『理學宗傳』, 載朱子初年未定之論與一時有爲之說, 以爲與陸象山相合。大抵與王氏「定論書」, 程氏『道一編』, 同一意思, 至謂王陽明爲宋儒之忠臣孝子, 則其妄甚矣。

“天以陰陽五行, 化生萬物, 氣以成形, 而理亦賦焉, 猶命令也。” 按此處天字,以爲形, 則形何以能用氣生物也? 以爲氣, 則陰陽五行是氣, 謂氣以氣生物可乎? 以爲理, 則以字似下不得也。以爲帝, 則帝是天之神, 神上以本於理, 下以運夫氣, 而成夫形焉, 猶命令也。故『語類』以此命字, 爲有心字意。

魏莊渠曰: “天之主宰曰帝, 人之主宰曰心, 敬是吾心自做主宰處。” 余欲於曰心下, 更著一君字, 君下更添“誠是上帝自做主宰處”九字, 未知如何。莊渠又曰“ ‘持敬易間斷, 常如有上帝臨之可乎?’ 曰: ‘上帝何時而不監臨, 奚待想像也? 日月照臨, 如目斯睹; 風霆流行, 如息相呴。今吾一呼一吸, 未嘗不與大化通也。是故一念善, 上帝必知之; 一念不善, 上帝必知之。天命有善無惡, 故善則順天, 惡則逆天。畏天之至者, 當防未萌之惡, 小人無忌憚, 是不以上帝有靈也。’”【止此。】此語甚好, 學者宜時時體會也。謂上帝知之, 謂上帝有靈, 此明以帝字屬神而不屬理也。若曰“天理有靈有知”, 亦說得去否? 須混淪說處, 乃可言帝爲理矣。

人與天地萬物, 本無二體, 特被己私所障, 莫能合一。故程、朱子言“仁者以天地萬物爲一體”, 此就用處說。念臺錯會此意, 乃曰: “乃是人以天地萬物爲一體, 若人與天地萬物本是二體, 卻借箇仁者意思, 打合著天地萬物, 與之爲一體, 早已成隔膜之見矣。” 此言殊可笑。程子豈不曰“人與天地本一”, 朱子豈不曰“天地萬物本吾一體也”乎? 學者若只恃其原來一體, 而不察其隔成異體, 而猥曰“於此見得破, 自然親親仁民愛物, 而義禮智信, 一齊俱到”, 則其不爲禪子者, 鮮矣。

“天地但陰陽之一物, 依舊是陰陽之氣所生也。”【『語類』】 “宇宙之間, 一理而已, 天得之而爲天, 地得之而爲地。”【『大全』】 愚竊謂天地生於理氣, 而又卻將理氣以生人物。

天能生物而不生於物, 實則天亦生於理也; 心能命物而不命於物, 實則心亦命於理也。知此, 然後可與言天道矣, 可與言理學矣。

“天地日月陰陽寒暑, 皆與道爲體, 如陰陽五行, 爲太極之體, 經禮曲禮, 便是與仁爲體。"【『語類』】愚謂六經、四子、『小學』、『近思』, 皆與性爲體。

"天何言哉? 四時行焉, 百物生焉"; 性何爲哉? 三綱立焉, 九法出焉。故天也性也, 其體物不遺, 而爲自然之主宰者歟!

聖人之所本者, 性也; 其本之者, 心也。吾故曰"心本性也"。心本性, 雖聖人復起, 不易斯言也。

心性二者, 參贊化育之本, 不能相無而渾合無間, 亦非人所能去取也。然性是理, 心是氣, 則其勢有強弱之分焉。故聖賢論學, 於其不能相無者, 旣以體用、能所之屬明之, 而無所偏廢。至其道器之辨、強弱之分, 則未嘗不致其氣精爲配、理尊無對之意焉。蓋其所以本天而不敢本心者, 其旨深矣。

心有時而善, 有時而不善, 性無時不善。今必以心爲本而不以性爲主, 何以別於異學之見也? 若曰"聖人之心, 固無時不善", 是亦不然。聖人之心所以無不善, 亦必本於性而乃爾也, 若不本於性, 則流於邪妄。此所謂"惟聖罔念作狂"也。

或曰: "朱子以道心爲必善而無惡。"【蔡季通往復。】又曰: "此心有正而無邪, 故其存則正, 而亡則邪。"【程正思往復。】夫謂心可恃者, 其殆本於是言歟! 曰"道心之必善而無惡", 以其本於性也。今也直以靈覺爲理, 而逐以爲準則, 則與朱子意異矣。其曰"存則正"者, 亦以其本性而宰氣者言也。凡天下之正, 未有不本於性也, 故曰"性爲天下之大本, 天下之理, 皆由此出"。【『中庸』註】謂人之心能不本於性而自正矣, 則性之在人, 將安所補乎? 噫! 其殆哉! 心不能自存, 須是敬, 心乃存。其敬以存心之理, 是心歟? 抑出於性歟?

心之於理, 有運用主宰之功。此如人臣受命於君, 而臨事卻待人臣自主宰而運用之。蓋爲理無爲而心有覺, 命無爲而臣有能故也。此何嘗有心尊性卑之意耶? 明儒劉念臺, 欲以心字擎起在性字上面, 非儒門相傳宗旨也。

人得二五之精, 以爲氣質之體, 便有湛一神明之心。就中沖漠無眹純粹至善之理,始是形而上者。惟理不離心, 所以心理易混作一物。學者動便說心卽理, 主心便是主理, 卻從何處討根柢來?『論語』曰: "心不違仁。" 心之造化必依於仁, 這方是主理, 若已落知識靈覺上運用, 則雖極於神妙, 終是形而下底伎倆矣。

李氏中【明儒】曰: "存天理, 只是爲始學者論。語其極, 則心卽理, 理卽心, 何以言存天理哉? 凡言存天理, 心尙與理爲二。" 此語宜細看。蓋理無爲而心有知, 則雖做到從心不踰矩,【矩卽性也。】只是心之造化, 自不違乎此理而已。至其有知無知、有爲無爲之辨, 固自在也。若曰"聖人分上更無心性道器之分", 則未可也。

朱子說, 有以性爲太極處, 又有以心爲太極處。此有兩太極乎? 太極纔兩, 則便不得爲太極。其曰"心爲太極"者, 包性而言, 究是一太極也。至如柳說, 則以心對性, 亦喚心做理, 此乃爲兩太極, 而心與性爭尊矣。心而與性爭尊, 則其世界當如何? 可謂變異之大者矣。

古有"心君"語, 又有"民無二王"語。有據此而欲推尊此心, 以爲極本窮源之主宰者, 似矣。然心譬則君也, 性譬則天也, 心之本性而造道, 猶君之繼天而立極也。君而無天, 則無以帥衆矣; 心而無性, 則無以檢身矣。君對民則固尊矣, 而自天言之亦民也, 特民之貴重者耳; 心對形則固精矣, 而自性言之亦氣也, 特氣之神明者耳。然則以心爲極本窮源之主宰者, 其未之思也夫。

有以氣質合之於心者焉, 有以理混之於心者焉。一則徒知心之非理, 而不知心乃氣之精英者, 不可合於不齊之氣質, 此固不及也。一則徒知心之非氣質, 而不知心實氣之有爲者, 不可混於無情之理, 此又過矣。二說者, 雖皆入於精妙之境, 然旣有所偏, 則不能無弊, 故不可從也。

『語類』訓夔孫云: "無極而太極, 而今人都想象有箇光明閃爍底物事在那裏, 卻不知本說無這物事, 只是有箇理。" 此與『大全』答象山書, "今人認得昭昭靈靈底, 便爲太極"之云, 同一語意。昔年柳稺程論靜中有物物字云: "此是太極, 卽在人之惺惺活體是也。" 此與朱子兩擧今人云云之說, 正相胳合, 與禪家意見, 何所別乎?

橫渠曰: "凡物莫不有是性, 由通蔽開塞, 所以有人物之別, 由蔽有厚薄, 故有知愚之別。" 湖中先賢謂"人物性不同", 是竝認得有通蔽開塞者, 以爲本然之性也。伊川曰: "公則一, 私則萬殊, 人心不同如面, 只是私心。" 湖中先賢謂"聖凡心不同", 是竝認得有私者滾說, 作原來之心也。

『語類』論犬牛人章云: "告子所言性, 氣也; 孟子所言性, 理也。" 濯溪嘗引之以證其說矣。以余論之, 告子所言性, 是指知覺運動之不由性命而自用者言也; 孟子所言性, 是指仁義禮智之各隨形氣而異發者言也。此何嘗說人物本然之不同耶?

『孟子或問』言: "孟子雖不言氣質之性, 然於告子生之謂性之辨, 亦旣微發其端矣。" 濯溪頗以微發爲疑。然朱子之意蓋曰"孟子於生之謂性之辨, 不明言氣質性, 而且以性理【本然】之隨氣異用者【此一句八字, 總是氣質性之註脚也。】言之, 則是微發其端者也。" 詎可以微發二字之故, 遂疑犬牛人性之非氣質性耶?

『通書』言: "性焉安焉之謂聖。" 朱解云: "性者聖人獨得於天。" 據此則聖凡之性異乎? 『中庸』言: "天下至聖, 爲能聰明睿知, 足以有臨也,【止。】足以有別也。" 眞西山論此云: "惟聖人爲能兼五者之全。" "『論語』孔子於陽貨, 不自往見者, 義也, 其往拜者, 禮也, 不終絶者, 仁也, 隨問而答對而不辨者, 智也, 四者一出於誠者, 信也。" 輔潛菴論此云: "只此一事而五性具焉。" 此亦聖凡之性異乎? 能不礙於此, 則人物性同異之辨, 亦可以三隅反矣。兼氣質而言性, 則謂聖凡之得於天亦異, 可也, 謂人物之得於天亦異, 可也。然所謂本然之性, 卻是就氣質之中指其理而言, 非如浦論"逐氣辨性而謂之本然"者爾。【"兼氣質言性"云云, 有疑之者, 但以上文推之, 可知其以發用言耳。○追註。】

天命之性, 由一念慮一呼應一出入推之, 以至仕止、久速、死生、禍福, 其當然、所以當然, 莫非天命之性也。今人專就賦氣成形時說, 蓋指其始處言, 而漸次打入無形無氣處去, 則性命之學, 不得不晦矣。

"善固性也, 惡亦不可不謂之性也。" 惡字已帶得氣拘之意, 則明道意, 蓋曰"氣稟性之惡底, 非於善底性之外, 別有一物可名爲性,【氣稟】只是此性【本然】爲氣所拘而然爾”。故必著“亦不可不”字，以緩其辭，而微見其不得已之意矣。朱門人以下句爲說氣稟之性，而疑其與上文性善不相接，則朱子謂: “不是言氣稟之性，蓋言性本善而今乃惡，亦是此性【本然】爲惡所汩也。”【鄭子上辛亥所聞。】此性下必著爲惡所汩四字，然後乃名爲氣稟之性，不然而只言此性，則所謂性字，何嘗非本然也?【此處最宜潛翫。】明道又言“善惡皆天理”，今若言“善固天理，惡亦不可不謂之天理”，則上下天理，豈各有異體? 只是惡亦此天理之流於過不及者云爾。余故每言“惡亦性”之下，著“之流”兩字看，則明道之意，直如視諸掌矣。

程允夫言: “有覺於中，忠、淸皆仁; 無覺於中，仁皆忠、淸。” 朱子答謂: “以覺爲仁，近年語學之大病，如此四句，尤爲乖戾。蓋若如此，則仁又與覺爲二，而又在其下矣。” 愚按: 以覺爲仁者，認心爲性，而不知二者不相混之實矣。仁覺爲二者，心性隔絕，而不知二者不相離之妙矣。至於仁在覺下，則心尊性卑，而二者本末之常勢亂矣。

『近思錄』“生之謂性”性字，說者多喚做氣質之性。然佗日明道又言: “‘天地之大德曰生，天地絪縕，萬物化醇’，生之謂性，萬物之生意最可觀。此元者善之長也，斯所謂仁也。” 以此觀之，明道何嘗以告子云云之故，直把“生之謂性”性字，說作氣質之性耶?

朱子曰: “仁動義靜，何關於氣?” 或者據此，以爲理能動靜之證。以余觀之，仁之所以主發生，義之所以主收斂，原來理自如此，非由乎發生收斂之氣而後有是理也。故曰“仁動義靜，無關於氣也”，蓋有發生收斂之理，故有發生收斂之氣也。

有言“父子欲其親”，朱先生以爲“非是欲其如此。有父子便自然有親。” 此以性言也。又嘗言: “父子有相愛底，亦有不相愛底; 有相愛深底，亦有相愛淺底。” 此以命言也。先生又曰: “在我有薄處，便當勉強，以致其厚; 在彼有薄處，吾當致厚，感得佗亦厚。” 此以心言也，君臣、朋友、兄弟、夫婦，都是一樣。

問: “此心寂然而靜處，欲見所謂正義者，何以見?” 朱子曰: “只理之定體便是。” 愚嘗疑未發之前，欲見道體而保守之，終未有的實著顯處。故欲以利貞二字配之，而收斂正固之理便是。今見朱子此訓, 亦知愚慮之偶中也。

鹿門曰: "「復」卦非指十一月一陽已生, 正指十月不爲無陽處, 以爲復耳。" 未知此說何所據而云爾也。丹臺李丈引此, 以爲「復」卦亦屬未發之證, 尤所未曉。

『孟子』四端章『集註』: "'是'知其善而以爲是也, '非'知其惡而以爲非也。" 讀者因此有疑智有知覺者。愚竊意智是性, 性如何有知覺?【『論語集註』云: "人心有覺。" 又云: "性不知檢其心。"】且知覺是心之全體, 如何特屬於性之一端? 又是氣之神靈, 如何強謂之性之所發? 故愚每謂乍見孺子將入井之時, 便已有知覺者動, 而仁之理乘焉。是則所謂怵惕惻隱也, 羞惡辭讓亦然。若不先有知覺, 則性之理安能自動而有是情乎?

清儒多謂『家禮』非朱子作, 其說甚長。然以余考之, 殊不謂然也。『家禮』"親厚入哭"註: "主人未成服而來哭者, 當服深衣。" 勉齋曰: "「檀弓」: '始死羔裘, 玄冠者易之而已。' 據養疾者言之, 『家禮』所載, 據弔者言之, 文同而意異。" 勉齋, 朱門高弟, 乃有『家禮』云云之說, 何可謂『家禮』非朱子作耶? 『家禮』祭先祖, 設祖考妣位于堂中西東。『語類』九十卷卅九板賀孫錄用之問: "先生祭禮, 立春祭高祖而上, 只設二位, 若古人祫祭, 須是逐位祭" 曰: "某只依伊川說"云云, 所謂"先生祭禮", 實指『家禮』此註而言。" 據此則『家禮』之爲朱子作, 不其明乎? 後儒許多紛紛, 可一筆句斷也。

明德功夫, 通貫動靜, 此以"顧諟明命"觀之, 無可疑者。但緣『章句』有"因其所發而遂明之"之語, 人多信不及。然『大全』「答吳伯豐」書云: "因其本明, 非是察識端倪把來玩弄, 以資談說。只是因其已知而益廣其知, 因其已能而益精其能耳。與湖南說, 自不同也。"【『記疑』曰: "『大學』本體之明, 有未嘗息者。" "因其所發而遂明之"語, 伯豐舉以爲問, 故答之。】今以此書揆之, 『章句』"所發"發字, 非從靜而動之義, 卻只是已知已能之意, 而所謂知與能者, 本是兼動靜言。如此敏妙活絡看, 可與"顧諟明命"之功, 通融無礙耳。

格物是因其已知之理而益窮之, 以求至乎其極; 誠意是據其已致之知而遂實之,以求愜乎吾心也。此理字知字, 皆非單屬動一邊者, 然則格之實之者, 動也; 所格所實者, 兼動靜也。此處道理甚精微, 似未可草略說過便休。

格, 至也。至是極意, 非來意, 而讀者往往錯會。農巖曰: "格物二字, 本自難明。古來訓釋雖多, 而其義皆有所未通。至程子始曰: '格, 至也。凡有一物, 必有一理, 窮而至之, 所謂格物也。' 此其字義義理, 皆有據而無可疑, 故朱子斷然從之, 以爲定訓。"【止此。】今此程子意謂"窮夫理而使之極至", 此意大煞分明。若謂是窮而來之之義, 則來者是心, 而所來之地, 是理之極處。然則格物是格於物之謂乎?

『晉書』論其風俗淫僻: "婦女粧櫛織紝, 皆取成於婢僕, 未嘗知女紅絲枲之業, 中饋酒食之事。"夫此閨中細務耳, 而以爲關繫天下亂亡之由, 胡可忽也? 余謂婦女之勤惰, 猶與世之治亂有分, 況儒者讀書不務實用, 行己不法古聖, 惟以空言客氣相尚, 而天下國家, 安有不至於危亂者乎? 言之, 使人苦痛苦痛。

仲弓"居敬、居簡"之問, 雖未諭夫子之意, 然其所言之理, 有默契焉者。故夫子不復發出可字之指, 但曰"雍之言然", 此何等宏裕? 孟子於夷之之辨, 略其遁辭, 專就其良心之發有不容已處, 明其一本之理以曉之, 此又講論之要法。使他人言之, 必曰"你不識吾可字", 又必曰"你胡爲是遁辭?"此豈不是, 是語但覺得氣象未甚含蓄。學者須於此等處, 子細體翫也。【庚子元朝】

爲人家長, 日用間奉先接賓, 教兒讀書, 課僮種黍, 灑掃灌漑, 許多區畫, 在堂室妻子之閒, 行之種種, 都從性命精髓流露出來。

從古聖賢, 論爲學之序, 無不自正衣冠、肅容儀, 分明有規矩可持守處說起。乃後人動輒說"窮理存心, 是學之本, 何必從外面粧飾取名也?"此以畏俗惡撿之私, 文之以務實遠名之言, 終入於閃奸打僞不可告語處去, 極可痛也。

范蜀公言: "韓持國好閉目而坐, 想大地無寸土。"此語見『論語』「陽貨」十九章『或問』。蓋禪家有"若人識得心, 大地無寸土"之偈也。試嘗驗之, 覺得世閒種種繫礙, 廓然脫落, 然終非自然底道理。孔子嘗曰: "巍巍乎舜、禹之有天下而不與焉。"此以實理爲主, 而天下自輕; 彼以幻空爲本, 而大地如無也。同一言性, 儒者之性實, 而釋氏之性空也; 同一言心, 儒者之心仁, 而釋氏之心忍也; 同一言道, 儒者之道公, 而釋氏之道私也。種種皆異, 不可合一, 而後世學佛之士, 往往欲混彼此之論, 而惡其二之, 何其惛也?

念臺之譏人學禪, 柏峯謂之"同浴譏裸", 誠然誠然。但其門人, 記其師易簀語, 第一條云: "爲學之要, 一誠盡之矣, 而主敬其功也。敬則誠, 誠則天, 若良知之說, 鮮有不流於禪者。" 此似爲最後定見。而據鄙見, "一誠"欲改以"明誠"兩字, 如何如何? 要之其言與平日謂"良知一誠也, 致知誠之者也, 此文成秘旨。" 又謂"伊、洛拈出敬字, 只是死功夫"之類, 朔南判矣。但惜其覺之之晚也, 奈何其門人黃宗羲爲念臺立傳, 復以繼之王氏之下也?【其傳曰: "識者謂'五星聚室, 陽明子之說昌, 五星聚張, 子劉子之道通', 豈非天哉, 豈非天哉?"】豈念臺平日教得人, 以心爲極天下之尊, 以致良知爲功夫之則,【並見本集。】而門人輩習聞其言, 樂其簡徑、苦其誠敬而然歟? 以此觀之, 師儒之任, 豈非天下第一難愼之事乎? 吁! 其可畏也夫。

『建炎雜記』"秦檜之死, 其館客曹宗臣爲博士, 定謚曰'忠獻'。「議狀」有'道德高天地, 勛業冠古今'之語。開禧初, 李季章爲禮官, 請易以惡謚。奉常定曰'繆狠', 議上, 侂胄謂同列曰'且休且休', 遂止。然忠獻之告, 已拘取矣。" 又考「周南【字南仲】傳」, 南嘗擬開禧奪秦檜官謚敕, 惜未見其敕也。余謂曹宗臣小人之佞臣, 固無足誅。其同時禮官之與議其謚者, 宜施之以當律也。

魏鶴山「師友雅言」曰: "'人而無禮, 不亦禽獸之心乎?' 聖人不曾有此等語。東萊于'皇陶朕言惠'下說, 孟子既云三自反, 乃有禽獸之語, 孟子有鋒稜, 孔子口中無之。" 余于鶴山此語, 看得有味, 後來又見劉時卿曰: "孟子比妄人爲禽獸, 是猶未免英氣太露, 不若顏子'犯而不較', 爲得萬物一體之意。朱子曰: '犯而不較, 蓋是佗分量大, 有犯者, 如蚊蟲過前, 自不覺得, 何暇與之校耶?' 此猶是孟子見解也。「西銘」二句說得好, '民吾同胞, 物吾與也', 顏子不校之意, 蓋如此。" 此又述東萊之言, 而萬物一體之意, 尤發得極有意趣。學者縱未易及, 亦要時時涵泳此箇氣象, 庶幾有進步處。曾見李贄一說云: "或謂'以禽獸待橫逆, 亦覺不忠厚', 此假忠厚之言也。這正是君子大度量處, 若猶視以爲人計較之念, 決不能忘。況横逆者, 原禽獸不如, 我以禽獸目之, 亦太忠厚矣。何不忠厚之有乎?" 此又翻轉前二說, 而言君子大度量。然學者須以呂、劉之言, 存心而養量焉可也。若乃世俗之以搏噬人爲能事者, 又自認定禽獸不若, 而雖吞刀飲灰, 期於劃除胷中鱗甲, 庶幾復化爲人, 不亦善乎?

春秋之時, 世衰道微, 上下僭亂, 曾夷狄之不若, 然時君有能委國而授孔、顏以政柄者, 則宜其享撥亂反正回危爲安之福矣, 旣不能然, 則孔、顏雖聖且賢, 窮而在下, 非惟職不得行, 勢亦不可行, 尚何救世之可望哉?

世亂俗薄, 士無常守, 無不苟偸而入於惡, 以致人心乖戾偏側, 而論人說書, 處身造事, 無不反常。是非變亂, 賢邪顚倒, 日冷而月熱, 蘭臭而蕭芳, 遂至於不可整理。夫人之所得於天, 而純粹至善光明不昧者, 淪沒在何地, 乃如此一向不露頭面? 若得賢者在位, 以綱常爲重, 信義爲先, 使民志一而士趨正, 然後其餘農桑學校之政, 文武官員之選, 以次舉行, 庶幾有濟矣。

"棄官若逐飄然計, 不死揚州死劍南。" 此放翁詩也。余改之云: "辭官已逐飄然計, 一死何須問朔南。" 此意如何? 杜工部云: "常恐死道路, 永爲高人嗤。" 一死等耳, 道路寢室, 又何足較? 余嘗戲謂吾欲以壽製, 藏之行袋, 此劉伶使人荷鋪隨之之意也。及見坡公譏劉云 "笑! 汝不能忘形骸", 更快人意爾。旣而復記陶靖節云: "裸葬何必惡, 人當解意表。" 此眞得 "志士不忘在溝壑" 之意, 每一諷詠, 不覺爽然自失也。

朱文昭【蘇】曰: "三代以上, 不過曰天而止, 春秋以來, 一變而爲諸侯之盟詛, 再變而爲燕、秦之仙怪, 三變而爲文、景之黄老, 四變而爲巫蠱, 五變而爲災祥, 六變而爲符讖, 人心泛然, 無所底止, 而後西方異說, 乘其虛而誘惑之。" 余謂七變而爲佛禪之後, 八變而爲夷狄, 九變而爲禽獸。今欲反其變而歸于正, 亦惟盡人道之當然而已矣。天下之爲人牧者, 惟務盡人道之當然, 則彼春秋之盟詛, 以至今日之禽獸, 不足變而自消矣。

如今某也某也, 開門揖盜, 劫君弒母, 無所不至。噫! 列聖在天之靈, 何負於此輩, 而忍爲是兇毒耶? 昔元伯顏入寇, 過秦檜塚, 令諸軍放尿屎, 以穢其塋域。檜也爲虜謀主者, 竟爲虜所醜辱, 是亦天道好還之驗。想像其事, 大好快活, 曾先之『史略』曰: "知女眞軍事秦檜死。" 此眞春秋筆法, 可謂嚴於鈇鉞矣。今日之漢面胡腸者, 安知異日不復有元伯顏、曾先之之醜辱而誅討之者耶?

溫公平生, 不喜『孟子』, 以爲僞書出于東漢。因著「疑孟論」, 而其子公休【康】乃曰: "『孟子』爲書最善, 直陳王道, 尤所宜觀。" 至疾革, 猶爲『孟子解』二卷。以父子至親, 不爲苟同如此。屏溪每主人物性異之論, 而金密菴以高弟, 不從其敎。渼湖又謂人物性同, 而金濯溪, 渼門之傑然者, 亦異於師說。豈非其心自至公, 不守父師之訓, 無少慊於孝義之道歟? 後人纔不膠守師傳, 便以陷師射父之律隨之, 豈不難哉?【朱子于延平, 南軒于五峯, 亦不能一遵其旨矣。】

歐公謂"『易』「文言」、「繫辭」, 非孔子所作, 乃當時易師爲之耳。" 韓魏公心知其非, 然未嘗與辨。但對歐公, 終身不言『易』, 眞西山與劉季文, 任執義與金執義, 亦不與言人物性同異之辨, 皆可爲後世與知舊爭執己見, 相與睽貳者之法。【魏公事, 見「施德操語」, 又見「元城語錄」, 汪玉山與呂逢吉書。】

人苟得心量宏闊, 佗人無情之言, 豈有容受不去? 況爲學功夫, 須是自認得我未必是, 佗人未必非, 這纔是長進之機。再認得彼果勝于我, 我實不如彼, 這更是長進之實處。故橫渠先生雅言: "責己者當知無天下國家皆非之理, 學至於不尤人, 則學之至也。" 此言大可思也。

儀、秦專尙小智。蓋善揣摸人情, 無一些不中人肯綮, 此非順應之道。乃陽明『傳習錄』以"此爲亦是窺見得良知妙用, 但用之於不善耳", 不知此是何說。其徒自知卑陋, 而謂之記誤。近日士友中相與, 似或未免揣測人情, 而以爲明覺, 殊不知反涉人僞之雜, 而有礙自然之用也。

學者功大緊要處, 只在"求是"兩字而已。謝上蔡以此論格物, 而『大學或問』深取之。或曰: "然則人之爲學, 只要知之而已乎?" 曰: "不然。" 潛室陳氏論殺身成仁云: "是時不管利害, 但求一箇是而已." 此則以行言, 可以通融看也. 所謂是者, 無時不有, 無處無之, 然人揀得淸楚爲難, 踏得牢實更難. 要之精確, 庶幾可及耳.

人生時, 一切世情了不帶來, 只有靈心善性與身爲體; 死時, 一切世情亦不携歸, 只有懿言令德爲世作法, 須是如此, 乃可以無媿於天地父母.

近見淸人蔡爾康所著「宋儒貽禍中國論」, 大槪引漢, 唐之嫁女稱臣於匈奴, 突厥, 而謂"不足爲二代之恥", 乃謂"宋儒傅會古訓, 攘斥夷狄, 然內夏外夷『魯論』未著. 今俗深中宋儒蠱毒, 輒曰'外人夷也, 當斥遠云云'". 噫! 此何言也? 『書』曰"蠻夷猾夏, 寇賊姦宄." 以蠻夷與寇賊並言之. 『詩』曰"戎狄是膺", 『孟子』曰"禹遏洪水, 驅蛇龍, 周公膺夷狄", 以戎狄與蛇龍洪水並言之. 孟子又嘗以鴃舌斥南蠻矣, 果使孔子無內夏外夷之意, 又何以稱管仲之功曰: "微此, 吾其被髮左衽矣乎!" 且如 "夷狄之有君", 及"雖之夷狄, 不可棄", "雖蠻貊之邦行矣"之類, 亦無非外夷之意, 而今謂"『魯論』未著", 將誰欺, 欺天乎? 抑亦習夷旣久, 與之俱化而不自覺也歟? 爾康又謂"復讎, 孔子不言, 而出於宋儒." 余謂無讎則已, 旣有讎, 則當視其事之大小而處之. 小小侵陵, 雖不可一一理會, 若弑君殺父與憑威力以臣妾我之類, 又豈可不報? 湯爲童子復讎, 孔子有不共天以直報怨之訓, 安可謂非聖人所言? 設有人于爾康之父, 或毆打之, 或殺害之, 則渠將謂復讎宋儒之異論, 而恬然無報復之心乎? 今之所謂識時務者, 所見多此類也. 若是而可以開物化民乎? 大可歎也. ○ 蔡論見載於林樂知『中東戰記』第七卷, 而第一卷首載朝鮮宮內大臣與林樂知 「謝贈中東戰記書」云: "此編獻我陛下, 已經乙覽, 大加褒奬, 仍賜繡屛云云." 林 是美人, 蔡是淸人. 其計欲我邦一味親附裔戎, 不復理會讎怨也, 乃爲大臣者獻之 君上, 至蒙褒賞, 其爲寒心, 又暇論哉?

千古萬古, 四海九州, 官人村夫, 上知下愚, 婦女小兒, 無一人無禮性, 而心能以禮 視聽言動者, 萬人中不一見, 千載來閒一値. 尊性者爲正學乎? 尊心者爲正學乎? 如此明諭, 而尙敢謂之"心卽理"乎?

懈怠時, 知其然而整攝之; 瞌睡時, 覺其然而喚醒之; 走作時, 知其然而收斂之, 間歇 時; 覺其然而接續之. 此等覺知是明德發露處, 隨其覺知而斡旋之, 是因其發露而逾明之之事。豈必待見尊賓而恭敬之, 遇惡事而憎疾之, 然後獨可謂明德之發乎？

有時而昏也, 是貫動靜; 本明不息也, 是貫動靜。因發逾明也, 是貫動靜; 以復其初也, 是貫動靜。有謂"有時而昏, 因發逾明, 單屬動", "本明不息, 以復其初, 又單屬靜", 皆非朱子本意。朱子本意, 何以知之？『章句』云"常目在之", 此爲的證。若靜時本明, 不須明之, 既非"常目在之"也; 若動時昏而動時明之而已, 亦非"常目在之"也。此如道體貫動靜, 故戒愼亦貫動靜。故朱子曰"常存敬畏", 而讀者因"不睹聞"語, 竟疑戒愼單屬靜, 誤矣。

昏禮交拜時, 世俗或有不辨內外, 而使外人皆見, 此非禮也。南溪「答李德明」書言: "室中之事, 非衆賓男子所可與, 而又非夫婦所得自爲者。故必使兩家親戚婦人爲贊。" 此意極好。溫公禮亦用婦人爲贊。然則人家婦女, 必須敎以昏笄喪祭之儀, 亦庶幾以禮導俗之一助耳。

余常欲禫祀及親忌及心喪, 用黑經白緯之制而未果。今見尤翁作懶學朴公廷老墓表, 有云"國俗服禫以素, 此非古也, 用淺黑色", 此與余意合。卽令子婦織出一疋, 以製忌日之服。

"理之無情意造作, 無間於體與用。" 此尤翁語也。余亦曰: "理之無靈覺知識, 無間於體與用也。"

"以理無爲, 爲無骨蠱與熟鹿皮",【蘆沙語。】則必曰含靈物與生鐵杖而後, 始得爲理乎？ "論理爲主, 必曰理字活",【華西語。】又曰"太極活體, 惺惺有主宰者",【柳穉程語。】然則若無活惺主宰之能, 將不得謂之理矣。其所謂理者, 無乃是心字傳神歟？據愚所聞, 理無聲臭無兆朕者, 有骨無骨、生熟死活、惺惺昏昏, 皆非所以語道體者也。

講究本原, 將以修身而輔世也。今也講於理氣, 則無不毫分縷析, 而見於人己者, 不免尋差而丈繆。然則其所講者, 無益之空言; 所揣者, 無實之虛見耳。此吾人之通患, 聖門之至戒也。

不改今日尙利之習, 而欲復前代治安之盛, 則無其術矣。然改法不如改心, 以非心而行善法, 法不久而弊已生矣。欲改人心, 必須用道學禮敎以養材, 廉恥綱紀以律世, 始得。

"立賢無方", 不拘近例。【凡履歷久近, 門地微顯, 戚里世家, 一切勿問。】惟衛護社稷, 保安生靈者, 是求是用。其依阿順旨, 顧瞻持祿, 而不喜直道, 不愛正士者, 黜而遠之, 則草澤巖穴之賢, 無不延頸而需用矣。不然而惟貴戚之卿是恃, 聚斂之臣是與, 則在野之賢姑勿問, 前日已進之士, 亦且相招而去, 而國事遂不可爲矣。

爲守令者, 田稅逐月收納, 原是國典。然今難如此, 須令民間, 歲前盡輸,【恐晚春艱食, 未納故然。】自官取息而上納, 其餘數與老史鄕儒, 商議以補民弊。【戶布還穀之屬, 隨宜酌處。】逐年如此, 民亦樂爲之矣。

烏鳶之啄腐, 狗彘之嗜穢, 自認爲美, 而又笑靈龜神鳳之苦飢。此誠庸汙之流, 不足言也。惟有國者, 使僧道巫妓, 綺羅遍身, 珠玉溢篋, 而抱道績學之士, 指溝壑以爲歸, 則古語"侏儒飽欲死, 臣飢欲死"者, 正此之謂也。

治天下, 以得賢能爲本; 以信賢能爲要。得賢能, 以養人材爲先; 養人材, 以擇師長爲急。擇師長, 不以德義爲主, 而惟名閥文章是尙焉, 其所受敎者, 不務實際, 不究實用, 而往往託身權要, 馳心華藻。國家以此養人而置之列位, 其能盡忠於君父, 竭力於民社, 以成治平之勢乎? 其或遇君子之登庸, 則嫌其所執之害於己, 肆爲詆毀, 多方以陷之, 國家之不亡者鮮矣。然則其除學宮之官, 選巖穴之士, 豈非治法之第一大根本乎? 爲人君者, 可不十分審愼, 而漫且爲之哉?

我朝選官, 專任吏曹, 此法當革。蓋人之所見有闊狹, 豈能周知一國人材? 不若使三公六卿各薦所知, 諸道觀察使亦令自辟列郡守宰。而必三載考績, 而被薦者居官不法, 擧主坐以誤擧之罪。【吏曹只令擧諸曹長官及各府長官、諸道觀察、留守, 其屬官皆令自辟。而又有憲官以糾之, 諫官以駁之, 則善矣。】

近年盜賊肆行, 至於爲文, 傳於民間, 使之收合面內錢物以輸之。或令人空其先山齋閣, 而聚會爲盜。又至掘塚取骨以索錢, 是宜州縣發軍捕捉以殺之, 而視同常例, 不以爲念, 寧不寒心? 雖然是皆莅州縣者, 類多納錢得官, 己亦攘奪民間財穀, 又何顏禁民爲盜? 是知賣官爲亡國之源, 爲人上者, 宜深念之。

學校之設, 本爲敎養人材, 使之本於人倫, 明於治道, 講於法度, 以待上之任使。此天下國家之大根本也。今也學校之名徒存, 而其實全然不理會師生敎學, 正晦翁所歎"忘本逐末、懷利去義、而無復先王之意者也"。是宜君相先自貴德賤貨, 以義爲利。而選擇敎官之際, 又必戒飭公卿百執事, 各擧所知一二人, 必令從實行公, 毋得徇私用情。每人各註擧主, 以待異日審察, 而有賞有罰。國學則吏曹, 外學則觀察, 每年考績。能使學徒, 以道德爲先, 名利可恥, 經濟是重, 文藝爲輕者, 上也; 使學立志謹行, 讀書窮理, 孝弟禮遜者, 次也; 使學徒通明經籍, 曉達治道, 能善製述, 不尙客氣者, 下也。上者, 授以六品之職, 以聳動士林; 次者, 加其資級, 以示褒賞。若其餔啜戲嬉, 有名無實者黜之, 其擧主, 亦論罰。

言路開則治, 塞則亂。今特立敕任官外無得言事之規, 則奏任官之視國家治亂, 猶路人也。使居官者, 視國猶路人, 則國家焉有不亡者哉? 今使立誹謗之木, 以求言, 猶恐不及救也。其諸挾雜而進, 亂言於朝者, 誠可懲也。然苟得朝廷淸明, 有諫諍之賞, 絶謟諛之流, 則在下者, 亦不敢進亂言也。

『中庸』"聰明睿知", 金監役指以爲理, 余嘗據『章句』以辨之, 而不見從。大抵彼邊, 每以氣之虛靈知覺、聰明睿知, 心之具理應物、知理循軌之屬, 一切歸之形而上之道, 豈非見之未精歟? 今此以聰明睿知言之, 程子言敬, 有"聰明睿知皆由是出"之語, 又論先致知而後誠意云: "苟無聖人之聰明睿知, 而徒欲勉焉以踐其跡, 則亦安能如彼之動容周旋, 無不中禮也哉?"「大學序」云: "聰明睿知能盡其性。" 凡此皆當做理看, 而不礙於聖賢之敎乎哉?

『大全』「答楊子直」書曰: "謂太極含動靜, 則可以本體而言也; 謂太極有動靜, 則可以流行而言也。若謂太極便是動靜, 則是形而上下者不可分, 而易有太極之言, 亦贅矣。" 今曰: "謂性含寂感, 則可以本體而言也; 謂性有寂感, 則可以流行而言也。若謂性便是寂感, 則形而上下者不可分, 而心具性之言, 亦贅矣。" 如此類推, 庶見性與太極爲形而上之道, 心之與易爲形而下之器也。如此則可以省多少爭競矣。

儒者得志, 則其道固將行於世矣。雖窮而在下, 其重自若也。乃肯俯就而許朝廷之謬典, 開流俗之苟竇, 則世亦何賴乎儒者哉?

朋友雖以信爲主, 然以愛好之仁、規砭之義、敬讓之禮、辨哲之智, 錯綜交織而後, 方能成就一箇誠實之信。宜於日用閒, 自驗我處心造行果如是否。一有不至, 必加警惕而改革之。【非惟朋友爲然, 以上四倫, 無不以此意處之。】

鑽燧取火, 四時各有其木, 五行迭取其氣。此古之聖神所以斡旋造化, 燮理陰陽, 而備天災救民疾者, 其功用大矣。余昔二十時, 讀『論語』, 以爲"安得賢者在位而行此政也?"及後考『經國大典』, 有刑曹取火入大內, 以之頒賜各宮之法, 不知廢於何時, 甚可惜也。縱未能行之天下, 且欲自一家一里始, 而每患不知取火之法, 使人問於刑曹, 無能識者。後遇柳稺程及見諸士友問之, 亦未詳。近得周氏【玉中】『四書辨正』, 載其法。不覺心眼俱開, 遂錄以寄崔君性範, 使之依式取火, 以與鄰里共之。庶幾從者滋多, 漸可廣之鄉邦, 而在位者喜聞而樂施之。是亦順天惠民之一事, 非小補也。

君子出處, 當一稟前人成法, 以爲應酬之道, 不可但見薦引者之爲時所用而妄動也。此於程『易』, 備論之矣。"「蒙」之六三, 女之妄動者也, 正應在上,【今當以前賢爲正應。】不能遠從, 近見九二得時之盛, 捨其正應而從之, 是女之見金夫也。"若士之出腳, 或類夫此, 則人君得如是之人, 何所益乎?

靜菴先生言: "苟知其爲小人, 當深惡而痛絕之。"此語出『大學章句』, 故余收入『粹言』中。某人謂以已甚而欲削去之, 先師復存之。後來某人, 不惟不絕小人, 身且爲邪黨, 而不以爲恥矣。昔宋時閩宰方叔珪, 盛稱本朝人物, 而謂"功業不及漢、唐, 緣要去小人"。朱先生聞之曰: "是何等議論? 小人如何不去得? 自是不可合之物, 一薰一蕕, 十年尚猶有臭。若如此言, 則舜當時去四凶是錯了。"鄭子上問: "方君意謂不與小人競, 則身安可以做事?"曰: "不去小人, 如何身得安?"【『語類』可學錄。】余觀古今爲小人不可去之說者, 其意欲身得安事得成, 然留得小人在朝, 未有身不危事不敗者。請後世之君子，於此一著，切勿回互周旋，而一味守經，以輔國家也。

人之自護己見，與邨婦之直少子相類，從偏性私見起來，如何自覺其非是？是故非賢父，莫能知子之惡; 非長者，無以見己之錯。此人稟賦麤厲、習熟偏滯，直如夙生胎病。雖賢人撞著，亦未易帖然無事，況余不能御氣以下人者，如何服得人？彼之自是，愈往愈甚，而我之自反，亦愈往不懈，則豈不反得磨礪之助乎？

余嘗謂"今人不務實際，但貴外華，故能文則大賢，能辯則次賢，其心術之正，躬行之篤，更不論，極可歎也"。今偶看中國人文字，亦有云"世界原無眞人，品貴則大賢，富則小賢，貧賤則庸愚而已。"此之可歎，更甚於余之所言也。然曾見李山雲詩，有"大抵朱門人，行狀皆濂、涑"之句。此則與中國之俗，相似矣。孔子嘗曰: "不有祝鮀之佞，而有宋朝之美，難乎免於今之世矣。"噫! 春秋之時，尚爾有斯弊，而況於後世乎？苟非超然遠覽，惟以三古爲師，而視世俗訾謷之言，如浮雲之過空者，則未易自立也。

纔動念，便思別人過惡; 纔開目，便見別人過惡; 纔啓口，便談別人過惡。如此者，豈復有好生之德，愛人之仁？得非自戕其性命之源乎？雖曰"君子嫉惡"，亦須以春生爲主，而秋殺輔其生意焉可也。

"殺數百萬生靈，亡數百年社稷，皆生于士大夫患失。"此呂東萊先生語，讀之，使人憤氣衝激。今有數語繼之云"壞天下後世人材，亡前聖相傳道學，皆起于吾儒好勝"。嗚呼! 可不爲之屢省而痛懲之也哉？

"法立而能守，則德可久，業可大，鄭聲佞人，能使人喪其所守，故放遠之。"此橫渠先生語也。今倣此意，以數段繼之曰: "讀書行己之法，講明而持循之，則道可尊，德可備。異端俗論，能使始學喪其志，故擯斥之。耕稼紡績之功，勤行而無廢焉，則父母可事，妻子可育。遊宴奢華，能使産業莫能保，故戒絶之。神靜而定，則性可養，氣可鍊。強記摛文，能使人撓神，故節嗇之。"語雖未佳，而意則或可取歟!

親戚之囂傲, 鄉里之譏評, 以至仇敵之怨詈, 皆世人所甚厭惡。而從來賢哲, 一切留神, 而于存心發言持己應務, 無不藉此以助發其識慧, 增益其德善。耳目所接, 種種不平, 莫不與性分有涉。若少不得者何? 況朋友箴規, 縱有過當, 豈可指爲不我知而不之存意乎? 『論語』之"察言觀色", "家邦無怨", 『鄒經』之"三事自反", 張書之"無天下國家皆非之理", 都是則樣。

『史記』"靈公與夫人同車, 宦者雍渠參乘, 使孔子爲次乘。" 朱子雖載諸『集註』, 然『困勉錄』以爲"另是一說不必從"。 余又竊謂此必無之事。 今見仁山謂: "見南子, 禮之所有, 故'可以久則久'; 爲次乘, 禮之所無, 故'可以速則速'。雖然, 去魯爲女樂也, 而以膰肉去; 去衛爲次乘也, 而以問陳行, 皆不欲昭其君之惡, 而以微罪行, 此義之盡而仁之至也。"【見『通鑑前編』及『論語攷證』。】 余意既曰"禮之所無", 則焉有聖人可以爲人文過, 而黽勉於禮所無證之事之理乎? 恐未若直謂是『史記』之妄言也,【微罪之說, 別有所論。○ 文過見仁山說中。】

今人只是說心, 故有異同之論, 若存心, 安有異同之可言? 孔子曰: "操則存, 舍則亡。出入無時, 莫知其鄉者, 惟心之謂歟。" 朱子釋『孟子』存心云: "存謂操而不舍。" 將此兩訓, 久久翫味, 時時體驗, 則可見所謂心者未免有時做病, 不似太極性命原自有準則, 而無待於操存檢防者矣。此非眞實下功夫來者, 未易以口舌爭也。

"道也者, 不可須臾離", 語意何等尊嚴! 是故"君子戒愼乎其所不睹, 恐懼乎其所不聞", 語氣何等警切! 只此便見道與心上下之辨也。"存心養性", 存謂操而不舍, 養謂順而不害。只此便見心或有亡, 性無不善, 上下之辨, 亦明矣。

今學者務先收拾身心, 講明禮義, 以爲立德酬世之本子。今不務此, 只要去世務上費盡功夫, 或就性理上騁了談辨。假饒稍優於佗人, 恐只是塵穢器中堆得餅果, 豈可食之物? 昔晦翁言: "若不先理會本領, 只就事上理會, 雖理會得許多骨董, 只是添得許多雜亂, 只是添得許多驕吝,"【此數句每讀之, 不勝振慄。】"某這說的定是恁地, 雖孔子復生, 不能易其說。" 此爲『語類』葉賀孫錄。愚亦敢謂鄙見, 畢竟是聖學定本, 請朋友毋輕以爲可易之論也。

道也者, 天地所賴而位, 聖賢所安而樂者也; 帝王公卿所資而治, 將帥軍卒所仗而戰者也; 三綱五品所依而立, 農工商賈所恃而成者也。夫道如此其重也, 而人可以不之學也哉? 顧今世之人, 門地崇高者, 雖非道, 亦且冠冕珮玉矣, 道何須學也? 其卑者, 雖有道, 亦終於賤已矣, 非有卓識, 其孰肯學道也哉? 才氣俊邁者, 已有佗塗, 可以拾靑紫, 何事於道? 其鈍者常苦其難入, 又不喜學道, 富者安於飽煖, 貧者切於飢寒, 皆不以學道爲念。至於農工商賈, 則又不知有道之可學也。然則人之視此學, 直不過一無用之贅物耳。乃於此時, 有章甫縫掖, 以學道爲言而至者, 其爲幸喜, 何啻如大旱之見雲霓, 空谷之聞跫音也? 雖其人空空鄙夫, 曷不欣欣然以接之哉? 其人已往之過錯, 將來之鮮終, 又何忍追計而逆料之哉? 以故世俗, 每以不愼擇人, 爲儒門之病, 而未嘗敢變舊見, 以徇其意也。孔子曰: "君子學道則愛人, 小人學道則易使。" 此言貴者賤者皆不可以不學也, 儒門所受, 如斯而已矣。

假如"太極有操縱有適莫, 而能使氣機, 不敢之東之西, 如主之命僕, 僕之事主", 一如蘆沙之言, 豈不是天地閒一大歡喜事耶? 然必使千古萬古有治而無亂, 千人萬人皆善而不惡, 然後其說方有著落。奈何一千年事亂時多, 曠千百年, 無一人如顔子者乎? 今無實事, 而但立空言, 人誰信諸? 吾聞聖人憂勤惕厲, 而敎人戰兢臨履, 其一段苦心, 只恐有爲之氣機, 或有不循自然無爲之理耳。此人心之所以不死, 而天理之所以常存也。奈何卻將理實操縱乎氣, 氣自受命於理之說, 諄諄然命于人? 吾恐其弊將有使人不復御氣以循理, 治心以本性, 一任其自然而已, 如之何如之何?

"人各私其私, 天地閒結成一塊私。"【此箇病痛, 直至敎得父子、兄弟、君臣、師生, 各相疑猜。每思之, 使人心痛。】 "人君完養厥德, 盎然天地生物之心。又求天下愷悌, 相與擧先王仁政行之, 盡破羣私, 合爲天下大公。"【剖破藩籬卽大家, 何等爽豁?】 此明儒魏莊渠之言, 而正爲今日治病之第一美藥也。苟得君相, 如此捄得, 誠爲萬幸。如未能然, 但得儒林諸公, 養得忠厚正直之德, 不偏不礙。又敎得門弟, 皆要虛心循理, 不立人我, 務相愛敬, 期以同歸至善之域, 亦庶幾漸回一世已頹之風。此區區之所血願也。

明道稱康節爲"內聖外王之學", 余只認爲贊美辭。近見淵齋說, 卻謂: "引莊子語以譏議之", 未敢深信。後看顧氏『日知錄』曰: "孔子於弟子, 四代禮樂, 以告顔淵,五至三無, 以告子夏。又曰'雍也可使南面', 然則內而聖, 外而王, 無異道矣。" 此何嘗以內聖外王爲不美之辭乎? 況明道天性, 忠厚質實, 豈肯用隱語以譏訾故交之賢者乎?

世俗以逐翁後輩賢之不出爲太拘, 而指有召一起, 如近世之某處某處, 爲超脫不局滯。未知上之召賢, 必有信用之意耶, 抑只應行故事耶。上欲信用而有召不起者, 誠爲老氏之冷冰冰。【若才不足而不起者, 不可非之。】徒行此文具, 而遽然出腳, 又豈不爲孟子所譏虛拘之歸乎? 所以止於一二章疏而退去, 此爲何等出處, 此箇疏章, 在家不可爲, 而必進身殿陛然後爲之哉? 吾未知其精義之所在也。況言不見行, 而徒蒙進擢, 又豈非士子所當遠之嫌也乎? 若曰"聖人不避嫌", 則吾實衆人, 固不識君子之所爲也。

耿天臺謂孔子"費而隱", 因譏宋儒"隱而隱", 蓋謂多只是說向入微處。余意漢、唐諸人, 多只主訓詁詞章, 而流於陋習, 故程、朱諸先生, 往往舉向上議論以捄之, 蓋亦不得已也。然其釋經旨處, 何等典要誠實, 何嘗與孔氏之"費而隱"相戾乎? 如近日學人之遺下學而談上達, 舍萬殊而稱一理, 外日用而睎知道者, 乃可以當"隱而隱"之譏矣。

一字學最是正, 亦最是難。如上殿時此心, 登溷時也是此心, 講席此心, 衽席也是此心, 承祭此心, 臨民也是此心, 此是一字學。反而驗之, 都是兩樣心, 兩樣心盡去而後, 始乃成就得一字學。

制於天者, 非吾之所當憂也; 出於己者, 是己之所當憂也。憂其所當憂而不憂其所不當憂, 君子之學, 如是而已矣。

君子主義, 不主命。如國家之亂, 異端之盛, 本亦有命。君子於此, 必求所以處之之義, 不諉之命而遂已也。

『家禮』"嫡長子生見廟, 主婦抱子再拜", 前輩多主蒙上文俠拜之說。而此以「曾子問」君薨世子生而見之儀推之, 所謂子拜稽顙哭, 是捧子之人, 拜而稽顙且哭也。

『家禮』之主婦再拜, 特代子拜, 故不用四拜也。

士之處世, 有二事, 蘊之爲德行, 行之爲事業而已。德行必本於性命之正理, 事業又須根於出處之精義。大抵人要操心以尊性, 則出於正理, 而德行方無虧矣; 必待禮而進身, 則合於精義, 而事業亦可期矣。若認心靈爲太極, 而思慮云爲不揆諸道, 而惟吾意之是恃; 指國君爲宗子, 而安危治亂不待其問, 而惟吾言之求用焉, 則其所成之行, 果不戾於天命之性, 而所就之功, 果能合於前聖之道否? 此吾之所未曉, 而欲質於並世之先覺者。

主氣二字, 有兩義。一則以講論文句, 而有此謂主氣,【如氣配道義, 則氣爲主之類。】彼爲主理【如集義所生, 則義爲主之類。】之說; 一則以辨別學術, 而有此爲主理,【如聖人本天之類】彼爲主氣【如釋氏本心之類。】之說。二者文同而意別。今人纔見主氣二字, 不分文義與學術, 便謂之異端, 何其矗也?

語本體, 則惟善二字而已; 語功夫, 則心敬一事而已。

父子天性, 就父子言也, 至於君臣、夫婦、賓主、朋友, 亦豈不是天性? 非惟是已, 洞然八荒, 皆在我闑, 故庭草不除而觀生意。兩椅一不正, 便非禮樂, 囷櫺不打破, 而謂其在吾仁之中。

"食色性也, 攻取性也"而止, 則將不顧禮義。許筠言: "男女情欲, 天也, 禮義辨別, 聖人之敎也。天且高聖人一等, 我從天而不從聖也。" 殊不知聖人禮義之敎, 原來從天理中裁成出來, 非天本無是而聖人擅自造作。天是無言底聖人, 聖人是能言之天也。如近世夷狄之男女無別, 李贄之觀音會, 禽獸之聚麀, 皆許筠之類也。爲人牧者, 宜自躬行而嚴其敎條也。

補亡章體用, 欲從陳註, 則終是說得不暢快。且方專論心知一邊而遽擧明德, 兼知行者以當之, 尤恐其不相襯貼。故近齋不取其說, 只欲作知之體用看, 卽文義精矣。但未知如何是知之全體, 如何是知之大用。累年講辨, 終未得其所安。嘗欲以逐事之知、貫通之知分之, 後來思得『論語』子貢一貫章, 一本之知, 全體也; 萬殊之知, 大用也。此已似可通, 近復考及『孟子』「盡心章」『或問』云: "心之體無所不統, 而其用無所不周者也。今窮理而貫通, 以至於可以無所不知, 則固盡其無所不統之體, 無所不周之用矣。是以平居靜處, 虛明通達, 固無毫髮疑慮, 存於胷中, 至於事至物來, 則雖擧天下之物, 或素所未嘗接於耳目思慮之閒者, 亦無不判然迎刃而解。此其所以爲盡心, 而所謂心者, 則固未嘗有限量也。"【止此。】觀此一段, 始可以斷補亡章體用之義矣, 其何快如之!

2-1-25 「体言」2(『艮齋集』前編 卷13)

孔子曰: "天地之性, 人爲貴." 湖中引此, 以爲人物性異之證, 殊不知此亦兼氣質而言. 曾見宣城王氏期齡『孝經講義』云: "'天地之性, 人爲貴', 勿泛說'人得其全, 物得其偏',【此兩句八字, 係是天台陳克菴『孝經集註』中語.】 當云: '人得天地之性, 便有知愛知敬之良, 而物不能知, 所以人獨爲貴.'" 此說極精. 今人之見, 未易及此, 此余所以特揭示同學諸子也.

愚昔事任先生, 常見其祥和之氣達於面貌. 每與人言, 喜擧忠信兩字, 小子心竊識之. 今日偶讀『小學』士相見禮章, 見王期齡『講義』曰: "忠信爲敬心,【余欲改云, 誠心.】 慈祥爲仁心, 毋論君臣老幼, 俱當與之言者. 但與衆人言, 則尤爲親切. 蓋以世風之殘忍刻薄,【余欲於殘忍上添'詭詐奸僞'四字.】 故思以挽回之也". 此說與先師言行相符, 故特記之以自警, 亦以警世之士流.

『禮』: "非大宗, 無相後之義." 此是, "天地之間亭亭當當直上直下之正理", 翫而味之, 不覺其義之精而仁之至也. 後世此禮不行, 故父子之倫大亂. 父子亂則君臣夫婦如之何其可正也? 人家立後之變, 所聞所見, 有不忍言者, 今以必宗子始須立後立法. 如繼禰之宗無後, 非兄弟之子, 無得取以爲後. 繼祖之宗, 無得踰五寸, 繼曾祖之宗, 無得踰七寸, 餘皆以是爲差. 要之, 取最尊位以下子孫, 使奉其祀, 而朝家立案時, 必取帳籍, 檢考無誤, 然後方許入啓. 若欺罔上聽, 以遠爲近者, 事覺, 父子皆依律定罪罷繼, 當時禮官, 亦與重勘. 如此, 庶幾人倫明正, 無復紊亂淫僻之罪. 是爲敎民定志之道也, 未知後之人君能取以用之否也.

曾從『四書合纂』見毛奇齡謂: "『宋史』死節之臣四百餘人, 而濂、洛、關、閩之徒, 無一人與焉, 如此而尙可與言節義哉?" 余謂儒者類多輕爵祿而重廉恥, 不居亂邦, 見幾而作, 自不至於致命殺身之地. 如顔、冉、童、丑諸賢, 亦未聞有立懂者, 豈可以此譏孔、孟不足與言節義也? 今日偶閱『金華徵獻略』, 至李誠之與金兵力戰死, 使人歎仰. 因記得淸儒全祖望, 亦嘗辨斥毛也"無一死節之說", 爲夢中囈語, 不覺痛快。李傳中秦鉅, 以秦檜之曾孫, 金人之亂, 擧家殉義, 大是奇事, 不可不特書以表顯之。

陳同甫「答朱子」書言: "近世諸儒謂'三代專以天理行, 漢、唐專以人欲行', 信斯言也, 天地亦是架漏過時, 人心亦是牽補度日, 而道何以常存乎? 此論爲曹孟德以下諸人說可也, 以斷漢、唐, 豈不冤哉?" 張氏釆言: "龍川于王霸二字, 未究端委, 故於諸儒之論, 不肯降服。且如三代以下, 漢文、宋仁, 最近義理, 然謂其能治人欲否? 龍川必欲以曹操一輩爲人欲, 則其說人欲淺矣。"【張語止此。】余謂同甫僅認亂臣賊子爲人欲, 則其所謂天理者可知也。且借如其言, 則曹操, 王莽之時, 天地人心不知是架漏牽補過了, 抑不然乎? 謂道未嘗不常存乎否乎? 其祭東萊文: "有在天下無一事之可少。" 朱先生以爲"如此則雞鳴狗盜, 皆不可無。" 因有同甫在利欲膠漆盆中之譏矣。余又謂如同甫之見, 則聖人敎顔淵以克己, 亦是賸法。必如曹操輩人, 然後乃可敎以遏欲、存理之說矣, 豈非悖乎? 大抵不顧道義, 而全務事功者, 例多如此, 大可戒也。

今朝中童子某, 講『小學』馬援章, 至"聞人過失, 如聞父母之名, 耳可得聞, 口不敢言", 未嘗不三復有餘味也。記昔十三四歲時, 先考聽天翁, 命愚精寫此章一通, 揭之壁上, 口授其義, 而使之熟誦, 蓋欲其謹言愼行, 以成其德。而愚也不肖, 不克恪守先訓, 招尤速愆, 以至于老, 深可痛悼, 欲自今以往, 再加惕息, 庶幾未死前, 不復蹈舊轍也。君輩亦須深體此意, 而毋忽於好議論人長短, 妄是非政法之戒也。

樓璉少從宋濂學, 建文朝, 爲侍讀學士, 成祖入, 命方孝孺草詔, 不從, 滅十族。乃命璉爲之, 歸而自經死。王崇炳論方孝孺曰: "人生大倫有五, 旣有君臣, 豈無父母, 豈無兄弟, 豈無妻子, 豈無師友? 吾欲盡其一而戕害其四, 於義宜乎! 吾旣一死, 亦足以報君矣, 然則樓璉所爲, 適合情理", 向與敬九論此, 渠以爲樓之自裁, 固正矣, 當授簡命草之際, 其對辭必含糊, 故得歸家, 此爲未盡於義耳。王說未是。余亦謂 "王謂方欲盡其一而戕其四", 此言幾於刻覈, 亦非當時情事也。

本朝盛際, 先生君子立心造事, 類多忠厚平實, 明白正大, 其發於言議, 見於文辭, 又必本於經常之理。故朝廷多善人之進, 儒林爲有用之學。近世所稱學問家, 卻自是一般規模, 務已勝而不免以刻薄爲尙, 求功成而不暇問道義之羸。逐至病前賢定論爲拘滯, 指幷世懿行爲詭異。每吐一口氣, 作一篇文, 傷人害物之象, 顯然如從舌根筆尖, 作揮劍彈丸之聲。駸駸至於今日, 臣之棄君, 子之忘親, 生之倍師者, 踵相尋也。噫! 學術之關乎國運, 有如此者, 嗚呼! 有意爲學者, 可不審其路脈, 擇其基址也哉!

危素學于祝蕃、李存之門, 見待甚重, 在元累官承旨, 國亡不果死, 入仕于明, 亦官學士, 洪武三年, 御史王著, 劾素"亡國之臣不宜用", 坐免, 詔謫居和陽以死。余謂危素, 前之仕夷, 旣已失身, 後之被劾, 亦深可恥。大抵君子之志, 固欲行其所學, 至於不當仕而仕, 可已而不已, 而至被"亡國之臣不宜用"之劾, 則亦何所貴於仕乎?【棄喪之子不宜用。此劾, 將復聞於今日, 而久矣寥寥, 可歎。】

黃氏式三『論語後案』曰: "馮道更相數主, 後人或以爲五代之季, 生民不至肝腦塗地者, 道有力焉, 可信哉?"【見「顏淵」篇。】余謂許衡儒者, 而稱臣於蒙古餘種, 後人或以爲當時若無魯齋, 天下萬世皆爲禽獸。此與或者稱馮道之說, 堪作對語, 可發一笑。

國家以所以維持而不傾覆者, 以三綱之未墜也, 近見一朝士上章, 請定孀婦改醮法例, 噫! 何太甚也。其章引程太中取甥女之孀者, 以歸嫁之, 及尤菴先生「與權氏」書論"改嫁女不可嚴刑峻法以禁"之兩段, 以爲證佐。余謂程公事, 朱子嘗答此與"孤孀不可再嫁相反之問", 曰"大綱如此, 但人亦有不能盡者"。【朱子語 止此。】若遇不能自盡者, 則亦不得已而爲之地也。若正論道理, 則程子豈不曰"失節事極大, 餓死事極小"云爾乎? 尤翁云云。又以爲與其變出於不忍言之地, 不如公然嫁與無故之人之爲愈, 則其立言之微意可見。若正論道理, 則先生豈不曰"雖非配身, 而家畜失節之女, 豈安於心, 不如不畜"云爾乎?

『孟子』曰: "得天下有道, 得其民, 斯得天下矣; 得其民有道, 得其心, 斯得民矣。得其心有道, 所欲與之聚之, 所惡勿施爾也。" 近有一宰臣上疏, 請加稅云: "有國然後有民"。噫! 此何言也? 君以民爲天, 有天然後有君, 未聞有君而後有天也。本固邦寧, 本不固而邦得安者, 未之有也。民散久矣。宜以"保民而王", 爲上言, 一言再言, 不一言可也。何乃以"有國然後有民"之說, 進於吾君之前也? 『孟子』曰: "桀、紂之失天下也，失其民也。” 今乃以失天下之道勸之，抑何心也？ 且以利害言之，民畔而國危，則宰相獨可安乎？ 嗚呼！ 不思亦甚矣。

“今天下之人牧，未有不嗜殺人者，此天下之所以不一也”，此孟子之意也。余繼之曰：“今國中之士流，未有不嗜謗人者，嗜謗人者，心不暇及於治己，不暇治己而能服人者，未之聞也。士不治己而人不服，則天下之道術，如之何其可一也？欲道術之出於一，則當自不嗜謗人而務治己始。”

朝廷則以權利相爭、鄉閭則以財利相爭、儒門則以名利相爭，三爭甚則至於殺人殺身。噫！其可悲也已。

利字從刀從和，義如利刀截物而不乖，故曰：“利者義之和”。今則當云利字從刀從私，蓋以私欲爲主，至於以刀槍相殺。

張安國名孝祥，言其父嘗教之云：“世間如貪鄙刻薄等事，須常常把做一大罪過看，不可有分毫放過處，才慣了，便只把做常事看。” 孝祥父名祁，與胡致堂交善，晚嗜禪學。余見人家子弟，必以廉、潔、忠、厚爲一大功夫，而日夜勉行者鮮矣。須以張氏庭訓爲座隅箴，而終身珮服可也。

『大學』末章之義，“務在與民同好惡而不專其利”。夫民之好惡，在財用；君之絜矩，亦全在理財。故纔說“與民同好惡”，而卽繼之曰“不專其利”也。欲理財，必須得賢，不然，小人導君上以利爲利，而必至於危亡，故以用人理財兼說。然其實用人亦爲理財也。『章句』單言“不專其利”，以此也。明儒嘗論『大學』云：“不言理財者，決不能平治天下，何也？民以食爲天，從古聖帝明王，無不留心于此，豈若後世儒者，高談性命，把天下百姓痛癢，置之不問，反以說及理財爲濁耶？” 余謂此論是矣。非惟國與天下爲然，雖身與家亦然。身非財則無所養，而或至於不能修；家非財則無所資，而或至於不能齊。然則身家之理財，亦不可不念。特其以義爲利，不以利爲利之心，則無彼此大小之異也。且人維禎，以『大學』非聖人書，謂平天下章有理財之說故也，此殆不思而高論之失也。

余觀古今士類, 於議論之間, 事爲之際, 其是非好惡, 多徇私意, 而不遵公理。因此人心不平, 道術不明, 而天下遂至於乖亂, 絶可痛也。『大學』傳曰"有國者不可以不愼", 愼字, 主上文好惡說, 要頂絜矩來, 人心我心, 一處不合不已, 此何等謹戒? 如此好惡, 方不徇一己之偏, 余謂愼好惡, 不惟有國者爲然, 其在士類, 尤宜然也。且如老氏好無爲而惡集事, 告子好不動心而惡求諸理, 蘇氏好恣肆而惡拘撿, 好文章而惡道學, 陸氏好凝定神心而惡究索理義, 昌黎好事功而惡自重, 荊舒好自用而惡人言。此類皆徇自己之偏見, 而遂貽天下之大患, 可不爲之屢省而痛懲之哉?

一日在墳菴, 讀『小學』「立敎」第二章, 見『名解』所載辨志堂語一段云, "寬裕, 恐子之急切; 慈惠, 恐子之慘刻; 溫良, 恐子之輕薄; 恭敬, 恐子之肆慢; 愼而寡言; 恐子之多言也。"【止此。】余于急切多言, 最所患也。餘雖未至於正犯, 然以慈惠溫良恭敬律之, 亦覺有多少不盡分處。大段加兢惕, 庶幾不遂至於惡德也。【偶於心, 以某某兩人事, 逐一照驗, 彼於五者, 恐皆近似之。兩人者自謂"讀書識義理"而如此, 此深可懼而痛自治也。】劉氏曰: "寬則容德固多, 裕則臨事不(迫)[撓]188), 慈則仁性豐盈, 惠則恩意浹洽, 溫則言動粹和, 良則心意純淑, 恭則容止必莊, 敬則誠(實不欺)[明不散]。189) 具此八善, 而加之以畏愼, 將之以寡言, 然後可以爲子之師(矣)[焉]190)。"余讀此, 不覺慚歎。蓋赤子之師, 且須如此, 況四方章甫之師, 豈宜以偏長一善而冒爲之哉! 請諸公繼自今, 以聖賢爲師, 凡有疑難, 無不奉以質之, 凡所敎示, 無不敬以循之, 庶幾老拙無媿, 而諸公有進, 豈不兩善哉!

孫兒鎰孝, 請授『孟子』以善服人章, 余爲釋其旨, 時鄭仲禹在座。余顧謂曰: "如近日某人, 以申事作爲『春秋』義理, 而致責於余。其辭語, 幾於聲罪致討, 此正'以善服人'之心也。我輩略與辨明, 深加惻惻而冀其感悟, 亦庶幾近於'以善養人'之心也。"仲禹言下有會, 深歎其有味也。

---

188) (迫)[撓]: 저본에는 迫으로 되어 있으나, 『禮記義疏』卷40 「內則」에 의거하여 '撓'로 교감하였다.
189) (實不欺)[明不散]: 저본에는 實不欺로 되어 있으나, 『禮記義疏』卷40 「內則」에 의거하여 '明不散'으로 교감하였다.
190) (矣)[焉]: 저본에는 矣로 되어 있으나, 『禮記義疏』卷40 「內則」에 의거하여 '焉'으로 수정하였다.

汪玉山言: "張橫浦昔與某言, '古人行事, 信其大節, 小疵當弗論。往往有曲折, 人不能盡知者。如寇公正直聞天下, 豈肯向人求官者! 歐陽公志王文正墓, 言其從公求使相, 若此類慎言之。' 予聞宋子景爲晏臨淄門下士, 而草晏公罷相制多貶辭。及讀『龍川志』, 悚然自失, 乃知別有曲折, 橫浦之言益信。" 余謂歐陽公非造言誣人者, 料必因王氏家狀書之, 而乃得此於後人, 以此知作誌狀之難也。

世謂學人不達時變, 未可任用。曾見桂田丈說此云: "濂溪、明道、橫渠、晦菴諸先生, 立朝治郡, 咸有善績, 何可謂不達時務?"【桂田語止此。】又嘗見前輩說, 世之號爲能史, 觀其所處, 往往有無識處。葉水心『記言』言: "諸葛亮、龐統, 以詐取劉璋, 所謂識時務者歟? 如此俊傑, 比之古人, 更當吉鑼以薦明德。"【『記言』止此。】伏龍、鳳雛, 猶得此誚, 況後世所謂深明時變者! 其計不過貪饕富貴, 欺罔君父, 此輩又何足數乎?

尤翁於朱子『大學講義』: "人物之生, 莫不得其所以生者, 以爲一身之主。" 既釋之曰: "所以生, 仁義禮智之性。" 又於『心經釋疑』「序」云: "惟道無形, 該貯於心, 以爲一身之主, 語其大則極於無外, 語其小則入於無內。雖堯、舜之欽明濬哲, 亦豈外是而能哉!"【止此。】嗚呼! 此聖學之宗旨也。夫尤翁之說, 本於朱子"心之知覺原於性命之正也"; 夫朱、宋之說, 本於孔子之"心不踰矩", 成、湯之"以禮制心", 而要之實出於虞廷道心之教也。吾輩既幸與聞乎此, 則宜其與任情使氣而脫略規矩者有間, 而至於存意立事之際, 則卻只在世俗氣習軀殼計活上運用而已, 此大可懼也。

朋輩肯俯首讀書, 靠實檢點言行者, 不過數年, 覺有長進。其謾說"性理", 坐想"玄虛"者, 枯燥無生意, 此大可戒也。余近覺此病不少, 深欲與諸公共改之。

沙溪「行狀」, 論『中庸』"戒懼"兼"動靜", 而舉朱子「答胡季隨」以"戒懼"屬"靜"者, 爲未定之見。然以愚考之, 『大全』「答胡」書一段曰: "戒愼恐懼, 乃是徹頭徹尾, 無時無處不下工夫, 欲其無須臾而離乎道也", 先生自註之說, 尤爲分曉。此與『章句』之旨無不同, 當以此爲正, 而沙翁所舉者, 卻是一義。

耕夫、蠶婦, 天下生養之本, 故人君重之, 儒家重之。蓋非此人, 則凡吉凶禮數衣服甘旨之屬, 不可一日無者, 又從何處得來? 昔周世宗刻木象於殿庭, 使天子之目, 恒與耕夫、蠶婦相對。程先生言: "農夫祁寒暑雨, 深耕易耨, 播種五穀, 吾得而食之, 若如此閒過日月, 卽是天地閒一蠹也。" 然則帝王宜日夜以民生爲心, 以勤儉立制,【薄賦斂, 輕徭役, 皆在其中。】嚴贓吏, 罰游手, 以保國家而安生靈也。儒者宜亦日夜以民生爲心, 以飽燠爲戒, 修行檢, 謹禮敎, 以傳聖學而正民俗也。帝王、儒者, 不能擧厥職, 則天下國家亂, 而身亦危矣, 噫, 其可不盡心乎哉!

善之與譽, 其機相爲影響, 若無善而得譽, 譽亦可懼也。有善而得毀, 毀反有益也, 故君子不可惡毀而喜譽也。

先儒語錄實難讀, 蓋記者聽誤記誤, 例如此, 此外又有自以己說爲師長之言, 以欺後人者極多。故僧家有禁記語者云: "爾于異日必賣我也。" 陸門人包揚, 象山卒後, 復師朱子, 嘗輯朱子語爲四卷, 今多載入『語類』, 其閒有自家平日之言, 託于朱子, 如所載胡子『知言』一章: "以書爲溺心志之大穽者", 後黎靖德編朱子語, 始削去之。近時士子輩, 稱以師訓, 或飾禮說, 撰理氣說做義理說, 以行胷臆, 以報私怨者, 往往有之, 絶可歎也。

爲人繼子, 不服斬, 覺得情理有未盡, 蓋彼旣降其所生之天, 而加隆於所後之父也, 而爲之父者, 不以正體視之, 但服朞而止, 則於天理、人心, 有不安者。盱江李氏曰: "據正體言之, 則妻之長子爲適, 其次子以下及妾所生, 通謂之庶子也。"【止此。】今此入繼子, 是妻之長子, 爲適者也, 非次子以下也, 又非妾所生也, 謂之正體, 有何不可乎? 李桐湖世弼言: "傳文正體之正, 應經文長子之長, 正體之體, 應經文長子之子, 謂長子爲正體。" 余每謂此說深得精義矣。況『家禮』斬衰章: "父爲適子, 當爲後者也。" 今此入繼子, 不得爲適子乎? 又不得爲當爲後者乎? 何爲而不得斬乎? 蓄見似此, 欲質於禮家也。

言戒曰: "余于言語, 患漏泄太盡, 又時暴厲", 常念"仁者言訒", "吉人辭寡"之屬, 以自警察, 終是"涵養"力淺, 妄語極多。今日偶檢字書, 見『說文』曰: "言本作䇂,【牙葛切, 顧野王『玉篇』: "言相訶也。"】從口䇂【綺虔切, 通作愆。】聲, 䇂, 辠也, 犯法也。"『釋名』曰: "言之爲辛也, 寓戒也。" 以余觀於聖人之言, 無非所以立法而使人不陷於辠

也。如此者, 可謂其舌,【舌『說文』註: "凡物入口, 必干於舌", 據此則舌當從干, 不宜從千。】上通
於形而二【古上字】之道, 安得爲辛也乎? 鄭樵云: "言從舌從二", 二古上字, 言出於
舌上, 此可謂正義也。其『說文』、『釋名』, 疑亦當爲餘意矣。然以常人觀之, 自是少
不得者也。抑余又私有一說, 二, 上也; 干, 犯也。天地, 人之上也; 君父, 臣子之上
也; 聖賢, 士之上也; 道, 形之上也。用口干二【古上字】天下之惡也。每將言時, 必
先審思此得無干犯於上否, 知其無也而後敢言。萬有一近似之者, 愼勿啓口。如
此, 庶幾免於言之辛也夫。

今倣林德久問答, 而立一說云; "人心莫不有知識, 所有知識, 自何而發端?" 答曰:
"知識, 正是心之虛靈處。"【「補亡章」"人心之靈, 莫不有知", 此知識, 非智之用, 而是心之能之明
證也。】

農巖曰: "使知覺而果原於智也, 則德久之問, 而朱子之答之也, 何不曰'知覺是智
之所發', 而直以歸之於氣之虛靈耶?" 於此審之, 則謂知覺爲原於智, 其是非得失
決矣。余欲仁父於此, 亦欲將知識, 依倣此說而思之。

"知覺之理, 是性所以當如此者。" 此『語類』釋氏門節錄也。所謂性是總指五性而
言。仁是木氣知覺之理, 義是金氣知覺之理, 禮、智、信倣此。若以性字, 單屬於智,
恐非朱子之本指, 亦與『四書集註』違戾矣。

朱子嘗擧佛氏與吾儒相似處。如云: "有物先天地, 無形本寂寥, 能爲萬象主, 不遂
四時凋, 看佗是甚麼樣見識。今區區小儒, 怎生出得佗手, 宜其爲佗揮下也。"【語
類』傳錄。】余按梁武帝時, 傅大士名翕, 遇胡僧得法, 嘗作三偈云云, 此卽第一偈也。
王崇炳論曰: "卽儒者談理, 豈能遠過此!", 可見其與儒相似也。又按晁氏以道謂:
"濂溪師事鶴林寺僧壽涯, 而得'有物先天地'之偈。" 此暗指"太極圖"而譏之也。農
巖嘗擧此偈云: "與吾儒之論'太極', 殆無'毫髮'之不似, 然則其所以差舛, 果在何
處? 於此須看破。" 此則又引而不發也。黃宗羲言: " 離氣無所謂理, 佛者之言曰,
'有物先天地'云云, 此是佗眞贓實犯, 柰何儒者亦曰'理生氣', 所謂"毫釐之辨", 竟
亦安在。而徒以自私自利, 不可以治天下國家棄而【恐誤。】君臣父子, 强加分別, 其
不爲佛所笑乎?" 此又認氣爲理, 而誤疑周子"太極生陰陽", 朱子"理生氣"之訓, 故

其辨如此。然『易』曰: "太極生兩儀", 太極非理而兩儀非氣乎! 況生之一字, 只是從未然而言, 實非如子之生於父也。安得以是爲宋儒之與佛氏無辨乎?

羅整菴『困知記』曰: "有物先天地, 無形本寂寥, 能爲萬象主, 不逐四時凋。此高禪所作也。自吾儒觀之, 昭然太極之義, 夫復何言? 然彼未嘗知陰陽, 安知有所謂太極哉? 此其所以大亂眞也。今先據佛言語, 解釋一番, 使彼意旣明且盡, 再以吾儒言語, 解釋一番, 然後明知其異同之實, 則似是之非, 有不難見矣。以佛家之言爲據, 則'無始菩提', 所謂'有物先天地'也; '湛然(虛)[常]¹⁹¹)寂', 所謂'無形本寂寥'也; '心生萬法', 所謂'能爲萬象主'也; '常生不滅', 所謂'不逐四時凋'也, 作者之意, 不亦明且盡乎! 求之吾儒之書, '太極生兩儀', 是固先天地而立矣。'無聲無臭', 則無形不足言矣。'富有之謂大業', 萬象皆一體也; '日新之謂盛德', 萬古猶一時也。太極之義, 不亦明且盡乎! 詩凡二十字, 其十七字, 彼此章義, 無甚異同。所當辨者三字耳, '物'也, '萬象'也。以'物'言之, 菩提不可爲人極明矣。以'萬象'言之, 在彼經教中, 卽萬法耳。以其皆生於心, 故謂之'能主'。然所主者, 實不過'陰界入'。自此天外, 仰而日月星辰, 俯而山河大地, 近而君臣父子兄弟夫婦朋友, 遠而飛潛動植水火金石, 一切視以爲幻而空之矣。彼安得復有所謂'萬象'乎哉! 爲此詩者, 蓋嘗窺見儒書, 遂竊取而用之耳。余於前記, 嘗有一說, 正爲此等處, 請復詳之。所謂天地閒, 非太極不神, 然遂以太極爲神則不可, 此言殊不敢易。誠以太極之本體, 動亦定, 靜亦定, 神則動而能靜, 靜而能動者也。以此分明見得是二物不可混而爲一, 故『繫辭傳』旣曰'一陰一陽之謂道'矣, 而又曰: '陰陽不測之謂神。' 由其實不同, 故其名不得不異, 不然, 聖人何用兩言之哉? 然其體則同一陰陽, 所以難於領會也。佛氏初不識陰陽爲何物, 固無由知所謂道、所謂神。但見得此心有一點之靈, 求其體而不可得, 則以爲空寂, 推其用而偏於'陰界入', 則以爲神通, 所謂有物者此耳。以此爲性, 萬無是處, 而其言之亂眞, 乃有如此詩者, 可無辨乎? 然人心之神, 卽陰陽不測之神, 初無二致, 但神之在陰陽者, 則萬古如一, 在人心者, 則與生死相爲存亡, 所謂'理一而分殊'也。佛氏不足以及此矣。"【『困知記』止此。】余於傅翁偈, 累年究勘, 而終未有的實見處。及得羅氏此論, 欲復加精核, 故盡記其文於此。

---

191) (虛)[常]: 저본에는 '虛'로 되어 있으나, 『困知記』에 의거하여 '常'으로 수정하였다.

心卽理, 但口談而已, 則不覺窒礙, 必用自心, 究勘得果是理, 然後乃見其誤也。蓋心所存主思慮意欲之類, 戾於理者十而二五, 其近理者百之一二, 以此知做到安仁地位, 方敢說此話。今人開口, 便說心卽理, 不知佗果能子細體會得此心, 果是無爲, 果能純善, 然後說此話以曉朋友。抑只憑傳聞, 謾且云云耶?

曾見姜伯三【復善】說: "吾鄕洪確齋大心自言, '以性爲理而心居其下, 則自有畏憚意象, 若此心自號爲理, 而不復以性爲本, 則便敢恣肆, 無復顧忌。'" 余謂若此者, 始可謂之細心體會, 不謂華門乃有此人, 奇哉奇哉! 伯三又言: "洪雖如此自會, 猶未敢大開口說出者, 畏金重菴之呵叱。" 余謂洪之此事, 雖養氣之未至, 然亦可見金之氣稜, 若此者, 眞可謂以學術誤後生矣。

近有所見近正者, 憂世道之日下, 歎儒者之不出, 其意亦厚矣。第考朱子之訓, 有曰: "須是人主曉得通透了, 自要去做方得, 如一事八分是人主要做, 只有一二分是爲宰相了做, 亦做不得。"【『語類』廣錄。】一二分爲宰相做, 亦做不得, 況疎遠之臣, 如何一時入朝, 能做得人主所未嘗曉, 所不肯做底事。若只尋常因循, 捱過幾月後罷歸, 則是使當時君相, 益輕天下之士, 而後世人主, 遂無用賢之意矣。其爲世敎之害, 儒門之恥更甚, 與其如是, 曷若守先王之道, 以俟可行之日矣乎?

"所貴乎讀書者, 欲其因古聖賢之言, 以明此理, 存此心而已。此心之不存, 此理之不明, 而口聖賢之言, 其與街談巷議塗歌里謠, 等之爲無益。" 右吳草廬語也。余謂此理何? 倫理是也。此心何? 道心是也。學者之讀書, 欲以明倫理而存道心也。若世習錮而倫理昏, 人欲肆而道心塞, 則雖讀破萬卷, 畢竟無益。讀書者, 先須識得此意, 而繼以多誦遍數, 精加究索, 則於存道心而明倫理也, 豈不更有力矣乎?
【草廬染禪, 而此語卻佳。】

涇陽曰: "性, 太極也。諸子百家, 非不各有所得, 而皆陷於一偏, 只緣認陰陽五行爲家當。" 又曰: "古之言性者, 出於一; 今之言性者, 出於二。出於一, 統於太極而爲言也; 出於二, 雜乎陰陽五行而爲言也。『書』曰: '惟皇上帝, 降衷于下民。'; 『詩』曰: '天生烝民, 有物有則。' 皆就陰陽五行中, 拈出主宰, 所謂太極也。以其渾然不偏曰衷, 以其確然不易曰則。" 余極愛此兩語, 學者須熟翫, 非惟性理門路不差, 身心工夫亦得有主。

涇陽曰: "孟子不特道情善, 亦且道形善, 所謂'形色天性'是也。以肉眼觀, 通身皆肉; 以道眼觀, 通身皆道也。" 此語似無病, 而上下文有曰: "情之虛明湛寂不待言", 又有曰: "象山每與人言, '爾目自明, 爾耳自聽',【疑聽之誤。】亦是此意。" 此數句, 卻未妥當。余欲謂人苟有見於"性卽理而不雜"、"性純善而無少惡"、"性爲極而無以加"、"性體物而不可遺", 諸如此之妙焉, 則心亦善【人得天地生物之心, 以爲心。】、情亦善【乃若其情則可以爲善。】、氣亦善【夜氣之淸, 浩氣之剛大, 氣質之淸粹。】、形亦善【頭圓象天, 足方象地, 中虛而其五臟, 象太空之五行。】, 種種皆善之妙, 將無不融會矣。中夜思之, 不覺心之獨喜, 而直有"手舞足蹈"之象也。於中卻又有大可懼者存, 蓋心是活物, 纔自失照管, 便不本於性, 而下與情欲形氣之屬, 同淪於不善之地。嗚呼危乎! 其可不瞬瞬息息而用夫敬也乎?

程子曰: "'自幼子常視毋誑'以上。皆是教以聖人言動。" 此語甚好, 今又見張子韶語云: "君子之學, 豈志在取一第效一官而已, 飲食起居, 皆宰相事業也。" 此語亦甚有味, 可堪咀嚼也。

古人講學, 是講其所當學, 學其所嘗講, 此方是有關繫底講學。今時朋友相聚, 其拈起平日存心、約情、立身、行己而苦澀不快活去處, 以相與商量講究, 冀其通達無窒礙者, 未之多觀。但將字句名目, 問來答去而已。甚者, 歷舉平日所聞流傳底朝廷州縣錯處, 鄉黨知舊短處, 詆詆言不置, 而曾莫之顧憚。徒增一場虛談矗習, 其實於祛私矯偏、經世宰物, 安所補益?

書示李擇中曰"人之爲學, 以有本善之心, 而恢復乎大同之性。故聖賢於玆二者, 苦苦發揮, 冀人之曉徹而持循也。而今諸說紛然, 莫之歸一, 甚可歎也。然其說甚長, 且舉數條, 以爲思學之資"云, 性之相近者, 朱、宋猶謂之氣質之性, 而況於不同者乎? 性之不同者, 西論且謂之本然之性, 而況於相近之性乎?『孟子』犬牛人不同之性, 朱、宋以爲氣質之性, 而西論卻以爲本然之性,『中庸』天命之性, 朱子以爲通天下一性, 而西論卻以爲本然各異之性, 南論以爲同異皆具之性, 東論以爲面貌不同之性。【南, 指蘆沙; 東, 指柳持平。】『孟子』盡其心, 朱子所釋, 初不偏指聖人, 亦無一毫不善, 而西論乃曰"聖凡異心, 心有善惡", 人心不同如面者, 程子以爲祇是私心, 而西論以爲元來稟賦之心。 未發之前, 程子以爲何嘗不善, 朱子以爲原頭都是善, 而西論却謂"有淑慝種子"。【此雖無巧妙之辨, 然于學者剖判諸家是非, 却甚有力, 正不可少也。】

虞氏鳳娘, 其姊嫁徐明輝而卒, 明輝聞鳳娘賢, 懇其父而聘爲繼室。鳳娘恚曰: "兄弟不同妻, 姊妹可共夫乎?" 父不聽, 鳳娘默而退自經死, 侍郎虞守遇, 爲文祭之, 鶴潭王崇炳, 以詩志之, 詳見『金華徵獻略』「貞烈傳」。

葉氏適曰: "分謗, 後世所稱以爲美。 然以僞爲德, 世道愈失。" 此言如何? 余曾於「與梧堂」書, 亦稱前輩分謗之意, 此須看用意如何。 如親知有失, 我可以力諫而不諫, 可以預救而不救, 此類雖分受其責, 亦是眞情。 若以分謗爲美稱而爲之, 此乃僞耳。

陳同甫「與吳益恭」書曰: "四海相知, 惟伯恭一人, 其次莫如君擧, 自餘惟天民、道甫、正則耳。伯恭規模宏闊, 非復往時之比。欽夫、元晦, 已朗在下風矣, 未可以尋常論也。" 『語類』論同甫因謂: "伯恭烏得無罪, 恁地橫論, 却不與佗剖說打敎破, 却和佗都自被包裹在裏。" 以此觀之, 同甫所謂: "四海相知, 惟伯恭一人者", 豈非呂公被佗包裹住故歟? 宜其推尊, 過於朱子、南軒也。

東萊有些權數, 與同甫意見, 不甚遠。呂門人有祭師文云: "其有能底, 則敎佗立功名, 作文章, 其無能底, 便語佗正心誠意。" 朱子聞而笑之, 此見『語類』百二十卷册板義剛錄。竊謂東萊此事, 正同甫所謂規模宏闊處。孔門規模, 未嘗不宏闊, 而未見有似此敎法。至於管仲, 有一匡天下九合諸侯之功, 而以不知『大學』之道, 夫子譏其器小, 呂、陳二公之見, 何其與此大相異也?

如欲學道, 先須治經; 欲治經, 先要識字。 若不識得字, 如何治得經? 旣不治得經, 如何體得道? 凡字有形、音、義、意, 形差則音差; 音差則義差; 義差則意差; 意差則人之所見亦差。 所見差, 其所行如何得不差? 此必然之理, 不可不愼。 故『周禮』三物, 有書字之敎;『中庸』三重, 有考文之政。 後世帝王公卿, 不理會此事, 一任民閒,刻得書胡亂, 不堪爬櫛, 敎得小兒子鹵莽滅裂, 遂至以此終身。以此授人; 以此臨民; 以此事神, 種種都差。余謂此當立官治之。凡民閒所刻文字, 一一經由官員校得無差, 然後始許印行, 其不然者有罪。如此, 庶幾古人敎學之法也。今旣不能然, 則在野儒林, 只得自整理, 不可苟徇俗習也。

柳稤程始懼金之稱省翁、省老, 而不得已北面於其門。夫師生是何等倫義, 而可以利害強合乎? 其本源如是, 故及其略諫受饋, 則遽行絶粒自盡之計, 微動心說, 則已加陷師射父之目。而柳基一則以柳門人, 又以弒師斥柳, 而湯、武自擬焉, 彼邊師生之倫, 掃地盡矣。金監役、柳基一之所處, 固非常情所出。至於柳稤程, 其集中, 亦復以其師絶粒自盡, 拍地慟哭, 諸般怪舉, 一一備載, 使百世之下, 無人不知, 無或近於未仁? 抑柳氏門人, 不堪於柳、洪輩之譖毒, 而不得已刊布於世, 以庶幾減得後世之疑譏歟? 要之, 非忠厚之道也。

有一長者, 對張某言: "近日學者皆好名。" 余謂此似有激而云爾也。然君子之於名, 蓋泊如也。若存避名之意, 則其爲善也, 必不能篤實峻正, 以有補於斯文世敎, 而未免於依違苟且之習, 其害更甚於好名者之猶爲近正矣。昔人有言: "避好名之嫌, 則無爲善之路矣。" 今有唱喏安置於家庭之閒者, 必誚以好孝之名; 有直言正色於廊廟之上者, 必譏以好忠之名。風俗若此, 國家何賴而立, 儒術何從而興乎? 噫! 其可歎也已。

明道德性和粹, 門人至謂: "從先生三十年, 未嘗見其有忿厲之容。" 然猶且不容于安石之褊拗, 甚矣! 邪正之不可混也! 學者于此, 其可以爲人所詬病, 而變素守以徇之哉! 特不當爲過激之言, 以自失其天然自在之中也。

朱子於舜、禹、子路章言: "聖賢樂善之誠, 初無彼此之閒。故其在人者, 有以裕於己, 在己者, 有以及於人。" 余觀近世講理家立說之心, 原有物我之偏, 故其在人者, 欲以屈於己, 在己者, 欲以加於人, 其究也兩無所益, 豈不甚可歎也?

昔李贄以當下自然四字, 陷溺人心, 此誠可痛。然余今以當下當然四字, 爲進德之欛柄。蓋古今所謂"太極"、"至善"、"正命"、"本性"之類, 總不外此當然兩字, 只於此兩字, 著心理會, 著心持守。此外更別無學, 不可妄費思索, 不可枉用氣力。而 "當下"之云, 亦要細翫。學人失手, 例被過去未來兩境, 差錯了現在事功, 此大可戒也。

"致知乃入道之方, 而致知非易事, 要須默認實體, 方見端的。不然則只是講論文字, 終日讀讀, 而眞實體段, 元不曾識, 故其說易差, 而其見不實。動靜表裏, 有未能合一, 則雖曰爲善, 而卒不免于自欺也。莫若一切將就自身上, 體著許多義理名目, 就自身上, 見得是如何, 則統之有宗, 不至于支離外馳也。" 此勉齋「答陳泰之」書也。余每患吾黨多言寡實, 騖遠忽近。近始欲與之反躬蹈則, 而舊習已痼, 新功難進。今見此書, 皆余之所欲言而行者, 何其言之有味也? 所謂默認, 豈謂其關門囚舌暗地自思? 但謂於朋友問辨之餘, 更要反身內究, 而識認得眞實體段耳。觀於下句"不然只是講論"之云, 可見其指矣。更看"雖曰爲善而卒於自欺"兩語, 不覺惶汗遍體, 而不勝其憫隘也。

"君子小人之分辨, 則王道可成; 雜處于朝, 則政體不純。" 此宋時呂陶以御史爲朝廷言者也 此雖老生常談, 而其爲天下國家之關繫則大矣。

楊畏嘗守襄陽, 遇伊川自涪還, 待之甚厚。先生辭以罪戾之餘, 不敢當。畏曰: "今時事已變。" 先生曰: "時事雖變, 某安敢變?" 此伊川謹於持己而善於誨人處。後畏爲侍御史附蘇轍, 疏論范忠宣, 不可復相。此隨時變而變者也, 使畏能守伊川訓詞, 豈至於此, 而被小人之名於朱子乎?【見「答程允夫」書。】『宋元學案』, 附攻元祐之賢者二十二人, 而畏在第九, 嗚呼! 後世小人, 可以爲鑑矣。

"中只是應事接物, 無過不及, 中閒恰好處。" 此朱子「答萬正淳」書中語。按中和非但聖人有之, 衆人亦有之。時中之中亦然。但聖賢立大本, 行達道, 得時中, 爲異於衆爾。衆人而欲如聖賢, 須是反求諸身而自得之,【君子時中章註"知其在我", 此句正是自得之實。】以去大外誘之私, 而充其本然之善而已。

告有入、去二聲, 而金仁山言: "'告'本取牛口之牿, 下之告上曰告, 如牛口加牿, 有謹止之義。若上告下, 則假借去聲。" 此見『論語』告朔章, 其所辨別, 恐是矣。或以忠告, 亦用入聲疑之, 然朋友是主敬處, 似不當直用自上告下之例也。祝文告字, 父兄以上, 當用入聲明矣。『全韻玉篇』: "去聲, 啓也。" 據此則祝文似不宜用入聲。但告朔註"古篤反", 是朱子親筆, 恐不當以玉篇爲拘也。【『(珮)[佩]192)文韻府』: "告, 古沃切。告上曰告, 發下曰誥。"『詩』"永矢不告",『箋』曰: "不復告君以善道也。"「曲禮」: "出必告。" 皆音古沃切, 此亦明據, 不可拘俗而不別白也。】

顔子"克己復禮", 是殺賊手段; 仲弓"主敬行恕", 是防賊謀策; 原憲"克伐怨欲不行", 是停賊規模; 學者讀書講義, 辨別善利, 是明賊眼目。今人以文辭傲世, 氣習陵人, 是作賊伎倆; 大禹下車泣辜, 曾子得情哀矜, 是矜賊仁心; 古之聖王, 化姦凶爲善良, 革仇敵爲臣民, 又是化賊神功。

近年師範生徒, 多是名家子孫, 此極可痛。宋孝宗朝僧杲有時名, 自嶺外赦還, 所過士大夫, 爭先禮敬。至臨江, 郡守延致, 升座說法, 而率其屬往聽, 召敎授王師愈與俱。師愈謝曰: "以儒官委講, 而北面於彼, 某縱自輕, 奈辱吾道何?" 識者韙之。今我國搢紳子弟, 不肯從事儒學, 而乃獨北面委身於西夷, 聽其梟音鴃舌之敎, 得非人間恥羞事乎?

比傳沿海盜起, 幷掠婦女, 聞之心折。此在上者, 宜存朱子皇恐之心,【朱子莅官, 有盜賊, 以爲吾郡何以有此, 皇恐不寐, 必捕戢而後已。】幷行張氏賑濟之政,【張養浩在官, 賑濟飢民, 務盡其心, 有時捫膺痛哭, 所活累萬人。】而不知廟堂州縣果如何處置? 身在草萊, 亦不勝漆㜻之憂也, 婦女免禍之說, 本無奇策。只散財不積, 莫令致寇, 上也; 婦女勞苦, 面貌醜陋, 次也; 辟遠邑府富貴去處, 下也。然散財勞力, 常情所甚苦, 而惟智者用之。更將節烈懿蹟, 說與家人, 令知辱節偸生, 直如禽獸, 又必常繫塞底褌, 毋得御開䯒【音, 跨, 股間也。】袴, 亦一事。○ 方氏苞曰: "農家婦耕耘樵蘇, 佐男子力作。時雨降, 脫履就功, 形骸若鳥獸然。" 遭亂離焚剽, 則常泰然無虞, 蓋其色不足貪也, 家無積貨可羨也。盜賊奸兇, 劫辱繫虜, 斬刈無遺者, 皆通都大邑搢紳家子女也。人事之感召, 天道之乘除, 蓋有確然而不可易者矣。

---

192) (珮)[佩]: 저본에 珮로 되어 있으나, 알려진 서명에 의거하여 '佩'로 수정하였다.

管寧每見公孫度, 語惟經典, 不及世事。還山專講『詩』、『書』, 習俎豆, 明禮讓, 非學者無見也。徐穉嘗遇茅容, 容問國家事, 穉不答。更問稼穡, 穉乃答之。申屠蟠得徵書, 人勸之行, 笑而不答, 此可爲處士法。若其出身立朝者, 則孔子之便便言, 柳下惠之進不隱賢, 又其律令也。朱子嘗言: “今聚天下之不敢言是非者, 在朝廷, 又擇其不敢言之甚者, 爲臺諫, 習以成風, 如何做得事?”【『語類』百十一卷, 人傑錄也。】愚敢足其下云。擇天下不法之甚者, 爲憲官; 天下不公之甚者, 爲銓長; 天下不律之甚者, 爲律官; 天下不明之甚者, 爲守令。如此, 國之滅亡無日矣。須是人主克己好善, 不任外戚, 登選賢能, 天下事, 始有所濟。

諫官不言, 則天子之耳目塞, 而朝廷之賢邪雜。憲官不法, 則宗戚權要無所畏憚, 而朝廷不尊。銓官不公, 則人材無由登庸, 百職無由修擧。律官不律, 則奸猾放恣, 而善良難保。守令不明, 則農桑不擧, 學術不興, 利病不聞, 而國隨而亡矣

余近覺空譚性命, 爲無益于身心家國, 甚則弟子斥其師, 而自託於湯、武之征誅, 噫! 其可痛也已。故每語朋友, “以日用云爲處, 必求一箇是字, 虔心奉循, 庶幾不落空虛矣。” 蛟峯方氏, 「興國先賢祠記」曰: “二程未嘗一語及太極, 或遂疑非元公之書。不知所謂太極豈必盡在圖? 二程敎人日用切近, 莫非太極也。故曰: ‘道不離器’”, 此言甚是。學者於此, 宜知所以勉力也。又記得顧氏『日知錄』曰: “‘維天之命, 於穆不已。’ 其在於人, 日用而不知, 莫非命也。子之孝、臣之忠、夫之貞、婦之信、此天之所命, 而人受之爲性者也。故曰: ‘天命之謂性’, 求命於冥冥之表, 則離而二之矣。” 此與方氏之說, 互相發明, 凡爲士者, 咸宜體會。

“天之生聖賢, 將爲世道計也, 或裁成以制其過, 輔相以補其不足。孔子之於六經, 朱子之於傳注, 喚醒聾瞶, 所以引其不及者, 至矣。今世降風移, 學者滯於見聞, 入耳出口, 至於汲溺而淪胥之者, 非制其過, 可乎。” 此莊定山㫮語, 余平生之見, 實是如此。自古聖賢論治論學, 多說實事, 其於性命理氣, 蓋不察察言之。至子思、孟子, 見異說蠭起, 有害於士子之知行, 故不得已而指示其本源, 以正其趨向。及乎周、程、張、朱, 又因漢專訓詁, 唐溺詞章, 而不知聖人精微之道, 故拈出性命以示之。此皆喚醒聾瞶, 引其不及之道也。近世以來, 儒門諸先輩, 因意見不同, 駁

駁至於各立門戶, 視同世讎, 言言被訾, 事事作障。 甚者, 弟子倍其師而自解曰: "彼於心說, 如是如是。" 又曰: "彼於理字, 如是如是。" 是烏可不痛抑而深裁之乎?

"堯、舜性之", 性, 體也; 性之, 用也。性固兼體用, 性之亦兼體用。"至誠盡性", 性, 體也; 盡性, 用也。性固兼體用, 盡性亦兼體用。"仁者安仁, 回不違仁", 都是一樣道理也。

知此, 方能知心卽理之非, 方能知大理【心】具細理【性】之非矣。亦方能知心本性之說, 方能知性為本源主宰之說矣, 亦方能知聖人本天之是, 釋氏本心之非矣。嗚呼! 性體心用之理, 學者其可不盡心求之, 其可不盡心體之?

天地如一屋子, 聖人如主翁, 我們幸而為其子弟奴僕。屋子既久, 未免有傾頹處, 主人欲為補葺, 而使家衆搬木運石, 輦土燒瓦, 則雖甚勞苦, 亦何敢辭?

『語類』論喪服從古云: "一人自在下面, 做不濟事, 須是朝廷理會, 一齊與整理過。"【閎祖】愚按近世朝廷, 不理會禮制, 只有士類幾人, 在下自行, 都鼓作不起, 為之奈何?

『語類』子升問: "下時不用古服, 故向來只以今服加衰絰。" 曰: "論來固是如此。只如今因喪服尙存古制, 後世有願治君臣。或可因此擧而行之, 若一向廢了, 恐後來者, 愈不復識矣。"【木之】時擧"以為吉服, 既用今制, 而獨喪服用古制, 恐徒駭俗。" 曰: "駭俗猶些小事。但恐考之未必是耳, 若果考得是, 用之亦無害。"【揚】愚按: 朱門諸子之意, 多如彼, 而先生終不許, 百世之下, 細翫其辭, 亦可想見其不關俗謗, 而考古制以望後來之深心。我輩小子, 於凡干禮事, 敢不奉以周旋, 用承當日眷眷之意也?

『語類』論深衣曰: "衣服當適於體。"【泳】又因論喪服曰: "某常謂衣冠本以便身。古人亦未必一一有義。"【閎祖】愚按: 衣冠適體便身之訓, 欲行古制者, 所當留意, 但不可太近時樣也。

『語類』: "康節向溫公說, '某今人, 著今之服。' 亦未是。"【泳】又云: "康節說, '某今人, 須著今時衣服.’ 忒煞不理會也。”【圖祖】愚按: 今世禮義掃地, 人類幾與禽獸無別。儒者須著心力行古制, 庶幾使後來者, 知有這般儀數, 亦一事也。康節語, 梅翁嘗以爲有味, 而愚意却只主『語類』說已矣。

明儒祝世祿謂: “主在道義, 卽蹈策士之機權, 亦爲妙用。” 黃宗羲譏之曰: “此非儒者氣象, 乃釋氏‘作用見性’之說也。古今功業, 如天空鳥影, 以機權而幹當功業, 所謂以道殉人, 遍地皆糞矣。” 余謂黃之所譏, 誠是矣。近世士流之主張事功者, 又直謂“倒行逆施”, 亦不顧也。此與蹈機權者, 優劣何如? 請看者評之, 然祝氏之言, 與『傳習錄』: “儀、秦亦是窺得良知妙用處, 但用之於不善云者”, 同一意脈。大抵義利不可幷行, 邪正不容相混, 安有蹈機權而亦爲妙用之理? 又安有良知妙用, 而可以用之於不善之理? 此緣未曾以心自體認, 故說得如此差謬, 而不自知耳。學者豈可但爲空言而不自體認, 亦豈可但主事功而不辨義利乎?

交州有獸曰“禺”, 一名“果然”, 狀如猨, 人捕其一, 則擧羣啼而相赴, 雖殺不去。故命之曰“仁獸”也。喜羣行, 老者前, 少者後, 食相讓, 居相愛, 生相聚, 死相赴。柳子所謂“仁讓孝慈”, 是也。古者, 畫蜼爲宗彝, 亦取其孝讓而有智也, 禺大者爲“然”, 小者爲“蜼”也。字書愚從心從禺, 禺獸之愚者, 旣曰“智”, 又曰“愚, 何也?” 以其救死死不避言, 則有似乎愚, 然據其德善, 則謂之智, 乃得相當也。余名“愚”而自號“素癡”, 又有談命者語余曰: “無智受困, 臨事多疑。” 禺性亦多疑, 見人則登樹, 上下不一, 甚至破頭折脛, 此眞與余相類也。先師全翁, 表愚之德曰“子明”, 欲其自愚而之明也。至於老而尙不能變, 不亦悲乎? 然與其詐而類乎智, 不若愚而純於素也。余竊欲效果然之德, 而亦不棄其愚, 愚亦甚矣。然人形而獸行者, 比比, 今此果然, 乃能獸形而人行, 嗚呼! 何其貴也?【果然說。】

性者, 理與氣之合,【張子曰: “合虛與氣, 有性之名。”】仁者, 理與氣之合。【栗谷曰: “合理與木氣, 有仁之名。”】心者, 理與氣之合。【張子曰: “合性與知覺, 有心之名。”】知覺者, 理與氣之合。【朱子曰: “理與氣合, 便能知覺。”】道者, 理與氣之合。【孟子曰: “仁也者, 人也, 合而言之, 道也。”】然則性、道、心、覺, 皆一同而無別乎? 抑其中辨別得賓主輕重之分, 而孰爲理孰爲氣乎?

施彦執者, 張子韶之友也, 及其沒, 張以文祭之云: "生平朋友, 不過四人." 嘗和彦執詩云: "環顧天地閒, 四海惟三友." 三友者彦執及姚進道、葉先覺也. 余謂張公天下名士, 所交多一時賢者, 乃曰三友而已, 則可知友道之難也. 近日自謂知己者, 纔遇一事不如意, 便忿恚而決裂之, 噫! 眞友道之不易也.

"楊時, 始宗安石, 後得程頤師之, 乃悟其非." 此陳默堂淵告宋高宗語. 陳氏非惟爲龜山女壻, 早從伊川學, 後學于龜山, 豈肯誣其師以欺君乎? 然則士之從遊, 惟觀其終之是而已. 後人纔入一長老之門, 更不問其學問之是非, 心術之邪正, 一直宗仰, 至推之以爲聖賢而不知恥, 甚可歎也!

『孟子或問』曰: "孟子雖不言氣質之性, 然於告子'生之謂性'之辨, 亦既微發其端矣." 『朱子語類』曰: "孟子犬牛人性之殊者, 亦指氣質之性而言也." 又曰: "孟子辨'生之謂性', 亦是說氣質之性." 尤菴先生曰: "孟子開口便說性善, 是皆說本然. 然其曰'牛之性、馬之性', 則亦以氣質而言也." 朱、宋之言如此, 而湖中諸先輩, 如何却將孟子所辨生之謂性, 硬做本然說, 而至今數百年以來, 使祖其說者, 視洛家直如禽獸然, 而流弊無極也耶? 朱、宋二證, 姑無論, 且以當時酬酢揣之, 告子方且以血氣之樂同者認做性, 而孟子復指義理之一同者以闢之, 此有甚意趣? 故舉理因氣質而不同者, 以折之, 其義始精矣.

"誠勤遵考訓, 含蓄謹師傳", 此愚之壁貼也. 復以一聯繼之云: "誠勤之心, 期於養成, 而雖遇著阿屎放尿至微物事, 必去放慢意態. 含蓄之量, 必要充盡, 而縱做得掀天揭地絶大功業, 了無矜伐根苗." 此處話頭煞高, 猝乍難及, 要以小心之敬, 大壯之勇, 接續下手, 久之或可以無媿否. 聖人言: "古者言之不出, 恥躬之不逮." 今自爲此言而不克踐實, 豈不益爲父師之罪人? 爾宜欽念.

先王之世, 以忠厚朴實相尙, 其險薄詐僞者不齒. 『語』曰: "言不忠信, 行不篤敬, 雖州里行乎哉!" 正此之謂也. 『儀禮』教以"與衆言, 言忠信慈祥, 與居官者言, 言忠信." 蓋周時尙文, 世風未免有殘忍刻薄之漸, 故思以挽回之也. 至於今日, 俗習日益偸薄, 雖號爲平生師友, 亦復以險詐相與. 況於朝廷有權利之爭, 鄉黨市井有貨利之爭者, 尤何論也? 余事全翁數十年, 每見後生請學, 輒以忠信告之曰: "這是人生命脈所繫, 須要靠定而莫容撤棄." 此是先生識勢救時之苦心, 凡在朝諸大夫, 及州縣官員, 及儒門長德, 咸宜以忠信慈祥, 爲立敎之第一根本可也.

嘗見陶宗儀『輟耕錄』曰: "初許衡之應召也, 道過眞定, 劉因謂曰: '公一聘而起, 無乃速乎!'【余謂三聘而起, 則無害於義乎! 要之儒者不當仕於夷狄也.】衡曰: '不如此則道不行.' 及劉因不受集賢之命, 或問之, 乃曰: '不如此則道不尊.'"【陶錄止此.】及讀劉因『退齋記』曰: "世有挾老子之術以往者. 以一身之利害, 節量天下之休戚, 其終必至于誤國而害民. 然而特立于萬物之表, 而不受其責, 而彼方以孔、孟之時義, 程、朱之名理, 自居不疑, 而人亦莫知奪之, 是乃以術欺世, 而卽以術自免."【劉記止此.】後僉事楊俊民, 爲作劉因『祠記』曰: "文正得時行道, 大闢文風, 衆人宗之如伊、洛. 而先生斥之曰: '老氏之術也.'"【楊記止此.】據此數說而觀之, 許衡之本末, 畢露無餘蘊矣, 後世儒者, 其出處、語默、風節、氣稜, 亦往往有用術以牢籠一世, 而人亦莫覺其非者, 絶可歎也.

明明德五條, 通貫動靜之說, 士友多不見信, 瞽見愈往愈徹. 不可移易也, 栗翁言: "一身之中, 一動一靜, 孰無天則者乎? 格物致知, 所以明此則也. 誠意、正心、修身, 所以踏此則也." 此豈非五條通貫動靜之明證乎? 然此等議論, 不可只於文字求之, 最宜向自已知見身心上, 反而求之, 以驗其實, 乃爲眞學問, 不然, 其不爲口耳之習者, 鮮矣.

"「大畜」利貞"之義, 不可不知. 世人不察學術有邪正之分, 政治有王霸之辨, 惟以博聞廣記爲能事, 殊不知異學俗士所畜至多, 而不正者往往雜於其中. 使之治身, 則身未必修, 使之臨政, 則政未必純, 而貽害於後世者, 衆矣. 故學子之擇師, 人主之求賢, 不可不審其所趨也.

"天道流行", 天道, 理也; 流行, 氣也. "天理發見"、"太極動靜"、"性發"、"理明"之屬, 皆倣此.

太極有動靜, 无動靜, 朱子有二說, 俱无窒礙, 而人各據其一而互相攻擊. 然『論語集註』, "道體無爲"一句, 通天人一也. 其曰: "有動靜"者, 謂"太極有乘機動靜之妙”云爾。非謂: “陰陽動靜之外, 太極自有動靜也。” 朱子嘗言: “人身是器, 言語動靜, 是人之理。” 此言人身上有言動之理而已, 曷嘗謂理自有言有動來? 知此則凡言“乾道變化”、“太極動靜”、“天理發見”、“天命流行”、“人性感動”、“性發爲情”之類, 皆可以迎刃而解矣。更得一明證, 『語類』銖錄曰: “太極, 理也; 動靜, 氣也。” 此是朱子六十七歲以後定論, 而可謂八字打開, 絶無難曉去處, 如此而猶自執拗, 眞所謂“汝安則爲之”, “吾末如之何也已矣”。

近翁以性字從心從生, 爲人物生時所稟受者。然天地亦有始生之時, 亦有生物之心, 亦豈無生理具於其中耶? 近翁又以原初都無物時其理已具者, 爲太極。然吾人之心, 於情未萌、氣未動之時, 亦何嘗非都無物, 然其理已悉具於其中矣。然則何處見得性與太極之異耶?

心量, 須要如天大, 方能容物; 心用, 却要如針細, 方能守身。

近世以來, 儒林多緣理氣辨論, 終至彼此睽爭, 此誠不好運氣, 亦緣君相無一定之論, 以導率士類之故也。然亦須細審其曲折, 而論斷其是非, 乃爲至平之道也。若槩以雙非胥失, 譏之而止, 無乃更有合商量者耶? 晦翁之於林、陸, 整菴之於王、陳, 皆以理氣之辨, 未免有所紛紛。然僕謂旣有異論則有辨爭, 亦理勢之所必有也。且又思之, 豈惟理氣爲然? 如栗、尤、程、朱之遭讒被禍, 自方外觀之, 亦可謂之與人爭競矣。極而言之, 文王之羑里, 周公之居東, 孔子之微服, 孟氏之戒心, 自方外觀之, 亦可謂之與人爭競矣。大抵三代以下之聖賢, 其於世人, 或以議論, 或以禮義, 或以政事, 每被嫌惡, 而亦未嘗少貶其道以徇之也。但其可以無辨而無所害於道術政敎者, 亦宜任彼辭說, 而我無與焉可也。嗚呼! 爲人君相者, 誠能從事於唐、虞三代之學, 得有一定之論, 以導率其爲士民者, 則辨說爭競, 又安從生乎?

愚所謂“心本性”一句, 原因柳穉程極力說心字太尊, 性字差卑而出, 非偏有所考而云爾也。然湯之“以禮制心”, 孔子之“心不踰矩”, 顏子之“心不違仁”, 子思之“戒懼之心, 因於道不可離”, 程子之“聖人本天”, 朱子之“心之知覺原於性命之正, 心根於天地之性”,【全文見『孟子』縠觫章或問。】南軒之“王者之政, 其心本乎天理”之類, 皆是心本性之說也。學者苟能以此意, 善觀聖賢經傳, 則句句是心本性, 篇篇是心本性。看得透時, 猶尙有歡喜之心, 使其能體得徹時, 其快活之象, 果何如也?

"'天地之大德曰生.' 萬物之生意, 最可觀。此'元者善之長也', 斯所謂仁也。人與天地一物也, 而人特自小之, 何哉?" 此明道先生語也。今我輩自體己心, 果是溫然生物之心, 又自看己與天地, 果孰爲大孰爲小, 時時存省, 亦須打破小局殺機, 此是生死路頭。

蘆沙「答權信元」書云: "兄雖以理爲言, 其實主氣耳。【此兩句, 彼此土流, 皆要細勘。】氣之始終, 無資於理,【天上天下, 有是理乎? 我栗翁嘗論: '反常者, 猶以爲遂謂氣獨作用而非理所在, 亦不可也.' 況可曰氣之始終無資於理乎? 眞是孟浪不根之論也。】理之有無, 常制於氣,【此尤刱聞。蓋理雖無自用之能, 而實有至善之妙。故爲氣之主, 而不可遺也, 今曰云云, 豈非空無一法之傳神乎? 權氏淵源, 出於誰門, 而有此異論歟? 豈其說之差誤, 不至如此之甚, 而見斥於蘆沙, 或有些過分之冤歟, 恨不得其原書而參看也。】非主氣而何?"【誠然, 誠然。】○【蘆沙書止此。】余謂: "雖以理言, 而實則主氣", 此語極要理會到底。如老、佛之低看了氣而以爲遺此粗跡然後乃爲至道者, 豈不是主道不主氣之學, 而吾儒斥之以主氣, 何也? 以其所據以爲道者, 非眞道而不過是心故也, 又如儒、釋之異, 正爲吾以心與理爲一,【非謂"心卽理"也, 但要心合理而爲一。】而彼以爲二耳。【認倫理爲心障而去之, 是以心與理, 爲二也。】然象山、陽明, 雖未嘗不以心與理爲一, 而不察其運用之不合於理, 却與釋氏, 不大相遠也。夫陸、王之謂心理無分, 豈不亦主理之論? 而究與吾儒不同者, 亦以其所主者只是箇心。而非元來道理也。此豈宜不加審核而泛然以主理自居乎? 近世之言理主, 往往以"操縱"、"適莫"、"心神"、"知能"之屬當之。未知此果爲主無爲之道體, 而治有爲之心氣者耶? 奉請諸公, 於此下一轉語來。

人只有一箇天理, 不能明而養之, 只是一物, 與庶類無別。今欲明理, 理本無形, 安所從明? 思之至此, 使人鬱塞。雖然, 前代聖賢所言所輯, 無一非天理畫象。其大小、長短、輕重、淺深許多曲折, 靡不燦爛光明, 照人眼目, 然則不患無明之之跡。見得到此, 豈不懼然暢快乎哉? 惟在人篤信而實履之而已。且如『小學』內篇所載諸章, 何莫非從此理無形無眹上, 一一繪畫出來, 以與學者看? 試默而玩之, 久久自有瞭然心目之間矣。

“非大宗, 無相後”之義, 此雖註疏說, 而其義則實天地間直上直下之正理。而後世帝王不以爲意, 人家亦鮮有行之者。豈易父移天, 是小事歟? 雖大宗立後, 毋得取疏遠。亦必告本官, 本官轉報上營, 上營聚而聞於禮官, 禮官取旨回下。一年, 分兩次爲之。

有親子而立族姪爲嗣者, 是仕宦家忍心害理之悖習。而爲之子者, 無亦爲與爲人後者耶? 父子而如此者, 果能盡忠於君乎? 明良相遇, 宜停薦停望, 而痛革其弊也。

入繼子犯逆律而罷歸本宗, 妻之父兄謀逆, 則妻無罪而見黜, 果皆爲天下之定理與正道歟? 此不當改革耶?

官人犯贓者, 限五世勿敍用。犯贓罷黜者, 入都下, 則隨現嚴繩, 小吏逋欠千兩以上者, 依法處斷, 其族徵一切禁截。

今日養兵於州郡, 不知臨亂可恃否。莫若使鄉里農民, 自習兵事, 而遇賊便禦。此必盡力爲之, 亦無告官往還、調發遲滯之弊。

每寺立僧案,【一置本寺, 一置本郡, 一置戶曹。】勿令遷徙。【其不得已者, 告官。】雖富僧, 其田無得過十斗。每名必徵身布若干尺。其新剃髮者, 必令告官, 納贖受牒, 其以子女之幼者與僧者罰。【受者同。】

州縣以養士爲務, 必立敎官, 依前賢校院定規, 靠實施功。監司郡守, 亦須頻數檢察, 其託名而無實者, 黜使歸農, 毋令汙穢學宮。【學行漸成者, 亦必令習吏事, 隨材用之, 勿遽超擢, 恐致僨事。】

山訟自貴人以下, 遞降步數, 腦後脣前勿拘, 步數內犯葬者, 非惟掘移, 並治其犯法之罪。步數外告官者, 非惟不聽, 並治其健訟之罪。其犯人塚至近之地者, 並逮葬師嚴繩之,

犯塚截頭之賊, 自官【或鄰邑合力。】捉得, 必於市上梟首警衆。塚主不告官, 私與賊和者, 與官不爲捕得斬首者, 並施嚴律。

賢臣、功臣、忠臣之無後者, 必令立後。如或代遠無昭穆可繼者, 自朝廷就本郡立祠, 令儒林或郡守祭之, 毋得用間代立孫之法, 以亂父子之倫。此雖有先朝舊例, 要之當時禮官不識禮意, 誤立謬規, 以頗徇當人希覬之私心, 而壞却萬世綱常之大道耳。後世君相, 宜勿以爲據。

邨閭醫人最無狀。不曾深究古人著說, 只取海上單方, 以施針藥。至於殺人以肥己, 大可惡也。須自朝家, 立官設敎,【不拘京外。】試講取材, 以治民間疾病。其有誤藥以致命者, 杖配勿饒。

稱以士族, 受賄嫁女者, 有罰。

雖異貫者, 姓同而昏嫁者, 隨現施罰。

壻有疾而代以佗童子見之, 及期, 疾者至, 告官破昏, 壻父施罰。

婦罪不至可去, 私自黜之而更娶者, 摘發用律, 再聘婦降之。【婦父亦有罪。】

刊書, 必立官校正, 可刊者許, 不可刊者禁。刊時亦必細檢字形, 無得有誤, 有誤則校官施罰。

上蔡因明道"玩物喪志"之戒, 而一向掃蕩, 直欲曠然無一毫所累。東萊慮學者空言無實之病, 而不令讀『論語』、『孟子』。又嫌於與世俗較勝負, 而不欲人言異論俗學之非。徐彦章避寂滅之嫌, 而謂: "人心無虛靜時節。" 陽明厭惡事物之繁, 而謂: "朱子窮理爲支離之學。" 郝敬惡粉飾鋪張, 而詆學人之正襟危坐, 爲束縛桎梏。金、柳畏異端之主氣, 而並與心情靈覺亦謂之理。此皆矯枉過直之見, 學者於議論之際, 要當審其偏而正其失而已, 毋得少有倒重一邊之弊也。

2-1-26

「지각知覺」

해제

1) 서지사항

전우(田愚, 1841~1922)가 지각(知覺)에 대하여 쓴 단편. 『간재집(艮齋集)』 전편 권15에 실려있다. (한국문집총간 333)

2) 저자

전우

3) 내용

이 글은 전우가 주자의 견해를 들어 심과 지각 그리고 지각과 성과의 관계를 밝힌 짧은 논설이다. 전우는 주자가 "심지지각, 원어성명(心之知覺, 原於性命)"이라고 하였을 뿐, 심의 지각을 리(理)나 인(仁)으로 보지 않았다고 주장하였다. 또 이와는 반대로 지각을 인(仁)으로 보는 관점은 주자의 설을 전도시킨 것이라고 비판하였다.

"心者何也? 仁是已。仁者何也? 活者爲仁, 死者爲不仁。仁操則存, 舍則亡。"【上蔡語。】 "'心有知覺之謂仁', 此上蔡傳道端的之語。"【胡伯逢語。】 "'心有所知覺謂之仁', 此謝先生救拔千餘年陷溺固滯之病, 豈可輕議哉?"【胡廣仲語。】 愚按: 朱先生平生以知覺言仁爲大誤。近世儒家, 乃有性之知覺語, 又有理能知覺語, 不知所謂"仁, 非性與理", 而欲翻先生舊案乎? 吾儒說心說性, 欲以體之於身心之間也。今不以純粹至善之仁性爲主, 乃欲將此氣虛靈之知覺爲道, 則其心術隱微之間, 惡能無少差失? 此不可不深長慮也。

知覺不可以爲理, 朱子於『四書』, 已明言之, 如云"心之知覺, 原於性命", 又云"虛靈不昧【靈字貼知覺說。】, 以具衆理", 又云"人性皆善, 而覺有先後; 人心有覺, 道體無爲", 又云"告子不知性之爲理, 乃以知覺當之", 此皆『集註』、『章句』之顯然明白者,【外佗『大全』、『語類』, 姑勿擧論。】而近世諸家之說, 一切與之反戾, 倒以從朱子者, 爲氣學, 殊可笑也。

「연재집노주잡지기의의의淵齋集老洲雜識記疑疑義」【己酉】

1) 서지사항

전우가 『연재집』에 있는 「노주잡지기의(老洲雜識記疑)」을 읽고 이에 반론하기 위해 1909년에 지은 변론문. 『간재집(艮齋集)』전편 권15에 실려 있다.(한국문집총간 333)

2) 저자

전우(田愚: 1841~1922)로, 자는 자명(子明), 호는 간재(艮齋)이다.

3) 내용

이 글은 전우가 노주잡지를 비판한 송병선의 「노주잡지기의(老洲雜識記疑)」에 반론을 제시한 것이다. 송병선이 「노주잡지」를 인용하고 변론한 내용에 다시 전우의 비판을 달았다. 이 글에서 전우는 심과 기질의 관계는 근본과 말단보다는 정밀함과 조잡함의 관계로 봐야 한다는 송병선의 주장에 대해 근본과 말단, 정밀함과 조잡함 두 구분 모두 가능하다고 반론했다. 또한 심의 근본과 말단은 모두 선한 것으로 말할 수도 있지만, 말단에 선악이 있는 것으로 말하면 "심은 본래 선하지만 사려에 선과 불선이 있다", "심의 용은 본디 선하지만 또한 흘러서 불선으로 들어간다"는 것과 같은 말에 해당한다고 밝히고 있다. 또한 "기는 리를 구현하는 재질[氣 爲理才]"이라는 오희상의 설명이 부적절하다는 송병선의 비판에 대해서는 주희의 언급으로 "재질은 성 가운데서 나온다", "성은 물의 리에 비유할 수 있고, 재질은 물의 기력이다"라는 말을 전거로 제시했다. 다른 한편으로 기에는 "정밀함과 조잡함의 층위가 많다"는 오희상의 주장에 대한 반론에 대해서는 신(神)이 형(形)과 기(氣) 위의 다른 층위로 존재하는 것은 아니지만 기(氣)를 타고 출입한다는 점을 근거로 상하(上下)의 구분은 있다고 주장했다.

先儒每論心、氣質之分, 輒以精、粗爲言, 不如以本、末爲言。【雜識】 ○ 心者, 氣之精爽也; 氣質, 是粗麤者也。以方寸之虛靈, 謂氣之本體, 誠不可易, 而以遍體之氣質, 謂之末流, 恐似未然, 終不若精粗立論之爲好也。【記疑】

心者, 氣之精英, 則氣質之爲粗, 固也; 湛一, 氣之本, 則氣質之爲末, 亦無礙。心、氣質之分, 精、粗、本、末, 兩皆可通。【心本、氣末, 出於『孟註』。心與血氣, 旣可分本末, 則心與氣質, 獨不可以本末言耶? 此等元不必立疑。】

心有本末、眞妄, 而明德者, 直指心之本體, 與理無間者也。【雜識】 ○ 夫"與理無間"者, 無容更評。竊惟虛靈, 固是心之本體, 而所謂末者, 抑亦指氣質而言歟? 是未可曉得也。【記疑】

心之本末, 以皆善者言, 則"寂然不動, 感而遂通", "妙衆理, 宰萬物"是也; 以末有善惡言, 則"心本善而思慮有善、不善", "心之用固本善, 亦流而入於不善"是也。若疑心之用有不善, 非氣質而何? 朱子又言之矣。『語類』木之錄, 問: "所發不善, 皆氣欲之私否?" 曰: "固非心之本體, 亦是出於心。" 『大全』「答張敬夫」書曰: "心之不正, 未必皆氣使之也。"

元包四德, 元是太極也。元亨, 陽; 利貞, 陰, 是兩儀也。【雜識】 ○ 旣以元爲太極, 又分屬於陰陽, 語意不能圓暢。且元是四德之長, 而元不生於元, 生於貞, 則恐不可以元爲太極也。【記疑】

朱子論專言之元曰: "有元之元、元之亨、元之利、元之貞; 又有亨之元、利之元、貞之元。" 此正所謂"四德之體用, 不待悉數而足"者也。【見『大全』「仁說」。】 以此爲太極, 恐不礙理。其分屬於陰陽者, 又"太極動而陽、靜而陰"之說也。至於"元生於貞", 卻是偏言底, 與前說不相妨。

伊川: "以形體謂之天, 以主宰謂之帝。" 或謂"主宰以理看", 恐未然。主宰之云, 有情意運用底意思, 不襯於理之本色。【雜識】 ○ 朱子曰: "心固是主宰底意, 然所以主

宰者, 卽是理也。不是心外別有箇理, 理外別有箇心。" 然則"不襯於理"者, 恐不合
於朱子說, 而旣曰"不襯於理", 又以性爲心之宰, 果無自相矛盾耶?【記疑】

　　主宰有二義。一是自然究極底, 如朱子所謂"人生莫不得其所以生者,【尤翁曰:
"仁義禮智之性也。"】, 以爲一身之主", 及尤翁所謂"理之主宰, 不過曰自然而已,
不如陰陽五行之運用造作"者, 是也; 一是神化妙用底, 如朱子所謂"心爲一身
之主宰", 及今所引"以主宰謂之帝"者, 是也。【程語旣有"以性情謂之乾", 則帝字不得
復謂之性, 而自歸於心。】據此, 則老洲謂"主宰不襯於理"者, 指神化妙用言也; 謂
"性爲心宰"者, 指自然究極言也。【淵齋所引朱子語, "所以"以字, 『語類』原作謂。】

存養主乎敬, 省察主乎察, 斯意也, 其於『中庸』見之。【雜識】○ 爲學當以敬義夾持,
而非敬, 無以直內; 非義, 無以方外也。『中庸』之謹獨, 省察其善惡之機也。不言
幾字, 而曰"主乎察", 所察者, 果何事耶?【記疑】

　　旣幷言"敬"、"察"而曰"見於『中庸』", 則雖"不言幾", 而人自知其爲察夫幾矣。

理爲氣本, 氣爲理才。非才, 本不可見; 非本, 才無所準則。【雜識】○ 非理, 則氣無
所根柢; 非氣, 則理無所依著, 而氣是造作運用, 所謂理才者, 抑指此言歟? 恐未免
新奇之病也。【記疑】

　　朱子曰: "才是性中出。" 又曰: "性, 譬水之理; 才, 水之氣力。" 曹月川亦言:
"性是心之理, 才是性之能。" 據此, 則"氣爲理才"之說, 似未可以新奇病之。

氣與性不相離, 故學必主於克氣; 性與氣不相雜, 故學可至於復性。【雜識】○ 此說
雖襲用聖門"克"、"復"之語, 而語意迥別。己, 可克也; 氣, 可克乎? 蓋理氣原是不
相離雜, 而果如克之, 苟無相離之端耶? 自古聖賢, 或以爲"無暴其氣", 或以爲"客
氣盡消", 未嘗有克之之論也。【記疑】

　　氣之與性, 原不相離, 而彼此有強弱之勢, 必至鑿性, 故君子之學, 必以德勝氣
爲主, 乃可以復性, 而氣亦得以反其本然矣。夫氣之有美惡, 猶己之有公私,
性之有本然、氣質, 故聖賢言"克己"、"成己", 又言"盡性"、"克性", 又言"養
氣"、"克氣"。程子曰: "志可克氣",【『遺書』「劉質夫錄」】朱子曰: "學以勝氣",【『大全』
「明道論性說」】此爲老洲之所本, 何謂聖賢無此論也?

氣異於理, 固多精粗層位。【雜識】○ 先哲論氣, 只言精粗, 不說層位, 而此老發之, 抑亦多乎哉! 雖緣勉齋形、氣、神、理四節之論, 而其曰"有形, 斯有氣; 有氣, 斯有神; 有神, 斯有理", 分作四層說, 而觀於斯字, 尤可知也。未知, 果合於勉齋之言意耶? 蓋『語類』以爲"氣之精英者爲神", "精英"是指形氣中靈妙之體, 非謂形氣上一層精英之氣也。層位之論, 發前之所未發而然歟?【記疑】

> 精英之神, 固非在形氣上一層, 而朱子云"人心妙不測, 出入乘氣機", 旣曰"乘氣", 則謂神與氣有上下, 亦似無礙。且尤翁於形、道、器有三層之論, 此亦大蓋說, 非謂形氣眞有上下兩層, 如石塔之有級也。非但氣如此, 如理氣之分上下, 若不活看, 亦易做病。

未發而氣不用事, 則理雖在氣中, 泯然而已。【雜識】○ 理在氣中, 雖無形象之可見, 而渾然全體, 粲然有條, 外邊所遇, 隨感而應。若"泯然而已", 只是儱侗一物也, 豈可有感而應之之道哉?【記疑】

> 泯, 字書, 滅也, 昏也。老洲指未發之理爲"泯然"者, 必不謂此。且泯非儱侗義, 則所謂"泯然", 豈非"泯然"無跡之意歟?【『孟子集註』: "大而能化, 使其大者, 泯然無復可見之跡。"『大全』「答或人」書言: "前賢傳注, 實與聖賢微意, 泯然默契。" 據此, 則"泯然"只是淵齋所謂"無形象之可見"者, 決非儱侗之意也。】

"知與行"【止】"尙何輕重之可論乎?" 且曰: "知虛而行實, 虛實之分, 易難存焉。"【雜識】○『語類』以爲"論輕重, 則行爲重。" 又曰: "見無虛實, 行有虛實。" 蓋知行相資, 如車鳥之輪翼, 不可廢一, 而知然後卻有行, 不行則如不知, 是以行爲重而知無虛也。此老此說, 得無有違於朱子之言耶? 其曰"知先於行, 而有資始之義; 行後於知, 而有成物之義", 此則誠好語也。【記疑】

> 行有跡, 而知無形, 故云"知虛而行實", 非以知爲虛妄也。但考朱子「答象山」書, 有虛見、實見之云; 「答南軒」書, 譏李伯聞爲空見; 「答徐子融」書, 又有"不爲虛見所奪"之云, 此與『語類』, 各是一義。如不察其意, 而徒執其言, 則聖賢經傳, 無處不窒礙矣。【『大全』「李繼善問目」, 亦有知虛而得實語, 可與此參看。】

"先儒以『中庸』鬼神, 專以理看, 竊以爲未然。"【止】"明德卽人之鬼神, 鬼神卽天地之明德, 其實一也。"【雜識】○ 朱子嘗言鬼神之德曰"其德自爲德", 若比看, 則德是人之明德也, 豈直以明德謂之鬼神也? 且天地之功用謂之鬼神, 則又何以天地之明德言之耶? 此說竊恐過當也。【記疑】

鬼神兼精粗, 明德言其精, 似未可以相準。然程子曰: "鬼神者, 天地之妙用。" 謝氏曰: "鬼神是天地妙用。" 勉齋曰: "合而言之, 言鬼神, 則神在其中。" 老洲之言, 豈無所受而然哉? 此亦當隨文看, 未可偏執一說也。【程、謝兩語, 「程允夫問目」引據, 而朱子無疑辨之詞, 豈非以其可通行故歟?】

理氣渾融, 其分只在於眞妄之間。【雜識】○ 張子以爲: "湛一, 氣之本。" 朱子又曰: "二氣五行, 始何嘗不正?" 夫理果眞實也, 氣若爲妄, 則張、朱何嘗如是言之耶? 惟二五之氣, 滾來滾去, 便有淸濁之異也。【記疑】

理無不眞, 而氣或有妄, 故老洲云爾歟。如以眞靈、能所、有爲無爲之屬, 界而言之, 無乃更覺精當耶?

理爲氣本, 性爲心宰。自注曰: "朱子亦於理, 下主宰字。"【雜識】○ 朱子以爲: "心固是主宰底意思, 然所謂主宰者, 卽是理也。" 蓋此段論天地之心之理, 則在天地, 則理固爲天地之主宰; 在人, 則心固爲一身之主宰, 豈以性爲心之主宰乎? 『語類』又云: "心者, 性情之主。" 且曰: "主宰是心。" 此等語, 非但見一二處, 則何如是相背耶?【記疑】

朱子曰: "太極是性, 動靜陰陽是心。" 尤翁曰: "太極爲陰陽之主, 凡生於太極陰陽者, 無不皆然。" 以此觀之, 在天之心、在人之心, 初無兩樣; 在天之理、在人之性, 亦無二體, 決不可作差殊看。然則老洲"性爲心宰"一句, 非惟不背朱子, 眞得千聖相傳本天尊性底一點血脈也。其嘉惠後學之功, 豈淺鮮哉? 近世一種議論, 尊心爲形上之道, 貶性爲心下之物, 如此者, 其不信老洲之言, 固當然也。至於朱、宋脚下, 一遵心屬氣分、性爲道體之訓者, 亦復聽瑩, 竊所未曉也。若乃心是一身之主宰, 性情之主宰, 此卻就妙用處說。如朱子言"理寓於氣, 日用間運用, 都由箇氣", 尤翁言"太極反爲陰陽之所運用", 是也。主宰有二義, 見上。

道心雖原於性命之正, 然人心聽命之前, 互相勝負。【雜識】○ 此說看得太過, 若互相勝負, 則是有兩樣心也。【記疑】

　　『語類』訓門人云: "顏子也, 只是使人心聽命於道心, 不被人心勝了道心。" 程子亦言: "有人胷中, 常若有兩人交戰。" 又言: "欲貴之心、行道之心, 交戰於中。" 旣曰交戰, 則互相勝負, 亦非異事。老洲之言, 深得程、朱之指, 此類反之於心, 儘有警發處, 不可只作文字看便休了。【『語類』論『大學或問』僩錄云: "如人有兩般心, 一是是底心, 一是不是底心。" 人多疑是兩箇心, 不知是將知得不是底心, 去治那不是底心而已。】

　"國朝儒賢"【止】"若論其倡明斯道, 學純德備, 發微闡奧, 功存繼開, 則固莫盛於靜菴、退溪、栗谷、農巖。"【雜識】○ 靜、退、栗三先生, 此固誠然, 不擧沙、尤, 而只稱農巖, 豈不未安乎? 尤菴世稱我東之朱子, 則歷論宋朝諸賢, 不言朱子, 而但言陳北溪, 則其可爲百世之公議乎? 又曰"先儒學術, 憲章紫陽, 而退陶致力於論學文字, 尤菴致力於時事出處, 各因其一偏而成就之", 其於尊畏之道, 胡乃如是? 惜乎! 駟不及舌也。【記疑】

　　有問於老洲曰"國朝儒先, 誰當爲最?", 則將曰"無出於靜、退、栗、沙、尤之右者", 然則今之特擧農巖, 豈或偏指發微闡奧一邊而言歟? 不敢質言。退溪、尤菴, 誠大賢也, 其視朱子之全體大用, 則豈不有間乎? 故各就兩賢用功深處而言, 則有如是云爾。如淵齋論聖賢救世處, 亦各擧退溪之學問、尤菴之尊攘而偏言之, 則固無害於尊畏之道矣。

　「警世」之論以爲: "國中文獻, 尙記崇禎年號, 實有精義, 竊取聖人十月號陽月之義, 欲寓一線於空言。" 此誠見得徹底, 而但言圃隱絶元歸明之義, 而不及尤菴者, 何歟? 大抵尊攘之義, 在我東, 圃隱倡始, 至尤菴大闡, 而仍用崇禎舊號, 亦其一事也。無一言所及, 是亦可訝。【記疑】

　　我邦之承用崇禎年號, 是誰之敎? 何待擧尤菴而後明乎? 圃隱所處, 自屬麗氏, 本朝文獻云云, 正指尤菴而云爾, 恐無可訝。

　老洲此「識」, 洛下諸儒, 待之如神明, 而余未之見焉, 尋常恨之。日家弟東玉, 借覽於知舊人, 逐取閱一通, 其所論說, 雖多精確, 而專主詳密, 過於剖析, 刱出前賢所未發者, 往往爲新奇之談, 其於思索之功有餘, 而恐啓穿鑿之路, 似不如遵守前說之爲好矣。若一轉再轉, 其流弊之滔滔, 誠可憂也。朱子所戒"寧略無詳, 寧疏無密", 當爲學者深體之訓也。竊忘僭踰, 隨見拈出, 若干條如右, 覽者, 或可有取於斯言也歟!【記疑】

新奇二字, 要看合理與不合理。不然則子思、孟子, 亦嘗被新說、奇論之目矣。老洲以明通之資, 積紬繹之功, 而値諸議紛紜之餘, 非有詳說、明辨之辭, 後學何所考究, 而得其路脈哉? 是亦老洲之不得已也。然其爲言, 皆有來歷, 初非鑿空撰出者, 恐不當疑也。

右田君璣鎭, 錄得『淵齋集』所論「老洲雜識」十五條, 來示愚, 愚亦略記疑晦, 以俟幷世諸公訂正。大抵此事, 非可以淵源所漸, 而回護强說, 以自歸於偏私之科者, 愚實虛心以求明焉爾已。己卯陽月日, 書于安陽寓舍。

「주자심설朱子心說」【辛亥】

해제

1) 서지사항

　전우(田愚, 1841~1922)가 1911년에 지은 논변. 『간재집(艮齋集)』후편12에 실려 있다. (한국문집총간335)

2) 저자

　전우

3) 내용

　이 글은 이진상(李震相, 1818~1886) 심즉리설을 반박하기 위하여 주자의 심설을 세세히 분석한 논변이다. 전우는 이진상이 주자는 65세 이후에 심설이 크게 정해졌다는 것을 변파(辨破)하였다. 특히 『주자어류』에서 주자가 심을 말한 시기를 고찰하면서 이진상은 주자가 본체를 역(其體則謂之易)이라고 한 것에 집착하여 역을 실리(實理)로 해석하였다고 하였다. 또한 주자의 "심은 사람에게 내재한 천리의 전체이다(心者, 天理在人之全體.)"는 어구는 주자가 지각(知覺)하기 전에 말한 착오인데, 이진상은 이것을 주자 말년 정론의 표준으로 삼은 것이 잘못이라 하였다.

李都事與人書曰"朱子甲寅以後心說大定", 所謂大定, 不知指何語, 要之謂其同於
己見也。第念李氏自少日, 已見得心卽理之妙, 而朱子至六十五歲, 始克有定。吁!
何其艱哉? 彼此敏鈍, 不已太懸矣乎? 愚有一言可復於世之君子者, 曰: "假使朱子
直至庚申三月甲子巳刻而得大定心說, 亦可謂萬世學者之幸, 況已在甲寅之歲乎?
雖然, 以愚考之, 甲寅以後議論, 每與李氏相戾, 豈終朱子之身, 未有所定歟! 姑且
拈起數段, 以與同志究觀而反諸身, 以爲尊性之用焉。"

朱子每以"其體則謂之易", 當天人之心,【李氏以此易字爲實理。蓋其有礙於心卽理, 而
爲此說以救其疾, 然下句其理則謂之道架疊, 獨無礙乎?】而『語類』銖錄, 在丙辰以後, 而
正論此句云。易是陰陽交錯, 而與道爲體。【學蒙錄曰: "物生水流, 非道之體, 乃與道爲
體也。" 節錄曰: "陰陽五行爲太極之體, 皆與銖錄同一指意。"】此猶是心屬氣分之論, 而在
六十七歲以後, 則所謂甲寅大定者, 殆亦未也。
僩錄在戊午以後, 而有曰"心屬火, 緣是箇光明發動底物, 所以具得許多道理"
【廖謙甲寅所聞, 謂心是動底物{事}[193], 自然有善惡。若如李氏之見, 則亦將曰, 太極[心][194]屬
火, 緣是箇光明發動底物, 所以具得許多道理, 亦將曰, 太極[心][195]是動底物, 自然有善惡否。】
又云: 心性"何嘗儱侗不分曉? 心性之別, 如以椀盛水, 水須椀乃能盛, 然謂椀
便是水, 則不可"【李氏于椀水之喩心性, 有礙己說。故指爲醫家之心, 殊不知此段是論盡心
知性而發, 則何嘗舍神明之心, 而忽然說出菖蒲、茯苓可補之心, 愚於李氏此等處, 不甚服。】又
云: "禪家但以虛靈不昧者謂性, 而無具衆理以下之事。" 又云: "佛氏磨擦得此
心極精細。" 佗便認做性, 殊不知此正聖人所謂心。又論禪家"無位眞人"之說
云, 是佗就這形而下者之中, 理會得似那形而上者。【彼所認之心, 若只是粗氣, 而非
所謂氣之精妙活化者, 朱子決不知爲似形而上者矣。】今學者須先曉得這一層, 卻去理會

---

193) {事}:『주자어류』에 의거하여 '事'를 보충하였다.

194) (太極)[心]: 저본에는 '太極'으로 되어 있으나, 『주자어류』에 의거하여 '心'으로 수정하였다.

195) (太極)[心]: 저본에는 '太極'으로 되어 있으나, 『주자어류』에 의거하여 '心'으로 수정하였다.

那上, 而一層方好。今和這下面一層, 也不曾見得, 所以和那上面一層, 也理會不得。【下面一層, 卽指似那形而上者底心, 上面一層, 乃指這形而上者底性。】此皆在六十九歲以後, 則所謂甲寅大定者, 殆亦未也。

胡泳戊午錄, 問: "此心不在道理上窮究, 則心自心、理自理; 今日明日, 積累既多, 自然通貫, 則心卽理、理卽心。【使所謂心者, 元來是理, 則何待窮理通貫, 然後始有此語。】" 先生曰, 是如此。此亦在六十九歲, 則所謂甲寅大定者, 殆亦未也。

蓋錄在己未, 而謂性卽理也, 在心喚做性, 在事喚做理, 此以心與事對待說, 難謂事則形而下而心獨形而上也。此又在七十歲, 則所謂甲寅大定者, 殆亦未也。

若夫淳錄, 在庚戌己未, 而曰"靈處只是心, 不是性, 性只是理", 又「盡心說」"心者天理在人之全體"一句, 李氏平生動輒擧起, 而『大全』本改作"心是具理者", 則朱子自覺前言之差誤而更定者也。此兩段安知其的在甲寅前庚戌, 而決非甲寅後五年己未所錄耶?【李氏嘗據心者天理在人之全體, 而削去庚戌, 單稱己未, 以明其爲最末年定論之標, 未審有的證否, 不然則亦見其用數之一端也。】

簡錄, 在癸丑以後, 而曰"心者氣之精爽", 曰"能覺者氣之靈", 則是亦安知其必在甲寅前一年, 而決非甲寅以後至己未庚中所錄耶?

以此諸錄觀之, 朱子心說, 至易簀前一年, 尙未有定論, 畢竟未免下同於栗、尤, 而李氏氣學之斥, 恐難逭矣。此豈非千古疑案之大者耶? 愚又有一疑, 朱子固嘗自言其鈍矣。至於孔子, 古今皆以爲上智之聖, 而其於心卽理之妙, 到七十歲, 猶未有大定之論。故其自言有心不踰矩之說焉, 論人有心不違仁之稱焉。遂使孟子有理義與心、芻豢與口之辨也。未知聖門心說, 至李氏而始定也耶?

「이씨심즉리설조변李氏心卽理說條辨」【辛亥】

해제

1) 서지사항

간재 전우(田愚, 1841~1922)가 1911년에 지은 논설. 『간재집(艮齋集)』권13에 실려 있다. (한국문집총간 333)

2) 저자

전우

3) 내용

이 글은 전우가 이진상의 「심즉리설(心卽理說)」을 26개의 조목으로 나누어 변론한 논설이다. 우선 1항은 "심즉기설은 실제로 근세 유현에게서 나왔다.(心卽氣之說, 實出於近世儒賢.)"에 대한 변론이다. 여기에서 전우는 자신의 '심즉기설(心卽氣說)'을 옹호하여 이진상의 '심즉리설'을 반박하는 것으로 포문을 열었다. 「심즉리설」에서 이진상은 심즉기설이 근세 유현에게서 비롯된 것이라고 하여 근원이 미약함을 언설하였는데, 전우는 심즉기설이 이미 정주이래의 정맥이라고 변론하였다. 전우는 단지 성(性)만 일정한 것이고, 정(情)·심(心)·재(才)는 기와 합해져 있다는 주장을 폈다. 2항은 이진상의 "심(心)을 기(氣)로 여기는 것은 옥공이 옥돌을 돌이라고 말하는 것과 같다"고 한 주장에 대한 변론이다. 전우는, 가령 근세의 유현들이 기질(氣質)과 정신(精神)을 가리켜 심이라고 하였다면 마땅히 돌을 옥이라고 해야 할 것이라고 하였다. 이는 허령하고 신명하여 리(理)를 머금고 도(道)의 체가 되는 것을 가리켜 곧바로 그것을 리라고 하지 못하고, 달리 어찌하지도 못하여 기의 분수에 소속시킨 꼴이니, 리와 간격이 있는 것이 아닌데, 어찌 정밀한 부분과 조악한 부분을 구분하지 않고 일괄적으로 돌이라고 할 수 있겠느냐고 하였다. 『주자어류』의 섭하손(葉賀孫)의 기록을 보면, 심·신·혼백(魂魄)을 논하여 모두 기로 여기고 정밀한 부분과 조악한 부분으로 구별한 것을 알 수 있으니, 또 이것을 알아야 한다고 하였다. 3항은 "도심(道心)이라고 하는 것은 심이 리(理)를 따르는 것이다."에 대한 변론이다. 전우는, 심이 리를 따른다고 했으니, 심은 리가 아님이 분명하다고 하였다. 만일 리라면 어떻게 리를 따른다고 말할 수 있겠느냐고 하였다. 또 '심이 곧 리'라면 도심을 도리라고 해야 하고 심이 리를 따르는 것을 리가 리를 따르는 것이라고 해야 하니 모두 말이 되지 않는다고 하였다. 심이 과연 리라면, 심을 따르는 것이 이미 리를 따른 것이다. 그런데도 다시 법도를 넘지 않는 것이 있다면 이는 리 밖에 다시 리가 있는 것이니, 머리 위에 또 머리가 있을 수 있느냐고 논박하였다.(4항) 또 "『맹자』 7편에는 심(心)자가 많이 쓰였는데 그 중 한마디도 기(氣)를 가리킨 것은 없다. 〈맹자는〉 기가 심을 보존하지 못함을 걱정하고 기가 도리어 그 마음을 움직일 것을 근심하였다."에 대한 변론이다. 전우는, 맹자가 논한 '인의의 심'은 가장 중점적으로 리의 관점을 말한 것이나, 심이 인의에 근본한 것을 가리켜 말하였으므로 심을 인의로만 본 것이 아니라고 하였다(5항). 6항은 "정자(程子)는 심과 성(性)을 모두 동일한 리(理)로 해석하였다."에 대한 변론이다. 전우는, 심과 성(性)은 하나의 리(理)이니 군신이 일체이고 부자가 일체라고 말하는 것과 같아 마땅히 하나 가운데에 둘이 있음을 보아야 한다고 하였다. 대체로 심과 성(性)은 나누어 말할 때도 있고 합하여 말할 때도 있으니, 합하여 말할 때에는 심과 성이 하나의 이치일 뿐만이 아니라, 도(道)와 기(器), 형(形)과 리(理)가 모두 두 물건인 적이 없고, 나누어 말할 때에는 심(心)과 인(仁)에 각각 "곡식의 씨앗과 같음[穀種]"의 비유와 "생장(生長)하게 하는 성[生性]"의 비유가 있으며, 심과 성(性)에는 "사발에 담긴 물"의 비유가 있다고 하였다. 성인과 석가는 각각 "하늘을 근본으로 함"과 "심을 근본으로 함"의 분별이 있고, 인심과 도체에는 각각 "자각이 있음"과 "운동이 없음"의 구별이 있는데, 하나의 학설에 치우쳐서 나머지를 모두 폐기하면 안 됨을 강조하였다. 이진상의 '심즉리'는 사실 주자식의 '심즉리'이며, 결코 양명학의 '심즉리'가 아니므로 이진상의 '심즉리설'과 전우의 '심즉기설'은 모두 주자를 근본으로 하는 것이나, 이진상과 전우 두 유학자의 이학사상(理學思想)의 동이(同異)를 분별하기는 간단하지 않다. 따라서 「이씨심즉리설조변」은 그 단초를 연구할 수 있는 의미있는 자료이다. 본래 「심즉리설」은 당시의 성리학계에 커다란 논쟁을 일으켜, 기호의 전우로부터 거센 비판을 받았을 뿐만 아니라, 영남의 퇴계학파에서도 큰 파장을 일으켰다. 안동의 도산서원에서는 이황의 학설과 어긋난다고 하여 이진상의 문집을 돌려보냈고, 상주의 도남서원에서는 그의 문집을 불태우기도 하였다. 이진상의 문인들 가운데 주문팔현(洲門八賢)으로 불리는 곽종석(郭鍾錫, 1846~1919) 등은 변론을 통해 학설의 정당성을 해명하기도 하고, 김황(金榥, 1896~1978)을 비롯한 재전 문인들은 전우의 비판에 대해 재비판을 가하였다. 이러한 과정은 중재집에 수록된 「한주심즉리설전간재조변변(寒州心卽理說田艮齋條辨辨)」에서 볼 수 있다. 이러한 논쟁은 지리멸렬하게 비춰질 수도 있지만, 한편 이를 통해 근현대 '리(理)' 철학의 이론적 근간을 형성하였다는 점을 간과해서도 안 된다.

心卽氣之說, 實出於近世儒賢。

○ 辨曰: 程子曰: "心如穀種, 生之性是仁。" 邵子曰: "心者, 性之郛郭。"【朱子於此二說, 皆深取之。】上蔡曰: "釋氏所謂性, 乃吾儒所謂心。"【朱子以此爲剖析精微。】朱子曰: "釋氏摩擦得此心極精細, 便認做性, 殊不知此正聖人之所謂心。"【戊午以後。㑮錄。】又曰: "神是氣之至妙處。"【辛亥以後。賀孫錄。○ 以後二字, 竝包先生末年, 而李氏「答李肅明」書, 却只云辛亥錄。李氏集中, 此等處極多, 殆近於舞文弄法之術, 可怪也。】勉齋曰: "神有知覺, 能運用。"【以知覺運用爲性爲理, 異學之說。吾儒不然也。】孔子曰: "操則存, 舍則亡, 出入無時, 莫知其鄕者, 惟心之謂。"【心是氣分上物事, 故有是言。】朱子曰: "存者, 此心之存也; 亡者, 此心之亡也, 非操舍存亡之外, 別有心體也。"【心果是理, 而理亦可以操舍存亡論乎?】程子曰: "心, 要在腔子裏。"【朱子論此, 有"馳騖飛揚, 以徇物欲於外"之語, 此果可以理看者乎?】又曰: "只外面有些罅隙, 便走了。"【所謂理者, 亦如此慧黠否?】孟子曰: "理義之悅我心, 猶芻豢之悅我口。"【口與芻豢 非一物, 則心與理義, 獨無辨乎?】朱子曰: "知覺, 正是氣之虛靈處。【「答林德久」書, 以下段「中庸序」云云觀之, 明是晚年定論也。】靈處, 只是心, 不是性。性, 只是理。"【陳淶庚戌、己未所聞, 而李氏「答月川儒生」, 却歸之中年。其自爲說則乃曰"心之靈, 非性而何?", 極可怪也。】又曰: "其體則謂之易, 在人則言心也。體則亦是形而下者。"【易, 在人則心。李氏嘗謂"易是實理", 而愚有所論, 今別出。】又曰: "只有性是一定, 情與心與才, 便合着氣了。" 凡聖賢之論心, 如此者極多, 而李氏乃謂出於近世儒賢之說,【近世儒賢, 暗指㮚、尤以下諸賢。】其意未可知也。如非盡塗天下後世之耳目, 使之一切無所見、無所聞, 則其說恐難行也。

以心爲氣, 玉工之謂之石也。

○ 辨曰: 使近世儒賢, 指氣質精神爲心, 則當曰以石爲玉也。今指虛靈神明, 涵理而體道者, 爲不可直謂之理, 奈何不下而屬於氣分, 則所謂氣者, 非麤惡尨雜之物, 乃是氣之一原, 與理無間底。然則惡可不分精粗而槪謂之石乎? 但石一而已, 氣則有幾多般樣。觀『語類』賀孫錄, 論心、神、魂魄, 皆以爲氣而辨別得有精有粗處可見, 此又不可不知也。

道心者, 心之從理者。

○ 辨曰: 曰“心之從理”, 則心之非理, 明矣。若理則何可言從理? 且心卽是理, 則道心謂之道理, 心之從理謂之理之從理, 皆不詞矣。

孔子之‘從心所欲不踰矩’, 心卽理也。【體卽道, 用卽義。】苟其氣也, 安能從之而不踰矩乎?

○ 辨曰: 心果是理也, 從心已是循理, 而再有不踰矩, 則理外, 復有理, 頭上, 又有頭乎? 吾聖人門中, 無此議論, 無此法門。大抵心雖神妙活化, 然畢竟是氣分上物事。故雖(顏)[孔][196]子, 也不敢便道從心, 須是操存得此心極精細, 然後方敢言從心。然又心指矩爲歸宿處, 故呂氏曰“說個不踰矩, 可知聖人心中, 刻刻有個天則在”。【聖人之心未嘗自聖, 心學家之心往往自聖。】不是卽心是道。【此四字是佛、禪、陸、王論心語, 李氏亦只是此見。】此本天、本心之別也。李氏于此等界分, 不甚明晰, 往往將心與理, 儱侗說做一物。如朱子之所譏何也? 所引體卽道用卽義, 亦謂其所存所發, 與理無間云爾, 非謂聖人分上, 更無心矩、能所之分也。

『孟子』七篇, 許多心字, 竝未有一言指作氣, 憂氣之不能存心, 患氣之反動其心。

○ 辨曰: 孟子仁義之心, 最是主理說者, 然指心之本於仁義者言, 非直把心爲仁義也。【陳北溪論仁義之心云: “仁義卽性之實理, 而心則包其者也。”】於此一義合, 則無所不合矣。如不信, 更以『禮記』、程書仁義之氣證之, 是亦氣可爲理之據耶? 夜氣之不能存心, 血氣之反動其心, 此等氣字與心卽氣, 煞有精粗之辨。李氏於此, 每不能別白之, 無乃未察歟?

程子心性一理

○ 辨曰: 心性一理, 猶言君臣一體, 父子一體, 宜於一中, 看得有二也。大凡心

---

196) 孔: 저본에 ‘顏’으로 되어 있으나, 『간재집』에 의거하여 ‘孔’으로 교감하였다.

性, 也有分說時, 也有合說時。 合說時, 非獨心性一理, 如道器形理, 皆未嘗有二物也; 分說時, 心仁有穀種生性之喩, 心性有如椀盛水之譬。【『語類』「大學或問」個錄。李氏嘗有所論而失其本指, 愚有辨說別見。】聖人、釋氏, 有本天、本心之別; 人心、道體, 有覺、無爲之辨, 是惡可偏執一說而盡廢其餘哉?

程子: "心卽性也, 性卽理也。"

○辨曰: 心卽性, 言其二者之無間也; 性卽理, 指其一物而無二也。大抵程子言心卽性, 有兩處。一則論心無限量而有是語云: "天下無性外之物, 若云有限量, 除是性外有物始得。" 一則論盡心、知性而曰: "知之至則心卽性。"【既曰知之至, 則心卽性; 則知未至, 則不可曰心卽性也。『語類』泳錄, 問: "此心不在道理上窮究, 則心自心理自理。今日明日, 積累既多, 自然貫通, 則心卽理, 理卽心。" 先生曰: "是如此。" 此當與程子語參究。】是皆非將性訓心, 曷可孤行此句, 以亂穀種生性之分, 心理會一之指乎?【程子曰: "理與心一, 而人不能會之爲一。" 若性與理, 何待言與之爲一? 又何可言會之爲一乎?】昔某子學禪, 而稱以聞於伊川曰: "心卽性, 性卽天, 天卽性, 性卽心。" 朱子謂: "此語無倫理。" 此見『大全』七十卷末矣。

心之盛性。

○辨曰: 此說太拘滯也。程、邵"穀種"、"郛郭"語見上。朱子論心、性之別曰: "如以椀盛水, 然謂椀便是水則不可。" 此正爲李氏下頂門一針也。又論明德而曰"性是理, 心是盛貯該載底", 此類極多。豈可曰性則吾儒之性, 而心則醫家之心乎?【『語類』論心統性情云: "心是神明之舍, 爲一身之主宰。" 此亦以舍字, 故指爲醫家之心乎?】

心爲太極。

○辨曰: 道爲太極, 心爲太極, 俱是『啓蒙』所載, 而何爲單拈一句? 豈方論心卽理故歟? 抑以性不足爲太極而然歟?【李氏嘗曰: "『語類』'性猶太極', 借論之辭, 非的指之辭。" 又曰: "性不可獨當太極。" 此說極怪駭。朱子甲寅冬, 「答陳器之」書云: "性是太極渾然之體。" 丁未、癸丑, 「答張洽」"太極莫是性"之問, 曰: "然。" 仍有"動中太極, 靜中太極"語。辛亥以後, 葉賀孫所聞, 曰: "太極是性, 陰陽是心。" 丙辰以後, 董銖所聞, 曰: "性是太極之全體。" 此類何嘗是"借論而非的指"乎? 李集中似此處極多, 不暇悉辨。】夫道爲太極, 直指道之當體而言; 心爲太極, 並舉心之所涵而言, 恐未足爲心理之的據也。【如言形色天性, 孔子太極, 豈當執言迷指乎?】又其所引"一動一靜、未發已發之理"兩句, 是朱子「答吳晦叔」書, 論"易有太極"語, 初非爲心當屬理而發。今此云云。有若朱子以此兩句, 當心爲太極者然, 吾未知李氏之心果是太極而有此紛紜牽引, 苟且稱貸, 以爲立己見, 眩人眼之術耶? 昔象山提唱先立其大, 陽明假借良知而並非孟子本指, 則呂晚邨譏之以指鹿爲馬。 使其見李氏此說, 未知又以爲如何也。 ○ 附「答吳晦叔」書曰: "夫易, 變易也。 兼一動一靜、已發未發而言之也。【按: 以上專言易字。】太極者, 性情之妙也, 乃一動一靜、未發已發之理也。【按: 以上專言太極。】故曰'易有太極', 言卽其動靜闔闢,【言易字。】而皆有是理也。【言太極。】若以易字專指已發爲言, 是又以心爲已發之說也。此固未當, 程先生言之明矣。"

【細讀此書, 先生之意, 以易爲心, 以太極爲性情之理, 何嘗並"太極爲心"如李氏之說乎? 今錄之, 使觀者知彼見理旣錯, 而又驅之牽合, 幾於手分現化之術也。】

心固是主宰底, 而所謂主宰者, 卽此理也。

○ 辨曰: 此『語類』蘷孫錄也。原文底下有"意"字, "意"下有"然"字。"此"字作"是"字, 而今皆竄易, 使本指變幻而讀者眩瞀, 何也? 此非惟驅率前言, 以從己意, 又是傷其形體而不恤者也。愚嘗有讀蘷孫錄一篇, 今附見於此, 請看者有所訂正焉。○ 問: "天地之心,【專言心, 則以元亨利貞言, 亦無不可。今與理字對說, 不可復謂之理。先生所謂'天地之心', 不可道是不靈。所謂'其體則謂之易', 是天地之心者是也。】天地之理,【統而言之, 太極是也; 分而言之, 元亨利貞是也。】理是道理, 心是主宰底意否?"【如此則看得理字, (爲)[沒]197)主宰底。卻將主宰, 專歸之心, 恐成語疵。】曰: "心固是主宰底意【此微許之辭也。如心理家之見, 宜以爲心卽是主宰之理, 如此則多少簡徑。而乃曰固是, 又曰底意, 何也? 是宜洗心思之。】然所謂主宰者, 卽是理也,【言若論極本之主宰, 所謂理者, 乃可以當之。蓋天地之心, 卽下文所謂似帝字{者}198)。這箇心以二五之氣, 化生人物, 固是主宰底意。然此心之所以爲主宰者, 以其本於太極之理, 而爲之用。故必著然字, 以轉卻上句語脈, 乃

---

197) (爲)[沒]: 저본에 '爲'로 되어 있으나, 『간재집』에 의거하여 '沒'로 교감하였다.
198) {者}: 『간재집』에 의거하여 '字'뒤에 '者'를 보충하였다.

以主宰卽是理者, 斷之也。卽是理理字, 是問者對心之理, 非後儒和心之理, 宜精以察之。】不是心外別有箇理, 理外別有箇心。"【上文{旣}[199]以心與理分言, 而又恐問者太析開看, 故復以此告之。○嘗見世儒誤讀此語, 直將心理兩字, 糊塗合作一物看, 竊以爲乖卻本指也。如『論語集註』言: "道外無身, 身外無道。"『大全』「答呂子約」書言: "非身外別有一物, 而謂之理。"「雜學辨」言: "道外無物, 物外無道。"『語類』賀孫錄云: "不是於形器之外, 別有所謂理者。"豈皆道、形無辨之謂乎? 特言其不離耳。蓋聖賢之言活, 讀者最要得活法。】問: "此'心'字, 與'帝'字相似否?"【何不問此心字直是太極否? 亦宜愼思之。】曰: "'人'字似'天'字, '心'字似'帝'字。"【天帝與人心相似, 人心有覺, 道體無爲, 則天帝有知, 太極無爲也。或疑: "朱子謂帝是理爲主, 則帝非理歟?"曰: "理爲主三字, 便有斟酌。若是性與太極, 何待言理爲主乎?"○竊謂: 似此分解, 庶幾得先生本指。前此諸家, 往往硬將此錄, 說從自己意見上去。有如先生所譏販私鹽擔私貨者, 討得官員一封書, 方敢過場務, 偸免稅錢者矣。】

"養心說"云云。

○辨曰: 『朱子大全』、『語類』, 無所謂養心說, 而今曰云云, 可異也。但『孟子』牛山章小註, 載朱子說云: "其存其亡, 皆以心言之。說者謂氣有存亡, 而欲致養於氣, 誤矣。"李說似出於此, 而變作養心說, 豈傳寫有誤歟? 然據此以爲心卽理三字千聖相傳之的訣, 則恐未然也。『孟子集註』云: "良心卽仁義之心。"『大全』「答蘇晉叟」書, 正論此句云: "心之仁義是性。"可見仁義之心非性, 而心之仁義乃是性也。【朱子論'成仁'云: "以遂其良心之所安。"良心非理, 而所安乃理也。如直把良心爲理, 決與朱子異矣。】當時說者, 因心氣無分而誤; 今日李氏, 因心理無分而誤, 蓋胥失之矣。大抵心字, 但可謂之與理無閒, 不可直擡起作道體。【觀『集註』"此心常存, 無適而非仁義"兩句, 心與仁義到底是有辨。先儒縱有以理言良心處, 此則當離合看。】但可謂之比性較粗, 不可拽下來做夜氣。【心是操則存, 舍則亡, 而有得失者也; 氣乃攪便濁, 靜便淸, 而無功夫者也。】二者, 不容無辨。

退陶先生論心。

○辨曰: "統性情, 合理氣"兩句, 宜子細理會。竊詳退翁立文之意, 統似是統

---

199) {旣}: 『간재집』에 의거하여 '文' 뒤에 '旣'를 보충하였다.

合之義, 恐非上統下尊統卑如近儒之見也。 今以聖賢言行考之, 曰"以禮制心", 曰"心不踰矩", 曰"得善服膺", 曰"尊德性", 曰"聖人本天", 曰"欽承仁義", 曰"心原性命"之類, 無非性爲心主, 心承性體之意也。 若單據統百萬軍之論, 以爲心上性下之斷案, 則『語類』大雅錄歷言"天命、性情", 而曰"心統"前後而爲言。 此將爲以人心而壓制天命, 頻視帝則,【「尊德性銘」曰: "惟義與仁, 惟帝之則。"】豈非悖慢之甚乎? 故卓錄以統爲兼也。 如必以"心統性情"爲心上於性情, 則亦將據人管天地,【詳見「人能弘道章」。『語類』植錄。】以爲人尊於天地乎? 一字不明, 其害至此, 可不愼諸? "合理氣"氣字, 恐是指虛靈精英者言, 未可直以麤濁渣滓當之。 此以合性與知覺有心之名, 推之可見, 如曰"退翁畔棄張子, 而自立宗旨", 吾不信也。 下文"心之未發, 氣不用事", 此氣字始以氣質言。 至於"惟理而已, 安得有惡"之云, 只是明性善之理而已, 曷嘗有心卽理之意來? 李氏乃以爲己說之的證, 吾不知世之儒者, 果皆有聽受而無疑難否也。

象山。

○辨曰: 朱子「答陸氏」書, 譏其認得昭昭靈靈能作用底, 便謂太極, 此是他認心爲理之一大公案也。 陸氏又嘗見詹某下樓心澄瑩, 曰: "此理已顯, 是又其眞相之不能掩處。" 蓋旣指靈昭澄瑩以爲理, 而不察氣稟之偏, 不究性命之理, 故卒至於率意妄行而便謂至理矣。 李氏謂: "彼所謂心者氣, 而所謂理者非眞理。" 此正刺著他痛處。 但自家亦常指靈覺神識以爲理, 不肯認此性爲太極而尊之, 是其所見, 果與陸氏判然不同否? 請世之君子下一轉語看!

陽明。

○辨曰:『傳習錄』曰: "心之本體, 卽天理也。【此(自)[句],[200] 以性當之是矣。但恐王氏不如此道, 非獨王氏爲然, 李氏亦不肯點頭也。】天理之昭明靈覺, 所謂良知也。" 此是王氏錯見之源也。 吾見『李集』諸說, 與此不同者幾希, 而今於王氏, 據其近上一等說話,【卽上所擧一段, 是也。】乃執其陰陽凝聚, 而斥爲猥雜, 使王氏復起, 必笑之曰"儞何爲用吾之精, 而攻吾之粗也"。○愚有一說云: 使陸、王以氣之虛

---

200) (自)[句]: 저본에 '自'로 되어 있으나, 『간재집』에 의거하여 '句'로 교감하였다.

靈知覺爲心, 而能時時刻刻視上面性字爲本源, 不敢不奉而守之, 則理學單傳, 不過如此。朱、李二先生, 何苦闢之如彼之嚴? 只爲其心自認爲理, 而不復以性爲歸宿, 所以流於口(讀)[談]201)心理而身陷氣學也。【朱子論“公心歸宿”, 見『語類』「中庸第九章」, 大雅錄。楊慈湖論“心是聖, 不必更求歸宿”, 見『宋元學案』。】

“李先生辨之”云云。

　　○ 辨曰: 退溪先生所謂“民彝物則眞至之理, 卽吾心本具之理”, 此理字非指性體言, 而另將心字爲理, 如近世心理家之見乎! 只此一處, 無異論, 他餘皆將釋氷矣。

“眞能以仁義禮智”云云。

　　○ 辨曰: 仁義禮智忠敬孝慈之實, 是性之實理, 而爲心之所本, 非卽是心也。今若糊塗說, 謂之心、謂之理, 則是心性無分也。退翁於此, 必有辨析之敎, 不應遽首肯之矣。

『傳習錄』云云。

　　○ 辨曰: 王氏認心爲理, 故嘗言: “仁, 人心也。心體本弘毅, 不弘{不}202)毅者, 私欲蔽之耳。”【陸三漁曰: “仁是理, 弘毅是所以體此理, 豈全無別?”】又言: “心無私欲, 卽是天理。” 此是他錯見眞臟處, 而李氏特把無欲是理之云, 以爲心卽理三字不可判舍之證, 此是二家合掌之一大公案也。若乃吾儒議論, 則不但曰勝私欲, 而必著復於禮, 然後乃曰事皆天理。不但曰“心無私”, 而又必曰“有其德”; 不但曰“心無私”, 而又必曰“事當理”, 此乃爲本天之學, 與彼之做無本菩薩者, 判然別矣。【朱子曰: “佛、老不可謂之有私欲。只是他元無這禮, 空蕩蕩地, 是見得這理, 元不是當, 克己了, 無歸著處。” 今王、李認無私爲理, 安有歸著處】此是心性源頭學問主腦, 而有此乖舛, 自餘儱侗合說牽引揍著處雖多, 只緣本領不是, 一齊潰裂也。○ 徐孟寶以至公之心爲大本, 此與王、李之見正相符,【天理外, 無大本; 大本外, 無天理。】而朱子不許曰: “這箇如何當得大本?”【見『語類』「中庸第九章」。大雅錄。】今試問, 李

---

201) (讀)[談]: 저본에 ‘讀’으로 되어 있으나, 『간재집』에 의거하여 ‘談’으로 교감하였다.

202) {不}: 저본에는 누락되어 있으나, 『간재집』에 의거하여 ‘毅’앞에 ‘不’을 보충하였다.

氏這箇如何當不得大本? 幸而應之曰"果當不得", 卽須自疑舊見, 而改讀『大全』、『語類』, 如晦翁之序「中和舊說」可矣。如曰"心之無私, 如何不是天理, 如何不是大本?", 請自認與朱子異, 如王氏之告羅整庵, 亦可矣。

心爲一身之主宰。

○辨曰: "心爲一身之主宰", 須要細勘。使所謂心者, 雖一霎時叛性而自用, 則四肢百體, 將群起而爭雄矣, 如何做得主? 必也用敬尊性, 乃可以管攝一身矣。【雖後聖復起, 應賜印可矣。】如以主宰之名, 卽指心爲理, 則鬼神、浩氣, 朱子嘗以主宰言,【見『語類』「鬼神門」揚錄。「孟子門」夔孫錄。】是亦一切喚做理歟? 夫心與鬼神與浩氣之爲主宰, 或以欽承仁義, 或以靠著實理, 或以配義與道, 而爲之用爾, 何敢屈天理而使之聽命於己耶? 且主宰之屬氣, {又}203) 何嘗以形氣當之? 而李氏乃曰天理聽命於形氣, 豈非大家鹵率乎? 蓋旣誤認氣之靈覺爲理, 故纔見人說氣字, 便指爲麤跡, 此正與朱子所譏老、佛卻不說著氣,【此見吾儒不諱氣字。】以爲外此然後爲道者, 同一證候也。

心無體, 以性爲體。

○辨曰: 李氏徒知心之無體, 以性爲體, 而謂心是氣, 則有認性爲氣之嫌而已。不知器亦無體而以道爲體, 陰陽亦無體而以太極爲體, 形色亦無體而以天性爲體矣。今使李氏論此, 則將避太極、性、道爲氣之嫌, 而把陰陽、形、器之屬, 一切謂之理歟。

心是性情之統名。

○辨曰: 心者性情之統名, 本蔡西山語, 而朱子無所可否, 李氏卻謂"先生首肯之",【見「與人書」。】吾懼夫流俗誚儒者亦有矯詔之習也。其下云云, 亦近杞人之憂。蓋朱子旣深取穀種、郛郭之說, 又自有椀水之諭、屬火之說。又以其體則謂之易爲心, 而目之爲形而下者, 是皆以心爲氣之論也。未聞大本達道亦皆歸於氣, 而淪於空寂也。李氏謂: "以心爲氣則理爲死物。" 此亦誤矣。昔上蔡

---

203) {又}: 저본에는 누락되어 있으나, 『간재집』에 의거하여 '何' 앞에 '又'를 보충하였다.

雜佛而以仁爲活物，則朱子不取而曰：“說得有病痛。”其「答陸氏」書，亦以認得靈昭作用底爲太極者，歸之禪學。今李氏之見，與謝、陸無別，此難以自附於朱門矣。【夜氣章。『語類』云：“心不是死物，須把做活物看，不爾則是釋氏坐禪。”又曰：“心是箇走作底物。”今若以理爲走作底活物，則其誣理亦已甚矣。】

從古聖賢，莫不主義理以言心。

○辨曰：只此便見此心非直是理也。如道也、太極也、性也三者，直是理。何待主理而言乎？李氏幾於握燈索照矣。

以心爲氣之說。

○辨曰：以心屬氣，而心不敢自用，必以性理爲頭腦，則不知此外又有聖賢心法乎？必也爲心者，自認爲至尊之理，而不復歸宿於性天，然後聖賢心法，一一成實，而世道日升於明且治歟。

近世，以十六言傳心，爲梅賾僞撰者，此其兆也。

○辨曰：虞廷授受，所重在中，不重心字。夫心而非道，則靈覺而已，聖人何嘗以是爲道而傳之哉？此當曰傳道，不必曰傳心，傳心固有前言可據。若論其極，則當以道字爲準的也。【王氏蘋學佛，嘗告宋帝曰：“堯、舜、禹、湯、文、武之道，相傳若合符節，非傳聖人之道，傳其心也；非傳聖人之心，傳己之心也。己之心無異聖人之心，萬善皆備，故欲傳堯、舜以來之道，擴充是心焉耳。”】呂氏謂：“聖人之學，性天之學也。自古無學心之說。凡言心學，皆爲邪說所惑亂，‘不踰矩’矩者，何也？性也、天也、至善也。心於性天合一，方爲至善，方是聖學，可知心上面更有在。【此一句，近世心學家所大諱也。】故謂聖學都在心上用工夫則可，謂聖學爲心學則不可。”【如李說，則謂聖學爲心學，有何不可？】吾謂呂氏雖晚出，而其於吾儒本性、異學本心之辨，往往透髓，不可忽也。

眞心之純乎天理者。

○辨曰：只此一語，便見心卽理之錯矣。蓋心原非天理，故云“純乎天理”爾。若性與太極，只可曰“純是天理”，不可曰“純乎天理”。下文“聖人之心渾然天理", 可以三隅反矣。

心卽理三字, 未可以遽言之。

○辨曰: 李氏集中, 論"心卽理"者, 無慮累數千言, 豈皆指聖人之心耶? 然則衆人之心, 卻是氣耶? 吾意心果是理也, 衆人亦是此心, 聖人亦是此心, 安(看)[有]204)兩樣心, "可以遽言"、"未可以遽言"之分乎? 若乃"性卽理", 固未嘗有"到聖人"、"未到聖人"之異, 又未嘗有"可遽言"、"未可遽言"之分也。只此亦足以見"心卽理"三字, 未得爲後聖不易之論也。

論心莫善於心卽理, 而亦莫難明於心卽理。

○辨曰: 愚則曰"論心莫危於心卽理,【聞者, 易以自恣。】而治心莫難於心卽理"。【聖者, 方不踰矩。】"危"、"難"兩字, 皆從戒懼來。反此者無所畏憚矣。

---

204) (看)[有]: 저본에 '看'으로 되어 있으나, 『간재집』에 의거하여 '有'로 교감하였다.

2-1-29 「이씨심즉리설조변李氏心卽理說條辨」【辛亥】

선역

1 "'심즉기(心卽氣)'의 학설은 실제로 근세 유현(儒賢)에게서 나왔다."

○ 간재 조변: 정자(程子)가 말하였다. "심(心)은 곡식의 씨앗과 같고, 생장(生長)하게 하는 성(性)이 인(仁)이다." 소자(邵子)가 말하였다. "심은 성(性)의 성곽이다."【주자(朱子)는 이 두 가지 말씀을 모두 깊이 취하였다.】 상채(上蔡)가 말하였다. "부처가 말하는 성(性)이 곧 우리 유가에서 말하는 심이다."【주자는 이 말을 정밀하게 분석한 말로 여겼다.】 주자가 말하였다. "부처는 심(心)을 매우 정밀하게 연구하여 곧 성(性)이라고 인식하였으나, 이것이 바로 성인이 말하는 심이라는 것을 전혀 모른 것이다."【무오년(1198년, 69세)이후의 말이다. 심한(沈僩)의 기록이다.】 또 말하였다. "신(神)은 기(氣)의 지극히 신묘한 부분이다."【신해년(1191년, 62세)이후의 말이다. 섭하손(葉賀孫)의 기록이다. ○ '이후(以後)'라는 말은 모두 주자의 말년에 해당되는데, 이씨(李氏, 李震相)는 「이숙명(李肅明)에게 답하다」의 편지에서 도리어 신해년의 기록이라고만 하였다. 이씨의 문집 가운데 이러한 표현이 아주 많다. 이는 '붓을 함부로 놀려 법규를 농락하는 술수'에 매우 가까우니 괴이하다.】 면재(勉齋)가 말하였다. "신(神)은 지각(知覺)이 있어서 운용할 수 있다."【'지각이 있어서 운용하는 것'을 성(性)이라고 하고 리(理)라고 하는 것은 이단의 학설이다. 우리 유가에서는 그렇게 말하지 않는다.】 공자가 말하였다. "잡으면 보존되고 놓으면 없어져서 들고 낢에 일정한 때가 없어 그것이 향하는 곳을 알 수 없는 것을 심이라고 한다."【심은 기에 속하는 물건이기 때문에 이런 말이 있다.】 주자가 말하였다. "보존된 것도 이 심이 보존된 것이고 없어진 것도 이 심이 없어진 것이니, '잡거나 놓고 보존되거나 없어지는 것' 이외에 별도로 심의 본체가 있는 것이 아니다."【심이 과연 리라면 리도 '잡거나 놓고 보존되거나 없어지는 것'으로 논할 수 있는가?】 정자가 말하였다. "심은 몸속에 있어야 한다."【주자가 이를 논하여 "제멋대로 내달려 몸 밖의 물욕을 따른다"고 말씀한 바 있다. 이런 것을 과연 리로 간주할 수 있겠는가?】 또 말하였다. "다만 외면에 조금이라도 틈이 있으면 곧바로 달아난다."【이른바 리라는 것이 또한 이처럼 약삭빠른 것인가?】 맹자가 말하였다. "리의(理義)가 내 마음을 기쁘게 하는 것은 고기가 내 입을 기쁘게 하는 것과 같다."【입과 고기는 동일한 물건이 아니다. 그렇다면 심과 리의(理義)만 분별할 수 없는 것이겠는가?】 주자가 말하였다. "지각은 바로 기의 허령한 부분이다.【「임덕구(林德久)에게 답하다」의 편지에서, 「중용」「서」를 설명한 아래 문단을 살펴보면, 이는 만년의 정론임이 분명하다.】 허령한 부분은 단지 심이지 성이 아니다. 성은 단지 리이다."【진북계(陳北溪)가 경술년(1190년, 61세)과 기미년(1199년, 70세)에 주자에게 들은 것인데, 이씨는 「월천(月川)의 유생(儒生)에게 답하다」에서 도리어 이 말을 중년에 들은 것이라고 하였다. 그 스스로 말을 만들어 "심의 허령함이 성이 아니고 무엇인가?"라고 하였으니 매우 괴이하다.】 또 말하

였다. "그 체를 역(易)이라고 하니, 사람에게 있어서는 심을 말한다. 또한 체는 형이하이다."【역(易)은 사람에게 있어서는 심이다. 일찍이 이씨는 "역은 실제의 리이다"라고 했는데, 나(간재)도 이에 대해 논한 바 있다. 지금은 별도로 말한다.】 또 말하였다: "단지 성만 일정하고, 정(情)·심(心)·재(才)는 기와 합해져 있다." 무릇 성현이 이와 같은 견해로 심을 논한 것이 매우 많은데, 이씨는 곧 근세 유현의 학설에서 나왔다고 하니,【근세의 유현은 율곡·우암 이하 여러 유현을 암묵적으로 가리키는 말이다.】 그 뜻을 알 수 없다. 만일 천하 후세의 이목을 전부 막아놓고 그들을 일체 보고 듣지 못하게 하는 것이 아니라면, 그 학설은 아마 행해지기 어려울 것이다.

2 "심(心)을 기(氣)로 여기는 것은 옥공이 옥돌을 돌이라고 말하는 것과 같다."

○ 간재 조변: 가령 근세의 유현들이 기질(氣質)과 정신(精神)을 가리켜 심이라고 하였다면 마땅히 돌을 옥이라고 해야 할 것이다. 지금 허령하고 신명하여 리(理)를 머금고 도(道)의 체가 되는 것을 가리켜 곧바로 리라고 하지 못하고, 달리 어찌하지도 못하여 기에 소속시켰다. 이른바 기라는 것은 추악하고 난잡한 물건이 아니라 곧 기의 한 근원이니, 리와 간격이 없는 것이다. 그렇다면 어찌 정밀한 부분과 조악한 부분을 구분하지 않고 일괄적으로 돌이라고 할 수 있겠는가? 다만 돌은 하나이지만, 기는 여러 가지가 있다. 『주자어류』의 섭하손(葉賀孫)의 기록을 보면, 심·신·혼백(魂魄)을 논하여 모두 기로 여기고 정밀한 부분과 조악한 부분으로 구별한 것을 알 수 있으니, 또 이것을 알아야 한다.

3 "도심(道心)은 심이 리(理)를 따르는 것이다."

○ 간재 조변: 심이 리를 따른다고 했으니, 심은 리가 아님이 분명하다. 만일 리라면 어떻게 리를 따른다고 말할 수 있겠는가? 또 '심이 곧 리'라면 도심을 도리라고 해야 하고, 심이 리를 따르는 것을 리가 리를 따르는 것이라고 해야 하니, 모두 말이 되지 않는다.

4 "공자의 '심(心)이 하고자 하는 것을 따르더라도 법도에서 벗어나지 않는다.'에서 심이 곧 리(理)이다.【체는 도(道)이고, 용은 의(義)이다.】 만일 그것이 기(氣)라면, 어찌 그것이 하고자 하는 것을 따르는 데 법도에서 벗어나지 않을 수 있겠는가?"

○ 간재 조변: 심이 과연 리라면, 심을 따르는 것이 이미 리를 따른 것이다. 그런데도 다시 법도를 넘지 않는 것이 있다면 이는 리 밖에 다시 리가 있는 것이니, 머리 위에 또 머리가 있을 수 있는가? 공자의 문하에는 이런 의론도 없고 이런 법문도 없다. 비록 심이 신묘하여 활발하게 변화하나, 결국에는 기에 속한 사물이기 때문에 설령 공자라도 감히 '심을 따른다'고 말하지 못하고, 붙잡고 보존하여 이 마음의 매우 정밀한 점을 얻은 뒤에야 바야흐로 감히

'심을 따른다'고 말하였다. 그러나 심은 법도를 귀숙처로 삼는다. 그러므로 여씨(呂氏)가 말하였다 "'법도를 넘지 않는다'고 말한 데서 성인의 심(心)속에 시시각각 하늘의 법칙이 존재함을 알 수 있다."【성인의 심은 성(聖)을 자처한 적이 없는데, 심학가(心學家)들의 심은 종종 성(聖)을 자처한다.】 곧 심이 도는 아니다.【이 말은 불교(佛教), 선종(禪宗), 육상산(陸象山), 왕양명(王陽明) 등이 심을 논한 말인데, 이씨도 단지 이와 같은 견해이다.】 이것이 '하늘에 근본한다'와 '심에 근본한다'의 구별이다. 이씨는 이것을 구분하는데 있어서 그다지 분명하지 않아, 종종 심을 리와 뭉뚱그려 하나의 사물로 간주하였다. 주자가 비난했던 것과 같으니 어찌할 것인가? 인용한 "체는 도(道)이고, 용은 의(義)이다."는 또한 보존되고 발현되는 것이 리와 간격이 없다는 말일 뿐, 성인에게는 다시 심(心)·구(矩)나 능(能)·소(所)[205]의 구분이 없다고 한 것은 아니다.

5 "『맹자』 7편에는 심(心)자가 많이 쓰였는데 그 중 한마디도 기(氣)를 가리킨 것은 없다. 〈맹자는〉 기가 심을 보존하지 못함을 걱정하고 기가 도리어 그 마음을 움직일 것을 근심하였다."

○ 간재 조변: 맹자가 논한 '인의의 심'은 가장 중점적으로 리의 관점을 말한 것이다. 그러나 심이 인의에 근본한 것을 기리켜 말한 것이지 심을 곧바로 인의로 본 것이 아니다.【진북계(陳北溪)가 인의의 심을 논하여 말하였다. "인의는 곧 성(性)의 실제 리이고, 심은 포괄하여 갖추고 있는 것이다."】 이런 뜻에 합해 보면 부합하지 않음이 없을 것이다. 만일 믿지 못하겠다면 다시 『예기』와 정자(程子)의 글에서 '인의의 기'를 설명한 것으로 증명해 보일 수 있으니, 이 또한 기가 리라는 근거가 될 수 있겠는가? "밤기운이 심을 보존할 수 없으며, 혈기가 도리어 심을 움직인다."에서의 기는 "심이 곧 기이다"의 기와 비교해 볼 때 크게 정밀함과 조악함의 차이가 있다. 이씨는 이 점에 있어서 매양 명백하게 분별하지 못했으니, 제대로 살피지 못한 것이 아닌가?

6 "정자(程子)는 심과 성(性)은 하나의 리(理)라고 했다."

○ 간재 조변: '심과 성(性)은 하나의 리(理)'라는 말은 '군신은 일체, 부자는 일체'라는 말과 같으니, 마땅히 '하나' 가운데에 '둘'이 있음을 알아야 한다. 대체로 심과 성(性)은 나누어 말할 때도 있고 합하여 말할 때도 있다. 합하여 말할 때에는 심과 성만이 하나의 리인 것은 아니니, 도(道)와 기(器), 형(形)과 리(理)가 모두 두 물건인 적이 없다. 나누어 말할 때에는 심(心)과 인(仁)에 각각 "곡식의 씨앗[穀種]"이라는 비유와 "생장(生長)하게 하는 性[生性]"

---

205) 능(能)·소(所) : 절대적인 것이 못 되고 상대적인 주객(主客)의 대립 관계를 나타내는 불교 용어이다. 능(能)은 능동적인 주체로, 인식하는 주관(主觀)을 뜻하고, 소(所)는 피동적인 객체(客體)로, 인식의 대상(對象)을 뜻한다.

이라는 비유가 있으며, 심과 성(性)에는 "사발에 담긴 물"의 비유가 있다.【『주자어류』, 「대학혹문
(大學或問)」조의 심한의 기록이다. 이씨가 일찍이 이에 대해 논한 적이 있는데 그 본지를 잃었다. 내게도 변설이
있는데, 다른 곳에 보인다.】성인과 석가는 각각 "하늘을 근본으로 함"과 "심을 근본으로 함"의
분별이 있고, 인심과 도체에는 각각 "지각이 있음"과 "운동이 없음"의 구별이 있다. 이것이
어찌 하나의 학설에 치우쳐서 나머지를 모두 폐기한 것이겠는가?

7 "정자(程子)는 '심이 곧 성이고 성이 곧 리이다.'라고 하였다."

○ 간재 조변: "심이 곧 성(性)이다."는 심과 성에 간격이 없음을 말하고, "성이 곧 리이다."는
하나의 물건이고 둘이 아님을 가리킨다. 대체로 정자(程子)가 말한 "심이 곧 성이다."에는
두 측면이 있다. 하나는 '심은 한량이 없음'을 논하면서 이렇게 말한 것으로서, "천하에는
성(性) 밖의 물건이 없다. 만약 한량이 있다고 하면, 성(性) 밖에 물건이 있어야만 한다."라고
하였다. 하나는 진심(盡心)과 지성(知性)을 논하여 말하기를 "'지(知)가 지극해지면, 심이 곧
성(性)이다."라고 하였다. 【지(知)가 지극해지면 심이 성(性)이라고 이미 말했으니, 지(知)가 지극하지 않으
면 심이 성(性)이라고 말할 수 없다. 『주자어류』, 호영(胡泳)의 기록에, "이 마음을 도리가 있지 않은 곳에서 궁구하
면, 심은 심이고 리는 리일 뿐이다. 오늘 내일 쌓은 것이 이미 많아 저절로 관통하면, 심이 곧 리가 되고 리가
곧 심이 된다."고 물으니, 주자가 답하기를 "이와 같다."라고 하였다. 이것은 정자의 말과 참조해 보아야 한다.】
이는 모두 성(性)으로 심을 해석한 것이 아니니, 어찌 오직 이 문구만을 가지고 '곡식 종자와
같은 심'과 '생장하게 하는 성(性)'의 구분과 심과 리를 하나로 회통시키는 가르침을 어지럽
히는가? 【정자가 말하였다. "리와 심은 하나인데 사람들은 그것이 하나임을 이해하지 못한다." 만약 성(性)과
리라면, 어떻게 '더불어 하나가 된다'는 말을 기다리겠으며, 또 어찌 '회통하여 하나가 된다'고 말할 수 있겠는가?】
옛날 어떤 사람이 선(禪)을 배우고서 이천(伊川)에게 들었다고 일컬으며 말하였다. "심은 곧
성(性)이고, 성은 곧 하늘이며, 하늘은 곧 성이고, 성은 곧 심이다." 주자가 말하였다. "이
말은 조리가 없다." 이는 『주자대전』 70권 끝부분에 보인다.

8 "심(心)이 성(性)을 담는다."

○ 간재 조변: 이 주장은 너무 막힌 이론이다. 정자의 "심은 곡식의 종자와 같다."와 소자(邵
子)의 "심은 성곽과 같다."는 말은 위에 보인다. 주자가 심과 성(性)을 구별하여 논하기를,
"사발에 물을 담는 것과 같으나, 사발을 곧 물이라고 하면 옳지 않다."라고 하였다. 이 말은
바로 이씨를 위해 정문일침(頂門一針)을 가한 것이다. 또 명덕(明德)을 논하여 말하였다. "성
(性)은 리이고, 심은 담아주고 실어주는 물건이다." 이러한 부류의 말씀은 매우 많다. 어찌
성(性)은 우리 유가의 성(性)이고 심은 의가(醫家)의 심이라고 하겠는가?【『주자어류』에서 '심이

성(性)과 정(情)을 통섭한다'를 논하여 "심은 신명(神明)한 집이 되고, 일신(一身)의 주재(主宰)가 된다."라고 하였다. 이 또한 집[舍]이라는 말을 썼으므로 의가(医家)의 심을 가리키는 것이겠는가?】

9 "심(心)이 태극이 된다."

　○ 간재 조변: '도가 태극'이고, '심이 태극'이라는 것은 모두 『역학계몽』에 실려있는데 어찌 한 구절만 집어낼 수 있겠는가? 아마도 바야흐로 '심이 곧 리이다.'를 논하기 위한 까닭인가 보다. 아니면 성(性)으로는 태극이 되기에 부족해서 그런 것인가?【이씨가 일찍이 말하였다. "『주자어류』의 '성은 태극과 같다'는 말은 비유를 빌려 말한 것이지, 확실히 지적하는 말은 아니다." 이씨가 또 말하였다. "성(性) 홀로 태극을 감당할 수 없다." 이 말은 매우 괴이하다. 주자가 갑인년(1194년, 65세) 겨울에 「진기지(陳器之)에게 답하다」의 편지에서 말하였다. "성(性)은 태극의 혼연한 본체이다." 정미년(1187년, 58세)과 계축년(1193년, 64세)에 「장흡에게 답하다」에서 "태극은 성(性)이 아닌지요?"의 물음에 답하기를 "그렇다"고 하고, 이어 "움직이는 가운데의 태극과 고요한 가운데의 태극"이라는 말을 하였다. 신해년(1191년, 62세) 이후에 섭하손이 들은 말에 "태극이 성(性)이고, 음양이 심이다."라고 하였고, 병진년(1196년, 67세) 이후에 동수(董銖)가 들은 말에 "성(性)은 태극의 전체이다."라고 하였다. 이런 부류의 말씀들을 어찌 일찍이 "비유를 빌려 말한 것으로서 확실히 지적한 말은 아니다"라고 하겠는가? 이씨의 문집 안에는 이와 같은 부분이 너무 많아 일일이 변론할 겨를이 없다.】도가 태극이라는 것은 다만 도의 당체(當體)를 가리켜 말한 것이고, 심이 태극이라는 것은 심이 함축한 것을 아울러 말한 것이니, '심이 곧 리'라는 적실한 근거가 되기에는 부족한 듯하다.【'형색이 천성'이라는 말이나 '공자가 태극'이라는 말처럼, 어찌 말에 집착하여 뜻을 혼미하게 하겠는가?】또 인용한 '한번 움직이고 한번 고요하며, 이미 발하고 아직 발하지 않은 이치'라는 두 구절은 주자가 「오회숙(吳晦叔)에게 답하다」의 편지에서 "역(易)에 태극이 있다."를 논한 말로, 애당초 심이 리에 속한다는 취지로 말한 것이 아니다. 그런데 지금 이렇게 말하여, 주자가 이 두 구절로 '심이 태극이 된다'에 해당시킨 것처럼 하니, 나는 이씨의 마음이 과연 태극이어서 이처럼 어지럽게 억지로 인용하고 구차하게 빌려서 자기의 견해를 세우고 남의 눈을 현혹시키는 술수로 삼는 것인지 모르겠다.

　예전에 육상산은 먼저 그 대체(大體)를 세울 것을 제창하고, 왕양명은 양지(良知)를 빌려, 함께 맹자의 본지(本指)를 비난하였는데, 이를 여만촌(呂晚邨)이 '사슴을 가리켜 말이라고 하는 술수'라고 비판하였으니, 가령 여만촌이 이씨의 이러한 말을 본다면 또 어떻게 생각할지 모르겠다. ○ 덧붙여 쓴다. 「오회숙에게 답하다」의 편지에 아래와 같이 말하였다. "무릇 역(易)은 변역(變易)이니, '한번 움직이고 한번 고요함'과 '이미 발하고 아직 발하지 않음'을 겸하여 말한 것이다. 【살펴보건대, 이상은 오로지 '역(易)'자를 설명한 것이다.】 태극은 성정(性情)의 오묘함이니, 바로 '한번 움직이고 한번 고요함'과 '이미 발하고 아직 발하지 않음'의 이치이다.

【살펴보건대, 이상은 오로지 '태극'을 말한 것이다.】 그러므로 '역에 태극이 있다'고 하였으니, 동정(動靜)과 합벽(闔闢)에 ['역(易)'자를 말하였다.】 모두 이 리가 있음을 말한 것이다.['태극'을 말하였다.】 만일 '역(易)'자를 오로지 '이미 발한 것'을 가리켜 말한 것이라 한다면, 이는 심을 '이미 발한 것'으로 여긴 설명이 될 것이다. 이는 참으로 온당하지 않으니 정자의 말씀이 명료하다."【이 편지를 자세히 읽어 보면, 선생의 뜻은 역(易)을 심으로 여기고 태극을 성정(性情)의 이치라고 하였으니, 어찌 일찍이 "태극이 심이다."고 한 이씨의 설명과 같겠는가? 지금 이를 기록하여, 보는 자에게 이씨가 이해한 리는 잘못되었고, 또 억지로 끌어와 합친 것으로서, 상황 따라 다르게 나타내는 술수에 가깝다는 것을 알게 한다.】

10 "심(心)은 진실로 주재하는 것이나, 이른바 '주재자'는 곧 이 리이다[心固是主宰底, 而所謂主宰者, 即此理也.]"

○ 간재 조변: 이는 『주자어류』의 기손(夔孫)의 기록으로서, 원문에는 '底' 아래에 '意'자가 있고, '意' 아래에 '然'자가 있다. '此'자도 본래는 '是'자이다. 그런데 지금 모두 몰래 바꾸어, 본래의 가르침을 이상하게 변질시키고 독자들을 현혹시키는 것은 무슨 까닭인가? 이는 선현의 말씀을 몰아다가 자기의 뜻에 따르도록 만드는 것일 뿐만 아니라 또한 그 형체를 손상시키고도 불쌍하게 여기지 않는 것이다. 나는 일찍이 기손(夔孫)의 기록 한 편을 읽은 바 있다. 이제 여기에 붙여놓거니와, 청컨대 보는 자들이 바로잡는 바가 있기를 바란다.

○ 묻기를, "천지의 심(心)【오로지 '심'을 말하면 원형이정(元亨利貞)으로 말해도 안 될 것이 없으나, 이제 '리(理)'자와 대립시켜 말하면 다시 '리'라고 말할 수 없는 것이다. 선생이 말씀한 '천지의 심'은 '허령하지 않다'고 말할 수 없으니, 이른바 '그 체질로 말하면 역(易)이라 한다'는 것은 바로 '천지의 심'을 말한다는 것이 이것이다.】과 천지의 리(理)【통합해서 말하면 '태극'이 이것이며, 분석해서 말하면 '원형이정'이 이것이다.】라는 말에서, '리'는 '도리'이고 '심'은 '주재의 뜻'인가?"【이와 같다면 '리(理)'자를 '주재함이 없는 것'으로 간주하고, 주재를 오로지 심에 귀속시키는 것이니, 아마도 흠이 있는 말이 될 것이다.】 답하기를, "심은 진실로 주재의 뜻이다.【이는 은미하게 허여하는 말이다. 심즉리(心即理)를 주장하는 사람들의 견해와 같다면, 마땅히 '심이 곧 주재하는 리'라고 해야 했다. 이렇게 말했으면 조금이라도 간명했을 것이다. 그런데 '진실로 …이다[固是]'라고 말하고, 또 '…의 뜻[底意]'이라고 말한 것은 무슨 까닭이겠는가? 이는 마땅히 마음을 가다듬고 생각해보아야 할 것이다.】 그러나 이른바 '주재자'는 곧 이 리이다【만약 궁극적 근본이 되는 주재를 논하는 것이라면 이른바 '리'가 바로 그에 해당할 것이다. 대개 '천지의 심'은 곧 아래 문장에서 말한 '제(帝)'자와 비슷한 것이다. 이 심은 음양오행의 기(氣)로 사람과 사물을 화생(化生)하는 것이니, 진실로 주재의 뜻이 있는 것이다. 그러나 이 심이 주재자가 되는 까닭은 태극의 리에 근본하여 그 용(用)이 되기 때문이다. 그러므로 반드시 '연(然)'자를 붙여 위 구절의 맥락을 전환시키고는, 바로 '주재자는 곧 이 리'라는 말로 단정한 것이다. '곧 이 리[即是理]'에서의 '리(理)'자는 질문한 사람이 '심과 대립시킨 리'로서, 후유(後儒)들이 '심과 화해시킨 리'가 아니니, 마땅히 정밀하

게 살펴야 한다.】 심 바깥에 별도로 하나의 리가 있고 리 바깥에 별도로 하나의 심이 있는 것이 아니다."【위 문장에서 이미 심과 리를 구분해서 말하고는, 또 질문한 사람이 (심과 리를) 지나치게 갈라놓을까 두려웠기 때문에 다시 이렇게 말한 것이다. ○ 일찍이 살펴보니, 세상의 학자들은 이 말을 오독(誤讀)하여, 곧바로 심(心)과 리(理) 두 글자를 호용하여 하나의 것으로 간주했는데, 나는 이를 본래의 가르침에 어긋나는 것으로 생각한다. 예컨대 『논어집주』에서는 "도(道) 바깥에 몸이 없고, 몸 바깥에 도가 없다."고 했고, 『주자대전』의 「여자약(呂子約)에게 답하다」라는 편지에서는 "몸 바깥에 별도로 하나의 사물이 있어서 리(理)라 하는 것이 아니다."라고 했으며, 「잡학변(雜學辨)」에서는 "도 바깥에 사물이 없고, 사물 바깥에 도가 없다."라 했고, 『주자어류』 하손(賀孫)의 기록에서는 "형기(形器)의 바깥에 별도로 이른바 리(理)가 있는 것이 아니다."라고 했는데, 이것이 어찌 '도(道)와 형(形)은 구분이 없다'는 말이겠는가? 다만 그 '분리되지 않음'을 말한 것일 뿐이다. 대개 성현의 말씀은 읽는 사람들이 활간(活看)하는 것이 매우 중요하다.】 묻기를, "이 '심(心)'자는 '제(帝)'자와 서로 비슷한가?"【어찌하여 이 '심(心)'자가 곧 '태극'인지 묻지 않았을까? 이 또한 마땅히 신중하게 생각해보아야 한다.】 답하기를, "'인(人)'자는 '천(天)'자와 비슷하고, '심(心)'자는 '제(帝)'자와 비슷하다."【천제(天帝)는 사람의 마음과 서로 비슷하다. 사람의 마음에는 지각이 있고, 도(道)의 본체는 작위(作爲)가 없으니, 천제는 지각이 있으나, 태극은 작위가 없는 것이다. 혹자가 의심하기를, "주사는 '제(帝)는 리가 주가 된다'고 했는데, 그렇다면 제(帝)는 리가 아닌가?" 답하기를, "'리가 주가 된다(理爲主)'는 세 글자로 문득 짐작할 수 있다. 만약 이것이 성(性)과 태극이라면, 어찌 '리가 주가 된다'는 말을 기다리겠는가?" ○ 내 생각에, 이처럼 분석해 본다면 선생의 본지를 거의 얻을 것이다. 이전의 여러 학자들은 종종 이 기록을 가지고 자기의 의견에 따라 설명했으니, 이는 선생께서 "사염(私塩)을 파는 자들은 사사로이 재물을 부담하여, 관원들에게 하나의 봉서(封書)를 받아, 바야흐로 감히 장(場, 소금과 철의 생산과 판매를 전담하던 기구)과 무(務, 소금과 철에 대한 세금 징수를 관장하던 기구)를 통과함으로써, 구차하게 세금을 면제받으려 한다."고 놀린 것과 같다.】

11 "양심설(養心說)" 운운한 것.

○ 간재 조변: 『주자대전』과 『주자어류』에는 이른바 '양심설(養心說)'이 없는데, 지금 '양심설' 운운하니, 이상한 노릇이다. 다만 『맹자』 우산장(牛山章)의 소주에 주자의 설명이 실려 있는데, "그 있고 없음은 모두 심(心)으로 말한 것이다. 설명하는 사람이 '기(氣)'에 존망(存亡)이 있다'고 하여, 기에서 기르고자 한 것은 잘못이다."라고 했다. 이씨의 설명은 여기에서 나온 것 같은데, 이를 '양심설(養心說)'이라고 변조했으니, 어찌 베껴 씀에 오류가 있는 것이겠는가? 그러나 이에 근거하여 "심즉리(心卽理) 세 글자는 천성(千聖)이 서로 전해준 적결(的訣)"이라 한 것은 아마도 그렇지 않을 것이다. 『맹자집주』에서는 "양심(良心)은 곧 인의(仁義)의 마음"이라 했고, 『주자대전』의 「소진수(蘇晉叟)에게 답하다」라는 편지에서는 바로 이 구절을 논하면서 "마음의 인의(仁義)가 성(性)"이라 했으니, '인의의 마음'은 성(性)이 아

니요, '마음의 인의'가 바로 성(性)임을 알 수 있겠다.[주자는 '성인(成仁)'을 논하면서 "그 양심(良心)의 편안한 바를 이룬다"고 했는데, 양심(良心)은 리(理)가 아니요, 편안한 바가 리이다. 만약 곧바로 양심(良心)을 리라 한다면, 결단코 주자와 다른 것이다.] 당시에 설명한 사람은 심(心)과 기(氣)를 구분하지 않아 오류를 범했는데, 오늘 이씨는 심(心)과 리(理)를 구분하지 않아 오류를 범했으니, 대개 모두 잘못한 것이다. 무릇 '심(心)'자는 다만 '리(理)와 간격이 없다'고 말할 수 있을 뿐이니 곧바로 들어 올려 '도체(道體)'로 간주할 수 없는 것이요,[『맹자집주』에서 "이 심이 항상 보존되어, 어디에 가든 인의가 아님이 없게 된다."고 말한 두 구절로 보면, 심과 인의는 저 밑바닥에서 구분되는 것이다. 선유(先儒)가 비록 리(理)로 양심(良心)을 말한 경우가 있다 하더라도, 이는 마땅히 분리시켜 보기도 하고 결합시켜 보기도 해야 한다.] 다만 '성(性)과 비교하면 거친 편'이라고 말할 수 있으나, 아래로 끌어다가 '야기(夜氣)'로 간주할 수 없는 것이다.[심은 잡으면 보존되고 놓으면 없어지니, 득실(得失)이 있는 것이다. 기는 어지럽히면 문득 흐려지고 안정시키면 문득 맑아지니, 공부(功夫)가 없는 것이다.] 이 둘은 분별하지 않을 수 없다.

12 "퇴도(退陶) 선생이 심(心)을 논한 것"

○ 간재 조변: "성과 정을 통섭하고(統性情), 리와 기를 결합한 것(合理氣)"이라는 두 구절은 마땅히 자세하게 이해해야 한다. 그윽이 퇴옹(退翁)이 이렇게 말씀한 뜻을 음미하건대, '통(統)'은 통합(統合)의 뜻인 것 같으니, 아마도 근래 학자들의 견해처럼 '윗사람이 아랫사람을 통솔하고, 높은 사람이 낮은 사람을 통솔한다'는 뜻은 아닐 것이다. 이제 성현(聖賢)의 언행으로 살펴보면, "예(禮)로 마음을 제어한다"는 말씀, "마음이 법도를 넘지 않는다"는 말씀, "선(善)을 얻으면 가슴에 잘 간직한다"는 말씀, "덕성을 높인다"는 말씀, "성인(聖人)은 하늘에 근본한다"는 말씀, "공경하여 인의를 받든다"는 말씀, "마음은 성명(性命)에 근원한다"는 말씀 등 모두 '성(性)은 심(心)의 주인이요, 심은 성체(性體)를 받든다'는 의미인 것이다. 만약 오직 '백만의 군대를 통솔한다'는 비유에만 의거하여, '심은 위이고, 성은 아래이다'라는 단안(斷案)을 내린다면, 『주자어류』 대아(大雅)의 기록에서는 천명(天命)과 성(性)·정(情)을 두루 언급하고는 "심(心)은 전·후를 통섭하여 말한 것"이라 했거니와, 이는 장차 인심(人心)으로 천명(天命)을 압제하고, 제칙(帝則)을 내려다보는 것이니,[「존덕성명(尊德性銘)」에서는 "오직 의(義)와 인(仁)이 제(帝)의 법칙"이라 했다.] 어찌 매우 어긋나고 오만한 것이 아니겠는가? 그러므로 탁(卓)의 기록에서는 '통(統)'을 '겸하다'의 뜻으로 풀이한 것이다. 만약 반드시 '심통성정(心統性情)'을 '심이 성·정보다 위에 있다'는 뜻으로 여긴다면, 또한 장차 '사람이 천지를 관리한다'[「인능홍도장(人能弘道章)」에 대한 『주자어류』 식(植)의 기록에 자세히 보인다.]는 것에 근거하여 '사람이 천지보다 높다'고 여길 수 있겠는가? 한 글자의 뜻이 분명하게 해명되지 않으면 그

해(害)가 여기에 이르니, 신중하지 않을 수 있겠는가? "합리기(合理氣)"에서의 '기(氣)'자는 아마도 '허령한 정영(精英)'을 지칭할 것이니, 곧바로 '거칠고 흐린 찌꺼기'에 해당시킬 수는 없을 것이다. 이는 '성(性)과 지각을 합쳐서 심(心)이라는 이름이 생겼다'는 말을 미루어보면 알 수 있다. 만약 "퇴옹이 장횡거(張橫渠)를 배반하여 버리고 스스로 종지(宗旨)를 세웠다"고 말한다면, 나는 믿을 수 없다. 아래 문장에서 "심이 아직 발하지 않아, 기가 용사(用事)하지 않았다"고 했는데, 여기서의 '기(氣)'자는 비로소 '기질(氣質)'로 말한 것이다. "오직 리(理)일 뿐이니, 어찌 악(惡)이 있을 수 있겠는가?"라는 말은 다만 '성선(性善)의 리'를 밝힌 것이니, 어찌 일찍이 '심즉리(心卽理)'의 뜻이 있겠는가? 이씨는 이것을 '자기 학설을 위한 적확한 증거'로 삼았는데, 나는 세상의 학자들이 과연 모두 그대로 받아들여 의심을 품지 않을 것인지 모르겠다.

13 "상산(象山)"

○ 간재 조변: 주자는 「육자정(陸子靜)에게 답하다」라는 편지에서 "밝고 허령하여 능히 작용하는 것을 보고는 문득 태극이라 한다."고 기롱했으니, 이는 상산이 '심(心)'을 리(理)로 인식했다'는 하나의 중대한 공안(公案)이다. 육씨는 또 일찍이 첨(詹) 아무개가 누각에서 내려와 마음이 밝고 밝아진 것을 보고는 "이 리가 이미 드러났으니, 이는 또한 그 참모습을 가릴 수 없는 곳"이라 했다. 대개 이미 '허령하고 밝고 맑은 것'을 가리켜 '리'라 하고는, 기품(氣稟)의 치우침을 살피지 않고, 성명(性命)의 리를 탐구하지 않으니, 그러므로 마침내 경솔하게 함부로 행동하면서 문득 '지극한 이치'라고 말하는 데 이르는 것이다. 이씨는 "저들이 말하는 심은 기요, 저들이 말하는 리는 참된 리가 아니다."라고 했는데, 이는 그들의 아픈 곳을 정확히 찌른 것이다. 다만 이씨 자신도 또한 항상 영각(靈覺)과 신식(神識)을 가리켜 '리'라 하고, 기꺼이 이 성(性)을 태극으로 여겨 높이지 않았으니, 이는 그 소견(所見)이 과연 육씨와 판연(判然)하게 다른 것인가? 청컨대 세상의 군자들은 일전어(一轉語, 깨달음의 계기를 제공하는 번뜩이는 한마디)를 말씀해보라.

14 "양명(陽明)"

○ 간재 조변: 『전습록』에서는 "심의 본체는 곧 천리(天理)이다.【이 구절은 성(性)에 해당시키는 것이 옳다. 다만 왕씨(王氏)는 이렇게 말하지 않을 것이다. 왕씨만 홀로 그런 것이 아니라 이씨 또한 기꺼이 머리를 끄덕이지 않을 것이다.】 천리의 밝은 영각(靈覺)이 이른바 양지(良知)이다."라고 했는데, 이는 왕씨의 잘못된 견해의 근원이다. 내가 이씨 문집의 여러 논설을 보니, 이와 다른 것이 거의 드물었다. 그런데 지금 왕씨에 대해, 그의 가장 높은 수준의 말에 근거하여,【곧 위에서 거론한

문단이 이것이다.】 '음양이 엉겨 모인 것'에 집착한 것으로서 '더럽고 잡박하다'고 배척한 것이다. 만약 왕씨가 다시 살아난다면 반드시 비웃으면서 "그대가 어찌 용어를 정밀하게 사용하기에, 내게 '거칠다'고 공격하는가?"라고 말할 것이다. ○ 내게도 하나의 설명이 있으니, 만약 육상산과 왕양명이 기(氣)의 허령지각을 심으로 여기고 능히 시시각각 상면(上面)의 성(性)자를 보고 본원(本源)으로 삼아 감히 받들어 지켰더라면, 리학(理學)의 단전(單傳, 한 사람에게만 전해주는 핵심 요지)은 이에 불과하였을 것이니, 주자와 퇴계 두 선생께서 어찌하여 괴롭게도 저렇듯 엄하게 물리치셨겠는가? 다만 그 심이 스스로를 리(理)라고 인식하고 다시 성(性)으로 귀숙처(歸宿處)를 삼지 않았으니, 그리하여 입으로는 '심이 곧 리'라고 말하면서 몸은 기학(氣學)에 빠지게 되었던 것이다.【주자가 "공심(公心)을 얻어야만 귀숙처가 있게 된다"고 논한 것은 『주자어류』, 「중용 제9장」대아(大雅)의 기록에 보인다. 양자호(楊慈湖)가 "심(心)이 곧 성(聖)이니, 다시 귀숙처를 구할 필요가 없다."고 논한 것은 『송원학안』에 보인다.】

15 "이선생(李先生)께서 변론하기를" 운운.

　　○ 간재 조변: 퇴계선생의 "민이물칙(民彝物則)의 참되고 지극한 리(理)가 곧 내 마음이 본래 지니고 있는 리(理)"라는 말씀에서, 이 리(理)지는 성체(性體)를 지칭하는 것이 아니요, 근세의 심을 리로 여기는 학자들의 견해처럼 별도로 심(心)자를 리로 여기는 것이겠는가? 다만 이에 대해 이론(異論)이 없다면, 나머지 다른 것들은 모두 얼음처럼 녹을 것이다.

16 "진실로 능히 인의예지(仁義禮智)로" 운운.

　　○ 간재 조변: 인의예지(仁義禮智)와 충경효자(忠敬孝慈)의 진실함은 성(性)의 실리(實理)로서, 심(心)이 근본으로 삼을 바요, 심(心) 자체가 아니다. 이제 이를 호도하여 심(心)이라 하고, 리(理)라 한다면, 이는 심(心)과 성(性)의 구분을 무시하는 것이다. 그리하여 퇴옹께서 이에 대해 반드시 변석(辨析)하여 가르치고, 성급하게 수긍하지 않으신 것이다.

17 "『전습록』" 운운.

　　○ 간재 조변: 왕씨는 심을 리로 인식했기 때문에, 일찍이 "인(仁)은 사람의 마음이다. 심의 본체는 본래 크고 굳세니, 크지 않고 굳세지 않은 것은 사욕(私欲)이 가린 것이다."라고 말했고,【육삼어(陸三漁)는 "인(仁)은 리(理)요, 크고 굳센 것은 이 리를 체득한 것이니, 어찌 전혀 구별이 없겠는가?"라고 말했다.】 또 "심에 사욕이 없으면 곧바로 천리(天理)이다."라고 말했다. 이는 왕씨의 잘못된 견해가 숨어있는 곳인바, 이씨는 특별히 '사욕이 없으면 곧바로 리'라는 말을 가져다가 '심즉리(心卽理) 세 글자를 딱 잘라 버릴 수 없다는 증거'로 삼았으니, 이는 두 사람이 합장

(合掌)한 하나의 큰 공안(公案)이다. 만약 우리 유학의 의론(議論)일 것 같으면, '사욕을 이긴다'고 말할 뿐만 아니라 반드시 '예(禮)로 돌아간다'는 말을 추가한 다음에야 '모든 일이 천리(天理)대로 되었다'고 말할 것이며, '심에 사욕이 없다'고 말할 뿐만 아니라 또 반드시 '그 덕(德)을 지닌다'고 말할 것이며, '심에 사욕이 없다'고 말할 뿐만 아니라 또 반드시 '일이 리(理)에 마땅하다'고 말할 것이다. 이는 바로 '하늘에 근본한 학문'으로서, 저들이 없다고 간주하고 보살에 근본하는 것과 판연하게 구별되는 것이다.【주자는 "불교와 노장은 '사욕이 있다'고 말할 수 없다. 다만 저들은 원래 예(礼)가 없어서 텅 비어있을 뿐이며, 이 리(理)를 깨달았더라도 원래 정당한 것이 못되니, 극기(克己)를 했더라도 귀착처(歸着處)가 없는 것이다."라고 했다. 지금 왕씨와 이씨는 사욕이 없는 것을 리로 여기니, 어찌 귀착처가 있겠는가?】이는 심성(心性)의 원두처(源頭處)요 학문의 두뇌처(頭腦處)로서, 여기에서 어긋나면 스스로 어수룩하게 합쳐서 말하고 억지로 끌어다가 꽂아놓는 것이 비록 많아도, 다만 본령이 틀렸기 때문에 일제히 무너지고 찢어지는 것이다. ○ 서맹보가 '지극히 공정한 마음'을 대본(大本)으로 삼은 것은 왕씨·이씨의 견해와 정확히 서로 부합하는 것인데,【천리(天理) 이외에 대본은 없으며, 대본 이외에 천리는 없다.】주자는 "이것이 어떻게 대본에 해당할 수 있겠는가?"라고 말하면서 허락하지 않았다.【『주자어류』「중용 제9장」대아(大雅)의 기록에 보인다.】지금 시험 삼아 "이씨의 이것이 어떻게 대본에 해당할 수 없겠는가?"라고 물어보라. 다행히 "과연 해당할 수 없다"고 응답한다면, 주자가 「중화구설」서문에 썼듯이, 즉시 옛 견해를 스스로 의심하고 『주자대전』·『주자어류』를 다시 읽어보는 것이 옳을 것이다. 만약 "마음에 사사로움이 없다면 어찌 천리가 아니겠으며, 어찌 대본이 아니겠는가?"라고 생각한다면, 청컨대 왕씨가 나정암(羅整庵)에게 고백했던 것처럼 '주자와 다르다'고 자인(自認)하는 것도 옳을 것이다.

18 "심은 일신의 주재자가 된다."

○ 간재 조변: "심은 일신의 주재자가 된다."는 말은 반드시 자세히 살펴야 한다. 만약 이른바 심이 비록 잠시라도 성(性)을 배반하고 제멋대로 군다면, 사지(四肢)와 백체(百體)가 장차 떼 지어 일어나 영웅을 다툴 것이니, 어떻게 주재자가 될 수 있겠는가? 반드시 경(敬)을 쓰고 성(性)을 높여야만 비로소 일신을 관섭(管攝)할 수 있는 것이다.【비록 후성(後聖)께서 다시 일어나시더라도 당연히 '옳은 말'이라고 인가하실 것이다.】만약 '주재'라는 명칭 때문에 곧바로 심(心)을 가리켜 리(理)라 한다면, 귀신(鬼神)·호연지기(浩然之氣) 등에 대해서도 주자는 일찍이 '주재'로 말한 바 있는데,【『주자어류』「귀신문(鬼神門)」의 양(揚)의 기록과 「맹자문(孟子門)」의 기손(夔孫)의 기록에 보인다.】이 또한 모두 '리(理)'라고 불러야 하는가? 무릇 심과 귀신과 호연지기가 주재하는 것은 혹은 인의(仁義)를 받들어 공경함으로써, 혹은 실리(実理)에 의지함으로써, 혹은 의(義)

와 도(道)에 짝함으로써 그 쓰임이 되는 것이다. 어찌 감히 천리(天理)를 굴복시켜 자기의 명령에 따르게 하는 것이겠는가? 또한 '주재'가 기(氣)에 속하는 것은 또한 어찌 일찍이 형기(形氣)에 해당시키는 것이겠는가? 그런데 이씨는 "천리(天理)가 형기(形氣)의 명령을 받는 것"이라고 말하니, 어찌 대가(大家)의 경솔함이 아니겠는가? 대개 이미 '기(氣)의 허령지각'을 '리(理)'로 오인했기 때문에, 그러므로 사람들이 '기(氣)'자를 말하는 것을 보면 곧바로 '거친 자취'라고 지목하니, 이는 바로 주자가 "노장과 불교는 기(氣)를 말하지 않으니,【여기서 우리 유학은 기(氣)자를 꺼리지 않음을 볼 수 있다.】 기를 외면한 다음에야 도(道)가 된다고 여긴다."고 기롱한 것과 같은 징후이다.

19 "심은 체(體)가 없고, 성(性)으로 체를 삼는다."

○ 간재 조변: 이씨는 한갓 '심은 체가 없고 성(性)으로 체를 삼는데, 심을 기(氣)라 하면 성(性)을 기(氣)로 오인하는 혐의가 있게 된다.'는 것만 알 뿐, '기(器) 또한 체가 없어서 도(道)로 체를 삼고, 음양 또한 체가 없어서 태극으로 체를 삼으며, 형색(形色) 또한 체가 없어서 천성(天性)으로 체를 삼는다'는 것은 모른다. 지금 만약 이씨가 이를 논한다면 장차 태극·성(性)·도(道)를 기(氣)로 여긴다는 혐의를 피하고자 음양·형(形)·기(器) 등을 모두 리(理)라고 할 것인가?

20 "심은 성(性)과 정(情)을 통합한 이름이다."

○ 간재 조변: '심은 성(性)과 정(情)을 통합한 이름'이란 본래 채서산(蔡西山)의 말로서, 주자는 이에 대해 가부(可否)를 논한 바 없는데, 이씨는 도리어 "선생께서 수긍하셨다"고 하니,【어떤 사람에게 보낸 편지에 보인다.】 나는 속된 사람들이 '선비들도 조서(詔書)를 꾸며대는 습관이 있다'고 꾸짖을까 두렵다. 그 아래에서 운운한 것도 기우(杞憂)에 가깝다. 대개 주자는 이미 곡종(穀種)과 부곽(郛郭)의 학설을 깊이 취한 다음, 또 스스로 '사발과 물의 비유'와 '화(火)에 속한다'는 학설을 말씀했고, 또 '그 체질로 말하면 역(易)이라 한다'는 것을 심으로 간주하고는 형이하자로 지목했으니, 이는 모두 심을 기(氣)로 여기는 이론이거니와, 대본(大本)과 달도(達道)가 모두 기(氣)로 돌아가 공적(空寂)에 빠진다는 말은 들어보지 못했다. 이씨는 "심을 기(氣)로 여기면 리(理)는 죽은 물건이 된다."고 했는데, 이 또한 잘못이다. 옛날에 사상채(謝上蔡)가 불교와 뒤섞어 인(仁)을 활물(活物)로 여겼는데, 주자는 이 학설을 받아들이지 않고 "학설에 병통이 있다."고 말했다. 주자는 「육자정(陸子靜)에게 답하다」에서도 '허령하고 밝은 작용이 있는 것'을 '태극'으로 인식하는 것을 선학(禪學)이라고 규정했다. 지금 이씨의 견해는 사씨·육씨의 견해와 다름이 없으니, 이는 '주자의 문하(門下)'라고 자처하기

에 어려울 것이다.[『주자어류』 야기장(夜氣章)에서는 "심은 죽은 물건이 아니니, 모름지기 활물(活物)로 보아야 한다. 그렇지 않으면 이는 불교의 좌선(坐禪)이다."라고 했고, 또 "심은 달아나는 물건이다."라고 했다. 지금 만약 리(理)를 '달아나는 활물'이라 한다면, 리를 비방함이 매우 심한 것이다.]

21 "옛날부터 성현은 모두 의리(義理)를 주로 삼아 심을 말했다."

○ 간재 조변: 이것만으로도 이 심은 곧바로 리가 아님을 알 수 있다. 예컨대 도(道)·태극(太極)·성(性) 세 가지는 곧 리인바, 어찌 주리(主理)를 기다려서 말하겠는가? 이씨는 등불을 붙잡고 빛을 찾는 것에 가깝다.

22 "심을 기(氣)로 여기는 학설."

○ 간재 조변: 심을 기에 소속시키고, '심은 감히 제멋대로 굴 수 없으니, 반드시 성리(性理)를 두뇌로 삼아야 한다'고 한다면, 이것 외에 또한 '성현의 심법(心法)'이 있는 것인지 모르겠다. 반드시 심이 스스로를 지존(至尊)의 리(理)로 인식하여 다시는 성(性)·천(天)에 귀숙(歸宿)하지 않은 다음에야 성현의 심법이 하나하나 이루어지고 세도(世道)가 나날이 밝아지고 다스려지는 것인가?

23 "근세에 '16글자로 마음을 전한 것'을 '매색(梅賾)의 거짓 찬술'이라 하는 것이 그 조짐이다."

○ 간재 조변: 순(舜)의 조정에서 주고받은 말씀은 '중(中)'에 초점이 있는 것이요, '심(心)'에 초점이 있는 것이 아니다. 무릇 심은 도(道)가 아니면 영각(靈覺)일 뿐이니, 성인께서 어찌 일찍이 이를 도(道)라고 여겨서 전했겠는가? 이는 마땅히 '전도(傳道)'라고 말해야 하며, '전심(傳心)'이라고 말할 필요가 없는 것이다. '전심(傳心)'도 진실로 근거할 만한 전언(前言)이 있으나, 만약 그 극치를 논한다면 마땅히 '도(道)'자를 표준으로 삼아야 한다.[왕빈(王蘋)은 불교를 배웠는데, 일찍이 송나라 황제께 "요·순·우·탕·문·무의 도(道)가 서로 전해진 것이 부절(符節)이 서로 꼭 들어맞는 것과 같으니, 성인의 도(道)를 전한 것이 아니요 그 마음을 전한 것이며, 성인의 마음을 전한 것이 아니요 자기의 마음을 전한 것입니다. 자기의 마음은 성인의 마음과 차이가 없어서 모든 선(善)을 다 갖추고 있으니, 그러므로 요·순 이래의 도(道)를 전하고 싶으면 이 마음을 확충시키십시오."라고 말한 바 있다.] 여씨(呂氏)는 "성인(聖人)의 학문은 성(性)과 천(天)의 학문이다. 예로부터 '심을 배우는 학설'은 없었다. 무릇 심학(心學)이란 모두 사설(私說)에 의해 미혹되고 어지러워진 것이다. '불유구(不踰矩)'에서 '구(矩)'는 무엇인가? 성(性)이며, 천(天)이며, 지선(至善)이다. 심이 성(性)·천(天)과 하나가 되었을 때 바야흐로 지선(至善)이 되는 것이요, 바야흐로 성학(聖學)이 되는 것이니, 심 위에 또 하나가 있음을 알 수 있다.[이 한 구절은 근세의 심학가(心學家)들이 크게 꺼리는 내용이다.] 그러므

로 성학(聖學)은 모두 '마음에서 공부하는 것'이라 하면 옳지만, 성학(聖學)을 심학(心學)이라 하면 옳지 못하다."라고 말했다.[이씨의 주장과 같다면, 성학을 심학이라 한들 무슨 잘못이겠는가?] 내 생각에, 여씨가 비록 뒤늦게 태어났지만 '우리 유학은 성(性)을 근본으로 삼고, 이학(異學)은 심(心)을 근본으로 삼는다'는 논변에 있어서 종종 정수(精髓)를 꿰뚫었으니, 소홀하게 여길 수 없다.

24 "참된 마음이 천리(天理)에 순수한 것."

○ 간재 조변: 이 한 마디만으로도 곧 '심즉리(心卽理)'의 착오를 알 수 있다. 대개 심은 원래 천리가 아니니, 그러므로 "천리에 순수하다"고 말하는 것이다. 만약 성(性)과 태극(太極)이라면 "순수한 천리"라고만 말할 수 있을 뿐, "천리에 순수하다"고 말할 수는 없다. 아래 문장에서 "성인(聖人)의 마음은 혼연한 천리"라고 했거니와, 이것으로도 충분히 돌이켜 볼 수 있다.

25 "심즉리(心卽理) 세 글자는 성급하게 말할 수 없다."

○ 간재 조변: 이씨의 문집 가운데 '심즉리'를 논한 것이 무려 수천언(數千言)인데, 이것이 어찌 모두 '성인(聖人)의 마음'이겠는가? 그렇다면 '중인(衆人)의 마음'은 도리어 기(氣)인 것인가? 내 생각에, 마음이 과연 리(理)라면, 중인도 이 마음을 지니고 있고, 성인도 이 마음을 지니고 있는바, 어찌 두 모양의 마음이 있어서 '성급하게 말할 수 있음과 성급하게 말할 수 없음'을 구분할 수 있겠는가? 만약 '성즉리(性卽理)'라 한다면, 진실로 일찍이 '성인(聖人)에 도달함과 성인에 도달하지 못함'의 차이가 없는 것이요, 또한 일찍이 '성급하게 말할 수 있음과 성급하게 말할 수 없음'의 구분도 없는 것이다. 이것만으로도 또한 '심즉리' 세 글자는 '후성(後聖)이 바꿀 수 없는 이론'이 될 수 없음을 충분히 알 수 있겠다.

26 "심을 논하는 것은 '심즉리(心卽理)'보다 좋은 것이 없고, 또한 '심즉리'보다 밝히기 어려운 것이 없다."

○ 간재 조변: 나는 "심을 논하는 것은 '심즉리'보다 위태로운 것이 없고,[듣는 사람이 쉽사리 스스로 방자하게 된다.] 심을 다스리는 것은 '심즉리'보다 어려운 것이 없다."[성인(聖人)이라야 바야흐로 법도를 넘지 않는 것이다.]라고 말하겠다. "위(危)"와 "난(難)" 두 글자는 모두 경계하고 두려워하는 맥락에서 나온 것이니, 이를 반대하는 것은 두려워하고 꺼리는 바가 없는 것이다.

1 "心卽氣之說, 實出於近世儒賢。"

○ 辨曰: 程子曰: "心如穀種, 生之性是仁。" 邵子曰: "心者, 性之郛郭。"[朱子於此二說, 皆深取之。】上蔡曰: "釋氏所謂性, 乃吾儒所謂心。"【朱子以此爲剖析精微。】朱子曰: "釋氏摩擦得此心極精細, 便認做性, 殊不知此正聖人之所謂心。"【戊午以後。僴錄。】又曰: "神是氣之至妙處。"【辛亥以後。賀孫錄。○以後二字, 竝包先生末年, 而李氏「答李肅明」書, 却只云辛亥錄。李氏集中, 此等處極多, 殆近於舞文弄法之術, 可怪也。】勉齋曰: "神有知覺, 能運用。"【以知覺運用爲性爲理, 異學之說。吾儒不然也。】孔子曰: "操則存, 舍則亡, 出入無時, 莫知其鄉者, 惟心之謂。"【心是氣分上物事, 故有是言。】朱子曰: "存者, 此心之存也; 亡者, 此心之亡也, 非操舍存亡之外, 別有心體也。"【心果是理, 而理亦可以操舍存亡論乎?】程子曰: "心, 要在腔子裏。"【朱子論此, 有"馳騖飛揚, 以徇物欲於外"之語, 此果可以理看者乎?】又曰: "只外面有些罅隙, 便走了。"【所謂理者, 亦如此慧黠否?】孟子曰: "理義之悅我心, 猶芻豢之悅我口。"【口與芻豢 非一物, 則心與理義, 獨無辨乎?】朱子曰: "知覺, 正是氣之虛靈處。【「答林德久」書, 以下段「中庸」「序」云云觀之, 明是晚年定論也。】靈處, 只是心, 不是性。性, 只是理。"【陳溪庚戌、己未所聞, 而李氏「答月川儒生」, 却歸之中年。其自爲說則乃曰"心之靈, 非性而何?", 極可怪也。】又曰: "其體則謂之易, 在人則言心也。體則亦是形而下者。"【易, 在人則心。李氏嘗謂"易是實理", 而愚有所論, 今別出。】又曰: "只有性是一定, 情與心與才, 便合着氣了。" 凡聖賢之論心, 如此者極多, 而李氏乃謂出於近世儒賢之說,【近世儒賢, 暗指栗、尤以下諸賢。】其意未可知也。如非盡塗天下後世之耳目, 使之一切無所見、無所聞, 則其說恐難行也。

2 "以心爲氣, 玉工之謂之石也。"

○辨曰: 使近世儒賢, 指氣質精神爲心, 則當曰以石爲玉也。今指虛靈神明, 涵理而體道者, 爲不可直謂之理, 奈何不下而屬於氣分, 則所謂氣者, 非麤惡尨雜之物, 乃是氣之一原, 與理無間底。然則惡可不分精粗而概謂之石乎? 但石一而已, 氣則有幾多般樣。觀『語類』賀孫錄, 論心、神、魂魄, 皆以爲氣而辨別得有精有粗處可見, 此又不可不知也。

3 "道心者, 心之從理者。"

○辨曰: 曰"心之從理", 則心之非理, 明矣。若理則何可言從理? 且心卽是理, 則道心謂之道理, 心之從理謂之理之從理, 皆不詞矣。

4 "孔子之'從心所欲不踰矩', 心卽理也。【體卽道, 用卽義。】苟其氣也, 安能從之而不踰矩乎?"

○辨曰: 心果是理也, 從心已是循理, 而再有不踰矩, 則理外, 復有理, 頭上, 又有頭乎? 吾聖人門中, 無此議論, 無此法門。大抵心雖神妙活化, 然畢竟是氣分上物事。故雖(顔)[孔][206]子,

---

206) 孔: 저본에 '顔'으로 되어 있으나, 『간재집』에 의거하여 '孔'으로 교감하였다.

也不敢便道從心, 須是操存得此心極精細, 然後方敢言從心。然又心指矩爲歸宿處, 故呂氏曰 "說個不踰矩, 可知聖人心中, 刻刻有個天則在"。【聖人之心未嘗自聖, 心學家之心往往自聖。】不是 卽心是道【此四字是佛、禪、陸、王論心語, 李氏亦只是此見。】此本天、本心之別也。李氏于此等界 分, 不甚明晰, 往往將心與理, 儱侗說做一物。如朱子之所譏何也? 所引體卽道用卽義, 亦謂 其所存所發, 與理無間云爾, 非謂聖人分上, 更無心矩、能所之分也。

5 "『孟子』七篇, 許多心字, 竝未有一言指作氣, 憂氣之不能存心, 患氣之反動其心。"

〇辨曰: 孟子仁義之心, 最是主理說者, 然指心之本於仁義者言, 非直把心爲仁義也。【陳北溪 論仁義之心云: "仁義卽性之實理, 而心則包具者也。"】於此一義合, 則無所不合矣。如不信, 更以 『禮記』、程書仁義之氣證之, 是亦氣可爲理之據耶? 夜氣之不能存心, 血氣之反動其心, 此等 氣字與心卽氣, 煞有精粗之辨。李氏於此, 每不能別白之, 無乃未察歟?

6 "程子心性一理"

〇辨曰: 心性一理, 猶言君臣一體, 父子一體, 宜於一中, 看得有二也。大凡心性, 也有分說時, 也有合說時。合說時, 非獨心性一理, 如道器形理, 皆未嘗有二物也; 分說時, 心仁有穀種生 性之喩, 心性有如椀盛水之譬。【『語類』「大學或問」個錄。李氏嘗有所論而失其本指, 愚有辨說別見。】 聖人、釋氏, 有本天、本心之別; 人心、道體, 有覺、無爲之辨, 是惡可偏執一說而盡廢其餘哉?

7 "程子: '心卽性也, 性卽理也。'"

〇辨曰: 心卽性, 言其二者之無間也; 性卽理, 指其一物而無二也。大抵程子言心卽性, 有兩 處。一則論心無限量而有是語云: "天下無性外之物, 若云有限量, 除是性外有物始得。" 一則 論盡心、知性而曰: "知之至則心卽性。"【既曰知之至, 則心卽性; 則知未至, 則不可曰心卽性也。『語 類』泳錄, 問: "此心不在道理上窮究, 則心自心理自理。今日明日, 積累既多, 自然貫通, 則心卽理, 理卽心 。" 先生曰: "是如此。" 此當與程子語參考。】是皆非將性訓心, 曷可孤行此句, 以亂穀種生性之分, 心理會一之指乎?【程子曰: "理與心一, 而人不能會之爲一。" 若性與理, 何待言與之爲一? 又何可言會 之爲一乎?】昔某子學禪, 而稱以聞於伊川曰: "心卽性, 性卽天, 天卽性, 性卽心。" 朱子謂: "此 語無倫理。" 此見『大全』七十卷末矣。

8 "心之盛性"

〇辨曰: 此說太拘滯也。程、邵 "穀種"、"郭郭"語見上。朱子論心、性之別曰: "如以椀盛水, 然 謂椀便是水則不可。" 此正爲李氏下頂門一針也。又論明德而曰 "性是理, 心是盛貯該載底",

此類極多。豈可曰性則吾儒之性, 而心則醫家之心乎?【『語類』論心統性情云: "心是神明之舍, 爲一身之主宰。" 此亦以舍字, 故指爲醫家之心乎?】

9 "心爲太極。"

○辨曰: 道爲太極, 心爲太極, 俱是『啓蒙』所載, 而何爲單拈一句? 豈方論心卽理故歟? 抑以性不足爲太極而然歟?【李氏嘗曰: "『語類』'性猶太極', 借論之辭, 非的指之辭。" 又曰: "性不可獨當太極。" 此說極怪駭。朱子甲寅冬, 「答陳器之」書云: "性是太極渾然之體。" 丁未、癸丑, 「答張洽」"太極莫是性"之問, 曰: "然。" 仍有"動中太極、靜中太極"語。辛亥以後, 葉賀孫所聞, 曰: "太極是性, 陰陽是心。" 丙辰以後, 董銖所聞, 曰: "性是太極之全體。" 此類何嘗是"借諭而非的指"乎? 李集中似此處極多, 不暇悉辨。】夫道爲太極, 直指道之當體而言; 心爲太極, 並舉心之所涵而言, 恐未足爲心理之的據也。【如言形色天性, 孔子太極, 豈當執言迷指乎?】又其所引"一動一靜、未發已發之理"兩句, 是朱子「答吳晦叔」書, 論"易有太極"語, 初非爲心當屬理而發。今此云云。有若朱子以此兩句, 當心爲太極者然, 吾未知李氏之心果是太極而有此紛紜牽引, 苟且稱貸, 以爲立己見, 眩人眼之術耶? 昔象山提唱先立其大, 陽明假借良知而亦非孟子本指, 則呂晩邨譏之以指鹿爲馬。使其見李氏此說, 未知又以爲如何也。○附「答吳晦叔」書曰: "夫易, 變易也。兼一動一靜、已發未發而言之也。【按: 以上專言易字。】太極者, 性情之妙也, 乃一動一靜、未發已發之理也。【按: 以上專言太極。】故曰'易有太極', 言卽其動靜闔闢,【言易字。】而皆有是理也。【言太極。】若以易字專指已發爲言, 是又以心爲已發之說也。此固未當, 程先生言之明矣。"【細讀此書, 先生之意, 以易爲心, 以太極爲性情之理, 何嘗並"太極爲心"如李氏之說乎? 今錄之, 使觀者知彼見理旣錯, 而又驅之率合, 幾於手分現化之術也。】

10 "心固是主宰底, 而所謂主宰者, 卽此理也。"

○辨曰: 此『語類』夔孫錄也。原文底下有"意"字, "意"下有"然"字。"此"字作"是"字, 而今皆竄易, 使本指變幻而讀者眩瞀, 何也? 此非惟驅率前言, 以從己意, 又是傷其形體而不恤者也。愚嘗有讀夔孫錄一篇, 今附見於此, 請看者有所訂正焉。○問: "天地之心,【專言心, 則以元亨利貞言, 亦無不可。今與理字對說, 不可復謂之理。先生所謂'天地之心', 不可道是不靈。所謂'其體則謂之易', 是天地之心者是也。】天地之理,【統而言之, 太極是也; 分而言之, 元亨利貞是也。】理是道理, 心是主宰底意否?"【如此則看得理字, (爲)[沒][207]主宰底。却將主宰, 專歸之心, 恐成語疵。】曰: "心固是主宰底意。【此微許之辭也。如心理家之見, 宜以爲心卽是主宰之理, 如此則多少簡徑。而乃曰固是, 又曰底

---

207) (爲)[沒]: 저본에 '爲'로 되어 있으나, 『간재집』에 의거하여 '沒'로 교감하였다.

意, 何也? 是宜洗心思之。】 然所謂主宰者, 卽是理也,【言若論極本之主宰, 所謂理者, 乃可以當之。蓋天地之心, 卽下文所謂似帝字{者}[208]。這箇心以二五之氣, 化生人物, 固是主宰底意。然此心之所以爲主宰者, 以其本於太極之理, 而爲之用。故必著然字, 以轉卻上句語脈, 乃以主宰卽是理者, 斷之也。卽是理理字, 是問者對心之理, 非後儒和心之理, 宜精以察之。】 不是心外別有箇理, 理外別有箇心。【上文{旣}[209]以心與理分言, 而又恐問者太析開看, 故復以此告之。○嘗見世儒誤讀此語, 直將心理兩字, 糊塗合作一物看, 竊以爲乖卻本指也。如『論語集註』言: "道外無身, 身外無道。"『大全』「答呂子約」書言: "非身外別有一物, 而謂之理。"「雜學辨」言: "道外無物, 物外無道。"『語類』賀孫錄云: "不是於形器之外, 別有所謂理者。" 豈皆道、形無辨之謂乎? 特言其不離耳。蓋聖賢之言活, 讀者最要得活法。】問: "此'心'字, 與'帝'字相似否?"【何不問此心字直是太極否? 亦宜愼思之。】曰: "'人'字似'天'字, '心'字似'帝'字。"【天帝與人心相似, 人心有覺, 道體無爲, 則天帝有知, 太極無爲也。或疑: "朱子謂帝是理爲主, 則帝非理歟?"曰: "理爲主三字, 便有斟酌。若是性與太極, 何待言理爲主乎?" ○竊謂似此分解, 庶幾得先生本指。前此諸家, 往往硬將此錄, 說從自己意見上去。有如先生所譏販私鹽擔私貨者, 討得官員一封書, 方敢過場務, 偷免稅錢者矣。】

11 "養心說"云云。

○辨曰:『朱子大全』、『語類』, 無所謂養心說, 而今曰云云, 可異也。但『孟子』牛山章小註, 載朱子說云: "其存其亡, 皆以心言之。說者謂氣有存亡, 而欲致養於氣, 誤矣。"李說似出於此, 而變作養心說, 豈傳寫有誤歟? 然據此以爲心卽理三字千聖相傳之的訣, 則恐未然也。『孟子集註』云: "良心卽仁義之心。"『大全』「答蘇晉叟」書, 正論此句云: "心之仁義是性。"可見仁義之心非性, 而心之仁義乃是性也。【朱子論'成仁'云: "以遂其良心之所安。"良心非理, 而所安乃理也。如直把良心爲理, 決與朱子異矣。】當時說者, 因心氣無分而誤; 今日李氏, 因心理無分而誤, 蓋胥失之矣。大抵心字, 但可謂之與理無閒, 不可直擡起作道體。【觀『集註』"此心常存, 無適而非仁義"兩句, 心與仁義到底是有辨。先儒縱有以理言良心處, 此則當離合看。】但可謂之比性較粗, 不可拽下來做夜氣。【心是操則存, 舍則亡, 而有得失者也; 氣乃攪便濁, 靜便淸, 而無功夫者也。】二者, 不容無辨。

12 "退陶先生論心。"

○辨曰: "統性情, 合理氣"兩句, 宜子細理會。竊詳退翁立文之意, 統似是統合之義, 恐非上

---

208) {者}:『간재집』에 의거하여 '字'뒤에 '者'를 보충하였다.
209) {旣}:『간재집』에 의거하여 '文'뒤에 '旣'를 보충하였다.

2-1-29「이씨심즉리설조변李氏心卽理說條辨」 **377**

統下尊統卑如近儒之見也。今以聖賢言行考之, 曰"以禮制心", 曰"心不踰矩", 曰"得善服膺", 曰"尊德性", 曰"聖人本天", 曰"欽承仁義", 曰"心原性命"之類, 無非性爲心主, 心承性體之意也。若單據統百萬軍之諭, 以爲心上性下之斷案, 則『語類』大雅錄歷言"天命、性情", 而曰"心統"前後而爲言。此將爲以人心而壓制天命, 頻視帝則,【『尊德性銘』曰: "惟義與仁, 惟帝之則。"】豈非悖慢之甚乎? 故卓錄以統爲兼也。如必以"心統性情"爲心上於性情, 則亦將據人管天地,【詳見「人能弘道章」。『語類』植錄。】以爲人尊於天地乎? 一字不明, 其害至此, 可不愼諸? "合理氣"氣字, 恐是指虛靈精英者言, 未可直以麤濁渣滓當之。此以合性與知覺有心之名, 推之可見, 如曰"退翁畔棄張子, 而自立宗旨", 吾不信也。下文"心之未發, 氣不用事", 此氣字始以氣質言。至於"惟理而已, 安得有惡"之云, 只是明性善之理而已, 曷嘗有心卽理之意來? 李氏乃以爲己說之的證, 吾不知世之儒者, 果皆有聽受而無疑難否也。

13 "象山"

○辨曰: 朱子「答陸氏」書, 譏其認得昭昭靈靈能作用底, 便謂太極, 此是他認心爲理之一大公案也。陸氏又嘗見詹某下樓心澄瑩, 曰: "此理已顯, 是又其眞相之不能掩處。" 蓋旣指靈昭澄瑩以爲理, 而不察氣稟之偏, 不究性命之理, 故卒至於率意妄行而便謂至理矣。李氏謂: "彼所謂心者氣, 而所謂理者非眞理。" 此正刺著他痛處。但自家亦常指靈覺神識以爲理, 不肯認此性爲太極而尊之, 是其所見, 果與陸氏判然不同否? 請世之君子下一轉語看!

14 "陽明"

○辨曰:『傳習錄』曰: "心之本體, 卽天理也。【此(自)[句],210) 以性當之是矣。但恐王氏不如此道, 非獨王氏爲然, 李氏亦不肯點頭也。】天理之昭明靈覺, 所謂良知也。" 此是王氏錯見之源也。吾見『李集』諸說, 與此不同者幾希, 而今於王氏, 據其近上一等說話,【卽上所擧一段, 是也。】乃執其陰陽凝聚, 而斥爲猥雜, 使王氏復起, 必笑之曰"儞何爲用吾之精, 而攻吾之粗也"。○愚有一說云: 使陸、王以氣之虛靈知覺爲心, 而能時時刻刻視上面性字爲本源, 不敢不奉而守之, 則理學單傳, 不過如此。朱、李二先生, 何苦關之如彼之嚴? 只爲其心自認爲理, 而不復以性爲歸宿, 所以流於口(讀)[談]211)心理而身陷氣學也。【朱子論"公心歸宿", 見『語類』「中庸第九章」, 大雅錄。楊慈湖論"心是聖, 不必更求歸宿", 見『宋元學案』。】

---

210) (自)[句]: 저본에 '自'로 되어 있으나, 『간재집』에 의거하여 '句'로 교감하였다.
211) (讀)[談]: 저본에 '讀'으로 되어 있으나, 『간재집』에 의거하여 '談'으로 교감하였다.

15 "李先生辨之"云云。

　　○辨曰: 退溪先生所謂"民彝物則眞至之理, 卽吾心本具之理", 此理字非指性體言, 而另將心字爲理, 如近世心理家之見乎! 只此一處, 無異論, 他餘皆將釋冰矣。

16 "眞能以仁義禮智"云云。

　　○辨曰: 仁義禮智忠敬孝慈之實, 是性之實理, 而爲心之所本, 非卽是心也。今若糊塗說, 謂之心、謂之理, 則是心性無分也。退翁於此, 必有辨析之敎, 不應遽首肯之矣。

17 "『傳習錄』"云云。

　　○辨曰: 王氏認心爲理, 故嘗言: "仁, 人心也。心體本弘毅, 不弘{不}[212]毅者, 私欲蔽之耳。"【陸三漁: "仁是理, 弘毅是所以體此理, 豈全無別?"】又言: "心無私欲, 卽是天理。"此是他錯見眞贓處, 而李氏特把無欲是理之云, 以爲心卽理三字不可判舍之證, 此是二家合掌之一大公案也。若乃吾儒議論, 則不但曰勝私欲, 而必著復於禮, 然後乃曰事皆天理。不但曰"心無私", 而又必曰"有其德"; 不但曰"心無私", 而又必曰"事當理", 此乃爲本天之學, 與彼之做無本菩薩者, 判然別矣。【朱子曰: "佛、老不可謂之有私欲。只是他元無這禮, 空蕩蕩地, 是見得這理, 元不是當, 克己了, 無歸著處。"今王、李認無私爲理, 安有歸著處?】此是心性源頭學問主腦, 而有此乖舛, 自餘儱侗合說牽引搀著處雖多, 只緣本領不是, 一齊潰裂也。○徐孟寶以至公之心爲大本, 此與王、李之見正相符,【天理外, 無大本; 大本外, 無天理。】而朱子不許曰: "這箇如何當得大本?"【見『語類』「中庸第九章」。大雅錄。】今試問, 李氏這箇如何當不得大本? 幸而應之曰"果當不得", 卽須自疑舊見, 而改讀『大全』、『語類』, 如晦翁之序「中和舊說」可矣。如曰"心之無私, 如何不是天理, 如何不是大本?", 請自認與朱子異, 如王氏之告羅整庵, 亦可矣。

18 "心爲一身之主宰。"

　　○辨曰: "心爲一身之主宰", 須要細勘。使所謂心者, 雖一霎時叛性而自用, 則四肢百體, 將群起而爭雄矣, 如何做得主? 必也用敬尊性, 乃可以管攝一身矣。【雖後聖復起, 應賜印可矣。】如以主宰之名, 卽指心爲理, 則鬼神、浩氣, 朱子嘗以主宰言,【見『語類』「鬼神門」揚錄。「孟子門」夒孫錄。】是亦一切喚做理歟? 夫心與鬼神與浩氣之爲主宰, 或以欽承仁義, 或以靠著實理, 或以配義與道, 而爲之用爾, 何敢屈天理而使之聽命於己耶? 且主宰之屬氣, {又}[213]何嘗以形氣當

---

212) {不}: 저본에는 누락되어 있으나, 『간재집』에 의거하여 '毅'앞에 '不'을 보충하였다.

213) {又}: 저본에는 누락되어 있으나, 『간재집』에 의거하여 '何'앞에 '又'를 보충하였다.

之? 而李氏乃曰天理聽命於形氣, 豈非大家矗率乎? 蓋旣誤認氣之靈覺爲理, 故纔見人說氣字, 便指爲魘跡, 此正與朱子所譏老、佛卻不說著氣,【此見吾儒不諱氣字。】以爲外此然後爲道者, 同一證候也。

19 "心無體, 以性爲體。"

　　○辨曰: 李氏徒知心之無體, 以性爲體, 而謂心是氣, 則有認性爲氣之嫌而已。不知器亦無體而以道爲體, 陰陽亦無體而以太極爲體, 形色亦無體而以天性爲體矣。今使李氏論此, 則將避太極、性、道爲氣之嫌, 而把陰陽、形、器之屬, 一切謂之理歟。

20 "心是性情之統名。"

　　○辨曰: 心者性情之統名, 本蔡西山語, 而朱子無所可否, 李氏卻謂"先生首肯之",【見與人書。】吾懼夫流俗誚儒者亦有矯詔之習也。其下云云, 亦近杞人之憂。蓋朱子旣深取穀種郛郭之說, 又自有椀水之諭、屬火之說。又以其體則謂之易爲心, 而目之爲形而下者, 是皆以心爲氣之論也。末聞人本達道亦皆歸於氣,而淪於空寂也。李氏謂: "以心爲氣則理爲死物。" 此亦誤矣。昔上蔡雜佛而以仁爲活物, 則朱子不取而曰: "說得有病痛。" 其「答陸氏」書, 亦以說得靈昭作用底爲太極者, 歸之禪學。今李氏之見, 與謝、陸無別, 此難以自附於朱門矣。【夜氣章。『語類』云: "心不是死物, 須把做活物看, 不爾則是釋氏坐禪。" 又曰: "心是箇走作底物。" 今若以理爲走作底活物, 則其謗理亦已甚矣。】

21 "從古聖賢, 莫不主義理以言心。"

　　○辨曰: 只此便見此心非直是理也。如道也、太極也、性也三者, 直是理。何待主理而言乎? 李氏幾於握燈索照矣。

22 "以心爲氣之說。"

　　○辨曰: 以心屬氣, 而心不敢自用, 必以性理爲頭腦, 則不知此外又有聖賢心法乎? 必也爲心者, 自認爲至尊之理, 而不復歸宿於性天, 然後聖賢心法, 一一成實, 而世道日升於明且治歟。

23 "近世, 以十六言傳心, 爲梅賾僞撰者, 此其兆也。"

　　○辨曰: 虞廷授受, 所重在中, 不重心字。夫心而非道, 則靈覺而已, 聖人何嘗以是爲道而傳之哉? 此當曰傳道, 不必曰傳心, 傳心固有前言可據。若論其極, 則當以道字爲準的也。【王氏蘋學佛, 嘗告宋帝曰: "堯、舜、禹、湯、文、武之道, 相傳若合符節, 非傳聖人之道, 傳其心也; 非傳聖人之心, 傳己之心也。己之心無異聖人之心, 萬善皆備, 故欲傳堯、舜以來之道, 擴充是心焉耳。" 呂氏謂: "聖人之學, 性天之學也。自古無學心之說。凡言心學, 皆爲邪說所惑亂, '不踰矩'矩者, 何也? 性也、天也、至善也。心於性天合一, 方爲至善, 方是聖學, 可知心上面更有在。【此一句, 近世心學家所大諱也。】故謂聖學都在心上用工夫則可, 謂聖學爲心學則不可。"【如李說, 則謂聖學爲心學, 有何不可?】吾謂呂氏雖晩出, 而其於吾儒本性、異學本心之辨, 往往透髓, 不可忽也。

24 "眞心之純乎天理者。"

○辨曰: 只此一語, 便見心卽理之錯矣。蓋心原非天理, 故云"純乎天理"爾。若性與太極, 只可曰"純是天理", 不可曰"純乎天理"。下文"聖人之心渾然天理", 可以三隅反矣。

25 "心卽理三字, 未可以遽言之。"

○辨曰: 李氏集中, 論"心卽理"者, 無慮累數千言, 豈皆指聖人之心耶? 然則衆人之心, 卻是氣耶? 吾意心果是理也, 衆人亦是此心, 聖人亦是此心, 安(看)[有]214)兩樣心, "可以遽言"、"未可以遽言"之分乎? 若乃"性卽理", 固未嘗有"到聖人"、"未到聖人"之異, 又未嘗有"可遽言"、"未可遽言"之分也。只此亦足以見"心卽理"三字, 未得爲後聖不易之論也。

26 "論心莫善於心卽理, 而亦莫難明於心卽理。"

○辨曰: 愚則曰"論心莫危於心卽理,【聞者, 易以自恣。】而治心莫難於心卽理"。【聖者, 方不踰矩。】"危"、"難"兩字, 皆從戒懼來。反此者無所畏憚矣。

---

214) (看)[有]: 저본에 '看'으로 되어 있으나, 『간재집』에 의거하여 '有'로 교감하였다.

「관이씨여장신재서觀李氏與張新齋書」[壬子]

1) 서지사항

전우(田愚, 1841~1922)가 이진상(李震相, 1818~1886)의 서한을 보고 지은 논변.『간재집(艮齋集)』 후편12에 실려 있다. (한국문집총간335)

2) 저자

전우

3) 내용

이 글은 이진상이 장석우(張錫愚, 1786~?)에게 보낸 편지를 전우가 평가한 논변이다. 전우는 이진상이 심(心)을 리(理)라 하고, 성(性)을 가리켜 극(極)이라고 한 것은 주기(主氣)의 병폐이지, 주리(主理)의 잘못이 아니라고 하였다. 또 심의 존귀함을 지극히 하여 끝이 없는 것이 리이기 때문에, 심성정이 혼륜하여 하나가 되면서 심이 성정을 총괄하는데, 심으로써 현실에 적용한다고 주장하였다. 이러한 논란의 근거로 전우는 옛날에 정자(程子)와 주자(朱子)의 본지라기보다는 그 문인들의 논변속에 나온 것이라고 지적하고, 그는 정자와 주자를 뜻을 따라 조심봉성(操心奉性)하겠다고 마치고 있다.

李書曰: "思感相仍, 事務旣接,【此兩句似倒。】 則理之所動, 氣始作焉。" 竊意思感已是動,【此動字包心字、性字而言。】乃曰: "則理之所動。" 不知心之理思感,【此句 且依李氏意而言。】則心理之所動, 氣質始作云耶; 抑謂"性理之所動, 氣始作云耶?"

李書又曰: "其所思所感,【其字分明是指心言。】若在道理上, 則理主而氣於是聽。" 以其意推之, 其思感者, 只是理。【指心爲理故云。】而又曰, "在道理上"道理, 應是指性言, 而下句"理主"之理, 不知是心是性, 其指意, 未甚曉白。

李書又曰: "理之主者, 如人揚鞭按轡而策馬也。" 觀此, 所謂理主者, 分明是心之有覺有力者。此與朱子以人心與道體對待, 而判別有覺無爲之定論, 正相冰炭, 不知它每言篤信朱子, 是如何地篤信。

李書所引"性發爲情", 此須子細說破。『禮記』曰: "感於物而動, 性之欲也。" 竊意, 感於物而動是心, 而性則乘載於其上而爲情, 故曰: "性之欲也。" 蓋外物之來, 心之神受感, 而性之理與之發見, 如李書所引朱子論「樂記」、『中庸』二段, 皆是也。「小學題辭」"隨感而見", 『大全』「答陳器之」書"事感理應", 都是一樣意致, 若不能敏妙看破, 有若事物之來, 心神無與而性理自動者, 則豈不爲執言以迷指者乎?

見父母, 卽知其當愛,【見知, 皆神之能。】而承載仁性之木機, 不覺觸發出來, 所謂"氣發而理乘之", 如此。【理之乘氣, 自未發時已然, 非氣發後, 始乘之也。】然當愛之理, 是仁性中原有底, 是則所謂所以然者也。若使初無此理, 則神何以知, 機何由動?【朱子「答鄭子上」書, 正如此。】故曰: "發之者, 氣也; 所以發者, 理也。" 雖先說氣發, 依舊是先有此氣發見之理, 故此氣由是而有發也, 是果可以目爲主氣而痛闢之者乎? 若夫指精英神識、知覺思慮之但可以言與理無間者, 直名爲太極與性而以之爲本者, 不得不歸於本心主氣之失, 宜其爲儒者之所不肯相混也。

李氏每謂"心卽是太極", 而今曰: "所思所感, 若在形氣邊。" 又曰: "如人垂鞭闊轡而信馬。" 古今安有似此太極? 絶可異也。

李氏每謂"太極能主陰陽", 而又有馬不循軌, 而撼動人之譬, 何也? 且旣有此譬, 則宜揚鞭牽轡, 以防其不循軌塗之弊矣。乃曰: "至於氣上。無一半分修爲。" 何其言之自相反戾也?

李氏旣曰: "氣上無一半分修爲", 則當於理上, 著得十分修爲耶? 曰: "理上當著修爲", 則李氏所認之理, 豈非有病敗不可信之物耶? 以聖賢之言觀之, 理上原無修爲之術, 氣上必加矯治之功, 而彼乃一切相反, 何也? 若曰理上無修爲, 則理上無修爲, 氣上無修爲, 是人之爲學, 將無所修爲而可耶? 如此者, 亦可謂正學乎?

李氏謂"氣上無一半分修爲", 此欲與栗翁"千言萬語, 只要人檢束其氣"之云, 反對角立而云也。然自家所謂"如人揚鞭按轡而策馬"者, 非治氣之喩乎? 然而曰如彼云云者, 秖見其立心之偏, 任氣之肆也已矣。

所引朱子"非於氣上, 別有用工處"者, 不記出處, 不敢強立斷案。然此必有因而發, 非統論學問全體也。程子論氣質而曰: "人不可不加澄治之功, 故用力敏勇則疾淸, 用力怠緩則遲淸。" 張子論爲學而曰: "大益在變化氣質, 不爾, 皆爲人之弊, 而卒不得見聖人之奧。" 謝氏論克己而曰: "須從性偏難克處克將去, 此皆朱子平生所受用而發揮之者也。" 至其論復性之功而曰: "人能學以勝氣, 則此性渾然初未嘗壞也。" 學者觀此, 則知李氏所引, 必有爲而發者矣。

朱子以致養於氣者爲惑, 此又有說, 朱子嘗論牛山章云: "其存其亡, 皆以心言之, 或謂'氣有存亡, 而欲致養於氣', 誤矣。" 此爲錯認良心存亡, 爲夜氣存亡, 不養其心而卻欲養氣者發, 非爲凡養氣者, 皆誤也。【朱子一說, 載『孟子』小註云: "今只要去好惡上理會有得力處, 夜氣方與爾存, 夜氣上卻未有工夫。只是去朝晝理會, 這裏有工夫。" 李氏所引"非於氣上, 別有用工處", 料不過如此, 註云云, 讀者詳之可也。】然『語類』沈僩錄, 是戊午以後所聞,而亦且曰: "養得這氣, 則心亦好, 氣少則心亦微矣。" 此意又不可不知也。

『孟子』夜氣章, 主意在心字上, 故朱子以欲致養於氣者爲非矣。 今李氏論東方一邊之學, 有主氣之病, 而檗曰: "氣上無一半分修爲", 遂引朱訓, 以爲標幟。 獨不思朱子云"苟不知所以養氣焉, 則略知道義之爲貴, 而欲恃之以有爲, 亦且散漫蕭索而不能以自振"者乎?

大抵其人才性, 絕出常品, 凡所講論思繹, 不及子細周詳。 只憑一時記憶, 不問有弊無弊, 直捷題判, 惜乎! 當時朋友門人, 無有逐一指點, 令自家議論, 互相纏繞, 兩皆窒礙, 庶幾覺察而更定其說也。

李氏意欲翻栗谷舊案, 發此"氣上無修爲"之說, 獨不思孟子養氣之說, 發前聖所未發, 而告子"勿求於氣", 竟歸於悍然不顧之科乎? 吾觀李氏文字, 類多變亂, 同異, 倒置早晚, 孤行一句, 勒加罪案去處, 而其「答尹忠汝」書, 語及自家文字而曰: "深託其刊冗補漏, 以佐鄙人之不逮, 而其中許多紕繆, 亦皆到底摘駁, 使我住世之日, 得見欑栝之美, 深所望於朋友者也。" 是其立心, 何等公平? 惜其門人知舊, 莫有能承其志而成其美者也。

張新齋未知爲誰, 而所與批評之言, 又如何? 恨未得見也。張氏前規"主理太過"之說, 亦合商量。 蓋人之用心造行, 要當以性理之極處爲準的, 而用心以求至, 如此則終身爲之, 常患其不及, 安有太過之慮乎? 若其說書立論之際, 把箇與理無開底心靈、神明、精英之屬, 直謂之理。 遂以之爲學問主本, 其於不敢以心爲理而指性爲極者, 便斥之爲主氣, 而肆筆奮罵, 則此實主氣之病, 而非主理之過也。

李氏儘高才博聞, 文章又能捷給善禦人, 想見當時遇者, 多不能折其辨而反被他降下。 然其議論宗旨, 以心爲至尊無上之理, 而混心性情爲一, 凡於"心統性情", "心妙性情"之類, 一以以心使心處之, 遂令心字爲性情之實, 性情則不過爲心之名稱而已。 是人之爲學, 只靠著一箇心字足矣。 何必復以盡性、擴情爲務? 其書亦時有尊性字, 然心是性之實, 則心之自尊, 是尊性, 與子思敎人以心尊性之旨, 判然別矣。【『中庸』本文君子字, 指心言。】其宗旨旣與聖人異, 則小小言議之得失, 何必逐一辨明? 況其文多眩幻竄易之術, 學者如欲究觀而悉辨, 則已化而入佗權數之中矣。昔程子論禪佛之害, 而告其門人曰: "直須置而不論。" 朱子論雜學之文, 而告其門人曰: "看此等文字, 徒亂人耳。" 今請吾黨諸賢, 以此二訓爲法, 惟欲操心以奉性而已。

「논허퇴이서論許退而書」【壬子】

해제

1) 서지사항

전우(田愚, 1841~1922)가 1912년 허유(許愈, 1833~1904)의 서한을 보고 지은 논설. 『간재집(艮齋集)』 후편12에 실려 있다. (한국문집총간 335)

2) 저자

전우

3) 내용

이 글은 허유가 신두선(申斗善)에게 보낸 서한을 전우가 보고 논한 글이다. 글 첫 머리에서 허유는 "김평묵과 전우 모두가 이황을 버리고 주자를 배운다는 것은 사다리 없이 누각에 오르는 것"이라고 비판하였는데, 이에 전우는 심을 형이상자로 보는 것에 반대하고 심은 실천적인 측면에서 이해해야 한다고 주장하였다. 글 말미에는 허유가 이진상의 고족제자로 심즉리설을 주창하는데, 이진상의 근거인 『주자어류』의 "심은 천리가 사람에게 있는 전체이다.(心者, 天理在人之全體。)"라는 설은 『주자대전』권67 「진심설」에서 "성은 리의 전체이고 심은 이 리를 구유한다.(性者理之全體, 而心則具是理者也。)"라고 고쳤다고 지적하고 심즉리설을 비판하였다.

2-1-31 「論許退而書」【壬子】(『艮齋集』後編 卷3)

許退而「答申仰汝」書謂: "金、田兩家, 皆不甚宗仰退陶, 殊不滿人意。舍退陶而學朱子, 不幾於無梯而登樓乎? 且子明以心是形而下一句, 把作心學宗旨, 而欲號令於天下, 亦足以發滄洲之笑也。" 許氏以愚不甚宗仰退陶, 想未見全翁道統吟及愚所編『五賢粹言』而云爾也。但其謂"心是形下作宗旨"者, 殊可笑也。愚平生把心尊性三字, 爲吾儒第一義, 未嘗揭箇心作宗旨, 如近世諸家之見也。今使愚改形下爲形上, 則許氏將許其爲吾學正傳, 而不妨其號令天下, 而卒以得滄洲之領可矣。愚於是, 未免有沈吟之思。何則? 心果是形而上之道而可爲聖學準的, 則程子何不曰"儒、釋皆本心"? 而乃將心與天爲道、器之分, 何也? 朱子于釋氏之識心而專認爲主宰, 何不曰"可以入道"? 而乃曰"不見天理", 有若心與理有道器之分者然耶? 自是以後, 羣賢何無一人致疑於其閒, 乃看作分析儒、佛之第一義也。惟陸、王二子, 以心卽理, 別立一種, 與程、朱相冰炭, 而楊敬仲以陸門高弟, 每說"心卽是道, 心卽是聖, 若更求歸宿, 反害道",【按: 孟子言: "湯、文聞而知之", 『集註』云: "知謂知其道也"。今曰: "心卽是道", 則所謂知道, 不過爲識心乎? 書曰: "有言逆于汝心, 必求諸道", 大抵言有逆於心而不逆於道者, 故云然。今曰: "心卽是道", 則將以逆於道者, 更求諸道乎? 『論語』註有云: "非心實自聖而姑爲是退託", 今楊氏之心, 乃自謂是聖, 與孔、朱異矣。徐孟寶指公心爲大本, 則朱子曰: "這如何當得大本, 要得公心有歸宿, 須應事物不錯, 方是。" 此與楊氏之恃心而不更求歸宿者, 判然別矣。】劉起東以王氏流派, 倡言"極天下之尊而莫之敢攖者, 其惟心乎?"【按: 心若是其至尊, 則凡孔子之"奉天"、子思之"尊性"、孟子之"崇德"、顏子之"奉持中庸"、朱子之"欽承仁義", 皆非心之事乎? 陸氏每言: "心是好底物事, 上面著不得一個字", 此是劉說之所從出也。】因翻程、朱正案而曰: "吾儒亦本心", 若是者豈非所謂"張子韶所不敢衝突者, 陸子靜盡衝突者耶?" 吾未知許退而將鬪破洛、閩諸說, 卻奉陸、王、楊、劉爲自家心學大宗師歟?

吾聞許氏是李寒洲高足, 曾見李氏據『語類』"心者天理在人之全體"一句, 以爲"心卽理"之證佐, 宜乎許氏之篤信師說, 而謂鄙論足以發朱子之笑也。然殊不知『語類』此句是『大全』「盡心說」初本, 而先生後來改定其說, 以爲"性者理之全體, 而心則具是理者也。” 知此，則凡<u>李氏</u>之謂心爲理者，不得不歸於錯會<u>朱子</u>之原指矣。說至於此，猶曰: “此則固吾師之失，然其餘諸說，皆與<u>朱子</u>合”，吾未知<u>朱子</u>復起，果不發笑而快賜印可否也。

「존외성명尊畏性命」【贈林子明。】

해제

1) 서지사항

전우(田愚, 1841~1922)가 임철규(林哲圭)에게 준 글. 『간재집(艮齋集)』후편권14에 실려 있다. (한국문집총간 335)

2) 저자

전우

3) 내용

이 글에서 전우는 유가 학술의 목표는 천명(天命)과 성(性)을 배우는 데 있으며, 심(心)을 배우는 것이 아님을 역설한다. 마음은 본받을 대상이 아니라 바로잡을 대상이라는 것이다. 명(命)과 성(性)이 바른 이치로서, 성명(性命)을 논해야 공부의 목표와 방향을 분명하게 알게 된다는 것이다.

聖人言"君子畏天命, 尊德性"; 晦翁言"天命個心, 方是性"。余謂: "心只是人之神明稟受性命者, 非卽是理也。" 蓋天命者, 天所賦之正理; 德性者, 人所受之正理也。知其可畏可尊, 則其戒懼奉持, 自有不能已者, 而賦受之重, 可以不失矣。千古敎學, 無以易此, 彼陸氏, 只愛說"心卽理", 不喜人說性命。晦翁嘗譏之曰: "學而不論性命, 不知所學何事", 今替陸氏答云: "吾之所學, 只是心也。" 雖然, 聖人之學, 性命之學, 自古無學心之說, 學所以正此心耳。正心而心正, 則心始合於性命, 而人未始不爲天, 天未始不爲人, 人之能事畢矣。然其道在主敬與致知。

「성사심제변변(性師心弟辨辨)」

해제

1) 서지사항

전우(田愚, 1841~1922)가 지은 논변. 『艮齋集』後編12에 실려 있다. (한국문집총간 335)

2) 저자

전우

3) 내용

이 글은 전우가 조장섭(趙章燮)「성사심제변(性師心弟辨)」에 대해 반박한 논변이다. 전우는 이글에서 성과 심은 리와 기처럼 나누어 볼 수 있다고 주장하고 "심의 운용에서 성의 선함이 발현된 것을 모범으로 삼아 본받는다."고 하여 성사심제의 당위를 설명하였다. 또 "사(師)란 단지 가르침을 베풀 뿐이며, 제(弟)는 어떻게 하면 그것을 하나 하나 점검할 수 있는가?"라고 하여 성은 당위적인 것이고, 심은 실천적인 것이라고 주장하였다. 이는 전우의 성사심제설이 현실에 대한 심의 주체성에 대한 문제라는 점을 명시한 것이다.

2-1-33 「性師心弟辨辨」(『艮齋集』後編 卷12)

理氣是二物也, 故不得不分開說; 心性, 是一物也, 故安有師弟彼此之可分言者乎?

> 心性一物, 是佛、禪、陸、王之傳。而非孔、孟、程、朱之敎也。趙氏所見, 不可曉也, 其倍師說而慕異端, 亦出於勝人之私心, 非本於愼言之性也。

二也, 故言理, 必言氣, 言氣, 必言理, 如曰太極生兩儀, 曰一陰一陽之謂道, 是也。一也, 故言心, 不必別言性, 言性, 不必別言心, 如舜只曰人心道心, 而性在其中, 『中庸』只曰性命中和, 而心在其中。故序文曰: "天命率性, 道心之謂也。" 「答張敬夫」論性情中和, 而以心爲主, 觀此數說, 可知其一而非二也。

> 心不踰矩, 心不違仁, 以禮制心, 以仁存心, 彼皆未之見歟! ○『朱子大全』云: "尊我德性。" 又云: "玩心神明, 彼之謂言心不必別言性, 言性不必言心者, 直是無稽之言, 學人當勿聽也。"

仁義禮智, 謂之性亦得, 謂之心亦得; 惻隱、羞惡、辭讓、是非, 謂之情亦得, 謂之心亦得, 非若理氣之截然作二物看也。

> 曰仁義之性, 則無爲之道體也; 曰仁義之心, 則有覺之人心也。

心似箇官人, 性便如職事, 今以職事爲師, 而官人爲弟子, 則可謂成說乎?

> 官人, 不以君所命之職事爲模範而自用, 則其不陷於罪者, 鮮矣。

若知其說, 則心能盡性者, 弟子而反有盡乎師道也? 性不知檢其心者, 以師之尊而不能檢其弟子之所爲也, 惡可哉?

> 性師心弟, 大槪言爲心者運用之際, 以性善之發見者, 爲模範而一一效法也。
> 今彼之所詰如此, 亦可就此發明道理, 使人曉知也。蓋師者, 只是施敎而已, 而弟之所爲, 如何能逐一檢點。故曰程門人自不謹嚴, 干程先生甚事, 至於心能盡性, 又當以弟子能盡其師之所以敎者譬之, 無不可通也。

當曰心師氣弟云云。蓋心爲嚴師, 心爲主宰, 張、程以來, 相傳正脈, 而從古聖賢之意, 皆如此。

　　心欲爲師, 先須學於性而後可也。故張子曰: "正心之始, 非泛然指客心、私心以爲師矣。氣弟之說, 正合勘破, 彼謂氣質耶, 則氣質非能以明善而復性者也, 又形氣耶, 則形氣亦能虛心循理以爲學者歟! 好笑好笑。古今文字所言私心自用者, 無不用於爲不善處矣。

今曰性師心弟, 則其於心統性情及先說心後說性之意, 皆何如也。

　　師施三綱、八條之敎, 敷五道、九經之誨, 則弟子總合而運用之, 如性示以五常、四端、六禮、九經之道, 則爲心者一一統會而效法之, 如此則心統性情之說, 何嘗窒礙於性師心弟之義乎? 夫統有以尊統卑處, 然亦有以下統上處, 如以曾祖統以上之祖,【見顧氏『日知錄』。】以民統士大夫【見汪氏四書。】之類是也。○ 先說心後說性, 以先說玉後說理, 先說鹿後說麟之類, 推之亦無少礙。

天君將失尊, 而未免如曹賊之山陽公矣。志帥將見奪, 而未免如楚悍之卿子冠軍, 主人翁必不惺惺, 而其家遂爲盜賊所有矣。

　　孔子言天子必有尊也, 言有父也。愚亦曰: "心雖貴, 亦有貴於心者, 性命是也。彼之眼力, 固不及此, 任它狂叫可也。"

病源始崇於心是氣之一源也, 認心爲氣, 則未弊之膏肓, 安得不至於斯乎?

　　舜之道心, 亦不過氣之靈覺原於性命之正; 湯之制心, 亦只是以性命之理, 制得靈覺之心; 文王之小心, 亦只是將氣之靈覺, 而望性命之正, 如未之見。孔、顏之不踰矩、不違仁, 亦皆以靈覺之心, 合於性命之正爾, 如此而彼以一趙某, 敢指心是氣, 爲膏肓之病源, 眞不滿兒童之一笑也。

理通氣局, 虛靈洞澈, 相對反隅, 則心是氣, 必是指心之乘氣機而言也。今若單指爲氣, 則與通局虛靈者, 不其相左乎?

　　虛靈之心, 與氣質渣滓, 正作對, 故有出入乘氣機之說。

況人心道心說云云, 與「中庸序」所論者無異, 何嘗坼開心性爲二物? 一尊一卑, 如今之論者乎?

> 如云尊我德性, 又云玩心神明, 豈非坼開心性? 且我是心自我也。豈非將心奉性? 彼之謂何嘗坼開心性者? 只自歸於夢囈矣。

心之乘氣出入, 猶人之乘馬而行, 指心爲氣, 則是指人爲馬之說也云云。陸、王不知心有眞妄, 而並指氣拘慾蔽之心爲理, 則是陷於佛氏作用是性之科矣。今卑心爲氣者, 不知其无妄之本體有不雜乎氣者, 則入於楊氏善惡混之說云云。還欲汨董於氣質雜亂之中。

> 无妄之本體, 是天與之性也。彼乃混心於其中, 而不自知其非也。得非爲祖述禪佛, 憲章象姚之一大和尙耶。

曾讀皷風板詩, 有離器求道之意, 故次其韻而反之, 今此云云, 又欲雜氣言心。遺卻所謂道心者, 而只以人心聽命者當之。

> 文王之望道如未之見, 此謂文王之心在此, 而道在千萬里之外, 故望之云耶。孔子之志仁志道, 亦豈有仁道在佗而此心之彼耶。孔門諸子之日月至焉。不知其心與仁是離耶合耶。先賢有入道之說。有自身在道外走之說。此等彼將如何看而反之耶, 誠不滿一哂。

心性爲一, 與陸、王之說相近云云, 與聖賢言雖同, 而意趣則相燕、越矣。

> 爲心性一物之說, 而欲避陸、王之名, 是不惟爲朱、栗之罪人, 亦陸、王之罪人也, 殊可憐也。

「도위태극심위태극혹문道爲太極心爲太極或問」【甲寅】

해제

1) 서지사항

전우(田愚, 1841~1922)가 74세인 1914년에 지은 논설. 『간재집후편』권12에 실려 있다. (한국문집총간 335).

2) 저자

전우

3) 내용

주희는 『역학계몽』에서 소옹의 말을 이끌어 '도위태극(道爲太極)'과 '심위태극(心爲太極)'을 언급한 바 있다. 이글은 화서학파에서 주희의 언급에 주목하여, 이를 심즉리의 진리성을 방증하는 근거로 삼는 것에 대하여 어떤 이가 의문을 제기하고, 이에 대해 전우가 답하는 내용이다. 전우는 주희가 이 말을 하였지만, 직접 자기의 설로 주장했다기 보다 소옹의 설에 빗대어 언급한 것이라는 입장을 취한다. 그것은 '기즉도(器卽道)'라 할 때와 같이, 하나의 맥락 속에서 언급된 것이지, 도위태극과 심위태극이 무대(無對)의 태극을 가리키는 것은 아니라고 한다.

或問: 華西據『啓蒙』第二卷所載邵子兩語, 爲朱子手筆而表章之, 舉世又以華西此語爲是, 而靡然尊信之, 吾子以爲如何?

曰: 自太極而分兩儀, 則太極固太極也。兩儀固兩儀也, 自兩儀而分四象, 則兩儀又爲太極, 而四象又爲兩儀矣, 是亦朱子手筆, 而見載於邵子兩語之上矣。邵子所言道爲太極, 卽朱子所言太極, 固太極之太極也。邵子所言心爲太極, 卽朱子所言兩儀, 又爲太極之太極也。未審華西與尊華西者, 於此以爲如何? 吾又有一說曰"自天性而言形色, 則天性固天性也, 形色固形色也; 自形色而言動靜嚬笑, 則形色又爲天性, 而動靜嚬笑又爲形色矣"。未知華西與尊華西者, 於此將直以形色爲天性乎? 抑指形色上動靜嚬笑之理, 以爲天性乎? 通乎此則必無疑於彼矣。【凡先賢言器卽道、氣卽性、心卽理、身卽道, 此類都無窒礙, 大小大灑落。】況朱子論邵子兩語, 以天地萬物本然之理爲"道爲太極", 以人得是理者爲"心爲太極", 而曰"太極是一而無對者", 未知華西與尊華西者, 以人未生前本然之理爲一而無對者乎, 以人得是理者 爲一而無對者乎? 如以人之得理者爲"一而無對之太極", 則人未生前本然之理, 還可謂"二而有對之太極"乎?

「진심설전후본盡心說前後本」【甲寅】

해제

1) 서지사항

전우(田愚, 1841~1922)가 1914년에 지은 논변. 『艮齋集』後編14에 실려 있다. (한국문집총간 335)

2) 저자

전우

3) 내용

이 글은 『주자어류』와 『주자대전』을 비교하여 진심설(盡心說)을 성(性)과 태극(太極)의 관계로 해석한 것이다. 먼저 "심은 사람에게 내재한 천리의 전체이다(心者 天理在人之全體)"라고 하는 구절은 『주자어류』에서 진순(陳淳)이 처음 기록한 것으로 심즉리(心卽理)를 주장하는 학인들은 이를 근거로 심(心)을 설명한다. 그러나 『주자대전』권67에 수록된 「진심설」은 이 구절을 삭제하고 고쳐서 "심은 이 이치를 구비한 것이다"라고 하여 바꾸었으니, 전우는 주자가 심을 기로 간주한 것이라고 주장하였다. 나아가 성과 태극, 심신과 형기에 리가 갖추어져 있다고 한 말은 이 두 가지가 가리키는 바가 다르다고 하였다.

“心者天理在人之全體”, 此『語類』陳安卿所錄「盡心說」初本也。心學家動輒援據,
然『大全』「盡心說」, 削去此句, 而改之曰“心具此理者也”, 彼之降旛, 可以豎矣。東
州一老士, 乃曰“只被諸公看得具字錯了, 遂不肯以心爲理也, 心具五性, 如言手
具五指”,【金監役如此說。】嶠南一巨擘, 又曰: “朱子論性與太極, 皆曰含具萬理, 乃以
一包衆之辭, 何嘗理外別有箇心乎?”【李都事「答鄭厚允」書, 如此。○ 柳穉程亦嘗引『朱書』性
中含具萬理語, 以證理之具理。】此可謂“生薑樹上生”矣。『中庸章句』云: “人身具此生
理。”『語類』鄭子上錄云: “有此氣爲人, 則理具於身, 方謂之性。” 董叔重錄云: “人
有此形氣, 則此理始具於形氣之中而謂之性。” 此亦以具理之故, 直指人身形氣,
皆謂之理否?『中庸章句』云: “道者, 當然之理, 皆性之德, 而具於心。” 夫具於心,
具於身, 具於形氣, 同一文句, 而心獨爲理, 而彼皆爲氣, 抑何理也? 雖以心學家氣
勢, 也難開口放言。只此一處, 若覺得理窮而辭屈, 則自餘連營七百里, 皆可以撤
歸矣。僕于心學家文字, 頗有辨難之說, 比再思之, 彼有一言, 此之所辨, 已數十,
彼出一篇, 此之所詰, 又不啻倍蓰矣。與其多言而理不加明, 不若用一枝勁兵, 入
都擒王之法。故遂閣筆掩卷, 而但請心學諸公, 且置許多說話, 只就「盡心說」前本
改本上, 立得辨語, 使人人道是理。苟到極, 如何不服?

性與太極含具萬理, 如言某國有某山某水; 心身形氣之具理, 如言某國有君臣士
民, 二者所指, 實不同也。李氏理外無心之說, 以其淹博, 何不觀於“道外無身, 身
外無道”、“人外無道, 道外無人”之訓乎?【“道外無身, 身外無道”, 見「陽貨」章注; “人外無道,
道外無人”, 見弘道章注。蓋人身卽道之所寓, 道卽人身所以爲人身之理。二者不相離, 故云“此外無
彼”, 非謂“彼此一物”也。】

「성사심제독계어(性師心弟獨契語)」[甲寅]

해제

1) 서지사항

전우(田愚, 1841~1922)가 74세 때인 1914년에 쓴 글. 『간재집(艮齋集)』권14에 실려 있다. (한국 문집총간 335)

2) 저자

전우

3) 내용

이글은 모든 경전의 가르침을 '성사심제(性師心弟)' 네 글자로 꿰뚫을 수 있다는 전우의 깨달음을 서술한 것이다. 공자의 가르침이 굳이 말로 하지 않더라도 만세토록 환히 드러나듯, 성(性)은 비록 말이 없지만 일상생활 속에 세세 밀밀, 곡진하게 발현된다. 심(心)은 스스로 비워 성(性)의 가르침을 받아야 하며, 성(性)이 말이 없다고 해서 스승삼기에 부족하다고 의심하는 것을 그 병통이 심한 것이다.

"性師心弟"四字, 是僕所創, 然六經累數十萬言, 無非發明此理, 可一以貫之。中夜以思, 不覺樂意自生, 而有手舞足蹈之神矣。彼不曾自體者, 輒疑性是無言之理, 如何能爲心之師, 陋哉言乎! 孔子人師也, 其道且有不待言而顯者, 故嘗欲無言, 而顏氏便能默識。聖人之蘊, 亦不言而化, 而敎萬世無窮矣。今性之發見於日用之間者, 精微曲折, 無非至善, 以若心之神明靈覺者, 何待逐一指點而後, 知其爲可師而學之耶? 但得心弟自虛以受敎, 則厥德將與天地同其體用矣。【近世有其心自處以聖師, 而指性爲兆民, 此將敎性, 去惡而後無惡, 爲善而後始善, 其倒置已甚矣。彼疑性無言而不足於爲師者, 其病源, 卻與此同矣。】

「관정백헌집외필변변觀鄭柏軒集猥筆辨辨」【甲寅】

해제

1) 서지사항

전우가 「외필변변(猥筆辨辨)」을 읽고 1914년에 지은 변론문. 『간재집(艮齋集)』후편 권13에 실려 있다.(한국문집총간 335)

2) 저자

전우(田愚: 1841~1922)로, 자는 자명(子明), 호는 간재(艮齋)이다.

3) 내용

이 글은 전우가 정재규(鄭載圭, 1843~1911)가 지은 「외필변변(猥筆辨辨)」을 읽고 비판한 글이다. 전우는 기정진의 「외필(猥筆)」을 비판한 「외필변(猥筆辨)」을 쓴 바 있는데, 이에 대해 기정진의 문인 정재규는 전우의 『외필변』을 비판하는 「외필변변」을 지었다. 이에 대해 전우가 다시 비판한 글이 「관정백헌집외필변변(觀鄭柏軒集猥筆辨辨)」이다.

전우는 이 글에서 모든 조목에 대해 일일이 반박하기는 어려우므로 처음과 끝 부분의 주요 부분에 대해서만 반론한다고 밝히고 있다. 그리고 일관되게 동정(動靜)의 현상과 작용이 순수한 형이상의 리(理) 자체만으로 실현될 수는 없다는 점을 강조하고, 리의 동정(動靜)은 기가 동정하는 추뉴근저(樞紐根柢), 즉 소이(所以)가 된다는 의미임을 주장하고 있다. 구체적으로, 귀신의 조화나 성인의 작용이 저절로 그러한 것 역시 전적으로 형이상의 리(理)와 동일시될 수는 없으며, 저절로 그러한 기틀은 기질과는 구별되는 신령한 기(氣), 즉 심으로 이해되어야 하며, 심과 태극은 구분되고 동정(動靜)은 기(氣)에 속하며, 태극이 동정을 모두 지닌 것처럼 성(性) 또한 미발과 이발로 나누어 말할 수 있으며, "형색이 천성이다"와 같은 말 또한 기 안에 있는 리를 말한 것이며, 태극과 성은 본질적으로 동일한 것이며, 도체의 작용은 결국 그것이 기의 작용에서 근저와 추뉴가 된다는 뜻이라는 등의 주장을 제시하고 있다.

2-1-37 「觀鄭柏軒集猥筆辨辨」【甲寅】(『艮齋集』後編 卷13)

「鄭辨」無慮數萬言, 而往往多<u>退翁</u>所譏"支離蔓延, 牽合附會, 不是元來道理" 之失。今不須逐段辨析, 以犯言愈多而理愈晦之戒, 只就首末兩段論之, 此處 破, 則餘皆迎刃而解矣。

鬼神造化, 聖人作用, 皆自然而然, 非有絲毫犯氣力底字。<u>鄭氏</u>將此等作用, 一切叫 做形而上之理乎?

自爾之機, 非雜糅之氣, 乃神靈之氣也。「鄭辨」第三條云"弘道, 豈此心所乘之機所 能爾乎?", 此全不察<u>栗翁</u>之意而云爾也。 <u>栗翁</u>「答牛溪」書曰"陰靜陽動, 機自爾 也", "<u>朱子</u>云'心之虛靈知覺, 一而已矣', 先下一心字在前, 則心是氣也。或原或生, 無非心之發, 則豈非氣發乎?"。【又曰: "心中之理, 乃性也。未有心發而性不發之理, 則豈非理乘 乎?"】然則氣發之氣, 卽人能弘道之人, 曷嘗有異乎? 只被<u>鄭氏</u>旣誤認心爲理, 則纔 遇氣字, 便指爲氣質, 故於弘道之人, 自爾之機, 不能會通, 而有是支離之論也。

動靜是陰陽, 而亦屬之太極者, 以其乘氣流行而言, 非謂當體不待陰陽而自能動 靜也。<u>朱子</u>曰"心之理是太極", 則心之非太極, 明矣; 又曰"心之動靜是陰陽", 則 動靜之屬氣, 亦明矣。

<u>朱子</u>言: "動亦太極之動, 靜亦太極之靜", 此專指氣上之太極而言。今如言"發亦 性之發, 未發亦性之未發", 亦是此意。太極涵動靜、有動靜, 性亦如此說, 毫無所 礙。但一邊認太極爲有爲, 而性爲無爲, 則自錯看了也。

<u>朱子</u>指「通書」之言神而曰: "此言形而上之理也。" <u>鄭氏</u>徒知此, 而不知神亦形而 下之說乎?【『語類』<u>賀孫錄</u>】假如言"形色, 天性", 謂其理之載在氣上者, 然若正論形 色本相, 豈復可以形上言乎?

朱子曰: "言理之動靜"云云。鄭氏眞以爲理有能動能靜, 則吾又有一轉語云: "言性之動靜, 則靜中有動, 動中有靜, 其體也; 靜而能動, 動而能靜, 其用也。" 此與前語, 同而一意致。但一邊認理有爲而性無爲, 則必不肯點頭矣。蓋性與太極, 一也; 性與理, 亦一也。一邊卻將心與太極, 心與理, 喚做一, 而太極與性, 理與性, 不喚做一, 其故何也? 以太極有爲, 而性則無爲也, 以心可以獨當太極, 而性則不可獨當太極也。【"性不可獨當太極", 李氏有此說, 與蘆沙迥別, 而鄭氏卻附李氏, 未知何故也。】

鄭氏所引"道體之所爲"數語, 不過如愚辨"莫非此道爲之根柢樞紐"之意, 豈眞以爲有能爲者哉? 昔楊龜山議王介甫"天使我有是之謂命"云: "使我, 正所謂使然也, 使然者, 可以爲命乎?" 朱子於『或問』以爲: "王氏之云, 猶曰上帝降衷云爾, 豈眞以爲有或使之然者哉?" 鄭氏亦云: "(豈)[其]215)曰'道體之所爲者, 亦豈作爲之(謂)[爲]216)乎?' 以其所以(然)[爲]217)之妙, 與夫所當爲之則也。" 此亦與"根柢樞紐"之云者, 正相似也。今乃指鄙說, "爲烏有先生", 此似同浴而譏裸裎, 正如朱子所論龜山之失也。

所論尤翁理之體用皆無爲之說, 似說不說, 欲辨未明, 而其曰"體則無爲, 用則有爲"者, 終不免落在尤翁所駁之中矣。栗翁「答安應休」書云: "吾友見此理之乘氣流行變化, 而乃以理爲有動有爲, 此所以不知理氣也。"【尤翁說, 實本於此, 而非如蘆沙師生之見也。何必驅之牽合, 以爲強同, 而終不可同耶?】不知鄭氏於此, 何以自處, 使人代悶。

性體氣用, 豈不見朱子「答呂子約」書形而上下、此體彼用之訓乎? 體同用異, 亦只於"理體氣用",【呂書】"太極是體, 二五是用",【『語類』節錄, 癸丑以後所聞。】"道是體, 器是用"【長洲汪氏語。與上『語類』, 并見"子在川上"章。】等語可見, 而鄭氏都不檢考, 只一筆句斷, 如何與之上下其論乎?

---

215) (豈)[其]: 저본에 '豈'로 되어 있으나, 『老柏軒集』「猥筆辨辨」에 의거하여 '其'로 수정하였다.

216) (謂)[爲]: 저본에 '謂'로 되어 있으나, 『老柏軒集』「猥筆辨辨」에 의거하여 '爲'로 수정하였다.

217) (謂)[爲]: 저본에 '然'으로 되어 있으나, 『老柏軒集』「猥筆辨辨」에 의거하여 '爲'로 수정하였다.

2-1-37 「관정백헌집회필변변觀鄭柏軒集猥筆辨辨」【甲寅】

선역

정백헌의 변론은 무려 수 만언에 달하는데 자주 퇴계가 "지루하게 길게 늘어놓고 억지로 끌어 맞추어서 원래의 도리가 아니라"고 나무란 과실인 경우가 많다. 지금 꼭 단락마다 변석하여 말이 많아질수록 이치는 더 가리어진다는 경계를 범할 필요는 없고, 단지 처음과 끝의 두 단락에 관해 논할 것이니, 이 부분에서 완전히 해명한다면 나머지 부분도 모두 쉽게 해결될 것이다.

귀신의 조화의 성인의 작용은 모두 저절로 그러하여 그런 것이지, 털끝만큼이라도 기력(氣力)이라는 글자에 관여되는 것이 아니다. 정씨는 장차 이러한 작용을 모두 형이상의 리(理)라고 부르려는가?

'저절로 그러한 기틀'은 '(청탁수박이) 뒤섞인 기(氣)'가 아니니 곧 '신령한 기(氣)'이다. 정씨의 변론의 제3조에서 "'두를 키움[弘道]'은 어찌 심이 타고 있는 기틀이 할 수 있는 바이겠는가?"라고 말하였는데, 이는 율곡의 의도를 전혀 살피지 않고 말한 것일 따름이다. 율곡이 「답우계」서에서 이르기를 "음양동정은 기틀이 저절로 그러할 뿐이다"라고 하였고, "주자께서 '심의 허령지각은 하나일 뿐이다'라고 하셨으니, 먼저 심이라는 한 글자를 앞에 썼다면, 심은 기이다. 혹 (성명의 바름에서) 근원하고 혹 (형기의 사사로움에서) 생긴다는 것이 심의 발(發)이 아닌 것이 없으니, 어찌 기발이 아니겠는가?"【또한 이르기를, "마음 가운데의 리가 곧 성이다. 심이 발하되 성이 발하지 않는 이치가 없으니, 어찌 '리가 올라타고 있는 것[理乘]'이 아니겠는가?"라고 하였다.】라고 하였다. 그렇다면 '기발'의 기는 곧 '사람이 도를 넓힐 수 있다'의 사람이니, 어찌 일찍이 차이가 있겠는가? 단지 정씨는 이미 심을 리라고 잘못 이해하게 되었으니, 그래서 기라는 글자를 접하자마자 곧 가리켜 기질이라 하니, 그러므로 '도를 넓힌다[弘道]'의 사람과 '저절로 그러하다[自爾]'의 기틀에 대해 두루 해석할 수가 없어서 이처럼 지리한 주장이 있게 된 것이다.

동정은 음양이지만 또한 태극에 속한다는 것은 그것이 기를 타고 유행하는 것으로 말한 것이지 그 자체가 음양을 기다리지 않고 스스로 동정할 수 있다고 말한 것은 아니다. 주자께서 "심의 리가 태극이다"라고 말하였으니, 심이 태극이 아님이 분명하다. 또 "심의 동정이 음양이다"라고 하셨으니, 동정이 기에 속함도 분명하다.

주자의 "동(動) 또한 태극의 동(動)이고, 정(靜) 또한 태극의 정(靜)이다."라는 말은 전적으로 기에 있는 태극을 가리켜 말한 것이다. 지금 "발하는 것도 성의 발이고, 아직 발하지 않은 것도 성의 미발이다."라고 말하는 것도 이러한 맥락이다. 태극은 동정을 포함하고, 동정을 지니니, 성 또한 이렇게 설명해도 조금도 걸림이 없을 것이다. 다만 한 쪽 측면에서 태극은 유위이고 성은 무위라고 여긴다면, 스스로 잘못 본 것이다.

주자께서 「통서」에서 말한 신(神)을 가리켜 "이것은 형이상의 리(理)를 말한 것이다."라고 하셨다. 정씨는 다만 이것만을 알고, '신(神) 또한 형이하'라는 학설은 알지 못하는가?【「어류」하손 기록】 예컨 대 "형색이 천성이다"와 같은 말은 그 '리(理)가 기(氣)에 있는 것'을 말한 것이니, 만약 '형색의 본래 모습'을 바르게 논한다면 어찌 다시 형이상으로 말할 수 있겠는가?

주자께서 "리의 동정에 대해 말하면" 운운한 것에 대해, 정씨가 진실로 '리가 동하고 정할 수 있다'고 여긴다면, 내가 또한 깨닫게 해 줄 한 마디 말이 있다. "성의 동정을 말하면 정(靜) 가운데 동(動)이 있고, 동(動) 가운데 정(靜)이 있는 것이 그 체(體)이고, 정(靜)하되 동(動)할 수 있고, 동(動)하되 정(靜)할 수 있는 것이 그 용(用)이다." 이는 앞의 말과 똑같은 맥락이니, 다만 한쪽 측면에서만 리(理)는 유위이고 성(性)은 무위라고 여긴다면, 결코 기꺼이 수긍할 수 없을 것이다. 성(性)과 태극(太極)은 하나이고, 성(性)과 리(理) 또한 하나이다. 한 쪽에서는 심과 태극, 심과 리는 하나라고 간주하면서, 태극과 성, 리와 성은 하나라고 간주하지 않으니, 그 까닭은 무엇인가? 태극은 유위이고 성은 무위라고 보기 때문이며, 심은 홀로 태극에 해당할 수 있지만, 성은 홀로 태극에 해당할 수 없다고 보기 때문이다. 【"성은 홀로 태극에 해당할 수 없다" 이씨가 이러한 설이 있는 것은 노사와는 판이하게 다른데 정씨는 도리어 이씨를 두둔하니 그 까닭을 알지 못하겠다.】

정씨가 인용한 "도체가 하는 바"라는 몇 마디 말은 내가 변론한 "이 도가 근저와 추뉴가 되지 않음이 없다"라는 뜻이니, 어찌 진실로 '작위할 수 있는 것'이라고 하겠는가? 옛날에 왕안석이 "천(天)이 나로 하여금 이것을 지니게 함을 명(命)이라 한다"고 말한 것에 대해, 양시가 "'나로 하여금'이라는 것은 바로 '그렇게 하도록 한다'는 것이니, '그렇게 하도록 하는 것'을 명(命)이라 할 수 있겠는가?"라고 비판했는데. 이에 대해 주자는 『혹문』에서 "왕씨의 말은 '상제가 본성을 내려주었다'는 말과 같을 뿐이다. 어찌 진실로 혹 '그렇게 하도록 하는 자'가 있다고 여긴 것이겠 는가?"라고 설명했다. 정씨 또한 "'도체의 하는 바'라는 말이 또한 어찌 '작위'의 뜻이겠는가? 그 그렇게 되는 까닭의 묘(妙)와 마땅히 그러해야 하는 법칙을 말할 뿐이다."라고 했는데, 이는 또한 "근저와 추뉴"라는 말과 같은 맥락이다. 지금 그런데 나의 설을 가리켜서 "상식적으로 있을 수 없는 것"이라고 비판하니, 이는 함께 목욕하면서 상대방에게 '옷을 벗고 있다'고 비웃는 것으로서, 바로 주자께서 양시의 오류를 논한 것과 같은 것이다.

"리의 체용이 모두 무위하다"는 우암의 설을 논한 것은 설명이 말이 되지 않는 것 같아서 변론하려고 해도 분명하지 않지만, 그가 "체는 무위이고 용은 유위이다"라고 한 것은 끝내 우암의 비판 대상이 되지 않을 수 없을 것이다. 율곡은 「답안응휴」서에서 "그대는 리가 기를 타고 유행하고 변화하는 것을 보고 곧 리가 움직임이 있고 작위함이 있다고 여기니, 이는 리기에 대해 잘 알지 못하는 것이다."라고 했는데, 【우암의 설은 실로 여기에 근본하고 있는바, 노사 사제의 견해와 같지 않다. 끝내 같을 수 없는 것을 하필 끌어다가 견강부회하면서 억지로 같다고 여기는가?】 정씨가 이에 대해 어떻게 자처할지 알지 못하겠다. 다른 사람으로 하여금 대신 걱정하게 만든다.

"성(性)은 체(體), 기(氣)는 용(用)"이라는 주장이 어찌 주자의 「답여자약」서의 "형이상과 형이하, 이것은 체이고 저것은 용이다"라는 가르침을 보지 않은 것이겠는가? "체는 같지만 용은 다르다"는 것은 또한 단지 "리는 체이고 기는 용이다", "태극은 체이고 음양오행은 용이다"【『朱子語類』의 簡錄으로서, 癸丑年 이후에 들은 것이다.】, "도는 체이고 기는 용이다"【長洲汪氏의 말로서, 위의 『朱子語類』 '子在川上'章에 함께 보인다.】는 등의 말에서 볼 수 있다. 그런데 정씨는 모두 검토하여 살펴보지 않고, 단지 한 마디로 결단하니, 어찌 그와 더불어 논변을 계속할 수 있겠는가?

「鄭辨」無慮數萬言, 而往往多退翁所譏"支離蔓延, 牽合附會, 不是元來道理"之失. 今不須逐段辨析, 以犯言愈多而理愈晦之戒, 只就首末兩段論之, 此處破, 則餘皆迎刃而解矣.

鬼神造化, 聖人作用, 皆自然而然, 非有絲毫犯氣力底字. 鄭氏將此等作用, 一切叫做形而上之理乎?

自爾之機, 非雜糅之氣, 乃神靈之氣也. 「鄭辨」第三條云"弘道, 豈此心所乘之機所能爾乎?", 此全不察栗翁之意而云爾也. 栗翁「答牛溪」書曰"陰靜陽動, 機自爾也", "朱子云'心之虛靈知覺, 一而已矣', 先下一心字在前, 則心是氣也. 或原或生, 無非心之發, 則豈非氣發乎?".【又曰: "心中之理, 乃性也. 未有心發而性不發之理, 則豈非理乘乎?"】然則氣發之氣, 卽人能弘道之人, 曷嘗有異乎? 只被鄭氏旣誤認心爲理, 則纔遇氣字, 便指爲氣質, 故於弘道之人, 自爾之機, 不能會通, 而有是支離之論也.

動靜是陰陽, 而亦屬之太極者, 以其乘氣流行而言, 非謂當體不待陰陽而自能動靜也. 朱子曰"心之理是太極", 則心之非太極, 明矣; 又曰"心之動靜是陰陽", 則動靜之屬氣, 亦明矣.

朱子言: "動亦太極之動, 靜亦太極之靜。" 此專指氣上之太極而言。今如言發亦性之發, 未發亦性之未發, 亦是此意。太極涵動靜、有動靜, 性亦如此說, 毫無所礙。但一邊認太極爲有爲, 而性爲無爲, 則自錯看了也。

朱子指「通書」之言神而曰: "此言形而上之理也。" 鄭氏徒知此, 而不知神亦形而下之說乎?【『語類』賀孫錄】假如言"形色天性", 謂其理之載在氣上者, 然若正論形色本相, 豈復可以形上言乎?

朱子曰: "言理之動靜"云云。鄭氏眞以爲理有能動能靜, 則吾又有一轉語云: "言性之動靜, 則靜中有動, 動中有靜, 其體也; 靜而能動, 動而能靜, 其用也。" 此與前語同而一意致。但一邊認理有爲而性無爲, 則必不肯點頭矣。蓋性與太極, 一也; 性與理, 亦一也。一邊卻將心與太極, 心與理喚做一, 而太極與性, 理與性, 不喚做一, 其故何也? 以太極有爲, 而性則無爲也, 以心可以獨當太極, 而性則不可獨當太極也。【"性不可獨當太極", 李氏有此說, 與蘆沙迥別, 而鄭氏卻附李氏, 未知何故也。】

鄭氏所引"道體之所爲"數語, 不過如愚辨"莫非此道爲之根柢樞紐"之意, 豈眞以爲有能爲者哉? 昔楊龜山議王介甫"天使我有是之謂命"云: "使我, 正所謂使然也, 使然者, 可以爲命乎?" 朱子於『或問』以爲: "王氏之云, 猶曰上帝降衷云爾, 豈眞以爲有或使之然者哉?" 鄭氏亦云: "(豈)[其][218]曰道體之所爲者, 亦豈作爲之(謂)[爲][219]乎? 以其所以(然)[爲][220]之妙, 與夫所當爲之則也。" 此亦與"根柢樞紐"之云者, 正相似也。今乃指鄙說, "爲烏有先生", 此似同浴而譏裸裎, 正如朱子所論龜山之失也。

所論尤翁理之體用皆無爲之說, 似說不說, 欲辨未明, 而其曰"體則無爲, 用則有爲"者, 終不免落在尤翁所駁之中矣。栗翁「答安應休」書云: "吾友見此理之乘氣流行變化, 而乃以理爲有動有爲, 此所以不知理氣也。"【尤翁說, 實本於此, 而非如蘆沙師生之見也。何必驅之牽合, 以爲強同, 而終不可同耶?】不知鄭氏於此, 何以自處, 使人代悶。

性體氣用, 豈不見朱子「答呂子約」書形而上下, 此體彼用之訓乎? 體同用異, 亦只於"理體氣用",【呂書】"太極是體, 二五是用",【『語類』節錄, 癸丑以後所聞。】"道是體, 器是用"【長洲汪氏語。與上『語類』, 幷見"子在川上"章。】等語可見, 而鄭氏都不檢考, 只一筆句斷, 如何與之上下其論乎?

---

218) (豈)[其]: 저본에 '豈'로 되어 있으나, 『老柏軒集』「猥筆辨辨」에 의거하여 '其'로 수정하였다.
219) (謂)[爲]: 저본에 '謂'로 되어 있으나, 『老柏軒集』「猥筆辨辨」에 의거하여 '爲'로 수정하였다.
220) (謂)[爲]: 저본에 '然'으로 되어 있으나, 『老柏軒集』「猥筆辨辨」에 의거하여 '爲'로 수정하였다.

「제정씨외필변변題鄭氏猥筆辨辨」【甲寅】

해제

1) 서지사항

전우가 「외필변변(猥筆辨辨)」을 읽고 1914년에 지은 글제. 『간재집(艮齋集)』후편 권18에 실려 있다.(한국문집총간 335)

2) 저자

전우(田愚: 1841~1922)로, 자는 자명(子明), 호는 간재(艮齋)이다.

3) 내용

이 글은 전우가 정재규(鄭載圭, 1843~1911)가 지은 「외필변변(猥筆辨辨)」을 읽고 글제를 써서 비판한 글이다. 먼저 정재규가 「외필변」에 대해서 "앞뒤를 자르고 몇 마디 말을 골라서 비판했다"고 「외필변변(猥筆辨辨)」에서 비판한 내용에 대해, 전우는 오히려 정재규가 율곡의 말 가운데서 "기틀이 저절로 그러할 뿐 그렇게 되도록 하는 것이 있는 것이 아니다"라는 말만을 골라내고, 그 위에 "무위하되 유위한 것의 주재가 되는 것이 리"라는 말과, 그 아래에 "음이 고요하고 양이 움직이는 것은 그 기틀이 저절로 그러할 뿐이지만, 그 음이 고요하고 양이 움직이는 까닭은 리이다"라는 말을 빼놓고는 "스스로 행하고 스스로 그쳐서 천명에서 말미암지 않는 병통"이라 주장했다고 역으로 비판한다. 또한 「외필변변」이 전우의 주장이 아닌 내용을 그의 것으로 오인하여 비판한 부분을 지적하기도 하다. 더불어 심을 리(理)로 보는 정재규의 견해가 그의 스승인 기정진의 설에도 위배된다고 비판하고 있다.

1-1-38「題鄭氏猥筆辨辨」【甲寅】(『艮齋集』後編 卷18)

『本集』二十九卷四板辨云: "今截去首尾, 摘取句語"云云。然則何不觀於『栗谷集』"機自爾也, 非有使之"上文有曰"無爲而爲有爲者之主者, 理也。", 下文有曰"陰靜陽動, 其機自爾, 而其所以陰靜陽動者, 理也"之云乎? 此與「鄭辨」所舉朱子"天祇是", 與"祇是大原中流出"者, 語意相符, 理致一同, 而蘆沙何爲截去首尾, 摘取句語, 以爲"自行自止, 不由天命之病"也。未知此爲看得疏脫耶? 抑欲伸己見而驅率前言耶? 如鄭氏, 可謂明察千里, 而不見眉睫者矣。彼辨諸條, 類多儱侗, 眞如顢頇佛性, 未足與辨。且今與後之明者, 自應識破, 何必爲辨後之辨, 有若婦孺之爲乎? 祇此"機自爾也, 非有使之"上下文, 與彼辨所舉朱子說前後一揆之意, 剖析得明白, 則「猥筆」可無作也。「猥筆」無作, 則「猥筆辨」與「猥筆辨辨」, 皆可以一掃掃盡, 何快如之!

同卷十三板辨云: "分明言今日學士家, 而今反移之於栗翁。" 廿四板辨云: "又得其所謂「猥筆辨」者而觀之, 「猥筆」所言今人之弊, 一切歸之栗翁與朱子"云云。蓋此辨是心石文, 而鄭氏佯若不知而曰"又得其所謂「猥筆辨」", 使見者知爲其吾之所述, 是其心卽理之學乎? 直是世俗炎涼之習也。其立心處物如此, 則其懸想性命, 揣摩心靈之見, 如何得正當耶? 置之勿復道, 可也。

又有一怪事, 『蘆集』有人問天地之心性, 答曰: "太極, 性也; 陰陽, 心也。" 此深得朱子之意, 而後賢不易之論也。今鄭氏, 以其高弟, 棄其師說, 附於心宗, 而至得斯文幸甚之襃, 已令人代慚。況又以心是氣, 爲主氣而斥之, 不遺餘力, 無乃以夫子之道, 反害夫子者乎? 吾意, 蘆沙決非指游氣之紛擾者爲心, 而端的是以陰陽之精靈者言也。蘆沙如此, 則栗、尤脚下諸賢, 何獨不然? 夫以氣言心一也, 而在吾師, 則將曰"此指陰陽之理", 【陰陽之理四字, 將非太極乎? 然則蘆沙何不曰"太極, 心也; 陰陽, 性也"乎?】在佗人, 則乃曰"彼指雜糅之氣矣", 不知此爲公論乎? 偏論乎?

附 「鄙人答心石書」

尊喩以「猥筆」, 詆淫邪遁, 顚倒猖披, 爲誣賢之第一罪案, 而謂愚瞀說, 偶不及此云云。以愚見言之, 其文末段, "先賢"正指栗翁, "今人"徧指栗翁後羣賢。何以知其然也? 蓋旣引朱子爲重, 則不能並與朱子而犯之, 又謂"前賢發之太快", 此的指栗翁。如必以朱子當之, 未知蘆沙謂朱子何語爲太快而有流弊乎? 況其上段又曰"究厥端由, 原於乘字失其本指"。以此觀之, 崇辨所謂"彼以車馬驕從, 譏朱註乘字"者, 似合商量。愚於今日學士, 本祗作今世士流看, 故學士字, 無心去之, 非欲掩彼之過也。

「시제생示諸生」【時有以『鄭艾山集』來者, 因有此說。○ 甲寅。】

해제

1) 서지사항

전우가 정재규의 『애산집(艾山集)을 보고 작성한 글. 『간재집』 후편 권13에 실려 있다.(『한국문집총간』 335)

2) 저자

전우(田愚: 1841~1922)로, 자는 자명(子明), 호는 구산(臼山)·추담(秋潭)·간재(艮齋)이다.

3) 내용

이 글은 1914년에 전우가 정재규(鄭載圭: 1843~1911)의 『애산집』을 보고 작성한 글이다. 전우는 정재규의 주된 학설은 "심(心)과 리(理)는 하나가 되고, 리는 동(動)하고 정(靜)할 수 있다."는 것인데, 이는 그의 스승 기정진(奇正鎭: 1798~1879)의 주장과 반대되는 것이라 하였다. 전우는 요컨대 정재규의 학설이 그의 스승의 학설과도 어긋나는 것이라는 점을 지적한 것이다.

2-1-39 「示諸生」【時有以『鄭艾山集』來者, 因有此說。○甲寅。】(『艮齋集』後編
卷12)

鄭氏所主, "心理爲一、理能動靜", 二義而已, 而此賴蘆沙兩言以破的, 不待佗人辨
明也。蘆沙論"天地之心性", 以爲"太極, 性也; 陰陽, 心也。"【理氣是一物乎? 『蘆集』明
德道心, 皆不肯直謂之理。】又論"太極動而生陽, 靜而生陰", 云: "以動靜, 推本於太極,
故其言云然。"【理能自動靜乎? 鄭氏所引許多前言, 蘆沙豈都不曾見, 而有此誤判乎?】今使我
們, 問於鄭氏曰: "天地之心, 是陰陽而非太極, 則在人之心, 何獨爲太極, 而非陰
陽也?" 將何以置對? 又問曰: "公每斥'理無爲'爲主氣, 我何嘗說'雖推本言之, 性
與太極, 終不可言動靜發見'乎?"【果能識得推本之意, 則直謂太極冷而生氷、熱而生湯, 直謂性
吐辭而爲經、動容而中禮, 一切無礙。不然, 濂溪之太極動靜、朱子之理有動靜, 皆成瞖眼之金屑矣。】
吾見如此, 而公一向立異, 以自歸於"作用是性"、"知覺謂性"之佛、告, 又自同於
"陰陽是道"、"視聽是性"之陸、王, 何也? 將何以置對? 僕嘗謂今人于心理, 爭箇是
一是二;【"本來體段, 是二而非一", "後來功力, 欲一而毋二", 此兩句, 最宜體味。】于太極, 辨箇
能動靜與不能動靜,【直指當體, 則不能動靜; 推本而言, 則有動有靜。】只似此爭辨, 而不能
反身自體, 則百函簡編, 十世墨守, 畢竟無益。須是小心遜志。敬奉性極, 以終其
身焉, 則庶乎聖門全體不息之仁矣。

「해상산필海上散筆」

1) 서지사항

전우(田愚, 1841~1922)가 1914년에 지은 글.『간재집(艮齋集)』후편 권14, 15, 16에 실려 있다. (한국문집총간 335)

2) 저자

전우

3) 내용

이 글은 전우의 말년인 74세(1914년)에 완성한 것으로, 「해상산필(海上散筆)」이라는 제목에서 알 수 있듯이 계화도에 정착하여 강학하고 있을 때에 지었다. 「해상산필」은 총 620개 조목으로 되어 있는데, 여기에는 성리설에 대한 전우의 구체적인 입장, 불교와 양명학에 대한 비판, 그리고 화서, 노사, 한주학파 성리설에 대한 비판 등을 확인 할 수 있다. 특히 전우는 이 글에서 이이 성리설을 조선 성리학의 정통으로 간주했으며, 호락논쟁과 관련해서는 호론의 입장을 비판했으며, 낙론의 인물성동(人物性同), 미발심체선(未發心體善), 성범심동(聖凡心同)을 지지했다. 그리고 전우 성리설의 독창성이 드러나는 '심본성(心本性)', '성사심제(性師心弟)', '성존심비(性尊心卑)'와 같은 주장에 대해서는 선배학자들의 저작 및 경전의 구절들에서 구체적 근거를 찾아 제시함으로써 이론적 정당성을 확보했다. 하지만 「해상산필」에 나와 있는 글을 보면 상당 부분이 당시 성리학계에서 크게 확산되었던 심주리(心主理)에 대한 비판과 경계였다. 전우는 "우리 유학은 주리이다. 모름지기 심의 지각은 성리를 근본으로 삼는다. 이것이 진정한 주리이고, 저들은 심을 도체와 천하의 대본으로 삼아서 성을 작고 편협한 것으로 만들었다. 이것이 바로 거짓 주리이다"라고 비판했다. 따라서 「해상산필(海上散筆)」에서 전우의 타학파 비판에는 다음과 같은 세 가지 원칙이 있었다. 첫 번째로 '리무위(理無爲)'이다. 즉, 리는 형이상자로서 우주 만물의 원리이자, 인간의 도덕법칙이다. 그런데 타학파는 '리유위(理

有爲)'를 주장함으로써 기를 리로 인식하는[認氣爲理] 오류를 범한다고 비판했다. 두 번째로, '심시기(心是氣)'이다. 즉, 심 안에 리(理)로서 성이 내재해 있다고 하더라도 심이 곧 리가 아니라는 것이었다. 따라서 성은 리, 심은 기라는 것이 성리학의 본령이라고 주장했다. 세 번째로 '리의 자연한 주재'이다. 전우는 리의 주재에 대해 화서·노사·한주학파와는 다르게 해석하는데, 화서·노사·한주학파는 리를 유위한 것으로 전제하고 리의 주재를 주장했다면, 전우는 리를 무위한 것으로 전제하고 리의 주재를 '리의 자연한 주재'로 해석했다. 전우는 만약 리의 주재를 리가 유위한 것을 전제하여 해석한다면, 악의 문제를 논리적으로 설명하지 못할 뿐만 아니라, 망국의 원인을 성리학 그 자체에서 찾게 된다는 오명을 가지게 된다고 생각했기 때문이었다. 이처럼 「해상산필(海上散筆)」은 전우의 학문적 성취, 성리설에 대한 자신의 입장, 그리고 한말 심설논쟁의 여러 가지 쟁점에 대해 전우의 입장이 총체적으로 종합되어 있어서 전우 성리설의 만년 정론을 확인할 수 있는 귀중한 자료라 할 수 있다.

2-1-40 「海上散筆」1(『艮齋集』後編 卷14)

近思得無問人我, 凡與人言理氣者, 類多據前賢之言, 以排佗人之說, 而求吾說之得伸爾。其於銷落客氣以循正理, 似未肯眞實著力, 此於吾之身心, 何所補乎? 故欲約朋友, 且舍無形影、無聲臭底, 只就日用處, 逐事辨得所當然者, 而盡心行將去, 久久不輟。【只此是知仁勇之事, 亦全體而不息之道, 未可忽也。】其於性命源頭, 必將有昭然見徹之時, 此豈非聖人下學上達之道乎?

『寒洲集』「答金鳳乃」書, 論妙字處, 不分自然、能然, 一眞一靈, 總以理字蓋之, 似未精。其下引"運用字有病, 故只下得妙字"之說, 而曰"運用字有病, 以其可以氣言故也。" 竊意運用之與妙用較粗些, 故改之, 以見其神妙之用爾, 非以其妙與運用有理氣之分而然也。且寒洲亦認運用字不可言於理, 此固當然, 然獨不思朱子又言"心只是一箇運用底物", 又言"運用是心也"兩語, 幷見『語類』「復卦門」; 又言"主宰運用底便是心", 此又見「性理門」。

朱子曰: "性者, 心之理。" 夫心之理三字, 爲心者, 當奉以歸諸性也。今也乃欲據而有之, 豈非久假而不歸? 惡知其非有之類耶?

夫言者, 心之聲也。華西之言, 心譬則聖人,【陸門高弟楊敬仲言, 人皆有心, 心未嘗不聖。】在君師之位, 而性譬則億兆之衆; 寒洲之言, 心當爲太極, 而性不可獨當太極;【朱子曰: "性是太極渾然之體。"】金監役之言, 大理具細理, 全理具偏理,【『中庸註』曰: "大本者, 天命之性。" 又曰: "德性者, 吾所受之正理。"「盡心說」曰: "性者, 天理之全體。"】皆此心自尊自夸之聲也。心乎心乎, 試自思云: "我之可以爲堯、舜而參天地者, 毫無原本於彼性, 而吾以自手恢恢然爲之不難。" 如此說爲可耶? 抑當自小自卑, 以爲我雖有貫徹古今之識, 陶鑄世界之功, 而何莫非根極於性體而有是妙用者, 如此說爲可耶?

寒洲引朱子「答呂子約」書"未發者, 太極之靜; 已發者, 太極之動", 以爲心可爲太極, 性不可獨當太極, 此殊不然。張元德問: "太極莫便是性?" 先生曰: "然。此是理也。動則此理行，此動中之太極也；靜則此理存，此靜中之太極也。” 此是丁未癸丑所聞，寔晚年說也。此豈非性可獨當太極之一的證耶？【此句下筆時，不覺寒心，何也？夫性爲太極，何待似此援據然後明乎？儒門辨論，胡爲至於此？可歎也已。夫心一也，何人之心，雄據太極尊號，而不肯讓與性理而我之心？又惟恐太極之名，不歸於性。不知孰爲得本心。後之賢者，于此一義，宜子細審察。】竊意呂書之未發已發，卽張錄之動靜，而皆是心，而非理也，非太極也。如曰“太極未發者，太極之靜；太極已發者，太極之動”，又曰“理動則此理行，理靜則此理靜”，此爲何等語？於是動靜不得歸於陰陽，而太極不得歸於理；已發未發不得歸於心，而太極不得歸於性矣。吾之此說，李門諸公，必多笑之。然非吾之所創，實朱子之說也。『語類』㬣錄：“陽動陰靜，非太極動靜，只是理有動靜。”【己亥以後所聞。○“理有動靜”，此語又見於『大全』「答鄭子上」書，而古今讀者，往往直認做理動理靜，遂成理動靜、氣動靜之病。今以㬣錄觀之，上句既曰“非太極動靜”，而下句卽又曰“只是理有動靜”，豈不曰非太極親自動靜，只是有陰陽動靜之理耶？】炎錄：“已發未發，只是說心。”端蒙錄：“這箇心自有未發時節，自有已發時節。”敢請諸公，暫置舊來見解，更須就此，奉朱子虛心玩理之訓，念涪翁相類泥義之戒，用幾月工夫，看得師說。或有未及照管處，不妨微與點破，以與萬世共之。如終未然，且守師說，以俟異時，更看如何長進也。

太極動靜，天命流行，道體昭著，理發性發，皆是一類也。且以性發論之，孺子入井之事感，則仁之理便應，而惻隱之心形焉。未知仁之理，自有知覺，而便爾應將來耶？抑心之神，纔見孺子入井而驚動，【此先有見此驚動之理，爲之本原，但理不能自驚動也。】則性仁之掛搭於其上者，便已與之發現耶？謂仁有知覺，則此朱子之所深非也。謂仁雖無知覺，而自能驚動怵惻，則性爲有爲之物，亦非朱子之意也。【道體無爲，見『論語註』。】愚意仁固無覺無爲，而爲有覺有爲者，心之本體。心雖有覺有爲，而爲無覺無爲者之妙用，則感應之時，心之神奉仁之理，而發現於外也。如此下語，得無病否？【纔說太極，便帶著陰陽；纔說天命，便氣在其中，此皆朱子說。道體昭著，理發性發，亦皆如此。】

近世諸家，喜說太極【心】爲陰陽之主，理【心】爲氣主，言則是，而意則不是矣。諸家又皆禁言性爲心主，此何故也？一則眇視，【心眇視。】性之無知無爲，而不肯以爲主也；一則自恃，【心自視。】其能靈覺運用，【朱子曰：“心是一箇運用底物。”】而恥居性之下也。如此而自命爲主理，不如此者，斥之爲主氣。區區寧被主氣之名，而不敢改小心尊性之見, 特患心之不能自小而性之不得其尊? 是亦孔、朱誦而陸、王傳也, 竊深憂之。

李氏時常暗指栗谷以下諸賢爲主氣之學, 未知諸賢"心是氣"氣字, 果是李氏所認麤雜之物?【李氏所謂氣, 只是此物, 故精爽精英, 猶以爲指理者矣。見「答李肅明」書。】又未知以心爲極本之主宰、天下之大本, 而不復以性爲心之歸宿處否?【李氏之論正如此。】如此, 則誠爲主氣之學, 而當被聖門之闢矣。今以本心之見, 欲闢本性之學, 多見其不知類也。且其所謂主見之與前聖合者, 語意未暢, 使人聽瑩。聖人有知道、爲道語。如曰知者爲者, 道也; 知之爲之者, 氣也, 則道是無覺無爲底, 如何言知、言爲? 又氣是麤雜蠢駁底, 如何能知道、爲道? 如又依李氏之見, 而曰知者、爲者心也,【認心爲理故云。】知之、爲之者氣也, 則上句是, 而下句謂血氣氣質。爲知道、爲道, 全不成說話, 恐未若栗谷所謂"發之者氣也,【以心言。】所以發者理也。【以性言。】"之爲的確縝密而無滲漏也。李氏"發者理", 與朱子"以仁愛者心也", 語近而意別。蓋理則無情, 故但爲愛之理而不能自愛; 心則有覺, 故能用無情之理而行有情之事。李氏"發之者氣, 與栗谷發之者氣", 字同而指異。此之言氣, 指靈明之心; 彼之言氣, 指麤雜之稟。李氏兩句, 皆與朱、栗相戾矣。且以愛言, 則愛者與愛之者, 如何分別?

李氏「答朴守玉」書, 言"作用底是氣, 而帝何嘗有作用乎?"【止此。】帝無作用, 則聖人何嘗獨有作用乎? 然而朱子言聖人作用與佛氏異。後儒又言學道二字, 是孔子大本領、大作用, 此宜子細勘定。蓋作用只是造作運用之意, 本非不好字眼。李書上文云: "作用是造作安排之名。"安排亦原非不好字眼, 但先輩有意任意不循理者, 亦謂安排。此類宜隨文各看, 不可執一論也。【問: "禮行遜出?"朱子曰: "行是安排恁地行, 出是從此發出"云云。此等安排字, 何嘗是不好底?】

尊德性功夫, 是人身中何者所爲? 旣非軀殼之所爲, 又非氣稟之所爲, 則非心之所爲而何? 以心尊性, 旣是聖門正傳, 則師儒之議論, 學者之功夫, 惡可外此而他求哉? 故朱子銘曰"尊德性, 希聖學"。心若自尊, 而不肯尊性者, 決是異學規模。

聖人敎學, 以性爲本, 從無本心之正傳。湯、文之心, 何嘗有毫髮之惡? 然且曰以禮制心, 曰小心翼翼, 豈非心不可以自用自大故歟? 孔子說"從心所欲不踰矩", 又說"某也其心三月不違仁", 皆重在下面三字。夫矩也、仁也者, 何也? 人性也, 天則也。心於性、天合一, 方爲正學, 是知心上更有當主之理在。

孔子曰: "天何言哉!" 朱子曰: "道體無爲。" 學者能於"不言之天"、"無爲之性", 知所畏敬而不敢自肆, 則可謂本天尊性之聖傳矣。若以其不言、無爲, 褻而慢之, 以心則狂, 以事則敗, 以世則亂, 而無往不悖矣。請世之爲心理之學者, 宜一怵然而省, 無終自誤而誤人哉!

呂氏曰: "聖人說不踰矩, 可知聖人心中。刻刻有箇天則在, 不是卽心是道, 此本天本心之別也。" 此語極是。蓋從來爲心卽道、心卽理之說者, 實則憚於窮理, 苦於循理, 特開此一路, 以自便也。夫欲窮理, 則心狹而不能周於理之廣大, 心麤而不能入於理之精微, 遂據其靈明, 而硬曰是吾本然之知也。欲循理, 則心肆而不能安於理之嚴正, 心生而不能久於理之悠遠, 遂恃其伎倆, 而謾曰是吾自然之能也。於是, 與聖人本天之學遠矣。

朱子以五典、四勿爲聖敎定本。【止此。】夫親、義、別、序、信與禮, 是天命之性也。就五品與四事而能親、義、別、序、信與禮者, 心也。性命非心則不能自行, 心非性命則無所根極, 二者旣不容相違而各立, 又非可相混而無等。然則性命當爲太極, 而心當爲陰陽; 性命當爲本體, 而心當爲妙用也。學者, 當小心奉性, 以求無褻乎天命可也。

柳持平言性不可爲極本窮源之主宰, 李都事言性不可獨當太極。此兩語者, 人性之慘禍, 聖學之鴆毒也。蓋如其言, 則極本窮源之主宰與夫可以獨當太極者, 不得不歸於心矣。此可爲千聖不易之定論乎? 獨怪夫子思之於君子所尊, 不曰心而曰德性。程子之辨儒、釋所本, 不曰聖人本心, 而以本心者, 歸之釋氏; 朱子之論道心, 不曰靈覺自爲本源, 而必曰原於性命, 論渾然太極之體, 不曰心而曰性, 何也? 愚竊自謂, 我之生於此世, 極知其無所重輕, 惟於性字, 極力崇奉, 不令彼二氏之心, 加之於此性之上, 此或可爲聖門一助云爾。

心、性一物之說, 以其不相離者言, 非謂有覺之心, 卽是無爲之性也。朱子「答黃子耕」書, 論道、器而曰: "一物之中, 其可見之形, 卽所謂器; 其不可見之理, 卽所謂道。然兩者未嘗相離, 故曰'道亦器, 器亦道'。"【止此。】夫道、器分明是二物, 而曰一物之中, 則心、性一物之說, 其指意當亦如此。後人瞥見一物兩字, 輒以做心卽理之證, 可謂不會讀書者矣。

李氏以耳目之視聽皆本於心, 爲心爲大本之一證。【見「答張舜華」書。】然則心之思慮, 不復本於性而自謂大本歟? 此與釋氏之本心, 果有所異, 而可以通融於聖人之本天耶?

朱子曰: "理無情意。" 又曰: "指道體言, 則以字下不得。" 如使所謂心者果是理, 則謂心爲無情意可乎? 謂心爲無以可乎?【以仁愛、以義惡, 出『大全』「元亨利貞說」。】必欲謂 "理有情意, 理亦有以", 則李氏之自謂篤信朱子者, 豈不爲私鹽加蒜之計乎?

黃勉齋論天道與二五而曰: "合而言之, 氣卽是理。" 愚亦曰: "性與知覺, 合而言之, 心卽理。至於心卽仁、形卽性、器卽道, 可以三隅反。"

嶺說之最怪處, 每以心性無辨, 與 "心能盡性"、"心妙性情" 之類, 一切看做 "以心使心"。【此句兩心字, 只是一物, 再無可辨。至於心之盡性, 心之妙性情, 卻是一靈一眞, 有有爲無爲之分, 不可儱侗合做一物說了。】心性無辨, 的是佛宗, 朱子曰: "天命個心了, 方是性。"【『語類』賀孫錄。】天如君父, 命如敎令, 心如臣子, 性如職任, 臣子與職任, 如何直認做一物? 其人常言 "朱子是此" 只是壓倒人之術也。

延平先生曰: "養氣, 只要得心與氣合。不然, 心是心, 氣是氣, 不見所謂集義處, 終不能合一也。"【心比氣儘靈活底, 自與血氣氣質有辨。故『大學或問』, 有曰 "以氣質有蔽之心, 云云"。】又曰: "灑落氣象, 其地位甚高, 前數說方是言學者下功夫處, 由此持守之久, 漸漸融釋, 使之不見有制於外, 理與心爲一, 庶幾灑落耳。"【心比性, 微覺粗底, 非卽是理。故『大全』「答鄭子上」云 "性爲妙而心爲粗", 『語類』論顏子三月不違仁云, "是心不違仁"。】此兩端, 便見心與理, 氣與心, 俱有分別之實也。今學者于心與理一, 如何猝乍揍著? 且須用知言、集義工夫, 使心之解行, 漸次依傍道理。

氣質、形氣, 何嘗有意欲乎? 惟形氣之中, 自有箇精英澄一神靈知識底, 乃有意有欲也。然義未及精, 仁未及熟, 則其所意欲, 豈能合理? 聖人天質旣美, 人功亦至, 故從其心之所欲, 而自然不違乎理。於是始可言心與理一, 故曰"體卽道, 用卽義"也。如以心之合理, 遂以爲靈可爲眞, 器可爲道, 則豈不粗甚矣乎?

以能所俱作理, 則仁者心之全德, 也是理; 欲以身體而力行之, 一息尙存, 志不少懈, 也是理。性也是理, 盡也是理, 道也是理, 知也是理, 禮也是理, 復也是理, 義也是理, 集也是理, 如此則無往非理, 可謂主理家矣。但恐所認以爲理者, 或非其理, 則豈不反爲本心之歸乎? 王氏認心爲理, 故指弘毅爲仁。今李氏之見, 正如此。

心雖無私, 而必當於理, 心雖無私, 而必有其德, 乃可以天理論, 詎可但以無私者, 直謂之天理, 卽謂之大本哉? 此心卽理三字, 所以爲儱侗無分別之言, 而非吾儒之所當取者也。

退翁言心合理氣, 氣字, 當以虛靈之氣看, 不可遽以渣滓之氣當之也。其曰: "心之未發, 氣不用事。" 此氣字, 始以氣質言也。若乃惟理而已, 安有惡云者? 只是明性善之理而已, 曷嘗有心卽理之意來?

"心之盛性"云云。此亦有指肉團血氣言處, 如醫家之言心是也; 亦有指虛靈神明言處, 如『語類』之言心是盛貯該載敷施發用底【汪氏曰, 心是具理者, 理是具於心者, 陽明謂心卽理誤矣。】是也。不可槪以盛性之心, 謂非儒家所言之心也。

道體卽是太極, 無爲卽是無動靜, 此非謂道體原無此心爲之之理, 太極原無此氣動靜之理, 特言其無自爲與自動靜之能耳。如曰道體無爲而太極有動靜, 則道外有極, 極外有道, 不知此是何理。

嶺儒以心爲理, 而罵心氣之論爲氣學, 此殊可笑。朱子嘗言: "凡人之言語、動作、思慮、營爲, 皆氣也而理存焉。" 此是沈僩戊午以後所聞也。彼將以言語、動作、思慮、營爲, 皆非氣云耶, 則爲畔朱之流矣。丁四者之中, 獨拈思慮以爲理耶, 則又爲無當之說矣。且言語亦心之聲也, 營爲亦心之意也, 是皆硬把做理耶? 四者之中, 獨動作單屬氣耶? 以此以彼, 俱不詞而無義矣。「盡心說」所改, 不過一句, 而其關繁甚大。學者於此, 能虛心觀理,【心理兩字, 互換讀則何如?】便見得心不可屬理之意。然則『大全』、『語類』中, 凡以理論心靈神識之類, 或是分說底, 或是合理說底, 皆當察其主意, 不可執此以疑彼也。大抵心性理氣, 原非各一區域。只於渾合無間之中, 分別得眞靈、能所、精粗、本末以爲言, 故纔擧一則餘皆隨到, 惟觀其語勢輕重如何耳。

前聖之垂敎於後世, 不第以心爲極, 其一字一句, 無不本於性矣。今後學之承敎於前聖, 亦必主於性, 不當據未合知之心, 硬定其取舍。下梢弄成一箇惟我獨尊世界。故凡讀書講義, 但務依傍原文, 以尋其意。愼勿把己見置其中, 援古證今。最要尋究本旨, 以佐吾說, 切忌率前言爲已使也。孔子曰: "君使臣以禮, 臣事君以忠。" 呂氏言: "人知父子是天性, 不知君臣亦是天性。只緣三代以後, 君臣都忘却天字, 君不知禮之出於天, 臣不知忠之本於性。天卽理也, 性卽理也。故『集註』於 '各欲自盡'上, 又加'理之當然'四字。若不識此四字, 便講煞各欲自盡, 只成本心之學, 自以爲盡, 而實多未盡, 在如良知家言也, 只坐不知天也。"【呂說止此。】吾謂朱子 "理之當然", 是指點性字語; "各欲自盡", 是提醒心字語。道理功夫, 本(未)[末][221] 幷盡。但語意含蓄, 未易領會, 而呂氏發明得好, 亦可謂有補於人倫, 有功於儒門矣。今觀李氏, 以後學據前言, 而立吾說垂來裔也, 未免自主其心, 而不肯取準於性, 殊非往聖垂敎之本旨也。如指朱子六十五歲以後語, 爲中年說; 又每擧朱子 「盡心說」舊本, 爲一大證; 又不顧『中庸』「序」"心原性命"之定論, 每以心爲性上面之理; 又不念『大全』先剖析後貫通之敎, 把攬牽合倒置錯陳之戒。【見「答吳晦叔」書。】而常以一理包籠, 使人莫可承用。朱子以性外有理而疑於二, 駁南軒說矣, 而李氏之理, 不止於二矣。朱子明明說性是太極之全體, 而李氏之性則不可獨當太極。似此類, 不可勝擧, 恐非前聖敎後學, 後學事前賢之性天, 而究竟止於本心之見矣。是宜李門諸人之長慮却顧者也。且念吾之所以疑李說者, 亦必有性天之理, 而不敢輒據私心之見, 妄加理外之辭, 以自陷於同浴譏裸之失也。大抵小心以尊性, 大是難事, 此則各宜勉勉而不可已也。

---

221) (未)[末]: 저본에 '未'로 되어 있으나, 문맥을 살펴 '末'로 수정하였다.

孟子仁義之心, 最是主理說底, 然指心之本於仁義者, 非直以心爲仁義也。於此一義合, 則無所不合矣。如不信, 更以『禮記』、程書仁義之氣證之, 是亦氣可爲理之據耶? 況"理義之悅我心, 猶芻豢之悅我口", 口與芻豢非一物, 則心與理義, 獨可爲一物耶? 操存舍亡, 出入無定之心, 亦何可直喚做理乎? 夜氣之不能存心, 血氣之反動其心, 此等氣字, 與心卽氣之氣, 煞有精粗之辨。李氏於此, 每不能別白之, 無乃未察歟?

李氏言: "心君者, 人之主宰而人理之尊號也, 其名曰仁義禮智之體, 目之以性者也。" 然則心爲實而性爲名, 可疑也。且心是尊者, 人身中, 更無有尊於心者矣。子思乃有尊性之訓, 何也? 李氏亦言尊德性, 然則此尊之者, 誰也? 人身中, 非心而又有能尊性者乎? 若曰心也, 則心之上, 又有當尊之性矣。心安得爲尊者? 可疑。

明儒錢啓新曰: "聖人辨異端, 爲其亡滅性理,【余謂彼亦何嘗不言性? 特不養其性, 故云"亡滅性理"也。】而徒以虛寂言心耳。" 余謂鄙人辨心學, 爲其拽下性理,【一邊何嘗不言性? 特不尊性, 故云"拽下性理"也。】而徒以尊極言心耳。【致知, 要在敬以窮理; 力行, 要在敬以盡道, 纔有下視性理之念, 已是褻天之萌。況復有心上性下, 心大性小, 心全性偏之論, 則其悖天之愆, 尤何可論乎?】

形色, 形而下者也; 天性, 形而上者也。今曰形色天性, 何也? 學者旣知其原爲二物, 又知其終爲一物。始得知其爲二, 則不敢以形色爲極; 知其爲一, 則必欲盡形色之理, 惟心與性亦然。

李氏每以性偏屬於靜, 其意正恐性之獨當太極而然也, 然『大全』「太極說」云: "一動一靜者, 皆命之行而行乎動靜者, 乃性之眞也。故曰'天命之謂性'。" 無垢「中庸解」辨, 亦言"喜怒哀樂, 莫非性也。"【農巖云: "喜怒哀樂, 情也, 而其本則皆性, 故云然。"】性對情則固屬靜, 若統言則通貫動靜者也。

道是性之德,【太極之妙。】而靡所知能, 必待心【陰陽之神。】而後凝。自心視之, 彼似無足爲矣。然心而不戒懼,【慮其離道而戒懼也。】道無從體, 故自非異學之無所顧忌者, 孰有不以戰兢惕厲爲心而冀其道之立於己也? 自是勉勉而不已, 雖神化不測之妙用, 淵微不顯之至德, 亦漸可致矣。

晦翁言: "若無太極, 便不【宋時方言, 猶豈不也。】翻了天地?" 愚繼之曰: "若無德性, 豈不倒了身心家國天下乎?" 晦翁又言: "人者, 天地之心, 沒這人時, 天地便沒人管。" 愚繼之曰: "敬者, 人心之主, 不主敬時, 身心家國天下, 更敎誰管?" 『寒洲集』引"性猶太極, 心猶陰陽",【砥錄。】而曰"猶者, 借喩也"; 引"心之理是太極, 心之動靜是陰陽"【振錄。】而曰"是者, 的指也"。此見柳定齋往復矣。蓋以的指爲正證, 而借喩非正證也。然『大全』「答陳器之」書首一句云"性是太極渾然之體", 此非的指之辭乎? 吾意李氏于此時, 未及記得到此而然爾, 其門下諸人, 宜敬審其然, 而善補其過也。如以其師一時未思之言, 而盡廢朱子晚年所定之論, 殊非善體亡師之心者也。且以借喩言之, 宜取其彷彿者而譬之, 今乃擧易與陰陽之氣, 以況夫至尊純善之心,【此句, 且據李氏意而言爾。】豈不爲千不著萬不似之言耶? 吾恐朱子長於辭令, 決不如是之孟浪也。且以其的指者言之, 所謂心之理, 若於性外又有一箇道理則已, 不然則"心之理是太極",【道夫錄: "性是心之道理。" 德明錄: "性者, 心之理。" 個錄: "性是心之理。" 無名錄: "性卽心之理。" 『大全』「元亨利貞說」云: "性者, 心之理也。心之理是太極。" 李氏引之, 以爲心是太極, 適足以助性是太極之證。】六字, 非的指性而何? 所謂動靜, 若是心外又有一箇運用則已, 不然則動靜是陰陽【動靜陰陽是心。賀孫錄。】五字, 非的指心而何? 且陳器之書, 是答玉山講義之問者。【講義成於甲寅冬。】是時, 先生已六十五歲矣。旣是的指, 而又出晚年, 則後學宜敬之如父母, 信之如神明, 而勿之有違焉, 不亦可乎? 李氏又嘗擧吳晦叔書"太極者, 性情之妙, 乃一動一靜未發已發之理"者, 以爲心當爲太極而性不可獨當太極, 此又不然。動靜發未發, 心也; 其理, 性情也。豈以心爲太極之說乎? 假使吳書, 卽以爲太極, 晦叔卒於淳熙丁酉, 時先生四十八歲矣, 豈有此書可爲定論, 而甲寅以後之書, 辛亥以後之語, 乃爲舊說之理乎?

問: "動靜是太極動靜? 是陰陽動靜?" 朱子曰: "是理動靜。"【可學錄。】心理家以此爲己援, 似矣。然愚又有一疑, 彼家於理則言動靜, 而性則不欲言動靜。今設一問云: "感物應事, 是性感應? 是心感應?" 曰: "是性感應。" 彼於此, 將把感應以與性, 而心則不相涉否? 必不肯如此, 是何由? 由其認心爲太極之理, 而動靜感應, 一切歸之於此。認性謂非太極, 而無知無能故也。愚謂性固無知無能, 而謂之不可獨當太極, 則誤矣; 心固有動靜感應, 而謂之直是太極, 則亦誤矣。問: "動靜者, 所乘之機?" 朱子曰: "太極, 理也; 動靜, 氣也。因設人乘馬之喻。"【銖錄, 在可學錄之後。】此又與前說不動, 而心理家以其異己而不樂【五敎切。】道之, 愚又有一說云: "性是感應之理, 感應是心之能。" 此更彼之所惡聞。是何由? 由其認心爲感應之理, 而性則無知無能故也。愚謂性固無知無能, 而謂之非感應之理則誤矣; 心固是能感能應者, 而謂直是感應之理, 則亦誤矣。然則朱子二說, 有初晚、定未定之分歟? 曰, 非然也。前說, 從太極爲陰陽動靜之源而言, 如曰"感於物而動, 性之欲也", 曰"孺子入井之事感, 則仁之理便應, 而惻隱之心, 於是乎形焉者"是也。後說, 從動靜是形而下者之事而言,【璧錄: "動靜陰陽, 皆只是形而下者。"】如曰"心兮本虛, 應物無跡", 曰"心者人之神明, 所以具衆理而應萬事者"是也。愚故曰"太極與性, 但當曰所以主宰者, 不當曰主宰之; 陰陽與心, 但當曰主宰之, 不當曰所以主宰也"。【陰陽以靈言。】

儒者之學, 性學也。信得性善而無疑者, 謂之明覺; 驗得性善而有功者, 謂之實學; 守得性善而不失者, 謂之大賢; 盡得性善而無虧者, 謂之上聖。學者于性, 要信得及驗得的。若其心靈自性而無性, 自大而眇性, 自全而偏性, 自本而無本, 自尊而無上, 自用而無畏者, 謂之別一派, 亦謂之假主理也。學者宜審諸! 性字看得不是至尊, 不是太極, 不是極本窮源之主, 則敬字功夫, 亦無倚靠處。要知此性爲此心之所本, 心學家所謂進德修業, 必其心先自尊自大而後, 能有所成就, 是必賴視此性乃可。纔聞有尊性之士, 必笑之, 其所成就者, 可知也。朱子「答徐子融」書曰: "釋氏以識神爲根本。若吾儒之論, 則識神乃是心之妙用, 如何無得, 但以此言性, 則無交涉耳。"【止此。】近世諸家, 以心之妙用, 直認做理, 今以此書觀之, 但可作釋氏所本之心, 不可便指爲聖人所本之性也。

『近思錄』註所載妙用言其理, 此對功用之粗者言。如心比氣爲極精。但以之對性, 則性爲妙而心爲粗。此等不活看, 左右拘牽, 無可通之理。

聖門敎學, 必本性道而不本心靈。『小學』「題辭」, 『大學』「序文」, 『中庸』、『孟子』首章, 皆擧仁義性命, 以爲頭腦。『大學』明德, 雖以心言, 而『章句』虛靈下, 卽繼之以具理應事; 『論語』學習, 雖以心言, 而『集註』以性善爲主, 復初爲終, 而以覺云者輔之。『詩』、『書』、『易』之言天,『春秋』之明義,『禮』之言經曲, 又無非明性道者也。

愚觀近世心理之說盛行, 而求其據言以施功者, 殊無端的可用之辭。故嘗竊謂吾儒講辨之意, 曷嘗以文字之空言, 顯於當世而已哉? 務以原於實理而要於實用爾。夫是非邪正, 理之所定也; 好惡去取, 心之所能也。此自格物誠意, 以至於輔世長民, 無不相關也。今也以心爲理爲極, 而惟心之是本, 則吾未知是非邪正之辨, 好惡去取之極, 果無少差, 而能成大學之功否也?

心爲太極, 與形色天性, 對同勘合, 其指不難見也。蓋形色有自然之理, 所謂天性也; 心有渾然之理, 所謂太極也, 呂氏曰: "若云形色卽是天性, 則是口之於味, 鼻之於臭, 目之於色, 四肢之於安逸, 皆可謂天性也, 其弊必至於猖狂恣肆, 無忌憚而後已。" 余亦曰: "若云心卽是太極, 則是知覺神識思慮謀猷, 皆可謂太極也, 其弊必至於妄自尊大, 而不復欽承乎性矣。斯理也, 呂氏早已言之曰: '心亦只是形色, 其作睿聖之理乃天性也。'"

『語類』「仁說」: "元亨利貞, 便是天地之心。" 或謂"王、李之指心爲理, 與此何如?" 曰: "『大全』「仁說」: '天地之心, 其德有四, 曰元亨利貞。'"【又曰: "人之爲心, 其德亦有四, 曰仁義禮智。"】心, 非元亨利貞; 心之德, 乃元亨利貞。知此, 則知彼之爲渾合說, 非直指說也。

"天地變化, 其心孔仁", 此以形氣神理分之, 天地, 形也; 變化, 氣也; 心, 神也; 仁, 理也。就人物看亦然。此雖眼前說話, 學者宜記取。

天之心, 以天之理, 命於人之心; 人之心, 受天之理, 以爲性。

天、人, 一也。斯理也, 程、朱、栗、尤諸先生, 無不闡明矣。奈何後儒却謂"理之在天則爲氣之主, 性之在人, 乃不得爲心之主", 遂將性字, 拽在心下耶? 華西門人, 旣認心爲理, 如此說, 自應爾也。其宗尤翁者, 亦復云云, 絕可異也。尤翁言"太極爲陰陽之主, 而反爲陰陽之所運用。凡生於太極陰陽者, 皆然。" 旣曰皆然, 則在人之性, 非太極歟? 在人之心, 非陰陽歟?

世間不好底人, 不定疊底事, 才遇堯、舜, 都安帖平安了,【不知此世界, 更經幾年得遇堯、舜。】所以謂之克相上帝, 蓋助上帝之不及也。此出『語類』儞錄。今嶺、洛心理諸家, 直指上帝爲理, 如曰聖人相理、助理, 亦得否? 竊謂上帝與聖人, 皆是與理無間者, 故可以言相言助, 此處宜體認。

堯、舜, 性者, 性當爲堯、舜之本體, 堯、舜當爲性之妙用。君子依乎中庸, 聖人全體太極之類, 都是一理。【堯、舜, 形而下之器; 性, 形而上之道。】

李氏平生主見, 惟心性一理而已。而於心能盡性, 心妙性情之類, 齟齬不安, 區處不下, 故遂將以心使心。【見『近思錄』四卷。】蔽之而曰非若近世一種之學, 判心性爲兩歧, 反涉於大本之不一者。【見柳定齋往復。○朱子于大本, 每以天命之性當之, 而至公之心, 亦不許爲大本, 則其不認心性爲一物, 明矣。李氏之心, 欲將大本, 稍稍移之於心, 故其言如此。豈可曰尊信朱子而無異論者乎? 所謂一種之學, 豈非暗指栗、尤以下諸賢之一遵朱子者而言歟?】謹按朱子論程語云, 佗說得似有兩箇, 子細看來, 只是一箇心。今如李說, 則曰"以心盡心, 以心妙心", 亦得矣; 又曰"以性盡心, 以性妙心", 亦得矣。豈有是理夫? 心可言定, 可言思, 可言自由與放去, 性亦可如此說乎? 千不然萬不然也。大抵以心使心, 只是一物, 更無可辨。至於心字、性字, 終必略有分別。【如言"人心有覺"、"道體無爲", 道是理而其於心, 心當敬畏以存天理之類, 甚多, 不可悉陳。】今必欲混而一之, 恐彼此俱昧而兩相病也。朱書有儱侗眞如顢頇佛性之譏, 凡爲李學而喜渾合、惡剖析者, 盍亦於此致思焉?

信如李說, 而心性一理, 則佛氏亦可謂之本天乎? 朱子指佛氏所認做性, 爲聖人所謂心, 心性之非一理, 不其明乎? 『中庸』曰"君子尊德性", 心性無別, 則曰"君子尊心", 亦不礙本心之佛乎? 朱子曰"聖人全體太極", 將曰以心體心乎? 曰以極體極乎? 朱子曰"靈處只是心, 不是性, 性只是理", 將曰靈處只是性, 不是心, 心只是理, 而可說得去否?

或問: 朱子于心性, 皆曰"一身之主", 而柳氏以性無知能之故, 不肯推爲極本窮源之主宰者似矣, 而吾子不知許, 何也?

曰: 道體雖無知無能, 然而有知有能者, 不得不以之爲主, 故吾不得以彼言爲是也。

曰: 請就實處明白指示。

曰: 天之生物, 各無不足之理, 此性也; 人之有盡有不盡者, 此心也。須是自心自力, 使於性分, 無些子未滿足處, 方是心之奉性爲宰也。如有親者, 性則無不盡孝之理, 而心則或有未盡之病; 遇美色者, 性則無有心視之之理, 而心則或起視之之念, 此皆心當奉性爲宰, 不當自恃自用之實驗也。

曰: 聖人之心, 不待勉強而自合於理, 此又如何?

曰: 既曰"心合乎理", 則心非是理, 而理爲心本, 明矣。凡言語者, 心之聲也, 彼所云云, 皆其心欲自尊而不肯尊性之私也; 吾所云云, 亦吾心欲自小而以性爲極之公也。只以此觀之, 可見彼心此心誰得誰失之分矣。

或問: 朱子於心與道, 皆曰"爲太極", 而柳、李主心太極, 吾子主性太極, 何也?

曰: 此以朱子之言折衷可也。『論語註』曰"人心有覺, 道體無爲", 則凡有覺有爲者, 不復可謂道體矣。雖無覺無爲, 而謂之道體, 則道爲太極, 是端的指定之言也; 心爲太極, 是渾淪包含之辭也。夫心者, 氣之靈明神妙而已。【釋氏認此爲性, 而尊爲萬法之原; 柳、李亦直以此爲性理爲太極, 而目爲天下之大本, 彼此果何所別乎?】不可直謂之道也, 然能盡載道之全體, 而妙用無遺, 故并舉其道, 而曰"心爲太極"也。彼二家之見, 若果如此, 則可謂得朱子之指矣。今柳氏曰: "太極能應事, 則無爲者不得爲道矣。" 李氏曰: "性不可獨當太極, 則道體不得爲太極矣。" 朱子之意, 斷不如是。吾故曰 "以朱子之言折衷可也"。

李氏「答李肅明」書: "以心者氣之精爽, 爲安知其不指理乎。" 此足以見其執拗苟且之甚, 而亦見其爲認氣爲理之供辭也。

孔子之奉天, 顏氏之得善拳拳, 子思之尊性, 程氏之本天, 晦翁之欽承仁義, 皆心之尊性也。惟我獨尊, 佛心之自尊也; 上面著不得一字, 陸心之自上也; 心未嘗不聖, 楊【慈湖】心之自聖也; 心極天下之尊, 劉心之自尊也;【念臺, 陽明流派。】大理具小理, 金【監役】心之自大也; 心上而性下, 柳【持平】心之自上也; 人理之尊號, 李【都事】心之自尊也。今以此之有尊、彼之自尊, 兩相對勘, 未知孰爲主理, 孰爲主心者。

心是天理之主宰, 近世心理諸家, 輒指爲心是天理之一大證佐, 此殊可笑。如曰心是性情之主宰, 心是一身之主宰。道心是形氣之主宰, 則亦可謂心是性情, 心是一身, 心是形氣之明據乎! 理爲氣主, 太極爲陰陽之主, 此亦理是氣, 太極是陰陽之謂乎? 無亦爲讀書太麤之病歟!

李氏開口, 便說心卽理, 今以陽明之言觀之, 可見其是非。陽明言: "心卽是理, 心卽是道, 是天心自然會知, 不假外求, 是自家準則, 凡明不得行不去, 反在自心上體當, 卽可通。人若解向裏尋求, 見得自己心體, 卽無時無處不是此道。"【止此。】心若果是理, 卽陽明之言, 字字的當, 句句確定。未知李氏于此, 果竪降旛否? 如曰不然, 則其平生所主心卽理三字, 不過爲一柄剩語矣。眞正學問家, 何爲有此剩語? 可怪可怪!

李氏理氣說, 篇篇朱子, 口口朱子, 難與爭鋒, 然獨怪夫掇拾朱子已改之舊說, 以拒更定之論, 如「盡心說」, 是也。年月有據者, 輒自移動刪改, 以就己見者, 如陳安卿庚戌己未所聞, 則單擧己木,【初無的證而削去庚戌。】葉味道辛亥以後所聞, 徐居甫庚戌以後所聞, 皆削去以後二字, 是也。蔡季通語, 自爲一段, 而初無朱子可否之辭者, 泛稱朱門, 或稱『語類』。黃直卿語之不見許者, 單擧黃語爲據, 而朱子不許之說, 則棄而不省。太極是性, 陰陽是心, 是葉味道錄, 而乃曰"不知見在何處"; 理體氣用, 『語類』甘吉甫錄、『大全』呂子約書, 而謂之朱子所斥; 性是太極渾然之體, 是「答陳器之」書, 而却言性不可獨當太極, 又言太極不可偏屬於性。李氏文集中, 此類極多, 今難悉擧, 讀者自去細察, 可見矣。

先賢言"動以天", 僕謂動之者, 心也; 所以動者, 天也。『論語註』: "好善而惡惡, 天下之同情也。" 好之惡之者, 心也; 所以好惡者, 性也。此以李說論之, 當曰動者, 天也; 好者惡者, 性也, 此於聖賢之指, 合乎戾乎?

以愛親敬長言之, 愛敬者, 理; 愛敬之者, 氣。亦何以辨? 蓋愛者云者, 非愛親之謂乎? 則愛之者, 亦是愛親之謂也。恐無以辨, 豈以自然能然言歟? 然則氣亦有自然處, 理亦有能然處, 亦未必使人曉然也。【理有能然, 俟當別論。】或據『語類』淳錄"鬼神亦只是實理"語, 以爲證佐, 似此講論, 不如不爲。蓋本文實理下, 直接以"若無這理, 則便無鬼神, 無萬物, 都無所該載了", 今單據上文, 爲吾之所使, 而下文都不連看, 如何得先生本意? 蓋鬼神萬物, 該載實理底, 故混淪而言, 則亦可曰鬼神亦是實理, 糟粕煨燼亦無非敎也。然欲析開看, 則鬼神萬物, 只可謂之載理之氣, 不可直喚做形而上者。此一處通, 則餘如鳶飛魚躍、心靈神識、陽舒陰慘、日往月來, 都是一般, 可以省得多少閒爭競。

廣錄, 論費隱曰: "鬼神之道, 便是君子之道, 非有二也。" 今人認鬼神爲理者, 亦將指君子, 直謂之理乎? 此千不然萬不然之說也。文蔚錄, 以侯氏說爲非, 未知今人將據此爲鬼神是形而上之道否? 然則如指鬼神之道, 謂道之道, 鬼神之德, 謂道之德乎? 直是好笑。

天命之性, 固是合理與氣底; 氣質之性, 也是合理與氣底, 如何辨別?【張子曰: "合虛與氣, 有性之名。" 朱子曰: "性者, 理氣之合。" 栗谷曰: "合理與木氣, 有仁之名。" 以上皆天命之性。朱子曰: "氣質之性, 以理雜氣而言。" 栗谷曰: "合理與氣質, 而命之曰氣質之性。"】竊意天命之性, 是於合理氣之中, 單指理之至善全體言, 而氣之善惡, 無所交涉。氣質之性, 是於合理氣之中, 專指氣之雜糅異用言, 而理之偏全, 不干稟受。今學問, 只要明得那全善之理而敬守之, 揀得那雜糅之氣而克去之, 如斯而已。

"性焉之謂聖", 焉字非就稟賦說, 乃是言其發見之無些虧欠。以安焉執焉復焉之文推之, 便自曉然。讀者有因一字未明, 而生出無限葛藤, 可歎也。

余觀「陳棟堂記」, 某人恃勢行非而曰"天理人心四字, 今用不著。" 後其人爲紹興府推官, 果置此四字不用; 後陞刑部主事, 其所爲仍如紹興。竟讁沔陽, 疽發背死, 無子。吁! 天理人心四字, 殆不可置哉。此見畜德錄「勸戒篇」。因此記得, 某人嘗因事激, 遂曰: "雖倒行逆施, 亦可爲也。" 後誣其同門長德爲弑師, 遂使其師, 爲被弑之人。又指其師晩年改從某人心說爲亂命。又嘗大言曰: "言足以飾非, 智足以拒諫, 皆是理爲之。" 此欲以證心屬理、理有爲而云也。此人一生得力, 正在倒行逆施四字。

方正學「夷齊論」, 恐有合商量者。使伯夷早知其父之志, 以若見識之明、孝友之純、淸廉之性, 亦必能爲泰伯之行, 又何待正學之言哉? 若知父志而隱忍遷就於平日, 及至遺命而後, 不得已而爲辭遜逃避之擧, 則是全出於私意, 而非有脫灑之象者, 聖賢何故以求仁得仁與之, 而稱之曰"聖之淸"也? 至於"天命歸周, 則潔身自遠, 斯可已矣", 正學之論, 合於聖人之中, 無容改評矣。 其曰"何乃恥食其粟, 而獨食其薇也, 庸非周土之毛乎? 斯過乎中者", 何不思程子以粟爲祿之精義, 而信史遷謬妄之說也? 夫不食周祿, 正所謂潔身自遠之中, 無可議者矣。 雖然, 文皇之於正學, 任其自在, 則亦不食其祿而已, 十族之禍, 安從生乎? 王崇炳不知正學之意, 復譏之以未合乎義, 是亦不足與議於聖人之道者也。 吁! 王直所著『伯夷十辨』, 其說痛快, 使史遷復起, 恐無以容其喙矣, 然此當俟異日論之。【『三淵集』言。此說本出『莊子』寓言, 而馬遷信之。】

『大全』「講義」云: "方寸之間, 虛靈洞澈,【此單言心, 與禪家所指無異。決不可指爲性, 指爲理, 指爲道, 指爲太極, 此其理也。】萬理粲然,【此方是性也, 理也, 道也, 太極也, 不能自動靜者。】有以應乎事物之變【此非但指情一塗而已, 德行事業, 皆在其中也。禪家但有虛靈而無其理應事, 所以爲異學也。】而不昧, 是所謂明德者也。"【不昧頂上, 虛靈洞澈而言, 則明德之主心明矣。若以明德, 直指爲性與理與道與太極, 則禽獸亦有明德, 而可以爲堯、舜而參天地贊化育也乎? 此理曉然不難知, 奈何世儒一向執迷而不悟? 可歎也已!】

朱子曰: "惟人也得其秀而最靈, 純粹(之)[至][222]善之性也, 是所謂太極也。" 此語直指靈爲性爲極, 何也? 圖說此段, 但言得秀而最靈, 不言得性而至善者, 緣性是天之所命于心者,【『語類』言: "天命簡心, 方是性。"】故言靈而性包在其中。下文五性, 卽是心之所得於天者。不然, 此性字, 殊無來歷。朱子所以言最靈至善之性者, 此也。學者不察而局殺說, 則其不陷於禪、佛、陸、王者, 幾希。

氣之精英者爲神,【『語類』一卷。植錄。】鬼神是氣之精英,【六十三卷。鉄錄。】心者氣之精爽。【五卷。節錄。】曾見嶺氏文集, 以植錄此句爲指理之辭。以節錄爲亦安知非指理之辭? 如此立言, 而可以取信於人乎? 鉄錄亦必如此, 若一向如此硬說, 則二氣之

---

222) (之)[至]: 저본에 '之'로 되어 있으나, 『朱子語類』「周子之書」에 의거하여 '至'로 교감하였다.

良能, 陰之靈、陽之靈, 又將幷指爲理, 而沛然無少阻礙矣。似此氣象, 如何抵當得? 不如任其胡說亂道也。

朱子辨五峯心無死生之說, 有云: "此幾於釋氏之說。" 又云: "天地生物, 人得其秀而最靈, 所謂心者, 乃夫虛靈知覺之性, 隨形氣而有始終。" 此與前段略相似, 而有大不同者。大抵靈覺不昧之心, 隨形氣而有始終;【『大全』「答林德久」書如此。】純粹至善之性, 通古今而無成壞。【『大全』「答連嵩卿」書, 所論亦有此意。】二者, 不可混合而無辨也。【顏子"心不違仁", 孟子"理義悅心", 『中庸』「序」"心原於性", 『論語註』"心能盡性, 性不知檢其心", 皆是八字分開處。】昔年得柳稺程書, 以鹿門此性字可疑之說爲不宜, 然不知其竟如何看也。

伊川先生言"生之謂性, 止訓所禀受", 其意原只是說氣稟, 非謂氣質禀受得性理也。【若言氣質禀受性理, 豈非天命之性?】故下文卽言"今人言天性柔緩, 天性剛急, 此訓所禀受也"。此只是說氣質, 不干性理, 故上文另說"天命之謂性, 此言性之理也"。此言性之理, 則彼之言氣, 豈不昭然如示諸掌乎? 前此每認做氣受理, 故心常未愜。今乃覺得原指如此, 此何等歡喜事? 愚今七十五歲, 乃如此, 鄭之錯會此, 亦何必深責? 且俟其進步之日, 爲得。

近世一種學家, 既自認心爲理, 則其眼中, 只見得矗底精神魂魄、血氣氣質是氣。而凡有運用知覺思慮底, 神識活化靈昭之類, 一幷尊之爲理, 殊不知此上頭更有無眹、無爲之理, 爲心之源本, 此既爲無頭腦之見矣。其見佗人指心爲氣之說, 則不察其所謂氣者是虛靈神明, 能知理循理者, 輒曰: "是心氣質無辨之說, 歸之主氣, 此又爲老佛却不說氣之見矣。" 譬如理則君也, 心則相也, 氣質精魄之類則百官萬民也。今有錯認相臣爲君, 則聞指相爲臣者, 輒罵之曰"是認百官萬民爲相也", 此誠粗疏之甚也。至若稍認心非理者, 亦畏彼之笑罵, 不敢開口說心屬氣, 此非惟氣不充之病, 亦是見不透之過也。如朱子說"心猶陰陽", 栗翁說"心是氣", 曷嘗指陰陽與氣之矗底以爲言乎? 實以陰陽與氣之至靈至神者言也。朱、栗之言, 如曰相是臣, 雖曰臣也, 亦何損其爲百官萬民之主乎? 俄見韓友「心說或問」, 似未免有畏人胡罵之象, 信乎見理之難而命辭之未易也!

與諸生看"精義入神"語, 因悟自家所認底義, 直是太囂在, 都無精細意味。"聖人瀝得天理, 似泥樣熟"。【此一句, 是朱子訓包楊語。】今也揣測那天理, 似未經椎鑿底頑石, 所以做處, 常只得外面依俙近似底, 論人亦只就非禮之禮非義之義上, 稱得大中至善, 此道之所以不明不行也。

須形乃可言性, 性無不善而人有不善者, 以其爲形所拘也。然形之中, 有知覺者存曰心。心既知性之善, 又能惡夫形之拘也。卽主敬以宰之, 用勇以終之, 至於久而誠, 則『中庸』之極功, 不外是矣。其要專在心之自操而不少懈也。【性, 天命之性也。知、宰、終, 三達德也。或言"理在形者, 謂之非本然", 及"三達德爲性理", 此皆非也。】

薛文淸云: "天理本善,【在天之氣, 雖時有昏暗駁雜, 然理却只是善, 故其賦於物也, 無毫髮惡理。下文天理本全, 亦如此。學者于此處, 宜澄心體究。】故人性無不善。【天、人, 皆帶氣底。】故程子曰: '性卽理也。'" 汪氏以此爲論性語破的者。余倣其語云: "天理本全, 故人性無不全。故朱子曰: '理無不全也。'" 若以在氣, 謂人之受性有惡有偏。如此者, 甘自歸於朱子所謂荀、揚、韓雖是論性, 其實只說得氣者之科曰矣。二程謂: "聖人可學, 而必欲學而至於聖人"。【見『外書』。】此以人性皆善皆全, 故善學則可以入於聖域。今使性元來隨氣而稟受有惡有偏, 凡庸雖欲爲聖賢, 如何得? 爲此言者, 貽害天下甚矣。盍少思而翻然改也?

翼註曰: "性字純就理言, 不兼氣質。" 註以氣陪說者,【指『庸』。】只見理隨氣而賦耳, 非兼氣也。余因此而別有所會於心者, 曰: "性善之性, 純是理, 非可以氣質滾合說底。" 伯子却將生字氣字陪說, 而曰: "生之謂性, 性卽氣, 氣卽性, 生之謂也。" 此特以見無此形氣則性善無所賦爾, 其實非并形氣和爲性也。至於朱子則又曰: "天命與氣質, 亦相滾同, 纔有天命, 便有氣質, 不能相離, 若無此氣, 則此理如何頓放?"【止此。】今人以此理頓放在氣中之故, 抵死貶降, 目之爲氣質之性, 是豈程、朱之所預料而不敢言者耶? 非惟此一義爲然, 如仁人心。心卽性, 聖人之心渾然一理, 後人都錯認做心理一物。聖人之心淸明純粹, 註云"淸明以氣言, 純粹以質言"。後賢遂認做心氣質無辨, 如此類欲悉擧, 便可使長安紙貴。不肖往往中夜而起, 不勝憂歎之情焉爾。

譬如胎非可以和母說者, 特包在母腹之中, 故曰"孕之謂胎"。胎卽母, 母卽胎, 孕之謂也。未孕以前, 如何說得胎? 纔說胎時, 便已懷在母腹之中, 不單獨是胎也。雖然, 胎自是胎, 母自是母爾。此是朱子所論未生已生之意, 而羅整菴却指爲求之太過, 而老洲取之。然尤菴、農巖平生所主, 却不如此。此見於『箚疑語錄』問目之書者, 詳且明矣。

天理、人事, 有形而上、下之辨, 而無一時相離之隙。且人事有迹可循, 天理無形可見, 故雖聖人, 未嘗舍人事而得天理。況學者不謹節文而空譚性理, 如何見得道? 非惟未有所見, 而又下視朋儕, 低看道理, 下梢只成就得一箇傲物。朱子嘗言: "聖賢指示求仁之方, 多是於下學處指示。【按: 以今觀之, 下學功夫, 無如『小學』。】蓋用力於此而自得之, 則安然便爲己得, 非若今人懸揣暗料, 窺見彷彿, 便以爲得也。【「答蔡季通」書。】又言, 雖至於堯、舜、孔子之聖, 其自處 常只在下學處也。上達處不可著功夫, 更無依泊處。日用動靜語默, 無非下學, 聖人豈曾離此來? 今動不動, 便先說簡本末精粗無二致, 此說大誤。"【「答許順之」書。】此皆吃緊敎人語, 如何人自不受用?

修身大法, 『小學』備矣。篇中所載, 皆堯、舜、文、武、周、孔、顔、曾、孟子之言行, 其餘又皆後賢言行之精純者。人能深體而有得, 則可以上達天理, 可以安人安百姓矣。

叔子"性卽理"之性, 卽伯子"性卽氣"之性, 亦卽橫渠"合虛與氣有性"之性, 亦卽晦菴"性者理氣之合"之性。學者於此等名義, 若不能會通, 吾恐終其身, 枉費筆舌, 而未有見道之期也。

某曰: 理纔在氣, 已非天地之性。
余曰: 必理之在氣, 方有天地之性, 子能不因在氣而言性乎? 天地二字, 早是氣質也。且'纔在氣, 便已非性', 未在氣, 不及爲性, 則率學者而索性於冥漠之中者, 必子之言夫!

仁性之發宜細勘。蓋性固是有發而爲情之理, 特以無覺無爲, 必因心而發。是故朱子、退溪皆曰: "動靜者, 氣也, 所以動靜者, 理也。" 栗谷曰: "發者, 氣也, 所以發者, 理也。」前訓如此, 而今直言仁性之發, 何也? 從其所以然而言也。若論其能發者, 必曰"心發爾"。今請以<u>退溪</u>「答李宏仲」書明之, 其言曰: "情之發, 心所爲也。【此心字, 作理看不得, 下幷同。】理無形影, 而盛貯該載於心者, 性也; 性無形影, 而因心以敷施發用者, 情也。惻隱, 情也, 而<u>孟子</u>謂之心者, 情因心而發故也。" 此書作於丁卯, 時先生六十七歲也。據此則其平日所謂理發者, 無非理因心而發之意。如此說, 多少平正, 多少灑落, 何必做理不待氣而自發者看, 反使本指<u>靉</u>昧而不明白也? 今自性理因心氣而發一義推之, 亦當曰太極因陰陽而動靜, 天道因氣化而流行, 亦沛然無阻礙。讀者, 可以醒悟。

分殊二字, 先賢有以理言處, 有以氣言處, 皆可通也。近世諸家, 一切指爲理中之分, 而以氣言底, 全然非之, 何其狹也? 『論語註』云: "精粗本末, 分雖殊, 而理則一。" 此亦將作理中之分看耶? 讀書最要胷中開闊!

心卽理, 善看則非惟無礙, 還可取益。蓋知得二者不相離之體, 而用得二者不相違之功, 則豈不爲進德之助乎? 不然, 氣卽性, 性卽氣, 身卽道, 道卽身, 器卽道, 道卽器, 事卽理, 理卽事,【此六字見<u>子夏</u>'先傳後倦'章小註<u>朱子</u>語。】無處不梗塞。

心學性之旨, 昭揭於天下。縱有尊心如天者, 不復敢開口飾辭矣。

禮是性之理, 視、聽、言、動是心之事, 此形而上、下之辨也。視、聽、言、動中於禮, 是心理合一之學也。

問: 喜、怒出於性否?
<u>伊川先生</u>曰: 固是。【七情, 出於性。】纔有生識, 便有性,【與伯子"生之謂性"同, 如何喚做弗性之性?】有性便有情。
問: 喜、怒出於外?
曰: 非出於外, 感於外而發於中也。【<u>退翁</u>所論七情, 與此同否?】
問: 性之有喜、怒, 猶水之有波否?
曰: 然。湛然平靜, 水之性也。及遇沙石, 或地勢不平, 便有湍激; 或風行其上, 便爲波濤洶湧, 此豈水之性也哉?【此段當善體會。若以湍激洶湧, 爲惡情之喩, 則聖人分上, 不當有此喩否?】人性中, 只有四端,【曰只有四端, 則似以七情包在其中。】又豈有許多不善底事?
【此以本然言也。然則四端、七情, 皆有善無惡。】然無水, 安得波浪? 無性, 安得情也?【出『遺
書』十八卷「劉元承手編」。】

或問: "君子存之, 何所存也?" 程子曰: "存天理也。"【君子以心言, 天理以性言, 心性本末
曉然。】天理未嘗亡, 而庶民則亡之者衆矣。此與董子"非道亡也, 幽、厲不由"同意。
近世有謂道亡而自裁者, 曷若存身而扶持此道也?

理之體無爲, 理之用無不爲,【認心爲理, 故其所見如此。】此心學家言也。甚者至曰無爲,
非眞無爲, 其爲之也, 如順萬事而無情。然則理之體, 亦終於有爲, 特不露形跡, 不
大聲色爾。豈道體無爲, 人心有覺之聖傳哉? 涪翁言: "天理生生, 相續不息, 無爲
故也。" 使竭智巧而爲之, 未有能不息, 此以理之用言, 而亦曰無爲, 學者宜深體之。
理雖無爲, 而爲爲者之主。雖爲宰, 而是不宰之宰, 無爲爲主爲宰不宰之妙, 宜反
身自體。不然, 只是說爾。

士之簡身, 固宜從外撿飭。元要從心曲隱微中, 邪思惡念, 一一子細打點, 勇猛掃
除, 過來如此, 則形色悉皆天性, 辭氣無非至理。

儒者, 當亂世, 不極憂患困難, 必不能明道術立綱常, 畢竟道術明綱常立, 而儒者
所操一片危心, 猶不敢少弛, 然則何時而可安樂乎? 須知憂患困難之中, 却自有獨
樂之妙。

橫渠先生言, 由氣化有道之名,【朱子說此句義, 詳見『語類』「盡心章」, 沈僩戊午以後所聞, 宜表
而出之也。】愚亦言由形生有性之名。【此似尋常語, 而於明道生性章, 却不可少者, 後之人, 宜將
朱子解橫渠說者, 來解愚語。】

知覺屬心屬智, 朱先生有晚年所定, 皆屬於心知, 後來諸賢或未及思省, 而往往主
屬智之論歟。『大全』潘謙之書, 尤菴、農巖, 雖相引據, 然無年月可考, 至於林德
久書曰"知覺, 正是氣之虛靈處",【退翁以虛靈虛字屬理, 竊不能無疑。】此書在乙卯, 時先
生六十六歲。【此書第一段, 所謂問爲福州學官作一說者, 卽指「福州經史閣記」, 記作於慶元元年乙

卯。〕『語類』沈莊仲、儞錄曰: "心之知覺, 是那氣之虛靈底, 聰明視聽, 作爲運用, 皆是有這知覺, 方運用得這道理, 所以橫渠說'人能弘道, 是心能盡性; 非道弘人, 是性不知檢心。' 此等語, 秦、漢以下人道不到。" 此在先生六十九歲以後議論。〔見「孟子 盡心章」。〕又曰: "釋氏便認知覺做性。"〔亦沈莊仲錄。〕佗如"心之虛靈知覺, 原於性命"; "人心之靈, 莫不有知";〔此知本以識言, 而良知知覺, 皆在其中。〕"人心有覺, 道體無爲";〔覺爲兩字, 移動不得。〕"告子不知性之爲理, 而以所謂氣者當之",〔氣指知覺。○ 四語出『論』、『孟集註』、『大學』「補亡」、『中庸』「序文」。〕皆是鐵定公案, 而猶有異論, 可歎也已。〔華西指朱子心性分物則, 爲無甚綱領時說話, 嶺儒又誣朱子爲心卽理之論, 至甲寅始大定, 不知何謂!〕

伊川云: "知言之善惡是非, 乃可以知人。" 愚竊意學者看近世文集, 要須識得佗議論偏正得失之極, 則其人之德無餘蘊矣。故每謂雖文辨巧飾, 而纔遇明眼人, 便被佗覰破, 不可瞞過, 看人文字而不知其人, 是自不知言。〔伊川又云: "學者, 須要知言。"〕

性是天上天下獨一無對, 至善至尊底大先生, 其爲心者, 宜俛首受敎於函席之下, ‥‥尋繹, 時時存省, 事事體行, 無或闕遺, 無或休歇, 卽爲師門高弟矣。〔此是愚晚暮所悟, 諸子宜服膺而勿失也。〕

眞儒, 從古以爲難得。大抵士有志, 宜得眞儒以輔之; 家有兒, 宜得眞儒以敎之; 帝王有國與天下, 宜得眞儒以治平之。萬一不爾, 世間百事, 未有可以純正之理, 事不純正而不危且亂者, 未之聞也。欲得眞儒, 自家先要從眞實心地上做起, 不管別人道好道惡, 惟正者行之, 不正者去之, 如是而已。

程子曰: "動靜者, 陰陽之本也,〔嶺儒每引此句, 以證太極之動靜, 爲陰陽之本, 謬甚。〕五氣之運, 則參差不齊矣。"〔『粹言』「天地篇」〕此以橫渠游氣紛擾, 陰陽兩端, 比例看, 自然分曉, 但程子從本說下來, 橫渠由用推上去。〔『語類』云: "橫渠此段, 只是說氣, 未及言理, 游氣紛擾, 此已是查滓麤濁者, 去生人物, 蓋氣之用也, 動靜兩端, 此是說氣之本。"〕老洲曰: "游氣紛擾此段, 却似都說了。蓋陰陽循環者, 氣之本也; 游氣紛擾者, 氣之用也, 初非有二氣也。『語類』云: '游氣紛擾, 是陰陽之緒餘。'〔愚按: 程子語, 如此句做對, 則當曰動靜循環, 是陰陽之本質, 於是嶺儒之誤, 不難見也。〕然則人物雖散殊爲萬, 天地之大義, 未嘗不隨處透貫也。"〔老洲說止此。○ 愚按: 老洲語, 可以推看於人物所稟氣質, 用殊體一之義矣。〕

朱子曰: "太極便是性, 動靜陰陽是心,【嶺儒說, 與此二句不相入。】金木水火土是仁義禮智信,【此句若不活看, 便成心理家心卽理底病痛。】化生萬物是萬事。"『語類』此是天人一理一心脗合無間處, 學者最要知得徹, 行得到。若曚然蠢然而已, 果可以自別於禽獸乎? 噫!

明道先生曰: "生之謂性, 性卽氣, 氣卽性"者, 卽氣而指性, 以見氣外無性, 是所謂合也。" 又曰: "不是性中元有此兩物相對而生"者, 就性氣合處判別之, 以見性不可以混氣, 是所謂分也。"【上段, 卽橫渠所謂"合虛與氣有性之名"者也; 下段, 卽朱子所謂"雖在氣中, 氣自氣性自性, 不相夾雜"者也。】

千古群聖, 只要就氣中指出理字, 以爲扶植世敎之術, 其苦心血誠, 可以仰揣, 而不可不奉而守之也。今鄭某之論性, 必欲主氣質爲重, 而遂以理字繫縛於氣, 以爲局滯之物, 洲翁所謂將道、器混爲一物, 則畢竟器爲主而道爲客, 一箇無方體、貫三極之理, 卻爲氣掩, 無處可認本然之妙者, 正可慮也。鄭某雖時有單指爲本然之說, 然此不過爲附庸之國, 不足以爲主於天下矣。老夫于此, 不能不爲性理冤枉矣。

朱子曰: "天地之心, 固是主宰底意。然所謂主宰者, 卽是理也。" 又曰: "上帝降衷, 便有主宰意。" 按, 主宰意意字, 極要理會。若性與太極, 可直指爲主宰, 不須言意字, 學者之心, 須將理字擡之, 爲極本窮源之主宰。朱子曰: "天下莫尊於理, 故以帝名之。" 又曰: "不是心外別有個理, 理外別有個心。" 按, 人心須與性合一, 始名爲天君, 學者宜用此個功夫, 勿謾說心外無性, 性外無心, 而僭擧尊號。

朱子曰: "上帝是理爲主。" 按, 學者之心, 須是敬而以理爲主。若纔不敬, 人欲、客氣, 皆爲之主而害夫理矣。爲心者, 何可遽曰我是理爲主乎?

朱子曰: "謂之全亦可, 謂之偏亦可。以理言之, 則無不全; 以氣言之, 則不能無偏。"【以氣言之, 一作以不能推言之。】按, 以理言則無不全, 然則先生之言"理隨以異、稟得來少"等語非一, 而要之皆以氣言者也。人心之用, 每多失於偏, 是由於氣稟, 而性則依舊是全。【問: 天地之氣, 昏明駁雜之時, 天地之理, 亦然否? 朱子曰: "只是氣如此, 理卻自恁地。"】今宜此心欽承性命, 而矯治氣質, 莫認心理無別, 如華、寒之說, 心氣質無辨, 如塘、屏之論也。

朱子曰: "物不能推, 謂物無此理不得, 只是氣昏, 一似都無了。" 又曰: "今人多鶻鶻突突, 一似無這個明命。" 又曰: "人皆本有仁義之心, 但爲物欲所害, 恰似都無了。" 按, 今要此心, 專力悉推五性, 勿以吾之受氣, 未若聖人之全爲諉, 又切勿言氣昏與鶻鶻突突, 無害於道, 何必須明氣修氣?

朱子曰: "蜂蟻虎狼, 只是佗仁義上有一點子明, 其佗更推不去。" 又曰: "明皇友愛諸弟, 而殺臣殺子, 便有所通有所蔽, 是佗性中, 只通得一路, 故於佗處皆礙也。" 按, 此兩段, 便見得人物智愚, 其本性則一也。學者, 須就自心發見處, 省得幾點幾條明通, 必要逐一推得去, 令無不盡也。

朱子曰: "一草一木, 皆天地和平之氣。" 按, 草木猶然, 況吾人乎? 人之未和未平者, 豈非反戾其本賦之氣, 而自陷於天地之罪人乎? 人患不用功, 豈有學而不復其本然之氣之理乎?

朱子曰: "天地間, 只是一個道理, 性便是理。人之所以有善有不善, 只緣氣質之稟, 各有淸獨。" 按: 旣是一箇理, 則在天, 安有爲人爲物之理; 在人在物, 安有全具偏具之理來? 凡善惡偏全, 皆緣氣異之故。請古來謂人物聖凡性隨氣而異其受者, 再加澄省焉。又按, 天地間只是一理, 此語儘好體會, 學者于此, 果能信得及, 將大有無窮受用, 亦必有無邊歡喜。蓋端的只是一箇理, 更無兩樣, 則天地聖神, 亦只是我, 此理我如何自小得; 冥頑癡獸, 亦只是我, 此理我如何自大得; 江海、山岳、飛潛、動植, 總亦只是我, 此理我如何自私得? 如此則眼目自然高明, 心胷自然闊大, 要將此意, 常存勿忘, 則於體道, 庶有眞實得力處矣。

朱子曰: "性相近, 兼氣質而言。" 又曰: "凡人說性, 只是說繼之者善, 也兼氣質。" 按, 學者于此兩語, 看得無礙, 許汝具得一隻眼。又按, 纔說兼氣質, 則其發見便有與聖賢不相似處。雖說兼氣質, 然其本體, 初無與聖賢不相似處。學者於前言, 儘索省察, 於後言, 深用存養, 而無敢少有懈怠之失也。

朱子曰: "看爾稟得氣如何? 然此理卻只是善, 既是理, 如何得惡? 所謂惡者, 卻是氣也。" 按, 善惡如此, 則偏全亦是如此。又按, 今余稟氣, 雖甚醜陋, 然性卻全善, 未嘗有毫髮不善處, 豈非萬幸? 今雖病且死, 若能堅起本善之心, 以矯治末偏之氣焉, 則恐亦有些長進之望矣。

思則得之, 謂得其理也; 不思則罔, 謂無得於理也。故曰學原於思, 思之之功大矣。然思者, 心也。心非理, 則其思未必皆中, 故不曰深思而曰愼思, 則思之術, 可知也。

陸象山自言"某信箇心", 由其認心爲理故云爾, 則見雖誤, 而言則可謂一串貫來也。近世一士友, 力主心卽理之說, 而又卻曰心不可恃。心不可恃之云, 則是矣, 但理而不可恃, 則古今天下, 更有何物可恃? 其言可謂首尾橫決而不相貫也。今學者, 其心自認爲氣之精英, 而凡所思慮運用, 不可不以理爲主, 一毫私僞, 亦勿容著, 久之, 自至於對越上帝而無所愧也。

生之謂仁, 仁卽木氣, 木氣卽仁, 生之謂也。木氣之有善惡, 亦是理當如此。蓋氣是有形之物, 纔有形, 自然有精粗美惡也。人有生而慈祥者, 有生而姑息者, 非仁之性如此, 只是木氣有然也。慈祥固是仁, 姑息亦因仁性而差, 故不可不謂之仁也。蓋人生而前, 如何說得仁性? 纔說仁性時, 此理便與木氣合了, 已非單獨是仁性也。

太極雖在陰陽裏, 天命雖在氣化上, 人性雖在形氣之中, 然只是一箇十全純善之理而已, 縱有險心乖氣人, 洗眼視之, 畢竟覓不得秋毫之缺、蠅矢之汙矣。如有異論者, 是自爲詿誤太極性命之人, 此如何與之共學耶?

龜山曰: "天命之謂性, 孟子道性善, 蓋原於此。謂性有不善者, 誣天也。性無不善, 則不可加損也, 無俟乎修焉, 率之而已。揚雄謂'學以修性', 非知性也。" 愚竊謂太極無不全且善, 天命人性皆然, 故聖人體之而已, 至之而已, 盡之而已, 謂太極性命有不全不善者, 其無目可憐也, 無嚴可痛也。

有人說稟賦之初, 單言氣則曰氣剛氣柔, 合理說則曰性剛性柔, 不知此性字是理耶氣耶? 且不知未及發用, 如何知得此性是剛是柔?【子路之剛, 冉有之柔, 曹操之奸, 劉裕之逆, 此類極多, 如何不待發見而已知得耶? 伊川言"若敖滅宗, 是聞其聲而知之", 此又何謂也?"】 且朱子言"某之氣質有病, 多在忿懷", 栗谷言"余性與世抹搬", 此當以單氣合理分屬歟。東萊自言"性氣粗暴", 此又以單氣合理總包之耶。又如"柴也愚, 某也魯, 師也過, 商也不及", 皆性之偏, 是皆就一點精血凝胎之時, 指定得與氣合言之理耶。朱子謂荀、揚言性, 只是說得箇氣, 今此人之言性剛性柔, 雖自謂合理說, 無亦爲只說得氣質而不自知耶。人心常以所重爲主, 如以利爲重者, 謂利卽是義, 謂利是學問全體綱領; 以形爲重者, 謂父母之生非恩而養是恩也; 以慾爲重者, 謂食色情慾是性; 以氣爲重者, 謂氣之有條理者是理, 又爲天地中氣是太極, 元氣是太極; 以氣質爲重者, 謂性之善卽氣質之善, 又爲性隨氣質而異稟; 以心爲重者, 謂心能造性, 心上不可著一字, 心爲聖人, 心是至尊之理; 以性爲重者, 謂性是天。人心之趨重, 宜分外審愼。

上帝是天之神也, 以天道至善之理, 命于人之心。心之神靈, 一如上帝, 而其所稟之天道, 則在心爲人性, 性中有心, 于性能知能守能久之理, 是則所謂三達德也。

性有此心能知能行之理, 道有此心當知當行之道, 敎有此心聞知聞行之法, 『中庸』自首三句, 已該知行, 與朋友講論而持守之, 固是知仁之屬。若或偏執難回, 則識其然而且止之, 旣止之, 又當斷然勿復爭辯可也。夫識也、止也、斷也, 亦近於知、仁、勇也, 若不識其然而爭辯不已, 或欲止之, 旋復爲氣所動, 而再與辯詰, 亦非三達德之理也。

克己是義,【朱子語。】克己而天理流行則是仁,【『集註』意如此。】非禮則勿視聽言動又是禮, 禮與非禮分別之理又是智。凡作一事, 四德無不關涉, 此個妙理, 學者宜向用時, 子細體認取。

孔子之時, 長沮、桀溺、楚狂、晨門、荷蕢之流, 譏笑玩慢, 見於『論語』者如此。此外世俗之陵藉侵侮, 想必不止於此。宋、衛、陳、蔡之間, 伐樹削跡, 被圍絶糧之事, 則又幾乎身不保矣。然其行道誨人之心, 何嘗因此而遂已哉? 自是以來, 群賢無不如此, 今日我輩小子, 所存所發, 不合道者, 幾何? 宜其覿閔受侮之甚也, 然卻當勤勵自修, 以無負乎上帝之衷、先聖之敎也。

凡爲心靈爲理, 心性爲一之說者, 未知于<u>謝上蔡</u>以覺爲仁之誤, 何所異乎? 于<u>朱子</u>直謂覺爲仁而陷於異端之斥, 何以逃乎? 自謂宗本<u>朱子</u>, 而所見之悖戾如此, 其誰信諸? 凡從余遊者, 宜愼所擇。

<u>朱子</u>曰: "<u>孟子</u>所以不如<u>孔子</u>者, 正爲於理義有未合一耳。" 見「<u>論語</u> 事君盡禮章」、『或問』。今學者早夜孜孜, 致知檢心, 使不戾於理義, 是爲緊急切近功夫, 愼勿被心宗直捷之說【謂心卽理也。】所引去, 終陷於佛、禪、<u>陸</u>、<u>王</u>之科也。

時人非議學子之衣冠拜揖, 守義謹禮, 以扶植綱常者, 非不自知其肆, 特以乘世敎之微而侮之也, 恃邪說之熾而驕之也。於斯時也, 學子輩, 有能守舊不變者, 卽擧世未必肯從, 而千載之下, 知有松柏後凋於歲寒, 雞鳴不已於風雨八表同昏之日, 未嘗無自昭之士, 則亦足爲世道之耿光也。

能弘道之人, 是達德; 其所弘之道, 是達道; 道不可離, 是達道; 戒愼之君子, 是達德, 人與君子, 皆以心言。【『語類』「人能弘道章」, 植錄宜考, 是癸丑所聞。】愚之所受敎於<u>孔子</u>、<u>子思</u>、<u>朱子</u>者如此, 吾儒宜世守之。

以識見爲眼目, 敬愼爲骨子。

身者, 綱常所繫, 奈何不重; 心者, 性命所具, 奈何不敬? 禮義立而人道興, 禮義壞而天命熄。

禮義者, 天之所命, 聖之所重, 人道之所賴以立, 國家之所依以興者, 宜乎吾儒之所藉以成己成物也。奈何儒者先自壞敗, 而不顧世界之日入於夷獸之地也? 噫!

身者, 載心性而行典常者也。故聖人敎之修, 敎之敬, 敎之自重也, 奈何不修己敬身而自賤其身也? 古人詩云: "我輩三綱五典身。" 凡不自重其身者, 皆有害於心性綱常者也。

務功者, 以守義者爲占便宜而惡之; 踰閑者, 以謹禮者爲無變通而賤之。噫, 守義謹禮, 何負於彼輩, 而賤惡如是也?

"心之精神是謂聖, 出於『孔叢子』, 而『孔叢子』僞書也。 且其語脈, 絶不類夫子雅言, 而楊簡奉之, 爲聖語中眞妙, 惟此爲特絶, 遂爲陸學之欛柄, 而至於良知之學矣。" 此苟翁「詺言」也。 余謂人之神聖, 其所運用, 無不與理合, 至於心之精神, 其所運用, 戾於理者多, 而不戾於理者寡矣。 陸、 王之學, 以是爲本, 殆無頭之學也, 近學之以心之虛靈爲理者, 不知與僞書之稱夫子語, 同歟, 異歟?

李氏論"其體則謂之易"云: "朱子改體質爲體實, 實是實理。" 今考得其所謂改之之文, 其言曰: "體字與實字, 相似, 乃是該體用而言。" 問: "向見先生云, 體是形體, 不如該體用者爲備。" 曰: "作該體用, 乃爲全備, 卻統下面其理則謂之道, 其用則神兩句。"【見『語類』百二十卷。 人傑庚子以後所聞。】本文如此, 未嘗言實是實理。 蓋此四字, 李氏所錯解也。 雖作實字, 陰陽變易, 何據爲形而上之道? 『通書』雖言二實, 未聞陰陽之爲理也。【李氏認『易』爲理, 與陸氏指陰陽爲形而上者, 何所分別?】況先生所論, 是螢錄, 陰陽屈伸, 便是形體?【此先生告人傑語, 見『語類』九十五卷八板。】若夫體質二字, 乃董銖錄中語, 而其文曰, 體是體質之體, 猶言骨子也。 易字, 陰陽錯綜, 交換代易之謂, 陰陽交錯而實理流行。 蓋與道爲體, 猶君臣、 父子、 夫婦、 長幼、 朋友, 有此五者, 而實理寓焉, 易爲此理之體質也。【朱子論程注與道爲體云, 如陰陽五行, 爲太極之體。】今以螢錄觀之, 人傑錄, 卽是己酉庚戌間問答, 與丙辰銖錄,【先生六十七歲語。】不當闊遠矣。【「易門」廣錄云, 程子謂其體則謂之易, 體猶形體也, 乃形而下者, 『易』中只說簡陰陽交易而已。 此是甲寅以後議論, 而先生猶主形體之說。 人傑錄, 蓋恐昧者誤認形體做形氣, 令該體用看, 非以形體字爲未安而改之也。】今使粗解文理者, 取銖錄而讀之, 亦可以見易字屬氣也。 李氏集中, 此等眩亂處極多, 若不子細究勘, 便被佗粗瞞過了, 亦甚害事也。

世人以儒者之食舊師古, 而不能隨時改度爲拙。故往往用智行詐, 而卒於顚倒, 此乃拙也。不知眞正拙法, 却在爲己不爲人, 正義不謀利, 其中自有無窮妙理也。

學者只信矩, 而不用用志不分之功, 則如何得"從心所欲不踰矩?" 如只恃性, 而不恃配理妙用之神, 亦可以窮理盡性, 以至於命歟?

佛氏最忌分別是非, 如何紀綱得世界? 紀綱世界, 只是非兩字。"亘古亘今, 塞天塞地, 此是生機流行, 所謂易也", 此明儒高景逸語, 學者宜自體之。蓋在心天理人慾、在道正學異敎、在朝君子小人、在治王道伯術、在世華制夷俗, 皆是非所係。此處不明白, 文章著述, 議論事功, 皆不足觀也。

尤菴先生, 撰述東賢文字多矣, 獨於河西, 特許集成二字。【遂菴語。】愚始至湖南, 有人言河西文廟從享。【缺】余甚駭之。及後奉視『弘齋全書』, 有曰: "苟無從祀之請則已, 如有之, 我朝四百年, 捨金文正, 奚先哉?", 又曰: "先輩以河西爲四百年第一人物者, 誠格言也。"【止此。】彼一種背馳之議, 闖生橫出, 謂之迎合,【見尹大司成得孚「與宋性潭」書。】當時已有之。然以尤翁特書集成二字之意推之, 謂之迎合者, 自歸於放肆無忌憚之科矣。向來先師全翁於高峯碑, 所引牛山之謂"湖南道學河西爲最"者, 未可謂未定之論也。

古語云: "利者義之和。" 今欲云利者私之兵戈也, 蓋以義斷割之, 則和而利矣。世人用私心爲主, 則必至於兵戈之爭矣。

古人稱堯、舜之德, 一則曰允恭、二則曰溫恭。孔子敎人, 亦每以慮以下人, 卑以自牧。謝上蔡論不知學者之病曰: "上人之心, 無時而已", 王陽明論人, 千罪萬惡, 皆從傲上來而曰: "傲則自高自是, 不肯屈下人。" 學者之於人, 且不敢上焉, 而必欲下之, 況今人之心, 惡聞性師之說者, 于性且誓不肯下之而必欲上焉, 其病豈止於象、朱之傲己哉? 凡從余遊者, 宜深誌之。

程子曰: "滿腔子是惻隱之心。" 今人往往滿腔子, 是驕傲之心, 是何故也? 只爲耳目之聽聞, 都是世俗之習, 方寸之蓄藏, 無非勢位之念, 遇朋友與尊長與天下之賢, 一切不肯屈下。甚者先聖先王且欲陵侮, 最其自高者, 于天命之性, 亦不肯俛首鞠躬以師其善, 而每欲貶降而拽下之。

儒門敎學, 多從用上立言立德。如言儒、釋之分, 只就其所存所發處, 辨別其得失, 其心性稟賦不與焉。昔程門、王氏答儒、佛同異之問曰: "公本來處, 還有儒、佛否?" 朱子譏之曰: "必言未嘗有者, 奚獨儒、佛? 亦未嘗有堯、桀也。" 儒、佛如此, 則華夷、人獸之分, 從可知也。今欲進學, 只就日用處, 思其所當思, 爲其所當爲, 言其所當言, 此爲切實功夫也。近來湖中士友, 輒據人物性同之論, 以爲人、獸無分而詬罵之, 恐太粗在也。且如正道、異端、主理、主氣之說, 亦以用心行事之循理使氣而分, 非以心之爲理爲氣也。一番士友, 誤認心爲理, 而不論心事之得失, 遂自居主理之學, 亦可笑也。今佛者謂心爲性爲道, 而遺棄君親, 得罪人倫者, 自認爲主性循道之學, 則一番士友許之否乎? 近世名目之爭起, 而躬行之學隱。其弊遂至於此, 此甚可憂也。

今日禮義之邦, 遵慢僻之俗, 如牛哀之化爲虎也。我輩衣冠之士, 守聖賢之敎, 如秦吉了之不之秦也。

程子論性論氣一段, 是千古儒門極有功之語。今倣此以立一義云: "但言性之爲師, 而不言心之盡性, 其說有不備之歎; 徒知心能主宰, 而不察性爲本原, 其見有不明之弊。將性與心, 判作二體, 又不是。" 後之人, 其宜細審。

孔子至於勝母【『索隱』作勝母懸。】, 暮矣而不宿; 過於盜泉, 渴矣而不飲, 惡其名也。今也有斬孔某之文, 殺父兄之說, 人而可與之同群矣乎!

士之用心, 自尊、自師, 以爲天下莫己若也。其視性命, 若無有也。此其人自視無患, 有眼者從傍冷看, 匕首已陷其膂腹, 猛獸已攫其腰脅, 死亡無日矣。

『語類』"氣稟惡, 則牽引那性不好", 此若直就稟賦上說, 則此性稟賦時, 已有好底, 有不好底, 豈不害理? 此等議論, 可謂只見得氣, 不見得性者。如言氣數乖戾, 則牽引得那天道不好; 陰陽邪慝, 則牽引得那太極不好, 則說得行否? 吾故曰: "『語類』此句, 是就發用處說。"

『論語』言心六, 而孔子之心曰: "七十不踰矩", 顔子之心曰: "三月不違仁", 是則七十以前, 不能自然中矩, 三月之後, 未免微有違仁矣。噫! 其心之不可自恃也。近世諸家, 其心自認爲矩爲仁, 不俟用功而自矩自仁矣。是則所謂滿街都是聖人也。

太極者, 理也。其在人心, 心無氣慾之蔽而粹然至善, 始見全體呈露之妙矣。先賢云"心爲太極", 此語須善體會。此心無蔽而理之全體呈露者, 指以謂之心是太極。若但執字句, 而不能活看, 是妄見, 非眞見也。

鄙諺曰"前事不忘, 後事之帥", 聖人云"吾與惡人行, 亦必以爲師", 奈何今之士? 其心視人性爲可下, 天命爲可褻, 惟其意之是任, 其知之是靠。昔楚懷王心矜好高人, 無道而欲有霸王之號, 諸侯惡之, 興師以伐之, 懷王逃之秦, 爲人所殺, 天下笑之。此好矜不讓之罪也, 不亦羞乎?

日月本圓而有所遮礙, 則或半見, 或全不見。見者各說所見, 而日月始異, 非日月異, 而人見不同。是知言性者各言其所見, 非性異也。

性一而已, 心或有二三之失, 氣乃至萬千之異矣。謂性亦不一者, 謂心本不善者, 謂心與氣質無辨者, 皆合商量, 而未可遽從也。

孔子曰: "人能弘道", 道卽性也。子思子曰: "惟天下至誠, 爲能盡其性。" 道與性, 只是一理, 而通動靜言之, 全體也。今欲爲學, 先須明諸有覺之心, 而無些子虛僞之病, 乃可以弘道盡性, 而無一毫之闕遺矣。或者謂性只是靜時之理, 不可獨當太極, 可謂不思之甚矣。然則堯、舜性之, 竟是半邊之聖; 顔、曾之爲仁, 亦竟是半邊工夫, 而天之降衷, 不過賦予以單屬靜無涉動之理歟! 試使諸人誠一反己以思之, 不待它人之辨, 而自家之心靈, 必將告之矣。

朱子訓郭友仁曰: "且如公, 其心雖止得是。其迹則未在。心迹須令爲一, 方可。豈有學聖人之道, 而服非法之服, 享非禮之祀者? 程先生謂'文中子言心迹之判, 便是難說'者, 此也。" 余謂士子要心迹合一, 方是道學。若四體纏放倒, 卽是心不整肅, 非心敬而身慢也。向有譏髡首而謁聖像者, 或曰: "尊聖以心, 不以貌。" 今以程、朱二先生之訓觀之, 果何如? 近有士子多從之, 蓋樂其便利也。又有受剃而曰: "吾身任汝久矣, 吾心則汝不能奪", 此等說話, 如何可行? 特以兩占便宜, 心迹雖判, 而無礙於流俗之見也。

人非生知, 宜待敎也。自古及今, 賢人端士, 強半是敎成者, 其敎亦不善者, 或因氣稟之偏, 或被時風之害而然也。豈可謂敎之無益, 學反作乖, 而不復以敎學爲事哉? 今人自謂有識慮, 而其所見反不如仇士良、梁師成之下, 而不料其無敎之害, 至於父子無尊卑之分, 男女有淫穢之罪, 賤民發辱君之言, 庸士掉侮賢之舌, 卒致夷狄亂賊之禍, 而天下國家亦隨而亡矣。

人先須知得自家氣稟, 雖未甚清粹, 然其性却只是大全至善, 與天地堯、舜, 了無一毫欠缺。【此數句, 大宜著力看。】朱子曰: "惡不可謂從善中直下來, 只是不能善,【此句五字, 自屬心氣事, 不干性理, 記取記取。】則偏於一邊而爲惡。" 愚亦曰: "偏非性也。"【偏非性三字, 大宜信得及。】只緣氣質有偏, 而性之全體不露, 只通得一兩路子。今爲學, 只要就氣偏處, 到底理會。索性克治, 積累久之, 自然氣化而性復矣。

"佛氏要空此心, 道家要守此氣", 此晦翁語也。聖學要存此理, 欲存此理, 非敬不得。故子思作『中庸』, 發戒愼恐懼之說, 使人鞭約此心, 以存天理也。若認此四字, 爲存心之訣, 則語脈便差却了。

婦女改適者, 其前舅夫與子孫, 有服其本服而祭於別室之禮否? 果有之, 聖九之言, 是矣。今也不然, 豈不爲億料強說而不覺其陷人於無母之科乎? 異事異事。

士之削死者, 不可入於聖廟, 與女被汙死者不可入於先廟, 同一例也。因此展轉, 添出子降父服之說, 而謂之不父, 豈不怪駭? ○凡聖九書, 得罪於夫, 得罪祖先。降母降父等說, 無一字是。鄙語而皆出於自辦, 是豈小心翼翼昭事上帝之道乎?

是豈撿束其氣, 復其本然之道乎? 非所期於平昔故素之地也。

"小心順理"只此一句, 是徹上徹下語, 包含無限道理, 說盡終身工夫, 辨明許多異論。蓋小心是敬, 而敬非性理與氣質所能之事, 則心卽理、心氣質無辨之說, 皆不能立矣。順理二字, 是貫知行、通寂感、並出處、該常變底事功。這一句四字, 所言至約, 而所用至廣。吾黨諸君子, 不可不相與講碻, 而無或失墜也。

心氣質有辨無辨, 不必多言, 只以心能澄治氣質, 氣質拘蔽心知觀之, 已自分明。朱子嘗言: "人心中虛處, 包藏許多道理, 彌綸天地, 該括古今, 推廣得來, 蓋天蓋地, 莫不由此, 此其所謂爲人心之妙歟?"【見『語類』九十八卷十一板䕹錄。】"彌綸天地"以下, 豈氣質所可擬議耶? 志令一主南塘說, 而至有孔、朱、韓之文, 未知其見處何如也? ○心與理一與二之辨, 亦只以上段推之, 可以決矣。心是包藏道理底, 非直是理也。且心是能盡性底, 亦是鑿性底。蓋爲仁底, 也是心; 害仁底, 也是心。心與理, 何可謂之一乎?

"太極生兩儀", 本爲畫卦而言。【『語類』】然則太極動而生陽, 亦只從本源說, 非如母之生子。

黃啓陽以陰陽爲元氣, 而謂之無聚散。今見朱子「答程允夫」書言: "其所以爲萬物者, 皆陰陽之聚散耳", 渠又言: "陰陽是元氣而無惡。"今考『語類』沈莊仲錄云: "陰陽不和而散, 則爲戾氣, 疊霾飛雹之類, 皆陰陽邪惡不正之氣", 渠皆未考乎此也。

凡持敬集義, 窮理從道, 踐形盡性, 樂天知命之類, 皆是心之能, 非氣質之爲也。又如小心、虛心、操心、欺心, 變化氣質, 克去物慾之類, 亦皆此心任之, 非可以責氣質者也。以此反己自體, 其理不難知也。若又以心理家見論之, 此等直指爲道理所爲, 則不成說矣。

感固是心, 然所以感者, 亦是此心中有此理, 方能感。理便是性, 此是『語類』陳安卿錄。愚謂"方能感"此感字, 當屬心, 所以感, 乃是性。此與栗翁"發者氣也, 所以發者理也", 脗合無間。近來前輩, 往往指流行發育, 直作理字事, 無或爲認氣爲理

之失歟?【流行發育云云。又見『語類』第一卷安卿錄。】

比見學人, 不務面前當持守之行, 却去空裏, 想象無形影無捉摸底物事。昔晦翁責先留心治平事功者云:"今人不知學底, 佗心雖放, 然猶放得近。今公雖曰爲學, 然却得放遠, 少間會失心去, 不可不覺。" 今日學者放心, 在玄妙無何有之鄉, 畢竟有喪心之患。

資質極好底人, 事自合理。其次須先明得是非而行之, 又其下者, 須是深用憂惕之心, 常常喚醒, 事事省察, 如此猶懼有失, 奈何閒漫消遣時日。

顏子之心, 知義理之無窮, 心果是理。理無二體, 又無靈覺, 如何知得義理? 心氣質果無辨, 氣質亦無知識才能, 如何能知義理? 公物我, 以立得亞聖德學。愚、魯、辟、喭四者, 性之偏,【稟於有生之初者, 單指氣質言。】語之使知自勵。雖聖人, 安得使諸子之氣質, 自知其病而能加策勵, 以成矯治氣質之功乎? 吾故曰: "學問之道無他, 只要自心、自省, 上而欽承性理, 下而救正形氣而已矣。"

人性全善, 而無些子偏惡, 發後始有偏與惡之可言。然偏惡, 不可謂直從全善中來, 惟其心之不能循其性而然耳, 非性偏且惡也。今欲無偏惡之累, 而復全善之體, 只要小心察理, 竭誠行道而已矣。其謂性爲偏且惡者, 直是罵太極耳, 其罪大矣。

敬字功夫, 亦無所不貫, 開口時、因舌時、稽疑時、釋疑時、論人慮事時、獨處無事時、臨亂守義時、平居求仁時, 無時不敬。

愼思慮、愼講解、愼操存、愼涵養、愼德行、愼政事, 皆當然也。子悅欲只於存養上, 用戒愼恐懼之云, 而于格致處, 但云相關而已。不知所謂相關者, 其工夫意象, 如何樣地相關。

讀『中庸』, 則知尊心而不尊性者, 非君子之心, 而爲陸、王之見矣; 讀晦翁「崇德銘」, 則知尊心而不尊性者, 非聖賢之學, 而爲異端之歸矣; 讀「尊德性銘」, 則知尊心而不尊性者, 非欽承祗栗之士, 而爲昏狂苟賤之流矣。吾黨諸子, 宜知所擇矣夫。

『易』曰: "立人之道曰仁與義也。" 人之爲學而外此兩字, 無所謂道矣。近年心宗之說, 盛行於國中, 則所謂戴潭、華而非金、姚者, 忽爲心性一物之論, 而排心師仁義之說, 是藐視上帝之降, 而甘受下流之委者, 吾不知其何所見也。

君子學道則愛人。故荀菴言: "士大夫之不學, 生民之不幸。"【止此。】嗚呼! 此眞不幸也。使近世士大夫而學矣, 則今日世界, 豈至於此? 余又曰: "儒者之學而不師性, 萬世士子之不幸。" 使象山、陽明以來, 諸儒亦皆以性爲師, 而其心不敢自用矣, 則今日異論, 何從而生? 噫! 眞萬世之不幸矣夫。

孟子指性爲師, 而陸、王之心, 自詫爲天理, 不肯俛首以聽性師之敎矣。且自謂孟子之學, 豈不異哉? 程子以理義爲師, 朱子以性善爲師, 而金、李之心亦自認爲天理, 不肯俛首以聽性師之敎矣。然且自謂是程、朱之傳, 眞孟浪矣。

尤翁每言"師心之害", 而金氏指心爲聖師而學矣。且曰: "我是宋子之學, 未知其意之何居也。" 嶺南李氏嘗稱金氏爲知道, 後見其尊尤翁, 乃譏其以偏長而尊之, 此說或似得情耶?【李說, 詳見於韓希甯所著「雲柯往復後論」。】

心, 本善者也。上而與純善之性, 下而與不齊之氣質, 皆不可同科矣。湖賢謂心氣質無辨, 則晦翁心比氣又靈之論錯矣。心宗謂心理一物, 則心比性微有迹之旨舛矣。如曰"心是氣之至靈, 理之妙用", 必此心自操自省, 欽承性命, 以澄治氣質云爾, 則庶幾得之矣。以是立見而無或改易, 以是用功而無或休歇。

日用緊切工夫, 無如敬字。敬之爲存心養性, 人多知之。惟讀書窮理, 尒須用敬之妙, 士鮮知之, 甚可歎也。如敬對方冊, 愼思義理, 皆敬也。惟不反己自察, 故日用而不自知其理也。

愚嘗語友人云: "'聖人本天, 釋氏本心。' 我輩用心, 當以理爲極, 不當靠心做本。" 彼據朱子"自古聖賢皆以心地爲本"者, 以截斷吾語, 愚笑曰: "公可謂知其一而不知其二者也。朱子又豈不曰'只理會自家身己是本'乎?【『語類』百三十卷, 廿八板, 賀係錄。】必如公意, 軀殼亦將爲學問之本歟! 朱子繼之, 又曰'自家一身擔負得許多道理',

則雖曰'心地爲本, 雖曰身己是本, 而其實則皆以身心所載道理爲主也。學者何苦
舍卻性命之理, 只憑得靈覺之心, 以爲大本也? 此緣不肯向己分上眞切體驗而然
也, 難以口舌爭, 只可任他錯行"

神理一源之妙, 朱子不知, 而謂明德只人得之耶? ○老洲只言"神理一原", 未嘗言
明德人物同具, 而枉被某某輩所援引, 將爲異朱之歸, 豈不冤乎?

某門"心卽理"、"理有爲"之說, 使道理元來如此, 則豈惟一二人之幸, 實天下萬世
之幸也。何以言之? 心旣是純善之道體, 則不須原於性命, 又有御氣之才能, 則不
待化其渣滓矣。眞箇是上知大聖之流矣, 豈非禪家卽心是佛, 陸門"心未嘗非聖"
【象山高弟, 楊敬仲語。】、陽明"人心皆仲尼", 王門"滿街都是聖人",【王汝止有此語, 則陽明
曰: "爾看滿街人是聖人, 滿街人看爾是聖人"; 董蘿石有此語, 則陽明又曰: "此是常事耳, 何足爲異?"】
"心如聖人在君師之位"【華西文集有此句。】之類乎? 陸氏常言: "心是本來無虧欠好
底物事, 上面更著一字不得。" 劉念臺又言: "極天下之至尊, 而一物莫之敢攖者,
其惟心乎?"【劉是陽明流派。】釋氏亦自言: "天上天下, 惟我獨尊", 我是心自我也。信
如此言, 聖賢敎學, 動不動, 只一心字足矣。何必性命之更問乎? 如堯、舜性之, 惟
聖性者, 至誠盡性, 君子存之云, 則豈非畫蛇而添足者耶? 又如制心、操心、撿心,
【撿束此心, 是朱子語。】治心責志之云, 則更似杞人之憂天者矣, 豈不好笑? 更有萬萬
可疑而不可解者, 朱子釋『論語』云: "孔子非心實自聖而姑爲是退託也。" 若如諸
家之言, 則其心之自聖, 了無所嫌矣, 而獨孔子何乃爾也? 可異可疑。

若如心派家言, 則心與性同是理, 而心則聖而性爲民、心則全而性爲偏、心則大且
一而性爲小且二矣。然則堯、舜何不心之而止於性之? 聖人盡爲心者而止於性者?
大本何不歸之心而歸之性? 至誠何不盡其心而盡其性? 聖人何不從釋氏之本心而
卻去本天? 吾學何不信其心之自復而乃欲復性? 不知心派諸人曾思慮到此否? 有
時念及, 爲之鬱塞, 而莫知所以開之也。

楊慈湖見『孔叢子』【僞書】所載孔子語"心之精神是謂聖"一句, 喜其與己意合, 遂以
之爲學問宗旨。後來王陽明指人心爲仲尼。然則二子皆得象山信心之傳, 而爲後

賢之所排闢矣。近世某門斥陸、王, 而其自爲說, 則曰: "心譬則聖人在君師之位", 是必有其說, 而恨未及親質也。或曰: "陸、王之曰心者, 非理而曰理; 某門之曰心者, 是眞理而曰理", 則名同而實異, 愚亦意其如此。然考『陸氏文集』, 則必以四端孝悌之類論心, 非指血肉形氣之發以爲心。且以靈覺神明爲心爲理, 彼此所同, 而未嘗異, 則彼於此評, 必不服矣。甚欲與某門諸子, 一番細講。

苟菴先生言: "學歸于一, 而天下無不可用之學; 學分于二, 而天下少可用之學, 三代以上, 爲學之道一, 故其道醇; 三代以降, 爲學之道二, 故其道離。" 余謂此言宜可思也。夫堯、舜、禹之心, 歸宿于中, 孔、顏之心, 歸宿于矩與仁。『大學』之明新, 歸宿于至善。子思之戒懼, 歸宿于中和, 孟子之存心, 歸宿于性善, 朱子之論學, 歸宿于性。【「小學題辭」曰: "惟聖性者", 『大全』「崇德銘」"尊我德性, 希聖學分。" 『語類』"學而不論性, 不知所學何事?"】此所謂學歸于一而其道醇者也。自釋氏、告子、象山、陽明, 以心爲性, 此學分裂而其道離矣。今須小心自卑, 勿藐性之無爲而降之, 則庶幾爲歸一之學矣。○主性則性是實理, 爲可用之學矣; 不主實理而徒尙虛靈, 則其學無實而遂不可用矣。

曾子曰: "我以吾仁, 我以吾義", 仁義是至善無爲之眞宰, 我是本善有覺之妙用也。【心若是理, 則何不自用, 而必仁義之用也, 此宜細體。】曰: "至善則無可修爲矣", 曰: "本善則宜可操束矣。"【操心。】孔子語"撿束其心", 朱子語"今人先學仁義而后, 可用仁義矣", 然則學仁義之心當自治, 治心又自四勿三貴始。【視聽言動及出辭氣之辭字, 皆兼格致誠正言, 如非精察者, 不能知也。】

『樂記』曰: "樂以治心, 禮以治躬。" 昔余嘗有治心以尊性語, 張某曾從柳門游者, 驚曰: "心至尊之理, 孰能治之。" 余歷擧古書治心字答, 渠雖無言, 而心則不服。記得許白雲言, 冊傳聞, 皆聽類也。應事或差, 猶可改也。至於學問之差, 【『心經釋疑』謂: "得於書冊師友者。"】爲心術之害, 遂至於亡其性, 則不可救藥矣。聽言之邪正, 其可畏如此, 此詳見『心經』「聽箴」附註。余謂聽如此, 則視亦如此。此異說雜書, 所以不可頃刻披過也。

聖人何故憂勤惕厲? 此須做題目入思議。孔子自言學之不講云云, 是吾憂也。吾以心言, 決不可謂理能憂之也。

今日大亂, 振古所無。然究其所以然, 則不過起於人心之不循天理爾。大哉！心循理之功也。心苟循理。則奚但掃除目前禍亂而已？雖堯、舜之聖, 亦只是性之而已。奈何今之君子惟心之是從？而莫念其不循性命之禍也。

性善如天, 人人所同。心淸如水, 惟君子爲然。此見心氣性理之辨。

心貌性而自用, 則天下大亂；心持敬而學性, 則凡夫亦賢矣。凡百君子, 宜惕然警悟。

愚于性師心弟, 雖未之能焉, 而其自信之篤, 亦可謂云爾已矣。古有心師經師語, 亦以心之師性, 經之載道而言也。朱先生論學而曰：“專以古人之爲己者爲師, 而深以今人之爲人者爲戒”, 此見於「答竇文卿」書矣。此亦指古之務循道理而不顧毀譽者言, 則以之爲師, 不亦善乎？是亦皆以之爲師, 況性命之至善無疵者！彼諸人者, 獨以何心不肯奉以爲師？此特緣不反求諸身, 惟欲勝人, 而生出此壞證, 殊庸悶惜耳。

聖人【心】之憂, 憂不得乎道,【理】聖人之樂, 樂其得乎道。

“知其在我”知字, 如“知所先後”知字。下文“戒謹恐懼”, 包得知行在內, 此與蔡虛齋謂不知其所以異於禽獸者在此, 此知字與“知所先後”之知同。下面“戰兢惕厲”, 又該得知行在內云云者, 恰恰相符。【陸三魚深取此說, 詳見『孟子』「離婁下」篇第十九章頭註。陳新安謂：“知之而後能存, 存之而後能行。”陸氏又據蔡氏存字自該知行之說, 而謂陳說似謬矣。此等處須用反己自體之功, 乃能信及。如李子悅, 尙在文字活計中, 可惜。】

歐陽公言：“聖人教人, 性非所先。”龜山駁之, 則朱子載諸『或問』之書矣。夫性者, 所當然之理, 而事事物物、時時處處, 無一不有。此教者學者之所當先也。此外如以心爲性、以空爲性、以氣爲性、以惡爲性、以善惡混爲性、以無善無惡爲性、以食色爲性、以慾爲性之說, 紛然而起。教者學者於此不可不早辨之也。然此難以口舌爭而頃刻盡, 須將『小學』『四書』爲師, 一一依其言, 而立其見, 造其行。如此則目下只見得當然之理, 脚底只踏著當然之道, 而彼諸說者, 將自銷矣。

誠字工夫, 無所不貫。須誠於有意思無意思, 有講解無講解, 有動作無動作, 有事務無事務, 而無所休歇。

曾有疑心君而得卑之稱者, 余謂天子固尊矣。孔子論明王事父而曰: "雖天子, 必有尊也, 言有父也。" 孟子言舜爲天子而曰: "孝子之至, 莫大乎尊親也。" 天子雖尊, 對父則卑矣; 心君雖尊, 對性則卑矣。聖人復起, 必許吾言矣。凡士之疑吾言者, 思索之功, 固未周矣。由其習聞夫此心至尊之說, 而其心亦已化而驕傲矣。於是, 遂不肯自謙卑, 而竟陷於猖狂恣肆之科也。『書』曰: "無稽之言勿聽。" 孔子曰: "非禮勿聽。" 聽纔不正, 卽至亡其天性而不可振矣。吾故曰: "學者必愼擇師友, 然後能成性而不誤平生也。"

用敬有對知而言者, 如程子之謂用敬致知, 是也; 有包知而言者, 如朱子之謂聖人於至小沒緊要底事, 亦無所不用其敬, 是也。若徒知偏言之敬, 而不知有統言之敬, 則將有用敬於持養之時, 而讀書、講義、思索、研究之際, 有不用敬者。如此者, 萬劫千生, 永無緣見得道矣。【『中庸』「首章」戒懼, 亦統言之敬也。】

若曰: "太極動靜而生陰陽", 則栗谷又豈不曰性發而爲情乎? 此皆從源頭說下來者。若就流行處言, 則又當曰陰陽動靜而太極流行, 心氣發用而性理著見也。不可謂太極陰陽互有動靜, 性理心氣迭有發用也。

或語余曰: "子恒言心可言明, 性理不可言明, 『語類』胡泳錄言: '理在濁水裏面, 更不見光明處,'【四卷廿三板】椿錄言: '人性如一團火, 煨在灰裏, 撥開便明',【同上卷廿七板】此等處, 子以爲何如?" 曰: "泳錄上文, 以明珠取譬, 椿錄上句, 以火取譬, 則其言不得不然。然以此遂謂性理亦如。"【缺】

余謂自心卽理之說出, 主理之名, 便錯了。吾儒主理, 須是自心知覺運用視聽食息, 一以性理爲本, 此是實主理。彼則把心爲至尊之道體、天下之大本, 而其視此性爲小爲偏, 則是爲主理之假號也。

王伯安言: “無善無惡, 心之體也, 爲善去惡, 格物也。” 余謂心之工夫, 要與本體合。
今日: “無善無惡”, 則工夫如何爲所無之善, 去所無之惡? 且工夫與本體, 判而兩
之, 其爲邪說明矣。今吾儒謂“性有善無惡。故心亦爲善去惡”, 此所謂“心本性”
也, 此所謂“性師心弟”也。如恃心貌性而自用者, 其所存所發, 未必皆善。此又釋
氏之學, 本心而不本天者也。切宜戒之。

晦翁言: “自浮屠氏入中國, 善之名, 便錯了。” 此謂彼棄大倫, 而指神識爲道也。
如陸、王之存大倫而亦能言忠孝者, 宜謂之善, 而先賢謂之異端, 何也?

孔子曰: “人能弘道, 非道弘人。” 今欲弘道, 當用何工夫? 弘字單屬行, 而知字不與
焉否?

自佛禪學心以來, 至于近世, 而無以復加矣。然以余言之, 心之功用, 自至於參天
地贊化育而盡矣。然須先有參天地、贊化育之理而後, 有是功用耳。然則學道者,
將以心爲極而信之可乎? 抑將以性爲主而尊之可乎? 昔陸删定對楊慈湖之問曰:
“某只是信箇心”, 此認心爲性之見也。近世柳持平, 學於華老之門, 而且曰: “釋氏
本於心而止, 吾儒又必本於理”,【時四十三歲】可見其不安於心卽理之說也。及至晚
年, 以其師說, 爲考諸先儒, 鮮有合者, 此尤可驗其識見之益進也。

孝是人間第一善事。書爲天下無對至寶。

必學聖人。此大明李氏三渭, 大刻以布天下, 其意甚好。

學問之要敬是已, 而主一又敬之要也。不問讀書、飭躬、接人、處事, 都要將此心就
道理上, 用專一之功。【心與理有辨, 敬通動靜、知行。】晦菴夫子云用心專一, 自會貫通,
豈欺人哉? 佛氏所謂“置之一處, 無事不辦”, 莊叟所謂“用志不分, 乃凝於神”, 陸
子所謂“獅子捉兔, 亦用全力”, 皆有見之言。但其所求之道, 只是箇似那形而上底,
非吾聖門所主天命之性也。

我輩法門, 此心日復日自誦曰: “我學仁義, 而仁義之德, 苦未易成也。” 萬一欲效

它派之心妄自夸大, 惡聞學性之言, 而曰: "我是上聖, 我是至尊, 何爲而學於汝?" 萬一一霎時自行自止, 則耳目鼻口、四肢百體, 羣起而拽下曰: "汝則畔性, 而何敢號令於我們?" 於是此心遂爲形役矣。豈不哀哉? 奉請此心, 一番轉念, 而百倍施功。幸獲免賤於身子, 而復位於靈臺焉。

宗陽明者, 謂敬軒"病實", 此言誤矣。故高景逸謂其不知陽明病虛。余見敬軒言: "『小學』一性貫之", 又言: "聖人作經, 皆寫其身心之實。" 陽明則曰: "聖人之學, 心學也", 又曰: "『六經』者, 吾心之記籍也。" 敬軒之言, 出於程、朱之聖人本天, 惟聖性者; 陽明之言, 本於禪、陸之虛靈爲性, 『六經』皆我注腳也。蓋性實心虛, 而有理氣之分焉。今有曰: "心是氣, 不敢自爲大本, 而又必本於性", 則爲心學者, 必謂之"病實"矣。有曰: "心是天下之大本, 自爲極本窮源之主宰, 而指其所發, 皆謂之道", 則其曰大本、曰主宰、曰道者, 皆虛靈之心, 是則所謂"病虛"者也。彼之誤謂"病實"者, 譬則血氣之實, 而非可瀉之病也。此之謂"病虛"者, 譬則元氣之虛, 而當用補養之劑也, 不急治。不死何待, 可哀也已。

詰心宗者曰: "人心何以違仁。" 對云: "此是氣質之心。" 然則不違仁底, 是本然之心也。本然之心且非仁, 而僅能不違於仁, 則心之非仁, 小兒且當知之, 而心宗諸公, 何爲不知也? 今不須多辨, 只要操心以合理, 苟能操心以合理, 則將賢而聖矣。何必硬說心卽理, 以踵陸、王之後, 而不務心合理, 以失孔、顏之傳乎?

近日心宗諸人, 開口便說心卽理, 而只是信箇心, 如象山之答楊慈湖也。楊慈湖指心爲聖爲大道而曰: "若更求歸宿, 便害道。" 試問諸人, 於朱、楊歸宿之說, 將孰從? 欲從朱乎, 則便礙却心卽理之見矣, 欲從楊乎, 則又怕爲象山之流派矣。說到此, 不覺好笑。

問: 此心不在道理上窮究, 則心自心、理自理, 邈然不相干。今日明日, 積累既多, 則心卽理, 理卽心。動容周旋, 無不中理矣。
先生曰: "是。"【『語類』泳錄,『大學或問』】○心理雖不相離, 然心非卽是理。故不在道理上窮究, 則二者自不交涉【可見心之非理。】若能久久從道理上思索, 積累既多, 則二者相配合, 而有心理爲一之妙矣。然心之有覺, 理之無爲, 此又不容無辨也。

夫子敎人志於道志於仁。仁與道，至大至尊。苟得此心，一之於此，而不敢佗適，良心善性，日以益明，嘉言懿行，日以益著矣。不爾則汨沒於聲色利慾，且勿問。雖讀破『六經』，撰成萬卷，總只是此心虛用，與仁道實學，天地懸隔，甚或反以敗己害世。嗚呼！學者發軔之始，可不審諸？【道是人倫典常，而所當行者；仁是德行本領，而所當務者。人生世間，而不可一日而舍也。】

聖人告顏子以以禮視聽，而上蔡却言“以我視聽”。夫我與禮之間，乃心與理之分，亦吾儒與異學之辨也。近日心宗，認心爲理，則以我卽以理。上蔡之言與聖人之敎，毫無不同矣，而朱子明辨謝意與聖言之異，不知諸人於此何以轉身？

聖人言：“君子博學於文，約之以禮，亦可以不畔矣夫。”君子如“人能弘道”之人字，是以心言；文與禮，是以理言。弗畔，謂心不悖於道也。道是性之德而具於心者。此可以見心之學性，性之爲師之妙矣。

孟子謂樂正子曰：“子學古之道。”子以心言，道以性言。孔子曰：“學如不及，猶恐失之。”學是學仁義禮智，失亦只是失仁義禮智。聖賢之訓，昭如日星，而特瞀者，不見胡叫亂打也。

學問工夫，萬一有放肆無忌憚，虛僞有欺狂之失，則萬劫千生，永無緣見道體道之時矣。故晦翁先生言敬是萬善根本，又言誠是萬善骨子也。

實理人人皆同，而實心我須自辨。如此則實理可得而明，實理可得而行，而實學可成，實德可立矣。這箇實字，千世萬世，磨滅不得，千人萬人，損撲不破。聖人之門，以篤實傳其道者，曾子是已。學者宜思之。

虞、夏之禪受，孔、顏之敎學，不過曰精一博約而已，則自餘聖傳，可推而知也。今須向切近平實處，敬以窮索，【切近平實一句，最宜著眼。】將推尋理會者，敬以踐行。二者莫相推諉，各分兩途下手，久之，自有互相發處。蓋先有天命精微之中體，然後乃有心敬明誠之妙用，是之謂聖人本天，而後輩學性之道也。【言雖平易，理實精到。】

敬則道凝而德成, 不敬則道廢而德敗。 聖人聰明睿智, 故自然能敬。 雖至微細, 無甚緊要底事, 亦無所不用其敬矣。 今我輩學者, 須勉強于敬功, 時時處處, 必靠著敬字, 以爲骨子。 纔一自肆, 萬般疵累, 從此而起, 遂至於畔道悖德, 而陷爲天之戮民矣。 竊觀聖人, 只一心敬而萬務皆敍, 我輩學者, 只一舌敬而百體皆肆, 是所謂言行不相副也。 <u>伊川</u>嘗言聰明睿智皆由敬出, 此是先生曾經歷語, 學者宜信取。

<u>趙東山</u>贊象山云: "儒者曰, '汝學似禪', 佛者曰, '我法無是', 超然獨契本心, 以俟聖人百世。" 近世<u>苟菴</u>先生曰: "非儒非禪, 是果何學?" 儒佛之外, 別有妙悟獨得之學, <u>孔子</u>、<u>釋氏</u>之所不可思議, 而象山超然獨契, 則象山之學, 無論佛氏之所不及, 亦<u>孔子</u>之所不及, 豈非太高而無上耶? 豈所謂天上天下惟我獨尊耶?

至尊者道,【<u>周子</u>語。】道是日用事物當行之理,【此句, 最宜精察。】皆性之德而具於心者。【<u>朱子</u>語。○理具於心, 非心卽是理也。】故君子【以心言。】, 尊德性【<u>子思</u>語。】, 尊我【心自我】, 德性, 希聖學分。【<u>朱子</u>語。○尊性謂之聖學, 則心之自尊者, 自歸於別派矣。○別派之於心, 曰獨尊曰至尊。】

夜讀<u>澁翁</u>天地二人之詩, 感歎者久之。 <u>晦菴夫子</u>, 用一生體驗之功, 釋『四書』精奧之旨, 故其言皆的確不可易。 明淸間, 乃有考證輩, 如<u>楊愼</u>、<u>紀勻</u>之屬, 矢口貶斥, 至著『四書改錯』之書而極矣。 昔人謂程、朱天地之心, 毀程、朱者, 是傷天地之心, 此言是矣。 今<u>澁翁</u>以夫子爲眞, 眞是太極之理也。 彼妄肆譏評者, 自絶其根本也, 此已無可言矣。 至於儒林中, 亦時有將『集註』『章句』, 任自改動者。 後進小子, 又或有一二違畔之者, 絶可痛也。 嘗聞夫子之言曰: "『六經』歷聖人手, 全是天理。" <u>愚</u>亦曰: "『四書』有<u>朱子</u>註, 亦全是天理。" 天理, 如何可違背之? 區區平生讀書, 全然無實得, 惟有篤信朱註, 如親承父祖之談家事。 知從之則爲聖人, 徒畔之卽爲悖子弟。 故每令諸生, 熟究而實體之, 世世篤信, 如七十子之服<u>孔子</u>。 愚固固陋無似, 無足爲人師, 但此一著, 可使後來者, 取以爲法矣。

<u>苟翁</u>言: "士大夫惡拘撿, 關時運盛衰。" 余謂儒林不撿束, 亦關道術興亡。

<u>米南宮</u>、<u>楊慈湖</u>與人書, 必拜而送之。 以書中有拜字, 不欲爲空言也。 今不能起拜,

只跪而兩手至地, 亦可謂拜手。

天地生物, 雖至微細底, 亦無不與以無妄; 聖賢遇事, 雖沒緊要底, 亦無所不用其敬。此二者, 宜時時思繹, 而必欲履行也。『語類』偶錄曰 : “天地中間物物上, 有這箇道理, 雖至沒緊要底物事, 也有這箇道理。”【見六十二卷二十四板。】偶錄又曰 : “聖人無所不用其敬, 雖至小沒緊要底物學, 也用其敬。”【見八十六卷二十八板。】『大全』「答東萊」書曰 : “今凡一小事, 纔實理會, 便自然見道理, 漸漸出來也。”【見三十三卷十七板。】愚僭易繼之曰 : “今凡一細行, 苟能敬愼, 必自然有滋味隱隱出來也。”

聖人尙矣, 前輩長德, 亦皆天地之心。心能知天地之理, 而旣體之于身, 又垂之於書, 使人敬信此言, 謹守此法, 而終至於由聖賢而達於天地也。其意豈不誠切至? 其恩豈不誠感激矣乎? 吾故每語士子曰 : “如欲求道, 先要謙虛。”一味尊信前言往蹟, 隨讀隨繹, 隨思隨行, 久之自然及賢入聖而合天矣。【昔宋子論驪尹以陵侮聖賢之罪, 爲大於謀逆之惡。後輩可不深體此意乎? 近年此風寖盛, 使人痛惋。○聖賢之言 卽天地之理也, 人而侮慢天理, 其心將何所不至哉?】

胡敬齋言 : “古人老而德愈進者, 是持守得定, 不與血氣同衰也。今日才氣之人, 到老年便衰, 是無持養之功也。”此言誠然也。以愚驗之, 自少血虛氣弱, 人皆謂其不能壽。今至八耋, 其言似不驗, 然覺得精神昏耄, 十忘八九, 豈非平昔無持養之故歟? 雖餘日無多, 如能靜定自守, 猶可得其分寸之益矣。

老子以禮爲無緊要底物事。【『語類』】 荀氏謂禮起於聖人之僞矣, 而吾孔夫子敎子孫門人, 無不以禮爲主, 今士子要小心學禮。【禮是性理之簡文, 此是心學性之的傳, 不可忽也。】僧家語云 : “只怕不成佛, 不怕成佛後不會說話。”余亦云 : “只怕人不肯小心學禮, 不怕小心學禮後不成聖。”

世之號爲學道者, 往往務記覽、專講誦、治文辭, 以爲業, 是無誠而虛華而已矣。又或胡思亂想, 言語放誕, 儀形怠弛者, 是不敬而百事無成矣。苟能懲此, 而主忠信以立其本, 務莊肅以養其中, 則道之用由是而行矣。

佛氏認作用爲性。【告子所見正如此。】朱子曰："理無作用。"【太極、天道、人性，皆同。】『論語』子曰："人能弘道。" 朱子曰：弘字是作用。【『語類』㬉錄，因論弘毅之弘，舉"人能弘道"弘字，而曰却是作用。】心宗一派，却將此人字，直喚做理，是與孔子同乎？佛氏同乎？

吾儒【以心言】爲善，【善以性言】須是主純粹至善靡所知覺運用之性理。無覺無爲也。故爲有覺有爲者之主宰；純粹至善也，故心雖百伶百俐，而其所爲神通妙用，卒走佗範圍不得。

聖人之德，孟、朱二夫子，或曰性之、或曰性者。然則學之所本，可知已矣。然性非在杳冥玄默不可測知之地，只人生念慮事物所當然者，是也。今須從內而心術隱微，外而言行顯著，無不自問，此爲性之所有乎？所無乎？性所有底，則縱有艱難去處，斷然必要奉持；其所無底，則便有死生之變，決然不可存留。

性純粹至善，而無所謂惡者。故聖賢尊之養之盡之而已；心則有動有覺，而時有未合於性處，故聖賢敎人，制之操之撿束之，如是而後，可謂不畔乎道矣。奉勸學子，愼無認心爲性，而昧於道器之分也。夫認心爲性且不可，況可以尊心於性之上，而貶性爲不足於主宰，而陷於邪僻之罪者乎？我晦翁先生，旣言小著心以順理，又言低下著心以順理。蓋理是天，順是事。心而不肯事天，得無爲桀、蹠之流乎？

朱子言："心之不正，未必皆氣使之也。"【答南軒書。】每讀之，不免有些疑情矣。近始自省，氣質未及壞亂之前，此心時或自惹得不正之念，而爲之首倡，則於是氣質與之煽動，而至於不可救之境矣。若是者，心自蔽爾。不可皆謂之氣質之心。故朱子之論敬，不曰省大氣質，而止曰自心自省。始覺得「答南軒」書之爲的確不可易也。若夫性則只純善而已，不可言"性之不善，非皆氣之罪也。" 只此便見性心理氣之分也。

釋氏說空覺，便錯了。"佗云'不捨一法'，到說那空處，又無歸著"，此朱子語也。余謂嶺學說心是至尊底，便錯了。他云"心具萬理"，【萬理是性。】到說那心處，又不以性爲大本，而謂"性不可獨當太極"，豈非無歸著之學乎？

一言一動, 皆心之爲而理存焉。【"氣發而理乘之。"】理萬無一失, 而心則不免有誤。學者功夫, 全要撿束心氣, 以奉性理而已。其緊要在愼字。【此是愼生, 亦是心尊性。】

嶺派心說, 辨之有不勝辨者, 不如且置之。只要自家自見得明白, 自立得牢固。彼之自外於孔氏者, 畢竟不得自立矣。

『禮記』曰: "感於物而動, 性之欲也", 周子曰: "太極動靜", 朱子曰: "孺子入井之事感, 則仁之理便應, 而惻隱之心形焉", 又曰: "四端理之發也", 栗谷曰: "性發爲情, 非無心也", 尤菴曰: "凡性之感應發見處, 皆有其理。" 古來議論似此者, 不勝擧也。惟獨退陶理發之說, 却有疑難。此處曲折, 正好潛心究竟。

心要在腔子裏, 豈非存養事? 至於講學、談經、稽疑、辨惑之心, 却不須在腔子裏乎? 張子言"書者所以維持此心", 格致討論, 獨不可曰所以維持此心耶? 明道言"某作字甚敬", 此作字上存養。孔子言"執事敬", 此執事上存養。至於格物時敬, 再不可謂格物時存養乎?

心之誠, 最要無間斷, 此固至難至難底。然其言論意見, 如何不如此? 且如誠意誠字, 今人多認做只用於意發之頃, 而其意纔休息, 便不復立誠, 以待再番意起, 而爲實用其力之主宰, 其功夫之間斷, 不旣大乎? 前意旣息, 後意未萌。這霎然之時, 心地光明, 是善而所當好底; 精神瞀倒, 是不善而所當惡底。是時雖無好惡之發, 而其好惡之理, 固自在也。然則此心所當實用其力之體, 亦何可不立之乎?

性者心之理,【見『語類』五卷十九板道夫錄。】太極是五行陰陽之理。【見『語類』九十四卷三板節錄。】心只須知性體極而已。決不可自名爲性爲極, 而混理氣之實也。心苟能知性體極, 則可以渾淪, 而謂之卽性卽極, 此又別是一義也。孔子曰: "人能弘道", 朱子以心字貼人字。子思子曰: "君子戒愼恐懼", 朱子以心字貼君子, 則孟子之言"子歸"子字, 亦指曹交之心而云爾也。其心旣求之而得性師焉, 則將睨而視之而已乎? 抑將尊信敬畏而日夜學之乎?

佛氏只有勿視勿聽, 無那非禮工夫。【禮性也。】上蔡只有以我視以我聽, 無那以禮工

夫。【我心也。】俗儒只有以目視以耳聽, 無那以禮工夫, 幷無那以我工夫。【耳目形也。】

近日嶠南, 有卽心是道之學。苟如其見, 心之視聽言動, 皆是道也。然則聖人盡將心字做箇大本, 乃錯擧無覺無爲底禮字, 以爲學問之主乎?

學者, 雖以性道爲準的, 若心氣昏亂, 則性道如何得呈露? 如何得流行? 故朱子訓門人有先明心撿氣之敎, 勉齋有敬是束得靈覺之說, 栗翁有治氣撿氣之論, 尤翁有明心正身之云。理實如此, 近時士流, 乃因佛之明心, 老之明氣, 幷此爲異端而斥之。然則自家爲學, 一任心氣, 而不復理會矣。其弊將使性道, 埋沒於昏亂之中矣。是猶惡人說河而甘自渴死者也。

朱先生問楊長孺讀何書。長孺誦『大學』所疑。先生曰: "只是輕率, 公不惟讀聖賢之書如此, 凡說話及論人物亦如此, 只是不敬。" 按: 長孺字與公字, 莫是指心言。聖賢之書, 莫是指理言。【先生嘗言: "六經歷聖人手, 全是天理。"】讀書與說話與論人物, 莫是指格致言。或謂敬是存養, 與格致對說云, 而先生卻將敬字結殺, 何也?

李子悅以戒懼與格致相對說, 余謂戒愼恐懼是普徧說。聖門萬般工夫, 都包在裏。不爾則『中庸』「首章」, 豈非缺卻格致一段大工夫乎? 此決不然也。子悅力主敬知對說之義, 而不察敬又有包知而言者。朱子「答潘恭叔」書言"格致存省, 皆從敬出。" 陳北溪亦言: "格物致知, 也須敬; 正心誠意, 也須敬; 齊家治國平天下, 也須敬。" 不知子悅于此等與己見不同處, 竟如何撑拄去?

存養, 有對致知克己之類而言者、有包得致知克己之類而言者, 不可死殺排定。且如程子言"養知", 朱子言: "求放心"與"克己復禮", 不可分爲二事, 是也。且道道字, 本非具得知行之理者耶則已, 如曰不然, 則體道者, 奈何舍卻知時之敬畏, 而獨存得行時之敬畏乎?

『章句』實用其力、禁欺、求慊, 不知元無誠心, 忽然撞著意動, 從虛空中生出此實功耶? 且謹之於此, 以審其幾已訖之後, 好善惡惡之意未動之前, 俄者實用其力之誠心, 亦泯然無復存者耶? 此全然無頭工夫, 豈若云意起則誠行於動, 幾息則誠立於靜, 而爲有靠實之學歟?

勝私復禮之說, 詳見『論語』顏淵問仁章『集註』, 而程子嘗以四勿, 爲所以事天。蓋禮是天也。禮則視聽言動, 非禮則勿視聽言動, 是心之事天也。

廣居指仁言, 純亦不已, 朱子以爲形而下者, 然與理無間, 故又有以理言處。

『中庸』註人物物字, 如彪湘潭、劉靜春之見, 則當刪出矣。『大學』註單言人, 如申仲肅、金行源之見, 則人下當添一物字矣。如愚蒙迷者, 不勝憤悱, 安得起朱子於九原而質之耶? 中夜思之, 令人心痛。

崔生謂余謂: "心只是氣而已, 則與理爲二, 惡可諱也?" 余笑曰: "性太極, 心陰陽是朱子說, 而彼認陰陽與太極, 爲一物而無辨耶? 心穀種, 性生理, 是程子說, 而彼認穀種與生理, 爲一物而無辨耶? 孟子以口喩心, 芻豢喩理, 彼將謂口卽是芻豢耶? 孔子"人能弘道", "心不踰矩", 彼將謂人與道一物, 心與矩一物耶? 虞廷道心, 彼謂心卽是道, 而無少分別耶? 是皆釋氏、陸、王之見也。若曰而已之故, 譏余云爾, 則亦將曰陰陽穀種, 是理氣相半之物耶? 若曰具理之故也, 則陰陽穀種, 獨非具理之物耶? 以是而謂心是理, 則天下何物, 非具理者耶? 木枕、蒲團、牛溲、馬渤, 亦皆謂之是理底物事耶?"

心欲窮理之時, 須要此心, 兢兢於思索體究問辨討論之法, 而無敢自肆; 性具擇善之理, 須要此心, 欽欽乎讀書講義論人處事之術, 而罔或致害。此是戒愼於格致之功, 而存養乎物知之妙者也。

反『章句』則爲異端。【陶翁】欲於『章句』『集註』左右之者, 則是得罪於聖賢之門, 而無所逃矣。【洲翁】吾儒立法, 如是之嚴, 可畏也。

天命之性『章句』, 竝言人物, 明德『章句』, 單言人。【『或問』、『大全』、『語類』, 皆同。】自此以後, 至于老、近、梅、全諸先生, 無不奉爲丈尺矣。如愚愚蒙, 只知此爲正義, 故其遇物有明德之論者, 直視爲異端, 而處以聖門罪人矣。

達摩之不立文字, 象山之譏笑讀書同; 達摩之言人心至善, 象山之言心本是好同; 達摩之言不用辛苦修行, 象山之言更都無許多事同; 禪家之卽心是佛, 慈湖之人心皆聖, 陽明之心皆仲尼, 某門之心如聖人同。近世心派之言心, 與禪·陸恰恰相似, 則當不須讀書, 更都無事, 而此事卻似不同, 何也? 曰: "近世心派之讀書, 爲其究索得心是至善之理, 而其有事, 亦只是要踐履得心是至尊之位也。且象山亦何嘗不讀書? 何嘗不修行?"

今曉起自省心功, 多是忘·助。二者循環不斷, 所以竟不得力。因思日前看『華西集』「答金監役」書, 盛言心之爲理, 猝乍難辨析。孟子曰: "必有事焉而心勿忘, 勿助長", 此心字, 以理字替代看, 則所謂理者, 亦有能勿忘勿助長之功夫矣。恐未可信也。

平日有些自得, 須存在脅中, 朝夕翫味, 則覺得別。若輕說與人, 人未必信。況使人生佗病, 是已誤人也。

每自驗之, 心未嘗不正。然乍正而旋邪, 此朱子所謂心有正而無邪。故其存則正, 而亡則邪者也。然其亡而邪, 亦是心之爲, 非他物使之也。故曰惡難道不是心。此朱子之於公心, 且不許以大本者也。陸氏自謂只信個心, 吾未知陸氏之心不待七十而早已不踰矩歟?

識得一心, 萬法自出, 此陸氏見也。學而不論性, 所學何事, 此晦翁教也。心上不可著一字, 此陸氏語也。帝降仁義, 欽斯承斯, 此晦翁訓也。人人有心, 心自是聖, 此陸氏傳也。非心實自聖而姑爲是退託, 此晦翁說也。學者於此數者, 潛究而有見焉, 則趙某之謂心性一物而欲破性師心弟之論者, 其是非得失, 不難知矣, 其于自己操心奉性之功, 亦大有補益矣。

愚請諸君, 一以天理爲主本, 人心爲補佐, 願勿認心爲聖君, 降性爲庶民。凡有誠心·公心, 無邪心, 無私心, 精細心, 堅苦心者, 愼勿自恃以爲極則, 而必以上面理字, 爲主本也。【此是正學異端分界處, 愼毋作習慣語閒過。】『論語』註有云: "豈誠心與直道哉?", 『語類』云: "小人閒居爲不善, 是誠心爲不善", 【見『中庸』門「二十章」德明錄。】『要訣」云: "學者必誠心向道." 『語類』云 : "徐孟寶以至公之心爲大本", 先生曰: "這箇如何當得大本, 若如此容易, 天下聖賢煞多."【見『中庸』門「九章」大雅錄. ○ 陽明謂: "心卽理." 故有滿街都是聖人之說.】程子『易傳』云: "雖無邪心, 苟不合正理, 則妄也", 『論語』註云: "心無邪而事當理",【陽明謂: "心無私卽是理."】『大全』云: "楊、墨之偏於爲我, 流於兼愛, 本其設心, 豈有邪哉?", 『語類』云: "佛氏磨擦得這心極精細, 只是不曾識得這理一節【見釋氏門.】", 『大全』云 : "釋氏立心之堅苦、用力之精專, 亦有大過人者, 但於所謂不可易之實理, 則反無所睹也."【讀大紀】

聖門教人, 只要人操心以明理而循理而已. 所謂理者, 無事無之, 故必隨事精察而力行之.【此八字, 出『論語』「一貫章」集註, 此是學問實處, 更無一毫虛底意象.】如是之久, 將自然見得一理貫萬之妙, 非如異學家只信自心爲道, 而任意不任理, 非惟自聖, 亦謂世界萬衆都是聖人.【如此者, 了無一毫實底意象, 只成虛譚, 亦可笑也.】陽明謂: "體未立, 用安從生", 因指隨事察行, 爲未盡. 然則隨事察行以前, 別自有體立之法, 已是顚倒. 且其所謂體, 卽指心爲人本, 非如聖門以理爲體之意也.

"千古聖賢, 只是辦一件事, 無兩件事", 此象山語也. 不知一件事是何所指? 象山亦儘說理儘說性, 然只是靈覺之別名, 非如吾聖門心所具之理, 心所尊之性也. 今須先究性理非懸空底, 只是眼前當然者, 是也. 只要溫恭自虛, 一循佗本然至善之理而已. 此外亦無別傳可告.

"氣之精爽", 從粗說入精. 今云精爽之氣, 是由精說入粗, 意趣燕、越, 此『蘆沙集』「答趙直敎」書. 此雖略有然者, 但如言玉之溫潤, 又言溫潤之玉, 又如言月之光明, 與光明之月, 及心之神明, 神明之心, 天之高遠, 高遠之天, 此又不必盡如蘆沙之意.【理之當然, 當然之理, 心之知覺, 知覺之心, 此類竝宜參究.】

人之爲學, 將以心求道而學之, 而陸象山自言"某只是信箇心", 每曰"識得一心, 萬法自出". 因指晦翁讀書、窮理爲心疾. 朱子以窮格事理, 欽承德性, 爲聖學之宗. 此二家之學, 判別而不可合者, 較若列眉也.

"人能弘道", 鄭、郭、崔諸人, 指此人字爲理. 然則"道四某未能一"之某字, "君子依中庸”、“君子尊德性”、“君子敬畏而存天理”之君子, “擇乎中庸”之回, “性之”之堯、舜, “性者”之聖, “爲道而遠人”之人, 諸如此類。一竝以爲形而上之道矣。古今天下, 豈有此等新奇之論乎?

“戒愼恐懼”, 子思本意, 欲學者之心敬以存夫不可離底道理, 以異於佛氏之空此心, 道家之守此氣, 而爲本天之傳也。學者錯認爲“存心之訣”, 殆誤矣。

道一而已, 再無天人聖凡之分。今只要務明人道, 只向吾身所當爲處、吾心所當欲處理會, 及至光明純熟地位, 則聖與天, 亦卽此而得之矣。朱子曰: “質美者, 見得道理透徹, 那查滓便都化了, 若未到此, 須當莊敬持養, 旋旋磨擦去敎盡。” 卽此是學, 只爭箇做得徹與不徹耳。

上世只言敎, 至傅說, 始說出學之一字。蓋敎爲君相之職, 學爲士民之事也。上世只言人倫, 至孟子, 始說出性善二字。蓋人倫是大綱說, 性善是本源說也。學與性善兩語, 是千萬世宗主。夫學是心學之也, 其所學者, 性之善也。性善之理, 何事不該貫? 何時不流行? 而心之學也, 能主于敬, 而誠以成之, 則聖賢門庭, 不難至矣。

“人外無道, 道外無人”, 此言其本體也。遠人爲道, 不可爲道, 此言其功夫也。陽明流派, 有論立志者曰: “人之於道, 猶魚之於水, 魚終日在水, 忽然念曰‘我當入水’, 躍起就水, 勢必反在水外。今人何嘗不在道中? 更要立志往那處求道? 若如此, 連立志二字也是贅。” 余謂: “人、道雖不相離, 心、理未易合一, 惡可自恃身在道中, 而心不之道乎? 如此則道何能自入吾身而有所成耶? 須是此心愼以思之, 敬以行之, 道乃可得。” 彼所云云, 豈亦習聞心卽理人皆聖之說而然歟?

志者, 學術之樞機。士之於志, 可不愼歟? 人有萬品, 欲爲堯、舜而堯、舜, 欲爲桀、蹠而桀、蹠, 皆志爲之也。學有象埊, 慕乎道義而道義, 慕乎心靈而心靈, 皆志爲之也。

李艮齋問: “行者馬, 而行之者人也”, 退翁許以無病。李都事卻云: “發者理, 而發之者氣也”, 二說相反, 而欲自附於退門, 不知是如何?

聖賢之敎, 務躬行而以講貫, 明其指趣。世俗之學, 專尙文藝聲華, 而認躬行爲自苦。甚者謂之異衆而好名, 其害世道, 爲何如哉?

曾子是力行得熟後, 見得, 大事小事皆要敬, 聖人只是理會一箇敬字, 此朱先生語也。今人如何卻言格致時不要敬?

誠者, 物之始終, 不誠無物, 此『中庸』語也。今人如何卻言無意時不用誠?

今人只是說得自是, 意味不同, 正便【恐使之誤】說得十分, 亦不濟事。今日後輩于心性理氣, 未曾一日體認, 但欲辨得名目。縱使辨得分明, 只是說得, 畢竟無補於存養矯揉之實事也。

人之所以爲學, 心與理而已, 此朱夫子語。而王陽明謂啓心理爲二之弊。其後劉念臺又言: "天命流行, 物與无妄, 人得之以爲心, 是謂本心", 信如此說, 則"天命之謂性", 子思誤矣。劉又言: "極天下之尊而無以尙, 享天下之潔淨精微純粹至善, 而一物莫之敢攖者, 其惟人心乎!" 信如此說, 則君子尊德性, 子思又誤矣。心卽理之害, 至於反『中庸』, 則幾於無忌憚矣。劉「答韓位」書云: "陽明之學, 未可以爲禪, 朱子半雜禪門", 「答王嗣奭」書云: "朱子惑於禪, 陸子出入於禪, 文成似禪而非禪。"

道也者, 率性之謂也; 性也者, 天命之謂也。故聖人之於道, 其心視之如天。然雖小小事物, 皆知其有道, 而中心常用兢業以奉行之。今有學者, 輒自認其心爲道, 而無所用敬, 其不爲猖狂放恣, 而陷於佛、禪之科者, 幾希。

誠意之誠, 包在誠身之誠, 裏許兩字, 同一誠也。或謂誠身之誠, 通於靜, 而誠意之誠, 不可言於靜, 則不知天地間有兩個誠乎?

天下古今, 只有一箇誠, 再無兩樣, 動則誠行焉, 靜則誠立焉。境雖不同, 誠則無二。凡遇思起則誠之, 意萌則誠之, 思歇意息則誠立於靜矣。惟其誠立也, 故其有意思, 卽此誠行焉。苟誠之不立, 惡有誠之可行。余嘗論明德工夫當通動靜, 而曰: "誠意誠字, 亦宜然也。" 學者, 往往疑之, 此由不反身自體, 只從言語做活計之病也。大抵誠意之誠，誠身之誠，元無二義，誠身之誠，既是徹首徹尾底，則誠意之誠，卻將何處埋沒？至誠事親，則成人子，至誠事君，則成人臣，不對君父，則這箇誠字，當立於靜中，豈獨『大學』「傳六章」誠字，不可如此看耶？君子存誠誠字，亦當該貫動靜看。

人有身心，斯有身心之用，視聽言動，思慮好惡，是也。吾聖賢之教，于此數者，必以禮。又必問道理如何，此是身心無上之學矣。佛氏、郭子和、王伯安諸家，直指視聽言動爲性爲理。告子以知覺運動爲性，五峯以好惡爲性。近年一種議論，以知覺計較，皆謂之理。恐皆與吾聖賢之教不同。今必以是爲戒，而必以禮爲主。

顔子發聖人之蘊，敎萬世無窮，此發字當如亦足以發之意。「喟然歎章」，固是發聖蘊，"非禮四勿"，亦可謂之發聖蘊。今學者苟能於"博文約禮"，"克己爲仁"之敎，施竭才從事之功，而實有得焉，則亦可謂受千載之敎，而得聖人之蘊者矣。

人之視聽言動、喜怒哀樂，皆是心之發用，而心非麤糙不齊之氣，亦非沖漠無眹之理也。故學者工夫，必要持志帥氣，小心循理，此兩句甚緊要，不可不自體認取。然語雖兩句，用只一敬，蓋小心是敬。而持志亦必用敬。

淳錄云："知覺便是神。"端蒙錄云："神卽聖人之德，妙而不測，非聖人之上，復有所謂神也。"【又云："神只是聖之事，非聖外又有神。"】朱子之敎如此，而或曰："知覺與神皆是理"，我輩如何爭得？只自反己體察。

彼既以心爲理，而又曰理有爲，則理之純善無疵病，十全無虧損，此上不可添一字，尺童可知矣。試問彼"不待讀書、窮理，不待省身、克己，而爲心者自能做出萬法。當寬裕、溫柔、發剛、强毅處，自如此否？當不惑、知命、耳順、中矩處，自如此否？"彼果對曰然乎！

性與太極，不可言有善惡，何也？以其無爲爾。無爲者，無動、無靜之謂也。近日心宗諸人，謂性與太極，爲有動靜底物事，不知指性與太極亦自然有善有惡否？有時思之，使人腹煩，奈何奈何？

古之學者, 存心只要克己。今之學者, 開口便要上人。要克己者, 慮以下人, 而人不能勝我矣; 要上人者, 驕以傲物, 而竟爲人所賤矣。要克己者, 全就思慮言行上, 去其害理者而已; 要上人者, 全就文章事功上, 養其耀光者而已。其幾不可以不審也。

“心統性情, 如統兵之統”, 果是朱子語。然“大人奉天時”, “君子畏天命”, “君子尊德性”, 實孔氏家傳。朱先生若爲心尊而統率性情之卑下者之說, 必立許多文字, 以明其曲折, 不宜只將寂寥一句語, 欲以飜聖門正案也審矣。且朱先生說中, 有張子言: “心包性情”之文, 又有云: “在天爲命, 稟於人爲性, 旣發爲情, 惟心統前後而爲言耳。” 據此則統只是包總之意, 非以爲上下尊卑之分也。況先生又有天子統攝天地之說, 則此只以天地無爲, 天子有知覺運用而云爾。曷嘗指天子爲尊於天地, 如近世諸家之見乎? 況先生又嘗言: “尊我德性, 希聖學兮”, 我是心自我, 而謂尊性爲聖學, 則其諸自尊心靈, 而不奉性天者, 爲異端明矣。請世之讀朱先生文字者, 宜知所以明蘗也。【『論語』「民之於仁甚於水火章」汪訂註, 有以下統上語, 此可傍照。】

性, 孟子所言理, 告子所言氣。【『語類』】此章是專言氣異。抑謂理因氣而用異耶?

“仁義禮智之稟, 豈可謂形而下之器乎? 豈物之所得而全哉?” 此句始言理因氣而所發有偏全之不同也。

“以禮制心”者, 內外之衛也, 夫人心一也。今曰有制之者, 是復有一心也。蓋心之念, 有邪有正, 有妄有誠, 合而觀之, 皆一心也。猶手有飜覆, 實一形也; 猶聲有笑哭, 實一音也。心過則制邪爲正, 心過則制妄爲誠。余今七十八歲也。心之邪妄甚多, 盡以一制字爲起死回生之靈丹? 及今不制, 將包得邪妄而歸, 宜時時省察, 而無有瞬息悠悠意態也。

先儒固嘗言: “心無體用, 以性情爲體用。” 然此是渾淪說之一義, 非謂心元無體用之可指也。胡文定言: “不起不滅, 心之體; 方起方滅, 心之用”, 朱子以“操存舍亡”四句爲直指心之體用而言, 此何可謂以性情爲體用之義乎? 近日嶺外論心, 每認渾淪者爲直指, 而遂有卽理之說, 謬矣。亡友韓希審嘗辨其說云: “未發而虛靈不昧者, 心之體也; 已發而虛靈運用者, 心之用也, 豈可謂心無體用乎?” 此說得之,但"虛靈運用", 改以"運用不差", 則似益精當。

程子曰: "君子莫大乎正其氣。" 氣有心氣、氣質、形體之別。敬是束得箇虛靈知覺住,【勉齋語。】此正心氣之說也; 輕當矯之以重、麤當矯之以細,【薛敬軒語。】此正氣質之說也; 端爾躬躬, 肅爾容,【朱子語。】此正形體之說也。三者之中, 正心氣爲最。人能正心氣, 則正氣質正形體, 在其中矣。心氣一不正, 則二者無由可正矣。然所謂敬, 是此心本於性, 而爲之存主運用爾。性又只是一箇道理之在我, 而爲一身萬事所當然之則者也。

或言: "靜中常用存養。" 朱子曰: "說得有病, 一動一靜, 無時不養。" 愚謂視聽、舉履、蹶趨、運奔, 固是動; 博學、審問、愼思、明辨, 亦是動。

人心, 不可直把來對上帝。須是心君, 乃可與上帝對, 何則? 上帝與心君, 皆無一毫邪僞偏私, 而人心有時乎自爲不善故也。今學者務要致知而無一毫之不明, 主誠而無一毫之不實, 使此心, 得爲天君, 而與上帝爲一體而已矣。朱子曰: "天命至正, 人心便邪; 天命至公, 人心便私; 天命至大, 人心便小, 所以與天地不相似。" 今若曰上帝、至正、至公、至大, 心君便邪與私與小, 則豈成說乎? 朱子又嘗論中生待烹云: "天不到得似獻公, 人有妄, 天則無妄。" 今若曰"帝不到得似心君, 心君有妄, 帝則無妄", 則亦不成道理也。執此以論之, 止曰心, 則本雖善, 而末或未善, 本雖正, 而末或未正矣。必曰心君, 然後方見得是理爲主, 而得與帝之理爲主者, 無不同矣。【昔年柳持平舉『語類』"帝是理爲主", 以證帝與心君爲理。余反詰之曰: "公於太極性道, 亦將曰理爲主乎? 只理爲主三字, 便見得帝與心君, 非直是理上名目也。"】

敬、誠兩字, 是學問統體工夫, 不可一時一事放慢。故踐履時, 固用敬; 格致時, 也用敬。好惡時, 固要誠; 靜寂時, 也要誠。此所以謂之敬該知行、誠貫動靜也。若曰"致知是對涵養底, 如何又用敬? 無意是無好惡時, 如何又要誠?" 余辨之曰: "論思之際, 不妨狂叫亂想, 靜寂之中, 不關虛影空體, 是豈聖賢之敎乎哉?"

心派大言心可獨當太極而性不能然, 又言靈覺知識都是至尊之理。信如此言, 則明新者止於至靈, 亦可矣, 又何必曰"止於至善"也? 論大本者, 但曰"明覺"亦足矣,又何必曰"天命之性"也？語聖人之德者，止云"心之"，又止云心者，亦得矣，而乃曰堯、舜性之，惟聖性者，何也？孟子何不曰"文王望心"，而乃曰"望道"？孔子何不止從心，而乃曰不踰矩？又何不曰"回也，其身違心"，而乃曰"心不違仁"也？子思何不曰"君子尊靈覺"，而必曰"尊德性"？朱子何不曰"尊心希聖"，而必曰"尊我德性希聖學"兮？聖人其心，可以自聖，而朱子何以曰"非心實自聖"？虞帝止曰"心"，亦得矣，何必以道字加之於其上？朱子解之，止曰"知覺自用"，亦善矣，而何必曰"原於性命"也？孔子止曰"心能自弘"，亦得矣，何必復以道字足之於其下也？舜之由仁義行，南軒、西山何不曰"身卽心，心卽身"，而乃曰"身卽道，道卽身"？凡諸聖賢皆誤，而獨近日諸家得千古不傳之至道耶？

"聰明睿知能盡其性"，"天下至誠能盡其性"，此盡字，竝知行言矣。然則"戒愼恐懼以存天理"，"君子能體中庸"，"聖人能體太極"，此存體兩字，如何獨不可以兼知言耶？

"人之爲道"爲字，只說行而不及于知歟！

存，不可言存得格致之心；養，不可言養得格致之性歟！

行對知則固是行，以之包知，則所以行之者三，決不可掉了知字。日用事物當行之理，人物各循其性，則日用之間，莫不各有當行之理。此等行字，亦不可單言行而謂無知字意也。

自高，是墮落之坑；自是，是非僻之根。

毋自是，【此三字，是愚嘗夢得於先聖者。】是成就是字之本；認己非，是決去非字之基。

朱子曰："聖人只理會一箇敬字。"【止此。】若如某友戒懼不通致知之說，朱子此語，無乃爲偏枯之失歟？明儒高景逸之言曰："學問起頭要知性，了手要盡性，只一性而已。性以敬知，性以敬盡，只一敬而已。"呂新吾之言曰："除了中字，再無本體，除了敬字，再無工夫。"愚竊意，性、中兩字，皆是具得知行之理。故敬之一字，亦該得知行之功, 雖未能自體得, 而其胷中見得, 端的是如此。此一義, 吾黨諸友, 宜深加勘核, 而力與存省爾。

性字, 具知行之理; 道字, 有知行之路; 敎字, 包知行之法。然而體道【指戒愼言。】工夫, 獨無知字可言耶?

誠、敬兩字, 有間斷去處, 而可以成學乎? 誠身之誠, 修己以敬之敬, 皆包得知行在內, 不可一時一事不用誠敬也。余每謂"有意時誠行焉, 無意時誠立矣。格致時敬行焉, 誠正時敬立矣。"

愚以戒懼爲通貫知行之功。一後進據『章句』存養之云: "力言其不可言於知。" 然尤翁言 : "學問之道有四, 格致、存養、省察、力行, 而存養貫始終",【止此】此晦翁敬貫知行之說也。

『大學或問』: 敬者所以成始成終。按: 始非指明善乎? 終非指誠身乎? 敬非指戒愼恐懼乎? 陳北溪亦言: "格物致知也須敬, 正心誠意也須敬, 齊家治國也須敬", 「曲禮」曰: "毋不敬", 孔子曰: "無不敬", 朱子曰: "小事大事, 皆要敬。" 聖賢之敎如此, 而乃曰戒愼恐懼不可言於格致, 此區區所以未能信及也。 曾子曰: "君子先愼乎德", 子思曰: "愼思", 此愼字於戒愼之外, 別有箇愼功歟? 顏子分明有博約之工夫, 而朱子乃曰: "顏子止是指敬。" 『大學』分明有明新之說, 而傳文乃但以敬止釋之, 皆何也?

程子曰: "君子之遇事, 無巨細一於敬而已。" 曰事無巨細, 則無所不包, 而獨讀書講義、格物致知、不在其中耶?

聖賢敎人, 愼思愼言, 此思言二字, 固是包得思君親、戀弟兄、稱孝友、談事物之類。然其於思文字、思義理、辨是非、析疑晦之類, 截然不可入於其間耶!

道不遠人, 凡己之所以責人者, 皆道之所當然也。反之以自責而自盡焉, 此朱子所釋道四未能一之義也。蓋道雖此心之主, 而但爲當然而已。若夫心則爲道之用,而有能與未能之異, 是以有自責自盡之功焉。至於凝道、弘道、聞道、成道之類, 莫不皆然。然則心雖欲自居以當然之道, 而不欲竭能然之才得乎? 如欲竭其才, 必自致知愼獨始。

聖人之憂勤惕厲, 學者之戒愼恐懼, 皆爲性道地爾。只此便見得心理家之誤矣。夫憂惕戒懼, 是心之能事, 非性道之所爲也。今用心明道, 也須戒懼; 用心行道, 也須戒懼。夫戒懼是徹始徹終, 都要用得之功也。

學道【道是性之德而其於心者, 學是心之能而本乎性者。】何須道學名?【學道而務實者, 其名自隨之。一有須名之念, 便非實心學道者也。】聖賢惟有近人情,【聖賢作用, 不外乎天理人情之閒也。】鄉原狂狷分眞僞, 只恐凡人辨不淸。【鄉原, 隨俗無主之人; 狂狷, 有志自立之士。若辨之不淸楚, 則自家持心修行, 必與僞字相符, 而眞實意象, 絕不見也。】右曹陶菴續祖僞學詩。

學者工夫, 先要省身。省字, 不專於行事, 而竝包乎審理。夫審是審思、審問、審驗、審體, 皆是審。審然後, 知見明; 審然後, 踐履固。今不先省身克己, 而必欲如一種學問。只推尊心字, 擡在萬事上面, 而立爲天下大本, 則孔子六十九歲, 尙未敢云從心所欲, 卽七十從心所欲, 尙著不踰矩三字。然則其前有志、立、不惑、知命工夫, 豈以一心字, 便可千了百當耶?

心宗家文字, 一似其然未然之語, 徐究之, 則只是假名主理也。

旣曰理活, 又曰理無爲, 自相矛盾, 終之乃曰理能默運妙宰, 是又救得前兩語之偏, 而畢竟說做理有爲, 而特不粗發露耳。其然乎?

心統性情, 而性爲心之所原。故心不敢自尊而尊性。他氏以神靈之心爲道, 遂有性不足爲主之見, 而不啻千里之謬也。

焦竑、李贄之謂佛學卽聖學, 劉念臺之謂聖學亦本心, 某氏之謂陽明心卽理不可非之, 皆一副當見識議論也。

淸儒孟超然言: "甘泉以隨處體認天理言學, 吾不知其所言是何天理也。" 余亦曰:

"近世心宗諸家, 亦皆言窮理存理, 不知其所窮所存是何理也." 凡論學爲學, 必要先識得心與理有眞靈能所之分而後, 始可言窮理存理. 不然, 其所窮所存, 究是有知覺能作用之心, 而不免歸於異蹊矣. 可不愼諸?

天地閒有兩神乎, 則不得不局矣. 夫一者惡可歸之局乎? 年前有爲理異稟之說者, 今又有神異得之論. 然則神理亦皆爲局而不通之物矣.

自謂學道, 而惡聞學性之說, 則所謂道者, 可知已矣. 自謂本天, 而惡聞本性之說, 則所謂天者, 可知已矣. 本性學性, 皆朱子之敎, 而彼皆惡聞而大呧之, 何也?【心之知覺, 原於性, 本性之說也. 學而不論性, 所學何事, 學性之說也.】

士須存想鳳飛千仞之槩, 於道始有所入. 不爾, 雖讀破萬卷, 竟未免帶得汙下氣味. 蓋道雖不在高遠, 而志則切忌淺近. 淺近則終日思慮動用, 內而不過衣食車馬之營, 外而不踰稱譏勝負之算. 其後來成就, 可知已矣.

士子多畏人譏, 而莫能樹立. 每信己心, 而遂至猖狂. 所以聖道失傳, 而異學日盛, 是宜朋友之所宜, 持循而勿失者也. 至於嚥津納息之云, 猶屈左徒長年度世, 欲見時人出塲之意也.

心爲主宰, 以心之存主運用, 必本於性也, 故云爾. 使其不師理義而自恣焉, 則是形役爾, 奚主宰之可名哉? 此一義最宜留神. 凡言心君心師, 皆然.

心之本善, 亦以其有覺而知性之善, 有力而體性之善也. 故謂之本善也. 謂之本善, 則其末之昧於性善, 戾於性善, 亦其所爲也. 故異端之於心靠之, 而聖人之於心惕之.

尤翁言: "師心妄作", 又言: "師心則易差", 此心字, 正指靈覺神識而言, 與精血魂魄迥別.

孔子曰: "吾十有五而志于學." 學以道言也, 志是心之趨向也. "七十而從心所欲不踰矩”，矩以道言也，不踰是心之能也。中間立是心之能，而其所立是道也。下三句倣此，心與道之分，如此之明也，而乃有混而爲一者，何也？

使釋氏所認底心，只是人心，只是精魂而已，則朱先生何故乃曰彼認此爲性？殊不知正聖人之所謂心者也。又以何意？欲使學者，先要曉得這一層，【指似那形而上者。】然後卻去理會那上面一層也。心宗諸人，於此何不洗心再看？

一邊之所謂心者。乃虛靈洞澈、神妙光明底物事。而遂以此爲理、爲太極、爲形而上之道、爲至尊無對之號，此與禪、陸無異。何以言之？以其指性爲不可獨當太極、爲不足以當大本、爲下、爲小、爲二而爲有對、爲不足爲主宰者，豈得爲聖人本天·吾儒主理之學乎？

彭氏隴告其子定求曰：“聖學至窮神達化之域，而究歸於一矩。”此言良是。夫窮神達化，心之妙也，而矩字，乃心之所以爲妙者也。今我雖凉學薄德，而舍此矩字，何以準的乎？

吾儒必讀書窮理，【理只是事物當然之理，非懸空架虛之謂也。】小心循理。由幾多工夫，而後得本體入聖域，何其艱哉？豈陸氏之六經皆我注腳，王氏之滿街都是聖人，所能同日語哉？

善與中，理也；擇與守，心也，非惟學者爲然，雖聖人亦只如此，特有生熟之分耳。如言“君子依乎中庸”，“聖人全體太極”，“太極中庸”，理之所以爲眞體也。君子聖人，心之所以爲妙用也。學者之于心，只要喚醒而使不迷於理，撿束而使不畔乎道，久而不解焉，則可以與聖人齊矣。

學者于日間，動不動是心，心之得與失，是理也。有指心爲理者，然則孔子之理，如何動輒中理？顏子之理，如何久不違理？諸子之理，如何日一至理、月一至理？聖人之理，如何盡得理？衆人之理，如何鑿得理？絶可怪也。【某人謂“若言心是氣，如何從氣所欲不踰矩？”吾謂“心是氣，是所謂心之知覺。正是氣之虛靈底氣，非麤糙駁雜，無思無能之氣也。”今曰“從知覺之所欲，何所疑乎？”】

心意知覺, 異學之所謂性, 而吾儒之所謂氣也; 仁義禮智, 吾儒之所謂性, 而異學之所謂障也。

誠字工夫, 有一刻不可間斷者, 聖賢所謂誠身之誠, 是也。『大學』誠意之誠, 孰不以爲發時工夫? 但前意既斷, 後意未萌之時, 這箇誠字, 何處著落? 鄙意, 意發則誠行焉, 意息則誠立焉。如此然後, 後意之始萌, 此誠又行, 而得成自慊之功矣。不然, 誠之間斷久矣。

敬字工夫, 是事事物物, 時時處處, 皆當用之。或疑戒懼是存養事, 與格致無涉, 此大謬也。夫讀書講義, 質疑祛惑, 一不用敬, 則如何得通? 且持敬之人, 凡百事爲, 隨地施功, 及到窮理擇善之時, 乃卸了敬功, 而不妨泛問遠想, 胡叫亂喚, 以不顧『大學』愼德。『中庸』愼思之訓, 而可以格得物理、致得心知耶?

克復敬恕二章, 皆心之事也, 心其可不之重乎? 雖然, 非先有心之德, 心何從而有此功夫乎? 若曰雖非性而心自能爾, 其所成就者何物? 必其非禮, 而亦視聽言動矣; 出門使民, 亦不之敬, 已所不欲, 亦施之人矣。

朱子推康節意, 以爲堯當午會, 至宋爲未戌會, 人物消盡。據此則今日尙在未會, 而運氣之否, 如此之甚, 甚可歎也。然聖人之拱手已屆, 皓天之必反不遠, 願天下之士, 皆好學不倦, 以俟帝命。

有據"心統性情, 如統兵"之語, 謂心尊於性情者。余笑曰: "孟子言, '理義之悅我心, 猶芻豢之悅我口', 子將曰: '人身重於芻豢', 則我心之重於理義, 明矣。" 朱子言: "天子統攝天地", 天子之尊於天地, 遠矣。如子者, 眞癡人之聞夢者歟!

如欲爲學, 須要打破這稱譏利害關, 庶幾得見道義蹊徑。

朱子謂: "王裒仕晉, 猶有可說, 而裒不仕, 乃過於厚者。" 此說可疑。蓋王儀雖爲司馬昭軍師, 然是魏臣。且無辜而被殺於昭, 裒之不仕, 理當如此, 而朱子之言如彼, 何也? 此是『語類』登錄, 而下文論稽紹不當仕晉, 明矣。據此則裒事尤無可疑。

故陶菴『宙衡』父見殺而自處條, 只錄朱子論嵇紹語, 而其論王裒者刪之, 意亦可見矣。德卿欲將王裒一段, 添入於『宙衡』, 恐未安也。

事天、事君、事父母, 其本在敬其身也歟? 此苟菴先生『芴言』也。事師、事先聖, 似當包在三事之中矣。教兒孫、教弟子之本, 舍敬其身, 亦何所據哉?

"天下之難, 非一樣, 而今玆之亂, 有天地來未有也。" 此苟翁語。余亦有言曰: "古人禮論之爭多矣, 而以卑主貳宗構誣而殺之者, 未之有也; 理氣之辨衆矣, 而以陷師射父指目而罪之者, 未之有也。"

"理有生殺, 故氣有生殺。若理無生殺, 則氣何自而有生殺乎? 且以目前言之, 元生利殺, 此又何關於氣乎?" 如此告之, 尙且未瑩於朱子之訓者。吾又如之何哉?

百年尤人, 了無毫分之益: 一日反己, 便有長進之趣。

人要知己之德性, 不問氣質如何若何? 元只是渾然至善, 初無少偏, 亦無纖惡。又要知己之本心, 亦不拘於稟受, 而靈明弘毅, 無所不知, 無所不能, 與聖人一同。此兩義之於人, 關涉至重。若果信得及而無少疑也, 則自能淬礪志氣【心】勇猛發憤, 孳孳進進, 不止於至善【性】不已矣。吁! 孟子之道性善與心有所同然者, 眞大有功於聖人之門也。因而惟之, 七篇之書, 累數萬言, 何者非道性善與心有所同然之理? 卻于「滕世子」與「富歲子弟章」, 兩番提唱, 使讀者, 如淸夜聞鍾, 爽然有覺也。

理是不能動底物事, 只有善而無思。【以『語類』五卷謙錄, "心是動底物事, 自然有善惡"一段推之, 便見得理無惡之實。故學者工夫, 只要檢心以養性。】○ 理是無形之物, 初不可以美惡偏全論。【以『語類』四卷廣錄, "氣是有形之物, 便自有美有惡"一段推之, 便見得理不可言惡言偏之實。故學者工夫, 只要撿束其氣, 以復其性而已。】以上二段觀之, 凡言理隨氣而有偏惡之稟者, 皆不知道也。

朱子「答呂東萊」書論「仁說」而曰: "此等名義, 古人之敎, 自小學時, 已有明白訓說。若似今人茫然理會不得, 則其所汲汲以求者, 乃其平生所不識之物, 復何所向望愛說, 而知所以用其力耶?" 朱子「答金是重」書論『小學』「立教」篇題而曰: "初學雖未遽知天命性道之奧, 而須知此等名目, 然後可以漸向這裏去。" 二先生之言如此, 而近日學人往往有懲羹吹虀之疾, 而惡人說心性指路陌者, 此未之思也。見今諸家, 擡心爲至尊, 貶性爲兆民。甚者不肯以性爲主, 而惟其心之是恃。此如何不指陳病痛, 以開明其所見也耶?【諸家有認有覺、有爲者爲理。或言性不待氣而有偏, 或言性因氣質而異受, 此皆害理之見, 不可不說破也。】

『語類』, "心者, 氣之精爽",【五卷節錄】"神乃氣之精明者耳。"【百四十卷末無名錄】問心之神明曰: "神是恁地精彩, 明是恁地光明"【十七卷賀孫錄】, "氣之精英者爲神。"【一卷植錄】問人心形而上下曰云云: "操舍存亡之心, 自是神明, 比性則微有迹, 比氣則自然又靈",【五卷謙錄】"神只是形而下者, 神是氣之精妙處。"【九十五卷賀孫錄】直卿云: "神也可就理上說", 先生只就形而下者說曰: "所以某就形而下說, 畢竟就氣處, 多發出光彩便是神。"【同上卷寅錄】按: 朱子所論心神如此, 而近世心學諸家, 直做理字看, 如何後輩被他降下佛氏, 指神通光明爲性? 學者宜知所擇。

明儒王浚川【廷相】曰: "朱子謂本然之性, 超乎形氣之外, 此自佛氏本性靈覺而來, 非謂依傍異端, 得乎?"【佛氏教人任持自性, 言衆生皆有本覺, 雖流轉六道, 受種種身, 而此覺性不曾失滅。故以此爲眞性。】苟菴曰: "朱子無是言", 繼而曰: "依傍異端, 誤後世之學, 其無倫脊而恣叫呼, 不但爲光景中眩華而已矣。" 淸黃宗羲曰: "念臺之學, 以愼獨爲主, 其功夫只在主宰。主宰卽在流行中。" 苟菴曰: "苟以流行爲愼獨, 則是無主宰也。戒愼恐懼, 爲贅言而無所施其功矣。"【缺】獨是何境? 愼是何所? 然而猶曰主宰, 得無爲遁辭耶? 況念臺之本無此言者耶? 愚嘗據『語』『孟』學禮學道, 歸求有師之訓, 有性師心弟之說; 又據『中庸』君子【心】尊德性之訓, 有性尊心卑之說。嶺南有曹兢燮者, 以爲某也有性父心子之說而辨之。古今如何有指無爲有而爲之說者之衆耶?

明道言: "學者須守下學上達之語, 乃學之要。" 今世士子, 多不務下學人事, 而專就上達處立說, 恐失程子之傳。吾謂下學人事, 是上達功夫。

伊川以溫公之能忠孝、誠實, 康節之坦夷無思慮紛擾之患, 皆只是天資自美爾, 非學之力也。然則今日我輩，如何方可得學之稱？

朱子曰：“仁者天地生物之心，而人物所得以爲心，則是天地人物同有是心，而心德未嘗不貫通也。”【見『語類』程書門端蒙錄。】又曰：“人物得天地生物之心以爲心，所以個個肖佗。”【『孟子』門儞錄】此意極要體會。若於此，實有所見，則我與聖人眞箇同類，而聖人易做之喜，自不可言矣。彼萬般物欲，一切世習，雖甚可畏，然總是後來生底，其源則專由受氣未醇而致爾。此乃爲人生大患，而不可不理會者也。然又幸其靜時淸明，只從動處做梗。只這些子，乃與上知不同。今欲爲聖人，須就氣質用處，猛加省察，痛與克治，【顏、曾所見卓然。得聞一貫。皆只於此用功夫來。】使復其氣之本然，苟能此道矣。其上面性理，不待另加復之之功而自復矣。

“行者，知所適之地。不到其地，則行之不已。學者之於道，豈異是哉？”此苟菴先生語也。今吾人所知，如四勿、三貴、精一執中，皆所適之地也。旣未至其地，又不能行之不已，何也？得非未能的知其地，只憑人言，爲遙度懸揣之見，故亦未能力行之故歟？今宜親切究索，以求明知而期至其地可也。

平生故舊，相許以知己，而遇可疑之事，聽行間之言，不免於惑志，而喧傳於佗友，終至兩損俱傷者，其病由於不以身處其地而察其心也。夫易地而替想，則不喪己，亦不枉人。

要揀是別非，是明善第一務；要去惡爲善，是進德第一法。爭心勝氣，是第一敗證；謙己下人，是第一高著。矯激，是害己第一病痛；平穩，是處事第一方法。公聽幷觀，是講學家第一要道；平心易氣，是讀書生第一切務。喜新尙奇，是後輩第一罪過；尊德樂義，是吾儒第一事功。學政合一，是第一眞儒；心迹不同，是第一賤士。

吳思齊，比宋改物，家益落，或勸之仕曰：“譬如處子，業已嫁矣，雖凍餒，不能更二夫也。”余謂：“思齊氣節士，縱使不仕於宋，豈肯臣服裔戎乎？其不更二夫之云，姑遜言以辭之爾。”

“人不可無戒愼恐懼底心。莊子說庖丁解牛神妙，然纔到那族處，必心怵然，爲之一動, 然後解去。心動便是懼處。"【『語類』雉錄】今日士子, 遇此大亂之世, 若不加戒慎恐懼之心, 如何得保守名節, 以無敗先聖賢敎育之恩乎? 凡百士子, 無或一霎時放過。

世習物慾, 固是鑿性敗德者。然其源皆緣氣未盡治而然。若能治得一箇氣字盡, 便是大賢。今須專就此氣發見處, 敬用審幾之功, 及至應酬上, 猛加責志之力, 不使之自肆, 而必循乎塗轍, 則性安得不養, 德安得不明乎?【朱、栗撿氣之敎, 如此。若如一種氣無修爲之法, 是都無下手處。又如一種受理不同之見, 是又幷與理字而治之, 皆與聖傳判別。】

"紀勻倡爲妖言, 肆口說東林亡國, 乃冒其禍於龜山。游而上及於洛、閩, 無復顧忌, 以逞雛視講學之肙臆, 直曰: '程子亡北宋, 朱子亡南宋。愚弄淸主, 布其說於天下, 則世變至此而極矣。'" 此苟翁「論語」也。余謂: 紀勻是多才不仁之一小人, 其倡爲三亡之說, 無足異矣。如今某人者, 似非勻之比, 而遽出一氣亡國之詩, 以實張志淵之新聞凶說, 此眞怪事也。

纔兼氣質, 則其事爲便有與聖人不相似處。雖兼氣質, 然其本體, 終無損於純粹至善之定分。學者于此二者, 儘用省察、存養之功, 而不敢少有懈怠之失, 可也。

近日後輩於攝威儀厲行檢之實事, 多不留意。人言藉藉, 往往入耳, 恐不可無警飭之道。『宋子大全』「答遯菴院儒」書云: "士習懈怠, 無如之何? 曾見同春於懷院, 其甚不如約者, 永黜而移於鄕籍, 使爲鄕任矣, 此或可爲警飭之道耶?" 移籍而使爲鄕任, 今雖不可爲, 然亦豈無面詰黜座之罰耶?

大抵我非人是, 則當改而從之; 我是人非而彼自執拗不回, 則不當爭競失和, 只當斂退俟悟, 此非心學性之道耶? 吾輩言則心學性, 而行則不免於心蔽性, 豈不爲人所笑耶?

聖賢敎學, 世儒未曾理會到底。今學人欲立身行己, 豈可因彼言以爲向背? 彼未曾自身做得, 何嘗夢到義字界分, 任佗啾喧? 我自端的向是處著腳, 撓動不得。

大凡人性皆善, 人心亦皆靈明。若能奮勵振作, 今日硏精一義, 明日勉成一德。日日如是, 莫要因循怠緩。一味緊緊做去, 不過數月, 便見奇驗。

"人生而靜以上", 此指人生以前, 而李都事謂古書"以上", 無離卻本地而專說上面者。考得『近思』三卷第六十四條云: "何物爲權? 義也, 時也, 只是說得到義, 義以上更難說。" 此以上二字。不雜義字說。未知李氏以爲如何?

古人用見聞以修己, 今人用見聞以殘己; 古人用見聞益人, 今人用見聞以陷人。

古人論性以正心, 今人論性以蔽心。

古人講論, 欲以成己成人; 今人講論, 祇以敗己敗人。

南夏正作『桐巢謾錄』, 醜詆我東羣賢, 靡有紀極。而金某據此書, 以爲『東國史』, 其用心誠叵測也。昔周密有『野語雜志』, 所記宋人諸事, 與講學者之論頗殊。紀昀得之, 流涎解頤, 以備攻朱子之奇聞異書。苟翁以爲密之爲言, 正所謂先做落草由徑之計。相引去無人處, 私語自詑, 以爲奇特, 而昀從而添油助焰, 以爲千古炯戒, 而揚眉瞬目, 大言不已。若大患之藏伏隱暗, 人所不知而己獨知之, 其千生萬受, 自就於大惡者, 豈不誠可哀也哉?【苟翁說止此。】此與金某之南錄, 同一軌轍也。噫!

理與氣, 與性、情、心、意, 總是吾之所有。只爲不曾反求諸身, 以驗其能所之分, 得失之故。故茫然不識其何物, 卻從前人言語文字, 考其同異, 取其近似, 以爲己所獨見, 自信自是。始則務倒朋友, 旣而藐視師長, 終至於驅率前言, 惟以己勝爲主, 無禮不遜, 害義喪德, 靡極不至。甚可痛也。

苟翁「說證」云: "所謂御批綱目, 紀昀以爲涑水、紫陽, 莫能仰鑽於萬一, 則尊其主爲孔子矣。昀亦人耳。【愚謂昀人形而梟腸也。】何忍爲此語? 其安而受之者, 亦無責耳矣。" 愚嘗見毛奇齡, 稱康熙爲聖人。【語見『四書索解』。】今昀也, 尊其主爲孔子。此輩以若見識, 何論義理? 其視朱子若世讎, 而必欲除去者, 亦宜矣。

古賢遭此上慘下黷, 靡所於歸, 則惟有遯世長往, 自是鐵板定案。特流俗無識而有言, 胡足怪乎? 昔韓魏公謂六一翁曰: "凡處事, 但自家踏得腳地穩, 一任閒言語", 此話有味可玩也。

栗翁以"道心純是天理, 故有善而無惡", 此對"人心之也有天理, 也有人欲者"言也。人心道心說, 又以"道心爲本然之氣", 此直指心之本色言。蓋心之虛靈知覺, 是氣也, 故有原於性命之說。心原於性, 則亦有善而無惡。夫心而有善而無惡, 則豈非本然之氣乎? 蓋天理無覺, 道心有覺, 二者不可以無辨。其曰: "道心純是天理"者, 非有人欲夾雜之謂而已。若其理之無覺, 不及論也。先生嘗以九容爲理, 此是統合說。若論發動運用, 則九容又是氣之合理者。如動容 周旋中禮, 動容周旋是氣, 而所中之禮, 方是理。以此推看於道心, 則亦可通也。【凡言理有許多地頭。對人欲說, 則凡心與氣與形之合理者, 亦謂之理; 對氣說, 則以有知有意, 無覺無爲, 分理與氣; 對事言, 則以其然當然, 分理與氣; 對分殊說, 則以其分之所以一者爲理。】

儒者之學, 存心養性【心或有失, 故須操, 性無不善, 故只養。】, 而天下之理得矣; 佛家卽心認性, 而天下之理虛矣;【心虛性實, 今認虛爲實, 故理虛。】考證家鑿心蔑性, 而天下之理罔矣。以上苟菴說也。愚有一語繼之云: "心理家尊心貶性, 而天下之理顚矣; 名目家指心點性, 而天下之理亂矣。"

人之所以爲人者, 以畏天命而立人極也。今也乃小其性下其性, 而欲人之爲人也。其流之弊, 將何所不至哉?

聖人只一箇神理以貫萬事; 天地亦只 一箇神理以賦萬物。何處見得, 隨事人小, 隨物偏正, 而有別貫異賦乎? 然則事之承貫, 物之受賦, 安有自異之神理乎?【學者神理, 直與天地聖人一般, 柰何自心自異? 今於此處, 恨得深, 轉得力, 異時決須復性命之初, 造聖賢之極矣。中閒讀書講學, 思索體認工夫, 皆宜并行而不可偏主一邊, 恐成偏枯之學。】

『語類』云: "道, 須是合理與氣看。理是虛底物事, 無那氣質, 此理無安頓處。『易』說'一陰一陽之謂道', 這便兼理與氣而言。陰陽氣也, 一陰一陽則是理矣。"【端蒙錄】

『大全』「答李晦叔」書曰: "纔說性字, 便是以人所受而言, 此理便與氣合了。" 按: 今人多因答晦叔書之類, 便說"生之謂性"、"纔說性", 兩性字, 皆是氣質性。然則"一陰一陽之謂道"道字, 亦喚做氣質之道乎?

『中庸』「首章」纔百有九字, 而天下事理, 儒者工夫, 聖賢能事, 靡不畢具, 而獨未有格物致知之說者, 此甚可疑也。近日始覺得自首節三句, 早已含得此理, 殆若大寐之得醒也。蓋知是何理而不出於性, 且格致必有其道, 而聖人之敎, 無所不備, 奈何獨舍卻知字, 而只使人行之也? 況所謂戒愼恐懼四字, 亦包得格致工夫在其中矣。特人自不察耳。今年七月二日, 愚因洞泄氣陷, 絕而復甦, 使當時不醒, 因遂不知此理而逝, 豈不大可恨乎? 由是思之, 此外幾多精義之未徹者, 又何可量也? 不知天意更假幾個日月, 而愚之求所未知、勉所未及之功, 則有不容斯須懈也。七十五歲病曰, 識以自勵, 兼以寄精舍諸生。

『孟子』"歸求有師", 朱子釋之, 何不舉光明靈覺者以實之? 乃曰: "性善發見, 無不可師, 得非以師心者多自恣, 師性則無所差歟?" 或以張子己心嚴師之訓爲疑。余謂此指心之守正者言。【正是性之正理。】 蓋旣曰: "正心之始", 則非以放逸無定者爲師, 可知矣。不然, 張子又言: "心小百物皆病", 出於心者, 歸咎爲己戲。以此等心字爲師, 其害爲何如哉?

正道異端, 心與理爲一爲二之說, 須是看得了了, 方不被人謾將去。○ 心之與理, 本不相離。以此而謂之一, 則盜賊亦然。必也心之於理不相違悖, 始可謂之一, 是則聖賢乃能之。心不違理, 雖謂之一, 而卻有有知能、無知能之分, 此吾儒之見也。若乃此心自命爲理, 而謂性不足爲主宰, 性不可獨當太極者, 卽是異學家計也。

弟子於師, 小小議論事行, 誠有未能一一墨守者。若夫游定夫之於二程闢佛之論, 胡季隨之於南軒攻禪之旨, 如何得畔棄? 而游則從諸僧講學, 胡則與陸氏相得。豈義理之所當出乎? 近世鄭厚允之於蘆沙, 棄其心是陰陽明德非理之說, 而趨附於李門, 以博斯文幸甚之襃。趙成汝之於淵齋, 吐其心性不可以爲一物之文, 而陰助乎郭氏, 以取一邊贊揚之辭。是四子者, 殆於不仁不敬, 而用智失義, 亦難免矣。

學須先審其所主之爲何物, 而後始觀其所行之有得有失。使所主得正, 則所行或有所失, 不害其爲聖人之徒矣; 其所主不正, 則所行或有可觀, 無益其爲異學之流矣。

彼所主之理, 乃吾所謂靈覺光明, 能視聽思慮運用之心也; 吾所主之理, 卽彼所謂不可獨當太極, 不足爲大本之性也。

彼以心爲理, 而遂認做天下至尊之物; 吾以心爲氣【氣中之靈明者】, 而常懼其或有自肆自欺之病也。

彼嫌此性之無覺無爲, 而降而爲此心所治敎之民; 吾認此性之純粹無疵, 而奉以爲此心所主本之天。彼此所見, 原自不同如此, 所行如何可同? 彼之自是自主如此, 吾如彼何哉? 只有自心自小, 一味以欽承德性爲務。使道成德立, 而得入聖賢門庭而已矣。苟能如此, 則彼之虛假, 自然銷滅而不能立矣。

韜晦靜默, 生道也; 發露漏洩, 死道也。朱子曰: "大凡人生至死, 其氣只管出, 出盡便死。" 今愚已老矣, 纔過數月, 則爲七十九歲人。猶日夜費卻精神, 與衆酬酢, 答人書問, 皆是漏洩。漏洩得盡時, 便死去, 此不宜惕慮而少加靜養之功乎? 魏莊渠云: "天根之學, 須培養深沈, 切忌漏洩。"

憂勤惕厲, 也是心; 放僻邪侈, 也是心。嗟乎! 心其可以爲道乎? 聖狂之分, 只在克念罔念之閒, 則可以知聖人之心亦人之心, 而人皆可以學聖人也。【聖狂以下苟菴語。】余故曰: "使聖人纔不憂勤惕厲, 卽是放僻邪侈, 使衆人能畏放僻邪侈, 亦可以憂勤惕厲。其幾甚微, 而關繫則大矣。"

吾儒所養者, 是仁義禮智; 釋氏所養者, 只是視聽言動。此朱子語, 以彼認能視聽言動者爲性, 故云爾。近日心宗諸家, 亦有窮理養性之說。然其所窮者, 是心卽理之理, 所養者, 是心卽性之性。不知此是儒乎佛乎?

達摩言: "人心至善。" 近日心宗, 既認心爲理爲性, 則亦將曰心至善。不知是祖達摩大師乎?

象山告曾擇之曰: "目能視云云, 心能思云云", 是祖述佛語也。故朱子謂其分明是禪。近日儒者, 有理之知覺、理之計較之說, 與陸氏是同是別?

今我輩固未嘗以心爲理爲性。然及觀其所發處, 卻不免以能視聽能思慮者爲本而已。不復以性理爲師爲主, 而畢竟與彼同病, 此不可不大警惕而痛改革也。

問: 悳性如何尊?

朱子曰: 將悳性, 做一件重事, 莫輕忽佗, 只此是尊。此見訓楊長孺。

愚竊見, 自心宗熾後, 悳性逐爲眇小輕忽底物事。彼纔聞尊性之說, 逐指爲異端邪說, 而闢之如仇敵然。然而卻云我宗朱子, 可異也。『語類』必大錄云: "子靜說充塞仁義, 其意之所指, 似別有一般仁義, 非若尋常佗人所言者也。" 今彼之謂朱子, 亦似別有佗朱子, 非吾儒所共尊底朱子也。

誠、敬二字, 吾儒以之爲萬善骨子。象山之教人, 卻止於耳目之能視聽, 心靈之能思慮, 而曰更要存誠持敬做甚。是將聖門誠敬字, 一碎碎盡。噫! 信心之害, 至於如此, 良可悲夫! 近日心宗, 想說得不如彼矣。然心既是至善極尊之理, 則何待存誠, 何待持敬? 吾儒之誠敬, 正恐此心不誠不敬, 而害仁義虧禮智也。今既認心爲仁義禮智之理, 則只信心任意,【曾見郭氏答人書, 有云意者理之計較。】而行亦無踰矩違仁之患矣。然則其所認所行, 卻成二本, 甚可怪也。如趙氏心性一物之見, 亦與此同歸矣。朱先生教門人云: "學者之心, 大凡當以誠敬爲主。"

董安于問政於蹇老。蹇老對以忠於主、信於令、敢於不善人。余謂此言極善, 可借用於儒者之學。今能盡心於性命,【性命是人之主。】敷信於子弟, 敢於異論, 則世道其庶幾乎!【敷信, 謂以其盡心於性命者, 施其實學於後進也。異論之家, 每靠心爲主, 而不肯依順性命之理, 其褻天慢聖之罪大矣。儒者不敢於此人, 厥罪亦與彼等耳。】

求前聖之傳, 以自淑而淑人, 只有辨別是非, 向背邪正, 更無別法。若自恃聰明, 師心任意, 不復審求其理, 雖或不至於猖獗, 而其得免於猖獗者, 其實乃大猖獗也。

心本性之學, 世儒目之爲無氣稜, 而舍是則非正道也。心自理之論, 世儒認以爲有主宰, 而覈之則無頭腦也。

夜讀『宋子大全』「答崔鶴菴」書, 語及草廬, 以爲故舊之道, 何可以一言不合, 而輕相棄絶乎? 蓋鶴菴勸絶草廬, 故先生答之以此, 其用心一何厚乎? 因思淵齋"苟不信及, 何必師事"之語, 何其與先生之言, 相反至此也? 愚昔謂此必非淵齋本語, 只被柳也所誣錄也。但其說見載於譖人所刊之書, 而宋門諸公, 乃袖手恬視而不之禁, 此卻可疑也。

"聖人言語, 皆天理自然,【余謂聖人是心也, 言語從心中出。然則經傳豈非性理? 學者, 將心去學經傳, 是爲心學性也。昧者於學經二字, 未嘗恥之。卻於心之學性, 認做大羞辱而極口肆罵, 可謂喪心人也。】本坦易明白, 在那裏? 只被人不虛心去看, 只管外面捉摸。" 右出『語類』讀書門陳北溪錄也。余因謂"天理本自在, 人心卻做病, 虛中是妙藥, 學者宜敬聽。"

"非禮四勿", 孰不曰克己力行事, 而區區乃有一疑端。如將先王先聖之書, 潛心披閱, 前輩長德之言, 傾耳審聽, 格致誠正之理, 朋友講論, 忠節廉潔之行, 子細思繹,【此一句, 單屬心動。】又如異學之書勿視, 無稽之言勿聽, 不急之務勿辯, 害公之思, 勿萌。如此則不可謂致知明善一邊事耶?

朱子曰: "而道自道者, 道是簡無情底道理, 卻須人自去行始得", 此先生六十九歲以後語也。【沈莊仲所錄。】所謂人是指有覺有爲底, 道是無情底, 又如何去向無情底? 便萬人理會也不得, 百年究索也不通, 重菴、寒洲合席商確也不決。敢請心宗諸公, 繼今以往, 盡棄舊說, 以同歸于孔、朱門下。愚不勝誠懇之至。

愚見存養與致知, 涵養與克己, 固皆有分言處, 亦有合同用功處。如『中庸』註, 存養是致知用功。『語類』偰錄, 涵養是克己用功。【偰錄云: "涵養之則凡非禮勿視聽言動, 禮儀三百, 威儀三千, 皆是。"】曾見湖西諸友, 方言涵養克己不可合看。近日李子悅父子, 又力言存養致知不可合說。【『語類』大雅錄云: "方其當格物時, 便敬以格之, 當誠意時, 便敬以誠之, 以至正心修身以後, 節節常要醒覺執持, 令此心常在, 方是能持敬。"】此皆只是說話, 不曾自體驗之過。

“聖人不知己是聖人”, 此晦翁語也。上下人字, 中閒己字, 皆以心言, 非以性理言, 亦非以形氣言。蓋性理形氣, 皆無覺識。惟心可以言知不知也。然則聖人之心, 不自認爲聖也。楊敬仲、王伯安輩人, 皆自認其心爲聖人, 豈非妄自尊大之罪歟? 心而自尊者, 不復以性爲尊, 不以性爲尊者, 末流之弊, 將何所不至哉?

金君成埶, 以心當天降之衷, 殊不知心雖本善, 亦有時爲惡, 而性則無爲而無不善。此無道、器之分者也。又以道心爲恒性, 殊不知道心是原於恒性底, 此又昧於本、末之辨者也。又以『正蒙』“心統性情”之統, 『蔡傳』“一者其本原統會”之統, 爲同一義, 此又不察於道、器之分者也。要之, 金君是金門之私淑弟子, 不知金、柳晚年心說。一如老洲、梅山之論, 只據金中年以前未定之說而云爾也。一言以蔽之曰: “吾人爲學, 以道爲本, 以器爲末, 而氣之運用, 必主於性之本體也。”

性理只有善而無惡。故但尊以奉之, 順以養之, 敬以盡之而已。至於心則本體雖善, 然而時有昏昧放縱時節。故朱先生每敎人, 常常提撕喚醒, 扶策撿束。學者於此, 可以見心性、道器、理氣、本末之分矣。【朱子曰: “提撕此心, 敎佗光明”, 又曰: “人惟有一心是主。要常常喚醒”, 又曰: “敬是扶策人底物事。人當放肆怠惰時。纔敬便扶策得此心起。常會恁地。雖有些放僻邪侈意思。也退聽”, 又曰: “只撿束此心, 使無紛擾之患, 卽此理存也。” 朱子之訓, 明明白白, 無可疑處。近日乃有一種學問, 力言心是道體, 心是大本, 心爲至尊, 心實至善。信如此說, 朱子諸條, 皆成病語。】

今人敎小兒, 必曰學文; 及長而從事儒術, 則必曰學道。道與文, 皆是理, 而其學者, 是心也, 是心學性也。某也某也, 於學文學道之云, 必無異論矣。至於學性, 則乃曰是異端也, 殊不知道也理也性也竟只是一箇物事。

心爲氣掩而不正, 則曰: “非我也, 氣也。” 此是心之自逃其罪之說也。余謂: “自勵自棄, 皆心也; 自昭自昧, 皆心也; 自欺自慊, 皆心也; 進吾進止吾止, 亦皆心也。” 此不難見之理。今以“孰放孰求、孰亡孰有, 屈伸在臂、反覆惟手”兩句推之, 世間何件不正, 非心之所爲, 而乃獨歸罪於氣也。

心之不正, 非獨因氣, 亦由慾也。今何舍卻慾字而獨言氣也?

謂上帝爲氣數所掩, 而爲心爲氣質所掩之例, 猶可強作比例說去。至於心之爲慾所蔽而失正, 則亦將曰上帝亦有爲慾所蔽而失正耶?

『語類』四卷夔孫錄, 論人氣質之性, 氣稟偏則理亦欠闕了。按: 此理亦欠闕了, 未發時如何說? 將曰單指則理全, 兼指氣質則理欠闕耶? 恐甚未安。【氣質性, 不得不歸之發後。】

大業孰與堯、舜? 雄辯孰與孟、朱? 然而無不從敬愼中出來。今不察此而乍見夷狄所爲, 便爾心醉, 不辨邪正, 而奔趨不暇者, 果能成大事功, 立正議論, 以救斯世乎?

"居處恭, 執事敬, 與人忠, 雖之夷狄不可棄也。" 只此數句, 已是盡做聖之方。今只要確定大志以爲先, 熟讀聖經以爲輔也。昔朱子論性云: "性非有一箇物事, 只是人合當如此做底, 便是性。" 居處恭一段, 是人所當做之理。

『語類』寅錄云: "稟得精英之氣, 爲聖爲賢, 便是得理之全、得理之正。" 『通書解』云: "性者, 聖人所獨得於天。" 『語類』閎祖錄云: "陰陽合德, 五性全備, 然後中正而爲聖人。" 按: 以此三條, 推看於南塘所據物性稟得來少, 不似人稟得來全, 未知亦將曰聖凡本然之性, 有偏全多寡之異耶? 然則所謂人皆可以爲堯、舜者, 得無歸於無實之言耶? 此似非小小關繫, 如何如何?

『語類』㽦錄, 問氣質之性, 曰: "纔說性時, 便有氣質在裏。若無氣質, 則這性無安頓處。所以繼之者只說得善, 到成之者便是性。" 按: 此條, 只是說性在氣中, 非便說到弗性處。與『南塘集』各氣本然判別。讀者宜細察之。

蓋錄云: "纔有天命, 便有氣質, 不能相離。若闕一, 生物不得。既有天命, 須是有此氣, 方能承當得此理。若無此氣, 則此理如何頓放!" 此下有註曰: "必大錄此云, '有氣質之性, 無天命之性, 亦做人不得; 有天命之性, 無氣質之性, 亦做人不得。'" 按: 此二錄, 一時同聞, 而蓋錄之云天命氣質者, 必大錄, 卻作天命之性, 氣質之性。以此推之, 南塘所引未發之時, 所謂氣質之性, 亦在其中者, 亦安知非先生單言"氣質", 而記者添入之性二字耶? 不然而必欲作"弗性之性"看, 則必大錄氣質之性, 不單作氣質看, 亦必欲作氣質之性, 則謂天命之性、氣質之性、做人、做物, 此爲何等語? 以此知未發氣質之性, 亦當單作氣質看, 况勉齋問氣質之性, 而先生以爲若無氣質, 則性無頓放處.【與登錄語勢一同.】而因以成之者性結之. 就此而細究之, 所謂氣質之性者, 有以弗性之性言處, 有以性在氣質言處. 此須活化敏妙看, 始看得先生本指出.

『語類』夔孫錄云: "墨子之心, 本是惻隱, 孟子推其弊, 到得無父處, 這箇便是惡亦不可不謂之性也." 按: 如必以氣質之性, 置之未發時, 則惻隱之弊, 至於無父. 如何納諸未發之前乎?

『語類』閎祖錄云: "人性雖同, 稟氣不能無偏重, 有得木氣重者, 則惻隱之心常多, 而羞惡辭讓是非之心, 爲其所塞而不發云云, 惟陰陽合德, 五性全備, 然後中正而爲聖人也." 按: 此論氣質性, 而曰惻隱之心常多, 羞惡之心常多云云, 此如何納諸未發境界耶?

"太極爲陰陽之主, 而反爲陰陽之所運用. 凡生於太極陰陽者, 莫不皆然." 此出『宋子大全』「浩然章質疑」, 而「質疑」中再言之, 又一見於「集義齋記」矣. 然則先生於此一義, 實三致意焉. 愚常喜稱之. 昔柳穉程以下句爲疑, 年來趙成汝, 亦以下句爲記錄之誤, 此不及考其爲先生手筆, 而妄肆口習也. 旣而更檢『近思續錄』, 亦不載此段, 豈淵齋亦意其未穩, 而不表章之歟? 大可異也.

竊嘗見孔子稱大舜之用中. 先賢謂『周禮』是聖人之爛用天理, 是皆理爲心之運用底明據也. 愚故每言理爲氣主、性爲心源, 而反爲心氣之所運用也.【『語類』言"理寓於氣, 而其運用, 都由這箇氣", 又言"有這知覺, 方運用得這道理."】天爲聖本, 而聖人爛用天理, 君父之命爲臣子之宗, 而臣子反用君父之命. 是皆於理於學, 無毫髮之礙, 而諸家多疑之. 愚未知其何見也?

顔子之聞一知十, 與克己如洪爐點雪, 是心與血氣與形骸, 異於凡人而然歟? 其故不可不究索. 若得究索, 則知氣質比心較麤, 比血氣又較精之妙矣. 前輩有心卽氣質、血氣卽形質、形卽氣質之說, 恐皆未妥.

血氣上流行者爲氣, 凝定者爲質, 而較精於血氣矣。

茶田儒者之學當主理而不當主氣之說, 堯、舜、孔子復起, 必點頭道是矣。但欲問所爲主者, 非此心主之, 而別有一物主此理歟? 理非性理, 而又有一種道理歟? 且所謂理非自在底, 而是活化靈明底, 則活者何不自主, 而又有物主此活理歟? 其主之者, 非活化之心, 而是氣質歟? 則氣質有甚麼才識, 而能主活理歟? 且不當主氣之云, 亦欲問此主字, 非心主之, 而又有甚麼主此氣質歟? 此等疑難, 一一審覈而後, 方敢信得及。不然, 彼異端之士, 亦莫不曰吾亦主理, 而未嘗主氣也。不知何以辨別其邪正也?

本心、良心, 是本善之靈覺, 不礙夫純善之性理者, 非卽是無知覺無思想底理體也。道心亦是原於性命底靈覺, 與沖漠無朕純粹至善之性理, 自有道、器之辨矣。愚嘗謂道心二字, 用俚語釋之, 當云性命道靈覺心。凡言心字, 舍靈覺不得。

只主理兩字, 便有心性之辨。蓋主之者, 心也; 爲之主者, 性也。只此兩言, 可以掃盡心卽理、心卽性、心卽道許多辯說也。應得天下學者, 一時憬然悟而豁然快矣。

"人常讀書, 庶幾可以管攝此心, 使之常存", 此朱先生語。余謂"聖人之書, 字字句句, 都是道理。自家若無道理以管攝, 便走作。故先生之言, 如此。"

人性本於上帝之命, 經書出於聖人之手, 皆是天理。故心當尊性, 士當尊經。自家須是尊性而至於盡性, 可以對上帝; 尊經而至於合經, 可以入聖域。

有認心爲理者, 曰"理之爲君。自失主宰"云云, 如此則理亦有失, 有失則惡矣。理而自惡, 何貴於理? 這般理, 須是打破了。晦菴先生言"敬是此心自做主宰處。"【止此。】敬是此心奉持此理而自做主宰之名。請心宗諸公, 勿復出心卽理底孟浪說話, 只要做心主敬底眞實功夫。

朱子曰: "君子以禮存心, 固將無所不用其敬, 豈特於大人而反藐之哉?" 愚竊, 倣此語, 而爲之說曰: "聖人於不善者, 且以爲師, 則將何所不師? 乃於性善, 而反不肯以爲師哉?”

程子曰: “以主宰謂之帝, 以性情謂之乾。” 朱子曰: “經傳中天字, 也有說蒼蒼者, 也有說主宰者, 也有單訓理時。” 按: 主宰, 既與乾與理對說, 不容更指主宰爲理。 須說帝是天之神而理爲主, 始極精當。 人之心君, 亦然。 單言心則但可曰氣之靈處、理之妙用。

朱子曰: “釋氏之云正覺能仁者, 其論高矣美矣。 然其本果安在乎?” 所謂正覺能仁, 是以其昭昭靈靈能知覺會說話者言。 若指形氣之心, 則先生豈肯曰高矣美矣乎? 所謂其本安在云者, 亦不謂其無靈活神通之心, 正以彼不識天命之性而尊之爾。 某書乃以其靈活神通之心爲理, 而更不肯以性字置其上面, 此正朱子所譏無本之學也。

物欲世習, 皆能害道, 而總由氣之不美而生。 故聖賢千言萬語, 皆欲人矯治其氣, 而使物欲不萌, 世習不染, 以入於道, 如此而已矣。

聖人之憂民, 憂五品之不遜也。 三代之學, 皆所以明倫也。 雖聖人之德, 亦只是人倫之至也。 夫倫者, 人之道也。 其遜與明與至者, 皆心之功也。 道爲定體, 而心爲妙用也; 道無纖疵, 而心或未盡也。 文王之心, 望道而未之見也; 孔子之心, 中矩而無所蹜也。 生知安行之聖, 且如是。 況賢知以下之資, 其所以操心而奉道之功, 當何如哉? 若其心妄自尊大。 而極乎崇高, 藐視道體之無覺無爲, 而不以爲主本者, 決與聖人異矣。

“讀書放寬著心, 道理自會出來。” 此爲『語類』讀書門無名錄。【十卷】 凡讀書講義, 試用寬著心之法, 則便覺得有道理自見, 分明有此理。 但近世一邊, 每據有此理, 便會動而生陽云云, 以爲太極是活物。 今以此語參究, 期於決斷可也。

陸三魚云: “辨學術異同, 若在經書文義上辨之, 則彼此膠執, 葛藤無已矣。 且舍文義, 而單論下手工夫, 則得失自見。”【『膡言』八之三】 此論甚妙。 今日士子與心理家辨, 宜用此法。

陸三魚『賸言』云: "世衰道微, 君子獨卓然秉正, 羣起而咻之者, 不知凡幾也。我既不能過化存神, 又未能磨不磷涅不緇, 而與之相爲謀, 危矣。非爲所誘而不知, 則日角勝而不已。故夫子告之曰: '道不同, 不相爲謀。' 此爲大賢以下言之也。" 陸氏此言, 極有味。余欲從事, 而特懼夫卓然秉正之爲難耳。

「猥筆」之役, 金監役作跋語, 以蘆、華爲孔、朱正脈, 以尊栗谷諸賢, 爲暴揚其過失於天下後世。此等話頭, 豈但駭異而止? 故宋心石斥爲陽明淵源矣。今則與柳持平同歸, 則可以贖其舊愆矣。

某門人語邊恒植曰: "明德屬之氣, 則將氣去治國平天下乎?" 余聞之曰: "吾以虛靈不昧之心, 奉純粹至善之性, 行修齊治平之業。彼將理去治平。" 不知將理者是氣歟? 抑又有理以將理歟? 治平是心爲之歟? 抑理亦有是作用歟? 眞不可曉也。"

心若是性理, 聖人何不本心而與佛者同歸也? 吾不忍忘聖人不本心而必本性之意也, 故苦死不肯回頭來。假使有聖人者出而修士譜, 則恐不許本心者係堯、舜、周、孔、程、朱、栗、尤之下, 而遣之彌陀世尊之族矣。

今日少輩, 誰能有善而無惡乎? 自思此惡何從而生, 生於氣之不美,【此屬於天賦。○氣自如此, 不干理事。】由於心之不省也。【此屬於人事。○心自如此, 不干氣事。】爲心者, 苟能猛省而緊束,【朱子詩, 有用時猛省語。勉齋言"用敬, 緊束此心。"】則氣何自而肆乎? 氣得不肆, 則惡無從而生矣。故學問之道, 不一其端, 操心而正氣而已矣。

今看宋子論驪尹云: "古甫以道義相處之時, 嘗言'某有不撿束之病, 吾責其解帶見客之無禮。'" 據此當時士流, 無不冠帶, 可推而知也。奈何近世儒林, 往往用窄袖對人? 至於今日夷俗盛行之時, 吾曹尤宜力持舊規, 使後進少輩, 有所效法也。【昔在全翁門下, 每見其以儒者不御上衣爲歉, 令愚輯『二灸篇』, 蓋論科學誤人及不務撿束爾。】

仁義是心之所當學也, 非心之所當自居也。【顏子之心, 有時乎違仁, 況餘子乎?】蓋心有仁義之心, 有未仁未義之心, 不可指心爲仁義也。【『陸三魚集』, 譏象山指心爲仁。】孔子曰: "人能弘道。" 人是心之靈覺, 有情意者, 如何可道做道之沖漠無運用底? 千不是萬不是, 此正學異端分界處, 不可以不明核也。

問: 明德是仁義禮智之性否?

朱子曰: "便是。" 又曰: "天之所以與我, 便是明命; 我之所得以爲性者, 便是明德。" 近儒多據之以爲明德卽理之證, 容亦無怪。何不少思"性人物所同, 而明德惟人有之"之訓乎? 劉圻父說明德便是性, 朱子曰: "不是。" 又曰: "明德裏面, 有仁義禮智四字。" 近儒不顧此等訓辭, 只力主己見, 恐亦是明德有蔽之言也。

性何言哉? 千聖學焉, 萬理出焉, 神乎妙哉! 配乎太極, 而宰夫陰陽。心雖本善, 流或有差, 宜常自敬畏。氣質視心較麤, 然其本淸粹, 宜靜養而動加撿束。肢體比氣尤麤, 然原自端正, 各有天則。一起居之頃, 一瞬息之微, 此心皆當爲主, 而使之循蹈規矩。

"彼欲殺時, 豈杜門所能逃? 然卽死是盡道而死, 非立巖墻而死也。大抵見前道理極平常, 不可著一分怕死意思, 以害世敎; 不可著一分不怕死意思, 以害世事。" 此高景逸「與劉念臺」書。愚近日得隱名書言: "天下亡源, 在孔某; 我東亡源, 在田愚, 當先斬孔某, 後斬田愚, 以除其患。" 此於愚, 雖極光榮, 然亦有極怵惕不自安處。蓋聖人如天地之正大, 則彼雖凶辱, 實無所損。至如愚則誠有不能善誘人, 而人之被誤者衆矣, 豈不深可悚惶? 但人命在天, 天生天殺, 吾知非彼之所爲, 則怕與不怕, 亦不必以入於吾心也。

昔廖德明求晦翁先生一言, 爲終身佩服。先生擧戒愼恐懼以告之曰: "只是戒愼恐懼, 便自然常存, 此雖是四字, 到用時, 只是緊鞭約, 令歸此窠臼來。" 學者或誤認"常存"爲"心存"。然『中庸』此節是爲"存天理"而發出, 此四字, 非爲心之存也。觀『章句』, 但言"心(當)[常]²²³存敬以存天理"而已。未嘗言"存心", 則可知矣。此段上面言: "佛氏要空此心, 道家要守此氣, 皆是安排。子思之時, 異端幷起, 所以作『中庸』發此, 只是戒愼恐懼, 便自然常存, 不用安排。" 細詳上下語意, 似是將儒者之"存此理", 闢二氏之"空此心, 守此氣", 將"自然"兩字, 闢二氏之"安排"。元來文

---

223) (當)[常]: 저본에 '當'으로 되어 있으나, 『中庸章句』에 의거하여 '常'으로 수정하였다.

義, 的是如此。若只以存心爲主腦, 則與佛氏本心, 何以別乎? 以此知讀書之不易也。又按: 所謂窠臼, 是指道理模匣子裏面, 謂鞭約此心, 令入此道理也。且所謂窠臼, 亦是總擧格致與持守之道而言。『禮』曰: "無不敬。" 聖賢之於事, 雖至小至微, 沒緊要無關繫底, 亦無所不用其敬。儒學之格物致知、擇中、明善, 是甚麽樣至重至大底事, 可以不敬而得之乎? 某人之謂"敬只是存養, 而與格致相對說"云者, 殊不知其何所見也。

『語類』百卷九板, 問"道爲太極"云云。余謂"道爲太極", 此人未生前已有底太極, "心爲太極", 此則不得不曰人所得於前所有底太極, 而立此名爾。人生以前底, 謂之一而無對者可乎? 人生以後底, 謂之一而無對者可乎?

愚比有一段思想, 以爲論道爲學而從栗翁, 則見識昧陋, 而德行乖僻矣乎? 何近士之多訾議栗翁也? 區區非曰能之。如有將『輯要』、『要訣』, 俯首鞠躬, 日夜誦念, 殫誠畢力, 力行不撤, 如是數十年而不成性者, 則禪家所謂截取老僧頭去, 愚不敢辭也。竊謂凡不滿於栗翁者, 見爲虛見, 行爲冥行, 而終不可與入堯、舜之道矣。

聖學不明, 邪說蠭起, 師心自恣, 靡極不至。至於彝倫斁傷, 世敎陵夷。故愚以"心本性、心學性"等語, 揭出要指, 庶幾人道復立, 而風俗得正矣。一種異見之家, 羣起而爭笑之, 至於號爲栗、尤後學者, 亦從而詬之。有若當街打人者, 良可悲夫! 曰本天、曰學道, 則聽若無礙, 及聞本性、學性之說, 則輒目憎而胃逆焉。不知彼所謂天、所謂道者, 是於性外更有天, 性外更有道耶? 然則幷與本天學道而不曉其指也。

『六經』累數十萬言, 何莫非此心師性之道乎? 佛氏之說多矣, 何莫非自心自師之道乎? 洋妖之說多矣, 何莫非此心師慾之道乎?

蓋明從窮經精義生, 剛由奮志養氣得。然此非積累之功, 未可容易襲取也。

道是天來眞體, 心是自家妙用。

天體物而不遺, 仁體事而無不在。然則古今何時, 世界何事, 不繫在心性上? 心性之妙, 亦何時何事不流行貫徹? 故殺人之中, 亦有禮焉; 截頭之際, 亦用敬焉。【寒喧堂臨刑, 含鬚無傷, 亦是敬也。】學者平日心性之妙, 理會得明透, 體認得切實, 不只作口耳活計, 則雖兵刃既接, 矢石交下之時, 亦要此心不失主宰以奉循此理, 方始是吾儒道學。若但騁辯於安平無事之時, 及至危亂搶攘之日, 遂爾忘卻舊時言論, 失了當下持守, 終與無學問沒見識底閭巷村夫, 無所分別, 豈不可恥之甚乎? 余聞有言 "此時何時, 乃言心性, 以與人爭?" 其言似是, 而實有不通去處。昔曾子易簀而曰: "吾何求哉? 得正而斃。" 程子贊之曰: "是時心卽理, 理卽心也。" 明末汪偉與妻耿氏同縊, 偉就右, 妻就左, 既皆縊。妻復揮曰: "止止。雖在顚沛, 夫婦之序, 不可失也。" 復解縷, 正左右而死, 是亦以心循理之道。如使覺悟, 而仍苟且焉, 則亦歸於自心自用之過, 甚矣! 心性之講, 不可一時放下也。

士之不能復義理之性, 以氣質之性爲之選鋒, 而攻取之性爲之後援也。二者雖名爲"性", 而皆害性, 故亦名爲"己", 故復性在克己, 克己又必從性偏難克處克將去也。雖曰性, 而非關理之失也。近有一朋友, 乃云: "氣質性是理之隨氣而異, 而得於肧胎之初。" 信如此說, 則將幷與理而克治之矣。理而可治, 則理可逆也, 理可滅也。此爲人心世道之害, 何如哉? 其言又曰: "只克氣則理自正。" 理何嘗不正, 而必待克氣? 此又不可曉之言也。

天亦有情。"事天者, 盡事天之道, 則天心豫。" 豫, 喜也。"我生不辰, 逢天僤怒, 倬彼昊天, 寧不我矜?" 矜, 哀也。"惟天無親, 克敬惟親。" 親, 愛也。"有皇上帝, 伊誰云憎?" 憎, 惡也。夫天欲平治天下也。此等雖未可一一分配於四端, 要之推其所由, 則皆出於天道之流行。如何專屬於氣機之發乎? 愚於農翁之教, 不得已而疑之, 非有些子輕慢之意而然也。

自古亂世, 例以傾軋成俗, 而士流之相戕, 未有甚於近日者。偶看明熊明遇三無疏言"無綱紀、無吏治、無人品", 而曰: "讒譖之口, 慘於戈戟; 傾危之禍, 甚於蘇、張, 是士大夫無人品也。" 余謂近世飛語流言, 多出於儒者。使熊氏見之, 其不曰"學問之士無人品"云耶? 極可歎也。

愚觀朱子以二五之靈爲心，以二五之理爲性，則性爲心之本原，豈不曉然矣乎？而世儒往往，指心爲性之上，而性爲心之下矣；指心爲性之一，而性爲心之二矣。以此號令於國中士流，而有不從者，輒罵之曰爾是異學。愚嘗笑之。比看陸三魚言，朱子『易本義』，以陰陽之變解易字，以陰陽之理名太極，則太極爲易之本，明矣。得此尤覺灑然也。

“理有動靜”，如不可作流行上推原說看，則『易傳』所謂“理有消衰、有息長、有兼備、有虛損”者，又作如何說？“理有動靜”，如此說，則理有知覺、理有屈伸、理有存亡之類，皆可以無礙矣。

愚不曾隨諸公爲討賊之計、復國之圖者，皆自量己才之不及而然。晦翁嘗言“伊尹、孔明必待三聘三顧而起者，踐坤順也。”今使愚縱遇湯、烈之禮，亦不敢起，以其畏尤翁無抱負輕擔著之戒也。時人疾之已甚，欲殺之。縱令遇禍，亦是守正而死，不可謂之非正命也。晦翁所謂“學者見得定，便將自家斬剉了”，也須壁立萬仞，始得之教，不可忽也。況“天生天殺”，又有晦翁之言乎？

李氏不欲性之獨當大極，每言太極通動靜，而性只是未發之理。余謂性對情則專在未發，而統言則已發時亦是此性。『語類』偁錄，有“惻隱之性、羞惡之性”語，【見釋氏門。】豈李氏未之見歟？

『語類』賀孫錄曰: “理是定在這裏，心是運用這理底。” 先生既以理與心對，而謂心有運用。李氏卻指對理底心，亦名爲理，又硬以運用字，屬麤底氣，而惡屬之心。不知是何據也？

使陸、王以氣之靈覺爲心，而能時時刻刻，視上面性字爲本源，不敢不奉而守之，則理學妙訣，不過如此。只爲靈覺之心自認爲理，而不復以性爲歸宿，故未免爲口口心理，而念念氣學也。

陽明流派有劉念臺，嘗曰: “極天下之尊，而無以尙之者，其惟心乎！” 余戲謂此媚心君而上尊號者也。信如此言，所謂性者，雖欲不卑，得乎？近世心卽理、心卽上之學者, 何爲舍孔、朱之尊性, 而匍匐於王、劉之門庭乎?

"心爲太極", 以其能具理也, 以其能妙理也。故曩賢有渾合以稱之者。【句】而心也欲自擅其號, 而不肯歸于性, 無或近於僭竊之類也耶?

"聖人全體太極", 太極是本然之理, 聖人是能然之心。"大人奉天, 君子尊性", 性、天是太極, 大人、君子是心。心與太極, 惡可一向儱侗合做一物看便休【如此剖析, 不必待明者而曉然, 又可俟後聖而無疑矣。】

後天而奉天,【『易』】尊德性,【『中庸』】奉與尊, 是誰之爲也? 心奉之尊之爾。如是而尚可謂之心尊於性理乎?

"心能統御性情",【馮作肅語, 朱子以爲好。】"天子統攝天地", "人者, 天地之心, 沒這人時, 天地便沒人管"。【朱子語。】此等語, 不善看, 則將謂心尊於性情, 人尊於天地矣, 豈不悖哉? 有問朱子曰: "『易』之後天奉天, 思傳之尊德性, 先生旣以知理如是, 奉而行之, 釋之矣; 又以恭敬奉持夫正理, 釋之矣。今乃曰云云, 何也?" 先生答將曰: "『本義』與『章句』, 皆未定說耶! 抑將曰彼以道、器之爲上、爲下言, 此以心、理之有爲、無爲言耶!" 請世之好爲心卽理之論者, 下一辨明語。

"心者, 性情之統名。" 此自爲蔡西山語, 而先生無所可否。李氏乃添一句曰: "先生首肯之。" "鬼神, 形而下者, 若『中庸』之言, 則是形而上者。" 此固是黃勉齋語, 而先生不許曰: "今且只就形而下者說來, 但只是他皆是實理處發見。" 李氏乃曰: "以『中庸』鬼神爲氣, 則朱子之罪人也。" 其下繼之曰"是以勉齋云云", 而不復擧先生不許之辭。不知李氏欲藉勉齋以罪朱子耶? 李氏集中, 似此舞文弄法處, 不一不二。不知何爲乃爾? 豈所謂太極之心, 有此權數而然耶?

問: "恐心大性小。" 朱子曰: "此不可以小大論。【金監役言: "大理具小理", 此乃爲心大性小之說也。】若以能爲春夏秋冬者爲性, 亦未是。【前儒於理上, 亦使能字, 而必以所以字, 加於其上。如陳氏言: "惻隱者, 氣也; 所以能是惻隱者, 理也。" 是已。然尋常未甚暢快。今得朱子此訓, 方知陳氏直以理爲能然之說, 猶有合商量處。】只是所以爲此者, 是合下有此道理。【此則以自然之意, 明性理也。】如以鏡子爲心, 其光之照見物處便是情, 其所以能光者是性。"【此處雖著能字, 然能字畢竟屬氣。所以能者, 乃是性理。】

偶錄, "人之所以能運動, 都是魂使之爾。" 只此便見得"所以能"三字, 雖或用於理字, 然終非至精至當之義也。又便見得理字無箇直截能"使之"之義也。

"性是太極渾然之體。"【朱子語。○李氏言"性不可獨當太極。" 如此而猶曰朱子, 是不知是何意也?】"心猶陰陽。"【朱子語。○李氏言"心是天理至尊之號。" 此與朱子, 同乎異乎?】"太極爲陰陽之主,"【尤翁語。○據朱、宋二先生語, 而曰性爲心之主宰, 有所礙否?】"而反爲陰陽之所運用。"【尤翁語。○據朱、宋二先生語, 而曰性爲此心之所運用, 有所礙否?】"凡生於太極陰陽者, 莫不皆然。"【據此則分明是性爲心之主, 而反爲心之運用也。今如某人心性疑目, 則性與太極, 爲心與陰陽之所運用。故氣尊而理卑, 果成說乎? 某人而如此, 則彼心宗諸家, 尤何論也?】

孔子曰: "君子【心】學道。【性】" 子思子曰: "君子尊德性。" 孟子曰: "子學古之道。"【時有古今, 而道則一也】程子曰"言學便以道爲志。"【心】朱子曰: "學而不論性, 不知所學何事。" 栗谷曰: "誠心向道。" 又曰: "潛心理學。"【陸三魚曰: "道學二字, 道者天理之自然, 人人所當學也。"】尤菴曰: "依古則寡悔,【古, 指古之道。『書』曰: "師古有獲。"】師心則易差。" 又於聖人【心】本天【性】釋氏本心兩句, 蓋嘗屢擧之。夫將心學性, 是孔、孟、程、朱、栗、尤諸聖賢之所傳也。彼諸人之認心爲理, 道體有爲, 心性一物者, 皆惡聞此說, 而疾之如仇敵。然不知其自外於聖人之門, 而當街打人, 肆口妄言者, 獨何見歟?
【使性道亦有爲也, 則將爲無爲者之用之不暇, 何以爲有爲者之本乎? 使心靈卽是理也, 則早爲有爲者之本而有餘, 何乃爲無爲者之用乎?】

性一而已, 只是善, 故尊而無藝, 順而不害。心二而未能純於善, 或志仁, 或違仁, 故操而不舍, 撿而勿肆。近世心理家, 旣不曾密察於此而實體於己, 故上心而下性, 大心而小性矣。如趙某者, 旣不從淵齋心性非一之敎, 又肆口談心是氣之害而嘲侮之。如此者, 可謂自撅其本而無所知覺, 自背師敎而靡所忌憚者也。

師長之敎爲弟子之本, 而弟子卻將去受用, 此爲理爲氣主, 而氣反運用其理。性爲心原, 而心反運用其性, 此聖門相傳指訣, 而後學之所當撿束心氣, 而惟恐其或有自用之失者也。

道雖爲器之主, 而不能自道, 故必由氣之運用而道乃立也。

理有眞而無假, 心易假而難眞。心之眞者, 學夫理也; 其假者, 心之自用也。夫有眞有假者, 安得與眞而已者幷尊? 幷尊且不得, 況自立於其上乎? 千不然萬不然!

“小心順理”【『語類』, 小本作低。】四字, 可謂徹上徹下語。工夫甚緊, 亦甚難。學者宜守而勿失也。此中著心氣質無辨一句不得, 亦著心卽理、理卽心一句不得。又順理, 非止是行上事, 格致有格致之理, 豈可不順此理?

“道心。”【道是性命, 心是氣之虛靈知覺。】“人能弘道, 非道弘人。”【人是有覺之心, 道是無爲之性。】聖賢之言如是明白, 而自謂學聖人者, 卻謂心卽是道, 理亦有爲。如是背馳, 而自認爲正脈, 吾不知其何所見也。

欲知明德是性是心, 先問明德有覺無覺、有爲無爲。如曰有覺有爲, 則明德之爲本心明矣。如曰無覺無爲, 則豈有虛靈而無覺, 洞澈光明燦爛而無覺者乎? 又豈有酬應事物之變而無爲者乎?

朱子以母子譬性心, 以君臣父子譬理氣矣, 獨不可以師生譬性心乎? 心苟恥爲性之弟子, 則心之爲性之子, 獨可安乎?

聖人之教, 教以性命道教; 學者之學, 學以性命道教而已。觀於『小學』「立教」篇題, 昭然明矣。「明倫」以下諸篇篇題, 皆是一理。自是以往, 『四子』、『六經』, 無非一轍。惟佛、禪、金、姚以來, 一派卻信虛靈神識之心, 以爲學問之本, 而指性爲心之次, 此顚倒之見而爲自誤也。或指心以爲性, 此又淆亂之說, 而欲以誤人也。此個邪正界分, 雖初學亦要辨別。不然, 其不厭窮理之繁、循理之難, 而一任其心之自用者鮮矣。

佛氏、告子、象山、陽明, 認知覺爲性爲理。朱子曰: “理未知覺。”【太極、天道、人性皆同。】

『論語』子曰: "人能弘道。" 朱子曰: "人心有覺。" 心宗一派, 卻將此人字, 直喚做理。是與孔、朱同乎? 與諸家同乎?

今人以心統性情, 如統兵之云, 輒爲心尊性卑之的證。然近見『性理大全』三十三卷六板左右, 有朱子論心性情之分曰: "橫渠云'包性情者也', 此說最爲穩當。" 據此則統只是統總之義, 非以尊卑之辭也。

心統性情, 是兼包該貫之義,【朱子一生議論, 如此。】非以尊統卑之謂也。【朱子云: "天子攝天地", 豈謂天子尊於天地耶?】心爲主宰, 心爲嚴師, 皆以心之師性而言。如不師性而自用, 則心猿耳形役耳, 何以爲主宰? 何以爲嚴師乎?【尤翁言: "師心則易差。" 呂氏譏陽明師心自用。】

橫渠之"存意不忘, 浸熟如醒", 伊川之"完養思慮, 久當條暢", "養知莫過於寡欲", 朱子之"窮理, 以虛心靜慮爲本", 皆致知上存養之功也。

「一貫章」註, 隨事"事"字, 不單指行言, 兼包講習討論事而言。朱子「自警」詩, "不向用時勤猛省", 此用字亦然。學者知此, 然後功夫方始周徧, 無疏漏之失矣。中庸二字, 亦包知行看。

子悅力言戒愼恐懼與格物致知對待之義, 而不察戒愼恐懼有包得涵養格致之妙。其子亦力主家學, 在此日, 頻頻告語, 終不悟非而去。近得子悅書, 只孫辭而已, 不回頭, 雖欲再告, 知其無益, 而不果也。朱子曰: "敬之一字, 萬善根本, 涵養省察、格物致知, 種種功夫, 皆從此出有據依。"【「答潘恭叔」書】今以先生此敎觀之, 可見彼說爲未周耳。

"歸而求之有餘師",【孟子】 "性善之發無不可師",【朱子】 此"性師"二字之所從出也。"君子學道",【孔子】 "道卽性也",【朱子】君子是人心之有覺者, 道是性體之無爲者, 此"心弟"二字所從來也。今無佗言, 只要虛著此心, 以受敎於無不可師之性而已矣。或疑"性何言哉, 而可以爲敎乎?" 曰: "理無爲而有理主之云, 天不言而有天命之云, 則性雖不言, 而不可謂之性敎乎?"

“君子學道, 小人學道”, “汝學禮乎?”, “子學古之道”, “楊、墨學仁義而差者也”, 此皆聖賢之言。凡言君子、小人、汝、子、楊、墨之類, 皆指其人之心而言。【以“人能弘道”例之, 可見。】道、禮、仁義, 非性而何? 今汝欲學, 須以志於道爲始, 而不踰矩爲的。夫道與矩, 性也; 志與不踰, 皆心也。宜撿得此心, 使無違於性善之敎也。【朱子曰: “性善之發皆可師。”】

『論語』“人能弘道”之人, 彼便說做形而上之道, 則『易』中“奉天時”之大人, 『論語』“畏天命”之君子, “志於道”之士, 思傳“尊德性”之君子, 一幷歸於道字科曰矣。聖人體太極, 君子體中庸, 而未嘗自謂我是形而上之道也。

氣由有形而有美有惡, 亦理之所必然也。然上面又有心以撿束之, 可以變惡以爲美矣。至於心之有善惡, 又誰使之爲善而去其惡? 程子曰: “以心使心”, 朱子曰: “自心自省”, 又曰: “敬是此心自做主宰處”, 勉齋曰: “敬是束得個虛靈知覺住此, 亦自心自束也。” 這個自字, 極有關繫, 不可不子細察認取。

『語類』賀孫錄云: “太極是性, 動靜陰陽是心”, 銖錄云: “太極, 理也; 動靜, 氣也”, 螢錄云: “動靜陰陽, 皆是形而下者。” 嶺派卻云“動靜是理”, 又云“心是理”, 不知如何得。

節錄云: “太極是陰陽五行之理。” 此語天下何人敢轉動得。道夫錄云: “性者, 心之理。” 與節錄, 同一語意, 而攧撲不破。若有人見此, 猶且主心卽理心卽太極之說, 則如何與之辨論乎?

有引老洲主理而言曰"本然之性"，主氣而言曰"氣質之性"兩句，以爲氣質之性亦兼理之物。余詰之曰：“如此，本然之性，亦兼氣之物歟？” 如有敏妙看者曰：“雖曰主理，而非把氣去爲賓，而必欲並氣字，合做本然之性；雖曰主氣，而非把理來爲客，而必欲並理字，合做氣質之性云爾”，則許汝具得一隻眼。

比見諸生中，有纔有生，其性已非本然。然則性在人生以上乎？僕甚悶之。直言“氣質本性”，人必駭之。然“形色天性”，則吾言何疑？形色之性，氣質之性，自有生之初，未發之前，已發之後，皆有之。特形色之妍醜，氣質之美惡，未及言耳，學者其思諸！【“氣質本性”，如言“形色天性”，“五行太極。”】

“本然性”，雖在氣質之中，而必欲將氣質混雜說，則聞養性、盡性，而不聞養氣質、盡氣質。

“氣質性”，雖非本然外別有一箇性，然必欲將性理混雜說，則聞變化氣質、矯揉氣質，而未聞變化性理、矯揉性理。

“氣質性”性字，有以爲本性者，異哉言乎！“陰陽一太極”，【周子】“五行太極”，【朱子】如此說則可。若將“氣質性”性字，卽說做“本然性”，則直是不成說也。余嘗做“形色天性”，而曰“氣質本性”，此指氣上所載之理而言，與或者之說，大煞不同。

孟子曰：“仁也者，人也。” 朱子曰：“言仁而不言人，則不見理之所寓；言人而不言仁，則人特一塊血肉耳。必合將來說，乃是道也。” 據此而言，則曰：性也者，心也，言性而不言心，則不見性之所寓；言心而不言性，則心不過一箇靈覺耳。必合將來說，乃是道也。太極陰陽，亦然。

人生於娼家，有淫僻之理，人有身則有自私之理。此指性理說，則將見天地翻覆，綱常斁滅, 而不復有人類矣。凡百士子, 宜悚然改觀, 毋陷爲夷獸之群也!

在人之性, 卽在天之太極也。有人於此, 酗酒而打人死, 則償其命; 好色而不知止, 則滅其性。是雖氣之所爲, 而必有爲之主宰, 則其所以滅性償命, 亦是理當滅性償命, 非理不滅性償命, 而氣獨滅性償命也。【以上倣栗翁「答牛溪」書, 而立此說也。讀者宜細看。】

程子言: "人生氣稟, 理有善惡。" 又曰: "不是性中元有此兩物相對而生。" 則上文理字, 只是氣質上言, 其當如此爾, 非謂性隨氣而有惡也。故朱子謂: "此理字, 不是說實理, 猶云理當如此。"

今人以性惡、善惡混、性偏塞、性昏愚、性魯鈍之類, 名之曰"氣質性", 以此歷問於海內士子, 則孰不曰然也?
然而吾獨曰: "非性然也, 乃氣質然也。"
有疑者曰: "然則何不只曰氣質, 而必曰氣質性也?"
余曰: "子之疑容, 或無怪也。然朱子於'性近習遠'下章註, 不曰'氣質性相近之中', 而只云'氣質相近'。子能于此, 看得透, 信得及。我當許汝具得雙隻慧眼, 一團靈識。"

凡"氣質性"云者, 如柴之愚、參之魯、師之過、商之不及, 以至蹠之貪、操之奸、梟獍之惡、犬羊之淫, 皆是當初稟受之性也。然謂此非單氣質, 必欲將理合說, 而曰"單言氣則曰氣愚氣魯, 合理說則曰性愚性魯", 如季潤之言, 豈果成說乎?

栗谷曰: "氣偏則理亦偏, 所偏非理也, 是氣也。" 此本於伊川云: "形易則性易, 性非易也, 氣使之然也。" 今某乃謂氣偏者, 稟得偏理, 其畔程、栗大矣。

性者, 人所稟於天以生之理也。渾然至善, 未嘗有惡, 人與堯、舜, 初無少異。【纔說人生, 便已帶著氣質, 不單獨是此理也。此人字, 堯、桀、舜、蹠, 都包在裏, 『語類』登錄云: "看爾稟得氣如何, 然此理卻只是善, 旣是此理, 如何得惡, 所謂惡者, 卻是氣也。"『大全』「論性說」又云: "人雖爲氣所昏, 流於不善, 而善未嘗不在其中, 於此, 可見性善之實也。" 然此性, 如何得如此至善? 正以天地之太極, 本體流行, 只有至善而無些子惡, 故人人肯它。昔賢云: "謂性不善者, 誣天者也。"】

心元來是善, 而後來或流入於惡。【謙錄云云。】氣亦本是正通和平,【廣錄云: "人所稟之氣, 皆是天地之正氣。" 人傑錄云: "一草一木, 皆是天地和平之氣。"】而後來有善有惡。【廣錄】但性理則始終本末, 全是善而無些惡。人之爲學, 當撿束此心, 以禦其氣, 以盡其性而已。【人字以心言, 撿束此心, 是自心自撿束, 功夫全在此句。】

鄭某生憎某門, 指本心道心爲理之說, 常加詬斥, 不勝其聒耳矣。近因譏侮農巖、老洲道心有過不及之論, 遂指道心爲性命道理, 一遵某門之傳, 而得其門人贊揚之語, 恰與南、鄭之棄師說, 附李氏而得其褒者同矣。夫道心欲其無不及, 朱子說也。以四端爲道心, 而惻隱羞惡亦有不中節, 朱子說也。親病割股, 是道心, 而謂之過中, 朱子說也。論惻隱, 而謂有過不及, 栗谷說也。論割股, 而舉華陀云云, 以爲如此者得中, 栗谷說也。以此爲得中, 則其不能然者, 自謂過中矣。先賢說如此, 而彼敢指農、老二說爲非, 而遂陷於認原性之心爲理。自此渠雖欲不歸於心卽理、理有爲之傍蹊, 不可得矣。

彼之積聚, 專在在氣則已非本然一節拍。此是不可捄之疾, 天下安有不在氣之本然性乎? 湖賢以『中庸』首句爲性卽理之在氣者, 而歸之氣句, 彼雖曰"我非湖論", 此只是以鎌遮眼之見, 人豈不笑之?【在天曰命, 在人曰性。】以過不及爲不善, 栗翁此言, 宜細審, 蓋善有"概善", 如隱惡揚善之類是也; 又有"至善", 如盛德至善之類是也。不善亦有"極言"者, 有"微言"者, 如顏氏之子有不善, 是微言也; 紂之不善, 是極言也。使有問於栗翁者曰: "過不及之爲不善, 是極言而指流於人欲者乎?" 先生答之, 必曰"非也", 乃指微言之類也。

語性而曰"天命", 則只是至善之理。若曰"命矣夫"之類, 卻只是氣數, 不可謂之被氣牽引底理。如此則命數之命, 亦成主理底, 與彼全然無辨; 語性而曰"本然", 則只是至善之理, 若曰"氣質性", 則卻只是氣, 不可謂之被氣蔽囿底理。如此則氣質之性, 亦成主理底, 與彼全然無辨。

林放之問, 夫子答以"寧儉、寧戚", 朱子以儉與戚, 爲不及中, 彼將詬夫子敎人以惡矣。顏淵死, 夫子哭之慟, 朱子以慟爲哀之過, 彼將詬朱子謂聖人惡矣。夫子謂顏淵“不貳過”，曾子謝子游曰“我過矣”，是亦爲亞聖、大賢皆惡之的據乎？“望之不似人君”，“堂高數仞，得志不爲”，聖人不如此說，而孟子云然。使孟子對陽貨，恐未若聖人之渾然，而少露英氣，是皆微有過于聖人之中處。彼又無難斥之爲惡矣。虞帝執兩端而用其中，中字以外，皆或過或不及矣。彼又罵虞帝執惡之兩端，取其中矣。

朱子以四端爲道心，而謂“四端亦有不中節”，又謂“道心欲其無不及”，又謂：“道心如父子君臣之仁義，須著盡心而求合乎理，始得。”栗谷論情之過不及，而曰“如見孺子入井”云云，又曰：“以道心爲本然之氣者，雖是聖賢之意，而不見於文字，於此不疑怪而斥之，則無所不合矣。”二先生之訓如此，而某人乃執“天命、率性、道心之謂”，及“道心純是天理”兩語，以爲詆排農巖、老洲之選鋒，其誣朱、栗甚矣。【昔錢(益謙)[謙益][224]，自爲佛學之不足，引儒而入佛，乃以孔子曳杖逍遙，爲超出生死而示現生死，則苟翁謂之誣聖甚矣。】

湛甘泉云：“性卽氣也。”王陽明云：“心卽理也。”是皆認作用爲性之見也。近世有指知覺爲理，目計較爲理者，未知與王、湛二家，有殊異之趣否？

“理墮在氣質之中”，從人物之生而言，故有是說。然余謂“人物之氣質在理之中”，此如言“水在魚腹之中”，然魚之一身，常在水裏。今因“理墮在氣中”之言，遂認得在天之理，降在人物之中，輾轉生出得偏得全得善得惡之論，終至於認得此理眞有形象聲色。理果如是否？請諸公，一番潛心思繹。

朱子曰：“人性純是天理”；栗谷曰：“道心純是天理”，此如何讀？
曰：“朱子之云，直指當體之辭，元來性卽是理也；栗谷之云，推原其本之辭，卻是心本於理也。若不如此看，則將有認心性爲一物者，將有認靈覺爲性者，將有認道體爲有爲者矣。其爲儒門之禍，不可勝道者矣。”

余平生，每謂：“不問氣偏氣惡，性只是全只是善。雖氣質用事之時，其性初無毫髮

---

224) (益謙)[謙益]: 저본에 ‘益謙’으로 되어 있으나, 錢益謙이 아니라 錢謙益이 맞으므로 謙益으로 수정하였다.

變異, 所謂弗性之性, 發後始可見也." 其主意專欲主張性爲至尊無對之義而已, 以此被主湖諸公所誚, 相從諸子亦是有聽瑩者. 如鄭某者, 至以畔程、朱、栗見疑, 而褊滯之見, 自信不少動. 昨夜讀『小學』「題辭」, 覺見"人性"人字, 並包"蚩蚩"言, 而性是"萬善具足"之理, "昔非不足"昔字, 指"頹綱暴棄"之時, 而曰"非不足", 則性未嘗少變明矣. "蚩蚩"昏愚貌, 昏愚是發後始見之病, 非可言於稟受之始、靜寂之時者, 則鄙見不可謂不然也.

『大全』「答杜仁仲」書云: "氣之偏者, 便只得理之偏, 氣之塞者, 便自與理相隔." 『語類』「寓錄」云: "稟得精英之氣, 便爲聖、爲賢, 便是得理之全, 得理之正."【杜書見『大全』六十二卷, 寓錄見『語類』四卷.】杜書上文云: "理固不可以偏正通塞言." 後書云: "氣稟有偏, 而理之統體, 未嘗有異." 寓錄下文云: "稟得氣淸明者, 這道理只在裏面, 稟得昏濁者, 這道理也只在裏面, 只被昏濁遮蔽了." 近日鄭濟卿, 據杜書"只得理之偏", 以爲衆人隨氣質稟理不同之證, 使其見寓錄"得理之全, 得理之正", 卽又大言聖人氣質之性, 如是如是云矣. 吾謂以文字觀之, 其說似然矣. 然又以義理求之, 聖人氣質之性, 十全至正; 衆人氣質之性, 未全未正. 又衆人本然之性, 十全至正, 聖人本然之性, 亦不過十全至正矣. 然則聖人只有一性, 而衆人卻有兩性耶? 彼雖曰"氣質本然, 非有二性", 然聖人本然氣質, 只是一樣全正, 而衆人旣有全正之性, 又有未全未正之性, 豈無此一彼二之疑耶? 得渠於此, 能道得分曉, 吾又何難於竪降幡耶?

聖賢者, 天地之心也. 天地之心, 能知天地之理, 而旣行之而又言之, 使人敬守其言行, 而達于天地之德矣. 今有後輩, 自信其見, 而不畏聖賢之敎, 則其罪與家之賊子、國之亂臣, 同矣. 吾故每語從游之士云: "如欲學道, 先要謙虛恭愼, 一味尊信聖賢言行, 隨讀隨究, 隨究隨行, 以及于聖賢門庭, 則天地之德, 自能達矣."

"學者纔有自主張之念, 便是爲人, 爲人一念, 便是萬惡根蔕." 此老洲先生痛切說與人者. 苟翁以爲自主張, 有不可有者, 有不可無者. 不可無者, 省察克治之功也; 不可有者, 疑難辨析之論也. 此又與洲翁之敎, 不相礙也.

問: "孟子謂'性也有命', 此性何指?"

朱子曰"指氣質而言, 如性相近之類", 此是「銖錄」, 饒氏以相近之性, 爲本然爲之主, 而兼氣質言者, 恐失朱子本指.

"性也有命焉", 性字, 『語類』伯羽錄以爲"兼氣稟而言", 此句雖曰"兼氣稟", 然只是氣稟, 非本然性爲主而兼氣言, 如饒氏之意也.

陽之動、陰之靜, 皆形而下之器, 而此因元有其理而有是器, 故曰: "太極動而生陽, 靜而生陰." 此從源頭而說及流行也. 今言太極白而生鷺, 黑而生鴉, 則豈謂太極先自黑白而生此鴉鷺乎? 只是推原而指出生成之理而已. 又言"太極溫而生春; 涼而生秋", 此只是本其未然, 而語其已然也. 太極無形無氣底, 如何得言溫凉也?

太極是一而無對者, 其體用本末, 一樣大全, 一樣純善, 更無兩樣. 其曰"用隨氣而有變異者", 將謂體用一源乎? 夫無兆眹、無聲臭、無形色、無情意者, 何緣有變異乎? 其變異者, 非太極也, 乃二五之氣也. 此有一言而可斷者, 無極之眞, 是統前後而言者, 使其有變, 是太極而有妄矣. 吾儒門中, 難著此語.

『大學或問』曰: "欲明德而新民者, 誠能求必至是, 而不容其少有過不及之差焉, 則其所以去人欲而復天理者, 無毫髮之遺恨矣."
　　今按: 欲明、新而求必至是, 而無少過不及者, 是道心所施之功夫. 若指道心爲理, 理如何有此功夫乎? 且明、新而不能到此地位者, 古來賢人甚多. 若從鄭某之言, 而直指過不及爲惡與人欲, 則其得免於惡欲之科者鮮矣.

以義理觀之, 已見異於師長與淵源先賢. 宜致思而求合, 終不契合, 則且徐俟他日爲得.

鶴菴擧栗谷"水空"之詩, 問與性善不同, 何也?
尤菴曰: "本然之性, 堯、舜、途人, 同一性也; 氣質之性, 賢愚淑慝,【此四字, 恐是就發見上說.】有萬不同. 稟清氣者,【以賦受言】爲善人;【以發見言】濁氣者, 爲惡物. 隨氣之多少清濁, 而所得之理, 亦爲之多小清濁.【此亦似以發見言, 不然, 未發見時, 其理安有多少淸濁之可言乎?】此栗谷所以深有取於釋氏'水逐方圓器, 空隨大小瓶'之說也。"

　　謹按: 先生於理多少淸濁之下, 擧"水空"之詩以證之, 其不以栗語爲稟性原異
之意, 可知已矣。奈何凡自湖論以下, 至於近日爲稟性原異之說者, 誤引栗語
爲己援乎? 況栗谷於此自註云: "理之乘氣流行, 參差不齊者如此。" 此泛論天
地間理氣如此, 非指人物稟性原異而言也。但欲將來就人分上看, 則亦必以
理之乘氣發見, 面貌不同者言, 則其理亦與天地無異矣。況栗谷又自釋之曰:
"方圓之器不同, 而器中之水一也; 大小之瓶不同, 而瓶中之空一也。" 此何嘗
如湖家之說乎?

余嘗言, 凡言心者, 舍靈字不得。雖道心心字, 竟是靈字面目, 有一友生深疑之。
然栗谷先生以道心爲本然之氣, 夫心之原於性命者, 謂之本然之氣, 有何窒礙? 若
以此心字, 爲兼理氣, 如某友之見, 則驟看似然。但道字是理, 而心字又兼理氣, 則
道心豈可謂之理之兼理氣耶? 假如言仁義之氣, 則某友將曰"單靈不得爲仁義之
氣", 然則亦必曰"仁義之兼理氣乎?" 此似說不去矣。近日思之, 理氣, 學者猝乍難
說, 不如先熟讀『四書』註說, 以立趨向, 以正經界, 然後始可與言理氣也。

伊川曰: "中則正矣, 正未必中也。"
　　按: "未中"者, 伊川亦以爲正。故汪玉山言: "世有正而未必中者, 不可以其未
中而謂之不正。" 濟卿說與此不同。

在天底太極, 決知其不被二五之氣所昏且偏, 何以言之? 人雖爲氣所昏, 流於不
善,【人以心言, 氣以氣質言, 心與氣質有辨, 明矣。】而性未嘗不在其中。故人能學以勝氣,
【老洲克氣復性之說, 無可疑矣。】則此性渾然, 初未嘗壞也。【自人雖爲氣所昏至此, 皆朱子說
也。觀上文"未嘗不在"及此句"初未嘗壞", 則可見性不被氣汙壞了也。】以在人之性, 觀在天之
太極, 則其不隨氣之正通偏塞, 而有毫髮變動, 豈不視如掌乎?

水入靑瓶則見於外者靑, 入黑瓶則暎於外者黑, 靑黑是瓶之色, 非水色然也。因見
於外者, 謂水亦靑黑, 則是以瓶爲水之見, 如何使之曉得? 理在堯、舜、夷、齊而發
於外者, 有偏全之別; 在孔、顔、蹠、蹻而見於行者, 有善惡之異。指偏全善惡, 爲

性理之異稟者, 認氣爲理之論。孟子謂: "率天下而禍仁義者, 必子之言夫!" 正謂此也。

朱子曰: "道心如仁之於父子、義之於君臣、禮之於賓主、智之於賢者、聖人之於天道, 有性存焉, 須著盡心以求合乎理, 始得。"【『語類』賀孫錄】

按: 道心或有未盡合乎至精至微之中, 故朱子敎人, 須著盡心以求合理, 只此便見得聖學本性不本心之傳。

彼謂"稟受"與"發見", 非兩截, 此又自爲橫戾也。苟以今日之發見, 謂出於元初稟受之理, 則楊、墨之爲我兼愛, 釋氏之逃父毁形, 與夫冒頓之殺父烝母, 操、裕之弑君纂國, 一切是稟受之理所發見耶? 立見如此, 發言如此, 果皆有益於身事與世風, 而必欲務勝耶?

栗谷曰: "感動之際, 欲居仁, 欲由義, 欲復禮, 欲窮理, 欲孝親, 欲忠君, 欲正家, 欲敬兄, 欲切偲於朋友, 則此類謂之道心。"

按: 欲如何者, 恐未可直指爲理, 且欲如何者, 自非聖人之"從心不踰矩"者, 亦何能一一合中, 而都無些子過不及之失, 如濟卿之見耶?

栗翁言: "聖人情無不中, 君子情或不中而意無不中, 常人或情中而意不中, 或情不中而意中。"【「論心性情」篇。】

按: 此君子, 自大賢以下至學者, 皆擧之矣。四端七情, 自非聖人, 不能無不中, 豈可指此爲欲與惡乎? 濟卿自謂宗栗, 而每與栗訓相反, 何也?

性好善, 性好罵, 性嗜酒貪色, 性柔緩强愎, 此類千般萬般, 不可悉數, 而皆是發見上話頭也。然論其所由, 由其受氣之不齊也。故不得不曰"當初稟受氣質之性, 雖曰性, 而非理也, 只是氣也。" 朱子曰"荀、楊說性, 只是說得氣", 此可見也。

"道心純是天理"一句, 出於栗谷「人心道心說」, 而濟卿據以爲道心無過不及之的證, 而立爲訌老洲之欛柄, 此似也而有未然者。上文以四端爲道心, 則凡人之欲忠、欲孝、惻隱、羞惡、恭敬者, 豈能皆中於理, 一如聖人而無少欠也乎? 故先生又嘗言"四端亦有主氣處", 如朱子言"四端也有不中節"是也。然則"道心純是天理"之云, 大槪說是爲道義而發, 非有客氣人慾之雜者而已。若執此以爲道心是無知覺無情意之性理, 則豈不大戾於先生生平所主"氣有爲、理無爲"之大體也耶? 況下文又有"人心也有天理"語, 何可以此謂人心亦是性理也? 大凡讀書者, 須先定本文正義, 又須看立說原指及立言者平生所主之大義, 然後徐審其語脈之所從來, 以斷其文義之所歸宿, 乃可以無弊也。不然, 只執定一兩字句之近似已見者, 以爲云云, 而欲它人之已從, 則此非惟不可以人心言, 而終不免於私意客氣之作用也。

此有一言以可破鄭說者。蓋一號道心爲理, 則理將爲有覺有爲之物矣。認理爲有覺有爲者, 則孔子之"人能弘道, 非道弘人"誤矣。張、朱之"性不知檢心、道體無爲", 栗、尤之"氣有爲、理無爲", 諸如此相傳宗旨, 一時壞敗, 而彼告、釋、陸、王之流, 無不唾手而起, 大呼於衆曰: "汝輩, 今則納降於吾門矣。" 此將如何抵敵得去耶? 每思之, 不覺膽掉而心悸也, 令人苦痛苦痛。

先生年譜, 乙亥十月, 進講『大學』, 啓曰"人性本善, 純是天理。" 此對已私而謂之"純是天理"也。「人道心說」所謂"道心純是天理", 卻又對形氣而言也。如濟卿之見, 則道心之與人性, 毫無分別矣。此於名理, 果爲十分的當之論耶。

朱子曰: "天命率性, 道心之謂也", 此以道心所原言, 非性命卽道心也。蓋性命非神靈, 無知覺, 而道心是神靈, 有知覺; 性命無不中, 而道心或未中;【『語類』「性也有命章」, 蓋卿錄云: "道心欲其無不及。"】道心能盡性至命, 而性命不能知心盡心。然則道心, 形而下之器也; 性命, 形而上之道也。然而濟卿假借『庸』「序」語, 以爲非斥農巖、老洲之話頭, 殊不知朱子之意, 全然與渠不同意者。此人不識道心, 全據人心, 以爲作用, 而卒陷於人欲之私矣。

『荀菴集』, "楊愼忘蜀, 則不害爲名義博學能文章之人矣; 閻若璩忘地, 則不害爲文苑中一家矣。" 吾謂濟卿忘言於心性, 則不害爲今世之佳士矣。

事天地, 事聖賢, 事父師, 其本在愼其思而敬其身也。

問: “湛一, 氣之本。”

栗谷曰: “此指心氣而言。” 見『語錄』上十九板。【栗語, 又見十卷十六板右。】

　　此本於朱子說而云也。濟卿力主湛一是氣質之說, 不知其意何故如此。渠每曰“吾主程、朱、栗。” 不知有兩程、朱、栗, 而一爲渠之所主, 一爲我輩之所畔歟! 可怪可怪!

“聰明睿知”, 亨文據『庸』註, 而但可謂之質, 不可謂之心。此說似然, 而若論盡性, 須心氣質合說方精。蓋聰明雖以耳目, 而所以聰明者心也。睿知則又純以心言,【此有蔡虛齋說。】又『或問』有云“聖人之心, 淸明純粹。”【註, 淸明, 以氣言, 純粹, 以質言。】此亦將心合氣質說, 亨文所見, 蓋不及此。

『語類』之“這箇物事”, 卽『章句』之“明德”者; 『語類』之“卽是氣”, 卽『章句』之“虛靈不昧”者; 『語類』之“便有許多道理在裏”, 卽『章句』之“具衆理”者。『或問』之“虛靈洞澈, 萬理咸備”, 亦是一樣話。

“人之氣稟, 有淸濁偏正之殊, 故天命之正, 亦有淺深厚薄之異, 要亦不可不謂之性。”【道夫】此段, 李、鄭似應引據。然“天命之正亦有異”兩句, 是就人稟受後指其發見者言, 恐非直就在天之理而指其賦予者言。不如此看, 則天命正理, 亦有不一者矣, 是豈朱子本旨哉? 莊渠云“道體浩浩無窮。” 吾輩旣爲氣質拘住, 若欲止據己見持守, 固亦自好, 終恐規模窄狹, 枯燥孤單, 豈能展拓得去? 古人所以親師取友, 汲汲於講學者, 非故泛濫於外也。止欲廣求天下義理, 而反之於身。合天下之長, 以爲一己之長; 集天下之善, 以爲一己之善。庶幾規模闊大, 氣質不得而限之, 欲與濟卿, 共看而互藥之。

“衆物之表裏精粗無不到。”

『退溪集』金而精問: “理有表裏精粗云者, 表裏精粗處, 皆有理云乎? 理亦有表裏精粗。”

退翁答曰: “前說近是, 後說非是。”【『本集』三十卷十六板。】

尤翁答朴士述書、老洲答吳士遠書, 卻謂: “理有表裏精粗, 此似得本旨。”

此已有朱子丙辰以後答問語, 問: "既有箇定理, 如何又有表裏精粗?"
曰: "理固自有表裏精粗云云。"【『語類』十六卷銖錄。】

性善非不在氣質之中, 而其理則未嘗隨氣而有惡。今學者當自體此性只一善而已, 又自看氣質, 雖與聖人不同, 然其不同, 只在發用處。或不精明而昏昧; 或不凝定而散亂。散亂者, 修而整之; 昏昧者, 克而明之。吾故曰: "學性功夫, 專在正氣, 氣正則性善自露。"

朱子論"天理人慾同體異用"語云: "當然之理, 人合恁地底, 便是體, 故仁義禮智爲體。如五峯說, 則仁與不仁、義與不義、禮與無禮、智與無智, 皆是性, 如此則性乃一箇大人欲窠子。"

　　愚亦曰: "十全至善之理, 合恁地底是性, 故聖人以爲天下之大本。如近日或人之謂'性不待氣而自偏', 又謂'性隨各氣而元來異稟', 則性乃一團大尖斜大夾雜窠子。"

聖人之學, 以性爲大本。故雖神明虛靈之心, 且指爲妙用, 其微意可知也。近時儒林, 乃有貶性爲民、爲小、爲下、爲偏、爲異、爲不足當太極、爲不足爲主宰者。性之禍厄, 莫此若也。故愚每明性之至尊可畏、十全無偏之理, 並主小心尊性、大人奉天之論。又特揭程書"以心求道",【伊川】 "以氣明道"【明道】之訓, 以爲標準, 而曰: "心與氣, 皆器也; 所明所求, 乃道也"。此是孔、顏"不踰矩、不違仁"之權輿也。學者于此, 必究心以辨彼此是非之極則, 而必也將心師性, 無復它歧之惑焉, 則聖賢門庭, 庶幾可及矣。

"敬以明理, 誠以從道", 此兩句, 功夫盡時, 已是換凡骨以接聖脈。朱子嘗言: "能盡得虛靈知覺之妙用, 是盡心; 能盡得眞實本然之全體, 是盡性。" 此盡字, 不是做功夫之謂, 蓋言上面功夫已至, 至此方是盡耳。所謂上面功夫, 是"敬以明理, 誠以從道"之謂也。愚嘗有"性體心用"之語, 而人多貶駁。今以此段觀之, 再無可疑矣。

曰"性惡", 則孰肯去其本有之惡, 而爲其所無之善也; 曰"性善惡混", 則孰肯勉其所難爲之善, 而棄其所易就之惡也。曰"性如兆民", 則必待君師之治敎, 而後始能

爲善; 曰"性不可獨當太極", 則必待取它物以補足之, 然後始爲完全之物矣。曰
"心一而性二", 則孰肯舍其一而取其二也; 曰"性不待氣而元自有偏", 則孰肯舍其
本來之偏, 而强爲其造成之全也。凡此諸說, 無或有害性善之傳也歟!

余對諸生, 每言: "性理純善無爲, 而自爲往古來今之師範, 心靈本善有才, 而能爲
發蘊。" 敎世之弟子, 氣質本體淸粹, 而不礙夫不偏不倚之大本; 形骸萬用具備, 而
可供了周旋中禮之材料。仍令每事, 明辨是非, 勇決取舍, 而必要終身勿變。此雖
數語, 而本末始終, 大槪備矣。有以理氣之說, 爲近陵躐, 此知其一而不知其二, 拘
於言而不察其意也。 余但言心性之善, 而不及於天命之所以然。 又指師弟之辨,
而使知夫異學之所以錯, 而逐事求是, 欲其全體, 終身勿變, 冀其不息。此箇義諦,
雖始學之士, 不可不以爲準的也。

『要訣』首章,『小學』題辭, 各篇篇題, 具言性命氣質、物則秉彝, 而朱子「答呂伯恭」
書言: "此等名義,【因論仁說及此。】古人之敎, 自其小學之時, 已有白直分明訓說。故
其學者, 亦曉然知得如此名字, 是如此道理, 不可不著實踐履"云云。宋子「答金世
重」書, 論『小學』「立敎篇」題, 引『中庸』首章而曰: "初學雖未遽知天命性道之奧,
而須知此等名目, 然後可以漸向這裏去"云云。今日之言, 實皆本於諸先生之遺意,
而未嘗敢創造無稽之言, 以誤後生也。

人生以前, 未有能指點仁性者。纔說仁時, 天道之元, 已滾在人所稟木氣之中, 非
單獨是仁性也。然則因生方有仁, 是爲天命之性也。至於木氣之有美、有惡, 正緣
它是有形之物, 理當不一矣。人有生而祥和者、有生而姑息者, 非仁性本然也, 只
是木氣有然也。【義禮智信倣此。】吾人讀書窮理, 勉力踐實, 百種功夫, 只要就此氣發
見處, 加撿束修治之功, 以復其純粹至善之性而已。

心與性、氣與理、身與道、形色與天性之類, 元來非一物。若做到極處, 皆可以一體
論, 但其中有道器之辨耳。

"虛靈不昧"是心, "具衆理"是心, "應萬事"是心。然則"明德"之爲心, 不其的乎?【栗
谷曰"具衆理指心言", 而小註"以爲性未穩"矣。】

『孟子』"形色天性", 『集註』云: "人之形色, 各有自然之理, 所謂天性也。" 此紫陽 "有功後學"之謂也。余謂何謂有功? 若不指點性理字, 則告子"生之謂性", 陽明 "能視能聽是性"之說, 得而混淆, 是非邪正, 不復可辨, 而聖學異端, 同歸一塗矣。 其害豈可勝言哉? 今若曰"形色天心", 則如何? 曰: "心雖曰虛, 然比性則有迹, 比 理則有爲, 豈可直指爲天性? 此以日用思慮運用, 驗之可見。"

明德, 何以知其非主理而必主心也? 曰: "以『章句』'虛靈不昧', 知其爲主心而非主 理也。" 虛靈, 何以知其爲氣而非理也? 曰: "以『中庸』「序」'靈覺原性', 「補亡章」'心 靈對理', 知其爲氣而非理也。" 以是輾轉相解, 則知指心與明德, 爲性爲理者之未 免有差矣。

明命, 雖是天所與我以虛靈以具理應事之命, 然其中有理, 故可以之擬於性理。如 明德雖主心言者, 然以其具理, 故謂之"便是性",【朱子語, 然佗曰又不以爲性。】謂之"形而 上",【老洲語, 然佗曰又不如此說。】亦無不可。此等處, 若看得不玲瓏透徹, 如何讀得書?

未發之中, 是道體之自然, 初無淺深之可分; 射箭之中, 是人巧之能處, 乃有紅貼 之可言。

程、朱、栗、尤, 承孔、孟遺指, 以無爲之道體爲主, 有爲之人心爲器, 而後賢世守之 不變。乃有盡翻其案, 而指心爲主、爲上, 目性爲民、爲下, 而反謂宗栗、尤者, 爲 主氣之學, 其自居則曰主理, 此殊可笑。昔象山以陰陽心靈爲理, 而不察氣慾之 害; 朱子以虛靈神識爲心, 而必窮性命之理矣。比看『陸氏語錄』, 謂象山之學, 是 道德性命, 形而上者; 晦翁之學, 是名物度數, 形而下者。此與近日一邊之論, 正相 似。蓋彼以信心爲道, 謂形而上, 窮理盡性, 爲形而下, 不知孰爲道學, 孰爲心學, 必有能辨之者矣。

以心靈言, 則當指性命爲本, 此是學問之當主理也。然而曰"心能弘道", 曰"氣配道 義", 則文勢卻當爲主氣爾。譬如臣子以君父爲主, 然曰"臣事君以忠", 曰"子事父 母, 鷄初鳴"云云, 則其文勢當主臣子矣。雖則如此, 然何嘗以臣子爲君父之主乎?

『愚山集』「與崔汝晦」書云：“某丈以太極自動靜爲說，則於栗翁之旨遠矣，得無爲一邊所笑乎？”吾雖未見其說，然韓書旣如此，則安可不信乎？夫太極無形無眹，如何自動靜？爲太極自動靜，則不幾於認氣爲理乎？【尤翁「答沈明仲」書，論“理之主宰”處，宜參究。】比見苟菴雜言，“理無動靜，動靜者氣也，所以動靜者理也。【此出於朱、栗】卽氣看理，理在其中，則理亦有動靜也。”【止此。】此以就馬看人，人在馬上，則人亦有出入例之，不啻曉然，然謂之“有出入”則可，謂“人自出入”則不可，此意如何？

今言氣之聚散、形之死生，皆由於理而然也則可；欲以聚散死生，直就理上說則不可。動靜闔闢皆然。

仁義禮智爲體、惻隱羞惡之心爲用，此理顯然易見。今人只見“心統性情”語，而疑“性體心用”之說。然彼此各自爲一義。【尤菴曰：“太極反爲陰陽之所運用。”五峯曰：“心者妙性情之德。”】

晦翁告門人云：“公每說太極，卻與太極遠在。”余謂人雖不說太極，而太極卻只在眼前。此則指太極本體，言其未嘗隱乎人；而晦翁就吾人功夫，言其未能近於理也。學者於此，宜各究二指，而務其心理合一焉耳。

程子曰：“釋氏以天地爲妄，何其陋也？張子厚尤所切齒者此耳。”【外書】吾於諸家之指性爲小爲下、爲偏爲局、爲不足爲主宰，爲不可獨當太極，亦極痛恨於心也。【程子曰：“莫大於性。”朱子曰：“性形而上者。”又曰：“性無不全。”栗谷曰：“理通氣局。”老洲曰：“性爲心宰。”朱子曰：“性是太極渾然之體。”】

鞏豐曰：“飢信粗，旅信奴，病信藥，老信書。”苟菴先生以爲若藥或誤病，老而不能信書，亦將如之何哉？余謂書亦有誤人者，今須將『要訣』所列諸書，信之如神明，無一字無一句可疑去處，其勸之者須行，其戒之者勿犯，以是而終身。

仕於明而失節於淸虜者極多，每令人忿罵不已。乾隆三十年，立『貳臣傳』，悉載其姓名，以昭後世。苟翁以爲極有裨於世敎，而亦可謂爲天下後世慮矣。

一前輩疑此世界無復可明之期, 每疑其過慮矣。比更思之, 近年士子, 以理氣之爭, 至於飲毒自斃。又有因而目人爲陷師射父者。此千古以來所未嘗聞之變, 而今乃有之, 向來一前輩之言容, 亦無怪也耶。【鄙嘗擧此, 以止後進之與人爭詰者, 亦不見從, 而竟至乖張之變, 噫! 可痛也已。】

陋學之士, 先懷私見, 而懼人之不我從也。乃就程、朱、栗、尤諸先生文字, 摘其與己見依俙近似者, 立爲標榜, 而曰: "吾之所尊, 乃諸先生也。" 欲以是壓倒人, 而人不之從, 則曰: "儞爲畔先賢者。" 遂悍然自高, 而竟至於戮辱遺體, 誠可哀也。

學者冠帶, 自是性道中事。今之士, 名曰學道, 而實則畔道矣。吾不知其何學也。

以一己之知自足, 而曰"我知之者", 不知學也。學之知, 非私知也。公天下而知聖人之言, 識當然之理, 而可以驗諸己而信, 告諸人而喩, 垂之百世而無異見者, 乃學之知也。今有持小知, 自謂大知, 其於聖賢之言, 旣錯解而爲郢書燕說之知, 又假借而爲五伯尊王之知。如是而欺心, 如是而欺人。如此者直一自害之知, 害人之知, 何如其無知之爲不失眞也?

趙襄子曰: "以能忍恥, 庶無害趙宗乎!" 『說苑』「談叢」曰: "能忍恥者安, 能忍辱者存。" 呂舍人謂: "忍詬二字, 古之格言。"【王厚齋歷擧而曰: "學者可以詳思而致力。"】余又繼之曰: "宜忍貧、忍才、忍氣、忍慾、忍言。"

昔王勝之【名直柔】作傲歌云: "皷倒太極遣帝扶, 周公、孔子驅爲奴。" 宋仁宗聞之大怒, 命捕之。今有人倣此云"强戴心靈號聖君, 義仁中正降爲民", 則人將謂何?

"爲仁由己", 由己二字, 有千斤之力。夫仁是性之全德, 而在自家身上, 自家不用己力, 誰爲替任其責? 莫問難易, 莫問生熟, 並莫問死生禍福, 一味以克私爲務。克私而至於至公, 則上帝可對, 鬼神可服。然這一點私, 起於隱微, 而終成山岳, 遂致不可摧之勢。故學問之要, 只在愼微。

徐花潭以心學爲世所宗, 有「讀易詩」云云。河西先生見之曰: "聖人之言, 卽天地之道也, 不可謂之影.” 因次韻其一聯云“眞知不外常行地, 下學無非上達天”, 蓋花潭有頓悟捷徑之慮故云. 今我後學, 雖無廢簡編似禪道【此六字, 上三字, 河西詩中語, 下三字, 栗翁評花潭語.】之慮, 卻不免有專事文字, 空譚理氣, 而不務下學常行之弊, 此甚可戒也. 蓋下學, 是此心學人事之所當然; 上達, 是此心達天理之所以然也. 若能於事理上, 眞實下功, 則事理卽性理也, 可以成實學也. 若只主心字, 心是虛底物事, 恐終落空.

“憂衰而慮亡者, 志士仁人之心, 而其衰與亡, 則非志士仁人之所可與也. 猶人之有死病, 雖盧扁, 亦無所施其術也.” 此荀菴語也. 非惟國與天下爲然, 人家亦然.

老夫近自覺得惻隱之心, 比昔更切. 纔遇人做得事善, 便至心愛好, 彼雖做得不善, 亦自哀矜, 切切不已. 此雖善情之發, 應是死期不遠, 故糲氣漸自輕歇而然也. 又記得『語類』云: “范伯達問於王信伯: ‘人須是天下物物皆歸吾仁?’ 王指牕欞曰: ‘此還歸仁否?’ 范默然. 某見之, 當答曰: ‘此牕不歸仁, 何故不打壞?’ 人糊得牕敎好, 不成沒巴鼻打壞了!” 吾自思子孫門生不能善敎導, 乃反近於“沒巴鼻打壞了”, 是諸人不歸吾仁之中, 甚覺慚赧. 只這慚赧, 亦是惻隱之發.

朱子曰: “浩氣與血氣, 只是一氣. 義理附於其中, 則爲浩然之氣; 若不由義而發, 則只是血氣.”
    按: 血氣與義理, 人皆有之. 須是將二者, 相附合以養成浩氣. 如此則天地爲一, 更無限量.

血氣附以義理, 則爲浩氣, 無事不如此, 則可以與天地合一; 靈覺原於性命, 則爲道心, 常時以爲主, 則可以與聖賢同歸.

呂大愚曰: “士大夫, 因世變, 有所摧折, 失其所履者, 固不足言. 因世變而意氣有所加者, 皆私也.” 君子以爲名言.

陸象山云云.【近日向學者多一喜一懼. 夫人勇於爲學, 豈不可喜? 然此道本日用常行, 學者卻把做一事, 張大虛聲, 名過於實, 起人不平之心。是以爲道學之說者, 必爲人深排力詆, 此風一長, 豈不可懼? 余謂士子曾被科業所障, 不肯上學。比年科擧廢而邪說熾,【如蘇梁之類】則人多不肯信。向所以往來儒門者衆, 若能明理【非指心謂理, 乃指性而謂之理也。】敦倫, 豈不可喜?【明理則可以敎時學; 敦倫則可以正俗弊。】若懷利而相從, 則內損己德, 外招俗謗, 厚爲道學之累, 豈不可懼?

尤翁於丁丑講和之後, 痛念國家羞辱, 有謝世長往之意, 愛黃澗冷泉山高水深而寓居焉。日與四方人士講學, 甲申, 聞崇禎帝殉社之報, 擧哀。

"吾儕講學, 正欲上不得罪於聖賢, 中不誤於一己, 下不爲來者之害, 如此而已, 外此非所敢與。"【朱子語】

　　竊意: 三者只是一事, 蓋不自誤己, 則上不得罪、下不爲害, 皆不爲此而得, 特詳言之, 故有是三等耳。然人身中有心、性、形、氣四者, 則其得罪誤害, 是誰爲之? 曰"性爲之", 則理無爲, 無爲者, 何由有此? 曰"形氣爲之", 則凡能作罪者, 亦能悔而改之, 是豈形氣之所能及乎? 然則爲心者, 不得不任其責也。噫! 心其可以倚靠乎哉? 其可不操存乎哉?

郭氏論"致知誠意"云: "知是理之分別底, 意是理之計較底。" 不謂其差舛之至此, 此與陽明之說, 果有小異否?

時變已極, 吾之所以立心、持身、酬世, 當如何, 此當講究。然又無神術可施, 惟當立心以誠, 持身以敬, 酬世以義而已。此以忠信篤敬、義以爲上之訓觀之, 可以知其所當持循也矣。

莊生有"至人無己, 子綦喪我"之贊, 而吾儒書亦言"孔子無我, 聖人忘己"。【四字, 伊川語。】學者宜細辨。【且要克己, 切忌立我。】

吾見學者"虛己下人"而爲賢者; 未見"立我傲物"而成德者。

許平仲嘗論持敬大畧云: "千萬人中, 嘗知有己。" 此語極要體會。余繼下一語云:

“兩人相對, 不要立我。” 近世書生, 多務打人, 遂成風習, 而自家則不然, 可謂眾中省己者矣。縱遇賤夫、尺童, 只觀義理, 不計其它, 亦可謂“兩人相對, 不見有我”者矣。學者胷中, 宜存此勿忘。

“學問, 人人皆可爲之也, 則人人皆可稱學者也。今以學問爲尊號, 學者爲殊稱, 寧不見笑於大方耶?” 此荀翁諧言也, 此誠然也。今則學問爲惡名, 學者爲賤稱, 使此老見之, 又以爲何如也? 吁! 其可歎也已。

陸象山謂“心卽是理”, 至“以陰陽爲形而上之道”, 其言直是無理氣道器之分矣。其門人楊敬仲, 告宋寧宗曰: “此心卽大道也。” 袁和叔云: “大哉! 心乎! 與天地一本, 制行而原于心, 斯不偏矣。” 是皆祖述師說, 而流於禪佛之學矣。近世華西, 一時偶認心是氣之說, 爲主氣之學, 而遂歷擧心神靈覺, 盡歸之理。其意雖善, 而其說則非朱子本指, 而亦鮮合於先儒之論。故其高弟柳稈程, 晚年更定其說, 欲其不爲群矢之的。是其爲師盡忠誠, 近世諸公之所罕有者, 甚可貴也。惜乎! 其同門諸人, 嫉之如仇敵, 而攻之如亂賊也。

人心當曰“本善”, 不須言“純善”, 故湖論以心純善爲儒、釋無分。此非不然, 但看立言本指如何? 如朱子「答程正思」書云: “此心有正而無邪, 故存則正, 而不存則邪。” 宋子告孝宗曰: “自上方在哀疚之中, 只有純善之心, 聲色貨利, 無一掛念, 此卽爲善之機。若失此機, 後不可爲矣。” 夫有正無邪, 非純正之謂乎? 今曰: “心純正與純善, 則將謂朱、宋爲釋氏之見乎?” 只被一邊直認心爲氣質, 故厭聞心善二字。然心是能弘道盡性之物, 如何直指爲氣質乎?

性, 孔子罕言之, 而至子思、孟子, 見異說亂眞, 已揭性字, 以曉世人矣。使孔子生於思、孟之時, 恐不得不闡明性字, 以指示學者, 決不但默然已也。觀程、朱所處, 則聖人之意可見矣。矧今性厄已極, 而正學幾熄, 人理不復可見矣。奈何膠守孔子罕言, 子貢未聞之陳跡, 而不先明辨耶? 『中庸』首章, 言“性道中和”, 『大學』首章, 言“明德明命”, 『論語』首章集註, 特揭“性善”二字, 『孟子』首章亦言“仁義”, 雖『要訣』、『小學』, 亦皆首先言“性情”, 言“心覺”, 此時措之宜也。近日後生輩, 往往以言性爲未穩, 而欲已之, 蓋不識時之過也。

比自驗之, 百般病痛, 總由心未定、氣未淸, 而常有昏亂之患。記得<u>勉齋</u>言: "敬是束得個虛靈知覺住。"<u>晦翁</u>亦言: "雖稟得氣淸, 纔不撿束, 卽流於慾。"今撿束得心氣, 常定常淸, 直上去與天理合, 則豈復更有私慾客氣做得病痛?

禮者出於天而具於性也。故自制心律身, 以至御家爲國, 非此必亂。故<u>孔子</u>敎<u>顏、曾</u>, 皆以禮爲主腦, 而<u>程、朱</u>之謂"聖人本天"者, 亦以此也。近世乃有尊心降性之學, 異哉! 此以聖人所本之天, 位置乎心之下矣。故其門高弟, 至有"急則禮亦不貴"之說者, 於是天亦賤矣。噫! 其可畏也已。

<u>程子</u>言: "性無不善,【愚謂亦無不全】所以不善者, 才也。才之善不善, 由氣之有偏正也。乃若其情則無不善矣。"愚謂此處情字, 從性善言, 故曰"無不善"也。人之不善, 由才與氣之未正, 故<u>程子</u>又曰: "君子莫大乎正其氣。"今人惡言修明其氣, 全靠心字, 爲極本窮源之理主, 而爲聖學之正傳, 吾未見其可也。

<u>朱子</u>曰: "書只貴讀, 自然心與氣合,【心氣質無辨, 如何有此語?】舒暢發越, 自是記得牢。縱饒熟看過, 心裏思量過, 也不如讀。若讀得熟, 而又思得精, 自然心與理一,【心卽是理, 如何有此語?】永遠不忘。某舊苦記文字不得, 後來只是讀。今之記得者, 皆讀之功也。"此爲先生戊午以後語。【<u>沈莊仲</u>錄】先生尙爾有此語, 況吾輩不曾熟讀一卷經傳, 心下若存若亡, 凡致思與力行, 都無精到處, 甚可懼也。

或曰: "近世<u>柳持平</u>, 晚年改定心說, 豈非儒流之所甚難, 而士林之所共歎者乎? 其指神明爲形而下者, 又豈非見之明而改之勇乎? 然而其於『大學』注"虛靈", 一向說做形而上, 是豈其無所見而然歟? 亦豈有所惜而然歟? 今吾子旣許其改定心說, 而不許其虛靈之論, 何也?"余曰: "<u>柳</u>之改見, 誠有功於華門矣。其認靈爲理之見, 決與<u>朱子</u>異, 而決與<u>禪、陸</u>同矣。惡可不辨之明而排之嚴乎?"【佗處以"虛靈"爲形而下, 而獨於"明德"章句, 有此異論, 不知是如何。】

"虛靈"之屬氣分, 『大學』「補亡章」及『中庸』「序文」以外, 又有六十七歲「答林德久」書云: "知覺正是氣之虛靈處。"【以此書第一段"爲<u>福州</u>學官, 作一說"之云觀之, 此書之作於乙卯, 明矣。所謂"一說", <u>尤翁</u>『箚疑』以爲<u>福州</u>州學「經史閣記」, 記作於乙卯五月。】六十九歲以後,沈莊仲所聞語云: "心之知覺是那氣之虛靈底。" 兩段, 朱夫子之指爲氣者, 硬做形而上之道, 豈非認氣爲理, 而與朱子異, 而禪、陸同者耶? 柳之大槪, 更定師說, 固是好處, 而其未盡脫灑處, 又固自在也。

格致是何事, 而可以不戒愼恐懼而得之乎? 『論語』之億, 戒其以意揣度也。【程書亦言: "思慮心勞, 强揣度耳。" 又言: "考索至者, 如揣度於物, 約見彷彿, 能無差乎!" 此皆戒謹之辭也。】程子言: "須潛心默識, 玩索久之, 庶幾自得。" 又言: "必潛心積慮, 饜飫於其間, 然後可以有得。" 此皆懼其强探力索, 終於無得, 而致存養之功於格致之際也。【程子又言: "思慮久後, 睿自然生。" 又言: "聰明睿知, 皆由敬出。" 又言: "完養思慮, 涵泳義理, 自當條暢。" 張子亦言: "義理之學, 須深沈, 方有造。" 又言: "學者存意之不忘, 游心浸熟, 脫然如大寐得醒。" 朱子又言: "窮理以虛心靜慮爲本。" 又言: "理會道理, 如過獨木橋。" 又言: "理會道理, 當深沈潛思。" 又言: "『中庸』何不言深思而言愼思。" 此皆敎人就格致上, 用存養之功也。】

所謂道者, 所當知、所當行之理, 皆性之德而具於心者也。所謂戒懼者, 戒懼乎致知、力行之功夫也。今人只知戒懼於行, 而不知致知, 而戒其泛問遠求, 而愼其潛思精審也。恐其强探力索, 而懼其躐等陵節也。又疑存養不可與格致合一, 然今使學者, 存其致知力行之心, 以養其致知力行之性, 有何不可?

『論語』"默而識之", 是心與理契, 深造自得之候。此雖非單言知字, 然知亦在其中, 而『集註』以爲"存諸心。" 鄧氏解「道聽塗說章」云: "聞善言, 必存之心而體之身, 是卽吾之德矣。" 程書云: "養知莫過於寡欲。" 『語類』云: "有以養其知, 則所見益明, 所得益固。" 據此諸說以觀之, 聖賢於知一邊, 亦使存養字。

夫子說到"人質美"處, 不言聰明才辯, 只說忠信。忠信之極, 不肯昧一點本心, 不爲昭昭信節, 不爲冥冥惰行, 是不昧本心者。人苟如此, 則亦可以俯仰無愧怍矣。但須先要擇善, 不擇善則所執有時乎錯矣。善是性之所有, 心之運用, 必合於理, 始得爲正學。故曰: "美質易得, 至道難聞。"

黃宗羲譏朱子"理生氣", 則苟菴辨之曰: "此又自疎脫矣。理豈有形體之嬗代, 而曰'理生氣'哉? 特以先後言之, 理先於氣也, 何嘗硬定爲'理生氣'耶?" 近見嶺南『李氏集』,果硬定爲理生氣之案,豈子時理先有,而丑時氣乃生耶?

强盜十數人入門,將有劫掠之禍,一婦女就拜其魁,因號爲父。又引其徒,以兄稱之,呼婢辦酒饌,厚待之。此功固大矣,而其失禮則無復可言者。若因此,遂罵室女媚婦守貞不出者,爲恬視家破而不救,遂斥爲不足法者。此爲笑話,黃氏四皓論,無乃類此歟。

古人云: "以詩書養氣節。" 今當以戒懼減罪過。

智猶貞也。貞也者,始萬物終萬物者也,不可單屬知一邊,今得數語以明之。孟子曰: "如智者亦行其所無事,則智亦大矣。" 朱子曰: "事物之理,莫非自然,順而循之,則爲大智。若用小智,而鑿而自私,則害於性而反爲不智。" 孟子曰: "智之實,知斯二者不去是也。"【註, "見之明而守之固"矣。】朱子曰: "知得親之當孝,兄之當敬,而不違其事之之道,這便是智。"【『語類』百十九之八板「訓門人」】

"林放問禮之本,而夫子大之。" 每讀至此,不覺慨然而歎也,曰: "今世之士,以文章事功爲學,吾亦疑學之本不在是也。" 夫子曰: "文莫吾猶人也,躬行君子,吾未之有得。" 嘗稱管仲之功,而又譏其器之小,此語學之本也。今日何處得戒空言、黜近功,而以明事理、勉德行之士,以與之相觀而善也哉? 嗚呼! 其難見也。

丙辰七夕夢中,有小疾,跣足至他室。炳菴見之,以爲君子威儀,不宜如是。余聞之,深自驚惕。覺來思之,此友沒今十年,尚有精爽,能戒余以道。此何等異事? 錄以觀省。

楊止菴【時喬】孔子像碑曰: "道原於天命之性,性則與形俱形。" "與形俱形",卽與"與生俱生",同一語意。【楊與陽明,學相背】

朱子喪,勉齋之服三年,詳見『節要』目錄,而宋子謂以"未知幾箇月數",而曰"無可考",何也? 其下又曰"朱子服延平期年",未知此見於何書。昔全翁疑朱子服延平無所見,則金監役答云: "其行心喪,自是常禮,無所事乎記錄矣。"

『老洲雜識』有"克氣以復性"語，而淵齋謂"聖門無克氣之說"，又謂"克氣則理氣相離矣。"余略與辨之矣。今見尤翁言："至善之性，雖具乎中，而氣質之稟，常拘於外，此君子必用克化之功於氣質之偏，而善反之，則復其本然之性。"此見於鶴菴錄，而與老洲說，如出一板矣。淵齋之有是言，固已未考，而心石之存此說，亦涉未精矣。

"九容"，以理言、以氣言，有二義，而尤翁言："頭之理，當直；色之理，當莊。"據此則頭容與頭理，顯然不同。九容當主氣看，而其以理言者，當作別義論。

"大學之道"道字，不以理而以法言。然以『孟子』"行法俟命"註看，則法卽是理也。【尤翁亦云："行天理而不計吉凶禍福者，是實無所爲之道也。"】

愚之所以自處者，以宋子「答沈德升丁巳二月」書觀之，庶幾無愧矣。【『大全』百二之卅四五板】

"喜談人過，不檢其身者，君子比之匪人。"此苟翁語也。愚以爲罔談彼短，欲寡其過者，孰不以爲吉人？

敎外別傳，不立文字，達摩之宗也；六經註我，我註六經，象山之宗也。【以上苟菴語】焚詩書，坑儒生，秦嬴之宗也；指窮格爲洪猛，陽明之宗也。目學聖爲奴隸，啓超之宗也；視詩書爲無用，時輩之宗也。記躬行以立敎，聖賢之宗也；熟讀經傳，務成道業，吾儒之宗也。驅率前言，以爲己使，異儒之宗也；校考同異，辨別名目，賤儒之宗也。

今我稟得氣質，極昏且陋。然所受之性，卻只全善，未嘗有毫髮偏處，豈非萬幸？今雖病且死，若能豎起本善之心，以矯治末流之氣焉，則恐亦須有些長進之望矣。

南塘以"各得所賦之理"爲"異得"之義，柳穉程亦然，不知如何如此看。如言堯、舜、周公各得其理，父子兄弟各得其理，是爲異得之義耶？趙氏言："孟子論王政，爲齊、梁之君，各陳之。"此爲異陳云耶？因此一字，生出無限議論，無窮爭競，甚可歎也。

"如見肺肝", 某書似主栗谷說。然尤菴不如此, 今見『大全』「答芝村」書, 有曰: "來示謂金疏故去爲奴二字, 羅疏亦沒亂前斥和一節者, 可知其意之所在云者, 可謂看破其肺肝矣。" 又曰: "云云, 豈有與鑪聚精會神之宋某? 此則蔽於私, 而謂人不見其肺肝矣。" 此其明白易見者, 而某公卻取前輩之主栗谷說者矣。【宋書上下文, 又曰: "謂安石自寫其誣悖之辭, 而天下皆知其情狀矣。" 又曰: "來示云云者, 可謂破鬼膽矣。" 此亦與上所引二條, 同一語意也。】

李畏齋欲以澤堂爲聖人, 又必欲躋之於大賢以上然後已。尤翁「答老峯」書, 語此而曰: "夫爲父而悅服於子弟之心, 如此者能有幾人, 如此漢者, 持身發言, 每有愧於諸兒之眼目矣。" 近世爲人子弟者, 多推其先人爲聖人; 爲門生者, 又每推其師爲聖人。此果如畏齋之悅服於澤堂而然歟? 未可知也。

"就理之在氣質底論, 則卻是本然之性, 此不可不知。" 此見「語錄」。【『宋子大全』附錄十五卷十七板, 金厚齋問五行一性處。】先生以理之在氣質底, 爲本然之性, 而近世論明道生性之家, 舉多指理在氣爲氣質性, 可異也。

顏子平生受用, 只是"克己復禮"四箇字。曾子功夫, 只是"戰兢臨履", 是終身事。顏子克己, 如紅爐上一點雪; 曾子守身, 如春冰上兩隻腳。【守身一句是愚語。以上皆朱子語。】

顏、曾先有博文致知功夫, 然後能克己守身。今愚輩宜先有明理義一段事。

人生墮地, 自衣服飲食外, 別無思想; 自詩詞書畫外, 了無功夫。此輩今日, 又不恥爲夷獸之行, 不知禮義爲何事, 其視儒林如讎隙, 生亦虛生, 死亦浪死, 不惜天賦至善之性, 埋沒塵臼。良可悲夫!

記序之作, 或不免俯徇俗情, 誠如來喩。然其閒亦不敢甚遠其實, 異時善讀者, 當自得之也。【朱子「答滕德粹」第十書】誌碣之作, 或不免勉副人求, 誠如伯棠之言。然其立文命辭, 亦不敢全爽其實, 異時觀者, 當有以識其意也。

道心本主動而兼乎靜, 時中亦主動而兼乎靜, 致曲本主知而兼及行。

老洲"以知仁勇爲用功節度", 又曰: "以知仁勇爲功夫節度, 而中爲標準。" 此二語俱見於「讀書隨記」, 而其不以三達德爲理之意, 明矣。

聖人言"爲仁由己"; 愚謂"害仁亦由己"。蓋"仁"是心之理, 而"爲"是心之敬, "害"是心之肆。然則"爲仁"與"害仁", 皆此心也, 心其可恃乎! 此釋氏之本心、陸氏之信心, 所以自誤而不自知也。

心雖涉於氣分, 而與氣質有精粗之分; 雖與理無間, 而與道體有能所之辨。故未可專靠著心字, 以爲大本,【宋時, 徐孟寶以公心爲大本, 而朱子辨之。】須是自心自審。【審字, 兼知行該動靜。】雖曰自審, 如或疏漏, 究亦無補。苟(能)[非]²²⁵⁾自審得精密, 則瞬息之間, 所失多矣。【瞬息之間, 所失者多, 此老夫近自驗得如此。】"故君子, 戒愼乎其所不睹, 恐懼乎其所不聞。" 若此處, 纔自肆, 卽成無忌憚之小人矣。

某門言世亂如此, 而我則異於佗人, 不得避。吾每疑之, 同春之事已著矣。至於尤菴之言, 則曰: "湖、嶺賊徒"云云, "知舊勸此漢, 提挈遠避, 而舉國頹洞, 將安所之。"【詳見「答趙復亨辛亥八月十九日」書】 此與某門之說, 指意自異, 豈未考而云歟? 且曾子時在武城而猶避之。某門則遠居下鄉, 其義益無所拘矣。若曰: "儒臣遇君上在圍城或播遷, 則將奔問之不暇, 何敢預避云爾。" 則亦有可言者。如見在城中而內殿不避, 則儒臣不敢獨遣家小。今遠在鄉山, 而挈眷入山。若聞君上在難, 而隻身奔問, 則恐仁義兩行不悖矣。

『孟子』"仁義之心", 是從性上指心。故『大學或問』, 與天道性命, 作一箇地頭立說。但仁義是性, 心是能好仁義惡不仁義者。故朱子「答蘇晉叟」書云: "要知'仁義之心'四字, 便具心性之理, 此心之仁義, 便是性之所爲也。"【爲字, 恐有之誤, 蓋草書相近而誤也。】此方是細分心性。仁山『孟子攷證』"仁義之心"註, "以性也, 下句良心卽是。"【止此】

---

225) (能)[非]: 저본에는 '能'으로 되어 있으나, 문맥을 살펴 '非'로 수정하였가 옳을 것 같다.

按: 正文存字, 是存仁義之良心, 性如何地存? 且能好惡是心, 所以能好惡是性, 不容無辨。

"才是就義理上說,【如上段仁義之心, 從性上指者同。】是能主張運動做事底。"【以上皆朱子語】以其就義理說, 故謂才爲理。【語有斟酌】然以其主張運動能做事底, 故畢竟是氣分上物事。【語極精細】知此則心神亦可推而知也。仁山直謂: "才是性發, 而自能爲仁義之事者, 蓋性之所能爲, 所謂良能也。"【止此】未知"才之能爲仁義之事", 與"人能弘道", 判然不相似耶則已, 不然而謂之是一類, 則仁山此語, 恐當子細消詳。

"不屑之敎誨"之字, 當於字看。此『味根錄』語, 得此方始于困勉之得, 『蒙引』之失, 曉然也。【"之", 字典"於"也。『大學』註, "之, 猶於也。"】

退溪「心統性情圖說」, 論氣質性處, 引程子"性卽氣、氣卽性之性", 朱子"雖在氣中, 氣自氣、性自性, 不相夾雜之性。"
　　竊意: 程子語, 不過是性氣不相離之意, 非謂氣質性卽氣, 氣卽氣質性也。至於朱語, 旣言氣自氣性自性, 不相夾雜, 則安得爲氣質之性乎? 不知退翁如何如此援據。

『陽明集』「山陰縣學記」云: "聖人之學, 心學也, 學求以盡其心而已。道心者, 率性之謂, 而未雜於人, 無聲無臭, 至微而顯, 誠之源也。"
　　余謂: 道心之心, 靈活之氣也; 道心之道, 性命之理也。道心是有覺有爲者, 未可直名爲率性之道也; 道體是無覺無爲者, 未可直名爲道心也。不如此分析, 惟欲混心性爲一, 故認心爲道, 而曰"學求以盡此而已。"

子思子曰"至誠盡性", 孟子曰"堯、舜性者", 朱子曰"惟聖性者。"
　　吾謂: 聖人之學, 性學也, 學求以盡其性而已。【至誠字、堯 舜字、聖字, 皆以心言, 如"人能弘道"之人字。】近世心理家, 其本源亦與陽明同, 而觀其議論, 又每斥陽明, 陽明必不服矣。

『陽明集』「象山文集序」亦言: "聖人之學, 心學也。堯、舜、禹相授受曰云云, 此心學之源也。中也者, 道心之謂也。道心精一之謂仁, 所謂中也。” 其下遂引“仁人心、求放心”, 以斷陸學卽孟學也。

余謂: 道心有覺, 中體無爲, 非可以混合也。仁是心之所具, 故孟子指而言之爾, 非以仁訓心, 心與仁, 竟亦有辨。“放心”亦指此心所具之仁言, 非以馳騖飛揚之心爲仁也。

陽明, 以禪之棄人倫遺物理, 不可爲天下國家。爲陸學之不若是, 而辨其與禪不同, 此說太粗。栗翁言: “陸氏言必稱孔、孟, 行必本孝弟, 而用心精微處, 乃是禪學。” 使陽明而知此理, 不知又如何置辨也。

易在人則爲心, 南儒以易爲理者, 欲以證心是理, 此與朱子懸別。後見陽明『傳習錄』曰: “中只是天理, 只是易。” 乃知南儒與此暗合,

『傳習錄』云: “心卽道。” 贈陽伯詩云: “大道卽人心, 萬古未嘗改。” 此等句語, 上而與象山、慈湖合; 下而與重菴、寒洲同。

近世心理家, 每譏陽明所認之心, 只是虀底氣。然觀陽明論心諸說, 皆指神明靈妙而言。近儒自認神明靈妙者爲理, 故須將陽明之所謂心者, 遞降一等, 而謂之虀底, 然後自家始免於認氣爲理之誚矣。

或問觀孔子答子夏喪中金革之問曰: “不可奪親。” 又曰: “三年之喪, 從其利者, 吾弗知也。” 則雖有君命, 而不忍違離喪次是禮也。今某人引『公羊傳』閔子爲證, 如何? 余曰: “閔子未嘗仕, 且是孔門第一等高弟, 豈肯輕棄師門之敎乎哉? 此說不足信也。縱有之, 吾以聖人之言爲人子之常經而已。夫守經者, 本性之學也。如其用權而爲聖人之所弗知者, 無或爲本心之歸歟?【『公羊傳』, 閔子要絰服事, 在練後, 又有君命, 要之非如某人渴葬, 且無君命而起者也。】

施敎者, 欽承天命, 而導之以無過不及之中; 受業者, 敬聽師說, 而行之以漸進不息之功, 則是性命之傳也。師生以性命從事而後, 世道有賴矣。不然, 上者心傳, 其次氣習而已。聖人之道, 何從而明且行哉?

儒者以公心行直道而後, 天下國家, 可得而安矣。若平居, 不甚用力于實際, 及到禮義異於俗論, 政教異於常規處, 輒曰: "古人雖如此說, 今人豈能盡然?" 遂使世界, 卒就乎因循苟且, 相率而淪於亡, 眞可悲也。

"古人作『易』, 只爲卜筮, 今乃硬安排。聖人隨時取義, 只事到審驗是非, 難恁安排。" 此是『語類』德明錄。
　　余謂: 古者人民智慧未開, 所以聖人以卜筮之吉凶敎人, 知事理之是非。今人先將一箇義理, 就易上硬安排, 所以終與聖人本指難合。

曾見默信李公說, 明儒有謂朱子自悔『易本義』之誤者, 余甚訝之。今見『語類』「易綱領下」僩錄云: "先生意甚不滿於『易本義』。蓋其意只欲作卜筮用, 而爲先儒說道理太多, 終是翻這窠臼未盡, 故不能不致遺恨云。" 此爲戊午以後所聞, 最晚年說也。明儒云云, 豈指此錄歟? 然所謂不滿者, 只就不能盡翻前儒說處, 言非泛指『易本義』所釋有錯誤而云爾。讀者自當斟量也。

孔子曰: "剛毅木訥近仁。" 明道先生曰: "便佞皎厲, 去道遠矣。" 愚嘗以是二者, 觀天下士, 其文質彬彬者, 蓋千百而一二遇焉。有天資樸實孝謹者, 雖於斯道, 或未能深造而有所發揮, 然不失爲儒流矣。若乃才辯有餘, 而性喜自用者, 又多舞文弄法, 合儒、釋爲同聖, 混王、伯爲一塗。如此者, 居家庭, 則犯禮義以病彝倫; 在廊廟, 則任己見以誤蒼生。據皐比之尊, 則其禍不止一時, 亦且流毒於後世矣。吁! 其可畏也哉。

程子曰: "人之氣, 自然生, 天地之氣, 自然生生不窮, 水自然能生", 未聞以"氣奪理位、不由天命"譏之者矣。栗翁"機自爾", 亦可以見其有所受矣。

日間事務, 專要去其本無而存其本有者而已。然此事大難, 久久有進, 將見這道理不甚梗塞, 而流行於眼前。雖遇逆境險塗, 亦必細審其本有本無者, 而存之去之, 則與平居無事時, 不至大有分別矣。

學者, 何所學也? 心學夫性焉爾。心而學性, 卽爲聖傳; 自心自用, 卽是異逕也。且如『小學』"敎也、倫也、身也", 以性之理言; "立者、明者、敬者", 以心之功言也。『大學』之"格物誠意",『語』、『孟』之"求仁集義",『中庸』之"明善誠身", 皆是一樣話頭。『詩』之"無邪",『書』之"執中",『易』之"隨時從道",『春秋』之"尊王賤伯, 內夏外夷",『禮』之"別嫌明微, 守經處變", 無一言一句, 非心學性之妙也。

問: "以人之心性情, 就天言之如何?"

朱子曰: "春夏秋冬, 便是天地之心。天命流行, 有所主宰。【按: 雖曰主宰, 畢竟是無運用底。○"心只是一箇運用底", 此句見『語類』論"復見天地之心"處。】其所以爲春夏秋冬, 便是性;【按: 此非性爲太極之明證耶?】造化發用, 便是情。"【䕫錄】

　　按: 天與人之心性情, 只是一樣, 再無兩樣。乃後儒或謂在天之理, 可爲主宰, 而在人之性, 不可以主宰言, 吾不知其何說也。【『大全』「答張南軒」云: "天人性命, 豈有二理哉?" 如後儒說, 則天人性命, 有二理久矣。】

"太極是陰陽五行之理。"【見『語類』九十四卷三板節錄, 心者二五之靈也。認心爲理者, 與此異矣。】"性者, 心之理。"【見『語類』五卷十九板道夫錄, 心者性之氣也。認心爲理者, 與此異矣。】

　　按: 心靈只可使之明性理體太極而已, 不可自名爲性爲極, 而混理氣之實也。今因『語類』二條而推之, 曰: "在天, 天道是上帝之理, 天命是氣化之理, 道者形氣之理, 誠者鬼神之理。【神字包在鬼神之理】在人, 天命之性是明德之理, 仁義禮智信是木金火水土之理, 至善與中庸是事物之理, 達道是達德之理,【至道至德倣此】性命是道心之理。" 佗餘不能悉擧, 惟在人自推之耳。此雖只是名義之分, 然如得分曉, 則於存心養性、治氣循理之功, 亦必有的確不可移易之趣矣。所補不細, 讀者無徒以名目而忽之哉。

嶺南『某集』云: "心君是在人天理至尊之號。" 余謂: "心君固是至尊, 以之對性天, 則卻在其下矣。如天子雖至尊, 而元生於天。天且高天子一等, 天子惡敢以天自處乎?"

朱子曰: "以'天命之謂性'觀之, 則命是性, 天是心。心有主宰之義, 然不可無分別, 亦不可太說開成兩箇, 當熟玩而默識其主宰之意可也。"【『語類』高錄】

按: 此段"命是性"命字, 要細看謂"天所命之謂性." 【『栗谷諺解』云: "天이 命ᄒ신 거슬 이론 性." 此極精到, 如『小學諺解』云: "天이 命ᄒ샤믈 이론 性." 如此則命字却成活語, 未穩. 今曰"人物所得之謂性", 則精矣. 若曰"人物得之之謂性", 則不詞矣.】 此以"明德、明命"章句 "所得、所與"兩所字推之, 可見矣. 前賢有直指"天命"天字以爲理者, 此"不欲 太說開成兩箇"之意. 然"不可無分別"之意, 如何無得? 故愚每謂: "此天字, 以上帝看, 則帝是與理合而有主宰者. 曰與理合, 則旣非卽是理, 而又非說做 兩箇. 此處極精微, 儘索眼力, 決不可容易放過也."

敬身主意, 是正其德行, 而不毁體膚, 其餘意也.

近世一長老常歎"小心"二字, 爲天下妙文.

開眼便錯視, 開口便錯說, 毫髮不由人, 一一自我省. 目注于棺, 心想及骨, 慘焉痛 苦, 胡能有忘?

"人惟有私意, 聖賢所以留千言萬語, 以掃滌人私意, 使人人全得惻隱羞惡之心. 六經不作, 可也, 裏面著一點私意不得."【朱子語.】 "聖賢千言萬語, 只要人撿束其 氣, 使復其本然之氣而已. 氣之本然, 道心、浩氣, 是也."【栗谷語.】
　　聖賢看得衆人盡被私意客氣所蔽, 而不能入道, 故每以勝私克己之術告語人, 重言復言, 不一言, 其用意之深切, 何不敬體之? 反以"栗谷眼中, 只見一箇氣 字", 妄加譏侮之辭也. 彼亦將曰"晦翁眼中, 只見一箇私字"耶? 只見其可哀 也已.

『詩』曰: "維此文王, 小心翼翼." 『孟子』曰: "文王望道, 如未之見."
　　竊意: 文王大聖人也. 其識已至矣, 其德已盛矣. 何不信心用智, 放膽胡行, 而 乃如彼之自小自遜? 學者宜自省.

"心性非一物", 非淵齋所創, 而出於尤菴疏所謂"自孔子至宋儒, 以性屬理, 以心屬 氣者, 不啻詳矣." 尤菴此疏, 又本於栗谷"性理也、心氣也"之說矣. 栗谷此說, 亦 非自創, 而實出於程子"心穀種、仁生性"之說, 及朱子之"性太極, 心陰陽, 心敬畏以存天理, 性是仁義禮智信, 後人多雜佛、老, 而將知覺心意看, 非聖賢所說性字本指"之云也。程、朱又本於孔子之"心不踰矩"、顏子之"心不違仁"、孟子之"理義悅心, 猶芻豢悅口"諸訓也。孔、孟又本於「伊訓」"有言逆于汝心, 必求諸道"。「伊訓」又本於虞帝之"道心"二字。夫心只是氣之靈覺者, 氣之靈覺, 必原於性之仁義, 乃有道心之名矣。"心性不可謂一物", 豈鄙之私言? 而亦非某之所能劈破者也。竊意某於此, 特未之思也。誠能再思, 則必能改見而同歸矣。

孔子曰: "君子之道四, 某未能一焉。" 夫道是性之德而出於天者也; 能是心之才而原於性者也。心性之妙, 初學難語。然道人人皆有, 而人人皆所當行底, 如何不講究而體當焉? 蓋學焉而不以性道爲本, 豈更有一星子是處? 今近自灑掃之微, 遠及治平之大, 內自一家之親, 外至四海之人, 其行之之際, 無一事無道以爲本, 無一事無心以成德。須從自己分上, 省察擴充將去。

愼思慮、愼言語、愼起居、愼出入、愼交遊、愼書尺、愼講解、愼飲食、愼德行、愼帷房、愼風寒、愼容貌、愼視聽、愼瞬息、愼妻子、愼弟子、愼奴婢、愼幽獨。

昔人云: "春秋一代仕宦, 孔子只題兩字曰'斗筲', 戰國一代利達, 孟子只題兩字曰'妾婦', 非是聖賢輕世, 亦是當時人物體質如此。" 今日士流, 宜自思孔、孟復起, 題品當得甚麼字。

孟子答景春章, 大丈夫贊, 亦孟子自贊。曾見某也謂"此章不及浩氣章"。余力與辨之, 不知渠後來所見, 亦如何耳?

心宗諸人, 據"仁, 人心", 以爲活計, 殊不知陸三魚已說破此病云: "孟子言'仁是心', 象山言'心是仁'"。諸人於此, 又有何語? 余又繼之曰: "孟子曰'仁也者人也', 人以身言"。心宗之雄據到此, 益無力矣。

"居敬以立其本", 或謂"此敬字, 與窮理、力行對說, 則只是靜時事, 而不干涉於動。信如此, 則力行是通動靜之事行之。靜時之敬, 不可以屬行, 而乃可以立本之敬當之耶?" 或又曰: "力字不可下於靜時, 則靜時都不用力, 而只恁佗自爾乎?" 或又引

『要訣』,除應事讀書以外,習敬一節,以爲據,則是應事讀書爲本,而敬以直內,反爲末務耶? 看聖賢言語,不可如此死殺排定也。

李生徽在書來言: "昨夏見崔某,叩其師旨,則曰: '學問以心卽理爲宗,出處以許魯齋爲準。'" 余見之,以爲若曰: "學問以心合理爲宗,出處以許平仲爲戒,則合於聖門正法矣。" 蓋心卽理,退翁之所斥於王陽明者,而薛文淸以許衡出處,比之孔子,則尤翁以爲其妄甚矣,而一種議論,乃如彼。彼將以王、許爲師,而視退、尤爲無見識、無仁心之流也耶。

經傳敎訓,不啻萬千,然其要在去其本無而存其固有而已。故晦翁每言許多言語,雖有淺深大小,然而下功夫只一般。

學問最要,反己自體。今人不能然,故看得涵養克治、戒懼格致,各不相通。凡一切言語,莫能融會。

明儒舒芬言: "太極之流行,賦予於人者,安得而盡同耶? 自初而論太極,則與人太極,又相遠矣。" 我國朴玄石謂: "太極全體,決無合同於各具之中之理,水火只有水火之性,非復原初渾然太極之全體。"【「答權瘤溪」書】
　　吾謂: "舒、朴二家,指湖家太極皆同之論,爲人獸無分之見,則湖家果甘心而已耶?"

李承旭弒師之說,事應在於丙子秋冬間,而說乃出於金諫見逐之後,則所謂"司馬昭之心,路人皆知"也。

金平默謂"愚侵斥華西以洋、禪、陸、王"者。旣曰"自初如此",則十餘年隱忍不發,而乃出於其文見逐之後。彼二人者,雖假辭於儀、秦,亦無自逃其罪矣。

『方正學集』「郊祀頌」曰: "自唐之衰,夷擅中國,迨于有元,人胥于狄。" 近世蘆沙指栗翁說,爲夷奪華權之本; 金承旨指洛賢說,爲混夷喪邦之原。未知五季之時,已有石潭、淵、陶,而致天下之禍歟。

毀形異服, 謂爲利也。如此者, 得利如丘陵, 享年等龜鶴歟。余見其利如汙穢, 壽亦夭札耳。況未必然, 而忍辱親遺褻帝衷乎? 眞可謂秦人迷罔之疾也。

<u>栗谷</u>明睿, 海東<u>孔子</u>, <u>正廟</u>是評, 百世可俟。毋敢議到, 不畏天明, 士受大恩, 有類親生。

<u>朱</u>遭乞斬, <u>孔</u>遇圭凶, <u>宋</u>被亨巇, 運氣寔同。蒙士見侮, 光華厥躬, 蚤夜兢惕, 務奉帝衷。

心氣質無辨, 如<u>金令</u>之說, 心性理一物, 如<u>趙氏</u>之說, 則佗姑毋論。只過不及, 由於氣質之異而失其中也。<u>顔子</u>之能擇能守, 謂之氣質之所爲, 也不成說; 謂之性理之所爲, 也不成說。中間自有妙性理, 化氣質, 似那形而上者, 能盡知之, 故有此擇守之功也。蓋二家於<u>晦翁</u>所謂"似那形而上者", 眼力自是未到也。

使某甲之長孫某毀形, 則某甲告于先廟, 而吏立其弟, 以備承祀。若無弟, 則取族人之子爲後。此是禮義之正, 而毀形者, 及其未告廟之前, 悔罪而謝於其祖, 則似有斟量之道矣。

<u>金令</u>認心氣質爲一物。然則"愚魯㖞僻", 是氣質之偏, 而聖人語之, 使知自勵。夫知氣質之偏而自勵者, 心也。"苟能此道矣, 雖愚必明, 雖柔必強", 亦是判二者而析言之者, 安得謂無辨乎? 皆水也, 有濁之多者, 有濁之少者, 人不可以不加澄治之功, 故用力敏勇則疾淸, 用力緩怠則遲淸。此心與氣質八字分開處, 有眼皆知之。"以氣質有蔽之心", "心比氣自然有靈", 此等言句, 又二者各別之金針也。氣質有淸濁粹駁之異, 而心之虛靈, 不拘稟受。如此類極多, 如何強謂之無辨乎? 及乎被詰, 乃曰: "性與理雖一, 而言天命之謂性則可, 言天命之謂理則不可", 可謂'以口給禦人'也。殊不知性與理有在天、在物之分, 而其純粹至善、眞實無妄、沖漠無眹、至極無對之體則一也。至於心則靈, 氣質無靈; 心則妙, 氣質較蠢; 心則能盡性、能弘道、能克己, 而氣質皆不能然也。心能變化氣質, 而氣質奚能撿束其心? 心與氣質, 色相伎倆, 一一不同, 而今以性理二字, 水墨之以汨亂其界分, 而混雜其名義。此誰信諸? 恐只自昧也。

胡敬齋曰: "老、莊之說最妄。如堯、舜欲讓位於巢、由, 皆假設以誇其高。必得舜之聖, 方能紹堯之治, 堯豈無眼睛, 而欲讓位於巢、由乎?" 余嘗疑巢、由之傳, 未必實然。今見敬齋此說, 始快。

陽明答蕭惠曰: "所謂汝心, 卻是那能視聽言動的, 這箇便是性, 便是天理。" 近世郭氏, 指視聽言動爲理。李君德來問: "此有錯處, 如何直叫做理?" 曰: "四者是理, 而其錯處, 卻是失其本然者耳。" 余謂: "陽明何嘗並指四者之錯, 亦爲理耶?"

五峯言"心無死生。" 朱子至謂之"幾於釋氏輪廻之說"矣。黃啓陽亦力主"心無死生"之說, 怪哉!

性一而已。一者何? 當然而已。或者往往認性爲隨氣不同。隨氣不同, 則自二而至於萬億矣。使性而有萬不同, 則奚貴於性哉? 謂"不當然者, 亦從性中直下來", 則是禍性者也。

朱子曰: "三綱五常, 天理民彝之大節, 而治道之本根也。故聖人之治, 爲之敎以明之, 爲之刑而弼之。"

　　余謂: "三綱五常, 是道體之無爲, 而爲政學之本根也。明之弼之, 是人心之有爲, 而爲性理之施用也。今人於此, 其名義位置, 一切顚倒, 非惟毫釐之差而已, 其謬誤, 奚但千里之遠也乎?"

近儒之心, 自號"天君", 居尊而惡聞"心弟"之名。然則能常盡天君之職, 而形役之實, 果可免乎? 其心又每曰"我是性情之主, 欲一掃'性師'之稱", 則獨不念其有時乎褻天命、慢人紀, 而爲乃獸、乃禽之歸乎? 況帝王爲廟社之主, 則帝王果可以自處於廟社之上, 而不肯奉廟社也乎? 然而不爲獨夫者, 未之有也。

　　竊念: 堯、舜以來, 至于我東群賢, 所尊師底性字, 始終本末, 無一毫之纖疵, 而彼心靈之所知, 有時乎情欲利害之私, 而晷刻之放, 至於千里奔者, 如何敢與之敵偶哉? 嗟嗟! 心乎。宜勉首鞠躬, 一味尊性, 以終其身焉。

世人初不知帝衷之爲當欽承, 每至於褻而慢之。故君可慢、可讎, 父可輕、可忽, 夫可離、可畔，聖賢可侮、可訕，師門可貳、可斥，而世界入於禽獸矣。昔甘吉父問：“尊德性，何爲尊？”朱先生曰：“只是把做一件物事，尊崇擡夯佗。”楊長孺【誠齋子】問：“德性如何尊？”先生又曰：“將這德性，做一件重事，莫輕忽佗，只此是尊。”近世心理家，卻嫌此性之無知覺無才能。遂捽拽而下之庭，其爲性命之厄，不其大歟？

『苟菴集』「說證」曰：“紀勻之所引之爲强輔者，楊愼、閻若璩、毛奇齡也。故『四庫全部』所斥者，孔、曾、顏、孟、周、程、張、朱也。所倚之爲重者，陸象山、王陽明也。”余讀至此，不覺慨然而太息也。蓋今之士，亦有藉重於斥栗、尤之輩而爲家計者，良可悲也。

人之立心，必以聖人純正之學爲準，不可有毫髮夾帶。如文章事功，不宜以之入心。【以此立心者，例多不顧正理，而必有猜險之病。】余嘗喜誦『要訣』所載“行一不義”一節，以爲只此便是教以聖人心事，最宜潛玩而實體之。昔和靖對伊川言：“命爲中人以下說，若聖人，行一不義而得天下，不爲，奚以命爲？”伊川大賞之。

余童子時，先人敎以主誠。蓋誠在天地爲實理，在賢聖爲實心，在士子爲實學。人能守得此一字，則知也知得實，行也行得實。受敎施敎，愛人惡人，也都從實字鑄成，豈非學問之要道乎？余見近世一文章節義之士，其心微有名聲之念而爲之主。故纔遇人承奉，便飼之以肌肉；纔遇人違忤，卽視之如讐敵。遂成一代虛僞之風，此甚可戒也。

“有源之水，寒冽不凍；有德之人，厄窮不塞。”善乎！胡子之言也。何謂有德？必也行道而有得於心者也。此行字，如達德之行，兼知與行而言也。若畔道而習慣於心者，是謂悖德。悖德者，不問窮厄與否，皆未免塞也。【此心字，上而非理，下而非氣質，宜細究之。】

徽宗訃至，胡致堂疏，引“讎不復則服不除”之文，而只云：“服喪三年，未嘗言永不除服。未知今日行者，當如何？”若自上不除服，則臣民從之無疑。雖除白笠後，且俟禫從吉。此則已有梅翁說。

學者先務, 要"窮理"是已, 切務在"定志"。欲學聖賢, 而不知聖賢所言、所行之理, 將何以準的乎? 雖既講明道義, 而事變之來, 苟無卓立之志, 以率其氣者, 亦終不免於漂蕩動撓, 而不能以自行矣。余嘗愛淸儒趙申喬之言曰: "爲臣死忠, 爲子死孝。" 世皆以爲奇節, 實不過一中庸之道耳。然其要在於窮理, 其根本在於立志。

誠是此心眞實之謂也。心之發也,【意】 誠行於動; 意之息也, 誠立於靜。須如此, 方無透漏。如曰"誠於有意之時, 而無誠於無意之時", 則我不爲這般學。

戒懼固是存養之功, 因此遂謂"戒懼但可言於存心養性, 而不可言於格物致知讀書講義", 此太疏脫矣。不知心性裏面, 包得知行之理, 而物、知、書、義, 又皆性理之所載。故但曰"常存敬畏", 則格物致知, 也在裏面, 存心養性、改過克己, 也在裏面。豈有存敬畏之心於存心養性, 而於格物致知之時, 不須存敬畏之心乎? 如彼之云, 則常存之常字, 無著落處。

既可曰"敬以直內、敬以存心", 則獨不可曰"敬以格物、敬以致知"乎?

『讀書錄』謂: "太極純乎理, 陽動陰靜兼理氣。" 陸三魚謂"此看得未融洽。" 近世盧沙「答權信元」書云: "太極單言理, 陰陽不可單言氣。" 權氏以下句爲非, 則曰: "天下安有無理之氣?" 然則太極豈無氣之理乎? 此與敬軒說, 槪同。

大抵學問, 以心行道而已。今日讀『論語』, 見"夫子聞漆雕開'吾斯之未能信'之言而說", 亦可見吾信之"信性"而"不信心"也。陸象山自言"只是信箇心。" 然則信性與信心之間, 胡、越之分, 起於此也。程子有本天、本心之辨, 有任理、不任意之論, 是皆毫分縷析, 至精至微處, 初學似未易領會。然於日用言動之間, 切勿靠心爲道, 必也求其當然處而有見焉, 則須委心信取, 期以有死不舍。

孔子敎以四勿二如, 而顏、曾皆以爲事。今長者贈以精言要法, 而諸生不以切己, 猶病者聞醫方, 而不肯用, 何益之有? 故"子路有聞, 未之能行, 惟恐有聞。" 學者最可畏, 見善則遷, 聞義卽服。世間有無意於行, 而但求文字者, 亦可憎也。

人之所志, 不可不自察。志於軀殼, 卽與蟲魚同隊。志於道義, 而不被私意所蔽, 便可與天地聖人相對而無愧。故伊川夫子雅言"志者氣之帥", 不可小觀。

使曾晳有疾而欲易簀, 則曾子應卽起而易之, 使其親得禮而安心, 決不如子春之止童子勿言, 決不如曾元之曰不可以變矣。如此者, 有愛父師之心, 而未盡愛父師之道矣。使二子者, 自認吾心之愛卽是道, 更不審其心之合理不合理, 則其所處爲得正耶? 不得正耶? 死生大矣, 然豈可不論道理乎? 今學者之於心理, 只好主乎常無事時辨說而已。若急則不復論是心是理, 而信心任意, 胡亂行將去耶?

"天卽理也, 理卽天也。"然天外有天, 理外有理, 此不可不辨也。夫聖人曰"事天", 異類亦曰"事天", 正論曰"主理", 佗論亦曰"主理", 此如何可判而二之? 蓋嘗論之, 此之曰天者, 理也; 彼之曰天者, 鬼也。此之曰理者, 正正方方, 所當然而不可移者也; 彼之曰理者, 靈靈昭昭, 能神活而不可測者也。夫正方不移者, 全體皆善, 而人人皆可用也; 靈昭不測者, 每患踰矩, 而有時不可靠也。以此而決之, 彼此情狀懸別, 而不容混矣。

身心者, 性命之苞苴也; 文章者, 性命之裝飾也。要充身心之欲, 求文章之美, 而不顧性命之牿喪, 此特一空苞苴虛裝飾也。

學問只有一事, 何也? 蓋人非聖人, 其氣質未有無疾者。只變化此物, 物欲世習, 都不足憂矣, 天理安有不復者乎? 故曰"莫大乎正氣也。"上蔡言"克己須從性偏難克處, 克將去。"楊氏論"柴也愚"一章曰"四者, 性之偏, 聖人語之, 使知自勵。"此兩性字, 只是氣, 非有一分理在其中也。余故曰: "學問只有變化氣質一事而已。"或曰: "氣質之性, 是合理與氣言, 而是所謂當初稟賦氣質性。"

朱子曰: "四端是心之發處。四者之發, 皆出於心, 而其所以然者, 則是性之所在也。"據此則心氣發而性理乘在於其上, 不其明乎? 其曰"四端理之發者", 恐只是明性善之理而言也, 非謂四端是理發之也。

被人擢一髮、鍼一穴, 且惡之, 奈何將三綱五典之身, 納諸慢僻翔走之群而能安之? 不思甚矣。今日少輩無去處, 相率而及吾門, 何忍豫慮其帶累, 不先指示正途, 使知其身之不可輕, 吾道之不可畔也哉? 陸象山言: "敎小兒, 須發其自重之意。" 吾謂: "小兒且當然, 惡可以年長而不知所以自重也乎?"

吳江富人, 被鱖鯁橫在胃中, 痛甚幾死。漁人張九敎, 取橄欖食之, 遂愈。今學人胃中有物, 如客氣傲人, 私意滅身。恃勢自高, 趨時占便宜之類, 皆富人之鯁也。如非一裹勇猛克己湯, 莫能救其死也。【橄欖, 其味苦澀, 久之方得甘美。王元之作詩, 比之忠言逆耳, 亂乃思之。故人名爲諫果。如人取聖賢之言, 以修身潔己, 聞朋友之規, 以改過懲惡, 皆極苦惱。然須忍耐得過, 終必有快樂之趣矣。】

霎然之頃, 簡點纔疏, 便已違了天命, 而犯卻神怒矣。吁! 可不愼諸!

「해옥병어海屋病語」【乙卯】

1) 서지사항

전우(田愚, 1841~1922)가 지은 논설. 『간재집(艮齋集)』후편 권16에 실려 있다. (한국문집총간 332-336) 1915년(75세)에 저술.

2) 저자

전우

3) 내용

전우가 성리(性理)가 기질(氣質)에 따라 다르게 품부된다는 설을 논박하기 위해 쓴 글이다. 전우는 대표적으로 정세영(1872-1948)의 성리수기이품설(性理隨氣二稟說)을 비판하였는데, 주로 정세영이 인용한 선현의 글을 재해석하여 오류를 지적하는 방식을 택하였다. 이이는 천지가 기의 지극히 정통한 것을 받고 만물은 기의 편색한 것을 받았는데, 양자는 정해진 성품이 있어 변할 수 없는 반면 사람은 기의 정통한 것을 받아 정해진 성품이 없고 변할 수 있기 때문에 수행이 가능하다고 하였다. 또 사람의 성품은 청탁수박이 만가지로 다르고 오직 성인만이 정수한 기를 받아 천지와 덕을 합하여 뭇 사람들의 준칙이 되며 만물은 성에 온전한 덕을 품부받지 못했다고 하였다. 그리고 주자는 만물이 품부받은 리는 본디 차별이 없지만 사람과 사물은 품부받은 바의 형기가 같지 않아서 심에는 명암의 차이가 있고 성에는 온전함과 온전하지 못함의 차이가 있다고 하였다. 전우는 이이와 주자가 이처럼 '성에 온전한 덕을 품부받지 못했다.' 거나 '성에 온전함과 온전하지 못함의 차이가 있다'고 말한 것은 모두 운용상의 표현이고 맥락 속에서 이해해야하는데, 정세영은 '온전함을 품부 받지 못했다'는 구절 하나를 근거로 삼아 기질에 따라서 리가 다르게 구비되어 있다는 터무니없는 이론을 세웠다고 비판하였다. 전우는 천지지성, 본연이라는 것은 '원래 이와 같은 것'이지만 기질의 성이라는 것은 '뒤에 이와 같이 된 것'이므로 애초에 기질성을 품수받은 바가 다르다고 하면 안 된다고 하였다. 전우에 의하면 기질의 성은 선현들이 혹 "리와 기를 섞어 말한 것"이라고 하기도 하고 "기 이면서 리가 그 속에 포함된 것을 함께 말한 것", "리와 기를 합해서 명명한 것"이라고 말하기도 했는데, 이런 말들을 잘 보지 않으면 잘못된 견해에 빠진다. 이때 선현이 말한 리는 모두 기에 있는 동일한 리를 말한 것이지만 정세영이 활용한 리의 개념은 기에 따라 다르게 나타나는 리를 별도로 말한 것이니, 표현만 같을 뿐 의미가 다르기 때문에 분별하지 않을 수 없다.

栗谷先生言: "氣之流行, 有失其本然者." 此如言心之發用, 有失其本善者, 元無可疑, 而牛翁聽瑩, 則先生引失其本心以喩之. 所謂失, 非初無所有之謂也.【明道先生言: "人心莫不有知, 唯蔽于人欲, 則亡天德." 『大學或問』云"明德不能無蔽, 而失其全", 亦此意也.】或曰: "'多有不在'之云, 如何看?" 曰: "此不難知." 今指凡人之失其正理良心者, 曰無人理、無人心, 則豈不曾稟受而無所具之謂乎? 鹿門之據"多有不在", 而疑先生之說者, 恐未及勘破於此而然也. 先生嘗言: "氣之一原, 理之一原故也." 又言: "氣之一本者, 理之通故也." 又嘗辨"陰爲陰陽根柢"之說曰: "如此則是神有方, 而易有體矣, 大不可也." 此等豈非明白道與人者耶? 今某也硬謂"微物無神", 而自謂宗栗, 栗翁何嘗如彼之云乎? 況程子辨"淸者爲神"之誤曰: "氣外無神, 神外無氣, 謂淸者爲神, 濁者獨非神乎?" 又曰: "物形有大小精粗之不同, 而神則一也." 愚亦曰: "謂正氣有神, 則偏氣獨無神乎?" 又曰: "無形無物則已, 纔有物形則再無無神者." 朱子曰: "草木之生, 自有箇神." 又曰: "天下豈有一物不以此爲體?" "此"字指鬼神而言, 豈有以鬼神爲體, 而獨遺了神底物事耶? 天地閒有情無情, 若動若植, 何者是無神之物? 苟曰"有無神之物", 則"氣之一原"、"氣之一本", 與"神無方"、"易無體"之說, 方成贅語. 彼每自詫爲程、朱、栗之傳, 而三先生定論, 一切與彼不同, 可異也.

頑鐵麤石, 枯木死灰, 何莫非有神底? 蓋此諸種入藥, 則有能鎭心明目者,【鐵漿】有能利竅解渴者,【滑石】有能滋陰補陽者,【松脂】明目療風者,【桑灰】非有神而能然乎? 彼謂微物之無明德, 以無神也, 此尤可笑. 凡物無氣則已, 有氣而無神, 有是理乎? 且如金木火土山川戶雷之屬, 非有明德可指, 然何可謂之無神乎? 苟如彼說, 是神有不體於物, 而爲有方所可測度之物矣, 此有經傳中一兩句可據之說乎? 『論語或問』曰: "人物得是氣質【此指在天地者言.】以成形, 而其理之在是者, 則謂之性.【某也以此性, 爲氣質之性.】然所謂氣質者, 有偏正、純駁、昏明、厚薄之不齊, 故性【此卽上文謂之性者.】之在是者, 其爲品亦不一, 所謂氣質之性者也." 『大全』「答徐子融」書曰:

“氣質之性, 只是此性【此卽上文性卽理也。‘合虛與氣有性之名’, 本然之性者。】墮在氣質之中,【某也以此十字, 爲氣質之性。】故隨氣質而自爲一性。” 此兩段, 雖使尺童觀之, 孰不以 “理之在是”、 “性之在氣” 者爲本然? “以爲品不一”、 “隨氣自爲一性” 者, 爲氣質之性, 而某也乃直從上兩句, 皆喚做氣質, 此已非常情所及。且下兩句, 不免重複架疊, 而不成義理, 不成文字矣。某也乃謂此只是覆解上文之義, 此尤不詞之甚, 而駭人之大者也。彼之所以如此之故, 則又有在也。蓋渠每以『大全』論生之謂性云 “人物旣生, 則卽此所稟以生之氣, 而天命之性存焉” 者, 硬喚做氣質之性, 而目見諸人之不從, 然且亦立己見。故其論『或問』徐書之說, 皆如彼矣。此則全是私意爲主, 而正理蔽塞耳。佗皆勿論, 只此一義, 可以盡見佗執迷用私, 不可救拔之大病根也。

天生兆民, 不問氣稟如何, 莫不與之以仁義禮智之性, 則爲兆民者, 亦不問氣稟如何, 莫不得其性而無少欠闕。故其治而敎之, 亦不過復其性之本然爾。或者乃謂 “人纔生, 氣質皆異, 故其受性, 亦皆不同, 或多或寡, 或偏或正”。信如此說, 聖人之治敎, 憫彼性之有欠而補足之, 有偏而矯正之。夫性理, 豈佗人所能補足矯正之物乎?

某也每以朱子氣質性以理雜氣而言, 栗翁合理與氣質而命之曰氣質之性, 兩語立爲赤幟而曰: “理纔墮在氣中, 便非本然。” 然不知朱子又曰: “人生而靜, 已是夾形氣, 專說性不得, 此處宜體認。” 栗翁又言: “吾兄太爲仁字所壓了, 若雜木氣而言, 則似涉低看仁字, 故曲護太甚也。張子曰: ‘合虛與氣, 有性之名。’ 今曰合理與木氣, 有仁之名。何害於義理哉? 此是緊關處, 虛心熟思, 千萬切仰。”【據此則栗翁所謂性者理氣之合一段, 某之所解, 與本指逈別。】彼不曾虛心體認, 只據胷臆自斷。又敢自處以知道, 而不數前賢, 侮慢同輩, 此如何可與之言哉?

“就氣上求理, 則一陰一陽之謂道。” 此栗翁「答思菴」書。愚謂 “就氣上論理, 則生之謂性。”

“前天地旣滅之後, 太虛寂然只陰而已, 則太極在陰, 後天地將闢, 一陽肇生, 則太極在陽, 雖欲懸空, 得乎?” 此栗翁「答思菴」書。愚謂 “太極雖在陰陽, 性雖在氣質,而皆不害爲本然。"

"沖漠無眹之稱, 如就氣上, 指本然之性也, 雖曰本性, 而實無本性離氣之時。" 此栗翁「答思菴」書。愚謂"生之謂性, 是就氣上, 言本然之性也, 雖是本性, 而畢竟只在氣質之中。"

朱子曰: "人物之生,【生字便帶著氣質。】莫不有太極之道焉。" 眞氏曰: "人之生也, 皆全具此理。" 某也謂"人物纔生, 卽隨其氣質而稟得性理, 各各不同。" 此與朱、眞二說, 何如?

某也以器大小、水多寡, 喩人物稟理之不同。若以眞氏"人與天地, 形有大小, 理無大小"之說觀之, 某也之見, 果爲精當矣乎?【眞氏說, 栗翁載諸『輯要』。】

程子曰: "愚者縱其情而至於邪僻, 牿其性而亡之。" 又曰: "雖桀、蹠, 不能無是以生, 但戕賊之而滅天耳。" 此皆以氣習物欲爲言, 而使人戒之爾。如此方是有益于世也。若曰"人之發見, 皆出於元初隨氣所稟之異性", 則天何以旣與以純善無惡之性, 又兼賦之以牿性、滅性【兩性字, 皆本然。】之性,【此性字, 正某之所謂隨氣異稟之性。】使之發見於日用之閒, 而終做了無狀之人也? 彼又曰: "在天只一理, 但人物稟受自異。" 此尤遁辭。蓋與者只一理, 受者亦只一理, 此不易之理也, 何以與之以一理, 而受者自辦得各種異色之理也? 咄咄怪事, 得無爲禍人性害世敎之歸乎?【彼每以五行之生註爲據, 然此則乃造化發育之具, 不得不以一行一性言之。且其所稟, 雖曰不同, 而言只是五常純善之理, 初無如彼所言各色乖常之性也。栗翁所謂"借聖賢之言, 以誤後學者"也。】

"惻隱之心, 人之生道也。" 此程子語。而朱子又以滿腔惻隱, 爲此理充塞。其「答陳潛室」書, 又以惻隱羞惡, 爲皆是道理。『中庸或問』以呂氏"惻隱、羞惡、辭讓是非, 皆道也"一節, 爲甚精密。如此處甚衆。鄭濟卿欲立渠纔發非性非理之見,【彼每以發後是情, 非氣質性, 又以是氣多少, 則是理多少之理, 爲稟賦上說話。故曰四端只是氣, 不可言理。】故不有此等訓辭, 而單據程書四端屬氣一義, 以盡廢其餘。此所謂"執德不弘"者也。

栗谷先生曰: "天地之理, 卽萬物之理, 萬物之理, 卽吾人之理, 此所以統體一太極也。天地得氣之至正至通者, 萬物得氣之偏且塞者。人得氣之正通者, 而淸濁粹駁, 有萬不同, 而聖人獨得至淸至粹之氣, 而與天地合德,【此句就妙用上說。】故聖人, 衆人之準則也。若萬物則性不能禀全德,【上文旣云"天地人物同一理", 則早已禀得全體, 而今曰"性不能禀全德", 則可見其就用上說。若曰"同一理之外, 別有全德與非全德, 而爲人物所禀受之異性", 則吾儒門中, 所無有也。況以下句"心不能通衆理"對看, 尤可見其非直指原初之理, 乃是兼發用者言也。】心不能通衆理。"此與朱子「答徐子融」書所謂"天之生物, 其理固無差別。【此卽栗翁所謂"統體一太極", 則其下雖極言性異, 然只是用上說。】但人物所禀, 形氣不同, 故其心有明暗之殊,【此卽栗翁所謂"心不能通衆理"者。】而性有全不全之異耳。"【此卽栗翁所謂"性不能禀全德"者。】一段, 比例究勘, 則二先生之說, 如合符節, 更無可疑。而鄭某單擧"性不禀全德"一句, 以證其隨氣質而理異其之誣說, 極可笑也。

『語類』㷆祖錄云"人性雖同,【與上段"其理無別, 統體一極"同。】禀氣不能無偏重, 得木氣重者, 惻隱之心常多, 而羞惡、辭遜、是非之心, 爲其所塞, 而不能發云云, 唯陰陽合德, 五性全備, 然後中正而爲聖人也。"【與上段"性有全不全之殊, 物性不禀全德"同。蓋聖人五性全備, 則衆人不能全備, 明矣。豈可以此爲原初禀性不同之的據乎?】『大全』「答余方叔」書云"天地生物, 雖其分之殊, 而其理則未嘗不同。但以其分之殊, 則其理之在是者, 不能不異。故人爲最靈, 而備有五常, 禽獸則昏而不能備, 但其所以爲是物之理,【此卽上文, 未嘗不同之理。】則未嘗不具矣。"「答趙致道」書所論"理不可以偏全論", 及"是氣多則是理多, 是氣少則是理少"者, 皆可以一以貫之也。鄭某每以是理多少, 謂原初禀理有此多少之意。此朱子所謂"方叔暗昧膠固, 不足深責"者也。

性之理謂隨氣異禀, 則太極、明德、浩氣、良知、良能之屬, 亦謂之隨氣而有極與未極, 明與未明, 浩與未浩, 良與未良之殊受者矣, 此信然乎?

"聖人之性, 未嘗離於氣質, 而氣質之性不與焉。凡人之性, 未嘗無本然之性而氣質勝, 故有以性爲未善者, 而性實不離於氣質。"【見苟菴「淺言」。】
  按: 此一段極精, 而於鄭濟卿說, 可謂箚著佗痛處。蓋性雖在氣, 而不及爲氣轉動, 故曰"氣質之性無與"焉。凡人氣勝而轉動得性, 故謂"性爲未善"。性之未善, 決非從稟生之初已有底, 故氣質之性, 只可言於發後, 而發前無所謂轉動與未善。

全齋曰: “理本善, 至於氣惡則理惡, 非理之惡也, 氣發而乃爾。” 此與栗翁“氣偏則理亦偏, 所偏非理也, 氣也”正相似, 皆從發後說。老洲、梅山、蘦齋、苟菴諸先生, 皆以氣質性屬之已發。此皆可證, 而奈鄭濟卿之一筆句斷何? 此但當守吾之所受可也。

『語類』林學履錄曰: “周子、康節說太極, 和陰陽滾說, 『易』中便擡起說。”【七十歲語。】林夔孫錄曰: “明道說生之謂性, 人生而靜云云, 便已不是性。佗這是合理氣一滾說, 孟子便斡出說。”【六十八歲以後語。】和陰陽滾說太極, 合理氣滾說性兩句, 世閒讀者, 能不認做氣質, 而看得是潔潔淨淨, 無一點塵垢底本然, 亦可謂具得一隻慧眼者矣。胡泳錄曰: “太極圖上一圈, 卽是太極, 但挑出說。”【六十九歲語。】余謂挑出底固是本然, 下四圈在陰陽五行人物形氣之中者, 亦只是無些子帶累底太極。太極與性, 是一而無二。請世之談太極者, 於此下得一柄是正語。

“韓退之說: ‘叔向之母, 聞楊食我之生, 知其必滅宗。’ 此無足怪。其始便稟得惡氣, 便有滅宗之理, 所以聞其聲而知之也。使其能學而勝其氣, 復其性, 可以無此患。” 此伊川先生語也。竊意, 楊食我謂之“稟得惡氣”則可, 謂之“滅宗之理亦稟得”, 則大不可。此與言“人有身, 便有自私之理”相似, 謂“人之身, 稟得自私之理”, 果成說乎? 故知所謂“止訓所稟受”, 爲單指氣質, 非並指性理之詞也。且聞聲而知之, 是待其發見而後知之, 何嘗不待發見, 而直就稟受之始而已知之耶? 且下文, 只言勝氣,【近世一儒先謂“聖門無克氣之論”, 恐未考乎此而云爾也。】不言勝理, 則其理亦益明矣。

朱子曰: “理難見, 氣易見, 但就氣上看便見。”【『語類』八卷, 賀孫錄。】愚亦曰: “性難見, 氣易見, 故須是就形氣上指點, 乃可見也。” 今人纔遇氣字, 便說做氣質之理、氣質之性, 吾不知其何見也。

鄭濟卿以“與生俱生”, 爲氣質之性, 是亦執言以迷指也, 試舉一二以曉之。朱子曰: “仁義之心, 不是外面取來, 乃是與生俱生。” 又曰: “君臣之義, 與生俱生, 非從外得也." 蔡九峯曰: "人之稟命而得仁義禮智信之理, 與心俱生, 所謂性也." 栗谷曰: "氣質包性, 與生俱生, 故謂之性也."【此余別有所論, 見下.】李氏光地曰: "性字從心從生, 言生理之與生俱生者也." 又論明道"生之謂性"云: "性, 與生俱生, 非生則不名性. 生者, 氣也而性在焉, 是'性卽氣、氣卽性'也, 與告子辭同而意異, 不可以辭害意." 農巖曰: "道之本體, 與生俱生也." 苟菴曰: "韓子云'性也者, 與生俱生也; 情也者, 接於物而生也', 謂韓子不識性情, 則不可也." 又引李光地語云: "「原性」起兩句, 極精." 因舉程子穀種陽氣之說, 而曰: "性字, 言生理, 與生俱生者也; 情字, 如草木之萌芽初發, 感於物而生者也." 此爲「原性」兩句註腳也. 今有惡個生字者, 曰"是皆非本然", 而當爲氣質性之解, 則必有達者掩口而笑矣.

『栗谷集』雜著, 有「論心性情」一篇, 文理明白, 無可疑處. 鄭某乃以"與生俱生"出於韓文之故, 橫生議論, 以眩諸人, 不可不辨. 蓋此篇, 以朱子「答徐子融」書, 比例看, 則義自曉然. 徐書曰: "氣質之性, 只是此性墮在氣質之中, 故隨氣質而自爲一性耳." 栗谷所謂"氣質性非別性, 氣質包性, 與生俱生"者, 卽朱書上句之意也; 所謂"氣質如器"以下, 卽朱書下句之意也. 明道"生之謂性, 性卽氣, 氣卽性", 卽"氣質包性, 與生俱生"之謂也. "人生氣稟, 理有善惡", 卽淨器沙泥之謂也. 此皆聖門相傳正宗, 不容少差. 如以氣質包性, 不欲做本然之性, 則"合虛與氣, 有性之名"、"合理與木氣, 有仁之名", 一切皆歸於氣質之性而後可矣. 天下安有是理? 喩之再三, 彼終自是, 自是二字, 亂之本也. 君子愼勿與自是者辨, 以取失言之恥也.【栗谷終引朱子心性情, 而曰"此亦包氣質而言", 豈非明白說與人者, 而彼乃一向執拗? 雖十聖人守而告之, 終莫能回也.】

義理之性, 性與義理只是一物, 非有二體可分; 氣質之性, 性與氣質只是一物, 非有二體可指也. 或疑如此則先賢何以曰本然之性單言理, 氣質之性以理與氣合而言之. 此疑容亦然也. 然本然之性, 亦是合虛與氣底, 然所謂性者, 只是理而已; 氣質之性, 亦是合理與氣底, 然所謂性者, 只是氣而已. 何以言之? 雖曰"以理雜氣而言", 然其實只指氣之失其平而害乎理者言, 非以理爲亦有病可指也.

變化氣質, 與變化氣質性, 只是一事, 更無兩樣功夫.

有疑盡只言氣質, 而曰氣質性, 是必以理夾雜說。然指昏明、強弱、智愚、賢不肖, 爲氣質性也得, 只謂之氣質也得。然則這箇性字, 非夾理說底。如曰氣質之理, 全然不詞矣。

學只要變化氣質而已, 于性上無一半分修爲功夫。

或欲致養於夜氣, 則朱子譏之, 然氣質之偏, 則卻謂之當用力銷磨。又每深有取於呂芸閣變化氣質之論, 旣以告君, 又以敎人矣。近世氣上無修之說, 專欲盡翻栗翁撿氣舊案而起, 然朱子鐵板定本, 如何動得?

朱子嘗自訟其失, 而曰"太陽餘證"。退翁記疑云: "先生每患氣質剛, 而力加醫治之功。" 李氏每言"朱子是"三字, 又極尊敬退翁。今於爲學眞傳, 乃畔二先生, 何也? 豈亦尊心餘崇, 視前賢爲吾下, 而不暇數歟?

元來稟受, 只氣異, 理則無二; 後來變化, 亦只氣化, 理則無二。

吾於某人, 不欲復言性心理氣, 自以吾言未必中理, 亦以彼之心自以爲是。然則吾之不欲復言, 是處己處物之善理也。昔一醫者善用鍼, 嘗云"是病可以鍼而愈, 惟胎病爲難治。" 吾固非聖於鍼者, 而某之胎病,【喩元初稟賦氣質之性, 此只是氣, 非關理。】亦恐未易療。我且當囊鍼, 而更讀『銅人』, 以治吾眼昏眊之病也。

孟子曰: "形色, 天性也。" 愚亦曰: "氣質, 天性也; 心靈, 天性也。" 蓋心與氣質, 各有當然之理, 所謂天性也。

道之以政章, 朱子有人之氣質有淺深厚薄不同之說, 勉齋有義理人心所同得之說。氣質雖不同, 而義理無不同, 此無可疑。若如鄭說, 則"感者不能齊一, 非但氣質發見之不同, 亦是義理稟賦之不同", 其然耶?

輔漢卿問: "惟人才動便有差,【愚按: 如此則動前、稟初, 一切都無差。此可見稟受與未發皆有善惡之說, 皆差也。余謂鄭之此差, 亦是一念動後始差, 不是五氣受初。已有此誤, 以此推之, 溯論之差, 亦可見也。】故聖人主靜, 以立人極歟?" 朱子曰: "然。" 愚亦曰: "人才動便有差, 故君子愼動。”

天地之性, 在人在物, 圓滿無缺, 純粹無疵, 是之謂本然。本然云者, “元來如此”之謂也。氣質之性云者, 學者習聞其語, 而不察其立名之指。氣質之用, 與“元來如此”者, 相反戾而不相渾合, 故得“弗性”之名耳。然則不是“元來如此”者, 卻是“後來如此”者也。然“元來如此”者, 謂之性可也。“後來如此”者, 亦謂之性, 而至謂之當初稟受氣質性, 何也? 曰: “性具於心。” 心氣之渣滓曰“氣質”, 氣質而亦謂之性, 亦謂之當初稟受之性者, 謂其有則俱有, 非有二性可指也。然則雖曰“性”, 而實則指氣質之用與性相礙者言也, 故曰“善反之”, 則天地之性存焉。如使天地之性既是理, 而氣質之性又是理, 則性有二乎? 故雖有善學者, 惟就其氣質之用與性相礙處, 加精察力治之功而已。若乃性上, 初無一半分修爲之術也, 然功深力到, 而使向所謂“元來如此”者得, 而復其本初焉, 則性曰“天地之性”, 而不復以氣質併言之, 此吾聖門正宗也。

性之在人, 如日之在天, 日本自圓明, 此本然性之譬也。若雲蔽而暗, 月掩而蝕, 是後來事, 非“元來如此”, 此氣質性之譬也。欲得日之本然者, 只去其掩蔽者而已, 未聞並治其日也。日只一而無二。日只一而無二, 則謂性不待氣而有偏者, 謂性因各氣而異稟者, 恐未之精察也。

濟卿以洲翁“理之一原, 氣亦一原”之云, 深所未安。然則將謂氣無一原歟? 栗翁所謂“氣之一本者, 理之通故也”, 此亦誤歟? 濟卿常言“性理隨氣而異稟”, 則氣一原之說, 有礙於已見, 故以爲未安歟。然此友嘗以栗書“湛一淸虛”, 爲非言神, 而只是說氣質之本, 如此則又安有隨氣異稟之性理乎? 言語太多, 則所失亦不少, 學者宜寡言愼言也。

苟菴每以氣質性屬之發後, 而本集二十五卷五板, 有雜言一段曰: “宋以前人, 言性皆從氣質, 氣質是情之地頭。”【止此。】 近日某也言“發後是情, 情何可謂之氣質性?”, 此與苟翁之言何如?

如鄭說則堯、桀之氣既異, 其理亦異, 而更不相通。堯只得爲堯之理, 而不復得爲桀之理, 此則無害; 桀只得爲桀之理, 而不復得爲堯之理, 豈不狼狽? 此可一笑。若曰桀亦得爲堯之理, 則桀之所得二, 而堯之所得一, 亦豈無向隅之歎乎? 此尤大可笑也。若曰桀亦只一理, 則謂只受得善之理而一耶? 謂只受得惡之理而一耶? 若曰此在兼指單指之分, 則已稟受之後, 未發見之前, 亦可言善理惡理耶? 且古今天下, 有惡理乎? 率天下而禍性理者, 必鄭之言夫。

紀勻以毒害宋賢, 爲第一事功, 而其言曰: "濂、洛以前, 其學在修己治人, 無所謂理氣心性之微妙。" 此何言也? 如道心制心、心所同然、理也義也、天命之性、浩然之氣, 皆出於濂、洛以後耶? 夫人己者, 性理之所在也; 修治者, 心氣之能事也, 二者不可相無。此不易之理, 而彼言如此, 其所以修治者, 可知已矣。苟如其言, 身卒不修, 人卒不可得而治矣。【近日後生, 亦有厭人言性, 蓋未之思也。】今之學者, 宜於性理心氣之本, 一一體會, 而以施之於修己治人之際, 爲先務, 其與人爭鬪, 乃肆氣悖理之學, 決不可爲也。

氣質, 本性也。【做"形色, 天性也"。】性也者, 氣也, 合而言之, 則本然性也。【做"仁也者, 人也"。】天地之性, 已是夾形氣。【做"人生而靜, 已是夾形氣"。】天命之性, 和氣質滾說,【做"太極, 和陰陽滾說"。】衆人性, 不能稟全德。【做"萬物性, 不能稟全德"。】

"氣之偏則理亦偏, 而所偏非理也, 氣也。" 此栗谷先生見識精透之言也。"理亦偏"三字, 似可爲某人之證佐。然纔下此三字, 便又急忙下箇而"所偏非理也氣也"八字, 以轉卻語脈, 其指意可見矣。【此聖人所以敎人, 只撿束其氣, 使復其本而已也。】

朱子言: "天地變化, 其心孔仁。" 又言: "天地之情, 只是正大, 未嘗有些子邪處, 未嘗有些子小處。" 又言: "一草一木, 皆天地和平之氣。"

　　按: 天地之心情與氣, 聖賢且以爲至仁正大和平。今某也柰何直將太極天命, 亦曰有昏有偏, 咄咄怪事? 今我輩旣幸得聞自性只有仁義, 而再無些子不仁不義, 自心自情, 本但仁義, 本但正大, 自氣亦本但和平之說, 則宜自敬以知行, 敬以存省, 敬以擴充, 以無負太極天命生我之意。萬一不然, 直是自戕, 豈不至冤至恨?

人旣稟受得仁義之性，與堯、舜一同，其不能知而全之，只被氣質之不齊而然爾。故先賢於此，言反言克，言澄治，言變化，言矯揉，言撿束，重言復言不一言。甚矣，氣之不可以任佗也。人從生至死，無一日一時不與這箇相涉，而凡世習物欲之害性者，皆由這箇生出，惡可任其自用，而不加禁制之功乎？今不問看書研理、遇事處義，一以思勉兩字從事，思之思之而又思之，【朱子曰：『中庸』言謹思，思之粗，固是不謹；思之過，亦是不謹。所以聖人不說別樣思，卻說箇謹思。】則氣之昏者明矣；勉之勉之而又勉之，【朱子曰：克己別無巧法，如孤軍猝遇強敵，只得盡力舍死，向前而已。】則質之鈍者敏矣。如此則堯、舜之性之，可以知其味，而自不能歇其手矣。

"異端之害道者，極矣，以身任道者，安得不辨之乎？" ○ "正道不明，而異端肆行，周公之敎，將遂絕矣。譬如火之焚將及身，任道君子，豈可不拯救也？"【右二條，皆『語類』。】心宗之說盛行，洛、閩、潭、莘之傳，將遂掩翳。愚雖非以身任道者，然欲託身於洛、閩、潭、莘之門，是素心所願。所以不能無言，而每欲與之辨理，以此得罪於世，而身且不得容矣。然不敢以爲悔也。

試問於鄭曰："如子之說，而必謂聖人有氣質之性，則聖人受生之初，雖兼指其氣，而其性則必十全而純善矣。若單指其性，則此全善之外，更有甚麼可言本然性者乎？" 鄭必曰："不過十全純善，然則聖人分上，何必復立氣質性一目，有若兩箇全善之性乎？"

程、朱諸先生敎人，以性爲本源，故曰"聖人本天"，【程子】又曰"學以復性"。今當知性是如何物事，在天爲太極，在人爲至善，曰太曰至，則無以復加，亦無與爲對者也。

近世前輩有言元氣太極也，又言性善只是氣質善耳，【鹿門】又有言心在人之太極，又言心是活理。【華西】信如此言，聖人本心而可矣，後學主氣而可矣，無乃與堯、舜性者，孔、顏之心不踰矩心不違仁者，差別歟？恨未及質疑於當日而祛惑也。

鳶魚之飛躍，【朱子曰："若不就鳶飛魚躍上看，如何見得此理。" ○ 按後皆倣此。】鬼神之屈伸，聖賢之制作，夫婦之知行，皆是氣，須是就上面，見得箇理。蓋子思立言本意，但欲明費隱之理而已。然理不可指點，故須就許多氣上說出來，必如此看，始免認氣爲理之病矣。如川流物生, 寒往暑來, 陰靜陽動, 日圓月虧之類, 皆是與道爲體也。

橫渠先生曰: "人之剛柔緩急, 有才有不才, 氣之偏也。【此固是氣之偏也。然以此爲氣質之性, 又無不可。雖著性字, 然卻只是氣之事, 非關理之稟受也。】天本參和不偏,【此以在天地之氣言, 而元來不偏。】養其氣而反其本, 使之不偏,【如使人所受之氣, 只是個偏而無復本和之體, 則雖善養之, 如何得反其本, 而使之不偏耶? 讀至此, 不覺有分外喜幸之心, 但年力俱衰, 恐無以致之, 大可悲也。惟願諸君, 各自策勵, 互相箴規, 以無負先賢發揮精奧, 以垂敎後世之至意也。】則盡性而天矣。"【功夫造極, 則可奪化柄。】○ 愚比得"愼生"二字, 自以爲是聖胎。蓋生字, 是有生而後, 有性之生, 生雖能包性, 然又能鑿性, 故必愼生, 乃可盡性。今此橫渠先生所謂"養其氣而反其本", 是愼生之功也。諸君思之, 不如此否。

伊川先生曰: "生之謂性, 止訓所稟受也。【此只言人所稟受之氣質, 非謂氣質所稟受之性理也。】天命之謂性, 此言性之理也。【以此句言性之理, 知上句之專說氣稟也。】今人言, 天性柔緩, 天性剛急,【此兩句, 若不就發見上說, 而必欲做稟受得性理, 人人各異說, 則人之稟氣稟理, 皆在肧胎之初。此時如何言柔緩剛急?】俗言, 天成皆生來如此, 此訓所稟受也。【此言氣稟或柔緩, 或剛急, 非謂氣質稟受得理如此。某人誤認此句本指, 遂生出無限煩惱, 誠可憐也。】若性之理, 則無不善, 曰天者自然之理也。"【曾謂自然無不善之天理, 而可以柔緩剛急言哉?。】○ 此段, 愚欲如此注解 諸君以爲然否? 更思"止訓所稟", 欲解云"此句專說得性之氣, 非言氣質所稟受之理也"。如此立語無病否? 今人言, 某甲性奸慝, 某乙性狠毒, 此皆因發用而言。如"叔向之母, 聞楊食我之聲, 而知其滅宗", 是也。雖然, 元初所受之氣惡, 故如是。是以推言之, 則曰當初稟賦氣質性, 如不察此意, 而必欲謂纔稟受後未發用前, 已有此個根子, 豈不害理?【性之氣三字, 有前言否? 此須各各致思以示之也。大抵鄙見, 性者氣之性, 氣者性之氣, 如此說亦無礙故云爾, 諸君詳示精義。】

『栗谷全書』「論心性情」首段中, "氣質包性, 與生俱生, 故謂之性。" 此只是說性所以得名之由而已, 非所以釋氣質之性也。如此看, 後面心性情亦包氣質之云, 方說得去矣。中閒淨器, 器中沙泥, 全然泥土, 和水泥塊, 四者乃是說氣質之異耳。【篇中六箇水字, 是氣質之譬乎? 是本然之譬乎? 知此則先生之指不難見也。】愚竊不自遜, 以爲先生復起, 必賜莞爾矣。若如某也之見, 則全篇中, 都無一句可指爲本然者, 而題曰論心性情, 何也? 夫心性情, 何者非氣質所包乎? 以此遂謂之非本然, 則凡太極、天道、天命、德性之屬, 何者得免於氣質之名乎? 彼雖曰單指, 然竟是氣質包中物事。此如彼見, 須先說氣質異稟之理,【此六字, 且依佗說。】然後始可言聖門所尊之性矣, 得無顚乎? 且纔有氣質, 便有異稟之理, 則安得復有無氣質有同受之性乎? 無亦爲罔之以理所必無之說乎?

陸氏信心, 愚謂心雖靈明有覺, 竟非如理之可信者。【聖人聞之, 亦必領可。】今鄭某說, 人有異稟之理, 則理亦不可信矣。凡生於天地之間者, 將何所信乎? 大可悲也。彼如曰"單指之理, 純善可信", 則理有可信、不可信之別乎?

有學者, 問學於愚, 愚請一心信理, 人所受於天之理, 初無不可信者矣。如席不正不坐, 割不正不食, 正是理也。不正則不坐不食, 是心之信理也。假使人元初受得不正之理, 則席不正割不正, 而坐且食焉者, 亦可謂心之信理也乎? 是知彼說之禍天理、害人心, 決不在楊、墨之下矣。

"論氣質之性, 則以理與氣, 雜而言之。"【『語類』道夫錄。】"合理與氣質而命之曰氣質之性。"【『聖學輯要』】

　　按: 氣質之性, 是形而下之器也, 氣之局也, 有聚散者也, 可澄治者也, 君子之不性者也。或謂朱、栗二說, 是從理說者, 此大謬也。若是理則是形而上之道也, 理之通也, 不可以聚散言者也, 不可以澄治言者也, 君子之所當尊者也。何以言之? 雖曰"爲氣掩之理", 而氣掩是病也偏也, 而理卻只無病, 卻只不偏。吾故曰: "氣質性, 欲以俚言演而釋之, 則當曰氣質이 本然을 掩한 性。"雖如此, 與朱、栗二語, 自無所礙, 未知如何?

孔子所言民有三疾, 所指門人四偏, 『集註』皆著性字, 然只是氣失其平底, 不干理事。若必做理之隨氣質而異稟底, 則在天元無種種各別之理, 吾人何從而得此異理耶? 故曰"誠之者, 所以反其同而變其異也。"凡昏明強弱之稟【栗翁所謂當初稟受氣質之性者, 正指此而言也。讀者求其說而不得, 則乃曰"理亦隨氣而異稟", 謬甚。】不齊者, 氣也, 非理也。請李、鄭二子之洗眼而視之。

“離了陰陽, 更無道.”【程子】愚足之曰: “離了氣質, 更無性; 離了事物, 更無中; 離了形色, 更無性.” “道卽器, 器卽道.”【朱子】愚足之曰: “性卽氣, 氣卽性.” “心卽理, 理卽心, 心卽仁, 仁卽心.” “形色天性.”【孟子】愚足之曰: “氣質本性, 靈覺太極.” “滿山靑黃碧綠, 無非是太極.”【朱子】愚足之曰: “滿腔骨肉形氣, 無非是本性.” “人心, 太極之至靈.”【朱子】愚足之曰: “虛靈洞澈, 天理之不昧.”【倣朱子『大學講義』中語.】

「先進」愚魯辟喭注, 性之偏, 「顏淵」克己注, 性偏, 「陽貨」狂矜愚注, 民性之蔽, 皆是元初稟受氣質之性, 而所謂性, 只指氣之失其平者言爾. 若乃所得太極天命, 未嘗隨氣不齊而毫髮有異也. 今學者千般百種病痛, 盡從氣質用事上生,【受氣之初, 未發之前, 都無用事之可言.】宜多服正氣之劑. 氣一正, 則太極全體呈露, 而天命流行, 無閒斷矣.

靑霞權公克中, 見沙翁言: “天命之性, 有生所同犬牛之說, 只是就氣質言.” 先生曰: “吾平生所見, 如此.”

　　按: 『聖學輯要』言: “天地之性, 人物一也.”【見窮理章小註.】「答牛溪」書曰: “犬之性, 非牛之性, 氣之局也.” 尤菴曰: “聖人本天, 見於『詩』、『書』者多矣. 而子思所謂天命之謂性, 尤是直截根源也.” 又曰: “孟子牛之性馬【恐犬之誤.】之性, 則以氣質而言也.” 農、淵、陶、巍以前, 周、程、張、朱以後, 已有栗、沙、尤三先生所已定矣.

或者指明德註云, 此是本然具應, 此以明德爲理之見也. 然日月之光明, 山川之流峙, 亦皆是本然光明, 本然流峙. 今此虛靈之具應, 何嘗是後來事? 自是元來如此. 此人但知本然二字只可用於理上, 而不見心與氣皆言本然之文者也.【本然, 是元來如此之謂也.】

“是氣多少, 則是理多少.” 此理字, 愚曾作四端看. 鄭卿引程書四端是氣之說, 以爲致道問理之偏全, 而朱子不應以發後之氣答之. 愚謂程子以惻隱爲人之生道, 呂芸閣云: “良心所發, 莫非道也, 惻隱羞惡辭讓是非, 皆道.” 而『或問』深取之. 朱子論滿腔惻隱云: “此就人身上, 指出此理充塞處, 最爲親切.” 又嘗歷擧四端云:

“滿腔子是羞惡之心，滿腔子是辭讓之心，滿腔子是是非之心。”以此觀之，謂“木氣多，則惻隱多”，【金水火倣此。】有毫髮窒礙乎？何必硬作“稟木氣多，則受仁理多”，以破“性同氣異”之正傳，而終陷於顏、孟、二程受理一一不同之科歟？此猶可以冒恥而爲之，至於“有木氣則稟仁理，無金氣則闕義性”一款，如何說得行乎？又以渠意推之，則夷、齊得理之偏，顏子得理之微，子路得理之粗，曾子得理之魯，自是以往，天下古今之人，無一人性同者矣。此於人心何所快，而必用力主之乎？彼曰“單指則性皆同”，然則皆同之性，皆異之性，是一耶？二耶？彼雖曰“一也”，然此以渠所主“器大小水多寡”之說，詰之曰：“小器所得之水旣小，則雖萬番單指，畢竟不及大器之水之多矣。”此又如何？

栗谷先生論「動箴」性字云：“(小)[少]226)成若天(成)[性]227)，天(成)[性]228)謂當初稟受氣質之性，非謂本然之性也。”後輩于此，所見局滯，不能疏通，而生出難救病痛，惹得無限葛藤，甚可歎也。大抵氣質之性，有以理氣合說處，有單指氣稟處。【本然之性，亦有理氣合說處，有單指道理處，皆當隨文活看，不可執言迷指也。】如言木氣淸者祥和慈愛之發多，金氣濁者嚴正斷制之情少，火水之氣倣此，是理氣合說底。如言天性粗暴，天性好罵，性緩性急，性悍性淫，是單指氣稟底。以是兩端求之古書，不一不二也。栗翁稟受氣質性之云，是從單言氣處說，縱說得理氣合底，亦只從水火木金淸濁粹駁上言，未嘗言仁義禮智之稟受，有此偏全善惡之異也。聖賢每將氣與習兩對立言。如所謂“習與性成，玆乃不義”所謂“性相近，習相遠”，所謂“氣所勝，習所奪”，所謂“氣質相近之中，美惡一定，而非習之所能移”，所謂“莫問氣稟與習”，只是是底便做之類甚多。今栗翁所論習性之意，亦是如此。此非難曉底文義，特讀者，未之細察耳。

朱子曰：“仁者天地生物之心，而人物所得以爲心，則是天地人物同有是心，而心德未嘗不貫通也。”【『語類』九十五卷，十三板，端蒙錄。】又曰：“人物得天地生物之心以爲心，所以箇箇肖佗。”【五十三卷，四板，僩錄。】某也於老洲人物心同神同之說，大加詬

---

226) (小)[少]: 저본에는 '小'로 되어 있으나, 『栗谷全書』에는 '少'로 되어 있으므로 수정하였다.

227) (成)[性]: 저본에는 '成'으로 되어 있으나, 『栗谷全書』에는 '性'으로 되어 있으므로 수정하였다.

228) (成)[性]: 저본에는 '成'으로 되어 있으나, 『栗谷全書』에는 '性'으로 되어 있으므로 수정하였다.

斥, 而自以爲尊朱, 古今有兩朱子乎?

孟子曰: "仲尼不爲已甚者。" 此只做到本分便止, 其佗賢者, 有不及些子者, 有差過些子者。孔子曰: "君子依乎中庸。" 此與孟語互相發, 自賢者以下, 或以學力未至, 或以氣質不逮, 而莫能依乎中庸, 是皆謂之惡, 謂之欲耶?【老洲道心或有過不及, 鄭某直以惡欲斥之。】

古之狂狂者, 志願太高; 古之狷狷者, 持守太嚴, 不得中行而與之。狂者, 志極高而行不掩; 狷者, 志未及而守有餘, 此皆邪惡人欲之謂乎?

氣質性, 先賢或云"以理與氣雜而言之", 又云"兼言氣而包理在其中", 又云"合理與氣而命之"。此等語, 不善看則必陷於鄭、李之見矣。此以理包理合理之理, 皆指在氣一同之理而言。彼二人之曰"理者", 別有隨氣不齊之理而言也。彼此之云, 語同而意別, 不可以不辨也。

夜臥思李說, 益見其悖理之甚而不可救也。有養嬰孩者, 飼乳而置之溫室, 則得生; 若飼以麤飯雜物而日夜露臥, 使之觸冒風寒, 則必病死。此皆理當如此, 然其生其死, 皆形也。若理則有形氣死生之理而已, 非理亦死生也。如李說, 則當曰死生無理外之理, 遂指死生爲理, 亦隨形而死生矣。是豈夢見理氣者之口氣乎?

聖賢有天地之性,【本然之性, 義理之性, 同一名實。】氣質之性兩語, 未知此二者, 有先稟後稟之序, 全稟偏稟之異, 善稟惡稟之辨, 而有兩箇性可別之體歟? 抑稟得全善之理, 以爲天地之性, 而後因氣質之異, 而發見有殊者, 謂之氣質之性歟? 抑先稟得隨氣各異之理, 以爲氣質之性,【不待發見, 已有此異性。】旣而乃順說一源,【季潤】單指其理,【濟卿】以爲天地之性歟? 學者用功之時, 旣變各異之氣, 又變各異之性歟?【若曰只變氣之異, 則性之同者自如, 則性理異稟之說, 無著實指的處。】抑只變得氣質, 則天地之性, 依舊自在歟?

程子"人心, 人欲; 道心, 天理"之說, 微有合商量處, 故『中庸』「序」, 不用其說矣。鄭某單據下一句, 以爲己援, 而上句都不問, 何也? 渠以"天命率性, 道心之謂"爲的證, 此亦不察本指而誤引也。渠平生以心理之說爲大誤, 今忽爲道心卽理之說, 不知渠將盡棄前見, 而歸身於心宗之門。而爲"理有知覺、理能節制"之見, 卒乃畔乎朱子、栗、尤之敎乎? 大可異也。

鄭引"道心是本來稟受得仁義禮智之心"【『語類』德明錄。】以爲證, 然四德固是無疵之理, 至於心之原於四德者, 或不免有差失之時。如朱子言惻隱羞惡, 也有中節、不中節, 是也。

使老洲先生, 特地立言曰"道心元來有過不及底", 誠誤矣。今因論道心失正爲人心者, 而曰"道心雖或有過不及, 不可換作人心", 此與朱子答食色之欲出於正卽是道心之問曰"這箇畢竟是生於血氣之訓", 正相表裏。【假如朱子曰: "仁義之發, 微有差失, 卽是人心否, 必曰這箇元來是出於性命。" 老洲意正如此。】鄭某不曾反己體察, 惟務自伸私見, 乃曰: "事親敎子之念有未至, 則拘於形氣而流於人欲, 此不可謂之道心。" 此其自是處, 亦其自蔽處。【彼所謂"未至", 是老洲"不及"之謂也。何不於此時, 卽謂之人欲, 而必曰"拘於形氣流於人欲而後", 乃曰"不可謂之道心"乎?】老洲何嘗指人欲爲道心? 而渠敢恁地抑勒, 此無嚴之習也。人而無嚴, 將何所不爲? 可怕可怕! 夫過與不及, 差失之辭也; 流人欲, 陷溺之謂也。不分輕重, 纔未合中節, 名爲人欲, 決無此理。如"夷、齊狂狷", "瞻前忽後", 朱子皆以爲過不及。曾子大杖不逃而仆地, 及水醬不入口七日, 雖道心之過處, 惡可槩謂之流於人欲乎? 若如彼見, 生安之(性)[聖][229]以外, 無一人不在人欲陷溺之中矣。且下愚所發道心, 何能無毫髮差爽而一一脗合於性命至精至微之中, 如聖人矣乎? 然則『中庸』「序」文, 不得不與老洲同受彼之詆斥矣。且『語類』蓋卿、義剛二錄, 皆以四端爲道心, 而淳錄又謂惻隱羞惡有中節不中節, 彼將以貶薄老洲者, 上及朱子乎?

鄭某引栗翁"道心純是天理"語, 以爲左契。然理之無爲, 先生之所恒言也。謂道心是天理, 只是說道心無人欲之雜, 非謂道心是無知覺無運用, 一似沖漠無眹之性體也。況先生又嘗言"道心是本然之氣"。聖賢之言, 如生龍活虎, 非拘局之見所能斷也。

---

229) (性)[聖]: 저본에 '性'으로 되어 있으나, 문맥상 '聖'이 맞으므로 수정하였다.

天命、率性, 是道心所原之理。道心非雜形氣之私, 故二先生之言如此。彼欲以此欺人, 人誰信諸? 渠自改從心理之說, 足矣。此之不足, 又引二先生, 而納于心宗之門, 可謂無忌憚之甚者矣。

鄭濟卿不治心術, 而徒談理氣。余於其問多不答, 意亦可知, 而後與吳而見辨爭, 竟成嫌隙, 極可歎。昔郭立之有問, 伊川不答, 一日語之, “子所問皆大, 且須切問”。張思叔請問, 其論或太高, 伊川不答, 和靖亦自言, “某從伊川, 問不切不答”。今愚固非程子, 然亦欲用此法。

某也欲逐其排洲之說, 直以過不及, 爲邪惡、爲人欲, 此拗性之人也。如林放問, 儉戚是不及, 而聖人教以寧儉寧戚, 豈欲人爲邪惡、爲人欲耶?

程子曰: “顏子不善, 只是微有差失。” 此於至精至微之中, 有些差失, 鄭某將指爲流於人欲乎?

民有三疾註曰: “氣稟之偏者, 亦謂之疾。” 又曰: “民性之蔽, 亦與古異。” 此性字, 未嘗不受之於初, 然只指氣, 非指隨氣異稟之性, 如某之說也。

“獼猴性靈”。【程子語。】此性不以精氣看, 必欲夾理說, 非惟理不靈。如犬性淫, 狼性貪, 又將如何看?

氣質性三字, 總只是氣。但古有性惡、性善惡混等語, 故須著如此說。然性卽是氣, 氣卽是性, 再無兩物可分。

杭世駿作『閻若璩傳』云: “天性好罵。”【苟菴曰: “天下豈有好罵之學乎?”】如鄭某之言, 則好罵之理, 稟受於胞胎之初乎? 且曰性好罵, 則此非發後氣質之性而何?【余見近世金氏, 豈亦好罵之學歟?】

朱子曰: “天之生物, 其理固無差別, 但人物所稟形氣不同, 故其心有明暗之殊, 而性有全不全之異耳。”【見「答徐子融」書。】上文既曰理無差別, 則下文之謂有全不全者,豈非因形氣不同, 而其發見有異乎?

至因釋氏識神云云: "若吾儒則識神乃是心之妙用, 如何無得? 但以此言性, 則無交涉耳."【朱子「答徐子融」書.】近時一種心理家, 卻指知識神明之類, 盡歸之性理, 則其於先生性無交涉之訓, 將如何區處?

"孟子言山之性、水之性, 山水何嘗有知覺耶?" 此朱子「答徐子融」書, 而將性與知覺, 判而兩之, 奈何後儒輒謂智性有知覺耶?

形氣心性四字, 謂氣精於形, 心精於氣, 而俱是形而下之器也. 心比性微有迹, 而卻是形而上下之分也.

某也每說兼指其氣, 則人物聖凡之稟理, 一切不同, 必單指然後, 人物聖凡之理, 無一不同. 然則兼指之時, 太極性命之具於人物, 亦各不同, 至於神明、虛靈、浩氣、赤子心之屬, 尤無可言者矣, 是果安於心乎?

弒父與君者, 是受氣之惡, 而發爲此事耶? 抑受理之惡, 而元有此根耶? 雖弒父與君之賊, 大呼曰"此是吾所受之理", 旣而復曰"單指則是忠孝之理", 鄭某將許之乎?

梟獍方食其父母, 而曰"我今率循", 鄭某之言稟受之理. 請鄭某來單指吾性曰"純善之理", 鄭某將應聲曰諾歟?

人之受性,【此人字裏面, 並包得天下古今極偏駁、大昏濁底氣稟而統言之.】只全與善而已, 初無偏性惡性, 亦猶曰只熱與明而已, 元無寒日昏日也. 然氣凝霧塞, 則曰寒日昏, 殊不知寒昏非日也, 乃氣與霧也. 今人見氣慾習染之害, 則曰此本來受性偏爾惡爾,【此句非昏則毒也.】殊不知本來稟受之性, 十全純善而已. 其偏且惡者, 乃氣慾習染之害, 非性元初如此也. 若一向執迷不回, 則此人所見, 與疑曰元有寒日昏日者同, 如何喚得佗醒? 學者最要克得氣慾習染之害而已, 不如此靠實用功, 只與人爭競者, 非吾之所取也.

晦菴先生言: "看人性旣善,【余謂人只稟得一善性而已, 更無隨氣而異稟之性, 聖人復起, 不易吾言。】何故不能爲聖賢, 卻是被這氣稟害人。一向推託道氣稟不好, 不向前, 又不得; 一向不察氣稟之害, 只昏昏地去, 又不得。【近世有不須明氣、不須修氣之學, 不知何據。】須知氣稟之害, 要力去用功克治,【近世有指克氣爲聖門所無之說, 亦可異也。】裁其勝而歸於中乃可。" 此是滕德粹辛亥所聞也。

"不能領悟, 吾恐其終身勞于言詮, 未有見道之期矣。"【張子語。整菴以爲理氣二物, 語涉牽合, 殆非性命自然之理。栗翁語, 生溪始稍聽瑩, 及聞栗翁之辨, 更無疑難。】愚每謂"合理與生, 有性之名, 故曰生之謂性。"

朱子「答曹立之」書云: "立之所與趙子直論事甚佳。如某自度, 必不能濟當世之務, 然渠輩作此議論見識, 亦適可保身, 不犯世患耳。其不能濟世, 恐亦無以異也。" 宋子「答閔屯村」書云: "成敗利鈍, 是鞠躬盡瘁, 非有抱負者不可。故康節云'死天下易', 蓋譏輕易擔著者也。"

達摩只說人心至善, 卽此便是不用辛苦修行。象山常說人心本好, 又言當下便是, 又言識得一心, 萬法流出, 更都無事。二說如合符節。

郭氏人心上帝之說, 鄙嘗看得駭, 然或謂其無礙, 然管見終是未覺。以伊川責秦觀語觀之, 郭氏不愜於心失之說, 敢援上帝而擬之曰: "某事某事, 不須言上帝耶? 不須言, 則心之失, 猶帝之失。" 因結之曰: "畢竟甚麼是不同, 其爲易而侮之, 豈不倍甚於秦詞耶? 況朱子明言'人有妄, 天則無妄', 則以有妄之心、無妄之帝, 兩兩對擧, 而似謂帝亦有失, 以證心之無失。" 此於朱子之言, 何等背馳, 而某也之見, 乃如彼, 信乎知言之難也。【朱子曰: "難道惡非心所做出。" 栗翁曰: "上帝無一毫私僞。"】

神無方而妙萬物, 動而無動, 靜而無靜矣。若是者, 豈可謂之局乎? 聖而不可知之神, 且不可謂之局矣。況在天之上帝, 可謂之局乎?【曾見爲神局之說者, 詰之曰: "上帝亦可謂之局乎?" 渠遽曰: "是則不敢不知。" 渠後來所見, 竟如何耳。】

在人之魂魄, 如在天之鬼神; 在人之心, 如在天之帝也。謂鬼神有知有能, 而不礙於上帝之知能, 則謂魂魄有知有能, 而不礙於心靈, 恐無兩知覺之嫌矣。大抵鬼神與魂魄, 皆謂之靈, 則謂靈有知, 恐無不可。但不直以魂爲知。以魂爲知, 與謂魂有知, 語勢不同, 此宜細辨。【『語類』、『中庸』鬼神章, 德明錄, "耳目聰明爲魂, 安得謂無知", 如此則謂魂有知, 有何不可耶?。】

魂魄, 先賢皆謂之有靈, 不可謂全然無知。今以復禮觀之, 旣曰朝衣冀精神識之而來, 則可見其有靈識也。

"天上天下, 惟我獨尊。" 我是心自我也, 若改我以理, 則通矣。上蔡言: "以我視, 以我聽, 以我言, 以我動。" 此亦心自我也, 若改我以禮, 則方有持循之實矣。【朱子曰: "夫子分明說, 非禮勿視聽言動, 謝氏卻以以我言之。此自是謝氏之意, 非夫子所以告顏淵者矣。" 又曰: "恐怕我也沒理。"】

曰"以我視聽言動", 則我爲主而無所忌憚矣; 曰"以禮視聽言動", 則理爲主而有所奉持矣。近世心宗, 雖自謂主理, 而實則主我之學。學而主我, 而能不悖理者, 未之有也。

痛癢而抑搔之, 出入而扶持之, 已可謂善矣。而必曰敬, 則可見心之不可自肆也。誠心且不可直指爲道, 故『論語集註』有誠心與直道之語。 栗翁言"學者必誠心向道", 至公之心, 且不可直指爲大本。故晦翁言: "這箇如何當得大本, 須要得此至公之心, 有歸宿之處。"【上文旣云: "要窮盡物理, 到箇是處。" 下文又云: "事至物來, 應之不錯方是。" 據此則所謂歸宿之地, 卽以理言也。】

朱子每論心之本體無不善, 又卻說所發不善, 非是心亦不得。此意『大全』「答游誠之」書, 『語類』木之、謙淳諸錄, 皆然。然今曰"太極之體, 元無不善, 及其流行, 不免有邪惡", 亦得否? 季潤所見之乖僻, 胡至於此, 使人苦痛苦痛?【心本善, 湖家深惡之, 然其實如此; 心或不善, 心宗深惡之, 然其實然之迹, 如何諱得?】

某也不曰湖是, 不曰洛是, 而理則欲碎之, 而專以氣質爲主。最所惡者, 卽理不隨氣而異稟一語, 槩是宗旨已立, 而朋友辨難, 無從入也, 其流弊, 將何所止極哉?

某自謂主程、朱、栗, 而非斥老洲。自此其心一向入於僻途曲徑, 以至於不可救之地矣。或疑彼雖非老洲, 而卻戴程、朱、栗矣, 何以至此? 此不難見, 如王陽明者, 雖是孔、孟, 而非程、朱之心在, 故其禍滔天而不可遏矣。

細考三先生文集、語錄而訂之, 則彼之變亂改易三賢之定說, 以曲從己意, 而使佗人承誤襲陋, 則其於三賢之訓, 不惟無所發明, 而反以淆亂原指。斯其獲罪三賢之門, 而疑眩後人之心, 固已甚矣。

某人生性之疑, 有一言可解者, 孟子曰"形色, 天性"。舍形色, 安有天性; 舍生字, 亦安有本然之性乎? 吾故曰: "氣化, 天命; 氣質, 天性; 陰陽, 太極; 金木水火土, 仁義禮智信。" 鳶魚鬼神, 形器事物, 皆道也; 虛靈知覺, 神明精英, 皆理也。此豈天來難曉之理? 特蔽於一膜之私, 而不得見矣。

尊德性、道性善兩註, 皆以稟受釋之, 而彼則纔見稟受字, 皆認做氣質之性, 不知尊何許朱子耶?

彼謂稟於氣, 則有淸濁偏正之異, 稟是稟受性理之謂, 非認做氣質也。然則衷字當置諸被命受生之前, 如彪德美之見, 而此朱子、南軒, 皆非之者也。若避衷在稟前之礙, 則衷亦是稟於氣底。豈獨不齊之性, 稟於氣之後乎? 前後不應, 更說不通。

如蘆沙"在天元有偏全之理", 則是太極二而有對者。如鄭某"天只一理, 而人物所受有異", 則是人物太極, 有萬不同, 其不可者明矣。

鄭某以理氣詠第三聯, 爲人物受性不同之證。然栗翁又言: "方圓之器不同, 而器中之水, 一也; 大小之瓶不同, 而瓶中之空, 一也。" 方圓大小, 氣異之喩; 水空之一, 理同之喩也。彼之粗見勝心, 如何可言哉?

「심의사心疑似」

해제

1) 서지사항

전우(田愚, 1841~1922)가 지은 논변. 『간재집(艮齋集)』 후편(後編) 권14에 실려 있다. (한국문집
총간 335)

2) 저자

전우

3) 내용

이 세 편은 전우가 심에 대한 불교, 육구연(陸九淵), 이진상의 관점을 상중하 3편으로 나누어
『주자어류』의 고증을 거쳐 재해석한 학안체 형식의 논변하였다. 상편에서는 불교의 심에 대해
비판하였고, 중편에서는 육구연의 심학을 학문을 큰 병폐로 단정 지었다. 이 세 편의 핵심은
하편에 있는데, 여기서 전우는 이진상의 심즉리설을 비판하였다. 또한 말미에 전우는 이진상의
심즉리설이 불가, 도가, 육구연, 왕양명의 심론과 심즉리설을 비판함에도 불구하고 결론적으로
는 이단 심학과 대동소이하여 폐단으로 흐른다고 지적하였다.

2-1-44 「心疑似」上(『艮齋集』後編 卷14)

"釋氏棄了道心, 卻取人心之危者而作用之",【『語類』百二十六卷十九板人傑錄。】 "佛氏磨擦得這心極精細, 如一塊物事, 剝了一重皮。又剝一重皮, 至剝到極盡, 無可剝處。所以磨弄得這心精光, 他便認做性, 殊不知此正聖人之所謂心者。"【同上卷十七板僩錄。】

愚按: 所謂"彼取人心而作用之", 是就釋氏"說話底是誰, 視聽底是誰, 此便是性", 及"非理而視也是此性, 以理而視也是此性"等處, 以爲"他只認得那人心, 無所謂道心, 無所謂仁義禮智, 所爭處, 只在此。"【此見下板僩錄。】据此則取人心作用者, 決非指食色之欲而云也, 不然。僩錄何以云: "彼所認做性者, 正聖人所謂心耶?" 又僩錄一條曰: "佛家雖是無道理, 然他卻一生快活, 便是他就這形而下者之中, 理會得似那形而上者。今學者須是先曉得這一層, 卻去理會那上面一層方好, 而今和這下面一層, 也不曾見得, 所以和那上面一層, 也理會不得。"【詳見「中庸門」六十二卷二十四板。】 又僩錄一條曰: "佛氏云 '若人識得心, 大地無寸土', 看他是甚麼樣見識, 今區區小儒, 怎生出得他手, 宜其爲他揮下也。"【詳見「釋氏門」百二十六卷十四板。】 又無名錄一條曰: "佛氏云 '千種言萬般解, 只要敎君長不昧,' 此說極好。他只守得這些子光明, 全不識道理, 所以用處, 七顚八倒。"【同上卷十三板。】 『大全』「答張敬夫」書亦云: "釋氏擎拳豎拂運水般柴之說, 豈不見此心, 豈不識此心?"云云。「答李伯諫」書云: "釋氏之云'正覺能仁'者, 其論則高矣美矣, 然其本果安在乎?" 又云: "程子所謂'能直內'者, 亦謂其有心地一段工夫"云云。【『語類』「莊列門」賀孫錄云, 佛家於心地上煞下工夫。】 然則所謂"佛家理會得似那形而上"者, 所謂"他是甚麼樣見識"者, 所謂"敎君長不昧之說極好"者, 所謂"豈不識此心"者, 所謂"高則高矣"者, 所謂"心地工夫"者, 恐決然不指飮食、男女、衣服、宮室之欲而言也。竊見近日嶺外一派所謂"心是理"者, 正聖人所謂心而亦可謂"理會得似那形而上"者, 亦可謂"豈不識此心者?" 但不合以此爲形而上者, 而驅釋氏於下等也。『語類』僩錄, 有譏禪者曰: "但以虛靈不昧者爲性, 而無具衆理以下之事。" 是亦認心爲理之見也。近日諸人, 無不以虛靈爲理, 安在其高於禪家一等乎?

"陸子靜之學, 千般病萬般病, 只在不知有氣稟之雜。把許多鹽惡底氣, 都把做心之妙理合當恁地自然做將去。"【『語類』百二十四卷十二板, 賀孫錄。】或謂: "子靜說, 恰如時文。他說'天地之性, 人爲貴', '人爲萬物之靈', 人所以貴與靈者, 只是這心。" 先生曰: "信如斯言, 雖聖賢復生, 與人說, 也只得恁地。自是諸公, 以時文之心觀之, 故見得他箇是時文也。使若時文中說得恁地, 便是聖賢之言也。公須自反, 豈可放過?"【同上卷三板, 道夫錄。】

愚按: 陸氏所信之心, 只是虛靈不昧底。恐非鹽惡之氣, 特不以性命爲此心上面至尊之主宰耳。然則朱子何以有鹽惡心理之譏也。此宜子細究覈。若使陸氏所見, 元來如此而已, 當時門人, 如某某輩, 皆是賢者, 豈肯屈首北面師事之? 雖朱、張、呂諸先生, 亦豈肯與之往復, 而朱子答人書, 何以云: "南渡以來八字著腳, 理會著實功夫者, 惟某與陸子靜二人而已, 某實敬其爲人, 老兄未可以輕議也。" 此書不見於『大全』, 而只載『象山年譜』。然『語類』文蔚錄, 亦云: "江西未有人似他八字著腳。" 愚竊意賀孫錄, 恐只從他旣認心爲理, 則其弊必至於此云爾。非直指他所認之心, 爲鹽惡之氣也, 如不信吾言。請復以朱子手筆質之。『大全』「答陸氏」書云: "人之識太極者少, 往往只於禪學中, 認得箇昭昭靈靈能作用底, 便謂此是太極。" 此微指子靜認虛靈不昧之心, 爲太極之理也。「答諸葛誠之」書云: "子靜平日所以自任, 正欲身率學者, 一於天理, 而不以一毫人欲雜於其間, 恐決不至如賢者之所疑也。" 「答趙子欽」書云: "陸學於心地工夫, 不爲無所見。" 「答張敬夫」書云: "子壽兄弟, 其操持謹質, 表裏不二, 實有以過人者。" 「答劉子澄」書云: "子靜目下收斂得學者身心, 不爲無力。" 以此諸說觀之, 若使陸氏所認之心, 果是鹽惡底氣, 則朱子決不指爲昭昭靈靈, 心地工夫, 表裏不二, 實有過人, 收斂得學者身心, 不爲無力矣。愚故每疑賀孫錄, 恐似以其認昭昭靈靈者以爲理, 而不復以性爲心之本源, 則其究也必至於不察氣質物欲之害故云爾, 此意『大全』、『語類』, 屢言之矣。朱子嘗譏陸氏, "只要自心見得底, 方謂之內, 便一向執著, 將聖賢言語亦不信, 是其病痛, 只在此。"【『語類』鼞錄。】愚謂: 旣曰: 其病痛只在此, 則所謂千般病、萬般病云云者。蓋極言之爾, 讀者宜斟量看也。吾之此辨, 非爲陸氏分疏, 特以近日心宗, 自謂吾之謂心卽理, 何嘗是麤惡之氣? 我是正學而陸乃異端, 故今略與指點, 使讀者自知之爾。【陸氏說, 若干條, 附記于左以備參考。】○『象山集』「與陳宰」書云: "同志盍簪, 細繹簡編, 商略終古, 粗有可樂。雖品質不齊, 昏明異趣, 未能純一, 而開發之驗, 變化之證, 亦不謂無其涯也。"「與李宰」書云: "心於五官, 最尊大, 四端者, 卽此心也。人皆有此心, 心皆具此理, 心卽理也。所貴乎學者爲其欲窮此理, 盡此心也。"「與陳正己」書云: "足下性本孝弟, 惟病此過云云, 能頓棄勇改, 無復回翔戀戀於故意舊習, 則本心之善, 始乃著明, 營營馳騖之私, 憂思抑鬱之意, 當冰消霧晴矣。"「與包敏道」書云: "爲學無佗巧妙, 但要理明義精, 動皆聽於義理, 不任己私耳。來書所述, 未能臻此, 平時氣質, 復浮溢於紙墨閒矣。"『語錄』云: "七重鐵城私心也, 私心所隔, 雖思非正。"又云: "人之所以病道者, 一資稟, 二漸習。"又云: "積思勉之功, 舊習自除。"又云: "學能變化氣質。"又云: "資稟不好底, 與道相遠, 卻去鍛鍊。"又云: "人氣稟淸濁不同, 只自完養, 不逐物, 卽隨淸明, 纔一逐物, 便昏眩了。人心有病, 須是剝落, 剝落一番, 卽一番淸明, 後隨起來。又剝落又淸明, 須是剝落得淨盡, 方是。"

李氏「心卽理說」中, 引陽明之言曰: "良知一也, 以其妙用而謂之神, 以其流行而謂之氣, 以其凝聚而謂之精。眞陰之精, 卽眞陽之氣之母; 眞陽之氣, 卽眞陰之精之父, 陰根陽、陽根陰"云云者, 而斥之曰: "吾心之天理, 卽太極之全體, 而今以眞陰、眞陽、流行、凝聚者當之, 則遺了太極, 而反以陰陽爲本體矣", 云云。

　　愚嘗見王氏諸說, 無不以"虛靈明覺"、"圓融洞澈"之類, 當心與良知矣。今李氏所引一條中, 除"妙用謂之神"一句外, 皆非王氏之所以言心與良知者也。李氏乃勒定爲指"陰陽、精氣爲理"之罪案, 吾恐王氏復起, 將嘻嘻而笑曰: "君之一生, 指心神靈覺爲理者, 卽吾之所謂本心、良知而無二體也。試取吾說而細究之久之, 不覺以我爲君之眞正淵源, 而不復敢爲以夫子害夫子之論矣。" 今略記王氏說於下方, 以與心宗諸公, 看詳而定取舍也。○『陽明集』「答顧東橋書」云: "心之虛靈明覺, 卽良知也。"「答舒國用書」云: "心之本體, 卽天理也。天理之昭明靈覺, 所謂良知也。"「答黃宗賢書」云: "良知一提醒時, 卽如白日一出, 而魍魎自消矣。"「答南元善書」云: "惟有道之士, 眞有以見其良知之昭明靈覺, 圓融洞澈, 廓然與太虛同體。"『傳習錄』云: "心之主宰, 常昭昭在此, 何出之有。" 又云: "天理卽是明德, 窮理卽是明明德。" 又云: "這心體卽道心, 體明卽道明。" 又云: "心卽道, 道卽天, 知心則知道、知天。" 又問心之本體, 曰: "知是理之靈處, 這個靈能, 不爲私欲遮隔, 充拓、得盡、便完, 完是他本體。" 又云: "人心本體, 原是明瑩無滯的。"【愚觀王氏說如此者, 甚多, 何嘗指龘糙底氣, 以爲心, 以爲良知乎? 近日嶺外一派所認以爲心者, 其說雖甚震耀, 究不出王氏圈套中矣。】

有自認心爲理, 而反斥佛、禪、陸、王之謂"心卽性"、"心卽理"、"心卽道"者。此正疑似難辨之義, 故愚爲著「心疑似」上、中、下三篇, 以明核之。蓋此而不明, 則其貽害於道學大矣。請同志諸子, 喚醒心神, 以細究諸家說心之所以同異, 反而自體于日用云爲之閒也。不爾, 只是口說, 何補於身心之有乎? 丁巳復吉, 華遯病叟題。

「성존심비적거(性尊心卑的據)」【丙辰】

1) 서지사항

　전우(田愚, 1841~1922)가 1916년에 지은 글. 『간재집(艮齋集)』후편 권14에 실려 있다. (한국문집총간 335)

2) 저자

　전우

3) 내용

　이 글은 전우가 한말 성리학계에서 논란이 된 심주리(心主理)의 경향을 비판하기 위해 작성한 글이다. 전우는 이 글에서 화서·노사·한주학파가 심을 리 중심적으로 해석한 것을 비판하고 심과 성의 경계가 모호함을 지적하였다. '성즉리(性卽理)', '심시기(心是氣)'의 명제를 계승하는 전우에게 만약 심을 리를 중심으로 해석한다면 성과의 경계가 모호해질 수 밖에 없었다. 이것은 전우가 화서·노사·한주학파를 인기위리(認氣爲理)라고 비판하는 것과 동일한 문제의식이었다. 따라서 성존심비(性尊心卑)의 주장은 전우의 성리설을 일관되게 유지할 수 있는 핵심명제라 할 수 있다. 또한 자신이 주장을 확보하기 위해 공자, 자사, 맹자, 장자, 정자, 주자, 우암을 비롯한 여러 선배 학자들이 말한 내용을 근거로 제시했다. 그러나 전우가 성과 심을 각각 존(尊)과 비(卑)로 대응하여 '성존심비'를 주장하더라도, 심 그 자체를 비천하다고 본 것은 아니었다. 즉 성(性)의 중요성을 부각시키기 위한 언어상의 표현일 뿐이라는 점을 주의해야 할 것이다. 전우는 낙론계의 전통에 따라 심본선(心本善) 역시 주장했다. 따라서 전우가 성존심비라는 용어로 성과 심의 경계를 표현한 것은 타학파의 성리설이 대본(大本)인 성(性)을 높이는 것이 아니라 심(心)을 높이고 있기에 이를 비판하기 위한 의도적인 표현으로 독해해야 한다.

2-1-47 「性尊心卑的據」【丙辰】(『艮齋集』後編 卷14)

孔子曰: "大人者, 先天而天不違, 後天而奉天時。" 『本義』"大人無私, 以道爲體, 曾何彼此、先後之可言哉? 先天不違, 謂意之所爲, 默與道契; 後天奉天, 謂知理如是, 奉而行之。" ○ 按: 大人包心言, 爲心者奉理而行, 則性尊而心卑, 不其明乎?

孔子曰: "君子畏天命。" 『集註』"畏, 嚴憚之意。天命者, 天所賦之正理也。知其可畏, 則其戒謹恐懼, 自有不能已者, 而付畀之重, 可以不失矣。" ○ 按: 君子包心言, 爲心者, 嚴憚夫天賦之性, 則性尊而心卑, 不其明乎?

孔子曰: "回之爲人也, 擇乎中庸。得一善, 則拳拳服膺而弗失之矣。" 『章句』"中庸者, 天命所當然云云。拳拳, 奉持之貌。" ○ 按: 回包心言, 爲心者, 奉持夫天命之性, 則性尊而心卑, 不其明乎?

子思子曰: "君子尊德性。" 『章句』"尊者, 恭敬奉持之意。德性者, 吾所受於天之正理。" ○ 按: 君子包心言, 爲心者, 恭敬奉持夫德性, 則性尊而心卑, 不其明乎?

孟子曰: "道若大路然, 豈難知哉? 人病不求耳, 子歸而求之, 有餘師。" 『集註』言, "道不難知。若歸而求之事親敬長之間, 則性分之內, 萬理皆備, 隨處發見, 無不可師也。" ○ 按: 子包心言, 爲心者, 師性之理, 則性尊而心卑, 不其明乎?

程子曰: "學者必求師。師者, 何也? 曰理也義也。" ○ 按: 學者包心言, 爲心者師義理, 則性尊而心卑, 不其明乎?

朱子曰: "人物之生, 莫不得其所以生者, 以爲一身之主。" 『箚疑』"所以生者, 謂仁義禮智之性也。" ○ 按: 人包心言, 爲心者, 得性以爲主, 則性尊而心卑, 不其明乎?

朱子曰: "惟皇上帝, 降此下民, 何以與之? 曰義與仁。惟義與仁, 惟帝之則, 欽斯承斯, 猶懼不克, 云云。" 又曰: "尊我德性, 希聖學分。" ○ 按: 下民包心言【『語類』天命個心了, 方是性】, 爲心者, 于帝降之衷, 欽以承之, 則性尊而心卑, 不其明乎?

尤菴先生曰: "惟道無形, 該貯於心, 以爲一身之主, 而爲齊家治國平天下之本。" ○ 按: 道貯於心, 以爲主, 故心之齊家、治國、平天下也, 以是爲主本, 則性尊而心卑, 不其明乎?

孔、子祖孫, 孟、程、朱、宋諸聖賢, 無不以性爲心之所主, 以心爲性之所乘, 其爲尊卑、上下, 昭然別矣。況所謂"學禮", "學道", "學仁義"之類, 又定爲性師心弟者, 有目皆覩。惟世間, 有不肯小心而內懷驕氣, 外襲尊號者, 或欲與性齊等, 甚則貶性而下之小之偏之兩之。如此者, 其心只知有心, 而不知有性矣。然則動不動, 專靠著有覺之人心足矣, 尙何待於無爲之道體乎? 此可與吾儒本性之學, 同條而共貫也哉?

張子曰: "心統性情。" 朱子曰: "心爲性情之主宰。" 此類但以人心有覺, 道體無爲而云爾, 非所以爲上下、尊卑之別也。或以是爲心尊性卑之說, 則謬矣。朱子嘗言 "天子統攝天地", 又言"人者天地之心, 沒這人時, 天地便無人管", 此以天地無思慮無句當, 聖賢盡人物贊化育而言, 豈可以此爲人心尊於天地乎?

공자는 "대인은 하늘보다 먼저 할 때엔 하늘이 어기지 않고, 하늘보다 뒤에 할 때엔 하늘의 때를 받든다"고 말하였다. 『주역본의』에 "대인은 사사로움이 없어 도를 체로 삼으니, 일찍이 어찌 피차나 선후로 말할 수 있으리오? 하늘보다 먼저 할 때엔 어기지 않는다는 것은 뜻한 바가 묵묵히 도와 맞음을 말하고, 하늘보다 뒤에 할 때엔 하늘을 받든다는 것은 리가 이와 같음을 알아서 받들어 행하는 것을 말한다"고 하였다. ○ 살펴보건대, 대인은 심을 포괄하여 말한 것이니, 심이 리를 받들어 행한다면, 성이 높고 심이 낮음이 분명하지 않은가?

공자는 "군자는 천명을 두려워한다"고 말하였다. 『논어집주』에 "두려워한다는 것은 엄하게 삼간다는 뜻이다. 천명이란 하늘이 부여한 바른 리이다. 그것을 두려워해야 함을 알면, 그 삼가고 두려워함이 스스로 그만둘 수 없는 것이 있으며, 부여받은 중한 것을 잃지 않을 수 있다"고 하였다. ○ 살펴보건대, 군자란 심을 포괄하여 말한 것이니, 심이 저 하늘이 부여한 성을 엄하게 삼간다면, 성이 높고 심이 낮음이 분명하지 않은가?

공자는 "안회의 사람됨은 중용을 택하여 한 가지 선을 얻으면 받들어 마음에 새겨 잃어버리는 일이 없었다"고 말하였다. 『중용장구』에 "중용이란 것은 하늘이 명한 당연함이다. 권권은 받들어 간직하는 모습이다"라고 말하였다. ○ 살펴보건대, 안회는 심을 포괄하여 말한 것이니, 심이 천명 지성을 받들어 간직하는 것이라면, 성이 높고 심이 낮음이 분명하지 않은가?

자사자는 "군자는 덕성을 높인다"고 말하였다. 『중용장구』에 "높인다는 것은 공경하여 받든다는 뜻이다. 덕성이란 것은 내가 하늘에서 받은 정리(正理)이다"라고 하였다. ○ 살펴보건대, 군자는 심을 포괄하여 말한 것이니, 심이 덕성을 공경하고 받드는 것이라면, 성이 높고 심이 낮음이 분명하지 않은가?

맹자는 "도는 큰 길과 같으니 어찌 알기 어렵겠는가? 사람들이 구하지 않은 게 병통일 뿐이니. 그대가 돌아가 구한다면 스승이 많을 것이다"라고 말하였다. 『맹자집주』에 "도는 알기 어렵지 않다. 만약 돌아가 부모를 섬기고 어른을 공경하는 사이에서 구한다면, 성 안에 모든 리가 다 갖추어져 있어서 곳곳마다 발현하리니, 스승삼지 못할 것이 없다"고 하였다. ○ 살펴보건대, 그대는 심을 포괄하여 말한 것이니, 심이 성의 리를 스승으로 삼는다면, 성이 높고 심이 낮음이 분명하지 않은가?

정자는 "학자는 반드시 스승을 구해야 한다. 스승이란 무엇인가? 리와 의이다"라고 말하였다. ○ 살펴보건대, 학자는 심을 포괄하여 말한 것이니, 심이 의리를 스승으로 삼는다면, 성이 높고 심이 낮음이 분명하지 않은가?

주자는 "사람과 사물이 태어남에, 모두 태어남의 까닭을 얻어 일신(一身)의 주재로 삼는다"고 말하였다. 『주자대전차의』에서 "태어남의 까닭은 인의예지의 성을 말한다"고 하였다. ○ 살펴보건대, 사람은 심을 포괄하여 말한 것이니, 심이 성을 얻어 주재로 삼는다면, 성이 높고 심이 낮음이 분명하지 않은가?

주자는 "위대한 상제께서 이 백성들을 내려 보낼 때 무엇을 주었는가? 의와 인이로다. 오직 의와 인이 상제의 법이다. 이것을 공경하고 이것을 받들되, 오히려 잘 해내지 못할까 두려워하라"고 말하였다. 또 "나의 덕성을 높여 성인이 되기를 바라며 공부하라"고 말하였다. ○ 살펴보건대, 백성은 심을 포괄하여 말한 것이니【『주자어류』에 "천이 심에게 명했으니, 이것이 성이다"라고 하였다.】 심이 상제가 내려준 충[衷, 仁과 義]에 대해 공경하여 빌드는 것이라면, 성이 높고 심이 낮음이 분명하지 않은가?

우암선생은 "오직 도는 무형하여 심에 담겨져 있어 일신(一身)의 주재가 되어 제가, 치국, 평천하의 근본이 된다"고 말하였다. ○ 살펴보건대, 도는 심에 담겨져 있어 주재가 된다. 그러므로 심이 제가, 치국, 평천하함에 이것으로 주재와 근본을 삼으니, 성이 높고 심이 낮음이 분명하지 않은가?

공자와 자사, 맹자, 정자, 주자, 송자 등의 여러 성현들은 모두 성을 심이 주인으로 삼아야 할 바로 삼고, 심을 성이 타는 바로 삼았으니, 그 존비와 상하가 되는 것이 환히 구별된다. 하물며 이른바 '예를 배운다', '도를 배운다', '인의를 배운다'는 등의 말은 또한 '성사심제'를 결정짓는 것이니, 눈이 있으면 모두 볼 수 있는 것이다. 오직 세상에는 심을 작게 하길 기뻐하지 않고, 안으로 교만한 기를 품고 밖으로 존호를 올리려는 자가 있으니, 혹자는 성과 대등하려고 하며, 심지어는 성을 깎아내려 아래에 두고 작게 여기고 치우치게 하고 둘로 한다. 이와 같은 것은 그 심이 단지 심이 있는 것만 알고 성이 있음을 모르는 것이다. 그렇다면 움직일 것인가 말 것인가를 오로지 지각이 있는 인심에만 의지하여도 충분한데, 오히려 어찌 무위한 도체를 기다릴 것인가? 이것을 우리 유가(儒家)의 성에 근본한 학문과 한 가지로 같이 꿸 수 있겠는가?

장자는 "심통성정"이라 말했고, 주자는 "심은 성정의 주재가 된다"고 말했다. 이런 부류는 다만 인심은 지각이 있으나 도체는 무위하기 때문에 그렇게 말한 것이요, 상하와 존비를 구별하려는 것은 아니다. 혹시 이것을 '심존성비'의 설이라 한다면 잘못이다. 주자는 일찍이 "천자는 천지를 통섭한다"고 말하고, 또 "사람은 천지의 심이니, 이 사람이 없었을 때 천지는 문득 관리할 사람이 없었다"고 말했다. 이것은 천지는 사려가 없고 임무가 없으나, 성현은 사람과 사물의 본성을 다 발휘하게 하고 만물의 화육을 도움으로 말한 것이니, 어찌 이것으로 사람의 심이 천지보다 높다고 할 수 있겠는가?

孔子曰: "大人者, 先天而天弗違, 後天而奉天時." 『本義』 "大人無私, 以道爲體, 曾何彼此ㆍ先後之可言哉? 先天不違, 謂意之所爲, 默與道契; 後天奉天, 謂知理如是, 奉而行之." ○按: 大人包心言, 爲心者奉理而行, 則性尊而心卑, 不其明乎?

孔子曰: "君子畏天命." 『集註』 "畏, 嚴憚之意. 天命者, 天所賦之正理也. 知其可畏, 則其戒謹恐懼, 自有不能已者, 而付畀之重, 可以不失矣." ○按: 君子包心言, 爲心者, 嚴憚夫天賦之性, 則性尊而心卑, 不其明乎?

孔子曰: "回之爲人也, 擇乎中庸. 得一善, 則拳拳服膺而弗失之矣." 『章句』 "中庸者, 天命所當然. 云云, 拳拳, 奉持之貌." ○按: 回包心言, 爲心者, 奉持夫天命之性, 則性尊而心卑, 不其明乎?

子思子曰: "君子尊德性." 『章句』 "尊者, 恭敬奉持之意, 德性者, 吾所受於天之正理." ○按: 君子包心言, 爲心者, 恭敬奉持夫德性, 則性尊而心卑, 不其明乎?

孟子曰: "道若大路然, 豈難知哉? 人病不求耳, 子歸而求之, 有餘師." 『集註』言, "道不難知. 若歸而求之事親敬長之間, 則性分之內, 萬理皆備, 隨處發見, 無不可師也." ○按: 子包心言, 爲心者, 師性之理, 則性尊而心卑, 不其明乎?

程子曰: "學者必求師. 師者, 何也? 曰理也義也." ○按: 學者包心言, 爲心者師義理, 則性尊而心卑, 不其明乎?

朱子曰: "人物之生, 莫不得其所以生者, 以爲一身之主。" 『劄疑』 "所以生者, 謂仁義禮智之性也。"
○ 按: 人包心言, 爲心者, 得性以爲主, 則性尊而心卑, 不其明乎?

朱子曰: "惟皇上帝, 降此下民, 何以與之? 曰義與仁。 惟義與仁, 惟帝之則, 欽斯承斯, 猶懼不克,
云云。" 又曰: "尊我德性, 希聖學分。" ○ 按: 下民包心言【『語類』天命個心了, 方是性】, 爲心者, 于帝降
之衷, 欽以承之, 則性尊而心卑, 不其明乎?

尤菴先生曰: "惟道無形, 該貯於心, 以爲一身之主, 而爲齊家治國平天下之本。" ○ 按: 道貯於心,
以爲主, 故心之齊家、 治國、 平天下也, 以是爲主本, 則性尊而心卑, 不其明乎?

孔 子祖孫, 孟、 程、 朱、 宋諸聖賢, 無不以性爲心之所主, 以心爲性之所乘, 其爲尊卑、 上下,
昭然別矣。 況所謂"學禮"、 "學道"、 "學仁義"之類, 又定爲性師心弟者, 有目皆覩。 惟世間, 有
不肯小心而內懷驕氣, 外襲尊號者, 或欲與性齊等, 甚則貶性而下之小之偏之兩之。 如此者,
其心只知有心, 而不知有性矣。 然則動不動, 專靠著有覺之人心足矣, 尙何待於無爲之道體
乎? 此可與吾儒本性之學, 同條而共貫也哉?

張子曰: "心統性情。" 朱子曰: "心爲性情之主宰。" 此類但以人心有覺, 道體無爲而云爾, 非所
以爲上下、 尊卑之別也。 或以是爲心尊性卑之說, 則謬矣。 朱子嘗言"天子統攝天地。" 又言:
"人者天地之心, 沒這人時, 天地便無人管。" 此以天地無思慮無句當, 聖賢盡人物贊化育而言,
豈可以此爲人心尊於天地乎?

「관노사신도비觀蘆沙神道碑」

해제

1) 서지사항

전우가 「노사신도비(蘆沙神道碑)」를 보고 작성한 글. 『간재집』 후편 권13에 실려 있다.(『한국문집총간』 335)

2) 저자

전우(田愚: 1841~1922)로, 자는 자명(子明), 호는 구산(臼山)·추담(秋潭)·간재(艮齋)이다.

3) 내용

이 글은 전우가 최익현(崔益鉉: 1833~1906)이 지은 「노사신도비」를 보고 작성한 것이다. 전우는 이 글에서 주자(朱子)와 이이(李珥)의 글을 통해 기정진(奇正鎭: 1798~1879)의 주장이 잘못되었다고 비판하였다. 이 글에서 인용한 「노사신도비」의 '기(氣)가 리(理)의 지위를 빼앗게 되면 천하의 큰 변고가 차례로 일어나게 된다.'라는 내용은 주리설(主理說)에 입각해 주기설(主氣說)을 비판한 것으로, 기정진이 이이를 비판하는 핵심 논지이다. 하지만 전우는 "이이의 학설은 모두 주자에게서 나온 것"이라고 주장하고, 따라서 "기정진이 이이를 논박한 내용은 그대로 주자에게도 적용시켜야 할 것"이라는 입장에서 기정진의 주장을 비판하고 이이의 주장을 옹호했다. 한편, 「노사신도비」는 최익현의 『면암집(勉菴集)』 권25(『한국문집총간』 326)에 수록되어 있다.

『楚辭』「天問」曰: “明明闇闇, 惟時何爲? 陰陽三合, 何本何化?” 朱子「集註」曰: “此問蓋曰: 明必有明之者, 闇必有闇之者, 是何物之所爲乎? 陰也、陽也、天也, 三者之合, 何者爲本, 何者爲化乎?” 今答之曰: “天地之化, 陰陽而已。一動一靜、一晦一朔、一往一來、一寒一暑, 皆陰陽之所爲, 而非有爲之者也。然所謂天者, 理而已矣。成湯所謂‘上帝降衷’, 子思所謂‘天命之性’, 是也。是爲陰陽之本, 而其兩端循環不已者, 爲之化焉。周子曰: ‘無極而太極, 太極動而生陽, 動極而靜, 靜而生陰, 靜極復動, 一動一靜, 互爲其根, 分陰分陽, 兩儀立焉。’ 正謂此也。然所謂太極, 亦曰理而已矣。” ○ 今設問曰: “動必有動之者, 靜必有靜之者, 是何物之所爲乎? 陰也、陽也、理也, 三者之合, 何者爲本, 何者爲化乎?” 試擧栗谷先生語, 答之曰: “陰靜陽動, 機自爾也, 非有使之者也。陽之動則理乘於動, 非理動也; 陰之靜則理乘於靜, 非理靜也。故朱子曰: ‘太極者, 本然之妙也, 動靜者, 所乘之機也。’ 陰靜陽動, 其機自爾, 而其所以陰靜陽動者, 理也。故周子曰‘太極動而生陽, 靜而生陰。’ 夫所謂動而生陽、靜而生陰者, 原其未然而言也; 動靜所乘之機者, 見其已然而言也。”【見「答牛溪」書】又曰: “動靜之機, 非有以使之也。理氣亦非有先後之可言也。第以氣之動靜也, 須是理爲根柢。故曰‘太極動而生陽, 靜而生陰’, 若執此言, 以爲太極獨立於陰陽之前, 陰陽自無而有, 則非所謂陰陽無始也, 最宜活看而深玩也。”
【見『聖學輯要』按說】

　　愚按。朱子曰: “一動一靜, 皆陰陽之所爲, 而非有爲之者也。” 栗谷: “陰靜陽動, 機自爾也, 非有使之者也。” 二先生之言, 如合符節, 而近世蘆沙則曰: “動者、靜者, 氣也; 動之、靜之者, 理也。動之、靜之, 非使之然而何?” 此果與二先生說同歟? 與栗不同, 蘆沙之所不諱。至於立異朱子, 恐亦非其所安, 而朱子最晚年說如此, 此宜如何處之? 請蘆門諸子, 明白道破。王介甫有云“天使我有是之謂命”, 楊龜山駁之曰“使然者, 可以爲命乎?” 朱子議之曰“天使我有是者, 猶曰‘上帝降衷’云爾, 豈眞以爲有使之者哉?”【細味朱子語, 其於龜山‘使然者不可以爲命’之云, 未嘗不以爲然也。此意讀者, 宜識取。不然, 其不歸於蘆沙之見, 而反疑於栗谷之說者, 幾希。】又於孟子註兩處, 有曰"天理當然, 若使之也", 此與栗語同乎? 蘆語同乎? "陰靜陽動, 機自爾", 栗谷之意以爲"此非天理當然"云爾, 則宜被蘆駁矣。蘆沙之曰"使之然"者, 誠如"若使之"與"非眞有使之"之意, 則與朱、栗二說同矣。何爲偏譏栗谷之說也? 此後人之所未曉, 而敢議到者也。

屈子云云, 朱子曰: "此問蓋曰: 明必有明之者, 闇必有闇之者, 是何物之所爲乎?" 朱子答之曰: "天地之化, 陰陽而已。一動一靜、一晦一朔, 皆陰陽之所爲, 而非有爲之者也。" ○ 今設問曰: "動必有動之者, 靜必有靜之者, 是何物之所爲乎?" 試擧栗翁語, 答之曰: "陰靜陽動, 機自爾也, 非有使之者也。"

屈子云云, 朱子曰: "此問蓋曰: '陰也、陽也、天也, 三者之合, 何者爲本, 何者爲化乎?'" 朱子答之曰: "所謂天者, 理而已矣。是爲陰陽之本, 而其兩端循環不已者, 爲之化焉。周子曰'太極動而生陽'云云。" ○ 今設問曰: "陰也、陽也、理也, 三者之合, 何者爲本, 何者爲化乎?" 試擧栗翁語, 答之曰: "陰靜陽動, 其機自爾, 而其所以陰靜陽動者, 理也。須是理爲根柢,【此六字, 取『輯要』按語以補之。】故周子曰'太極動而生陽'云云。"

　　愚按。蘆沙駁栗語曰: "天下大變有三, 妻奪夫位, 臣奪君位, 夷奪華位。若氣奪理位, 則彼三變者, 卽次第事耳。" 又曰: "奈東方理氣何?" 今栗語一出於朱子, 蘆沙將以憂歎於栗翁者, 移之於朱子矣, 此則更當如何處之? 嘗見蘆「猥」, 有云"理有操縱適莫", 此非"理有爲"之說乎? 有爲者氣, 而指有爲爲理, 則豈非氣奪理位之變乎? 若乃栗翁之言, 則曰"無爲而爲有爲之主者, 理也; 有爲而爲無爲之器者, 氣也", 是何嘗有一毫氣奪理位之疑乎?

『勉菴集』「蘆沙碑」總論云: "近世主氣之論起, 而先生不顧利害, 不計得失, 擔一理字, 倡言爲復古反正之擧。"

　　愚竊意, 勉台所謂主氣之論, 正指"以心屬氣分之說"而云也。蓋心是主宰, 而屬氣則疑於主氣也。殊不知主宰有"自然、能然"之分, 而以能然者, 爲一身之主宰, 以自然者, 爲一心之主宰, 此何可謂之主氣之論乎? 若曰"一名爲主宰, 則何可屬之氣乎?" 則朱子於鬼神、浩氣, 皆言主宰, 此亦目爲主氣之學乎? 愚意, 以有爲者爲理, 而認爲極本窮源之主宰, 而不復原於性命之理, 則此乃爲主氣之見也。然則蘆沙所擔底理字, 是指有操縱適莫之物, 不知上頭更有無爲之理爲之主宰, 其所依靠推戴者, 終是落在形而下之科矣。

「관화서신도비觀華西神道碑」【丙辰】

해제

1) 서지사항

전우가 「화서신도비(華西神道碑)」를 보고 작성한 글. 『간재집』 후편 권13에 실려 있다.(『한국문집총간』 335)

2) 저자

전우(田愚: 1841~1922)로, 자는 자명(子明), 호는 구산(臼山)·추담(秋潭)·간재(艮齋)이다.

3) 내용

이 글은 전우가 최익현(崔益鉉: 1833~1906) 지은 「화서신도비(華西神道碑)」를 보고 작성한 글이다. 전우는 『아언(雅言)』을 보고 이항로의 성리설에 대해 의심을 품고 있던 차에, 「화서신도비(華西神道碑)」를 보고 명덕(明德)·심(心)·태극(太極) 등에 대한 이항로의 학설에 대해 논변하여 이 글을 작성하였다. 한편, 「화서신도비」는 『면암집(勉菴集)』권25(『한국문집총간』 326)에 수록되어 있다.

論明德, 則以程子"明明德, 明此理也", 及"心也、性也、天也, 一理"之訓, 『啓蒙』 "心爲太極", 『通書解』"人心, 太極之至靈"等語, 爲定論。

明道先生曰: "明明德, 明此理也; 止於至善, 反已守約是也。" 愚竊意, 此訓以 "明理"、"守約", 兩下對說, 則上句屬知, 下句屬行。恐『大學』元指不如是。故 朱子於『章句』、『或問』, 未嘗用其說矣。今棄『章句』、『或問』, 而單舉程子上一 句, 以爲明德爲理之證, 未審後儒尊崇朱子之道, 當如此否?

心、性、天一理, 只是三者同一源之意, 恐非謂心亦性所具之理, 性亦神明具應 之心也。心、性若無、物則之辨,【華西嘗言: "心、性分物、則, 朱子無甚綱領時說話。" 愚於 是不勝皇恐。】則曰"盡其性者, 知其心也, 知其心, 則知天矣", 如此說亦無阻礙 否? 程門人記伊川語云"心卽性", "性卽天", "天卽性", "性卽心", 則朱子特以 "無倫理"三字斷之矣。未審華門諸子於此, 如何區處, 願聞之。○『啓蒙』固有 "心爲太極"語, 又豈無"兩儀又爲太極"語耶? 此等處, 宜另加懼心以審之。恐 不宜單舉一句, 以硬立定論也。【朱子曰: "人不可無戒愼恐懼底心。莊子說'庖丁解牛'神 妙, 然才到那族, 必心怵然一動, 然後解去, 心動便是懼處。" 今凡文義, 有差異難曉處, 須如庖丁 之遇族心動, 是吾儒敬畏法門。】○ 人心, 太極之至靈, 非以人心爲太極, 又非以太極 爲至靈。蓋『通書』與『圖說』, 互相發明。凡言一者, 屬之太極; 言二者, 屬之陰 陽; 言五者, 屬之五行。以象類意思二者, 推之而已。此段彰微是理, 而朱子屬 之陰陽; 人心是氣, 而朱子屬之太極, 其意可見也。【『大全』「答陸氏」書"靈爲太極", 亦 是此意。】 若不如此活絡看去, 徒執字句, 以爲云云, 則「中庸序」"虛靈原於性 命", 將謂"太極原於性命"否? 『大學』註"虛靈以具理應事", 將謂"太極以具應" 否? 『大全』「答林德久」書, 將謂"知覺正是氣之太極處"否? 「答陸子靜」書, 亦 將曰"禪家昭昭靈靈能作用底, 謂之太極"者, 是不易之定論否? 恐無處不窒礙 矣。未審華門諸子於此, 亦有可通行之說歟?

心者, 合理氣而立名。單指理一邊, 則曰"本心"、曰"道心"、曰"主宰"、曰"天君"、曰"氣帥"、曰"明德"、曰"本源"、曰"本體"、曰"天地之心"之類, 皆指理一邊而言也。

愚竊見張子、朱子、退、栗諸先生之言, 或曰: "合虛與氣, 有性之名。"或曰: "人之有生, 理與氣合。" 或曰: "人身是理與氣合。" 或曰: "性者理氣之合。" 據此則非但心爲然也。若夫"本心"、"道心"、"主宰"、"天君"、"氣帥"、"明德"之類, 何者是無思慮無知覺, 何者是不會言語不會運用底? 以此爲理, 則其於孔、朱"人能弘道, 非道弘人", "人心有覺, 道體無爲"之正傳, 似未合。

若以"氣之一本, 湛一淸明"者, 當本然之心, 而釋明德之義, 則失之矣。

舉心與明德之體用, 則誠非"湛一淸明"四字之所能盡。但欲論其本色, 則程子曰: "聖人之心, 如明鏡止水。" 朱子曰: "聖人之心, 至虛至明。" 又曰: "聖人之心, 淸明純粹。" 又曰: "人之一心, 湛然虛明, 如鑑之空, 如衡之平, 以爲一身之主者。固其眞體之本然。" 又曰: "未感物之時, 湛然純一, 此是氣之本。" 此類皆可指爲本然之心, 而明德之體, 恐亦不過如此。如必統舉全體, 則水鏡虛明者, 又不患其未足於具理應事矣。未知如何。

論太極動靜曰: "朱子分明言: '太極,【愚按朱子語, 本作此理。】便會動而生陽, 靜而生陰。'【愚按朱子語止此。】若太極無動靜, 而動靜專仰於氣機, 則太極淪於空寂, 而氣機疑於專擅矣。然則天地間只有氣機足矣。尙何待於太極乎?" 仍有詩曰: "一低一昂鼓風板, 爭道機牙在板身。若問主張斯物者, 上頭元有踏機人。"

孔子曰: "人能弘道, 非道弘人。" 朱子釋之曰: "人心有覺, 道體無爲。" 未審"太極"與"道體", 是一乎二乎? "無動靜"與"無爲", 是同乎異乎? 以爲二與異則已。以爲一而同, 則愚有一疑。若曰道體無爲, 而知覺運用專仰於心; 則道體淪於空寂, 而人心疑於專擅矣。然則天地間只有人心足矣。尙何待於道體乎? 若於此, 蒙賜明白剖敎, 則不敢復啓口矣。○華西云"朱子分明言'太極便會動而生陽'云云", 愚亦謂"朱子分明言若理則卻不會造作", 此是沈僴戊午以後所聞也。愚又考黃勉齋, 又分明言"太極不是會動靜底"。又分明言"那太極卻不自會動靜", 勉齋此說, 非自創, 乃所以述師指也。朱子嘗言: "太極, 理也;

動靜，氣也。氣行則理亦行。” 因有人馬之喩，此是六十七歲以後語。恐未可謂無甚綱領時說話，此外又有賀孫錄【太極是性，動靜陰陽是心。問：“太極只是理，理不可以動靜言，乃乘載在氣上，不覺動了靜，靜了又動？” 曰：“然。”】、謨錄【非太極動靜，只是理有動靜。】、振錄【心之理是太極，心之動靜是陰陽。】、寅錄【動處是心，動底是性。○ 愚按動靜處是陰陽，動靜底是太極。】此皆勉齋說之所本也。退翁「答奇高峯」書曰：“人非馬，不出入；馬非人，失軌途。” 栗翁「答安應休」書曰：“理無爲，必乘氣機乃動，氣不動而理動，萬無是理。” 尤翁「答沈明仲」書曰：“所謂理之主宰使動使靜者，不過曰‘自然’而已，非如二五之運用造作也。” 愚竊謂道體無爲，自孔子至尤翁諸聖賢，同然一辭，未嘗有異論者。而近世心宗諸門，乃立理有爲之一幟，而其氣象意思，欲以陵駕前輩，號令後生，甚可異也。柳稚程自少學於華門五六十年，而篤信師說，思以一變世學者，乃於晚年，改立心說而曰：“使其師爲天下群矢之的。故敢爲調補之計。” 又曰：“先師之言，常嫌其過高而或有流弊也。” 至曰：“考之先儒，亦鮮符合。安得無瞿瞿乎？” 其同門某某，至斥之以陷師射父，與黑水之罪，而柳且不肯從之矣。今且勉菴所撰「華碑」，則一主師門議論，而以尼、輿傳授朱、宋，張皇稱之矣。未知後之聖賢於柳、崔兩公之論，孰爲可否也。

愚始未見『雅言』之時，未嘗一言及於華西，而遽被金誣矣。後來稍稍見華書，不能無疑於心，所以不得默然而已也。比得『勉菴集』，見「華西碑」，復此數段，質疑云爾。

「율곡명덕설栗谷明德說」【丁巳】

1) 서지사항

전우(田愚, 1841~1922)가 지은 논설. 1917년(77세)저술.『간재집(艮齋集)』권14에 실려 있다. (한국문집총간 332-336)

2) 저자

전우

3) 내용

이글에서 전우는 '명덕이 심에 속한다, 리에 속한다' 하는 논쟁에서 양다리를 걸치는 자들이, 명백한 근거없이 매번 이이「어록」에 나오는 "심성을 합한 것"이라는 구절을 인용하여 방어논리로 삼는 것을 비판하였다. 그는『성학집요聖學輯要』의 안설(按說=栗谷說)에서는 "천명지성(天命之性)은 명덕이 갖춘 바이다"라고 했기 때문에 "심성을 합한 것"과 맞지 않으며, 율곡이 "구중리(具衆理)는 심을 가리켜 말한 것이니, 곧바로 성을 가리킨다고 하면 온당치않다." 고 밝혔다고 하였다. 그에 의하면 율곡이 "심성을 합하여 총괄적으로 말한 것"이라고 해설한 것은 질문의 맥락에 따른 답변이었을 뿐 명덕의 정훈은 아니라고 하였다. 전우는 허령한 것은 본래 심이고, 리를 갖춘 것도 심이며, 일에 응하는 것도 심이기 때문에 명덕이 심인 것이 분명하다고 하였다.

2-1-50 「栗谷明德說」【丁巳】(『艮齋集』後編 卷14)

近世明德屬心屬理之爭起, 而有騎牆者, 每引栗谷「語錄」“合心性之說”, 以爲居中兩排之計。是實中無端的見處, 蓋未足怕也。然此段以理曉之, 則彼將擧栗谷二字以禦人, 不得不亦引栗翁以證明之。『聖學輯要』按說云“天命之性, 明德之所具”, 則合心性者, 如何又具得性? 恐決不然也。然說者又以具衆理爲明德屬理之斷案, 此又易決。栗翁又豈不曰“具衆理, 指心言, 而乃指性則未穩矣”乎? 然則虛靈固是心, 具理也是心, 應事也是心, 明德之爲心, 豈不視諸掌乎? 況「語錄」之云, 亦有曲折。蓋問者歷擧“人物受之者謂之性, 主於一身者謂之心’, 此是明德也”, 而又曰“有得於天而光明正大者, 謂之明德”, 以疑之曰“心、性、明德三分而立說, 似未穩”, 則栗翁不得已, 而且以“合心性而總言者”解之。是豈明德之正訓耶?

2-1-50 「율곡명덕설栗谷明德說」【丁巳】

근세에 '명덕이 심에 속한다, 리에 속한다' 하는 논쟁이 일어나자, 양다리를 걸치는 자들이 있어 매번 율곡선생 「어록」의 "심성을 합한 것"이라는 설을 인용하여 양쪽 견해의 중간에 거하는 계책으로 삼고 있다. 그러나 이는 실제 속으로는 명확한 견해가 없는 것이므로, 겁낼 것이 없다. 그러나 이 부분을 이치로 밝히자면, 저들이 '율곡' 두 글자를 들어서 다른 사람을 막으려고 할 것이니, 또 율곡 선생을 인용하여 증명하지 않을 수 없다. 『성학집요(聖學輯要)』의 안설(按說, 栗谷說)에서는 "천명지성(天命之性)은 명덕이 갖춘 바이다"라고 했다. 그렇다면 "심성을 합한 것"이 어떻게 또 성을 갖출 수 있겠는가? 결코 그렇지 않을 것이다. 그런데 말하는 자가 또한 "구중리"를 가지고서 명덕이 리에 속한다는 단안으로 삼으니, 이도 또한 쉽게 결정지은 것이다. 율곡선생께서 또 어찌 "구중리는 심을 가리켜 말한 것이니, 곧바로 성을 가리킨다고 하면 온당치 않다."라고 말씀하지 않으셨겠는가? 그렇다면 허령한 것은 본디 심이고, 리를 갖춘 것도 심이며, 일에 응하는 것도 심이니, 명덕이 심이 되는 것이 어찌 손바닥 보듯 훤하지 않겠는가? 하물며 「어록」의 말은 또한 곡절이 있는 것이다. 질문자가 "(『大學章句』 小註에) '사람과 사물이 품부 받은 것을 性이라 하고 일신을 주재하는 것을 心이라고 한다'라고 한 것, 이것이 명덕인데, (『大學章句』 小註에) 또 이르기를 '하늘에서 얻어서 광명정대한 것을 명덕이라고 한다.'라고 했으니, 심·성·명덕을 셋으로 나누어 학설을 세우는 것은 온당치 않은 것 같습니다"라고 의심하자, 율곡선생께서 부득이 또 "심성을 합하여 총괄적으로 말한 것"이라고 해설하신 것이다. 이것이 어찌 명덕의 정훈(正訓)이겠는가?

近世明德屬心屬理之爭起, 而有騎牆者, 每引栗谷「語錄」"合心性之說", 以爲居中兩排之計。是實中無端的見處, 蓋未足怕也。然此段以理曉之, 則彼將擧栗谷二字以禦人, 不得不亦引栗翁以證明之。『聖學輯要』按說云"天命之性, 明德之所具", 則合心性者, 如何又具得性? 恐決不然也。然說者又以具衆理爲明德屬理之斷案, 此又易決。栗翁又豈不曰"具衆理指心言, 而乃指性則未穩矣"乎? 然則虛靈固是心, 其理也是心, 應事也是心, 明德之爲心, 豈不視諸掌乎? 況「語錄」之云, 亦有曲折。蓋問者歷擧"'人物受之者謂之性, 主於一身者謂之心', 此是明德也, 而又曰'有得於天而光明正大者, 謂之明德'", 以疑之曰"心、性、明德三分而立說, 似未穩", 則栗翁不得已, 而且以"合心性而總言者"解之。是豈明德之正訓耶?

「회퇴율삼선생설질의晦退栗三先生說質疑」

해제

1) 서지사항

전우(田愚, 1841~1922)가 주희(朱熹, 1130~1200), 이황(李滉, 1501~1570), 이이(李珥, 1536~1584) 리기론에 대한 자신의 견해를 적은 논설. 『간재집(艮齋集)』후편 권12에 실려있다. (한국문집총간 335)

2) 저자

전우

3) 내용

이 글은 전우가 주희(朱熹, 1130~1200), 이황(李滉, 1501~1570), 이이(李珥, 1536~1584)의 리기론이 같다고 평가한 논설이다. 전우는 이 세 선현의 리기설, 특히 사단칠정논쟁(四端七情論爭)에서의 리기론과 인심도심론 등에서 차이가 있다고 평가되는 이황과 이이 역시 서로 다른 것이 아니라, 주자의 설과 동일한 것이라고 하였다. 하지만 구체적인 내용을 보면, 이황의 만년정설이 이이의 "발하는 것은 기요, 발하게 하는 까닭은 리이다.(發者氣也, 所以發者理也)"의 주장과 일치한다고 하여, 율곡학 중심의 통합을 주장하였다. 이러한 그의 주장은, 비록 율곡학 중심이라는 한계에도 불구하고, 퇴율이후 영남학파와 기호학파로 나누어 대립한 조선유학사의 역사를 극복하기 위한 통합의 노력으로 볼 수 있다.

2-1-51 「晦退栗三先生說質疑」(『艮齋集』後編 卷12)

「心圖」“理發、氣發”, 退翁自言是“就心中分理氣而言。”『語類』“理之發、氣之發”, 晦翁說中, 以四端爲道心, 以七情與人心通融說處, 亦時有之, 而其論“人心、道心” 曰: “心之知覺一而已矣, 而或原於性命, 或生於形氣。” 人、道旣可如此說, 則四、七豈有佗說乎? 兩先生原初立言之意, 已自不同。一則分二者, 而曰“理發、氣發”; 一則總一覺, 而曰“原於性、生於氣。” 則『語類』之云, 無乃指原於性者曰“理之發”; 生於氣者曰“氣之發”歟? 若曰不然, 而必以爲“道心是理發而氣隨之, 人心是氣發而理乘之”, 如退翁四七之論, 則「中庸序」, 恐無此分理氣互發用之意脈矣。【晦翁之意, 本謂“其原、其生, 皆此一個知覺爲之”, 非謂“性命與形氣, 兩對而互發也。”】

或曰: 然則理之發, 其詳可得再言歟?

曰: 此如言“性發爲情。”【此句通四七言。】蓋性無爲而因心以發用。晦、退、栗三先生, 皆無異見, 而性發爲情, 又皆用之無疑矣。如“太極動靜”、“天命流行”、“道體呈露”, 亦皆指因氣以動靜流行呈露者言也。“理發”、“性發”、“理之發”, 皆如此。

然則退翁竟與晦翁不同歟?

曰: 否, 不然也。退翁嘗爲南時甫, 作「靜齋記」。其言曰: “動靜者, 氣也;【動者, 四七皆包在裏許。氣字, 正指心氣言。】所以動靜者, 理也。”【此本晦翁語。】此在五十六歲, 未可謂初年所見也。況其「答金而精」書, 又曰: “動者是心, 而所謂動之故是性也。”【或云: “此心字, 安知非心中分理氣之理者耶?” 曰: “下句但言所以動之性, 而了無氣隨之意, 或說謬甚。”】此又作於六十四歲矣。「答禹景善」書, 亦曰: “心動而太極之用行。”【此非“氣發而理乘之”之謂乎?】此又作於六十五歲矣。如何不認做晚年定論乎? 如此則與栗翁“發者, 氣也; 所以發者, 理也”之云, 無毫髮之異。而雖曰: “出於一手”, 誰復間然矣乎? 是皆後學之所當虛心平氣, 公聽並觀, 以立三先生理氣議論前後一揆之一大公案, 而爲萬世儒林所共守底正法眼藏者也。而主栗翁者, 疑退翁有未盡之蘊; 主退翁者, 謂栗翁爲異論之失, 而都不見兩翁之不期同而同歸於晦翁之門者, 豈非吾儒千載之至恨也耶?

或曰: 然則栗翁, 何無一言及於相符之意也?

是則栗翁卒於癸未, 『退翁文集』成於其後十七年。故未及盡見其後來議論矣。使其見「靜記」、金書之類, 則詎不釘然有契, 而其舉揚之辭, 必屢見於『全書』矣乎? 惜乎! 其未也。

或曰: 此爲儒家數百年未決之訟, 今子以眇然一後生, 乃敢云云, 得無近於僭越歟?

思對曰: 愚固蒙騃童觀, 不敢自斷, 但以三先生之言考之。晦翁曰: "有理便有氣, 流行發育萬物。" 問: "發育是理發育之否?" 曰: "有此理, 便有此氣, 流行發育, 理無形體。"【淳錄。】又曰: "氣能造作, 理卻無情意, 無計度, 無造作。"【僴錄。】退翁曰: "理無形影, 而因心以敷施發用者, 情也。惻隱情也, 而謂之心者, 情因心而發故也。"【丁卯「答李宏仲」書時, 退翁年六十七歲也。上文有云: "情是自然發出, 故謂之性發。" "性發"二字, 晦翁、栗翁亦皆云爾, 則"四端理發", "四端理之發", 無乃以自然發出而原於理者言歟? 栗翁亦言: "情雖萬般, 夫孰非發於理乎?"】又曰: "人非馬不出入。"【己未】栗翁曰: "人性之本善者理也, 而非氣則理不發。" 是三先生之說, 如出一口, 而少無異指, 則後學於此, 豈不可奉爲儒門丈尺矣乎?

或曰: 子之說固然矣。然退翁之上『聖學十圖』, 在六十八歲, 而「靜齋記」、金而精書, 實在其前, 則子惡可以「記」、「書」爲得而「心圖」爲未盡耶?

思對曰: 此言誠似然矣。子又盍觀夫己巳三月夜對說話乎? 其言曰: "以情言之, 循理而發者, 爲四端。"【上『十圖』之明年】夫理是自然無爲之體也。其循自然之理而敷施發見者, 非心氣而何? 此與晦、栗二說, 恰恰相符, 何爲而不指爲定論乎? 然則理發氣隨仍存, 何也? 豈非循理而發, 是自然之動, 而亦可謂之理發, 故仍存而不必改歟? 抑又念之, 退翁以『十圖』進御後, 頻數改易爲未安, 屢見於『文集』。今之仍舊, 豈或以是歟? 不然而必欲作理循理而發,【理發。】而所乘之機隨而動【而氣隨。】之義看定, 則恐決非退翁之本指也。玆以質於明者。丁巳孟秋, 後學田愚, 敬書。

「농암사칠설의의農巖四七說疑義」【戊午】

해제

1) 서지사항

전우(田愚, 1841~1922)가 1894년에 지은 글. 낙학파의 종장인 김창협(金昌協, 1651~1708)의 「사단칠정설(四端七情說)」에 대해 분석한 것으로 『간재집(艮齋集)』후편 권12에 실려있다. (한국문집총간 335)

2) 저자

전우

3) 내용

이 글은 전우가 김창협의 「사단칠정설(四端七情說)」을 총 26개의 조목으로 나누어 의문점에 대해 분석한 글이다. 기호학파 낙론계 종장인 김창협은 「사단칠정설」에서 퇴계의 사유를 일정 부분 긍정하였다. 하지만 율곡학파 내부에서는 김창협의 「사단칠정설」에 대해 논란이 있었으며, 결국 이글은 1709년 『농암집(農巖集)』이 간행될 때 실리지 못하고 약 150년 후인 1854년 『농암속집(農巖續集)』에 실리게 되었다. 김창협의 「사단칠정설」에서 주목할 것은 이이가 "선은 청기(清氣)가 발(發)한 것이고, 악은 탁기(濁氣)가 발(發)한 것"이라고 함으로써 선과 악을 모두 '기'로 돌리는 것에 대한 의문이었다. 특히 김창협은 '선'이 모두 '청기'로 인할 것이 아님을 주장했다. 왜냐하면, 예를 들어 매우 탁한 기를 가진 사람이라고 하더라도 선한 정이 발현될 수 있기 때문이었다. 또한 김창협은 사단과 칠정을 각각 주리(主理)와 주기(主氣)로 분설하는데, 이것은 이이가 사단과 칠정을 각각 주리(主理)와 겸기(兼氣)로 분설한 것과는 다르다. 이에 대해 전우는 전반적으로 김창협의 논리를 비판적으로 전개했다. 특히 칠정이 모두 선한 것은 아니며, 또한 모두 악한 것은 아니기에 주기라고 할 수 없으며, 결국 겸기라고 말한 이이의 주장이 옳은 것이라고 주장했다. 즉, 전우는 김창협이 칠정을 주기라고 표현하는 것에 문제가 있다고 생각했다. 이것은 주기라는 용어가 당시 심설논쟁에서 부정적인 표현이었기도 할 뿐 아니라, 칠정이 무조건적으로 악으로 흐르는 것은 아니었기 때문이었다. 따라서 전우는 칠정을 겸기, 나시 말해 리와 기를 겸한다는 이이의 사유가 옳다는 것을 「농암사칠설의의(農巖四七說疑義)」에서 일관되게 주장했다. 결국 전우는 「농암사칠설의의」에서 사단칠정에 대한 율곡의 사유를 충실하게 계승함을 확인할 수 있다.

2-1-52 「農巖四七說疑義」【戊午】(『艮齋集』後編 卷12)

『語類』四端理之發, 七情氣之發, 退陶說近此。

愚按: 凡論情, 苟求其本源來處, 非特四端是理之發, 七情亦是理之發。如程
子曰: "喜怒出於性", 又曰: "性之有喜怒, 猶水之有波濤。" 朱子曰: "喜怒哀
樂, 情也, 其未發則性也", 又曰: "性之欲, 卽所謂情也, 情之有好惡"云云, 栗
翁亦云: "情雖萬般, 孰非原於理乎"者, 是也。若從其能所而分焉, 則非特七情
是氣之發, 四端亦是氣之發。如朱子曰: "四端便是情, 是心之發見處。四者之
萌, 皆出於心, 而其所以然者, 是性之理也", 又曰: "仁是性, 惻隱是情, 須從心
上發出來", 又曰: "四端本諸人心, 皆因所寓而後發見", 又曰: "四端皆是自人
心發出", 退翁亦云: "性無形影, 而因心以敷施發用者情也"者, 是也。竊謂無
問四七, 皆可曰是理之發、氣之發。考『語類』, 此句下, 問"看來喜怒愛惡欲, 卻
似近仁義", 曰: "固有相似處。" 又曰: "七情自於四端橫貫過了。" 退翁亦曰:
"若渾淪言之, 則以未發之中爲大本, 以七情爲大用, 而四端在其中, 如「好學
論」『中庸』是也。" 此與栗翁"言七情則四端在其中"云者, 如出一口, 而無異指
矣。但退翁理發氣發, 卻自言此就心中而分理氣言之。又每言理氣互發, 此恐
與上所擧二義不相似。然此最宜細審。又考己巳三月夜對說話, 有曰: "以情
言之, 循理而發者爲四端"。此豈非指氣之循理而發者言乎? 恐似與平日所主
"理發而氣隨之"之義不同。此是下世前一歲語。恐當以此爲定論。此一義定,
則栗翁所主四七皆是氣發而理乘者, 何嘗別出於退翁四端循理而發之外乎?
然四端之專言理, 實亦無所礙也。蒙迷之見, 偶然如此, 未審其必然否也。

七情者, 就氣機之發動而立名者也。

愚按: 『朱子大全』「舜典象刑說」云: "聖人之心, 未感於物云云。及其感於物也,
喜怒哀樂之用, 各隨所感而應之, 無一不中節者云云。以其至虛而好醜無所
遁其形, 以其至平而輕重不能違其則云云。雖以天下之大, 而擧不出乎吾心
造化之中也。" 觀此篇立意, 何嘗就氣機之動而立名, 而與四端之直指道理之

著見者, 分而二之, 判然有主氣主理之實而不可渾合說之意乎? 後學淺識, 甚恨不及就質於農翁也。

辭讓是非, 直就道理說, 何曾干涉於氣? 以此推之, 四端之異於七情, 可見矣。

　　愚按: 四七異同, 必欲如此說, 有可疑者。如舜之愛親、喜弟、怒四凶、泣旻天, 孔子之惡佞者、惡利口、臨事而懼, 孟子之吾爲此懼, 孔子之我欲仁, 孟子之我亦欲正人心之類, 謂之直就道理說, 恐無礙, 亦難謂之夾帶氣說。不但聖人之七情如是, 雖衆人之情, 亦有如是者, 如孟子所謂"孩提之童無不知愛其親"之類, 亦然。未知此不然否。願聞訂敎。

栗谷雖以恭敬屬之懼, 旣不脗合, 而所謂辭讓, 則在七情, 又當何屬耶?

　　愚按:『語類』以懼屬禮,『中庸章句』以敬畏釋戒懼, 栗翁說似出於此。至於辭讓, 是從恭敬、退遜上來, 則以之配於屬禮之懼, 或無大礙否?

栗谷以知喜怒哀懼之當否, 爲是非, 此亦未盡是非之意。

　　按『大全』「元亨利貞說」, 云: "仁、義、禮、智, 性也; 惻隱、羞惡、辭讓、是非, 情也; 以仁愛、以義惡、以禮讓、以智知者, 心也。" 今栗翁之以知是非爲智之端, 實本於此也。農翁之疑之也, 豈亦未及照管而然歟? 然栗翁於所當懼下, 著而以爲是四字; 所不當懼者之下, 著而以爲非四字, 則合於『孟註』而尤更圓滿也。

朱子論性情體用, 必以四德、四端爲言, 而未嘗以七情分屬四德, 非偶未之及, 蓋知其難分屬。

　　愚按:『語類』「小戴禮禮運」門, 以七情分屬四德, 有賀孫、義剛二錄。【見卜。】「孟子」門公孫丑四端章, 有廣錄。【見首節。】今要將此三錄及栗、農二先生說, 逐一細究。

以喜屬仁, 以懼屬禮, 費力說來, 雖若可通, 終有牽強安排處, 非自然的確不易之論也。

　　愚按:『語類』義剛錄云: "喜怒愛惡是仁義, 懼主禮。" 廣錄云: "喜怒愛惡欲, 似

仁義." 恐難謂費力說. 又如喜象喜, 喜聞過, 喜不寐, 敬其父則子悅, 內豎告
曰安則文王乃喜, 此類當屬仁; 執圭戰色, 畏大人, 戒懼是敬, 此類當屬禮, 而
可謂自然不易之論也. 未知如何?

見父母而喜者, 仁之發也; 誅惡逆而喜者, 義之發也; 喜習俎豆之事者, 禮之發也;
喜分別是非者, 智之發也.
　　愚按: 一切喜情, 恐皆當屬之於仁, 而其喜誅惡逆、喜習俎豆、喜分別是非者,
　　是仁之情, 流行於義禮智之間. 若必欲隨事而各立名義, 則假如見它人尊慕
　　吾之賢友而喜之, 見小人陷害吾之賢友而怒之, 則將謂之信之發乎? 敬其父
　　則子悅, 敬其君則臣悅, 恐不須分屬於仁義之發. 未知如何.

欲孝父母者, 仁之發也; 欲除惡逆者, 義之發也; 欲行古禮者, 禮之發也; 欲辨是非
者, 智之發也.
　　愚按: 孝父母, 除惡逆, 行古禮, 辨是非, 皆善也. 善是心之所欲也. 朱子曰:
　　"愛與欲相似而欲較深"【『語類』偭錄.】, 又曰: "喜愛欲近仁."【廣錄.】愚竊謂凡欲
　　皆由愛心起, 故賀孫問欲自惻隱上發, 而朱子無貶辭, 恐不必分屬於義禮智之
　　發, 如農翁之言, 未知是否.

凡愛哀皆屬仁, 惡怒皆屬義. 今若愛親屬仁, 愛君屬義, 如喜怒例, 則又太拘.
　　愚按: 愛哀屬仁, 惡怒屬義, 已有朱子定論. 它情以此爲例, 無不通矣.

惡怒雖皆屬義. 然見無禮於其親, 而怒之惡之者, 謂之仁之發, 亦無不可. 其佗亦
有類此者.
　　愚按: 農翁于上文"愛親屬仁", "愛君屬義", 旣曰: "太拘", 而於此又有此說, 何
　　也? 必如此則敬其父而子悅, 謂是仁之發; 敬其君而臣悅, 謂是義之發; 見宵
　　小誣吾友而怒之惡之, 謂是信之發; 見盜賊犯妻妾而怒之惡之, 謂是智之發,
　　莫亦有拘否?

子思論達道, 不曰: 喜怒哀樂之發是達道, 而必以發而中節者爲達道者, 正以人心

氣機之動, 易於差忒, 須是循理而得正, 然後可謂之達道。

　　愚按:,『中庸』"發而皆中節", 但就天命之性所發底喜怒哀樂自然無所乖戾處, 指點出達道爾。若乃機動易差與循理得正之分, 恐未遽及也。不然, 恐達道有因人方有之嫌矣。未審此說是否。○ 又按,『或問』曰: "天命之性, 方其未發云云, 故謂之中; 及其【其字指性字。】發而云云, 故謂之和云云。" 細玩此段文義, 恐是天命之性發而爲喜怒哀樂之情, 而其體用之全, 本皆如此。此可見非獨四端發於性, 而七情亦未嘗非發於性者也。愚故曰: "語情之源, 則四七皆是理主而氣配之; 指性之動, 則四七皆是氣發而理乘之也。" 蒙迷之見, 偶自如此。未知知道者以爲是否。願聞指敎。

古來論七情者, 皆有戒之之意。非若四端專以擴充爲言, 其爲主氣而言, 可見矣。

　　愚按: 此固有然者。但七情中如親老而喜懼, 親没而哀痛, 事親而存深愛, 父母所愛惡己亦愛惡, 虞帝之象喜亦喜, 孔子之臨事而懼, 孟子之吾爲此懼, 君子之存戒懼, 畏天命, 畏聖言, 哀有喪, 惡不仁, 惡鄉原,『論語』之"我欲仁",『雛書』之"義亦我所欲", "見權倖之僭逼於君上則怒"。學者於此類, 常患其不盡分, 則宜亦擴而充之, 不可戒而遏之。至於聖人七情, 尤難謂之主氣。未知如何。

四端專言理, 七情兼言氣, 栗谷說, 非不明白。愚見不無小異者, 所爭只在兼言氣一句耳。蓋七情雖實兼理氣, 要以氣爲主, 其善者, 氣之能循理者也。其不善者, 氣之不循理者也。其爲兼善惡如此而已, 初不害其爲主氣也。

　　愚按: 栗翁見七情不能皆善, 故不曰專言理, 而曰兼言氣; 又未嘗皆不善, 故不曰主氣, 而曰包理氣。其察理亦甚精且密矣。若乃聖人七情, 則不可以氣爲主也。如以氣之不循理者, 謂之主氣, 則四端亦有不中節者, 已有朱子、栗翁之說矣。今以實事論之, 自聖賢以至衆人, 一時見乞兒與病者, 其惻隱之發, 恐決無如印一板而無少輕重深淺之等矣。見盜賊而憎惡, 遇尊貴而恭敬, 臨事變而是非之發亦然, 未知如何。○ 更按:『語類』端蒙錄曰: "人生而靜, 天之性, 未嘗不善; 感於物而動, 性之欲, 此亦未是不善。至不能反躬而天理滅, 方是惡。" 竊謂: "感於物而動, 性之欲" 一句, 總包四端七情言, 而亦謂之未是不善,則何處見得主理主氣之分乎？此處最宜細覈。如何如何。

栗谷「人心道心說」，"善者淸氣之發，惡者濁氣之發。" 曾見趙成卿疑之云云。

　　愚按：此一義，只以朱子論夜氣之說爲定本，則恐無可疑。蓋『或問』曰："人暮夜休息，則其氣復淸明耳。" 看一復字，氣之本淸可知矣。【昔晤堂聞愚此言，深歎而屢稱之。】『語類』曰："人歇得些時氣便淸。" 看些字便字，氣之得淸，不必待夜息與未發，而卽有此理，尤可見矣。氣質本體淸美之義一明，後面許多疑難，或得如冰釋矣否？

後來思之，栗谷說，誠少曲折。

　　愚按：氣之本淸與乍歇卽淸，恐是栗翁說之曲折。未知如何。

中人以下，其氣固多濁少淸。然見孺子入井，未有不怵惕惻隱者，此豈淸氣之發哉云云。一日十見，亦無不惻隱云云。

　　愚按：此皆從乍歇便淸時發出來者。使其有利害關涉，則又不然。如近年淸國某地惡少輩，捕小兒得錢。蓋有買而蒸食者，厚價求之，故纔見小兒輒捕去。使此輩居不食小兒之鄉，而見孺子入井，亦必怵惕矣。以是參究，或須如愚見，然未知是否。

天理之根於性者，隨感輒發，雖所乘之氣濁，而亦不爲其所掩。然此以常人言耳。

　　愚按：常人氣質，未發時亦自淸明，纔發便有不齊。故見孺子入井，而雖有惻隱之情，必不能如聖賢之無過不及矣。淺見如此，未知是否。

至於頑愚之甚，平日所爲，至無道者，猝見人欲害其親，則亦必勃然而怒，思所以仇之。

　　愚按：頑愚之甚至無道者，見人欲害其親，則亦必怒而仇之。此只是「中庸序」所謂"雖下愚不能無道心"者，不是異事。然則道心非性命自發，乃是知覺之原於理者。 故農翁亦嘗言"道心只是物之循乎則者"，未嘗直言是理之發用也。此一義，以道心斷之，恐無可疑。未審不然否。【農翁說中，見怒思三字，皆心之事，而

非性之爲也。】

彼其方寸之內, 濁氣充塞, 豈復有一分淸明之氣? 特以父子之愛, 於天性最重, 故到急切處, 不覺眞心發出。

　　愚按: 愛雖原於仁, 而其愛之者心也。故農翁本意, 雖主性發, 而於此不覺說出眞心字, 此宜細思之。且凡覺字爲字, 皆屬心氣。若乃性理, 原無覺無爲。故雖有當發之性理, 而非能發之心氣。恐無由自動。如馬上之人, 非馬行, 決無自行之理; 器中之水, 非器動, 萬無自動之理。如以重且急, 而人自行、水自動, 則豈道體無爲之謂乎? 愚迷之見如此。然以農翁之精密明透, 豈不見及此而云爾哉? 此愚所以疑問也。

理雖曰無情意、無造作, 然其必然、能然、當然、自然, 有如陳北溪之說, 則亦未嘗漫無主宰也云云。

　　愚按: 理爲主宰, 只是箇自然無爲之主宰, 非如心之能主而宰之也。【道心是知覺原於性命而發者, 若謂性命主宰乎心氣而出, 則未知如何?】

若以善惡之情, 一歸之氣之淸濁, 則恐無以見理之實體而性之爲善也,

　　愚按: 不問氣如何, 而所載者性善之理也。若無性善之理, 則氣何從而露出此善情耶? 雖如栗翁之言, 不患無以見理之實體性之爲善也。未知此不然否。

更思之, 稟氣淸濁, 固各有本然之定分云云。氣之在形質者, 雖一定而不可易云云。不然則賢愚淸濁無復定分, 而聖人之氣, 亦有時而濁矣。豈理也哉?

　　愚按: 天地之間, 二氣、五行運行, 晦明不常, 誠有如農翁之言。然此特其運行之用耳。其本然之淸美者, 未嘗壞, 亦朱子之所嘗許也。【見『語類』歷代門。】如一泓淸水, 投以泥土, 則渾而濁矣。然其本淸底, 實在其中, 故人之稟氣, 值晦明之時, 則固得其晦明底, 然其中所有元來淸粹之體, 亦並稟受去。如就濁水中, 取得一椀去, 則其本淸底, 亦並在其中矣。此所以暮夜休息則氣復淸明, 與歇得些時氣便淸者也。如使有本分之一定者, 則雖靜寂之時, 其濁駁之定分, 依舊根著, 何以有未發時耶? 至於聖人所稟, 天地氣質之用之至淸至粹者以爲

用, 則如何得有時而濁乎? 此一義明, 則上下文許多設疑, 庶可以通矣。未審是否。

人心善惡之分, 皆因乎氣, 而其端則有三焉。本來稟賦, 一也; 隨時淸濁, 二也; 所感輕重, 三也。參互而曲暢之, 其義盡矣。

愚按: 農翁上兩句, 畢竟不出於"善者淸氣之發, 惡者濁氣之發"兩言之外矣。【老洲說中, 亦有此意】但"所感輕重"一句, 卻與栗翁之意不同, 未知終如何也。

氣之用事, 專在於意念公私之際。蓋善情之驀然發出, 固未必皆乘淸氣云云。

愚按: 氣之用事, 恐似不專在於意念公私之際。氣機纔動之初, 或不循理, 便是用事。未知如何?

纔說惻隱, 便見其爲仁之發; 纔說羞惡, 便見其爲義之發; 辭讓是非, 皆然云云。但說愛, 未定其爲仁之端。【但說惡, 未定其爲義之端; 愛惡同屬仁義, 而如愛貨色惡正直, 未可謂仁義之端也。】佗情皆然云云。

愚按: 孔子答樊遲問仁曰, "愛人。" 朱子言"愛惡屬仁義。" 此類恐難謂但說愛惡, 未見其爲仁義之端, 而必曰不能信其皆善也。且所謂感於物而動性之欲, 所謂性發爲情, 所謂陽氣發處是情, 情是流出運用處, 情者心之用之類, 豈必只言四端而七情不與焉爾乎? 竊意孔子言"愛衆、愛人、惡人", 子貢問"君子亦有惡"之類, 皆是但說愛、但說惡者, 恐難謂之非四端而必歸諸七情之不能信其皆善矣。區區蒙蔽之見, 未能遽開悟, 甚恨不及執策於三、洲門下, 而質問其所疑迷也。

2-1-52 「농암사칠설의의農巖四七說疑義」【戊午】

『주자어류』에서는 "사단은 리가 발한 것이고, 칠정은 기가 발한 것"이라 했는데, 퇴계설이 이와 가깝다.

내가 살펴보건대, 무릇 모든 정을 논함에, 진실로 그 본원처를 탐구하면 사단만이 리가 발한 것이 아니라 칠정 역시 리가 발한 것이다. 예컨대 정자는 "기쁨과 분노는 성에서 나온다"고 말했고, 또 "성에 기쁨과 분노가 있는 것은 마치 물에 파도가 있는 것과 같다"고 말했으며, 주자는 "기쁨, 분노, 슬픔, 즐거움은 정이고, 그 발하지 않은 것이 성이다"라고 말했고, 또 "성의 욕구가 바로 정이다. 정에는 좋아함과 미워함이 있다"고 말했으며, 율곡 역시 "정은 비록 만 가지나 어느 것이 리에서 근원하지 않겠는가?"라고 말했다. 만약 그 능(能, 능동)과 소(所, 수동)로 구분하면, 칠정만 기가 발한 것이 아니라 사단도 기가 발한 것이다. 예컨대 주자는 "사단은 바로 정이며, 심의 발현처이다. 사단의 싹은 모두 심에서 나오지만, 그 소이 연은 성의 리이다"라고 말했고, 또 "인은 성이고 측은은 정이니, 모름지기 심에서 발출한 것을 쫓아 나온다"고 말했으며, 또 "사단은 모두 인심에서 근본하니, 모두 붙어 있는 것에 말미암은 후에 발현한다"고 말했고, 또 "사단은 모두 사람의 심에서 발출한다"고 말했으며, 퇴계 역시 "성은 형체와 그림자가 없으며, 심에 연유하여 베풀고 발용하는 것이 정이다"라고 말했다. 생각하건대, 사단과 칠정을 불문하고 모두 '리의 발, 기의 발'이라고 말할 수 있다. 『주자어류』를 살펴보면, 이 구절 아래에서 (보광이) "기쁨, 분노, 사랑, 증오, 욕구와 같은 것을 본다면, 도리어 인의(仁義)에 가까운 것 같다"고 물으니, (주희는) "진실로 유사한 곳이 있다"고 말했다. 또 "칠정은 본래 사단을 횡으로 관통해 간 것"이라고 말했고, 퇴계 역시 "만약 혼륜하여 말하면 미발의 중을 대본(大本)으로 삼고 칠정을 대용(大用)으로 삼지만, 사단이 그 가운데 있으니, 예컨대 「호학론(好學論)」과 『중용(中庸)』이 이것이다."라고 말했다. 이것은 율곡의 "칠정을 말하면 사단이 그 가운데 있다"는 말과 한 입에서 나온 깃처럼 같은 뜻이다. 다만 퇴계의 '리발, 기발'은 도리어 스스로 말했듯이 '심 가운데 나아가서 리와 기를 구분하여 말한 것'이다. 또 매번 '리기호발(理氣互發)'을 말한 것은 아마도 위에서 거론한 두 가지 뜻과 서로 다른 듯하다. 그러나 이것은 가장 세밀하게 살펴야 한다. 또 기사년(己巳年, 1569) 3월 야대(夜對)한 말을 살펴보면, "정으로 말하면, 리를 따라 발한 것이 사단이 된다"고 말한 것이 있다. 이것이 어찌 '기가 리를 따라 발한 것'을 가리켜 말한 것이 아닌가? 아마도 평소 주장한 "리가 발함에 기가 따른다[理發而氣隨之]"는 말과는 다른 뜻인 것 같다.

이것은 죽기 1년 전의 말이므로, 아마도 마땅히 이것을 정론으로 삼아야 한다. 이 하나의 뜻이 정해지면, 율곡의 '사단과 칠정이 모두 기가 발함에 리가 탄 것'는 주장이 어찌 일찍이 퇴계의 '사단은 (기가) 리를 따라 발한 것'이라는 주장을 벗어나서 별도로 나온 것이겠는가? 그러나 사단은 오로지 리를 말한다는 것은 또한 진실로 의심할 것이 없다. 몽미(蒙迷)한 견해가 우연히 이와 같으니, 반드시 그러한 것인지는 모르겠다.

칠정은 기기(氣機)가 발동하는 것에 나아가 이름 지은 것이다.

내가 살펴보건대, 『주자대전』 「순전상형설(舜典象刑說)」에서는 "성인의 마음이 아직 사물에 지각하지 않았을 때에는 운운(云云), 사물에 지각하면 기쁨, 분노, 슬픔, 즐거움의 용(用)이 각각 지각하는 바에 따라 반응하여, 하나라도 절도에 맞지 않은 것이 없다 운운. 지극히 비어 있기 때문에 좋아하고 미워함이 그 형체를 감출 수 없으며, 지극히 평평하기 때문에 가벼움과 무거움이 그 법칙을 어길 수 없다 운운. 비록 천하처럼 큰 것이라도 내 마음의 조화(造化) 가운데서 벗어날 수 없다."고 말했다. 이 글을 보고 뜻을 세운다면, 어찌 (칠정은) 기기(氣機)가 움직이는 것에 나아가 이름 지은 것으로서, 도리가 드러난 것을 곧바로 지칭한 사단과 둘로 나뉘니, 판연히 주리와 주기의 실상이 있으므로 혼합하여 말할 수 없다는 뜻이 있다고 하겠는가? 후학의 얕은 식견으로 농암에게 나아가 질정하지 못하니, 심히 한스럽다.

사양과 시비는 곧바로 도리에 나아가 말한 것이니, 어찌 기와 상관이 있겠는가? 이것으로 미루어 보면, 사단이 칠정과 다르다는 것을 알 수 있다.

내가 살펴보건대, 사단과 칠정의 차이를 반드시 이처럼 말하고자 한다면, 의심스러운 점이 있게 된다. 예컨대 순임금이 어버이를 사랑하고, 아우에게 기뻐하고, 사흉(四凶)에게 성내고, 하늘을 향해 울부짖은 것, 공자가 말재주 있는 자를 미워하고, 말이 많은 자를 미워하고, 일에 임하여 두려워한 것, 맹자가 '내가 이 때문에 두려워한다'고 한 것, 공자가 '내가 인(仁)을 실천하고자 한다'고 한 것, 맹자가 '나 역시 인심을 바르게 하고자 한다'고 한 것 등은 '곧바로 도리에 나아가 말한 것'이라 말해도 아마 장애가 없을 것이며, 또한 '기를 띠고 말한 것'이라고 말하기도 어려울 것이다. 성인(聖人)의 칠정만 이러한 것이 아니다. 중인(衆人)의 정에도 이와 같은 것이 있으니, 예컨대 맹자의 "어린 아이가 그 어버이를 사랑할 줄 모르는 이가 없다"는 말 등이 그러하다. 이것이 그렇지 않은 것인지는 잘 모르겠다. 원컨대 바로잡아주는 가르침을 듣고 싶다.

율곡이 비록 '공경(恭敬)'을 '두려움'에 소속시키기는 했지만, 이미 꼭 맞지 않는다. 그리고 '사양'

은 칠정 가운데 어디에 소속시켜야 하는가?

내가 살펴보건대, 『주자어류』에서는 '두려움'을 '예(禮)'에 분속시키고, 『중용장구』에서는 '경외(敬畏)'로 '계구(戒懼)'를 해석했는데, 율곡설은 여기서 나온 듯하다. '사양'도 공경과 겸손에서 나온 것이니, 그것을 '예(禮)의 두려움'에 분속시키면 크게 잘못됨이 없지 않을까?

율곡은 기쁨, 분노, 슬픔, 두려움이 합당한지 여부를 아는 것을 '시비지심'이라고 했는데, 이 또한 시비지심의 뜻에 미진하다.

『주자대전』의 「원형이정설」을 살펴보니, "인의예지는 성이고, 측은, 수오, 사양, 시비는 정이며, 인으로 사랑하고 의로 미워하고 예로 사양하고 지로 아는 것은 심이다"라고 말했다. 지금 율곡이 시비를 아는 것을 지의 단서로 여긴 것은 진실로 이것에 근본한 것이다. 농암이 이를 의심하니, 어찌 또한 조관(照管)하지 못하고 그런 것일까? 그러나 율곡이 '소당구(所當懼)' 아래에 '이이위시(而以爲是)' 네 글자를 붙이고, '소부당구자(所不當懼者)' 아래에 '이이위비(而以爲非)' 네 글자를 붙였더라면, 『맹자집주』에 부합하여 더욱 원만했을 것이다.[230]

주자는 성과 정의 체용(體用)을 논할 적에 반드시 사덕(四德)과 사단(四端)으로 말했는데, 일찍이 칠정을 사덕에 분속한 적이 없다. 이는 우연히 그러지 못한 것이 아니라 분속하기 어렵다는 것을 안 것이다.

내가 살펴보건대, 『주자어류』의 『소대례(小戴礼)』 예운(禮運) 부분에서 칠정을 사덕에 분속한 것으로 하손과 의강의 두 기록이 있으며,【아래에 보인다.】 『맹자(孟子)』 공손추(公孫丑) 사단장(四端章)」 부분에는 광의 기록이 있다.【수절(首節)에 보인다.】 이제 이 세 기록과 율곡, 농암 두 선생의 말을 가지고 하나하나 쫓아서 세밀하게 궁구하고자 한다.

기쁨을 인(仁)에 소속시키고 두려움을 예(禮)에 소속시켜서 힘써 설명한 것이 비록 통할 것 같지만, 결국 억지로 안배한 구석이 있으므로 '자연스럽고 적확하여 바뀌지 않는 이론'이 아니다.

내가 살펴보건대, 『주자어류』의강의 기록에서 "기쁨, 분노, 사랑, 미워함은 인의(仁義)이며, 두려움은 예(禮)를 주로 한다"고 하고, 광의 기록에서 "기쁨, 분노, 사랑, 증오, 욕구는 인의와 비슷하다"라고 말했는데, 아마도 (헛되게) 힘을 써서 설명했다고 말하기 어려울 것이다. 또 가령 '상(象)의 기쁨을 기뻐함', '허물 듣기를 기뻐함', '기뻐서 잠을 이루지 못함', '그 아버지

---

230) 『孟子集註』에서 朱子는 '是非之心'에 대해 "是, 知其善而以爲是也. 非, 知其惡而以爲非也"라고 설명한 바 있다.

를 공경하면 자식이 기뻐함', '내수(內豎)가 편안하다고 고하면 문왕이 바로 기뻐함' 같은 부류는 마땅히 인(仁)에 소속시키고, 홀을 잡고 두려워하는 기색, 대인을 경외함, 계구(戒懼)가 경(敬)이다, 이러한 부류는 마땅히 예(禮)에 소속시키는 것은 '자연스럽고 바뀌지 않는 이론'이라 말할 수 있다. 어떠한지 모르겠다.

부모를 보고 기뻐함은 인이 발한 것이요, 도리에 어긋나는 행위[惡逆]를 벌주는 것을 기뻐함은 의(義)가 발한 것이며, 제사 지내는 일을 익히기를 기뻐함은 예(禮)가 발한 것이요, 시비를 분별하기를 기뻐함은 지(智)가 발한 것이다.

　　내가 살펴보건대, 일체의 기쁜 정은 아마도 모두 마땅히 인(仁)에 소속시켜야 한다. 도리에 어긋나는 행위[惡逆]를 벌주는 것을 기뻐하고, 제사 익히는 것을 기뻐하고, 시비를 분별하는 것을 기뻐함은 인(仁)의 정이 의, 예, 지의 사이에서 유행한 것이다. 만약 반드시 일에 따라 각각 명의(名義)를 세우고자 하면, 가령 다른 사람이 나의 어진 벗을 존경하고 그리워하는 것을 보고 기뻐함과 소인이 나의 어진 벗을 모함하여 해롭게 하는 것을 보고 성냄은 장차 '신(信)이 발한 것'이라 하겠는가? 아버지를 공경하면 자식이 기뻐함과 임금을 공경하면 신하가 기뻐함은 아마도 '인(仁)이 발한 것'과 '의(義)가 발한 것'으로 분속시킬 필요가 없을 것이다. 어떠한지 모르겠다.

부모에게 효도하고자 함은 인의 발이고, 도리에 어긋나는 행위[惡逆]를 제거하고자 함은 의의 발이고, 옛 예법을 행하고자 함은 예의 발이고, 시비를 분별하고자 함은 지의 발이다.

　　내가 살펴보건대, 부모에게 효도하고, 도리에 어긋나는 행위[惡逆]를 제거하고, 옛 예법을 행하고, 시비를 구분함은 모두 선(善)이다. 선(善)은 심이 하고자 하는 것이다. 주자는 "애(愛)와 욕(欲)은 서로 비슷하지만, 욕(欲)은 비교적 깊다"[『주자어류』 한의 기록]고 말했고, 또 "희(喜), 노(怒), 욕(欲)은 인(仁)에 가깝다"[광의 기록]고 말했다. 내가 생각하건대, 무릇 욕(欲)은 모두 사랑의 마음으로 인하여 일어난다. 그러므로 하손(賀孫)이 '욕(欲)이 측은에서 발하는 것'인지 묻자, 주자는 폄하하는 말이 없었으니, 아마도 농암의 말처럼 '의(義), 예(礼), 지(智)가 발한 것'으로 분속할 필요가 없을 것이다. 옳은지 그른지는 알지 못하겠다.

무릇 기쁨과 슬픔은 모두 인(仁)에 속하고 미워함과 분노는 모두 의(義)에 속한다. 지금 만약 기쁨과 분노의 예처럼 어버이를 사랑하는 것은 인에 소속시키고, 임금을 사랑하는 것은 의에 소속시킨다면, 너무 얽매이는 것이다.

　　내가 살펴보건대, '기쁨과 슬픔은 인에 속하고, 미워함과 분노는 의에 속한다'는 것은 이미 주자의 정론이 있다. 다른 정(情)도 이것으로 본보기를 삼으면 통하지 않음이 없을 것이다.

미워함과 분노가 비록 모두 의(義)에 속하지만, 부모에게 무례하게 구는 것을 보고 성내거나 미워하는 것은 인(仁)이 발한 것이라 해도 안 될 것이 없다. 그 나머지도 이와 유사하다.

　내가 살펴보건대, 농암이 윗 문장에서 '애친속인(愛親屬仁)'과 '애군속의(愛君屬義)'에 대해 이미 "심하게 얽매인 것"이라 말하고는, 여기서는 또 이렇게 말했으니, 무슨 까닭인가? 반드시 이와 같다면, 아버지를 공경함에 자식이 기뻐함은 인(仁)이 발한 것이라 하고, 임금을 공경함에 신하가 기뻐함은 의(義)가 발한 것이라 하며, 도적이 내 벗을 속이는 것을 보고 성내고 미워함은 신(信)이 발한 것이라 하고, 도적이 처첩을 범하는 것을 보고 성내고 미워함은 지(智)가 발한 것이라 해도, 역시 얽매임이 없는 것인가?

자사가 달도(達道)를 논함에 '기쁨, 분노, 슬픔, 즐거움이 발한 것'이 달도라고 말하지 않고, 반드시 '발하여 절도에 맞는 것'을 달도라고 한 것은 곧 사람 마음의 기기(氣機)는 어긋나기 쉬우므로 반드시 '이치에 따라 바르게 움직인 다음에만 달도라고 할 수 있다'는 것이다.

　내가 살펴보건대, 『중용』의 "발한 것이 모두 중절하다"는 다만 천명지성이 발한 바가 기쁨, 분노, 슬픔, 즐거움이 스스로 어긋난 것이 없는 것에 나아가 달도(達道)를 가리킨 것일 뿐이다. 만약 바로 '기틀이 움직여 어긋나기 쉬움'과 '리를 따라 올바름을 얻음'을 구분한 것이라 한다면, 아마도 성급하게 말하기 어려울 것이다. 그렇지 않다면, 아마도 달도가 '사람으로 인하여 비로소 있게 된다'는 혐의가 있을 것이다. 이 말이 옳은지 그른지는 잘 모르겠다. ○ 또 살펴보건대, 『중용혹문』에서 "천명지성이 바야흐로 미발(未發)일 때 운운하고, 그러므로 '중(中)'이라 한다. 그것['그것'은 '性'을 가리킨다.]이 발함에 미쳐서 운운하고 그러므로 '화(和)'라 한다"고 운운하였다. 세밀하게 이 단락의 뜻을 완미하면, 아마도 천명지성이 발하여 기쁨, 분노, 슬픔, 즐거움의 정이 됨에 체용의 온전함이 본래 모두 이와 같은 것이다. 여기에서 사단만 성(性)에서 발하는 것이 아니라 칠정도 일찍이 모두 성에서 발하는 것임을 알 수 있다. 나는 그러므로 "정(情)의 근원을 말하면 사단과 칠정이 모두 '리가 주인이고 기가 짝하는 것'이요, 성(性)의 움직임을 가리키면 사단과 칠정이 모두 '기가 발함에 리가 타는 것이다'"라고 말한다. 몽미(蒙迷)한 견해가 우연히 이와 같으니, 도를 아는 자가 옳다고 여길지 모르겠다. 가르침을 듣기를 원한다.

예로부터 칠정을 논한 말에는 모두 경계하는 뜻이 있어서, 사단은 오로지 확충으로 말한 것과 다르니, (칠정은) 기를 위주로 말한 것임을 알 수 있다.

내가 살펴보건대, 이는 진실로 그러함이 있다. 다만 칠정 중에는 '어버이가 늙음에 기뻐하고 두려워함', '어버이가 돌아가심에 애통함', '어버이를 섬김에 깊은 사랑을 보존함', '부모가 사랑하고 미워하는 바를 자기 또한 사랑하고 미워함', 순임금이 '상(象)의 기쁨도 기뻐함', 공자가 '일에 임하여 두려워함', 맹자가 '내가 이 때문에 두려워함', 군자가 '계구를 보존함', '천명을 경외함', '성인의 말을 두려워함', '돌아가신 분을 슬퍼함', '불인한 사람을 미워함', '향원을 미워함', 『논어』의 '내가 인(仁)을 하고자 함', 『맹자』의 '의(義)도 내가 하고자 함', '권신이 참람하게 임금을 핍박하는 것을 보면 분노함' 등도 있다. 배우는 자가 이러한 부류에 대해 항상 그 본분을 다하지 못함을 근심한다면 마땅히 또한 확충해야 하니, 경계하여 막을 수 없다. 성인의 칠정에 대해서는 더욱 '주기(主氣)'라고 말하기 어렵다. 어떠한지 모르겠다.

"사단은 오로지 리만을 말하고, 칠정은 기를 겸하여 말한 것"이라는 율곡의 말이 명백하지 않은 것은 아니다. 나의 생각은 조금 다른데, 쟁점은 '기를 겸하여 말한다'는 한 구절에 있을 뿐이다. 대개 칠정이 비록 진실로 리와 기를 겸하나, 요점은 기가 주가 되는 것이다. 그 선한 것은 기가 능히 리를 따른 것이요, 선하지 않은 것은 기가 리를 따르지 않은 것이다. (칠정이) 선과 악을 겸하는 것이 이와 같을 뿐이니, 처음부터 '기를 위주로 함'을 방해하지 않는다.

내가 살펴보건대, 율곡은 '칠정이 모두 선할 수 없음'을 보고 '리를 오로지 말한 것'이라 하지 않고 '기를 겸하여 말한 것'이라 하고, 또 일찍이 (칠정이) 모두 불선(不善)한 것은 아니기에 '주기(主氣)'라고 말하지 않고 '리와 기를 포함한다'고 말한 것이니, 그 이치를 관찰한 것이 또한 매우 정밀하다. 성인의 칠정과 같은 것은 기를 위주로 말할 수 없다. 만일 기가 리를 따르지 않는 것을 주기라고 말한다면, 사단도 절도에 맞지 않는 것이 있음은 이미 주자와 율곡이 말한 바 있다. 이제 실제 일로 논하면, 성현으로부터 중인에 이르기까지 동시에 구걸하는 아이와 병든 자를 보면 그 측은이 발하는 것이 같은 판(板)에서 찍어낸 듯이 빠짐이 없고, 조금도 경중(輕重)과 심천(深淺)의 등급이 없을 것이다. 도적을 보고 증오하고, 존귀한 사람을 만나 공경하고, 사변(事變)에 임하여 시비가 발하는 것 역시 그러하다. 어떠한지 모르겠다. ○ 다시 살펴보건대, 『주자어류』의 단몽의 기록에 "사람이 태어남에 고요한 '하늘의 성'은 일찍이 선하지 않은 적이 없고, 사물에 감하여 움직이는 '성의 욕구' 역시 선하지 않음이 없다. 몸에 돌이켜 성찰하지 못해 천리가 소멸함에 이른 것이 바야흐로 악이다"라고 말하였다. 생각하건대, "사물에 감하여 움직이는 것은 성의 욕구이다"라는 한 구절은 사단과 칠정을 포괄하여 말한 것으로서 또한 '선하지 않음이 없다'고 한다면, 어느 곳에서 주리와 주기의 구분을 볼 수 있겠는가? 이곳에서 가장 마땅히 세밀하게 밝혀야 한다. 어떠한가?

율곡의 「인심도심설(人心道心説)」에 "신은 맑은 기가 발한 것이요, 악은 탁한 기가 발한 것"이라 했는데, 일찍이 조성경(趙成卿)이 이 말을 의심한 것을 보았다 운운.

내가 살펴보건대, 이 일의(一義)는 다만 주자가 야기(夜氣)를 논한 말을 정본으로 삼는다면 아마도 의심할 것이 없을 것이다. 대개 『맹자혹문』에서 "사람이 늦은 밤에 휴식하면, 그 기가 다시 청명해진다"고 말했는데, '복(復)' 자를 보면 '기가 본래 맑은 것'을 알 수 있다.〔옛날에 어당(峿堂)이 나의 이 말을 듣고 깊이 탄복하며 자주 칭송하였다.〕『주자어류』에서 "사람이 조금이라도 쉬고 나면 기가 곧 맑아진다"라고 말했는데, '사(些)' 자와 '변(便)' 자를 보면 '기가 맑아짐'은 반드시 밤에 휴식하는 것과 미발(未發)을 기다릴 필요 없이 곧바로 이러한 이치가 있음을 더욱 알 수 있다. '기질의 본체는 청미(淸美)하다'는 뜻이 한 번 밝혀지면, 그 다음의 수많은 의심은 얼음이 녹듯 사라질 것이다.

뒤에 생각해 보니, 율곡의 말은 진실로 약간 곡절이 부족하다.

내가 살펴보건대, '기가 본래 맑음'과 '잠시 쉬면 곧바로 맑아짐'은 아마도 율곡설이 곡절하다. 어떠한지 모르겠다.

중인(中人) 이하는 기가 진실로 흐린 것이 많고 맑은 것이 적다. 그러나 어린아이가 우물에 빠지는 것을 보고는 깜짝 놀라 측은하게 여기지 않는 자가 없으니, 이것이 어찌 맑은 기가 발한 것이겠는가 운운. 하루에 열 번을 보아도 측은하게 여기지 않음이 없다 운운.

내가 살펴보건대, 이것은 모두 '잠시 쉬면 바로 맑아질 때'에 발한 것이다. 만약 거기에 이해가 관계된다면 또 그렇지 않을 것이다. 예컨대 근년에 청나라 어느 지역에서는 불량배가 어린 아이를 잡아다가 돈을 요구하고 있다. 대개 (어린 아이를) 사다가 삶아먹는 자들이 값을 후하게 쳐주니, 그러므로 어린 아이를 보면 곧바로 붙잡아 가는 것이다. 만약 이 불량배들이 어린 아이를 삶아먹지 않는 마을에서 살았다면, 어린 아이가 우물에 빠지는 것을 보면 또한 반드시 슬퍼하고 가여워 했을 것이다. 이것을 참고하여 궁구하면, 혹 나의 견해와 같아질 것이다. 그러나 옳은지 그른지는 모르겠다.

천리가 성에 근본한 것은 감응하는 즉시 발하니, 비록 타고 있는 기가 탁하더라도 그에 가려지지 않는다. 그러나 이는 보통 사람으로 말한 것이다.

내가 살펴보건대, 보통 사람의 기질은 미발시에는 역시 저절로 청명하나, 발하자마자 바로 가지런하지 못하게 된다. 그러므로 어린이가 우물에 빠지는 것을 보고 비록 가엽게 여기는 정이 있더라도, 반드시 '성현의 과불급이 없음'과 같아질 수 없다. 나의 얕은 견해는 이와 같은데, 옳은지 그른지는 모르겠다.

매우 완고하고 어리석어 평소의 행동이 지극히 무도한 사람도 갑자기 어떤 사람이 자기 부모를 해치려는 것을 보면 반드시 발끈하고 성내어 보복할 것을 생각할 것이다.

    내가 살펴보건대, 완고하고 어리석음이 심하여 지극히 도가 없는 자도 다른 사람이 어버이를 해하고자 하는 것을 보면 또한 반드시 성내어 보복한다는 것은 다만 「중용장구서」의 "비록 어리석은 사람이라도 도심이 없을 수 없다"는 것이니, 이상한 일이 아니다. 그렇다면 도심은 성명이 스스로 발한 것이 아니요, 바로 지각이 리에 근원한 것이다. 그러므로 농암도 일찍이 "도심은 단지 사물이 법칙을 따른 것"이라 말했고, 일찍이 곧바로 '이것은 리의 발용'이라고 말하지 않았다. 이 일의(一義)는 도심으로 단정하면 아마도 의심스러울 것이 없을 것이다. 그렇지 않은지는 모르겠다.[농암의 말 가운데 견(見), 노(怒), 사(思) 세 글자는 모두 심(心)의 일이요, 성(性)이 하는 일이 아니다.]

그런 사람은 마음속에 흐린 기가 가득 차 있으니, 어찌 조금이라도 맑고 밝은 기가 있겠는가? 다만 부자의 사랑은 천성 중에 가장 중요한 것이므로, 다급한 상황에 처하여 자기도 모르게 진심(真心)이 발출한 것이다.

    내가 살펴보건대, 사랑은 비록 인에 근원하지만, 사랑하는 것은 심이다. 그러므로 농암의 본의는 비록 '성발(性發)'을 주장하는 것이지만, 여기에서 자기도 모르게 '진심(真心)'이라는 글자를 말했으니, 이는 마땅히 세밀하게 생각해야 한다. 또 무릇 '각(覺)'과 '위(爲)'는 모두 '심기(心氣)'에 속한다. '성리(性理)'와 같은 것은 원래 지각도 없고 작위도 없으니, 그러므로 '마땅히 발해야 하는 성리'가 있을지라도 '능히 발할 수 있는 심기'가 아니면 아마도 스스로 말미암아 움직일 수 없는 것이다. 마치 말 위의 사람은 말이 가지 않으면 스스로 가는 이치가 결코 없고, 그릇 속의 물은 그릇이 움직이지 않으면 스스로 움직이는 이치가 전혀 없는 것과 같다. 만일 중요하고 또 급한 경우 사람이 스스로 가고 물이 스스로 움직인다고 한다면, 어찌 도체(道體)를 무위(無爲)라고 하겠는가? 나의 우매한 견해는 이와 같다. 그렇지만 농암의 정밀함과 밝음으로 어찌 이것을 보지 못하고 말하셨겠는가? 이것이 내가 의문을 품는 까닭이다.

리는 비록 정의도 없고 조작도 없다고 말하지만, 진북계(陳北溪)의 말처럼 필연(必然), 능연(能然), 당연(當然), 자연(自然)이 있으니, 또한 일찍이 방종하여 '주재함이 없는 것'이 아니다 운운.

    내가 살펴보건대, 리의 주재는 다만 '자연스럽고 작위가 없는 주재'일 뿐이니, 심이 '능동적으로 주재함'과는 나르다.[도심은 지각이 성명에 근원하여 발한 것이다. 만일 '(도심은) 성명이 심기를 주재해서 나온 것'이라 한다면, 어떠한지 모르겠다.]

만약 선하거나 악한 정을 기의 맑음과 흐림으로만 돌린다면, 아마도 리의 실체와 성이 선함을 볼 수 없을 것이다.

내가 살펴보건대, 기가 어떠한가를 불문하고 싣고 있는 것은 성선의 리이다. 만일 성선의 리가 없다면 기가 무엇으로부터 이 선한 정을 드러내겠는가? 비록 율곡의 말과 같더라도 리의 실체와 성이 선함을 볼 수 없다는 근심은 없을 것이다. 잘 모르겠지만, 그렇지 않은가?

다시 생각해 보니, 타고난 기가 맑고 흐린 것은 진실로 각각 본연의 정해진 분수가 있다 운운. 형질(形質)에 있는 기는 비록 일정하여 바꿀 수 없다 운운. 그렇지 않다면 어진 사람과 어리석은 사람의 맑고 흐림이 다시는 정해져 있지 않고, 성인의 기도 흐린 때가 있을 것이니, 어찌 이런 이치가 있겠는가?

내가 살펴보건대, 천지 사이에 음양오행이 운행함에 회명(晦明)이 일정하지 않으니, 진실로 농암처럼 말할 수 있겠다. 그렇지만 이것은 다만 그 운행의 작용일 뿐이다. 그 본연의 맑고 아름다운 것은 일찍이 파괴된 적이 없으니, 이는 또한 주자가 일찍이 허락한 것이다.[『주자어류』 역대문(歷代門)에 보인다.] 예컨대 하나의 깊고 맑은 물에 진흙을 던지면 혼탁하게 되지만, 그 본래 맑은 것은 실로 그 가운데 있다. 그러므로 사람이 품부받은 기가 바로 회명(晦明)의 때를 만나면 진실로 회명하게 되지만, 그 가운데 있는 원래 맑고 순수한 본체를 또한 아울러 품부 받았다. 예컨대 흐린 물에 나아가 한 주발을 푸면, 그 본래 맑은 물도 아울러 그 가운데 있는 것이다. 이것이 늦은 밤에 휴식하면 기가 다시 맑고 밝아지고, 조금이라도 쉬면 기가 바로 맑게 되는 까닭이다. 만약 본래 분수가 한결같이 정해진 것이 있어서, 비록 고요한 때라도 그 탁박하게 정해진 분수는 예전처럼 뿌리내리고 있다면, 어찌 미발의 때가 있겠는가? 성인이 품부 받은 것은 천지기질의 작용이 지극히 맑고 지극히 순수한 것으로 용(用)을 삼는다면, 어떻게 때때로 흐릴 수 있겠는가? 이 하나의 뜻이 분명하게 되면, 상하 문장에서 제기한 많은 의심들이 거의 통하게 될 것이다. 옳은지 그른지는 잘 모르겠다.

인심이 선하고 악하게 되는 구분은 모두 기에 연유하는데, 그 단서는 세 가지가 있다. 본래 타고난 것이 첫째이고, 때에 따라 맑거나 흐린 것이 둘째이며, 감응하는 것의 경중이 셋째이다. 세 가지를 참고하여 곡진하게 펼쳐 보면 그 뜻이 다할 것이다.

내가 살펴보건대, 농암의 위 두 구절은 결국 '선한 것은 맑은 기가 발한 것이고, 악한 것은 흐린 기가 발한 것'이라는 두 말에서 벗어나지 않는다.[노주의 말 가운데에도 역시 뜻이 있다.] 다만 "감응하는 바에 경중이 있다"는 한 구절은 도리어 율곡의 뜻과 같지 않다. 끝내 어떠한가를 알지 못하겠다.

기의 용사(用事)는 오로지 의념(疑念)의 공사(公私)에 달려있다. 대개 선한 정이 갑자기 나오는 것은 본래 반드시 모두 맑은 기를 탄 것이 아니다 운운.

　　내가 살펴보건대, 기의 용사는 아마도 오로지 의념(意念)의 공사(公私)에 달린 것은 아닌 듯하다. 기기(氣機)가 움직일 처음에 혹 리를 따르지 않는 것이 바로 '용사'이다. 어떠한지 모르겠다.

측은이라고 말하면 곧 그것이 인(仁)이 발한 것임을 볼 수 있고, 수오라고 말하면 곧 그것이 의(義)가 발한 것임을 볼 수 있다. 사양과 시비도 모두 그러하다 운운. 사랑만을 말할 경우 그것이 인(仁)의 단서라고 단정하지 못한다.[증오만을 말할 경우 그것이 의(義)의 단서라고 단정하지 못한다. 사랑과 증오는 동일하게 인의(仁義)에 속하는데, 재화와 여색을 사랑하고 바르고 곧음을 미워함은 인의의 단서라고 말할 수 없다.] 다른 정도 모두 그러하다 운운.

　　내가 살펴보건대, 공자는 번지(樊遲)가 인(仁)을 물은 것에 답하면서 "사람을 사랑하는 것"이라고 말했고, 주자는 "사랑과 증오는 인의(仁義)에 속한다"고 말했는데, 이러한 부류는 아마도 '사랑만 발하고 증오만 말한 것으로서 인의의 단서가 됨을 볼 수 없으니, 반드시 그것이 모두 선함을 믿을 수 없다'고 말하기 어려울 것이다. 또 이른바 '사물에 감하여 움직이는 것이 성의 욕구이다', '성이 발하여 정이 된다', '양기가 발한 곳이 정이다', '정은 흘러나와 운용하는 곳이다', '정은 심의 작용이다'라는 부류는 어찌 반드시 사단만을 말하고 칠정과는 관계가 없겠는가? 생각하건대, 공자가 말한 '애중(愛衆)', '애인(愛人)', '오인(惡人)', 자공이 질문한 '군자도 미워함이 있는가' 등이 모두 이것이다. '사랑만 말하고 증오만 말한 것'은 아마도 '사단이 아니어서, 반드시 모두 선함을 믿을 수 없는 칠정으로 귀착된다'고 말하기 어려울 것이다. 구차하고 몽매한 견해로 갑자기 깨달을 수 없으니, 삼연(三淵)과 노주(老洲) 문하에 들어가 배우면서 그 의심스럽고 미혹한 바를 질문하지 못하는 것이 매우 안타깝다.

『語類』四端理之發, 七情氣之發, 退陶說近此。

　　愚按: 凡論情, 苟求其本源來處, 非特四端是理之發, 七情亦是理之發。如程子曰: "喜怒出於性", 又曰: "性之有喜怒, 猶水之有波濤。" 朱子曰: "喜怒哀樂, 情也, 其未發則性也", 又曰: "性之欲, 卽所謂情也, 情之有好惡"云云, 栗翁亦云: "情雖萬般, 孰非原於理乎"者, 是也。 若從其能所而分焉, 則非特七情是氣之發, 四端亦是氣之發。 如朱子曰: "四端便是情, 是心之發見處。 四者之萌, 皆出於心, 而其所以然者, 是性之理也", 又曰: "仁是性, 惻隱是情, 須從心上發出來", 又曰: "四端本諸人心, 皆因所寓而後發見", 又曰: "四端皆是自人心發出", 退翁亦云: "性無形影, 而因心以敷施發用者情也"者, 是也。 竊謂無問四七, 皆可曰是理之發、氣之發。 考『語類』, 此句下, 問"看來喜怒愛惡欲, 卻似近仁義", 曰: "固有相似處。" 又曰: "七情自於四端橫貫過了。" 退翁亦曰: "若渾淪言之, 則以未發之中爲大本, 以七情爲大用, 而四端在其中, 如「好學論」『中庸』是也。" 此與栗翁"言七情則四端在其中"云者, 如出一口, 而無異指矣。 但退翁理發氣發, 卻自言此就心中而分理氣言之。 又每言理氣互發, 此恐與上所擧二義不相似。 然此最宜細審。 又考己巳三月夜對說話, 有曰: "以情言之, 循理而發者爲四端"。 此豈非指氣之循理而發者言乎? 恐似與平日所主理發而氣隨之之義不同。 此是下世前一歲語。 恐當以此爲定論。 此一義定, 則栗翁所主四七皆是氣發而理乘者, 何嘗別出於退翁四端循理而發之外乎? 然四端之專言理, 實亦無所礙也。 蒙迷之見, 偶然如此, 未審其必然否也。

七情者, 就氣機之發動而立名者也。

　　愚按: 『朱子大全』「舜典象刑說」云: "聖人之心, 未感於物云云。 及其感於物也, 喜怒哀樂之用, 各隨所感而應之, 無一不中節者云云。 以其至虛而好醜無所遁其形, 以其至平而輕重不能違其則云云。 雖以天下之大而擧不出乎吾心造化之中也。" 觀此篇立意, 何嘗就氣機之動而立名, 而與四端之直指道理之著見者, 分而二之, 判然有主氣主理之實而不可渾合說之意乎? 後學淺識, 甚恨不及就質於農翁也。

辭讓是非, 直就道理說, 何曾干涉於氣? 以此推之, 四端之異於七情可見矣。

　　愚按: 四七異同, 必欲如此說, 有可疑者。 如舜之愛親、喜弟、怒四凶、泣旻天, 孔子之惡佞者、惡利口、臨事而懼, 孟子之吾爲此懼, 孔子之我欲仁, 孟子之我亦欲正人心之類, 謂之直就道理說, 恐無礙, 亦難謂之夾帶氣說。 不但聖人之七情如是, 雖衆人之情, 亦有如是者, 如孟子所謂"孩提之童無不知愛其親"之類, 亦然。 未知此不然否。 願聞訂教。

栗谷雖以恭敬屬之懼, 旣不脗合, 而所謂辭讓, 則在七情, 又當何屬耶?

　　愚按: 『語類』以懼屬禮, 『中庸章句』以敬畏釋戒懼, 栗翁說似出於此。 至於辭讓, 是從恭敬、退遜上來, 則以之配於屬禮之懼, 或無大礙否?

栗谷以知喜怒哀懼之當否, 爲是非, 此亦未盡是非之意。

按『大全』「元亨利貞說」, 云: “仁、義、禮、智, 性也; 惻隱、羞惡、辭讓、是非, 情也; 以仁愛、以義惡、以禮讓、以智知者, 心也。” 今栗翁之以知是非爲智之端, 實本於此也。農翁之疑之也, 豈亦未及照管而然歟? 然栗翁於所當懼下, 著而以爲是四字; 所不當懼者之下, 著而以爲非四字, 則合於『孟註』而尤更圓滿也。

朱子論性情體用, 必以四德、四端爲言, 而未嘗以七情分屬四德, 非偶未之及, 蓋知其難分屬。

愚按: 『語類』小戴禮禮運門, 以七情分屬四德, 有賀孫、義剛二錄。【見下。】『孟子』門「公孫丑四端章」, 有廣錄。【見首節。】今要將此三錄及栗、農二先生說, 逐一細究。

以喜屬仁, 以懼屬禮, 費力說來, 雖若可通, 終有牽强安排處, 非自然的確不易之論也。

愚按: 『語類』義剛錄云: “喜怒愛惡是仁義, 懼主禮。” 廣錄云: “喜怒愛惡欲, 似仁義。” 恐難謂費力說。又如喜象喜, 喜聞過, 喜不寐, 敬其父則子悅, 內豎告曰安則文王乃喜, 此類當屬仁; 執主戰色, 畏大人, 戒懼是敬, 此類當屬禮, 而可謂自然不易之論也。未知如何?

見父母而喜者, 仁之發也; 誅惡逆而喜者, 義之發也; 喜習俎豆之事者, 禮之發也; 喜分別是非者, 智之發也。

愚按: 一切喜情, 恐皆當屬之於仁, 而其喜誅惡逆、喜習俎豆、喜分別是非者, 是仁之情, 流行於義禮智之閒。若必欲隨事而各立名義, 則假如見它人尊慕吾之賢友而喜之, 見小人陷害吾之賢友而怒之, 則將謂之信之發乎? 敬其父則子悅, 敬其君則臣悅, 恐不須分屬於仁義之發。未知如何。

欲孝父母者, 仁之發也; 欲除惡逆者, 義之發也; 欲行古禮者, 禮之發也; 欲辨是非者, 智之發也。

愚按: 孝父母、除惡逆、行古禮、辨是非, 皆善也。善是心之所欲也。朱子曰: “愛與欲相似而欲較深”【『語類』個錄。】, 又曰: “喜愛欲近仁。”【廣錄。】愚竊謂凡欲皆由愛心起, 故賀孫問欲自惻隱上發, 而朱子無貶辭, 恐不必分屬於義禮智之發。如農翁之言, 未知是否。

凡愛哀皆屬仁, 惡怒皆屬義。今若愛親屬仁, 愛君屬義, 如喜怒例, 則又太拘。

愚按: 愛哀屬仁, 惡怒屬義, 已有朱子定論。它情以此爲例, 無不通矣。

惡怒雖皆屬義。然見無禮於其親, 而怒之惡之者, 謂之仁之發, 亦無不可。其佗亦有類此者。

愚按: 農翁于上文"愛親屬仁", "愛君屬義", 既曰: "太拘", 而於此又有此說, 何也? 必如此則敬其父而子悅, 謂是仁之發; 敬其君而臣悅, 謂是義之發; 見宵小誣吾友而怒之惡之, 謂是信之發; 見盜賊犯妻妾而怒之惡之, 謂是智之發, 莫亦有拘否?

子思論達道, 不曰: 喜怒哀樂之發是達道, 而必以發而中節者爲達道者, 正以人心氣機之動, 易於差忒, 須是循理而得正, 然後可謂之達道。

愚按:, 『中庸』"發而皆中節", 但就天命之性所發底喜怒哀樂自然無所乖戾處, 指點出達道爾。若乃機動易差與循理得正之分, 恐未遽及也。不然, 恐達道有因人力方有之嫌矣。未審此說是否。○又按, 『或問』曰: "天命之性, 方其未發云云, 故謂之中; 及其【其字指性字。】發而云云, 故謂之和云云。" 細玩此段文義, 恐是天命之性發而爲喜怒哀樂之情, 而其體用之全, 本皆如此。此可見非獨四端發於性, 而七情亦未嘗非發於性者也。愚故曰: "語情之源, 則四七皆是理主而氣配之; 指性之動, 則四七皆是氣發而理乘之也。" 蒙迷之見, 偶自如此。未知知道者以爲是否。願聞指敎。

古來論七情者, 皆有戒之之意。非若四端專以擴充爲言, 其爲主氣而言, 可見矣。

愚按: 此固有然者。但七情中如親老而喜懼, 親沒而哀痛, 事親而存深愛, 父母所愛惡己亦愛惡, 虞帝之象喜亦喜, 孔子之臨事而懼, 孟子之吾爲此懼, 君子之存戒懼, 畏天命, 畏聖言, 哀有喪, 惡不仁, 惡鄕原, 『論語』之"我欲仁", 『雛書』之"義亦我所欲", "見權倖之僭逼於君上則怒"。學者於此類, 常患其不盡分, 則宜亦擴而充之, 不可戒而遏之。至於聖人七情, 尤難謂之主氣。未知如何。

四端專言理, 七情兼言氣, 栗谷說, 非不明白。愚見不無小異者, 所爭只在兼言氣一句耳。蓋七情雖實兼理氣, 要以氣爲主, 其善者, 氣之能循理者也。其不善者, 氣之不循理者也。其爲兼善惡如此而已, 初不害其爲主氣也。

愚按: 栗翁見七情不能皆善, 故不曰專言理, 而曰兼言氣; 又未嘗皆不善, 故不曰主氣, 而曰包理氣。其察理亦甚精且密矣。若乃聖人七情, 則不可以氣爲主也。如以氣之不循理者, 謂之主氣, 則四端亦有不中節者, 已有朱子、栗翁之說矣。今以實事論之, 自聖賢以至衆人, 一時見乞兒與病者, 其惻隱之發, 恐決無如印一板而無少輕重深淺之等矣。見盜賊而憎惡, 遇尊貴而恭敬, 臨事變而是非之發亦然, 未知如何。○更按: 『語類』端蒙錄曰: "人生而靜, 天之性, 未嘗不善; 感於物而動, 性之欲, 此亦未是不善。至不能反躬而天理滅, 方是惡。" 竊謂: 感於物而動性之欲一句, 總包四端七情言, 而亦謂之未是不善, 則何處見得主理主氣之分乎? 此處最宜細繹。如何如何。

栗谷「人心道心說」, "善者淸氣之發, 惡者濁氣之發。" 曾見趙成卿疑之云云。
　　愚按: 此一義, 只以朱子論夜氣之說爲定本, 則恐無可疑。蓋『或問』曰: "人暮夜休息, 則其氣
　　復淸明耳。" 看一復字, 氣之本淸可知矣。【昔崎堂聞愚此言, 深歎而屢稱之。】『語類』曰: "人歇得
　　些時氣便淸。" 看些字便字, 氣之得淸, 不必待夜息與未發, 而卽有此理, 尤可見矣。氣質本體
　　淸美之義一明, 後面許多疑難, 或得如冰釋矣否?

後來思之, 栗谷說, 誠少曲折。
　　愚按: 氣之本淸與乍歇卽淸, 恐是栗翁說之曲折。未知如何。

中人以下, 其氣固多濁少淸。然見孺子入井, 未有不怵惕惻隱者, 此豈淸氣之發哉云云。一日十見,
亦無不惻隱云云。
　　愚按: 此皆從乍歇便淸時發出來者。使其有利害關涉, 則又不然。如近年淸國某地惡少輩, 捕
　　小兒得錢。蓋有買而蒸食者, 厚價求之, 故纔見小兒輒捕去。使此輩居不食小兒之鄕, 而見孺
　　子入井, 亦必怵惕矣。以是參究, 或須如愚見, 然未知是否。

天理之根於性者, 隨感輒發, 雖所乘之氣濁, 而亦不爲其所掩。然此以常人言耳。
　　愚按: 常人氣質, 未發時亦自淸明, 纔發便有不齊。故見孺子入井, 而雖有惻隱之情, 必不能
　　如聖賢之無過不及矣。淺見如此, 未知是否。

至於頑愚之甚, 平日所爲, 至無道者, 猝見人欲害其親, 則亦必勃然而怒, 思所以仇之。
　　愚按: 頑愚之甚至無道者, 見人欲害其親, 則亦必怒而仇之。此只是「中庸序」所謂"雖下愚不
　　能無道心"者, 不是異事。然則道心非性命自發, 乃是知覺之原於理者。故農翁亦嘗言"道心
　　只是物之循乎則者", 未嘗直言是理之發用也。此一義, 以道心斷之, 恐無可疑。未審不然否。
　　【農翁說中, 見怒思三字, 皆心之事, 而非性之爲也。】

彼其方寸之內, 濁氣充塞, 豈復有一分淸明之氣? 特以父子之愛於天性最重, 故到急切處, 不覺眞
心發出。
　　愚按: 愛雖原於仁, 而其愛之者心也。故農翁本意, 雖主性發, 而於此不覺說出眞心字, 此宜
　　細思之。且凡覺字爲字, 皆屬心氣。若乃性理, 原無覺無爲。故雖有當發之性理, 而非能發之

心氣。恐無由自動。如馬上之人, 非馬行, 決無自行之理; 器中之水, 非器動, 萬無自動之理。如以重且急, 而人自行, 水自動, 則豈道體無爲之謂乎? 愚迷之見如此。然以農翁之精密明透, 豈不見及此而云爾哉? 此愚所以疑問也。

理雖曰無情意、無造作, 然其必然、能然、當然、自然, 有如陳北溪之說, 則亦未嘗漫無主宰也云云。
　　愚按: 理爲主宰, 只是箇自然無爲之主宰, 非如心之能主而宰之也。【道心是知覺原於性命而發者, 若謂性命主宰乎心氣而出, 則未知如何?】

若以善惡之情, 一歸之氣之清濁, 則恐無以見理之實體而性之爲善也,
　　愚按: 不問氣如何, 而所載者性善之理也。若無性善之理, 則氣何從而露出此善情耶? 雖如栗翁之言, 不患無以見理之實體性之爲善也。未知此不然否。

更思之, 稟氣清濁, 固各有本然之定分云云。氣之在形質者, 雖一定而不可易云云。不然則賢愚清濁無復定分, 而聖人之氣, 亦有時而濁矣。豈理也哉?
　　愚按: 天地之閒, 二氣、五行運行, 晦明不常, 誠有如農翁之言。然此特其運行之用耳。其本然之清美者, 未嘗壞, 亦朱子之所嘗許也。【見『語類』歷代門。】如一泓清水, 投以泥土, 則渾而濁矣。然其本清底, 實在其中, 故人之稟氣, 值晦明之時, 則固得其晦明底, 然其中所有元來清粹之體, 亦並稟受去。如就濁水中, 取得一椀去, 則其本清底, 亦並在其中矣。此所以暮夜休息則氣復清明, 與歇得些時氣便清者也。如使有本分之一定者, 則雖靜寂之時, 其濁駁之定分, 依舊根著, 何以有未發時耶? 至於聖人所稟, 天地氣質之用之至清至粹者以爲用, 則如何得有時而濁乎? 此一義明, 則上下文許多設疑, 庶可以通矣。未審是否。

人心善惡之分, 皆因乎氣, 而其端則有三焉。本來稟賦, 一也; 隨時清濁, 二也; 所感輕重, 三也。參互而曲暢之, 其義盡矣。
　　愚按: 農翁上兩句, 畢竟不出於"善者清氣之發, 惡者濁氣之發"兩言之外矣。【老洲說中, 亦有此意】但"所感輕重"一句, 卻與栗翁之意不同, 未知終如何也。

氣之用事, 專在於意念公私之際。蓋善情之驀然發出, 固未必皆乘清氣云云。
　　愚按: 氣之用事, 恐似不專在於意念公私之際。氣機纔動之初, 或不循理, 便是用事。未知如何?

纔說惻隱, 便見其爲仁之發; 纔說羞惡, 便見其爲義之發; 辭讓是非, 皆然云云。但說愛, 未定其爲

仁之端.【但說惡, 未定其爲義之端; 愛惡同屬仁義, 而如愛貨色惡正直, 未可謂仁義之端也.】佗情皆然云云.

愚按: 孔子答樊遲問仁曰, "愛人." 朱子言"愛惡屬仁義." 此類恐難謂但說愛惡, 未見其爲仁義之端, 而必曰不能信其皆善也. 且所謂感於物而動性之欲, 所謂性發爲情, 所謂陽氣發處是情, 情是流出運用處, 情者心之用之類, 豈必只言四端而七情不與焉爾乎? 竊意孔子言"愛衆、愛人、惡人", 子貢問"君子亦有惡"之類皆是. 但說愛、但說惡者, 恐難謂之非四端而必歸諸七情之不能信其皆善矣. 區區蒙蔽之見, 未能遽開悟, 甚恨不及執策於三、洲門下, 而質問其所疑迷也.

「양가심성존비설兩家心性尊卑說」【戊午】

해제

1) 서지사항

　전우(田愚, 1841~1922)가 1918년 78세에 지은 논설. 『간재집후편』권13에 실려 있다. (한국문집총간 335).

2) 저자

　전우

3) 내용

　이 글은 전우가 성존심비(性尊心卑)를 주장하는 이들과 심존성비(心尊性卑)를 주장하는 이들의 학문내용이 어떻게 다른지를 일목요연하게 밝히려는 의도로 작성한 것이다. 전우는 이 글을 작성하게 된 계기가 문인 최효습, 전기진 등이 보내온 편지에 의해 촉발되었음을 말한다. 이들의 편지에서 근래 여러 학인들이 성존심비설을 배척하는 경우가 적지 않다는 말을 듣고, 간결하게 그 주장의 차이를 드러내는 이 문건을 작성해 보임으로써 여러 학인들이 스스로 그 차이와 시비를 깨닫게 하려는 의도를 담고 있다.

性尊心卑。

○仁人之事天, 如孝子之事親。【仁人以心言, 天以理言, 事是尊之之謂。】大人奉天時, 君子畏天命, 君子尊德性, 顔子非禮勿視聽言動, 所以事天, 聖人本天。【大人、君子、顔子、聖人, 皆以心言。】至尊者道, 以心求道,【道是性之德而具於心者】尊我德性, 希聖學兮。【我是心自我也, 尊性爲聖學, 則其心自尊而不肯尊性者, 將安所歸乎?】上帝與民仁義, 欽斯承斯, 猶懼不克。【性是天之所命乎心者, 心而自尊, 而不欲恭敬奉持夫性者, 除非昏狂之人也。】湯之所以事天曰: "顧諟明命。" 文王之所以事天曰: "翼翼小心。"【心而曰小, 則其不可妄自尊大也明矣。今人往往, 其心侈然自大, 傲然自高, 故纔聞性尊心卑之說, 便覺氣湧如山矣。其心於性, 且不肯恭敬奉事, 天下更無可尊者矣, 嗚呼, 殆哉!】謙謙君子,【以心言】卑以自牧,【言君子之心, 宜卑以自處。】慮以下人。【於人且下之, 況於性乎?】不知學者, 上人之心, 無時而已。【人且不可上, 況於性而可上乎?】以上吾儒本天之學。

心尊性卑。

○"天上天下, 惟我獨尊。"【本佛語, 『語類』譏陸氏處, 亦有此語。】只管說心是無虧欠, 本來好底物事, 上面著不得一箇字, 問先生信箇甚麼?

答曰: 某只是信箇心, 心卽是聖, 卽是道, 更求歸宿, 便害道, 箇箇人心是仲尼,【『論語集註』論孔子謙辭云: "聖人非心實自聖而姑爲是退託也。" 余觀自佛、陸、楊、王, 以至近世學人, 多是俱曰'予聖之見', 此如何抵敵得?】極天下之尊而莫之敢攖者, 其惟心乎! 應觀法界性, 一切惟心造, 心如聖人在君師之位, 性如億兆之民;【如此則性之善, 非固有底, 乃是心之所造, 又爲性者當受敎見治於心而後, 乃能至善, 性之卑下, 莫此爲甚矣。】心是上面主宰, 性是下面條理, 心之大理具性之小理, 心可獨當太極而性不可獨當太極。以上他家本心之說。

右, 臼山病生所思, 而欲以示相從諸子者。適泗川崔君孝習、宜寧田君璣鎭以書來, 皆言諸人于性尊心卑之說, 往往詆斥。余謂此無足怪也, 遂寫一通, 以寄崔、田二君, 使於兩家尊卑不同之說, 旣自體認而明辨之, 又以遍示同志之士云。

2-1-54

「증정례은贈鄭禮殷」【庚申】

해제

1) 서지사항

전우(田愚, 1841~1922)가 1920년 80세에 지은 논설.『간재집(艮齋集)』후편속집 권5에 실려 있다. (한국문집총간 336)

2) 저자

전우

3) 내용

전우는 유학의 대강령은 '천하에 도가 없으면 숨으며, 인욕을 극복하는 것'이라 한다. 따라서 경전을 궁구하여 그 공(功)을 이루어야 한다. 그런데 세상 사람들은 실제로는 마음에 사욕이 가득하면서 이를 내려놓지 못하고 도리어 세상을 구제하고 백성을 편안하게 한다고 하니, 이는 이치에 어두워 학문의 본말이 전도됨을 모르는 소치라는 것이다. 이글은 짧은 문편이지만 당시 시대적 정황에 대처한 전우의 생각 일단을 드러낸다고 하겠다.

天下無道則隱, 人心有欲則克, 此是吾儒鐵板定案。今須敬存心神, 熟看經傳, 精究義理, 乃可以收其功也。世人自心私欲, 尙且柰何不下, 卻去說甚濟世安民。此只緣信心昧理, 而不自覺其爲倒學也。

「화도만록華島漫錄」

1) 서지사항

전우(田愚, 1841~1922)가 지은 수상록. 『간재집(艮齋集)』후편 권17에 실려 있다. (한국문집총간 335)

2) 저자

전우

3) 내용

전우가 지은 마지막 수상록이다. 전우는 1921년 6월에 1913년 이후 글들을 산정(刪定)하여 순서에 따라 나열하였는데, 이를 후고(後稿)라고 불렀다. 이 시기 저작으로는 『화도만록』 이외에도 『대학기의(大學記疑)』, 『중용기의(中庸記疑)』, 『주자대전표의(朱子大全標疑)』, 『독논어(讀論語)』, 『독맹자(讀孟子)』 등이 있다. 전우는 이 글에서 총 180개에 이르는 단편을 정하여 소제목을 붙였는데, 이는 기존 수상록인 『분언(忿言)』, 『해상산필(海上散筆)』등과는 다른 편제이다. 분량은 이전 수상록보다 적지만 내용적인 측면에서는 다른 수상록의 내용을 가감하였고 특히 성리학설 중 심론에 대한 논설들이 많다. 이는 『화도만록』이 다른 수상록보다 철학적 완성도가 높다는 점을 보여주는 것이다. 주요 편들에는 〈伊川性異理一〉, 〈存心〉, 〈心卽性〉, 〈不動心〉, 〈天與心〉, 〈氣發理發〉, 〈性卽氣氣卽性〉, 〈心與陰陽動靜視聽形而上下〉, 〈心合理氣〉, 〈黃宗羲慮陽明說〉, 〈許衡出處〉【丁巳】, 〈自謂宗程朱栗〉, 〈嶺學〉, 〈古今學術〉, 〈修明氣字〉, 〈易有太極〉, 〈性爲心宰〉, 〈心統性情統字〉, 〈心合理氣〉, 〈性合理氣〉, 〈心能自卑之效〉, 〈聖賢斥夷狄〉, 〈性一心二〉, 〈流俗〉 등이 있다.

〈伊川性異理一〉

伊川先生言: "動物有知, 植物無知, 其性自異, 但賦形於天地, 其理則一." 以知言性, 性是指氣稟, 不干理事, 此以上知・下愚比例看可見矣. 不然認知爲性, 直一佛氏耳. 奉勸世間, 許多指本然性爲異, 與性理隨氣異稟, 與天命之性面貌不同, 與在天元有異賦之理者, 洗心改觀, 如終執迷, 其於下句其理則一, 何?

〈庸學心性〉

余嘗問心宗者曰: "心果卽是理, 則曰'天命之謂心', 曰'率心之謂道', 皆無礙否?" 彼無以應. 又問: "心果卽是理, 則曰'欲修其身者先正其理', 曰'理有所忿懥則不得其正', 皆無礙否?" 亦無以應. 後見『苟菴集』言: "『大學』不言性, 明儒之宗陽明者, 以爲心卽是性故也. 然則『中庸』之不言心, 亦當以性卽心故也. 『大學』之自明誠, 『中庸』之自誠明, 爲後儒之誤認而錯說, 可知爾其然耶?" 又言: "以『大學』之心爲性, 鄧以讚也, 私淑陽明."【止此.】心宗諸家多謂"經傳心字, 皆以理言", 此與宗陽明・私淑陽明者之說, 如何辨別? 欲與其後學講質.

〈心字〉

心是具理底, 非卽是理, 理字是道與性與太極之謂也. 故孟子雖說心, 每從仁人心・仁義之心說來, 未嘗單拈心字作標準也. 然晦翁言: "『論語』不說心, 祗說實事, 『孟子』說心, 後來遂有求心之病."【似指陸氏言. ○尤翁詩云: "誰識『中庸』不說心." 愚足之曰: "『中庸』不說心, 祗說實理."】此意又不可不察也.

〈存心〉

孟子曰: "人之所以異於禽獸者幾希, 庶民去之, 君子存之." 呂氏留良曰: "時學動云'存心大謬', 本註謂'全其性', 尹註謂'存天理', 未嘗有存心之說." 汪氏份曰: "君子所存, 存此心之大理也.【曰"心之天理", 則心非理也, 理是心所受於天之理也.】若單說心, 以爲能存之者君子, 便有取人心之危者而作用之病, 孟子言'操存、求放', 一則從仁義之心說來, 一則從仁人心說來, 非空空單說一箇心字也." 余謂: "祇『孟子』此一章, 便可辨破了'人物性異、心卽是理'之說也. 近日某人卻將本註'人能全其性爲少異', 並喚做稟理不同之證, 更可怪也."

〈求放心〉

本註"能如是"三字, 承上文"求其放心"而言. 蓋欲求放心, 須是博學、審問、愼思、明辨而篤行之. 若不如是, 但收攝精神而謂之求放心, 則是象山之求放心, 非孟子之求放心也. 朱子「求放心齋銘」云: "防微謹獨, 玆守之常, 切問近思, 曰'惟以相之'." 何"嘗祇閉門"、"默默冥坐"、"下樓見心", 而曰"此理已顯"耶? 本註"志氣淸明, 義理昭著", 是求放心之效, 非指始爲學問也. 後賢有疑本註爲未定說, 蓋未及照勘乎此之過也.『論語註』: "生而知之者, 氣質淸明, 義理昭著, 不待學而知." 是豈爲學之謂乎?

〈四書首章〉

學習之所當務者, 孝弟爲首; 其所當戒者, 巧言令色爲切. 此『論語』首篇第次之意也. 治平之所當重者, 仁義爲最; 其所當絶者, 利之一字爲急. 此『孟子』首章辨析之意也.『大學』之"盡天理, 無人欲",『中庸』之"存天理, 遏人欲", 都是一轍, 佗餘諸經, 亦未有外此而立言垂後者也.

『大學』之明德、『中庸』之性命、『孟子』之仁義, 固已顯然揭起, 至於『論語』首句, 未嘗言性, 而註特言性善以爲的. 六一公所謂"聖人敎人, 性非所急"者, 宜乎見駁於龜山也,『小學』之首揭"天道人性"以爲表準, 亦四書之例也.

〈性情氣〉

苟翁言: "以情有善惡爲性有善惡者, 諸子之見也." 愚言: "以氣有偏全爲性有偏全者, 近來諸家之見也."

〈中庸〉

『中庸』之書, 精深博大, 神妙高遠, 未易讀, 故余每令學者, 且熟讀『大學』、『語』、『孟』之篇, 是實晦菴夫子之意也。淸儒汪氏紱嘗言: "『中庸』語至高深, 卻至切實, 人不得其切實處, 則祇見其高深耳。梁武帝亦講『中庸』, 可見『中庸』若非程、朱, 早被異學竊去矣。" 此言可思也。近見某書謂"鬼神卽是理, 人心卽是大本", 又謂"性不可獨當太極", 殆於竊去, 而幸有"程、朱、聖人本天, 釋氏本心"之論, 吾輩可據而守之不失也。汪氏所謂切實語, 果何所指? 『中庸』祇言"性命"而不言"心靈", 心靈虛而性命實; 祇言"戒懼愼獨", 而深斥"無所忌憚"。夫心自認爲道, 則無忌憚矣; 心而知尊德性, 則戒愼焉。此其兩家分判界至, 不可得而混合處。

〈心卽性〉

"陽明之徒, 以陽明'心卽理'一語, 比看於'性卽理', 不但爲差誤, 其末流之害, 乃堯、桀、人、獸之界分也。" 此苟菴「論言」。請近世心宗, 試思程語之害, 爲桀爲獸乎? 王語之害, 爲桀與獸乎? 近世心宗, 每斥陸、王所認之心, 非靈明神妙, 而不過是渣滓粗濁之氣, 此由自家以靈妙爲理, 故欲遞低彼說而然也。吾恐陸、王復起, 不免一笑而撫其背矣。

〈朱黃言理動靜〉

太極有動靜無動靜, 兩皆有義, 其曰"有"者, 以其乘著氣機而有流行者言。【如曰"性發"、"理發"。】其曰"無"者, 以其本體自然而無作爲者言。【如曰"性無爲"、"理無爲"。】二說者, 非惟不相悖, 實亦互相須也。故朱子曰"此理便會動靜", 而勉齋則曰"那太極卻不會動靜", 此是道理頭腦究極處, 二先生豈容有異論哉?

〈明道生性章〉

"水流而就下", 此以水喩性; "皆水也", 此以水喩氣質; "水之淸, 性善之謂也", 此又以水喩性。學者誤以皆水"水"字, 亦作性喩看, 故上下文語不通。【此以『語類』胡泳錄觀之, 分明如此。】朱子曰: "仁在事, 若不於事上看, 如何見仁?" 愚亦曰: "太極在陰陽, 若不於陰陽上看, 如何見太極? 道在形器, 若不於形器上看, 如何見道? 性在氣質, 若不於氣質上看, 如何見性?"【朱子又曰: "理難見, 氣易見, 但就氣(土)[上]²³¹)看便見。" 又曰: "理無迹, 不可見, 故於氣觀之。" 愚謂: "朱子之言多如此, 今人纔見氣字, 便目眛不見性理了, 可異也。"】

〈天命之性〉

朱子言: "以天命之謂性觀之, 則命是性, 天是心, 心有主宰之義。"【『語類』五卷高錄。】 又言: "且如天命之謂性, 要須天命箇心了, 方是性。"【同卷賀孫錄。】 按, 天字當以主宰之帝看, 在天底主宰之帝命, 箇在人底主宰之心君, 而其所命之理, 則性也。 若直把天爲太極, 如『楚辭』「天問註」說, 則是渾合以爲言, 非正訓也。

〈不動心〉

王介甫主指新法謂: "天變不足畏, 祖宗不足法, 人言不足卹, 可謂不動心矣。" 今某人傳受心學, "天命不足畏, 德性不足尊, 性善不足師", 其亦可謂不動心者歟?

〈明道論明明德止至善〉

劉質夫錄伯子語曰: "明明德, 明此理也, 止於至善, 反己守約是也。" 此自是一義, 若『大學』本指, 恐決不然也, 故朱子於『章句』、『或問』, 都不擧論。 今華西以"明德爲理", 而單拈伯子上一句以證之, 其門人皆然, 恐未及細察經指而幾於苟矣。 蓋"誠意"、"正心"、"修身", 皆反己守約之功, 豈可以"博、約"分屬於明明德、止至善耶? 要之, 伯子此語, 未可據以爲正援也。

〈形氣心〉

形本至正至直, 氣本至清至粹,【『語類』閭祖錄云: "氣雖有清濁之異, 然論其本則未嘗異也, 所謂至大至剛者, 乃氣之本體。" 如此, 愚謂: "以此推之於氣質, 亦可以三隅反矣。"】 心本至靈至神, 而三者至其用處, 卻生出疵病, 始知孔子教人, 每就用上施功, 以此也。

---

231) (土)[上]: 저본에는 '土'로 되어 있으나, 문맥을 살펴 '上'으로 수정하였다.

〈性字〉

俗師敎小兒云"性稟性", 又云"性情性", 大槩然矣, 但常人指氣質, 亦云"性稟," 又云"性情", 則義未暢。今擬云"理致性", 又云"氣運性"。凡言"天命之性"、"性善"、"性命"、"合虛與氣, 有性之名"之類, 皆云"理致性", 凡言"氣質之性"、"性氣"、"才性"、"性柔緩剛急"、"性悍"、"性懦"之類, 皆云"氣運性", 始得分曉。或疑"本然之性, 亦離氣稟不得; 氣質之性, 又雜理與氣而言", 今曰云云, 則無乃有單理單氣之嫌乎? 曰"太極未嘗離陰陽, 陰陽未嘗外太極, 然太極之爲理, 陰陽之爲氣, 又固自在也。"

〈玉山講義〉

此是朱子六十五歲文字, 而以五常爲性, 一如『中庸章句』。其以知覺心意爲性者, 斥之爲雜老、佛之言, 而非聖賢言性本指, 則其辨析豈不明白? 其排闢豈不嚴正矣乎? 近世心宗諸家, 無不自謂宗朱, 而或曰"朱子以心性分物則, 是無甚綱領時說話"。【此句, 使人皇恐。】然則六十五歲, 尙在無甚綱領時歟? 或曰"學者胷中, 須是有'朱子是'三字", 而且曰"朱子心說, 至甲寅始大定", 甲寅正是六十五歲也。自家方且以知覺心意爲性理, 而其言如彼, 則所謂大定者, 不知竟如何定? 要之, 皆使人求說不得也。【『中庸』首章第二節章句, 『論語』人能弘道章, 『孟子』仁人心章『集註』, 皆辨析心性爲道器。】

〈上帝與心君〉

朱子曰: "帝是理爲主。" 愚曰: "心君是理爲主。" 理爲主三字, 請子細看。

〈天與心〉

沈莊仲問經傳中天字, 朱子曰: "要人自看得分曉, 也有說蒼蒼者, 也有說主宰者, 也有單訓理時。" 愚曰: "心也有說昭昭者, 也有說主宰者, 也有合理說時。"

〈形而下謂之器〉

尤翁言: "形器略有先後, 以「繫辭」'形乃謂之器'觀之, 乃者繼事之辭, 蓋先有形見之端, 然後乃可謂之器也。朱子釋之曰: 形器生物之序也, 序者先後之謂也, 『易』所謂‘以制器者尙其象’, 象者形也, 先有象, 然後取之以爲器。張子曰: ‘形而後有氣質之性.’ 此亦先下形字而後, 承之以氣質, 則其有先後, 亦可知矣。朱子以陰陽爲形, 而以其造化之用爲器, 尤不患於形器之無辨也。" 此見『大全』「答朴景初」第一書。【百十三卷一二板。】

　　愚按: 朱子「答黃道夫」書言 "必稟此氣, 然後有形。" 形器之爲一物, 朱子諸說又甚衆, 而尤翁之言如彼, 未知當如何看?

〈明氣明心〉

氣昏, 須用振刷以明之; 心昏, 須用喚醒以明之。近世以明氣爲近於道家而避之, 明心嫌於佛學而諱之, 恐不當爾也。【『聖學輯要』: "有氣昏之病, 而治之之法。" 『語類』壽昌錄云: "凡事須先明得一箇心, 然後方可學。"】

〈闢太極性命不齊〉

苟菴「說叢」云: "理命氣質之不分而言性者, 何與於性哉? 以性爲有善有惡, 而不知氣之有善有惡, 此異端之說所以起也。【愚按: 近世有以性爲有全有偏, 而此祇說得弗性之性, 甚者以爲在天太極之用, 先有昏明偏全而爲人物所受氣質性之張本者, 此尤怪妄之甚, 而爲汙雜了太極之人也。】而極其本而言, 氣亦本善, 其不善者, 非氣之本也。【愚按: 氣之本善, 朱子屢言之, 善如此則全亦如此。蓋氣本善、本全, 則理何獨有惡有偏, 而何世之言性理之偏且惡者衆也? 於是尊性理之儒者, 安得不力與辨破, 而冀性理之得還本來面目乎?】百姓不知而不能言, 其知者乃爲性惡之說, 而不識天命之無不善, 烏可以言性命哉?" 【苟菴說止此。○愚按: 世之言稟性有惡有偏者, 是主張氣字太重之病也, 甚者以爲天命流行是用。故天命亦有偏全、善惡、昏明、剛柔之不齊, 而爲人物當初稟受氣質性之張本, 如此者不曾夢見天命無不善之理, 而但知有口則有言者也。】余於苟翁此論, 深有感焉, 極欲表章, 而明天下之目, 開天下之耳也。

世之言 "稟性不齊" 者, 不能先說得性之本然, 乃先言氣質性而後, 不得已而曰 "就其中單指理, 則爲本然之性", 曰 "自一源而順說, 則爲本然之性"。此人癖性, 眞不可與救拔之, 絶可哀也。

〈氣質性〉

氣質性, 先賢固嘗云"合理與氣而名之"。然又有不盡然處, 如言"性偏惡"、"性緩急"、"忍性"、"滅性"之類甚多, 此皆祇指稟受之氣, 未嘗以所謂理者混合而爲言, 此義凡講家所宜細審也。【如性偏、性惡、性强、性弱之人, 祇要克其偏、惡、强、弱之氣而已, 切不可於其中, 尋求簡理之偏、惡、强、弱者, 而欲施修治之功也。】

〈陰陽五行〉

朱子曰: "五行陰陽七者袞合, 便是生物底材料。" 又曰: "五行具, 則造化發育之具, 無不備矣。" 據此則五行之生, 隨其氣質, 而所稟不同, 所謂"各一其性"也。此段祇是生人物底材料, 非就生人生物上, 論其稟性之異同也, 學者於此, 宜著眼看。

〈中庸章句存養〉

『中庸章句』次言"存養", 謂"存養得性道", 非如『孟子』"存心"之存, 而讀者多錯看, 此以"心存敬畏"及"存天理"二句觀之, 分明與"存心"異, 蓋"存心"是心自存, "存敬畏"是心存敬畏, 二義自別, "存天理"又與"盡性"、"行道"、"弘道"、"安仁"之屬同, 蓋心之存得理, 非心自操存之謂也。

〈鬼神〉

『中庸』鬼神, 前賢有"謂理"、"謂氣"之二論, 而吾謂天地之鬼神, 是陰陽之靈,【如言心之知覺, 是氣之靈處。】謂之"載理之氣", 則可也。直以爲形而上之道, 則殆釋氏、告子之見也。『語類』論修養處, "問: 鬼神良能之義, 曰: 祇是二氣之自然者耳。" 此是庚戌以後, 徐居甫所聞也。近世蘆沙卻將栗翁"陰陽動靜, 機自爾", 爲"不關由天命"而譏之, 華西又以孟子"良知良能", 爲"天理之自然而尊之", 皆與朱子說不同, 而門下諸公, 一向墨守, 絶不可曉也。

〈退溪言心〉

退溪先生論陳、王學術。其於白沙言"此心與此理, 未能湊泊脗合處", 以爲"大槩不甚畔去, 但其悟入處, 是禪家伎倆", 其於陽明, 則曰"此人創爲心卽理之說云云,是庸有異於釋氏乎?" 據此則退翁於心、理二者, 其所見分明, 與李都事判然不同, 足以爲儒門之標的矣。李都事「心卽理」之篇, 卻借退翁, 以斥"心不可屬氣"之說, 豈非以退溪攻退溪者乎? 陶山院儒之還逐『李集』, 其必有見於此矣。○宋朝以來, 羣賢之謂"心卽理"者, 皆是就聖人之德, 此心與此理合一處【白沙所謂"此心與此理未能湊合"者, 卽有見於此而云爾, 今人所見反不及此, 可歎。】吾儒之學, 要心與理合一處【釋氏以理爲障心而欲去之, 吾儒欲心之與理湊合。】指點出來, 然則雖曰"心卽理", 其實與"身卽道"、"事卽道"同, 何嘗直指心爲理乎? 故退翁謂"陽明創爲此說也", 不然, 陽明獨不稱冤乎? 近世心宗諸家, 多不察而混合二說爲一義, 而與之辨者, 又多不察, 而未能判別二義, 以明彼說之誤。此義不可不揭示也。

〈氣失本然〉

栗翁言: "氣之流行也, 有失其本然者, 則氣之本然, 已無所在。" 旣而擧『孟子』失其本心, 以明其無礙, 則已曉然矣。而朱先生亦有性之所以失之說,【『大全』「樂記動靜說」】又有失人道之說,【『語類』「中庸」十三章】又有明德失其全之說,【『大學或問』】惡可以此而謂人有"無心"、"無性"、"無道"、"無明德"者乎? 栗翁所謂"氣之本然, 已無所在"者, 豈謂其眞無乎? 然則"湛一淸虛之氣, 多有不在"者, 亦因論"氣局"而云爾, 非謂"氣之本然"元無所得也。此以「心性情圖」論惡情, 而曰"爲形氣所揜, 失其性之本然"者推之, 則於氣局處, 亦可曰"性之本然, 多有不在"矣。鹿門之疑之, 恐不宜然也。況栗翁「答思菴」書, 引用"神無方"之語, 則其意尤可見也。

〈氣發理發〉

人能弘道, 非道弘人; 帝能運極, 非極運帝; 心能盡性, 非性盡心; 神能妙理, 非理妙神。據此以推之, 無問四端七情, 皆是此心發之, 恐無復此性發之之一塗。形旣生矣, 神發知矣, 恐無理又發知一事也; 事旣至矣, 心發情矣, 恐無性又發情一路也。

〈理義悅心道以治心〉

孟子曰: "理義之悅我心, 猶芻豢之悅我口。" 延平先生曰: "道之可以治心, 猶食之充飢, 衣之禦寒。" 嶺氏以心爲理義與道, 則亦可曰"我心之悅理義, 猶我口之悅芻爹也”乎？又可曰“心之可以治道，猶飢之充食、寒之禦衣也”乎？眞可笑也！

〈大學皆自明也〉

皆自明也『章句』，結所引書皆言“自明己德之意”，此並明命作明德說，此解宜留神看。先賢有言“明德主心言，明命主理言”，竊恐不必似此分開說，此一義不可草草說便休。【問：“明德是心？是性？”曰：“性卻實，以感應虛明言之，則心之意亦多。”】

〈歸求有師〉

“求是心求之，師是性理之發見”者，文義明白，小兒亦曉得矣。心派之惡聞，無足怪矣，至於自謂尊栗、尤者，又欲以心性一物之說混淆之，此等自無所得，祇隨人上上下下，其不能自昭，亦其勢然也。○朱子曰：“歸而求之有餘師，須是做工夫。”此『語類』賀孫錄也。今欲做工夫，此心外又有何物，能做師性工夫也？○謂“心性一物”，則所謂餘師者，謂之心亦可？謂之性亦可耶？謂之性則心學之矣，謂之心則誰當學心？

〈理無知能〉

理是至善，而萬無一分未盡者也。凡世界之有亂，庸常之爲惡，理皆莫能救之；賢而夭死，弱而含冤，理皆莫能伸之；學而思未通，勉未至者，理不曾露出頭面，亦不能借助氣力，而使之達焉。豈理有慳惜而不肯施其仁也歟？理之靡所知能，不難見也。理既如此，則心之有知覺運用，而未免時有誤見錯行者，不得不歸於氣分，而亦不可不加精研撿制之功矣。請心理家，再思之。

〈性卽氣氣卽性〉

此祇是言二者不相離，非遽及於“性爲氣掩”、“氣使性異”也。『語類』僩錄云：“理搭附在氣上面，故云性卽氣、氣卽性。”戊午後所聞。寅錄云：“器卽道、道卽器，莫離器而言道。”端蒙錄云：“須是合性與氣觀之，然後盡蓋性卽氣、氣卽性也。”『退溪集』「答高峯」書亦言：“道卽器、器卽道，沖漠之中，萬象已具，非實以道爲器，卽物而理不外是，非實以物爲理也。”【愚謂“心卽理、理卽心；身卽道、道卽身”之類，皆倣此。】此一義所繫非細, 學者宜潛心體究焉。【蘇仁山丈嘗言: "性卽氣, 如言人卽獸。" 此人有獸底氣味, 愚謂"道卽器", 亦可言"此道有器底氣味"否?】

〈心〉

凡言"心爲主宰, 心爲天君", 又言"本心"、"良心"、"赤子心"、"大人心"、"聖人之心" 之類, 皆因心之本於性命而言。若泛指"虛靈明覺", 以爲"主宰"、"天君"、"本心"、 "良心"等, 則與釋、陸之見同矣, 是宜審愼。

〈未發無雜糅〉

尤翁「答朴景初」書云: "來喩, 未發者雜糅, 則所發者不和矣, 此恐大誤。未發時, 何嘗有雜糅乎?"【『大全』百十三之十一板丁巳往復。】 後來南塘未發㦬種子之說, 與朴公 相同, 未知如何?

〈心與陰陽動靜視聽形而上下〉

『語類』: "動靜、陰陽, 是心。" 此賀孫錄也, "動靜、陰陽, 皆祗是形而下者。" 此燾錄 也, "人心則語默、動靜、變化、不測者是也。言體則亦是形而下者, 其理則形而上 者也。" 此端蒙錄也。【『程書』門。】 "佛家祇認得那視聽舉履便是道, 殊不知目視耳聽, 依舊是物, 其視之明、聽之聰, 方是則也, 它理會得似那形而上者。" 此僩錄也。【『中 庸』門。】 近世一種議論, 以動靜爲理、以心爲理、以視聽語默爲理, 而曰"我宗朱子", 又曰"朱子是", 是可怪也。

〈玄淵心理說〉

玄某引一貫註"聖人之心, 渾然天理", 以爲的據, 此人號爲文理精者, 而有是言, 余 甚怪之。近偶思朱子論"舜明於庶物, 察於人倫", 云"此身, 此心, 渾然都是仁義", 又論"舜事親", 云"聖人一身, 渾然天理", 試問諸人, 亦將認得身子以爲理乎?

〈心性一物〉

朱子聞王德修謂"『孟子』惻隱一段, 論心不論性之說", 以爲"心性祗是一個物事, 離不得。惻隱是情，惻隱之心是心，仁是性，三者相因。橫渠云‘心統性情’，此說極好。”

余謂: 若祗是一個物事而已，何復言“離不得”? 離不得則可曰“一個物事”，離不得則又當曰“兩個物事”，下文又曰“心、性、情，三者相因”，則非一個物事明矣，讀者宜以意逆志，勿執言迷指也。”

〈理氣二物〉

朱子曰: “理氣決是二物。” 此因不分開說者說法。朱子又嘗曰: “器卽道，道卽器，莫離器而言道。”【本程子語。】就“不離”而言，則曰“器卽道，道卽器”，就“不雜”而言，則曰“理氣決是二物”，此何嘗偏主一邊? 奉勸讀者，要虛心細玩，勿以朱攻朱。

〈存心養性〉

問: “存此以養彼耶? 亦旣存本心，又當養性耶?” 朱子曰: “存心、養性，非二事。存心所以養性也。”【『語類』去僞錄】問: “存心、養性，先後?” 曰: “先存心而後養性。”【無名錄】又曰: “存其心則能養其性。”【方錄】又曰: “存心便性得所養。”【同上。】又曰: “存之養之便是事，心性便是天，故曰‘所以事天’也。”【德明錄】凡此諸說須將『集註』來，子細勘破，若稍疎脫，卽陷於心性一物之病矣。

或問曰: “存心者，氣不逐物而常守其至正也; 養性者，事必循理而不害其本然也。此如何可將箇心做性看耶? 況『語類』偶錄分明說，古人言語下得字都不苟，如‘存其心、養其性’，若作‘養其心、存其性’，便不得。或疑德明錄，將心性都做天，彼諸家說，未可厚非。” 余曰: “渾合說時，且如此，分開說時，須是說以心事性始得。故程子曰‘顏子四勿，所以事天’，此指禮爲天，指此心之非禮勿視聽言動爲事。”

〈氣能運理〉

尤翁言: “太極爲陰陽之主，而反爲陰陽之所運用。凡生於太極陰陽者，莫不皆然。”

按: 性與心亦然，而心理家於首句道是，於下句未免聽瑩。今看『語類』偶錄云: “心之知覺，是那氣之虛靈底，聰明視聽，作爲運用，皆是有這知覺，方運用得這道理。”【尤翁說，何可疑?】所以橫渠說: “人能弘道，是心能盡性; 非道弘人，是性不知檢心。” 此見『語類』、『孟子』盡心章，而爲六十九歲以後語也。如何心理一派, 於此乃指人字、知覺字, 硬說做形而上之道, 不知置朱子於何地? 愚嘗言: "上帝能運用太極, 非太極運用上帝; 氣化能運用天道, 非天道運用氣化。" 聖人所言"人能弘道, 非道弘人", 是從運用處指點, 若從本源上說, 則又必言"道爲人宰, 人爲道用", 彼此兩不相礙。

〈心合理氣〉

心合理氣宜細勘。以人能弘道、理義悅心、氣質有蔽之心等語觀之, 則心之非性理、非氣質, 再無可疑。近儒直認心爲性理, 直指心爲氣質, 固皆未妥。至於以心合理氣四字, 爲居閒而兩排之計者, 此又騎墻之見也。凡天下之物, 何者不可以此四字言之乎? 朱子嘗言"氣與理合而成性", 又言"理與氣合, 故能成形", 【並見『語類』「周子書」門】退翁言"身者理氣之合", 彼於此, 何以區處? 大抵心者, 祇可曰"性理之妙用, 非卽是性理"; 祇可曰"氣質之至靈, 非卽是氣質"。凡思慮、言語、視聽之類, 性理也不能, 氣質也不能。故曰"心似那形而上者", 祇看一似字, 便可見。

〈天一太極人一德性〉

天地祇一太極, 吾人祇一德性。如季潤之見, 則氣化流行, 太極亦變; 氣質發見, 德性亦變矣。如此則天有萬太極, 【與栗谷"天地有定, 性而無變"之云, 相戾】人有萬德性, 而天地、人物, 都無可靠處, 吁其殆哉!
彼謂: "氣化流行之時, 其理不同。" 不同之極, 何所不有?【此與"萬物異體、理絕不同", 同異何如?】

〈明德爲性〉【屛溪】

人心有神靈覺識, 【心中有道體】道體無思慮運用。【道體具於心】今以明德爲性, 則性爲有神靈覺識, 【朱子曰: "以神識言性, 殊無交涉。"】能思慮運用【朱子曰: "理無情意造作, 纔有作用, 便是形而下者。"】底物事, 未審於朱子定論脗合否?

〈鬼神爲理〉【櫟泉】

直卿云: "神字也, 可就理上說, 先生祇就形而下者說。" 先生曰: "所以就形而下者

說, 畢竟就氣處發出光彩便是神。"【『語類』「程書門」寅錄, 賀孫錄, 同而在辛亥以後。】 直卿
曰: "謂鬼神爲陰陽屈伸, 則是形而下者, 若『中庸』之言, 則是形而上者。" 曰: "今
且祇就形而下者說來, 但是佗皆是實理處發見。"【「中庸門」, 道夫錄, 在己酉以後。】 未審
樂泉於此, 如何區處?【三錄皆云"祇就形而下者說", 須看一祇字, 可見其指意之所重處。○嶺南
李都事言: "以『中庸』鬼神爲氣者, 子思之罪人。" 不知李不曾見朱子此話而如此大談否? 必無不見之
理, 而且立子思罪人之案, 可謂有忌憚之心者乎? 以心爲理之害, 至於如此, 可怕可怕!】

〈河西言性〉

『本集』二卷「送盧玉溪詩」云: "顧玆天降衷, 萬理同一源。人物性豈閒? 通塞由昏
明。" 此爲性同氣異之說, 如朱子「答徐元聘」書矣。

〈錯認微物亦具明德〉

此一義, 全然錯誤, 不足置辨。朱子平生精力, 盡在『大學』, 而開卷第一句, 猶未識
破, 而爲後輩所釐正, 則何足爲孔子後一人乎? 彼自歸於異端已矣。
朱子平生, "以理爲人物所同, 明德爲人物不同", 此 ·義屢見於『章句』、『或問』、
『大全』、『語類』矣。然而後儒之謂"明德爲性爲理", 吾不知置朱子於何地, 使人究
說不得。朱子下世前三日, 改「誠意章」『章句』, 而明德註人下, 不曾添物字, 不知
某某諸人, 將謂朱子於明德, 未有定見云爾耶? 眞怪變也。

〈四端未必皆中節〉

"雖四端不中節, 不得不屬之善情。"【栗谷語錄, 有不如此說處, 然似當更商。】 蓋孟子以四
端, 明性善之理, 則其義當如此。若曰"四端豈有不中節", 則此大不然。如見孺子
入井, 盜賊害人, 尊長入室, 事有是非, 而聖賢庸衆所發四端, 豈能一一合於至精
至微之中而無些子異同? 此其明驗也。朱子曰: "學者於未發時, 加涵養之工, 則
惻隱、羞惡、辭讓、是非, 發而必中。"【見『語類』六卷卄232)六板道夫錄。】 據此則四端亦容
有不中節者矣。朱子說如此者, 儘多。

---

232) (廾)[卄]: 저본에 '廾'로 되어 있으나, 문맥상 20을 의미하므로 '卄'로 수정하였다.

〈四端爲道心〉

尤翁以四端有不中, 故謂“不可以四端爲道心”。“道心有不中”, 見『語類』孟子門 “性也有命”章矣, 不知尤翁, 何以有此論?

〈理之發氣之發〉

“氣之發”, 謂“氣發之”, 固說得去。至於“理之發”, 直作“理發之”三字看, 則於道體 無爲之云, 似說不通。在天言之, 謂“氣流行、發育之”則得矣, 謂“理亦流行、發育 之,” 則與『語類』淳錄答問全然相戾矣。是宜愼思之可也。

〈性心〉

或曰: “性不可獨當太極, 心乃可以獨當太極。” 余曰: “斯言一出, 天下必尊心踰於 尊性, 則人將眇視仁義, 而惟靈覺之是尙, 相率而爲異端之學矣, 言可不愼乎? 性 爲心師, 如言太極爲陰陽之主; 心統性情, 如言陰陽運用太極。”【尤菴言: “太極爲陰陽 之主, 而反爲陰陽之所運用, 凡生於太極陰陽者, 莫不皆然。”】
心統性情, 如言天子統攝天地, 聖人爛用天理, 惡可以是而謂天子尊於天地, 聖人 尊於天理乎?
性爲心師, 如言天地爲天子之法, 性命爲聖人之主。心師性, 如言聖人法天地, 君 子尊德性。
心統性情, 非謂心尊於性情, 特就理無爲、心有爲處言。朱子以兼、該、包、貫等字, 釋統字。
『性理大全』卅三卷六板, 朱子擧“寂然不動是性, 感而遂通是情, 故橫渠云‘心包性情 者’也。此說最爲穩當。” 此處以包替統, 統之爲包之義明矣, 特看者不察而錯認也。
朱子曰: “孟子言‘惻隱之心仁之端也’, 仁, 性也; 惻隱, 情也。” 此是情上見得心。
又言: “仁義禮智根於心。” 此是性上見得心, 蓋心是包得那性情。又曰: “心是一箇 包總性情底。”

> 按: 如以“統”不作“包、總、兼、該”之義, 必欲作“以尊統卑”之意, 則四端之心, 果可爲尊於性者耶? 其妄不待智者而可破矣。【朱子嘗言“性是未動, 情是已動, 心包得 已動、未動。”】

〈伊川象山〉

蘇右丞毀伊川, 宰相蘇子容曰: "公未可如此頌, 觀過其門者, 無不肅也。"【外書】朱子曰: "祇從陸子靜門前過, 便學得悖慢無禮, 無長少之節, 可畏可畏。"【『語類』】程、陸, 主理、主氣之分, 祇此便可見也。

〈伊川待東坡〉

東坡恨伊川, 極口詆毀, 至嗾孔文仲, 齦以去之。伊川如無聞也者, 終身無一字及於東坡, 便見天壤相懸。世之尊東坡者, 宜知所以自處也。

〈薛德老〉

薛公名徽言: "高宗時東宮虛位, 首陳大計, 請擇賢宗室立皇子。" 時高宗春秋方富, 莫敢言者, 此議自薛公始, 又與秦檜廷辨曰: "偸安固位, 於相公私計則良便, 然忍君父之辱, 忘宗廟之恥, 于心安乎?" 遺疏猶力詆檜。『宋儒學案』謂: "公之大功在議國本, 大節在爭和議。" 斯言極是, 如薛公者, 可謂南朝賢臣矣。

〈楊愼妄罵太極圖〉

『汲冢周書』有云: "正人莫如有極, 道天莫如無極。" 楊愼謂: "無極非周子始言, 出自『汲冢周書』," 又曰: "太極圖繫風捕影, 無極二字, 乃駢拇歧指。" 因以爲攻朱子、右象山之資。荀菴謂: "愼之於朱子。" 若積怨深讎之有必報, 實非人心之所可出者。且『周書』所謂"有極", 本非夫子"易有太極"之義, 而所謂"無極", 與周子無極本不相近, 而愼也瞥見"無極"、"有極"字, 因以發其無明業火耳。

〈楊敬仲〉

『孔叢子』: "子思問於夫子曰: '物有形類, 事有眞僞, 必審之, 奚由?' 子曰: '由乎心, 心之精神是謂聖。'" 楊慈湖平生欛柄, 是此一句也。然心之精神, 合乎道而後, 始可謂之聖, 雖顏子不違仁之心, 久後不免微有差失, 不可直謂是聖, 必也夫子之從心不踰矩而後, 方是聖。然而『朱注』猶云"聖人之心, 未嘗自聖。" 嗚呼! 何其艱哉?

如釋氏之言"卽心是佛", 王氏之言"指人心爲仲尼", 近世之言"心如聖人", 皆與楊氏如合符節。昔賢謂『孔叢子』爲僞書, 今以此語觀之, 信然矣。

〈張志淵新聞〉

張也能文、嗜酒, 每爲新聞, 必嘲侮儒者, 而贊揚侮慢聖賢之梁啓超, 稱述詬罵經籍之劉元杓, 其悖說、怪論, 不可勝擧。『苟菴集』擧劉向「說苑」"世之惡人, 反非儒者曰'何以儒爲'一段"而曰: "此言儒者, 受聖人之德敎, 以敎誨後世, 而惡人則反是也。今之漢學, 正此類也。" 蓋以理氣性命爲空談, 則是無聖人也, 人而無聖人, 是成何等人也? 卽所謂"非本而爲棄民、爲不赦, 而不免於投畀有昊",【"非本"以下至此, 皆劉向語。】是亦何樂而爲之哉? 余謂: "如志淵者, 正劉向之謂'晚世惡人之反非儒者'者, 可惡! 亦可哀也!"

〈趙翼書利瑪竇卒〉

淸人趙翼『天主敎辨』云: "萬曆九年, 利瑪竇抵廣州之香山澳, 其敎漸行。帝嘉其遠來, 假館授餐, 公卿以下重其人, 咸與交接, 利瑪竇遂留不去, 三十八年卒。" 苟菴「匪言」大書曰: "趙翼書'利瑪竇卒', 此著趙翼罪也。帝之假館授餐, 公卿之重其人而與之交接, 皆當時不善處之事也。" 余曾見淸人席啓圖編『裔德錄』, 多古人嘉言、善行, 儘好文字。但於前代之人, 不分正學、異端, 渾稱"先生", 篇中又載利瑪竇之言, 先生之稱, 宜釐正, 洋人之言, 宜刪出。

〈韓子好名〉

程子曰: "退之正在好名中。" 愚謂: "人好名則名不好, 惟不好名而務實者, 其名方好。"

〈陳了翁〉

了翁云: "『金剛經』要處, 只九字, 曰'阿【『字彙補』「內典」, 阿此云無也。】耨多羅【『字彙補』「內典」, 耨多羅, 此云上也。】三藐三菩提'。【『字典』, "菩提"梵語, 猶華言"正道"也。提音題。】華言一覺字, 『中庸』誠字, 卽此字耳。蓋世念盡空, 則實體自見, 年過五十, 宜卽留念, 勿復因循。此與日用事, 百不相妨, 獨在心不忘耳。但日讀一徧, 讀之千徧, 其旨自見。” 又曰: “世之賢士大夫, 無營于世, 而致力于此經者, 昔嘗陋之, 今知其亦不癡也。” 了翁最宗元城, 元城得誠字于溫公, 而自言“縱橫妙用, 無處不通。” 了翁何不以是爲法, 乃歸宿于佛覺耶? 黃慈溪謂“元城深信佛說, 至謂儒、釋、道、神, 其心皆一。又以『法華經』‘臨形刀壞’之說爲說性, 且並以溫公詆佛爲非。” 據此則了翁之見, 實本於元城也。其所謂實體, 卽指空覺而言。然則空覺之於實理, 判然別。何謂覺卽是誠也? 無乃認得誠字亦空耶? 公嘗言: “人雖謀反大逆, 若有一念悔心, 使臨刑說我悔, 便須赦他。”【呂舍人亦嘗有此說。蓋二公學佛, 故立論如此。】或謂“此爲王氏執迷不悟而發”【全祖望云】, 然何可以爲訓於世乎? 公之言“賢士、大夫之致力此經, 爲不癡者”, 恐未免自歸于癡也。

〈黃宗羲慮陽明說〉

黃氏之說「姚江學案」略曰: “姚江指點出良知, 便人人有簡作聖之路。然‘致良知’一語, 發自晚年, 未及深究其旨。門下各以意見, 說玄、說妙, 非復本意, 因自爲說” 云云, 而曰: “得羲說而後, 知先生之無弊也。” 苟菴「論言」曰: “陽明見良知之說, 不免於潰裂, 而覓出一致字, 頭上安頭, 而其兀兀不安, 又將墮落。於是有黃氏別出東支西拄之說矣。門弟子於其師, 但信其訓而已矣。未聞以其師說慮有後弊, 而別爲說以救之也。無乃太勞攘乎? 鐵胎假銀, 換面裝額, 而天下之目, 其可盡掩耶? 空費許多較量矣。王學自謂‘直截無障礙, 一超直入之無上坦塗’, 而今乃嶢崎反側, 綽繞纏縛。極辛苦而不快活, 不知何苦, 而自生葛藤, 乃至於此耶?” 愚謂: “王學固誤矣。今因黃說而反益綻露, 而愈不可爲矣。”

〈柳稺程補華西說〉

華西生前, 以心與神明爲理, 後來其門人柳稺程, 改立心說, 而其言有曰: “竊自意於先師遺旨, 或有小小補塞。” 又曰: “使其師爲天下衆矢之的, 故不自量度, 敢爲區區調補之計。” 又曰: “先師之言, 所以常嫌過高, 而或有流弊也。” 又曰: “先師心說, 重敎亦常謹守而無間然矣。自數年來, 竊有疑端。” 又曰: “若其梳洗不盡處, 後人參互而裁補之, 可也。” 又曰: “考之先儒, 亦鮮符合, 安得無瞿瞿乎? 況今所未逮, 與後人共正之。臨歿遺託丁寧, 爲門徒者, 奉體遺旨, 一番商量, 庸何傷乎?”

此皆與金監役往復之言, 而其跡似與黃宗羲之慮師說有後弊, 而別爲說而抹之者, 恰恰相符。但不似黃之專事假裝拚覆, 初無捍衛之功, 而反添其師之過也。惜乎! 金氏之不與虛心求理, 專事排擊, 至於目之以陷師射父之罪也。柳穉程因此, 遂爲洪、柳輩所構誣, 至被黑水之目, 弑師之斥。噫! 心性之說, 豈可輕發也哉? 此個議論, 將爲世大諱, 而不復聞於吾林矣。【後見雲、柯往復, 金終與柳同歸矣。】

〈柳穉程心說變動〉

柳昔訪余於雲住山中, 時有三數子從行, 留止數日語次。柳曰: "釋氏本於心而止, 吾儒又必本於理。" 余請再說一番, 柳又誦言。余曰: "說如此, 卽得矣。願勿變動。" 歸路, 取見洪汝章,【名大心, 華門人。】改草心說, 亦頗轉步。時柳年四十三歲, 豈不欲顯言? 惟畏金而不敢發耳。及至晚年, 乃能確立正論,【心物性則】飽受諸人之詬斥, 而不之悔, 始快人意也。

〈西楊誣遜志〉

西楊輩修『太宗實錄』書"方某再三叩頭乞生", 欲以此誣筆, 陰爲渠輩地, 眞無人心者矣。【『苟菴雜記』「正學從祀章」】余見此不覺髮上指也, 千古小人誣賢之心, 如印一板。

〈李生〉

李冕植始師容山, 後又稱師於余, 旣而遂倍之, 投身他門。每語及余必曰: "太極無動靜, 頭腦差誤。" 吁! 是所謂一言不合, 何必師事者耶? "道體無爲"是爲朱子定本, "道體"非太極之名乎? "無爲"非無動靜之謂乎? 使李生遇朱子, 則其不目爲頭腦差誤而畔之乎? 然則不得不就認心爲理, 謂理有爲之師而委身矣。【朱子曰: "性猶太極, 心猶陰陽。" 後儒卻硬將心直認做太極, 而謂"理不須氣而有爲有動靜。" 故余爲辨之曰: "心有運用, 而太極無動靜。" 此其立語, 不得不然也。若遇說太極無動靜之理者, 又將苦口說太極有動靜, 是豈偏執一義, 而盡廢佗說者哉?】

〈象山論韓文原性〉

『象山語錄』云: "退之「原性」, 卻將氣質做性說了。" 此以三品而云爾, 則誠然。如曰"與生俱生", 是指氣質性也。如鄭某之見, 則"天命之性", "性善之性",【兩性字註, 皆著生字。】『禮記』"天之性", 『大學』「序」之性,【兩性字上句, 皆有生字。】一切性字, 都是外生字不得, 父子之仁, 君臣之義, 何者非與生俱生底? 故朱子曰: "凡言性, 皆因氣質而言。" 農巖曰: "凡言性, 舍生字不得。" 如何近世諸說, 卻與此相反?

〈勉齋祭林栗文〉

宋時福淸 林黃中著『周易經傳集解』凡三十六卷。淳熙十二年, 進御降詔褒美, 其書精硏該貫。第以其曾紏朱子, 學者非其爲人, 而黃文肅公, 朱門之顏、曾, 婺學始祖所自出也。其「祭黃中文」有云: "玩羲經之爻象, 究筆削於獲麟。立朝正色, 雖當世大儒, 或見擯斥; 著書立說, 雖前賢篤論, 不樂因循。" 其稱許黃中如此, 豈得以不報師讎病哉? 此王崇炳論也。"當世大儒"指朱子, "前賢篤論"指「西銘」, 不知勉齋於此, 以爲仁而發之歟? 以爲義而斷之歟? 抑以爲禮與智, 而行之中與誠而用之歟? 詎可但以微眚小過, 而不必誚責哉? 故余每疑此或他人之文而誤入『黃集』, 如程、朱書中, 誤載游察院、陳同甫之文。不然, 恐難免倍師衊賢之罪矣, 惡可以輕斷而無疑哉?

〈勉齋祭唐仲友文〉

文, 余未之見也, 近讀苟菴「論言」曰: "紀勻表章仲友『文集』, 以仲友爲粹德、爲醇儒。又藉重於黃勉齋「祭仲友文」, 推勉齋爲心公眼明之君子。朱門弟子, 無一人得脫收司之律, 而獨於勉齋費辭推許。勉齋之得此於勻, 可謂羞恥之大者矣。勉齋此事實爲不可知者, 豈規模開闊初不有芥滯而然耶?"【「論言」止此】 明儒呂涇野【柟】言: "仲友雖負才名, 終是小人, 安得以仲友誣奏晦翁帷薄不修之事, 訾毀晦翁? 是非毀譽, 初不足憑, 久之便自明白。"【『呂語』止此】 或云: "仲友誣朱子帷薄不修, 初無是事。" 然勉齋於仲友, 有何心情, 可致祭奠耶? 雖曰"規模開闊", 豈無義理嚴正? 吾謂勉齋實有此文, 而得"心公眼明"之褒於罵辱朱子之紀勻, 則豈不貽累於師門乎? 恨無『勉齋集』, 細考其文之有無也。勉齋嘗以狹窄, 見貶於師門。又於黨禍時, 深以王子合之不去官爲非, 則豈肯對林栗、唐仲友致奠乎? 且紀勻之言, 何可盡信? 俟當詢考。

〈孔文仲〉

文仲, 孔延之之子, 延之與濂溪友善。文仲乃爲浮薄輩所使, 醜詆伊川。後乃知爲所紿, 憤鬱嘔血而死。此呂申公所謂"憙不曉事"者。然若文仲復奏"臣前劾程某, 實被小人所誤, 而有此誣妄, 罪合竄斥。願陛下復召程某而尊禮之", 如此則其於"立身事君"、"改過尊賢"之道, 可謂兩得之。何必嘔血而死? 眞死得愚也, 人當以識見爲先。

〈眞劉〉

劉靜春親學於朱門, 而錯認"天命之性", 至著「就正錄」, 而語涉不遜。眞西山私淑於朱門, 而及其讀『中庸』首章章句, 歎曰: "生我者, 太極也; 成我者, 先生也。"【成改以開, 如何?】甚矣! 人之所見, 不可不正也。

〈吳康齋〉

余謂康齋于精微處鮮有發明, 然其篤行則實未易及也。 彼尹直者胡爲汙衊之文, 以傳布於世, 常竊痛惋。近見『苟菴集』「雜記」有'辨尹直'一篇, 其略曰: "沈德潛爲吳康齋辨尹直「瑣綴錄」, 而知康齋之不爲石亨譜跋, '不與弟爭產'云云。德潛「文議」論多有好處, 而此等文字, 皆有裨於世敎者也。"【止此】余謂: "古今如尹直者多矣, 而如沈德潛、申苟菴之爲之辨明而用心公正者, 少矣。彼士之修德而被誣者, 將何所恃而自明乎? 噫!"

〈小人自賤惡〉

某人因私印, 而被諸公之賤惡。思欲乘時而報之, 至三十年後, 遇國亂道熄之日, 而甘心焉, 則自以爲雪憤矣。然有識之賤惡, 愈甚於前日, 由其文致奸言, 以飾己罪, 僞造語錄, 以陷師友也, 然則賤惡自外至乎? 自己出乎? 因看苟菴「雜記」言"小人自賤惡", 余又論之如此。

〈楊愼紀匀〉

"楊愼、紀匀之賊道、悖理, 惟有楊舂【從木】之說, 皆執其眞贓實犯, 而談笑以處之。

雖巧爲簧舌、工於掉脫者, 只當引頸自伏, 甘心受誅, 亦一大快案也。此輩於朱子, 有若積冤深讎之必報, 以大賢言行之昭揭天經, 燁爀萬代, 而指無爲有, 變易是非, 要快其心欲, 並欺後世者, 其心所在, 未可知也。紀勻之謂南宋亡於諸儒, 至於明社再屋, 而不可專委韓侂胄、楊愼之僞作語錄。思逞其毒, 尤其不可言者也。然不過爲胡紘、沈繼祖之後殿, 而其罪反有甚焉者也。於朱子之盛德大業, 豈有損其毫髮哉?" 此苟菴「雜記」也。 余少時見楊愼論『論語集註』"魯安得獨用天子禮樂"之說, 而廣據博證, 以爲世之號爲大儒者, 方且釋經而有此誤。又見紀勻論『名臣錄』不載劉元城, 而妄加詬罵之說, 以爲此人稟得戾性, 以自亡其天, 誠可哀也。近得『苟菴集』見其「崑餘」、「說證」諸篇, 痛斥此輩誣賢毒正之罪, 使人讀之, 不覺痛快。今見「雜記」此段, 亦其一也。但楊春所論不得見, 甚可恨也。【『名臣錄』見載劉元城, 而勻也橫肆惡言, 故昔人以無目斥之。】

〈士孤〉

陸賈『新書』云: "殊於世俗則身孤, 此一時之孤而百世之不孤也。" 此言良然。然以道自持而不合於世俗者, 將上而與天合德, 幽而與神明爲伍, 下而與後賢爲知己。何孤之足患? 況舉世萬衆, 豈無一人見知者乎?

〈龜山出處〉

龜山, 宣和一出, 非有大力量大施措, 不可自信。我無世俗利心, 而遽然膺命。胡文定救得一半語。朱子雖嘗取之, 然又嘗云: "來得已不是, 及至, 祇說沒緊底事。世人笑儒者不足用, 正坐此耳。" 黃宗羲以此爲定論, 是也: "劉元城曰: '龜山有除名, 不知何人薦。' 曰: '聞是蔡攸', 曰: '不知肯來否。'" 近年某某, 以某人薦皆來, 竟無大補益而去, 豈未講元城之言歟? 料必不知是何人薦。大抵儒者出處, 不可輕也。

〈許衡出處〉【丁巳】

『退陶先生言行錄』論許衡出處一段,【五卷卄九板】愚尋常蓄疑。昔晦翁論溫公云: "若生於三國, 便去仕魏。" 愚竊意"退翁生於鐵木之世, 決不應便去爲其臣矣。" 然則此段恐記錄少差誤也。許氏嘗語其子師可曰: "我平生虛名所累, 竟不能辭官。死後愼勿請諡立碑, 但書許某之墓, 足矣。" 愚謂辭官在我, 而曰"不能", 何也? 陶宗儀『輟耕錄』曰: "初許衡之赴召也, 劉因謂曰: '公一聘而起, 無乃速乎?'【夷狄三聘, 則士可以起乎?】衡曰: '不如是則道不行。'" 夫一召卽起者, 乃曰"竟不能辭官", 豈成說乎? 退翁答勿書官爵之問曰: "此非所欲仕故也。" 愚謂: "士君子之出處, 是何等大節目, 而乃爲所不爲欲所不欲乎? 如是而可以爲出處之正乎?" 退翁終之, 又曰: "聖賢復生, 未知其論如何耳。" 蓋疑而不敢質之也。近日某某諸人, 據許氏, 以論今日儒者出處之義。噫! 華夷之大防, 自此壞矣。使退翁聞之, 吾知其必謂"害義之論, 而不可從也。" 至栗翁謂"許衡失身", 焉有失身而可爲聖賢之出處哉? 梅翁云"失身卽是失節", 此爲究極之論, 而後儒之所宜識戒者也。近世柳稺程著「許衡正法論」, 立義嚴正, 讀之使人痛快也。記昔南秋江有詩云: "胡元驅大宋, 兩京迷黃塵, 魯齋許文正, 被髮爲其臣。" 宜其被黜享於尤翁也。不知薛敬軒又何以以仕遲久速, 許許之出處也? 孔子何嘗爲行道, 而輒爲夷狄之臣乎? 敬軒之論, 何其全沒斟量矣乎?

〈象山信心〉

楊慈湖第進士, 主富陽簿, 陸象山猶以擧子上南宮, 舟泊富陽。楊宿聞其名, 至舟次迎之, 留廳事。晨起揖象山, 問先生所信"信個什麽?" 象山曰: "九淵祇是信此心。" 余謂: "心雖靈覺神明, 終是非如理之純善者, 故聖賢竟屬之氣分。此觀於'湯之制心'、'文之小心', 可見矣。" 象山天資, 視顏子何如? 顏子之心, 且有時違仁, 則未敢自信其心。孔子雖自謂"從心所欲", 而竟又有"不踰矩"之語, 況象山而信心, 而自仁自矩矣乎? 吾見其終歸於自用之科矣。近世心理一派, 其所占地步, 又高於象山, 而其心自認爲理, 則使遇楊氏之問, 其必曰"祇是信心", 信心一也, 而象山誤而自家獨能無誤乎? 吾故曰: "與其信心, 不若信性。"

〈陽尊朱子〉

乞斬朱子, 如宋朝群凶; 誣毀朱子, 如明、淸諸人者, 吾已知其非人性矣。更有不可知者, 何也? 尊朱子而曰: "以心性分物則, 朱子無甚綱領時說話。" 曰: "凡『語類』、『大全』之分心性爲道器者, 皆初年說, 與記者之誤。" 曰: "不認心爲理, 朱子六十五歲前未定之見。" 此三者, 皆以己見爲主, 而朱子爲使也。如此則何不明言"朱子不可尊信", 如陽明之爲?

〈誤認〉

近世儒門, 有認心爲理, 遂以此爲太極與道體, 故眞正太極道體, 隱而不見。蓋太極道體, 但爲自然之主宰, 而今指有覺有爲之心, 以爲太極道體, 故自然主宰, 更無可言處。儒流又有誤認講辨爭詰, 爲學問大事, 而不務躬行君子之道者, 故眞正學問, 無復可問處。良非細憂。

〈自謂宗程朱栗〉

近有自謂宗程、朱、栗, 而其說卻與三先生異, 異哉! 余謂: "人生然後始有性, 而所謂性者, 箇箇完足。但於發後, 始有偏且惡, 而皆氣之事, 非所稟之理元初如此。" 程子曰: "生生之謂易, 生則一時生, 皆完此理。" 又言: "天地生物, 各無不足之理。" 有人卻言: "人物纔生, 其性理之稟受者, 便有完缺欠足之分, 不待發後, 始有不同。" 此與程子同乎? 朱子以"性同氣異"四字, 爲包含無限道理, 而有人纔聞"氣雖萬異而性則一同"之說, 則惡之如仇怨, 而必欲剋除之。此與朱子同乎? 栗谷曰: "氣偏則理亦偏, 而所偏, 氣也, 非理也。" 又曰: "惡者, 濁氣之發。" 有人每言: "人生時稟得偏惡之氣, 則所受之理, 元亦偏且惡, 而爲發後偏惡之來歷。" 此與栗谷同乎? 此人自謂"我從三先生", 凡不從吾言者, 皆是破三先生之說者。吾未知古來有兩個程、朱、栗乎?

〈佛學靈字〉

苟菴曰: "佛學祇一靈字。" 又曰: "佛氏見氣之善處。" 愚繼之曰: "聖學祇一誠字。" 又曰: "聖人見性之善處。" 近世一派, 其學祇一心字,【其言曰"心卽理"、"心卽道"、"心卽太極", 故云爾。】而見心之妙處, 卻又斥佛之所謂靈與善, 祇是粗底氣, 非吾之所謂靈與善。蓋自家認得靈字爲理, 認得氣之善處【卽靈明神化】爲理, 故其說不得不如此, 非惟佛氏不服, 吾儒亦未之許矣。

〈義理大於天下〉

楊愼以程子"非留侯鴻溝"之說爲儒者之迂。此愼也祇知天下爲大, 而不知義理之爲大, 其見識之汙下, 可見也。

〈嶺學〉

或曰: "嶺氏亦使人窮理盡性。"

余謂: "彼旣認心爲理爲道, 則其所謂'窮理盡性'者, 祇是以理窮心、以道求心, 不知理與心、道與心, 何所異, 而曰"以此窮彼, 以此求彼"耶? 眞是笑話!"

或曰: "嶺氏亦要人心止於至善, 亦要人心體得太極。"

余笑曰: "彼旣指心爲至善爲太極, 則其所云云, 不過爲至善止於至善, 太極體得太極矣。此爲何等說話?"

〈天人之於洋賊〉

苟翁言: "夷狄侵中國, 自古有之矣。未聞以夷狄之俗行於天下, 而天下之人承奉之。若不可緩, 則於今日而始見之, 所謂夷狄之法, 卽洋之妖幻陰賊, 天道何容若是? 天亦有不勝者, 存乎其間歟? 是不敢知也。" 愚讀此語而不覺痛歎也。然苟得吾儒諸家, 棄其一偏之見, 而用大公之道, 務主孔、朱、栗、尤之敎, 而決去名利虛僞之習, 如是積數十年之功, 使光明公正之氣, 薰蒸浸漬乎天地之間, 則彼之妖幻淫邪之俗, 庶幾可勝矣。

〈人家文字難作〉

後世風習虛僞, 家狀不可信。故余初不輕作, 後來十餘年絶筆, 心甚爽然。比見宋子「答金天挺」書曰: "『不憂軒遺稿』「序文」云云, 可疑者甚多。以人者言之, 本朝政事, 未嘗以聞於皇朝, 而今曰'以擧逸民丁某, 上聞于天子', 此有分明可據乘史耶? 文宗陵乃顯陵也。顯陵無碑, 而今曰'陵側樹碑, 而稱擧逸民丁某', 未知何據。睿宗在位只一年, 而今曰'睿宗五年授正言', 此尤不可使聞於人者。不可徵信如此, 而作序則作之者, 與有罪焉云云。"【見『大全』百十二卷三十三板】近世事, 尤有甚於丁氏事者, 奈何秉筆者無所難愼, 而無人不副也?

〈上中下士〉

古人云: "上士畏己, 中士畏天, 下士畏人。" 人有是非, 可畏也; 天有禍福, 可畏也。己則自己也, 何畏之有? 然己之可畏, 有甚於天、人者。蓋發念之初, 自心已知之。善卽快愜, 而惡則羞縮, 不待天之禍福、人之是非, 而是非禍福, 已著於自心而不可逃矣, 豈非可畏之甚者乎? 是故, 君子欲其必自慊而毋自欺也。

〈先聖先師位次〉

『朱子大全』「信州學記」: "先聖向明, 先師西面, 左右衆賢, 以次列坐。" 蓋配位西向, 禮之正也。婺源三先生祠, 濂溪南向, 二程東西相向, 未有所考。

〈保聖廟〉

苟菴先生論"大成"之號, 是元武宗之所加, 而曰"夫子之聖, 肯受之乎?" 余觀今之士, 請願於彼倭, 而得存校宮。及其釋奠, 又以剃頭者爲首獻, 而士也尙自居以尊聖之功, 可謂無恥之甚者矣。

〈圃牧詩句〉

圃隱和樵隱詩云: "自是心淸如水人。" 牧隱寄樵隱詩云: "君詩淡如水。" 學者于治心之功, 如何可以淸如水也? 苟非理明慾淨, 靜如明鏡, 動似快刀者, 恐未易語此也。今不肖自省其心, 直如潢汙之渾, 故其發於言語文辭者, 殆同泥裏取出之物, 深可愧懼也。適奉閱『先祖逸稿』及『圃隱集』, 得此詩而記之如此, 以爲日夕警省之資云爾。

先祖詩, 當時諸賢, 皆以詞苑鉅手稱之。芸牕所選『東詩』, 無一首見載, 何也?

〈讀放翁詩〉【對食致思方下箸, 讀書有得每題紳。】

帝之養爾, 殆八十禩。其養何爲, 助厥行義。汝則旣受, 而反作咎。曷不畏威, 愼勿再非。自玆擧匙, 必先審禮。【人多受天之養, 而無復報天之恩, 此固可罪。若夫喫著之時, 已先失禮, 此更自審。】

嗟爾學書, 七旬有餘。豈無一得, 胡不修慝。人爭有訾, 汝曷無恥。陸子題紳, 可以醒神。經師在前, 奉以爲天。【朱子曰: “六經全是天理。” 據此則人之師經, 卽是師性。今雖老眊, 罔或退託。宜日夜精硏, 庶以進分寸之步也。】

〈先見祖舅姑〉

朱子曰: “婦旣歸, 姑與之爲禮, 喜家事之有承替也。”【倜錄, 作有傳也。】姑坐客位, 而婦坐主位, 姑降自西階, 婦降自阼階, 此見『語類』郊特牲門。按, 此姑有舅姑未七十, 不曾傳家之時, 其婦歸無可替傳之家事, 而遽行此禮於舅姑無量之日, 則可謂之得禮乎? 以此推之, 有祖舅姑者, 婦當先見祖舅姑也。

〈適適相承〉

尤菴「答朴遜齋」[233]書云: “適適相承者, 謂祖父以上。【按, “以上”二字, 未知止於幾代。】皆長子相承, 其閒如有支子傳重, 養佗子爲後者, 則雖累代之後,【按, “累代之後”, 未知止於幾代。】亦不可爲長子服斬矣。然朱先生高祖振, 實其父惟甫之支子, 則是非適適相承者, 而先生猶爲長子塾服斬, 則雖非適適相承, 而若繼祖與父, 則當爲長子三年矣。”【止此。】『儀禮』經傳及鄭註之意, 皆爲繼禰之宗, 亦得爲長子斬之證, 而至賈疏始有適適相承之說, 然亦止於亡者之曾祖, 非上及於高祖五代祖, 而尤翁卻以振爲惟甫支子, 而曰“非適適相承,” 恐非賈氏本意。蓋振於塾爲五代祖, 則何論其適支與否耶? 且振之子絢是其第二子, 絢之子森是其第四子, 尤翁何爲舍近代之支子, 而乃擧遠代耶? 且其意似若以朱子服長子斬, 爲有違於適適相承之禮, 而以朱子也故, 不得已而從之者, 然尤有所未敢知者也。

〈隱憂浩歎〉

“侵侮先賢, 甚關世道, 此豈人謀所及哉? 至於節義之人, 則婦孺無不敬慕歆尙, 而今則爭以訾謫爲能事, 未知時俗風習, 其不至於夷狄禽獸耶? 此志士仁人之所隱憂浩歎而不能已也, 然此可與讀書者道, 而難與俗人言也。” 此尤翁「答朴景初」書,

---

233) 『宋子大全』에는 「答朴士元」으로 되어 있다.

而時先生年八十一歲也。近日心派一少輩對李㴐在說: "出處主許魯齋, 勒削不必死。國朝先賢, 都無經濟之術, 近年死義諸人, 不足尙", 此已是夷狄耳, 眞可以隱憂浩歎也。

〈古今學術〉

古人以知性善【近有言: "氣之惡者, 稟得理亦惡, 偏全亦然。" 此於心術見識, 人倫世敎, 何所補而云爾哉?】厚人倫、存誠心、銷客氣爲學。今人專務談理氣之名目, 任血氣之作用, 至於師友爲讎, 幽明相欺, 貽羞聖門, 流毒生靈, 而自認爲今世界眞學問大事功, 舍我其誰, 而吾上復有何人? 百世誰易吾言? 有識傍觀, 爲之寒心, 而彼方且氣盈志滿, 而靡所顧憚。吾不知其何補於身心家國, 而莫之少懲也。

〈聖門論大本論功夫〉

聖門論"大本", 無不以天命之性爲言, 世儒卻謂性不可當太極, 遂指心爲大本。便是把天命帝衷, 不復欽承而褻慢之。聖門論"工夫", 無不以操心撿氣以復性爲要, 而近儒卻謂人心卽是天理【天理非可操制之物】, 又謂氣上無修爲, 無復憂惕而縱恣之。如此則靜時祇是箇天上天下獨尊之靈而已, 動時祇是箇胡思妄行自用之氣而已, 使其念慮到此, 雖勸它立論如此, 決不爲矣。惜乎! 其師友之間, 講論不及此也。

〈肉食〉

"東郭民祖朝, 上書晉獻公, 願聞國家之計, 公曰: '肉食者, 已慮之。藿食, 何與焉?' 祖朝曰: '肉食者失計於廟堂之上, 藿食者寧得無肝腦塗地?' 嗟乎! 肉食之無謀, 而藿食者同受其敗, 千古一轍, 可爲於悒。而肉食者亦不得以安富尊榮長樂無憂, 則身且不保, 遺臭無窮, 所得亦微矣。而徒使善類無所容其身, 而國命隨之, 則後之論世者, 歸罪必有地, 彼亦何所益而爲此哉?" 此見苟菴「說叢」, 讀之深可痛恨也。今之肉食者, 國破君囚, 百姓之肝腦塗地, 先王之禮儀衣冠掃如, 而彼輩之安富尊榮長樂無憂, 則依舊自如, 此其志滿氣得而樂爲之者耶? 惟其遺臭無窮, 而歸罪有地, 則彼雖窮巧善籌, 終不得而免矣。

〈實事求是〉

"實事求是"四字, 豈非善言? 但指講學爲空言無物, 卻將古今名物制度, 考據援證, 以爲實事求是, 是將敎人擯棄孝悌忠信之行, 厭惡心性道器之論, 而駸駸然入於考證之科, 而斥夫典要之學矣。如此而欲修齊治平, 有是理乎?

〈憫世〉

以麤淺之識爲應事之主, 而不察理欲之分; 以猜忌之心爲酬世之本, 而不知人我之量。理欲無分, 故不免認賊以爲子; 人我不審, 故自底矜己而傲物。良可悲夫!

〈文人無識〉

蘇子瞻論孔子誅少正卯云: "此叟自知頭方命薄, 不得久在相位。故汲汲及其未去發之, 前輩有以文人口習譏之。" 然余謂: "正緣無精義之功, 而發此無識之言也。"

〈務學在求師〉

"氣質一定而不敢自易其習者, 以其不學歟? 氣質之用狹, 道學之功大, 習其所習者, 未嘗察也。天氣而地質, 無物不然, 人貌乎其間, 奚以相遠? 其道莫先于學, 務學在求師。" 此了翁說也。公二十九歲, 與范忠宣語, 得聞伯子之名, 使於是時, 卽就師程門, 其道德之成就, 何可量也? 後從元城學而好佛, 至將『金剛經』九字爲實體, 而捏合於『中庸』之"誠", 豈不誤歟? 務學雖在求師, 古今之擇師誤, 而立見差者, 何限? 請世之學者, 宜愼擇而無忽也。

〈口舌學問〉

說心說性而忍心害理, 說明德中庸而肆昏德行乖習, 說尊華攘夷而棄夏從夷, 是以口舌爲學者也。

〈聞見〉

藉聞見而蓄德則善矣, 藉聞見而傲物則惡矣。蓄德則凡所有聞見, 皆如日月之明,日月以照物, 則物皆喜之; 傲物則凡所有聞見, 皆如劍戟之鋒, 劍戟以對人, 則人皆惡之。惡之之至, 則同學爲儺, 遺體受辱。如此者, 不如目不識丁之猶得而全其愚也。

〈大愚〉

以"日暮道遠"之勢, 不知自勉自養, 欲以"文墨供人"之求, 而弊精神, 以自促其死, 可不謂之大愚乎?

〈辨一事〉

陸象山言: "千古聖賢, 祇是辨一事, 無兩件事。" 此語甚是, 但不知一事是何所指。若曰"指'唯天下至誠, 爲能盡其性'一事", 則得矣, 今曰: "能盡我之心, 便與天同, 爲學祇是理會此。"【"能盡我之心", 止此, 亦象山語。】此分明以心爲天也。【孔、孟、程、朱, 以心與天分開說。】象山嘗譏釋氏謂"此一物, 非它物也", 此一物, 亦卽所謂我之心也, 此佛、陸無異, 而象山却以吾儒無不該備, 無不管攝, 區而別之, 則似可通矣。然象山又自言: "某只是信箇心。" 而曰: "識得一心, 萬法流出, 更都無許多事。" 然則象山之與釋氏, 不過百步五十步之間耳。不知嶺派於此, 如何做轉身路子。今吾門士子, 勿厭煩而以心去究索道理,【伊川云"以心求道", 晦菴云"用氣尋理"。】勿憚難而以禮去撿束心覺, 以求夫誠心盡性之傳而終其身焉。

〈甚字〉

"流俗之害, 甚於異端; 俗吏之害, 甚於寇賊; 佛氏之害, 甚於夷狄; 洋妖之害, 甚於禽獸; 考證之害, 甚於讒人。" 此皆前人已道之言。今日康、梁之害, 甚於洪猛, 不知仁天已生得驅抑之聖人, 而未及出現於世界耶?

〈麒麟獅子〉

此見『語類』六卷「仁義禮智門」嘗錄。【二十七板】今世心宗, 類多認心、仁爲一, 竟只與王日休指麒麟爲獅子之見, 同歸矣。蓋心宗諸人, 多吞伏百獸之象, 而其不食生蟲不履生草之心, 絕無而僅有也。

〈太王翦商〉

"周人鋪張世德而曰: '至于太王, 實始翦商.' 言'周之盛德, 至于太王而寖盛'. 及王季而王季之子文王, 三分天下有其二. 武王以文王之子, 遂有天下. 蓋言'代商之漸, 自太王而始也', 故曰始也. 何嘗言太王有翦商之志乎? 太王之時, 非武王之時, 則太王豈有是心? 且謂'太王有志翦商', 是誣其祖也. 「魯頌」之意, 不如此也." 此苟菴「雜言」'辨顧寧人左傳杜解補正'之文也. 余平生左見, 如苟翁此說, 故遂錄之.

〈愼此心所重〉

人心, 常以所重爲主. 如以利爲重者, 謂利卽是義, 謂利是學問全體綱領; 以欲爲重者, 謂食色情慾爲性; 以氣爲重者, 謂氣之有條理者是理, 謂天地中氣爲太極,【道家語】元氣是太極;【鹿門語】以氣質爲重者, 謂性之善卽氣質之善;【同上】以心爲重者, 謂心能造性, 謂心上不可著一字, 謂心爲聖人, 謂心爲至尊之理; 以性爲重者, 謂性爲天而尊之. 吁! 人心之趨重, 可不分外愼諸?

〈敎化人做〉

朱子曰"敎化皆是人做", 此所謂"人者天地之心"也. 愚謂: "人君之於百姓, 師儒之於門人, 家主之於眷率, 婦女之於幼子, 皆是施敎化處. 纔不合理, 便失人爲天地之心之義, 可不愼諸?"

〈士子所志〉

「淸儒張楊園履祥學案」曰: "先生遭時艱難, 立身高潔, 以主敬爲行己之本, 以反經爲興民之原. 蓽門蓬戶, 具有天下萬世世道人心之憂, 謂爲朱子之後一人, 不亦信哉?" 余於"朱子後一人"之云, 則未之信也. 然其曰"遭時艱難"以下, 至於"世道人心之憂"數句, 區區亦竊有志於斯矣.

〈貌人心獸〉

或擧韓文云: "'有顏如渥丹者, 其貌則人, 其心則禽獸, 惡可謂之人?' 此意如何?" 程子曰: "人祇要存一箇天理."【止此】存得天理, 方始是人. 今有多聞多見, 而講及太極性命, 其儀則士流, 而其心氣則搏噬, 此可謂之眞士流乎? 吾黨之士, 其宜戒之.

〈謹愿與狷者之辨〉

唐荊川曰: "謹愿之士與狷者, 不爲不善, 亦較相似. 但狷者, 氣魄大, 矯世獨行, 更不畏人非笑. 謹愿之士, 拘拘謰謰, 多是畏人非笑. 狷者必乎己, 謹愿者役於物, 大不同耳. 今人多以謹愿者爲狷, 此學不明之過也."【止此】愚見謹愿之士, 遇人行正禮而爲世非笑, 己亦從而詆斥之. 不爾, 共爲人非笑也. 又値非義之義, 被人廝炒而黽勉從之. 不爾, 共爲人非笑也. 此非惟無氣魄可以獨行, 實緣無精識足以自斷耳, 士須有窮理養氣之功.

〈述意〉

詩曰: "不能濟當世, 晦父亦嘗云. 所論趙餘王, 語見答曹君. 死天下事易, 識眼前中難. 無才輕擔著, 請質尤翁看. 顧雖非沮, 溺, 其奈無抱負. 閩, 莘有遺訣, 而我但縈守." 是雖不足謂之詩, 然自述己意, 則可謂云爾矣.

〈道亡身死〉

天運否塞, 綱常斁壞. 士之生於此時者, 宜另加精釆, 勉竭心力, 以求明道立身, 誨人警衆, 庶幾於回天而匡世. 此實上帝之所望於今日士類者也. 其無特達志槪, 堅確筋骨, 而靡然遷移者, 誠無足言矣. 如又憤痛於道亡, 而遽決性命而殉之者, 疑亦可更商量也.

〈修明氣字〉

雲霧晦冥, 而太陽未嘗不光明於其上矣. 昧者曰: "太陽亦昏矣." 是但見雲霧, 不見太陽者也. 使有自謂明者曰: "太極賦予一般. 祇太陽自稟受得陰昏之性, 故其發見如此."【汙穢太陽】更有高一層者曰: "太極之流行也. 其用有昏明之異, 故太陽稟其昏底, 以爲氣質之性爾. 不然, 今此晦冥從何處來?"【並與太極, 而汙穢之.】若是者, 不如愚拙之爲無過也. 今學者, 宜蚤夜孜孜, 以修明氣字, 爲急先務.【愼思敬守, 以至死而後已. 是爲全體不息之仁也.】其受性不及堯、舜之至善, 與夫氣化後性體之不露, 皆勿慮也。

〈先賢不可慢〉

楊愼文章名節, 苟翁以爲獨步一世, 而乃以詆斥朱子爲聖門罪人。噫! 先賢其可慢乎? 近世如某氏, 文學節義何如? 而乃以尊尙蘆「猥」, 而譏侮栗翁, 爲士流所外, 而至受開門人淵源之誚, 正堪爲楊愼對手也。

〈理無爲〉

玉潤問"何以見理之必無爲?" 此一句, 是全篇骨子。若不辨析, 必入於作用是性,【佛氏】能視聽言動是性,【王氏】能靈昭知覺是太極,【禪家】惺惺活體是太極【柳氏○蘆沙之謂"理有操縱適莫", 寒洲之謂"理有思感知能", 都是一樣意見。】之科矣。今擧"止於至善"、"依乎中庸"言之, 至善、中庸, 的然無爲, "止"與"依", 乃是心之有爲處。"聖人全體太極"、"至誠能盡其性", "性"與"太極", 曷嘗有爲? 『易』之"艮背"、『書』之"執中", "中"與"背", 何處見得有爲底意脈? 如曰"理亦有爲", 則太極自爲之可矣, 何必乘著陰陽動靜之機?; "性自盡之", 道自凝之可矣, 何必待得至誠至德之人? 說至于此, 理之無爲, 豈非如示諸掌乎? 理若有爲, 則人【以心言】之尋是時求仁時, 爲理者, 輒跳躍而出曰: "我在此, 儞無用尋求爲也。" 安有似此躁妄眞如乎? 學者試思之, 夫理之無爲的然, 而何以爲氣之主? 凡氣之有爲, 若無此理爲之根極, 則何以有成乎? 此理之所以爲"不宰之宰", 而有"不使之使"也。又試思之, 理爲氣主, 而何以有爲氣所掩之時? 蓋性理微妙, 而心氣粗強, 故心氣往往不循軌轍, 而橫逸弃放矣。性理旣無覺察之明, 又無操縱之力, 不奈何它矣? 然變極而復常, 則曩之不循軌轍者, 必敗而不能自立矣。吁! 士流講論, 要得反覆推尋如此, 而必反之於已, 則庶有補於治心合矩之聖學, 而不爲六窓一猴之佛傳矣。【示黃瓊奎, 令其與鄭寅鉉商訂。】

〈運用妙具〉

李氏每據"運用字有病, 故下得妙字"兩句, 以爲"運用是氣、妙是理"之一大證佐。此殊不然。『語類』本文云: "妙衆理, 猶言運用衆理也。" "運用字有病, 故祇下得妙字", 此何嘗以運用與妙, 分理氣乎? 若如李說, 則或擧『孟註』"具衆理"、『或問』"妙棄理"爲問曰: "妙字不甚穩當, 具字便平穩。" 此亦以爲妙是氣上事、具是理上事耶? 吾謂"李氏讀書未甚精細, 立論又多麤率。蓋據得依俙近似之言, 以就其牽合驅率之說。以故乍看, 雖若可通, 細究之, 竟成四窒八礙矣。"

〈正學異端〉

吾儒以心與理爲一, 非謂心理無辨, 乃欲心之運用與理爲一也。釋氏以心與理爲二者, 恐理爲心障, 必欲判而離之也。吾儒欲心與氣合一, 非謂心氣無分, 恐氣之動作, 戾於心之所使也。異端以心與氣爲二, 既把氣之精英神明者, 直喚做性喚做理, 其於麤糙底氣, 則曰"外此然後爲道也", 祇此兩義, 便見心性理氣之分, 正學邪術之辨。若不如此, 雖終日談理氣辨邪正, 畢竟無益。

〈修氣〉

近世有不修氣、不主性之學, 不修氣則任氣, 不主性則眇性。眇性與任氣, 皆心之爲也。心欲主性, 則礙於自用; 欲修氣, 則當以理爲本, 是亦礙於自用。不修氣之害, 至於使氣; 不主性之害, 至於鑿性, 是皆認心爲大本之致也。

性是至善之理, 不容修, 揚雄言: "修性是揠苗也。"; 氣是不齊之物, 不容不修, 嶺儒言: "不修氣是不芸苗也。"

心比性微有迹, 非如性之不容修; 比氣自然又靈, 非如氣之不能自修, 則當自心自修。夫自心自修, 亦不過主性以修氣而已, 此爲性學正宗。斯理也, 『中庸』已言之, "戒懼愼獨", 主性也; "己百己千", 修氣也。不主性不修氣者, 與孔氏之傳, 判異矣。

〈五行之神〉

漢儒以五行之神言天命之性, 朱子於『論語』「爲人孝弟章」, 『或問』, 『語類』五卷大雅錄, 六十二卷佣、泳二錄皆及之, 而大雅錄則至曰: "此等語, 卻有意思, 非苟言者, 學者要體會親切。" 一卷植錄又云: "氣之精英者爲神, 所以爲五行五常者是神。" 此類, 學者宜聚而觀之。

鄭康成注『中庸』"天命之謂性"謂: "木神則仁, 金神則義, 火神則禮, 水神則信, 土神則智。"『論語或問』所載, 與此差互, 可疑也。毛奇齡言: "以信屬土, 未知起於何時。"鄭氏以信屬水、以智屬土, 早已大殊。「禮運」四靈以爲畜曰: "北方之靈, 信則至矣。"『易』「乾鑿度」云: "冬陽氣闔閉, 信之類是也。故北方水爲信。中央土者, 可以兼四方之行, 知之決也。"則所云"中央智、北方信"者, 在今儒亦未嘗一識, 而『集註』欲合五者, 以厚誣孟子, 不慮爲識者笑乎?【『集註』指『孟子』「仁也者人也章」注, 外國本云云而言。】竊意以五行之神言性, 大槪辨其配屬則可, 若直指神爲性, 則性無兆朕、神有精采, 惡可喚做一物乎? 故『語類』僴錄曰: "神猶云意思也。如一枝柴, 如何見得是仁, 祇是佗意思卻是仁, 火那裏見得是禮, 卻是佗意思是禮。"試嘗思之, 意思雖非理, 然此處意思字, 如言道理也。如『語類』六卷節錄言: "生底意思是仁; 殺底意思是義。"【道夫錄亦言: "仁是溫和底意思, 義是慘烈剛斷底意思。"】以此觀之, 意思豈非如言道理乎? 然則謂"木之道理是仁, 金之道理是義", 有何窒礙? 但"北方水信"、"中央土智"之義未詳, 俟當詢問。

〈游誠之〉

游默齋序『太極圖』曰: "周子以無極加太極, 何也? 方其寂然無思, 萬善未發, 是無極也。雖云未發, 而此心昭然, 靈源不昧, 是太極也。欲知太極, 先識吾心, 讀者稱之。"此見『宋儒學案』, 而其說一與近世柳持平之言相符。柳寄愚書言: "欲識得心, 先須識得太極。"又言: "知覺之惺惺活體, 是太極。"愚嘗以認心爲理譏之。今見游公學于南軒爲高弟, 朱子有「答游誠之」書三篇,【見『大全』十五卷】論覺論心, 而有不許其說者, 無乃游公未甚明晢於心理之辨歟?

〈易有太極〉

問: "易有太極, 是生兩儀"云云。朱子曰: "此太極卻是爲畫卦說。當未畫卦前, 太極裏面, 包含陰陽剛柔奇耦, 無所不有, 及各畫一奇一耦, 便是生兩儀"云云。【『語類』謨錄, 去僞同。】邵子文曰: "有太極則兩儀四象八卦, 以至于天地萬物, 固已備矣。雖曰: '太極生兩儀, 兩儀生四象, 四象生八卦', 其實一時具足, 如有形則有影。"【『邵氏語錄』】據此兩說, 則所謂"太極生兩儀"者, 祇是爲畫卦說, 非是子初有太極,而子之中方生兩儀, 子之末乃生四象八卦也。而後儒往往執言迷指, 使太極兩儀, 推之於前而有其始之合, 殆未之思也。

〈易與周邵太極〉

朱子曰: "周子、康節說太極和陰陽滾說, 易中便擡起說。"【『語類』學蒙錄】 "周子曰'太極動而生陽'云云, 動時是陽之太極, 靜時是陰之太極, 太極卽在陰陽裏。"【亦學蒙錄中語】 "邵子曰'一動一靜之間, 乃天下之至妙者歟!' 此亦就陰陽交易之間, 指點貞元間太極。"【薛文淸語】 太極卽在陰陽裏, 故曰"周、邵說太極和陰陽滾說"。【雖曰"和陰陽滾說", 而太極依舊祇是理。如程子說"生之謂性", 纔說性, 朱子說"性之在氣質者", 亦是和氣質滾說, 然性卻祇是理。】 至於"易有太極, 是生兩儀", 則先從實理處說。【亦學蒙錄中語】 故曰: "易中便擡起說。" 若論其生則俱生, 但言其次序, 則須有這實理, 方始有陰陽也。周、邵與易中所指之理, 則一也。雖然, 自見在事物而觀之, 則陰陽函太極; 推其本, 則太極生陰陽。【亦學蒙錄中語】

〈事天〉

孟子言: "存心養性, 所以事天也。" 朱子謂: "心性是天, 存養是事。" 然則心與性, 將齊等乎? 曰: "否! 不然也。" 大概說時, 心性皆可謂之天。若究極言之, 心當奉性爲天。【如天固是天, 君亦可謂之天。若將天與君, 辨位正名, 則君當爲事天之人, 不當復與天爭尊矣。】程子以四勿爲事天, 蓋性之禮爲天, 而心遇非禮則勿視聽言動爲事天。此則究極到底, 無以復去之論也。

〈心仁無對〉

朱子曰"唯心無對", 又曰"唯仁無對"。心之無對, 必合理乃可如此說; 仁之無對, 仁自是無對底, 不待合理也。

〈心氣性本體〉

氣有大小剛弱, 而朱子曰: "至大至剛者, 氣之本體如此。"【語類』閎祖錄】 氣有清濁粹駁, 而至清至粹者, 氣之本體如此; 心有靈頑明暗, 而至靈至明者, 心之本體如此; 性有善惡偏全, 而純善大全者, 性之本體如此。人知本體如此, 則可不勉明以求復其初乎哉?

〈性爲心宰〉

有問於世儒曰: "太極爲陰陽之主"、"道爲器主"、"理爲氣主", 此三句有異指否?

對曰: 無異指也。

再問曰: 分明無異指否?

曰: 分明無異指。

於是擧性爲心宰, 而問曰: 此與前三句如何?

曰: 心是理之有覺有爲者。性雖曰理, 而畢竟無覺無爲。夫無覺無爲者, 如何得爲有覺有爲者之主乎?

問者曰: 嚮所謂太極、道、理, 豈有覺有爲乎? 此與孔、朱以人心、道體, 分有覺、無爲之正訓, 判然別矣。吾不欲復與子相爲謀矣。

傍有尊栗、尤者曰: 性爲心宰, 吾亦不以爲是也。

或者詰之曰: 子謂性理心氣爲是乎?

曰: 是。

曰: 然則性爲心宰, 與理爲氣主, 何所異而疑之歟?

曰: 性無爲故也。

曰: 栗、尤亦曾有"理有爲"之敎乎? "無爲而爲有爲之主", 栗、尤之說皆如此, 而子之言則不然, 無乃習聞世儒之論, 而有惑志者歟? 子試反諸己而思之曰: 吾之性是理, 吾之心是氣之精英神明者也。前賢所謂"理爲氣主"者, 於吾身, 將如何看? 看來看去, 久將自有破卻漆桶時節。是時, 乃敢自謂我今始眞尊栗、尤者也。

〈性陁〉

韓侍郎言: "凡人視聽言動, 不免幻妄者, 蓋性之不善也。" 程子哂之曰: "謂性不善, 則求一善性而易之, 可也。" 愚竊謂: "旣曰性之不善, 則凡紾兄摟女, 罵父逐君, 一切罪惡, 皆由於性之不善也。" 韓公嘗學佛, 佛敎亦未嘗以性爲不善。觀於認心爲性, 可見也。性之不善, 如改曰心之不敬, 則詞理俱得矣。蓋心之敬, 何爲也? 爲敬其性也。 嶺儒有言"性不可獨當太極。" 愚亦哂之曰: "別求獨當太極底性而換之, 可也。" 吾聞性之全體是太極, 而萬理具足, 今日云云, 則其體不可謂之全, 而其理不可謂之足矣。 然則從古聖人之盡性, 亦不過盡其偏缺之物已矣, 而朱子之以性爲天下之大本, 亦大謬矣。 後之學聖人者, 不得不奉嶺儒所謂獨當太極底心, 以爲大本而從事矣。 噫! 心之榮華固大矣, 而其於性之禍阨, 何哉?

華西有心聖君性兆民之說, 金監役有心大理性小理之說, 柳持平有心上理性下理之說焉。 苟其然也, 學者孰肯屈聖君大上之心, 以尊兆民小下之性乎? 有時思之, 不覺氣塞, 莫知所爲也。

〈敬知克〉

人皆有與聖同之性, 而終於庸品, 何也? 以氣稟拘之於前, 而物欲汨之於後也。 朱子曰: "人不察氣稟之害, 祇昏昏地去不得。"【近時, 有不須明氣之論, 與此何如?】 須知氣稟之害, 要力去用功克治, 裁其勝而歸於中乃可。【近時, 有氣上無半分修爲之論, 及氣不可克之論, 與此何如?】 蓋克治氣稟之害, 而使之歸於中, 則物欲亦自銷融, 而不復做梗矣。 然其先須要講明窮索, 使吾胷中, 了然知得何者是性善、何者是氣害, 方可用奉持之功與克治之力矣。 程子曰: "以氣明道, 氣亦形而下者耳。"【以氣之氣與氣稟之氣, 有精粗本末之分。 蓋以精英神明之屬乎氣分者言, 旣以氣明道, 則亦以氣行道, 這箇氣字, 豈可鹵莽看過便了? 故又恐人以其與理無間, 錯認做形而上之道, 另下一轉語曰"是亦形而下者", 其慮後學也, 可謂周且密矣。 近時, 有指心靈與神明爲理之論, 與此何如?】 今欲此心明道以盡性, 超凡而入聖, 又須從敬入, 而程子之"整齊嚴肅"、謝上蔡之"常惺惺", 是朱子之所常言以敎人敬功者也。【近世, 有指惺惺爲陸、禪之所出者, 與此何如?】

〈心死生〉

或問: 心有死生乎?

五峯胡氏曰: 無死生。

朱子曰: 此幾于釋氏之說矣。 所謂心者, 隨形氣而有始終, 何必爲此說, 以駭學者之聽乎?

按: 近世諸家, 認心爲理爲太極。 然而欲依朱子所駁胡氏之說, 則將曰: "理有死生, 太極有死生矣。" 前太極死則後太極生矣, 此爲剝復之陽乎? 抑將爲輪回之氣乎? 今請學者, 祗要用"戒愼恐懼"、"憂勤惕厲"之功, 不令此心有一息之死, 而不違乎太極之體。此乃爲緊要功夫、絶大事業, 宜守而勿失, 未可效諸家空言無益之習也。

〈李仁瑞書〉

臨事而懼, 非退縮之謂也; 見險而止, 非占便宜之謂也。此李君「與家兒華九」書中語也。其意皆譏士友之不與自家共事也。

　余謂: 上句是仁者之恐失理也, 誠非退縮之謂。然若如其人之兜攬佗人,【謂不問於同門, 而胡亂寫入諸人於其文也。】妄立聖號,【謂堯爲總理長云云也。】則皆執事不敬而敢於自用之病也。下句是智者之不從欲也, 誠非占便宜之謂。然若如其人之不量己德, 不量時勢, 則皆不見險夷而輕於自擔之過也。人須是于理欲【欲字輕看】界至, 辨得極分曉, 方始行得不苟且。

〈金濟煥〉

宋子再用顯考顯妣【見祝文】,『大明會典』亦用顯字, 前後禮書, 多如此。有金濟煥者, 乃以太極會之名出於胡元, 並與不參涉之約齋而斥之。又轉以余之不絶約齋, 謂之不嚴華夷。然則渠將以顯字已經元制之故, 謂明祖與尤翁不嚴於華夷之分耶? 渠是時身戴無髮之頭, 而敢言『春秋』之義, 可謂有恥性乎? 渠又指洛家心說爲儒、釋相混? 洛家諸賢, 何嘗以心爲性如佛, 以心爲理如禪, 而彼敢如此無嚴乎? 有謂金或以心純善之故而然歟? 此亦有不然者。凡看文字, 當先察其立言之本指, 然後定其是非也。『宋子年譜』己丑十月筵說, 有純善之心之云。彼將以此爲孔、佛無辨之學乎? 況老洲、梅山於性純善、心本善之說, 皆謂純與本之間, 理與氣之分也。何嘗彷彿於釋氏之見乎? 凡天地之間, 萬物之衆, 如聖庸賢邪、忠逆孝賊、誠僞正淫之類, 苟求其分, 皆宜據所存之心、所行之跡, 區而別之。豈可舍此而直從性理上辨別來? 彼金也乃指人物本然性同之說, 謂之人獸無分。然則桀、蹠、操、裕之性, 異於舜、禹、葛、陶之性而然歟? 況遂翁晚年, 與瘧溪論物性, 謂之"亦具五常。" 南塘「上師門」書亦言"物有太極, 而太極之中, 皆具五常", 是皆以人獸無分斥之乎？彼未嘗歷考諸書，而祇憑自心所發，以爲至理，此乃佛、禪之見也。蝮蛇，秋間毒盛，必囓人囓物，乃蟄藏。不爾，不勝其毒而自死。彼方見削，欲自殺，而作爲謗人文字，以洩其所嘗承受於朴文鎬之惡說而死也。可怪可怪！朴文鎬，嵋堂門人也。棄其師說而自爲佗論之故，嵋丈長胤李太隣告絶書中，有云“艮齋德望冠一世，乃自稱湖論而與之相貳”云云。朴於梅、全二先生，其無禮不恭之說，一筆難記。金也學於此人，習聞其說，而遂成其性，至於臨死，猶復肆氣。噫！人之所從學，可不愼諸？李昌植所傳張、河與郭八十餘人事，強勁者不削，柔從者被削。據此則金之被削，恐非挺特自立者。此亦可恥之甚也。

〈心統性情統字〉

心統性情，統猶兼也。【『語類』升卿錄】性情皆出於心，故心能統之。統如統兵之統。【卓錄】問：“莫非天也。兼統善惡而言否？” 曰：“然。二者皆出於天也。”【道夫錄】據此則統祇是兼意，決非率禦指麾之義也。若如心理家之見，則統是率禦指麾之義，而爲所統者。又當有擁護陪奉之禮，是豈張、朱二夫子之本意哉？愚竊謂：“善惡皆出於天，性情皆出於心。故曰‘天是統善惡’，而言曰‘心統性情者’也。”若必以將帥統率軍兵之實跡擬之，則天何嘗統率夫惡而行其號令，惡何嘗擁護夫天而從其指麾，心安有指麾夫理而行其節制，理安有退聽於心而遵其金鼓也哉？此處宜先定其大體，而認取其語意，可也。『語類』季通云：“心統性情，不若云心者性情之統名。”【未知此語果得張子本意否。嶺士每引之以爲朱子語，可怪！】今若曰“天者善惡之統名”，則其說又何如？『性理大全』「心性情門」朱子說中，有曰“張子言心包性情”，『橫渠全書』無此語，朱子以“包”代“統”而如是云云，又何也？凡此皆宜虛心細繹而得之，不可祇憑一時意見，驅率前言以眩來裔也。

〈心與矩〉

黃氏言：“心與矩一，猶以矩自印，聖心不自是也。然至聖七十而後能之，中人非可遽期也。”

　　按：心與矩，以不相離之故謂之一。如太極之理、性命之理，何待言與言一耶？聖人其心猶不敢自矩也，故曰“不踰矩。”近日心宗一派，直指衆人之心，以爲理、以爲性、以爲道、以爲太極, 而不問其合與不合、中與不中、踰與不踰, 而任自主張, 正王門所謂"滿街都是聖人也。" 豈非異學家喜渾淪惡剖析之謬見也乎? 所可憎者, 誘引後進少輩, 與之同歸於邪見坑中, 而終身不反也。如欲爲學, 須從正士問辨, 以先審路陌也。

〈敎子弟〉

子弟者, 家國天下之大本也。以其長而爲帝王、公卿、百執事、方伯、守令, 次之爲儒林、長德、鄕黨、塾師, 次之爲吏胥、里宰者, 皆此子弟也。故古之聖王, 無不以『小學』、『大學』敎育人才, 爲先務也。近日所謂學校, 祇導以非禮之習、非義之行, 而爲父兄者, 不惟不禁止, 或反敎之, 是誠何心? 昔晦翁聞當時人家不善敎子弟, 歎曰"風俗弄得到此, 可哀!"。使先生見今日之俗, 不知又何謂也。

〈武王〉

文王沒後, 武王不卽革命, 十餘年服事殷紂, 不可謂至德乎? 伊川言: "使紂賢, 文王爲三公矣。" 愚亦常言: "得紂悔過, 武王決不爲牧野之事矣。謂'湯、武非聖人', 東坡之見, 錯矣。"

〈心體〉

心體固有以性理言處, 亦有以虛靈言處。嶺人每主"心無體, 以性爲體"之說, 以證心卽理, 則諸人多從之。眞所謂"一人胡亂入潭州, 城中靡然降之"者也。【『大學或問』, "心體之虛靈, 足以管乎天下之理。" 據此則心體之虛靈, 不可直指爲理, 章章然明矣。】

〈退溪理到〉

退翁「答高峯」書, 改定"理到"之義, 是最晚年說, 而非但尤翁言"其與朱子異"。雖高峯答書亦言: "其間恐有道理不自在之累。" 而退翁未有所決而下世, 惜矣!

〈心合理氣〉

"道心", 道是性命, 則心自歸於氣之靈覺矣。"以禮制心"、"有言逆于汝心, 必求諸道”、“心不踰矩”、“心不違仁”、“心悅理義”、“聖人本天, 釋氏本心”, 諸如此類, 分明是心屬氣分之斷案。乃自陸、王創爲心卽理之說, 以至於近日之論, 遂翻舊案, 而爲近世前賢之所辨斥。 及華門人改定心說之後, 士子輩往往以心合理氣之說, 籠罩而爲中立之計。其見不明, 其心不快, 而其說畢竟歸於糊塗之科矣。

〈性合理氣〉

氣質之性、本然之性, 先賢皆有合理與氣而命之。合理與氣而有是名之說, 一則以氣之蔽理, 理爲氣拘而云爾; 一則以理之在氣, 氣之涵理而云爾。故合中, 須分賓主輕重, 而定其孰爲形而上之道, 孰爲形而下之器, 則可無許多爭競也。【某人, 於明道“生之謂性”, 認做氣質性, 於栗谷“當初稟受氣質性”, 必欲說做“理隨氣異而稟於人者”, 宜玩此段。】

〈天地之理天地之心無變〉

『語類』潘謙之問: “天地之氣, 當其昏明駁雜之時, 則其理亦隨而昏明駁雜否?” 朱子曰: “理卻只恁地, 祇是氣自如此。” 『大全』「答南軒」書曰: “雖氣有闔闢, 物有盈虛, 而天地之心, 則亘古亘今, 未始有毫釐之間斷也。” 此兩段, 玩而讀之, 儘有餘味, 儘有受用。如某某何故必欲說“氣化流行, 理亦隨異, 氣數變易, 帝亦有失”也? 蓋恐不精思爾。

天地之理是太極也。太極且隨氣而有異, 則有異者可尊之以爲主宰準則乎? 竊念“有異”二字之中, 何所不包, 無乃太極爲滓穢不潔淨底物事耶? 大家皇悚。天地聖人之心, 雖氣數萬變, 而未嘗少異。如日月薄蝕、水旱災廣, 而天地之心無變; 氣血有病, 家運不幸, 而聖人之心無變。蓋天地聖人所稟之氣質, 祇是至正通極淸粹者, 故不與氣數而俱變也。氣數與氣質, 宜細辨。

〈洪水猛獸〉

陽明謂心卽理, 而譏朱子求理於外, 至有洪水猛獸之斥。李都事譏四端氣發, 不如已見, 而曰“弊源出於氣學”, 至有洪水猛獸之斥矣。今區區所守, 實本於心非理、理無爲, 而爲諸家之所排闢, 至於身且不見容於世也。愚之不肖, 將含笑而入地矣。

〈心理一二〉

心果直是理, 而理果能有爲? 它人無論。祇如余到死, 未見道, 未體道者, 將起而舞蹈也。然以曾子"順受大杖不走", "親喪七日不食", 分明是孝心, 非有毫髮私意。然以孔子、子思所言觀之, 皆未合於孝道, 則心與道, 惡可以無辨, 而泛然作一物事說煞了?

〈朱子答嚴時亨書〉

『孟子』圈注"氣"字, 指知覺運動言, 與此書之言"氣稟"者, 所指不同, 讀者當以『孟注』爲正義, 嚴書則別作一義看。此書"人與物性之異", 既曰"由氣之不同"、"所賦之理有異", 亦曰"因氣之不同", 則當與『庸注』"但以所賦形氣不同而有異"之云, 一例看。不然, 而必欲謂"因稟氣不同, 故受理亦異", 則『四書集註』、『或問』, 都無此樣話頭。此書"孟子分別犬、牛、人性之不同, 未嘗言犬、牛、人氣之不同", 此句誤看, 則陷於稟理不同之見矣。註中"仁義禮智之稟【從上文, "人物莫不有是性"句來。】豈物之所得而全哉?【『語類』, 陳梀引此文"全"下著"之"字。】" 此句是言"物因氣質之偏塞, 而所賦之理莫得而全"云爾, 非疊說稟理同異之曲折也。 此書"隙中日光之喩", 『老洲集』七卷四十三四板「答閔元履」書論之詳明, 學者宜細考之。

〈朱子答汪長孺書〉

神靈非所以言性, 性指天地萬物之理而言, 是乃所以爲太極者。先生之訓如此, 而近日心派, 輒以神靈爲性、爲理, 以性爲不足以當太極, 其主見立言, 乃與之黑白分也, 輒欲自附於朱門, 可謂虛妄之甚者也。凡士之論辨理氣, 欲以用於身心家國也。今自認神明靈覺, 爲純善之性、極本之主, 而不肯原本於太極性命, 則身心之德之成、家國之治之隆, 決不可期矣。桀、蹠之悖亂, 豈不由於其心之自師自用也乎? 凡百士子, 咸宜敬愼。

〈身心性命〉

自手造成一箇物事完好, 且應愛惜而勿毀。況此身心性命, 天地父母所賦授,【天地父母, 宜主心看, 不可直叫做道體。『中庸』首"天"字, 與此無二指。】而可以虧損而不尊敬也乎?

曾子之"戰兢臨履", 以此。凡佗聖賢之"憂勤惕厲", 都是一樣心事。

〈馮道〉

馮道爲宰相, 易四姓事十主, 不成人事。王安石謂: "其屈身安人, 如諸佛、菩薩之行。"此又不成說話。及唐介指爲非純臣, 則安石引"伊尹五就湯、五就桀", 謂"此亦非純臣耶?"唐介謂"有伊尹之志則可。"余謂: "此亦說得不著。蓋湯之於桀則君臣也, 非如各國異主之例也。"

〈宰相儒林〉

晦翁言: "今之爲相者, 朝夕疲精神於應接書簡之間, 更何暇理會國事?"余亦云: "近日儒林, 亦頗惱神於賓客書牘, 再無精力可及於窮究道理、涵養性情。"

〈公正斂怨〉

張忠定閱邸報, 忽再言: "可惜!"李畋問之曰: "參政陳左丞恕亡也, 斯人難得。惟公惟正, 爲國家斂怨於身, 斯人難得。"余謂: "儒林中, 安得公正爲斯文斂怨於身者?"噫!其可痛也已。

〈君臣天倫〉

晦翁註『楚辭』曰: "皇天神明, 無所私阿, 觀民之德, 有聖賢者, 則置其輔助之力, 而立以爲君也。"

　　按: 臣民之有君, 自是天理當然, 非人私智之所爲。彼夷狄, 乃以小見, 廢天定之倫, 而立共和之法, 是主心而不主理, 用人而不用天也。

〈王充之學〉

王充『論衡』曰: "春秋之時, 戰國饑餓, 易子而食, 析骸而炊。口饑不食, 不暇恩義。父子之恩, 信矣。饑餓棄信, 以子爲食。孔子敎子貢'去食存信'。夫去信存食, 雖不欲信, 信自生矣; 去食存信, 雖欲爲信, 信不立矣。"王充以饑食其子爲人道乎?直一禽獸耳。如彼之言, 則"子之棄父"、"臣之販君"、"妻之殺夫"者, 多因形氣利欲而起也, 豈人道乎? 近日"賣國讎君"、"毀形棄父"、"擇勢離夫"者, 皆爲王充之學者也。

〈堯舜〉

"堯立誹謗之木。"【『史記索隱』】"堯有進善之旌。"【『初學記』「政理部」】"舜舍己從人。"【『孟子』】"舜好問而好察邇言。"【『中庸』】以堯、舜之聖, 且如此, 況於學者乎?

〈見理不見己〉

舜受禪而不喜, 比干剖心而不慘, 皆由見理而然也。重形氣者, 於小小得失, 且動心而失常焉。

〈心能自卑之效〉

心能卑以自牧, 敬以奉性, 其功至於參贊化育, 奠安邦家矣。若自聖自尊, 藐視性命, 其禍便能危亡身形, 變亂世界矣。今祇以此兩端, 自驗於日用云爲之間, 便可見彼此得失之辨, 而亦不必與之爭鬪也。

〈有仁無仁〉

伯夷、叔齊餓于首陽之下, 無地也; 夏桀、商紂喪其天子之位, 不仁也, 有仁無地則飢, 有地無仁則亡。

舜匹夫而有天下, 不加喜, 竊父而居海濱, 且欣然樂而忘天下, 知天下無能損益於己也。

〈儒釋之異〉

朱子論釋氏、謝氏"惺惺之說"云: "其喚醒此心則同, 而其爲道則異。" 吾儒喚醒此心, 欲佗照管許多道理。佛氏則空喚醒在此, 無所作爲。近日嶺南 李、鄭二家, 力主心卽理之說者, 於此等處, 卻如何硬安排? 可見其窘窒不通。

〈性聖〉

性對聖, 則必不曰"我通爾局"; 聖對性, 則卻當云"子敎我學"。

〈性神〉

性對神, 則必不曰"我通爾局"; 神對性, 則卻當云"子體我用"。

〈心狹小〉

"仲弓, 焉知賢才而擧之?" 程子謂: "其用心小, 可以喪邦。" 朱子謂: "其心淺狹, 欠闕處多, 其流弊, 便有喪邦之理。" 余讀此, 偶有所警發處。

〈綱常聖經爲人道之本〉

人道綱常爲重, 聖經爲主; 近世綱常淪沒, 聖經擯棄。【李賊爲學大時, 令國人收上四書三經, 而國人不應, 則但取『七書』一帙, 焚於通衢之中。其前新聞, 載劉哥譏人敎子弟讀『七書』而亡國, 並令國中婦女, 月夜遊廣通橋, 春日登南山蠶頭。】而遂至於人爲禽獸, 皆由於勸立新學。新學者, 梁賊祖述其師"三綱平等"與渠"勿爲聖人奴隷之說"也。

〈君權獨尊之害〉

君權獨尊爲害, 則臣權並尊爲利矣。君臣旣如此, 則父子夫婦皆須如此, 乃無害。三綱之壞, 自此始矣。朱子曰: "君臣之際, 權不可略重, 纔重則無君", 因有漢、魏、操、懿、魯國季氏之說, 並引『易』臣弒其君、子弒其父之戒。" 此詳見『語類』「人倫門」賀孫錄, 須子細考之可也。【清康熙主所編「全書」, 刪此一段。】

〈聖門隱默之畫〉

"天地閉則賢人隱"、"天下無道則隱"、"邦無道則危行言遜"、"邦無道免於刑戮", 此等義理, 自此以往, 都無所用, 纔用則目之以畫而誚之。梁賊所敎"勿爲聖人奴隷之說"自此行矣。"具曰予聖", 何所不至? 可畏可畏! ○自家哀斯民之爲夷獸, 而欲拯之, 其心仁矣, 其情戚矣。但朱子曰: "說聖人無憂世之心, 固不可; 謂聖人視一世未治, 常怲戚戚憂愁無聊過日, 亦非也。但要出做不得, 又且放下。其憂世之心要出仕者, 聖人愛物之仁, 至於天命未至, 亦無如之何。" 又曰: "危亂已極, 雖聖人拱手而無能爲矣。" 今日我輩, 德旣不及聖人萬萬, 遇又過於聖人萬萬, 則祇得守隱默二字而已。

〈人心生然後人道行〉

人心自用, 而不讀經傳, 不靠性命, 則昏而死矣。人心死而曰"我將明人道而行人道", 吾不信也。孟子曰: "周于德者, 邪世不能亂。" 人欲周于德, 而不看聖人之書, 則如何得周? 或敎人毋以"閉門看書"爲第一義。然則將以一己私見爲主, 而"裂裳裹足"、"被髮纓冠", 而往救世人之陷, 乃爲第一義乎?

〈邪正明然後人道行〉

有人誘以如此亂世, 不須分別邪正。故孔子隱默之敎, 亦謂之一時; 墨子裹足之行, 亦謂之中道。驪尹之侮朱擠宋, 而謀逆伏誅者, 亦不須問; 海康之由王學佛, 而三綱平等者, 亦不須斥。如此而人道明且行, 果有是理否?

〈驅民於洪猛〉

驅民於洪水猛獸者, 其罪果何如? 今國中士類之不與人道所共事者, 不百不千, 則此皆當誅之乎! 同在洪猛火焰之中, 而乃有此言, 亦可異也?

〈聖賢斥夷狄〉

今欲明人道而許髡者, 同諉先聖而曰: "以心不以貌。" 自此無復有華夷之辨, 不復問心迹之判矣, 此世界竟作何樣?

〈哲宗於憲宗稱號〉

此當主南塘某號大王嗣王臣某之論, 而無復改評矣。華西言"哲宗當稱憲宗爲皇考, 自稱爲孝子。" 此見於「答金稺章」書矣。如此則三兄弟相繼爲君者, 仲弟稱伯兄爲考, 自稱爲子; 叔弟稱仲兄爲考, 伯兄爲祖考, 自稱爲子爲孫耶?

〈被劫婦女〉

癸卯、甲辰間在公州、薪田講會日, 余謂: "婦女當用塞底袴。" 時有傳南原 李氏婦被劫卽死, 余謂: "此婦所著, 若是塞底袴, 或可免矣。" 極庸慘惻, 旣而語在座者曰: "此婦告于夫與子曰: '吾雖無佗心, 然身已汙矣, 死後勿共櫝而合享, 如此則義精而禮嚴。'" 聞者皆以爲然矣。余謂: "雖無此言, 然其舅與夫, 當祭之別室, 其宗孫亦不宜用班祔之禮, 禮家之論亦當如此云矣。" 或疑然則是子降其母, 爲有罪, 爲嫁母, 此殊不然, 古今安有嫁母服以本服而祭之別室者乎? 程、張、朱三先生之論繼母, 葬用首娶, 祭用元妃, 別營兆域, 或爲別廟。是亦爲有罪而降爲嫁母耶? 其說不通矣。

〈被削士子〉

士子被削而卽自裁者, 亦宜與受辱婦女同一義理。其門徒祭之私塾則可, 若校院則不可入。此義極明嚴, 不可改評。若有被削無恥, 而累月不死者, 則後雖自裁, 亦無足稱矣。

〈心一名四〉

心一也, 而有言與氣質無辨者、有言與性理無分者、有言是合理氣者、有言元氣卽心者, 此眞所謂"多歧亡羊"也。與其如是紛爭而無益於操存精一之功, 曷若自心自省, 上而欽承乎性命之正, 下而矯治其氣質之偏, 以與天地聖神, 合德而爲一也耶?

〈性一心二〉

性祇一善, 心或志仁或違仁。故性祇尊而無褻, 順而不害; 心有操而不舍, 撿而不縱。

〈事功〉

小兒放風禽而忘食, 浪子貪賭博而廢祭, 此無責己矣。士子急於事功, 而棄先聖之訓、毀親師之義, 甚矣其蔽也。一指遮眼, 不見天日; 一私罣心, 不顧君父, 故君子務撤其蔽焉。

〈檢心爲厚風俗之本〉

君子敬身, 爲忠孝之基也。今之敎者, 君不必尊、父不必養, 至於叛君逃父, 皆出於棄禮而從心。吾儒之敎, 專要檢心以守禮, 如是則風俗安得不厚也? 彼鄭厚允、趙成汝諸人, 自棄其師之言, 以附於佗論。每主心爲極尊之說, 而遇檢心尊性之論, 輒急詈而不遺餘力。士習安得不狂妄? 風俗安得不輕薄? 於是二人者, 爲之倀鬼也。

〈功業有大小〉

陸氏言: "今人見陽明功業以譏者爲刻, 不知管仲之在春秋, 是何樣功業, 孔、孟祇以一小字、一卑字斷之? 安得以其功而信其道哉? 且陽明之功, 不過一時, 而以朱子爲楊、墨, 孔子爲九千鎰, 其得罪在萬世, 吾豈能爲之解耶?

余謂: "今時以立功業爲尙, 罵聖賢爲事。" 此與陸氏之論陽明者, 何如? 蓋尊聖賢而學之者, 主道義以扶植綱常, 據華夏以攘斥裔戎, 是其爲功, 豈但一時利澤之及物已哉?

〈聖神〉

"聖可學乎? 神可恃乎?"
曰: "然。"
或疑聖、神皆形而下之器也, "如之何其可學且恃乎?"
曰: "聖固人也, 聖之所本, 天也; 神固氣也, 神之所配, 理也。故曰: '聖、神可學且恃也。' 況朱子嘗曰: '孔子其太極乎?' 又曰: '神是形而上者。' 蓋皆渾合說也。"

〈季潤理字有虛實〉

『大全』論"人生氣稟, 理有善惡"云: "所稟之氣, 所以必有善惡之殊者, 亦性之理也。" 『語類』廣錄云: "氣是有形之物, 纔是有形之物, 便自有美有惡。" 以是二說兩相對照, 氣稟之有善惡, 豈無所以然之理乎? 蓋氣之有形, 形有美惡, 皆非理外之事, 則謂之實理, 可也。季潤乃謂"理有虛實", 惡上所言祇是虛理? 恐未然也。

農巖論"事雖不善而理之至善未嘗不在"一段,【見『本集』三十二卷十五板】愚自少日, 已自信及。故於炳菴生時, 其所疑難者, 大概如潤友之見, 而愚常未敢以爲然。大抵人之爲惡, 雖非理, 然前之有敎則善, 無敎則惡, 後之爲善則吉, 爲惡則凶, 無非理之所必然也。惡可曰"有敎則善, 爲善則吉, 是實底理; 無敎則惡, 爲惡則凶, 是虛底理耶?"【善惡皆天理, 亦何可以實底天理、虛底天理, 判而兩之耶?】

〈趙斥心學性〉

彼以性師心弟, 爲異端, 出死力而攻之。夫異端之當斥, 是此性所具之理, 而其能知而斥之, 又豈非其心所學之事乎? 然而苦死說做心性一物, 認得心學性三字, 爲罔有紀極之辱說, 得非體之無素, 思之不周, 而發之太暴者歟? 姑且不與之校辨, 安知佗日之不自覺悟耶?

性師二字, 雖彼亦何敢妄詆之? 但其心久已自尊自大, 而吾上有誰, 一點私意, 隱隱揷在方寸之中, 因而成性矣。乍見心弟二字, 安得不懷忿發怒, 極口詬罵, 以庶幾降其如山湧氣矣乎? 從傍冷看, 實亦可笑, 而不足惡也。

〈尊信先賢〉

"爲今日士子者, 雖委巷小兒, 苟不爲陸、王之徒者, 皆當有爲朱子死綏之志", 此尤翁語也。自淸初考證之學起, 詈斥程、朱之說, 公傳道之, 至於今日俗下, 文士輩尤無所忌憚, 痛矣痛矣! 我輩宜熟讀程、朱書, 以爲胷中鐵杖, 可也。

〈流俗〉

流俗之害, 甚於異端;【陶菴語。】流俗之害, 甚於洪水猛獸,【苟菴語。】此極憂懼之言也。然所謂流俗, 豈市井里巷及尋常文士之謂乎? 凡世之稱述孔、孟, 辨論理氣, 而不免微有歆豔名位, 規避訾謗, 以壞敗儒門世守之正當禮義者, 皆流俗。而辨之甚難, 故人多趨附; 譏之有禍, 故士不明言。若是者, 其害奚特禪、佛、洪猛之比已哉? 此士君子之所宜自反而不敢少忽也。

「대학기의大學記疑」

해제

1) 서지사항

간재(艮齋) 전우(全愚, 1841~1922)가 1921년에 지은 서책. 『간재집(艮齋集)』 후편 권10에 실려 있다. (한국문집총간 335)

2) 저자

전우

3) 내용

이 책은 전우가 1921년 『대학장구』의 의심나는 곳을 가려 뽑아 풀이한 것이다. 『대학장구』는 『중용장구』와 함께 주자학을 이해하는 데 필독서로, 『예기』 제42편 「대학」에 해당한다. 주희는 「대학」의 장구를 지었는데, 특히 「대학」은 착간(錯簡)이 있다고 여겨 이를 바로잡고 또 격물치지에 대한 보망장(補亡章)을 짓기도 하였다. 주희는 장구의 체제를 경(經) 1장과 전(傳) 10장으로 구분하고, '경'은 공자의 사상을 제자 증자가 기술한 것이고 '전'은 증자의 생각을 그의 문인이 기록한 것이라고 간주하였다.

전우는 주희의 체제를 그대로 따르면서 "의문나는 것을 기록한다"는 '기의(記疑)'라는 형식을 취하고 있다. 그의 변별적 해석은 117조목에 이른다. 맨 처음 「대학장구서」를 '서(序)'로 제시하여 구분하고 있을 뿐, 주희의 '경'과 '전'에 따른 분장(分章)을 전혀 제시하지 않고 의심스럽고 논쟁이 될 것만 각각 분절하여 앞부분에 그 어구를 놓고 해석하고 있다. 분절을 살펴보면, 서(序)는 "천(天)"으로 시작하는 것 외에 12조목, 경(經) 부분은 "명명덕장구소석(明明德章句所釋)"으로 시작하는 것 외에 24조목, 전1장 부분은 "극명덕극자(克明德克字)"로 시작하는 것 외에 3조목, 전2장 부분은 "존의운(存疑云)"으로 시작하는 것 외에 3조목, 전3장 부분은 "어류우록(語類寓錄)"으로 시작하는 것 외에 10조목, 전4장 부분은 "청송장(聽訟章)"으로 시작하는 1조목, 전5장 부분은 "치오지지(致吾之知)"으로 시작하는 것 외에 5조목, 전6장 부분은 "성기의의자(誠其意字)"로 시작하는 것 외에 8조목, 전7장 부분은 "전유유언(前儒有言)"으로 시작하는 것 외에 13조목, 전8장 부분은 "친애오자(親愛五者)"로 시작하는 것 외에 6조목, 전9장 부분은 "효제자(孝弟慈)"로 시작하는 것 외에 11조목, 전10장 부분은 "구자(矩者)로 시작하는 것 외에 21조목 등이다.

해석과 논증은 주희의 『대학혹문』·『주자대전』『경연강의(經筵講義: 大學)』·『주자어류』, 그리고 소주(小註)에 기록된 학자의 말을 원용하고, 나아가 명나라 때 주자학자로 채청(蔡淸, 1453~1508), 임희원(林希元, 1482~1567), 오묵(吳默, 1551~1637, 자 因之), 유종주(劉宗周, 1578~1645, 호 念臺), 명말청초의 학자로 조포(刁包, 1603~1669), 여유량(呂留良, 1629~1683, 호 晩邨), 육롱기(陸隴其, 1630~1692, 호 三魚堂), 청나라의 학자로 왕빈(汪份, 1655~1721, 長州人) 등의 학설을 원용하였다. 뿐만 아니라 명나라 때 임희원의 『사서존의(四書存疑)』, 조포의 『사서익주』, 육롱기의 『사서강의곤면록(四書講義困勉錄)』 등에 수록된 내용을 많이 활용하였다. 또한 조선의 퇴계(退溪) 이황(李滉, 1501~1570), 율곡(栗谷) 이이(李珥, 1536~1584), 우암(尤庵) 송시열(宋時烈, 1607~1689), 남당(南塘) 한원진(韓元震, 1682~1751), 미호(渼湖) 김원행(金元行, 1702~1772), 오희상(吳熙常, 1763~1833) 등의 설도 원용하고 있다. 고학(古學)을 좋아한 일인 학자 이등유정(伊藤維禎, 1627~1705)의 설도 제시하고 있다.

전우는 이와 같이 여러 학자들의 설을 원용하여 『대학장구』의 자의나 문구, 그리고 전체 맥락을 이해할 수 있도록 히였다. 그 뿐만 아니라 성(性)이 리(理)임을 더욱 천명하고 심(心)이 리가 아님을 밝히는 데 심혈을 기울였다. 특히 '서' 부분에서 언급한 "계천입극(繼天立極)"에 대해 "천(天)은 상제로 말한 것이고 극(極)은 표준으로 말하였기에 표준이 곧 태극이다"라고 하여 전우는 표준, 즉 태극과 동일한 리를 중시하였다. 때문에 경1장의 지어지선(止於至善)을 해석하면서 "지선(至善)은 리의 극처로 말한 것이고, 지(止)는 심의 능처(能處)로 말하였으니, 만일 심이 리라고 하면 리가 리에 그칠 수 있으니 이것을 누가 이해할 수 있겠는가"라고 반문하고 있다. 또한 전우는 정심장(正心章)에서 "마음을 바르게 하면 마음이 바르게 된다는 것을, 만일 리를 바르게 하면 리가 바르게 된다는 것으로 간주하게 되면, 리가 어떻게 바르지 않은 잘못이 있어 반드시 바르게 하는 공부를 기다린 뒤에 바르게 하겠는가. 심즉리라고 하는 것은 오로지 말이 통하지 않는다"라고 하여, 심을 리로 주장하는 당시 학자들을 비판하였다.

『대학기의』는 전우가 죽기 1년 전 여러 학자의 설을 이끌어 자신의 견해를 밝힌 것으로, 19세기 말 20세기 초 경학적 이해와 사유를 알 수 있는 중요한 문헌이라 할 수 있다. 나아가 당시 타학파의 경학사상과 비교 연구에도 적지 않은 도움을 줄 것이다.

2-1-56 「大學記疑」(『艮齋集』後編 卷19)

序

天, 以上帝言; 性, 以太極言。民之心, 卽在天之帝; 民之性, 卽在天之太極, 更無兩樣。此義須看得確定, 不可移易。【此"心"字, 當以心君之心看。若單言心則有時乎爲惡, 此又不可不知也。】

開首便言性, 此見聖人之敎, 以性爲本, 不似<u>釋</u>之主心, <u>老</u>之主氣。『小學題辭』首言性字, 凡經傳皆性字爲主。

"知性而全之"者, 雖是心, 然氣質不同, 故不能皆知而全之。然則氣之昏者明之, 亂者治之而後, 心得其正, 而可以盡性矣。近世諸家, 或深斥明氣, 或自言氣上無修爲, 如此則雖欲不任氣, 不可得矣。人有任氣而心正性盡者乎?

"聰明睿知", 雖對"氣質不齊"說, 然聖人氣質淸粹, 而其心聰明睿知。故『中庸』註, 指爲"生知之質"也。"能盡其性", 兼知全言而心之功用也。近世諸家, 或指"聰明睿知", 爲理; 或指"誠能盡性"之'能', 爲形而上之道, 皆似說, 不行也。

"氣質之稟"云云, 二五之始生, 皆善且美矣。及其騰倒之久, 遂生出許多雜糅, 此固<u>朱子</u>之訓。然其本然底不壞, 亦<u>朱子</u>之所許也。然則"不齊"云者, 以遊氣之雜糅者言; "本然"云者, 指善美之不壞者言也。故人物之生, 雖受遊氣之雜糅者, 其本然之不壞者, 自在其中矣。此學者修氣之功, 只在發用上下手, 若未發之時, 則本然之善美者自在, 而未嘗用事。故先賢變化矯治之敎, 未有及於至靜之中矣。

"繼天立極", "天"以上帝言, "極"以標準言, 而標準卽太極也。

"適子", 此通所生、所立言。『家禮』斬衰章注云: "父爲適子當爲後者。"『大全』<u>林栗</u>問『西銘』"宗子如何是適長子", <u>朱子</u>曰: "此以繼禰之宗爲論爾。" 彼此適子都一般。

“窮理正心”, ‘窮’是心之功夫, ‘理’是心之仁義。心之與理, 雖同一地頭, 亦各一貌相。論體段, 則必欲其有辨; 論功夫, 則必欲其會一。心性無辨, 則爲認心爲性之見, 心性不一, 則亦歸於恃心自用之病矣。

“「曲禮」、「少儀」”, 朱子「答潘恭叔」書論“坐如尸, 立如齊”, 引劉原父【敞】說云: “此『大戴記』「曾子事親篇」之辭”云云。後儒以「曲禮」、「少儀」等書, 爲夫子所誦, 偶未及檢考到此。

“規模之大”, 此句須以“明明德於天下”當之, 不可單舉三綱言。觀『或問』“擧體用之全而一言之”可見。 又考『語類』云“明明德於天下, 是就大規模上說起”,【僩錄】“明明德於天下, 是說箇規模如此”,【道夫錄】“明明德於天下, 是大規模, 其中格物致知誠意正心修身齊家等, 是次序”。【淳錄】

“竊附己意”, 毛奇齡云: “旣曰附己意, 又曰取程意, 不知竟誰意。” 余謂不盡用程子之言,【見『大全』「答鄭子上」書。】而只取其意, 故曰“竊取程意”。至其補闕, 則只用己意爲之,【見「答孫敬甫」書。】故曰“竊附己意”。然取程意而補闕略是己意。「序文」大綱說, 「補闕章」子細說, 兩皆是也。

“補其闕略”, 南塘以六、七章章下註, 當之, 此明是一時未審之失。而湖中後輩, 多主其說。今按「章句」云: “此句之上, 別有闕文, 此特其結語。”【此一句, 卽略字意。】又云: “取程意以補之”, 此非補闕略之明據乎? 此宋晦卿之言, 而說得的確可信者也。又考『或問』云: “愚之所以補乎本傳闕文之意”, 「講義」亦曰: “五章今亡其辭, 然而尙賴程氏之言, 有可以補其亡者。” 又考『語類』: “有三問, 一曰格物章補文處, 二曰所補致知章, 三曰補亡心之分別取舍無不切。”【初本】『大全』周舜弼問目云: “補亡之章, 謂用力之久, 而一朝廓然貫通”云云。「答鄭子上」書云: “補亡不能盡用程子之言, 故略說破, 亦無深意也。” 「答宋深之」書云: “『大學』格物無傳, 爲有闕文, 「章句」已詳言之。” 「答孫敬甫」書曰: “所擬格物一條,【『劄疑』敬甫擬作「補亡章」。】亦似傷宂。” 頃時, 蓋嘗欲效此體以補其闕, 而不能就, 故只用己意爲之。先生之自言, 如是之多, 而南塘之解如彼, 竊有所未曉也。至於六、七章章下註, 卽『或問』所謂“次第相承, 首尾爲一, 後此皆然, 今不復重出者也。” 是皆經文之意, 而獨誠意一章, 不連上下章, 故特發之, 非所謂補其闕略也。如必主南塘說, 則渼湖所論, 又不可不思也。

陳氏, 以序文分六節; 許氏, 分三節; 蔡氏、汪氏, 分四節; 屏溪、老洲, 分六節, 而其段落, 又各不同, 恐不必屑屑分節。

"明德", 章句所釋, 與『或問』"致知"之知, 『孟子』"盡心"之心, 『大全』潘書之"知覺", 大槩相似。然則當以"心"字爲正義。如必以爲性、以爲理, 則"致知"作致性致理, "盡心"作盡性、盡理, "知覺"作性理, 四窒八礙, 無說可通。

"人之所得乎天"下, 如曰"純粹至善", 則是性也; 曰"淸濁粹駁", 則是氣質也; 曰"妍醜長短", 則是形色也。今曰"虛靈不昧", 又曰"光明正大", 則明德非主心而何?

朱子論"明明德"曰: "明只是提撕," 又論"顧諟明命", 再三言提撕。夫性理可提撕乎?

朱子又曰: "人之明德, 卽天之明命。" 又曰: "今人會說話行動, 皆是天之明命, 道心惟微, 也是天之明命。" 以此定明德、明命正義, 然後如將性字、理字, 論明德明命處。又當以德命所具所發之理看, 如言形色天性, 氣卽性, 器卽道。靑、黃、碧、綠是太極, 亦何不可?

『語類』問: "明德, 是仁義禮智之性否?" 曰: "便是。" 劉圻父說"明德, 便是性。" 曰: "不是如此, 心與性自有分別。" 按: "便是", 是相近之辭; "不是", 是判別之辭。凡朱子說中, 以性理, 言明德處, 皆當以此意看。

勉齋說中如云: "德, 卽理也。" 又言: "心之明, 便是性之明, 初非有二物。" 又云: "『大學』所解明德, 則心便是性, 性便是心也。" 又云: "此心之理, 炯然不昧。" 此類皆可疑。朱子於性則謂人與物同, 於明德則謂人與物異。勉齋不別白於此, 而泛曰明德卽性。且心之與性, 有有覺、無爲之分, 而爲儒、釋之歧貳處, 豈可但曰, 心便是性, 性便是心乎?

"知覺, 是氣之虛靈處", 【「答林德久」書。】 "心之虛靈知覺, 原於性命", 【中庸序】 "靈處,只是心, 不是性”,【『語類』淳錄】, “禪家, 以虛靈爲性, 無具理以下事”,【個錄, 戊午以後所聞】 此類豈可一切指爲無甚綱領時說語乎?【華西以朱子將心性作物則, 爲無甚綱領時說話。】此當以靈字正義看, 其餘「太極解」靈字, 以不失其性而得人極之名, 『通書解』靈字, 以人心爲主而著太極字於心靈之間。【此與『講義』, 以虛靈洞徹, 萬理粲然, 有以應變而不昧者, 爲明德者, 類例相近, 退、栗、尤、農, 亦皆以靈爲氣。】如此處, 又不患無可通之說。今柳、李二家, 旣認心爲理爲性, 故被自尊之心所指揮, 而不覺至於畔棄前賢之科歟?【柳後來略改前見, 其與金氏往復書云“神明虛靈知覺, 皆喚做太極時, 其名之不正, 言之不順, 顧當如何哉?”然其說又時有出入處, 未可謂快棄舊見也。】

『語類』個錄: “禪家, 但以虛靈不昧爲性, 而無具衆理以下之事。”若以虛靈爲理, 則禪家所見, 倒是直截, 而『章句』反添蛇足耶?豈虛靈雖理, 而竟是虧欠, 須以具衆理者補塡歟?且虛靈, 禪家以爲性, 而近世心學諸家以爲理, 欲以自別於禪, 豈性與理有兩般歟?

“具衆理”, 前儒有以爲性, 然謂理具於心者, 方是性。今此“具衆理”, 卻是主心說。觀『大全』「盡心說」云: “心則具是理者也”、「答潘謙之」書云: “心之知覺, 所以具此理”者可見。『栗谷語錄』曰: “‘具衆理’指心言, 而乃指性未穩”, 此尤分曉。凡讀心性理氣文字, 最要審定賓主, 不然, 只成儱侗去。

“應萬事”, 前儒有單做情者。然愚見凡思慮意見, 經濟功業之類, 亦當包在此句中。嶺儒謂“事物至, 則性之知覺應之”, 性之知覺, 與異學, 何所別乎?

「講義」曰: “方寸之間, 虛靈洞徹, 萬理粲然, 有以應乎事物之變而不昧者, 是所謂明德者。人之所以爲人而異於禽獸者以此。”此以虛靈做頭, 不昧結尾, 以理事夾帶在其間, 則明德主心, 不其明乎?

盧氏“明德只是本心”一句, 栗谷紅批之。愚謂本心, 是有思慮知覺, 才能運用者。以“止於至善”、“依乎中庸”、“能盡性”、“能弘道”之類言之, 本心當於止、依、盡、弘上看得, 不當直喚做善、庸、性、道, 文義自明白, 奈何?近世諸家, 乃有本心明德是理之說, 絶不可曉也。

“因其所發而遂明之”, 此“發”字, 當通動靜看。 動時之發, 發動; 靜時之發, 發露。『大全』「李繼善問目」, 論『或問』“因其所發”云: “此心或昭著於燕閒靜一之時,【自注, 如『孟子』言“平朝之氣”。】或發見於事物感動之際。【自注, 如『孟子』言“惻隱之心”。】” 朱子答曰: “所論甚精。”『語類』子蒙錄: “『或問』明明德, 是於靜中本心發見, 學者因其發見處, 從而窮究之?” 曰: “不特是靜, 雖動中亦發見。” 只此二條, 便見“發”字當通動靜看。

“至善”, 以理之極處言; “止”, 以心之能處言。 若曰心是理, 則理能止於理, 此誰曉得?

“安”是精神閒暇, 而心之靈照自生, 無勞攘之象, 非與危殆對說。『章句』所釋, 似是隨吾身所處而心得其安之意。『語類』道夫錄言: “心下恬然, 無復不安。” 此語極精。 又考『語類』, “安”是就身上說, 『大全』「李敬子問目」亦言: “心靜, 則此身無適而不安。” 朱子答謂“得之”。 此似謂體常舒泰, 然恐未若直作心安之爲更親貼也。【體常舒泰, 未安。】

『蒙引』云: “或謂靜與安, 皆以心言, 非也。”『或問』分明謂“無所擇於地而能安”, 小註分明謂“安以身言”。 吾意蔡氏此說, 似當更商。

“慮謂處事精詳”, 前輩疑“處”是“慮”之誤。 然尤菴云: “慮雖處事, 而商量財處之意, 故亦當屬知。” 又考朱子「答李敬子」書曰: “知是閒時知得, 慮是到手後須要處置得是。” 按: 處置得是, 固是行; 要處置得是, 尙屬知邊。

“則近道矣”, 陶菴云: “上文道字, 方法之謂也。 此道字, 實似不可一例看。” 愚按: 方法亦竟是理之當然, 不甚異也。【金仁山云: “所謂大學之道者, 謂大人所以爲學之理也。”『孟子』“行法俟命”註, 法亦以當然之理釋之。】

『二程粹言』: “格猶窮也, 物猶理也, 若曰窮其理云爾。” 程子佗日又言: “格, 至也。 格物而至於物, 則物理盡。” 此“至於物”, 與“窮其理”者, 似稍異。 然格物, 是格夫物, 非格於物也。 讀者, 須以前說立爲正義, 則佗如至於物詣其極, 至乎其極之類, 皆可以通貫而無疑矣。

非惟"物格"格字無來至往至之義，"知至"至字亦然。"知猶識也"，與良知知覺異。『語類』有"致得良知"語，而與陽明指良知爲理者，迥別。『大全』有"致得本然之知"語，然此則對永嘉博雜之知，而指點本然知識，非如陽明之見也，而盧宁忠引爲良知之說，謬矣。

『或問』："知則心之神明，妙衆理而宰萬物者。" 前儒多以知覺良知看，然今以心驗之，人之知識，何嘗不精彩？何嘗不光明？亦何嘗不足於妙衆理？何嘗不能於宰萬物也？柰何棄卻『章句』知識之正訓，而必欲主『語類』知覺之論也？

"格"字無論"格物"、"物格"，都只是極盡之義，了無來至往至之意。"極處無不到"一句五箇字，總只言極盡之義。【至乎其極，詣其極，皆倣此。】『語類』賀孫錄曰："格物者，格盡也，須是窮盡事物之理。" 恪錄曰："物格是要得外面無不盡，裏面亦淸徹無不盡，知此則知『章句』之至到等字。" 皆不須多言而曉徹矣。

"正心"，原兼動靜言。『或問』云："身之主則心也，一有不得其本然之正"云云。"本然之正"四字，豈可單就用上說？朱子曰："格物莫先於五品。" 又曰："如說格物，只晨起開目時，便有四件在這裏，不用外尋，仁義禮智，是也。" 區區竊意，此四性五品，人皆有分，思之無不可知之理，勉之無不可至之理，知之之明，至之之極，則亦聖人也。如以四性爲玄紗不可窮之物，五品爲麤淺不足爲之事，則此俗學異端，所以與道背而馳者也。

經文後四節，有以爲曾子之言者，不知何據。朱子於『章句』、『或問』、「講義」、『語類』，【見讀法。】皆以經一章，總爲孔言曾述。今若翻案，置此等訓說於何地？如某集所謂"孔子不應自言而自解之"云，則朱子平生精思，豈不見及此而必待後人之言耶？前經後經，出於『語類』；前章後章，出於「講義」，然未可以此而分做孔、曾之言也。又有"以孔子之言，而曾子述之"兩句爲證者，此又不然。然則傳文曾子之意，止於幾章，而幾章以下，爲門人記之耶？『論語』註，孔子述時人之言，人言卽孔述，孔述卽人言，非有兩截可分。『孟子』註，孟子述胡齕之語，亦然。『論語』逸民章，柳下惠、虞仲兩節，鄭氏皆言，一"謂"字，俱是記者述夫子之言。夫子之言，記者之述，只是一事。翟氏灝『四書考異』曰："『韓詩外傳』，孔子謂子路曰：'大德不踰閑，小德出入，可也.' 此本孔子言，而子夏述之也。" 竊謂後儒此等議論，非惟于經旨無補，反增學者疑眩。

"克明德""克"字，『語類』、『或問』，皆與『章句』微不同，尋常疑之。今見『蒙引』云："章句是後來所修，其說較平實。" 得此說始快。

"顧諟"當兼靜存動察看，則明德章句，"因其所發"，可單就動時看乎？

"天之明命，誠有以理言處。"【『書傳』】惟『章句』則卻以虛靈以具理應事者言。讀者，當各隨地頭看，如此則可免多少牽強罣礙之病矣。

"明命"，最宜明覈。朱子說固多有指此爲理處。然此特從其所具者言也，何以言之？朱子以明命爲卽是明德，【『章句』、「講義」，皆同。】而訓明德之說，與訓心之說，無毫髮之異，【謂盡心註】則謂明德、明命，皆是無形無眹無覺無爲之理，得否？蓋明德、明命，俱是虛靈以其理應事者也。若夫天命之性，乃明德、明命所具之理，但可曰是天所命之理，而具於虛靈之心者，【照道不可離章句。】不可直喚做虛靈以其理應事底。蓋"明命"、"明德"，是人能弘道之人；天命之性，是非道弘人之道，此可一言以決之，不可多爲說而亂之也。

晚邨呂氏，以性與明德，命與明命，爲只是一件。此雖欲辨斥禪佛而有是云云，然要之，性與命，單言理；明德與明命，以虛靈之心爲主，而理則包在其中。觀『庸』、『學章句』，分明如此說。

『或問』曰："德之本明。" 又曰："明德常明。" 此如易之曰"性之本明"，曰"明性常明"，則與釋氏之說，何別？性，人物所同；明德，人物所異。此性與德之大界分，分明不可混淆處。說者多忘卻此理，而但從渾淪處去。

『存疑』云："新民工夫，自新居半。『或問』說，新民兼化之處之二事，自新是化之也，故傳者，釋齊治平，俱離不得此身，良有以也。"【止此。】余謂此說甚是，看經文以"修身爲本"一句，已含此意。故吾儒以修得該心理之身爲學本，不似異端俗學舍身而言心, 竟歸於略實而落空也。

"君子, 自新新民, 皆欲止於至善", 君子以心言, 至善以太極言。使所謂心者, 自認爲極, 不復以理爲極而止之, 是異學本心之見, 非聖門本性之敎也。

呂晩邨曰: "此章專釋新民, 而原本明德, 推及至善, 理雖通, 而賓主不可紊。故應從新民轉出極, 此似與『章句』少異, 然凡讀書者, 于賓主不可紊之"云, 最宜留神。

『語類』寓錄, 以"緝熙"爲工夫, 此與『或問』"心無所蔽, 故連續光明之說"異。恐『語類』爲未定之說, 蔡氏亦嘗云然。心有所覺謂之仁, 此上蔡認心爲性之說, 而流而爲象山之禪也。今以仁爲明德, 則明德有覺之心, 豈不爲謝、陸之論, 而爲朱子之所闢乎?

"於緝熙敬止", 此敬字, 與"止於敬"之敬異, 蓋此能而彼所也。聖人之德, 敬爲之主, 故雖至小無甚關係底事, 亦無所不用其敬。言堯、舜、湯、文之德者, 無不以敬爲主也。如殷紂之謂敬無益。蘇軾之欲破敬字, 毛奇齡之指敬爲毒者, 可謂自賊其性者也。【自賊, 是心自賊。】

呂氏言: "人倫中境界, 人各不同, 則所以爲仁、敬、孝、慈、信, 亦變化無定。惟聖人, 能就不同處, 曲折以造人倫之至, 而仁、敬、孝、慈、信, 形焉。天下後世, 可奉以爲規矩, 乃所謂至善, 注中究精微之蘊, 與推類盡餘意, 正可深長思。"【止此】此一段, 學聖人者, 宜默玩而深味之。

"盛德至善, 民不能忘。" 朱子謂: "此言聖人之事。"【見「答江德功」書。】旣曰事則非直是理也。蓋經文"明德"是指體段言, "至善"是指至理言, 固無聖凡之分。傳文"盛德", 是就"明明德"上, 言其所成之大; "至善", 是就"止至善"上, 言其所得之極, 此所謂聖人之事, 非賢者之所及也。

『翼註』云: "自修自字不輕, 自家身心, 何可不自家修理?" 余謂自意、自心、自身, 【句】自家心誠之、正之、修之, 是謂"自"。凡言自明、自慊, 皆謂自心自爲之。若只說做自家義稍晦。

“穆穆”、“淇隩”兩節，劉氏謂：“不重文王，只借『詩』以歷指所當止之處。下節另提‘明明德’、‘止至善’以勉人，不宜與文王牽紐，亦不宜呆貼武公。”此說極是。顧麟士貼文王、武公之說，呂氏駁之曰：“章內五引詩，皆借『詩』語，發明止至善道理耳。”【顧氏本於吳季子主武公之云，而誤也。】

“賢其賢”下賢字，指先王盛德言；“親其親”下親字，指先王遺恩言。蔡說得之。

“民不能忘”，是當時之民不忘其德；“前王不忘”，是後世之民不忘其澤。此有前人所分，當從之。

“淫泆”泆，當依「樂記」作液。嘗見肅齋如此說，蓋「樂記」註，“詠歎，長聲而歎也。淫液，聲音連延，流液不絕之貌。”『字典』“淫泆”，皆訓溢，未審是朱子自造語，非必引「樂記」文耶？

明人有云：“‘五引詩，是文章家亂體也。『中庸』末篇，亦是此法。或疑『中庸』亂于末篇，『大學』亂于第三篇，何也?’曰：‘止至善，正是『大學』末篇，何言第三篇也，豈以平天下章爲末篇耶？八條目，不過零碎說箇三綱領耳。『大學』正當以止至善一傳，爲末篇。當時作者，原有深意，人自不察耳。”【止此】未知此說果得作者本意，而聊記之，以備一說。

聽訟章，『章句』、『或問』，皆以明新分本末。小註朱子聽訟爲末之說，疑是記誤。蓋聽訟句，原是帶說，不宜重看。

“致吾之知”，鄧氏專以良知言，此人淵源爲誰？而特取陽明平生所主張之語以揭之。呂滎公『大學解』“『朱子語類』，亦有以良知言者。”然依『章句』知識之解，則凡知覺、良知，不待言而自在其中矣。

“全體大用”，陳氏說未襯，須以知之體用言此義。朱子於『孟子』盡心章『或問』，發之云：“今窮理而貫通，以至於可以無所不知，則固盡其無所不統之體，無所不周之用矣。”以此意看，方得補傳原指。

“人心之靈, 莫不有知”, 此“知”字, 前輩有以知覺看者。愚意殊未然,『朱子大全』「答游誠之」書, 既曰“以敬爲主, 則不待致覺而無不覺矣”, 又曰“孔子只言‘克己復禮’, 而不言致覺用敬”, 此可見知覺之不可以言推致也。『語類』道夫錄“問: ‘知如何宰物?’ 曰: ‘無所知覺, 不足以宰制萬物。” 此似是記誤。蓋知識何嘗非妙理宰物者, 而必曰知覺耶?

“衆物之表裏精粗”, 金而精問: “表與裏, 精與粗處, 皆有理云乎? 理亦有表裏精粗, 如氣之粹濁, 物之皮骨而言乎?” 退翁答云: “前說是, 後說非。” 是愚嘗如是看。比見老洲「答吳士遠」書云: “所當然, 理之表也粗也, 所以然, 理之裏也精也。朱子謂‘理無精粗’者, 蓋曰‘物之成質者, 可以精粗言; 理之無迹者, 不可以精粗言云尒’, 與此不同, 當各就所指而體究。”【止此】此說恐是。

身有不檢, 該內外言, 故修之; 心有不直, 故正之; 意有不實, 故誠之; 知有不盡, 故致之, 此皆因病而藥之。至於理, 則原自極至, 無些子欠缺, 故但須窮而至之, 此見理爲天下之大本, 非身心意知之所可比而同之, 故聖學以窮理知天爲先務。

“誠其意”意字, 劉念臺以爲心之主宰, 而謂朱註誤。然則將以好惡爲主宰耶? 又謂“禁止之辭”, 是盟心伎倆而終不能無自欺。如此, 則傳文“毋”字, 改作“無”字, 其說方通。且作“無自欺”, 則是意已誠矣, 何謂誠其意? 只見其論徒高而意實塞也。

“心之所發有未實”此句, 以心體之, 惟當以靈覺指心字。若如心氣質無辨, 而曰氣質所發; 心理無辨, 而曰理之所發, 性之所發, 道之所發, 太極之所發, 皆不成說話。請諸家洗心淨慮, 以自體會, 然後要明白說出昨非今是四字來。

“自欺”, 是心之所發, 欺心之所知也。蓋心有爲善去惡之知, 而爲善去惡之意有未實, 故曰自欺也。或謂意欺其意, 謬甚。

知到五分, 而心之所發, 能實五分, 則雖未可謂之意誠, 亦不可直叫做自欺。如以知未盡明, 而意未極誠者, 皆謂之自欺, 則聖門諸子, 安有不自欺者? 要當致知誠意, 各致其功, 隨其所知, 而實其所知, 不可使心之所發, 有不滿所知之量也。

“以審其幾”, 佗處幾字, 以善惡言, 此處似當以實不實之幾看。

“誠於中”此句, 先賢有兼善惡看, 而重在惡邊, 竊意但當以惡言, 朱子於『中庸』二十章『或問』, 明言“其爲惡也, 何實如之, 而安得不謂之誠?” 小註又明言“此是惡底眞實無妄”, 此等須領取其立言大意, 不可拘於字義也。『語類』德明錄“舉范濟美戲謂胡文定曰: “公是至誠爲惡。” 此段正論『或問』“爲惡也何實如之”之云也。

曾子節, 『章句』上文, 或謂指上文兩節。蓋以獨之當愼而有是云也。然非『章句』凡例, 蓋首章末章章句, 皆云結上文兩節之意, 而獨此章不然。

“心無愧怍, 則廣大寬平而體常舒泰”, 只是意誠之驗, 非可以包得正心修身, 況饒氏所謂“心正身修”之驗, 尤說得太逕快。蓋心廣而尙有“四有”之累, 體胖而尙有“五僻”之失, 此等不反之於己分, 只求之於文字, 故雖前儒, 亦未免有此疏脫也。有疑『或問』謂“內外昭融, 表裏澄澈, 而心無不正, 身無不修”, 據此則饒說恐無病, 此宜細勘。若如饒說, 則明明德條目, 格物、致知、誠意三者足矣, 何必又立正心、修身二目乎? 朱子嘗曰: “格物、誠意, 都已鍊成, 到得正心、修身, 都易了。” 呂晚邨亦言“正修之本, 皆已在此, 故『或問』帶言”云云, 豈謂意一誠則便自有心正身修之驗耶? 或謂“意誠則心正”, 朱子以爲不然, 而曰: “意雖誠了, 又不可不正其心。”
【六、七章章下註, 又已子細說明, 如何人自不察?】

前儒有言“『大學』四者之情, 兼善惡”, 此說更合商量。今見有悖類犯親, 賊臣賣國, 則心有忿懥; 見有盜賊入室, 豺狼當塗, 則心有恐懼; 見有書籍好者, 山水佳處, 則心有好樂; 見有至親疾苦, 生靈飢困, 則心有憂患, 此皆出於性而聖凡所同。吾故曰: “無此情者, 非人也。但得應之斟量合宜, 心得其正矣。”

“一有”一字, 退翁以爲“四者之一”。然此是少纏或暫之意。朱子文字“一有”兩字甚多。 如曰“使周公之心, 一有出於自私”,【『詩』破斧章傳。】 “一有所爲, 則非需也”,【『需』「大象」本義】 “心一有偏, 其不可揜者如此”,【『論語』孟莊子孝章『或問』。】 “一有計利之心”,【『孟子』枉尺章集註。】 “一有不得其本然之正”,【『大學講義』明明德於天下節】 “一有未厚”,【天子庶人節。】 “念慮之間, 一有不實”,【亦『講義』誠意章】 “天下之本在是, 一有不正”,

【「庚子封事」】 “一有所妨乎此, 一有所礙乎此”, 【「戊申封事」】 “日用之間, 須臾之頃, 持守之工, 一有不至”, 【『中庸或問』】 此諸一字, 皆少纔或暫之意, 非衆中有一之謂也。

此章人多認做用上理會, 緣註中有 “用失其正” 句而然。然體之不正, 已從 “有所” 時根著, 及遇事應酬時, 便發標證。故下節註, 另出 “敬以直之” 一句, 使人該體(用用)[用]234)工夫。

正心工夫, 似當通貫動靜。蓋遇忿懥之事, 則當小心謹畏, 不使少有偏重之失。四者之事, 豈有終日迭至, 無少閒隙之理? 事過後, 又當小心謹畏, 不使少有留滯之累, 而要得胷中潔淨安穩, 皆敬功也。“克己”, 朱子且言 “若待發後克, 不亦晩乎? 未發時, 也須致其精明” 云云, 況欲正心者, 惡可但於動時加察, 而靜時茫然無敬存之功乎? 朱子又言: “四者只要從無處發出。” 又言: “使此心如太虛。” 此兩句 “無處” 與 “如太虛”, 豈非指靜境乎? 因傳者言用不言體, 而遂不用靜功, 豈非疏漏之甚乎? 若必如此, 則『章句』 “敬以直(內)[之]”235), 亦單就用上看乎? 方氏中虛而有主宰, 蔡氏『大學』正心兼動靜兩說, 亦皆得傳者之意, 此等切須向己心上體認, 勿徒作文字, 順口讀過。

南塘據『章句』 “敬以直之”, 爲靜時功夫, 此又似矯枉而過直也, 又云: “去妄動, 存本體”, 因此專屬之存養, 與省察作對。近齋取此說, 而老洲不以爲然, 每曰: “『大學』正心, 兼體用而主用; 『中庸』戒懼, 統動靜而主靜。” 以南塘說, 爲非傳文本旨。

“欲動情勝”, 似是輕輕地繫累之失, 而汪氏據此句而曰: “此非人欲而何?” 更詳之。

“顧諟明命”, 是通寂感該本末而言, “正”、“修” 之兼動靜, 又奚疑乎? 饒氏所云 “靜存動察皆是顧”, 栗翁所云 “『孟子』存養, 通貫動靜而言”, 卽誠意正心之謂, 皆說得分曉。

『章句』 “或” 字, 先賢多疑之。曾聞全齋先師言: “‘欲動情勝’者, 必皆失正, 而由不

---

234) (用用)[用]: 저본에 ‘用用’으로 되어 있으나, 문맥을 살펴 ‘用’으로 수정하였다.
235) (內)[之]: 저본에는 ‘內’로 되어 있으나, 『대학장구』에 의거하여 ‘之’로 수정하였다.

能無者言, 故謂之或失, 然未嘗不必失也。" 此解分曉。愚竊謂"或"字, 頂人所不能無而言; "不能不失", 頂有之不察而言, 則"或不能不"四字, 少"一"字不得, 筆法極精密。尤翁之謂輕輕看過者, 似未及細勘,【貞山或丞之云, 亦然。】農巖所論最精明。

『輯要』正心章, 載此註而"或"字删出, 蓋深疑其未安而然也。然此章按說云, 此心本體虛明, 而感物而動, 此是心之用。惟其氣拘欲蔽, 本體不立, 故其用或失其正, 此對本然之用而言, 故其立文如是耳, 豈謂氣拘欲蔽之後, 其用有或失或得云耶? 以此觀之, 删出『章句』中"或"字, 決是未及照管處。

心在於忿懥、恐懼、好樂、憂患之中,【『或問』所謂"仰面貪看鳥", 正指此。】則便不在腔子裏爲主, 所以視而不見, 聽而不聞, 食而不知其味,【『或問』所謂"回頭錯應人", 正指此。】此見於金仁山『大學疏義』, 而其說深得傳文之意, 頃有一朋友, 謂心不在, 非緣忿懥等, 恐未免麤看了。

雖致知、誠意之後, 所謂心者, 不可以不正也。蓋心是身之所主, 身爲心之所役, 心不自敬, 則一身百體, 無不自用, 而心反爲之役矣。心爲身役, 則身如何自修? 此所以誠意以後, 又有正心一段工夫也。

『蒙引』"檢"字, 當不得修字, 此語甚精。

"正心、心正", 若作"正理、理正"看, 理如何有不正之失, 而又必待正之之功而後正耶? 謂心卽理, 全說不通。

"親愛"五者, 余始單就家人說, 自餘外人, 可以例推。後見『翼註』云: "是泛言身與物接, 而家人在其中, 新說及時文, 俱徑作家人。" 『困勉錄』以"泛言者爲是"。最後又得『語類』一條云: "親愛、畏敬以下說, 凡接人皆如此, 不特是一家之人。" 始覺舊見雖若緊切, 而讀書規模, 卻似太狹窄矣。

"敖惰", 前人所駁, 雲峯說已明詳。又記徐居甫, 疑"敖惰"不當有。朱先生敎云: "讀書不可泥, 且當看大意。縱此語未穩, 亦一兩字失耳。讀書專留意小處, 失其本領所在, 最不可。" 先生此語, 學者宜守之。

『章句』"衆人"二字, 前此因官街差路之說, 而謂不及聖人之君子, 皆爲衆人。今觀汪長洲所論『翼註』謂"誠意正心之人亦在其中", 全失朱子意, 及駁正魏莊渠之"其所說得輕, 大偏已去, 防有小偏"一段, 自悟前見粗疏。蓋不知子惡苗碩, 君子決無此等大偏處。傳者欲極言身不修之弊, 以垂戒敎人, 故擧此以爲言, 非謂誠意正心之人, 亦有此病也。

朱子謂: "那事不從心上做來, 如修身, 如絜矩, 都是心做得出。"【止此。】竊謂此是心之作用善處, 雖是善處, 然作用則作用也。近世一種學家, 謂心卽是理。然則理亦有作用, 與朱子理無造作, 判然別。

八章結語, 黃洵饒言: "此獨反結者, 修身是明明德工夫緊要處。" 深無知云: "反結尤爲吃緊, 正謂壹是皆以修身爲本, 故結法如此。" 權陽邨言: "反結應經文本亂末治否之意。" 農巖言: "此乃明新之交, 故特變其文。" 陸三魚言: "反結正結, 文法雖不同, 其實只一樣。" 余謂黃、深二說是一意, 其餘各是一意, 總不如劉眉峯云: "因上只說身不修, 未說家不齊, 不可接入齊家正面, 故因上文作反結者, 爲襯貼於傳文本指也。"

誠意以後, 正心、修身、齊家等, 各自有工夫。饒雙峯卻謂: "意苟誠矣。忿懥、親愛等, 皆必謹獨而不失其正, 不流於辟", 恐未安。且七章、八章章句之"察"字, 在心之有所, 情之所向上用功。與六章審其意之實不實"審"字, 所指各別。饒氏一倂混說, 宜其爲陸、汪所駁也。

"孝、弟、慈", 是君子修身之行"不出家"者; "所以事君、事長、使衆", 是"成敎於國"也。此簡章句後本, 特擧國字言之, 文理自是如此。明、淸閒儒者, 多以孝、弟、慈與事君、事長、使衆, 竝屬君子說, 殊非傳文本旨。汪長洲辨論, 詳且明矣。

"如保赤子", 『蒙引』、『存疑』, 皆云"如字輕看"; 『辨疑』, 亦云"不須著意看", 而小註朱子云"如保赤子, 慈於國", 蓋未定說也。

“其家不可教”，『章句』舊本云“孝弟慈推之於國”云云，“康誥”，『或問』舊本云“推保赤子之心，以使衆”云云，此與『語類』泳錄“不是我推之於國”者，【乙卯所聞。○寅與蓋卿錄同。】異矣。汪長孺竝擧以問曰“能孝於父，則人化其孝，而知所以事君”云云，“孝弟慈，人之本心，有是三者，但擧慈幼一端，以見其理之實同，非推慈幼之心以使衆也”云云，此頗致疑於舊本之說。朱子答謂“此說甚善。某亦疑所解未安，得此甚快，此間諸友說多未合，更俟商確。”汪長洲引此答問，以爲“意者，其後商確既定，故『章句』則改爲今本，而『或問』終未及改定歟?”【止此】今考『或問』云：“使衆之道，不過自慈幼者而推之。”視舊本雖略有改字，而與『語類』只說“動化”，未說到“推”者，終有不同者，不得不歸於未定說也。

“仁、讓”節小註，朱子曰：“一家仁以上，是推其家以治國。”此恐是未定說。朱子佗日又言“孝者所以事君”云云，“此道理，皆是我家裏做成了，天下人看著自能如此，不是我推之國”，此是朱子六十六歲語。【泳錄，○其前年，蓋卿錄云：問：“‘不出家而成敎於國’，不待推也。”朱子曰：“不必言不待推。玩其文義，亦未嘗有此意。只是身修於家，而敎自成於國衆。”】小註所收，多未精核，往往使學者起爭端。

“孝、弟、慈裏，俱有仁讓。有恩以相愛，仁也；有禮以相接，讓也。”此『存疑』所載，其說甚好。

“有諸己”節小註，朱子言：“身是齊治平之本，治平自是相關，豈可截然不相入?”嘗看此語，當深體之。繼檢吳因之云：“傳文言家處，必根著身；言身處，必合著家。當儗做一項事，而對國一項言之，非特此章爲然。自家齊，【恐當乙】以至平天下，總不離身，蓋身乃萬化之原也。”吳氏此說，極有關係。蓋經文“自天子以至庶人，皆以修身爲本”、“其本亂而末治者否矣”，兩語，已自說得有萬斤之力也。

“有諸己”、“無諸己”，有、無，皆貼首節孝弟慈說。

“不恕”不字，或作非字解，誤。蓋謂無忠則不可恕，不恕謂不可恕也。朱子云：“若不忠，便無本領了，更把甚麼去接物。”此所謂不可恕，未知不可如此說否？

栗谷云: "恕字實指忠, 忠是恕之藏乎身者, 借恕以言忠." 此直以恕爲忠, 語似欠曲折, 未知如何?

劉氏曰: "恕字卽指上二句, 己如是, 因敎民如是. 纔是推己, 纔是恕. 不恕者, 己本無而求諸人, 己本有而非諸人也. 此又以不恕, 爲不行恕也." 然則"藏乎身"句, 似未襯貼. 劉氏云: "藏猶存也, 不必深看." 『備旨』亦用此說, 宜加講質.

"其爲父子兄弟足法", 是謂君子善敎家, 使一家之爲父子兄弟者, 皆足爲人之法. 如此, 則君子之爲父子兄弟而爲法於人, 不須言而自在其中矣. 『蒙引』、『淺說』、『存疑』, 皆以君子一身言. 惟『困勉錄』"兼君子與君子之家言", 而曰"如此說方全." 然但言兼說, 則君子與君子之家, 兩平無輕重. 汪長洲謂『困勉』說亦是. 但須從君子之身說到家, 不可將身家平列, 此又似身重家輕. 然細觀傳文, 恐專主君子之家言, 而君子之爲父子兄弟而爲法於人, 是前日已然之事, 似當爲客一邊. 『語類』有問: "齊家、治國之道, 斷然是'父子兄弟足法, 而後人法之'. 然堯、舜不能化其子, 周公不能和其兄弟." 此豈謂堯、舜之爲父, 周公之爲兄爲弟, 不足法乎? 只是疑堯、舜家裏爲子者, 不足法; 周公家裏爲兄爲弟者, 不足法. 故朱子答辭, 只曰"聖人是論其常, 堯、舜、周公是處其變", 而不言"堯、舜之爲父, 周公之爲兄爲弟", 無損其爲足法, 則朱子亦認傳文, 主君子之家而言者, 未知不然否, 俟當質問.

"矩"者, 天下之至方者也. 以至方之器絜之, 則其所就必至方矣. 『章句』"所同", 矩也; "度物", 絜也; "均齊方正", 效也.

六"所惡", 矩也; 六"無以", 絜也. "絜矩"二字之義, 傳者自解如此, 則何必以佗義亂其本指哉? 況朱子以下諸賢, 無不以矩爲心乎? 『大全』「答江德功」書, "度物而得其方"之說, 前輩或認爲定論. 然其下書卻云"以己之心, 度物之心", 則豈非以矩度物之謂乎? 此似是改定者. 蓋嘗考之, 老洲「答梅山」書曰: "若泛以度物而得其方爲絜矩, 則所謂矩者, 太歇后, 將何以盡同耶? 故此矩者, 必以明德看, 可見其通貫一篇首尾, 而中開條目工夫之節節以明德爲主之物也."【老洲說止此.】又考『大全』「答周舜弼」書, 則曰: "絜矩文義, 謂度之以矩, 而得其方耳." 此書首云"當此歲

寒”云云。尤翁『箚疑』，載退翁說云“僞學黨起故”云。然則此書作於朱子六十五歲，的是晚年定論也。舜弼復問: “絜矩之道, 推己度物, 而求所以處之之方, 故於上下左右前後之際, 皆不以己之所惡者, 施諸彼而已。” 朱子答謂“說得條暢。” 此皆與『章句』“因其所同, 推以度物”之意正相符。若指『章句』“均齊方正”爲矩, 則此乃絜矩之效。諺釋當曰: “絜ᄒ면矩ᄒ야ᄌᄂ道。” 此似不詞矣。○附朱子以下諸說,『語類』人傑錄云: “矩者, 心也。” 賀孫錄云: “絜矩, 以己之心, 度人之心。” 僩錄: “人心之同如此, 所以用推絜矩之心, 以平天下。”【過齋云: “‘平’字以矩字承結, ‘均齊方正’卽是平。” 此說恐未然。今以僩錄觀之, ‘平’字, 在絜矩後一步, 非平卽是矩也。】賀孫錄云: “以己之心, 度人之心, 使皆得其平。” 德明錄云: “俗語所云, 將心比心, 如此則得其平。” 淳錄云: “以左之心, 交於右之心”云云, “君子旣知人, 都有此心, 所以有絜矩之道。”【以上, 皆以心爲矩。】饒雙峯云: “匠之度物, 以矩爲矩。君子度物, 以心爲矩。” 胡雲峯云: “矩者, 人心天理當然之則也。” 陸三魚云: “朱子、雙峯, 皆謂‘矩者, 心也。所謂心者, 原指義理之心’。” 又云: “此矩字只是明德之至善, 絜字方是新民之至善。” 蔡虛齋云: “所惡於上, 是矩; 毋以使下, 是絜矩。” 吳季子云: “絜矩, 則知衆心與己同。” 又云: “擧天下之方, 無出於矩, 君子以此矩而絜之。” 汪長洲云: “上老老三句, 此言家國之矩之一也。由此, 可見國與天下之矩, 無有異矣。” 劉眉峯云: “矩字, 就君心上說, 不可只當心字看。從格致誠正後, 方有這箇矩。以矩絜物, 纔可使物物皆方。” 某氏『翼註』云: “愼德卽矩之所以立, 但未說到絜之耳。” 栗谷于『輯要』絜矩之道章, “因其所同”下親注云: “所同者心, 心乃矩也。” 老洲云: “心是矩, 以己心爲準則, 然後可以絜之而無不同矣。朱書雖有兩說, 當取其近於章句者。” 佗餘諸賢說, 未及徧考。

退溪曰: “絜ᄒ되矩로ᄒᄂ道。” 此以所惡於上章句, 以此度下之心觀之, 似當云“矩로絜ᄒᄂ道”, 未知如何?

“好之”、“惡之”, 不可尋常看要。爲人上者, 宜反覆周察, 無一毫與民之好惡異處, 方是能絜矩。

“不可不愼”, “愼”非泛泛謹愼, 正愼其所好惡。君民好惡, 纔有一事差互, 便小心謹愼, 不敢有忽。

殷之未喪師인克配上帝러니라。 如此讀, 然後“未喪師”中, 包“喪師”意。 方與下得
衆、得國、失衆、失國之釋, 相應。

『章句』“存此心”, 劉氏謂“存此, 鑑得失之心數句, 正傳者引『詩』而言。” 此之意不
可輕看。

上文“不可不愼”, 主好惡言; 此言“先愼乎德”, 總包格致誠正修而言。 愼德, 是有
天德絜矩。 方可語王道, 後世人君, 欲治天下, 而不本道德, 卻將權謀爲主。 噫!

『翼註』云: “德不但生財。 凡絜矩公好惡, 以至人土財用, 皆生於德。 若說德爲財之
本, 便不完。 但說要務先圖, 似亦不透本字。” 此說極佳。

得國, 由於得衆; 得衆, 由於公好惡不專利; 公好惡不專利, 又由於以德爲內。 此人
君一心, 所以爲天下之大本, 而心所以爲本, 又以“止於至善”爲準。 此聖學所以本
天, 而不本心也。

“惟命不于常”, 爲人上者, 要知得此意, 甚可懼。 古人云: “二‘則’字, 有倏忽轉移之
意。” 此爲後王之戒深矣。

“善、不善”, 『翼註』兼德與政說, 而『或問』單言有德而有人。 然政善, 包在有德內。

“以能保我子孫”, 曾聞徐孤靑作一句讀, 而未敢信及。 今見『困勉錄』曰: “說統云:
‘以子孫作句, 黎民帶下讀, 以伯國重子孫也。’『蒙引』、『存疑』、『淺說』、『翼註』, 皆
主此。 或云: ‘保子孫, 保黎民, 均重對說, 而以尙亦有利總承, 主此爲正。’【『困勉錄』
止此。】秦雖伯國, 而傳者引之, 以釋聖經, 則純乎王道矣。 張彦陵說謬甚, 而諸家主
之, 何也?

“放流之”, 用“호딕”辭爲得。 據『或問』, 當如此。

『困勉錄』曰: "'慢', 兼懈怠、忽略、懦弱三意, 非遲慢之意。" 此說得之。

『朱子語類』云 "君子有大道云云, 平天下章, 其事如此廣闊。然緊要處, 只在這些子, 其粗說不過如此。若細說則如'操則存', '克己復禮'等語, 皆是也。"【止此。】今世俗, 以學者之"操、存、克、復"等, 爲無關於政術。雖學者, 其意見往往亦只如此, 此大誤也。蓋治天下者, 豈有放心不敬, 肆欲妄行, 而可以居位而治民乎? 是知平日之敬與克己, 是治平之要道也。

吳季子曰: "卒章深以聚斂爲戒。使佗人言此, 則但知財之不可聚, 而不知財之不可無, 議論激而趨於一偏, 天下後世, 始病其難行矣。聖賢則不然, 既闢徇財之非, 則必曉之以生財之道。蓋民生日用, 有不容一日闕者, 使聖賢爲國, 亦不能以捨此, 顧自有生財之道, 非若暴君汙吏浚民以生耳。" 吳氏此一段所論, 平正周徧, 而使後世之爲人上者, 讀而味之, 體而行之, 則天下國家, 豈有不治平者乎? 曾見倭人伊藤維禎謂 "『大學』非聖人之書, 以其言財耳", 正爲不識此理, 而爲一偏之論也。

"仁者, 以財發身"兩句, 分明是兼心與事言之。『蒙引』卻謂"仁者、不仁者, 都從心上說。" 覺得偏滯, 宜乎陸氏始雖誤取, 而後乃駁之也。

"未有上好仁"節, 吳季子所論, 甚的當。爲國大臣者, 宜寫一通以進御也。非惟人君所當鑑戒, 雖鄉黨之人, 亦宜取之, 以爲齊家之用也。

"以義爲利"一句, 自天子至於庶人, 皆當用之。士子未出之時, 必先辨"義利"兩字, 以爲向背取舍之幾, 其出而事君也, 又豈有佗道哉?

"彼爲善之", 鄭氏云: "彼君也, 君將欲以仁義善其政。" 程子曰: "彼爲不善之小人。" 金仁山用之, 恐皆未穩。惟劉葆采以爲"彼人君不察, 而反爲善之", 此似得之。『孟子集註』, 林氏曰: "今之大夫, 宜得罪於今之諸侯, 而非惟莫之罪, 乃反以爲良臣而厚禮之。" 此與『或問』所引呂公之言, 相合。

「중용기의中庸記疑」

해제

1) 서지사항

간재 전우(田愚, 1841~1922)가 지은 서책으로 『간재집(艮齋集)』권20에 실려 있다.

2) 저자

전우

3) 내용

간재의 『사서강설(四書講說)』 가운데 「중용기의(中庸記疑)」는 1911년에 완성한 작품으로 간재 말년의 경학적 이해와 사유가 집약되어 있다. 간재의 『중용(中庸)』연구는 1878년 38세 「독중용수장설(讀中庸首章說)」을 시작으로 1907년 「제중용언해후(題中庸諺解後)」를 짓고, 이 무렵 『중용언해(中庸諺解)』를 집필하였다. 그리고 15년 동안 『중용(中庸)』을 연찬한 끝에 「중용기의」를 완성하였다. 본 책은 『중용(中庸)』에 대한 여러 문헌의 설을 인용하여 설명하면서 자신의 성리학적 경의(經義) 밝힌 것이다. 그 방법으로는 선별적으로 주석을 하거나, 문답 형식을 빌려 풀이하기도 하였다. 또한 본 책은 『관본언해(官本諺解)』와 『율곡언해(栗谷諺解)』의 차이 및 현토를 다루고 있어 학습자들에게 많은 편의를 제공해주고 있다. (참조: BK중(한)문고전적 번역대학원역주, 『간재 전우, 『중용』을 탐구하다』, 심산출판사, 2010, 6-7쪽.)

「중용기의」는 『중용장구(中庸章句)』를 저본으로 하면서 '기의'라는 특성에 의거하여 전문을 모두 기입하지 않았다. 전우가 생각한 중요한 경전의 원의(原意)나 쟁점이 되는 문장이나 어구를 선별하여 주석한 것이다. 텍스트의 분석에 있어 그는 주자가 구분한 『중용』의 6절을 우암(尤庵 宋時烈)의 분석과 비교하여 논의하였다. 〈독법〉의 내용 가운데, 우암이 『중용』을 크게 4절로 나누면서 세밀하게 보면 6절이 된다고 하였다. 다시 말해 간재는 우암의 4대절(大節)과 6세절(細節)을 적용하여 「중용기의」의 4대절을 4대지(大支)로 6세절을 6대절(大節)로 변경하여 분석하였다. 구성은 서문(序文)과 독법(讀法)그리고 장구(章句)를 시작으로 1장부터 33장까지

구성되었다. 내용석으로 36편 가운데 〈서(序)〉와 〈20장〉에 가장 많은 분량이 할애되었다. 그는 〈장구(章句)〉의 시자을 등림(鄧林)의 『중용비지(中庸備旨)』를 인용하여 종성(宗性)에 대한 견해를 피력하였다. 그는 등림이 『중용』이라는 책을 한마디로 '성(性)'을 종(宗)으로 삼아서 천명의 성을 전일하게 하도록 논의하였다는 점을 인용한다. 간재는 이 말이 옳지만 오늘날 사람들이 '심(心)'을 중요하게 생각하여 성을 심 아래에 둠으로써 마침내 학문이 근본이 없게 되었다고 비판하였다. 이러한 심즉리(心卽理)의 비판은 바로 자신의 종성에 대한 근거로 작용한다. 이러한 점은 〈수장〉에서의 "천명지위성(天命之謂性)"과 "솔성지위도(率性之謂道)"를 근거로 유가의 종주(宗主)는 성을 존성(尊性)하는 것에 있다고 강조하였다. 이렇듯 그의 「중용기의(中庸記疑)」 단지 경전해석에 국한 된 것이 아니라 심즉리설을 비판하면서 '존성'의 당위성과 체제를 구현하는 것에 있었다.

2-1-57 「中庸記疑」(『艮齋集』後編 卷20)

「序」

『孔叢子』載: "子思年十七【『備旨』, 作十六誤。】困於宋, 曰: '文王囚於羑里, 演『周易』; 尼父屈於陳、蔡, 作『春秋』。' 乃撰『中庸』之書四十九篇。" 周秉中『四書辨正』言: "子思雖大賢, 然十七, 正內而不出之時, 豈汲汲於著述哉?" 『孔叢子』本僞書, 不可信, 周說詳見『四書合纂大成』。

道、學兩字, 宜細體之。 "道不可離", 道也; "戒懼愼獨", 學也。【後面, 中庸, 道也, "擇而守之", 學也; "達道", 道也, "德以行之"、"誠以實之", 學也。佗如"舜之用中"、"君子之依乎中庸"、"至誠之盡性", 皆聖人體道之功也。】夫道, 性之德而形而上者也; 學, 心之能而形而下者也。若夫釋氏之指心爲性, 老氏之守氣爲道, 雖極於神妙, 畢竟落在形而下之科也。【象山、陽明之流, 皆自謂學道, 而卒與聖門主理之指異者, 直指陰陽、良知、靈覺之屬爲道, 而不復以性爲本故也。】

"失其傳"三字, 不可不理會。如孔門諸子, 亦有久而失眞者, 孟子沒而無傳; 程門諸公, 往往倍其師說而流於異學; 朱門末學, 又有重講論而輕踐履之弊。夫學之不失其傳, 如是之難也。今我輩雖自謂尊孔、孟、程、朱, 而讀其遺書, 然反而求之, 凡心之所本, 身之所極, 不出於靈覺形氣者, 鮮矣。可不爲之早夜憂惕而求所以不畔於道乎哉? 凡百君子, 毋自是也。

黃式三『論語後案』言: "今「大禹謨」, 僞書也。'危、微、精、一'數語, 本『荀子』「解蔽篇」引『道經』語, 作僞書者, 采入之, 程、朱二子信此, 以闡發'執中'之義。" 以「大禹謨」僞書, 前人多言之, 非獨黃氏爲然。然苟菴「說證」擧元王充耘云: "舜、禹傳心, 爲後人附會者而曰'古文之在疑信久矣', 而其不可謂僞者云云。正學既亡, 邪說充塞, 必欲肆人欲而滅天理。如周之衰, 諸侯惡其害己, 而去先王之籍。今之爲士者,

惡其檢制也, 而遂將危微精一之訓滅棄之。吁! 其可異也哉?" 苟翁此說, 極嚴正,
後學於此, 奉爲丈尺可也。

"執中"、"盡性"、"不踰矩"、"不違仁", 語雖不同, 而歸則皆循理之義也。

"惟一", 當通貫動靜。如"約禮"、"固執"、"誠身"、"篤行", 皆惟一之謂也, 如何只作
動上工夫?

"執中", 主動而包靜, 蓋中是恰好道理, 靜時無恰好道理乎?

"道心", 是有知思節制之能者, 謂之合於理義則可。謂道心卽是理, 則理爲有爲之
物乎!

華西謂"道心爲理"。然道心是靈覺本於性而爲之妙用者, 故於人心嗜慾安逸之類,
能有以主以宰之, 節以制之。若是理, 則如何有此作用歟? 明德本心之說, 亦然。

"虛靈知覺", 不可分體用; 知覺, 亦不可以識悟分。

"虛靈知覺", 上與性命之理而爲之配合, 則顯見而無微妙難見之處; 下與形氣之欲
而爲之運用, 則脆脆而無安穩可恃之勢。故君子之學, 最要白心自敬。

知覺必指爲對體之用, 又必指爲智之用, 則未發之時, 謂之無知覺可乎?

"上知亦有人心", 此是朱子晚年所定。佗如人心爲道心節制, 則皆道心; 纔有勉强,
是人心; 自道心而放之, 則人心; 自人心而收回, 則道心。此類極多, 要皆未定說,
讀者宜擇焉。

曾見洪某言: "'雖下愚不能無道心', '不能'改以'未嘗', 則文字尤精。" 後見『宋儒學
案』朱子私淑弟子鄒應博,【學於廖德明。】嘗奏對謂: "『書』曰'人心惟危, 道心惟微, 惟
精惟一, 允執厥中', 朱熹謂'人不能無人心, 亦未嘗無道心'云", 古人已有此語。

"守其本心之正", 韓立軒以人道心本然之正則, 解之。愚意只當以道心看, 朱子說

附見於此。○朱子「答黃文叔」書曰: "擇之必精, 而不使其有人心之雜, 守之必固而無失乎道心之純。"【此書作於乙卯。】○「讀蘇氏紀年」曰: "精別【精下本有一字, 而臺山以爲衍文。】於人心道心之間, 而守其道心。" ○『大全』「尙書解」: "省察於二者公私之間, 以致其精, 而不使其有毫釐之雜, 持守於道心微妙之本, 以致其一, 而不使其有頃刻之離。" ○『語類』: "察之精, 則兩箇界限分明, 專一守著一箇道心。"【七十八之五十一板德明錄。】

獨擧皇陶而不及稷、契者, 舜以天下與禹, 禹讓皇陶, 孟子亦曰: "舜以不得禹、皇陶爲憂。" 故序文如此。

朱子言: "須看佗彌近理而大亂眞處始得。" 嘗見羅整菴引"老子外仁義而言道德", 謂"與聖門絶異, 自不足以亂眞。所謂彌近理而大亂眞, 惟佛氏爾。"【羅語止此。】昔謝上蔡歷擧佛說與吾儒同處, 問伊川, 伊川曰: "恁地同處雖多, 只是本領不是, 一齊差卻。" 上蔡當時所擧, 今不可知。但嘗考釋氏, "有物先天地, 無形本寂寥, 能爲萬象主, 不逐四時凋", 與吾儒"無極而太極"相似; "若人識得心, 大地無寸土", 與吾儒"心體廓然無限量"相似; "主人翁惺惺, 莫被人謾", 與吾儒"主敬而不爲物撓"相似; "運水搬柴, 無非神通妙用", 與吾儒"妙道精義, 初不外乎日用"相似; "千般言萬般解, 只要敎君長不昧", 與吾儒"千言萬語, 只要人求放心"相似。如此類極多, 此其所以彌近理而大亂眞者也。陳清瀾嘗歷擧而論之矣。然伊川所謂"本領不是, 一齊差卻"者, 極要理會。釋氏認心爲獨尊, 認天命之性爲空無一法, 遂至於棄君父屛妻子, 林間石上, 逍遙自適而已。是爲本心而不本性之罪也。今吾儕士流, 自謂求聖學而闢異說, 然子細點檢來, 纔啓口動足, 便與性之正理相戾, 而止歸於心之自用, 此與外道何別? 請與同志君子, 密察其病源, 而力進其實德也。

"倍其師說而淫於老、佛", 甚矣, 異端之惑人也! 嘗聞前儒之言曰: "流俗之害, 甚於異端", 其垂戒之意, 爲如何? 而士子之浸淫於世習者, 不勝捄也。噫, 余謂: "欲不惑於異學, 須是尊性, 欲不陷於流俗, 須是尙義。"

"一二同志", 俗儒以張、呂當之, 余每笑其億度。及見『宋儒學案』「李閎祖傳」云: "朱子置之西塾, 爲編『中庸章句』、『或問』、『輯略』," 此必有據之言, 然非大義所繫,不必深論。

「讀法」
"『中庸』半截都了, 不用問人"。人下當句。尹鳳瑞曰: "問字句, 人屬下文, 謂人不著力看三書, 而只略略看過。" 此可備一說。

尤菴曰: "大分之則爲四節, 細分之則爲六節。兼存而竝觀可矣, 何必取舍於其間耶?" 竊疑尤翁說雖如此, 恐當以『章句』所定四大支, 爲正義, 而讀法所載, 自爲一說。

饒氏以『大學』、『中庸』分學與道, 而栗翁病其太分析, 則退翁辨之, 詳見『經書辨疑』。長洲汪氏言: "『大學』雖言學, 而道在其中;『中庸』雖言道, 而學在其中。蓋學所以求道, 非道亦不可謂學, 饒氏歧而二之, 非也。" 見『大學辨』, 愚謂: "『大學』之至善是道, 而求止於是是學;『中庸』之戒懼是學, 而道不可離是道。二書皆是言道、學, 特『大學』言學較詳,『中庸』言道較多耳。"

「章句」
『備旨』言: "『中庸』一書, 以性爲宗, 以誠爲要, 以知行合一爲工夫, 以天人同歸爲究竟, 而總全一天命之性。" 此語極好看。今人爲學, 只憑一心字爲宗, 虛見無實, 私意蔑天, 而視性爲心下之物, 遂爲無本之學。噫! 先聖所傳旨訣, 其將失墜而後已乎? 區區憂歎, 無有窮已也。

朱子曰: "不偏者, 明道體之自然, 卽無所倚著之意也。不倚則以人而言, 乃見其不倚於物耳。" 金本菴言: "不偏, 是從地盤而言其非左、非右、非前、非後也; 不倚, 是從當體而言其不倒東來西耳。" 渼湖答曰"來說甚精, 可敬", 按, 據『章句』, 不偏不倚, 皆當屬之道體, 不當分屬於道與人, 更詳之。

中, 就心上言, 則渾然一理, 體也; 就事上言, 則燦然萬理, 用也。庸, 統心事, 合體用, 平常不易之定理也。

夷、齊所爲, 不是庸, 似只據『孟子』所載言之。若讓國一事。試使堯、舜、孔子處之,
亦應然也, 觀聖人許以得仁, 可知。

朱子論夷、齊云: "若前日已曾如彼, 卽今日更不得如此, 此與時中之義, 又如何?"
【「答南軒」書。】又云: "逃父非正, 但事須如此, 必用權然後得中。故雖變, 而不失其
正也。"【「答東萊」書。】又云: "夷、齊各認取自家不利便處, 退一步, 便是得之。"【「答北
溪」書。】是皆許以中道, 而今曰"都不是庸", 豈有中而非庸者? 恐當以張、呂書爲正,
【"夷、齊都不是庸", 見『語類』「論語門雍也」末。夔孫錄。】

"不偏【止】謂庸",【明道, 見『語類』佃錄】"中者【止】定理",【伊川, 見『語類』人傑錄】"此篇【止】
『孟子』",【伊川】"其書【止】於密",【明道】"其味【止】者矣"。【伊川】伊川謂: "密是用之源,
聖人之妙處。"朱子謂: "密只是未見於用, 所謂寂然不動也。"

「一章」
此天字, 渾融說, 則朱子於『楚辭集註』, 亦以太極當之。但以『易傳』專言分言之論
觀之, "道命之謂性"、"乾命之謂性", 皆未妥當, 惟"帝命之謂性"爲精。然帝字, 朱
子亦有以理言處, 此爲渾合而言之, 非正訓也, 讀者宜察之。

天直以道體言, 則以字下不得。【此意見朱子「答東萊」書。】只當以上帝看, 上帝亦有以
理言處。然上帝與后土人神一類, 又與下民爲對, 不可直喚做道體。若渾淪說, 帝
與心亦可以理言。

天以上帝看, 則神明主宰, 而理則在其中也。蓋此天字, 與"天降生民"、"繼天立
極"、"所得乎天"【明德註】之天同。若單作理字看, 則謂"理降生民"、"繼理立極"、"所
得乎理", 皆似有礙。

「泰誓」: "上天震怒, 命我文考。"此處天命與『中庸』, 無二天二命, 而曰怒則非直指
理體, 明矣。『詩』有"上帝云憎"之文, 天怒與帝憎義同。如曰理怒理憎, 則不詞矣。

朱子曰: "氣不可謂之性命, 但性命因此而立耳。"【「答鄭子上」書。】又曰: "非氣無形,

無形則性善無所賦。故凡言性者, 皆因氣質而言。"【「答林德久」書。】又曰: "人生而靜, 靜者固是性。然只有生字, 便帶卻氣質了。但生字以上, 又不容說。蓋此道理, 未有形見處。故今纔說性, 便須帶著氣質, 無能懸空說得性者。"【「答王子合」書。】竊意 "性命因氣而立"、"凡言性"、"纔說性", 此三性字, 皆以本然之性言之, 所以明合理與氣, 有性之名爾。若以"因氣、帶氣", 而直認做氣質之性, 則欲言本然之性者, 必須向生字以上無形無氣處, 懸空揣測矣。豈朱子立言之本指哉?

子思子懼道學之失傳, 慮異端之亂眞, 而著爲此書也。其下筆第一句, 直截言"天命之謂性", 而繼之卽言"率性之謂道", 其第二段, 又揭"道不可須臾離"一句, 以爲全部骨子, 其下乃以"君子戒懼愼獨"之心法示敎焉。吾儒之所宗主, 在尊性而不在本心, 昭昭然如天日之明, 而有目者, 皆可睹也。奈何後儒乃有指心爲理爲道, 而其敎學專以是爲至尊無上之準的者? 信如此言, 使子思首言, "天命之謂心, 從心之謂道", 遂指此爲不可離之物, 而使學者, 惟是之恃, 而自尊自用, 不復以性爲歸宿之地焉, 則此果爲堯、舜、孔子所傳之正法, 而有以自脫於異學猖狂之圈套矣乎? 昔象山高弟楊慈湖, 告趙德淵曰: "人皆有心, 心未嘗不聖, 何必更求歸宿? 求歸宿, 反害道。" 明劉念臺力主王學, 而其言曰: "潔淨精微, 極天下之尊而莫之或攖者, 其惟心乎!" 近世又有指心爲聖人在君師之位, 指性爲億兆之衆者, 未知其與楊、劉之見, 有以異歟?

指道而言曰: "此是循性底, 非就人之能循性者, 以爲道也。"

率性, 『官本諺解』所釋, 似未若栗解也。【栗解曰: "性을率ᄒᆞ거슬"】

陰陽五行, 固亦有理在其中, 此處且單做氣看。

心君以陰陽五行酬酢萬變, 氣以成務而理因流行。如此立文, 而與『章句』比例看, 則如何?

以"各得"爲異得, 則"各具一太極"說不行矣。且古文, 有各殊各自不同之語, 亦窒而不通。各只就衆言, 非指異言。

“若論本原”一段，是『大全』「答趙致道」書。其曰“有是氣則有是理”者，卽『章句』“氣以成形，理亦賦焉”之意。其曰“無是氣則無是理”，卽『大全』“無形氣則性無所賦”之意，【見「答林德久」書。】非謂“有木氣者則有仁性，無金氣者則無義性也”。蓋五行闕一，生物不得，安有有氣無氣之別乎? 趙書此句下，有“是氣多則是理多，是氣少則是理少”兩句，此又謂“木氣多者惻隱多，金氣多者羞惡多”; 非謂“木氣多則稟仁性多，金氣少則稟義性少也”。

東巢語，大槩則好，但微有語疵。

東陽，“得人之理”，“得物之理”，似與程、朱異，而卻似蘆沙之說。

“循”，猶從也。“因勢利道”、“因山爲陵”之因，皆人之因，然非用力字，循亦當如此看。

“人物各循其性，各有其路”，驟看似乎性原自不同。然試言“父子君臣”、“上知下愚”、“男女病健”，各循其性，各有其路，則其性原自不同故歟? 此可以三隅反矣。

“循人之性，則爲人之道; 循牛馬之性，則爲牛馬之道”，此句宜善看。今曰“循男之性，則爲男之道; 循女之性，則爲女之道”，則男女之性，豈有異乎? 特所乘之形氣，不同而然耳。

有據人牛馬性一段，爲人物性異之證。然何不看首句人物性皆同，而但摘取下文，以爲己援耶? 今試依其語，立一段說話云: “男女之性皆同。循男之性，則爲男之道; 循女之性，則爲女之道。若不循其性，使婦倡夫隨，則失其性，非男女之道矣。”如此則爲男女性異之證耶? 讀書切忌執滯。

雲峯、長洲，皆以“一陰一陽之道”、“率性之道”，分而二之。沙溪以爲非是，而栗谷然之。余謂: “天地有憾，及天地之道，自首章來，而與‘一陰一陽之道’，何所辨別? 胡、汪二說俱非。”

道, 雖曰"不可離", 而心若不戒懼, 則與道相背而馳矣。所謂心者, 惡可自認爲理, 而不復用存理之工夫乎? 若曰: "卽心是道, 而不復求歸宿",【慈湖語。】則不至於"無忌憚"者, 幾希。

道是通動靜底, 而『章句』謂之"性之德", 以湖論"發後禁言性"之意, 例之於此, 未知無礙否?

道卽太極, 君子戒愼, 卽君子修之也。道形而上之理, 君子形而下之心, 戒愼, 乃心能體道之妙用。

"君子之心, 常存敬畏"云云, 是體道工夫也。如認心爲理, 則理如何能存敬畏, 而體夫道乎? 此非難曉之理, 特不曾"反求諸己", 故所見有未的, 所體有未實耳。

"戒懼", 全體功夫, 通動靜; "愼獨", 只纏發處功夫。○諺解當云, "不睹ᄒᄂ바에도", "不聞ᄒᄂ바에도", 如此則包睹聞在其中。

戒懼、愼獨之至, 必至於入聖域、均天下, 而無微之不體, 無大之不包矣。李贄言: "要到至誠、至聖地步, 亦只在戒愼恐懼處起脚。"此話卻切實。今學人之至於爲亂德之鄕原, 猾夏之夷狄, 無不自不戒愼、不恐懼處立苗也。

戒懼工夫圓, 愼獨工夫尖, 省察是存養中一事。譬之攝生, 平日隨時隨事無不將護, 及遇風日不佳, 天行乖常, 更加謹愼, 恐生疾也。

"隱"與"微", 皆道之所在, "愼"是不離道底功夫。饒氏謂"見與顯, 皆是此道", 似說得稍緩。

朱子云, "存養, 靜時工夫", 此與章句少異。

『大學』"愼獨", 防其格致之落空; 『中庸』"愼獨", 慮其存養之有間。淺深疏密, 自不同。

"未發、已發"是心, "中、和"是道, 須是就心上見道。【此與"鳶飛魚躍"氣上看理同。】此以"不睹、不聞"與"獨知"是心, 而不可離之道, 卽在其中者, 推之可知也。

上兩節言心之工夫, 此節言道之體用。

『章句』以"發、未發"分性、情, 則發後不復可以言性乎? 曰: "非然也。凡事行上所當然者, 皆性也。特與情對, 則屬之未發耳。今人認性爲在靜, 認心爲在內底, 而不知流行於事行上者皆性, 發見於形迹上者皆心。故體驗有不精, 而省察有不周, 殊非小病也。" ○ 按『章句』, 以道屬和, 則道未貫乎靜歟? 曰: "非然也。道是所當行之理, 無間於動靜, 而特與性對, 則屬於和耳。然細味『章句』'道之體、道之用'兩語, 則道何嘗專於和而遺於中乎?" ○ 中是在靜之道; 和是在動之道。非有知能, 亦非有功夫。前賢有以此爲戒愼以後事, 恐乖本指。

朱子說有指和爲形而下者, 『中庸』本指, 恐不如此。豈但以靜之主理, 動之主氣, 一義而言歟? 更詳之。【朱子說見「檢本上篇」。】

先師「答閔參判」書, "以和屬氣", 此似更商。栗翁言: "情非和也, 情之德, 乃和也, 情之德, 乃理之在情者也。" 以此觀之, 和不可直屬氣, 更明。

『巍巖集』"未發大本, 必氣質淸粹"之說, 南塘深斥之。蓋謂其大本本於氣質, 則不可也。然朱子嘗言: "未發之前, 氣不用事,【氣元來淸粹底, 今纔說濁駁, 只此便是用事。】所以有善而無惡。"【見『孟子』性善章小註。】此亦以大本本善又本於氣, 斥之歟? 此等未可只以言語求之, 必要就心氣上子細體驗, 始見其是非之實矣。

兩"以至"之意, 皆至於"其守不失"、"無適不然", 是所謂"推而極之"也。

"天地萬物, 本吾一體", 此謂"天地萬物, 本是吾之一體", 非謂"本與吾爲一體"也。蓋"天地萬物, 本吾一體", 體也; "仁者以天地萬物爲一體", 用也。

"天地萬物, 本吾一體", 是就體上說, "吾之心氣, 正且順, 則天地之心氣, 亦正且順”, 是就用上說。

“天地之心亦正矣”、“天地之氣亦順矣”, 此乃天地所以位, 萬物所以育之故, 非直指位育言也。小註“正矣”下, 書“天地位”; “順矣”下, 書“萬物育”, 誤矣。此以下文“故其效驗, 至於如此”觀之, 不難知也。

“致”是功夫, “位、育”是功効。後夢金判書, 錯看老洲說, 竝將上句爲功効, 非是。朱子「答李守約」書曰: “養到極中而不失處, 便是致中, 推到時中而不差處, 便是致和。”『語類』鉄錄云: “體信是致中底意思; 達順是致和底意思。” 矗錄亦同。不待引『大全』、『語類』, 只將『章句』細看, 亦自可見。『或問』直言“致者用力推致”, 義更分曉。首章纔百有九字, 包涵無限道理, 括盡無窮功化。其要不過“去外誘之私, 而充其本然之善”而已。所謂“本然之善”, 是指天命率性之理, 人人皆有之體也; 所謂“充”, 是指戒懼慎獨之功, 惟君子所能之用也。【與“人能弘道”參看。】

章下註, “道之本原出於天”, 小註“首三句”三字極是。或欲以出於天, 單屬於首一句, 非是。朱子「答楊至之」書曰, “修道之敎, 當屬何處? 亦出於天耳”。

“去夫外誘之私, 而充其本然之善”, 此與顔子“不違仁”註“無私欲而有其德”, 比例看, 但有生熟之分也。蓋“本然之善”是道, “充”是致中和, “其德”是仁, “有”是服膺不失也。

尤菴曰: “『中庸』章下註, 連書於章字下者, 是分節處也。『中庸』分四節, 故連書者, 凡四章, 首章、十二章、二十一章、末章也。” 愚按: 朱子『章句』, 於四大支處章下註, 原來連書, 其間小節章下註, 原以小字分書。至永樂朝輯諸家說爲註腳, 則『章句』小字分書者, 史無分別, 故必空二格書之。

「二章」
中庸, 君子之眞體; 君子, 中庸之妙用。“君子能體中庸”, 與“人能弘道”, “誠能盡性”, 都是一樣話頭。近世乃有指“人能”、“誠能”爲形而上者, 殊未敢知也。

必先有天命所當然精微之極致，而後有君子能體之心功也。 今以君子之心爲本，中庸之理爲用，而遂爲心爲極本之理、心爲形上之道之說，則不知其於君子尊性、聖人本天之正傳，不相礙否？

“君子中庸”，原兼動靜說；“君子而時中”，是說君子中庸之故，則“時中”，何可單屬動，而使君子中庸全體工夫，倒做偏傍一邊道理耶？

“君子中庸”，中庸，五達道也；君子，三達德也。“爲能體之”，卽所謂“知之”、“守之”、“斷之”也。

“君子之中庸也”四句，皆夫子語，蔡氏謂子思之言，誤矣。【下二十八章章句，此以下子思之言可見。又第一章章句十章，子思引夫子言以終之，此亦可見。】

“君子之中庸”節，兩“君子”，都只一般，不可分優劣。『章句』“君子之德”，以本言；“隨時處中”，以用言。下文“小人”倣此，汪長洲與陶菴，不如此看。後見王氏匯參駁汪說，恐得。

“無忌憚”，只從不戒懼處生，伊川言：“小人不主於義理，則無忌憚。”據此則君子主於義理，故必戒懼。君子以心言，義理以性言。此卽“聖人本天”，而但有生熟之分，心不主於義理而自用，則爲“本心”矣。

明儒楊起元曰：“堯、舜，只一中字授受，中不離日用曰‘庸’，中無可執著曰‘時’，此仲尼于中字，下一註脚也，是謂祖述堯、舜。”楊氏看得甚好，今人以聖賢言下，下註脚爲恥，必說出一般差異底道理。自家必欲爲授受之中祖，所以卒於畔道而悖聖也。

時中，雖以發後無過不及爲主，而其靜時敬功之壓得太重爲過，放得些輕爲不及，亦未嘗不在其中也。

昔嘗讀『易本義』，解“後天奉天”，云“知理如是，奉而行之”，看得儘有餘味，但苦其未體耳。君子知中體之在我, 故能戒懼而時中, 亦是此義。蓋知與奉行與戒懼, 心之妙用也。理與中, 性之眞體也, 此爲聖人本天之學也。【回之得一善, 拳拳服膺弗失, 君子于仁義之性, 恭敬奉持之, 都是一轍。】不然則爲小人之無忌憚也, 吁! 凡百士子, 于此分歧處, 宜審著腳跟。

黃氏"德行人人不同"之云, 是矣。然則中庸亦有異乎? 就游氏說中, 性情下著"之德"二字, 德行下著"之理"二字看, 則語意文理, 益明備矣。

「三章」
"中庸", 理也。『章句』謂"人所同得", 知、仁、勇, 德也。『章句』亦言"天下古今所同得之理", 此兩處對同勘合, 而究其所同得底, 是一是二。

中庸之理, 知以知之, 仁以守之, 勇以强之。知、仁、勇, 屬能; 中庸, 屬所能。

「四章」
葉水心曰: "師之過、商之不及, 皆知者、賢者也, 其有過不及者, 質之偏, 學之不能化也。若夫愚不肖, 則安取? 道之不明與不行, 豈愚不肖致之哉? 今將號于天下曰'知者過, 愚者不及, 是以道不行; 賢者過, 不肖者不及, 是以道不明', 然則欲道之行與明, 必處知愚賢不肖之閒耶? 任道者, 賢知之責也, 安其質而流于偏, 故道廢, 盡其性而歸于中, 故道興。愚不肖何爲哉?" 全氏祖望曰: "此說是。" 余謂: "葉氏說, 驟看似然, 而子細理會, 又卻有不然者。今且以一家言之, 子弟中有賢知者, 或專尙虛遠, 或徒耽文字, 而不屑事育之務, 則家道誠不明不行矣。又有愚不肖者, 或昧惑失理, 或安逸隳職, 而不成事育之務, 則家道亦不明不行矣。欲令葉、全二家觀此, 而更立辨語, 又按所謂愚不肖, 豈必指下愚與至惡? 下二十八章'愚而好自用', 『備旨』云'德非聖人皆愚也', 『論語』云'柴也愚', 此皆例照, 且此段只言道不行、不明之弊, 故竝及愚不肖。若於行道、明道之任, 則當專責賢知。"

三山陳氏, "不能行道", "不能明道", 恐乖夫子本旨, 以『章句』及饒說觀之, 可見。

『或問』: "如舜之知【去聲】而不過, 則道之所以行也", "回之賢而不過, 則道之所以明也。” 據此則『章句』, “大舜知也, 顏淵仁也”, 此知仁兩字, 襯貼第四章賢知而言, 非直指性言。

“鮮能知味”知字, 與上文“明”字, 不相涉。此只是察字意, 以人自不察, 故有知愚、賢不肖、過不及之弊。語意煞明白, 諸家多以“鮮能知味”, 貼上文“不明”說, 讀者宜知其誤也。

「七章」

『合訂』: “驅, 誰驅之? 納, 誰納之? 亦其自纏自縛, 愈轉愈牢耳。”『備旨補』: “驅而納者, 卽以予知之心驅之也”, 兩說極是。曾認做佗人驅而納之之意, 如若己推而納之溝中之義, 此誤也。【『說文』“策馬曰驅”, 蓋奔馳之謂。】

「九章」

此章只是說中庸之難能, 不是說人之能中庸者難也。天下、國家、爵祿、白刃, 皆是可均可辭可蹈底物事, 中庸卻是不可易能底道理。不曰“能均”而曰“可均”, 則非論人材也, 不止曰“不能”而曰“不可能”, 則非論學問也。此宜精察。許敬菴、鄧退菴皆云: “歎人不能中庸”, 此似少失語脈。『章句』言: “中庸易而難”, 恐非如二家之言。【『或問』亦與『章句』一意。】

陳忠肅公嘗言: “吾前此困于患難, 佗無所懼, 所懼者死。今則死亦不懼。” 又曰: “吾生平學佛, 故于死生之際, 了然無怖。” 愚謂: “死不懼, 誠不易。今更有所懼, 而甚於死者, 懼其死之不合于中, 是則所謂白刃可蹈, 中庸不可能也。” 此愚近日所自體, 而未能不懼者也。陳公自以學佛, 故不怖死。然『語』曰: “志士仁人, 有殺身而成仁, 無求生而害仁。” 學孔子而有得, 則豈不了此一關? 奚必學佛然後能不怖死耶?

「十章」

“南強”, 原非君子當然之道, 而只近於君子之事。若夫“北強”, 自是氣習之用。故必加一“而”字, 以連屬之, 諺解當云, “强者ㅣㄴ居ㅎㄴ니라。”

「十一章」

"依乎中庸", 『栗解』"中庸의依", 『官解』"中庸을依", 『官解』恐長。但又須知如『栗解』, 亦無君子中庸爲二之嫌。 朱子釋"心不踰矩"云"自不過於法度", 釋"仁者樂山"云"仁者安於義理", 以此例之, 雖作"依於中庸", 亦無礙也。不須以"仁者安其仁, 知者利於仁"爲拘。

"依乎中庸", "中庸"是五達道之無過不及而平常底。 知以知之明, 仁以行之徹, "不見知而不悔", 雖不賴勇而勇之義也。達德非是理, 但當屬於心之能也。

遯世, 『備旨』以終身釋之, 非是, 蓋與世不合之意。

遯世, 『栗』、『官』二解不同。或疑如作遯夫世之義, 則聖人豈必有意遯世? 曰: "聖人之於世, 世人或過或不及, 而自認爲是, 聖人乃獨依乎中庸, 是不必於遯而自遯。然遯之柄子, 在乎聖人。"

『章句』以三達德, 爲入道之門。德是能行底, 屬心; 道是所行底, 屬性。【二十章, 誠是能實底, 亦屬心。】潘氏所謂, "非有是德, 無以體是道者", 說得精。【上文知、仁、勇, 皆性之德。此句宜善看, 蓋性之德三字, 與『章句』釋道字, 爲性之德, 文同而指異。『章句』性之德, 直指理言; 潘註性之德, 卻是指性分帶來處言。若曰此亦直指理言, 則理何以體是道? 此等處若執滯, 則如何讀得書。】

「十二章」

"聖人所不能", 程子論"自暴、自棄者, 以爲聖人與居, 不能化而入也", 亦是聖人不能處。

"造", 始也; "端", 首也。"造端", 猶言起頭也; "及至", 猶言到極也。此主道體說, 非以工夫言。

「十三章」

"不可以爲道"爲字, 陳、許、鄧、金諸家, 皆作"謂之"解。此因『語類』僴祖錄【今載小註中。】而然也, 然據『章句』, 分明以"行"字釋之。奈何後儒讀朱子書者, 多棄『章句』『集註』, 而但主書牘語錄耶? 如云"人之行道而遠人, 不可以行道", 語自明白, 不必從閭祖錄。況"克己復禮爲仁"之爲, 先生後改定爲行字意。見『語類』顔淵問仁章燾、儴二錄, 尤無可疑矣。

「十四章」

葉水心曰: "素貧賤, 行乎貧賤, 可也; 素富貴, 行乎富貴, 不可也。" 葉氏認行字指意如何, 而其言如是? 水心又曰: "在下位, 不援上, 可也。在上位, 止於不陵下, 未盡其義。" 余謂: "子思專言'不願乎外', 故其說如此爾。若泛言爲上爲下之道, 則在下位止於不援上, 豈得爲盡其義歟?"

「十六章」

鬼神章, 是說道之費隱, 卽點點畫畫, 都是道理, 更無佗物。然又要知得子思就氣上說理之意。若不識此意, 直認鬼神之德爲理, 而不察夫理載氣上之妙, 亦甚疏脫。今有一譬, 聖王之爲德, 其盛矣乎! 作息耕鑿, 而不見其爲帝力。然其含哺鼓腹而樂太平, 於變時雍而日遷善者, 無一非吾君之德所陶鑄而成者, 猶所謂"鬼神之視不見聽不聞而爲物之體"者也。使天下之民, 中心愛戴, 而融融然薰薰然, 如衣被其身形, 淪浹其骨髓也, 猶所謂"微之顯, 誠之不可掩者也"。以此推究, 則鬼神之德, 非直是理, 而其上所載者, 乃道也。

朱子曰: "鬼神之德, 則天命之實理, 所謂誠也。" 此是「答呂子約」書, 而陸三魚『困勉錄』, 退溪「答栗谷」書, 及近齋、蕖山, 皆疑其爲未定說。

蔡氏言: "神對鬼則偏, 單言神則當得太極。" 竊疑太極是萬物自然之妙, 神是能妙萬物者, 一眞一靈, 不得無辨。『蒙引』說太混, 不可從也。

蔡氏以"爲德"之德, 爲難以"得"意解之。竊意, 德之爲義, 終離不得得字, 蓋下文云云, 皆鬼神之所得於太極之理, 而能如此者, 非陰陽至靈之氣, 其孰得而如此哉? 曹氏言"性情功效, 猶云道德功業", 此語精矣。如聖人稟至秀之氣, 故得而做成恁麼道德功業。如此比例看之, 可通。

朱子又曰: "'中庸之爲德', 不成說中庸形而下者, 德形而上者。" 按: 中庸固是理, 不可謂形而下者, 鬼神與人, 亦可謂之形而上者耶?

雙峯曰: "鬼神之爲德, 與中庸之爲德, 語意一般, 所謂德, 指鬼神而言。" 按: 如此, 則鬼神亦直是理歟? 『困勉錄』稱『翼註』爲德, 只鬼神之爲鬼神者, 爲最確而曰: "鬼神雖有理主乎其中, 然此處且就氣上說。" 陸氏豈不見『或問』諸說, 而有是言歟? 此亦當精核也。

鬼神旣是氣, 則德非直是理, 而先賢有指德爲理者, 此與指鳶魚之飛躍爲理同一, 氣上言理也。

朱子曰: "鳶飛魚躍, 無非道體之所在。" 按: 此如鬼神之洋洋如在, 非直是道, 乃道體之所在也。大抵天地之覆載, 鬼神之屈伸, 夫婦之能知能行, 聖人之語默動靜, 鳶魚之飛躍, 草木之榮枯, 日月之晦明, 寒暑之往來, 無非是氣, 亦無非是與道爲體。達者遇之, 眼前物事, 都是道理。見得時, 活潑潑地, 見不得時, 只是形氣死局底。

朱子曰: "中間忽揷此一段,【指'洋洋如在'一節。】也是'鳶飛魚躍'意思。" 按: 朱子嘗曰: "飛躍是氣, 所以飛躍是理, 氣便載得許多理出來。" 今以"洋洋如在", 爲是"鳶飛魚躍"意思, 然則洋洋如在上面所載費隱, 如"飛躍"上面所載"費隱", 如此看, 未知如何。

『困勉錄』曰: "『語類』'性情便是二氣之良能, 功効便是天地之功用', 據此則『翼註』所謂'爲德, 只是鬼神之爲鬼神最確。' 蓋鬼神雖有理主乎其中, 然此處且就氣上說。" ○『備旨』曰: "爲德卽作爲鬼神看, 不分兩層。" 按: "鬼神之爲德"五字, 總只是氣, 次節正見其盛, 三節驗其盛, 四節證其盛, 末節推其所以盛。【『味根』、『備旨』, 皆如此說。】然則四節以上, 皆是言氣, 末節誠字, 方是說理。【二十章『或問』, 以此誠字爲理。】然上四節說氣, 與說飛躍意思同, 皆是載得費隱之理。蓋卽鬼神以明道之費隱, 不重氣邊, 故朱子說, 亦有指德爲天命實理處。前儒疑此爲未定之論, 然善看則無害, 與直指飛躍爲道一般。

朱子曰: “聖人便是一片赤骨立底天理, 光明照耀, 更無蔽障。”【『語類』義剛錄】按: 今移此段, 作鬼神影照亦可。蓋聖人如鬼神, 光明照耀如流動充滿。聖人之光明照耀, 必有至誠之德, 發露無蔽障。如鬼神之流動充滿, 亦有至誠之德, 昭著不可掩。又按: 以鬼神觀鬼神, 天地之功用, 陰陽之良能, 何莫非鬼神? 以道觀鬼神, 天地之功用, 陰陽之良能, 何莫非道? 然則天地、聖人、鬼神、鳶魚, 都是一串道理。

鳶魚之飛躍, 夫婦之知行, 鬼神之幽顯, 聖人之制作, 總是氣之能處。子思特以之明費隱之理, 載在其上耳。此如程子言“物生而不窮, 川流而不息”等, 皆與道爲體也。或疑“飛躍、知行等, 若是氣, 則指氣爲道可乎?” 曰: “非指氣爲道, 乃就氣上認取箇理, 『大學』言‘格物物格’, 『孟子』言‘萬物皆備於我’, 此等物字, 亦皆以理言, 須看聖賢立言本意如何耳。”

聖人之德, 其盛矣乎! 聽之而無聲, 嗅之而無臭,【淵微不顯, 神化無迹。】貫通乎天地萬物, 而不可外也。使天下之民, 無不尊親愛戴, 融融然如撫其頂踵, 淪其骨髓。南軒張子之『詩』曰“春風駘蕩家家到”, 夫微之顯, 誠之不可掩, 如此夫。【右效『中庸』鬼神章。】

金濯溪所論鬼神之說, 儘精詳縝密。今附見於此, 以備究玩。○『濯溪集』鬼神章箚錄曰: “朱子曰: ‘鬼神章, 也是鳶飛魚躍底意思’, 蓋言其卽氣上明理, 一般意思也。合下飛躍之理, 原於太極上面。未有天地, 未有萬物之時, 早已有之, 而無形可見, 無聲可聞。及其爲鳶而飛之,【有羽翼, 可以排風, 其理不得不飛。】爲魚而躍之,【有鱗鬣可以泳水, 其理不得不躍。】然後此理昭著於上下, 洋洋潑潑。凡天地間父慈子孝, 君義臣忠, 舟可以行水, 車可以行陸, 千般萬般之理, 擧集目前, 觸處朗然。以此譚理, 眞所謂善畫風手段也。今讀‘鳶飛戾天, 魚躍于淵’八字, 都是形氣, 安有所謂理者哉?【『章句』所謂‘化育流行, 上下昭著’者, 亦以氣言。】然而使眼明者見之, 八字亦都是理也。【『語類』賜錄, ‘鳶飛魚躍, 費也, 必有一箇甚物, 使得佗如此, 此便是隱’】所當然,【所當飛, 所當躍。】所以然,【所以飛, 所以躍。】四迸散出, 就其上, 可以名之曰‘費’; 就其上, 可以名之曰‘隱’。不令零毛瑣鱗一點子形氣, 干涉於其間, 良工心苦, 此處最可見。會得此意後, 以此反隅於鬼神章, 則勢如破竹矣。蓋鳶魚, 生物之飛躍者也, 故就飛躍上說費隱; 鬼神, 陰陽之良能者也, 故就良能上說費隱, 皆是卽氣上明理也。卽此良能裏面, 依其德而賛之曰'不見、不聞', 曰'體物、如在'。'不見、不聞', 雖是鬼神之體, 而道之隱, 卽此而在焉; '體物、如在', 雖是鬼神之用, 而道之費, 卽此而在矣。故朱子於當節下, 只以氣釋鬼神, 而於章下總斷處, 始說費隱, 其旨微矣。"

「十八章」

"大王肇基王迹", 語意渾然, "至于大王, 實始翦商", 太直截, 易致人疑。然武王旣得天下, 詩人推其原, 故云爾。當殷之未喪師, 何得言翦商? 如使紂能悔過, 武王恪守疾度, 則如何有此語? 吾故曰: "大王無翦商之志, 武王無利天下之心。"『中庸』"武王纘緒", 以全體言; "戎衣有天下", 以一事言。【後見朱子「答陳安卿」書, 論翦商而曰, "看『中庸』言武王纘緒, 則可見", 愚說與此異。覺得未安, 然亦可備一說耶。】

『語類』: "三年之喪, 達於天子, 『中庸』意只是主爲父母而言, 未必及其佗者。所以下句云'父母之喪, 無貴賤一也'。"【文蔚錄】 "呂氏所以如此說者,【謂作兩般說。】 蓋見『左氏』載周穆后薨, 太子壽卒, 謂周'一歲而有三年之喪二焉。'『左氏』說禮, 皆是周末衰亂不經之禮, 無足取者。"【賀孫錄】『或問』但云"呂說詳矣", 而無如『語類』分別取舍之意, 然當以『中庸』本文及『章句』爲正。

「十九章」

"序爵、序事", 不辨昭穆。若"燕毛", 恐當於昭中序齒, 穆中序齒。不然, 姪居叔上, 孫居祖上者, 有矣, 必不然也。

「二十章」

"修道以仁"仁字, 指人生所得之理言, 而義、禮、智、信皆在其中。"仁也者"仁字, 單主愛上說, "知仁勇"仁字, 指心之至公無私, 所以能體道者言。"成己仁也"仁字, 又是就成德處, 指出仁之全體, 義、禮、智、信, 皆從是而出。

"修身"之本, 實在知天, 天非離人言, 乃指性理言也。聖學本天, 君子尊性, 是其一串。若乃外學之認心爲性、爲道、爲理, 而以之爲本者, 所見誤而所存所發, 咸只出於心矣, 其做處豈能盡合於天乎? 朱子釋明善, 不止曰"察於人心", 而必曰"察於人心天命之本然”, 則誠身之不止於本心, 而必本於天, 亦益明矣。

“不可以不知天”, 此與“聖人本天”之天同, 若依心卽理之論, 而曰“不可以不知心”, 則說得行否? 請莘門諸子思之。【朱子以知天爲起頭處, 此與“本天”之天字參看。】

知是知道之心, 非知道之理也, 何也? 理無知也; 仁是體道之心, 非體道之理也, 何也? 理無爲也; 勇是强道之心, 非强道之理也, 何也? 理無力也。然則何以言同得之理? 曰: “知道、體道、强道, 雖是心之能, 而推究其本, 則皆出於性之理, 故云然也。假如格致以知道, 誠正以體道, 强毅以成道, 此又是心之所成。然竆其所由來, 則皆吾性之所固有也。”

天之生人, 父子之仁、君臣之義、夫婦之禮, 各無不足之理, 所以思而盡之者, 本心也。惟有是心之明, 故能有以思此理; 惟有是心之力, 故能有以盡此理也。心所以思此也, 心所以盡此。非以其思此而謂心之明, 盡此而謂心之力也。此如言惟有此手, 故能有以執持此物也, 非以其執持而謂之手也。【此一段, 倣明道與蔡虛齋『蒙引』論“三達德”語而立文也。】

『語類』勉齋錄: “中庸分道德曰: ‘父子君臣以下爲道, 知仁勇爲德, 德是箇行道底, 不可喚做道。’”【止此。】此非朱子自辦, 只是孔子語, 再演一番。朱子又答潘立之問“人能弘道”, 再擧『中庸』此段曰: “君臣、父子、兄弟、夫婦、朋友, 古今所共底道理, 須是知知、仁守、勇決。”【見『語類』人能弘道章。】此以達德貼人字, 知守決貼弘字, 理氣之分, 不其明乎?【南塘以達德爲天命之性, 莘西以人能之人爲形而上之道。竊恨未及親質於兩賢之門。】

五常之仁智, 是所知、所能之性理; 三達之仁知, 是能知、能行之心德。至於勇, 尤不可喚做義。蓋勇有力而義無爲, 二者氣象意思, 判然不同也。“吾嘗聞大勇於夫子”, 以大義易之, 則不成說。且『論語』“有勇而無義”, 亦要參勘。

『備旨』及『南塘集』, 以三達德爲性, 如以性分上帶來, 故渾淪而謂之性則可。不然, 第二十二章“至誠”, 三十二章“至誠”, 皆以聖人達德之極誠言, 而下文有“能盡其性”、“能盡人物之性”, 及“能經綸大經”、“立大本知化育”等語, 性何以有是作用歟?

『語類』壽錄: “若無勇, 雖有仁知, 少閒會放倒了, 所以『中庸』說知、仁、勇三者。勇本是箇沒緊要底物事, 然仁知, 不是勇則做不到頭, 半塗而廢。” 鉄錄: “成德, 以仁爲先; 進學, 以知爲先, 此誠而明, 明而誠也。問: ‘『中庸』言三德之序如何?’ 曰: ‘亦爲學者言也’, 問: ‘何以勇皆在後?’ 曰: ‘末後做工夫不退轉, 此方是勇。’”【見『論語』子罕篇。】按: “仁知非勇, 做不到頭”、“誠而明, 明而誠”、“做工夫不退轉”, 觀此數語, 可見三德是能做的心, 非所做的理, 未知如何?

父子至朋友爲五達道, 知、仁、勇爲三達德。仁父以達德爲性, 余謂: “達道是性之理, 而達德又是性, 則非是。” 仁父對人說: “道與性有辨, 而先生合做一, 可疑。” 余聞之曰: “道對性則誠有渾淪分派之異, 若專言道字, 則道可以該性。如『論語』‘人能弘道’, 『孟子』‘人之有道’, 『集註』皆以性言, 是也。” 鄙說恐非無稽之言。明道言: “道卽性也, 若道外尋性, 性外尋道, 便不是。” 朱子於「知言疑義」, 以性外有道, 駁五峯之說, 此亦可見。

朱子「答陳衛道」書云: “如言盡性, 便是盡得此三綱五常之道。” 此豈非達道屬性之明證乎? 惜仁父之不可復見也。

性有五理, 而非心, 無以知而行之; 道有五典, 而非德, 無以知而體而强之。此理氣有覺、無覺、有爲、無爲之辨也。

史氏曰: “知、仁、勇是德, 費隱是道。必有能知、能行之德, 乃可施於當知、當行之道。” 據此則三達德之屬心明矣。

陳大士曰: “知卽上節知天之知, 但彼讀平聲, 此讀去聲。上以知事物之理言, 此以知五倫之道言。仁卽前節之仁。然前以愛言, 仁之用也; 此以無私言, 仁之體也。其實能無私, 方能篤愛。惟能篤愛, 乃見無私, 勇是强於知行, 知非勇則知得不徹, 行非勇則行得不到。” 此見『中庸』五達道註,【『味根錄』】此可以三達德, 謂之性理乎?

“達德”之仁, 是能守道者; “修道以仁”之仁, 是理之具於心者。“達德”之仁, 雖曰原於“以仁”之仁, 然有能所之分, 此不可不察也。

“天下之達道五, 所以害之者三, 愚暗也、偏私也、懦弱也; 所以行之者三, 明通也、公正也、强毅也。” 如此下語如何? ○ “正誠, 所以知道; 公心, 所以體道; 浩氣, 所以强道, 此天下古今所同得之理也。”【正誠、公心、浩氣, 皆性分帶來, 故謂之理。】此語又如何?

“誠者天之道”, 以理之本然言; “誠之者人之道”, 以人之當然言。『孟子』曰: “萬物皆備於我矣,【一節】反身而誠, 樂莫大焉,【二節】强恕而行, 求仁莫近焉。”【三節】『存疑』曰: “首節, 言理之本然, 下二節, 言人之當然, 與『中庸』言‘誠者天之道, 誠之者人之道’相似。”『困勉錄』以此說爲極是。愚於此, 認誠者天之道一句, 爲指聖人之事。後來細究之, 殊不然, 今始改定。凡與人往復中, 有不如此者, 皆當爲舊說也。

「二十二章」
“天下至誠”, 卽達德之誠者, 有知識運用。故于天命之性, 能察之由之而盡之也。學者工夫, 全在誠實此達德。或以至誠與能直喚做理, 理於是乎有爲矣。有爲者, 果是理耶?

龜山「答練質夫」書曰: “盡己之性, 則能盡人之性, 盡人之性, 則能盡物之性。以己與人物無二性故也。”【『本集』卄一卷】『章句』: “人物之性亦我之性”, 實本於此, 而所謂性卽天命之性。南塘上逾菴書謂: “性有三層, 而以此章『章句』‘人物之性亦我之性’, 爲人與物皆同之性, 則天命之性, 亦當如此看。而佗日論天命之性, 則卻言人與物不同, 而人則皆同之性。” 未審是如何? 且天命之性, 朱子每以萬物皆同這一原頭, 則原頭上面, 又安有一層之性乎? 恨未及摳衣而奉質也。

華西以“爲能”能字, 爲形而上, 柳稺程以“至誠”爲理, 然則理有察性由性之才否? 可疑。

『章句』德是達德, 實是誠。“德無不實, 故無人欲之私”, 與“人欲間之而德非其德”,

爲反對。然則謂三德爲無知無爲之理, 得否?

南塘爲人物本然性異之論, 而至於"人物之性亦我之性", 無可區處, 乃以此爲仁、義、禮、智之性上面一層, 而曰"此人與物皆同之性"。未知朱子下此兩句時, 撇了首章仁、義、禮、智之性, 而更去上面, 別出渾淪一體, 不可以一理稱一德名者, 眞如南塘之言否也? 此須從湖中士友質問而解釋也。

『備旨』"性之無妄爲誠, 誠卽性", 此語未妥。蓋至誠, 以心純於理而言; 性之無妄, 以理之自然言。

「二十三章」
小註, 朱子所論顔、孟一段, 決是未定之說, 而誤載之。此類宜審擇, 如"誠者自成", 『語類』往往直指誠爲理, 是亦與『章句』不同, 讀者詳之。

「二十四章」
朱子以禎祥、妖孽, 與著龜、四體言, 而陳氏以祥、孽爲幾, 而曰, "或見著龜, 或動四體"。『栗解』妖孽下用ᄒ며, 與朱子同。『官本』用ᄒ야, 與陳氏同。【『章句』"凡此"之凡, 竝擧禎祥以下而言。】

「二十五章」
『語類』義剛癸丑以後錄疑目。○問: "'誠者自成也, 而道自道也', 兩句語勢相似, 而先生之解不同。上句工夫在誠字上, 下句工夫在行字上。" 按此兩句, "誠者自成"重, "而道自道"較輕。故下面只說得誠字, 而道在其中。【『章句』道下, 皆著亦字極精細。】故章句解不同, 恐無可疑。○曰: "亦微不同。" 按: 誠以心言而有情意; 道以理言而無情意。則上句工夫在誠字; 下句工夫在行字, 此先生所以云"微不同也"。○"'自成', 若只做自道解亦得。" 按: 旣曰若, 又曰亦, 則非正解, 可見也。○義剛因言: "妄意謂此兩句, 只是說箇爲己, 不得爲人。其後卻說不獨自成, 亦可以成物。" 先生未答, 久之, 復曰: "某舊說誠有病。蓋誠與道, 皆泊在'誠之爲貴'上了。後面卻說合內外底道理。若如舊說, 則誠與道, 成兩物也。" 按: "誠之"兩字, 包章首兩句, "誠之"之誠, 是"誠者"之誠, "誠之"之字, 是"而道"之道。然則誠與道, 皆泊在誠之爲貴上。『章句』何嘗不如此, 而乃曰"舊說有病耶?" 可疑。且誠與道, 只做一物看, 則誠是實理, 道亦實理, 恐不成文字, 可疑。三山齋每據此錄, 以爲定論, 而愚竊以工夫、道理、文字、脈絡求之, 疑當如『章句』之說。『語類』此段, 恐記錄有誤, 似未可據以爲晚年定論也。竊意此錄在癸丑以後, 則未知的在何年, 而後來何不改定『章句』, 仍以舊說之有病者, 垂示萬世之學者耶? 大可疑也。

『語類』『中庸』二十五章義剛錄"某舊說誠有病", 所謂舊說, 卽指第一節章句也。蓋有病則當改正, 而今只仍舊何也? 豈先生於此時看得有病, 後來所見卻不如此, 故不復更定歟? 如『大學章句』, 始解"能靜"爲"心不妄動", 旣而改以"心不外馳", 終復用舊說。『中庸』此章『章句』, 恐似如此。曾見三山齋, 每據義剛錄爲正。然竊有疑焉, 而未敢遽從也。【三山齋以此段爲正論, 見本集二冊四之冊一板, 三冊五之六十板, 五冊十之廿六七板。】

"誠, 以心言, 本也; 道, 以理言, 用也。" 有執以做心爲理本之左契, 而諸公未有以明核之者。愚試問彼云: "誠是心之自造耶? 抑原有實理, 而心體之而爲誠歟?" 如曰"心之自造而不必本於性", 則彼釋氏之本心而爲心造法性者, 的是吾學之宗祖, 而聖人之本天而爲心原於性者, 卻爲支離之別傳矣。此於心, 安乎否乎? 安則汝爲之, 不安則命之矣。大抵論心之本源, 則必先有所以成之理, 而心能自成矣; 論心之妙用, 則又必因所當行之理, 而心能自道矣。今不察本源妙用之分, 而瞥看"心本、理用"之文, 遂執之以爲學問宗旨、性理定論, 則吾恐其用心太麤而察理太疏矣。

此節文義, 余於丁未九月二十五日, 因明日將行禰祀而思之, 必先有祭先之實理而後, 有祭祀之實心, 及乎行禮之時, 實心爲本, 而禮之節文爲用也。如是辨析, 則文義分曉矣。

以心爲本, 不復以理爲本, 則所謂誠者, 是心所自造, 非本於理, 有是理乎? 且以戒懼言之, 『章句』旣先言"當行之理, 皆性之德", 故下文方言"君子之心, 常存敬畏", 不然, 所謂敬畏者, 不免憑虛鑿空, 無所準的, 何以有存天理一段事乎? 今論學, 不就實處體究, 但求己見得伸, 終何所益? 曾見柳稺程言"釋氏本於心而止, 吾儒又必本於理", 此言甚是。今其後學, 不守此等精微之論, 只據平日未定之說, 以爲本子, 可慨也已。

至誠之心, 學者之所以自成其己也, 而其成己之道, 又學者之所當自行也。據此心運用處言, 故曰"心爲本而理爲用也", 若就此心根柢上說, 則道不可離, 卻爲本, 戒愼恐懼, 卻爲用。【單言戒懼, 則戒懼之心爲本, 所存之理又爲用。】達者顚倒說皆通, 不然則依順說, 竟亦局殺了。尤翁嘗言, "太極爲陰陽之主, 而反爲陰陽之所運用", 正是發明此理也。【昔年柳穉程於尤翁說下句, 致疑。愚謂, "君父固臣子之本, 而君父之命, 反爲臣子之所運用, 此無可疑。" 只被佗竝妙用屬太極, 故信不及。惜其資質好, 而見處不精明也。】

誠以心言, 而看者錯會所以自成, 輒謂此當以理言, 非也。如言誠心者, 子之所以自成其身, 豈可以所以字而叫心做理乎? 陶菴曰: "至誠盡性, 誠也; 至誠如神, 明也, 此聖人自誠明之驗也。其次致曲, 明也; 誠者自成, 誠也, 此賢人'自明誠'之序也, 雖天道人道間見錯出, 而其序次井井可見。"【答南宮道由】此論甚當, 小註雲峯謂誠字卽是性, 三山齋以此說爲非。

誠是實然之心, 人所藉以成己成物者。大槩與至誠之盡性, 至德之凝道, 文勢相類, 若直指誠爲性理。【雲峯及鄧氏說如此。】下文何以言"誠非成己而已, 所以成物"耶? 『章句』亦何以言誠以心言, 及人之心能無不實, 乃爲有以自成耶? 但天道人道, 原從費隱說, 人之誠, 雖以心言, 然道實乘載於其上。故朱子于誠字, 往往以爲理, 此與指鳶魚之飛躍, 鬼神之發見爲理一般, 知此則可無多少爭辨。

"誠者自成"誠字, 『章句』旣明言"以心言", 『或問』又取程子"至誠事親"之說, 則朱子不以理看明矣。"誠者物之終始"此誠字, 『章句』專以理言, 『或問』卻兼天地之理、聖人之心言。下文"不誠"、"誠之"、"誠者"三誠字, 皆以心言。然天道、人道, 原從費隱說來, 則凡人心之誠, 無不可以理言者。此以"鳶魚飛躍"、"鬼神洋洋"、"天地"【建諸天地而不悖。】、"天人"【知天、知人。】、"上天之載無聲無臭"之類, 亦謂之理, 同一意致, 如此看, 無病否?

"皆實理之所爲"爲字, 不善看則有理能作爲之嫌。柳穉程嘗謂: "此如言實理의된 배라。" 余始疑文理似不如此。後以朱子言大意若曰: "實理爲物之終始"云者, 觀

之, 柳說亦未可非之。【『或問』說似不然, 當參考而定之。】

"所得之理旣盡", 理如何有盡? 理有盡, 故物有盡。若理無盡, 則物何從而有盡乎? 陶靖節「和戴主簿詩」云: "旣來孰不去, 人理固有終。" 此可以相說而解也。

「二十七章」
"德性", 以『章句』與「尊德性齋銘」觀之, 的是仁義之正理。"尊", 以『章句』與銘語觀之, 的是心之欽承。"德性"以本體言, "尊"以工夫言。近時議論有兩種, 一則尊心降性; 一則心性俱尊。尊心降性, 則上下易位, 不可言矣; 心性俱尊, 則上下敵體, 亦不可行矣。雲峯以未發之中, 卽德性; 戒愼恐懼, 卽恭敬奉持之意, 此爲得朱子之旨矣。

後世聖賢中正之道, 不行不明, 遂以矯激輕銳爲道, 是固過矣。若其以流徇淟涊爲策者, 乃引明哲保身以自文, 是又作僞之尤者。葉水心言: "'旣明且哲, 以保其身', 言照物之遠, 不在危地也。然而必也死生禍福, 不入其心。自班固以明哲少, 史遷而後, 世相傳爲自安之術, 殆于誣德矣。"【止此】此與朱子說互相發, 學者宜細察也。今人未問是非, 只要便利, 行險徼幸, 不憚爲之, 是豈君子明哲之謂乎?

「二十八章」
"賤而好自專", 口訣, 『官本』用"이오"。然朱子【見下"雖有其位"節小註。】陸三魚皆以自用、自專、反古, 作三平說, 而子思引之, 卻側在自專上, 故緊接"非天子"云云。【陸氏, 亦有此語。】然則恐當依『栗解』, 作"ᄒ며"爲是。

愚與賤與生, 今朱子小註。『栗谷諺解』, 俱作三平說, 恐當從之。若許氏及『官本諺解』, 以愚賤作對生今, 反古作結, 且"聽上之所爲", "必獲罪於上"二語, 皆認愚亦作在下看, 誤矣。又按: 自用、自專, 不必皆以古之道, 或由己立見而欲行之者, 亦自用、與自專也。

「二十九章」
"王天下", 不是說王天下之道, 乃王天下之君子也。"有三重", 非謂有此三事, 乃謂君子小心體人而有之。故『章句』言"惟天子得以行之", 今『諺解』所釋, 似只泛作王道有此三事者然。恐當釐正。

今天下爭雄, 而又無念及三重之人, 則國自異政, 家自殊俗, 而人多陷於刑辟也。

無徵、不尊, 則自不足以取信於人, 非謂人不之信也。『官解』、『栗解』, 皆云"信티아니ᄒᆞ고", 恐誤。

「三十章」
東萊言: "'三王、四事', 皆于平常處看。惟孟子識聖人, 故敢指日用平常處言之。揚子不識聖人, 乃曰'聰明淵懿, 冠乎羣倫', 把大言語來包羅。" 此語極有補於後人好高喜大之病, 學者宜深味之。但全氏祖望謂, "此乃水心譏『中庸』祖述憲章一條所本", 今未見水心本語, 不敢臆斷。然孟子論聖人, 固有指平常處, 若乃"言過化存神, 上下與天地同流", 則所指又自不同。孔子亦有"天何言哉, 四時行焉, 百物生焉"之語, 與"不爲酒困, 何有於我", 懸。『中庸』盛稱仲尼, 何可譏?

「三十二章」
"立大本"。『章句』, 以"所性之全體"釋"大本", 以"無人欲以雜之, 而千變萬化, 皆由此出"釋"立"字, 則大本, 與首章大本單言未發之性者, 不同。『語類』云, "大本, 中也; 大經, 庸也。"【止此】"中庸"之中, 兼"中和"言, 而『或問』卻言"經綸爲致和, 立本爲致中", 此恐與『章句』、『語類』, 不同, 無乃當以『章句』爲正, 而『或問』則以餘意看耶?

"聖人之德", 卽"三達德"也。"極誠無妄", 卽所謂"行之者一也", "於人倫各盡其當然之實", 則"能盡五達道"也。『南塘集』以三達德爲性, 則言"聖人之性, 極誠無妄", 亦得否?

"亦其極誠無妄者"口訣, 初用"을", 蓋以此句, 屬於"天地之化育", 更思之。陳北溪以極誠無妄, 屬於聖人之德。又二十六章首節, 饒雙峯謂"天地只是誠, 無至不至", 然則"極誠無妄者"口訣, 用"이", 辭方是。

天德, 以聖人至誠之心, 渾合於理而爲言, 非直指理體。此以程子言“有天德, 便可語王道”觀之, 可見。『章句』云“唯聖人, 能知聖人”, 意尤分曉。

下文“不顯之德”, 卽此天德。

“至誠”是能爲至聖之德底。觀“能盡其性”、“能經綸大經”、“能立大本”、“能知化育”, 則可見其非直指實理, 只是指心之極乎實理者, 言也。【『語類』有指此誠爲實然之理處, 若不活看, 恐成理有作用之病。】

「三十三章」
“內省不疚”口訣, 據陳註及『備旨』、『味根』諸說, 當用“이라스”。

“予懷明德”, 此指聖人所成之德言, 與“明明德”之指“衆人所得之德”言者, 不同。

“無聲無臭”, 只是形容聖德不顯之妙, 非直指理體而言也。然『或問』以“天命之性”、“實理之原”當之, 此等處, 宜潛心玩繹以通之, 不可執言而迷指也。

“鳶魚之飛躍”、“鬼神之爲德”、“聖人之至誠”、“上天之載無聲無臭”, 此類皆是有運用底, 特指那氣上所載者, 以爲理爾。

“無聲無臭”, 如言仲尼無迹, 該本末貫寂感而言者。饒氏指爲未發之中, 恐誤。

「관홍재구소찬기사행장觀洪在龜所撰其師行狀」【壬戌】

1) 서지사항

전우가 홍재구가 지은 김평묵의 행장을 보고 쓴 글. 『간재집(艮齋集)』전편 권13에 실려 있다. (한국문집총간 333)

2) 저자

전우(田愚: 1841~1922)로, 자는 자명(子明), 호는 간재(艮齋)이다.

3) 내용

이 글은 자신의 스승인 임헌회에 대해 김평묵이 '송백(松栢)'과 '하혜(荷蕙)'를 써서 기롱한 것과 김평묵의 문인 홍재구(洪在龜)가 '왜양혈당(倭洋血黨)'이라고 비난한 사실을 기록하고, 이들의 모순된 견해를 비난한 글이다. 김평묵은 1876년 11월 임헌회를 곡하고 임헌회를 기리는 제문을 보냈는데, 이는 『중암선생별집(重菴先生別集)』권9 「제문」〈제임명로문(祭任明老文)〉에 보인다. 여기서 김평묵은 "맑은 수행 꼿꼿한 절개는 사마광과 같고, 한 겨울의 송백(松栢)과 같은 기상은 호안국의 기풍이 있다. 윤화정처럼 엄격히 자신을 지키고, 부주(涪州)로 귀양 간 정이(程頤)처럼 원칙이 있었다. 연꽃으로 옷을 입고 혜초 허리띠를 하고[荷蕙] 깨끗하게 살면서 세상에 물들지 않았다."고 하였다. 그러나 전우는 임헌회를 빗댄 사마광, 호안국, 윤화정 같은 인물들이 오랑캐나 간신과 친한 이로 보고 은근히 비난한 내용이라 판단하였고, 명덕주리설(明德主理說)을 물리치라는 임헌회의 유언에 따라, 김평묵에게 절교를 선언하고 제문을 돌려보낸 바 있다. 「관홍재구소찬기사행장」은 홍재구가 지은 김평묵 행장을 통해 김평묵의 임헌회에 대한 평가를 재차 확인하고 비난한 글이다. 전우에 의하면, 김평묵은 임헌회를 송백과 하혜로 은근히 비판해놓고, 홍재구가 단도직입적으로 왜양혈당이라고 비난한 것을 나무랐다. 그러자 홍재구는 선생께서 임헌회 생전에는 호의가 없었기 때문에 그렇게 말한 것이고, 소를 올려 왜를 배척하는 것이 선생의 가르침이며 우리 문하의 일대 공사이기 때문에 척왜에 대해 아무 말을 하지 않았던 임헌회를 비판하지 않으면 안 된다고 하였다. 또 김평묵이 유중교와 자신의 심설이 동일한 입장으로 귀결된다고 했음에도 불구하고 홍재구가 유중교를 비판한 점을 나무라자, 홍재구는 도리어 이항로의 심설을 수호하기 위해 어쩔 수 없다고 항변하였다. 전우는 이런 내용을 통해 김평묵 문하의 표리부동과 모순된 논리를 비판하고자 하였다.

余見金狀誣衊先師語曰: "金誅若是好意贊辭, 則洪雖無狀, 其所爲言, 豈至於此? 蓋金之贊以松柏、荷蕙, 也是全翁身後; 洪之辱以倭伴血黨, 也是全翁身後。同一身後, 同一師生, 而其爲言如是矛盾, 彼如何可辨?"

金責洪曰: "始彼之疑也, 吾門連篇累牘, 不過是實心好語一意爾。今汝乃以此等凶說, 加之於全齋, 當時吾門之辨, 盡歸於欺罔, 吾之貌樣何如?" 洪曰: "先生於任公生前, 實無好意, 故小子言之如此。蓋小子輩治疏斥倭, 是先生之指敎, 而爲吾門之一大事功也。今不痛斥任公之無言, 則我門所處, 安有光彩乎?" 前後不副之嫌, 如何可顧? 金以何辭辨理?

金謂洪曰: "心說吾與省齋同歸, 汝何如是云云耶?" 洪曰: "雖然華翁定論, 如何不守? 且先生任誅, '師門緒餘, 時事語默', 是兩家參差之大關繫。今於狀文, 明言改見, 則兩款一從梅、全, 而與之爛漫同歸矣。" 此如何可爲乎? 金又如何判斷?

「태극太極」(『性理類選』卷1)

해제

1) 서지사항

유영선이 태극(太極)과 관련된 전우의 학설을 발췌·정리한 글. 유영선이 편찬하여, 1939년에 간행한 것으로 추정되는 『간재선생성리유선(艮齋先生性理類選)』권1에 수록되어 있다.

2) 편저자

유영선(柳永善, 1893~1861)으로, 자는 희경(禧卿), 호는 현곡(玄谷)이다.

3) 내용

유영선이 스승인 간재(艮齋) 전우(田愚, 1841~1922)의 글 가운데 성리사상에 긴요한 부분을 발췌하여 편찬한 『간재선생성리유선(艮齋先生性理類選)』의 일부이다. 『간재선생성리유선(艮齋先生性理類選)』은 태극(太極)·성리(性理)·심(心)·신(神)·덕(德)·허령지각(虛靈知覺)·정(情)·기(氣)·기질혼백(氣質魂魄)·학(學)으로 구성되어 있다. 이 가운데 「태극(太極)」 전우가 쓴 편지글과 논설 중에서 관련 내용을 발췌한 것이다. 편지글은 「상전재선생(上全齋先生)」, 「답계운김장락현(答溪雲金丈洛鉉)」, 「여봉수김장병창(與鳳岫金丈炳昌)」, 「답권참판응선(答權參判膺善)」, 「여류치정중교(與柳穉程重敎)」, 「답송회경병화(答宋晦卿炳華)」, 「답황정유병중(答黃靜有炳中)」, 「답김준영(答金駿榮)」, 「답서병갑(答徐柄甲)」, 「답오진영(答吳震泳)」, 「답최상문(答崔相文)」, 「여김성하(與金性夏)」, 「답성기운(答成璣運)」, 「답황찬규(答黃瓚奎)」, 「답장재규(答張在圭)」, 「답김택술(答金澤述)」, 「답권순명(答權純命)」, 「답류영선(答柳永善)」, 「답정헌태(答鄭憲泰)」, 「여김석린(與金錫麟)」, 「답모(答某)」에서 발췌한 것이고, 논설은 「리기유위무위변(理氣有爲無爲辨)」, 「주자론태극동정설차의(朱子論太極動靜說箚疑)」, 「도위태극심위태극혹문(道爲太極心爲太極或問)」, 「삼가태극설변(三家太極說辨)」, 「독중용수장설(讀中庸首章說)」, 「독정자상답문(讀鄭子上答問)」, 「관화서신도비(觀華西神道碑)」, 「관정백헌집외필변변(觀鄭柏軒集猥筆辨辨)」, 「해상산필(海上散筆)」, 「화도만록(華島漫錄)」, 「주자대전표의(朱子大

全標疑)」에서 발췌한 내용이다. 전재(全齋) 임헌회(任憲晦, 1811~1876)에게 보낸 「상전재선생」에서는 "중정인의동정지설(中正仁義動靜之說)"에 대해 자신의 견해를 밝혔다. 간재는 "주렴계의 본래 뜻에 따르면 이 네 가지는 오행의 표상이다. 중인(中仁)은 목화(木火)로서 양(陽)이자 동(動)이고, 정의(正義)는 금수(金水)로서 음(陰)이자 정(靜)이다. 중정(中正)은 곧 예지(禮智)이나, 예지라 말하지 않고 중정이라 말하는 것은 인의예지는 성(性)의 본체로서 말한 것이고, 중정인의는 성의 유행(流行)으로서 말한 것이기 때문이다."라고 말했다. 그리고 「리기유위무위변」에서는 "태극은 동정(動靜)의 이치를 갖고 있을 뿐 동정이 없고, 음양은 동정의 이치를 싣고 있어서 동정할 수 있다. 이것은 사람의 본성이 적감(寂感)의 이치를 갖고 있을 뿐 적감이 없고, 사람의 마음이 적감의 이치를 갖추고 있어 적감할 수 있는 것과 같다."라고 하여, 태극과 인간 본성을 연결지었다.

2-1-59「太極」(『性理類選』卷1)

中正仁義動靜之說, 前輩所論不一, 誠有未易定者。但據濂溪本意, 則四者卽五行之象, 中仁是木火, 陽也動也, 正義是金水, 陰也靜也。【此農巖語。】且中正卽禮智, 而不曰禮智而曰中正者, 蓋仁義禮智以性之本體言, 如『孟子』之所云, 而中正仁義以性之流行言, 如『易』之元亨利貞也。故曰: "其行之也中,【以無過不及言。】其處【『語類』處作居字, 尤分曉。】之也正,【以無少偏倚言。】其發之也仁,【以發育言。】其裁之也義。【以收斂言。】" 此『圖解』所以以正義爲靜爲體, 中仁爲動爲用, 而得濂翁之本意者然也。然而『大全』「答張、呂二書」, 却謂"以正對中則中爲重, 以義配仁則仁爲本", 又謂"仁、中皆未離乎靜者, 正、義皆以感物而動爲言"。後自覺其未安而改之, 其言曰: "「答敬夫書」所謂主靜之說, 則中正仁義之動靜有未當其位者。當云'以中對正則正爲本, 以仁配義則義爲質', 乃爲無病。" 此爲定論也。退溪於「東萊書」註之曰: "此書與「答敬夫書」皆以中、仁屬靜, 『圖說』本註以正、義屬靜, 恐正、義爲靜的確, 故「記論性答稿」以此爲定論矣。然中、仁爲靜, 必有說, 更詳之。" 今揆以義理之所安而旣如彼, 考諸議論之早晩而又如此, 則愚向來所籤, 似未爲全無所據也。延稿所載栗、尤兩先生語, 愚未敢知也。退翁則每以『圖解』、『大全』之不同爲疑, 累年推究而後, 始自謂粗得其所以然之故。其言曰: "自中與仁靜處爲體而言, 則正與義動處便是用; 自正與義靜處爲體而言, 則中與仁動處却又爲用。蓋四者皆有體用, 故又互相爲體用, 所以兩說雖異, 不害爲同歸。" 此正『節要』註所謂"中仁爲靜, 別有說"者然也。然若泛論四者體用之義, 則如此說亦未爲大失。但爲其戾於周子之意, 故朱先生於此二說, 一取而一舍之。今退溪以爲兩說不害爲同, 故『箚疑』以爲大非朱先生本意, 於此亦可以見尤翁之定論有在也。其「答延公」語以本註爲與周子意不同者, 恐是失於照檢而然也。【「上全齋先生」】

所示渼湖說, 愚詳其言, 欲以各一其性爲本然之性, 以明『圖說』大指只是發揮此性之本善, 此意誠亦善矣。但朱先生旣於本註, 以隨其氣質而所禀不同, 斷其爲各一其性, 而『大全』、『語類』諸說, 又皆以氣質之性論此句矣, 此當子細淆詳也。蓋以氣殊性異, 而謂之氣質之性也。然所謂氣之殊者, 非便兼淸濁駁而言, 只指木之柔、金之剛而已; 所謂性之異者, 非便包邪惡而言, 只指仁之溫、義之斷而已。 如此則雖以此爲氣質之性, 而亦何害於全篇性善之大指乎? 愚每謂各一其性, 自明者觀之, 謂之氣質固是, 謂之本然亦通。 蓋從其金木之異禀而言, 則謂之氣質之性, 而不害其本然之理矣。 自其仁義之同善而言, 則謂之本然, 而依舊是一偏之理矣。 故愚年前「答宋友炳華書」僭謂各一其性是分殊底本然, 蓋隨其氣質而所禀不同, 所謂分殊也; 所禀雖異而性則皆善, 所謂本然也。 若自昧者觀之, 則於本然、氣質兩皆有礙。 蓋謂之氣質之性, 則便疑其有惡; 謂之本然之性, 則輒喚做全體, 詎不使人氣悶矣乎? 夫作義不得底仁, 作仁不得底義, 不得不謂之隨質不同, 而屬於分殊矣。 雖作義不得, 作仁不得, 而其仁其義則不得不謂之有善無惡, 而屬於本然矣。 如是看, 則彼此活絡, 多少脫灑矣。【「答溪雲金丈洛鉉」】

"各一其性", 似是對上文"二五總一太極"而言。 蓋上句是竪說二五同出於一原, 下句是橫說五行各異之分殊, 細看傳文, 似是如此。 若言"各一其性又是一原之性", 卽與上句重複支離, 恐非濂翁精於立文之意矣。 若如尊先祖三淵先生所云"氣異故曰各, 理同故曰一"之訓, 則傳文當曰: "五行之生, 雖其氣質不同, 而太極全體各具於一物之中, 所謂各一其性也", 而乃於"隨其氣質而所禀不同"之下, 總而結之曰"所謂各一其性也", 卽於其下又另擧"各一其性"一句, 而繼之以一轉語曰: "則渾然全體無不各具云云。" 細味此訓, 朱子之意似非以各字屬氣異, 一字屬理同, 無乃認此一句四字, 總以爲分殊之性, 故其下乃發明分殊中, 各具一源之義歟?【尊論五氣不同, 則疑其性之不一, 故特下各一字, 此意非不精矣。 又疑如此則各一之性已是一同之理, 又何爲其下更言"各一其性", 則全體各具云耶? 此可疑。】 如此則"渾然太極"以下數句, 非正釋"各一其性"之義, 乃推說"各一其性"之源也。 愚之妄意如此, 而淵翁此訓爲老洲以後, 諸老先生之所篤信而無異辭者, 則後生小子何敢自是己見? 願從門下熟講而就正焉。【「與鳳岫金丈炳昌」】

尊先癯溪公「與朴玄石書」引"太極全體無不各具"一段, 以爲"太極與性非二物也", 此正得朱子"性是太極"【『大全』「答陳器之書」】、"性卽太極"【「答嚴時亨 書」】、"性猶太極"【『語類』 砥錄】、"性卽太極"【銖錄】之旨, 而其下卽云"物性有偏, 則何以曰全體各具耶?", 此又深有契於朱子"天命之性非有偏全"【蓋錄】、"人物之性亦我之性"【『中庸章句』】之旨矣。 及得玄石書, 謂"太極全體決無合同於各具之中之理", 又謂"水只有水性, 火只有火性, 非復原初渾然太極之全體",【按: 此說大非周、朱二先生之意矣。 "物物各具太極全體"之說, <u>宋</u>、<u>元</u>以來無異論, 獨<u>明</u>儒<u>舒芬</u>有云"物太極與人太極相遠", 遂被不勝支離之譏
於<u>黃宗羲</u>矣。不意<u>玄石</u>又有此謬也。】則復詰之曰: "若然則萬物之性, 只當曰太極之一
端, 而不當曰一太極, 只當曰偏, 而不當曰全體。" 此又深得<u>朱子</u>"萬物之生, 同一
太極"【太極總論】之旨矣。蓋太極與性, 原來只是一體, 實非有極大性小、極全性
偏、極本性末、極通性局之殊矣。五常一健順, 健順一太極。太極者, 健順五常之
總稱, 健順五常者, 太極之條件; 猶一身者, 耳目四肢之全體, 耳目四肢者, 一身之
細數也。【「答權參判膺善」】

以本心爲太極, 則本心所具之理又是何物? "誠無爲。" 『傳』曰"實理自然", 又曰
"卽太極也", 則恐難以是爲心字註脚也。至於神字, <u>朱子</u>嘗論程子語云"妙用言其
理", 『近思釋疑』謂"如此則似以妙用爲太極者然, 可疑"。以愚觀之, 恐不必疑。蓋
神雖屬氣, 而究極其本, 則直與理無間, 故亦謂之理也。"厥彰厥微, 匪靈不瑩",
『傳』曰"此言理也"。竊意彰微是陰陽之理, 靈者乃其明此理者也。若以靈爲理, 則
其所明底又是何物耶? 今承盛諭謂"神與靈俱是解太極者", 此愚之所未曉也。【「與
<u>柳穉程重教</u>」】

性與太極無二理也。性以太極之在天地人物之心者言, 太極以性之爲天地人物之
本者言。性雖曰"人物生時, 所禀受者",【兩句<u>近翁</u>語】然未嘗與形氣夾雜, 只是一箇
理體也。太極雖曰"原初都無一物時, 其理已具者",【此兩句亦<u>近翁</u>語】然未嘗與元氣
隔絶, 何曾一刻孤立也? 知此則下面所說"纔說太極時, 便已不是太極"與"惡亦不
可不謂之太極"兩句, 直如破竹矣。有不然者, 蓋謂性卽理則得矣, 若言名卽姓則
誤矣。【「答宋晦卿炳華」】

所詢<u>退翁</u>「答李達書」, 驟看似是理有作用之說, 然<u>程</u>、<u>朱</u>斥佛之說, <u>退翁</u>豈不稔聞?
而今乃擧動靜流行,【『太極解』云: "太極之有動靜, 天命之流行。" 『語類』云: "太極, 理也; 動靜, 氣
也。" 愚僭易繼之曰: "天命, 理也; 流行, 氣也。"】而歸之太極天命, 此豈無所以然者? 竊詳
<u>李氏</u>問目, 似謂太極天命之上又別有理, 而使之動靜流行者然, 此豈非大錯乎? 假
使愚供對亦必曰此皆自動靜自流行, 非別有使之者, 一如<u>退翁</u>之訓矣。如使<u>李氏</u>
再問云"如此則太極不待陰陽而自能動靜, 天命不待氣化而自能流行乎"云爾, 則
<u>退翁</u>於此必明有剖判矣。『論語集註』云"道體無爲", 『語類』云"纔有作用, 便是形
而下者", <u>退翁</u>於此等訓辭, 犂然有契於心, 瞭然有見於目, 久矣熟矣, 決不爲理不
待氣而自會流動之說, 以爲<u>朱子</u>定論矣。今因此義思得兩語, 頗覺簡當, 亦可以息

却古今爭端矣。○太極動靜之理, 非陰陽所能使, 陰陽動靜之能, 非太極所得與也。【「答黃靜有炳中」】

無極, 朱子平生以"無聲臭、無形狀、無方所"及"莫之爲、莫之致"等語釋之者, 不啻千百言矣。孟士幹忽以無底極, 欲翻其案, 不知何故如此。【「答金駿榮」, 下同。】

王魯齋曰: "'無極而太極', 朱子謂'無形而有理', 非不明白。然命詞之意咀嚼未破, 故象山未能釋然云云。" 黃宗羲曰: "朱子謂'無極卽是無形, 太極卽是有理', 亦未得周子之意也。" 此兩家皆以朱解爲未盡, 而其以無形釋無極, 爲朱子之說則同矣。今宗本朱子, 而却舍朱子平生之言, 乃自立一說以駭人聽何也? 吳幼淸曰: "道也者, 無形無象, 無可執著。雖稱曰極, 而無所謂極也, 雖無所謂極, 而實爲天地萬物之極, 故曰'無極而太極'。"【吳氏說實本於『朱子大全』「濂溪詞記」】 許白雲曰: "(朱子)[周子]²³⁶)慮夫讀『易』者, 不知太極之義, 而以太極爲一物, 故特著'無極'二字以明之, 謂無此形而有此理也。以此坊民至今猶有以太極爲一物者, 而謂可去之哉?" 此兩家皆以朱解爲是, 而其言如此。今以後進末學, 何敢舍此端的訓詁, 必欲自立一說也?

朱了曰: "太極是陰陽五行之理皆有,【句】不是空底物事。" 若謂人物同具太極, 而物則不盡具五常, 則五常是五行之理, 五行之理之外更有五常之性歟?【「答徐柄甲」, 下同。】

尤翁作「集義齋記」云: "陰陽生於太極, 而陰陽運用乎太極。" 此篇之作似在癸丑, 先生年六十七歲也。此一義『大全』累見焉, 心理一派於運用太極之云, 深疑之。愚見朱子每謂"性太極, 心陰陽"與此心運用此理, 而尤翁之言實出於此矣。諸家於此竝與朱子而不之信矣。若謂心無運用則已, 如曰有運用, 則非運用此理而何所運用? 謂陰陽無運用則已, 不然, (金)[舍]²³⁷)太極之理, 而何所運用乎?【臣子稟命於君父, 而君父之命爲臣子之所運用, "用命賞于祖", 非『尙書』之文乎?】

"五行之生, 各一其性", 此非化生人物之謂, 只是人物未生前造化發育之具。且其所謂"隨質不同", 又只是木仁金義本然至善之謂, 非如鄭所謂隨人物氣質, 而理之所稟有偏惡之異也。二說正相南北, 初非可以相準者也。鄙人欲曰"天地陰陽之

---

236) (朱子)[周子]: 저본에는 '朱子'로 되어 있으나, 존경각본에 의거하여 '周子'로 수정하였다.

237) (金)[舍]: 저본에는 '金'으로 되어 있으나, 존경각본에 의거하여 '舍'로 수정하였다.

生, 各一其性", 此可爲偏氣偏性、濁氣濁性之證佐乎?【「答吳震泳」】

太極陰陽, 朱子以爲"推之於前, 不見其始之合, 引之於後, 不見其終之離"。此見於『太極解』, 而辭意明白, 無可疑矣。黃宗羲譏朱子"理生氣", 則苟菴辨之曰: "此又自爲疏脫矣。理豈有形體嬗代而曰理生氣哉? 特以先後言之, 理先於氣也,何嘗硬定爲理生氣耶?"【苟菴說止此。】近見嶺外某集, 果定爲理生氣之案。不知瞬息之頃, 理先獨立, 旋此生氣耶?【「答崔相文」】

太極何時不滾在二五之中? 天命何時不載在氣化之上? 人性何時不夾在形氣之中?【後賢復起, 只應點頭。】然只是箇太上無對, 獨一無二, 大全無偏, 至善無疵底道體。【此亦後賢不易之言。】學者于此毋徒言之, 而必期於信得及體得盡。【「與金性夏」】

可學錄, 問: "動靜是太極動靜? 是陰陽動靜?" 曰: "是理動靜。" 此爲嶺氏所證, 然愚亦有一問答。問: "天下萬物豈有出於太極之外者? 今曰太極冷而生氷, 熱而生湯, 冷熱是太極冷熱? 是陰陽冷熱?" 曰: "是理冷熱。" 不知嶺氏于此以爲如何?【銖錄, "太極理也, 動靜氣也", 可學錄與此似異, 而其指意則一也。○「答成璣運」】

程子曰: "動靜者, 陰陽之本也。五氣之運, 則參差不齊矣。"【見『粹言』二卷「天地篇」或者妄引上句以爲動靜是太極之所能, 故爲陰陽之本, 此大謬也。夫動靜是陰陽之能事, 而爲太極所乘之機也。【『太極說』註云: "動靜不同時, 陰陽不同位, 而太極無不在焉。" 觀此, 卽知動靜是太極之所在, 非太極之所能也。又云: "沖漠無朕, 而動靜陰陽之理, 已悉其於其中。" 觀此, 卽知動靜之理是太極, 非動靜是太極也。】何可以動靜與陰陽, 析爲理氣本末之事哉? 昔董叔重問: "張子'游氣紛擾'一段, 是說氣與理否?" 朱子曰: "專是說氣, 未及言理。'動靜兩端, 循環不已者, 立天地之大義', 此是說氣之本。'流氣紛擾, 合而成質者, 生人物之萬殊', 此是說氣之用。"【見『語類』九十八卷「張子書」門。】以此觀之, 程、張所言, 朱子所釋, 如合符節, 而皆是說氣之本末, 不及言理上事也。大抵 程語粗解文理者, 亦不需注釋援據而自知之矣。只被或人欺眩而原指亂昧, 故不得已有言, 殊覺其支離也。【「答黃瓚奎」】

太極爲生物之主, 而生物者上帝也。德性爲應事之主, 而應事者心君也。帝與極、心與性, 皆有眞、靈、能、所之分, 勿混。【「答張在圭」】

今言"太極噓而生溫, 吸而生凉", 問: "噓吸是太極噓吸? 是氣噓吸?" 答曰: "是理噓吸。" 問: "然則太極有消息?" 曰: "無。" 問: "氣可言噓吸, 理如何言噓吸?" 答曰: "理有噓吸, 故氣有噓吸。若理無噓吸, 則氣何自而有噓吸乎? 且以目前言之, 元之噓、利之吸, 此又何關於氣乎? 大抵理氣流行, 已然而已。(朱子)[周子][238]太極云云, 是原其未然而言也。雖曰原其未然而言, 其實就已然處說將去; 雖曰就已然處說, 其實不害爲原其未然而言。故朱子之「答子上」, 旣曰'理動靜',【『語類』】又曰'理有動靜, 故氣有動靜'【止】何關於氣乎云爾歟?"【「答金澤述」】

康節『無名公傳』, 說太極只是說得心, 若眞箇太極却未曾說及。今此所示游氏說亦然。且就其說, 活化看取, 則皆可通, 然以之與周、朱二先生說參合則全別。『大全』「答游氏書」試取觀之, 亦見其所見之未確也。【「答南軫永」】

太極無變, 變者二五也。二五萬變, 而太極一定也。性理一定, 不定者氣質也。氣質有萬, 而性理只一也。【「答權純命」, 下同。】

天地氣化流行之時, 所乘之理同耶? 不同耶? 此季潤受病之源也。乘氣化之理, 太極外又有隨氣變易之理耶? 如曰別有它理則已, 不然, 彼認太極爲變易底物事, 誠一變易, 遇愿則亦愿, 遇淫則亦淫, 凡遇許多乖戾之氣, 無不隨而亦如之。爲此語者不幾於詬詈太極歟? 世間寧無氣質性, 不可新立雜太極一位以上逆下亂而爲罪人也。

『語類』學履錄云: "周子、康節說太極, 和陰陽滾說。『易』中便擡起說。" 未審性與氣亦可如此說否? 和滾說(未底)[底未][239]嘗雜於陰陽, 擡起說底未嘗離於陰陽, 知此則知性與氣矣。【「答柳永善」】

太極一而已。周、邵所說底, 終未聞有陰陽臭味, 『易』中所說底, 歷世群聖未有一人見得陰陽上面孤立底。然則性善天命性雖夾氣說, 然理自理氣自氣, 實無模糊儱侗底物事。至於氣質性, 雖曰"雜理與氣"、"合理與氣", 然發而純粹無疵、圓滿無虧底, 亦未嘗非兼理氣, 然從古知道者, 不以是爲氣質性矣。惟氣之於理有過不及、明暗通蔽之類, 是之謂氣質之性。然所過所不及、所通明暗蔽是理, 而非理之罪也, 其過者、不及者, 皆氣之爲也。雖氣之爲而有關於理, 故謂之雜合理氣也。讀者不察而謂理亦變異, 何其迷也?【「答鄭憲泰」】

"太極爲陰陽之主, 而反爲陰陽之所運用也。凡生於太極陰陽者, 莫不皆然。" 此說

---

238) (朱子)[周子]: 저본에는 '朱子'로 되어 있으나, 『艮齋集後編』권7 〈答金澤述〉에 의거하여 '周子'로 수정하였다.

239) (未底)[底未]: 저본에는 '未底'로 되어 있으나, 다음 문장과 대구가 되어야 하므로 '底未'로 수정하였다.

凡三見於『宋子大全』而皆手筆也。陰陽運用太極, 如人心運用性理, 然而原其本則性爲心師, 如太極爲陰陽之主也。【「與金錫麟」】

濂翁言: "太極動而生陽, 靜而生陰。" 朱子曰: "太極是理, 動靜是氣。"【止此】 如何說太極自動自靜? 朱子又曰: "太極便是性, 陰陽動靜是心。"【止此。】 如何說心卽太極? 凡吾儒辨析理氣, 非以空言爭勝, 正欲以用於自家心身實際, 使心口相副, 足目竝到爾。今若直指動靜爲太極, 則如佛家之認作用爲性, 而只恃那能思慮、能視聽底以爲主本, 不復問思慮之睿不睿、視聽之聰明與不聰明, 亦不害理義而可以至於聖人之域乎?【朱子「答南軒書」曰: "釋氏豈不識此心, 而卒不可與入堯、舜之道者? 正爲不見天理, 而專認此心以爲主宰, 故不免流於自私耳。"】 又直喚心爲太極, 則如象山之謂"陰陽爲形而上之道", 而一以收攝精神、自作主宰爲爲學本領。俟其當惻隱羞惡時, 自然惻隱羞惡, 當寬裕溫柔時, 自然寬裕溫柔, 其於讀書講義、援經析理, 皆斥爲戕賊陷溺、謬妄欺誑,【讀書以下, 見『黃氏日鈔』。】 而人同之則喜, 異之則怒, 胡亂罵人,【見『語類』木之錄。】 亦不害理義而可以免於禪子之歸乎?【朱子「答項平父書」曰: "此心固是聖賢本領, 然學未講理未明, 亦有錯認人欲作天理處, 不可不察。" ○ 陳北溪曰: "象山敎人終日靜坐以存本心。其所以爲本心者, 只是認靈覺以爲天理之妙, 便是運水搬柴無非妙用之說。" ○ 農翁曰: "雖曰治心, 而不本乎性命之理, 則亦將何執以鍼佛氏之膏肓哉? 此象山之攻禪學, 適見笑於紫陽者也。"】 太抵太極陰陽之理, 雖曰微妙難見, 然只自家心上, 仁義禮智之性無知無爲, 而爲有知有爲之本, 此是太極也。自家胸中神識靈覺之心, 無事時涵得這性在裏, 而遇物時載得這性發出來, 此是陰陽動靜也。【「答某」】

太極有動靜之理而無動靜,【有其理故謂之道體, 無知能故謂之無爲。】 陰陽載動靜之理而能動靜,【載其理故謂之氣機, 能運用故謂之有爲。】 亦猶人性有寂感之理而無寂感, 人心具寂感之理而能寂感也。【此數句欲質之前聖後賢而訂其是非, 竊願竝世君子各以所見見敎也。】 先賢謂太極有動靜者, 只以其有乘氣動靜之理而言, 非謂其有動靜之能也。看者以爲太極眞會動靜, 則非其實矣。【太極有動靜, 與『朱子大全』"性之蘊該動靜"的是一意, 而認之爲眞會動靜, 則其將曰性能檢其心乎?】 先賢謂太極無動靜者, 只以其無當體動靜之能而言, 非謂其無動靜之理也。看者斥以太極淪於空寂則害其辭矣。【太極無動靜, 與『論語集註』"道體無爲"的是一意, 而目之以淪於空寂, 則其將曰道體淪於空寂乎?】 先賢謂動靜氣機自爾者, 只就其能然處言之, 非謂氣獨作用也。看者疑其氣奪理位, 理仰氣機, 則失其指矣。【『楚辭』「天問」, 朱子註曰: "一動一靜, 一晦一朔, 皆陰陽之所爲, 非有爲之者。" 『語類』曰:

“天只是一氣流行, 萬物自生自長, 自形自色, 豈是逐一粧點得如此?” 兩語正與栗翁“陰陽動靜, 機自爾也, 非有使之”云者, 恰恰相符. 此亦將曰氣奪理位, 又曰天命之外又一本領乎? 亦將曰太極動靜全仰於氣機, 又曰氣機疑於專擅乎? ○『語類』曰: “屈伸往來, 是二氣自然能如此.”『陰符經』, 朱子解曰: “人心自然而然者機也.” 此兩語與“機自爾”參看.】先賢謂陰陽生於太極者, 只推其所由本言之, 非謂理實造作也. 看者以爲理有適莫, 理有知能, 則豈其理乎?【勉齋曰: “‘太極動而生陽, 靜而生陰.’ 太極不是會動靜底物, 動靜陰陽也. 只看太極乘著什麼機, 乘著動機便動, 乘著靜機便靜. 太極隨陰陽而爲動靜, 陰陽則於動靜而見其生, 不是太極在這邊動, 陽在那邊生.”】凡吾儒所以講明太極陰陽之說者, 欲以識夫心性之妙, 施諸言行事業, 而傳先聖之道以立後學之標準, 成百王之法以開萬世之太平, 其志其事, 豈小乎哉? 假(說)[設]²⁴⁰⁾至善之性, 能寂能感, 而使心氣身形, 不敢有須臾之間毫釐之差, 則豈非古今天下之所同願? 特以太極雖全而陰陽或偏, 天命雖善而禀質或惡, 加以性微而心麤, 理弱而氣强, 故天地之大也, 人猶有所憾, 千年之久也, 治日常少而亂日常多. 至若顔、閔諸子之具美質奮大志, 而學於聖人至於數十年者, 宜若粹然無瑕玷, 渾然無間斷矣, 何故猶時有不善? 其日月至者, 又往往焉, 是安可以空言粧點得成? 請世之君子且就此處, 精覈其所以然之故, 而一以治心澄氣, 以循吾性中本體自然之理, 而冀其日近聖人之門墻, 愼毋若老、佛二家之主氣, 而謂之外氣然後爲道之敎也.【「理氣有爲無爲辨」】

鄭子上問: “‘太極動而生陽, 靜而生陰.’ 太極理也, 理如何動靜? 有形則有動靜, 太極無形, 恐不可以動靜言.”【按: 此似范女識心, 而不識『孟子』.】朱子曰: “理有動靜, 故氣有動靜. 若理無動靜, 則氣何自而有動靜乎?” 按: 先賢說中有“性發及仁禮之理便應”語, 性是理, 理如何發? 如何應? 心是氣, 可言發, 可言應, 性恐不可以發與應言. 有答者曰: “性有發有應, 故心有發有應. 若性無發無應, 則心何自而有發有應乎?” 此言性自有發有應乎? 抑性有應與發之理云乎? ○ 葉賀孫問: “理不可以動靜言. 理寓於氣, 不能無動靜. 其動靜者, 乃乘載在氣上, 不覺動了靜, 靜了又動.” 朱子曰: “然.”【賀孫錄】按: 此與子上答問是同是別. 竊意問辭槪同, 而答子上底着“故”字、“何自”字, 似推原說. 賀孫錄似直指太極之乘氣而有動靜, 二說似

---

240) (說)[設]: 저본에는 ‘說’로 되어 있으나, 『艮齋集前編』권13 「理氣有爲無爲辨」에 의거하여 ‘設’로 수정하였다.

不同。○鄭可學【子上名】問: "動靜是太極動靜? 是陰陽動靜?" 曰: "是理動靜。" 曰: "如此則太極有模樣?" 曰: "無。"【可學錄】按: 此直指太極動靜, 似與『大全』「答子上書」"理有動靜"云者, 語意較直截些, 然亦無礙。今有問: "性發爲情, 是理發? 是心發?" 曰: "是理發。" 不知性是不待心而自發云乎? 栗翁言: "氣不動而理動, 萬無其理。" 然則纔說性發, 便已指在動底心之理而言, 如言水動則已是指水之在動器者言也。○銖錄: "太極理也, 動靜氣也。太極猶人, 動靜猶馬, 馬之一出一入, 人亦與之一出一入。" 按: 此是先生晚年議論也。言人出則已是乘載在出馬之上者, 言人入則已是乘載在入馬之上者, 故纔說太極動、太極靜, 便已是乘著陰陽上者。豈先有自動自靜底太極, 而始生動底陽、靜底陰之理乎? ○㽦錄: "動靜陰陽皆只是形而下者, 然動亦太極之動, 靜亦太極之靜, 但動靜非太極耳。" 按: 此如言出入是馬而從人說下來, 則當曰出亦人之出, 入亦人之入。但其出入之機則是馬而非人云耶?【「朱子論太極動靜說箚疑」】

先生辨臨川吳氏太極說曰: "天地之間, 只有動與靜而已。自其無形者而觀之, 則太極也。太極者, 即一動一靜之道云云。" ○愚詳吳說本文曰: "太極無動靜, 動靜者氣機也。氣機一動, 則太極亦動; 氣機一靜, 則太極亦靜。" 此與栗翁言"陰靜陽動, 機自爾也。陽之動則理乘於動, 非理動也; 陰之靜則理乘於靜, 非理靜也"一段, 語意相符, 無可非議。況吳說下文又以太極爲主宰此氣者, 則體用兼擧矣, 本末該備矣。華老所譏"太極不足爲氣機之本源"及"動靜之主宰專歸於氣機"者, 恐非吳說之所患也。蓋"太極無動靜"云者, 只是理無爲之意爾, 非謂初無動靜之理也。然則雖曰"太極無動靜", 而陽之動、陰之靜, 必本於太極之理則未嘗無也。雖曰陽之動、陰之靜本於太極, 而太極之無動靜, 則又固自如也。至於"太極便會動靜", 則朱子固有此言, 而勉齋又豈不曰"那太極却不自會動靜"乎? 二說各有所指, 宜會而通之, 不當偏主一邊也。昔沈明仲疑兩說不同, 而質於尤庵先生, 則曰: "'便會動而生陽', 從源頭處, 論其有是理然後有是氣。【愚按: 所謂"有是理", 是謂有此氣動靜之理云, 非謂此理却自有動有靜也。】所乘之機則却就流行處, 論此理無形狀、無造作, 只乘此氣而運用也。言各有當, 如不能活看, 則節節滯泥也。" 華老之言, 似與此不同也。大抵以氣爲有動有靜, 以理爲在動在靜, 栗翁平生所執之說, 而見於『文集』「語錄」者明且詳矣。今華老之疑無一言及此, 乃獨擧吳說而攻之, 不遺餘力, 至曰: "百家尙氣害理之說, 無所不備。苟求其源, 則臨川"太極無動靜"之說,

未必不爲之兆。" 此於 栗翁之訓, 得無有隱然見逼之慮乎?【「華西雅言疑義」】 或問:
"華西據『啓蒙』第二卷所載邵子兩語, 爲朱子手筆而表章之。 擧世又以華西此語
爲是, 而靡然尊信之。 吾子以爲如何?" 曰: "'自太極而分兩儀, 則太極固太極也,
兩儀固兩儀也。自兩儀而分四象, 則兩儀又爲太極, 而四象又爲兩儀矣。' 是亦朱
子手筆, 而見載於邵子兩語之上矣。邵子所言'道爲太極', 卽朱子所言'太極固太
極'之太極也; 邵子所言'心爲太極', 卽朱子所言'兩儀又爲太極'之太極也。未審華
西與尊華西者, 於此以爲如何?" 吾又有一說曰: "自天性而言形色, 則天性固天性
也, 形色固形色也。自形色而言動靜嚬笑, 則形色又爲天性, 而動靜嚬笑又爲形色
矣。未知華西與尊華西者, 於此將直以形色爲天性乎? 抑指形色上動靜嚬笑之理
以爲天性乎?" 通乎此則必無疑於彼矣。【凡先賢言"器卽道"、"氣卽性"、"心卽理"、"身卽道",
此類都無窒礙, 大小大灑落。】況朱子論邵子兩語, 以天地萬物本然之理爲道爲太極, 以
人得是理者爲心爲太極, 而曰"太極是一而無對者", 未知華西與尊華西者, 以人未
生前本然之理爲一而無對者乎? 以人得是理者爲一而(爲)[無][241]對者乎? 如以人
之得理者爲一而無對之太極, 則人未生前本然之理, 還可謂二而有對之太極乎?
【「道爲太極心爲太極或問」】

曹月川「太極圖說辨戾」文略曰: "『朱子語錄』謂'太極不自會動靜, 乘陰陽之動靜而
動靜耳', 遂謂理之乘氣猶人之乘馬, 馬之一出一入, 而人亦與之一出一入, 以喩氣
之一動一靜, 而理亦與之一動一靜。若然則人爲死人而不足以爲萬物之靈, 理爲
死理而不足以爲萬物之原云云。" ○ 李華西「辨臨川吳氏太極說」略曰: "太極者,
一動一靜之道也; 氣機者, 一動一靜之機也。今曰'太極無動靜, 而動靜全仰於氣
機', 然則太極淪於空寂, 而不足爲氣機之本源矣; 氣機疑於專擅, 而反作太極之主
宰矣。太極旣無動靜, 則動靜之主宰者, 專歸於氣機固也。天地之間動不動, 只有
一箇氣機足矣, 尙何待於太極也? 百家害理尙氣之說無所不備云云。" ○ 奇蘆沙
「猥筆」略曰: "一名爲理, 便有所乘。乘非絲毫犯氣力字, 而今人看'所乘'字與此異,
有若太極漫無主張, 忽見馬匹當前趨捷而騰上樣, 是馬終是塞翁之得。勢必之東
之西, 惟馬首是瞻, 嗚呼危哉! 初旣無使之然之妙, 末又非有操縱之力, 不過爲附

---

241) (爲)[無]: 저본에는 '爲'로 되어 있으나, 『艮齋集後編』권12 「道爲太極心爲太極或問」에 의거하여 '無'로
수정하였다.

肉之疣、隨驥之蠅云云。” ○朱子說中非無太極有動靜, 理有動靜之云。然『語類』銖錄曰: “太極理也, 動靜氣也。” 淳錄曰: “有這動之理, 便能動而生陽; 有這靜之理, 便能靜而生陰。動靜是氣也, 有此理爲氣之主, 氣便能如此。” 謨錄曰: “動靜非太極動靜。” 賀孫錄曰: “太極不可以動靜言。” 螢錄曰: “動靜陰陽, 皆只是形而下者。然動亦太極之動, 靜亦太極之靜, 但動靜非太極耳。” 愚按: 據此諸錄, 則分明以動靜屬氣, 以動靜之所以然屬理。理既爲此氣之所以然, 則其於萬物之原使之然之妙, 何所損乎? 其於淪於空寂有之無補之嫌, 何所拘乎? 既曰太極有動靜者, 只是太極有這氣動靜之理, 非自能動靜之謂也。夫非自能動靜, 故朱子曰“太極非動靜”, 草廬曰“太極無動靜”, 栗翁曰“有動有靜者氣也, 在動在靜者理也”, 尤翁曰“理之無情意造作, 無間於體與用也”。今觀月川以下諸說, 分明以理爲活物之有爲者, 然未知如何? 而華西之直斥爲害理尙氣之源者, 雖單擧草廬, 然而使天下學者篤信其說, 則朱子、栗、尤諸聖賢自不得不歸於害理尙氣之科矣, 是豈無挨逼之嫌乎? 使人皇恐, 而今其門人大書顯刻, 布之國中, 未知以爲無些子未安之意歟? 理無形象無兆(睽)[眹]242), 初非可以死活言者, 今曰死理活理, 恐太矗在矣。草廬所謂“氣動則太極亦動”數句, 皆出於朱子, 恐無可謫。況又自言太極是主宰此氣, 則華西所譏主宰歸於氣機之云, 恐屬衍語。至於“動靜專仰於氣機”一句, 初非吳語而直接於今曰太極無動靜之下, 有若本文者然, 更屬可疑。既是元來所乘, 則千古萬古絶無一霎時東西惟馬之失耶? 且如堯水、湯旱、文羑、孔匡之類, 豈或塞翁之得而然歟?【三家太極說辨】

有形色聲臭者, 往往有變。若夫理是無兆(睽)[眹]243)無光影者, 萬古只一而已矣。有某人者言天命,【是就賦性說, 非指氣數言。】太極,【是以道爲太極言, 非指心爲太極、兩儀爲太極而云也。】亦隨氣而有昏有偏。夫既有昏有偏, 自是而至於有邪有慝、有凶有逆, 難保其必無矣。【才有天命, 便有氣質, 不能相離。纔說太極, 便帶著陰陽, 然其昏者偏者, 只是氣, 不是理也。】夫天心、上帝視天道, 猶是有靈底, 而其曰天心亦有惡, 上帝亦有失者, 人皆非之。況天命太極, 其體用本末只一而已, 再無渝色幻形聲敗臭惡之微迹者,

---

242) (睽)[眹]: 저본에는 ‘睽’로 되어 있으나, 『艮齋集後編』권4 「三家太極說辨」에 의거하여 ‘眹’으로 수정하였다.
243) (睽)[眹]: 저본에는 ‘睽’로 되어 있으나, 『艮齋集』後編권4 「爲天命太極辨誣」에 의거하여 ‘眹’으로 수정하였다.

而今曰云云, 傍觀有指爲罵天汚極之罪, 彼何以自伸乎? 噫! 言不可以不愼也.【「爲大命太極辨誣」】

太極者, 生物之本也; 五行者, 生物之具也. 五行之性是爲後來男女萬物五性之張本, 本非可爲人物受性偏全之別. 此以『圖說』五行在陰陽之下, 人物又在五行之下觀之, 周子之指可見, 奈何以此爲人物同異之爭? 愚見此於湖、洛兩家, 皆非正證. 蓋據隨質不同以明人物各異, 則下文"全體皆具而性無不在"者說不行矣,【朱子曰: "但論氣質之性, 則全體在其中, 非別有一性." 如曰物無氣質性則已, 旣曰有云則全體之性卽同於人之本然矣.】此湖之不可爲證者然也. 又據全體皆具以明人物無異, 則上文"隨其氣質而所禀不同"者說不行矣,【朱子曰: "自陰陽五行而言, 則不能無偏, 而人禀其全." 如曰二五無偏而禀其全則已, 旣曰偏云則不同之性卽異於人之全禀矣.】此洛之不可爲證者然也. 蓋『語類』個錄曰: "金木水火土, 雖曰五行, 各一其性.【此分明說隨質不同矣.】然一物又各具五行之理."【此分明說金亦其全體, 木亦其全體.】愚故曰"五行之生, 各一其性", 非可以論人物偏全, 只是後來萬物所禀五性之張本也.【「五行性論」】

道, 性也, 太極也, 本然之妙也. 未發、已發, 心也, 陰陽也, 所乘之機也. 夫道也者, 無爲也者, 而無物不體, 無時不在, 循之則治, 失之則亂, 蓋無須臾之頃可得而暫離也. 此所謂"無極而太極"也. ○ 是以君子於主敬之功, 亦無須臾之頃而不用其心焉. 其未發而知覺不昧者, 陰中之陽也; 已發而品節不差者, 陽中之陰也. 此所謂"太極動而生陽, 靜而生陰"也. ○ 其功至於"天地位而萬物育", 其妙至於"上天之載無聲無臭"而極矣. 然其樞紐不越乎"誠之"一言也. 此所謂"聖人之一動一靜, 莫不有以全夫太極之道"也. ○ 然道體雖爲萬化之主, 而乃是無爲之理, 故往往拘於氣質之用, 而失其本然之妙. 此是衆人具動靜之理, 而常失於動也, 故聖人因以有修道之敎. 此所謂"聖人定之以中正仁義(以)[而][244]主靜, 立人極"也.【「讀中庸首章說」】

子上再問: "卽前日理有模樣之疑, 未破而發也. 蓋無形則無動靜, 故復擧以質之. 使先生硬將理動靜, 再賜批誨, 則何以解子上之惑乎?" 大抵理之乘機而動靜, 自是理所元有, 氣之載理而動靜, 實緣理之所有, 故微發推本之意而曰"理有動靜, 故氣有動靜"云云. 仁屬陽而動, 義屬陰而靜, 自是理如此, 非氣之所使爲, 故曰

---

244) (以)[而]: 저본에는 '以'로 되어 있으나,『艮齋集前編』권14「讀中庸首章說」에 의거하여 '而'로 수정하였다.

“此何關於氣乎?” 然及乎仁動時, 已乘陽, 義靜時, 已乘陰也。如是立義, 則太極動靜之說無復餘蘊矣。雖曰微發推本之意, 然竟是就流行上說, 非舍却流行而專言本體也。愚前日理有此氣動靜之理, 此說恐專言本體, 今稍更定如此。○ “太極動而生陽”云云, 天人一理, 理呼而生溫, 呼極而吸, 吸而生寒, 吸極復呼。問: “呼吸是理是氣?” 曰: “理呼吸。” 問: “氣可言呼吸, 理如何可言呼吸?” 曰: “理有呼吸, 故氣有呼吸。若理無呼吸, 則氣何自而有呼吸乎?” 此卽太極動靜之一例也。蓋曰 “理呼吸”云者, 卽指乘氣之理言; 曰“理有呼吸”云者, 乃指爲主之理言也。蓋上句是以流行言, 下句是以推本言。○ 老洲「答許懋書」以“理無動靜, 氣何自而動靜”爲推原說, 栗谷「答牛溪書」亦以“太極動靜”爲原其未然而言。此一義, 須更與朋友之有見者, 子細商量。【「讀鄭子上答問」】

“人心太極之至靈”, 非以人心爲太極, 又非以太極爲至靈。蓋『通書』與『圖說』互相發明, 凡言一者屬之太極, 言二者屬之陰陽, 言五者屬之五行, 以象類意思二者推之而已。此段彰微是理, 而朱子屬之陰陽; 人心是氣, 而朱子屬之太極, 其意可見也。【『大全』「答陸氏書」“靈爲太極”, 亦是此意。】 若不如此活絡看去, 徒執字句以爲云云, 則「中庸序」“虛靈原於性命”, 將謂太極原於性命否? 『大學』註“虛靈以具理應事”, 將謂太極以其應否? 『大全』「答林德久書」將謂知覺正是氣之太極處否? 「答陸子靜書」亦將曰“禪家昭昭靈靈能作用底”, 謂之太極者是不易之定論否? 恐無處不窒礙矣。【「觀華西神道碑」, 下同。】

孔子曰: “人能弘道, 非道弘人。” 朱子釋之曰: “人心有覺, 道體無爲。” 未審太極與道體是一乎二乎? 無動靜與無爲是同乎異乎? 以爲二與異則已, 以爲一而同則愚有一疑。若曰道體無爲而知覺運用專仰於心, 則道體淪於空寂而人心疑於專擅矣。然則天地間, 只有人心足矣, 尙何待於道體乎? ○ 華西、朱子分明言“太極便會動而生陽”云云。愚亦謂朱子分明言若理, 則却不會造作, 此是沈僩戊午以後所聞也。愚又考黃勉齋又分明言“太極不是會動靜底”, 又分明言“那太極却不自會動靜”。勉齋此說非自創, 乃所以述師旨也。朱子嘗言“太極理也, 動靜氣也, 氣行則理亦行”, 因有人馬之喩, 此是六十七歲以後語, 恐未可謂無甚綱領時說話。此外又有賀孫錄、【太極是性, 動靜陰陽是心。問: “太極只是理, 理不可以動靜言, 乃乘載在氣上, 不覺動了靜, 靜了又動。” 曰: “然。”】 謨錄、【非太極動靜, 只是理有動靜。】 振錄、【心之理是太極, 心之動靜是陰陽。】 寅錄、【動處是心, 動底是性。○ 愚按: 動靜處是陰陽, 動靜底是太極。】 此皆勉齋說之所本也。

動靜是陰陽而亦屬之太極者, 以其乘氣流行而言, 非謂當體不待陰陽而自能動靜也。朱子曰“心之理是太極”, 則心之非太極明矣。又曰“心之動靜是陰陽”, 則動靜之屬氣亦明矣。【觀鄭栢軒集猥筆辨辨」, 下同。】

朱子言“動亦太極之動, 靜亦太極之靜”, 此專指氣上之太極而言。今如言發亦性之發, 未發亦性之未發, 亦是此意, 太極涵動靜, 有動靜, 性亦如此說, 毫無所礙。但一邊認太極爲有爲而性爲無爲, 則自錯看了也。

若曰太極動靜而生陰陽, 則栗谷又豈不曰性發而爲情乎? 此皆從源頭說下來者。若就流行處言, 則又當曰陰陽動靜而太極流行, 心氣發用而性理著見也, 不可謂太極陰陽互有動靜, 性理心氣迭有發用也。【「海上散筆」】

問: “『易』有太極, 是生兩儀云云。” 朱子曰: “此太極却是爲畫卦說。當未畫卦前, 太極裏面包含陰陽、剛柔、奇耦, 無所不有。及各畫一奇一耦, 便是生兩儀云云。”【『語類』謨錄, “去僞”同。】邵子文曰: “有太極則兩儀、四象、八卦以至于天地萬物, 固已備矣。雖曰太極生兩儀, 兩儀生四象, 四象生八卦, 其實一時具足, 如有形則有影。”【『邵氏語錄』】據此兩說, 則所謂“太極生兩儀”者, 只是爲畫卦說, 非是了初有太極而子之中方生兩儀, 子之末乃生四象、八卦也, 而後儒往往執言迷指, 使太極、兩儀推之於前而有其始之合。【「華島漫錄」, 下同。】

朱子曰: “周子、康節說太極, 和陰陽滾說。『易』中便攛起說。”【『語類』學履錄】周子曰: “太極動而生陽云云。” 動時是陽之太極, 靜時是陰之太極, 太極卽在陰陽裏。【亦學履錄中語。】邵子曰: “一動一靜之間, 乃天下之至妙者歟。” 此亦就陰陽交易之間, 指點貞元間太極。【薛文清語。】太極卽在陰陽裏, 故曰“周、邵說太極, 和陰陽滾說”。至於“易有太極, 是生兩儀”, 則先從實理處說,【亦學履錄中語。】 故曰“『易』中便(儳)[攛]²⁴⁵起說”。若論其生則俱生, 但言其次序, 則須有這實理, 方始有陰陽也。周、邵與『易』中所指之理則一也。雖然, 自見在事物而觀之, 則陰陽涵太極, 推其本則太極生陰陽。【亦學履錄中語。】

卅六卷九板, “所謂”[止]“太極”。按: 『通書』「理性命章」首句云: “厥彰厥微, 匪靈弗瑩。” 蓋彰微以陰陽之理言, 靈以心之明此理者言, 而指靈爲太極何也? 此與『通

---

245) (儳)[攛]: 저본에는 ‘儳’로 되어 있으나, 위의 ‘攛起說’에 의거하여 ‘攛’로 수정하였다.

書『三十九章』解"道高如天陽也, 德厚如地陰也, 孔子其太極乎!"云者, 比竝看詳, 則先生之指庶可以仰揣矣。若不究其本意, 但以文字求之, 而直謂心靈爲太極之理, 則他姑勿問, 只以「答象山書」中言太極者觀之, 無不以理言, 何嘗認得昭昭靈靈能作用底, 使謂此是太極, 如先生所譏禪學之見耶?【「朱子大全標疑」, 下同。】

卅五卷十一板"非太"【止】"太極"。按: 先生嘗據太極生兩儀而言理生氣矣, 後儒多非之。今觀此書, "非太極之後別生二五, 而二五之上先有太極"之云, 則其曰理生氣者, 非謂如父母之生子女也。○十二板"太極"【止】"爲用"。按: 先生以太極爲體、動靜爲用爲病而改之, 非以理體氣用而然也。李都事震相每據此書以爲理體氣用, 朱子之所深非, 然『大全』卅八卷「答呂子約」第十三書以形而上下分體用, 『語類』"子(罕)[在]246)川上"章節錄, 以太極二五分體用, 如此類, 彼皆未考歟! ○"謂太極"【止】"則可"。按: "太極含動靜", 謂本體之中含具陰陽動靜之理, 卽『圖解』所謂"沖漠無(眹)[眹]247)而動靜陰陽之理已悉具於其中"者也。【此書上文言: "其動其靜, 必有所以動靜之理云云", 卽此意也。】"太極有動靜", 謂流行之際乘著陰陽動靜之機, 卽『圖解』所謂"動靜不同時, 陰陽不同位, 而太極無不在焉"者也。

六十一卷廿五板"若但"【止】"義明"。按: 五行各一之性, 欲直指爲太極全體, 則必若時亨此說, 然後方無窒礙, 而先生於『太極解』不曾改從, 其意可見矣。蓋本解旣以"隨其氣質而所禀不同"立文, 而結之曰"所謂各一其性也", 然則各一其性爲不同之性, 不旣明乎? 本解旣別以"各一其性"四字起端, 而繼之曰"則渾然太極全體無不各具於一物之中", 然則"各一其性"非卽指全體之性, 不又明乎? 且先生此書亦言: "自五行言則不能無偏, 而人禀其全。" 蓋"不能無偏", 卽所禀不同之謂也。然則上文所謂"性則一也"者, 何謂也? 正以但論一偏之性, 則全體在其中爾。此以春夏秋冬之各一其時, 士農工賈之各一其業之類例之, 則恐無可疑矣。有疑如此則人物之性謂之不同, 豈先生平日定論耶? 曰細看太極說, 自"無極"至"各一其性", 是說生人生物之具, 至眞精合凝成男成女, 方是說生人生物之事。若不察此意, 遽以"各一之性"硬做人物異同之辨, 則恐非小失也。

---

246) (罕)[在]: 저본에는 '罕'으로 되어 있으나, 『朱子語類』에 의거하여 '在'로 수정하였다.

247) (眹)[眹]: 저본에는 '眹'로 되어 있으나, 『艮齋集後編』권21 「朱子大全標疑」에 의거하여 '眹'으로 수정하였다.

「성리(性理1·2·3」(『性理類選』卷3)

1) 서지사항

유영선이 성리(性理)와 관련된 전우의 학설을 발췌·정리한 글. 유영선이 편찬하여, 1939년에 간행한 것으로 추정되는 『간재선생성리유선(艮齋先生性理類選)』(전 10권)가운데 「성리일」은 권1에, 「성리이」는 권2, 「성리삼」은 권3에 실려 있다. 『간재선생성리유선(艮齋先生性理類選)』은 약칭 『성리유선』으로, 오진영(吳震泳: 1868~1944)의 서문이 있고, 유영선의 발문이 있다. 발문은 1936년 11월에 지어졌다. 서문은 흑토양복(黑兎陽復)에 지어졌는데 '흑토(黑兎)'는 계묘년을 가리키고, '양복(陽復)'은 11월이다. 오진영의 생몰연대와 견주어 살펴보면 계묘년은 1903년이다. 하지만 1903년은 유영선이 10세이므로 맞지 않기에 아마도 이 책의 간행은 완성된 이후 1939년(기묘년) 11월에 해당할 듯하다.

2) 편저자

유영선(柳永善: 1893~1861)으로, 자는 희경(禧卿), 호는 현곡(玄谷)이다.

3) 내용

유영선이 태극(太極)·성리(性理)·심(心)·신(神)·덕(德)·허령지각(虛靈知覺)·정(情)·기(氣)·기질혼백(氣質魂魄)·학(學)에 관계된 간재(艮齋) 전우(田愚: 1841~1922)의 글을 모아 체계적으로 분류 정리한 『간재선생성리유선(艮齋先生性理類選)』 전10권 가운데 성리(性理)에 관한 글이다.

「성리(性理)」는 「성리일(性理一)」, 「성리이(性理二)」와 「성리삼(性理三)」로 나뉘어 있다. 「성리일」은 24조목으로 권1에, 「성리이」는 89조목으로 권2에, 「성리삼」은 66조목으로 권3에 수록되었는데 그 총 179조목이다. 전우는 공자(孔子)와 맹자(孟子), 주희(朱熹) 그리고 율곡(栗谷) 이이(李珥: 1536~1684)·우암(尤庵) 송시열(宋時烈: 1607~1689)로 이어지는 성리학을 계승하고, 조선후기 3대 성리학자 화서(華西) 이항로(李恒老: 1792~1868), 노사(蘆沙) 기정진(奇正鎭:

1798~1879), 한주(寒洲) 이진상(李震相: 1818~1886)의 리기심성론(理氣心性論)이 성리학에 어긋난 점을 비판하였다. 유영선은 스승의 그러한 내용 가운데 성에 관한 긴요한 부분을 발췌하여 스승의 성리학적 입장을 옹호하고 이 책을 통해 정립하였다.

먼저 「성리일」의 첫 번째 조목에서는 성(性)을 말하지 않았다. 다만 당시 학인들이 기질이 맑은 뒤에 심의 본체가 드러나야 미발(未發)의 중(中)이라고 할 수 있다고 하면서 미발의 중을 성으로 여기려는 경향이 있었다. 전우는 이를 벗어나 미발의 본체를 성으로 간주하듯이 하였다. 때문에 2조목에서는 『중용장구』의 "대본은 천명의 성이다"고 할 때의 천명의 성은 사람과 사물을 통틀어 말하는 보편성이니, 미발의 중과 성은 차이가 있음을 지적하였으나, 구체적 내용은 보이지 않는다. 전우는 "성은 순선의 리이고 심은 본선의 기임"을 강조하면서 성이 심의 주재가 됨을 주장하였다. 5조목에서는 "인생이정(人生而靜)"에 대하여 두 가지 해석이 있음을 명시하고 이를 『주자어류』와 『주자대전』, 그리고 퇴계(退溪) 이황(李滉: 1501~1570)의 설을 인용하였다. 23조목에서 인물성동이(人物性同異)의 구분을 언급하면서 품부의 시초에 기(氣)는 만 가지가 있으나 성은 두 개가 없고, 발용(發用)의 즈음에는 성은 하나인데 기를 따라 달라짐을 제시하였다.

「성리이」의 여섯 번째 조목에서는 전우가 오행와 사덕의 관계를 통해 "성과 리는 전체로 말하여도 분수가 그 가운데 있는 것이고, 일편(一偏)으로 말하여도 리일이 그 가운데 있지만 두 가지가 서로 방해되지 않는다"는 것을 밝히면서 리일분수의 논리를 이끈 내용을 실었다. 또한 이를 『주자어류』와 『주자대전』의 내용에 견주어 증험하였다. 18조목과 50조목에서 "성상근(性相近)"의 "성"을 기질지성(氣質之性) 또는 기질을 겸하여 말하는 것으로 여겼다. 29조목에서는 맹자의 "생지위성(生之謂性)"을 『성리대전(性理大全)』, 『성학십도(聖學十圖)』, 『성학집요(聖學輯要)』, 『주형(宙衡)』 등을 거론하며 기질지성을 말한 뒤, 본연지성과 기질의 관계를 소상하게 밝혔다. 특히 88조목에서는 "생지위성"에 대한 『맹자집주』의 어구를 인용한 바, "이기(以氣)"의 "기(氣)"는 형기의 기이니 기질을 가리켜 말하는 것이 아니고 "이리(以理)"의 "리(理)"는 발현의 리이니 부여함을 가리켜 말하는 것이 아니기에 기는 같고 리는 다르다고 하였다. 19조목에서는 "그 성은 태극혼연(太極渾然)의 본체이기 때문에 하나이면서 상대가 없고, 심은 이기정영(二氣精英)의 모임이기 때문에 두 개이면서 상대가 있다"고 하여 성과 심의 영역을 분명히 하였다.

「성리삼」에서 첫 번째 조목은 미발의 차원을 『주역』의 「곤괘(坤卦)」와 「복괘(復卦)」를 통해 설명한 것이다. 두 번째 조목에서는 전우가 "건순오상(健順五常)은 사람과 사물의 성이 같지 않으니 이것이 분수이다"는 것을 일원(一原)과 이체(異體)의 측면에서 리가 만 가지로 같지 않은 면을 통해 전개한 내용을 정리하였다. 4조목에서는 리기편전(理氣偏全)을 '품부받은 바의 기'에 의한 것이지 리에 본래 두 개가 상대하여 그러한 것이 아니라고 하였다. 그리고 9조목에서는 주희가 「건괘(乾卦)」 단시에서 "하늘이 부여한 것을 명이라 하고, 만물이 받은 섯을 성이하고 한다"에 대하여 전우가 리통기국(理通氣局)으로 이해하면서 명통성국(命通性局)의 방식을 반박한 내용을 실었다. 51조목에 의하면, "성사심제(性師心弟)" 네 글자는 창안한 것으로 여기고 육경의 모든 말이 이를 발명하지 않음이 없다고 자신하면서 「성사심제독계어(性師心弟獨契語)」를 지어 심즉리를 주장하는 학파를 비판하였다. 63조목에서는 성과 지각(知覺)을 합하여 심의 명칭이 있다는 것을 칼날과 칼자루, 임금과 신하, 쌀과 누룩 등에 비유하여 그의 의미를 드러내었다.

전우가 논한 성은 전체적으로 주자학에서 벗어나지 않았다. 본연지성과 기질지성의 의미를 경전과 중국의 학자, 또는 조선의 여러 학자가 언급한 것을 통해 이해하면서 성은 인의예지로 온전하지 않음이 없음을 피력하였다. 또 기질이 치우치더라도 천명의 순선한 성은 온전하다는 것을 주장하고 있어 그 지향점이 성동론(性同論)의 경향이 강하다.

事物旣往, 念慮雖息, 又須待氣質澄淸, 然後此心本體得而呈露, 方可謂未發之中。
苟其不然, 雖無事物之接、思慮之萌, 但有些濁駁在者, 如風初靜, 凉氣猶存, 如浪
初息, 渾水未淨。于此時也, 夫所謂未發之體, 將何從而見之耶?【「上全齋先生」】

老洲先生言: "『中庸章句』曰: '大本者, 天命之性.' 天命之性, 旣通人物說, 則整庵
所謂'未發之中, 物物有之'者, 雖似說得太快, 實亦有可思者。" 愚竊疑性之與中,
似稍有別, 難可一槪論, 未知如何。【「上肅齋趙丈秉德」, 下同。】

未發之中, 有至有不至, 淵翁說也。愚竊疑旣曰中, 則安有未至者乎? 近見老洲
『雜識』, 槪以三淵未發說爲發前人所未發, 至與農翁四七之論而竝稱之, 未知何
意? 淵翁說, 渼湖亦嘗疑之矣。

性心體用, 非以動靜寂感而分, 乃以理氣本末而言。如未發而無偏, 已發而無乖,
皆是心之妙用, 而其所以未發、已發而無偏、無乖者, 又是性之本體也。【如此說, 無病
否?】若乃上蔡之說, 似未免太矗在也。目視耳聽, 手擧足運, 見於作用者, 固亦是
心也。然但以此而論心, 則所謂心者, 却是偏側不周正之物也。性固當爲視聽擧
運之本, 而若只以此而語性, 則却不見性爲動靜寂感, 所以然之妙也。朱子非之,
是矣。【「上溪雲金丈」, 下同。】

"人生而靜"以上, 朱子之解, 誠有二說。然明道此語本是自釋首句之義者, 則且須
先定首句是說生未生, 抑是說發未發, 然後以其所定者審其所釋之語, 則朱子之
解, 孰爲定論, 從可見矣。陳安卿欲改"未生"爲"未感", 一如明道論性說, 而朱子
答謂: "此說費力, 只合仍舊, 更思之。"又記『語類』以論性說, 謂之"舊做"云爾, 則
今此黃商伯書, 亦安知非舊說耶? 尊論以商伯於朱子之喪, 始終主事, 定此書之爲
晩年說。愚淺見却疑黃雖如此, 而此書之的在何年, 難可指定也。以『語類』考之,
董銖錄以生未生解者, 在丙辰以後, 此是六十七歲後議論, 豈可以黃書之年月未

詳者, 謂之晩年所定, 而以董錄歸之舊說也乎?

問: "理氣先後?" 曰: "自形而上下言, 豈無先後?"【『語類』淳錄。】 "造化周流未著形質, 便是形而上者; 才麗形質爲人物, 便是形而下者。"【營錄。】 "形質以上便爲道, 以下 便爲器。" 又曰: "形以上底虛渾是道理, 形以下底實便是器。"【淵錄。】 愚於『語類』記 得此三條, 似以上下作前後看。 又記『論語』子夏門人小子章, 程子第二段"形而 上"小註: "上, 上聲。"『孟子』生之謂性章小注, 陳定宇亦作上聲讀, 而曰: "有形以 上、以下"云云。 據此則上、下字, 恐不當爲高低義也, 然若只作前後說殺了, 則道 器實非可以如此分截者也。 蓋卽有形之器, 而無形之理存焉。 『大全』「答黃道夫」 書略曰: "理也者, 形而上之道也, 生物之本也; 氣也者, 形而下之器也, 生物之具 也。" 又曰: "性形雖不外乎一身, 然其道器之間分際甚明。" 此何曾以先後言也哉? 又如夫子言"下學而上達", 亦但以人事有迹、天理無眹而謂之上下爾。 故朱子於 『或問』論之曰: "學是事, 而通其理, 卽夫形而下者而得夫形而上者焉。" 退溪先生 「答李宏仲」書曰: "道不離器, 以其無形影可指, 故謂之形而上也; 器不離道, 以其 有形象可言, 故謂之形而下也。太極在陰陽中而不雜乎陰陽, 故云上耳, 非謂在其 上也; 陰陽不外乎太極而依舊是形氣, 故云下耳, 非謂在其下也。" 此意極分明無 可疑晦處, 極微密無可破綻處。 豈此上下字語意渾全, 可以隨處圓轉活絡而竝無 牽强拘曲之弊也歟? 『中庸章句』"至靜之中, 無所偏倚", 愚每作一句讀。 今偶記農 、淵二先生集中有論此義, 而主意各不同。 農翁言: "若以'至靜之中, 無所偏倚'嫌 作一句讀, 則無寧以至靜爲不接物、不應事之時, 而於此戒懼, 勿令有所偏倚者, 爲致中之事, 庶於大義不差。 若以不至靜爲未發, 而又硬說未發之時, 須著無偏倚 功夫, 則大不可。"【見「答金道以」書, 餘又見「答邃庵」書。】 淵翁言: "未發之前, 雖曰凡聖所 同, 或十分或八九分語有圓活, 猶存寬窄於其間。 如至靜之中, 寬言之也; 至曰無 偏倚, 則窄言之也。"【見「答李正庵」書】 一則以至靜爲無事之時, 而不屬之未發; 一則 以至靜爲未發之中, 而未至於十分也。 愚妄謂未有至靜而非未發者, 又未有未發 而非十分者。 蓋雖無情意之發, 苟未至於十分無偏倚, 則不足謂之至靜, 亦不足謂 之未發。【此處最要細看。】 然則至靜之中, 論境界, 無所[248]偏倚, 語體段文雖兩言, 而

---

248) 所:『艮齋集』前編에는 '少'로 되어 있다.

意實無二, 恐非於未發之時, 又須用無偏倚之功, 亦恐非有寬言、窄言之別也。【未發之中, 聖愚一同。『中庸或問』、『聖學輯要』, 皆明言之, 恐難謂有分數。○「與鳳岫金丈」】

但曰未發, 則固是道理地頭, 而非學者工夫也。然因此遂謂但有靜工夫, 更無未發工夫則過矣。蓋妙敬工夫, 未發、已發, 皆所當有。若但可用於靜而纔到未發界分, 遂不復持守而任其休歇去, 則豈不爲黑底未發耶? 此類不須以前言有無爭之, 只去心上自看, 亦自可見。【「答金混泉萬壽」, 下同。】

"纔說性不是性", 朱子所釋有三說。一則以未發、已發言, 『大全』「論性說」是也; 一則以氣質、本然言, 『語類』葉賀孫錄是也; 一則以天命、人性言, 董銖錄是也。蓋 "生之謂性", 此句本借告子語, 以明 "有此氣爲人, 則理具於身, 方謂之性"【此三句, 見『語類』鄭可學錄, 而與天命之謂性章句, 無一語不同。】之義爾, 其動靜體用之辨、偏全善惡之異, 則未之及焉。夫首一句之義如此, 則其所釋之言,【"人生而靜"以下四句。】亦豈有異指哉? 故『大全』「答陳北溪」, 欲改從未發之問, 曰: "此說費力, 只合仍舊, 更思之。" 所謂 "仍舊", 卽指未生之說也。『大全』「論性說」亦主未發言者, 而『語類』沈僩錄, 以此篇爲舊做, 則亦安知非已棄之初說乎? 又徧考『大全』、『語類』諸說, 其與董錄相符者不啻多矣, 而說如 葉錄者絕少, 故愚平生所主, 如前所禀爾。

栗、尤兩先生之說, 以爲心屬氣而理無爲也, 以爲理爲本而氣爲用也。此非兩先生之說, 實洛、閩之敎也; 非洛、閩之言, 實孔、孟之意也。何以言之? "人能弘道", 心屬氣也; "非道弘人", 理無爲也。如 "氣配道義"、"心原性命" 之類, 皆是此說, 亦理爲本而氣爲用之指也。"止至善"、"尊德性"、"不踰矩"、"不違仁", 何者非此箇道理乎? 有以明德、道心直指爲理者, 則理何嘗是靈覺之物, 而心亦可謂沖漠之理耶? 又有以氣爲動者靜者, 而理爲動之靜之者, 則謂性能檢心, 而人却爲道之所弘可乎? 且釋氏之認知覺作用爲性爲洞見道體者, 而凡程、朱、栗、尤之觝排者, 爲不識心性之妙也歟, 恐決無是理矣。至於 "一陰一陽之謂道"、"太極生兩儀" 兩句, 只是明理爲根柢之意, 非直爲理實有爲之謂也。不然, 栗翁所謂 "孰尸其機? 嗚呼太極"、尤翁所謂 "太極爲陰陽之主" 者, 豈皆忘其平日所謂 "氣不動而理動, 萬無是理"、【栗翁語。】所謂 "理之無情意造作, 無間於體與用" 者【尤翁語。】而云爾歟? 只此數

段, 便可斷得近日是非矣。【「與宋東玉秉珣」】

性是純善之理, 心是本善之氣, 愚之所聞於師友者如此。竊嘗謂旣曰心則未有超然專說得理者, 旣曰性則未有截然單說得氣者, 但其間有理氣賓主之別耳。【「答柳穉程」, 下同。】

"性爲心宰"一句, 今書雖甚非之, 昔者見諭以爲理是無爲而爲有爲之主, 心是有爲而爲無爲之用, 此豈非性爲心宰之說乎? 第恐尊意於此"理"字, 不肯以爲性也。大抵旣以心爲理, 又旣斥性爲心宰之說, 而又自爲理爲心主之論。然則將於心外、性外, 又有一物可名爲理也。此則程、朱以下諸賢, 或有如此說者耶? 來敎謂性旣爲心之主宰, 而心又爲性之主宰, 則惡在其極本窮源之主宰耶? 又問兩箇主宰將迭相運用耶? 抑交頸竝立耶? 此問誠似喫緊然。如欲問此, 須先問理旣爲心之主宰, 而心又爲性之主宰, 則何者是極本窮源之主宰耶? 且此二者將迭相運用耶? 抑交頸竝立耶? 若於此道破, 則鄙意之所在, 亦可得以言矣。【"此問誠似喫緊"以下至此, 初本作"愚竊謂就造化上說則心爲性宰, 從根柢上說, 則性爲心宰。然則從根柢上說者, 當爲極本窮源之主宰也。且心雖至神而其源一出於性, 豈敢謂與性竝立? 性雖無爲而其尊無與爲對, 何得言與心互用? 此只以'尊誨理爲心主, 心爲性宰'兩句體貼看, 其可通與不可通, 庶不待多言而得之矣。"】來書歷擧『朱書』心爲性(制)[宰]249)之(訖)[說]250), 而曰"此類高明必已稔誦", 而今乃以爲某之私言而非之, 無乃有所蔽耶? 此段深荷鐫誨之意, 然愚之所疑, 不在於心爲性宰, 乃在於以心爲理, 而仍又以此爲性之主宰。如此則人之爲學, 不必本之於性, 而專以此心爲主而可乎? 愚嘗驗之, 心有所爲本於性則正, 不主於性則(那)[邪]251), 未知本於性者爲主耶? 爲之本者爲主耶? 且若有不主於性而能使心正者, 則豈不眞可敬仰? 第恐無此理也。至於朱子之言, 則其意蓋以道體無爲而人心有覺, 故以心爲性之主宰耳。固非認理爲有知之物, 而遂以爲性之主宰, 如執事之意也。且心爲性宰, 只是就流行處說, 故及其答人問, 又却云: "心固是主宰底意, 然所謂主宰者卽理也。" 此又是就源頭上說也。蓋恐人專認此心以爲主, (故)252)不復以性

---

249) (制)[宰]: 저본에는 '制'로 되어 있으나, 『艮齋集』前編권2 「答柳穉程」에 의거하여 '宰'로 수정하였다.

250) (訖)[說]: 저본에는 '訖'로 되어 있으나, 『艮齋集』前編권2 「答柳穉程」에 의거하여 '說'로 수정하였다.

251) (那)[邪]: 저본에는 '那'로 되어 있으나, 『艮齋集』前編권2 「答柳穉程」에 의거하여 '邪'로 수정하였다.

爲主, 故爲此極本窮源之論, 以詔後世聖賢憂患道學之心, 可謂至深切矣。若使朱子以心爲理, 果如尊意而其言如彼, 則竊恐以(夫)[朱][253]子之明睿, 其語人以心性之妙者, 決不如是之絮也。以此疑朱子之意未必盡如尊諭之云也。向承面誨以爲釋氏本於心而止, 吾儒又必本於理, 此論深得程、朱之意矣。今書以爲心誠不安於主宰之屬氣, 則此政高明者發省致思之一機會; 愚亦謂心誠不安於本原之屬心, 則此政執事者發省致思之一機會。來書以愚說爲因仍推遷、强排名號云云。自量鄙論, 固多舛誤, 然又以尊誨求之, 以理之妙用爲性之主宰, 以理之實體爲心之所宰, 又以理之本體爲心之主。此則果爲四亭八當而無一毫安排造作之態耶?

"生之謂性"是未生時無所謂性者, 故就有生以後形氣之中說得"性"字, 所以云"生之謂性"也。雖曰生之謂性, 而却不說到氣之勝理處, 則無損其爲本然矣。今曰纔下生字, 便須以氣爲主, 而非專言本然者云爾, 則人之言本然者, 須是就人物稟生以前懸空憑虛以爲之說, 然後可矣。且夫劉子所謂"民受天地之中以生, 所謂命也", 『樂記』所謂"人生而靜, 天之性也", 朱子所謂"人物之生, 因得所賦之理以爲德, 所謂性也",【『中庸章句』】所謂"物生則有性, 而各具是道也",【『易』「繫辭」『本義』】諸如此類【此外又如『孟子』"性善杞柳"、"生之謂性"諸章『集註』言本然處, 亦皆卜生字。其佗程、朱諸說, 又不勝徧擧矣。】一切掃盡而後可矣。此果可爲聖人復起, 莫之能易之言乎? 以愚觀於其說, 直是不通, 而尊兄乃爾深許, 是必愚昏塞之甚, 不能領取其意而然也。然嘗考朱子之論明道此句者, 曰"人物旣生, 則卽此所稟以生之氣, 而天命之性存焉", 又曰"生之謂性, 便與五行、太極相似", 此似與彼說異矣。愚又謂纔無下箇"生"字處, 便和此性亦無乘載處, 故曰"凡言性, 舍'生'字不得", 農翁此言亦似與彼說不同矣。昔彪某者指稟生以前爲天命全體, 而人物所受皆不得而與焉。此却與濯溪相表裏也, 而朱子乃謂尤所不曉而力排之, 此於盛意如何? 尊兄且道明道此句是但言有生以後, 此理之載在形氣者耶? 抑早已說到氣爲之主而理失其丕處耶?【此理若但載在其上而已, 則只當名爲本然之性矣, 必也爲氣所拘而不得其丕, 然後乃得謂之氣質之性矣。】只於此處看得徹題得破, 便更無許多辭說牽强矣。【「答宋晦卿」, 下同。】

---

252) (故): 『艮齋集』前編권2「答柳穉程」에 의거하여 衍文으로 수정하였다.

253) (夫)[朱]: 저본에는 '夫'로 되어 있으나, 한국유경DB의 정본화자료에 의거하여 '朱'로 수정하였다.

『遺書』十一卷, 明道曰"天地之大德曰生"【止】"人特自小之何耶", 愚竊意先生以"生之謂性"一句, 挿入於天德生意元仁之間, 其不以爲弗性之性, 章章明晰, 故 朱子以爲天命之性矣, 農翁亦以爲"凡言性含生字不得"矣。 如何後賢多指生性爲氣質, 雖老洲先生, 亦然? 尋常蓄疑而未解也。 近來後進之士才見人生來在氣之性, 輒認做弗性之性, 將有覓性於生字之外者, 甚可歎也。 愚竊謂無生竝無性, 未審知道者以爲如何?

彼嶺海間, 一種士流視"性師心弟"四字, 如邪說而惡之, 無怪也。 程、朱、栗、尤脚下人, 亦復隨衆發惡, 殆近於日用而不知者也。 令孫學識長進, 于此一義, 實能篤信而無疑, 賤子身後可保無失也。【「答柳明化志聖」】

戒懼是統體功夫, 須是從接物起, 至於未接物而竝及於至靜之時, 然後始爲圓滿。 如曰不視不聞非竝包至靜言, 則體道功夫竟不能通乎未發之境, 此於經旨未合。 蓋子思子旣曰"道不可須臾離",【"須臾"兩字竝指動靜極處言, 無片刻滲漏。】 而繼之曰"是故戒愼不覩, 恐懼不聞", 則至靜之時已在其中矣。 玩註"常"字、"雖"字、"亦"字, 總是無動無靜、無寂無感、無時不戒懼之意, 然此猶只是講解文字則然矣。 若反以求之吾心, 亦不得不如此下功, 始免得粗疎之病。 如以不視不聞, 僅及於未接物時而止, 則自是以後, 至於至靜之時, 不知做得甚功夫。【「答李友明聖烈」】

所喩性心尊卑正邪分判, 誠然誠然。 竊觀古聖賢, 無不以小心兢惕爲尙, 近日士流, 其心往往妄自尊大, 無復敬畏, 而下視性命, 欲以其說塗人耳目, 及其聞欽承仁義之說, 猶讐敵然, 甚可畏也。 然『易』之"卑以自牧", 非此心自卑之謂乎? 其曰"大人奉天時"、"君子尊德性"、"君子畏天命"、"四勿所以事天"之類, 非此心尊性之謂乎? 愚又嘗讀晦翁「崇德齋銘」, 曰: "尊我德性, 希聖學分!" 竊謂此是正道異蹊, 八字打開處。 蓋尊性爲聖學, 則其不尊性而尊心者, 將自命爲何學? 彼雖張皇震耀, 其於天下萬世不可易之理, 何哉?【「答田重睍九煥、田性乃中煥」】

夫堯、舜不止於心之而必性之, 孔、顔不止於心而必曰矩與仁也。 『曾傳』旣曰"明明德", 而又必曰"止於至善"; 『中庸』首言性道, 而不及心靈;【「序文」亦不以靈覺爲本, 而又必曰"原於性命"。】孟子不徒言心, 而其究竟則曰"心之所同然者, 理與義也"; 程子之言聖學, 不曰本心而曰本天; 朱子之言聖德, 不曰心者而曰性者, 千古群聖之心, 其所主本與所師法者, 無不以性爲言矣。然則彼佛、禪、陸、王之專主乎心, 而不根極於性者, 自歸於畔道倍天而不可學矣。今我輩後學但當(少)[小]254)着心、低着心, 靠它性理做將去, 自餘紛紛之說, 可一掃掃盡矣。【「答權稚昀曘熙」】

承喩讀『石潭全書』理氣心性等說, 迷眼疾首未免長廊數柱。愚竊以爲先生於此可謂通透明快, 可以敎後學而不錯於路徑矣。自近世三數家議論出, 而後士之讀此書者, 頗致疑眩, 區區以爲"理之無爲"、"心之屬氣"兩端決, 則自餘許多葛藤, 不足言矣。夫"理之無爲", 朱先生釋孔夫子之言曰"道體無爲", 則道體之在天在人, 豈有二乎? "心之屬氣", 亦只於此章『集註』"人心有覺"者, 可以決矣。孔、朱二夫子既以人心、道體對待立言, 則道之非心, 心之非道, 豈難見之理乎? 又考『大學或問』, 曰: "人之所以爲學, 心與理而已。" 使所謂心者, 果卽是理, 如陸、王之見也, 則將曰人之所以爲學, 心與心而已, 理與理而已, 皆沛然無少窒滯否? 『中庸章句』「序」曰"心原於性", 此亦曰"理原於性", 亦得否? 夫心既不可直指爲理, 則不得不屬之氣分; 心既屬於氣分, 則凡大地聖賢造化運用不得不歸於心, 而道體之爲無爲, 而爲有爲者之本源主宰, 亦不得不然之理也。以是而觀於先生之論與譏訾先生說者之得失, 恐不難見也。【「答權應天大煥」】

來書累數百言, 舉其大要, 不過理亦有發、心亦屬理兩端而已。古書有云"感於物而動, 性之欲也", 又云"天理流行發見", 據此, 則理亦有發似可通矣。但須更以"人能弘道, 非道弘人"、"理無情意, 纔有作用, 便是形而下"之類反復參量, 必有以見其從此理根柢處, 總統言之則亦可言理發;【非但善爲然然, 惡亦然, 故曰"善惡皆天理"。】從心理能所上界分說來, 則只可言心發而更不可言理發也。【此亦善惡皆然。】如此然後於治心循理之功, 始有所補益矣。古書猶云"仁, 人心也", 又云"心爲太極也", 據此則心亦屬理似可通矣。但須更以"以禮制心, 以仁存心"、"聖人本天, 釋氏本心"之類反復究勘, 必有以見其從此心具理處渾淪言之, 則亦可言心屬理。【非但心爲

然, 氣亦然, 形亦然, 故曰"氣卽性", 又曰"形色天性"。】從心理對待上判別說來, 則只可言心是氣【此"氣"字與形氣、氣質不同, 只是簡湛一精英、虛靈光明底。】而更不可言心亦理也。【理無二體故也。】如此然後於治心循理之功, 始有所補益矣。雖然, 此只大概說而已, 至於反躬而實踐, 則愚每有愧焉。蓋吾人論本體處, 頗覺明瑩, 及徵之事行, 違背處十之八九, 此是古人所戒口耳之學, 甚可懼也。竊惟孔子教人, 片言單辭, 無非極至之理【太極。】誠敬之心,【陰陽。】苟能循而行之,【造化。】皆可以成德矣。【心理合一, 天人無二。】今人多認爲平常卑近而復求言外之別傳, 其所講辨者無非"聖人所罕言底命與仁"、"子貢所未聞底性與天道"。 如此, 則聖人嘗言"以仁聖之道誨人不倦", 此何謂也? 朱先生亦嘗訓門人曰: "公要討無聲無臭底, 然只是眼前道理。若有高妙底而聖人隱之, 是聖人大無狀! 不忠不信, 聖人首先犯著!" 此是先生將赤心明白道與人者, 我輩後人曷敢不俯首從命? 乃自去憑虛鑿空, 指玄畫妙, 奉身以納異學之門, 而究無所歸宿也乎?【「答李顯可貞基」】

承諭以三家皆有一, 此固然也。然孔子之一是性, 釋氏之一是心, 老氏之一是氣, 一之名雖同, 而一之實却異也。孔子主性, 故誠實而有用; 釋氏主心, 故靈明【聖人非不靈明, 却不似釋氏以恃法身, 視諸倫常如幻塵, 要超三界。】而落空;【此與"聖人義之與比"不同。】老氏主氣, 故恬靜【聖人何嘗躁動? 但不似老氏 只要形神全不撓動如嬰兒, 以求長年。】而無爲。【此與"聖人行其所無事"不同。】又儒教居敬以盡性, 禪教入定以攝心, 道教數息以養氣, 三家之本體既殊, 功夫亦別, 恐未可以其皆有一而强合之也。【「答黃孟達在三」】

近世心學盛行而性爲之屈, 遂成偏而不全、【謂性不可獨當太極者當之。】卑而不尊、【謂性爲億兆之民者當之。】二而不一、【謂心一而性二者當之。】異而不同【謂天命之性面貌不同者當之。】底物事。愚不勝慨惋, 乃敢極力說出"心本於性"、"性體心用"、"性師心弟"等語,【一一有據, 非敢杜撰。】自謂爲性字盡忠, 然由是而受謗覿懟, 如山如海, 而亦不之悔也。【「答姜聖文敬熙」】

性爲形而上之道, 心爲形而下之器, 而二者無須臾之離, 此不可易之定理也。特人之用功有間斷時節, 彼凡庸之昏狂者不須論, 若君子之尊德性而希聖學者, 靜而保守道體, 動而持循義用, 皆是小心尊性之功也。雖值怵惕惻隱驀然發出, 不及措手之時, 前此戒懼存養之力, 豈容忽地隔塞消泯而毫無關涉也乎? 是以所發之情

自然循軌, 而不至於悖性矣。【「答權應現球煥」, 下同。】

心性以本分地位言之, 性固當爲心之主; 雖以運用工夫言之, 爲心者亦當以性爲主, 不敢萌與性互主【二字, 來書語。】之念, 何以云也? 如窮理盡性, 豈不是此心運用工夫? 但可謂之主理, 決不可謂之主心之學。又如非禮勿視, 心有能視之才, 如何不敢視? 以上面有個"禮"字,【『語類』云: "子靜之學, 只管說一個心本來是好底物事, 上面著不得一個字。 (些)[255]試觀今日心理家議論, 與子靜說有些子不同處否?】 自爲至尊無對不宰之宰。故爲心者不敢自主, 而必主於性而運用, 乃能克己而爲仁矣。萬一不然, 欲舍理而自主, 則其不爲形役而鑿性者絕無矣。若但就文字語勢論之, 朱子以氣配道義爲氣爲主, 此但言其語勢如是耳, 曷嘗謂氣與道義可以互相爲主乎? 願且虛心平氣, 毋主先入, 毋雜他說, 專意就日用工夫處, 熟察其性爲心宰、心爲性用之實, 則其得失從違, 不至甚難見矣。

所詢人物性同異之分, 論禀賦之初, 氣雖有萬, 而性則無二, 觀發用之際, 性之一者, 不免隨氣而異。於是有堯桀之殊、人物之分, 而華夷之判、儒釋之異, 亦皆從此而見矣。故孔子敎人常就用處理會, 未嘗直向未發時加矯揉之功也。【「答李君峹庚萬」】

秉彝天性, 人心之所同受而爲天下之大本也; 知誘失正, 衆人之本心而(牿)[梏][256]其性也; 知止存誠, 賢者之主理而事其天也。【「答金聖培元直」】

---

255) (些): 한국유경DB의 정본화자료에 의거하여 연문으로 수정하였다. 『艮齋集』後篇 卷2 「答權應現」에 의하면, 이 부분은 "○"으로 되어 있음을 밝힌다.
256) (牿)[梏]: 저본에는 '牿'으로 되어 있으나, 한국유경DB의 정본화자료에 의거하여 '梏'으로 수정하였다.

2-1-61「性理 二」(『性理類選』卷2)

無生則無性, 故曰"生之謂性"也。仙鄉諸公以生字爲帶氣, 帶氣也, 故有性之名, 否則有能懸空說性者乎? 朱子之言性與太極, 未嘗不以帶氣爲說。帶是不離之意也。以不離氣而不得爲本然, 則是天下無本然矣, 奚可哉?【「答洪晚柏理禹」】

朱子「答嚴時亨」書曰: "五行太極, 便與'生之謂性'相似。" 夫朱子之先, 言"生之謂性"者, 有三人焉, 告子也, 明道也, 伊川也。未知此書之云, 果指何人所說而言耶? 夫性謂之與太極相似, 則其非氣質性也決矣。今夫告子以知覺運動言, 叔子以剛柔緩急言, 則不應指此爲本然之性矣。蓋嘗考之, 『大全』「雜著」有所謂「明道論性說」者, 其釋"生之謂性"之義云: "卽此人物所禀以生之氣, 而天命之性存焉。"『語類』亦有論此句者, 曰: "有此氣爲人, 則理具於身, 方可謂之性。" 由是觀之, 所謂"生之謂性與五行太極相似"者, 無乃指伯子之言而云爾歟?【「答金道成齋旻煥」,下同。】

溪丈「與老先生」書, 論『大全』「明道論性說」云: "其曰'卽此所禀以生之氣, 而天命之性存焉'者, 主於氣質之性而言, 非指本然也。若以「答徐子融」書解之, 則甚分明矣。'氣質之性, 只是此性墮在氣質之中, 故隨氣質而自爲一性'。"【"氣質之性"以下二十三字, 卽朱子「答子融」書中語。○溪丈書止此。】愚意竊恐朱子二說, 各是一義, 未可以此解彼也。蓋「論性說」則但言性在氣中而已, 「子融書」則却說性隨氣異焉爾, 其辨恐不但在毫釐之間而已也。謹按『論語』性相近章『或問』曰: "天地之所以生物者, 理也, 其生物者, 氣與質也。人物得是氣質(而)[以]257)成形, 而其理之在是者, 則謂之性。【以上言本然之性。】然所謂氣質者, 有偏正、純駁、昏明、厚薄之不齊, 故性之在是者, 其爲品亦不一, 所謂氣質之性也。"【以上言氣質之性。○『或問』說止此。】「論性說」所謂"卽此所禀以生之氣, 而天命之性存焉"者, 卽『或問』所謂"理之在氣者謂之性"之意也。「子融書」所謂"隨氣質而自爲一性"者, 乃『或問』所謂"性之在氣者, 其品亦不一"之意也。二說之不同, 後之人必有能辨之者矣。

俯詢"性爲心宰"之義, 愚何足知? 惟嘗聞朱子之言, 以爲"性猶太極, 心猶陰陽"。

---

257) (而)[以]: 저본에는 '而'로 되어 있으나, 문맥을 살펴 '以'로 수정하였다.

又聞尤菴以爲"太極爲陰陽之主, 而反爲陰陽之所運用"。【尤庵語止此。】今人徒知性爲心之所運用, 而不知心之運用實出於性, 故曰"氣之流行, 性爲之主", 又曰"心固是主宰底意, 然所謂主宰者, 卽是理也"。【倂朱子語。】然謂之主宰者, 非謂有情意、有計度而運用夫心也。只是心有所爲, 必先有此理, 而後心始有所根極, 而有此妙用也。而沈明仲不知此意, 乃欲以主宰爲情意造作意看。故尤翁告之曰: "所謂理爲主宰者, 不過曰自然而已, 非如陰陽五行之有運用造作也。" 據此則知主宰二字, 字同而用異。謂心爲性之主宰者, 從流行處, 指其能運用此理而言也; 謂性爲心之主宰者, 就源頭處, 指其爲氣之所本而言也。此處理義極精微, 正宜反復推究。愚竊謂性爲心宰一句, 雖始發於老洲, 而其實從上聖賢, 以及栗、尤諸老先生, 所相傳授之單傳密付也。向得省齋書, 以爲"此一句程、朱尙矣。吾東中古以上, 諸賢講說, 亦有此話否?" 以此甚忽之, 然今不敢多談。且請老兄只就自心上體察, 此心自用時, 其發果無差否? 以性爲主時, 其心能無畏乎? 夫以至神至靈運用不測之心, 乃有所畏而不敢肆, 豈非有至尊無對之理, 爲自然不宰之宰故歟? 只此數句, 細心翫索, 其味無窮, 切已體驗, 其妙不可言。愚每謂此心一有所爲, 必以性爲主, 而不敢自用。如此勉勉循循不能已, 而至於用力之久, 而一日泯然心與理一之境, 然後所謂"從心所欲不踰矩"者, 可庶幾焉。今若不肯如此俛首下功, 乃欲以心爲極本窮源之主宰, 而不復本於性, 而望其用之不差, 則是雖若直截徑捷而得之, 吾恐其未及有得, 而遽已化而爲佛矣。

"各一其性", 前言不一, 後學何敢妄有論說? 但朱傳云: "五行之生, 隨其氣質而所禀不同, 所謂各一其性也。" 此數句指意, 似非一行全具五性之說, 故蒙陋之見, 每於諸先生之敎, 未免有些聽瑩處, 竊不勝其悶隘之私耳。記得『孟註』有云: "三子猶春夏秋冬之各一其時, 孔子則太和元氣之流行於四時也。" 三子各一其時, 非統合四時之謂, 則五行各一其性, 豈全具五性之謂乎? 然此非人物同異之辨, 不必嫌也。蓋此段周子方論"造化發育之具"而已, 至下文"成男成女, 惟人得秀", 乃說人物之分耳。且朱子又嘗言"各一其性, 則渾然太極之全體, 無不各具於一物之中",【『圖解』】"但論氣質之性, 則此全體墮在氣質之中",【『大全』】"五行雖曰各一其性, 然一物又各具五行之理"。【『語類』】 據此則其指又何嘗如浦論之謂乎?【「答孟任卿仁遠」, 下同。】

性理有以全體言而分殊在其中者, 有以一偏言而理一在其中者, 而兩不相礙也。今此五行各一之性, 卽偏言而一在者也。如木之性仁, 而其萌芽仁之仁也, 抽葉仁之禮也, 結實仁之義也, 晦根仁之智也, 四者皆誠仁之信也。此程子所謂"居一而其四"者也。然據其主而言之則仁也。【餘四行皆倣此。】若乃太極全體, 則更無一德偏主, 而五性之統會者。此與五行各一其性, 豈無理一分殊之別乎? 故曰"五行之生, 隨其氣質而所禀不同, 所謂'各一其性'也"。此『語類』所謂"天之健、地之順, 如在人之氣質"者也。又曰"各一其性則渾然全體, 無不各具於一物之中"也。此『大全』所謂"但論氣質之性, 則此全體墮在其中"者也。

朱子「答嚴時亨」第一書第二段首, 以"人生而靜以上"及"纔說性", 分貼於"未生"、"已生"。下文, 以"繼善"、"性善"分貼於"未生"、"已生"矣。竊謂『大傳』本指固是主造化而言, 但明道假借『易』文, 移就人性上說, 則此處繼善不當復言未生。而嚴書末段所分如彼, 故『語類』「文蔚錄」自謂"覺得未是"矣。若乃"靜以上"、"纔說性"之分"未生"、"已生", 初未嘗語及。今肅翁「答立軒」書, 以"不容說"屬之未發, 而引「文蔚錄」, "以嚴書靜以上是未生"云者, 歸之未定說, 恐未及細勘於上下未生不相蒙之意而然也。【「答韓希殷序敎」】

氣質性固是合理氣言, 而本然性與仁, 亦有言合虛與氣, 亦有言合理與木氣者。氣質性固有言兼氣質、夾氣質者, 而"人生而靜, 天之性", 孟子"性善"亦有言兼氣質、夾氣質處。【竝見『語類』。】愚謂量洪者可以讀書。【「答韓景春晦善」】

至靜之中, 其守不失, 守是守道體, 欲守之, 先須識得。呂子約言見未用之體, 朱先生謂: "此語甚好。人須看得這箇分曉始得。"【見『語類』呂氏門。】道夫問: "未發之際, 欲加識別, 使四者各有著落, 如何?" 曰: "如何識別? 也只存得這物事【此似指道體。】在這裏, 便怎地涵養將去。"【見『語類』祭義問。】國秀問: "自驗得此心未發時, 仁義禮智之體渾然未有區別。於此敬而無失, 則發而爲情, 自有條理。" 曰: "雖是未發時無所分別, 然亦不可不有所分別。蓋仁自有一箇仁底模樣在內云云。今要就發處認得裏面物事是甚麼樣。故發而爲惻隱, 必要認得惻隱之根在裏面是甚底物事云云。"【見『語類』訓門人。】愚於此一事費了多少思量, 用了多少心力, 終未見有分曉氣象。未知高明曾如何識認?【『語類』士毅問: "未發時, 自覺有箇體段則是。如著意要見未用之體, 則是已發?" 曰: "只是識認它。"】『大全』「玉山講義」、「答陳器之書」"無聲臭形象"、"有閒

架條理"等語, 竝要潛玩而實驗之, 不可只做一二篇性理議論, 看過便都無事也。【「答金駿榮」】

元、亨動也, 而元動之端也, 亨其極也; 利、貞靜也, 而利靜之始也, 貞其終也。天地之化, 聖人之心, 無不具此兩端四德者也。若曰聖人之心纔靜, 便是至靜, 更無靜與至靜之分, 是有貞而無利矣。無利亦且無貞矣, 安有無利而有貞之理乎?【此處最可領悟細味之可也。】又觀聖人亦旣有一念之動, 又更有萬務之動, 是有元而又有亨矣。豈獨無一箇利而只具得三德而已矣乎? 愚僭謂聖人復起不易吾言矣。"體道少, 能體道卽賢, 盡能體卽聖", 此程子語也。吾人身上道體自在, 如何不能體得? 以明之未盡, 誠之未至爾。欲明誠之極, 先要志之篤、【此事學人例多泛看, 吾意臨命終時也。放下此志不得。】敬之專。【此事大難大難, 雖難, 亦要竭力用功。】此本不立, 雖曰讀書講義, 亦終於失道而已矣, 可不懼哉?【「答金駿榮、金思禹、崔鍾和」】

形、氣、神、理四者, 理精於神,【"心比性微有迹"。】神精於氣,【"神是心之至妙處, 滾在氣裏說, 又只是氣, 然神又是氣之精妙處, 氣又是麤了"。】氣精於形。【氣可變而形不可變。】神也者奉命於理, 而施之於形氣, 使之不畔乎理者也。理則爲三者之極, 而靡所知能者也。故君子之學, 莫大於存心養性。"存謂操而不舍, 養謂順而不害", 只於此加之意焉。【「答洪在碩」】

朱子曰: "天命個心了, 方是性。" 按: 天如君父, 心如臣子, 性如君父之命。爲心者, 當於思慮言動之間, 必須戒愼恐懼, 以不失乎付畀之重也。又曰: "心所得乎天之理, 謂之性。" 按: 理是心之所得, 非心卽是理, 如御史是銜命之臣, 非御史卽是君命也。又曰: "性不可以死生言。" 按: 性非有知覺能運用底, 非惟不可言死, 亦不可言活。在天之理、在人之性皆然。又曰: "五峯心無死生之說, 近於釋氏之見, 而駁學者之聽。" 按: 心有死生, 則心非性非道, 非理非太極明矣。以上四條之說與近世心宗之見同乎異乎? 鄙人所揭心本性三字, 非惟於心、性、理之辨有所發明, 亦於學問主腦之說更極有力, 後賢有作, 其必有以取之矣。【「答金永植」】

師性二字, 文雖創新而義理至精, 功夫亦切實矣。橫渠"己心嚴師", 謂百體動作, 都要由心宰也。然孟子謂曹交曰: "子歸而求之, 有餘師矣。" 求之者心也, 餘師者性也。此又性爲心師之說, 方可謂極本窮源之師也。蓋心師有時或差, 性師無有不善, 此聖學所以不本心而必本性也。【「與柳確淵」】

顔子素知仁字名色道理, 特未知如何而可以爲仁, 故問之。夫子所以不曰"仁是性、仁是道、仁是四德之首", 而但曰"克己復禮, 是爲仁之方也"。【其告仲弓、樊遲皆然。】故朱子『集註』既曰: "爲仁者, 所以全其心之德也。" 又曰: "爲仁者, 必有以勝私欲而復於禮。"【以上言爲仁工夫。】則事皆天理而本心之德復全於我矣。【以上言得仁實驗。】謹按: 上"爲仁者"者字指事言, 下"爲仁者"者字指人言, 而上下"爲仁", 皆與"爲仁由己"之"爲仁"同, 非有異義。乃『語類』節錄, 以"克己復禮爲仁"之"爲", 猶"謂之"相似, 與"爲仁由己"之"爲"不同。【『中庸』第十三章閔祖錄亦同。】此與『集註』不同, 當是未定之論, 而後儒多未察而承用之, 不可從也。黃慈溪『日抄』至以『集註』云"爲仁者所以全其心之德", 爲"恐指爲仁由己之爲仁", 此亦被『語類』說所牽制而有是疑。然細觀『集註』, 兩"爲仁者"之下, 始釋歸字曰"猶與也", 其下始曰"又言爲仁由己"云云, 則『日抄』之說誤矣。其說雖誤, 而其認"爲仁者所以全其心之德"一句, 爲不異於"孝弟爲仁"、"人之爲道"之"爲"則明矣。虞贊必以仁爲有爲之心而不肯認做理, 故昨書來以『集註』爲仁者三字硬做"謂之仁者"之意, 而曰"謂之仁者, 所以全其心之德也"之意。既又自謂如此屬文, 似不破碎, 殊使人噴飯也。朱子雅言: "百行萬善總於五常, 五常又總於仁, 所以孔、孟只敎人求仁。"【止此。】仁之爲道, 若是其重且大也, 乃不以爲理, 苦死要作心爲主、理爲賓之物, 吾不知其何爲而然也。○"居處恭、執事敬、與人忠", 是全體之弘量, "雖之夷狄, 不可棄", 是不息之誠力也。此非直是仁,【『語類』「揚錄」"克己復禮', '居處恭', '執事敬', 這豈便是仁?"】但人能如此, 則道之全體呈露而無些子遮隔, 大用流行而無霎時停息, 此乃所謂仁也。【『語類』「方子錄」"求仁只是'主敬'、'求放心', 若能如此, 道理便在這裏"。此與顔、卅章『集註』、『大全』「克齋記」之類無不同矣。】○繼檢『語類』呂燾、沈僴己未、戊午所聞, 則問: "克己復禮爲仁之爲, 這爲字與子路爲仁之爲字同否?" 曰: "然。" 又問: "程子云'須是克盡己私, 皆歸於禮, 方始是仁'。恐是仁字與爲仁字意不相似。" 曰: "克去那箇, 便是這箇。【先生嘗言"克己復禮當下便是仁", 非謂克復是仁, 但謂克復則當下便是仁。蓋克復外, 更無爲仁功夫, 故云。與今所謂"克去那箇, 便是這箇"同一指意。】蓋克去己私, 便是天理, '克己復禮'所以爲仁也。仁是地頭, 克己復禮是功夫, 所以到那地底。" 此是先生七十歲語。彼甘節所錄"爲字與謂之相似"者, 在辛亥以後, 李閔祖所錄見『中庸』第十三章, 而亦同甘錄者在戊申以後, 則呂、沈二錄當是最後定論也。無論『語類』先後, 只以『集註』觀之, 已自曉然。蓋“爲仁者所以全其心之德”, 此“爲仁”是釋“克己復禮爲仁”之“爲仁”, 其下次釋“歸”字, 其下乃曰“又言爲仁由己”云云, 其第次井井不亂也。黃氏『日抄』乃謂: “註云‘爲仁者所以全其心之德’, 恐指‘爲仁由己’之‘爲仁’。” 恐未察其指意, 亦失其次序耳。【更按『論語』, 無“子路爲仁”語, 路當作貢。○「與金敎潤」】

理善而已矣。雖所乘有淸濁之分, 而本體無彼此之殊, 何以言之? 天無雲則日明, 器無泥則水潔。氣不濁則理善, 而其惡者氣之渾也, 汚者泥之汨也, 暗者雲之蔽也。雲蔽而暗, 亦此日也; 泥汨而汚, 亦此水也; 氣渾而惡, 亦此理也。然日輪無暗, 水性無汚, 而理體無惡也。來喩“氣之所以惡, 亦必理爲之本, 非本無是理而氣獨自惡”。此是緊要問難, 而不可不子細理會者。蓋氣是有形之物, 纔有形便有精粗美惡。氣之所以有精粗美惡, 是理當如此, 然此只是卽氣上論其理則然爾, 非理之本體然也。卽氣論理, 與就器言水、隨雲看日同, 日果有暗日, 水果有汚水耶? 然則何獨至於理善而疑之? 今以氣之惡欲分罪於理, 是何異指雲泥之蔽汨爲日與水之過者耶?【「答沈能浹」】

心之於性, 且不肯師, 則三人行必有師, 姑勿問, 便聖人不足師,【人之爲聖, 以其性之而然也。梁啓超自謂“學陸、王而敎人勿爲聖賢之奴隸”。是其心已高於聖人矣。】六經不足師。【經之爲師, 以其載道而然也。陸象山自言“六經皆我注脚, 何必讀六經?” 是陸氏之心可以爲六經之師矣。】自餘大賢小賢、四書小學, 又何足以之爲師矣乎? 若曰我亦未嘗如是云爾, 則是聖賢、經傳, 皆高於性命而然歟? 可謂遁辭矣。【「答金思珉」】

愚每喜說小心尊性, 此天地間, 不可易之道理也。夫性尊而心卑, 故有此禮也。心而不欲尊性是僭矣。近日心理一派, 視心卑兩字, 如惡毒之物, 必盡力以打去之, 殊不知佛、禪、陸、王盡皆尊心先生, 何故相率而甘爲其弟子也。尹和靖曰: “何以有是差等? 一本故也。” 朱子解之曰: “旣是一本, 其中便自然有許多差等。二本則二者竝立, 無差等矣。” 愚亦曰: 何以有性心尊卑之等? 一本故也。若性心俱尊, 則二者竝立而無復差等矣。然則聖人之本天, 釋氏之本心, 更無邪正之別, 其不爲率天下而禍性義者鮮矣。【「答崔鍾和」】

“性相近”性字, 明是氣質之性。饒說大意雖善, 但非『集註』本指, 汪氏非之是矣。第其所引“帶著氣質”、“理與氣合”二段, 却須細勘。嘗見前賢論氣質性時, 固多以“兼、雜、帶、合”言者, 其於言太極、性、道處, 亦用此等字, 不可不察。如云“纔說太極, 便帶着陰陽; 纔說性, 便著帶氣", 又云"周、邵說太極和陰陽滾說", 又云"'一陰一陽之謂道', 道須合理與氣看", 又云"凡人說性, 只是說'繼之者善', 便兼氣質了", 又云"'人生而靜', 已是夾形氣". 此類豈可因"兼、合、夾、帶、和、滾"之字, 而遂指太極、性、道, 一併打做氣質了? 學者讀書, 須要得活法. 不然通於此而礙於彼, 行於東而躓於西, 終未見四通八達、胸次灑然之象矣. 學者最要於理氣夾帶滾合之中, 見得眞精有辨之實, 用得尊卑不亂之敬, 始是眞窮格實進修也. 【「與李喜璡」, 下同.】

性是太極渾然之體, 故一而無對; 心是二氣精英之聚, 故兩而有對.

來書言"氣異則理亦隨異而稟於人". 自解云"氣理皆以在人者言", 此謂男女之氣異, 則男女之理亦隨異而稟於男女耶? 知愚、華夷之生, 亦皆然耶? 且稟於人之先, 已言理異, 則豈不爲稟受前氣質之性耶? 高明喜引孔隙日光之喩, 未知方圓長短之隙異, 則日光亦隨而有方圓長短之異, 而入於孔隙耶? 且日之入隙, 旣有此許多分裂, 則孔隙分上日光全體, 却於何處見得耶? 近世心學熾而性小性賤, 使人憂懼不堪. 今高明再以理異稟人之說, 助其餘波, 而不顧尊性主理之學, 不復可行於人世間. 此雖繫運氣, 然每一思至, 直令人臆塞而氣短.

氣異則本心也, 神明也, 明德也, 浩氣也, 種種皆異而稟於人否? 如曰然也, 高明獨得之見, 非愚所能及也. 如曰不然, 則太極之理, 尚可曰隨異, 而彼四者何獨不然也? 豈四者倒高於理歟?

周子推太極二五之說, 以明人物之生其性則同, 此『孟子或問』所定, 而以爲有功於聖門而垂惠於後學矣. 朱子晚年定著『中庸章句』, 又分明說物之性亦我之性. 則余所謂"物性本體同於吾人"者, 非某人之所能立說破也. 程子言: "凡物莫不具有五常." 又言: "五行四端之理, 雖牛馬亦都恁備具." 又言: "凡有血氣之類, 皆具五常." 又言: "雖木植, 亦兼有五性." 據此諸訓, 則雖直謂物性本體與聖人同, 未嘗有害. 況今某人雖曰"百靈百會而吾恐其性究不過五性四端而已", 此何以別於禽獸草木之性也乎? 若曰"自家之性, 於五性四端之外, 又別有許多道理"云爾, 則程子又曰; "百理具在, 何物是沒底?" 又曰: "萬物皆備, 不獨人爾, 物皆然." 不知某人之性於百理萬理之外, 又有幾件妙理耶? 今也只據一邊兼氣爲性之說, 而不信程、朱以性爲理之訓. 且余所輯宋朝諸老先生之說人物性同者, 爲數十條, 而某人不惟禁諸少毋得披看, 自家亦不敢就此下一句辨語, 乃獨擧余說中"物性之本體同於吾人”九字, 以爲罵人之資, 何也? 夫聖人之性, 亦只是五常四端, 而某人却認己性爲異於具有五常四端之物性, 未知其所謂“吾之性”者, 果聖人同耶異耶? 其心但欲與余立異, 而不自知其陷於聖凡性異之歸, 可異也.【「與朴元鎬」】

朱子以“心之德”訓仁, 自後五六百年, 無一人敢謂此非專言性理者. 今乃得之於虞贊, 余實有夏蟲聞氷之惑也. 旣曰“不可專以性理言”, 則欲以知覺運用帶補耶, 則告子、釋氏之誤, 已見闢於孟、朱矣. 欲以心與理一添料耶, 則朱子固曰“心之德”而明理之在心, 則理與心何嘗不一而理則特自在耳? 虞贊嫌其自在而無爲, 故必以心爲主, 而曰與理一, 則方可見仁字有爲之實也. 然孔子曰“人能弘道”, 朱子以“人心有覺道體無爲”八字打開, 則仁之非心而是道, 不其明乎? 謂“仁有爲”, 決與孔、朱異矣, 此爲虞贊受病之源. 今若去得病根, 自餘小小疾痛, 可勿藥而自瘳矣. 如欲一向自主而不肯回頭, 則朱子曾令子融、方叔自立宗旨, 余於虞贊亦不復有他語也.【「答金鄭謨」】

“天命之謂性”, 子思子上述群聖之旨訣, 下立百世之標的. 凡吾儒言學之書, 無慮累數十萬言, 要不過使此心敬奉此個性字而已. 然則所謂“氣”者, 宜無與於此, 而晦翁先生之註明此句也. 何故先將陰陽、五行、形、氣、生、成等字立文, 而後始言性, 使人致得帶着氣質, 墮在形氣, 已非本然之疑乎? 此不可不愼思而明辨之. 先生嘗言: “非氣無形, 無形則性善無所賦. 故凡言性者, 皆因氣質而言, 但其中自有所賦之理爾.” 觀凡、皆二字, 天命之性, 卽在其中矣. 雖然, 理固不離乎氣, 而亦不雜乎氣矣. 學者之于性, 因其不離而懼此氣之有蔽也, 必存心主敬以馭其氣; 因其不雜而慮此理之無助也, 必知言集義以養其氣焉. 如此非惟性之不可無氣, 亦反藉氣以成參贊化育之功, 然則氣豈可少乎? 故老、佛之却不說著氣者, 先生嘗譏之矣.【「與金璂重」】

所詢『栗谷全書』“性不能禀全德”一句, 正當理會. “不必遠求”只以下句“心不能通衆理”, 交互對勘, 可見其所指矣. 蓋性單指本然全體, 則天地人物通同, 只是一箇道理.【天地之元亨利貞, 與人物之仁義禮智毫無分別. ○程子謂“雖牛馬木植, 皆具五常”.】統擧體用本末而觀之, 凡人之性亦與聖人異, 何以明之? 朱子嘗言: “陰陽合德, 五常全備, 然後中正而爲聖人.” 然則凡庸【纔說凡庸, 便已指點他氣質偏駁處.】亦可言性不能禀全德也.【非謂天人授受之理, 有偏有全. 如鄭濟卿之說, 此正毫釐千里之辨, 不可不精以察之也。】輔潛菴論孔子之待 陽貨, 只此一事而五性具, 可見聖人之全德。【此就接人處事上, 論其用之全也。此則雖顏子, 恐未及孔子, 若以此硬說孔、顏稟受之理, 微有不同。則丁古聖門, 安有似此蚩蠢無識、怪妄非常之論乎?】朱子「答余方叔」書言: "人爲最靈而備有五常之性, 禽(戰)[獸]258)則昏而不能備。" 今以我輩中人比之庶物, 則幸而得氣之秀者, 故亦可謂其心最靈而能備五性。然以之比聖人, 則以其不能得秀之秀者, 故陰陽偏勝而不能備有五性。然則彼"萬物之性不能稟全德, 心不能通衆理", 又何足異哉? 此有這般許多層節, 非能虛心細繹而精察者, 恐未易看得破也。今學者宜如何用功? 欲此心惺惺不昏昧, 就氣分上施磨礱撿束之法, 久而有融和之功, 則元初稟受的五性本體, 不期復而自復矣。不如此眞實用功, 但以我勝於彼、彼不如我, 自詫而已, 則亦無益其爲禽(戰)[獸]259)同歸之科矣。【「答金建周兼示諸生」】

犬牛、人性之異, 朱、宋二先生, 皆以爲氣質之性。而南塘於此, 却有異論, 不知何所據也。嘗見濯溪「上渼湖書」, 引此章圈註許多性字, 皆是本然, 以證人物本然性異之說。新村 李丈頗疑其難析, 而愚以爲於是答乎何有? 若應之曰: 所謂氣質之性, 只是本然之性隨氣質而所發不同者是也。以此意去看圈註, 則無可疑矣云爾。則未知濯溪將何以轉身耶? 大抵天命之性, 是就稟賦上說, 犬牛之性, 是就發用上說, 此實本然、氣質同異之分, 不可不察也。【「答宋毅燮」】

某也以栗語中"與生俱生"四字, 是出於韓子『原性』, 遂立爲自家的證。所見如此, 宜乎纔見古書"生之謂性", 不問當人本指如何, 一切以其出於告子, 遂定爲氣質也。程子論萬物一體之理而曰: "生則一時生,【此是與生俱生之謂也。】皆完此理。" 朱子論仁義之心而曰: "與生俱生。" 又論君臣之義而曰: "與生俱{生}260), 果從外得乎?" 農翁論道之本體而曰: "與生俱生, 亘古亘今, 磨滅不得。"【論『思辨錄』書。】此皆指爲氣質之性、氣質之心、氣質之義、氣質之道乎? 『參同契』"六虛", 道家錯做虛危穴, 則朱子譏其討頭不見, 胡亂牽合。一字來說, 某也之生字, 豈亦此類也歟?【「答朴大鉉」, 下同。】

朱子註四書, 每先說本然, 而後及氣質, 此性同氣異、稟一用萬之妙也。今彼言一

---

258) (戰)[獸]: 저본에는 '戰'으로 되어 있으나, 『주자대전』권59 「答余方叔」에 의거하여 '獸'로 수정하였다.

259) (戰)[獸]: 저본에는 '戰'으로 되어 있으나, 『艮齋先生文集』에 의거하여 '獸'로 수정하였다.

260) {生}: 『艮齋先生文集』「答朴大鉉」에 의거하여 '生'을 보충하였다.

切反是, 不須細論, 又其所謂"天地間統同只是氣質性"者, 可謂氣質氏之第一功臣也.【"氣質性, 君子有弗性"者, 而彼何故盡力以撑起那箇, 以爲論性主腦、儒門大義? 甚可怪也.】本體只是理, 不指氣, 無以充, 卽程子"物則氣昏, 推不得"之謂也.『大學序』云: "莫不與性而氣異, 是以不能皆有以知而全之."『孟註』云: "人物性同, 獨人得形氣之正, 而能有以全其性."『大學或問』云: "'不及上智'者, 不能無蔽而失其全."『中庸或問』云: "所謂性者, 無一物不得. 鳥獸草木得形氣之偏, 而不能有以通貫乎全體." 又曰: "天命之性, 人物所同得, 而人之氣禀亦有異者. 是以私意人欲或生其間, 而於所謂性者, 不免有所昏蔽, 而無以全其所受之正." 以此諸義推之, 無以充其本體之指, 不難見也.【『答吳震泳』, 下同.】

『近思錄』"生之謂性", 遠自『性理大全』、『聖學十圖』、『聖學輯要』、『宙衡』, 皆置之氣質性條. 近至老洲、梅山、蕭齋諸先生, 又皆以爲氣質性,『朱子語類』亦時有如此說處, 而愚也何敢獨據師說以異諸書? 特以明道自以"天地之大德"、"萬物之生意"及天道之元", 專言之仁, 論"生之謂性", 故意其當爲本然之性矣. 又以『朱子大全』釋明道此句云: "卽此人物所禀以生之氣, 而天命之性存焉." 故意其當爲本然之性矣. 又以『朱子大全』釋明道此句云: "卽此人物所禀以生之氣, 而天命之性存焉." 故意其當爲本然之性矣.『大全』又曰: "'生之謂性', 便與五行太極相似." 故意其當爲本然之性矣.『玉山講義』曰: "天之生物, 各付一性. 性只是一箇道理之在我者耳." 此亦以生字、物字、在我字言, 然豈可以此爲氣質? 故意其當爲本然之性矣.『論語或問』曰: "天地之所以生物者, 理也; 其生物者, 氣與質也. 人物得是氣質以成形, 而其理之在是者, 則謂之性. 然所謂氣質者, 有偏正、純駁、昏明、厚薄之不齊, 故性之在是者, 其爲品亦不一, 所謂氣質之性也." 今此"生之謂性", 是所謂"得氣成形而理之在是"者, 故意其當爲本然之性矣.【下文人生氣禀, 理有善惡者, 乃所謂"其品不一之性"也.】

『語類』曰: "'生之謂性', 有此氣爲人, 則理具於身, 方謂之性." 此與『中庸』首句註說正相脗合, 故意其當爲本然之性矣. 又曰: "'生之謂性', 如椀盛水後, 人便以椀爲水." 又論心之具性, 亦有如椀盛水之喩.【止此.】夫性理之具於心氣者, 不可謂之氣質, 故意其當爲本然之性. 又曰: "'成之者性', 成是氣, 性是理."【止此.】今此'生之謂性'與'成之者性', 同一語意, 故意其當爲本然之性矣. 農巖曰: "'生之謂性’, 如此說亦可。蓋人物纔生便有性, 性卽生之理, 故字從心從生。凡言性, 舍生字不得。【朱子註天命、性、性善, 皆著生字, 生字雖是帶著氣質底, 不過如纔說太極, 便帶著陰陽之理。】程子亦嘗引此句論性。”【止此。】“人物纔生便有性”與『庸』註所謂“氣以成形, 理亦賦焉, 人物之生, 得理爲性”者, 無毫髮不相似, 故意其當爲本然之性矣。愚實無獨得之見, 但得明道自言及朱子、農巖諸說之明白可據者, 有此諸條, 故有是偏執, 未知世間知道君子以爲如何耳？然朱子又有言“只有生字, 便帶著氣質”, 故後賢多指明道此句爲氣質性, 此亦不足異矣。但觀朱子所論“道性善及人生而靜, 天之性”, 皆指爲本然之性, 而後來諸先生又無一人立異者矣。胡氏泳所記朱子六十九歲語, 乃言“凡人說性, 只是說繼之者善也, 便兼氣質了”。鄭氏可學記朱子六十二歲語, 亦言“人生而靜, 已是夾形氣, 專說性不得”。今夫指性善、天性, 而曰“便兼氣質了”, 曰“已是夾形氣, 專說性不得”, 此話豈不是可驚可駭？若使知道者觀之, 便能言下領會無復可問者矣。又如“一陰一陽之謂道”、“立天之道”兩道字, 雖百濟卿, 必不敢目爲氣質矣。然昔有疑陰陽何以謂之道者, 朱子曰：“當離合看。”又曰：“道須是合理與氣看。【勿駭】無那氣質, 此理無安頓處。”“一陰一陽之謂道”, 這便兼理與氣而言。”【勿駭】又有問“立天之道曰陰陽。道, 理也; 陰陽, 氣也。何故以陰陽爲道？”朱子曰：“道未嘗離乎器, 道只是器之理。”是以看得生之謂性, 雖帶氣質、夾形氣, 然只要作本然看也。假欲改舊見以從氣質之說, 則又有四窒八礙、左牽右掣之苦, 所以冒犯朴寅和異端之目, 而至今五十餘年, 毫髮不動, 以俟後世之田子明已矣。濟卿如欲與余論此義, 須是敎他心胸虛豁豁地, 無一點私主, 然後可矣。不然, 渠之便便大腹, 已貯得萬斛水, 雖一滴, 亦無道理可入。愚何苦枉用心力, 浪費辭說, 爲此無益於彼, 有損於己之事耶？[261]

“性相近”, 只論禀受。○未發之性, 通天下一性, 何相近之有？竊謂雖孔子, 不見人發用, 無以驗其相近之實, 孟子性善亦只就發處說, 皆未嘗只論禀受而止也。某也纔遇著赤子初生, 不待發用, 便已知得此兒受得某理幾分, 彼兒受得某理幾分, 而彼此相去幾何耶？【朱子論性善曰：“亦是就他發處驗得。”】我輩如何信得及？

“形而後有氣質之性”。○下句便說“善反”, 則此非純善之性也。此形字雖堯、舜,

---

261) 757쪽 『近思錄』“生之謂性”… 有損於己之事耶?: 저본과 간재집에 차이가 있어서 간재집에 의거 순서를 수정하였다.

亦在其中, 而堯、舜無可反之性, 則其氣質之性, 當純善。純善者, 不謂之本然而必謂之氣質, 可怪可怪! 此眞栗翁所謂"如此怪語, 不見經傳"者也。愚以爲而後二字, 是就形生氣發後言, 若未發時無可反之性, 亦無能施得反之之功者矣。竊不自遜以爲橫渠復起, 亦必莞爾而笑也。【南塘平生力主"未發時淑慝種子"之說, 今此人云云與此異歟同歟?】

"聰明睿知"。○鄭某硬做氣質之性, 驟看似然, 而細究之, 有不然處。如"聰明睿知足以有臨", "聰明睿知能盡其性", "聰明睿知皆由敬出", "吾之聰明睿知有以極其心之本體而無不盡", 此類果可以氣質性三字了之耶? 蔡虛齋言: "聰明雖以耳目, 而所以聰明者心也。睿知則純以心言。" 此又如何直以氣質性目之耶? 如必曰"氣質之性足以有臨", "氣質之性能盡其性",【下兩句倣此。】則此果說得行之否?

朱子「答杜仁仲書」。○愚嘗讀此書而疑之, 既而再看後書, 却云"氣禀有偏而理之統體未嘗有異", 豈先生自覺前說未穩而改之歟? 抑"只得理之偏"及"與理相隔"兩句, 皆就用上說, 而不礙統體無異之指歟? 蓋四書註解絕不見有"只得理之偏"之云者, 後學於此思之未徹, 言之未得, 而意其爲未定之論, 或別有所指而存疑, 則不失爲寡過之道矣。若乃放膽矢口, 以爲自家偏見之證, 則恐非審問愼思之意也。【老洲謂: "『四書集註』、『章句』是金秤玉尺, 若以『大全』、『語類』爲便己見, 以私意欲左右之於其間者, 得罪聖門而不可逃也。"】且如其見, 則天地必須貯蓄得萬億不齊之理, 及遇夷、惠則與之以理之隘與不恭, 顏、閔則與之以理之微, 游、夏則與之以理之一體, 桀、紂只得理之暴, 南子只得理之淫, 王介甫只得理之拗, 曹操、司馬懿、劉裕、楊廣之屬, 又只得理之凶逆矣。是豈朱子之本指哉? 今必欲驅之爲自己之選鋒, 則吾恐朱子家奴自塚中出也。【在天元無理之偏、理之塞、理之昏、理之駁者, 人物何從而禀得天上所無之理來?】

「答趙致道書」。○此只說木氣多則惻隱多, 金氣少則羞惡少, 非謂顏子、明道所得之仁多而義禮智少, 孟子、伊川所禀之義多而仁禮智少也。

栗谷"性不能禀全德"。○濟卿所以爲證之意, 不豈曰庶物之生, 隨其氣質而所禀之理元不能全歟? 然朱子嘗言: "陰陽合德, 五常全備, 然後爲聖人。" 今濟卿雖聰慧異常, 其於義精、仁熟、禮恭、智哲、信孚之道, 恐亦不敢自謂全備, 則是亦性不能禀全德之人也。大抵此人, 只知所具之爲性, 而不知所發之亦爲性, 故誤認栗翁所言性字只指所具者, 而竟不免驅率前賢以爲己使之罪也。○性字具體用、該動靜之妙。汪 長洲於『中庸』末章辨饒說處, 引朱子諸訓以明之, 試一檢看。

聖人分上亦可言氣質之性。○氣質之性始於張子, 而張子明言是弗性之性, 則聖人分上豈可說弗性之性? 豈可說當反之性? 如以理之在氣而謂之氣質性, 則天地之性亦何嘗不在氣以成形, 人物已生之後乎? 愚嘗得渠書, 戲謂諸生曰: “吾願盡性、至命, 而未見不在形色之性, 不在氣化之命, 而莫能盡且至也。” 又願依中庸、體太極, 而未見不在事物之中庸, 不在陰陽之太極, 而莫能依且體也。” 未知渠又以何說來打之? 可一笑也。大抵氣質之性, 是氣局之性、蔽理之性、不齊之性、當反之性、弗性之性、攻取之性、宜忍之性也。謂聖人生下來, 亦便有此箇物事, 則於渠心何所快愜而苦死喧聒也? 呂抱獨之言曰: “聖人不落氣質。” 又曰: “聖人不隨氣質運。” 此語學者宜思而自警也。聖人從生至死, 都是天理流行, 若乃氣質作用毫無痕迹。今欲自立別論, 必曰云云, 怪哉怪哉!

『通書』“性焉安焉”註云: “性者獨得於天, 安者本全於己。”『孟子』“所性分定”註云: “分者所得於天之全體。” 小註朱子曰: “此是【此字指性字。】說生來承受之性。”【此通聖凡言, 故翼註云“所性分定, 人人有之”。明人李某亦云“人孰不有所性?”】『通書』專言聖人誠明之德,『孟子』通言聖凡稟受之性, 此可見不問氣稟如何, 其承受之性, 人人完具之實也。某也不察而誤據『語類』“聖人合下清明, 完具無虧失, 此是聖人所獨得”之說, 以爲聖人氣質得全理, 凡人氣質得偏理, 恐說不去。

才卿以大黃寒、附子熱爲本然, 而未見惻隱、慈愛之發露者, 故曰“有性無仁”。【今有弒父與君者, 豈非有性而無仁義乎?】故先生是之, 而曰: “他元不曾稟得此道理, 惟人則得其全。” 竊意此謂庶物氣甚偏塞, 故雖有五性, 而不曾稟得發而爲四端之理, 惟人氣質正通, 故旣有五性而竝得五性發見之理, 故曰“得其全”。輔氏論孔子見陽貨一事, 而“五性具”, 此與朱子言“陰陽合德, 五性全備, 然後爲聖人”者參互究勘, 則人之未及乎聖人者, 豈無有性而無仁無義之可指乎? 此是朱門輔漢卿甲寅以後所聞, 則恐未可便指爲未定記誤之類也。

人之論氣質性者, 自應言當初稟受, 未有言中間或後來者。然此只從發後指其隨氣異見以爲氣質之性, 而所謂“氣質是得於有生之初”者, 故曰“當初稟賦, 氣質性也”。今濟卿執此以立人物、聖凡之性, 一切隨氣異稟之證, 是豈栗翁之本指哉? 季鷹認善惡偏全之性爲本然外別有一性。故栗翁告之曰: “氣質包性, 與生俱生,故謂之性。” 此與“合虛與氣, 有性之名”、“合理與木氣, 有仁之名”同, 統擧聖凡人物而一言之。 其下始詳說性因氣質而爲品不一之故, 以明氣質之性非別有一物也。 觀下文引朱子心、性、情之說, 而曰“此亦包氣質而言”, 可見氣包性之不害爲本然也。

“性師心弟”, 語雖似新, 而意實合經, 何以言之? 他皆不暇悉引, 只夫子言“學禮”、“學道”, 『論語集註』言“學仁義”, 此皆可見, 而『孟註』所釋“餘師”之說, 又其明白無疑者也。 愚雖遇雄辨, 自信無動矣。 今承錄示朴公所撰「花潭行狀」中一段, 又知昔人已說及此, 尤可幸也。

本體上說理通氣局, 二子皆疑之。 然“理無形而氣有形, 故理通而氣局”,【亦栗谷語。】試思此有形無形, 是流行後事, 抑本體之已然者耶?【本體與一原所指不同。】“陰陽五行不同, 而太極無不在焉”, 此亦非本體上通局耶? 神則又氣之一原處, 似未可牽合說, 如此看無病否? 縱使無病, 竟何益於吾輩本源之不得其正耶? 是知虛見空譚, 恐終不濟事。【答吳震泳、盧憲九】

“牛馬木植亦具五常”。【程子】 “凡有血氣之類, 皆具五常, 但不知充而已”。【同上。】 “自家有仁義禮智, 它也有仁義禮智。 千人萬人, 一切萬物, 無不是這道理”。【朱子】 “人物皆禀得健順五常之性”。【同上。】 “人物禀受以其具仁義禮智, 而謂之性”。【同上, 門人問語。】 問“仁義禮智, 物固有之, 而豈能全之乎?” 曰“論得甚分明”。【同上。】 『大全』「講義」“人物之生, 莫不得其所以生者, 以爲一身之主”, 所以生仁義禮智之性。【宋子】 按: 程、朱、宋三先生之言如此, 而南塘以洛賢爲人(戰)[獸][262]無分, 豈非强說? 而如金令之不曾細考, 而一例罵去者, 豈不貽笑於公心正見之人耶? 凡讀書要在審察, 當人立言之本指, 而論其得失可也。 若執言以迷指, 四窒八礙, 徒自費力而已, 了無所補也。【答吳震泳】

曾見華西言: “所以然, 理也。 以, 用也。 須有一箇做主, 然後方可言用。” 遂引『易』“以易知以簡能”之“以”、『大全』“以仁愛以義惡”之“以”以證之, 此欲以心屬理而有是說也。 然則以字爲主, 所字爲賓, 旣甚未安。 且心是用理者, 非直是理, 則此尤不可從也。 向來鄙人亦以以字屬心看, 今再思之, “所以”之“以”只是自然之“以”,

---

262) (戰)[獸]: 저본에는 '戰'으로 되어 있으나, 문맥을 살펴 '獸'로 수정하였다.

非有用之者。且如冠當在首，屨當在足，是當然之理也。此當然之理，必有所以當然之故，所以當然之故，卽所謂"天道流行而賦於物"者也。 今來書所引老洲「雜識」第二篇所論『大學或問』一條，却似所當然爲所以然之根柢者然，未知當如何看？此語恐未若此條上文"所以然爲體，所當然爲用"之云也。【答宋敬淑】

承喩"知性心師弟之妙者，斷當力行，而氣慾蔽痼，莫能實體"，此只是心自如此，不干性事。蓋性中含具力行所知之理，而無些子欠分數也。然則此心須是學此性，而久久實實，莫少休廢，竟得心與性一，而聖賢同歸矣。來書尊性卑心四字，說得少差。蓋尊性是心尊之，至於心則是自卑，非有物而卑得心者，此却當細審也。【「答金炳周」】

性何言哉？千聖學焉，萬理出焉，神乎妙哉！能配太極而宰陰陽。心雖本善，流或有差，宜常自敬畏。【答金潤卿、崔大洙、金演穆】

萬人物、萬氣質無一之同，萬氣質、一性理無一異稟。假使專治異氣而幸復同性，則不復論前說得失，何害其爲聖人乎？【若如君輩"異氣稟受異性"之論，當兼治理氣，但無此理，故曰"專治異氣"。「答鄭世永」】

『楚辭集註』云："天地之化，陰陽而已。 ·動一靜，一晦一朔，一往一來，一寒一暑，皆陰陽之所爲，而非有爲之者也。"然『穀梁』言："天而不以地對，則所謂天者，理而已矣。是爲陰陽之本也。"『栗谷集』「答牛溪書」云："陰靜、陽動，機自爾也，非有使之者也。"而其所以陰靜、陽動者，理也。二先生之言，如合符節，而後儒乃有譏侮栗翁者，是亦未考乎朱子晚年定論而然歟？【答崔秉心」，下同。】

"性相近"註"兼氣質"，尋常於兼字有疑。蓋以下章註觀之，此性只是氣質，非主本然而兼言氣者，後見『語類』、『或問』云云，得此始快於意矣。饒說定宇、長洲皆病之，然終未若直作指氣質之尤爲明白。○『語類』蔡仲默問："性相近，是兼氣質而言否？"曰："是。"『考異』兼一作指。【義剛癸丑以後錄。】更檢『唐本』，正作指字。非惟是已，『語類』一條又云："性相近，以氣質言。"『或問』又云："論性而以相近言，則固指其氣質而言之。故程子以來，爲說如此。"○陸三魚言："『大全辨』以朱註'兼氣質'而言，爲不是。謂此可見程、朱不合孔子處，可謂無忌憚。"吾未見所謂『大全辨』，不知如何爲言，而疑未考乎『語類』、『或問』指氣質之說，而有所謬辨也。

後人師堯、舜，堯、舜又誰師？細細推上去，舍性無可師。師心自用者，不知有性。

師心而不師性, 堪作不善師, 此是愚所示某人者。 今來書據陳定宇"性爲在陳之卒"一段, 疑性尊之說, 故爲錄往, 須與諸君共商訂也。【陳氏語意有未瑩, 不可據以爲正。】

○「答崔孝習」

士之爲學最要靠實, 切忌掠虛。夫心虛而理實, 故未心者必歸於虛, 主理者漸入於實。愚近得"性爲心師"、"心要學性"兩語, 頗自謂可備儒門實用。或疑其創新, 余曰: "歸求有餘師", 師者, 理也、義也, 此性爲心師之說也。學仁、學禮、學道, 此心要學性之說也。善乎! 薛文淸之言曰: "聖人之所以敎, 學者之所以學, 性而已。" 此實本於『小學』「立敎篇」題而云爾也。夫性者, 眞實无妄、純粹至善之理, 聲臭兆眹已無了, 況復可以氣質濁駁之故, 擬議於其間乎? 惟其氣之纔動, 情之始萌, 而未能悉中乎節, 則得失於是乎判矣。故學者功夫, 靜時唯有敬而存之而已, 必於幾微之際, 猛加省察之功, 不使氣欲得而害其本然之善而已。【與朴昌鉉】

『大全』「答鄭子上」書曰: "理有動靜, 故氣有動靜。若理無動靜, 氣何自而有動靜乎?" 此爲嶺氏所證, 然愚竊見『易傳』云"理有消衰, 有息長, 有盈滿, 有虛損"。以此觀之, 理有消息盈虛, 故陽有消息盈虛, 若理無消息盈虛, 則陽何自而有消息盈虛乎? 此但言陽氣消息盈虛, 原有此理爾, 非謂理實消息盈虛也。愚嘗有一語云: "理有黑白, 故鷺鴉有黑白; 理有開謝, 故花葉有開謝。此可以見「鄭書」之指也。"
【「與成璣運」, 下同。】

朱子嘗言: "此章【指生之謂性章。】性字, 有指墮在氣質中者, 有指本原至善者, 須分別得分明不差。" 學者於此當細體之, 不可粗看過, 便道是了。蓋上句旣言"墮在氣質", 又對"本原至善", 則三歲孩兒、八十翁翁, 必皆以爲非本然。愚是何人獨立異論乎? 然區區於此, 蓋嘗反覆推究, 至於累年而後, 始有得其本意者。蓋道在形器之中, 非朱子語乎? 太極卽二五而在二五, 卽萬物而在萬物, 非朱子語乎?【朱子又言: "鳶飛魚躍, 無非道體之所在。""人之一身, 應事接物, 無非義理之所在。" 若此類不可悉引。】此與理在氣質中者, 何所異乎? 而彼獨可謂本然而此獨不可爲本然乎? 此等處若不破開窄肚, 放出慧眼, 定未易包得住看得透矣。然則朱子之當初兩下對說何也? 曰: "合虛與氣, 有性之名; 合理與未氣, 有仁之名。" 此但以理之在氣者立爲性之名目而已。【朱子嘗言: "性者理氣之合。" 又鄭可學問: "'一陰一陽之謂道', 陰陽何以謂之道?" 曰: "當離合看。" 陳安卿問: "'立天之道曰陰與陽', 道, 理也; 陰陽, 氣也。何故以陰陽爲道?" 曰: "器亦道, 道亦器】

也。道未嘗離乎器, 道只是器之理。” ○愚設問云: 生是氣質, 何故言生之謂性? 答云: 氣卽性, 性卽氣。二者何嘗相離? 性是氣之理多少明快。】 若欲指出本原處, 須是說“物與無妄”, “天命性善”, “仁者心之德、愛之理”, 此與槪立名目之說不同。故使人分別此一字, 令不差。然若直把張子、栗谷之言爲“君子弗性”之性, 則朱子決然不許之矣。

人只有一個全善之性, 如何又有氣質性之說? 緣宋以前諸人, 往往指人發用處氣之有善有惡者以爲性, 而聖門性善之傳晦矣。故張子欲救其失而明性之爲理, 特提倡氣質之性四字, 而曰“君子有弗性”者焉。至朱子又曰: “告子直指氣爲性, 荀、揚言性只是說得氣, 韓子言氣不及性, 然不知爲氣亦以爲性然也。” 又曰: “諸儒說性, 多說著氣。” 凡此云云, 皆所以明此四字, 只是氣不干性事, 奈何後人却說人禀得性理, 有偏全善惡之等?【朱子曰: “以理言之, 則無不全; 以氣言之, 則不能無偏。” 又曰: “人物性不同, 只氣禀異。”】是亦終歸於指氣爲性之見也。甚者至謂凡理之在氣者, 擧是氣質性,【朱子曰: “在天在人, 雖有性命之分, 而其理則未嘗不一; 在人在物, 雖有氣禀之異, 而其理則未嘗不同。”】又指氣質之性性字, 爲本然之性。【朱子所謂“論氣質之性, 則以理與氣雜而言之”者, 謂人物氣質不同, 而性之發見有全有偏、有粹有雜也。然其偏全、粹雜, 是氣而非性然也, 非指有氣之本然爲氣質性也。】吁! 人見之難明, 乃至於此。如所謂“形色天性”、“陰陽太極”、“五行太極”之類, 只是說理在氣中, 非所以言氣質性之帶著些疾病者也。

「玉山講義」曰: “後世之言性者, 多雜佛、老而言, 所以將性字作知覺心意看了, 非聖賢所說性字本指也。”【『語類』“心意猶有痕跡。如性則全無兆眹, 只是道理”。】『語類』淳錄, 問: “靈處是心, 抑是性?” 曰: “靈處只是心, 不是性。性只是理。” 此二條皆先生晚年所定也。近世儒者, 乃有以心靈知覺直叫做性理者, 其意豈不以先生他處又有心性混合說者耶? 然非惟是已。如理氣、道器, 亦往往混合說, 是皆有爲而發, 或從二者不離處說,【曰不離, 則亦非一物可見。下文倣此。】或從心統性情處說,【『語類』“心統攝性情, 非儱侗與性情爲一物而不分別也”。】或從聖人心與理一處說, 或從學者心要合理處說。讀者不可以此而遂認心爲性, 自陷於禪、佛之見也。先生嘗言: “心與性, 似一而二, 似二而一, 此處最當體認。” 又曰: “心、性、理, 拈著一箇, 則都貫穿, 惟觀其所指處輕重如何。” 竊謂吾們只說心說性, 而不自體認, 徒歸言詮爾, 只好渾淪貫穿, 而不復辨析其界分分明, 恐又歸於儱侗, 眞如顢頇性體矣。【「答鄭衡圭」】

士之認得心、性兩字當否, 學之邪正判焉。蓋性純善, 當奉以爲主; 心本善, 當察其流弊。此程門本天本心之辨也。近儒有本心而據道心爲證, 似也而有未盡者。夫心而曰道心, 則是心之本於性者, 非自心自爲道也, 惡可以之亂本天之旨乎? 說至于此, 更無躲閃處。如曰"性有知覺", 是認心以爲性, 曰"性無覺無爲, 不足爲主本", 是慢性而尊心, 二者皆亂道也。須是認得性雖無爲,【無極】而爲有覺者【陰陽之神。】之主,【太極】必使有覺者, 欽承乎此性而弗失焉,【心性合一之功。】纔不失聖傳正脈。學者於此, 宜審思而實體之。【「答丁大秀」】

性只有一性, 再無它性。凡言"氣質性"、"性相近"、"性緩性急"、"性偏"、"性悍"、"性嗜酒"、"性好罵"諸如此類, 吾皆不以爲性, 故曰"只有一性, 再無它性"。朱子曰: "人之一性, 完然具足。【如何某人說禀賦時已有偏性, 以欲翻此案?】二氣五行之所禀賦, 何嘗有不善?【纔說二五, 便有萬理。如何此理不隨氣而有惡如某人之見? 吾輩於此不敢翻此案而從彼說也。】人自不向善上去,【此何嘗說禀賦, 而某人何苦硬做禀賦時已有惡性來?】玆其所以爲惡爾。"【『語類』誤錄。○某人說氣之爲惡, 必有所以爲惡之理。其意蓋爲先從禀賦時, 已得此隨氣不同之理云爾, 而朱子却言: "人自不向善上去。"此人字, 只是指心氣言, 不干性理事。】人能熟究此段所說指意, 則凡言性異者, 皆只說得氣之病痛, 可以視諸掌矣。【某人避偏性惡性之說, 然既自言理隨氣而有偏有惡, 則豈非偏惡之性乎? ○「與魚允甲」】

"仁義禮智之禀, 豈物之所得而全哉?"此兩句指意, 非物不禀全之謂, 乃物不得全之之謂也, 觀"得"、"全"之間下一"而"字可見矣。湖論諸賢, 皆認做"物不全禀"之義。然則既與上文"人物莫不有是性"之以禀受言, 者實相架疊, 又與對句"知覺運動, 人與物若不異"之以發用言者, 不相貫串。竊恐文義不如此, 況『語類』「枅錄」"全"下又著"之"字, 更覺分曉, 而洪保諸公不及細檢徹悟, 而一向力守舊見。今蘆沙亦主本然偏全, 而其引『孟註』却云: "只言物豈得全, 不言物莫得與, 則亦人物同五常之說也。"其看得文字亦正矣。但其所舉『或問』"不能通"、"無以充"兩語, 非物莫得與之謂, 乃物豈得全之意, 乃以之爲五常異禀之證, 蓋以是反隅於『孟註』之釋也。【「與金澤述」】

昔嘗有問於余曰: "『中庸』'天命之性', 『大學』'天命之德', 同乎異乎?"【『章句』、『講義』皆以"天之明命, 即人之明德"爲訓, 故設問如此。】余對曰"『中庸』之性, 是冲漠無眹之理; 『大學』之德, 是虛靈不昧之心。『中庸』之性, 是眞實無妄之本體; 『大學』之德, 是神明不測之妙用。『中庸』之性, 是無爲之道; 『大學』之德, 是有覺之心。『中庸』之性,是人物皆同之理,『大學』之德, 是人所獨得之德。吾之所知如斯而已, 未知知道者以爲如何?"

理疑。○理爲氣主, 自是不可易之理也。何故天地之氣駁雜者, 理何不使之純粹? 人物之用偏惡者, 理何不使之全且善也? 且士之憤悱而未通, 勉强而未至者, 理何不自露其精微之頭面, 亦何不少借其牽挽之筋力也? 此類極多, 皆不能不致疑於理也。【「與田璣鎭」,下同。】

理信。○理弱氣强, 亦不能不然之勢也。如何理爲師而心不受敎則必敗, 理至尊而心若自尊則必墜, 心欲窮理則必通, 心欲求仁則必至, 志苟希聖、希天則必齊聖而合天, 學能百倍其功則必愚明而柔强矣? 此皆理之的然可信, 而心之所當自勉也, 故儒門有責志之法, 未聞責理之說也。

『五粹』退溪說兩段, 讀者往往致疑。今見二子所論, 庶幾無窒礙也。退翁說中, "理之在是物者, 不能不隨其氣而偏"。此以『論語』性相近章、『或問』及『大全』「答徐子融」書觀之, "理之在物"尙是本然之性, "其隨氣而偏"却是發見後氣質之性也。若欲做稟理各異看, 則下文"理體不囿於氣, 不局於物"者說不行矣。敬夫所引栗谷 "氣之偏, 理亦偏, 所偏氣也, 非理也"一段更明。若大物之偏塞, 固不具健順五常之全者, 亦可作湖說之援, 然觀萬物之異體, 本非論稟性之別, 只是就發用之殊, 故曰"理絕不同", 則退翁意亦然。此以"陰陽合德, 五性全備,【備卽其字意。】然後中正而爲聖人", "聖人見陽貨一事而五性具"之類推之, 退溪所謂"不具"者, 總其本末體用而言也。禧卿謂"此與『大全』「答黃商伯」書相符"云者精矣。又謂: "湖、洛以前之論, 不甚區別於人物性之同異, 今日看者, 乃以湖、洛以後之見去看, 而欲其一一分析, 如何得本指?"此說尤善。【「答金鍾熙、柳永善」】

勉齋問氣質性。朱子曰: "纔說性時, 便有氣質在裏。若無氣質, 則這性亦無安頓處。所以繼之者, 只說得善, 到成之者便是性。"【只此】此若不善看, 遂生出無限葛藤, 惹起無限爭鬨, 不可不明辨之。『易』言"一陰一陽之謂道", 而朱子曰: "道須是合理與氣看。理是虛底物事, 無那氣質, 則此理無安頓處。"又答"繼善成性, 是道是器"之問, 曰: "繼之成之是器, 善與性是道。"據此以觀勉齋答問之說, 此只是說性與氣不相離而已,【"天命之性亦離氣稟不得", 亦朱子語。】非便說到橫渠"君子弗性"、南塘"各氣本然"處。若夫伊川"性緩性急"、南塘"淑慝種子"之見, 初未之及焉。此以

"纔有天命, 便有氣質, 不能相離", "纔說太極, 便帶著陰陽", "纔說性, 便帶著氣"
之類比併究勘, 則四通八達, 都無窒礙。故愚每語學者, 讀書最要得活化, 不滯泥
法也。【此一紙可以省得許多氣力, 可以解得幾多纏繞, 奉請讀者虛心而細玩也。○「答金鍾熙、權純
命、柳永善」】

栗谷言: "至善之體, 卽未發之中而天命之性也。" 又言: "未發之中, 是吾心之太極
也。" 又言: "中卽不偏不倚之正理也。" 此等句語, 一出於『中庸章句』之指。若以
不偏不倚之中, 不專指理而欲以心言, 則恐有窒礙去處。此等酬酌, 雖據先賢說而
容易道得去, 然反諸身, 初無依俙近似處, 豈非空言無實而爲可愧者耶?【「答南參永」,
下同。】

"不偏不倚", 不字貼未字, 偏倚貼發字, 故愚每謂偏倚字眼, 非有疵病。此等處勿
以文字求之, 只反己自體, 似亦可見。蓋子思于"發而"下言"皆中節", 故必著"過
不及"有病字, 乃見和之爲中節。若未發則只未發便是中, 不須更添一字。蓋此心
未發時, 道體無所偏倚而已, 何暇言有病無病? 使於至靜之時, 纔有些偏倚於喜怒
之萌, 卽名爲已發, 不復可以攙及於無所偏倚之中矣。來示謂"偏倚旣與過不及相
對, 必著'不'字, 則這二字似不可謂無帶病", 此亦恐未然。蓋"不"卽作"無"字看,
未可做不他之不矣。此以『章句』、『或問』之用"無所偏倚"四字有六七處觀之, 朱子
之意, 庶可仰揣矣。

朱子論仁處, 往往以天地生物之心爲理, 此以渾淪說, 讀者宜活絡看來亦得之。大
抵理無爲而心有覺, 在天在人, 初無二義。近世心宗所論, 只有混合而更無分別,
絕非朱子本指也。

『大全』陳北溪"理有能然"一段解, 却着所以字。近有云"看下文'能然理在事先', 能
然非見在事, 乃事先之理"。然則只爲語病而實則無害, 此說何如?

所論『語類』"不是心外別有箇(道)[理]263), 理外別有個心"兩句, 區區自少只做心性
不相離之意看, 後見柳持平書與李都事集, 却皆認做心理一物說了, 而苦未能信
及。昨讀『大全』「答呂子約」書云: "(餘)[除]264)了身只是理,【此一句本程先生語, 與"艮其
背不獲其身"同。】只是不以血氣形骸爲主, 而一循此理耳,【此兩句極要體當。蓋不主氣而

---

263) (道)[理]: 저본에는 '道'로 되어 있으나, 『省齋集』에 의거하여 '理'로 수정하였다.
264) (餘)[除]: 저본에는 '餘'로 되어 있으나, 『艮齋先生文集』에 의거하여 '除'로 수정하였다.

循理者心也。學者必如此, 乃爲主理之傳, 若此心自認爲理, 而不復以循理爲務, 則外襲主理之名, 而實則歸於主氣之失矣。】非謂身外別有一物而謂之理也。” 此只是身與理不相離, 何嘗謂身卽是理, 理卽是身, 更無道器之分乎?【「與權純命」, 下同。】

張子曰: “形而後有氣質之性, 善反之則天地之性存焉。故氣質之性, 君子有弗性者焉。” 愚按: 旣曰“善反之”, 則所謂氣質之性, 是帶着不(奴)[好]²⁶⁵)底, 正朱子所謂“荀、揚言性, 只是說得氣”者也。雖氣未發見前無病, 則氣質之性, 是發後帶得些未善底, 故敎人用善反之功, 而曰“氣質之性, 君子有弗性者焉”。

氣質有蔽之性, 不可言於未發者, 以己驗之, 直如視諸掌矣。蓋性偏難克處, 與愚、魯、僻、嗜性之偏, 未發時, 如何可以施克治策勵之功乎?

某處言“艮齋於理之無爲, 灼然有見, 但於爲有爲者之主一著, 却未甚察。” 余聞之曰“無爲之理, 卽是有爲者之主; 有爲者之主, 卽是無爲之理, 安有無爲與爲主, 各有二理之理乎? 蓋無爲故爲有爲者之主, 若有爲則與有爲者等, 安得爲有爲者之主乎? 近儒往往錯, 將無爲爲無主, 爲主爲有爲, 此所以言愈多而理愈晦, 爭愈甚而學愈荒也”。【「答柳永善」, 下同。】

諸家據心主宰, 自謂主理, 殆未也。如鬼神、浩氣, 皆名主宰,【朱子語。】此又如何區處? 夫鬼神以其載夫實理, 浩氣以其配乎道義, 道心以其原於性命, 而得主宰之名, 是安得爲極本窮源之主宰乎? 若夫理之爲主宰, 直以當體至善, 本位至尊, 不暇借帶而自爲主宰。雖鬼神、浩氣、道心, 亦必以是爲本, 而後得行其才能也。然則吾儒所主, 在理而不在心也。

“人能弘道, 非道弘人。” 愚嘗因此而得一語曰“帝能運極, 非極運帝”。帝非極, 何以爲帝? 人非道, 何以爲人? 然則人之上, 有仁義禮智之人性; 帝之上, 又有元亨利貞之天道。

所詢朱子「答楊仲思書」云云, 愚亦尋常未瑩。若以天地之性、弗性之性, 分屬於『近思』首卷生性章諸性字, 則誠有與先生平日之言不合者。但以理之在氣者爲氣質之性而言, 則可通也。『語類』如此說處, 往往有之, 然安有太極而不帶著陰陽者, 天道而不乘著氣化者? 安有中庸而不載在事物者, 天性而不涵在形色者? 此等處

---

265) (奴)[好]: 저본에는 ‘奴’로 되어 있으나, 『艮齋先生文集』에 의거하여 ‘好’로 수정하였다.

看者, 自斟量可也。【斟量看者, 何可多得? 所以難與人言也。】

朱子「答李繼善」書, "旣是不曾受得, 自是不能做得", 因下敎更思之, 此書之意, 如云"若如來喩而旣是不曾稟得仁義禮智之性, 則其于君臣父子之類, 自是不能做得, 更不須說", 此因其問目而貶之之辭, 非與之者也。若不爾則"更不須說"一句不襯。且其下, 直下"然"字而反之, 此當細究。蓋朱子旣貶繼善之言, 則是主人物性同之論, 故反其語而曰: "人有近物之性, 物有近人之性, 又是一理。"【旣曰近則是不同矣。此以發見言。】若當初認得人物性異, 則又是一理云者, 得非衍語耶? 且上下同一語意, 而"然"字說不行矣。蓋必欲作許之之意, 則與『四書集註』、『或問』相戾矣。此是讀書者之所宜兢兢也。【問目】○『易』曰: "天下雷行, 物與无妄。" 天下安有不受天命底物事來? 來示"貶辭、非與"之一句, 正得朱子意也。穆友以是爲据云: "不謂其急於伸己, 而不諒之至此也。"

"堯、舜性之"與下句文同, 故欲從匯參諸說。今因來示, 再檢『集註』"性之"、"性者", 無異解, 且鄙嘗以堯、舜太極之爲說,【太極渾全, 不暇修習。如此說亦自通暢。】此得本旨, 不可以昨語子謙者爲正也。雖如前見, 亦於朱子"性字似稟字, 及性之之性字虛"兩語, 初不相礙。蓋此性字, 是合下稟得渾全天性, 無少損失, 自然受用之意, 非如性善單擧實理而不及人功者, 故有虛實之分。若如潤友錯認作元初氣稟之性看, 則非惟朱子之意不如此, 雖明淸諸儒之見, 亦不至此之謬矣。【潤友稟性隨氣有異之說, 前年自言改見, 而近來還復力主云, 可謂頻復之屬也。鄙見桀、蹠氣質不美也, 故受性雖亦渾全, 而必加修習乃得復初矣。若如潤說, 則雖湯、武, 原初稟性不免有缺, 却待身之然後, 其性始得渾全矣, 是豈非禍性之大者乎?】

形而後有本然之性,【"月落萬川, 處處皆圓。" 當初無川, 安有月映處? 然不以川形之異而所映之月不同。】善養之則與天地相似。【養之一字, 包含得許多工夫。】彼氣質之不齊者, 一似都無了, 然是豈易以能之? 必用"曾子隨事精察而力行之"與"顏子旣竭吾才, 欲罷不能"之功, 而後庶幾及之。

"君子學道則愛人, 小人學道則易使。" 君子小人以心言,【此如"人能弘道之"人"。】道以性之德言。若直言學禮、學仁義, 尤明白直截, 如視諸掌者。愚竊謂自心學性之旨, 昭揭於天下, 縱有尊心如天者, 不復敢開口飾辭矣。

或聞性師心弟之說, 輒疑云: "心之學性, 吾旣聞命矣。至於性則無知覺、無言爲,若是者可謂之師乎?” 曰: “風雨霜露, 糟粕灰燼, 無非敎也。何待有靈識有命令, 而後可謂之師乎?”

天所賦與之性, 不問氣質如何, 若何?。其理個個純粹無疵, 完足無欠, 故聖門之敎, 惟有矯治氣質之說, 再無修潤性理之法。請只從此一路行將去, 其有殊此之言, 切勿入耳而亂其知思也。又或口口理氣, 篇篇心性, 而見其所論類, 多錯看而誤解; 觀其所發, 只求已勝而人服; 察其所存, 不過藉前言而飾己誤也。如此者, 切宜深戒, 而不可效也。

性爲本體, 神爲妙用, 此不可易之道理。至於上蔡以知覺爲仁, 以視聽發用爲心。滎公又每以禪佛爲主, 而禪佛以作用爲性, 又謂性爲心之所造, 此與吾儒性體心用, 文句相似, 而指意迥別。故朱先生以太極爲體, 二五爲用,【又一說見『中庸』“至誠盡性”小註。】而於呂、謝諸說, 不以爲是矣。此不可不知也。【「答姜孟熙」】

“氣運性”一義, 自去體認, 如晦翁遺規否? 如克復爲仁之仁, 當爲理致仁; 三仁之仁, 當爲仁者仁; 如其仁之仁, 當爲功澤仁。又如天命之天, 當曰上帝天; 知天之天, 當曰理致天; 不遇魯候之天, 當曰氣數天; 天覆地載之天, 當曰形體天也。彼義理之性, 曰理致性; 氣質之性, 曰氣運性; 攻取之性, 曰氣欲性, 亦猶是已, 又何疑乎? 俗語云“軟飯喫哺”, 今余之言卽此之謂也。如是而猶不肯濯舊來新, 我且奈爾何?【「答金孝述」】

『朱書』「答子上問」, 果有理之本體自動自靜之嫌, 然今言“理沸理凝, 故水有湯氷, 若理無沸凝, 則水何自而有湯氷乎?” 是雖從本體說下來, 然理非乘火氣則不沸, 非因寒氣則不凝, 是亦未嘗非乘氣也。『語類』子上問: “動靜是太極動靜? 是陰陽動靜?” 曰: “是理動靜。” 今使左右見客騎馬而至, 問: “是客來? 是馬來?” 我答曰: “客來。” 然則雖終日言理動靜, 畢竟指本體之乘氣而流行者言, 何足疑乎? 至於“仁動義靜, 何關於氣”者, 亦似可疑。但仁義於四德, 爲元爲利, 仁之發生, 義之收斂, 是理之自然而然, 故曰“不關於氣”, 然旣曰發生、收斂, 則豈非流行乎? 然則雖本體, 而未嘗非乘氣, 雖流行, 亦未嘗非本體也。此等非急先務, 且就己分上細看, 雖說性發爲情, 然性之發, 是因心而發之妙, 而須要撿束心氣不使害性, 是爲學問旨訣也。【「答李昌煥」】

所詢『中庸補疑』所載尤翁“衆人未發”之說, 恐與『或問』所謂“天命之性, 具於人心者。其體用之全, 本皆如此, 不以聖愚而有加損"云者, 與『輯要』所謂"常人幸於須臾之頃, 不昏不亂, 則其未發之中, 亦與聖賢無別"云者未合。此須就自心上輕輕照顧看, 如何? 切不可只將言語文字, 計較同異而止也。【「答金弘梓」】

農翁以"不睹不聞"與"未發", 分境與心, 及以聖賢衆人, 分發與未發, 皆極精密。但詳子思所言君子, 決非指凡衆, 而聖賢亦包在其中。且以此一義, 反而自體, 則旣値不視聞之時, 而用戒懼之功, 則亦可言未發境界矣。然則衆人不睹聞, 未便是未發之說, 恐當作言外之指看。又考朱子及栗翁說, 亦有直指不睹聞爲未發者, 日前所告『輯要』所載朱子語, 卿欲如何究竟?【「答金龜洛」】

太極與天性一也。其二者陰陽與氣質也。今有人指堯、舜與湯、武之天性爲偏全之不同, 不同則二而至於萬矣。此乃邪私之名, 非无妄之實也。"天下雷行, 物與无妄", 无妄無一毫之加損, 斯爲太極天性之一, 宜從一上立身, 莫把氣字做家計也。【「答全柄太」】

性與理雖有在天在人之分, 而究是一太極。【『聖學輯要』曰: "太極在天曰道, 在人曰性。" 又曰: "天地之性, 人物一也。"】 若夫心與氣質, 雖同名爲氣, 而一則神明不測也,【朱子曰: "聖人神明不測之號。"】 虛靈洞澈也, 能弘道盡性也, 能矯輕警惰也, 能爲一身主也。一則決不可謂之神明虛靈也, 決不可謂之能思勉也, 決不可謂之能不踰矩違仁也。且心能撿氣, 而氣不能操心; 心能淸氣, 而氣不能澄心。若但以口舌文字抵敵人, 則任它胡亂說去也不妨。苟欲就己分上緊切體會, 端的施用, 則二者竟不可認做無分底物事也。【「答朴鏽柱」】

理無爲【孔子曰: "非道弘人。" 朱子曰: "道體無爲, 性不知檢其心。" 心若是理, 則道體有爲, 而理能檢理矣。】 而氣有爲,【朱子曰: "性卽理也。今人往往指有知覺者爲性, 只說得箇心。" 又曰: "纔有作用, 便是形而下者。" 心若是理, 則心當無知覺而無作用矣。】 性爲極【『中庸』曰: "君子尊德性。" 心若是理, 則君子當尊心, 而不當尊性矣。程子曰: "釋氏本心。" 心若是理, 則聖人亦當本心, 而不當本天矣。「中庸序」曰: "心之知覺原於性。" 心若是理, 則不當降而反原於性矣。】 而心爲用矣。【以『大學』言之, 至善, 性也、體也; 止, 心也、用也。以『中庸』言之, "道不可離", 性也、體也; "戒懼愼獨", 心也、用也。】 此是千聖相傳定本, 外此非所當問也。【「答關西諸生」】

朱子「答杜仁仲」書, "氣之偏者, 便只得理之偏, 氣之塞者, 便自與理相隔"下句旣是受統體之理, 而與之相隔之意, 則上句亦豈非受統體之理, 而用之有偏之義耶?

何以知其然也？此書上文云: "理固不可以偏正通塞言。" 後書又云: "氣稟有偏, 而理之統體未嘗有異。" 據此則"得理之偏"、"與理相隔"兩句, 皆非稟受之有異, 而只爲發見之不同矣。【如火本光明, 而籠以琉璃, 則得火之明; 籠以墨紙, 則得火之昏。又如琉璃瓶貯水, 瓶之靑者, 得水之靑; 黃者, 得水之黃。陶瓶之麤厚者, 又自與水相隔, 是皆以見於外者言也。】且以『論語』觀之, 氣之愚魯者, 便只得理之愚魯; 氣之辟啍者, 便只得理之辟啍; 氣之下愚者, 便自與理相隔, 是皆以發見之異而言之也。【「答繼華齋諸生」】

性全善無纖(庇)[疵]266),【此以『孟子』性善註觀之, 可知其字字有來歷。○ 天道至善, 故人性亦至善。如荀、揚諸人, 皆有不及窮究到"一陰一陽之謂道", "繼之者善"處, 故有性惡、善惡混之說。】是爲無極太極。【此以『大全』「答陳器之」書及『太極解』觀之, 更無可疑。○『中庸』不曰"天命之謂心, 率心之謂道", 不曰"至誠盡心"、"君子尊心", 而必揭性字爲根腦, 聖門之所本可知已矣。如"堯、舜性之"、"惟聖性者", 若曰"堯、舜心之"、"惟聖心者", 是與釋氏以下諸本心之學同矣。】心體明, 用或暗,【此以"明德"註、『大全』「答游誠之」書參究, 可以知之矣。天命性體, 不可以明暗論。】氣靜淸, 動有雜。【『孟子』夜氣章、白文『語類』論此諸錄及「歷代門嬰孫錄」"二五昏濁而本然底不壞"及『大全』「李繼善答問」, 皆宜參訂。○ 此一義最宜詳核, 最宜體認。】惡由氣心失正,【惡指私欲言, 而私欲由氣質用事之雜而生也。心之失正, 亦多緣此故云然。】心邪非盡氣使。【心之失正, 誠多由於氣欲, 然心之不正, 亦未必皆氣質之所使爲也。『大全』、『語類』累發此義。】心苟自明自誠,【朱子論敬云: "自心自省。" 則明亦自心自明, 誠亦自心自誠, 其昏與僞亦自心自昏自僞。這一自字宜惕然自念。】氣用無復渣滓。【氣質本體, 原自淸粹, 故此心未發之時, 自不用事, 以助此心保守性體之功爾, 其發動流行之際, 始有渣滓而做得病痛。若此心苟有明誠之功, 則不知不覺這些渣滓都渾化了。○「答諸生問」】

所授生性章『集註』, 以氣之氣, 是形氣之氣, 非指氣質言也; 以理之理, 是發見之理, 非指賦予言也, 故曰"氣同理異"。不然則氣質之氣, 何以言同, 賦予之理, 何以言異乎?【『語類』云: "凡言性不同者, 以氣質言, 則皆氷釋矣。" 凡、(蓋)[皆]267)兩字宜著眼看。】○『集註』"人之性所以無不善, 而爲萬物之靈"此句, 就用上說。吳草廬言: "此理在淸氣美質之中, 本然之眞無所汚壞。【未發之前, 無所汚壞, 初不須論。】此堯、舜之性所以爲至善。"【未發之性善, 原無聖庸之分, 則知此亦就用上說。】以此觀之, 『集註』之意, 昭然明矣。○『集註』"知覺運動"、"仁義禮智"兩句, 亦皆以發用言, 初非謂稟賦也。今

---

266) (庇)[疵]: 저본에는 '庇'로 되어 있으나, 『艮齋先生文集』에 의거하여 '疵'로 수정하였다.
267) (蓋)[皆]: 저본에는 '蓋'로 되어 있으나, 『艮齋先生文集』에 의거하여 '皆'로 수정하였다.

以衆人之知寒覺煖、運水搬柴言之, 大概與聖人相近, 至於聖人之孝親敬君、禮人辨物, 其粹然無疵, 豈衆人之所能彷彿者哉?【凡之與聖且然, 況物之與人乎? ○『語類』論人性云: "得木氣重者, 惻隱之心常多, 而羞惡、辭遜、是非之心爲其所塞而不發云云。唯陰陽合德, 五性全備, 然後中正而爲聖人'。" 此"五性全備"亦以發用言, 非謂聖凡賦性原有此偏全。知此則人物之性同異, 可以三隅反矣。】以此意讀『集註』, 則其指意不難見也。○ 性體元全, 心亦本善, 惟因氣質不美而生出物欲來也。然此心未發之時, 雖衆人, 其氣質還復淸粹而毫無所障, 只於發用之際, 始有濁駁而物欲萌矣。【俄者所無之濁駁, 今從何處出來? 此問甚緊要。朱子曰: "二氣五行, 何嘗不正? 滾來滾去, 便有不正。" 此已答得此問了。大抵氣是粗底物事, 不似神之精英。故自非聖人稟得秀之秀者, 發用之際易以濁駁了。】然則學者變化氣質工夫, 只於幾微之際, 猛加省察, 使此氣無不循軌之病而已。此(以)[似]268)簡易, 然工夫極難, 關係甚大, 不可草草打過。【「寄鎰精」】

先賢於氣質之性, 誠有兼氣、雜氣之說, 然於本然性, 亦言兼氣、雜氣。如朱子言 "性善也, 兼氣質", 又言"人生而靜, 已是夾形氣"。栗翁言"仁字, 雜木氣而言之"類是也。如鄭某者纔見兼、雜、夾、帶等字, 不問本指如何, 一倂認做氣質性, 殊可笑也。○ 先賢於氣質之性, 誠有合理雜理之說, 然往往又有不言性而單言氣質時。如朱子言"氣質之說,【質下帶性字看。】起於張、程, 極有功於聖門", 又『論語』上知下愚章註言"此承上章而言。人之氣質相近之中"云云【質下帶性字看。】之類是也。如季潤之見, 則此兩處氣質, 皆單作氣看, 而與他處氣質性之合理雜理者, 不可作一例看, 亦可笑也。【「諭諸生」】

---

268) (以)[似]: 저본에는 '以'로 되어 있으나,『艮齋先生文集』에 의거하여 '似'로 수정하였다.

2-1-62 「性理 三」(『性理類選』卷3)

未發「坤」、「復」論, 朱、宋兩先生皆有二說, 誠如李公之言, 然以愚考之, 是二說者實有彼此之殊, 而非後人之所能一者矣。夫朱子舊說, 如南軒往復若「養觀說」若「記(論)[性]²⁶⁹）答藁」之類, 果皆以「復」之一陽已動者爲言, 而最後所著『中庸或問』則專以「坤卦」爲論, 而曰"以「復」爲比"則未可也。今旣以"以「復」爲比"者爲未可, 則與前日所論已不同矣, 又安得曲爲之說而强使爲一義乎? 至尤翁, 則於此一義, 蓋四變而後始定焉。請詳論之, 今李公所引尹拯、權思誠諸書, 固皆以「坤」、「復」俱屬於未發矣, 然其「答思誠」諸書則作於己卯歲, 是時尤翁之年僅三十有三矣。況其後書又謂: "「坤」、「復」俱屬未發, 朱子累言之。至於所「記論性答藁」自謂'論定之後', 而其說亦然。但『中庸或問』則不如此, 當以『中庸』爲正者, 泰叔說似得之。"【此書之作, 乃在壬午歲。】執此而觀之, 前者之書亦非尤翁之所自信者矣, 而今李公獨擧前書, 而後書則不及焉, 豈其考之有未詳歟? 至於「答尹書」, 果出於晚年, 而其說一如已卯權書之云者, 蓋至此而三變焉, 宜若可謂定本矣, 而其爲『箚疑』也, 又却以朱子前說爲與『或問』不同而疑之, 末乃以『或問』說爲定論焉。是書也, 乃尤翁用了許多精力, 費了許多歲月, 而與黃江、三洲群賢合並而修改之者矣, 則非一時書牘之比已明甚, 而其取舍疑信之間, 其說又如彼, 則又豈可與尹書之「坤」、「復」並言者合而同之, 打做一片也乎? 蓋尹書所引『語類』一章, 卽權書所云: "一陽雖動而萬物未生, 故亦以爲未發之意也。"尋常於此求解, 未得夫一陽初動已是動之端, 豈可謂之未發乎? 昔陳安卿嘗問: "未發之前是靜, 而靜中有動意否?"朱子答謂: "不是。靜中有動意, 只是有動之理。"今此一陽之動已是動之端, 非直爲動意而已, 而可以擬於未發之靜乎? 大抵「坤」、「復」之間, 是一陰一陽動靜之大分,【「復」之一陽始生, 正濂翁所謂"靜極復動"者也。】不可與"靜中有動"、"動中有靜"合作一處說者, 都不作差殊看, 而今必欲"以「復」爲靜"、"以「坤」爲至靜"而並歸於未發, 而謂"朱子、尤庵前後之論, 初無二致, 隱然以發前人之所未發自居, 而欲以之定天

---

269) (論)性: 저본에는 '論'으로 되어 있으나, 존경각본에 의거하여 '性'으로 수정하였다.

下之未定者”, 此愚陋之所未曉也。【「坤復說辨」】

「論性說」曰: “‘健順五常’, 人物之性不同, 是則分殊也。” ○ “健順五常”, 朱子所釋 “天命之性”, 而今不得爲一原而爲分殊, 不得爲渾然全體而爲隨質不同,【「答屛溪書」 曰: “雖天命之性, 亦必盛貯於氣質之中。此與‘隨其氣質而所稟不同’者一也。”】 不得爲一而不二, 【二五之精, 朱子猶以爲不二, 而況天命之性而可以爲二乎?】 而爲有萬不齊之物矣。【示纏溪說曰: “天以陰陽五行, 化生萬物, 氣以成形, 理亦賦焉。惟其氣質之稟有萬不齊, 故理亦有萬不齊。”】 竊意 子思子作『中庸』以明道之大原, 而却把氣之局者爲之冒頭, 似恐非當日立言之本 意矣。朱子「答黃商伯問」、『中庸章句』【“得理以爲德。”】、『或問』【“理未嘗不同。”】 及『孟 子集註』【“以理言之”云云。】二說不同, 以一原理同, 貼『中庸章句』、『或問』以異體理絶 不同, 貼『孟子集註』以明天命之性之稟受爲一原而理無不同, 犬、牛、人性之發用 爲異體而理有不同, 而逐翁以“天命之性”對“一原”而做異體看, 恨未得奉稟於凾 席之下也。【『論性說』上文云: “專指理而言, 則太極全體無物不具, 而萬物之性皆同, 是則一原也。” 按: 言一原處, 專指理則言, 分殊處不得不兼指氣矣。且“萬物之性皆同”, 此“性”字非天所命, 而萬物 却從何處得來? 且旣曰“太極全體”, 則其中應是含具萬理, 而獨二五之理不具耶? 此必不然。且太極 全體是何等名目, 而猶且謂之微物亦具, 而獨二五之理貴故歟? 此亦必不然, 而恨未得質疑於當日爾。 ○『逐庵集記疑』, 下同。】

栗翁之言曰: “人之性非物之性者, 氣之局也; 人之理卽物之理者, 理之通也。”此可 謂發千古不傳之妙矣。嗟乎! 非知道者, 誰能識之? ○ 栗翁於下文卽云: “理之萬 殊者, 氣之局故也; 氣之一本者, 理之通故也。” 以此觀之, 氣局自屬氣質, 至於“天 命之性, 通天下一性”, 此又何害於理之通乎? 故栗翁又嘗直言: “天地之性, 人物 一也。” 今曰“人之理非物之理者,【理絶不同故云。】氣之局也; 人之性卽物之性者, 理 之通也”, 此又何嘗戻於栗翁之意哉? 此處似可領悟。

南塘問: “物之被命受生之初, 其氣偏而其理亦偏矣, 安有初稟其全而後梏於氣之 理耶?” 答曰: “所論與鄙見無所參差。” ○ 所謂理亦偏之理, 是於太極外復有箇理 耶? 太極之理不拘氣之偏全而全體無損, 以此爲本然, 有何障礙, 而必以其隨氣所 明而發露不同者, 定爲天命之性耶? 若必如此, 則朱子釋“人生氣稟理有善惡”語,云: "所禀之氣, 所以必有善惡之殊者, 亦性之理也。" 此亦可指爲本然性耶? 朱子又曰: "以其氣之或純或駁而善惡分焉, 故非性中本有二物相對也。 然氣之惡者, 其性亦無不善。" 愚亦曰: "以其氣之或正或偏而全缺分焉, 故非性中本有二體竝立也。 然氣之偏者, 其性亦無不全。" 未審此不成義理否? 至於"安有初禀其全而後梏於氣之理耶"云者, 尤未易曉。 如『孟子』所謂"梏之反覆, 違禽獸不遠"者, 朱子所謂"美惡一定而非習之所能移"者,【見下愚不移章。】豈其始未禀全理而然歟? 可異也。

鳳巖問: "以堯、舜之性, 可謂極於人物之性, 而唐、虞之世, 黎民於變, 彝倫克敍者, 以人性之同得其正也。 至於鳥獸, 則雖曰咸若, 搏噬者自搏噬, 聚麀者自聚麀, 曷嘗有彷彿於仁義禮智之本然者乎? 此則物性之偏, 所以異於人也。" 答曰: "所論洞快。" ○堯、舜盡人之性, 而家有朱、象, 朝有四凶, 何也? 如必以禽獸之無搏噬聚麀而後, 謂其性同於吾人, 則亦必待朱、象之無傲, 四凶之無罪而後, 始可謂之與聖人同性乎哉?

鳳巖問: "氣質之淸濁粹駁一定, 而智愚賢否之別, 只在於此。 今有以爲未發之時, 人莫不各有至淸極粹之氣, 審如此則栗谷所謂'湛一淸虛之氣, 多有不在'者, 何謂也? 且未發之時, 氣無美惡之殊, 則及其發也, 何自而有中節、不中節之端? 是堯、舜、桀、跖之爲聖、爲狂, 不繫於氣質之粹駁, 而學者未必從事於澂治之功, 爲害殊不細。" 答曰: "來說極是。" ○夜氣所存是良心, 則此是氣質, 而 朱子分明說"人暮夜休息, 則其氣復淸明耳",【『孟子或問』。】此豈不知淸濁粹駁一定於有生之初, 朝晝梏亡, 紛然於旣發之後而云爾哉?【考諸『語類』本章, 其說皆同『或問』。】竊意人之氣質, 若不是原來淸粹底, 如何纔靜來便淸了? 所謂變化者, 亦非揀出濁來, 棄在一隅, 却將箇淸底替換也。 其發而不中節亦有說焉。 朱子論"天地之氣, 何嘗不善? 只滾來滾去, 便有不正"。 愚亦曰: "人之氣質, 何嘗不善? 只滾來滾去, 便有不中。" 故欲治氣, 只於發後用省察矯揉之功, 若未發時, 如何得澄治? 竊意氣質體善之說, 深有補於學問之功。 蓋知其本淸而有以爲恢復之地, 則其心豈不聳喜而樂用其力也哉? 至於"湛一淸虛", 栗翁本非以氣質言, 此一義當別論, 未可草草打過也。

梅峯問: "禽獸不能盡得五常之性, 看來尤覺分曉。 大抵人物之性異同, 只在理氣離合看。分而看之, 則無論禀賦之初與後, 人物皆得太極之全體而其性同矣; 合而看之, 則人得其全, 物得其偏, 自其禀賦之初已然而其性異矣。愚嘗「答德昭書」曰: ‘天命流行莫不均賦, 而由氣之偏或不能全。’ 上句卽所謂‘分而看之’者也, 下句卽所謂‘合而看之’者也。德昭以此言爲恰好無病, 未知然否?” 答曰: “高見與鄙意正相符合, 而分看、合看云云, 尤得其要旨。德昭所謂恰好者, 不可易也。” ○ 分看而曰“人物皆得太極全體”云爾, 則合看時有不得太極全體者耶? 可疑一也。且分看而曰“人物之性同矣”, 則洛家何嘗合性與氣質, 而謂人物性同耶? 可疑二也。且所謂“其性同矣”之“性”, 是於本然外又有同底性矣, 未知其名云何? 可疑三也。何不以此同者爲本然, 而必擧不同者以爲本然? 可疑四也。“合看則人得其全, 物得其偏”, 兩“其”字何所指? 指氣則物之氣質偏, 非性偏也, 可疑五也。指性則在天何嘗有偏性全性, 而曰人得其全, 物得其偏耶? 可疑六也。以“人得其全, 物得其偏而性異”之云與“人物皆得全而性同”者對待看, 則兩“其”字似指太極而言。然則太極亦有偏全耶? 可疑七也。天命賦與, 人物禀受, 是一時事, 非有先後, 纔均賦便全受, 豈有此均賦而彼偏受之理乎? 可疑八也。“由氣之偏或不能全”是指性, 則上文“其性同矣”之“性”是何物也? 可疑九也。朱子於吾人分上, 亦言氣之偏處極多, 以此而謂凡人氣偏者, 不得全性可乎? 可疑十也。遂翁「答癯溪書」曰: “物物皆禀五行而成形, 則五行之理亦不可謂不具於其中矣。” 今洛家所謂“物具五常”, 非於五理之外, 別出五性也。蓋朱、宋二先生, 皆以五行之理爲五常之性, 而湖中先賢却將五行之理、五常之性做兩般看, 此後學之所未敢知也。

「答巍巖書」曰: “云云。物則僅得形氣之一偏, 故不能有以通貫乎全體, 此在『中庸或問』極分曉。今來示提說‘偏全’字非一, 而還又言‘(亦物)[物亦]²⁷⁰盡具五常’, 此愚之未能瑩然者也。 無乃別以它義看‘偏全’字耶? 於此相合則可無多少論辨矣。『孟子註』亦曰: ‘仁義禮智之禀, 豈物之所得而全哉?’ 亦此意也。” ○ 全體而曰“不能有以通貫仁義禮智之禀”, 而曰“豈得而全”, “全體”爲本然乎? “不能通貫”爲本然乎? “四德之禀”爲本然乎? “豈得而全”爲本然乎? 四德與全體, 自在之性, 全與通貫, 能推之氣, 以氣之未能推爲性之不盡具, 恐甚難曉。『大全』「講義」、『語類』枾

---

270) (亦物)[物亦]: 저본에는 ‘亦物’로 되어 있으나, 『艮齋集前編續』卷3「遂菴集記疑」에 의거하여 ‘物亦’으로 수정하였다.

錄指意, 與『庸問』、『孟註』恰恰相符, 而覺更分曉, 故今錄于下。○「講義」曰: "得夫氣之偏且塞而爲物者, 無以全其所得以生之全體矣。"【上文"人物莫不得其所以生者, 以爲一身之主", "所以生", 尤翁『箚疑』謂: "仁義禮智之性也。" 據此以觀之, "所得以生之全體", 仁義禮智之性也, 無以全偏且塞之氣也。】枏錄問: "知覺運動, 人能之物亦能之, 而仁義禮智則物固有之, 而豈能全之乎?" 曰: "論得甚分明, 有條理也。"【年前愚以『孟註』爲不得全四德之義, 則保寧諸公大笑曰: "如此則'全'下著'之'字可通。" 愚亦聞而笑之。今觀枏錄, 正著'之'字, 諸公亦復笑之否? 蓋上文既曰"人物莫不有是性", 是性何性? 四德是也。下文更以"四德之不得全與人絶異"者與"知覺運動之與人相近"者, 對待立說, 則此處是就發用上言, 與前就稟賦上言其同者指意迥別。朱子論人物性氣處, 其立文類皆如此, 歷考而細玩之可見。】

"天所賦爲命, 物所受爲性", 竊觀盛意, 每以"命"字當"性"字, "仁義禮智"猶是"成之者性", 何可與天所賦之命無所分別乎? 如以天命言之, 物物之中無不各具太極之全體, 栗翁所謂"理通"者此也。孰敢有閒於來說乎? 朱子嘗曰: "謂之理同則可, 謂之性同則不可。" 幸於此分別理會而更敎之。○命、性但有在天、在物【人在物中。】之別, 其繼成之爲氣, 善性之爲理, 則更無一毫不同。今云"以天命則物物各具太極, 而謂之理通", 此似以未生前繼善之理而言也。然則人物已生之後, 物物不得各具太極, 而謂之氣局矣。竊意理通氣局, 何嘗分在天在物、未生已生? 如逐翁說, 則當曰命通性局, 而不當曰理通氣局, 未審栗翁本指果如此否耳。"謂之理同則可", 朱子說中又有"理絶不同"及"理之全缺"之云, 則未可偏執; "謂之性同則不可", 朱子說中又有"性同氣異"及"通天下一性"之云, 則亦未可偏執。愚見兩說皆通, "理同"者本然, "性不同"者氣質也。如逐翁之意, 則兩說相礙, "理同"者天命, 而"性同"者礙矣, "性異"者本然, 而"理絶不同"者礙矣。

頃年高明問曰: "未發時亦有善惡乎?" 愚答曰: "五性感動之後, 善惡出矣。未發之時, 寧有善惡之可言者乎?" 高明笑曰: "果然矣。未發時有善惡之云, 是德昭之見也。" 愚以爲如此則德昭誤矣。其後德昭之來, 叩其所見, 儘不然矣。其意蓋謂有生之初, 便有氣質之性, 清濁粹駁有萬不齊, 其本領之美惡如此, 故爲發後淑慝之種子, 非謂未接物時惡念常存於心也。此說不無所見, 故愚嘗印可之矣。『大學或問』論此曰: "所賦之質, 清者智而濁者愚, 美者賢而惡者不肖。" 觀乎此則德昭之見亦有所據, 斥之雖嚴, 必不服矣。○ 動後惡出, 未前無惡, 自是不可易之正論, 而其「答鳳巖書」亦言 "未發氣不用事, 理雖墮在氣中, 而本體自如, 有何善惡之可言者" 云云, 而南塘獨爲慝種之論, 何也? 程子曰: "謂之惡者本非惡, 但或過或不及便如此。" 朱子曰: "本皆善而流於惡耳。" 如南塘說, 則 "本非惡" 者本是惡, "本皆善" 者本或惡, 且未發之時, 安有所謂 "過不及"、所謂 "流" 者而已有所謂 "慝種子" 耶? 程、朱豈不念及於氣質而偶爾妄發耶? 是必有其故矣。『大學或問』云云, 泛言智、愚、賢、否, 氣質之分而已, 未嘗直取未發言, 則恐非南塘之所可據也。信如南塘之言, 則孔子未發時有發皆中節之種子, 顏子有不善之種子, 孟子有害事之種子, 明道有喜獵之種子矣。吾聞有一大本。未聞有萬大本也。

子思曰: "天命之謂性。" 程子分而言之曰: "天所賦謂命, 物所受謂性。" 其意有在。蓋 "天所授謂命" 者, 卽 "繼之者善", 孟子性善, 蓋本於此; "物所受謂性" 者, 卽 "成之者性", 孔子 "性相近"、"上知與下愚不移" 者, 於此已具矣。孟子極本窮源之論也, 孔子兼氣質而言也。若虛心遜志, 濯去前見以來新意, 當自覺悟矣。○ 信如遂翁之敎, 則『中庸』開卷第一句, 不過是氣質之性爲之根柢頭腦矣, 未審此果爲萬世不易之定論矣乎? 性命雖有在天、在人之分, 而其理則初無異矣。程子分言之中有合掌之妙, 恐未有它意。性善之性卽天命之性, 非別有箇本源也; 相近不移之性, 却是人人氣質不同之性, 何可與『中庸』首句 "通天下一性" 者比而同之也?【如此則天命之性, 豈惟人物異, 亦聖凡異矣? 未審湖中諸公於此果無疑否? 願聞的確之論。】斯義也, 朱子已言之於『論語』"性相近" 章矣, 而遂翁之言如此, 此是湖、洛大分界處, 不可不子細辨明。願諸公之賜敎焉。

「命性圖」第一層 "無極而太極",『易』所謂 "一陰一陽之道", 第二層 "動而生陽",『易』所謂 "繼之者善", 一本理同; 第三層 "五行之生, 各一其性",『易』所謂 "成之者性", 萬殊理絕不同。○ 圈中第一箇 "性" 字是天命之性, 而且屬之氣局, 則氣局者, 兩則兩不通融, 三則三不通融, 千則千, 萬則萬, 一切不相通融之謂也。非惟人之與物、活之與槁有分而已, 亦大聖之與亞聖、亞聖之與大賢以及於衆人之可治、下愚之不移、諸夏之可敎、夷狄之難變,【下愚、夷狄, 皆兼善惡言。】凡諸種種不可悉窮之不同者, 擧在其中矣。故遂翁自註曰 "萬殊", 又曰 "理絕不同", 則其意可見矣。然則程子所謂"無妄天性也, 萬物各得其性, 一毫不加損矣", 朱子所謂"天地生物本一源, 人與禽獸卓木之生莫不具有此理, 無絲毫欠剩"者, 皆將處置不下矣。"無極"置諸"成性"以前, 則遂翁平日所言"物物各具太極全體"【據此「圖」, "其"作"出於"則義例合矣。】及"萬物之性皆同"者【據此「圖」, 則此"性"字未知何指?】亦難強解, 而圈中無"無極", 則性與太極判不相涉矣。然則朱子所謂"性是渾然太極之全體, 而其綱理之大者有四, 曰仁義禮智"者, 亦似處置不下矣。圈中只書智、愚、賢、不肖, 而不書禽獸草木, 則豈以庶類無與於性而然歟? 遂翁平日所言"五行之理, 物物各具"者, 未審其指意之如何, 而凡程、朱所謂"牛馬木植, 尋常昆蟲, 皆具五性"之訓亦不得行矣。且以通、局分隷於命、性, 則程子言"萬物皆備, 不獨人爾, 物皆然", 朱子言"各正性命, 如木開花結實, 實成脫離, 則又是本來一性命, 元無少欠", 栗翁言"天地之性, 人物一也", 曰"皆然", 曰"本一無欠", 曰"一也", 而不得爲通而歸於局, 則此於文義理趣, 似皆說不去矣。且如此則栗翁何不曰"理通性局", 而乃曰"氣局"也, 性之與氣果爲一物而然歟? 況栗翁又曰"理之萬殊者, 氣之局故也", 理之與氣亦果是一物而然歟? 遂翁自注云: "第二層動而生陽, 而第三層無所謂靜而生陰, 而却以五行各性代之, 何也? 愚意既以"繼善"爲陽, 則當以"成性"爲陰, 自是對待之理, 況又有『易本義』、『通書解』之可據者耶? 豈或以生陽生陰爲理氣之通局, 爲未便耶? 抑動而生陽之時, 其理無所偏而靜, 而生陰之時, 其性有不全此, 又何理耶? 欲從湖中士友, 相與虛懷講究, 而解此迷蒙, 實平生切願爾。

南塘平日每謂心、氣質無辨, 則未發時, 氣之濁駁即心之濁駁也, 一物也, 而又一時而既有濁駁又有虛明, 既有善又有惡, 既有不齊又有無雜者, 誠甚可異! 且心之體、氣之本色是一歟二歟? 以爲二則心、氣質却似有辨, 以爲一則虛明濁駁不容竝立, 此又不能無疑也。據南塘意, 眾人未發時, 其性拘於氣質, 而自爲一性, 故謂性有善惡, 則氣之用事亦已久矣。此恐與朱子所言"人纔歇得些時, 氣便清明"及"未發之前, 氣不用事, 所以有善而無惡"之訓, 若不相似然。且既曰"理之在濁駁之氣者, 只得爲濁駁之理而未免有惡", 則其勢不容更有一種不被氣拘有善無惡底性, 而今於未發時, 既有見拘於氣之性, 又有不雜乎氣之性, 則與"只得爲"云者, 似相戾矣。蓋只之爲言, 無它之辭, 故疑之爾。○南塘上文曰: "心之未發, 湛然虛明, 物欲不生, 則善而已矣。"下文又曰: "心之未發, 自其氣禀清濁粹駁者而言, 則謂之心有善惡, 可也。” 竊意以欲心不生而謂之善, 則其曰“心有惡”者, 必從其有欲而言, 然後其說始得相合, 但纏說有欲, 便非未發。且曰“善而已矣”, “而已矣”者, 無它之辭, 而又有有惡之心, 何也? 亦可疑。○ 南塘下文曰: “從其不離於氣, 而謂之氣質之性。” 此句似合商量。蓋太極之體亦離陰陽不得, 天命之性亦離氣質不得, 皆有朱子成訓, 此亦將謂非本然乎? 必也此性爲氣所拘而失其正, 然後方可謂之非本然也。如曰“未發時雖有氣拘之病, 而心之虛明, 性之至善, (然)[無]271)所虧損”, 則千古聖人所以立教, 賢者所以務學之意, 只爲欲去此“氣拘”兩字爾。今氣質雖拘而心自無欲, 性自保善, 則更何難之有? 大抵變化氣質是爲學切務, 今未發時濁駁自在而心昏性惡, 則其工夫宜如何而可以收功哉? 此處極要理會。【南塘上遂菴書疑目」, 下同。】

“理同”之理是“性卽理”之理, 非於人物五常之性上面, 更有一等一原之理也。【『語類』論“天命之謂性”, 曰: “萬物皆同這一箇原頭。若非同此一原, 則人自人之性, 物自物之性, 聖人如何盡得。”】“理絶不同”之理非以稟賦言, 乃是性之存之、不仁不義之類, 發見有多寡之或相倍蓰, 或相十百者耳。“氣異”之氣是以正通偏塞、清濁純雜有萬不齊者言, 氣猶相近之氣, 是以精神血氣、知覺運用大略相似者言, 宜細辨。

分也者, 理一中細條理, 理分不容有層節。分非理之對, 分殊二字, 乃對一字也。○ 此語驟看則無可疑者, 但蘆沙「答奇景道書」論偏全云: “在天原無此分, 則人物何處得來而有此偏全?” 然則此言分者細條理, 將爲異日人物所得偏本然、全本然之源。愚意偏之與分, 元非一串, 分如一身中耳目手足, 偏如一耳獨聰, 半身偏遂也。分是一中本有之理, 偏是氣上對全之性, 恐難做一樣說也。【納涼私議疑目」, 下同。】

朱子曰: “太極者, 象數未形而其理已具之稱, 形器已具而其理無眹之目。” 夫“象數未形”則未破之一矣, 而“其理已具”則非分之已涵乎? 形器已具則旣定之分矣, 而其理無眹則非一之自在乎? ○ 未審蘆沙以“其理已具”爲人物所稟偏全之源乎? 竊意此句指意, 恐是父子君臣未生之前, 慈孝禮忠之理已具, 事物微細未有之先,

---

271) (然)[無]: 저본에는 ‘然’으로 되어 있으나, 존경각본에 의거하여 ‘無’로 수정하였다.

事物微細之理已具云爾，非謂聖人未生之前，已有理一中分殊之全理，賢人衆人未生之前，已有幾分未全之理，下愚大憝未生之前，已有十分不移十分乖戾之理，鳥獸枯槁未生之前，已有偏塞之理而各爲萬衆所得之源也。然則似與蘆沙所謂"在天原無此分，則人物何處得來而有此偏全"云者，判然殊別矣，可疑。下段所引"冲漠萬象"亦然。

性同者，吾不曰不然，而以偏全之性爲非本然，則是分外有理也。遂主同而廢異，則性爲有體無用之物矣。○洛家若指性中發出來底忠孝仁讓，而曰此分之殊，非本然之性也，則分外有理而性爲無用之物矣。但謂萬衆之性，其體本全，而自學知而下，至於翔走、枯槁之發見，各隨所禀之氣而自爲一性，由未達一間至一點子明，由相近至絕不同，由天縱之聖至下愚不移，其品有萬不齊，是安可皆謂本然之性乎？

天下之性不全則偏，固未有不全又不偏之性也。偏全皆非本然，則天下無一物能性其本然之性者，而本然之性永爲懸空之虛位，卽將安用彼性矣？所貴乎正通者，以其得本然之全也。若與偏塞者，均之爲非其本然，則何正通之足貴乎？蓋以無分爲一，其弊必至於此，其以各正之性爲落分殊犯形器，不足以爲一原，與甲邊之議，恐無異同。○問："氣質不同，則天命之性有偏全否？"朱子曰："非有偏全。"此洛家之所本也。今若譏之曰"天命之性，旣無偏又無全，則不過爲虛位"云爾，則豈得爲盡人言者耶？此不待多辨而明矣。所貴乎正通者，以其得本然之全，然則偏塞者，其所得只是本然之偏矣，無乃與天命之性非有偏塞者相戾矣乎？若改之曰"所貴乎正通者，以其能全本然之性"，則似無可疑矣。

偏全指善一邊，如孔隙雖有大小而月光自若，盤盂雖有方圓而水性無恙，豈不是本然？○信斯言也，蜂虎果然之仁義，堯、舜、周、孔之仁義，毫無殊別矣。然則朱子何以言仁義禮智之粹然者，人與物異乎？

氣質是兼善惡，如和泥之水稠淸百層，隔窓之月明暗多般，以偏全爲氣質，豈不低陷了偏全？○堯、舜、孔子之全，固當爲本然，至於夷、惠之偏於淸和，顏、閔之具體而微，游、夏之僅有一體，則豈非由於氣質乎？【此類不可謂兼善惡也。】人猶如此，況於微物乎？今不欲以偏全爲氣質，恐終可疑。

“氣質之性, 君子有弗性者焉”, 人物偏全之性, 君子亦有弗性焉者乎? ○ “氣質之性, 君子有弗性者焉”, 本橫渠先生語。先生又嘗言: “凡物莫不有是性, 而由通蔽開塞所以有人物之別, 由蔽有厚薄, 故有知愚之別。” 今以上一(股)[段]272)爲偏全而屬於本然之性, 下一(股)[段]273)爲氣質而降爲弗性之科, 恐文義事理俱難, 如蘆沙之言矣。問: “氣質不同, 則天命之性有偏全否?” 朱子曰: “非有偏全。” 偏全之性, 豈非朱子之所弗性焉者乎? 據此則南塘、蘆沙兩說似當更加商確, 恐未可認爲千聖不易之論也。

理旣云萬事本領, 氣是甚樣物事, 乃獨爾一我殊背馳去。近世諸先生坼開理分, 大抵皆爾一我殊之論, 其蔽也氣無聽命於理, 理反取裁於氣, 天命之性徒爲虛語耳。○ 理一分殊, 固是理中事, 然分殊, 先賢直就氣異處說者極多。今且以隙日譬之, 隙之長短大小, 自是不同, 然却只是此日。【見『語類』。】只是此日, 理一也; 隙自不同, 分殊也。【朱子「答余方叔」書, 歷擧人獸草木枯槁而曰: “雖其分之殊, 而其理則未嘗不同。” 此亦以理氣區屬於理一分殊, 此類甚多, 不可枚引。】此與前一義, 可竝行而不相硋274)也。至若天命之性, 雖十分大全, 十分至善, 無奈所賦形氣有異, 莫能遂其本然? 雖是性體而氣用, 亦是理弱而氣强, 故不能無蔽也。若以分殊專歸之理, 則理果號令乎氣, 氣果隨順於理, 而更無不治之國, 更無爲惡之人也乎? 恐難如此立語。

“五常人物同異, 竟惡乎定?” 曰: “定於先覺之言, 朱子之論此固多矣。其見於四子註說者, 則手筆稱停, 非記、錄、書、疏之比。其言人物五常, 凡有三處: 曰‘人物之生, 必得是理, 然後有以爲健順仁義禮智之性’者, 『大學或問』也; ‘人物之生, 各得其所賦之理, 以爲健順五常之德’者, 『中庸章句』也。此皆不區分人物, 一例說去, 粗通文理者, 初不難辨。且‘得以爲性’、‘得以爲德’之云, 皆屬成性以下, 而非繼善以上事, 則朱子之意, 明以人物之性爲同五常矣。獨於『孟子』‘生之謂性’章『集註』‘以理言之, 則仁義禮智之粹然者, 豈物之所得以全哉?’【“粹然者”本作“稟”, “以”本作“而”。】此爲區分人物處。【愚按: 此註亦不專於區分人物, 何以言之? 上文旣言性形而上者, 人物

<hr>

272) (股)[段]: 저본에는 ‘股’로 되어 있으나, 문맥을 살펴 ‘段’로 수정하였다.

273) (股)[段]: 저본에는 ‘股’로 되어 있으나, 문맥을 살펴 ‘段’로 수정하였다.

274) 硋: 『艮齋文集』卷14 「納涼私議疑目」에는 ‘礙’로 쓰였다.

之生莫不有是性, 是性何性? 卽所謂仁義禮智之性也。是亦與『章句』、『或問』之說同矣。如以物豈得全爲區分人物之斷案, 則『章句』下文豈不曰氣稟或異, 故不能無過不及之差, 『或問』下文豈不曰彼賤而爲物者梏於形氣, 而無以充其全矣乎? 此二條又皆與『孟註』之云無些子異意, 愚竊謂三處俱是同體異用之說也。】 然而只曰'物豈得全, 不言物莫得與, 則此亦人物同五常之說也'云云。朱子之爲此說, 豈喜爲刱新之論。以同人道於庶類哉? 蓋此理之外, 更無它理, 是以直以從上聖賢四破人性的字, 一萬物而貫之, 不以爲嫌也。【愚按: 以上所論, 無不與洛家同。】雖然, 一而無分, 非吾所謂一也。故『庸』『學或問』卽言'鳥獸草木之生, 僅得形氣之偏而不能有以通貫乎全體', '彼賤而爲物者, 梏於形氣之偏塞, 而無以充其本體之全'。此言人物之性雖同此一理, 而理中分限不能無也。氣所以承載此理, 故雖不離形氣而言分, 而一之未嘗無分, 於此固可見矣。合此上下文義而觀之, 其與'生之謂性'『集註』亦非有異義也。後人各占一半, 就生軒輊, 豈朱子之所能預料哉? 是知物我, 均五常者, 理之一也; 五常有偏全者, 一中之分也。蓋自統體一極, 理分圓融而無間, 故其成性於萬物者又如此。是故先覺論性, 有言理同理不同者, 非相戾也。共公以論其妙, 則挑出而言之; 眞的以指其體, 則卽氣而明之。挑出則理本一, 故理 ·爲主, 而萬殊涵於其中;【以偏而不全者爲(殊萬)[萬殊]275), 殊不可曉也。】卽氣則氣已分, 故分殊爲主, 而理一存乎其間。自是話有兩般, 何曾性有多層? 諸家緣理分一體處, 未甚著眼, 說異則欲獨擅五常, 說同則乃低視偏全, 差之毫釐, 謬以千里, 豈不信哉!" ○『庸』『學或問』若(卑)[單]276)言微物而不竝擧衆人, 則猶或可如蘆沙之言矣。今其文明明言智愚賢否稟氣之異, 而曰"於其所謂性者, 有所昏雜而無以全其所受之正", 又曰"其所謂明德者, 已不能無蔽而失其全矣", 此與"微物之不能通無以充"者, 語意一致, 類例無二, 而以"不能通無以充"歸之本然之性, "無以全失其全"歸之氣質之性, 則無亦有失其平之嫌乎? 又有人質於蘆沙曰: "聖凡均德性者, 理之一也; 德性有偏全者, 一之分也。" 則將應之曰然乎否乎?

曰: "本體而云'無以充', 本體爲性分耶? 至'無以充'三字, 始爲性分耶? 全體而云'不能通貫, 全體爲性分耶? 至'不能通貫'四字, 始爲性分耶?" 曰: "本體、全體卽性

---

275) (殊萬)[萬殊]: 저본에는 '殊萬'으로 되어 있으나, 존경각본에 의거하여 '萬殊'로 수정하였다.

276) (卑)[單]: 저본에는 '卑'로 되어 있으나, 존경각본에 의거하여 '單'으로 수정하였다.

分中理一處, '無以充'、'不能通貫'者, 卽性分中分殊處也。兩項事理, 有則俱有, 今必欲二而論之謬矣。" ○ "無以充"、"不能通貫"分明是形氣偏塞之病, 今必以爲性之分殊, 使人聽瑩。且以『大學』論之, 天降生民, 莫不與性, 性分中理一處; 氣稟不齊, 不能皆全, 性分中分殊處; 虛靈具應, 德分中理一處, 拘蔽或(皆)[昏][277], 德分中分殊處。如此說, 亦得否? 請觀者爲下一轉語。

"以理言之, 則萬物一原, 固無人物貴賤之殊", 此一節所謂"挑出以言其妙, 理一爲主"者也; "以氣言之, 則得其正且通者爲人, 得其偏且塞者爲物", 此一節所謂"卽氣以指其實, 分殊爲主"者也。○ 上一節言"一性之中, 含具萬理"。一性, 理一也; 萬理, 分殊也。人物同此一原也。【雖萬言分殊, 不害其無人物貴賤之殊, 據此可見分偏之不可以相準。此一著最可領悟。】下一節却只專言氣稟事, 蓋此二十一字無一點一畫可指理之實處, 而蘆沙之言如此, 可疑。

心雖氣分事, 而乃所具則性也。心具性, 凡聖同, 心不能盡性, 凡聖異, 其同、其異皆所重在性也。南塘乃忘却其同者, 主張其異者, 以凡聖異心爲法門, 其亦矛盾於聖人之意矣。與南塘辨者, 亦不言其所重之有在, 區區較其光明之分數, 欲以此爲同聖凡之心, 未爲箚著痛處。○ 氣質者, 淸濁純雜, 有萬不齊; 心者, 虛靈神妙, 有一無二。南塘乃認兩者爲無辨之物。今不指其光明之無優劣分殊, 只舉心具性聖凡同者以辨之, 其不被南塘之哂者鮮矣。況心之具性, 微物亦然, 此何足以辨南塘之疑乎?

碎紙中得鹿門任氏一段議論, 苟言異則非但性異, 命亦異也; 苟言同則非但性同, 道亦同也。此言驟看外面, 殆若鹿邊者獐, 獐邊者鹿, 而其實說得道理源頭, 無有滲漏。伊川"理一分殊"四字, 賴此公而一脈不墜於東方歟? 恨不得其全書而攷閱也。○ "理一分殊", 伊川何嘗以之論性? 只因「西銘」使人推理而知其一, 存義而立其分而已。楊、李、朱子所論亦皆如此。至羅整菴始揭此四字, 以爲性命之妙無出於此, 其言曰"受氣之初, 其理惟一, 成形之後, 其分則殊", 此與 蘆沙之意遠矣。

---

277) (皆)[昏]: 저본에는 '皆'로 되어 있으나, 존경각본에 의거하여 '昏'으로 수정하였다.

羅氏又曰"以理一分殊論性，則自不須立天命氣質之兩名"，則其說更乖矣。又其認理氣爲一物，而深病乎朱子理氣二物之訓，則愈不可說矣。我東任鹿門又祖述羅氏四字之旨，而其言曰: "「乾」之健卽太極，而健之中有元亨利貞; 「坤」之順卽太極，而順之中有元亨利貞。元亨利貞卽陰陽五行也。然「乾」之元亨利貞，依舊是健; 「坤」之元亨利貞，依舊是順。然則「乾」、「坤」之太極，自不害其不同也。" 又作「人物性圖」，人圈具書五常太極，物圈只書太極而不書五常。又論朱子"渾然太極各具於一物"之說，云: "此謂卽此各一處，天理完全，無所虧欠耳，非謂一物各具萬理也。" 此皆看得分殊之過，而至於如此。又論人性之善曰: "此乃氣質善耳，非氣質之外別有善底性也。" 此尤不可曉矣。使蘆沙復起見此，不覺蹙頞而長太息也。老洲吳先生嘗有論羅、任兩家者極多，今擧三段附見於下，使蘆門諸公看詳焉。『老洲集』「雜識」曰: "整菴、鹿門均爲理氣一物之論，然整菴於理一看得重，鹿門於分殊看得重。看理一重，則自然理爲主; 看分殊重，則畢竟氣爲主。以此較論得失，整庵殆其少疵矣乎?" 又曰: "整庵、鹿門皆從氣推理看得合一之妙者。驟看非不高妙，然其究也，皆歸於主氣，而 整庵則猶有每每提掇此理之意，鹿門直以一'氣'字盡冒天下之理，更不求理之所以爲理。蓋鹿門之見實本於整菴，而其主張'氣'字則殆過之耳。" 又曰: "整菴以理一分殊爲說理氣底秤子。其曰'性以命同，道以形異'者極是。'性以命同'，卽未發而指理一也; '道以形異'，卽已發而指分殊也。鹿門之祖述其理一分殊，而獨深斥此語何也? 終是拘於人物之偏全，不能疏觀，性道雖有體用之異，不害其一原之同也。"

識理之言，"理"字活而"氣"字死; 不識理之言，"氣"字活而"理"字死。○ 愚按: "理"字似未可以死活論。大抵有死有活者氣也，理則其所以然之故也。昔安應休見乘氣流行之理，便謂理亦有爲，則栗翁斥之以不識理氣，退翁偶誤有理活之論，而尤翁謂之與朱子意迥然不同。此是儒門相傳宗旨，後來諸老先生未之有改焉者也。華老之意，豈非就理爲氣主處說耶? 如"太極生陰陽"及"使動使靜者理也"之類，似微有理活氣死之意。然沈明仲嘗認"理爲主宰"語爲有情意有造作之意看了，尤翁告之云: "所謂理爲主宰者，不過曰自然而然，豈如氣之有運用造作也?" 是訓也，可以斷此案矣。至於氣活理死之評，未知指誰語。若是指"理之運用都由於氣，氣有爲而理無爲"及"理在氣中，其善惡隨氣之所成而已"等語，則有不然者。孔子曰

“人能弘道, 非道弘人”, <u>朱子</u>曰“靈處只是心, 不是理”, <u>栗翁</u>曰“有動有靜者氣也, 在動在靜者理也”, <u>尤翁</u>曰“太極爲陰陽之所運用”, 此類略如<u>華老</u>所譏之說, 而其實與理爲氣主之論, 初不相妨矣, 未知如何?【『華西雅言疑義』, 下同。】

理者, 一而不二者也, 命物而不命於物者也, 爲主而不爲客者也。是故在天言命物之主, 則曰天曰帝; 在人言命物之主, 則曰心曰心君278); 在物言命物之主, 則曰神曰神明, 其實一理也。○愚按: 天帝、心君279)、神明之類, 若渾淪而言則如此說亦無不可。【如言在天下言命物之主則曰天子, 在一邑言命物之主則曰知縣, 亦是一而不二, 爲主而不爲客者也。】若欲辨別其本來面目, 則又似未可如此說, 未知<u>華老</u>本意是就渾淪上說, 抑是就本色上說, 俟當審問。

“能”、“所”出自禪語, 喩以看花折柳, 則看折爲能, 花柳爲所。蓋借有形之物, 明無形之理。看折有看折之理, 花柳有花柳之理, 引此證彼, 語極精巧。但吾儒借行其說, 而錯施於理氣之分, 則種種醜差, 何也? “能”字由我, “所”字由物, 而由我者皆屬乎形而下之器, 由物者皆屬乎形而上之道, 則如妙性情之妙、致中和之致、孝親之孝、忠君之忠, 不得爲道而反屬之器矣。“坤以簡能”之能, “良知良能”之能, “至誠爲能”之能, 一例屬器而不得爲道矣, 烏可乎哉? “所”字“能”字本非實字, 於理於氣皆可通。使若膠固偏配, 移動不行, 觸處梗礙, 不成義理, 讀者不可不知也。○愚按: <u>張元德</u>訓道爲行, <u>呂子約</u>訓學爲理, <u>朱子</u>以爲元德以所能爲能, <u>子約</u>以能爲所能, 因以倫類不通、心意太矗戒之矣。此豈非吾儒借行能所之說, 而錯施於理氣者耶? 至於<u>栗翁</u>, 則又以能所分配於理氣, <u>華老</u>於二先生之訓, 不知如何處置也。由我由物之論, 疑亦有未然者。事物雖在外, 而事物之理無一不具於人性之中, 故曰“萬物皆備於我矣”, “我”字上非無所之可言, 特從其有爲者而謂之能; “物”字上非無能之可言, 特指其自在者而謂之所, 豈可別立由我由物之說而難之乎? 且以妙致忠孝知能之屬, 皆謂之形而上之道, 則似尤可疑也。性情中和是義理名目, 而其妙之致之者又指爲理, 則是理能妙理, 理能致理, 豈理無作用之謂乎? 豈理無二體之謂乎? 其它忠之、孝之、能之之類, 亦無非心之能處, 似未可直謂之道也。<u>朱</u>

---

278) 心君: 『華西雅言』에는 “天君”으로 쓰였다.
279) 心君: 『華西雅言』에는 “天君”으로 쓰였다.

子曰: "仁義, 理也; 孝悌, 事也。" 又曰: "學者, 學夫人事, 形而下者也; 而其事之
理, 則乃形而上者也。" 此皆理氣能所之說, 而似非如華老之見也。又按: "看折有
看折之理, 花柳有花柳之理", 此語亦合更商。愚竊意花柳分上, 本有看折之理, 若
舍花柳則更別無討看折之理處。如孝親忠君, 君親便自帶著忠孝之理, 恐難謂忠
孝自有忠孝之理, 而與君親各有兩種道理也。未知是否。

人有恒言, 皆曰"所以然者, 理也", "以"之爲言, 用也。須有一個做主, 然後始言其
用與不用矣。做主者, 在天地則主宰謂之帝, 在萬物則主宰謂之神, 在人則主宰謂
之心, 其實一太極也。易、簡、乾、坤之德也; 以易知、以簡能者, 非帝而何哉? 健順
天地之德也; 以之而自強不息, 以之而厚德載物者, 非心而何哉? 推此而例之, 餘
皆倣此。朱子釋此"以"字之義, 大段分曉, 其言曰: "元亨利貞, 性也; 生長收藏, 情
也; 以元生、以亨長、以利收、以貞藏者, 心也。" 此明天地之心爲"以"字之主也。
"仁義禮智, 性也; 惻隱、羞惡、辭讓、是非, 情也; 以仁愛、以義惡、以禮讓、以智知
者, 心也。" 此明人之心爲"以"字之主也。非心則無以見"以"字之主, 非"以"則無
以著心字之妙。○ 愚按: 此段華老極力說理能運用矣, 又極力說心卽是理矣, 又極
力說心至焉、性次焉之義矣, 而其門人奈何欲諱之, 未可曉也。大抵以仁愛是氣之
直截作用處, 所以然是理之原頭自在處, 乃華老以其然之事直喚做所以然之理,
此無亦爲以能爲所能者耶? 朱子曰: "'動以天, 聖人之事'。龜山此語, 若以誠者天
之道言之, 則'以'字不爲害; 若直指道體而言, 則'以'字下不得矣。" 尤翁釋之曰:
"'以'字當屬人身, 若下於道體則不可也。" 今以『雅言』此段觀之, 無或與二先生之
意異歟? 愚竊謂必若程子所謂"洒掃應對是其然, 必有所以然"與朱子所謂"所以
然之故, 卽是更上面一層"者, 然後乃爲形容道體之語也。未知如何?

惟天惟地, 厥理惟眞, 厥心(性)[惟]280)神, 厥氣惟精, 而厥用或偏, 而惡是其局, 得
全且美, 其惟聖人乎! 衆人雖美偏, 飛走以往皆偏, 有美有惡, 是以萬殊, 而厥本惟
天, 惟人惟物惟一焉。噫! 天地無思無爲, 聖者用不遜體, 無事於反, 彼物者塞有
達不能充。惟衆人有志, 爲能推本以見厥一, 卽用以去其惡。其道在思毋妄, 動以
正而已。【「理氣說」】

---

280) (性)[惟]: 저본에는 '性'으로 쓰였으나, 『艮齋文集』卷14 「理氣說」에 의거하여 '惟'로 수정하였다.

靜而大本之無少偏倚, 動而達道之無所乖戾, 皆是此心之妙用, 故曰“心爲性情之主宰”, 此卽所謂“人能弘道”也。心之功用, 至於參天地贊化育, 然其所以參贊之理, 則出於性而不出於心, 故曰“性爲心之主宰”, 此卽所謂“性是太極渾然之體”也。至於心之所以爲主宰者, 以其能敬也, 不然則戾於性情之德, 而役於形氣之私矣, 故曰“敬爲一心之主宰”, 此卽所謂“敬是此心之自做主宰”者也。或曰: “道體與人功, 如之何則可以合一也?” 曰: “敬而已矣。” “敬宜如何用功也?” 曰: “心必本於性, 而不敢自用也。”【「主宰說」】

愚比因體究靜中有物之義, 而得兩聯云: “未發之前, 此心炯然【知覺。】純一,【敬功以聖人言則爲誠。】不偏不倚而道體【太極。】呈露。【靜中有覺, 有敬而有理, 而理爲究竟之物也。乃知朱子前後所言之不同, 蓋各擧一端而言, 非可以初晩强分而有所偏執者也。】已發之際, 此心卓然公正, 無適不莫而義用顯行。【聖人自然如此, 賢者欲其如此。】” 此數語於吾儒之學, 疑若無遺算。第朱子所歎“只欠做”三字, 時一誦念, 便隱隱有痛, 悚然心目, 而彼釋氏之敎, 靜無所存,【存天理。】恰似牆後之死灰, 動無所比,【義之與比。】殆同水上之葫蘆。此其正道異端分界處, 學者於此不可以不明辨而深體之也。【「靜中有物說第三」】

氣質雖得於受生之初, 而所謂氣質之性, 則始見於應物之時矣, 雖曰性而非原初稟得理有萬不同也。然則何以曰雜理與氣而命之, 曰氣質之性也? 竊嘗反己而驗之, 凡應事接物之時, 客氣橫騖則上面所載之理, 被佗拘牽而不能自遂爾, 非實有異稟之理而與氣俱行也。蓋理被氣拘而不能自遂, 則其發見之理始有偏惡與過不及之可言者。【偏惡、過不及是氣如此, 則理亦如此, 然所偏惡、過不及非理也, 乃氣也。】故曰雜理與氣而命之, 曰氣質之性也。然則何以曰天性謂當初稟受氣質之性也? 曰: “今言天性柔緩, 天性强急, 此但言發見之氣質然爾, 非稟受得理實有柔緩强急也。所謂柔緩强急, 旣生後未發前所無, 而謂之天性者, 以其與性俱生也。故曰“當初稟受氣質之性”也,【楊愼、紀勻輩詁嘗朱子靡極不至, 則前(華)[輩]281)謂之性生, 性生如言天性也。】然其意非謂當初稟受得理亦有不齊也。使所謂理者果有異稟, 則異稟之後, 雖萬番單指, 畢竟是不齊之物, 安得先有異理而後, 却有同理之理乎? 吾故曰: “萬人物、萬氣

---

281) (華)[輩]: 저본에는 ‘華’로 되어 있으나, 존경각본에 의거하여 ‘輩’로 수정하였다.

質無一同者, 萬氣質、萬性理無一異者", 此欲俟後賢而質之也。"【「稟受氣質性說」】

性尊心卑。○仁人之事天, 如孝子之事親。【仁人以心, 言天以理, 言事是尊之之謂。大人奉天時, 君子畏天命, 君子尊德性。顏子非禮勿視聽言動, 所以事天。聖人本天。【大人、君子、顏子、聖人, 皆以心言。】至尊者道, 以心求道。【道是性之德而具於心者。】尊我德性, 希聖學分。【我是心自我也。尊性爲聖學, 則其心自尊而不肯尊性者, 將安所歸乎?】上帝與民仁義, 欽斯承斯, 猶懼不克。【性是天之所命乎心者, 心而自尊而不欲恭敬奉持夫性者, 除非昏狂之人也。】湯之所以事天曰: "顧諟明命。"文王之所以事天曰: "翼翼小心。"【心而曰小, 則其不可妄自尊大也, 明矣。今人往往其心侈然自大, 傲然自高, 故纔聞性尊心卑之說, 便覺氣湧如山矣。其心於性, 且不肯恭敬奉事, 天下更無可尊者矣, 嗚呼殆哉!】"謙謙君子,【以心言。】卑以自牧",【言君子之心宜卑以自處。】"慮以下人",【於人且下之, 況於性乎?】"不知學者, 上人之心, 無時而已",【人且不可上, 況於性而可上乎?】以上吾儒本天之學。心尊性卑。○"天上天下惟我獨尊,【本佛語,『語類』譏陸氏處亦有此語。】只管說心是無虧欠本來好底物事, 上面著不得一箇字。"問: "先生信箇甚麽?"答曰: "某只是信箇心。心卽是聖, 卽是道, 更求歸宿便害道, 個個人心是仲尼。【『論語集註』論孔子謙辭云: "聖人非心實自聖, 而姑爲是退託也。"余觀自佛、陸、楊、王以至近世學人, 多是俱曰予聖之見, 此如何抵敵得?】極天下之尊而莫之敢攖者, 其惟心乎?""應觀法界性, 一切惟心造", "心如聖人在君師之位, 性如億兆之民",【如此則性之善, 非固有底, 乃是心之所造。又爲性者, 當受敎見治於心而後, 乃能至善。性之卑下, 莫此爲甚矣。】"心是上面主宰, 性是下面條理", "心之大理具性之小理", "心可獨當太極, 而性不可獨當太極", 以上他家本心之說。"【「兩家心性尊卑說」】

天地萬物本然之性原無有偏, 此據程、朱二夫子之論, 無可疑矣。【程子曰: "凡物莫不具有五常。"又曰: "雖木植亦兼有五常之性。"朱子曰: "人物皆稟得健順五常之性。"又曰: "微物之性, 何緣見得不是仁義禮智?"】後來諸先生偶認異體之不同, 爲稟性之有異, 此似小未察。近時一前輩又因其說而復推之, 以爲在天原有庶類偏稟之理, 謂湖、洛二說皆不可從, 未知此說又如何? 而竊意性只是一箇太極之理, 天地萬物未受之前, 只是此極, 天地萬物已受之後, 又只是此極, 一者一也, 更無兩樣太極。【明儒舒芬爲人物性異之論, 而曰: "自乾男坤女而論太極, 則太極萬有不同, 又自物而論, 則與人太極又相遠矣, 何也? 人又人, 物又物, 所以源遠而末益分, 太極烏得不稍異哉?"黃宗羲譏之曰: "其視太極若一物, 而有天太極、人太極、物太極, 蓋不勝其支離矣。是認習做性云云。"】如二氣五行之精, 朱子且以爲不二, 況太極之理而可以裂做兩樣乎? 纔有兩樣便有萬億矣。夫就其所乘之形、所運之氣, 而語其理之發見, 則雖父子之一體、昆弟之同胞者已不侔矣, 而況於男女之異形、聖凡之殊質乎? 此而猶然, 其他華夷人獸動植枯槁之不齊, 又豈可勝窮也哉? 據此氣局之萬殊, 而驗性理之本異, 吾復何言? 竊又思之, 謂天地萬物各具一太極, 彼此之所同然也。但湖家指天命之性與太極之體, 有一原分殊之辨, 而洛家直指性爲太極, 更無差別。此爲立論之小異處, 雖曰小異, 然無限葛藤, 皆從此出, 是宜明辨也。如欲明辨, 舍朱夫子亦將安所本哉? 其言曰: "性是太極渾然之體, 而其中綱理之大者有四, 曰仁義禮智。" 又曰: "'性'字, 蓋指天地萬物之理而言, 是乃所謂太極者也。"【又曰: "性猶太極。" 又曰: "性卽太極。" 栗谷先生亦曰: "太極在天爲道, 在人爲性。"】由是觀之, 性與太極, 如何有辨? 諸家之論可以歸于一矣。『遂菴集』「答鳳巖書」作於戊子而謂性與太極不同, 「論性說」作於戊戌而其言曰: "太極全體無物不具, 而萬物之性皆同也。" 又以二者合尖爲一, 此最晚年定論, 而湖中諸先生或未及細考歟!】或疑"如子之言, 則是有理一而無分殊矣"。曰: "不然。理一譬則身一也, 分殊譬則耳目手足也。耳目手足, 豈外此身而自爲一物乎? 理一分殊, 未有天地萬物之先, 已有此理, 及到天地萬物已生之時, 理一分殊之理又自各各具足, 更無一毫欠剩之異矣。吾故曰: '天地萬物本然之性, 原無有偏。'"【更按: 「論性說」下文又"似有不然者", 要之不能無疑。○「本然性論」】

性者,【仁義禮智。】人之所得於天之理也。【元亨利貞。○『中庸或問』曰: "在天在人雖有性命之分, 而其理則未嘗不一。" 然則性之與理, 只以在天在人而異其名, 而其十分圓滿之體, 初無毫髮欠剩也。遂菴先生示巍巖「性命圖」, 以命爲理通, 性爲氣局, 此與朱子本指得相脗合否?】生者,【知覺運動。】人之所得於天之氣也。性, 形而上者也;【謂形而上者, 則是理通也。若性屬氣局, 安得爲形而上也?】氣, 形而下者也。人物之生莫不有是性,【是性卽上文所言是也。旣曰莫不有, 則此當爲本然無異之一源, 而下文所謂"不得而全"者, 自歸於氣質之性矣。○『中庸或問』曰: "在人在物, 雖有氣質之異, 而其理則未嘗不同。" 然則人之與物, 只以氣質偏正而異其用, 而其十分圓滿之性, 初無毫髮欠剩也。遂菴先生「論性說」曰: "健順五常, 人物之性不同, 是則分殊也。" 此與朱子本指得相脗合否?】亦莫不有是氣。【是氣卽上文所言是也。旣曰莫不有, 則此當爲血氣槪同之張本, 而下文所謂"若不異"者, 與氣質之性所指自不同矣。】然以氣言之則知覺運動,【此只指知寒覺煖、趨利避害言, 若以識得是非, 行得禮義, 則奚啻不同?】人與物若不異也。【人物氣質懸別, 而今曰"若不異",

則非以通蔽開塞言明矣。】 以理言之則仁義禮智之稟,【此是擧人物所共賦受底十分圓滿, 無毫髮欠剩者而言也。】 豈物之所得而全哉?『語類』螢錄, "天命之性非有偏全, 禽獸亦是此性", 而今曰"物不得而全", 則可知是就氣昏形拘推不得處說, 非謂合下稟得有不全爾, 細玩"得而"兩字, 尤可見矣。○『語類』枅錄問: "仁義禮智, 物固有之, 而豈能全之乎?" 曰: "說得甚分明。"】 告子不知性之爲理,【性果爲氣局之物, 則告子之不知性之爲理, 又何病乎?】 而以所謂氣者當之。【告子非惟不知本然, 並不識氣質之有偏正通塞處。】 是以杞柳湍水之喩, 食色無善無不善之說, 縱橫繆戾, 紛紜舛錯, 而此章之誤乃其本根所以然者。蓋徒知知覺運動之蠢然者, 人與物同,【此與釋氏之所謂"蠢動含靈, 皆有佛性"正相同, 然則草木枯槁將爲無性之物矣。此何嘗與洛家人物之稟性一同之說, 有髣髴相似處乎?】 而不知仁義禮智之粹然者, 人與物異也。【就發用處看, 則凡人之仁義禮智, 視聖人所見所成之明粹亦不同矣, 況物之與人, 安得不異乎? 此何嘗(舅)[與][282]湖家人物稟性本異之說, 有髣髴相似處乎?】 孟子以是折之其義精矣。【告子不識人物氣質用處懸別, 乃以血氣知覺運動之槪同者直名爲性, 使孟子復擧仁義禮智之一同者以關之, 有甚情理, 有甚骨力, 故必也拈取氣質性之不齊者以折之, 然後其義始精矣。但不明言"氣質"字, 所以來後賢不備之評, 然使告子復問其所以不同之故, 則孟子必明有一轉語云: "氣之稟賦不同, 故性之發見有異矣。" ○「讀孟子生之謂性章集註」】

朱子曰: "性卽理也, 在心喚做性,【在天地之心爲四德, 在人物之心爲五常。】在事喚做理。" 以心對事而立言如此, 則心之非性非理, 尺童不難知也。請心理諸公, 宜早向石潭門下稱弟子, 無誤了平生。愚繼之曰: "在陰陽喚做太極, 在氣化喚做天命, 在器喚做道, 在物喚做則, 在鬼神喚做誠, 在神聖喚做仁。" 此類只是一實而隨在異名爾。夫心事陰陽之屬無非是氣, 而在其上者只是個至善無疵、大全不偏之理也, 故聖人之敎、君子之學無非存心以明理尊性而已。奈何近日又有"在氣非性"、"指心爲則"、"理亦有知有能"、"性不待氣而元自不同"之論, 以異於聖門宗旨也? 與其如是紛紛而無補於身心家國, 又孰若隨時隨處尋求一個是字, 而盡心行之之爲切實耶?【「觀語類呂燾錄」】

---

282) (舅)[與]: 저본에는 '舅'로 되어 있으나, 존경각본에 의거하여 '與'로 수정하였다.

『語類』蓥錄曰: “喜怒哀樂未發之時, 只是渾然, 所謂氣質之性亦皆在其中。” 此語尋常疑晦, 廣加詢問, 亦無明白說破者。 後來竊謂是渾然一性之中有五常粲然之分, 如言健而不息, 便是天之性情。 此如人之氣質,【此下帶著“性”字看。】以此看定, 而諸人亦以爲然矣。 比與南靜涵拈出『語類』蓥錄次段云“天命氣質不相離, 若闕一便生物不得”註載“必大錄此云‘有天命之性, 無氣質之性, 做人不得’”。 僕因此思之, 蓥錄只云“天命、氣質”, 而必大錄作“天命之性、氣質之性”, 執此以觀之, 當時門人“氣質”或作“氣質之性”, “氣質之性”或作“氣質”者有矣。 然則前段所謂“未發之時, 氣質之性亦在其中”云者, 亦安知非先生只言氣質而記者添“之性”二字耶? 雖添二字, 讀者只作“氣質”看則無礙也, 若硬作“未發之時亦有弗性之性”說則大誤也。 據今所見言之, 昔年鄙說非不可通, 恐未若後來所見之爲更精矣。【「讀語類蓥錄」】

人物形氣未生之前, 理之在天地, 如水之在大海, 空之在太虛, 及遇氣聚而理賦, 則如水之在器, 空之在瓶。 夫理一而已, 不以在天地而廣大, 在人物而微細。 水空之喩, 如不能活看, 則爲癡人之聞夢也。 若乃理之隨氣而發見有異, 則如水空之隨器瓶, 而有方圓大小之別, 是則所謂氣局也。 然氣局則理亦局, 但所局是氣而非理也。 如有直指向之理在人物形氣者爲氣局, 則是理通之妙只在天地, 而在人、在物更無可言之時歟? 且天地亦何嘗非形氣底物事耶? 然則“理通”二字不過爲無實之空言而已, 是豈栗翁之本指哉? ○ 水空一聯, 本謂理之在天地人物, 乘氣流行而有是參差者, 非謂天之賦理、物之受命有此不齊也、湖論與鄭某錯認做人物之生, 隨其形氣而禀性各殊之義, 彼此之言, 無些不同。 但湖則以爲人物本然性異之證, 鄭則以爲人物氣質性異之證。 此爲小異耳, 然鄭意則以爲殊氣異理, 元來如此。 “元來如此”四字與本然之云, 何所別乎?【「讀栗翁水空詩」】

孔子曰: “大人者, 先天而天弗違, 後天而奉天時。” 『本義』: “大人無私, 以道爲體, 曾何彼此先後之可言哉? 先天不違, 謂意之所爲, 默與道契。 後天奉天, 謂知理如是, 奉而行之。” ○ 按: 大人包心言。 爲心者奉理而行, 則性尊而心卑, 不其明乎?【「性尊心卑的據」, 下同。】

孔子曰: “君子畏天命。” 『集註』: “畏, 嚴憚之意。 天命者, 天所賦之正理也。 知其可畏, 則其戒謹恐懼, 自有不能已者, 而付畀之重, 可以不失矣。" ○ 按: 君子包心言。爲心者嚴憚夫天賦之性, 則性尊而心卑, 不其明乎?

孔子曰: "回之爲人也, 擇乎中庸, 得一善則拳拳服膺而不失之矣。"『章句』: "中庸者, 天命所當然云云。拳拳, 奉持之貌。" ○ 按: 回包心言, 爲心者奉持夫天命之性, 則性尊而心卑, 不其明乎?

子思子曰: "君子尊德性。"『章句』: "尊者, 恭敬奉持之意。德性者, 吾所受於天之正理。" ○ 按: 君子包心言。爲心者恭敬奉持夫德性, 則性尊而心卑, 不其明乎?

孟子曰: "道若大路然, 豈難知哉? 人病不求耳。子歸而求之, 有餘師。"『集註』: "言道不難知。若歸而求之事親敬長之間, 則性分之內, 萬理皆備, 隨處發見, 無不可師也。" ○ 按: 子包心言。爲心者師性之理, 則性尊而心卑, 不其明乎?

程子曰: "學者必求師, 師者何也? 曰理也義也。" ○ 按: 學者包心言。爲心者師理義, 則性尊而心卑, 不其明乎?

朱子曰: "人物之生, 莫不得其所以生(者者)[者]283), 以爲一身之主。"『箚疑』: "所以生者, 謂仁義禮智之性也。" ○ 按: 人包心言。爲心者得性以爲主, 則性尊而心卑, 不其明乎?

朱子曰: "惟皇上帝, 降此下民。何以與之? 曰義與仁。惟義與仁, 惟帝之則。欽斯承斯, 猶懼不克云云。" 又曰: "尊我德性, 希聖學兮!" ○ 按: 下民包心言。【『語類』: "天命個心了方是性。"】爲心者于帝降之衷欽而承之, 則性尊而心卑, 不其明乎?

尤菴先生曰: "惟道無形, 該貯於心, 以爲一身之主, 而爲齊家、治國、平天下之本。" ○ 按: 道貯於心以爲主, 故心之齊家、治國、平天下也, 以是爲主本, 則性尊而心卑, 不其明乎?

---

283) (者者)[者]: 저본에는 '者者'로 되어 있으나, 존경각본에 의거하여 '者'로 수정하였다.

孔子祖孫、孟、程、朱、宋諸聖賢無不以性爲心之所主, 以心爲性之所乘, 其爲尊卑上下昭然別矣。況所謂學禮、學道、學仁義之類, 又定爲性師心弟者, 有目皆睹。惟世間有不肯小心而內懷驕氣、外襲尊號者, 或欲與性齊等, 甚則貶性而下之小之、偏之、兩之。如此者, 其心只知有心而不知有性矣。然則動不動, 專靠著有覺之人心足矣, 尙何待於無爲之道體乎? 此可與吾儒本性之學同條而共貫也哉?

"性師心弟"四字是僕所創, 然六經累數十萬言, 無非發明此理, 可一以貫之。中夜以思, 不覺樂意自生, 而有手舞足蹈之神矣。彼不曾自體者, 輒疑性是無言之理, 如何能爲心之師? 陋哉言乎! 孔子人師也, 其道且有不待言而顯者。故嘗欲無言而顏氏便能默識, 聖人之蘊亦不言而化, 而敎萬世無窮矣。今性之發見於日用之間者, 精微曲折, 無非至善, 以若心之神明靈覺者, 何待逐一指點而後, 知其爲可師而學之耶? 但得心弟自虛以受敎, 則厥德將與天地同其體用矣。【近世有其心自處以聖師, 而指性爲兆民, 此將敎性去惡而後無惡, 爲善而後始善, 其倒置已甚矣。彼疑性無言而不足於爲師者, 其病源却與此同矣。○「性師心弟獨契語」】

氣質之性, 蓋有指性隨氣異而言者, 如橫渠言"弗性之性"是也; 有只指性在氣中而言者, 如朱子言"健是天之性情, 此如人之氣質"是也。或疑下段所說恐有窒礙, 余謂: "孟子曰'形色天性', 此可言形色之性。程子曰'命于人則謂之性', 又曰'物所受爲性', 此可言人物之性。朱子言'天命箇心了方是性', 此可言心之性。又曰'性只是理, 然無那天氣地質, 則此理沒安頓處', 此可言天氣地質之性。栗谷曰: '健是陽之理, 順是陰之理, 五常是五行之理。' 此可言陰陽五行之性。如此類極多, 而四通八達, 靡少窒礙矣。然'氣質之性'四字, 元來橫渠爲 苟、揚諸家而發者。若只指理之在氣質者爲氣質之性, 却與'合虛與氣有性之名'者, 同歸於本然之性, 決不可喚做弗性之性, 此又不可不知也。"【讀書得活法, 則疑於窒礙者亦皆可通。不然則可以通行者亦皆做梗, 枉得無限煩惱, 惹起許多爭競。○「氣質之性語有兩般」】

一, 理在氣中曰本然之性, 而亦曰氣質之性, 如"陰陽太極"、"形色天性"、"成之者性"、"生之謂性"【明道。】、"健是天之性, 如人之氣質"、"合虛與氣有性之名"之類是也。自被命受生之初, 以至未發之前、已發之後, 皆有之, 是君子恭敬奉持之性, 聖人至性盡之之性、○二, 理爲氣囿曰氣質之性, 如"明皇之性只通得一路, 故他處皆礙"、"虎狼之仁、豺獺之祭、蜂蟻之義、睢鳩之別只通這些子"、"木氣多者仁較多, 金氣多者義較多"之類是也。發後始有之, 是君子弗性之性, 學者矯揉變化之性。○三, 氣質之禀亦曰氣質之性, 如"性氣性質"、"才性靈性"、"天性柔緩"、"天性強急"、"天性好罵"、"天性好淫"、"元初禀受氣質性"之類是也。是亦君子弗性之性, 學者用撿束功夫, 敎入塗轍之性。○四, 形氣之欲亦曰氣質之性, 如"耳之於聲, 目之於色, 性也"、"攻取之性"之類是也。發後始有之, 是亦君子弗性之性, 學者宜節而制之, 不使過中。○五, 單指軀命亦曰氣質之性, 如"滅性伐性"、"傷性損性"、"苟全性命"之類是也。是不待言弗性之性, 學者宜以理養之而勿損害, 以義制之而勿陪奉。【「氣質之性」五條。】

理氣爲帥爲役之辨, 學問主理主氣之實, 士子不可以不知也。尤庵先生嘗言: "太極爲陰陽之主, 而反爲陰陽之所運用。凡生於太極陰陽者, 無不皆然。" 謹按: 太極爲陰陽之主, 卽朱子性爲氣主之說也。陰陽運用夫太極, 卽橫渠心統性情之說也。性與太極, 無爲之理也; 心與陰陽, 有爲之氣也。夫攝氣以循軌, 尊性以治心者, 爲主理本天之傳, 認心爲形上, 降性爲居下者, 爲主氣本心之見也。有謂: "心有主宰之名而目之爲氣, 則無亦爲主氣之嫌歟?" 曰: "朱子嘗以鬼神浩氣亦爲之主宰, 此亦以主氣病之乎? 夫主宰有二義, 在理爲自然, 在心爲有爲。若不區分槪以一義斷之, 則道體無眹而兼有知思運用之才, 人心有爲而還是自然無爲之理矣。是將兩窒而無復可通之道矣, 此豈非儒家所當詳說而反之約者乎?【「理學之要」】

孔門敎學, 全在尊性; 外家敎學, 全在主心。如以性爲極, 卽源頭旣正, 而末流無往不正, 心也是善底, 故曰"心不違仁"; 情也是善底, 故曰"發而皆中節謂之和"; 氣也是善底, 故曰"其爲氣也, 配義與道"。【曰仁、曰節、曰道義皆性也。】如以心爲極, 卽源頭一差, 而末流無一不差, 心也是不好底, 故曰"人心自由便放去"【程子語。】, 又曰"釋氏專認此心以爲主宰, 故不可與入道",【詳見朱子「答南軒書」】情也是不好底, 故曰"情旣熾而益蕩, 梏其性而亡之"; 氣也是不好底, 故曰"氣壹則動志"。今不就功夫源頭處辨別, 而或曰"心是好底, 必本此然後爲道", 或曰"氣是粗底, 必外此然後爲道", 皆末流之論也。【『怵言』, 下同。】

"天何言哉? 四時行焉, 百物生焉", 性何爲哉? 三綱立焉, 九法出焉。故天也、性也, 其體物不遺而爲自然之主宰者歟!

聖人之所本者性也, 其本之者心也, 吾故曰: "心本性也。" "心本性", 雖聖人復起, 不易斯言也。

『語類』論犬牛人章云: "告子所言性, 氣也; 孟子所言性, 理也。" 濯溪嘗引之以證其說矣。以余論之, 告子所言性, 是指知覺運動之不由性命而自用者言也; 孟子所言性, 是指仁義禮智之各隨形氣而異發者言也。此何嘗說人物本然之不同耶?

太極動靜、天命流行、道體昭著、理發性發, 皆是一類也。且以性發論之, 孺子入井之事感, 則仁之理便應, 而惻隱之心形焉, 未知仁之理自有知覺而便爾應將來耶? 抑心之神纔見孺子入井而驚動,【此先有見此驚動之理爲之本原, 但理不能自驚動也。】則性仁之掛搭於其上者, 便已與之發現耶? 謂仁有知覺, 則此朱子之所深非也; 謂仁雖無知覺, 而自能驚動怵惻, 則性爲有爲之物, 亦非朱子之意也。【"道體無爲", 見『論語註』。】愚意仁固無覺無爲, 而爲有覺有爲者之本體, 心雖有覺有爲, 而爲無覺無爲者之妙用, 則感應之時, 心之神奉仁之理而發現於外也。如此下語, 得無病否?【"纔說太極便帶著陰陽", "纔說天命便氣在其中", 此皆朱子說, 道體昭著, 理發性發, 亦皆如此。○『海上散筆』, 下同。】

性者心之理,【見『語類』五卷十九板道夫錄。】太極是五行陰陽之理,【見『語類』九十四卷三板節錄。】心只須知性體極而已, 決不可自名爲性爲極, 而混理氣之實也。心苟能知性體極, 則可以渾淪而謂之卽性卽極, 此又別是一義也。孔子曰"人能弘道", 朱子以"心"字貼"人"字, 子思子曰"君子戒愼恐懼", 朱子以"心"字貼"君子", 則孟子之言"子歸", "子"字, 亦指曹交之心而云爾也。其心既求之而得性師焉, 則將睨而視之而已乎? 抑將尊信敬畏而日夜學之乎?

天以上帝言, 性以太極言。民之心卽在天之帝, 民之性卽在天之太極, 更無兩樣。此義須看得確定不可移易。【此"心"字當以"心君"之心看, 若單言心則有時乎爲惡, 此又不可不知也。○『大學記疑』】

朱子曰: "氣不可謂之性命, 但性命因此而立耳。"【「答鄭子上」書。】又曰: "非氣無形, 無形則性善無所賦, 故凡言性者, 皆因氣質而言。"【「答林德久」書。】又曰: "'人生而靜', 靜者固是性。然只有'生'字, 便帶却氣質了。但'生'字以上又不容說, 蓋此道理未有形見處。故今纔說性, 便須帶著氣質, 無能懸空說得性者。"【「答王子合」書。】竊意"性命因氣而立"、"凡言性"、"纔說性"此三"性"字, 皆以本然之性言之, 所以明"合理與氣, 有性之名"爾。若以因氣帶氣, 而直認做氣質之性, 則欲言本然之性者, 必須向"生"字以上無形無氣處, 懸空揣測矣, 豈朱子立言之本指哉?【『中庸記疑』, 下同。】南塘爲人物本然性異之論, 而至於人物之性亦我之性無可區處, 乃以此爲仁義禮智之性上面一層, 而曰"此人與物皆同之性", 未知朱子下此兩句時, 撤(284)了首章仁義禮智之性, 而更去上面別出渾淪一體, 不可以一理稱一德名者, 眞如南塘之言否也。此須從湖中士友質問而解釋也。

五十八卷十三板"橫渠【止】之名"。按: 何北山曰: "橫渠所謂'虛'字, 指理而言。蓋謂理形而上者, 未涉形氣, 故爲虛爾。下面'合虛與氣'證之, 見得此'虛'字指自然之理。蓋謂有此太虛自然之理, 而因名之曰'天然自然之理'。初無聲臭之可名也, 必其陽動陰靜, 消息盈虛, 萬化生生, 其變不窮, 因可得而見, 故曰'由氣化有道之名'。天以理之自然言, 太虛之體也; 道以理之運行言, 太虛之用也。就人身看, 則必氣聚而成人, 而理因亦聚於此, 方始有五常之名, 故曰'合虛與氣, 有性之名'。所謂'合虛與氣', 謂氣聚而理方聚, 方可指此理爲性爾。'合'字不過如周子'二五妙合'之意。'心性統情', 性者理也, 情者氣之所爲也, 故曰'合性與知覺, 有心之名'。" 北山此釋儘好, 但末句欲改之云: "有心則固自有知覺, 然所知覺者必性理, 然後方是心之本然, 故曰'合性與知覺, 有心之名'。" 若知覺而外性理, 則情欲利害之心而已, 君子有弗心者焉。更按: "合虛與氣, 有性之名", 如言"合鋒刃與柄, 有劍戟之名", "合性與知覺, 有心之名", 如言"合君命與臣, 有官員之名", 則性之爲理, 心之屬氣, 明矣。或認性爲理氣混合之物, 心亦然, 皆誤。橫渠此兩語非如言"合米與麴, 有酒之名"、"合紙與竹, 有扇之名", 勿混。【『朱子大全標疑』, 下同。】

---

284) 撤: 저본에는 없으나, 존경각본에 의거하여 보충하였다.

六十二卷十五板“氣之【止】之偏”。按: “得理之偏”與下文“與理相隔”對看, 則當是發用上說。若直以稟受言, 則天地豈容有許多理之偏駁昏塞者, 以賦與許多人物有萬不齊之氣乎? 況上文既云“理固不可以偏塞言”, 後書又言“氣稟有偏而理未嘗異”, 則所謂“得理之偏”者, 自歸於發用矣。

冶傭踏著鼓風板, 造化分明在自身。誰是主張此事者? 宅中原有無爲人。【愚按: 華老取譬之意, 以板喩氣, 以人喩心, 則固亦無害。惟以心爲理, 此却可疑。蓋心是有爲之氣, 理乃無爲之性, 如之何其可以通看也? 若曰“性外別有一物, 可名爲理, 而有有爲之能”云爾, 則千古聖門無此議論也。今僭率次韻爲下一轉語, 蓋以板喩形氣, 以冶傭喩心神, 以無爲人喩性理, 未知如此取譬, 得無病否? 栗翁嘗言: “氣不動而理動, 萬無是理。”今若以鼓風板爲氣, 踏機人爲理, 如牙山金某之言, 則無乃置華老於栗翁所斥之中也耶? ○「次華西鼓風板韻」】

孤輪懸碧落, 照海照盞同。雖欲異分俵, 奈無碎月功。【天地之理一而已。○造化之源, 通同只是一箇太極, 天地也在裏面, 萬物也在裏面, 聖人、凡夫也在裏面。誰能椎碎太極, 以賦予有萬不齊之氣?】○月照何曾異? 容光自有殊。試將針眼受, 全體都傾輸。【氣異而性一。○朱子曰: “稟得精英之氣, 便得理之全。且正氣之偏者, 只得理之偏。”此就全體之中, 指其發見之異者言, 非天元有偏正、通塞、昏明、純駁、不億之理, 以爲聖凡人物隨氣異稟之需也。】○風過水有浪, 影亂月無輪。此是後來事, 初非水月眞。【此發後欲動情熾, 自屬氣分事, 非由原初異得之理。○雖以氣質言之, 其本體亦自清粹而無濁駁, 苟見得到此, 可無多少葛藤。】○映後有江月, 未生無此月。【指江月。】臨江看月時, 莫認水爲月。【未生無性可言, 纔生性卽在氣, 把生爲性, 大謬!】○秋潭風浪靜, 山月影涵虛。【“人生而靜, 天之性也。”】休遣點塵穢, 敬功毋或疎。【主敬而養性。】○霽月映汚水, 人言桂影昏。勸君勤洗水, 洗盡月全圓。【治氣而復性, 宋人有洗水之法。○「詠月詩示柳永善」】歸求有性師, 虛受有心弟。斯理妙無餘, 直須窮到底。【「性師心弟詩示諸生」】

「심心」1・2(『性理類選』卷4)

1) 서지사항

유영선이 심(心)과 관련된 전우의 학설을 발췌・정리한 글. 유영선이 편찬하여, 1939년에 간행한 것으로 추정되는 『간재선생성리유선(艮齋先生性理類選)』(전 10권)가운데 「심일」은 권4에, 「심이」는 권5에 실려 있다. 『간재선생성리유선(艮齋先生性理類選)』은 약칭 『성리유선』으로, 오진영 (吳震泳: 1868~1944)의 서문이 있고, 유영선의 발문이 있다. 발문은 1936년 11월에 지어졌다. 서문은 흑토양복(黑兎陽復)에 지어졌는데 '흑토(黑兎)'는 계묘년을 가리키고, '양복(陽復)'은 11월이다. 오진영의 생몰연대와 견주어 살펴보면 계묘년은 1903년이다. 하지만 1903년은 유영선이 10세이므로 맞지 않기에 아마도 이 책의 간행은 완성된 이후 1939년(기묘년) 11월에 해당할 듯하다.

2) 편저자

유영선(柳永善: 1893~1861)으로, 자는 희경(禧卿), 호는 현곡(玄谷)이다.

3) 내용

유영선이 태극(太極)・성리(性理)・심(心)・신(神)・덕(德)・허령지각(虛靈知覺)・정(情)・기(氣)・ 기질혼백(氣質魂魄)・학(學)에 관계된 간재(艮齋) 전우(田愚: 1841~1922)의 글을 모아 체계적으로 분류 정리한 『간재선생성리유선(艮齋先生性理類選)』 전10권 가운데 심(心)에 관한 글이다. 「심(心)」은 「심일(心一)」과 「심이(心二)」로 나뉘어 있다. 「심일」은 권4에, 「심이」는 권5에 수록되었는데 그 조목은 각각 80조목으로 총 160조목이다. 전우는 양명학(陽明學)을 비롯한 조선후기 3대 성리학자 화서(華西) 이항로(李恒老: 1792~1868), 노사(蘆沙) 기정진(奇正鎭: 1798~1879), 한주(寒洲) 이진상(李震相: 1818~1886)의 리기심성론(理氣心性論)이 성리학에 위배되는 점을 비판하며, 공자(孔子)와 맹자(孟子), 주희(朱熹) 그리고 율곡(栗谷) 이이(李珥: 1536~1684)・우암(尤庵) 송시열(宋時烈: 1607~1689)로 이어지는 성리학의 진수를 표방하였다. 유영선은 스승의 그러한 내용 가운데 심에 관한 긴요한 부분을 발췌하여 스승의 성리학적 입장을 옹호하고 이 책을 통해 정립하였다.

「심일」의 첫 번째 조목은 "심통성정(心統性情)"에서 "통(統)"을 "겸하여 포괄한다[兼包]"는 것이지 "윗사람이 아랫사람을 거느린다[上統下]"의 의미가 없다는 주장을 실었다. 또 『주자어류』에 있는 "통백만군(統百萬軍)"의 의미는 상하(上下)의 의미로 간주한 것으로 여겼다. 태극 위에 다시 어떤 존재가 있어서 거느리는 것이 아니라고 주장하며 이항로의 심론을 비판하였다. 10조목에서는 "심즉리(心卽理)"나 "리즉심(理卽心)"은 성인의 직분에 나아가 심의 작용이 리의 본체에 들어맞았음을 언표한 것이라고 하여, 명나라 학자 왕수인(王守仁)의 심론을 비판하였다. 18조목에서 정자가 언표한 "심(心)·성(性)·천(天)이 하나의 리이다"와 "성은 기이고 기가 성이다"는 것은 심·성·천, 그리고 성과 기가 모두 "불리(不離)"의 측면이지 "일물(一物)"이라고 한 것이 아님을 강조하였다. 덧붙여 29조목에서는 심즉리를 주장하는 이항로와 이진상이 『역학계몽』의 "심위태극(心爲太極)"에 의거하였는데 왜 같은 책에서 "양의(兩儀)가 또 태극이 된다[兩儀又爲太極]"는 것을 말하지 않았으며, 『주자어류』 "진심설(盡心說)" 부분에서 "심은 천리가 사람에게 내재한 전체이다[心者天理在人之全體]"는 것을 거론하면서 왜 수정본 『주자대전』「진심설」에서 "성은 리의 전체이고 심은 이 리를 구비한다[性者理之全體, 而心則具是理者]"고 한 것을 말하지 않았는가라고 반문하였다. 아울러 주자학에서 언급한 것은 모두 혼합설(混合說)이라고 하였다. "심이 천리의 천체이다"는 것을 수정본에 의거하여 보면 그 내용은 미정설(未定說)이라 단언하였다.

「심이」의 첫 번째는 왕수인이 "사사물물에서 지극한 선을 구한다"는 것이야말로 주관과 객관을 분리시켜 이원화시켰다는 것이다. 그리하여 전우는 주희가 언급한 '지극한 선(至善)'을 이끌어 내 마음의 지극한 선과 사물의 지극한 선의 관계가 일본만수(一本萬殊)임을 피력하여 둘이 아님을 강조하였다. 이에 의거하여 「양명심리설변(陽明心理說辨)」을 지었다. 2조목 이하 43조목까지는 이진상의 「심즉리설」을 치밀하게 분석하고 정주학에 합당한 논거를 제시하며 그의 심즉리설을 비판하였다. 그리고 전우는 성재(省齋) 유중교(柳重敎: 1832~1983)가 스승 이항로의 심주리설(心主理說)을 수정하여 심주기설(心主氣說)을 제기한 것을 지지하였다.

전우는 전체적으로 심을 논하는데 심이 기의 성격을 가진 논거를 제시하여 심즉리설을 비판하면서 '성이 스승이고 심은 제자이다'는 성사심제설(性師心弟說)을 전개하였다. 심을 통해 인(仁)을 구하는 공부는 "지닌 바가 있지 않아도 저절로 없어지지는 않는[非有所存而自不亡]" 뒤에야 심과 리가 하나가 됨을 강조하여 석씨(釋氏)나 송나라의 육구연(陸九淵)의 논지를 비판하였다. 주재에는 자연적인 주재와 의지적(意志的: 能然的)인 주재가 있다고 구별하고, 성이 심을 주재하는 것은 자연적인 주재, 심이 일신(一身)을 주재하는 것은 의지적인 주재라고 설명하여 성이 심을 주재한다고 강조하였다.

2-1-63 「心一」(『性理類選』卷4)

"心統性情", "統"有兼包之義,【『孟子集註』云"仁兼統四"者。】恐無上統下之意也。『語類』有"統百萬軍"語, 遂認作上下看。然則磨蟻之喩, 亦將爲氣大理小之證乎? 明儒薛蕙譏橫渠云: "惟太極也。太極之上, 不當復有物而統之。"是其爲說, 與華老異, 而誤看統字則同也。【「答鳳岫金丈」】

人之運用繫於心, 心之運用本於性, 是乃聖人本天之宗旨, 儒門主理之正學也。朱子「存齋記」作於二十九歲, 而全篇歸趣, 以心爲本而已。其後三十五年, 爲許中應作「稽古閣記」, 乃以"取足於心"爲異端之見, "察於義理"爲聖人之敎, 則其以理爲心之本原, 明矣。而王陽明乃謂朱子之學, 終歸於存心, 程篁墩又以「稽古閣記」爲出於早年氣盛意健之時, 其矯誣前賢, 誑惑後生, 乃至於此。不知他許多心學, 寄放在何處。【陳氏建、余氏祐之辨得之, 但余以「存齋記」爲作於未見延平之日, 此則少差耳。】昔年與一士友, 論心性二者, 孰爲本原之義也? 彼硬說心爲極本之理, 而力破性爲心主之說。如此則凡人之爲學, 但"取足於心"可矣, 何必以"不踰矩"、"不違仁"爲功乎? 今以此二記初晚之分觀之, 可見其誤矣。朱子又嘗論聖賢立言之意曰: "必有是理, 然後有是心; 有是心, 而後有是事; 有是事, 然後有是言。四者如形影之相須而未始須臾離也。"又嘗答心是主宰, 理是道理之問曰: "心固是主宰底意。然所謂主宰者, 卽是理也。"又譏釋氏專認心爲主宰, 而不見天命實體, 故不可與入道。又於「中庸序」, 以知覺之原於性命者爲道心。只此數語, 便見得聖人以理爲主, 而不以心爲本, 亦便見得心與理有辨之妙矣。奈何硬說心卽是理、心卽是本以亂孔、孟、程、朱之學也? 念之, 苦痛苦痛。學者若知得彼學之誤, 則於自心發處, 亦不敢自用, 而必求所謂理者以爲之準, 亦非小補也。【「與悟堂李丈象秀」, 下同。】

本天、本心, 固是斷案。今爲心理之論者, 亦自謂本天, 程先生剖判之言, 至是又將亂矣。然使心與天, 原來是一理, 則如此分屬, 程先生已誤矣, 安有此理?

性王心相之譬一段, 亦好。彼只見得相國, 做得總百官和萬民底事業, 便謂此是國之主, 殊不知上面更有恭己無爲之君爲之本也。蓋太極是理也, 而朱先生於『啓蒙』, 載康節"心爲太極"語。『語類』又卻有"性猶太極, 心猶陰陽"之訓。彼見得下面, 未見得上面者, 只主『啓蒙』而不顧『語類』, 不幾於據朱以叛朱已乎? 愚惟"心爲太極", 必待兼性、理, 方說得去。性爲太極, 雖只主當體, 亦無欠缺。【此數句, 似有着落。】以此, 知『啓蒙』本指, 自有在也。若曰不待兼性、理, 而心自爲太極, 【此兩句, 當着眼看。】則其所謂太極者, 可知也已, 是則尊誨所譏, 國無君而可者也。告、釋、陸、王諸家之失眞, 正如此。

"心理"云云, 來書雖自謂"某亦曰心屬氣", 而細究之, 則此非以心之本色言, 却是遞低一等, 指精神魂魄之類而爲言。然則與鄙說, 語雖相似, 而意却不同。又自謂'某亦曰理無爲', 此則尤未知其所以然也。蓋"無爲"云者, 無思慮、無知覺之謂也。今旣以心爲理, 而又曰"理無爲", 則所謂心者, 果無思慮、無知覺底物事耶? 來書又曰"理雖無爲, 而實爲有爲之主", 此誠然也。但未知亦可曰"心雖無爲, 而但爲有爲者之主"云爾乎? 愚每謂若必曰心卽理, 則亦必曰理有爲, 若必曰理無爲, 則亦必曰心屬氣, 然後其說方通。不然, 恐未免爲楚人矛盾之論也。此愚前書所以以心之屬理屬氣、理之有爲無爲, 爲兩家異同之題目矣。今謂如此, 則却恐有未相悉處, 又從而發明之, 而愚也心麤, 猶未能見得裏面曲折之所在, 可愧也已。【來書曰: "以心屬氣, 理無爲, 爲彼此異同之題目, 則却恐有未相悉處。蓋高明曰心屬氣, 重敎亦曰心屬氣, 此所同也。高明曰心屬氣而已矣, 重敎則曰心雖屬氣, 而其本體骨子, 乃理也, 如所謂本心明德之類是也。此其所以異也。高明曰理無爲, 重敎亦曰理無爲, 此所同也。高明曰理無爲而已矣, 重敎則曰理雖無爲, 而實爲有爲之主, 故凡氣之所爲, 乃理之爲也。此其所以異也。蓋雖不能盡同, 而其不同之實, 則正在於此矣。" ○按: 省齋此論, 驟看難辨破, 要須察其立言本意。又須兼究上下文義, 然後始見其誤矣。蓋心之本體, 宜以性字當之。今却把靈覺其理應事者當之, 豈非認心爲理之見乎? ○「答柳稺程」, 下同。】

專言之天, 不直謂之理, 而但以爲主理云爾, 則愚亦何必有異辭乎? 至於主宰謂之帝、謂之心君, 來諭謂某則謂"主宰之在天在人只一般", 高明則以在天者屬之理,在人者屬之氣。愚請繼之曰：“主宰之在天在人只一般，此十字非但尊誨爲然，愚亦只如此說。”但愚則曰合說時，謂帝與心爲理；分說時，謂帝與心屬神。在天在人都一般，執事則謂帝與心，自是簡理，何得更有與理分合說底帝與心耶？此爲小異耳。雖曰小異，而其大相遠者，只於此分焉耳。”

來書所主，心該體用之說，愚亦平生所篤信，而無疑者也。然此自心之能主宰處言耳。若自性之爲根柢處說，則靜而虛明純一之心，動而惻隱羞惡之心，又無非根極於性，而有此妙用也。此性之所以在動在靜而爲心之本體，心之所以能動能靜而爲性之妙用者，然也。故愚竊意性體心用之訓，與心該體用之論，不惟不相悖，實亦互相資也。「答何叔京」書，“性心只是體用”、“心者體用貫徹”，兩語不過數行三四十字之內，竝出而同行，則此豈無所以然，而其言之橫決乃爾耶？蓋心固是體用貫徹底物事，而其體用貫徹之理，又何所本乎？正以上面原有箇性爲之根柢樞紐爾。故先生於此，無少難愼，無少拘嫌而云云也。人多認性爲偏於靜底，故聞其爲該貫體用者之體之說，則便疑其未然，此無足怪也。然仁，體事而無不在，何嘗不流行充滿於日用事爲之間哉？特人自以私欲間之耳。故曰：“太極之有動靜，是天命之流行。”又曰：“性之分，雖屬乎靜，而其蘊，則該動靜而不偏也。”使所謂性者，專於靜而隔於動，有其體而無其用，則豈不偏側斜銳，不周正底物事耶？【『語類』論『論語』註“道體之本然”曰：“此體字較闊，連本末精粗都包在裡面。”愚謂性體云者，亦與此同。】又見得前人後人多錯，將用字專作發動之義看了，故纔見心用之說，便疑其不是。然凡心之所以兼理氣、通幽明、貫寂感、合中和者，若以之配至尊無對盡底無餘之性，則不得不歸於妙用矣。故曰：“其理則謂之道；其用則謂之神也。”【『語類』“其理則謂之道，在人則性也。”直卿云“是指體言。”】塘老以用心二字之故，輒指何書爲中和舊說？老兄卻又以心該體用一句之故，雖不直以性體心用爲未定之論，然僅亦止於有爲而發云爾。則愚也私竊以謂此皆似未免以己意置其中，而至於使朱子之言有不得自在之弊矣。【「答宋晦卿」，下同。】

“道也者，不可須臾離也”，此性之德，具於心，而爲心之體也；“君子戒愼乎其所不睹，恐懼乎其所不聞”，此心之能，本於性，而爲性之用也。故曰：“天命所當然，精微之極致，惟君子爲能體之也。”聖人安仁，大賢依仁，學者求仁。今且以安仁言之, 仁是性也, 安是心也, 只此便有體用之判。蓋安之者, 用也; 所以安者, 體也。仁與心, 雖分得體用, 而二者俱是通動靜該本末底物事, 何嘗是纔謂之體卽隔於用, 纔名爲用便礙於體乎? 性是具得體用, 無所不在之體; 心是該得體用, 無所不能之用。雖同是兼體用底, 而性是極本窮源一定不易之理, 故得本體之名; 心是至神至妙萬變不測之物, 故得妙用之稱也。佗如依仁、求仁、體道、盡性之類, 以此推之, 皆可以三隅反也耶?

老洲以爲人物非徒性同, 心亦同。旣是性同而心又同, 則物之終不做人之事, 竊所未喩。【「問目」】○ 心同, 大槩以神同言之。至於物不得做人事之疑, 則以下愚不能做上知之事推之, 亦可以三隅反矣。又如病者, 不能爲健者之所爲, 亦非心不同之故, 此類不難見也。【「答金元五福漢」】

先賢所言"心卽理"、"理卽心", 是就聖人分上, 指其心用之脗合於理體言。故孟子稱舜"由仁義行", 則張南軒言"其身與理, 一而非二", 眞西山言"舜身卽理, 理卽身, 渾然無間也。" 嶠南諸人, 何不幷引張、眞二說以爲證, 而乃單據退翁所斥陽明創爲心卽理之說, 以眩後生之耳目也?【「答朴正瑞晩煥」】

承喩及心宗之害道, 此正所當憂也。今有一法可設, 而彼道自熄者, 如虞廷之言心。今曰人理惟危, 道理惟微, 自不成說。有解之者曰道理太極之知覺原於性命, 則豈不使人噴飯? 又如湯之"以禮制心", 文王之"小心翼翼", 『易』之"洗心", 如何說做心理? 『論語』孔、顏之心, 『大學』之"心有忿懥", 『孟子』之"不動心", 此又說做心理得否? 程子之"心如穀種, 生之性是仁", 張子之"心能盡性, 性不知檢其心", 朱子之"人心有覺, 道體無爲", 此等心字, 縱欲硬主理字說。其於名不正、實不合, 何哉? 只此數詰, 彼不復能開口矣, 我輩不必另立說以鬪之。但當據此爲主, 而斥彼無證, 則可以省得幾多口舌文墨, 豈非至嚴至簡之正法乎? 彼如擧程書"心卽性"、『啓蒙』"心爲太極", 我又詰之曰程子又言"氣卽性", 『啓蒙』又言"兩儀爲太極。" 公等何不虛心,【假如言虛理, 亦得否?】以究其混淪立言之本指, 乃欲與指椀爲水, 認指爲月者, 同科而竝驅也? 此亦可以省得幾多閒爭競也。【「答林子明哲圭」, 下同。】

橫渠云"以心克己"，楊仲思疑剩却以心兩字。晦翁曉之云："'爲仁由己'，非心而何？'忠信'、'篤敬'、'參前依衡'，不是心，是甚麼？"此段詳見『語類』「張子書」門末篇。愚謂此話三歲孩兒也信得及，如何近儒全然不相肯？可試問他，齊聖神、參天地之類，固是心所謂，獨尊德性、學仁義，不是心所謂則豈喫飯非口，寫字非手之謂乎？

比看朱子所釋道心之說，每自驗之。所謂心覺原性者，將心性二者，八字分開。若纔混淆，則理氣帥役無界分，道學功夫無頭腦。且見得此心不敢自爲本原，而必以性做主，然後思慮云爲，始有靠實得力處。不然，則此心上而戾於性命，下而拘於形氣，莫能使百體從令矣。

朱子謂"敬是此心自做主宰處。"學者於此，宜細玩而實體之。蓋此心以理爲主，則曰敬；不以理爲主，則曰肆。然則敬字，亦此心原性功夫，此爲聖門正傳。近世諸家極力推戴心字，又極力貶降性字。如此，則動、不動，只靠着一個心足矣。此與釋氏本心、陸氏信心、王氏主心，有以異乎？【「答權應天大煥」】

異學之士，類多喜渾合而惡剖析，遂使心性無道器之辨，朱、陸無邪正之分。【陸氏自言："某只是信箇心，識得一心，萬法流出，更都無事。"晦翁譏陸氏喜說心而不言性曰："學而不論性，不知所學何事。"愚竊謂陸氏以心爲理而不以窮理爲事，是心性一物之見也。朱子於徐孟寶公心爲大本之說，且不之許，而必以明理爲歸宿，是將心學性之傳也。】故愚是之懼，而敢述性尊心卑之說，以明其主心貶性之誤，以庶幾聖人本天【程子】、心覺原性【朱子】之敎，不墜於地也。蓋自虞帝之言道心，【心原於性，則心非卽是性。雖愚者，且知之。】以至於孔、孟，無不以心性二者分開立說。如曰"以禮制心"、"有言逆于汝心，必求諸道"、"望道如未之見"、"心不踰矩"、"違仁"、"理義悅心，猶芻豢悅口"，【來書引仁人心爲證。然以"理義悅心"推之。此只是言仁是心之德。非把仁字來訓心。觀『集註』，可見矣。若不以爲然，則如"仁也者人也"，又何說而通之耶？】皆是也。如程、朱、栗、尤之言，"聖人本天、釋氏本心"，又言"後之言性者，多雜佛、老所以將性字作知覺心意看之，非聖賢所說性字本指。"【「玉山講義」○來喻心性一物，恐犯此戒。】又言"「中庸序」，先下一心字在前，則心是氣也。【此一句，自柳稷以來斥之，以爲大誤者也。愚之謂心性八字分開者，出於性卽理、心是氣之兩言，尊兄之非之, 不知何所見而乃爾也。】或原、或生, 無非心之發, 則豈非氣發耶?【栗翁此說, 兄其虛心詳玩。且尤翁辨柳稷疏, 尤宜細檢。】又言"聖賢論心, 以知覺爲主, 而知覺卽氣也。問: '心之虛靈, 只是氣歟?' 曰: '是氣。' 又問: '分明是氣歟?' 曰: '分明是氣。'" 四先生之言如此, 此何可直把心性爲一物, 而不得言八字分開歟? 竊恐以尊兄之宿學, 恐似未免感冒得嶺外心理家之風氣, 而不自知其違了吾聖門相傳正宗也。曾見尊先師答人書, 明明言心性非一物, 何故棄之如遺而有此葛藤耶?【「答李陽來道復」】

所喩尊卑上下較爭之說, 亦當精核。蓋鄙之言性尊性上, 非性之自言, 乃是此心自分卑下, 而于性理尊之上之耳。性何嘗有意於其間乎? 來示之言, 心性俱尊俱上, 是亦諸公之心, 習聞於世儒之心自號爲理、自居以極之說, 而不免與性較爭耳。雖然, 試於淸夜平朝, 肅然自省, 則其不敢僭擬於性命之實, 已自見得五七分矣。更須就日用處, 猛加檢察, 莫令自尊自大, 如此久之, 此心自然馴擾無復有今日之病矣。【「答韓希甯、河聖洛、李基秀」, 下同。】

"心外無性, 性外無心", 程子不但有此語, 又嘗言"性卽氣, 氣卽性", 此只是不離之意, 非謂心性一物也。不然, 則性亦有覺, 心亦無爲, 而可以遞換否?

"心也、性也、天也, 一理也。" 此言三者, 同一源頭, 非謂心亦可喚做理也。【心亦可喚做理, 則陸、王亦可喚做正宗。】若然, 則"人之神明"也是理, "具衆理"也是理,【理是理, 而具理者, 非理也。】"應萬事"也是理。未審諸公之見, 果如此乎?

"天心妙此元亨利貞, 人心妙此仁義禮智", 此語是矣。其下繼之曰"豈有無位眞人反居帝主之上, 而天下惡有北面事人之帝主乎?" 愚謂上帝與地之后土、人之先祖爲一類。故游氏言"惟聖人爲能饗帝, 惟孝子爲能饗親", 而『中庸或問』稱其密矣。又於『詩傳』言"上帝, 天之神也。" 神之與理, 自有眞靈、道器之辨, 而先賢以理言帝與神與心, 謂其與理無間, 非謂直是理也。賢輩每以心之妙理爲疑, 然尤翁有太極爲陰陽所運用之說。或據此而謂氣尊於理, 心尊於性, 則豈非笑話?「甘誓」言"用命, 賞于祖。" 雖曰"用", 而實則奉行也, 安有將士尊於君命之理? 愚謂尊性者, 當爲孔門弟子; 尊心者, 當爲佛家祖師。請賢輩惕念。

"渾然之中, 安可分上下尊卑?" 此亦當商。夫無極二五, 渾融無間, 則遂無道器之分乎?

"尊則俱尊", 恐亦未安。濂溪言"至尊者道", 念臺言"極尊者心", 兩皆無礙否? "上則俱上", 亦然。朱子言"性, 形而上", 陽明言"良知, 形而上", 是亦兩無礙否? 況心比性, 微有跡, 心粗而性妙, 俱有朱子成訓, 恐未可謂俱尊俱上而無復等差也。

所喩心不可降屈。愚謂心不患不降屈, 故曰"小心"。君子惡欲上人之心, 上人且惡之, 況欲上性之心乎? 心若不快於尊性, 遂欲自立爲西楚伯王而低看了義帝, 其不爲沛上翁所擒者幾希。

今人纔聞"理爲氣主", 便疑其眞能有爲; 纔聞"心爲身主", 便疑其卽可蔑性。此與萬章聞"天與"便問"諄諄命之", 咸丘蒙見"率土之濱, 莫非王臣"便謂舜可以臣父者, 相似也。

人只有箇形、氣、心、性四者而已。子思敎人"尊德性", 這箇工夫是形爲之乎? 氣爲之乎? 抑性自尊之乎? 雖以高明之極力推戴心字者, 恐亦不得不曰心之所能也。夫心之所尊者, 只是個仁義之性而已。而高明却將心字, 夾帶在其間, 區區於此, 不免有杞人之憂, 何也? 以彼有才有能之心, 旣得與性若是班乎?【此且據高明自心之言而云爾。其實則此心畢竟在性下, 而未當與之齊等也。】則宜其自詫曰, 爾無爲而我有爲, 則我獨尊也。我是聖人在君師之位者, 汝是億兆之衆。我可以獨當太極, 爾則不可當太極。爾惡得與我對乎? 於是乎子思之言"尊德性", 不過爲無實之空談爾。朱子之訓"德性爲正理", 亦自歸於無當之錯解矣。此難以口舌文墨彌縫得成者也。高明于『章句』存心之云, 不覺眼靑, 而曰尊性卽是存心。此以說得去, 然獨不思『孟註』之釋存字爲操而不舍, 與今解尊字爲恭敬奉持者, 語勢有彼危此順之辨乎? 蓋心有放而亡之慮, 故曰"存"; 性有正而極之理, 故曰"尊"。如此而猶曰"尊性存心, 毫無分別", 愚復何言? 朱子論尊性工夫云"只是主一無適, 更別無事。"【止此。】蓋欲尊性, 須是心敬。不然, 則傲慢自聖, 而褻其性體矣。故『章句』之言如彼爾, 非謂存與尊一義, 心與性一理也。此等處, 若不精核而未免於牽滯淆雜之累, 則如何看得文字, 如何體得道理, 以至於聖賢門庭耶? 孔子曰: "某也, 擇乎中庸, 得一善, 則拳拳服膺而弗失之。" 朱子『易本義』曰: "知理如是, 奉而行之。" 夫所謂"善"與"理", 非性而何? 所謂"拳拳服膺"與"奉而行之", 非心之尊性而何? 今請高明, 不須多疑, 只要以本善有爲之心, 尊太極無對之性。 能如此, 則安; 不如此, 則危矣。○ 明道曰: "德性者, 與性善一也。" 呂氏曰: "道之在我者, 德性而已。" 朱子曰: "德性如言義理之性。" 蔡虛齋曰: "德性卽所謂仁義禮智之性。" 前賢定論如此, 恐未可將心字, 夾帶在其間。 宜亟改之。○ "尊德性", 所以存心而極乎道體之大。 愚有粗譬云, 尊父母, 所以謹身而盡乎孝道之全。 此語有病否?

心字, 始見於虞廷, 而所謂心者, 不過是靈覺之物, 不可信之爲大本。【象山自言"某只是信箇心。" 近日嶺學又認心爲大本。】 故必以原於性命者爲道心, 而始得爲一身之主矣。 如使心不本於性, 而欲自處以天君, 則後儒非惟不許以君天, 乃反斥之爲形役, 此可不反思其故矣乎? 愚願天下同志之士, 於其視聽、思慮、動作之際, 必以天理從事, 而定其勿與不勿之準的。 如是積累久之, 自然心與理一, 而不自知其入於聖人之域矣。【「答崔佐卿燉恒」】

錄示某子心說, 一則曰心卽道也, 再則曰心固理也, 三則曰心卽太極也, 四則曰性外無心也, 五則曰"不踰矩"乃"從心所欲"之註脚也。 嗚呼! 眞可謂天上天下惟我獨存者也。 卽此一幅道也、理也、性也、矩也、太極也, 五而更無一霎時露出眞面目之幾矣。 昔賢所歎, 心學盛而性隱者, 出於絶痛之言, 而可驗於今日也。 某子旣認心爲至尊無上底物事, 則凡其思慮云爲, 可以信心無疑, 任意自恣, 而縱橫卷舒, 無非神通妙用矣, 何其盛歟? 雖然, 子思子敎人以"戒愼恐懼", 而孔子罵却"小人之無忌憚", 皆何意也? 曾子平生行己, 戰戰兢兢, 莫敢須臾放心, 至於將死而後已。 此又可異也, 非惟是已, 千古群聖, 無一人不從憂勤惕厲上用心, 是又必有其說矣。 某子亦嘗聞: 達摩"人心至善, 何必修行"之說乎? 陸子靜"心上不可著一個字"之說乎? 楊敬仲"心卽是道, 勿求歸宿"之說乎? 王伯安"心皆仲尼、滿街都是聖人"之說乎? 不知某子於斯二者, 將何所宗師也。【「答柳聖欽遠洙」】

來喩有卑心字, 語頗生澁。 蓋以性心分尊卑, 則當曰性尊心卑, 可也。 今曰尊性卑心, 則未穩。 如言天尊地卑則無礙, 若曰尊天卑地, 則卑地之云, 語意未妥。 鄙之謂心卑, 非特地將心字賤而下之, 惟對性則較卑耳。以大臣對君, 則雖卑, 然其在百官萬民之上, 則何嘗非酋貴之人乎? 若就用工夫處說, 則"小心望道",【文王】"低下著心, 依道理做",【朱子】却又切當, 不得不爾也。【答鄭宅新鍾燁】

『華西雅言』曰: "心爲一身之極, 而湯所謂'上帝降衷', 劉子所謂'人受天地之中以生'者, 是也。" 又曰: "心外無性; 性外無心。心之知覺卽性之知覺, 性之知覺卽心之知覺, 安有各爲二物之理?" 愚聞心性二者, 參贊化育之本, 不能相無而渾合無間, 亦非人所能去取也。然性是理, 心是氣, 則其勢有強弱之分焉。故聖賢論學, 於其不能相無者, 旣以體用能所之屬, 明之而無所偏廢, 至其道器之辨、強弱之分, 則未嘗不致其氣精爲配理尊無對之意焉。蓋其所以本天, 而不敢本心者, 其旨深矣。今曰心性無辨, 則便有從心所欲而自不踰矩者, 此豈非人之至願? 然除非上聖之資, 乃有此理, 便是上聖之資, 其實亦須心本於性爾。此說之行, 將使學者, 有不務本性而徑欲從心者矣, 得無爲道學之累乎哉?【與沈中卿宜允】

近世心理諸家, 每據『啓蒙』"心爲太極"一句。然『啓蒙』又豈不曰"兩儀又爲太極"乎? 諸家又據『語類』「盡心說」"心者, 天理在人之全體"一句。然『大全』「盡心說」改本, 又豈不曰"性者理之全體, 而心則具是理者"乎? 夫"心太極"以"兩儀太極"例之, 可見其爲混合說。"心者天理之全體", 以改本觀之, 可見其爲未定說。【與柳可浩鍾源】

喩及先師所贈"不失本心", 怳若共侍(亟)[函]285)席同聽旨訣也。嘗謂"本心"出『孟子』, 而晦翁先生於『魯論』"巧令"註, 不只云"本心", 而另加"之德"二字。【後只云"本心", 蒙此文。】蓋仁性無覺, 本心有思, 二者不容無辨。今得此心, 自省克私慾而保其德, 方不失, 先師傳付之至意。願與高明偕勉焉。【答柳景晦基春】

『華西雅言』言: "心能具衆理者, 理也。不能具得一理者, 有氣故也。" 如改云能具衆理者, 本心也; 不能具得一理者, 有客氣故也。下句倣此, 則可說得去。然『章句』所謂"具衆理, 應萬事", 只就心靈上, 言其本來體用而已。且人有此形氣, 故有

---

285) (亟)[函]: 저본에는 '亟'으로 되어 있으나, 문맥을 살펴 '函'으로 수정하였다.

心, 而能具理應事。今曰云云, 則必也無氣底人, 乃能具理應事, 恐非『章句』本旨。
且聖人未嘗無氣質, 則以其有氣之故, 而遂謂之不能具理應事, 可乎? 愚於華說,
累年商量, 至聚得朱子以下諸家說, 欲與之參看, 而得其可通之道, 然終覺未甚灑
然。蓋朱子先說存得心, 故可以言足以具衆理, 可以應萬(理)[事]286)矣。輔氏方論
聖人之全德, 故可以言一事而五性具矣。李繼善先說氣欲昏之, 故可以言無以具
衆理而應萬事矣。胡敬齋先說心馳外, 故可以言何能具衆理而應萬事矣。老洲說,
又只與『章句』一意矣。諸說未見有纔說箇氣, 便不能具得理應得事底意思, 故愚
欲於有氣兩字之間, 另著一客字。聖人之心, 雖酬酢萬變, 元不少動, 如鑑衡之於
物, 妍媸輕重隨來隨應, 而其空其平者, 固自如也。【「答金駿榮」】

“心師”, 竊意張子之意, 以心之原於性命者言。若只憑靈覺爲師, 是禪佛之見, 決
然不可也。此尤翁所以又發師心易差之說, 以盡其義矣。至於性師, 孟子直從性
善處說, 故朱子以隨處發見, 無不可師者, 明之。夫性旣可師, 則師性者, 非心而
誰? 愚故創立心弟二字, 以告夫天下之爲心者, 使於知思應酬之際, 一一視性,
爲模範而師法之, 庶幾上可以守聖門本天之傳, 下可以訂近儒心理之誤也。【「答田
相武」】

天下萬善, 皆心之爲也。然天下萬惡, 亦皆此心爲之, 故佛氏之本心, 程、朱皆斥之
矣。蓋心果是純粹至善之理, 而理能自爲也, 則達摩之何苦修行, 陸氏之一心都
了, 王氏之滿街聖人, 皆爲洞見道體者, 而若舜之“道心”,【心非卽是道, 必原於性命, 乃名
爲道心。】湯之“制心”, 文之“小心”, 孔之“洗心”, 孟、朱之“操存”、“檢束”, 皆爲杞國
之憂, 而未免於誤人也歟? 今我輩爲學, 只靠著一個性字爲主, 莫徇別派信心法門
也。【「答李相默」】

所詢栗翁人道心說, 儘可理會也。蓋壬申歲, 答牛溪書, 雖言“聖人亦有人心”, 然
或以“直出性命順而遂之”, 與“間以私意咈乎正理”而分之; 或以“爲氣所掩”, 與
“不爲所掩”而分之; 或以“理乘本然之氣”, 與“乘其所變之氣”而分之。時先生年三

---

286) (理)[事]: 저본에는 ‘理’로 되어 있으나, 『간재집』에 의거하여 ‘事’로 수정하였다.

十七歲也。厥後四年乙亥, 編『輯要』也, 以朱子不以人心爲人欲爲晚年定論, 詳見人心惟危條小註, 而其下按說, 却(因)[引]287)朱子"危者人欲, 微者天理, 以正不正而異其名"云者以爲說, 此猶是舊見也。及至壬午奉敎製「人道說」, 乃始以"爲道義而發, 口體而發"分之, 而以眞氏人心專歸之人欲者爲未盡, 而更無"咈理"、"氣拚"、"乘變"等語。此乃爲先生最後定論, 而在下世前二年也。其在丁卯歲, 與牛溪論顔子心麤之義, 而引朱子人心私欲之書【見「答南軒書」, 亦未定說也。】以爲證, 則爲先生三十二歲時最初所見, 尤不宜援據也。夫以先生明睿之資, 猶且再變其說而後始定。如我輩蒙學, 何敢妄有自信以犯不韙之誚哉? 朱子於此一義, 亦始以天理、人欲分焉, 後以勉然自然別焉, 終以性命、形氣辨焉。大抵二先生未定已定之說, 散出於文集、語錄者甚多, 而後人不及細考其早晚。故或誤主舊說以攻定論, 或左右佩劍, 而終無判決, 豈不深可悶哉?【「答林亹榮」】

寒洲言"性情皆心也。"朱子說中, 亦有此意。但於皆心中, 亦要分別得。心有靈覺、識神、思慮、運用, 而性情不如此。性則純善, 而心則只可言本善; 心當操當檢, 而性則非可操可檢之物; 心則可言洗言悅, 而性不當言洗言悅。釋氏本心, 而聖人不本心。釋氏識心, 而不見理, 故不可入道。凡此皆宜精辨, 恐未可槩言性情皆心。使學者, 始則樂渾合而惡別白之失, 其究也, 或未免有喜本心而諱尊性之病矣。如此, 則寒洲之目, 將不瞑於九原矣。故朱子每言, 凡理會理義, 須先剖析得名義界分, 各有歸着, 然後於中自有貫通處。雖曰貫通, 而渾然之中, 所謂燦然者, 初未嘗亂也。今於名字界分, 未嘗剖析, 而遽以一理包之, 故所論既有巴攬牽合之勢, 又有雜亂重複之病。而其用功處, 又皆倒置錯陳, 不可承用。先生此說, 後學不可不熟究, 而深戒之也。【「與李鐸謨」, 下同。】

寒洲於"性情皆心也"下即繼之曰: "心非有別一箇地頭, 而張子曰'心能盡性', 五峯曰'心妙性情', 朱子曰'心爲性情之主', 則又似別有心以主之。用功之際, 將何以察識端倪乎? 只得如程子'以心使心'而已。"愚謂如此, 則心即是性, 性即是心。心、性之混, 儒、釋之所以亂也。竊意: 用功之際, 以虛靈神明之心。靜則敬以保守性

---

287) (因)[引]: 저본에는 '因'으로 되어 있으나, 『간재집』에 의거하여 '引'으로 수정하였다.

善之體, 動則敬以擴充情善之用而已.【此雖數語, 如欲實體之, 豈不是大難?】竊念: 張、
胡、朱所言, 心是有覺底, 性情是無爲底, 故有眞靈、能所之分. 至於程子兩心字本
一也, 更不分別. 故朱子有自做主宰之說. 今以下心字當性情, 恐乖本指. 且如
此, 則聖學只主一心字足矣, 更焉用本天之功哉?

寒洲曰: "近世一種之學, 判心性爲兩岐, 反涉大本之不一." 一種是誰也? 竊念: 心
氣、性理, 自栗、尤以至老、梅皆然, 豈或指此歟? 然則殆未之思也. 程子"聖人本
天, 釋氏本心. 心如穀種, 生性是仁." 朱子"人心有覺, 道體無爲. 心之知覺, 原於
性命." 此皆東賢之所本也. 然程、朱亦何嘗自辨? 顏子"心不違仁", 孟子"理義悅
心", 已自分開說了. 雖吾夫子亦言"人能弘道, 非道弘人", 則此又是八字打開處.
縱有樂混諱分之甚者, 到底難合矣. 所謂"一種之學", 吾知其從 洙泗、洛閩中流
來者, 非別有異種也. "大本不一"之說, 尤要精覈. 朱子言"寂感以心言, 中和以性
情言." 今據心性無辨以觀之, 其不謂"大本不一"者, 幾希.

心之本體, 固無聖、凡之殊. 但其用, 則不能無純、雜之別. 昔陳明仲自謂其心與
孔、孟無異, 則晦翁謂其言之過, 而不自知也. 今吾輩學人, 須將聖賢之言,【言卽心
之聲而理之寓也.】反求諸心, 驗其所存、所發果能不悖於理, 然後孔、孟之心, 始可得
而識矣.【「答黃鳳立」】

"仁, 人心"考之, 『集註』已自分曉.【陸三魚言: "孟子指仁爲心, 象山指心爲仁."】"己心嚴
師"之說, 須將全段通看, 上文既言"正心之始", 下文乃言"自然心正矣." 此何嘗
直指靈覺之心謂之理乎? 天地無血氣軀殼, 故其心卽與理爲一. 然天地之心謂之
有靈有知, 則可知其非直是理也. 仁義是性, 良心、本心、心君, 皆以靈覺之本於性
者言. 心卽體, 指不踰矩之心, 皆不可謂之理. 理乃沖漠無眹者也.【「答朴蘭緒」】

某處之謂未發時氣不用事, 故不可言道心者, 似未精審之論. 已發時義行, 固是道
心; 未發時敬立, 獨非道心乎? 精時道心, 固應專屬於動; 一時道心, 却當通貫動
靜. 此義非止理氣名目, 正是工夫根腦, 不可不深究實體.【「答崔鍾和」】

有爲心尊之說者, 曰"心統性情", 曰"心者性情之主", 曰"心運用性情之理"。余謂此皆似也, 而又有可詰問者, 曰"天子統攝天地", 曰"王者宗廟社稷之主", 曰"臣子運用君上之命",【『書』曰: "用命, 賞于祖。"】則其尊卑之分, 何如? 吾故曰不反諸身而用功者, 不可與言理氣也。【「答高濟奎」】

燈懸風中, 只是危, 不是病。護之使不滅熄, 豈不是"危者安"乎? 泉出山下, 只是微, 不是病。導之使不關塞, 豈不是"微者著"乎?【「答李喜璉」, 下同。】

昨與一後生, 論近翁危微非病說, 有一譬云: "嬰兒落席, 其氣雖微, 而非病也。養之使充盛, 則似道心之微者著矣。稺子臨崖, 其勢雖危, 而非病也。扶之使勿墜, 則似人心之危者安矣。"

近世心宗一派, 硬將神明心覺之類, 皆指爲性爲理。此與外學, 同一議論, 然而猶自謂吾宗朱子, 絕不可曉也。「中庸序」言知覺原於性,「答徐子融」書言: "釋氏以識神爲本, 若吾儒, 則此乃心之妙用, 如何無得。但以此言性, 則無交涉耳。" 又言: "前書云'性有昏明, 則又將性作知覺看矣。'"「玉山講義」言: "後世之言性者, 多雜佛、老而言, 所以將性字作知覺、心意看了, 非聖賢所說性字本指也。" 此等訓辭, 與彼說相氷炭, 而彼每曰"我朱子", 朱子有靈, 豈不大苦之耶? 今我們爲學, 必使心意、知覺、神明之屬, 一切自處於形下之位, 又必以仁義之性爲大宗師, 而日夕戒懼兢惕, 庶幾免於大罪戾矣。

聖賢之教, 以心爲氣之虛靈神明, 而欽承乎仁義之性矣。我輩爲學, 必如是而後, 始可以得正矣。尤菴先生曰: "釋氏認心爲性, 故以心之發用, 皆謂之性。"【見『朱子大全箚疑』。陸氏所謂"若識得心, 萬法流出", 正如此。】此"聖人本性, 釋氏本心"之大界分也。【「與呂達燮」, 下同。】

尤菴先生論心說八條, 可以見聖門相傳之宗旨, 不似今人說得儱侗淆雜, 不可分解之論也。第一條, 性心分屬理氣, 自孔子至宋賢皆然, 而心是氣一言, 爲栗翁之有功於後學也。第二條, 謂心之知覺, 卽是氣。第三條, 言心之虛靈, 分明是氣。第四條, 以虛靈爲性者, 爲釋氏之見也。第五條, 以師心者爲易差。第六、七、八條,皆以本心、本天分正道、異端, 心卽氣也, 天卽性也。先生之承先聖正脈, 而爲後學津筏。如是之明白, 乃以<u>淵齋</u>門人特立心性一物之說, 而不顧 <u>朱</u>、<u>陸</u>無別之慮, 區區竊爲諸公惜也。

來喩"至誠"、"自誠"、"誠"字皆主心看。若以理言, 則"能盡其性"、"能經綸大經"說不去, 此誠然也。但此兩"誠"字,『語類』亦有以實理言處。【一見「二十一章」, 一見「三十二章」】蓋心理二者, 是一串物, 事纔拈一卽一便隨之, 要讀者察其所指輕重如何耳。此兩"誠"字, 固是理在其中, 此處且主心看。「二十六章」『或問』以"<u>龜山</u>'動以天故無息'之語爲甚善。"蓋天固是理, 動以二字乃是心之妙用, 如何直叫做實理得? 雖然, 以聖人全體實理底謂之實然之理, 如言盡性之謂性, 盡仁之謂仁, 全體太極之謂太極, 皆可以氷釋矣。【天地之德、鬼神之德, 皆當以論聖人之德字比例看。】〇『語類』"'自誠明'之誠, 是實然之理。"此是<u>黃螢</u>辛亥所聞。【先生六十二歲。】"'天命之性'、'自誠明'之性, 各自不同。"此是<u>錢木</u>之丁巳所聞。【六十八歲。】據此則<u>錢</u>錄當爲定論。但得讀者能活化看, <u>黃</u>錄亦可以通融而無礙矣。若如近世諸家直認心爲理, 而曰理有知覺、理有操縱之說, 恐無以自別於異學之見。要使此心, 自覺自操, 不少違戾乎實理, 此乃爲聖門求仁本天底端的旨訣。如非眞實下手來者, 定不能知其艱難也。【「答朴銖」】

本心之正, 專指道心而言。嘗聞<u>韓立軒</u>謂兼人道心本然之正則而言, 如今來喩之云。而竊意其不然。蓋如此則却不見道帥人役之分, 故<u>朱子</u>「答黃文叔」書曰: "擇之必精, 而不使其有人心之雜; 守之必固, 而無失乎道心之純。"此書作於乙卯時, 先生年六十六歲矣。其它如「讀蘇氏紀年」亦言: "精別於人心道心之間, 而守其道心, 始終不貳。"「大禹謨」解又言: "省察於二者公私之間, 以致其精而不使其有毫釐之雜; 持守於道心微妙之本, 以致其一而不使其有頃刻之離。"『語類』<u>德明</u>錄又言: "察之精, 則兩個界限分明; 專一守著一個道心, 不令人欲得以干犯。"此皆與<u>黃</u>書之說同矣。其是正『蔡傳』又在己未以後, 而亦專以道心屬之於一矣。鄙意此等不可只作文字解說, 須當就自家心靈初放處, 細察其端, 是由軀命, 是出理義, 毫釐之間, 兩下剖判功夫。人心道心與氣質本然, 所指自異, 未可比竝看。『孟子』"性也, 有命焉, 君子不謂性也。"上"性"字正指人心言, 而『語類』謂此性指氣質而言, 則與來示同。然大槩以性字論之, 非本然, 卽氣質, 故云然也。然若細分, 則人心不可直喚作氣質, 故『大全』「答林德久」書卻言: "此性字非專指氣質, 蓋以理之屬於血氣者而言, 如『書』之言人心也。"【止此。】此處極微妙, 學者須庸細心辨認也。【「答宋毅燮」】

使老洲先生言"道心元來是有過不及者, 學者當以是爲主"云爾, 則非惟鄭世永當訛之, 而愚亦疑之矣。然當時有人心中節爲道心, 道心不中節爲人心之論, 故先生辨之曰: "人心之合道理者, 畢竟是聽命之人心; 道心之有過不及者, 畢竟是失正之道心。" 是其立言之意, 以其名實之不可混也, 非謂道心自是有過不及者, 則何疑之有乎? 今某以爲道心有過不及, 則是人欲也, 因有多少悖妄語。此如小兒學語, 而時發罵父之聲也。苟如其言, 遊子之思親, 遠臣之戀君, 或有過不及, 則皆斥爲人欲矣, 是豈理也哉? 又如子路之"何必公山氏之之"、充虞之"木若以美然"、顔淵之"瞻前忽後"【朱子以此爲過不及。】、曾子之"受杖仆地, 及親喪水漿不入口者七日"之類, 無非人欲, 而不復可以道心之名論之耶? 且如下愚之道心, 未必皆中理, 則「中庸序」文, 亦將改正而後, 可矣。老洲雖可侮也, 朱子亦可侮歟?【「答鄭敦永」】

欲知心與明德之屬理屬氣, 須先問理之有知無知、有爲無爲。若知得理之無知無爲, 則心與明德之爲理與否, 不難見也。大抵心性理氣之辨, 非躬行所急。但欲明理氣界分, 須先曉得所謂氣者有幾多般。蓋析氣未密, 將氣之神明英妙者, 尊之爲命物之理, 而至於性, 則以其無知無爲而藐之, 遂自名爲主理之學。於是聖門尊性之說晦, 而後世本心之論盛矣。夫既以心爲本, 而視尊性爲極者爲主氣之流, 則其末流之弊, 亦將何所極哉!【「答吳震泳」, 下同。】

見孺子入井而惻隱之者, 心之發也; 所以惻隱者, 性之德也。此以理氣分別性情界至也。但孟子之意, 要就此心發處, 指其所載之理, 以爲此是性之端緒云爾。其於理氣有爲無爲之辨, 不暇及也。朱子論"滿腔子, 惻隱之心"云: "此是就人身上指出此理充塞處, 最爲親切。" 此語宜細體之。此與所引『語類』砥錄、安應休書, 兩不相礙。【朱子言心者, 性情之主宰。又言心者, 天理之主宰。此處天理, 非幷指性情而言耶?】

湖家以洛家心善性同, 驅之爲儒、釋無分, 人、獸無辨。夫儒、釋之無分, 誠可慮,
而其所以分, 則乃在於本心本理之不同, 而不在於心善之說矣。人、獸之無辨, 誠
可憂, 而其所以異, 則職由於有行無行之不同, 而不繫於性同之說矣。今不察其所
以異, 而公然排擯, 至於近日仙鄕諸公告南塘墓文, 而益無斟量矣。"心本善", 程、
朱皆言之。【一見『近思錄』, 一見「答游誠之」書。】"凡物莫不具有五常",【見『全書』。】"人物皆
禀得健順五常之性",【『語類』個錄。】"微物之性, 何緣見得不是仁義禮智? 此是察之
未精",【見「答陳才卿」書。】此又程、朱之所雅言也。諸公亦將斥之爲儒、釋無分, 人、獸
無辨耶? 程、朱有此言, 則不害爲格言至論, 而洛家有此言, 則乃爲伏尸流血之禍
云爾, 則此乃流俗炎涼之習心, 豈千古聖門鑑衡宰物之道乎?【「答申弘澈」】

仲肅所論橫渠心師、尤菴師心, 二義善矣。大抵心, 但可曰本善, 不可曰純善; 但可
曰制曰操, 不可曰聖曰本。【本天、本心, 儒、釋之大分。】心能自小自卑, 而欽承仁義, 則
四肢百體, 無不從令矣。如或自聖自尊, 而藐視性天, 則氣習外物, 群起而共摔之,
如何能主宰一身乎? 如近日康、梁輩人, 皆從王、陸起, 而究竟于釋、蘇, 遂至於斁
倫侮聖, 而陷於禽獸之科。其源咸出於恃心自用, 不復以性爲主故也。【「答宋敬淑」】

"道心"兩字, 出自虞廷, 而百世群聖之所宗也。世間有指以爲惡者, 是異敎邪說之
尤, 而不容不辭而闢之者。聞足下首先辨明, 而靡所回護, 何其偉歟? 雖然, 說者
自無病, 而我乃用意誣捏以擠之, 是小人忍心害理之甚者。足下其亦慮及於此而
後, 敢開口乎? 昔任潁西以中節與否爲人道心之辨, 是與「中庸序」性命形氣之分、
上知下愚之指, 稍異矣。況道心爲主, 人心聽命以後, 一向以危安微著, 兩下對說,
則二者之名, 不可以相易也, 明矣。此老洲所以云"道心縱有過不及, 不可喚做人
心"者也。昔有問"食色之欲, 出於其正, 卽道心矣。又如何分別?" 朱子曰: "這箇
畢竟是出於血氣。" 今以此意翻轉看, 則仁義之心有過不及, 卽人心否? 宜答云這
箇畢竟是出於性命, 此又何等分明。老洲之言, 正得朱子遺指, 而無毫髮可疑, 特
以足下不勝其好罵之性, 費盡心思, 搜覓得"所謂惡者, 本非惡。但過與不及便如
此"之辭, 聲言老洲是以惡爲道心者, 若以惡爲道心, 則誠大錯矣。但栗翁嘗言, 由
其有過不及, 而流於惡耳, 老洲何過焉? 夫老洲無失, 而足下勒定誣案, 則足下之
性, 雖甚強拗, 能不畏上帝鬼神之怒乎? 況朱子嘗言惻隱羞惡, 也有中節不中節,

夫四端非道心乎? 不中節, 非過不及乎? 又記得程、朱二先生論"瞻前忽後", 皆有過不及語。朱子又謂"狂者, 知之過; 狷者, 行之過。"又以伊、惠爲有過, 當不中節處。此以足下之見觀之, 孟子何以指惡人"爲聖之淸、和, 百世之師也"? 孔子何故在陳思得惡人而"與之"? 程、朱又何所見而認亞聖爲有惡者耶? 凡此云云, 于足下獨得之見, 何如也? 且吾未知足下于敬母、尊賢、下友、樂群之念, 果能一一合乎中而無少差否? 萬一未之自信, 則老洲誣案, 足下將自蹈之矣。雖有愛惜足下之甚者, 亦無如之何矣。足下數十年以罵華門之說寄余者, 不知幾千言, 而愚常勸其務用存省工夫。足下竟不省, 而今至於罵倒淵源所出之先賢, 不知此爲何等學問何等義理。咄咄怪事。【「答鄭世永」】

釋氏見得心空, 而不見其中却包得許多實理, 故專將此心以爲主宰, 而其病也空虛。吾儒見得心雖空, 而萬法無不具足, 故先明理乎心, 而次體道于身。此儒、釋之學, 所以有虛、實之判也。自宋、明以來, 又有心卽理之論, 則庶幾逃佛而歸儒矣。然以其不察夫心空理實之辨, 而亦專認此心以爲大本。故雖曰主理, 而非復理之實體, 只是靠得箇心, 而究竟却與釋氏同病矣。今我輩所聞, 始以檢心爲務, 繼以講學而歸宿于履道, 乃可以異於彼二家, 而弗失乎孔、顏之正傳矣。【「與林炳志」】

『語類』賀孫錄云: "致道謂'心爲太極', 正卿謂'心具太極'。"如心理家說, 則"具"與"爲"初無分別, 何故擧以爲問? 又云先生曰: "心有動靜, 其體則謂之易, 其理則謂之道。"直卿云: "體, 恰似說體質。"此如心理家言, 而曰"太極"、"體質"、"謂之易", 此爲何等話? 又云直卿曰: "'仁, 人心', 這說心是合理說。'心不違仁', 是心不違乎理。"此如心理家言, 則心自是理, 何以曰合理說, 又何以曰不違理, 豈不異乎? 又云先生「太極解」云: "動靜者所乘之機也。"季通謂此語最精。嶺氏常以太極自動靜, 故於"所乘之機"一句, 頗聽瑩, 至以機爲機會之意, 決與黃、蔡之見異, 而有乖先生之本指矣。又云直卿言: "氣旣有動靜, 則所載之理, 安得謂之無動靜?"此如心理家所見, 理字旣是太極, 動靜又是太極, 則是太極乘太極, 太極載太極, 此爲何等理氣? 絶可怪也。【「與成璣運」, 下同。】

嶺南心宗諸氏, 每言佛禪只認得精魂爲心, 非吾儒之心。苟如此而已, 則朱子何以言"釋氏認心爲性，此正聖人之所謂心"，又言"他理會得似那形而上者"耶？此皆先生六十九歲以後語。【沈僩錄。】而欲學者須先會得這一層，却去理會上面一層，其意可見也。【據此，則謂心卽性理，心卽氣質者，皆非矣。】我輩苦苦說彼二派所認底心，同是一層，而不欲許以形而上者，是甚麼意見？此須子細商量。蓋此處纔差失，則聖人本天，吾儒主理底學問路陌，一齊淆亂故也。

因發遂明，近更體得如何。大抵發有許多般，不可只一義拘也。『中庸』已發與寂對，故單屬情字境界；『大學』所發與昏對，故廣指明字地頭。「六」、「七章」註，"發用"兩字，一與無意對，一與靜體對，則不容不歸於動一邊。至於明德之有時而昏，正以氣欲之拘蔽耳。拘蔽者去，則昏者明矣。此則不問未發之知覺不昧、已發之品節不差、幾微善惡之省察、無事靜時之露現、瞌睡之喚醒、膠擾之整定，皆可謂之發。【如亦足以發，亦該得動靜，不只在動上說。】愚于此一義，頗自謂思之亦精，見之亦徹，而玩之亦有味，特體之未有力。然使遇琉璃瓶子學，卽不難隨手破碎也。【「答李炳殷」】

心性有辨，自虞、夏、湯、文以至東方諸先生，只有一說而已。近世華西李丈揭立心卽理之義，而士論乖張，甚可憂歎！其門人有柳持平者，覺其師說與經傳所言有不同者，而慮有後弊，改立心屬氣、理無爲之論，則同門金監役始之極力排斥，終乃與之同歸。愚以爲自此退、栗、尤、農後學，可以無憂矣。若柳持平者可謂有功師門，而爲吾黨之耿光矣。此一義，須表出而說，與同志之士爲得。如嶺外一派，不須與之爭辯，以長澆薄之氣，而無益於治心主理之實際也。但彼中人，往往自造此間所無之詩與文，而奮筆肆罵。此雖不喜聞，然以性師之敎對之，亦只得任它詐力，而我當自明自立而已矣。【「答韓德鍊」】

人之參天入神，如許妙用，皆此心爲之，心如何可不保守？如或囿於用小之資，而不能脫灑，混於勢危之念，【虞廷所謂人心。】而莫能節制，則已失其職矣。況又被昧己之私，同流之俗，所掩蔽陷溺，而不能自拔，其爲屈辱，更當如何哉？必也誓戒憂惕，從俯仰顧眄之微，以至隱見出處之大，【此兩句所包，甚廣。】一一禀命於不言之天、無爲之性，鞠躬盡瘁，死而後已。如此乃可謂自盡其分，而無忝所生矣。【「答柳源模」】

所示許『集』滄洲笑田子明一段, 知是寒洲高足, 其言無足異也。第記朱先生言“其
體則謂之易”, 在人則心也, 言體則亦是形而下者; “其理則謂之道”, 在人則性也,
此乃爲形而上者也。 此是先生五十歲以後說話。【程正思己亥以後所聞。】 鄙所謂心是
形而下者, 實出於此。先生又言: “佛家謂作用是性, 都不理會是非, 只認得那視聽
擧履, 便是道, 不問道理如何。然他却一生受用, 一生快活, 便是他就這形而下者
之中, 理會得似那形而上者。今學者須是先曉得這一層, 却去理會那上面一層, 方
好。” 此又是沈莊仲所記, 先生六十九歲以後語。鄙所謂心是形而下者, 實出於此。
黃直卿問: “神本不專說氣, 也可就理上說。”【使所謂神者, 原來是理, 則直卿方欲將神字做
形而上, 而其爲言, 何故恁地太寬緩了? 讀者宜細察焉。】先生只就形而下者說,【“只”之一字是直
卿所疑。】曰: “某所以就形而下說, 畢竟就氣處多, 發出光彩便是神。” 此又是徐居
父庚戌以後所聞, 而可與心字兩相對看。 吾恐滄洲不笑田子明, 却笑許退而也。
【『大全』「答杜仁仲」書曰: “謂神卽是理, 卻恐未然。” 此緣神是形而下者故云。後書又曰: “卻將神字專
作氣看, 則又誤耳。” 此緣神雖是氣, 然又是氣之精妙處到得, 氣又是粗了故云。上文有曰: “神是理之
發用, 而乘氣以出入者。” 此又緣道體無爲, 非神不能自發用, 故渾合而言之。曰“神是理之發用”, 又緣
神精而氣粗, 故分開以言之。曰“乘氣以出入”, 此須如此活絡看, 未可執言以失意也。○ 道, 非神不能
自用, 如朱子言“易者陰陽交易之謂, 如寒暑、書夜、闔闢、往來, 而實理, 於是流行於其間。” 此是董叔
重丙辰以後所聞, 最晚年說話。觀“於是”兩字, 可見道非神不能自行也。】 雖然, 看得印在楮上
者, 以爲如此如此, 世間士子, 類皆能之。今欲與朋友立約, 旣知得心非卽是理, 不
免時有自用而差誤處, 更要將性字立爲主本, 一味恭敬奉承, 無敢失墜, 以至於死
而後已。如此, 方爲儒門正傳, 不然而惟與它人爭上爭下, 甚則以醜言相詈, 遂爲
世嫌。此是甚麼心腸, 甚麼學問?【「答田璣鎭兼示鄭衡圭」】

象山以陰陽心靈爲形而上,【此非指陰陽之粗迹, 乃認陰陽之靈明活化者以爲理, 竟是錯也。】爲
不察氣慾之害。朱子譏禪家以虛靈不昧爲性, 而必窮身心彝倫之理, 以爲修、齊、
治、平之道矣。曾見『陸氏語錄』謂: “象山之學, 是道德性命, 形而上者; 晦翁之學
是名物度數, 形而下者。” 此正與近日一邊之說, 恰恰相符, 殊可笑也。論二家之
全體, 則象山亦修德行, 而其所主腦, 則信心【此二字, 象山「答楊敬仲」語。】爲道, 而不必
以性爲其心之標的也; 晦翁亦言靈覺, 而其歸宿, 則使心原性, 而未嘗指心爲吾學
之根本也。吾東近日所爭, 亦相勞蠢於此。未知後賢復起, 將以何者爲本天, 何者

爲本心？ 今日我輩于此, 宜早辨而定取舍之極也。【「與田璣鎭」】

象山未嘗不曰“尊德性”, 然指禪學中靈昭知覺者以爲理, 而曰“此上不可添一物”, 則其所尊之性, 正吾儒之所謂心者也。又未嘗不曰“道問學”, 然以窮理爲外義, 而曰“堯、舜以前何書可讀, 元晦杷柄可爲一噱”, 則所由之學, 正自家之謂六經註我而已。然則其曰“尊德性”、“道問學”者, 只要引聖訓以護己見耳。學者, 切不可以其名同而遂信其實也。近世心宗諸氏之曰“主理”之理, 未審是德性耶？ 是心靈耶？ 其曰窮理者, 自家心理之外, 又有可窮之理耶？ 認心爲理而思索之, 恐一生勞苦, 而竟無得矣。【「與趙瀚奎」】

君問崔某、郭公論學要指, 崔云先生每言本心、眞心。余聞之以爲何不言性、道, 而必心之云也。曾見『陸象山年譜』云“仁義者, 人之本心也。” 仁義, 性之具於心者也。心是具此性者也。此須細辨, 而象山云爾, 無或近於認心爲性之佛氏歟？『譜』又云: “欲先發明本心而後, 使之博覽。楊敬仲每云‘簡發本心之問, 先生擧是曰扇訟是非答, 簡忽省此心之無始末, 忽省此心之無所不通。’ 先生曰‘敬仲可謂一日千里。’ 詹子南一日下樓, 忽覺此心澄瑩中立。先生目逆而視之曰‘此理已顯矣。’ 又曰‘諸生聽講, 非徒講經, 每啓發人之本心也。先欲復得本心, 以爲主宰。’” 楊簡記象山祠云: “人心自善, 人心卽道。簡積疑二十年, 先生觸其機, 簡始信其心之卽道, 而非有二物。” 包揚作贊云: “發人本心, 全人性命。一洗佛、老, 的傳鄒孟。” 袁燮序『文集』曰: “先生揭諸當世曰‘學問之要, 得其本心而已。心之本眞, 未嘗不善。’ 先生上而啓沃君心, 下而切磨同志。開悟黎庶, 及他著述, 皆此心也。” 袁甫祀象山曰: “先生之道, 精一匪二, 揭本心以示人, 此學問之大致。” 又序『文集』曰: “先生發明本心, 上接古聖, 下垂萬世。此心神明, 莫非大道。” 陳塤曰: “先生明本心之旨, 啓千古之秘, 如日月之昭揭, 太岳之表鎭也。” 此外諸人所贊本心之說, 不可悉引。嘗觀『陸氏文集』諸書與門人所記師說, 未嘗不言性、言理、言道矣, 其實乃指陰陽之昭昭靈靈、能思慮運用者以爲言爾。故遂謂陰陽爲形而上之道。然則其平生所表揭而主張之者, 不過是此物也。其「與曾宅之」書曰: “仁卽此心也, 此理也。求則得之, 得此理也。先知者, 知此理也; 愛其親者, 此理也; 敬其兄者, 此理也。惻隱之心, 此理也。”云云。此吾之本心也。其後學, 據此書以爲陸子論心,句句說理, 而有誣其近於禪學。余謂禪家論心, 亦句句說性, 象山之說, 竟是一般意見, 恐終無以自別於禪矣。今 郭公所擧之本心、眞心, 不知于愛敬四端之外別自有一物, 而可以與象山之所言者, 分而二之者歟?【「與南軫永」, 下同。】

醫家所治之心, 非形質之心, 乃以人參、遠志、朱砂、麥門冬之屬用之, 於安精神、定魂魄、益智慧、通神明、治健忘善誤、喜怒多恐之疾。若乃釋氏所認之心, 非精魄之類, 却以虛靈妙圓, 光明知覺爲心, 而卽謂之性。故朱子譏其只有虛靈不昧, 而無具衆理以下之事。又曰: "彼所謂性, 正聖人之所謂心。" 據此, 則醫、佛二家之心, 決非如嶺說之云也。其指靈覺光明爲理, 而崔君之所力主云者, 是不憚以身爲陸、王之後學也。有誰挽止之?

華西、寒洲皆以靈覺與精魂, 分兩種心, 貼理氣。而寒洲引退陶"心合理氣"之說以證之; 華西據尤菴"心有以理以氣言"之訓以伸之。然淺見退翁以性屬太極, 據[288)]屬陰陽,【見「李剛而書」】而又曰"靈, 固氣也。"【見「鄭子中書」及論「天命圖說」。○ 知覺屬氣, 又見「金而精書」】尤翁以性與心分理氣, 而又曰"心之虛靈, 分明是氣。" 然則兩先生所謂"氣", 非精神魂魄之粗跡, 卽靈覺活化之妙也; 兩先生所謂"理", 非靈覺活化之妙, 卽靈覺所具之性也。與今靈覺屬理, 精魂屬氣之說, 不啻朔南判矣。【「問目」】○ 所辨極精詳, 不易看得到此。此說宜偏[289)]以告同志, 使知彼此異同之曲折, 非細事也。

朱先生於心理分說時, 心爲主宰, 固已坦然說去, 及將心與理合說主宰時, 不敢直許心爲主宰, 但曰"心固是主宰底意。"【此句, 語勢微輕。】卽翻其語脉而曰"然所謂主宰者, 卽是理也。"【此句, 語勢確定。】先生之意, 大可見也。蓋就運用上看, 則其主宰之者, 固是心也。然究其所以爲主宰者, 則乃是理也。夫陰陽動靜, 機自爾也。然尸其機者, 太極也。不是陰陽外別有個太極, 太極外別有箇陰陽, 亦不是心外別有個理, 理外別有個心。然此但指點得本來體段, 無聖、庸之分也。欲講明目下功夫, 則却要此心思慮云爲, 一一不違於仁義之性。此爲學道、不學心之大關界處。【「答

---

288) 據: 문맥상 '心' 또는 '以心'으로 써야 할 듯하다.

289) 偏: 글자는 문맥상 '徧' 또는 '遍'으로 써야 할 듯하다.

心與理, 一而二, 二而一者也。以本來體段言, 則二者不相離, 故曰一。然其一眞一靈, 有形而上下之辨, 故曰二也。以後來工夫言, 則衆人之心, 常與理不相脗合, 故曰二。聖人之理, 無時不與理融會, 故曰一也。然其有覺、無爲而有能、所之異, 則亦不得直喚做一物也。【「答柳永善」, 下同。】

雖聖如孔子, 其心未嘗自指爲"矩", 而以"不踰矩"爲準; 顔子之心, 亦不敢自謂爲仁, 而以"不違仁"爲學; 子思之心, 亦不敢自認爲道, 而以"戒懼"體道立義; 孟氏之心, 亦不敢自命爲理義, 而以"理義悅心"立言。四聖賢者如此, 則後來群儒, 孰有不如此者? 彼金谿、姚江, 自是別立一宗, 姑無論已。至如華西一派, 自謂宗本栗、尤, 而亦自指其心爲性, 因言凡朱子說中, 以心性分物則者, 皆其舊見無甚綱領時說話。【詳見本集「答朴楊口慶壽」書。】然則其意, 豈不欲奉有綱領底朱子, 納諸陸子之室中乎? 獨怪夫「中庸序」心原於性論, 『語註』性覺判別【"學而時習"、"人能弘道", 『集註』】之類, 擧皆心性物則之分也, 是朱子終其身, 無甚綱領, 而竟無論定之日矣。又怪夫彼四聖賢者, 亦未免於心性物則之見, 而不害其爲堯、舜、湯、文之傳也。今我後學, 其心惟務自卑自小, 懼其或畔乎規矩繩墨之正, 罔敢自聖自大, 恐其或僭乎性命道極之號。如是之久, 庶幾眞見心與理一之妙, 而無復不中、不和之患矣。【凡程、朱諸先生, 有"心卽理"、"心卽道"之云者, 更以"氣卽性"、"器卽道"之類, 比例看, 則無不通矣。】

以心爲大本而本之者, 與釋氏之本心, 無以別矣。聖人本天, 在釋氏本心之外, 則天之爲性而非心, 有目皆睹也。今諸家又以心爲理, 則本天之說, 不免於鶻突糢糊之慮矣。於是愚又發心本性、心學性之義以辨之, 辨之至此, 諸家更無轉身之路矣, 誠千古一快也。

朱子, 以仁爲母, 以惻隱之心爲子矣。何可執心是字母之云指心爲尊、性爲卑乎? 麟從鹿、象從豕, 謂鹿爲麟母、豕爲象母, 而鹿豕尊於象麟得否?

官人職事, 所籤得之。蓋職事有虧, 則官人被罪, 豈非職事尊而官人卑歟? 朱子曰: "天命箇心方是性。性是天所命之職事, 心是受天命之官人。" 心而害仁, 則命之曰賊。使官人自尊而視君命爲卑, 則罪當如何? 何不愼思而輕發乃爾?

徒知惟心無對, 而不知惟仁無對, 惟義無對乎? 仁義之無對, 靡所藉而自無對矣。至於心, 則必藉夫其此性, 盡其道而得無對之名矣。其孰爲尊, 孰爲卑乎?

某友所擧主宰, 天君主人翁之外, 又有嚴師一位, 而偶忘未記耶? 凡此尊號, 無非因主理而得之也。不然, 反爲形役而乃獸乃禽, 如今所籤, 必矣。

理氣心性渾然之中, 不可分上下尊卑之說, 大誤也。道器上下, 豈外渾然而爲言者乎? 低心尊性, 亦何嘗判然離却渾然而用功者乎? "上則俱上、尊則俱尊"兩句, 是啓此心僭越逼上之弊, 不可爲訓於世也。其認存心爲尊性, 亦甚齟疏。存, 朱子謂操而不舍; 尊, 朱子謂恭敬奉持, 二者用功不同, 惡可認做一義乎? 其曰 "佛氏認性爲昭昭靈靈, 而貶屈至尊, 置在心下, 故前賢排之", 此亦察之未精。蓋佛氏何嘗識性? 但認心爲性, 故歸於本心, 而不可與入道也。所謂至尊是性也。既曰"心性俱尊", 又以爲"性至尊", 語亦矛盾矣。心性較爭之慮, 近於杞憂, 性何嘗與心較爭而欲尊欲上乎? 只被此心不肯自卑自下, 而敢與至尊至上者, 比肩齊頭, 不覺自陷於犯分之罪矣。二而不可爲一, 分而不可復合, 亦不須憂。朱子嘗言"理自理, 氣自氣。" 又言"道卽器, 器卽道", 何嘗有二而不一、分而不合之病乎?

某友以天心爲帝, 人心爲主, 而不欲加一字於其上。此與陸氏心本是好底物事, 上面不可著一字者, 同一證侯也。夫天心之爲帝, 人心之爲主, 本以其主理而然也。如使天心外天道而欲造化, 人心離人性而欲運用, 誰肯以帝主名之乎? 若更求帝主之所以爲帝主者一段, 此亦有曲折。蓋道理無爲, 帝主有爲, 聖人言造化運用之者, 如何可舍有爲之帝主, 而必求道理之無爲者而名之乎? 今以此而認上帝爲天道、心君爲人性, 則豈非混有爲、無爲而合之爲一物之見乎?

"心爲太極", 固有朱子說; "兩儀爲太極"、"四象爲太極", 亦有朱子說, 於此亦可以見心非卽是理也。

近得某人書, 輒擧此心之明、此心之知識知覺, 盡歸之性智, 而張皇爲說, 其醜差視前更甚。殊不知太極不自會動靜, 而乘陰陽而動靜; 天命不自會流行, 而乘氣而流行; 道體不自會昭著, 而乘氣而昭著; 理不自會發見, 而乘氣而發見; 理不自會詣極, 而因心而詣極; 仁不自會惻隱, 而因心而惻隱; 理不自會光明燦爛, 而因心而光明燦爛; 性不自會覺識, 而因心而覺識。學者知此, 而磨擦得此心極精細, 不使少有麤糙, 淘汰得此氣極清明, 勿令少有渣滓焉, 則可以掃得從來幾多議論, 省得後世幾多辨爭。【「答某」】

"灑掃應對是下, 灑掃應對之心是上。" 此明儒方學漸語, 語非不是, 而未備; 未備, 似未甚害理。然而不言灑掃應對之理又其上, 則天上天下惟我獨尊之說也。我是心自我。我之上更無上, 是心而無本也。心而無本, 則灑掃應對, 合于理亦得, 不合于理亦得。其不至於亂者, 幾希。灑掃應對, 譬則軍民也; 灑掃應對之心, 譬則將相也; 灑掃應對之理, 譬則君上也。將相之於軍民, 固是上, 視君上, 則又不得而不下也。此晦翁既以仁在覺下爲大病, 而又曰"有是理而後, 有是心; 有是心而後, 有是事也。" 由是觀之, 心而尊性, 則爲道心; 心而自尊, 則爲妄心也。余病乎世儒之上心也, 久矣。因鄭君禮欽之請業, 而告之以是說。蓋欲小心以奉承乎性也, 小心奉性而事正, 是第一著功夫。其違性而事錯, 則所謂心者, 宜自悔惕, 而斬斷其根株, 是第二著功夫。下此則無可言者矣。【「心尊性示鄭禮欽」】

『語類』"至危者, 無如人之心。" 此言其相也。其下繼之曰"所以曾子常常恁地'戰兢臨履'。" 此言安其危者之道也。明儒有言"心如萬古長明燈, 一息不危便墮落矣。" 此述『語類』說, 而危言其祇栗也。『尚書』"人心惟危", 此言其勢也。曰"精"、曰"一"者, 令危者安之道也。是皆有所指點, 而使人有勸有戒也。『孟注』"仁在人, 有天理自然之安, 無人欲陷溺之危。" 此則明性理, 有安而無危也。然則學者之于心, 當致其操存之功, 而不敢頃刻昏亂也; 于性, 當盡其敬持之功, 而不可須臾離畔也。【「書示金麗中」】

必曰"事事物物上, 求個至善", 是離而二之也。伊川所云"纔明, 彼卽曉", 此是猶謂之二。性無彼此, 理無彼此。○ 朱子事物至善之說, 豈謂心無至善, 必向外求? 吾心之至善, 一本也; 事物之至善, 萬殊也, 何嘗有兩至善哉? 理固無彼此, 心之與物, 安得謂無彼此? 故伊川云然, 豈所謂二之哉?【「陽明心理說辨」, 下同。】

心之本體, 卽天理也。天理之昭明靈覺, 所謂良知也。○ 心之本體, 卽是天理。此若以性當之, 卽是聖門議論。今以昭明靈覺者言, 此與告子、釋氏認心爲性者, 何別?

若見得自性明白時, 氣卽是性, 性卽是氣, 原無性氣之可分也。○ 醜差至此, 安用辨爲? 以黃宗羲之尊尙陽明, 猶云"此語合更有商量在", 況他人乎?

有孝親之心, 卽有孝之理; 無孝親之心, 卽無孝之理矣。有忠君之心, 卽有忠之理; 無忠君之心, 卽無忠之理矣。○ 吾聞有孝之性, 斯有孝之心; 有忠之性, 斯有忠之心。此朱子所謂"必有是理, 然後有是心"者也。今曰云云, 無已顚乎? 況謂之"無忠孝心, 卽無忠孝理", 則從來亂臣賊子, 原無忠孝之理而然, 本無足誅矣。率天下而禍彝倫者, 必此言也夫!

晦菴謂心雖主乎一身, 而實管乎天下之理; 理雖散在萬物, 而實不外乎一人之心。是其分合之間, 未免已啓學者心理爲二之弊。○ 朱子固亦曰"方寸之間, 萬理粲然", 又曰"通同只是一箇道理", 而至於格物工夫, 何可掉了所接之物不窮其理, 而惟務反觀內察, 以求是物之理於吾心之中乎? 『或問』此段所以分心與物言之, 而理則無二, 故下句卽言"初不可以內外論也"。

問: "朱子謂'事事物物皆有定理', 似與先生之說相戾。" 曰: "事事物物上求至善, 卻是義外也。至善是心之本體。" 又曰: "心卽理也。此心無私欲之弊, 卽是天理不須外面添一分。” ○朱子曰: “至善, 如『通書』‘純粹至善’, 亦是。” 又曰: “至善不外乎明德?” 又曰: “至善是明德中有此極至處。” 朱子之訓如此, 而陽明乃謂“事物上求却是義外”, 又謂“不須外面添一分”, 黃宗羲至, 謂“至善本在吾心, 賴先生恢復”, 皆是笑話。然朱子之謂“至善不外明德”, 其意非如陽明直指心爲至善, 而爲佛氏立證也。

問: “‘道心爲主而人心聽命’, 語似有弊。” 曰: “然。心一也, 未雜於人謂之道心, 雜以人僞謂之人心。安有天理爲主, 人欲又從而聽命者?” ○人僞、人欲謂之人心, 則虞帝何爲止言“危”? 陽明非惟倍朱子, 亦畔象山矣。

問: “延平云‘當理而無私心’, 當理與無私心, 如何分別?” 曰: “心卽理也。無私心卽是當理, 未當理便是私心。若析心與理言之, 恐亦未善。” ○以禮制心, 以仁存心, 心不踰矩, 心不違仁, 此皆卽心卽理之謂乎?

問: “程子云‘在物爲理’, 如何云心卽理?” 曰: “‘在物爲理’, ‘在’字上當添一‘心’字, 此心在物則爲理。如此心在事父則爲孝, 在事君則爲忠之類是也” ○“在物”, “物”字本包“心”字在裏。明儒誤看程語, 而妄肆譏貶者多矣。今陽明雖不違背, 然亦錯認語意, 却揑合於心卽理之說, 未免爲百步五十步之間也。

今說心卽理, 只爲世人分心與理爲二, 便有許多病痛。如五伯攘夷狄, 尊周室, 都是私心。人却說他做得當理, 只心有未純, 往往慕悅其所爲, 要求外面做得好看, 却與心全不相干。分心與理爲二, 其流至于伯道之僞而不自知。故我說個心卽理, 要使知心理是一個, 便來心上做工夫, 不去襲取於義, 便是王道之眞。此我立言宗旨。○先儒所謂“卽物窮理”, 豈謂心無性理, 故必去外物求理? 況性理非有在心、在物之異, 窮物之理, 卽是知性, 循物之理卽是養性, 豈有二理哉? 今以理爲周室而實心尊之, 此乃王道之眞。若此心自居以理是爲篡奪爾矣, 其罪豈止於五伯之佯尊周室而已哉? 黃宗羲以陽明恢復心體爲大有功於聖門。余謂詹阜民安坐瞑目, 用力操存, 半月一日下樓, 忽覺此心澄瑩, 象山見之曰: “此理已顯也。” 黃氏所謂聖門, 豈非指金谿而言歟!

心卽氣之說, 實出於近世儒賢。○程子曰: "心如穀種, 生之性是仁。" 邵子曰: "心者, 性之郛郭。"【朱子於此二說, 皆深取之。】上蔡曰: "釋氏所謂性, 乃吾儒所謂心。"【朱子以此爲剖析精微。】朱子曰: "釋氏磨擦得此心極精細, 便認做性, 殊不知此正聖人之所謂心。"【戊午以後, 個錄。】又曰: "神是氣之至妙處。"【辛亥以後, 賀孫錄。○"以後"二字, 竝包先生末年, 而李氏「答李肅明」書, 却只云"辛亥錄"。李氏『集』中此等處極多, 殆近於舞文弄法之術可怪也。】勉齋曰: "神有知覺能運用。"【以知覺運用爲性爲理, 異學之說, 吾儒不然也。】孔子曰"操則存, 舍則亡。出入無時, 莫知其鄕"者, 惟心之謂與?【心是氣分上物事, 故有是言也。】朱子曰: "存者, 此心之存也; 亡者, 此心之亡也。非操舍存亡之外, 別有心之本體也。"【心果是理, 而理亦可以操舍存亡論乎?】程子曰: "心要在腔子裏。"【朱子論此有"馳騖飛揚, 以徇物欲於外"之語, 此果可以理看乎?】又曰: "只外面有些罅隙, 便走了。"【所謂理者, 亦如此慧(點)[點]²⁹⁰否?】孟子曰: "理義之悅我心, 猶芻豢之悅我口。"【口與芻豢非一物, 則心與理義獨無辨乎?】朱子曰: "知覺正是氣之虛靈處。"【「答林德久」書以下段「中庸序」云觀之, 明是晚年定論也。】靈處只是心, 不是性。性只是理。【陳北溪庚戌己未所聞, 而李氏「答月川儒生書」却歸之中年, 其自爲說則乃曰心之靈, 非性而何? 極可怪也。】又曰: "'其體則謂之易', 在人則心也。言體則亦是形而下者。"【易在人則心。李氏嘗謂"易是實理", 而愚別有所論, 見下。】又曰: "只有性是一定。情與心與才, 便合著氣了。"凡聖賢之論心如此者極多, 而李氏乃謂"出於近世儒賢之說"。【近世儒賢, 暗指栗、尤以下諸賢。】其意未可知也。如非盡塗天下後世之耳目, 使之一切無所見無所聞, 則其說恐難行也。【「李氏心卽理說條辨」, 下同。】

以心爲氣, 玉工之謂之石也。○使近世儒賢指氣質精神爲心, 則當曰以石爲玉也。今指虛靈神明涵理而體道者, 爲不可直謂之理, 奈何不下而屬於氣分? 則所謂氣者, 非齷齪尨雜之物, 乃是氣之一原與理無間底。然則惡可不分精粗而槪謂之石乎? 但石一而已矣, 氣則有幾多般樣, 觀『語類』賀孫錄, 論心、神、魂魄, 皆以爲氣, 而辨別得有精有粗處可見。此又不可不知也。

道心者, 心之從理者。○曰: "心之從理, 則心之非理明矣。若理則何可言從理? 且

---

290) (點)[點]: 저본에는 '點'으로 되어 있으나, 존경각본에 의거하여 '點'로 수정하였다.

心卽是理, 則道心謂之道理, 心之從理謂之理之從理, 皆不詞矣。

孔子之"從心所欲不踰矩", 心卽理也。【體卽道, 用卽義。】苟其氣也, 安能從之而不踰矩乎? ○ 心果是理也, 從心已是循理, 循理而再有不踰矩, 則理外復有理, 頭上又有頭乎? 吾聖人門中無此議論, 無此法門。大抵心雖神妙活化, 然畢竟是氣分上物事, 故雖孔子, 也不敢便道從心, 須是操存得此心極精細, 然後方敢言從心。然又必指矩爲歸宿處, 故呂氏曰: "說箇不踰矩, 可知聖人心中刻刻有箇天則在。【聖人之心, 未嘗自聖; 心學家之心, 動輒自聖。】不是卽心是道,【此四字是佛禪、陸、王論心語, 李氏亦只是此見。】此本天、本心之別也。"李氏于此等界分, 不甚明晰, 往往將心與理儱侗說做一物, 如朱子之所譏何也? 所引"體卽道, 用卽理", 亦謂其所存、所發, 與理無間云爾。非謂聖人分上, 更無心矩能所之分也。

『孟子』七篇許多"心"字, 竝未有一言指作氣, 而憂氣之不能存心, 患氣之反動其心。○ 孟子仁義之心, 最是主理說者, 然指心之本於仁義者言, 非直把心爲仁義也。【陳北溪論仁義之心云: "仁義卽性之實理, 而心則包其者也。"】於此一義合, 則無所不合矣。如不信, 更以『禮記』、『程書』仁義之氣證之, 是亦氣可爲理之據耶? 夜氣之不能存心, 血氣之反動其心, 此等"氣"字與心卽氣之氣, 煞有精粗之辨。李氏於此每不能別白之, 無乃未察歟?

程子"心性一理"。○ "心性一理", 猶言君臣一體, 父子一體, 宜於一中看得有二也。大凡心性 也有分說時, 也有合說時。合說時, 非獨心性一理, 如道器形理, 皆未嘗有二物也。分說時, 心仁有穀種生性之喩, 心性有如椀盛水之譬。【『語類』『大學或問』箇錄。李氏嘗有所論而失其本指, 愚有辨說別見。】聖人、釋氏, 有本天、本心之別, 人心、道體有有覺、無爲之辨, 是惡可偏執一說而盡廢其餘哉?

程子"心卽性也", "性卽理也"。○ "心卽性", 言其二者之無間也; "性卽理", 指其一物而無二也。大抵程子"心卽性", 論心無限量而有是語云: "天下無性外之物。若云有限量, 除是性外有物始得。"【『語類』泳錄問: "此心不在道理上窮究, 則心自心, 理自理。今日明日積累旣多自然貫通, 則心卽理, 理卽心。"先生曰: "是如此。"此當與程子語參究。】是非將性訓心, 曷可孤行此句以亂穀種生性之分、心理會一之指乎?【程子曰: "理與心一, 而人不能會之爲一。" 若性與理何待言與之爲一，又何可言會之爲一乎？】 昔某子學禪而曰："心卽性，性卽天；天卽性，性卽心。" 朱子謂："此語無倫理。" 此見『大全』七十卷末矣。

心之盛性。○此說太拘滯也。程、邵"穀種郟郭"語見上，朱子論心性之別曰："如以椀盛水，然謂椀便是水則不可。" 此正爲李氏下頂門一針也。又論明德而曰："性是理，心是盛貯該載底。" 此類極多，豈可曰性則吾儒之性而心則醫家之心乎？【『語類』論"心統性情"云："心是神明之舍，爲一身之主宰。" 此亦以"舍"字故指爲醫家之心乎？】

心爲太極。○"道爲太極"、"心爲太極"，俱是『啓蒙』所載，而何爲單拈一句，豈方論心卽理故歟？抑以性不足爲太極而然歟？【李氏嘗曰："『語類』'性猶太極'，借喻之辭，非的指之辭。" 又曰："性不可獨當太極。" 此說極怪駭。朱子甲寅冬「答陳器之」書云"性是太極渾然之體"，丁未、癸丑答張洽太極莫是性之問，曰："然。仍有動中太極、靜中太極語。" 辛亥以後，葉賀孫所聞曰："太極是性，陰陽是心。" 丙辰以後，董銖所聞曰："性是太極之全體。" 此類何嘗是借喻而非的指乎？李『集』中似此處極多，不暇悉辨。】夫道爲太極，直指道之當體而言；心爲太極，竝擧心之所涵而言。恐未足爲心理之的據也。【如言"形色天性"、"孔子太極"，豈當執言迷指乎？】又其所引"一動一靜、未發已發之理"兩句，是朱子「答吳晦叔」書論"易有太極"語，初非爲心當屬理而發。今此云云，有若朱子以此兩句當"心爲太極"者然，吾未知李氏之心，果是太極而有此紛紜牽引，苟且稱貸以爲立己見、眩人眼之術耶？昔象山提唱先立其大，陽明假借良知，而竝非孟子本指，則呂晚村譏之以指鹿爲馬。使其見李氏此說，未知又以爲如何也。○【附。「答吳晦叔」書："夫'易，變易也'，兼一動一靜、已發未發而言之也。【按：以上專言"易"字。】'太極者，性情之妙也'，乃一動一靜、未發已發之理也。【按：以上專言太極。】故曰'易有太極'，言卽其動靜闔闢【言"易"字。】而皆有是理也。【言太極。】若以'易'字專指已發爲言，是又以心爲已發之說也。此固未當程先生言之明矣。"【細讀此書，先生之意以易爲心，以太極爲性情之理，何嘗竝太極爲心，如李氏之說乎？今錄之，使觀者知彼見理旣錯，而又驅之牽合，幾於手分現化之術也。】

心固是主宰底，而所謂主宰者，卽此理也。○此『語類』夔孫錄也。原文"底"下有"意"字，"意"下有"然"字，"此"字作"是"字，而今皆竄易，使本指變幻而讀者眩瞀，何也？此非惟驅率前言以從己意，又是傷其形體而不恤者也。愚嘗有讀夔孫錄一篇, 今附見於此, 請看者有所訂正焉。○問: "(天心地之)[天地之心]291),【專言心則以元亨利貞言, 亦無不可。今與"理"字對說, 不可復謂之理。先生所謂"天地之心不可道是不靈", 所謂"其體則謂之易, 是天地之心"者是也。】天地之理,【統而言之, 太極是也; 分而言之, 元亨利貞是也。】理是道理, 心是主宰底意否?"【如此則看得"理"字, (設)[沒]292)主宰底, 却將主宰專歸之心, 恐成語疵。】曰: "心固是主宰底意,【此微許之辭也。如心理家之見, 宜以爲心卽是主宰之理。如此則多少簡徑而乃曰"固是", 又曰"底意", 何也? 是宜洗心思之。】然所謂主宰者, 卽是理也,【言若論極本之主宰, 所謂理者乃可以當之。蓋天地之心卽下文所謂似"帝"字者, 這箇心以二五之氣, 化生人物, 固是主宰底意, 然此心之所以爲主宰者, 以其本於太極之理而爲之用。故必著"然"字以轉却上句語脈, 乃以"主宰卽是理"者斷之也。"卽是理", "理"字, 是問者對心之理, 非後儒和心之理, 宜精而察之。】不是心外別有箇理, 理外有別箇心。"【上文既以心與理分言, 而又恐問者太析開看, 故復以此告之。○嘗見世儒誤讀此語, 直將"心"、"理"兩字糊塗合作一物看, 竊以爲乖却本指也。如『論語集註』言"道外無身, 身外無道", 『大全』「答呂子約」書言"非身外別有一物, 而謂之理", 「雜學辨」言"道外無物, 物外無道", 『語類』賀孫錄云"不是於形器之外, 別有所謂理者", 豈皆道形無辨之謂乎? 特言其不離耳。蓋聖賢之言活, 讀者最要得活法。】問: "此'心'字與'帝'字相似否?"【何不問此"心"字直是太極否? 亦宜愼思之。】曰: "'人'字似'天'字, '心'字似'帝'字。"【天帝與人心相似, 人心有覺、道體無爲, 則天帝有知、太極無爲也。或疑朱子謂: "'帝是理爲主', 則帝非理歟?" 曰: "'理爲主'三字, 便有斟酌。若是性與太極, 何待言理爲主乎?" ○竊謂似此分解, 庶幾得先生本指。前此諸家往往硬將此錄說從自己意見上去, 有如先生所譏販私鹽、擔私貨者, 討得官員一封書, 方敢過場、務, 偸免稅錢者矣。】

養心說云云。○『朱子大全』、『語類』無所謂養心說, 而今曰云云, 可異也。但『孟子』「牛山」章小註載朱子說云: "其存、其亡, 皆以心言之。說者謂氣有存亡而欲致養於氣, 誤矣。" 李說似出於此而變作「養心說」, 豈傳寫有誤歟? 然據此以爲心卽理三字千聖相傳之的訣, 則恐未然也。『孟子集註』云"良心卽仁義之心", 『大全』「答蘇晉叟」書正論此句云"心之仁義是性", 可見仁義之心非性, 而心之仁義乃是性也。【朱子論成仁云"以遂其良心之所安", 良心非理而所安乃理也。如直把良心爲理, 決與朱子異

---

291) (天心地之)[天地之心]: 저본에는 '天心地之'로 되어 있으나, 존경각본에 의거하여 '天地之心'으로 수정하였다.
292) (設)[沒]: 저본에는 '設'로 되어 있으나, 존경각본에 의거하여 '沒'수정하였다.

矣。】當時說者, 因心氣無分而誤, 今日李氏因心理無分而誤, 蓋胥失之矣。大抵
"心"字但可謂之與理無間, 不可直擡起作道體,【觀『集註』"此心常存無適而非仁義"兩句,
心與仁義到底是有辨, 先儒縱有以理言良心處, 此則當離合看。】但可謂之比性較粗, 不可拽下
來做夜氣。【心是操則存, 舍則亡, 而有得失者也。氣乃攪便濁, 靜便淸而無功夫者也。】二者不容
無辨。

退陶先生論心。○ "統性情"、"合理氣"兩句, 宜子細理會。竊詳退翁立文之意, "統"
似是統合之義, 恐非上統下、尊統卑, 如近儒之見也。今以聖賢言行考之, 曰以禮
制心, 曰心不踰矩, 曰得善服膺, 曰尊德性, 曰聖人本天, 曰欽承仁義, 曰心原性命
之類, 無非性爲心主、心承性體之意也。若單據統百萬軍之喩以爲"心上性下"之
斷案, 則『語類』大雅錄歷言天命、性、情, 而曰心統前後而爲言, 此將爲以人心而壓
制天命, 頰視帝則,【「尊德性銘」曰: "惟義與仁, 惟帝之則。"】豈非悖慢之甚乎? 故升卿錄以
統爲兼也。如必以"心統性情"爲心上於性情, 則亦將據人管天地【詳見"人能弘道"章。
『語類』植錄。】以爲人尊於天地乎? 一字不明, 其害至此, 可不愼諸? "合理氣", "氣"
字恐是指虛靈、精英者言, 未可直以麤濁渣滓當之, 此以"合性與知覺有心之名"推
之, 可見。如曰"退翁畔棄張子而自立宗旨", 吾不信也。下文"心之未發, 氣不用
事", 此"氣"字是以氣質言, 至於"惟理而已, 安得有惡"之云? 只是明性善之理而
已, 曷嘗有心卽理之意來? 李氏乃以爲己說之的證, 吾不知世之儒者, 果皆有聽受
而無疑難否也。

象山。○ 朱子答陸氏書, 譏其"認得昭昭靈靈能作用底, 便謂太極", 此是它認心爲
理之一大公案也。陸氏又嘗見詹某下樓心澄瑩曰: "此理已顯。" 是又其眞相之不
能掩處。蓋旣指靈昭澄瑩以爲理, 而不察氣禀之偏, 不究性命之理, 故卒至於率意
妄行, 而便謂至理矣。李氏謂"彼所謂心者氣而所謂理者非眞理", 此正刺著它痛
處。但自家亦常指靈覺神識以爲理, 不肯認此性爲太極而尊之, 是其所見果(如)
[與]293)陸氏判然不同否? 請世之君子下一轉語看。

---

293) (如)[與]: 저본에는 '如'로 되어 있으나, 『艮齋集』(龍洞本)에 의거하여 '與'로 수정하였다.

陽明。○『傳習錄』曰: "心之本體, 卽天理也。【此句以性當之是矣, 但恐王氏不如此道。非獨王氏爲然, 李氏亦不肯點頭也。】天理之昭明靈覺, 所謂良知也。" 此是王氏錯見之源也。吾見李『集』諸說, 與此不同者幾希, 而今於王氏據其近上一等【卽上所擧一段是也。】說話, 乃執其陰陽凝聚而斥爲猥雜。使王氏復起, 必笑之曰: "爾何爲用吾之精而攻吾之粗也?" ○ 愚有一說云: "使陸、王以氣之虛靈知覺爲心, 而能時時刻刻視上面'性'字爲本源, 不敢不奉而守之, 則理學單傳, 不過如此, 朱、李二先生何苦闢之如彼之嚴? 只爲其心自認爲理, 而不復以性爲歸宿, 所以流於口談心理而身陷氣學也。"【朱子論公心歸宿, 見『語類』「中庸第九章」大雅錄。楊慈湖論心是聖, 不必更求歸宿, 見『宋元學案』。】

李先生辨之云云。○ 退溪先生所謂"民彝物則眞至之理, 卽吾心本具之理", 此"理"字非指性體言, 而另將"心"字爲理, 如近世心理家之見乎? 只此一處無異論, 它餘皆將氷釋矣。

眞能以仁義禮智云云。○ 仁義禮智、忠敬孝慈之實, 是性之實理而爲心之所本, 非卽是心也。今若糊塗說謂之心、謂之理, 則是心、性無分也。退翁於此必有辨析之敎, 不應遽首肯之矣。

『傳習錄』云云。○ 王氏認心爲理, 故嘗言: "仁, 人心也。心體本弘毅, 不弘不毅者, 私欲蔽之耳。"【陸三魚曰: "仁是理, 弘毅是所以體, 此理豈全無別?"】又言: "心無私欲, 卽是天理。" 此是它錯見眞贓處, 而李氏特把無欲是理之云, 以爲"心卽理"三字不可判舍之證, 此是二家合掌之一大公案也。若乃吾儒議論, 則不但曰"勝私欲而必著復於禮", 然後乃曰"事皆天理", 不但曰"心無私", 而又必曰"有其德", 不但曰"心無私", 而又必曰"事當理"。此乃爲本天之學與彼之做無本菩薩者判然別矣。【朱子曰: "佛、老不可謂之有私欲。只是它元無這禮, 空蕩蕩地, 是見得這理元不是當。克己了, 無歸著處。" 今王、李認無私爲理, 安有歸著處?】此是心性源頭、學問主腦而有此乖舛, 自餘儱侗合說牽引湊著處雖多, 只緣本領不是, 一齊潰裂也。○ 徐孟寶以至公之心爲大本, 此與王、李之見正相符,【天理外無大本, 大本外無天理。】而朱子不許曰"這箇如何當得大本!"【見『語類』「中庸第九章」大雅錄。】今試問: "李氏這箇如何當不得大本"? 幸而應之曰: "果當不得", 卽須自疑舊見而改讀『大全』、『語類』, 如晦翁之序中和舊說, 可矣。如曰"心之無私, 如何不是天理, 如何不是大本"? 請自認與朱子異, 如王氏之告羅整庵, 亦可矣。

心爲一身之主宰。○ 心爲一身之主宰, 須要細勘。使所謂心者, 雖一霎時叛性, 而自用則四肢百體將群起而爭雄矣, 如何做得主? 必也用敬尊性, 乃可以管攝一身矣。【雖後聖復起, 應賜印可矣。】如以主宰之名, 卽指心爲理, 則鬼神浩氣, 朱子嘗以主宰言,【見『語類』「鬼神」門揚錄、「孟子」門夔孫錄。】是亦一切喚做理歟? 夫心與鬼神與浩氣之爲主宰, 或以欽承仁義, 或以靠著實理, 或以配義與道而爲之用爾。何敢屈天理而使之聽命於己耶? 且主宰之屬氣, 又何嘗以形氣當之? 而李氏乃曰"天理聽命於形氣", 豈非大家粗率乎? 蓋旣誤認氣之靈覺爲理, 故纔見人說"氣"字, 便指爲麤跡。此正與朱子所譏老、佛却不說著氣,【此見吾儒不諱"氣"字。】以爲外此然後爲道者, 同一證侯也。

心無體, 以性爲體。○ 李氏徒知心之無體, 以性爲體, 而謂心是氣, 則有認性爲氣之嫌而已, 不知器亦無體而以道爲體, 陰陽亦無體而以太極爲體, 形色亦無體而以天性爲體矣。今使李氏論此, 則將避太極、性、道爲氣之嫌, 而把陰陽、形氣之屬一切謂之理歟?

心是性情之統名。○ "心者, 性情之統名", 本蔡西山語, 而朱子無所可否, 李氏却謂先生首肯之。【見「與人」書。】吾懼夫流俗誚儒者, 亦有矯詔之習也。其下云云, 亦近杞人之憂。蓋朱子旣深取穀種鄰郭之說, 又自有椀水之喩、屬火之說, 又以其體則謂之易爲心, 而目之爲形而下者, 是皆以心爲氣之論也。未聞大本達道亦皆歸於氣而淪於空寂也。李氏謂"以心爲氣則理爲死物", 此亦誤矣。昔上蔡雜佛而以仁爲活物, 則朱子不取而曰"說得有病痛", 其答陸氏書亦以認得靈昭作用底爲太極者, 歸之禪學。今李氏之見與謝、陸無別, 此難以自附於朱門矣。【夜氣章『語類』云: "心不是死物, 須把做活物看。不爾則是釋氏坐禪。"又曰: "心是箇走作底物。"今若以理爲走作底活物, 則其謗理亦已甚矣。】

從古聖賢莫不主義理以言心。○ 只此便見此心非直是理也。如道也、太極也、性也三者，直是理，何待主理而言乎？<u>李</u>氏幾於握燈索照矣。

以心爲氣之說。○以心屬氣而心不敢自用，必以性理爲頭腦，則不知此外又有聖賢心法乎？必也爲心者自認爲至尊之理，而不復歸宿於性天，然後聖賢心法一一成實，而世道日升於明且治歟？

近世以十六言傳心爲<u>梅賾</u>僞撰者，此其兆也。○<u>虞</u>廷授受，所重在中，不重"心"字。夫心而非道，則靈覺而已，聖人何嘗以是爲道而傳之哉？此當曰"傳道"，不必曰"傳心"。傳心固有前言可據，若論其極，則當以"道"字爲準的也。【<u>王</u>氏<u>蘋</u>學佛，嘗告<u>宋</u>帝曰："<u>堯</u>、<u>舜</u>、<u>禹</u>、<u>湯</u>、<u>文</u>、<u>武</u>之道相傳，若合符節。非傳聖人之道，傳其心也；非傳聖人之心，傳己之心也。己之心無異聖人之心，萬善皆備。故欲傳<u>堯</u>、<u>舜</u>以來之道，擴充是心焉耳。"】<u>呂</u>氏謂："聖人之學，性天之學也，自古無學心之說。"凡言心學皆爲邪說所惑亂，"不踰矩"，矩者何也？性也、天也、至善也。心於性天合一，方爲至善，方是聖學，可知心上面更有在。【此一句近世心學家所大諱也。】故謂"聖學都在心上用工夫"則可，謂"聖學爲心學"則不可。【如<u>李</u>說則謂聖學爲心學，有何不可？】吾謂<u>呂</u>氏雖晚出，而其於吾儒本性、異學本心之辨，往往透髓不可忽也。

眞心之純乎天理者。○只此一語便見心卽理之錯矣。蓋心原非天理。故云"純乎天理"爾。若性與太極，只可曰"純是天理"，不可曰"純乎天理"。下文"聖人之心渾然天理，可以三隅反矣"。

"心卽理"三字，未可遽言之。○<u>李</u>氏『集』中論心卽理者，無慮累數千言，豈皆指聖人之心耶？然則衆人之心却是氣耶？吾意心果是理也，衆人亦是此心，聖人亦是此心。安有兩樣心，可以遽言，未可以遽言之分乎？若乃性卽理，固未嘗有到聖人、未到聖人之異，又未嘗有可遽言、未可遽言之分也。只此亦足以見心卽理三字，未得爲後聖不易之論也。

論心莫善於心卽理，而亦莫難明於心卽理。○愚則曰"論心莫危於心卽理，【聞者易以自恣。】而治心莫難於心卽理"。【聖者方不踰矩。】危、難兩字，皆從戒愼來，反此者無所畏憚矣。

心者合理氣而立名, 單指理一邊曰本心。○愚按: 本心得非有靈覺神識, 能涵理明義、盡性立極底物事耶? 以此而謂之理, 則理之有爲明矣, 可疑也。【「華西雅言疑義」, 下同。】

心, 氣也、物也。但就此氣此物上面指其德, 則曰理也。聖賢所謂心, 蓋多指此也。○愚按: 此是蘗門說心宗旨, 而以愚言之, 所謂指心之德曰理, 此句若是性外別有所謂理, 則未知自古聖賢曾有此論否? 若曰此句仍是指性而言云爾, 則心性又都無分別, 心性無分, 豈非儒門之大禁也耶? ○又按:『尙書』言"以禮制心", 又言"有言逆于心, 必求諸道",『論語』言"從心不踰矩", 又言"其心不違仁", 仁、禮、道、矩, 豈非所謂"就氣上指其德曰理"者耶? 而今以此對心而言, 則所謂理者不應復指爲理。如華老之言, 孟子所言"理義之悅我心", 尤難如此說矣。

"心"之一字兼包形、氣、神、理, 故有以形言, 有以氣言, 有以神言, 有以理言, 當隨文異看, 不可滯泥。○愚按: 以兼包形、氣、神、理而言, 則豈獨"心"字爲然? 凡物皆然, 如孟子言"形色天性", 朱子言"浩氣亦有以理言處"是也。

心也、性也、情也, 一理也。自主宰而謂之心, 其體謂之性, 其用謂之情, 所謂"心統性情"是也。然所乘者氣也, 心焉而不察其氣, 則釋氏之師心是也; 性焉而不分其氣, 則告子之食色是也; 情焉而不克其氣, 則陽明之良知是也。○愚按: 三家之病只爲認心爲極則, 而不復以性爲此心之本, 此其受病之源爾。其不察氣質, 則特其餘證也。彼三家者, 苟以性爲主而不敢本於心而止焉爾, 則其於氣質之病, 自不敢不察也。今也旣以心爲理而其論三家之學, 又徒病其不察氣質之失, 而不斥其認心爲極之誤, 則恐無以拔本塞源而反之正也。未知如何? ○又按: 陽明曰"理一而已。以其主宰而言則謂之心, 以其凝聚而言則謂之性, 以其發動而言則謂之意, 以其明覺而言則謂之知。" 此與『雅言』所謂"心也、性也、情也, 一理也。自主宰而言謂之心, 其體謂之性, 其用謂之情"一段意思, 似無大異同矣, 未知何以辨別也?

心者, 理與氣妙合而自能神明者也。○愚按: 此語似欠賓主之別, 必若朱子所謂"靈處只是心不是理", 尤翁所謂"理氣合而虛靈者心也, 虛靈中所具者理也"之訓,然後始得分曉矣。 鄭窮村偶誤言"理與氣相合而生虛靈", 則尤翁謂"此無異於釋氏'作用是性'之見", 吁! 理氣之辨, 豈可以不明乎哉?

"心卽理也"一句, 陽明之自信處專在於此, 自蔽處亦在於此云云。 雖然, 懲創心卽理之說, 專以'氣'字當之, 則矯枉過直而反失聖賢之指何也? 蓋心固理也, 而所乘者氣也。 認心爲理而不問氣欲之拘蔽, 則其害固不可勝言; 指心爲氣而不知天命之主宰, 則其理亦有所不明矣。 ○愚按: "心固理也, 所乘者氣"兩句是華老折衷斷案之論也。 然則所謂心者, 畢竟是形而上之理也。 其下又却以"認心爲理, 指心爲氣"兩下說弊, 有若不專主於心卽理之論者然, 愚未敢知也。 以愚觀之, "認心爲理"者, 必皆不察氣欲之蔽, 何也? 所見旣如彼, 卽自然以心爲極則故也, 陸、王之已事可見矣。 "指心爲氣"者, 未有不主性命之理, 何也? 所見旣如此, 則不敢以心爲準的故也, 朱、宋之宗旨可見矣。 未知如何?

心性情, 由所載而言則理也, 由所乘而言則氣也。 故心有人心、道心之分, 性有本然、氣質之分, 情有天理、人欲之分。 ○愚按: 栗谷先生曰: "以道心爲本然之氣者。 亦似新語。 雖是聖賢之意。 而未見於文字。 兄若於此言, 不疑怪而斥之, 則無所不合矣。"【「答牛溪」書】 ○愚按: 知覺是氣, 而其發原於理則爲本然, 乖於理則非本然, 故先生之言如此。 若於此言有所携貳, 則將無所不戾矣。】 又曰: "先賢多就情上論天理, 以情之善者爲天理之流行, 此非以情爲天理也, 謂天理流行於情上耳。" 又曰: "理在於情, 非情便是理。" 今不知理在情而情非理, 則是昧於理氣之分也。 華老之言似與栗翁定論不同, 可疑。

孔子曰: "形而上者謂之道, 形而下者謂之器。" 朱子最喜橫渠'心統性情'之語。 若認心爲氣而已, 則氣反統攝乎理矣, 所謂上下之分, 果安施也哉?" ○愚按: 尤菴先生曰: "太極爲陰陽之主, 而反爲陰陽之所運用。" 上句卽形而上下之分也, 下句乃心統性情之說也。 蓋以心有知而理無爲言, 則曰"心統性情", 以性爲本而心爲用言, 則曰"理爲氣主", 言各有當, 初不相碍。 若必欲執上下之分, 施之於心統性情之說, 則獨不念有知有爲者, 假冒形上之名, 而純善無惡者, 降在形下之等乎? 仁在覺下, 自是朱子之所斥,【見「答程允夫」書。】 則似未可將"心"字放在"性"字上面, 如華老之見也。

宋子曰: "心有以氣言者, 有以理言者。" 此二句實是論心之八字打開也。○ 愚按: 心有以氣言, 尤翁指心之當體言, 華老以心之所乘言。心有以理言, 尤翁竝心之所具言, 華老指心之本色言。兩說雖同而所指自異, 讀者似不可以不察也。【尤翁說, 見『大全』「浩然章質疑」、「兩賢辨誣疏」, 又一條見『朱書箚疑』論吳伯(豈)[豐][294]書。】

『五子近思錄』載朱子"心者氣之精爽"一段。先生云: "此固是朱子之訓, '心者理之主宰'亦是朱子之訓。論其主客, 則理當爲主云云。" ○ 愚按: "心者理之主宰", 此語未知是說心是理中主宰之理云耶? 則當如華老之言矣。據愚見似只是說心爲性情之主宰而已, 非便謂心卽是理也。如此則華老所論無或有失於照勘者歟? 今錄本語以備參究。○ 朱子曰: "心也者妙性情之德也, 所以致中和立大本而行達道者也, 天理之主宰也。"

心能虛靈不昧者, 理也。雖曰虛而今不能無塞, 雖曰靈而今不能無頑, 雖曰不昧而今不能免乎有時而昧者, 有氣故也。心能具衆理者, 理也。雖曰具衆理, 而今不能具得一理者有氣故也。心能應萬事者, 理也。雖曰應萬事, 而今不能應得一事者有氣故也。是故不可不先明其理, 當以十分無欠者, 爲之本爲之準, 以爲嚮望恢復之地; 又不可不密察其氣, 當以一毫未淨者, 爲之病爲之闕, 以施克治變化之功。是故就一心字兩邊分說, 而惟恐其或雜之而不明也, 惟恐其或離之而不察也。若說理而遺氣, 執氣而當理, 則大失本文之旨矣。○ 愚按: 此段最難理會。今試泛論天下之理, 則當曰"心能湛一精爽者理也, 而不能然者以有蔽之者也", 又當曰"手足之能恭重者理也, 而其不能者以有拘之者爾"。今以此意觀此段, 則所謂"心能虛靈具理應事者理也"之云, 固亦無害。但以下文推之, 則上文云云, 似非泛論事理之當然, 而乃若直指此心之能然者以爲理也。如此則指形氣之循軌者亦以爲道體得否? 夫以氣之善者亦以爲理, 此天理人欲之辨也。若正論理氣之分, 則凡有知有爲者, 雖合於理而終是氣之屬耳。故朱子於東萊往復, 論動以天之義, 以爲若

---

294) (豈)[豐]: 저본에는 '豈'로 되어 있으나, 존경각본에 의거하여 '豐'으로 수정하였다.

以誠者天之道言之, 無害。若直指道體而言, 則"以"字下不得矣。愚竊謂動以天是
理也, 而與"欲"字相對, 道體亦是理也, 而却與"氣"字相對, 此"理欲理氣"兩"理"
字, 所以合有分別而不可使混也。不然, 恐易致得學者, 有認氣爲理之蔽矣。愚妄
意如此, 未審是否?

心外無性, 性外無心。心之知覺卽性之知覺, 性之知覺卽心之知覺, 安有各爲二物
之理? ○ 愚按: 心性一源, 則固未嘗有二物也。然心性有知、無知之分則又不能無
也, 必以此外無彼、彼外無此者爲言, 則奚獨心、性然也? 固未嘗有形性也, 然形之
所以爲形, 性之所以爲性, 則豈可以莫之辨哉? 故尤翁曰: "心性雖可謂之一物, 然
心自是氣, 性自是理, 安得謂之無彼此哉?" 今華老之言乃如此, 是未可知也。且
使心性無辨, 知覺互屬而無害於道, 則釋氏之"認心爲性"、"認知覺爲性"者, 吾儒
又何苦而斥之也, 甚可疑也。

朱子曰: "道、義別而言, 則道是物我公共自然之理, 義是吾心之能斷制者所用以
處此理者也。" 義卽性也, 亦可以理言, 今曰處此理者是義也, 則亦無以理處理之
嫌乎? "明德"章句以"具衆理"之訓及胡氏"智則心之神明所以妙衆理"、沈氏
"智涵天理動靜之機", 俱無以理具理、以理妙理、以理涵理之嫌。蓋心與理相對說當如
此, 心與性相對說亦如此, 道與德相對說亦如此。○ 愚按: "義是", "是"字意直貫
到此理者也。"吾心之能斷制者", 此句只說心不說義。"所用以處此理者", "所"字
釋於處此理下, 而正指"義"字。今單擧"處此理者"四字, 而曰是義也, 是以能爲所,
而大失朱子意也。虛靈以具理, 亦非如華老之指矣。至於以理妙理、以理涵理, 自
是胡、沈二家之失而蘗門之所本也。以此段觀之, 以心爲理, 以靈爲理, 華老之所
不諱也, 而近見金監役所與沈雲稼書, 乃謂心卽理、靈覺是理, 華老之所力排, 吾
不知其何說也。【愚按: 以理妙理之說, 最碍理。如其言則以理之理, 分明是有爲之物, 以有爲之物
爲究極之理, 則其流之弊無亦有難言者歟! 未知如何?】

道心卽太極也, 人心卽陰陽也。大體卽太極之謂也, 小體卽陰陽之謂也。○ 愚按:
"道心"兩字便有理氣之分, 道是太極之理, 心是陰陽之氣也。"道心"云者, 指知覺
之發本於性命之正者而言, 故栗翁以道心爲本然之氣也。大體, 孟子旣以心官之

有思者爲言, 尤似未可直以爲理也。夫道心與大體, 雖皆合理之心而終是有知有思之物, 豈得以太極之冲漠無眹者當之乎? 若直以有知覺、有思慮者命之爲太極, 則其所以知覺、所以思慮之樞紐根柢, 又是何物也?

或問: "人之爲學, 無一言一事不(闕)[關]²⁹⁵⁾涉於心, 心其可以不知乎哉? 程子既言'心卽性', 再言'心是理, 理是心', 此非後學所當守者乎?" 余應之曰: "程子'性卽理'之訓, 朱子亟稱其有功於聖門矣。至若今所引兩語, 朱子未嘗擧揚其意可見也。蓋'心卽性'一句, 是答心有限量之問, 而曰若云'心有限量, 除是性外有物始得'。【詳見『遺書』十八卷廿四板。】此謂心非能外性而自爲一物, 非謂心性一物也。'心是理理是心'六字, 又是論曾子易簀之事而有此語, 下句卽繼之曰: '聲爲律, 身爲度也。'【見『遺書』十三卷二板。】其曰'心是理, 理是心'與'聲爲律, 身爲度'爲一例, 何嘗言心理一物乎? 若不察立言之本意, 卽認吾心爲理, 吾身爲度, 而率意自用, 則聖人之心何待七十方始不踰矩? 顔子之心何爲三月後不免有違仁之時乎?" 今學者宜用以禮制心、以仁存心之法, 以爲修德行道之本可也。【程書心說或問】

李都事「與人書」曰: "朱子甲寅以後心說大定", 所謂大定, 不知指何語? 要之謂其(於同)[同於]²⁹⁶⁾已見也。第念李氏自少日已見得心卽理之妙, 而朱子至六十五歲, 始克有定, 吁, 何其艱哉! 彼此敏鈍, 不已太懸矣乎? 愚有一言可復於世之君子者, 曰假使朱子直至庚申三月甲子巳刻, 而得大定心說, 亦可謂萬世學者之幸, 況已在甲寅之歲乎? 雖然, 以愚考之, 甲寅以後議論, 每與李氏相戾, 豈終朱子之身未有所定歟? 姑且拈起數段, 以與同志究觀而反諸身, 以爲尊性之用焉。" ○ 朱子每以其體則謂之易, 當天人之心,【李氏以此"易"字爲實理。蓋其有礙於心卽理, 而爲此說以救其疾, 然下句其理則謂之道架疊, 獨無礙乎?】而『語類』銖錄在丙辰以後而正論此句云: "易是陰陽交錯而與道爲體。"【學蒙錄曰: "物生水流, 非道之體, 乃與道爲體也。" 節錄曰: "陰陽五行爲太極之體。" 皆與銖錄同一指意。】此猶是心屬氣分之論, 而在六十七歲以後, 則所謂甲寅大定者殆亦未也。個錄在戊午以後而有曰: "心屬火, 緣是個光明發動底物, 所以具得許多道理。"【廖謙甲寅所聞謂"心是動底物, 自然有善惡", 若如李氏之見, 則亦將曰"太

---

295) (闕)[關]: 저본에는 '闕'로 되어 있으나, 『간재집』에 의거하여 '關'으로 수정하였다.
296) (於同)[同於]: 저본에는 "於同"로 되어 있으나, 『간재집』에 의거하여 '同於'로 수정하였다.

極屬火, 緣是箇光朋發動底物, 所以具得許多道理", 亦將曰"太極是動底物, 自然有善惡否"。】 又云: "心、性何嘗儱侗不分曉! 心、性之別, 如以椀盛水, 水須椀乃能盛, 然謂椀便是水, 則不可。"【李氏于椀水之喩心性, 有礙己說, 故指爲醫家之心, 殊不知此段是論盡心知性而發, 則何嘗舍神明之心而忽然說出菖蒲伏苓可補之心? 愚於李氏此等處不甚服。】 又云: "禪家但以虛靈不昧者謂性, 而無具衆理以下之事。" 又云: "佛氏磨擦得此心極精細, 他便認做性, 殊不知此正聖人所謂心。" 又論禪家無位眞人之說云: "是他就這形而下者之中, 理會得似那形而上者。【彼所認之心, 若只是粗氣而非所謂氣之精妙活化者, 朱子決不指爲似形而上者矣。】 今學者須先曉得這一層, 却去理會那上面一層方好。今和這下面一層也不曾見得, 所以和那上面一層也理會不得。"【下面一層卽指似那形而上者底心, 上面一層乃指這形而上者底性。】 此皆在六十九歲以後, 則所謂甲寅大定者殆亦未也。胡泳戊午錄問: "此心不在道理上窮究, 則心自心, 理自理。今日明日積累既多, 自然通貫則心卽理, 理卽心。"【使所謂心者元來是理, 則何待窮理通貫, 然後始有此語。】 先生曰"是如此"。此亦在六十九歲, 則所謂甲寅大定者, 殆亦未也。燾錄在己未而謂: "性卽理也。在心喚做性, 在事喚做理。" 此以心與事對待說, 難謂事則形而下, 而心獨形而上也。此又在七十歲, 則所謂甲寅大定者殆亦未也。若夫 淳錄在庚戌己未而曰: "靈處只是心, 不是性, 性只是理。" 又「盡心說」"心者, 天理在人之全體"一句, 李氏平生動輒擧起, 而『大全』本改作"心是具理者", 則朱子自覺前言之差誤, 而更定者也。此兩段安知其的在甲寅前庚戌, 而決非甲寅後五年己未所錄耶?【李氏嘗據心者天理在人之全體, 而削去庚戌, 單稱己未, 以明其爲最末年定論之標, 未審有的證否? 不然則亦見其用數之一端也。】 節錄在癸丑以後, 而曰"心者氣之精爽", 曰"能覺者氣之靈", 則是亦安知其必在甲寅前一年, 而決非甲寅以後至己未庚申所錄耶?【「朱子心說」】

陰陽之始, 其體一而已。【一謂全而醇。】 其流行之用, 有美有惡。美謂全醇, 而惡乃雜與缺也, 然一在其中, 雖其用亦先善而後惡。【流行之有醇全, 其本然之用也。】 其生物也隨所值, 而正通、偏塞分焉, 而人物之禀, 又各有多寡之殊, 而一者實貫乎此, 是以靜而不動, 醇且全。然物其體隔而不見, 而心之用不達, 故不能化其末而齊于本。惟人有偏駁正且通, 敬以反之, 醇而全, 是何由? 天地之用之始善也。周子以"精"通言於物, "秀"專言於人, 嗚呼, 斯其盡矣!【「陰陽說」】

誠意之屬動，夫人皆知之。但意之所好惡，誠之所施用，不專在於動上，而亦可通於靜境。蓋酬酢之旣息，念慮之未起，其神之淸明底，是善而所當好；其氣之昏昧底，是惡而所當惡也。吾心旣知其所當好、所當惡，而自修之功能無不實，則此不可謂誠其意之所好惡也耶？夫當好當惡，明命之所存，功無不實，顧諟之所成也。【明命、顧諟，原自通貫動靜者。】如曰此屬正心事，不可謂之誠意，則亦有可言者。如親愛、賤惡之僻是所當惡，其中底是所當好，而其功夫無有不實，則雖是修身事，而誠意之功實一串貫來也。又如仁讓、絜矩之當好而好之，貪戾、施奪之當惡而惡之，亦無不管轄於誠意矣，奚獨至於正心而疑之？【「誠意之誠通貫動靜說」】

或問："孔門諸子之愚、魯、喭、辟、過與不及，不可謂之元初稟受之性耶？"曰："何不可之有？但所謂性者是性偏難克之性，則非理也，乃氣也。【栗谷曰："氣之偏，則理亦偏，而所偏，非理也，氣也。"】且所謂愚、魯、喭、辟、過與不及，是皆發見後可見之疵，非可言之於胚胎之始者也。但此疾因所得之氣有偏而生出者，故以爲當初稟受氣質之性亦無不可矣。然若執此以爲愚、魯、喭、辟之氣稟受，得愚、魯、喭、辟之理，過與不及之氣稟受，得過與不及之理，則豈特執言迷指之失而已哉？其弊將至於謂紂得暴理，蹠得盜理，操、裕得弑君簒國之理，梟獍得殺母食父之理，而曰發用與稟受非兩截也，是其爲禍，豈下於充塞仁義、壞破綱常者耶？吾甚懼焉。"曰："性緩性急，止訓所稟受，其指意何如？"曰："理無緩急，則所謂性者，正指氣質言，而所謂稟受，非謂氣之受理，但言稟受之氣也。如有認做氣之所受，有此各種道理者，大謬也。"曰："'五行各性'註說，吾子以爲如何？"曰："「圖說」五行及太極陰陽，皆是說造化生成之具，非所以論人物之性者，以下文'眞精生物，惟人得秀'，層層說下，步步看去，其指意似不難見也。有據此段註說，以爲人物之性各氣異理之證者，看得文字，如何恁地粗甚！且此五行云者，是朱子所謂'氣之始固無不善'者，故其所受仁義禮智信之理無所掩蔽也。若夫陰陽五行所生之人物，則其氣質之不齊，非惟善一邊而已。凡天地之間，飛揚騰倒之氣，粗暴惡毒，兇奸淫慝，不可名狀者，無所不有矣。若曰'卽此諸氣而所賦之理、所受之性，無不隨氣而一一類其所乘'云爾，則此與五行之五德，可以比擬而强同者哉！"曰："'與生俱生'，吾子竟以爲如何？"曰："朱子曰：'君臣之義與生俱生。'然則父子之仁、兄弟之禮、夫婦之智、朋友之信，獨非與生俱生者耶？蔡九峯曰：'人之稟命而得仁義禮智信之理，與心俱生，所謂性也。’ 農巖亦言: ‘道之本體，與生俱生，亙古亙今，磨滅不得。’ 苟庵「容說」亦曰: ‘性字，從心從生，言生理之與生俱生者也。’ 吾故曰: ‘天命之性、性善之性，一切是與生俱生者也。’” 曰: “‘性卽氣，性卽理’兩語，吾子如何區處?” 曰: “‘性卽理’，直指之辭也; ‘性卽氣，不離之謂也。此以‘道卽器，道卽理’，比例推究，則其所指之意亦不難見也。” 曰: “明道‘生之謂性’，當如何看?” 曰: “生是氣，性是理，理是生之理，二者不相離，不相混也。此四字，與告子語，辭同而意異。苟菴「容說」已言之，農巖「雜識」亦言之矣。『朱子大全』「論性說」尤更分曉，但東方諸賢多主氣質性，恐皆因下文‘纔說性時，便已不是性’兩句而輾轉看得如此，此亦無足怪也。但以‘纔說太極，【已在陰陽裏。】便已不是太極’、‘纔說道時，【已在器上。】便已不是道’、‘纔說天命時，【已在氣化上。】便已不是天命’之意類推之，所謂‘不是’，是‘不獨是、不全是’之謂，非‘非也’之辭也。大抵非生無所貯性，非生亦無以鑿性。吾故曰: ‘學問之道無它，愼生而已矣。’ 何以言之? 蓋人之疵病多因這‘生’字起，故欲學聖人者，必愼之也。” 曰: “果如斯而已乎?” 曰: “子何不愼思而愼言之也? 且道精一、克復、戒懼、愼獨，非愼生乎? 九容九思、三省三貴、求放心、尊德性，何者非愼生乎? 自一瞬息、一顰笑之間，不敢不謹，都是愼生，‘愼生’二字，非作聖之胎乎? 知此，則知聖賢之憂勤惕厲，亦是愼生之道; 參贊化育，亦只是愼生之功也。”【「愼生說」】

“正心之始，【心上加“正”字，則心非能皆正者，如此者可以謂之形而上之道乎? 可以謂之天下之大本乎? 且正心以何物正之? 若舍性善之理，決無可正之道矣。】當以己心爲嚴師，【心不本於性，則形役耳禽獸耳，可以爲師乎? 師且不可爲，況嚴師乎?】凡所動作則知所懼。【懼是何物? 非心自懼乎? 知且懼者可以謂之形而上之道乎? 且懼是何故? 懼其戾於性善之理，若空空懼，竟何益哉?】如此一二年，守得牢固，【守是守箇甚麼，非守得心乎? 曰守則有失者矣，曰牢固則有不牢固者矣。如此者可以謂之形而上之道乎?】則自然心正矣。”【心有不正之時，故必待人用功夫而後正矣，若所謂太極性命者元來至正，不待人正之而後正矣。奉請世之爲心卽理、心卽道、心性一物、心不師性之說者，勿復開口泚筆以自誤而誤人，誤人之害，至於天下亂而不可救矣。區區不能無望於諸公之憬然悟而翻然改也。○「讀張子己心嚴師章」】

“釋氏棄了道心，却取人心之危者而作用之。”【『語類』百二十六卷十九板人傑錄。】 “佛氏磨擦得這心極精細，如一塊物事，剝了一重皮，又剝一重皮，至剝到極盡無可剝處，所以磨弄得這心精光，他便認做性，殊不知此正聖人之所謂心者。"【同上卷十七板佪錄。】○ 愚按: 所謂"彼取人心而作用之"，是就"釋氏說話底是誰? 視聽底是誰? 此便是性"及"非理而視也是此性，以理而視也是此性"等處，以爲他只認得那人心，無所謂道心，無所謂仁義禮智，所爭處只在此。【此見下板佪錄。】据此則取人心作用者，決非指食色之欲而云也。不然，佪錄何以云"彼所認做性者，正聖人所謂心"耶? 佪錄一條曰: "佛家雖是無道理，然他却一生快活，便是他就這形而下者之中，理會得似那形而上者。今學者須是先曉得這一層，却去理會那上面一層方好。而今和這下面一層也不曾見得，所以和那上面一層也理會不得。"【詳見「中庸」門六十二卷二十四板。】又佪錄一條曰: "佛氏云: '若人識得心，大地無寸土。' 看他是甚麼樣見識! 今區區小儒，怎生出得他手? 宜其爲他揮下也。"【詳見「釋氏」門百二十六卷十四板。】又無名錄一條曰: "佛氏云: '千種言，萬般解，只要敎君長不昧。' 此說極好。他只守得這些子光明，全不識道理，所以用處七顚八倒。"【同上卷十三板。】『大全』「答張敬夫」書亦云: "釋氏擎拳竪拂運水般柴之說，豈不見此心，豈不識此心云云。" 「答李伯諫」書云: "釋氏之云'正覺能仁'者，其論則高矣美矣。然其本果安在乎?" 又云: "程子所謂'能直內'者，亦謂其有心地一段工夫云云。"【『語類』「莊列」門賀孫錄云: "佛家於心地上煞下工夫。"】然則所謂"佛家理會得似那形而上"者，所謂"他是甚麼樣見識"者，所謂"敎君長不昧之說極好"者，所謂"豈不識此心"者，所謂"高則高矣"者，所謂"心地工夫"者，恐決然不指飲食男女、衣服宮室之欲而言也。竊見近日嶺外一派所謂心是理者。正聖人所謂心而亦可謂理會得似那形而上者。亦可謂豈不識此心者。但不合以此爲形而上者。而驅釋氏於下等也。『語類』佪錄有譏禪者曰: "但以虛靈不昧者爲性，而無具衆理以下之事。" 是亦認心爲理之見也。近日諸人，無不以虛靈爲理，安在其高於禪家一等乎?【心凝似上】

陸子靜之學，千般病、萬般病，只在不知有氣禀之雜，把許多麤惡底氣都把做心之妙理，合當恁地自然做將去。【『語類』百二十四卷十二板賀孫錄。】或謂: "子靜說恰如時文。他說'天理之性人爲貴'，人爲萬物之靈。人所以貴與靈者，只是這心。" 先生曰: "信如斯言，雖聖賢復生與人說，也只得恁地。自是諸公以時文之心觀之，故見得他個是時文。使若時文中說得恁地，只是聖賢之言也。公須自反，豈可放過!"【同上。卷三板道夫錄。】○ 愚按: 陸氏所信之心，只是虛靈不昧底，恐非麤惡之氣，特不以性命爲此心上面至尊之主宰耳。然則朱子何以有齷惡心理之譏也？此宜子細究覈。若使陸氏所見元來如此而已，當時門人如某某輩皆是賢者，豈肯屈首北面師事之？雖朱、張、呂諸先生，亦豈肯與之往復？而朱子答人書何以云“南渡以來八字著脚，理會著實功夫者，惟某與陸子靜二人”而已。某實敬其爲人，老兄未可以輕議也。此書不見於『大全』而只載『象山年譜』，然『語類』文蔚錄亦云：“江西未有人似他八字著脚！”愚竊意賀孫錄，恐只從他既認心爲理，則其弊必至於此云爾，非直指他所認之心爲齷惡之氣也。如不信吾言，請復以朱子手筆質之，『大全』答陸氏書云：“人之識太極者少，往往只於禪學中認得箇昭昭靈靈能作用底，便謂此是太極。”此微指子靜認虛靈不昧之心爲太極之理也。「答諸葛誠之」書云：“子靜平日所以自任，正欲身率學者一於天理，而不以一毫人欲雜於其間，恐決不至如賢者之所疑也。”「答趙子欽」書云：“陸學於心地工夫不爲無所見。”「答張敬夫」書云：“子壽兄弟其操持謹質，表裏不二，實有以過人者。”「答劉子澄」書云：“子靜目下收斂得學者身心，不爲無力。”以此諸說觀之，若使陸氏所認之心，果是齷惡底氣，則朱子決不指爲“昭昭靈靈”、“心地工夫”、“表裏不二實有過人”、“收斂得學者身心不爲無力”矣。愚故每疑賀孫錄，恐似以其認昭昭靈靈者以爲理，而不復以性爲心之本源，則其究也必至於不察氣質物欲之害故云爾。此意『大全』、『語類』累言之矣。朱子嘗譏陸氏，“只要自心見得底，方謂之內，便一向執着，將聖賢言語亦不信，是其病痛只在此”。【『語類』㽦錄。】愚謂既曰“其病痛只在此”，則所謂“千般病、萬般病”云云者，蓋極言之爾，讀者宜斟量看也。吾之此辨，非爲陸氏分疏，特以近日心宗自謂“吾之謂心卽理，何嘗是齷惡之氣？我是正學而陸乃異端”，故今略與指點，使讀者自知之爾。【陸氏說若干條，附記于左，以備參考。】○『象山集』「與陳宰」書云：“同志盍簪細繹簡編，商略終古，粗有可樂！雖品質不齊，昏明異趣，未能純一，而開發之驗，變化之證，亦不謂無其涯也。”「與李宰」書云：“心於五官，最尊大。四端者，卽此心也。人皆有此心，心皆具此理，心卽理也。所貴乎學者，爲其欲窮此理、盡此心也。”「與陳正己」書云：“足下性本孝弟，惟病此過云云。能頓棄勇改，無復回翔戀戀於故意舊習，則本心之善，始乃著明。營營馳騖之私，憂思抑欝之意，當氷消霧晴矣。”「與包敏道」書云：“爲學無佗巧妙，但要理明義精，動皆聽於義理，不任己私耳。來書所述未能臻此，平時氣質復浮溢於紙墨間矣。”『語錄』云：“七重鐵城, 私心也。私心所隔, 雖思非正。"又云: "人之所以病道者, 一資稟, 二漸習。"
又云: "積思勉之功, 舊習自除。"又云: "學能變化氣質。"又云: "資稟不好底, 與道
相遠, 却去鍛鍊。"又云: "人氣濁淸稟不同, 只自完養, 不逐物卽隨淸明, 纔一逐物
便昏眩了。人心有病, 須是剝落。剝落一番卽一番淸明, 後隨起來又剝落, 又淸明,
須是剝落得淨盡方是。"【「心疑似中」】

李氏「心卽理說」中, 引陽明之言曰"良知一也, 以其妙用而謂之神, 以其流行而謂
之氣, 以其凝聚而謂之精。眞陰之精卽眞陽之氣之母, 眞陽之氣卽眞陰之精之父,
陰根陽陽根陰"云云者, 而斥之曰: "吾心之天理卽太極之全體, 而今以眞陰眞陽流
行凝聚者當之, 則遺了太極而反以陰陽爲本體矣"云云。○愚嘗見王氏諸說, 無
不以虛靈明覺、圓融洞澈之類當心與良知矣。今李氏所引一條中, 除"妙用謂之
神"一句外, 皆非王氏之所以言心與良知者也。李氏乃勒定爲指陰陽精氣爲理之
罪案。吾恐王氏復起, 將嘻嘻而笑曰: "君之一生指心神靈覺爲理者, 卽吾之所謂
本心良知而無二體也。試取吾說而細究之, 久之, 不覺以我爲君之眞正淵源, 而不
復敢爲以夫子害夫子之論矣。"今略記王氏說於下方, 以與心宗諸公, 看詳而定取
舍也。○『陽明集』「答顧東橋」書云: "心之虛靈明覺, 卽良知也。"「答舒國用」書云:
"心之本體, 卽天理也。天理之昭明靈覺, 所謂良知也。"「答黃宗賢」書云: "良知一
提醒時, 卽如白日一出, 而魍魎自消矣。"「答南元善」書云: "惟有道之士, 眞有以
見其良知之昭明靈覺、圓融洞澈, 廓然與太虛同體。"『傳習錄』云: "心之主宰, 常
昭昭在此, 何出之有?"又云: "天理卽是明德, 窮理卽是明明德。"又云: "這心體卽
道, 心體明卽道明。"又云: "心卽道, 道卽天, 知心則知道知天。"又問心之本體,
曰: "知是理之靈處。這箇靈能不爲私欲遮隔, 充拓得盡, 便完。完是他本體。又
云: "人心本體, 原是明瑩無滯的。"【愚觀王氏說如此者甚多, 何嘗指麤糙底氣以爲心, 以爲良
知乎? 近日嶺外一派所認以爲心者, 其說雖甚震耀, 究不出王氏圈套中矣。○「心疑似下」】

有自認心爲理而反斥佛禪、陸、王之謂心卽性、心卽理、心卽道者, 此正疑似難
辨之義, 故愚爲著「心疑似」上、中、下三篇, 以明核之。蓋此而不明, 則其貽害
於道學大矣。請同志諸子, 喚醒心神, 以細究諸家說心之所以同異, 反而自體
于日用云爲之間也。不爾, 只是口說, 何補於身心之有乎?

“心者, 天理在人之全體”, 此『語類』陳安卿所錄「盡心說」初本也。心學家動輒援據, 然『大全』「盡心說」, 削去此句, 而改之曰“心具此理者也”, 彼之降旛可以竪矣。東州一老士乃曰: “只被諸公看得‘具’字錯了。”遂不肯以心爲理也。心具五性, 如言手具五指,【金監役如此說。】嶠南一巨擘又曰: “朱子論性與太極, 皆曰含具萬理, 乃以一包衆之辭, 何嘗理外別有個心乎?”【李都事“答鄭厚允”書如此。○柳稺程亦嘗引『朱書』“性中含具萬理”語, 以證理之具理。】此可謂生薑樹上生矣。『中庸章句』云: “人身具此生理。”『語類』鄭子上錄云: “有此氣爲人, 則理具於身, 方謂之性。”董叔重錄云: “人有此形氣, 則此理始具於形氣之中, 而謂之性。”此亦以具理之故, 直指人身形氣, 皆謂之理否?『中庸章句』云: “道者當然之理, 皆性之德而具於心。”夫具於心, 具於身, 具於形氣, 同一文句, 而心獨爲理, 而彼皆爲氣, 抑何理也? 雖以心學家氣勢, 也難開口放言。只此一處, 若覺得理窮而辭屈, 則自餘連營七百里, 皆可以撤歸矣。僕于心學家文字, 頗有辨難之說, 比再思之, 彼有一言, 此之所辨已數十, 彼出一篇, 此之所詰又不啻倍蓰矣。與其多言而理不加明, 不若用一枝勁兵, 入都擒王之法, 故遂閣筆掩卷, 而但請心學諸公。且置許多說話, 只就「盡心說」前本、改本上立得辨語, 使人人道是理, 苟到極, 如何不服?【「盡心說前後本」】

　　性與太極, 含具萬理, 如言某國有某山某水。心身形氣之具理, 如言某國有君臣士民。二者所指, 實不同也。李氏理外無心之說, 以其淹博, 何不觀於“道外無身, 身外無道”、“人外無道, 道外無人”之訓乎?【“道外無身, 身外無道”, 見“陽貨”章注; “人外無道, 道外無人”, 見“弘道”章注。蓋人身卽道之所寓, 道卽人身所以爲人身之理。二者不相離, 故云“此外無彼”, 非謂“彼此一物”也。】

或問於余曰: “吾子論學, 必以心本性爲宗旨, 此似矣。然朱子於‘道爲太極, 心爲太極’兩語, 一視而無別, 此爲千古疑案。未知心性二者, 孰爲本? 孰爲本之者?”余應之曰: “「中庸序」曰‘心之知覺原於性命之正’, 此可以見孰爲本、孰爲本之者矣。更考『語類』「邵子書」門, 或舉康節兩語而問曰: “道, 指天地萬物自然【『大全』答陸氏書“自然”作“本然”。】之理而言; 心, 指人得是理【理是太極, 得太極者, 非太極也。】以爲一身之主而言。”先生曰: “固是。”“固是”二字, 已可見得彼此賓主之辨。先生繼之又曰: “太極只是一而無對者。”學者于此更要索性理會。或曰: “索性理會, 則將如何?”余曰: “此以孔子語證之, 可見。如言‘吾七十而從心所欲不踰矩’, 矩是吾人身上本然之理, 一定而不可易者也。【『語類』寓錄云: "太極只當說理, 自是移易不得。"】至於心, 則其所欲有踰矩、不踰矩之分。【『大全』「答南軒書」云: "心之不正, 未必皆氣使之也。"】又言'某也其心三月不違仁', 仁是吾人身上本然之理, 一定而不可易者也。至於心, 則其用有違仁、不違仁之別。然則'矩也'、'仁也'當爲一而無對者。觀於此而有省。則心之當本於性, 宜不待辭費而曉徹矣。" 或曰: "衆人之心, 不復可以言太極乎?" 余曰: "是雖不免於踰矩、違仁之失, 然其中含具得矩與仁, 故有混淪而名之曰'心爲太極'。此安得與直指道以爲太極者同一位分乎?" 或者唯而去。余記其答問, 以自警其心。【「啓蒙篇首兩語」】

康節『觀物內篇』曰: "天由道而生, 地由道而成, 人物由道而行。天、地、人、物則異也, 其由道則一也。夫道也者, 道也。道無形, 行之則見于事矣。" 今以此一段觀之, 道當爲太極, 而其行道者當是心也。不如此看, 則天地由心而生成, 人物由心而行, 此爲何等義理, 得無近於釋氏之見歟! 請心理諸家, 宜憬然悟而翻然改也。

康節「無名公傳」略曰: "思慮未起, 鬼神莫知。不由乎我, 便由乎誰? 能造萬物者, 天地也。能造天地者, 太極也。" 今以思慮言, 則是心而非性也。故下面但言"能造天地萬物", 而不言"所以能造天地萬物", 亦指此心而言也。○『語類』累言"康節近似老、莊、釋氏", 恐微指此類而言。學道之士宜審諸。

邵子文【名伯溫。】『語錄』曰: "太極者, 有物之先, 本已混成; 有物之後, 未嘗虧損。萬物無所不稟, 則謂之曰命; 萬物無所不本, 則謂之曰性, 萬物無所不主, 則謂之曰天; 萬物無所不生, 則謂之曰心, 其實一也。" 此以天、命、心、性皆謂之太極, 則與『觀物篇』兩語, 同一意也。又曰: "道生一, 一爲太極。一者, 何也? 天地之心也, 造化之原也。" 此亦以心爲太極, 然太極而曰生於道, 則道當爲此心之本也。若曰心是一而無對底太極, 則安有一而無對之上復有生此一而無對者乎? 粗識文理者, 亦可知也。竊意子文有所受於家庭者, 讀者其致思焉。

薛文淸『讀書錄』論「太極圖」曰: "康節曰: '一動一靜之間, 乃天下之至妙者歟!'蓋指貞元間太極也。周子曰: '太極, 動極而靜, 靜極復動。' 亦卽貞元間太極也。"愚嘗考子文『語錄』, 亦言: "一動一靜之間者, 天地人之妙用也。『易』曰: '復, 其見天地之心乎!' 天地之心, 蓋于動靜之間有以見之。聖人之心, 卽天地之心也。"【止此。】曰妙用、曰心，則恐非直指道體而言。文清所謂"貞元間太極"，却似與周子之太極，混而一之，未知果爲得周、邵之本指否？更商之。

心固是一身之主，然其所以主乎一身者，以其靜而涵渾然之天，動而循粲然之天，而有是妙用耳。近世之言心者，異於是。蓋其靜也，只有一團靈明之象；其動也，只據一直發出之情。但於其間認得瞥然精神底，便謂"心學之極，不過如是"，把持作弄，做聖門宗旨看，不知此只是心之自用耳。所以爲其學者於其見到處，亦不無自樹立處，然其行處，已有輕肆狂妄，不顧義理之弊矣。此眞可戒而不可法也。【「怀言」，下同。】

孔子曰："君子畏天命。"『集註』，"天命，天所賦之正理也"。子思子曰："君子尊德性。"『章句』，"德性，人所受於天之正理"。此諸"天"字，與"天命之謂性""天"字同，而若曰理所賦之正理，人所受於理之正理，則成何說話？故余嘗疑此處"天"字，只主"帝"字爲得爾。【"人所受"、"人之所得"、"在人爲性"，此諸"人"字亦主"心"字看爲正。下不可做形體說，上不可主"理"字看。】

無爲而爲主之謂性，有爲而爲役之謂氣，本性而宰氣之謂心。心也者，靈於氣而粗於性矣。是故君子資其妙用，而慮其守之之難也。人皆有是心，其昧者不及守，過者又謂之可恃，而惟其心之所欲爲，此氣之所以愈盛而理之所以愈晦也。故惟慮其守之難者，爲能資其不測之用也。其守之宜如何？曰其敬乎？敬也者，心之所以爲主宰者也。

心，本善者也。上而與純善之性，下而與不齊之氣質，皆不可同科矣。湖賢謂心、氣質無辨，則晦翁"心比氣，又靈"之論錯矣，心宗謂心理一物，則"心比性，微有迹"之旨舛矣，如曰"心是氣之至靈、理之妙用，必此心自操自省，欽承性命，以澄治氣質"云爾，則庶幾得之矣。以是立見而無或改易，以是用功而無或休歇。【『海上散筆』，下同。】

愚曾語友人云："聖人本天，釋氏本心。我輩用心當以理爲極，不當靠心做本。"彼據朱子"自古聖賢皆以心地爲本"者，以截斷吾語。愚笑曰："公可謂知其一，而不知其二者也。朱子又豈不曰‘只理會自家身己是本’乎?【『語類』百三十卷廿八板賀孫錄。】必如公意, 軀殼亦將爲學問之本歟? 朱子繼之又曰‘自家一身擔負得許多道理’, 則雖曰心地爲本, 雖曰身己是本, 而其實則皆以身心所載道理爲主也。學者何苦舍却性命之理, 只憑得靈覺之心, 以爲大本也? 此緣不肯向己分上眞切體驗而然也。難以口舌爭, 只可任他錯行。"

某門"心卽理"、"理有爲"之說, 使道理元來如此, 則豈惟一二人之幸? 實天下萬世之幸也。何以言之? 心旣是純善之道體, 則不須原於性命, 又有御氣之才能, 則不待化其渣滓矣, 眞個是上知大聖之流矣。豈非禪家"心卽是佛"、陸門"心未嘗非聖"【象山高弟楊敬仲語。】、陽明"人心皆仲尼"、王門"滿街都是聖人【王汝止 有此語, 則陽明曰: "爾看滿街人是聖人, 滿街人看爾是聖人。" 董蘿石有此語, 則陽明又曰: "此是常事耳, 何足爲異?"】"心如聖人在君師之位【『華西文集』有此句。】"之類乎? 陸氏常言: "心是本來無虧欠好底物事, 上面更著一字不得。" 劉念臺又言: "極天下之至尊, 而一物莫之敢攖者, 其惟心乎?"【劉是陽明流派。】釋氏亦自言: "天上天下惟我獨尊。"【我是心自我也。】信如此言, 聖賢敎學, 動不動, 只一心字足矣, 何必性命之更問乎? 如堯、舜性之, 惟聖性者, 至誠盡性, 君子尊性之云, 則豈非畫蛇而添足者耶? 又如制心操心, 檢心治心, 責志之云, 則更似杞人之憂天者矣, 豈不好笑? 更有萬萬可疑而不可解者。朱子釋『論語』云: "孔子非心實自聖而姑爲是退託也。" 若如諸家之言, 則其心之自聖了無所嫌矣, 而獨孔子何乃爾也? 可異可疑。

若如心派家言, 則心與性同是理, 而心則聖而性爲民, 心則全而性爲偏, 心則大且一而性爲小且二矣。然則堯、舜何不"心之"而止於"性之"? 聖人盡爲心者而止於性者? 大本何不歸之心而歸之性? 至誠何不盡其心而盡其性? 聖人何不從釋氏之本心, 而却去本天? 吾學何不信其心之自復, 而乃欲復性? 不知心派諸人, 曾思慮到此否?

性純粹至善, 而無所謂惡者, 故聖賢尊之、養之、盡之而已。心則有動有覺, 而時有未合於性處, 故聖賢敎人制之、操之、撿束之、如是而後, 可以不畔乎道矣。奉勸學子, 愼無認心爲性而昧於道、器之分也。夫認心爲性且不可, 況可以尊心於性之上，而貶性爲不足於主宰，而陷於邪僻之罪者乎？我晦翁先生旣言"小著心以順理"，又言"低下着心以順理"。蓋理是天，順是事，心而不肯事天，得無爲桀、蹠之流乎？

朱子言: "心之不正，未必皆氣使之也。"【「答南軒書」】每讀之，不免有些疑情矣。近始自省，氣質未及壞亂之前，此心時或自惹得不正之念，而爲之首倡，則於是氣質與之煽動，而至於不可救之境矣。若是者心自蔽爾，不可皆謂之氣質之心。故朱子之論敬，不曰省夫氣質，而止曰自心自省，始覺得「答南軒書」之爲的確不可易也。若夫性則只純善而已，不可言"性之不善，非皆氣之罪也"，只此便見性心理氣之分也。

"心合理氣"，宜細勘。以"人能弘道"、"理義悅心"、"氣質有蔽之心"等語觀之，則心之非性理、非氣質，再無可疑。近儒直認心爲性理，直指心爲氣質，固皆未妥。至於以"心合理氣"四字爲居間，而兩排之計者，此又騎墻之見也。凡天下之物，何者不可以四字言之乎？朱子嘗言"氣與理合而成性"，又言"理與氣合，故能成形"，【幷見『語類』「周子書」門。】退翁言"身者理氣之合"。彼於此何以區處？大抵心者只可曰性理之妙用，非卽是性理；只可曰氣質之至靈，非卽是氣質。凡思慮、言語、視聽之類，性理也不能，氣質也不能。故曰"心似那形而上者"，只看一"似"字便可見。【『華島漫錄』，下同。】

華西生前，以心與神明爲理。後來其門人柳稺程改立心說，而其言有曰: "竊自意於先師遺旨，或有小小補塞。"又曰: "以寓爲賢者諱之義。"又曰: "是則所謂陰補者也。"又曰: "使其師爲天下衆矢之的，故不自量度，敢爲區區調補之計。"又曰: "先師之言，所以常嫌過高，而或有流弊也。"又曰: "先師心說，重敎亦常謹守而無間然矣。自數年來，竊有疑端。"又曰: "若其梳洗不盡處，後人參互而裁補之可也。"又曰: "考之先儒亦鮮符合，安得無瞿瞿乎？況今所未逮與後人共正之，臨歿遺託丁寧！爲門徒者，奉體遺旨，一番商量，庸何傷乎？"此皆與金監役往復之言，而其跡似與黃宗羲之慮師說有後弊，而別爲說而捄之者，恰恰相符。但不似黃之專事假裝撝覆，初無捍衛之功而反添其師之過也。惜乎！金氏之不與虛心求理，專事排擊, 至於目之以陷師射父之罪也。柳稺程因此, 遂爲洪、柳輩所搆誣, 至被黑水之目, 弑師之斥。噫! 心性之說, 豈可輕發也哉? 此個議論將爲世大諱, 而不復聞於吾林矣。【後見雲柯往復, 金終與柳同歸矣。】

"心統性情, 統猶兼也。"【『語類』升卿錄。】"性情皆出於心, 故心能統之統, 如統兵之統。"【卓錄。】問: "'莫非天也', 兼統善惡而言否?" 曰: "然。二者皆出於天也。"【道夫錄。】據此則統只是兼意, 決非率禦指麾之義也。若如心理家之見, 則統是率禦指麾之義, 而爲所統者, 又當有擁護陪奉之禮, 是豈張、朱二夫子之本意哉? 愚竊謂善惡皆出於天性, 情皆出於心, 故曰天是統善惡, 而言曰心統性情者也。若必以將帥統率軍兵之實跡擬之, 則天何嘗統率夫惡而行其號令, 惡何嘗擁護夫天而從其指麾, 心安有指麾夫理而行其節制, 理安有退聽於心而遵其金鼓也哉? 此處宜先定其大體, 而認取其語意可也。『語類』季通云: "'心統性情', 不若云'心者性情之統名'。"【未知此語果得張子本意否? 嶺士每引之以爲朱子語, 可怪。】今若曰天者善惡之統名, 則其說又何如? 『性理大全』「心性情」門朱子說中有曰"張子言心包性情", 『橫渠全書』無此語。朱子以"包"代"統"而如是云云, 又何也? 凡此皆宜虛心細繹而得之, 不可只憑一時意見, 驅率前言以眩來裔也。

"心猶陰陽", 朱子語也; "心爲太極", 亦朱子語也云云。○愚按: 『啓蒙』作於丙午, 砥錄在其後四年庚戌, 華西之分初晚, 何其倒乎? 若以砥錄爲記誤而棄之, 則愚又以先生親筆證之。蓋"心爲太極", 固朱子親筆也。又曰"性是太極"、【「答陳器之」書】"心粗而性妙", 【「答鄭子上」書】亦朱子親筆也。心比性較粗而微有跡, 性是太極, 太極初無聲臭之可言, 則心爲太極云者, 無乃以涵性、妙性、盡性而得太極之名乎? 然則太極之實, 其惟性乎? 又曰"'心無死生', 幾於釋氏之說"【「知言疑義」、"性卽是理, 更無死生之別"【「答連嵩卿」書】, 亦朱子親筆也。今謂太極有死生, 則華西必(不不)[不][297]許矣, 安在其心爲太極乎? 又曰"上蔡云'釋氏之論性猶儒者之論心, 此語剖析極精", 【「答李伯諫」書】亦朱子親筆也。心果是太極, 則謂釋氏亦嘗論太極可乎? 又曰"心本虛明純一, 所以盡性、體道皆由於此", 【亦「答李伯諫」書】亦朱子親筆也

---

297) (不不)[不]: 저본에는 '不不'로 되어 있으나, 『艮齋集後編』卷18 「書華西集答金穉章書後」에 의거하여 '不'로 수정하였다.

。夫“性是太極, 道爲太極”。【皆朱子親筆也。】今直指“心爲太極”之理, 則謂太極盡太極、體太極可乎? 又曰“易, 變易也; 太極者, 性情之妙也。故曰‘易有太極’也”,【「答吳晦叔」書】亦朱子親筆也。易是心【見吳書下文】而爲形而下者,【「答楊子直」書】性情是理而爲形而上者。今曰太極有太極可乎? 又曰“心之知覺原於性命”,【「中庸序」亦朱子親筆也。今曰太極之知覺原於性命可乎? 凡朱子親筆如此之類不可枚擧, 而又非門人記錄之可疑者然, 而皆與『啓蒙』之文不同。 其將盡舍諸說而獨取『啓蒙』乎? 請華門諸子, 下一對語來。【「書華西集答金穉章書後」】

天以上帝看, 則神明主宰, 而理則在其中也。蓋此“天”字與“天降生民”、“繼天立極”、“所得乎天”【明德註。】之天同。若單作(字理)[理字]298)看, 則謂理降生民、繼理立極、所得乎理, 皆似有礙。【『中庸記疑』, 下同。】

誠以心言, 本也; 道以理言, 用也。有執以做心爲理本之左契, 而諸公未有以明核之者。愚試問彼云: 誠是心之自造耶? 抑原有實心而心體之, 而爲誠歟? 如曰心之自造而不必本於性, 則彼釋氏之本心而爲心造法性者, 的是吾學之宗祖, 而聖人之本天而爲心原於性者, 却爲支離之別傳矣。此於心安乎否? 安則汝爲之, 不安則命之矣。大抵論心之本源, 則必先有所以成之理而心能自成矣; 論心之妙用, 則又必因所當行之理而心能自道矣。今不察本源妙用之分, 而瞥看心本理用之文, 遂執之以爲學問宗旨、性理定論, 則吾恐其用心太麤而察理太疏矣。

此節文義, 余於丁未九月二十五日, 因明日將行禰祀而思之, 必先有祭先之實理而後有祭祀之實心。及乎行禮之時, 實心爲本而禮之節文爲用也。如是辨析, 則文義分曉矣。

統論心之大用, 則性固在其中, 故得太極之名而爲無對之物矣。若以之對性, 則心實屬氣而性却爲太極, 蓋理無二體故也。【「檢本」按說, 下同。】

潘端叔擧“心不違仁”以質於先生也, 有以此合彼之語。先生謂: “如此則心與仁眞

---

298) (字理)[理字]: 저본에는 ‘字理’로 되어 있으나, 『간재집』에 의거하여 ‘理字’로 수정하였다.

成二物了。" 有以此爲心理一物之證者, 此固似矣。先生於二蘇之辨, 旣譏其"道與陰陽各爲一物"之病, 又有"形而上下不可以二物言"之論。若如或者之見, 豈惟心與仁爲一物而已? 理之與氣, 亦只是一物已矣。是豈先生立言之本意哉?

求仁之功, 至於非有所存而自不亡, 然後可以言心與理一也。苟未至此, 雖知得心理相須, 不容偏廢之妙, 亦要得持志養氣, 以防其失理之患, 此所謂利仁則二也。釋氏不知心理二者不能相無之道, 而專以心爲本, 却謂理是心之障而欲去之, 故先生以"心理爲二"爲釋氏之失矣。然其實非謂心便是理、理便是心, 而讀者多錯認語意, 便說"心卽是理、理爲氣主, 安有所謂理而反隨氣者?" 如此者, 其異乎陸氏之恃心自用者幾希, 反引先生心理爲一之訓而强合之, 誤矣。

「신神」(『性理類選』卷6)

1) 서지사항

유영선이 신(神)과 관련된 전우의 학설을 발췌·정리한 글. 유영선이 편찬하여, 1939년에 간행한 것으로 추정되는 『간재선생성리유선(艮齋先生性理類選)』(전 10권) 권6에 실려 있다.

2) 편저자

유영선(柳永善, 1893~1861)으로, 자는 희경(禧卿), 호는 현곡(玄谷)이다.

3) 내용

유영선이 스승인 간재(艮齋) 전우(田愚, 1841~1922)의 여러 글 중에서 성리사상에 긴요한 부분을 발췌하여 편찬한 『간재선생성리유선(艮齋先生性理類選)』의 내용은 태극(太極)·성리(性理)·심(心)·신(神)·덕(德)·허령지각(虛靈知覺)·정(情)·기(氣)·기질혼백(氣質魂魄)·학(學)이다. 이 가운데 「신(神)」은 간재가 쓴 편지글과 논설 중에서 관련 내용을 발췌하여 구성한 것이다. 편지글은 「답김혼천만수(答金混泉萬壽)」, 「답이묵신재진옥(答李默信齋鎭玉)」, 「여윤용산치중(與尹容山致中)」, 「답류치정(答柳穉程)」, 「답류선일(答柳善一)」, 「여심능협(與沈能浹)」, 「답최병심(答崔秉心)」, 「답김항술(答金恒述)」, 「답류경양(答柳敬養)」, 「답남진영(答南軫永)」, 「답이휘재(答李徽在)」, 「여류영선(與柳永善)」, 「답소행재제생(答素行齋諸生)」, 「답김용승(答金容承)」에서 발췌한 것이고, 논설은 「화서아언의의(華西雅言疑義)」, 「유문심신철판정본(儒門心神鐵板定本)」, 「해상산필(海上散筆)」, 「화도만록(華島漫錄)」, 「중용기의(中庸記疑)」, 「주자대전표의(朱子大全標疑)」에서 발췌한 내용이다. 「답김혼천만수」에서는 "신(神)과 리(理)는 틈이 없는 혼융처에서 보면 정조(精粗)의 구분이 없다. 만약 신명지용(神明之用)을 충막지체(沖漠之體)에 비긴다면 진(眞)과 령(靈)이 섞여서는 안 됨이 있게 된다."고 말했다. 그리고 「화서아언의의」에서는 화서가 말한 "성스러우나 알 수 없는 신(神) 또한 리(理)의 본체에서 궁구하면 리 밖에 다시 신이 없다."라는 구절에 대해 자신의 견해를 밝혔다. "성스러우나 알 수 없다."는 것은 성인의 덕이 지극히 신묘하고 무색무취하여 보통 사람들이 헤아릴 수 없기에 신이라고 한 것이지, 이것이 리의 본체이기 때문에 그렇게 말한 것이 아니라고 주장했다. "리 밖에 다시 신이 없다."는 말에 대해서도 "그 본래면목을 논하지 않고 단지 '리 밖에 다시 없다.' 라고만 말한다면 신만 그러한 것이 아니라 혼백·기질·혈육·형해(形骸) 등 또한 리 밖의 물건 이란 말인가?"라며 의문을 제기했다.

神、理就渾融無間處看, 誠無精、粗之可分。若以神明之用, 比之冲漠之體, 又自有
眞、靈之不可混者矣。【「答金混泉萬壽」】

頃蒙詢及『論語或問』"五行之神"一段, 誠似可疑。蓋神是氣之至精至妙底, 直與
理無間, 故辨其本色界至, 則固當屬之氣, 論其渾融體用, 則謂之理, 亦無所礙。故
非惟『或問』此段爲然, 『語類』植錄亦言: "氣之精英者爲神。金木水火土非神, 所以
爲金木水火土者是神。在人則爲理, 所以爲仁義禮智信者是也。"【見一卷"陰陽五行"
門。】此不過數行三五十字, 而纔謂之氣, 忽然復謂之理。苟非將精明眼目, 敏妙心
思, 看得文字義理活動神化者, 定未易覰得破道得出。【「答李默信齋鎭玉」】

未感前鬼神, 以爲有則實無所指, 以爲無則未嘗不存。無而有有, 有而無有, 知其
無有, 又知其有, 庶乎盡其情矣。丈於此無所疑怪, 卽廖、李二書之不同, 與所謂未
感已發, 謂萬謂一, 諸未契之言, 庶不待辭費而無不合矣。【「與尹容山致中」】

"神是理之發用, 而乘氣以出入者。" 此恐未必爲神屬理之證。蓋神固非理而直與
此理妙合無間, 故亦渾淪而稱之, 曰"是理之發用"也。神固是氣, 而又與形氣煞有
分際, 故亦析開而言之, 曰"(足)[是]²⁹⁹乘氣而出入者"也。【『語類』「程書門」賀孫錄: "神卽
是心之至妙處, 滾在氣裏說, 又只是氣, 然神又是氣之精妙處, 到氣又是麤了。"】竊謂朱子之意如
此而已矣。來喩却謂: "神之本色不可舍氣而他求, 非惟高明云然, 某亦嘗爲此言。
但卽此本色上面, 其流行發見者, 乃此理之用, 故聖賢多指其發見者喚做神, 則於
其指理說處, 不可不以理看云爾, 非謂神之本訓, 元來只是理也。"【來書止此。】此論
極爲精密, 無容議到。但據愚見, 非惟"神"字可如此說, 雖鬼神亦可如此說, 故朱
子嘗言: "二氣之良能, 是屈伸往來之理。" 此等處極要活化看, 若執迷則爲害不細
矣。以此求之, 則凡聖賢以理言神與帝與心者, 皆可以得其意矣。來敎謂: "帝與
神只是一物, 而高明一屬之理, 一屬之氣何也?" 此亦有說。蓋愚之以神屬氣, 旣
非認作渣滓之氣, 以帝爲理亦非如言無極之眞, 則所謂(此)[比]³⁰⁰理微有迹, 比氣

---

299) (足)[是]: 저본에는 '足'으로 되어 있으나, 『간재집』「答柳稺程」에 의거하여 '是'로 수정하였다.

又靈者, 可以當此名也。然則帝與神, 何嘗非一物乎? 特所從言之地頭不同耳。【凡字義須於本訓與推說處, 統論與偏言處正當明辨, 不可少有游移拖帶之意也。吾二人議論不同, 其根本都只在此。○「答柳穉程」】

上帝與明德與神, 泛然說做形而下之氣, 則誠少曲折。若以之對天道人性與理, 則微有喜怒知覺靈明應用之迹, 所以難可直指爲理。此皆有子細稱量, 不可粗淺論斷去處。【「答柳善一」】

鬼神之德, 聖人之德, 雖非直言性, 亦可以理言, 何也? 以其有知識運用, 故不得謂之性; 以其無客氣人慾, 故亦可以理言。又如心本性, 統言之, 固亦是理, 若論賓主, 只可謂之德而不可謂之性。如此等處要須細審語脈, 而認取措意, 方無差誤而得有受用矣。不然, 却成糊塗說出, 只好隔壁聽也。【「與沈能浹」】

神是氣之至精至妙, 直與理無間者, 故旣曰"氣之精英者爲神", 又曰"在人爲理也"。然比理畢竟較粗,【性妙心粗, 見『大全』「答鄭子上書」。】而微有跡,【亦見『語類』。】故先生「答杜仁仲書」曰: "謂神卽是理, 恐未然。" 仁仲不會此意, 欲將'神'字專作氣看, 則先生又曉之, 曰: "如此則又誤耳。" 以此意看植錄, 則庶可通矣。若如嶺氏之硬將氣之精英、氣之精爽兩句, 皆作指理之辭, 則竊恐未免於呂氏所譏陽明指鹿爲馬之說矣。○五行, 非神則無以生; 五常, 非神則無以成, 故曰"所以爲五行五常者是神也"。若不如此看, 必欲以"所以爲"三字之故, 直將神作理看, 則五行是氣猶可說也, 五常是理, 理上又有理, 豈不爲頭上有頭之物乎?【「答崔秉心」】

謂耳目有神有心, 則聲入心通, 此謂耳心之通, 抑謂中心之通。人與物接之時, 其神在目是指目之神, 抑指中心之神。非禮勿視勿聽是耳目之心爲之, 抑中心爲之, 心不在焉。視而不見, 聽而不聞, 耳目自有心, 則何以有此病? 夫泚也非爲人泚, 中心達於面目, 面目自有心, 何必曰中心達乎? 愚故曰潛冶耳目有心之說, 于本體與工夫兩無所補, 而蘆翁之取之, 亦未知其何意也?【「答金恒述」】

所疑鬼神費隱, 此以十二章首節小註、朱子第二條所論觀之, 無可疑者。蓋鳶魚、鬼神、聖人諸章, 皆卽氣而明理, 前輩言氣上看理, 此語最精。【「答柳敬養」】

朱子以氣之精英爲神, 此指神明言而精爽獨可作魂魄看耶?【"英"與"爽", 只是一意。】如以『左傳』爲拘而不直作虛靈之心, 則朱子又於氣質亦下"精英"字, 以此爲拘而

---

300) (此)[比]: 저본에는 '此'로 되어 있으나, 존경각본에 의거하여 '比'로 수정하였다.

認精英之神爲氣質耶？【「答南軫永」】

“神明不測”四字，無一點一畫可視爲有疵病者。柳持平認虛靈爲無疵病，神明爲不可恃底旣誤矣，而君輩不信神明而信柳氏又誤也。夫人雖有至善之理，而非神莫能極深硏幾，而通天下之志，成天下之務，範圍天地之化而不過，曲成萬物而不遺，是豈有疵病者所能爲乎？神如何可不恃而忽之哉？【朱子將“聖”、“神”二字合言處多。學者何可信聖而疑神，卒得罪於神明乎？○「答李徽在」】

金明華“神局”之說，所據只有“理氣二物”、“心比理微有迹”、“理通氣局”數語爾，然神是心之至精至妙，更無去處底。【神上又有理，然以氣言之，神爲極。】神雖曰通而非局，然比理却自有眞、靈、能、所之辨，何害其爲二物與有迹耶？余詰之曰：“上帝子將曰局乎？”遽對曰：“不敢。”此則其自相矛盾處。在人、在物之神，卽在天之帝，豈有帝通而神局之理？至於氣局，栗翁只有此語，未嘗言神亦局也。其「答思庵書」引『易』中“神無方”之文，無方卽通，局則有方矣。況又嘗曰“理之一原，氣亦一原”，其意亦可見也。愚平生苦心血誠，只要心性之不可混，神理之不可不辨，而逐爲人擠陷，幾不容於世矣。明華乃曰：“先生於神理二物處，微有一重膜子。”不覺發一笑也。【「與柳永善」，下同。】

老洲以『中庸』“鬼神”爲人之明德。昔年柳持平疑其未穩，愚雖略答之，終未甚灑然。比看『朱書』，程允夫以鬼神爲造化之妙用，又引程子、上蔡“鬼神者天地妙用”語以問之，先生之答，一則曰“此說善”，再則曰“此段是”。按：此與『易傳』“妙用”、“功用”分神與鬼神者異，然合以觀之，言鬼神則神在其中，如勉齋之意。然則老洲說，元無可疑者耶？

諸子疑神明不可恃，似然而竟未然也。『易』曰“神明其德”，朱子曰“神是心之至妙處”，又曰“神明不測，立此人極”。【下句放奔頂心，字說宜辨。】魏鶴山言：“心之神明卽天也。”又告宋帝曰：“陛下謂此心之外，別有所謂天地神明乎？抑天地神明不越乎此心也。”今諸人分天人神明爲二，此大錯也。夫神明以其配理而爲之妙用，故但謂之可恃，則與性理之謂極本窮源之主宰，爲吾儒之所當本者，語勢輕重，煞有斟量。此處宜細心體究，不率然立說也。【「答素行齋諸生」，下同。】

“神明是無病”字眼，【神是恁地精妙，明是恁地光明。】不測只是不可見、不可窮之謂也。靜涵諸人却因『孟子』心註、【「操存章」】『大全』心銘，而將此一句爲不可恃之物，不察甚矣。蓋“保守之難”、“千里之奔”兩句，只是頂上句“心”字來，非謂神明眞有此病耳。夫心雖本善, 而末成自爲不善。至於神明, 在天爲氣數所蔽, 在人爲氣質所掩, 而有時乎不能盡其妙耳。若如諸人之見, 則天之上帝, 人之明德, 亦不免有過錯之累也耶? 是蓋因柳持平晚年神明之說而然也。諸君所見如此, 不知其於『中庸』"鬼神", 又認爲百孔千瘡之物歟?

神比理之冲漠無眹, 畢竟有些精明之象、微妙之用, 不可直叫做形而上之道也。然比諸此心之有精麤偏正, 又却不同, 故曰"神是心之至妙處"。大抵理無方體無通局無贏欠, 神亦無方體無通局無贏欠, 渾然相合, 泯然無間, 不可以得失論, 不可以純疵辨。人之所賴以爲堯、舜贊化育者, 皆神之功也。

心能盡性, 心能弘道, 故『語類』「持守門」士毅錄言: "自古聖賢皆以心地爲本。"此與釋氏本心相似而指意却別。 愚之謂虛靈神明可恃者, 亦以神能配理亦能明德, 靈能妙理亦能全性爾, 非單指靈神爲理而不當復本於性天, 如釋氏之見也。程子曰: "講道不易, 一字差便失本旨。"吾謂學者不能會意, 則成認指爲月之病矣, 故講理義不如講當然也。

"聖可學乎? 神可恃乎?"曰: "可。"曰: "聖、神豈皆形而上之道乎?"曰: "聖固人也, 所本者天也; 神固氣也,【氣之精英者爲神, 朱子語。】所配者理也。故曰可學且恃也。若聖而不本乎天, 狂矣; 神而不配乎理, 魔矣。甚矣, 天理之不可不尊也! 今當用志不外以凝於神, 專力下學而上達於天也。"

心者人之神明, 則心亦可言通。但神至精妙, 心兼精粗, 此則不得無辨也。"神局"二字是高明自創歟? 抑有據耶? 朱子論『通書』「動靜章」云"神卽此理也", 又云"'動而無動, 靜而無靜, 非不動不靜', 此言形而上之理也。"據此則神恐難直指爲局也。年前愚問: "'上帝, 天之神也', 子謂上帝亦局歟?"高明遽曰: "此則不敢。"然則神有通局兩神歟?【『孟子』"聖而不可知之謂神", 未可謂之局也。『中庸』鬼神較粗, 而亦非可以局言者也。○「答金容承」】

聖而不可知之神, 亦極其理之本體而言, 理外更無神。○愚按: "聖而不可知", 謂聖人之德, 至神至妙, 無聲無臭, 有非常人所能窺測, 故謂之神爾, 恐非謂此是理之本體也。蓋善、信、美、大、聖、神六者, 皆言德之高下, 非論理之本末。故朱子論南軒"指善爲理"之說曰: "此六位爲六等人爾。今爲是說, 則所謂善者乃指其理, 而非目其人之言也, 遂以過高而非本意。"貶南軒之解, 非特此爾, 『語類』亦曰: "此六位皆它人指而名之之辭。"『論語或問』論謝氏"指德爲理"之說, 亦曰: "形而上者乃名理之辭, 而非指其地位之稱。"【見「瑚璉章」】此類指意大煞分曉, 而華老之說乃如彼, 未知何故也。"理外更無神", 此句亦似可疑。若不論其本來面目, 但以理外更無者蔽之而已, 則非獨神者爲然, 雖魂魄、氣質、血肉、形骸之屬, 亦何嘗是理外之物乎?【「華西雅言疑義」, 下同。】

以理言, 則聖凡之心一也, 理同故也。以氣言, 則天下之心有萬不同也, 氣異故也。周子所謂"物則不通, 神妙萬物", 栗谷所謂"理通氣局"是也。○愚按: 周子所謂"神妙"之妙, 是有運用不測之能; 栗翁所謂"理通"之理, 是指冲漠無眹之體, 似難以一律論。

『語類』葉賀孫錄是辛亥以後所聞, 而「程書門」有一條云: "直卿問: '十年前, 曾聞先生說, 神亦只是形而下者。' 賀孫問云云。曰: '神卽是心之至妙處, 滾在氣裏說, 又只是氣, 然神又是氣之精妙處, 到得氣, 又是粗了。'" 徐㝢同錄云: "直卿云: '神本不專說氣, 也可就理上說。先生只就形而下者說。' 曰: '某所以就形而下者說, 畢竟就氣處多, 發出光彩便是神。'" 假使此條正在辛亥, 已是先生六十二歲, 而曰十年前, 則從五十歲以後, 直至十年無改, 可謂定見矣。況旣曰辛亥以後, 則安知其非在庚申卜世之年乎? 縱不必然, 畢竟在六七十歲之間, 則豈不可謂之最晚年定論矣乎?【心理家或曰: "先生不指心爲理, 是無甚綱領時說話。" 又或指先生六十五歲說話爲中年未定論, 愚則不敢如此放膽大言也。】竊謂得此條以後, 凡塘、屛後學之指心與氣質無辨, 蘗、寒諸家之認心神與理爲一, 而枉引先生爲據者可以改轍矣。此爲儒門心神鐵板定本, 可以省得多少氣力, 息却多少爭競矣。○【附「鬼神說」】楊道夫錄曰: "直卿云: '向讀『中庸』誠之不可掩處, 竊疑謂鬼神爲陰陽屈伸, 則是形而下者, 若『中庸』之言, 則是形而上者。' 曰: '今且只就形而下者說來, 但只是他皆是實理處發見。'" 楊氏錄是己酉以後所聞, 則固不可只作六十歲說話, 況六十歲亦何可指爲中年乎? 嶺儒引此錄, 但據勉齋語以爲鬼神是理之證, 而先生不許之辭棄而不省, 可謂會讀書眞尊朱者乎?【「儒門心神鐵板定本」】

『語類』: "心者, 氣之精爽。"【五卷, 節錄】"神乃氣之精明者耳。"【百四十卷末, 無名錄】"問心之神明, 曰: '神是恁地精彩, 明是恁地光明。'"【十七卷, 賀孫錄】"氣之精英者爲神。"【一卷, 植錄】"問人心形而上下, 曰: '云云。操舍存亡之心, 自是神明。比性則微有迹, 比氣則自然又靈。'"【五卷, 謙錄】"神只是形而下者, 神是氣之精妙處。"【九十五卷, 賀孫錄】"直卿云: '神也可就理上說, 先生只就形而下者說', 曰: '所以某就形而下說, 畢竟就氣處多發出光彩, 便是神。'”【同上卷, 寓錄】 按: 朱子所論心神如此, 而近世心學諸家直做理字看, 如何後輩被他降下佛氏指神通光明爲性? 學者宜知所擇。【「海上散筆」】

鄭康成註『中庸』“天命之謂性”, 謂: “木神則仁, 金神則義, 火神則禮, 水神則信, 土神則智。” 『論語或問』所載與此差, 互可疑也。 毛奇齡言: “以信屬土, 未知起於何時。” 鄭氏以信屬水, 以智屬土, 早已大殊。 「禮運」 “四靈以爲畜”曰: “北方之靈, 信則至矣。” 『易乾鑿度』云: “冬陽氣闔閉, 信之類”, 是也。故北方水爲信, 中央土者, 可以兼四方之行知之決也, 則所云中央智、北方信者, 在今儒亦未嘗一識, 而『集註』欲合五者以厚誣『孟子』, 不慮爲識者笑乎?【『集註』指『孟子』“仁也者人也”章注“外國本”云云而言。】 竊意以五行之神言性, 大概辨其配屬則可。 若直指神爲性, 則性無兆眹, 神有精彩, 惡可喚做一物乎? 故『語類』個錄曰: “‘神’, 猶云意思也。 如一枝柴, 如何見得是仁? 只是它意思却是仁。 火邪裏見得是禮? 却是它意思是禮。” 試嘗思之, 意思雖非理, 然此處“意思”字, 如言道理也。 如『語類』六卷節錄言“生底意思是仁, 殺底意思是義”。【道夫錄亦言: “仁是溫和底意思, 義是慘烈剛斷底意思。”】 以此觀之, 意思豈非如言道理乎? 然則謂木之道理是仁, 金之道理是義, 有何窒礙? 但北方水信、中央土智之義, 未詳, 俟當詢問。【「華島漫錄」, 下同。】

性對神, 則必不曰我通爾局; 神對性, 則却當云子體我用。

鬼神章是說道之費隱, 卽點點畫畫, 都是道理, 更無它物, 然又要知得子思就氣上說理之意。 若不識此意, 直認鬼神之德爲理, 而不察夫理載氣上之妙, 亦甚疏脫。

今有一譬, 聖王之爲德, 其盛矣乎! 作息耕鑿而不見其爲帝力, 然其含哺鼓腹而樂太平, 於變時雍而日遷善者, 無一非吾君之德所陶鑄而成者, 猶所謂鬼神之視不見、聽不聞而爲物之體者也。 使天下之民中心愛戴, 而融融然薰薰然, 如衣被其身形, 淪浹其骨髓也, 猶所謂“微之顯, 誠之不可掩”者也。 以此推究, 則鬼神之德非直是理, 而其上所戴者乃道也。【「中庸記疑」, 下同。】

鬼神旣是氣, 則德非直是理, 而先賢有指德爲理者, 此與指鳶魚之飛躍爲理, 同一氣上言理也。

『(因)[困]301)勉錄』曰: “『語類』, ‘性情便是二氣之良能, 功效便是天地之功用’, 據此

---

301) (因)[困]: 저본에는 ‘因’으로 되어 있으나, 『艮齋集』에 의거하여 ‘困’으로 수정하였다.

則翼註所謂'爲德, 只是鬼神之爲鬼神', 最確。" 蓋鬼神雖有理主乎其中, 然此處且就氣上說。○『備旨』曰: "爲德卽作爲鬼神看, 不分兩層。" 按: "鬼神之爲德"五字, 總只是氣, 次節正見其盛, 三節驗其盛, 四節證其盛, 末節推其所以盛。【『味根』、『備旨』皆如此說。】然則四節以上皆是言氣, 末節"誠"字方是說理。【二十章『或問』, 以此"誠"字爲理。】然上四節說氣與說飛躍意思同, 皆是載得費隱之理。蓋卽鬼神以明道之費隱, 不重氣邊, 故朱子說亦有指德爲天命實理處。前儒疑此爲未定之論, 然善看則無害, 與直指飛躍爲道一般。

朱子曰: "聖人便是一片赤骨立底天理,【句】光明照耀, 更無蔽障。"【『語類』義剛錄】按: 今移此段, 作鬼神影照亦可。蓋聖人如鬼神, 光明照耀如流動充滿。聖人之光明照耀, 必有至誠之德, 發露無蔽障, 如鬼神之流動充滿, 亦有至誠之德, 昭著不可掩。又按: 以鬼神觀鬼神, 天地之功用, 陰陽之良能, 何莫非鬼神? 以道觀鬼神, 天地之功用, 陰陽之良能, 何莫非道? 然則天地、聖人、鬼神、鳶魚, 都是一串道理。六十二卷十七板, "神是【止】入者"。按: 神是與理無間, 而與氣作對底, 故曰"神是理之發用, 而乘氣而出入者", 非謂神卽是沖漠無眹之理也。故前書旣曰"謂神卽是理, 却恐未然", 雖然, 神又是氣之至妙處, 故此書又曰"却將'神'字, 全作氣看則又誤耳。" 此所謂"心比性微有跡, 比氣自然又靈"者也。【『朱子大全標疑』】

「덕德」(『性理類選』卷6)

1) 서지사항

유영선이 덕(德)과 관련된 전우의 학설을 발췌·정리한 글. 유영선이 편찬하여, 1939년에 간행한 것으로 추정되는 『간재선생성리유선(艮齋先生性理類選)』(전 10권) 권6에 실려 있다.

2) 편저자

유영선(柳永善, 1893~1861)으로, 자는 희경(禧卿), 호는 현곡(玄谷)이다.

3) 내용

유영선이 스승인 간재(艮齋) 전우(田愚, 1841~1922)의 여러 글 중에서 성리사상에 긴요한 부분을 발췌하여 편찬한 『간재선생성리유선(艮齋先生性理類選)』의 내용은 태극(太極)·성리(性理)·심(心)·신(神)·덕(德)·허령지각(虛靈知覺)·정(情)·기(氣)·기질혼백(氣質魂魄)·학(學)이다. 이 가운데 「덕(德)」은 전우가 쓴 편지글과 논설 중에서 관련 내용을 발췌하여 구성한 것이다. 편지글은 「답봉수김장(答鳳岫金丈)」, 「답류치정(答柳穉程)」, 「답송회경(答宋晦卿)」, 「답권윤만덕만(答權潤萬德晩)」, 「답권공립명희(答權公立命熙)」, 「답이덕점병규(答李德漸柄逵)」, 「답송형숙병관(答宋塋叔炳瓘)」, 「답이광술승엽(答李光述承燁)」, 「여김사우(與金思禹)」, 「답오진영(答吳震泳)」, 「여김종호김택술시건손(與金鍾昊金澤述示健孫)」, 「답조완엽(答趙完燁)」, 「답신약우(答申若雨)」, 「답김달(答金達)」, 「답박창현(答朴昌鉉)」, 「답정규형(答鄭圭衡)」, 「답전기진(答田璣鎭)」, 「답류영선(答柳永善)」, 「답인(答人)」에서 발췌한 것이고, 논설은 「명명설시제군(明命說示諸君)」, 「삼덕설시남진영(三德說示南軫永)」, 「달덕최후론(達德最後論)」, 「율곡명덕설(栗谷明德說)」, 「분언(忿言)」, 「화도만록(華島漫錄)」, 「대학기의(大學記疑)」, 「중용기의(中庸記疑)」에서 발췌한 내용이다. 「답봉수김장」에서는 류치정이 "인심허령(人心虛靈)"과 "구중리이응만사(具衆理而應萬事)"를 바로 형이상의 리(理)로 보고 있다고 하면서 이를 비판했다. 마음이 리라면 지성(知性)의 성 자는 무엇이고, 지(知)가 리라면 격물(格物)의 물(物)자는 무엇이며, 지각(知覺)이 리라면 구차리(具此理)의 리(理)자는 무엇이냐고 묻고 있다. 이에 대해 전우는 혼륜설(渾淪說)과 분개설(分開說)을 제시하고 있다. "혼륜설에 따르면 심신명덕(心神明德)을 리로 말할 수 있지만, 분개설에 따르면 심신명덕은 사려운용(思慮運用)의 작용을 갖고 있으므로 형이상의 리로 볼 수 없다."고 자신의 견해를 밝혔다. 「삼덕설시남진영」에서는 "건순오상(健順五常)의 덕은 오로지 리(理)를 말하는 것이므로 인간과 미물이 모두 동일하다. 그러나 명덕(明德)은 단지 뛰어난 기운과 신령을 말하는 것이므로 미물은 이것을 가질 수 없고 오직 인간만이 갖고 있다."고 주장했다.

2-1-66 「德」(『性理類選』卷6)

柳稺程據『老洲雜識』一段, 以證明德之爲理者, 可謂徒得其言而不察其指者矣。蓋老洲泛論學問之當主理, 故槪擧仁性道德之屬以爲言耳。其間有知覺無知覺, 有情意無情意之分, 則不暇論也。夫明德分明是虛靈光明之心, 能包得仁性道理, 而做出德行事業者也。若渾淪說, 則謂之形而上之理亦無不可。苟以其渾淪者言之, 如形色之有長短淺深者, 孟子亦謂之天性, 心之有思慮計度者, 邵子亦謂之太極; 滿山草木之有靑黃碧綠者, 朱子亦謂之太極, 則老洲之指明德謂形而上之理, 亦何足異乎? 若不究其立言之微指, 而直把明德以爲理, 則理如何虛靈不昧? 理如何能具理? 又如何能應事? 苟如其見, 則佛家之認靈覺爲性, 指作用爲性, 乃爲洞見道體之言, 而孔子之非道弘人, 朱子之理無情意, 反歸於含糊儱侗之科矣。

柳稺程每以人心虛靈, 以具衆理而應萬事者, 直指爲形而上之理。如此則朱子釋『孟子』"盡心"心字曰: "人之神明, 所以具衆理而應萬事者也。" 又釋『大學』"致知"知字曰: "心之神明, 妙衆理而宰萬物者也。" 又「答潘謙之書」曰: "心之知覺, 所以具此理而行此情者也。" 此皆當以理看耶? 心是理, 則"知性"性字又是何物? 知是理, 則"格物"物字又是何物? 知覺是理, 則"具此理"理字又是何物? 假如其見, 則是形而上之理能具得形而上之理, 形而上之理能妙得形而上之理, 形而上之理能格得形而上之理矣。是形而上之上又有形而上者, 豈不爲頭上有頭之說耶? 愚故曰渾淪說, 則心神明德, 皆可以理言也; 分開說, 則心神明德, 皆是有思慮運用底, 不可復目之以形而上之理也。【「答鳳岩金丈」, 下同。】

尊喩明德一段, 精詳好看。蓋明德是於氣質正通之中, 有至靈不昧之心, 能妙得許多道理, 做得許多事功者, 人獨有之而物不能與也。明德若果是理, 朱子於『或問』, 何以言人之所以異於禽獸者, 正在於此也。大抵後儒異論者, 類多自立己見而不顧前訓, 此一大病也。又於前訓判異之中, 乍見一兩字句依俙近似底, 輒指以爲援, 此又一大病也。又不肯去自身上子細體認得如何是能妙理底, 如何是爲所妙底, 要依其本然定體, 靠實享用, 却去虛空中說得濶大無收殺, 使人聒耳, 此又一大病也。

明德一也, 而『大學』以其得於天者言,『中庸』以其成於己者言。一則虛靈不昧之
體也,【以體段言。】一則淵微不顯之妙也。【以成效言。】要之皆以心言, 而理在其中矣。
天命一也, 而『中庸』專言理,『大學』兼言理。文雖相似而意各不同, 似未可以此準
彼, 而謂之都無分別也。若以前後所指之不同爲疑, 則又有說焉。『大學』則經言明
德, 而傳者乃以天命釋之。蓋以明德卽理之所總會處, 故於此渾淪而稱之耳, 非謂
經之所言只是個理, 不當復屬乎氣分也。『中庸』則首言"天命之性", 而究竟于學
問之極功、聖人之能事, 蓋惟聖人然後爲能盡其性也。如使所謂明德者, 果直是性
也, 性又何顯與不顯、篤與不篤之可論耶? "上天之載無聲無臭", 只是言聖人之德,
幽深玄遠, 無痕迹可見,【程子曰"仲尼無迹", 卽此意也。】非是形容道體之言也。【與『太極
傳』所引, 實有不同者矣。】性與明德合言, 則只是一個理, 愚不敢如此看。蓋此二者分
而專言,【謂分爲二物, 而又各統論其全體也。】則性固是理, 而明德亦可謂之理也, 以其所
包者理故也。然又合而偏言,【謂合作一處, 而必欲辨別其界分也。】則性自爲理, 而明德不
得謂之理也, 以其理無二體故也。所引程、朱語, 以是而推之, 其意恐亦可見也。

【「答柳穉程」】

以人得謂之明德, 以天與謂之明命, 都只是一樣, 豈有明德光明燦爛而明命獨不
光明燦爛之理? 此四字, 朱子於『中庸』首句罕及之, 而於明命言之, 不少難愼, 此
可以決矣。○"道不是有一個物事閃閃爍爍在那裏"。【『語類』】陳北溪引此問: "操存
也須有物。" 朱子以爲"此只是收斂那心, 莫胡思亂量, 不曾捉一物在裏!" 陳又擧
"顧諟明命"云: "畢竟是箇甚麼?" 朱子言: "只是說見得道理在面前。" 因及"參倚"
云: "皆是見得理如此,【忠信篤敬是心之用, 非理之名, 乃云"理"何也? 觀此, 可見指明命爲道理,
亦必有謂矣。】不成有物光輝輝地在那裏。" 先生又嘗譏今人認昭昭靈靈爲太極,【此一
句『大全』、『語類』皆有之。】此類皆當參究。○"心光明處理光明", 愚亦嘗有此語, 是則
是有此理。但朱子用道理字處, 往往有不直指太極性命, 而只就佗事物上, 姑以
其方術言之者。如云"子靜實見得道理恁地",【恁地, 指"陸氏心本來好底物事, 上面著不得
一個字。若識得心了, 萬法流出之說"而言。】又如云"釋氏合下見得道理空虛不實"之類是
也。此亦是緊要不可放過底。【「答宋晦卿」】

朱子於明德、明命有以理言處, 蓋心性纏拈一便帶一故也。然『大全』「講義」曰: "天
之明命, 卽人之明德也。"【六十五歲, 告君之辭。】愚之合做一物事, 實原於此也。天人

字先後不須拘。如言天所賦爲命, 物所受爲性, 不分先後皆是理也; 如言天以二五生物, 而物受以爲形, 亦不分先後皆是氣也。【答權潤萬德晚】

來喩"『小學』'明命赫然'亦可謂氣,【愚謂凡言氣, 則粗底亦在其中。若論明命, 須要做虛靈光明, 萬理粲然, 酬酢事變而不昧者, 方爲精當。】而與『中庸』之'天命'異乎?" 此問却似緊要。前此與諸友商量, 有二說。其一曰: "『小學』'明命'承上文'人性'來, 則據明命所具者直喚做性, 亦無所礙。"【"明命其理", 語似創新, 然朱子常言"明命卽是明德", 明德其性則明命獨不然乎?】其一曰: "『小學』「題辭」此節, 全用『大學』本指以立文, 而『大全』「講義」曰"天之明命卽是明德", 栗翁又曰"天命之性, 明德之所具", 則明德明命, 豈非同歸於具理應事之心乎? 夫性旣不可直指爲心, 則「題辭」此節, 雖只依『大學』傳文本指看, 亦何害其與首節人性渾淪說做一義?【先賢於心性, 亦有渾淪說處。】愚見此二說, 恐似皆通。【答權公立命熙」, 下同。】

朱子於明德、明命, 一則曰"光明燦爛", 再則曰"光明洞澈", 三則曰"虛靈鑑照", 四則曰"忽然閃出這光明", 五則曰"顧諟, 是常要看敎光明燦爛, 照在目前", 六則曰"天之明命卽是氣, 便有許多道理在裏", 七則曰"會說話行動, '人心惟危, 道心惟微', 皆是天之明命", 此類恐未可便將來說做天命之性。且徧考『大全』、『語類』, 論『中庸』首句處, 罕見有此話頭, 然則性與明德, 如何可換做一物? 但性是具於明德而爲本體之理, 明德是具此性而爲妙用之心也。雖然, 載道之器, 亦曰器卽道, 禀性之氣, 亦曰氣卽性, 具性之形色亦曰形色天性。至於花草之出於理者, 亦曰滿山靑黃碧綠無非是太極, 則何獨明德明命, 不可以理言耶? 雖然, 若直指其本色, 則是虛靈光明以具理應事之心, 非可與沖漠無眹、自然無爲底性體, 一例看者也。昔我正宗大王以聰睿之資, 嘗於書筵下問於宮僚曰: "明命有何影象, 而曰赫然明盛也?" 師傅所對, 未甚昭暢。今請執事替思其所以對者當如何?【或疑"朱子嘗言'這道理光明燦爛', 此言何謂也?" 曰: "先生譏釋氏眞箇見得空理流行, 又譏子靜說識得一箇心了, 萬法流出, 它實見得道理如此, 所以一向胡叫胡喊。竊意'道理'字, 當隨文異看, 不可執定說做理亦有光明燦爛, 轉向異端去也。" ○宋約齋詩云"心光明處理光明", 愚嘗稱其形容神理之妙, 可謂精矣。】

所示或謂"桀、紂無明德, 無乃與斥凶暴者爲無人理, 同一語致歉", 則無害也。如曰"桀、紂元無所得底明德, 則與朱子背馳", 彼必不然也。其曰"聖人無氣質性"者, 却不可非之。蓋氣質性本非理在形氣之謂,【如此則孟子"形色天性", 朱子"五行太極", 皆不通矣。】乃是指氣質蔽理處說。故曰"氣質之性, 君子有弗性者焉", 謂聖人有氣質則是矣, 謂聖人亦有氣質性則非矣。【『近思』"朋友", 徒說明德而不務明之之功, 空談氣質而不見澄治之實, 則徒長浮辯而無益於吾學, 絕可歎也。吾輩宜深戒之。○「答李德漸柄逵」】

明德是從吾人得氣之秀而最靈處說。夫其氣秀而其心最靈也, 故足以具得許多道理, 足以應得許多事務也。【道理非單指靜體一邊, 實則總包動用之理而言也。事務亦非單指一點明處, 實則竝擧窮理盡性、參贊化育之極頭而言也。】是其庶物之得偏塞之氣, 而其心之明僅通一路者, 所可擬議哉? 『章句』"人"字裏面包括得至正至通底氣質而言, 此一字非可以草草看過也。若乃下愚之不移, 聾啞之不通, 則千萬人中僅一見者, 不可以其不能自明, 同於禽獸, 爲物亦有明德之證也。或人所謂『大學』主工夫, 故『章句』但言人而不言物, 此恐不然。蓋明德之明, 專屬於德, 非關工夫。若如其言, 則『中庸』之主性命, 獨無盡性至命之人功而竝言物耶? 且以五常之德、明德之德爲一, 而謂物亦具明德者, 亦甚未妥。蓋五常之德, 是冲漠自然之理, 雖枯木頑石, 亦皆具矣。明德是光明正大、神活能然之心, 非人之至靈, 不可言矣。至於"神"之一字, 雖與"心"字同一部位, 而其視明德, 則所指不無濶狹之異。且如一掬冷灰, 播之于田, 有能使物蕃之神, 此則只可如此說, 不可將冷灰做虛明靈活, 以之具衆理而應萬事, 參天地而贊化育之能者看也。【「答宋瑩叔炳璀」】

愚之以明德屬氣分, 煞有曲折。昔見柳持平問: "華門以明德爲性, 信否?" 曰: "非然也。但謂明德是本心, 而本心以爲理。" 愚曰: "上句, 吾亦云然, 下句可疑。" 蓋本心是有覺有爲而亦謂之理, 則理亦有爲而異於朱子矣。明德本心不得不屬之氣分, 此瞽說之所由起也。然氣有粗有精, 精爽精英、虛靈神識, 朱子皆謂之氣, 吾之云云卽此意也, 非形氣之謂也。【蘆沙「答人書」以陰陽爲天地之心, 又謂: "明德、道心皆是心上說話, 直指爲理則未安云。" 鄙說亦是如此。】此一處通, 則凡來書所引諸先生說, 皆將相說而解矣。【栗谷「語錄」以其衆理, 不(措)[指]³⁰²爲性而以爲心。『輯要』云: "天命之性, 明德之所具也。"又嘗以心爲氣, 據此則鄙說似全不爲無稽之言矣。○「答李光述承燁」】

三達德有體有用。以至明、至公、至强之心, 涵仁義禮智之理者, 其體也; 以至明、至公、至强之心, 妙仁義禮智之理者, 其用也。體一而用殊, 故以其體之一者言, 曰

---

302) (措)[指]: 저본에는 '措'로 되어 있으나, 존경각본에 의거하여 '指'로 수정하였다.

“天下古今所同得之理也”;【“心涵理, 何以謂之理?” 曰: “『大學』‘明命卽天之所以與我, 而虛靈不昧以其衆理而應萬事者也’, 此分明是主心言, 而理爲其所具者也, 而朱子每言‘這道理光明燦爛’, 則今此心涵理者, 渾淪而謂之理, 有何不可? 孟子自‘可欲之善’至於‘聖而不可知之神’, 分明是德而非性, 而『集註』言上下一理, 則今此心涵理者, 渾淪而謂之理, 有何不可?『尙書』‘精一執中’, 分明是主心而理在其中也, 而朱子曰‘天下之理, 豈有以加於此哉’, 則今此心涵理者, 渾淪而謂之理, 有何不可? 此等文字如復執滯, 如何讀得書?】以其用之殊者言, 曰“大知小知、大仁小仁、大勇小勇也。就心之妙理處言, 又有體用之別, 如言“成己仁也, 是體也; 成物知也, 是用也。” 又統而言之, 則性之仁義禮智, 三德之體也, 心之涵理妙理, 四性之用也, 錯綜交羅而無所不通也。【「與金思禹」, 下同。】

鄙始聞高明之謂“知覺謂智之用”, 旣病之矣。繼聞謂“知識謂智之用”, 又旣病之矣。終聞謂“三達德爲三達性”, 而又深病之矣。至發不謂吾門乃有此變異之歎, 則[瘋]303)憂之心, 應可悉也。今至高山, 夜讀『近思錄』至“无妄之謂誠, 不欺其次矣”章, 見江氏所載朱子說云: “无妄, 兼天地萬物所同得底渾淪道理。”【止此】此章“誠”字, 分明是心上說話, 而朱子以爲所同得之理, 此與高明所據『中庸章句』“天下古今所同得之理”者, 恰恰相符。以此準彼, 可以見盛解之更合商量也。此若不翻轉舊來意見, 則與近世諸家認心爲理之說, 無以異矣。鄙於此一義, 積有憂慮, 而不能解者, 故每讀書, 至與盛解相涉處, 輒復歎息而不能已也。

更考金氏『味根』云: “心之不昧爲知, 心之無私爲仁, 心之不息爲勇。此三者乃修身以體道者也。” 此豈不是明白道與人者, 而與鄧氏『備旨』“心之明、心之公、心之强”之說同, 而皆本於『朱子語類』矣。此亦可更思之。

達道旣是性之理,【『孟子』“敎以人倫”, 朱氏公遷曰: “此人倫以道言, 明君子當全天命之性, 以自別於禽獸也。】而達德又是性之理, 則性與性疊, 恐不成道理, 故尋常曉解不得矣。曾聞高明於鄙之不判別性道二者, 深以爲病, 然鄙豈無所受而然哉? 孔子言“人能弘道”, 而『集註』以性貼“道”字, 子思言“道不可離”, 而『章句』以性之德言, 孟子言“人之有道”, 而『集註』以秉彝之性言。孟子旣言性善, 復以道一明之, 故朱子「答黃子耕書」言“道與性字, 其實無甚異也”, 而來喩却言“性與道謂之無甚分數”則未然,

---

303) [瘋]: 저본에는 없으나, 존경각본에 의거하여 보충하였다.

何也？汪長洲言"夫道一而已矣"，註中明以"本同一性"解之。鄒嶧山謂若說性卽道，便欠渾融謬甚。【汪氏豈不知性渾淪、道分派之義而云哉？此類宜認取其主意可也。】

曹月川謂："道字分明指性說，但不可直說做性，亦屬騎墻之見。"今來喩纏說性道同是理，旋復謂之有分數，豈亦月川之見歟？鄙嘗言性道二字有可以遞換看者，有可以分開看者。

溫公以正直中和爲德，聰明强毅爲才。朱先生曰："皆是德也。聖人以知仁勇爲德。聰明便是知，强毅便是勇。"【此見『語類』百卅四卷賜錄。】今以盛見言之，聰明、强毅、篤厚之屬，果可謂之理乎？果可謂之三達性乎？今論經旨而不本於 朱子而硬主偏見，豈所謂善學者耶？

三達德，朱子謂"做的事"，而高明據『蒙引』"性分上帶來"之說，遂指爲三達性，然則孝弟亦豈不是性分帶來？而程子却說"性中曷嘗有孝弟來"，朱子亦言"孝弟是事"也，形而下者也，更將二先生語，比例照顧，虛心體究。○"性分上帶來"，此語頗有斟酌，恐與高明之直把做性理者，煞有淺深之分，不可不察也。

高明旣認知仁勇爲性體，則其視『味根』以心不昧，『備旨』以心之公正論達德者，宜加詆斥，而乃但目之爲此心發用，【二書本指，恐不如此。】驅而合於生安學利困勉，試自反而求之，能無苟底意脈歟？此等處不能勇革，恐與道不相入。

所據『蒙引』"惟有是知，故能有以知此道；惟有是仁，故能有以體此道；惟有是勇，故能有以强此道"一段，當爲鄙說之證，而高明不察而誤引也。鄙人若曰"惟有是心，故能有以知此道、體此道、强此道"，高明將如何駁之？

"知所以知此道，仁所以體此道"，高明以此爲達德屬性之證，此殊未然。朱子言"知覺所以具此理"，陸三魚言"弘毅所以體此理"，則高明於此將如何解？

知仁勇是此心原來明公强之德，而彼謂"全出於人爲所就"者，固誤矣。若如高明之直叫做性理者，亦恐同歸於認心爲理之失矣。

心之明，所以知此道；心之公，所以體此道；心之强，所以强此道；心之誠，所以實此德者也。明公强誠，非心之能而何？如以知仁勇誠，皆叫做性，此與認心爲理，庸有異乎？

或者之說，愚敢保朱子之意千不然萬不然也。若如其說則明德非惟人物不同，聖凡亦元有偏全之異稟，然則『章句』何不曰"明德者聖人之所得"耶？今使吾輩能因發遂明而復初, 竟不過復其不全之物矣, 豈『或問』所謂“吾之所得於天而未嘗不明者, 超然無有氣質物欲之累, 而復得其本體之全”之意哉?【「答吳震泳」】

集義養氣之理, 精一執中之理, 此亦天下古今所同得底。以此推看, 於達德, 庶可以無礙矣。【「與金鍾昊、金澤述示健孫」】

明德理氣之辨, 其來久矣, 其說長矣。但嘗見栗谷先生於『聖學輯要』第一章載『庸』、『學』首章而釋之曰: “天命之性, 明德之所具也; 率性之道, 明德之所行也。” 今以具性而行道者, 直謂之理, 則性與道又是何物? 栗翁之必如是解者, 何也? 以朱子於『大學』釋“明德”曰“具衆理”, 『中庸』釋“性”曰“卽理也”, 釋“道”曰“當行之理, 皆性之德而具於心”, 故栗翁斷然以明德爲具性行道之心, 而無少疑難也。近世某門却只主明德是理之說, 而不顧朱、李二先生眷眷立言曉人之意, 竝不顧理非具性之器, 理無行道之能, 竝不顧認心爲理之失, 漸流於異學之弊也。噫! 明理論學, 而不取證於朱、李二先生, 而自立宗旨, 則未有不誤人者矣。如余後輩, 只知墨守二先生之定論, 而其異於此者, 不復能詭隨也。以此遂被諸公之誚謗, 而至今猶未已也。然使二先生之說, 由愚而得不墜於地, 則雖死亦榮矣。凡從余遊者, 皆宜深察此意, 而力守舊說焉可也。【「答趙完煥」】

以達德爲天命之性, 古今爲此說者衆矣, 非特高明爲然也。然竊嘗思之, 五達道卽孟子“人之有道, 父子有親”云云之道, 而朱子釋此道字云“秉彝之性也”。若如來說則豈不爲“天命之性, 所以知天命之性; 天命之性, 所以體天命之性”者耶? 此鄙之所聽瑩而不能曉徹也。近世心理家倡言“理具理”、“理妙理”、“理處理”、“理弘理”, 而坦然無疑, 毅然自立, 而指栗、尤以下群賢, 爲氣學而排闢之。今復以性知性、性體性之說行於其間, 則豈非與於彼之甚者乎? 是宜學道之士長慮却顧, 而不敢不敬愼也。朱子承孔子意, 而以有覺有能爲心, 無爲不知爲性, 此吾聖人門中心性理氣兩下劈開, 不相淆雜之第一議論也。不知高明於此看得如何, 而乃爲此說以紊孔、朱之正傳也。【「答申若雨」, 下同。】

達德行道, 朱子以“人能弘道”、“氣配道義”、“君子存理”比竝說, 鄙每以此意推之, 以爲“至德凝道”、“至誠盡性”【此句註說, 最宜細檢。若於此不能打破漆桶, 鄙亦無復可言者矣。】“君子中庸”、“聖人太極”之類, 都是達德行道之一板印字也。高明能於此有省, 凡寄來諸說不待條析, 而自覺其誤矣。不然, 鄙於此一義, 積三四十年之功, 而粗得其說如此，只有抱持而歸，奉質於孔、朱二夫子而已。

『義集說』，仲虔因『備旨』指達德爲天命之性，遂有疑難，此無足怪。然鄧氏於心性之分，未甚明晰。如云"明德指仁義禮智說"，又云"明德是人所得於天之理，原自虛明"，此其最大者。其餘如達德上句旣曰心，下句直曰性，【見本註。】又於『論語』「子罕篇」知、仁、勇，曰吾性虛明之德、吾性無私之德、吾性强毅之德，此豈非混心性爲一之斷案乎？鄧氏以致知爲致吾心本然之良知，此是陽明緒餘。蓋彼旣以達德之知爲性，則其認良知爲理，自是一串事。然則凡經傳所言"知天"、"知道"、"知性"之類，皆當作以理知理看，如近世心學家與仲虔之言矣。未知孔、孟、程、朱以及栗、尤、農、老之意，果如是乎？

"天下古今所同得之理"理字，鄙亦嘗疑之。但「序文」"天下之理"理字，似非單指中，而"精一"亦包在其中。末章"無聲無臭"是言"德之不顯"，而曰"末復合爲一理"。"不獲乎上"小註，"明善卽致知之事，誠身卽誠意之功，其理則一"。【朱子】『孟子集註』，"山木人心，其理一也"。【同上】『近思錄』一之卅一條"无妄"，似是心上事而曰"天下萬物所同得底道理"。【上同】此等理字，恐非直指性體言。

假如言"明德仁也，新民知也，性之德也"，則明、新可直指爲性理否？朱子答"成物如何說知"之問，曰"須是智運用，方成得物"，性果可謂之有運用者乎？性有知覺能運用，則告子何以見關於聖門耶？此等處宜細心體究，不可只就文字上硬與判下也。本節小註"克己復禮，知周萬物"，亦直指性理得否？

『孟子』仁義禮智，【"仁之於父子"章】雖心上所具，畢竟是達道而爲自然之理；『中庸』知仁勇，雖性分帶來，畢竟是達德而爲能然之心。故朱子謂："達德是行達道底，不可喚做道。"【止此】不可喚做道者，可喚做性歟？況仁義禮智、天道五者，孟子說做一類，而來喩却將上四字爲達德之性，下二字爲行德之誠，不知仲虔曾從孟子肚裏來，而知其本指如此歟？竊恐似此反隅，只成猖鹿，不如各就本文究觀原指之爲得也。

『大學』不曰心而曰明德者，心猶言人也，明德猶言聖人也，故曰："明德，心之尊稱也。"若如來示，則凡言心者，皆有善惡，且未爲全體，恐不然也。不曰性而曰明德者，『大學』是論學論治之書，不似『中庸』論道之比。故不單拈性字，而必表出一個具性應務之心，以爲首歟！篇中言"盛德"、"德潤身"、"先愼乎德"、"明明德於天下"諸德字，雖亦包涵德性字在其中，而究其指意，則敷施運用一邊較重。○『大學』不

言性, 明儒之宗陽明者, 以爲心卽是性故也。【近世諸家之見, 以爲明德卽理故也。】此欲將
靈覺引入性理去, 與釋氏無別, 故苟翁駁之曰: "然則『中庸』之不言心, 亦當以性卽
心故也。『大學』之自明誠, 『中庸』之自誠明, 後儒之誤認而錯說可知爾, 其然耶?"
【止此】要之, 心性不可互換看。【「答金達」】

"明命卽是明德", 朱子累言之, 而明德旣是主心包理者, 則明(令)[命]304)亦然。然
則凡朱子文中指明(令)[命]305)爲理處, 何患其不可通哉?【「答朴昌鉉」】

明德爲理爲性之疑, 禪家認虛靈知覺爲性, 告子認知覺運用爲性, 而聖門無不斥
爲認氣爲理之病。大抵性理不靈覺, 凡有靈覺者, 皆是心氣; 性理無運用, 凡能運
用者, 皆是心氣。若以其理應事爲性爲理, 則神明、知覺、知識亦皆是其理應事者,
可疑。【若如說者之見, 則移"天命之性"『章句』以置於明德之註, 亦無毫髮阻礙歟。】○ 明命爲理
爲性之疑, 在人之明德是在天之明命, 命是何所命? 命人以虛靈具理應事之心也。
"人之所得乎天, 天之所命乎人", 此語有可以理言者, 有可以心言者, 可以隨處活
絡而無不通。如禁不可言心, 則孟子以耳目與心, 皆指爲天之所與我者, 此爲妄語
耶? 可疑。○ 愚意人之所以爲學, 只有心氣與性理而已。當以有知覺運用之心氣,
明無情意造作之性理, 而明得盡則聖人矣。 如此豈非明白直截之旨訣乎?【明道曰:
"以氣明道, 氣亦形而下者。" 伊川曰: "以心求道。" 此明字、求字, 皆當通知行看, 道爲本體, 心氣爲妙
用, 豈非的確不可易者耶? 此處氣字, 是指精英之神、精爽之心, 而與氣質之粗糙者有辨。近儒多自認
心與神爲理, 故纔聞氣字, 便認做雜糅不齊之氣, 此與老、佛之見相似。】乃指靈覺爲性理, 內而
成兩理相疊之礙, 外而受二家【(措)[指]306)陸、王。】相似之嫌, 而不復加審愼之功歟!
未可知也。【「答鄭圭衡」】

"明德"當以『章句』爲正義。蓋"虛靈"是心而非理, "具理"理是理, 而具之者是心,
"應事"事是理, 而應之者是心也。如此而指明德爲理, 尋常未曉, 旣是心則不得不
屬之氣分。然又與氣質之有純雜, 精魄之有强弱, 榮衛之有虛實者, 煞不干事。至
於明命云云, 以人之得於天, 天之賦於人, 有明德明命之異名, 其實非有二體也。
或者未聞以氣爲德之難, 亦有可言者。『語類』言"知覺是心之德", 農巖言"虛靈狀

---

304) (令)[命]: 저본에는 '令'으로 되어 있으나, 『艮齋集』에 의거하여 '命'으로 수정하였다.

305) (令)[命]: 저본에는 '令'으로 되어 있으나, 『艮齋集』에 의거하여 '命'으로 수정하였다.

306) (措)[指]: 저본에는 '措'로 되어 있으나, 『艮齋集』에 의거하여 '指'로 수정하였다.

其德”。彼將以虛靈、知覺皆謂之理，而與朱、宋二先生背而馳也乎？【朱子曰：“知覺正是氣之虛靈處。”宋子曰：“心之虛靈，分明是氣。”】然此等名義，初學者但當以本文訓釋爲主，不可廣引博據，以誇其見之多，以求其說之勝。如此則只此便是昏了明德，亦便是藝却明命，切宜戒之。【「答田璣鎭」，下同。】

“方寸之間，虛靈洞澈，萬理燦然，有以應乎事物之變而不昧，是所謂明德者也。”此爲朱子六十五歲告君之說，而以虛靈與不昧爲首尾，則其間兩句皆此物之體用也。明德之爲心，不其明乎？若偏言則單性單情，皆可謂之明德。

道心之時中與達德之行道，無二指也。道心是心之知覺原於性命者，故曰天命、率性、道心之謂也；達德是性分上帶來者，故曰“天下古今所同得之理也”。然此皆推原說，非直指之辭。若不察而認二者皆謂之理，未免泥於言詮也。昔栗翁以道心爲本然之氣，僕於達德亦云爾。【心之不昧而明，無私而公，不懦而强，未可直指以爲理，則非氣之本然而何？○道心亦未嘗非明、公、强者也。】此雖不見於經傳，而其意則皆聖賢之意也。人能於此不疑怪而信得及，則自餘理氣有爲無爲之說，無不迎刃而解矣。【「答柳永善」】

『大學』“明德”，『章句』云云，用此語以釋“明命”云：“明命者，天之所命乎人，而虛靈不昧，以具衆理應萬事者也。”“明命”，『章句』云云，用以釋“明德”云：“明德者，人之所得乎天，而天所以與我之德者也。”如此交換看，則於朱子“天之明命卽人之明德”之訓，庶可相照而明皙也耶。【「答人」】

『大學』“明命”，若直做理說時有礙，何則？明命、明德只是一箇物事，今明德分明是有知識情意，能運用造作底，指此爲理，則與告、釋、陸、王無些辨別。故不若且主心看而不妨。將所具之理滾合說，則如『小學』「題辭」「立敎」篇題之屬，皆不礙著。愚此一段議論，欲諸君虛心靜慮，反復細繹，分明識破，庶幾省得許多氣力，記取勿忘。【「明命說示諸君」】

“健順五常之德”，專言理，故人物皆同。“明德”，單就秀氣最靈上，指點得許多包涵無限功業，故微物不得與而惟人有之。“天生德於予”，又進一步，就至正至通、極清極粹上，竝指其聰明睿知、至誠盡性處說，故惟聖人當之。今我輩只要常戒愼恐懼，以明善誠身，而不失乎天畀之德而已。【三德說示南軫永」】

“達德”，古人往往指爲天命之性，近世某某亦皆然，而不肯屬之心，獨愚之僻見。

竊疑達道是率性之道, 達德是行道之德。 今必曰天命之性是所以知率性之道者, 所以體率性之道者, 所以强率性之道者, 而千人萬人無一人疑怪, 然後其說方通。 且使人皆無疑, 而愚則未敢信及, 如何强所不知, 以欺心欺人, 而竝以欺百世之賢哉? 愚故曰知道、體道、强道者, (心)[必]307)心之靈明不昧, 心之公正無私, 心之强毅無懦者。 夫心之明公强, 惡可直名爲性乎? 只彼人多牽於“所以”字而欲指作理, 然至誠所以盡性, 人心所以弘道, 戒懼所以存理, 弘毅所以體仁, 神明所以妙理, 知覺所以具理, 此類極多, 何獨至於達德而疑之? 若曰此心明公强之行道, 亦是性裏而事, 故曰“天命之性”, 又曰“天下古今所同得之理”, 則愚亦不必疑矣。 若曰理以知理, 理以體理, 理以强理, 則定是近世心宗一派“理具理”、“理處理”、“理妙理”之見, 決然難容於吾儒門中也。【達德最後論】

近世明德屬心屬理之爭起, 而有騎墻者, 每引「栗谷語錄」“合心性”之說, 以爲居中兩排之計, 是實中無端的見處, 蓋未足怕也。 然此但以理曉之, 則彼將擧栗谷二字以禦人, 不得不亦引栗翁以證明之。 『聖學輯要』按說云“天命之性, 明德之所具”, 則合心性者, 如何又具得性? 恐決不然也。 然說者又以具衆理爲明德屬理之斷案, 此又易決。 栗翁又豈不曰“具衆理指心言, 而乃指性, 則未穩矣”乎? 然則虛靈固是心, 具理也是心, 應事也是心, 明德之爲心, 豈不視諸掌乎? 況「語錄」之云亦有曲折! 蓋問者歷擧“人物受之者謂之性, 主於一身者謂之心”, 此是明德也, 而又曰“有得於天而光明正大者, 謂之明德”以疑之, 曰“心性明德, 三分而立說, 似未穩”, 則栗翁不得已而且以合心性而總言者解之, 是豈明德之正訓耶?【栗谷明德說】

“明德工夫, 通貫動靜”, 此以“顧諟明命”觀之, 無可疑者。 但緣『章句』有“因其所發而遂明之”之語, 人多信不及。 然『大全』「答吳伯豊書」云: “因其本明, 非是察識端倪把來玩弄以資談說, 只是因其已知而益廣其知, 因其已能而益精其能耳, 與湖南說自不同也。”【記疑曰: “『大學』‘本體之明有未嘗息者, 因其所發而遂明’之語, 伯豊擧以爲問, 故答之。”】 今以此事揆之, 『章句』“所發”發字, 非從靜而動之義, 却只是已知、已能之意, 而所謂“知與能”者, 本是兼動靜言, 如此敏妙活絡看, 可與“顧諟明命”之功通融無礙耳。【(體)[休]308)言」】

---

307) (心)[必]: 저본에는 ‘心’으로 되어 있으나, 존경각본에 의거하여 ‘必’로 수정하였다.

308) (體)[休]: 저본에는 ‘體’로 되어 있으나, 존경각본에 의거하여 ‘休’로 수정하였다.

“皆自明也”，『章句』“結所引書, 皆言自明己德之意”, 此竝“明命”作“明德”說, 此解宜留神看。先賢有言: “明德主心言, 明命主理言。” 竊恐不必似此分開說。此一義不可草草說便休。【『華島漫錄』】

“人之所得乎天”下, 如曰“純粹至善”, 則是性也; 曰“清濁粹駁”, 則是氣質也; 曰“妍醜長短”, 則是形色也。今曰“虛靈不昧”, 又曰“光明正大”, 則明德非主心而何?【『大學記疑』, 下同。】

朱子論“明明德”, 曰“明只是提撕”, 又論“顧諟明命”, 再三言“提撕”。夫性理可提撕乎?

朱子又曰: “人之明德, 卽天之明命。” 又曰: “今人會說話行動, 皆是天之明命。‘道心惟微’, 也是天之明命。” 以此定明德明命正義, 然後如將性字、理字論明德明命處, 又當以德命所具所發之理看, 如言“形色天性”、“氣卽性”、“器卽道”、“青黃碧綠”是太極, 亦何不可?

天之明命, 誠有以理言處。【『書傳』】惟『章句』則却以虛靈以具理應事者言, 讀者當各隨地頭看。如此則可免多少牽强罣礙之病矣。

明命, 最宜明覈。朱子說固多有指此爲理處, 然此特從其所具者言也。何以言之? 朱子以明命爲卽是明德,【『章句』、『講義』皆同。】而訓明德之說與訓心之說無毫髮之異,【謂「盡心」註。】則謂明德明命, 皆是無形無眹、無覺無爲之理, 得否? 蓋明德明命, 俱是虛靈以具理應事者也。若夫天命之性, 乃明德明命所具之理, 但可曰是天所命之理而具於虛靈之心者,【照“道不可離”『章句』。】不可直換做虛靈以具理應事底。蓋明命明德, 是人能弘道之人; 天命之性, 是非道弘人之道。此可一言以決之, 不可多爲說而亂之也。

“知是知道之心, 非知道之理也。何也? 理無知也。仁是體道之心, 非體道之理也。何也? 理無爲也。勇是强道之心, 非强道之理也。何也? 理無力也。然則何以言同得之理?” 曰: “知道體道强道, 雖是心之能而推求其本, 則皆出於性之理, 故云然也。假如格致以知道, 誠正以體道, 强毅以成道, 此又是心之所成, 然窮其所由來, 則皆吾性之所固有也。”【『中庸記疑』, 下同。】

『備旨』及『南塘集』以三達德爲性, 如以性分上帶來, 故渾淪而謂之性則可。不然, 第二十二章至誠、三十二章至誠, 皆以聖人達德之極誠言, 而下文有“能盡其性,能盡人物"之性及"能經綸大經, 立大本知化育"等語, 性何以有是作用歟?

性有五理, 而非心無以知而行之; 道有五典, 而非德無以知而體而強之。此理氣有覺無覺、有爲無爲之辨也。

史氏曰: "知仁勇是德, 費隱是道。必有能知能行之德, 乃可施於當知當行之道。" 據此則三達德之屬心, 明矣。

達德之仁, 是能守道者; 修道以仁之仁, 是理之具於心者。達德之仁, 雖曰原於以仁之仁, 然有能所之分, 此不可不察也。

天下之達道五, 所以害之者三, 愚暗也, 偏私也, 懦弱也; 所以行之者三, 明通也, 公正也, 強毅也。如此下語如何? ○ 正識所以知道, 公心所以體道, 浩氣所以強道, 此天下古今所同得之理也。【正識、公心、浩氣, 皆性分帶來, 故謂之理。】此語又如何?

「허령지각虛靈知覺」

1) 서지사항

유영선이 허령지각(虛靈知覺)과 관련된 전우의 학설을 발췌·정리한 글. 유영선이 편찬하여, 1939년에 간행한 것으로 추정되는 『간재선생성리유선(艮齋先生性理類選)』(전 10권) 권7에 실려 있다.

2) 편저자

유영선(柳永善, 1893~1861)으로, 자는 희경(禧卿), 호는 현곡(玄谷)이다.

3) 내용

유영선이 스승인 간재(艮齋) 전우(田愚, 1841~1922)의 여러 글 중에서 성리사상에 긴요한 부분을 발췌하여 편찬한 『간재선생성리유선(艮齋先生性理類選)』의 내용은 태극(太極)·성리(性理)·심(心)·신(神)·덕(德)·허령지각(虛靈知覺)·정(情)·기(氣)·기질혼백(氣質魂魄)·학(學)이다. 이 가운데 「허령지각(虛靈知覺)」은 전우가 쓴 편지글과 논설 중에서 관련 내용을 발췌하여 구성한 것이다. 편지글은 「여류치정(與柳稺程)」, 「답송회경(答宋晦卿)」, 「답권공립(答權公立)」, 「여김준영(與金駿榮)」, 「여김사우(與金思禹)」, 「답황종복(答黃鍾復)」, 「답최종화(答崔種和)」, 「답박준회(答朴準晦)」, 「답이승학계구치지불가합일지문(答李承學戒懼致知不可合一之問)」, 「여이승학신독치지역가합일지의(與李承學愼獨致知亦可合一之義)」, 「여권순명김효술(與權純命金孝述)」, 「여김홍재(與金弘梓)」, 「답정연국(答鄭然國)」에서 발췌한 것이고, 논설은 「곤복설재변(坤復說再辨)」, 「지각(知覺)」, 「중용기의(中庸記疑)」에서 발췌한 내용이다. 「여류치정」에서는 양지(良知)에 대해 논변하였다. 전우는 양지를 이전에는 천리(天理)로 보지 않아 왕양명이 가리키는 바를 묻지 않고 양지가 어떤 물건인지만 물었는데, 이제는 양지를 천리로 보는 것이 어떠한지를 묻고 있다. 류치정이 말하는 "양지는 곧 천리이다. 그런데 왕양명이 지목해 말하는 양지는 도리어 천리가 아니다."에 대해 전우는 "이 설은 양지에 부합하지 않고 마음을 리(理)와 기(氣) 사이로 보고 있다."고 논박했다. 그러면서 류치정이 "마땅히 사랑하고 마땅히 공경하는 것은 성(性)이고, 사랑을 알고 공경을 아는 것은 심(心)이다."라고 한 말은 옳다고 인정했다. 「중용기의」에서는 "허령지각은 체와 용으로 나눌 수 없고, 지각 또한 식(識)과 오(悟)로 나눌 수 없다."고 밝혔다. 그러면서 "허령지각은 위로는 성명지리(性命之理)와 짝하고, 아래로는 형기지욕(形氣之欲)과 더불어 운행하므로, 군자는 자심자경(自心自敬)을 최고로 중히 여겨야 한다."고 주장했다.

"良知"二字, 前此不曾作天理看, 故前書不問<u>陽明</u>所指而言良知是何物, 而但問其以良知爲天理是如何。 今讀尊誨乃謂: "良知卽是天理, 而<u>陽明</u>所指而言良知者, 却不是天理。" 竊意此說之不合不在於良知, 而乃在乎認心爲理爲氣, 只這些子之間耳。 然第以今書所論言之, 其曰"當愛當敬, 性也; 知愛知敬, 心也"者是矣, 而又繼之曰"要皆就一理上區別出來, 豈可遽以理與非理界之哉?" 此則遂以心爲理, 以理爲有知有覺之物矣。此從來淺見之所未敢安也。<u>整菴</u>嘗言: "近時有以良知爲天理者, 然則愛敬果何物乎?" 又其「答林次厓書」論<u>陽明</u>學術之差處云: "儒書塵有良知一語, 大意略相似。<u>陽明</u>遂假之以爲重, 而謂良知卽是天理, <u>孟子</u>何嘗指良知爲天理耶? 是誣<u>孟子</u>也。" 『農巖集』中論此云: "<u>整菴</u>良知非天理之說, 人或疑之, 亦須詳其立言本意。 蓋以天理人欲相對, 則良知固屬天理而非人欲矣。若只就天理一邊看, 則愛親敬長者, 乃天理之當然, 知愛知敬者, 乃人心之靈覺。二者豈得無別? <u>陽明</u>直以良知爲天理, 則心與性混矣。心性之混, 儒、釋之所以亂也。此<u>整菴</u>之所以極力明辨也。" 又嘗論"所覺者心之理, 能覺者氣之靈"之語, 曰: "以<u>孟子</u>良知之說明之, 孩提及長而莫不知者, 是能覺也; 愛親敬長底道理, 是所覺也。" 此皆以良知爲非理, 而非如來喩之云也。【「與柳穉程」, 下同。】

不論其本來色相, 但以其爲理之用而亦謂之理, 則奚獨虛靈爲然? 滿山靑黃碧綠亦無非是這太極。【『語類』<u>義剛</u>錄】 又統而言之, 氣稟之有惡亦性之理也,【『大全』「雜著」】故理氣不可一向渾淪說而止也。如所謂"性猶太極也, 心猶陰陽也", 所謂"靈處只是心不是理",【竝<u>朱子</u>語。】 所謂"性理也, 心氣也",【<u>栗谷</u>語。】 所謂"心自心, 理自理",【<u>尤菴</u>語。】 此類不一而足, 彼皆不知心理無間之妙, 而徒爲此分裂破碎之論耶? 誠以理氣之辨不明, 則儒、釋之塗混也。

今日宴坐合眼, 聞林間孤蟬淸亮, 石竇出泉玲瓏, 知覺了徹, 而心却恬靜, 喜情不起, 以此見未發亦有所知, 而不害其爲至虛至靜之體也。若不知此理, 但以所知、能知, 判別已發、未發而已, 則論雖合於『中庸或問』之說, 而理實戾於<u>呂</u>書精微之旨矣。若此處不用細心輕看, 則其不陷於枯木死灰也者幾希。<u>朱子</u>「答<u>子約</u>書」, 以聞見知覺爲一等時節, 而曰: "若必以未發之時, 無所聞見, 則又安可議許渤而非禪定哉?" 細玩"所聞見"三字, 則可見"所知覺"亦無礙於未發矣。 若曰"耳目雖有所聞見, 而心則必無所知覺, 然後始名爲未發", 則此又大故疏脫。 蓋耳目纔有聞見, 心便已知覺, 裏面所知覺, 卽是外面所聞見底, 更別無二也。 且如尤翁之在巖棲齋也, 金沙潭上下水聲, 日夜怒號, 安有不聞之理? 又安有旣聞而不知其爲水聲之理? 又安有因心有所知, 而累年不復有未發之時之理乎? 然則此處所知之云, 與『或問』能知之訓, 究是同一地頭也。 若乃『或問』所知所覺, 却是指有情意思慮者, 此則與視聽爲一類, {較}309)諸聞見爲一類之知覺, 不啻不同矣。【「答宋晦卿」】

『庸』、『學』兩解合做一義, 而謂"天命、明德, 非有二物", 竊恐未然。 蓋"氣以成形, 而理亦賦焉", 此"而"字只是承接語辭, 而所重在"理"字; "虛靈不昧以具衆理", 此"以"字却是賓主界分, 而所重在"虛靈", 恐難做一義看。【氣與虛靈既異, 理賦、其理亦別。】栗翁云"天命之性, 明德之所具", 此豈非八字分開處乎?【如此曉告, 而猶且渾合, 則豈復更有說乎?】且天命之性, 通人物而言; 明德, 單指人而言。 此又見於『章句』、『或問』之書, 未審執事謂明德且無分於人物耶? 且 朱子之解明德、盡心, 無所異同, 而執事之論心與明德, 以理氣區而別之, 此區區所未喩也。【「答權公立」】

知覺良知之辨, 近檢陽明『傳習錄』云"良知卽天理", 而整菴『困知記』駁之曰"此以知覺爲性者"。 王門人歐陽德辨羅說云: "知覺與良知, 名同而實異。 凡知視、知聽皆知覺也, 而未必皆善。 良知者, 知惻隱、知羞惡, 天性之眞, 明覺自通者也。" 又曰: "良知者, 天理之靈明知覺, 不足以言之。" 愚謂歐辨中知視聽、知惻隱之分, 是矣。 但指良知爲天性明覺、天理靈明, 性理豈可以靈覺言乎? 以靈覺爲理與知覺爲性, 何所別乎? 依舊落在釋氏科臼, 而不能自超脫也。 因此思之, 儒門敎學, 須於"心、理"二字, 不離之中, 却要見得不雜; 不雜之中, 又要致得不離。 蓋心雖屬乎氣分, 而比諸氣質, 自是至虛無物, 至神不測, 幾與性理泯然無隙, 所以難辨其不雜之體也。 須於一眞一靈有爲無爲之際, 細加究覈, 纔無心性相亂、道器無分之弊矣。 心雖精於氣質, 而較諸性理, 却自有寂地烔照、幾際妙硏、用時神化【三句十二字, 宜細玩。】之迹。 苟非有用敬主靜之力者, 未免有違仁失義之患, 所以難致其不離之

---

309) {較}:『간재집』에 의거하여 '較'를 보충하였다.

功也。須於一危一微、惟精惟一之地, 自做主宰, 始見心理合一、體用無二之妙矣。此學問之要, 而政術在其中矣。區區於此看得極分曉, 第患守得不定疊耳。竊見世學不明, 高者止於恃心造事, 其次主於依樣畫蘆, 最下者又不過念書擒文而已。是數者恐於斯世斯文, 未足爲重輕。區區深願與同志諸公, 遵依右件旨訣, 究心畢力, 用了幾年功夫, 他日造就, 庶幾不失前賢路脈, 有裨當世風化, 而與零碎無本源、汗漫無杷柄者, 氣象規模, 殊不(件)[侔]310)矣。【「與金駿榮」, 下同。】

知覺之理, 統謂之性則得矣, 單說是智, 則恐合商量。朱子平日言"知覺智之事", 又言"智有知覺", 又言"覺是智之用", 此類甚多。然以『四書註』, 考之全別, 今不當舍定論而從舊說矣。

黃啓陽以知覺、知識, 總歸於智; 金仁父却將知覺屬心、知識屬智。雖皆有前據, 然以『四書』註釋之說、一心理氣之實, 考驗之, 決不如此。故亦嘗爲累言之, 只被先入爲主, 十牛難回, 方且任之。然於心不能無耿耿者存, 而老弟於仁父之言, 似未免騎墻, 而今於知覺, 又有咬嚼不破之象, 此實愚未曾實體而明辨之過。自今欲專反己自驗, 俟得曉透, 然後方敢與朋友言之耳。○"人心有覺,【此覺字, 包知識言。】道體無爲; 心能盡性, 性不知檢其心", 覺、爲、知、能, 是互文也。蓋人心有爲, 故能盡性; 性體無覺, 故不知檢。今以知覺、知識屬智, 果與上文【上文指『集註』。】無礙否? ○"告子不知性之爲理, 而以知覺當之", 以智之用爲性, 果爲告子之實病耶? ○"以氣言之, 知覺運動, 人與物若不異也", 知覺果爲智之用, 則"以氣言之"之云, 何所著落? 且此謂"智之用, 人物概同"耶? ○"人心之靈, 莫不有知", 此謂"人心皆有智之用"云耶? 抑謂"人心智之用皆有知識"云耶? ○"心之虛靈知覺, 原於性命", 此當以"心靈所發智之用, 原於仁義禮智"之意, 看得耶?【『四書註』說, 今且拈出數段爲例而立問, 試爲思其所以答者。】○周子曰"神發知矣",【此知字, 竝覺識言。】此謂水之神發智之用否? ○朱子曰: "知覺正是氣之虛靈處, 與形氣渣滓正作對。" 此亦謂智之用是水氣靈處否? 智之用, 何以與形氣正作對耶? ○又曰: "性卽理也。今人往往指有知覺者爲性, 只說得箇心。" 智若果有知覺, 則今人之指有知覺者爲性, 當爲不易之言, 乃謂只說得心何也? ○又曰: "有知有覺者, 皆氣之所爲也。" 凡智之有知有

覺者, 如何皆氣之所爲? ○ 又曰: "至靜之時, 有能知覺者." 未發時, 何以先有智之用? ○ 又曰: "思慮未萌, 而知覺不昧." 至靜之中, 心之思慮固當未萌, 性智之用如何不昧? 且此與虛靈不昧, 亦有屬心屬理之分耶? ○ 又曰: "釋氏以識神爲根本. 若吾儒之論, 則此是心之妙用, 如何無得? 但以此語性卽無交涉耳." 識神是指知覺言也. 釋氏果能以智之用爲根本耶? 又智之用, 如何反爲心之妙用? ○ 又曰: "心之知覺, 卽所以具此理, 而行此情者也." 又曰: "知則心之神明, 妙衆理而宰萬物者也." 此謂心之智之用, 爲具此理而行此情者耶? 又謂智之用卽心之神明, 妙衆理而宰萬物者耶? ○ 尤庵曰: "聖賢論心以知覺爲主, 而知覺卽氣也." 聖賢之論心, 何爲獨以智之用爲主, 而智之用又何以卽是氣耶? ○ 農巖曰: "氣之虛靈, 自會知覺, 初不干仁義禮智事也." 知覺果爲智之用, 則如何說不干智之事也? 知覺察識, 泛言則屬之智一邊, 亦無不可, 故自『語』、『孟』、程、張以下, 亦多如此說. 但細辨其本色界至, 則自是心之靈處, 非智性之發也.

「知覺說」, 比見又如何? 朱先生中年尙亦以知覺爲智之用, 故後賢多守之. 惟 尤庵、農巖兩先生, 以「潘謙之書」爲晩年所定. 此書分屬, 固極精密, 但無年月可驗, 終未若以『四書註』說爲據矣. 『四書註』中, 無一處指知覺爲智之用者. 『中庸』序旣云"心之知覺", 其下又另着性字, 『論語註』言"人心有覺", 又曰"性不知檢心", 『孟子註』言"告子不知性之爲理, 而以所謂氣者當之", 此類豈非以知覺屬心, 而不屬智之一明證乎? 『大學章句』云: "虛靈不昧, 以具衆理." 智是衆理之一段, 而靈覺乃一心之全體也. 然則又安得以此心上全體之知, 偏作衆理中一理之用乎? 『中庸或問』云: "至靜之中, 有能知覺者." 此又以知覺屬心, 而不將作已發後智之用看矣. 若如舊說, 則未發時仁義禮信四者, 但有體而未有所謂用者, 而智獨有體而有用, 此誠何理也? 且旣曰"智之用", 則是已發也, 已發之物, 何以預立於未發之先耶? 此豈非朱先生所以不安於舊見, 而改定其說於四子之書也歟! 吾人講論性理, 要將聖賢言語, 就自己身心, 從容玩索, 密切體究, 以驗其契合與不契合, 然後又必見於所存所發之地, 乃爲實學爾. 若不向自身上受用, 惟靠前言, 以爲活計, 則何緣得有長進耶?【「與金思禹」】

"知覺屬智", 『朱子文集』、『語錄』, 如此說處亦多. 但所可疑者, 先生於『四書』收盡竝世議論, 費盡一生心思, 集得前言之精粹, 以立萬世之章程. 而或曰"心之知覺原於性命”,【心既有知覺, 智又有知覺, 則心之全體知覺, 復原於性之一端。知覺心, 性道理, 似不如此。】或曰“虛靈不昧,【知覺, 似已包在此句裏。】以具衆理”,【理是性也。如盛見, 則知覺附著在衆理中一理涯角矣。此亦似未必然也。】或曰“人心之靈, 莫不有知”,【智苟有知覺, 則何不直說破, 乃曰云云, 其於與奪, 無已偏乎?】或曰“人心有覺, 道體無爲”,【道體是性也。知覺原來屬智底, <u>孔子</u>何以言“非道弘人”, <u>橫渠</u>又何以言“性不知檢心”乎? <u>朱子</u>於『集註』, 何不微疑<u>孔</u>言, 而特地載張語耶?】或曰“<u>告子</u>不知性之爲理,【智則包在此句裏。】而以所謂氣者當之”,【此氣字正指知覺而言。知覺原是性, 則<u>程</u>、<u>朱</u>諸先生斥告子、釋氏不識性, 亦何由也?】此豈非大家虛心究索者耶? 知此則『文集』、『語錄』以及後賢之所論得失, 漸次可辨矣。【「答黃鍾復」】

知覺、知識, 本是心之能也, 而該貫乎五性、四端之間矣。余近年所自體驗, 而看得的實, 不可移易者如此。又以<u>朱先生</u>語考之, 『語類』二十卷力行錄, 或問: “仁有生意, 如何?” 曰: “心是活物, 必有此心, 乃能知辭遜; 必有此心, 乃能知羞惡; 必有此心, 乃能知是非。” 此非如老夫自驗之說乎? 夫<u>晦翁</u>豈不知『語』、『孟』、『中庸』以仁、知對言之文, 而胡亂說去乎?【「答崔稄和」】

知覺, 從心上統發未發言, 而其發有精【如道心之屬。】有粗【知寒覺暖, 聖凡人物都一般。】; 良知, 從理上專指其發處言, 而有善(有)[無][311]惡。故學者, 於知覺, 須是有揀擇去取之功; 於良知, 却只要保守擴充, 以全其本然而已。二者雖同出於心靈, 而其苗脈面貌, 各自不同。如言“孩提之童, 無不知愛其親”是知覺, 亦得否? 又如言“心之良知, 或生於形氣之私”, 亦得否? 只此便見其不能無辨處矣。『遺書』, <u>伊川</u>言“禽鳥做窩子極巧妙, 是它良能”, 又言“人初生喫乳, 不是學”。余意以此等論良知、良能, 卽與『孟子』本指不契, 當自爲一說。故『精義』不載, 而『語類』、『或問』竝無所論。此處宜細辨, 未可草草放過也。【「答朴準晦」】

嘗見古聖賢之訓, 無不以致知爲先, 及讀『中庸』首章, 無所謂致知者, 遂大疑之。蓋其所謂君子者, 是由敎入道, 以達于性者, 宜其有知以爲先, 而不見致知之意, 卽未免異之。

佗日讀『語類』「訓門人」篇, 見所謂“何不言深思而言愼思”者, 反而求諸『中庸』“戒愼”之愼、“愼思”之愼, 二愼字, 恐無二指。於是私謂思之旣愼, 學問辨行, 又當用

---

311) (有)[無]: 저본에는 ‘有’로 되어 있으나, 『간재집』에 의거하여 ‘無’로 수정하였다.

愼功, 於是思得首章, 未嘗無致知之意, 而人自不察耳。然人之聞者, 皆以無前言往據, 不之從也。旣而更從性道敎, 再加思繹, 見得性字元來具得知行之理, 故道字亦該得知行之路, 敎字又包得知行之法, 此決然不可易之理也。因以推之, 彼由敎入道, 以達于性者, 如何舍却致知一段要務, 而遽從事於存養省察之功? 於是或以質諸人, 則人亦謂然, 而又多以存養未可與致知合一, 正如今子悅所擧諸說之爲者, 僕亦難於辨析矣。久之, 又積費思索而得其說, 以爲子思子言"戒愼恐懼", 而朱子以"敬畏"解之, "存養"結之。今且以管見論之, 學者窮格之際, 戒其陵躐, 而愼其思繹, 恐其强探力索, 而懼其離眞失正。且敬之一字, 是徹始終貫知行底大根本, 故程子發明格致之道, 而必以敬爲說, 又謂"聰明睿知, 皆由敬出", 則朱子皆深有取焉。至於存養之云, 則『大學』"顧諟明命"是通知行之功, 而曰"常目在之", 在卽存之之謂也。張子"存意不忘, 游心浸熟, 如大寐之得醒", 此正言存字矣。程子"完養思慮, 養知莫過於寡欲", 朱子"養其知, 則所見益明", 又皆正言養字矣。僕又僭有一語云: "無放心而可以明善之理, 亦無害性而可以擇中之理。存心養性, 何嘗不與格物致知相關涉乎?" 學者不自就已分上體驗, 但去文字上執滯, 恐無長進通達之時矣。僕于此一義, 疑之已深而思之已久, 且得之又已艱矣。縱遇善詰者雄辨者, 亦將無所阻礙, 而沛然答去矣。然道理無窮, 人見有限, 苟有明知之士, 立說而破的, 則亦當濯舊而從新矣。【「答李承學戒懼致知不可合一之問」○下同。】

大抵此一義, 有可以片言折衷者。蓋子思子旣曰"道不可須臾離也", 朱子釋之曰"無物不有, 無時不然"。若如來示, 則窮理之事,【物猶事也。】致知之時, 獨不在其中矣乎? 子思子旣曰"戒愼乎其所不睹, 恐懼乎其所不聞", 而朱子釋之曰"君子之心, 常存敬畏"。若如來示, 則格致之時, 不復存敬畏之功矣, 其心功之間斷, 亦許久矣, 何以曰"常存"耶?

比考得陸三魚『困勉錄』一條云: "『中庸』首末, 只言戒懼愼獨, 不及致知力行。蓋戒懼愼獨不是空空, 戒懼愼獨卽在致知力行上見, 故言戒懼愼獨, 便包得致知力行。" 愚謂此論的當, 未可以後儒之言而忽之也。

凡不知者自認以爲已知, 知之未至而却不肯窮究到極, 疑之未釋而蔽蓋不見底裏。恥於下問, 憚於博學, 亂想而不欲愼思, 粗擇而不要精審, 略分而不求明辨。欲欺世而深求隱僻之理, 或推之使高, 鑿之使深, 以爲知人之所不知, 或躐等陵節,而不肯循序漸進。此箇念頭潛發於隱微之中, 則豈非知識上所宜猛加省克之病痛乎? 是又愼獨工夫之通貫乎致知之地者, 的然明白, 特讀者未之察耳。於是覺得從前看書硏理, 全然鹵莽而自認爲髣髴近似, 眞是可笑也。【「與李承學愼獨致知亦可合一之義」】

以理氣分註{虛}³¹²)靈字下, 本出於秋巒, 而退翁始疑其析之太瑣, 每欲抹去。後因得程、張、朱子以虛爲理之說, 認虛靈之{虛}³¹³)爲理, 而立心合理氣之見。愚竊謂"心者理氣之合",【見「答高峯書」】 此句以"合性與知覺有心之名"觀之, 亦自無害。又如"性者理氣之合"、【朱子、栗翁皆有此語。】"身者理氣之合",【亦見「答高峯書」】 皆可通。但其中有賓主輕重之分耳。後人不察, 謂退翁爲心卽理之論者, 此則不可不辨。退翁論白沙言"此心與此理未湊合處,【按: 此就運用處說。】 以爲大槪不甚畔去,【退翁之意可見。】 但其悟處是禪。" 其論陽明, 則曰: "此人創爲心卽理之說,【按: 此就本稟處言。】 是何異於釋氏乎?"【退翁之意可見。】 此與近世心宗諸家之見, 正相南北, 學者宜細察焉。【「與權純命、金孝述」, 下同。】

他處虛字, 誠有以理言者, 至於虛靈之虛, 斷不可指爲理。蓋嘗見朱子「答林德久書」曰: "知覺正是氣之虛靈處。"【按: 近世心宗諸家, 總"虛靈知覺"四字, 皆謂之理, 分明認氣爲理之見也。】『語類』沈莊仲錄亦曰: "心之知覺是那氣之虛靈底。" 又曰: "禪家但以虛靈爲性, 而無具衆理以下之事。" 此三條皆出晚年, 而秋巒未曾考檢, 到此以虛靈分屬理氣, 此決然是誤也。退翁却將前賢指虛爲理之說, 以爲的證, 此亦少未及細勘於兩處虛字所指自別之妙也。以退翁縝密, 猶有似此去處, 我輩後學所自以爲是處, 其疏脫錯誤之病又何限? 近始覺得此意眞切, 如有隱憂而不能自釋也。

知覺心意言性, 是佛、老緒餘, 非聖賢本指。朱先生於「玉山講義」辨明之, 此在甲寅歲。其明年乙卯「答林德久書」, 又明言"知覺正是氣之虛靈處", 茶田所云"晚年說", 不知又見於何書? 以視聽言動爲道, 是佛家作用是性, 此又朱先生所深排者, 是爲沈莊仲戊午以後所聞, 詳見於『語類』。『中庸』首章論"道不可離"處, 而茶田以視聽言動爲理, 可異也。【「與金弘梓」】

有問於尤菴先生曰: "心之虛靈只是氣歟? 抑以理氣合故歟?" 先生曰: "是氣也。"

---

312) {虛}: 존경각본에 의거하여 '虛'를 보충하였다.

313) {虛}: 존경각본에 의거하여 '虛'를 보충하였다.

又問: "分明是氣歟?" 曰: "分明是氣也。" 余竊惟之, 心是能弘道者, 使心之虛靈已是道也, 道乃無爲之性, 如何能弘道? 吾故曰: "學問要檢心以存理。"【『語類』云: "理是心之理, 撿束此心, 使無紛擾之病, 卽此理存也。"】先生又嘗言: "聖賢論心, 以知覺爲主, 而知覺卽氣也。" 是豈先生所創新者? 昔林德久問: "人賦氣成形之後, 便有知覺。此自何而發端?" 朱夫子答曰: "知覺正是氣之虛靈處。魂游魄降, 則亦隨而亡矣。" 此是黨禍後往復, 先生之言本於此。由是觀之, 學者宜專恃道體爲極本窮源之主宰, 而不可靠著靈覺爲爲學之大本也。【答鄭然國】

朱子以「復卦」屬之已發, 『大全』「復卦贊」、「北溪答問」、『語類』「易門」, 莫不如此。蓋不獨「呂子約書」、『中庸或問』爲然也, 此則不必費於言。惟李公之以能知覺、所知覺分靜與至靜之說, 則不得不辨。謹按: 『中庸或問』曰: "至靜之中, 但有能知覺者, 而未有所知覺。" 夫所謂"能知覺"云者, 自知寒覺煖, 以至於知其爲人、知其爲物之類, 而總言之也。或疑如此, 則無乃爲有所知覺, 而與『或問』之意相戾耶? 曰"知覺與聞見爲一類", 今且以聞見言之。夫未發之時, 有聲色過乎前, 則耳自能聞, 目自能見矣。旣有聲色之入於耳目者, 則安得爲無所聞、無所見乎? 此但以『大全』「答子約書」所謂"未有聞見與無所聞見, 如何分別"云者, 觀之, 便自可見。由是論之, 至靜之時, 心有所知覺,【此所謂知覺, 卽與聞見爲一類也。】實是朱子之意也。若必以爲無所知、無所覺, 然後爲至靜云爾, 則無乃與朱子所譏"不識四到時節有此氣象"者, 相近耶? 然則『或問』所謂"所知覺",【此所謂知覺, 卽與視聽爲一類也。】非以靜中自然有所知覺者而言, 實以知覺之發於思慮者言也。而李公旣誤認『或問』"所知覺者", 爲未發前所有之物, 則須以但有能知覺者爲至靜, 以有所知覺者爲靜, 而同謂之未發, 此靜與至靜之辨所由起也。殊不知未發之前心有所知, 只是因物之過乎前, 而知之覺之耳, 非便有思慮之萌, 則此心寂然之本體, 初未嘗纖毫變動, 直是無兆朕可見, 正所謂"雖鬼神有不能窺其際者"。此又何損於至靜之體, 而必欲遞降一等, 以爲只可屬之靜, 而不可謂之至靜也乎! 因物之過乎前, 而知之覺之者, 只謂之靜, 而謂之非至靜, 且未可, 況可以之比一陽已動之「復卦」乎? 竊謂李公之失於照勘者有二焉。以『或問』"所知覺"爲未發前事, 一誤也, 以「呂書」"心之有知", 合於『或問』"所知覺"之說, 而比之於「復卦」, 二誤也。此其所以合朱、宋前後異同之論, 而作一義看也。愚有一詩論此云: "纔靜過時已是動, 一陽生處便非陰, 中和界

至斯而已, 底事丹翁較淺深。" 愚之淺慮如此, 未知知者見之, 又以爲如何也?【「坤復說再辨」】

"心者, 何也? 仁是已。仁者, 何也? 活者爲仁, 死者爲不仁。仁操則存, 舍則亡。"【上蔡語。】"'心有知覺之謂仁', 此上蔡傳道端的之語。"【胡伯逢語。】"'心有所知覺謂之仁', 此謝先生救拔千餘年陷溺固滯之病, 豈可輕議哉?"【胡廣仲語。】愚按: 朱先生平生以知覺言仁爲大誤, 近世儒家乃有"性之知覺"語, 又有"理能知覺"語, 不知所謂仁非性與理, 而欲飜先生舊案乎? 吾儒說心說性, 欲以體之於身心之間也。今不以純粹至善之仁性爲主, 乃欲將此氣虛靈之知覺爲道, 則其心術隱微之間, 惡能無小差失? 此不可不深長慮也。【「知覺」, 下同。】

知覺不可以爲理, 朱子於『四書』已明言之。如云"心之知覺, 原於性命", 又云"虛靈不昧,【靈字貼知覺說。】以具衆理", 又云: "人性皆善, 而各有先後, 人心有覺, 道體無爲", 又云: "告子不知性之爲理, 乃以知覺當之", 此皆『集註』、『章句』之顯然明白者,【外它『大全』、『語類』, 姑勿擧論。】而近世諸家之說, 一切與之反戾, 倒以從朱子者爲"氣學", 殊可笑也。

虛靈知覺, 不可分體用, 知覺亦不可以識悟分。【『中庸記疑』, 下同。】

虛靈知覺, 上與性命之理, 而爲之配合, 則顯見而無微妙難(知)[見][314]之慮, 下與形氣之欲而爲之運用, 則臲卼而無安穩可恃之勢, 故君子之學最要自心自敬。知覺必指爲對體之用, 又必指爲智之用, 則未發之時, 謂之無知覺可乎?

---

314) (知)[見]: 저본에는 '知'로 되어 있으나, 존경각본에 의거하여 '見'으로 수정하였다.

「정情」(『性理類選』卷7)

1) 서지사항

유영선이 정(情)과 관련된 전우의 학설을 발췌·정리한 글. 유영선이 편찬하여, 1939년에 간행한 것으로 추정되는 『간재선생성리유선(艮齋先生性理類選)』(전 10권) 권7에 실려 있다.

2) 편저자

유영선(柳永善, 1893~1861)으로, 자는 희경(禧卿), 호는 현곡(玄谷)이다.

3) 내용

유영선이 스승인 간재(艮齋) 전우(田愚, 1841~1922)의 여러 글 중에서 성리사상에 긴요한 부분을 발췌하여 편찬한 『간재선생성리유선(艮齋先生性理類選)』의 내용은 태극(太極)·성리(性理)·심(心)·신(神)·덕(德)·허령지각(虛靈知覺)·정(情)·기(氣)·기질혼백(氣質魂魄)·학(學)이다. 이 가운데 「정(情)」은 전우가 쓴 편지글과 논설 중에서 관련 내용을 발췌하여 구성한 것이다. 편지글은 「답한경춘(答韓景春)」, 「답이치호(答李治鎬)」, 「여최병심(與崔秉心)」, 「여성기운(與成璣運)」, 「답황찬규(答黃瓚奎)」, 「여김종희류영선(與金鍾熙柳永善)」에서 발췌한 것이고, 논설은 「농암사칠설의의(農巖四七說疑義)」, 「이씨익『사칠신편』첨목(李氏瀷『四七新編』籤目)」, 「해상산필(海上散筆)」, 「해옥병어(海屋病語)」, 「화도만록(華島漫錄)」에서 발췌한 내용이다. 「답이치호」에서는 "정(情)은 리(理)에, 신(神)은 기(氣)에 속한다고들 한다. 정은 리를 싣고 있어 그 측은지심과 희노애락이 곧 마음의 발용(發用)이고, 신은 오묘한 리이기에 그 신령스런 광채가 곧 기의 정화(精華)이다. 측은지정(惻隱之情)으로 선한 본성을 밝힌다면 그 실린 것이 리이고, 불측지신(不測之神)을 도의 용도로 삼는다면 그 짝하는 것이 리이다."라고 설명했다. 「농암사칠설의의」에서는 "사단(四端)은 리가 발한 것이고, 칠정(七情)은 기가 발한 것이다."라는 『주자어류』의 말에 대해 간재는 "정을 논할 때 그 본래처를 궁구한다면 사단만 리가 발한 것이 아니라 칠정 또한 리가 발한 것이다."라고 주장했다.

『全翁集』中「答閔參判書」, 以和屬氣分, 是愚之代草而見許於函席者也。所據則有朱子之訓, 在傍照則又有栗翁說, 然他處太和, 他處善情, 有可以屬氣者, 至於『思傳』之和, 則決然是理。蓋大本是道之體, 達道是道之用, 中和是天地之中。在人則爲性情之德, 未發爲中, 發而中節爲和, 合而言之, 則一中也, 故曰"中庸"也。顧氏【憲成】曰: "中者, 就不覩不聞之時, 直指夫天命之性而名之者也; 和者, 就莫見莫顯之時, 直指夫率性之道而名之者也。" 此與『章句』、『或問』合, 愚前以質於順兄, 幸與商確而回敎之也。【答韓景春】

"以情屬理, 以神屬氣"云云, 蓋情雖載理, 而其惻隱喜怒, 實心之發用也; 神雖妙理, 而其靈明光彩, 卽氣之精英也。若以惻隱之情明性之善, 則指其所載以爲理; 以不測之神爲道之用, 則竝其所配以爲理。此又自爲一說也。【答李治鎬】

『退溪年譜』二卷十九板"以情言之, 循理而發者爲四端", 此是下世前一歲語, 而"循理而發"與"理發而氣隨之"語勢不同, 而循之而發者, 非心氣而何? 夫理無形影無覺爲底本體, 其循此而發者, 乃是心也。然則此與"氣發理乘"者, 何所別乎? 況退翁每以七情爲本善,【答高峯書】又謂"亦無有不善",【心統性情圖說】然則"氣發而理乘之", 亦可通用於四七矣。【退翁「答金而精書」云: "動者是心, 而所以動之故, 是性也。" 「答禹景善書」云: "心動而太極之用行。" 此皆出於六十四五歲時, 而皆無"理發氣隨"之意, 幸竝參考而示誨焉。○「與崔秉心」, 下同。】

退翁曰: "見入井而惻隱自然發出, 見喜事而喜自然發出。" 又曰: "情之發, 心所爲也。性無形影, 而因心而敷施發用者, 情也。先儒以情是自然發出, 故謂之性發。" 竊詳文意, 不分四七, 皆謂"自然發出", 又皆謂"心所爲也"。以自發謂之性發, 則四七同是理發, 以心所爲謂之情, 則四七同是氣發, 而「心統性情圖」不復加釐正, 何也? 此必有說, 幸與詳喩。【退翁語是節取者, 須取本集卅卷十五六板「答李宏仲書」細檢也。此是先生六十七歲議論, 豈非晚年所定乎?】

愚見四七雖皆自然發出, 然又必皆因心以發, 則四七皆當云"氣發而理乘之", 特其中有氣發, 而循軌、或不循軌之分耳。若其四端或不中節, 七情亦皆中節之辨, 自當別論, 此意似精當。

栗谷以當喜而喜者爲仁之端, 而農巖以喜分別是非者爲智之發, 此義如何? 愚竊謂栗谷說不可易。 蓋分別是非者, 固智之端, 而其喜分別是非者, 當是仁之端, 何以言之? 恭敬撙節, 斷制裁割者, 固是禮義之端, 而其喜如此者, 却當屬於仁之端也。 又臨喪而哀, 栗谷以爲仁之端, 而以農巖之意推之, 哭君而哀者, 爲義之發, 哭妻與朋友而哀者, 爲禮與信之發也。 見所親而慈愛, 栗谷以爲仁之端, 而以農巖之意推之, 君臣夫婦兄弟朋友之相愛者, 皆非仁之發, 而却又謂之爲義與信禮之發矣。 凡此似皆有礙。 又如見君上疾痛而惻隱者, 見夫妻兄弟朋友疾痛而惻隱者, 一切不得爲仁之端, 而却又爲義與信禮之發矣。 此於愚見未能曉晰。【「與成磯運」】

栗翁論情非中節, 而爲善而發者, 曰: "善惡只在中與過不及而已。 纔出於中, 則皆謂之不善之情。" 此說見於金振綱所錄, 而學者多疑之。 今此來喩所辨訂者, 似亦善矣。 愚又有一說云: "假令遇親病劇不勝迫切, 而不覺萌了刲股割肝之心, 則朱子以爲過中, 退翁以爲至善, 而栗翁以爲非至善之中, 然又以爲愛親之至誠, 而有感天之時矣。" 此見於李景臨『年譜』初稿。 今以此問於栗翁曰: "學者做善惡, 只在中與過不及之敎, 而曰此雖道心之發, 旣是過中而非至善, 則謂之惡情,【又謂之拘於形氣, 而流於人欲。】 未審先生許之否乎?" 恐其所答決與金氏所記之說, 不同矣。【『語類』云: "孔子曰: ‘苟志於仁矣, 無惡也。’ 旣志於義理, 自是無惡, 雖有未善處, 只是過耳, 非惡也。" 以此例之, 金氏錄得栗翁語中直指未中者, 以爲惡情者, 恐語脈間少有差也。○「答黃贊奎」】

「樂記」"性之欲", 朱子曰"卽所謂情也。" 此似通四端七情言, 而朱子以爲亦未是不善, 此恐未可如農翁四端主理、七情主氣之說也。 鄙意以中節言, 則四七皆當主理, 以不中言, 則四七皆當主氣, 而其動者氣而乘者理, 四七又皆然也。【與金鍾熙、柳永善】

『語類』"四端, 理之發; 七情, 氣之發", 退陶說近此。○ 愚按: 凡論情, 苟求其本源來處, 非特四端是理之發, 七情亦是理之發。 如程子曰: "喜怒出於性", 又曰: "性之有喜怒, 猶水之有波濤", 朱子曰: "喜怒哀樂, 情也。 其未發, 則性也", 又曰: "性之欲, 卽所謂情也。 情之有好惡云云", 栗翁亦云"情雖萬般, 孰非原於理乎"者, 是也。 若從其能所而分焉, 則非特七情是氣之發, 四端亦是氣之發。 如朱子曰: "四端便是情, 是心之發見處。 四者之萌, 皆出於心, 而其所以然者, 是性之理也", 又曰: "仁是性, 惻隱是情, 須從心上發出來", 又曰: "四端本諸人心, 皆因所寓而後發見", 又曰: "四端皆是自人心發出", 退翁亦云"性無形影, 而因心以敷施發用者情也"者, 是也。竊謂無問四七, 皆可曰是理之發、氣之發。考『語類』, 此句下問: "看來喜怒愛惡欲, 却似近仁義。" 曰: "固有相似處。" 又曰: "七情自於四端橫貫過了。" 退翁亦曰: "若渾淪言之, 則以未發之中爲大本, 以七情爲大用, 而四端在其中, 如「好學論」、『中庸』是也。" 此與栗翁"言七情則四情在其中"云者, 如出一口而無異指矣。但退翁"理發氣發", 却自言"此就心中而分理氣言之", 又每言"理氣互發", 此恐與上所擧二義不相似, 然此最宜細審。又考己巳三月夜對說話, 有曰: "以情言之, 循理而發者爲四端。" 此豈非指"氣之循理而發者"言乎? 恐似與平日所主"理發而氣隨之"之義不同。此是下世前一歲語, 恐當以此爲定論。此一義定, 則栗翁所主"四七皆是氣發而理乘"者, 何嘗別出於退翁"四端循理而發"之外乎? 然四端之專言理, 實亦無所礙也。蒙迷之見, 偶然如此, 未審其必然否也。【「農巖四七說疑義」, 下同。】

七情者, 就氣機之發動而立名者也。○ 愚按:『朱子大全』「舜典象(形)[刑][315]說」云: "聖人之心, 未感於物云云。及其感於物也, 喜怒哀樂之用, 各隨所感而應之, 無一不中節者云云。以其至虛而好醜無所遁其形, 以其至平而輕重不能違其則云云。雖以天下之大, 而擧不出乎吾心造化之中也。" 觀此篇立意, 何嘗就氣機之動而立名, 而與四端之直指道理之著見者, 分而二之, 判然有主理主氣之實, 而不可渾合說之意乎? 後學淺識, 甚恨不及就質於農翁也。

辭讓是非直就道理說, 何曾干涉於氣? 以此推之, 四端之異於七情可見矣。○ 愚按: 四七異同, 必欲如此說, 有可疑者。如舜之愛親、喜弟、怒四凶、泣昊天, 孔子惡佞者、惡利口、臨事而懼, 孟子之"吾爲此懼", 孔子之"我欲仁", 孟子之"我亦欲正人心"之類, 謂之直就道理說, 恐無礙亦難。謂之夾帶氣說, 不但聖人之七情如是, 雖衆人之情亦有如是者, 如孟子所謂"孩提之童無不知愛其親"之類亦然, 未知此不然否。

栗谷雖以恭敬屬之懼, 旣不脗合, 而所謂辭讓則在七情, 又當何屬耶? ○ 愚按:『語

---

315) (形)[刑]: 저본에는 '形'으로 되어 있으나, 『艮齋集後編』 권12 「農巖四七說疑義」에 의거하여 '刑'으로 수정하였다.

類』以懼屬禮,『中庸章句』以恐畏釋戒懼, 栗翁說似出於此。至於辭讓是從恭敬退遜上來, 則以之配於屬禮之懼, 或無大礙否?

栗谷以知喜怒哀懼之當否爲是非, 此亦未盡是非之意。○愚按:『大全』「元亨利貞說」云:"仁義禮智, 性也。惻隱羞惡辭讓是非, 情也。以仁愛, 以義惡, 以禮讓, 以智知者, 心也。" 今栗翁之以知是非爲智之端, 實本於此也。農翁之疑之也, 豈亦未及照管而然歟! 然栗翁於"所當懼"下, 著"而以爲是"四字, "所不當懼者"之下, 著"而以爲非"四字, 則合於『孟註』, 而尤更圓滿也。

朱子論性情體用, 必以四德、四端爲言, 而未嘗以七情分屬四德, 非偶未之及, 蓋知其難分屬。○愚按:『語類』「小戴禮、禮運門」以七情分屬四德, 有賀孫、義剛二錄,【見下。】「孟子門」「公孫丑」四端章, 有廣錄,【見首節。】今要將此三錄及栗、農二先生說, 逐一細究。

以喜屬仁, 以懼屬禮, 費力說來, 雖若可通, 終有牽强安排處, 非自然的確不易之論也。○愚按:『語類』義剛錄云:"喜怒愛惡是仁義, 懼主禮。" 廣錄云:"喜怒愛惡欲似仁義。" 恐難謂費力說。又如"喜象喜", "喜聞過", "喜不寐", "敬其父則子悅", "內竪告曰安, 則文王乃喜", 此類當屬仁, "執圭戰色", "畏大人", "戒懼是敬", 此類當屬禮, 而可謂自然不易之論也。未知如何?

見父母而喜者, 仁之發也; 誅惡逆而喜者, 義之發也; 喜習俎豆之事者, 禮之發也; 喜分別是非者, 智之發也。○愚按: 一切喜情恐皆當屬之於仁, 而其喜誅惡逆、喜習俎豆、喜分別是非者, 是仁之情流行於義禮智之間。若必欲隨事而各立名義, 則假如見它人尊慕吾之賢友而喜之, 見小人陷害吾之賢友而怒之, 則將謂之信之發乎? 敬其父則子悅, 敬其君則臣悅, 恐不須分屬於仁義之發, 未知如何?

欲孝父母者, 仁之發也; 欲除惡逆者, 義之發也; 欲行古禮者, 禮之發也; 欲辨是非者, 智之發也。○愚按: 孝父母、除惡逆、行古禮、辨是非, 皆善也。善是心之所欲也。朱子曰:"愛與欲相似而欲較深。"【『語類』個錄】又曰:"喜愛欲近仁。"【廣錄】愚竊謂凡欲皆由愛心起, 故賀孫問"欲自惻隱上發", 而朱子無貶辭。恐不必分屬於義禮智之發, 如農翁之言, 未知是否?

凡愛哀皆屬仁, 惡怒皆屬義。今若愛親屬仁, 愛君屬義, 如喜怒例, 則又太拘。○愚按: 愛哀屬仁, 惡怒屬義, 已有朱子定論, 它情以此爲例, 無不通矣。

惡怒雖皆屬義, 然見無禮於其親, 而怒之惡之者, 謂之仁之發, 亦無不可。其他亦有類此者。○ 愚按: 農翁于上文"愛親屬仁, 愛君屬義", 既曰太拘, 而於此又有此說, 何也? 必如此, 則敬其父而子悅, 謂是仁之發; 敬其君而臣悅, 謂是義之發; 見宵小誣吾友而怒之惡之, 謂是信之發; 見盜賊犯妻妾而怒之惡之, 謂是智之發, 莫亦有拘否?

子思論達道, 不曰喜怒哀樂之發是達道, 而必以發而中節者爲達道者, 正以人心氣機之動易於差忒, 須是循理而得正, 然後可謂之達道。○ 愚按: 『中庸』"發而皆中節", 但就天命之性所發底, 喜怒哀樂自然無所乖戾處, 指點出達道爾。若乃"機動易差"與"循理得正"之分, 恐未遽及也。不然, 恐達道有因人方有之嫌矣。未審此說是否? 又按: 『或問』曰: "天命之性, 方其未發云云, 故謂之中, 及其【其字指性字。】發而云云, 故謂之和云云。" 細玩此段文意, 恐是天命之性發, 而爲喜怒哀樂之情, 而其體用之全本皆如此。此可見非獨四端發於性, 而七情亦未嘗非發於性者也。愚故曰: "語情之源, 則四七皆是理主而氣配之; 指性之動, 則四七皆是氣發而理乘之也。" 蒙迷之見, 偶自如此, 未知知道者以爲是否? 願聞指敎。

古來論七情者, 皆有戒之之意, 非若四端專以擴充爲言, 其爲主氣而言可見矣。○ 愚按: 此固有然者。但七情中如親老而喜懼, 親沒而哀痛, 事親而存深愛, 父母所愛惡, 己亦愛惡, 虞帝之"象喜亦喜", 孔子之"臨事而懼", 孟子之"吾爲此懼", 君子之存戒懼、畏天命、畏聖言、哀有喪、惡不仁、惡鄕原, 『論語』之"我欲仁", 『鄒書』之"義亦我所欲", 見權倖之僭逼於君上則(恐)[怒]316), 學者於此類, 常患其不盡分, 則宜亦擴而充之, 不可戒而遏之。至於聖人七情, 尤難謂之主氣, 未知如何?

"四端專言理, 七情兼言氣", 栗谷說非不明白, 愚見不無小異者, 所爭只在兼言氣一句耳。蓋七情雖實兼理氣, 要以氣爲主, 其善者, 氣之能循理者也, 其不善者, 氣之不循理者也。其爲兼善惡如此而已, 初不害其爲主氣也。○ 愚按: 栗翁見七情不能皆善, 故不曰專言理, 而曰兼言氣, 又未嘗皆不善, 故不曰主氣, 而曰包理氣, 其察理亦甚精且密矣。若乃聖人七情, 則不可以氣爲主也。如以氣之不循理者, 謂之主氣, 則四端亦有不中節者, 已有朱子、栗翁之說矣。今以實事論之, 自聖人

---

316) (恐)[怒]: 저본에는 '恐'으로 되어 있으나, 『艮齋集』에 의거하여 '怒'로 수정하였다.

以至衆人, 一見乞兒與病者, 其惻隱之發, 恐決無如印一板, 而無少輕重淺深之等矣。見盜賊而憎惡, 遇尊貴而恭敬, 臨事變而是非之發亦然, 未知如何? 更按『語類』端蒙錄曰: "'人生而靜, 天之性', 未嘗不善; '感於物而動, 性之欲', 此亦未是不善。至'不能反躬, 而天理滅', 方是惡。" 竊謂"感於物而動, 性之欲"一句, 總包四端七情言, 而亦謂之未是不善, 則何處見得主理、主氣之分乎? 此處最宜細覈, 如何如何?

栗谷人心道心說, "善者淸氣之發, 惡者濁氣之發", 曾見趙成卿疑之云云。○ 愚按: 此一義只以朱子論夜氣之說爲定本, 則恐無可疑。蓋『或問』曰: "人暮夜休息, 則其氣復淸明耳。" 看一復字, 氣之本淸可知矣。【昔梧堂聞愚此言, 深歎而屢稱之。】『語類』曰: "人欲得些時氣便淸。" 看些字、便字, 氣之得淸, 不必待夜息與未發, 而卽有此理, 尤可見矣。氣質本體淸美之義一明, 後面許多疑難, 或得如氷釋矣否?

後來思之, 栗谷說誠少曲折。○ 愚按: "氣之本淸"與"乍歇卽淸", 恐是栗翁說之曲折, 未知如何?

中人以下, 其氣固多濁少淸, 然見孺子入井, 未有不怵惕惻隱者, 此豈淸氣之發哉云云。一日十見, 亦無不惻隱云云。○ 愚按: 此皆從乍歇便淸時發出來者, 使其有利害關涉, 則又不然。如近年淸國某地惡少輩, 捕小兒得錢, 蓋有買而蒸食者, 厚價求之, 故纔見小兒輒捕去。使此輩居不食小兒之鄉, 而見孺子入井, 亦必怵惕矣。以是參究, 或須如愚見, 然未知是否?

天理之根於性者, 隨感輒發, 雖所乘之氣濁而亦不爲其所掩, 然此以常人言耳。○ 愚按: 常人氣質, 未發時亦自淸明, 纔發便有不齊。故見孺子入井, 而雖有惻隱之情, 必不能如聖賢之無過不及矣。淺見如此, 未知是否?

至於頑愚之甚, 平日所爲至無道者, 猝見人欲害其親, 則亦必勃然而怒, 思所以仇之。○ 愚按: "頑愚之甚, 至無道者, 見人欲害其親, 則亦必怒而仇之", 只此是『中庸』序所謂"雖下愚不能無道心"者, 不是異事。然則道心非性命自發, 乃是知覺之原於理者。故農翁亦嘗言"道心只是物之循乎則者", 未嘗直言是理之發用也。此一義以道心斷之, 恐無可疑, 未審不然否?【農翁說中, 見、怒、思三字, 皆心之事而非性之爲也。】

彼其方寸之內, 濁氣充塞, 豈復有一分淸明之氣? 特以父子之愛, 於天性最重, 故到急切處, 不覺眞心發出。○ 愚按: 愛雖原於仁, 而其愛之者心也。故農翁本意雖主性發, 而於此不覺說出眞心字, 此宜細思之。且凡覺字、爲字, 皆屬心氣。若乃性理, 原無覺無爲, 故雖有當發之性理, 而非能發之心氣, 恐無由自動。如馬上之人, 非馬行, 決無自行之理; 器中之水, 非器動, 萬無自動之理。如以重且急而人自行水自動, 則豈道體無爲之謂乎? 愚迷之見如此, 然以農翁之精密明透, 豈不見及此而云爾哉? 此愚所以疑問也。

理雖曰無情意、無造作, 然其必然、能然、當然、自然, 有如陳北溪之說, 則亦未嘗漫無主宰也云云。○ 愚按: 理爲主宰, 只是箇自然無爲之主宰, 非如心之能主而宰之也。【道心是知覺原於性命而發者, 若謂"性命主宰乎心氣而出", 則未知如何?】

若以善惡之情, 一歸之氣之淸濁, 則恐無以見理之實體而性之爲善也。○ 愚按: 不問氣如何, 而所載者性善之理也。若無性善之理, 則氣何從而露出此善情耶? 雖如栗翁之言, 不患無以見理之實體性之爲善也。未知此不然否?

更思之, 稟氣淸濁, 固各有本然之定分云云。氣之在形質者, 雖一定而不可易云云。不然則賢愚淸濁無復定分, 而聖人之氣, 亦有時而濁矣, 豈理也哉? ○ 愚按: 天地之間, 二氣五行運行, 晦明不常, 誠有如農翁之言, 然此特其運行之用耳。其本然之淸美者未嘗壞, 亦朱子之所嘗許也。【見『語類』「歷代門」】如一泓淸水, 投以泥土, 則渾而濁矣。然其本淸底, 實在其中。故人之稟氣, 値晦明之時, 則固得其晦明底, 然其中所有元來淸粹之體, 亦竝稟受去, 如就濁水中取得一椀去, 則其本淸底, 亦竝在其中矣。此所以"暮夜休息則氣復淸明"與"歇得些時氣便淸"者也。如使有本分之一定者, 則雖靜寂之時, 其濁駁之定分, 依舊根著, 何以有未發時耶? 至於聖人所稟, 天地氣質之用之至淸至粹者以爲用, 則如何得有時而濁乎? 此一義明, 則上下文許多設疑, 庶可以通矣。未審是否?

人心善惡之分, 皆因乎氣, 而其端則有三焉。本來稟賦, 一也; 隨時淸{濁}317), 二也; 所感輕重, 三也。參互而曲暢之, 其義盡矣。○ 愚按: 農翁上兩句, 畢竟不出於"善者淸氣之發, 惡者濁氣之發"兩言之外矣。【老洲說中亦有此意。】但"所感輕重"一句, 却與栗翁之意不同, 未知終如何也?

---

317) {濁}: 존경각본에 의거하여 '濁'을 보충하였다.

氣之用事, 專在於意念公私之際. 蓋善情之驀然發出, 固未必皆乘淸氣云云. ○
愚按: 氣之用事, 恐似不專在於意念公私之際. 氣機纏動之初, 或不循理便是用
事, 未知如何?

纔說惻隱, 便見其爲仁之發, 纔說羞惡, 便見爲義之發, 辭讓是非皆然云云. 但說
愛, 未定其爲仁之端, 但說惡, 未定其爲義之端,【愛惡同屬仁義, 而如愛貨色、惡正直, 未可
謂仁義之端也.】他情皆然云云. ○ 愚按: 孔子答樊遲問仁曰"愛人", 朱子言"愛惡屬
仁義", 此類(怒)[恐]318)難謂"但說愛惡, 未見其爲仁義之端", 而必曰"不能信其皆
善也". 且所謂"感於物而動, 性之欲", 所謂"性發爲情", 所謂"陽氣發處是情"、"情
是流出運用處"、"情者心之用"之類, 豈必只言四端而七情不與焉爾乎? 竊意孔子
言"愛衆"、"愛人"、"惡人"、"子貢問君子亦有惡"之類, 皆是但說愛、但說惡者, 恐
難謂之非四端, 而必歸諸七情之不能信其皆善矣. 區區蒙蔽之見, 未能遽開悟, 甚
恨不及執策於三、洲門下, 而質問其所疑迷也.

"四端, 理之發"一句, 文義明了, 則都無事矣. 不然, 千言萬語, 究亦無補矣. 朱子
曰: "四端是心之發見處. 四者之萌, 皆出於心, 而其所以然者, 是性之理所在也."
【『語類』五卷道夫錄】 此段分明是栗翁"氣發理乘"之淵源也.【李氏亦言"心是氣也", 然則心
之發非氣之發乎?】但孟子之意, 本欲明性之善, 故朱子亦曰"理之發", 非謂四端非心
之發見處, 只是性理發之也. 蓋理之發, 是推原說心發之本於理. 若曰理發之, 則
是直指說理能發此四端, 此須細審. 如言道心是原於性命則可, 若曰是性命發之,
則非朱子之本指也.【李氏瀷『四七新編』籤目, 下同.】

孔子之哭、孟子之喜, 皆出於道理之公, 而不關形氣之私, 無一毫偏倚之失, 而合
於天命精微之中矣. 特觀者不察而疑其過爾. 李氏所謂"理動之過"者, 吾未知此
理無情意、無知覺, 那緣有動之過. 若氣之作爲有激, 則理不能直遂而至於過者有
矣. 今(日)[曰]319)理動之過, 則必觸形氣說得倒了. 且四端誠亦有過不及之差, 然
此由衆人不能涵養而致之爾. 聖賢未發誠敬之功已盡, 安得有發之過而至於反觸
形氣耶?

"隱者, 隱於物, 公也; 哀者, 哀在己, 私也." 以此爲四之隱非七之哀也. 信如此說,

---

318) (怒)[恐]: 저본에는 '怒'로 되어 있으나, 존경각본에 의거하여 '恐'으로 수정하였다.
319) (日)[曰]: 저본에는 '日'로 되어 있으나, 『艮齋集』에 의거하여 '曰'로 수정하였다.

上蔡聞明道語, 面赤汗流, 亦謂之惻隱, 此亦爲隱於物乎? "仁者人也", 人以身言, 而自有惻怛之意, 此何嘗專屬於物而自身不與耶? 此一義明, 則餘皆明釋, 玆不盡辨。後十五章亦皆略擧一兩句論辨, 讀者宜以類而推也。

四端, 以本然言則善而已矣。若論其不中節, 則何可皆謂之不涉於私己, 何可皆謂之純善而無惡乎? 如"以衣食不如人而羞惡之, 好名要譽而辭官讓國"、"欲利於己而是者非之, 非者是之"、"罪當死者, 以己之私愛惻隱而不忍殺"之類, 何可謂之不涉於私而歸之純善乎? 朱子謂: "四端固是良心。若不存養, 則發不中節, 顚倒錯亂, 便是私心。"【見『語類』「祭義門」】如此, 方是正當周徧之論也。

李氏謂: "七情畢竟是從形氣發者, 故爲私有底情也。" 此似看得偏枯, 而說得麤疎也。朱子所著「元亨利貞說」有曰: "以仁愛、以義惡者, 心也。"「舜典象刑說」有曰: "喜而賞者, 陽也, 聖人之所欲也; 怒而刑者, 陰也, 聖人之所惡也。" 此等何嘗從形氣上來, 何嘗爲私有之情?

李氏曰: "七情, 總而言之, 止是欲惡二者。" 此說是矣。但指此爲私而曰: "食色之欲、死亡之惡, 聖愚同有, 而欲止於所當欲, 惡止於所當惡, 乃私中之正也。" 李氏何故論七情, 輒皆歸之形氣, 而其原於性命底, 一例刪沒也? 如欲仁、惡惡二者, 已自明白。至於"從欲以治", "從心所(從)[欲][320]", "我欲正人心", 及"惡鄭聲之亂雅樂, 惡利口之覆邦家",【『子貢問君子有惡"章並參看。】 "所欲有甚於生, 所惡有甚於死", 此類不可殫擧, 而乃單拈形氣上欲惡, 而黜七情於人心一邊, 何也? 其曰"欲天下之所同欲, 惡天下之所同惡, 乃私中之公。公者, 何也? 雖不繫吾私, 而一視於己也, 此卽理之爲也。理能使七情爲公"云云者, 亦全然與聖賢之教相反戾也。信如此說, 一部『大學』, 自格致誠正, 以至於修齊治平, 始終表裏, 許多排布, 總之不過一私字事, 特其中有公爾。此箇議論, 古今天下, 何許癡人或有點頭者耶? 又其"理之爲"、"理能使"二語, 直與孔子之"非道弘人"、朱子之"道體無爲", 不啻背而馳也。使其假之以年, 而修改舊說, 則此等說話, 決然削去而不留也。李氏後人如必曰"此是吾家先輩所定, 誰敢改動云爾", 則此以其姑未改換, 以待砭訂之言, 而必欲歸於背孔、朱之科矣。奚可也哉!

---

320) (從)[欲]: 저본에는 '從'으로 되어 있으나, 『논어』 「爲政」편에 의거하여 '欲'으로 수정하였다.

舜喜文怒, 曾哀思懼, 仁者能愛能惡, 孔子從心所欲, 此等直謂之本然性, 有甚窒礙, 奚但相似而已哉?「關雎」之"哀而不傷", 與慘切者異矣, 曾子之"懼而無怨", 與寒栗者別矣, 不患於無所屬也.【哀屬仁, 懼屬禮.】

七情也有原於性命而發者, 非必皆從形氣而生; 四端也有緣於形氣而出者, 非必皆原性命而發. 但知四七有異, 而不論四七有同, 則恐有不備之疵. 如何如何? 李氏因"四七有異"一句, 而至發"無四端而有七情"之言, 此與孟子"無四端則非人"之訓, 顯然角立而背馳. 不知如何? 不少審慎乃爾.

七情, 也有便是人心處, 也有便是道心處.【如愛君父、惡亂賊、喜善人、怒賊史、哀悼獨、懼道學之失傳、欲明明德於天下之類、烏可便目爲人心, 而混性命形氣之大分乎?】李氏言今說者曰: "四七皆是氣發而理乘之. 見孺子入井, 發惻隱之心, 見而惻隱者氣也, 此所謂氣發也; 惻隱之本則仁也, 此所謂理乘也."【本註, 栗谷也.】因舉程子"感物而動, 四七皆然. 感者, 物來感我也", 朱子"動字, 與『中庸』發字無異"二語, 而分解之曰: "吾性感於外物而動, 而不與吾形氣相干者, 屬之理發; 外物觸吾形氣而後, 吾性始感而動者, 屬之氣發." 愚觀栗翁之言, 只是舉『孟子』本文而已. 但所謂"氣發理乘之"云, 雖似創新, 而若虛心細究, 則無可疑矣. 蓋本文見字, 是心見之也, 本文怵惕惻隱, 是心之見者發也, 此非氣發而何?【李氏亦以心爲氣也.】此非愚之私護栗翁, 乃因『集註』"乍見之時, 便有此心, 隨見而發"云者, 而知栗翁之言爲出於孟、朱也. 然是氣也非無本而自生, 實有所本之理在其上面, 則此非理乘而何?【李氏所舉程、朱(旣)[說]321)與栗翁說, 初無小礙.】此非愚之私護栗翁, 乃因『太極解』"動靜者所乘之機, 太極者本然之妙"云者, 而知栗翁之言爲不可易也.【朱子又曰: "四端是心之發見處. 四者之萌, 皆出於心, 而其所以然者, 是性之理所在也." 此非氣發理乘之明驗乎? 細看"理所在"三字, 可見其乘載, 在此心發見之上也.】然則四端理之發者誤歟? 曰非然也. 四者之心, 本於性理而萌, 故雖心之發, 而曰理之發. 此非難曉之理, 如栗翁亦嘗言"性發爲情", 推原說時如此, 直指說時如彼, 彼此初不相妨也. 李氏言"吾性感於外物而動", 此時性能不因心而自動乎? 萬無是理, 故退翁累言"性情皆因心而敷施發用", 而李氏云云, 却自爲一說, 而又每強援退翁, 恐不免"我欲同而彼自異"之譏矣. 其論氣發,

---

321) (旣)[說]: 저본에는 '旣'로 되어 있으나, 존경각본에 의거하여 '說'로 수정하였다.

又只因"外物觸形氣"而云也。然則氣發是形氣發之耶? 形氣何能發喜、發怒、發哀懼愛惡欲耶? 退翁之論"理發、氣發",分明說"就心中分理氣言之"。又曰"人之心發於形氣",此見於「傳習錄辨」,而未嘗說"形氣發之"也。而李氏之言却如彼,是又自爲一說,而何必仰戴退翁以爲彼此相連累之病耶?

人之七情,何嘗專出於衣食,而李氏之言每如此耶? 道心,可言主宰人心; 四端,不可言主宰七情也。蓋情是驀地(底出誠)[發出底]322),不及措手,故『大學』有誠意而無誠情矣。

以本然言,則七情誠亦善矣。但情是發者,朱子但言"未發之前,氣不用事,所以有善而無惡",則及其發而氣得用事,安得無不善? 故朱子又言"心之發爲情,或有不善",此又不可不知也。程子"要歸之正"一句,其微意亦可見也。此以『中庸』觀之,情未必皆中節,故學者當無時不省察也。

李氏以栗翁"人信馬足而出者乃人心"之說,致"嗚呼不思"之歎而力加辨論,然以愚觀之,恐不須疑。蓋栗翁上文旣云"人,性也; 馬,氣質也",則性之無知覺、無才能,自是孔、朱相傳之說,【"人能弘道,非道弘人",最是明證。】李氏却把道心貼人字,而枉生疑難,殆未之思也。蓋理與道心,有有覺無覺、有爲無爲之分,而今乃混而爲一,是爲昧於道器之分矣。且栗翁"馬從人意,人信馬足"兩句,只是人道心名目之喩,非遽及於治心之功,以上下文水器之譬推之,曉然明白矣。昔朱子言"馬之一出一入,人亦與之","一出一入",此只言理氣不離之意矣,而明儒曹月川,乃有"死人騎活馬"之(誠)[譏]323)。今李氏所疑栗翁之言,與此恰相似矣。

朱子以四端爲道心,而謂"四端亦有不中節",又謂"道心欲其無不及",又謂:"道心如父子君臣之仁義,須著盡心而求合乎理,始得。" 栗谷論情之過不及,而曰"如見孺子入井"云云,又曰: "以道心爲本然之氣者,雖是聖賢之意,而不見於文字。於此不疑怪而斥之,則無所不合矣。" 二先生之訓如此,而某人乃執"天命率性道心之謂"及"道心純是天理"兩語,以爲詆排農巖、老洲之選鋒,其誣朱、栗甚矣!【「海上散筆」,下同。】

栗翁言: "聖人情無不中,君子情或不中而意無不中,常人或情中而意不中,或情

---

322) (底出誠)[發出底]: 저본에는 '底出誠'로 되어 있으나, 존경각본에 의거하여 '發出底'로 수정하였다.

323) (誠)[譏]: 저본에는 '誠'으로 되어 있으나, 존경각본에 의거하여 '譏'로 수정하였다.

不中而意中。"【「論心性情」篇】按: 此君子, 自大賢以下至學者, 皆擧之矣。四端七情, 自非聖人不能無不中, 豈可指此爲欲與惡乎? 濟卿自謂宗栗, 而每與栗訓相反, 何也?

"惻隱之心, 人之生道也", 此程子語, 而朱子又以滿腔惻隱爲此理充塞, 其「答陳潛室書」, 又以惻隱羞惡爲皆是道理, 『中庸或問』, 以呂氏"惻隱羞惡辭讓是非皆道也"一節, 爲甚精密, 如此處甚衆。鄭濟卿欲立渠"纔發非性非理"之見,【彼每以發後是情, 非氣質性, 又以是氣多少, 則是理多少之理, 爲稟賦上說話, 故曰: "四端只是氣, 不可言理。"】故不有此等訓辭, 而單據『程書』"四端屬氣"一義, 以盡廢其餘, 此所謂"執德不弘"者也。【「海屋病語」】

雖四端不中節, 不得不屬之善情。【栗谷「語錄」有不如此說處, 然似當更商。】蓋孟子以四端明性善之理, 則其義當如此。若曰"四端豈有不中節?", 則此大不然。如見孺子入井, 盜賊害人, 尊長入室, 事有是非, 而聖賢庸衆所發四端, 豈能一一合於至精至微之中, 而無些子異同? 此其明驗也。朱子曰: "學者於未發時, 加涵養之功, 則惻隱、羞惡、辭讓、是非, 發而中節。" 據此則四端亦容有不中節者矣。朱子說如此者儘多。【「華島漫錄」, 下同。】

尤翁以四端有不中, 故謂不可以四端爲道心。道心有不中, 見『語類』「孟子門」"性也有命"章矣。不知尤翁何以有此論?

「기氣」(『艮齋先生性理類選』卷10)

![해제]

1) 서지사항

유영선이 기(氣)와 관련된 전우의 학설을 발췌·정리한 글. 유영선이 편찬하여, 1939년에 간행한 것으로 추정되는『간재선생성리유선(艮齋先生性理類選)』(전 10권) 권7에 실려 있다.

2) 편저자

유영선(柳永善: 1893~1861)으로, 자는 희경(禧卿), 호는 현곡(玄谷)이다.

3) 내용

유영선이 스승인 간재(艮齋) 전우(田愚: 1841~1922)의 여러 글 중에서 성리사상에 긴요한 부분을 발췌하여 편찬한『간재선생성리유선(艮齋先生性理類選)』의 내용은 태극(太極)·성리(性理)·심(心)·신(神)·덕(德)·허령지각(虛靈知覺)·정(情)·기(氣)·기질혼백(氣質魂魄)·학(學)이다. 이 가운데 「기(氣)」는 전우가 남긴 글 가운데 기(氣)와 관련된 대표적인 57개의 언설을 모아 놓은 것이다. 『성리유선(性理類選)』, 「기(氣)」에 기록된 편지글은 총 18개로 「상전재선생(上全齋先生)」, 「답송동옥(答宋東玉)」, 「답권성강봉희(答權聖岡鳳熙)」, 「답유윤봉기종(答劉允鳳基鍾)」, 「답황정유(答黃靜有)」, 「답김광국관수(答金光國觀洙)」, 「답권화숙병순(答權和叔秉淳)」, 「여김준영(與金駿榮)」, 「답이유흥(答李裕興)」, 「여이희진(與李喜璡)」, 「여고재붕(與高在鵬)」, 「답박준회(答朴準晦)」, 「답권순명(答權純命)」, 「답유형상(答柳炯相)」, 「답김주용(答金周鏞)」, 「여유영선(與柳永善)」, 「여유영선(與柳永善)、김홍재(金弘梓)」, 「답최원(答崔愿)」이며, 저술은 총 6개로 「외필변(猥筆辨)」, 「외필후변(猥筆後辨)」, 「명기문답(明氣問答)」, 「독어퇴시거록(讀語頰時擧錄)」, 「관정백헌집외필변변(觀鄭栢軒集猥筆辨辨)」, 「화도만록(華島漫錄)」이다. 대부분의 글이 '기'와 관련한 기호학파 낙론계 성리설을 계승점, 예를 들어 기유위(氣有爲), 기발리승(氣發理乘) 등에 대해 전우의 입장을 확인할 수 있는 것이지만, 기질변화(氣質變化), 청기(淸氣), 탁기(濁氣), 호기(浩氣) 등과 같이 수양론적인 측면에서 설명하는 기와 관련된 글도 실려 있다.

2-1-69 「氣」(『性理類選』卷8)

愚近偶思儒、釋之異，正爲吾以理爲主，而彼以氣爲主耳。然近時一邊士友，雖說以理爲主，而乃指其知覺運用者以爲理，故其所主本，終不能離乎形而下者，却與釋氏同一意見。伏乞賜誨。【「上全齋先生」】

尊辨"氣發理乘，不可分先後，纔說氣發，理已乘載，二者不相離"，此數句說得親切，無可間然。但據上下文觀之，似微有認得指機屬氣，爲氣先理後，彼此相離之病者然，此則更合商量。蓋彼「猥筆」，則誠有此疑，他人之見，亦未知其如何，而至於鄙見，則煞有不然者，何也？"陰陽、動靜，機自爾也"，只是氣發之註脚，非氣獨自行自止之謂也；"理乘於動"，"理乘於靜"，又是理乘之註脚，非理乃趫捷騰上之謂也。"非有使之"者，言氣自能運用也；"非理動理靜"者，言理本無作爲也。惡有上下陰陽無理有理之嫌，而如彼所謂"不關由天命之疑"者耶？【「答宋東玉」，下同。】

『語類』端蒙錄"動靜者，所乘之機，機言氣機也"，本註云"出入乘氣機"，此非分明證佐歟？且以心之出入乘機言，則豈可以心乘之故而直謂合心氣之機耶？

孔子只說一個仁，而孟子又說"夜氣"、"浩氣"，程子又說"君子莫大乎正其氣"。張子又說"爲學大益，在自求變化氣質"，而朱子以爲極有功於聖門，有補於後學。由此論之，性之本善，固不繫於氣之昏翳，而性之直遂，却有由乎氣之淸明。此孟、程、張、朱四夫子，所以發揮出聖門言外之指。而栗翁又直言："聖賢千言萬語，只要人撿束其氣，使復其氣之本然而已。"夫氣復其本，則性不待復而自復矣。此豈栗翁之白空撰出，而一毫有異於聖賢宗旨乎？若如蘆沙之見，則其將併四夫子驅之，爲"氣奪理位"，而"自行自止"，不關由天命者歟！大可駭也。【「答權聖岡鳳熙」】

"機自爾，非有使，只是覆解氣發之義，陽之動"【止】"乘於靜，又是覆解理乘之義"，先生此書，方論四七之情，故先言氣發而後言理乘。如『庸』註之先言"氣以成形"，而後言"理亦賦焉"，原無毫髮可疑，而蘆「猥」却是强生事。又其遣辭幾於嘲罵，決非理之流行而却是氣之作用, 豈不可惜? 若論理爲本領, 則先生先言"太極尸機", 又言"性發爲情", 又言"機之有爲, 理爲之主宰", 豈必待盧說而後知之耶? 但此之言"主", 自然無爲之謂也; 彼之言"主", 操縱適莫之謂也。二說不同, 正相氷炭, 而高明乃欲和會而通融之, 竊恐意雖善, 而理不明, 我欲一而彼自異矣。【答劉允鳳基鍾】

所詢尤翁「科義」"動之靜之, 使陰使陽", 乍看與盧沙說一意, 然觀下文所引栗翁語, 則其指意迥然別矣。 蓋栗翁言"無爲而爲有爲之主者, 理也", 無爲"非有使之"之謂也, 有爲"氣自爾"之謂也, 爲主卽所以然之意也。而尤翁引以爲說, 此何嘗與盧沙同乎? 盧沙每病氣有爲, 爲氣奪理位, 而至有萬事本領之譏; 又病理無爲, 爲漫無主張, 而至有做得甚事之誚。細味此數語, 其所認以爲理者, 正吾朱、栗所謂心耳。試觀尤翁「答沈明仲」書所論"使陰使陽", 實無造作之意; 「答金仲固」書所論"發見流行", 體用無爲之意; 與栗翁答牛溪、安應休諸書"非氣則不能發"及"氣不動而理動萬無是理"及"理雖流行變化, 而其無爲之體則固自若"之敎, 無一不契合, 則何曾有與「猥筆」之意毫髮彷彿者哉? 愚故曰: "學者於前言之異處, 雖看得有不相妨底, 其同處, 要覰得有不可合底, 然後前聖後聖隨時隨明之妙昭著, 吾家佗家彌近彌遠之實發露, 而使千古儒先, 直下相傳旨訣, 庶幾不被旁人攙着混淆, 是其關繫不輕而重也明矣"。學者其可不盡心乎哉。且念吾黨論理, 正欲體之於身心實際耳。夫身之行住, 心之寂感者, 氣之爲也; 所以行住寂感者, 性之理也。今使氣之所爲,【誰使之? 心使之也。】不悖於性之本然, 然後始可謂之主理之學。此於理氣本相進修實功, 何所窒礙而必欲變易之乎?【答黃靜有】

所論"機"字, 單屬陰陽不易見得到此。蓋栗翁此書, 正爲論氣發理乘而發, 故先言機氣而後言理乘, 然其實何嘗有一箇眼間, 先後之可指也? 蓋情之未發, 此理早已乘在機上, 及其神之感物而氣(譏)[機]324)之動也, 原有所以爲四七之理, 而有是妙用也。雖欲氣先獨行而理忽騰上, 得乎? 「猥」說固未爲善, 而心丈之諭, 亦未見其必可從也。今賢者旣見得這箇妙諦, 正宜反身自(看)[省]325), 漸看漸切, 漸驗漸實,

---

324) (譏)[機]: 저본에는 '譏'로 되어 있으나, 『간재집전편』卷4 「答金光國觀洙○ 甲辰」에 의거하여 '機'로 수정하였다.

可也。不然, 畢竟只是說而已, 豈不可懼?【「答金光國觀洙」】

栗谷先生言: "無爲而爲有爲之主者, 理也。" 然則凡有爲者, 皆屬乎氣也, 而近世心宗之論, 極本窮源之主, 不過以有覺有爲之心爲言。尤菴先生言: "理之主宰, 不過曰自然而已, 非如氣之運用也。" 彼諸家乃以能然之心爲主宰之理, 雖其號爲祖宗二先生者, 亦"多遺秦禽", 而愚也全昧時勢, 只知緊守師說, 至被無限詬詈, 而誓死不變。今竊有感於來書眷眷言二先生之意, 而奉誦於座下, 想亦有默會而心相契者矣。【「答權和叔秉淳」】

農翁「四七說」中, "十分至濁之人"一段, 尋常未達。蓋性到急迫處, 不待清氣而自能發出來, 則"道體無爲"一句, 只可言於常時, 而不可通於急處耶?【「與金駿榮」, 下同。】

至濁之氣, 其本則清, 故纔見孺子入井, 便能不礙惻隱, 此可驗矣。本庵說"雖至濁之氣, 不覺忽開", 此似未盡。須是知氣之本清一著, 便省得許多安排布置也。

明道說: "氣外無神, 神外無氣。謂清者爲神, 則濁者非神乎?" 愚亦曰: "氣外無心, 心外無氣。"【合陰陽五行言。○啓陽以陰陽爲元氣, 五行爲游氣。】"謂元氣爲心, 則游氣獨無心乎?" 朱子曰: "謂清爲道, 則濁中果非道乎?" 愚亦曰: "元氣是心, 則游氣中獨無心乎?"【程、朱二說, 皆爲張子"清虛一大"而發。○「答李裕興」】

理氣二者, 據其造化而原其所從來, 則曰理使然也。【雖曰使然, 其實則無所知檢, 故晦翁言; "天理當然, 若使之也。"】由其無爲而語其能運用, 則曰氣自然也。【雖曰自然, 其本則皆出於理, 故栗翁言: "非理不如此, 而氣獨如此也。"】是兩語者, 豈惟不相悖? 亦互相發也! 栗翁雖曰"陰靜陽動, 機自爾也",【"自爾"是言自然, 非私自之謂也。觀蘆沙"自行自止"之譏, 則原來看得栗翁本指不出也。】然又豈不曰雖說氣之所爲, 而必有理爲之主宰乎?【主宰是不宰之宰, 非如心之靈昭活化也。觀蘆沙操縱抑揚之語, 則自是看得理主兩字太重也。】若執理爲主宰, 而斥氣機自爾, 則幾何不爲蘆沙所譏以"井中之數星, 欲(乘)[棄]326)蓋天之全圖也

---

325) (看)[省]: 저본에는 '看'으로 되어 있으나, 『간재집전편』 卷4 「答金光國觀洙○甲辰」에 의거하여 '省'으로 수정하였다.

耶?" 嘗記晦翁雖言"這箇陰陽古今滾將去, 孰使之然哉? 乃道也", 然又豈不曰屈伸往來是二氣自然能如此乎? 尤翁雖言"使陰使陽者, 理也", 然又豈不曰使動使靜者, 不過曰自然而已, 非如陰陽五行之運用造作也乎? 學者於此, 細玩而有得焉, 則栗翁之受之於晦翁, 而傳之於尤翁者, 端的無可疑矣。雖然, 此只是言語文字而已, 最要自驗而自用之, 乃爲實學也。蓋性雖爲極, 而原來無爲, 心雖有能, 而不能純善。原來無爲, 故或揜於氣;【若如蘆沙說, 則必無此弊, 然有目皆覩, 如何硬說做無此事?】不能純善, 故欲本於性。以其或掩於氣也, 故須撿束其氣而不使毫髮障礙也;【此乃爲主理之學也。】欲本於性也, 故必自心自省而不敢須臾放慢也。今不如此, 做得主理御氣之功, 以造乎超凡入聖之地, 惟空空地據蘆沙"主向僕往"之說、華西"理活氣死"之說, 而一任其理之活化自主, 而待其氣之不敢不從焉, 則往古來今永無此理矣。今乃指"撿束其氣"、"使復其本"之訓, 爲主氣之學, 而望望然去之, 唯恐其或浼我也, 豈非不思之甚乎?【「與李喜璡」】

近世有譏明氣之說, 又有不修氣之學, 信如此言, 學者欲用功於程伯子"以氣明道"之訓, 則把昏昧不修之氣去, 明"沖漠無朕"之道, 果可以得乎?【叔子言"以心求道", 晦翁言"用氣尋理", 三先生之言, 只是一理。】今不須多言, 專要就氣上理會, 使之光明, 使之無自肆之病, 則氣上所載道體, 自然呈露, 自然無阻礙矣。如此可不入聖乎?【「與高在鵬」】

浩氣寔因正直所養, 故可以言盛大剛果, 正如長江大河, 滔滔流去, 又如春夏之間, 陽氣方盛。夜氣只緣休息所生, 故只可言澄靜淸明, 僅如井中淸水, 稍稍引出, 又如冬至之日, 寸光始昱。故『遺書』論浩氣, 則曰"所養有漸必積而後至"; 其言夜氣, 則曰"此只是言休息時氣淸耳"。『語類』亦言"浩氣淸明不足以言之", 又曰"浩然之氣, 與淸明之氣自不同"。只此數條, 亦見兩氣字不同之實也。蓋浩氣, 須待賢者有致知、誠意之功而後, 始可言盛大流行爾。若乃夜氣, 則雖塗人販夫, 苟不至於梏喪之甚者, 無不因嚮晦靜歇而生也。【「答朴準晦」】

---

326) (乘)[棄]: 저본에는 '乘'으로 되어 있으나, 『간재집전편』卷9「與李喜璡 癸卯」에 의거하여 '棄'로 수정하였다.

程子曰: "人生氣禀, 理有善惡。有自幼而善, 自幼而惡, 是氣禀有然也。" 愚按: 上句既曰"氣禀有善惡", 下句又曰"善惡是氣禀有然", 其指發後, 氣質之意, 已躍如矣。季潤乃以"無理外之事"一語, 橫着肚裏, 以爲此善惡必有所以然之理, 其意似若認理爲善惡之根因者然。然則此理字當屬於形而上矣, 豈不是大錯? 朱子曰: "氣是有形之物, 才是有形之物, 便自有美有惡。" 又曰: "二氣相軋相取、相合相乖, 有平易處、有傾倒處, 自然有善有惡。"【此是余大雅問, 而先生印可之者。】

據此則氣之有惡, 是氣自如此, 非性理有然也。故朱子謂此理字, 不是說實理, 猶云理當如此。【戊午以後語。】又曰: "理只作合字看。"【『大全』「明道論性說」與此異, 而此說謂之舊做, 或是在戊午以前, 不可知也。】顧卿俄問此理字, 而答語頗傷快。若曰理勢理, 篇末"此理"理字, 却當曰性理理, 如此則上下文義, 皆有歸着處。【「答樊純命」, 下同。】

所論"善者清氣之發", 恐非謂善是氣, 如鹿門"性之善是氣之善也"。只是言理之善者, 乘清氣而發見耳, 農巖所謂"十分濁"者, 安有一分清氣者似然? 而竊意其有更合商量者, 何也? 『孟子』夜氣之論, 恐十分濁者亦在其中矣。程子曰: "夜氣只看休息時氣清耳。"【『遺書』廿二卷上。】朱子曰: "人暮夜休息, 則其氣復清明耳。"【愚嘗言"氣質本體清粹", 晤堂頗疑之。愚因擧此段而告之曰"看一復字, 可見其復清也"。晤堂深歎服之。】又曰: "歇得些時氣便清。"【一見『孟子或問』, 一見『語類』夜氣章】此類豈皆但以禀氣不甚濁者言耶? 雖所受游氣至濁, 而其本然之不變者猶在, 故得少休歇, 便復清明, 如泥土渾水, 纔經一霎時不攪動, 未有不復清者, 栗翁之言, 恐無容改評。如必謂所感重所遇急, 則理自發出來, 此於道體無爲之大分, 恐說不通。故愚平生篤信農翁, 爲極精詳縝密, 無以復加者, 而于此一義, 未嘗不累年商量講究, 而終不得豁然有悟, 甚矣其昏迷也。

非氣【合心與形氣言, 而心爲主。】無以受性, 非氣不能知性而養性。【性是天, 知養是心之事天。】然非氣亦不能鑿性。【氣質、物慾、世習, 皆能鑿性, 而氣質得正, 餘二者自無矣。】吁! 氣之爲物, 是人所不能無者, 亦所不可恃者, 惟有志之士善處氣, 其工夫全在自愼而已。【「答柳炯相」】

血氣附以義理, 則爲浩氣, 能養而無害, 則可以與天地合一; 靈覺原於性命, 則爲道心, 能守而不離, 則可以與聖賢同歸。其始要敬以致知, 知後要依舊用敬。『中庸』戒懼是敬畏。此箇工夫, 貫知行通始終, 宜細體之。○「答金周鏞」

栗翁曰: "氣之偏, 則氣亦偏,【此句, 似可爲濟卿之證。】而所偏, 非理也, 氣也。"【此句, 都轉了。】知此則『朱子大全』"氣之偏者, 只得理之偏", "氣之塞者, 便自與理相隔", 兩語所偏、所塞, 非理也, 氣也。『語類』"聖賢稟精英之氣, 便得理之正, 得理之全", 及"聖人合下淸明完具, 無所虧欠", 此是所獨得者, 亦是謂正全淸明完具, 非理也, 氣也。又如"天生德於予", 亦以生質之聰明睿知, 非謂所得之理, 異於凡衆也。如此看, 則似無許多窒礙去處。【「與柳永善」, 下同。】

理冲漠無朕, 而氣顯有作用。雖神, 其用只是妙而已, 亦未可謂之無朕也。然則理氣惡可直謂之一, 而無復二之可言者乎? 整菴認得理氣是一物, 故每於朱子二物之云, 深病之。今之駁正薛語者, 是其平生之見也。陸三魚之取之, 亦未免少疏漏也。

所示讀尤菴語,【答鶴菴水空之問。】甚合鄙意。大抵"隨氣之多少淸濁, 而所得之理亦爲之多少淸濁", 此句只做心氣發見作用說, 則可以掃盡近士許多欲備反暗, 欲精反粗底說話矣。乃謂氣化稟賦之初, 已有此兆朕, 畢竟生出無限疵病, 而不可救藥也。信如彼說, 則和性也修始得, 曾見其亦言性不修, 然則帶病而莫肯治者也。

穆友所謂"氣異則理亦隨異而稟於人"者, 愈看愈難曉。蓋稟前已有理之異者,而稟於人, 則情意思慮未發之前, 已有理之異者, 此難領悟。且理旣隨氣而異, 則明德、本心、浩氣之屬, 亦必隨氣而異而稟於人矣。此果可領悟者耶? 且其所謂"氣異"者, 只可以偏全言, 而昏明善惡不在其中耶? 此亦可言理隨氣而昏且惡而稟於人耶?【「與柳永善、金弘梓」】

朱子曰: "身是體, 動作是用。" 又曰: "就陽言, 則陽是體, 陰是用; 就陰言, 則陰是體, 陽是用。" 竊謂, 身形尙有體用之可言, 則獨氣質不可言體耶? 陽爲氣, 陰爲質, 而互相爲體用, 則謂氣質有體者, 何礙? 且如晦公說, 則朱子之謂"陽是體"者, 卽陰之心靈, 而"陰是體"者, 卽陽之心靈歟? 朱子又曰: "氣之始, 何嘗不善?" 如晦公說, 則朱子之爲心氣無辨, 而立了湖本, 誤了後進久矣。其然, 其不然乎?【「答崔愿」】

栗翁嘗言"陰陽動靜, 機自爾也, 非有使之也", 蘆沙「猥筆」深駁之。然以愚觀之, 朱子雅言"纔有作用, 便是形而下者"。動靜者, 作用也, 故曰"機自爾也"。孔子分明說"天之生物, 栽者培之, 傾者覆之", 而朱子卻言"此非有物使之然, 但物之生時, 自長將去, 恰似有物扶持佗。及其衰也, 自消磨去, 恰似箇物推倒佗, 理自如此。" 孟子分明說"天之生物, 使之一本", 而朱子卻言"自然之理, 若天使之然也。"

伊尹分明說"天之生民, 使先知覺後知", 而朱子卻言"天理當然, 若使之也。" 此何以故? 只是恐人錯認使字爲作用之意, 則害道大矣。故另下若字, 恰似字, 非有物使之然字, 以見其無作用之使也。故曰"非有使之也。" 栗翁豈無所受而妄言之哉? 且如"人能弘道"、"機自爾也"、"非道弘人"、"非有使之"也。蓋"人心有覺", 是"陰陽動靜之機也"; "道體無爲", 是"太極自然之妙也"。朱子於『集註』, 載張子語, 而未聞後賢以"性不知檢其心", 爲天命已息, "心能盡性", 爲天命之外又一本領, 而奮筆肆罵也。若論理爲氣主, 性爲心本, 則栗翁又嘗言"氣之所爲, 必有理爲之主宰。" 又曰"無爲而爲有爲之主者, 理也。" 又曰"孰尸其機, 嗚呼! 太極。" 此類不一而足矣。人苟有見於此, 雖曰"機自爾也", 而其自爾之所以然, 則依舊是理也。雖曰"非有使之," 而其不使之使, 則依舊是理也。何曾有魏延、楊儀同府乖張之變, 如「猥筆」之謂乎?【「猥筆辨」, 下同。】

物之生, 雖曰自長自消, 而其自長自消, 究是理自如此; 陰陽之機, 雖曰自動自靜, 而其自動自靜, 亦是理當如此, 此豈難曉之理乎? 或言朱子於自長自消下, 繼以理自如此, 而栗翁無此一轉語, 所以來蘆沙之疑, 此又不然。朱子嘗言"一氣流行, 萬物自生自長, 自形自色, 豈是逐一糚點得如此?" "豈是逐一糚點得如此"卽栗翁"非有使之"之謂, 而更無"理自如此"之云, 此亦將以自行自止不關由天命, 罵之乎? 亦將以吾懼大氣奪理位而爲萬事本領, 斥之乎?

蘆沙曰: "動者靜者, 氣也; 動之靜之者, 理也, 動之靜之, 非使之然而何?" 竊謂理使云者, 只是根柢之謂, 非如氣之有情意者。故尤翁於沈明仲"使動使靜豈無造作"之問曰: "此不過曰自然而已, 不似二五之運用也。" 今蘆沙之見, 正與沈氏同, 則豈不歸於認氣爲理乎? 大抵理, 雖曰主宰, 而實則自在; 氣, 雖曰動靜, 而實本於理。此前天地後天地千古萬古不易之定理, 故栗翁旣曰: "無形無爲而爲有形有爲之主者, 理也; 有形有爲而爲無形無爲之器者, 氣也。" 又曰: "有形有爲而有動有靜者, 氣也; 無形無爲而在動在靜者, 理也。" 此可謂本末兼盡, 體用無漏, 非洞見道體者, 其孰能與於此哉? 今不能如是看破, 如是體得, 卻只主主宰一義而幾於理有操縱, 不復撿束此氣, 以循乎理之本然, 則其工夫豈非有所疎漏處乎? 且如其說, 則語者默者, 口也, 語之默之者, 性也, 吾聞性爲語默之理, 而口舌從而語默, 未聞此性自會語默也。是故告子、釋氏之"知覺作用是性", 陽明之"良能, 視聽言動便是天理", 皆歸於認氣爲理, 而與吾聖人異矣。

朱子「答胡季隨」書, 有"自心自省"語, 豈不知省之之理出於性, 而其能省之者心而非性? 故立語如此, 詞理俱到, 無些子疵纇, 而後人有習聞「猥筆」之說者, 誤以自行自止, 不由性命。兩箇本領, 各自樞紐等說, 奉疑於朱子, 則竊意蘆沙有靈, 亦應蹙頿於泉下也。

"理一而已矣, 而乘於氣則其分萬殊", 此栗翁說也。曰: "豈一之時, 初無所乘, 至萬之時, 始上著機歟?" 曰: "不然。今單言機上之太極, 則曰理一而已矣, 兼擧四時之氣而言元亨利貞, 則曰乘於氣, 而其分萬殊云耳, 豈昔日徒行, 而今日跨馬之謂乎?" 今「猥筆」乃曰: "此若太極謾無主張, 忽見馬匹當前, 趯捷而騰上者然," 此決非栗翁之本意也。又曰: "是馬爲塞翁之得, 非元來所乘, 此後勢必之東之西, 惟馬首是瞻", 此亦須消詳, 未可草草打過。蓋人皆有太極而氣稟旣異, 則欲動情勝, 利害相攻之患, 往往而有。是時所謂元來乘馬之主人, 旣有操縱之力, 而亦非無適莫者,【"操縱"、"適莫", 皆「猥筆」中語。】奈何有此東西惟馬之失也? 此宜明核而勘破。不然, 則其曰"主之所向, 僕焉有不往者", 人將不之信矣, 嗚呼殆哉!

「猥筆」又曰: "理發二字, 爲今日一大禁避語, 而纔見行變化成條理者, 則曰'氣也'。問'孰主張是', 則曰'其機自爾, 非有使之者', 問'所謂理者落在何處', 則曰'乘之矣'。始旣無使之然之妙, 末又非有操縱之力, 寄寓來乘, 做得甚事? 有之無所補, 無之靡所闕, 嗚呼可憐矣! 究其端由, 原於乘字失其本旨, 駸駸致得理輕氣重, 直至氣奪理位, 爲萬事本領而後已。一字之失, 其禍乃至此乎?" 愚按: 栗翁亦嘗言

"孰尸其機, 嗚呼太極!" 此何嘗以氣爲萬事本領乎? 又言"性發爲情", 則「猥筆」云云, 栗翁已見之昭陵也。但其以理發爲非者, 卻有曲折, 實由理氣互發而云爾。

蓋從理爲根柢上說, 則氣爲理之用。故雖氣發, 亦可謂之理發。如行者雖馬, 而主者是人。故統而言之曰人行也。若據氣能作用上說, 則理實無情意。故雖善情, 但可謂之氣發。如乘者雖人, 而行者是馬。故辨而明之曰馬行也。若都欲以理爲主, 而至於用事處, 亦禁不下氣發字, 非其情實也。譬如臣行君令, 其所行固出於君, 然其行之, 畢竟是臣而非君, 如必以所行是君命, 指臣行爲君行, 則名不正而言不順矣。況遽指臣行二字, 爲臣奪君位而誅之, 則豈法理之所當出乎?「猥筆」所舉"一陰一陽之謂道", "太極生兩儀"兩句, 誰曰"不然?" 但"人能弘道, 非道弘人", 獨非孔子之言乎? 恐不必執一而棄一也。竊嘗思之, 自鄉人而至於爲聖爲賢, 豈非奪天地之造化者乎? 其功夫雖存乎心, 而其本源一出於性, 然則謂之道能弘人, 亦何不可? 而聖人之言如此, 此宜深思其故。夫道是至尊之實, 而爲萬物之主者, 若乃降而與有作用者同科焉, 則道器、上下之分亂, 而無以杜此心覬覦之萌矣。嗚呼! 聖人之指微矣哉!【以此防心, 後世猶有此心自稱大理其小理者。】抑又思之, 心之能事, 至於敬尊德性, 義扶世教, 鑄凡作聖, 豎人參天, 其有功於人, 何如哉? 雖假以形上之名, 宜若無可惜者, 而聖人之於心, 乃不肯與道齊頭幷腳, 是又何故? 釋氏不知理之爲道, 而"天上天下, 惟我獨尊", 我是心自我也。心雖磨鍊得極精細, 比之"沖漠無眹"之道, 畢竟微有迹。蓋靈之與眞, 原自有辨而然也。聖人不欲指心以爲道, 其謹嚴之意, 豈不以是歟? 此是吾儒第一義理, 亦第一防閑。欲以奉質於曩哲, 而旣未可得, 則亦願幷世與後來之賢者, 與之是正。

程子曰: "天地萬物之理, 無獨必有對。" 有問於朱子曰: "太極便對甚底。" 曰: "太極便與陰陽相對。"「猥筆」第五段, 正論此義云: "把氣與理對舉, 此非聖人之言。今人纔見理字, 必覓氣來作對偶, 於是理之流行一大事, 盡被氣字帶去, 作家計, 所餘者, 只混淪也, 沖漠也。此雙本領之履霜也, 悲夫!" 愚按, 蘆沙意欲尊理, 而有此云云。然辭氣之間, 陵轢過越, 大損尊畏聖賢之體, 此豈非氣之失理處乎? 況朱子何嘗非聖人? 何嘗非一本領? 然而把陰陽太極做對, 此亦謂奪卻理之流行一大事, 以與氣字, 而爲雙本領之履霜, 而受蘆沙悲夫之歎者耶?

「猥筆」曰: "聖人的見流行發見, 變化昭著, 莫非此道之爲"云云, "此道之爲"四字, 恐合商量。朱子於『論語集註』, 旣云道體無爲。尤翁之「答人」書, 又云: "非此理其體則無情意造作, 而至於用則有情意造作也。" 二先生豈不知道之流行發見, 而其言如此耶? 此宜再入思議看也。【莫非此道之爲, 若添數字云, 莫非此道爲之根柢樞紐, 則似更詳明, 未知如何!】

栗谷先生嘗以"陰陽動靜, 機自爾也, 非有使之", 釋上文氣發二字之義; "陽之動則理乘於動, 陰之靜則理乘於靜", 釋上文理乘二字之義, 大小大明快, 無可間然。而奇氏錯認自字, 爲獨自之義, 乘字爲捷騰之義, 遂奮筆肆罵, 而無復少有尊敬審愼之象。此於後學事先賢之禮, 雖所見皆是, 猶爲不順之弟子, 況未必是乎? 愚謂士之欲論理氣之說者, 須先審敬肆之節。夫禮恭而言是, 是所存所發, 皆合於法; 見差而言孫, 猶不失爲質疑之道。若夫所見未正而執禮不恭者, 烏得免士類之議也乎? 今且以其說論之, 朱夫子, 孔、孟以後一人而已, 而其六十六歲所定『楚辭集註』, 有曰: "一動一靜一晦一朔, 皆陰陽之所爲, 非有爲之者"。此與栗翁"機自爾, 非有使"之指, 有毫髮差爽乎? 又陳北溪錄朱子六十一歲、六十九歲語有云"屈伸往來是二氣自然能如此。" 此又"陰靜陽動, 機自爾"之左契也。夫"自爾"者, 自然之謂也。今曰"由己不由佗", 又曰"自行、自止, 不由天命", 看文字何其鹵疎也? 且伊尹、孟子皆有"天使之"語, 而『集註』卻皆言"若使之"也。其意正慮後人有錯將使字爲眞能使之之意, 則有害於道體無爲之理, 故逐處註明, 使之無疑, 而猶有今日之變, 大可歎也。『中庸或問』, 又分明說"所謂天使我有是者, 猶曰上帝降衷云爾, 豈眞以爲有或使之者哉?" 此尤可謂和盤托出, 而無復餘蘊矣。使彼未考乎此, 而有所云云, 固未免於譏寡之失矣。如知有此等定論, 而故爾云云, 直是"呵佛罵祖"之習, 人孰不惡之? 吾未知彼旣輕慢栗翁, 則其於朱子, 亦將指爲氣奪理位, 而誚以兩本領耶? 況栗翁自言: "氣之所爲, 必有理爲之主宰", 又曰: "孰尸其機, 嗚呼! 太極"。此又從本原說者, 與所謂"自爾"、"非使"之據流行言者, 初無毫髮相礙也。雖曰"皆陰陽之所爲", 曰"二氣自然能如此", 曰"機自爾也", 然其所以爲、所以能、所以自爾者, 非理而何? 雖曰"非有爲之者", 曰"豈眞有使之者", 曰"非有使之也", 然其無爲之爲自然之使, 又何損於太極之爲主歟? 夫如是, 又安有魏延、楊儀同府乘張之患, 如「猥筆」之云乎? 愚謂人能於此一段, 有所領悟, 後面許多說話, 雖無之, 亦無所戾矣。非惟「猥筆」, 凡近世認心謂理, 而謂理亦有知有能之說, 無不冰釋, 請世之君子, 與之講辨, 而不惜指誨焉。【「猥筆後辨」, 下同。】

或人擧「猥筆」"動者靜者, 氣也; 動之靜之者, 理也"一段, 以爲與栗翁「對策」脗然契合, 奈何世人不考乎此, 而妄疑之也? 愚以爲此正語愈相似而意愈相悖處, 不可以不明覈也。夫「對策」固有"動之靜之者理也"之語, 然其上文, 又有"自然之氣"云者, 則與"機自爾"者, 初不相妨, 如騎而主者雖是人, 而其四蹄之一前一卻, 自屬馬事也。使彼於栗翁之指, 無所差互, 則何不擧而爲證? 乃若不聞也者, 而只將"自爾"、"非使"兩語, 以譏罵之也。夫動之靜之之云一也, 而栗翁只是根柢自然之意, 而彼則卻是操縱做事之說也。惡可以其句語之偶同, 而不覈其指意之懸別乎?

"太極動靜", 「猥筆」以爲本是平坦語, 其意似直認動靜, 爲太極動靜者然, 此其所以誤也。『語類』董叔重錄, 在朱子六十九歲以後, 而其言曰: "太極理也, 動靜氣也"。此可謂毫分縷析, 而從分金秤上秤出來者。【凡朱子說中, 言"天命流行", "道體發見", "理有動靜", "理有知識", "理詣其極", "理之發", 此理光明燦爛之類, 皆要如此辨認。】若不如此精覈, 其不爲指氣爲理者幾希。格致家, 苟能思索到此, 說"氣機自爾也"得, 說"太極動靜也"得。其不能然者, 於聖賢之言, 將無所不窒礙矣。蔽一言, 太極動靜四字, 看得清楚, 說有歸宿, 則凡諸說之紛紜者, 無不冰釋矣。

董錄下文, 有人馬出入之諭, 此但言理氣不離而已。若馬之橫逸, 人之駕馭, 則未之及焉, 明儒曹月川, 乃曰: "死人騎馬, 行止疾徐, 一由乎馬"。其說一似「猥筆」之譏栗翁者, 豈不爲執言迷指之弊乎? 愚於三家太極辨, 辨之已盡矣, 至於人能馭馬之說, 則只可施於心志之率氣, 不當並及於太極、性、道之自然爲主而靡所知能者也。必欲如是, 則豈惟天地之有憾, 賢智之有偏, 爲此理不能善處之咎而已? 雖冒頓之淫, 亂賊之禍, 爲此理者, 並不得逃其罪矣, 是豈理乎哉? 一義未明, 其害至此, 此讀書者所宜明核審愼, 而不可鹵淺看得、胡亂說過而已也。

「猥筆」謂"今人看乘字, 有若忽見馬匹, 趫捷騰上。" 今人誰也? 有謂指栗翁, 『栗翁全書』, 何嘗有一點半畫恁麼意脈而乃敢爾乎? 若曰指近世前輩, 則近世前輩, 亦何曾有此乖見? 今文無, 古文無, 而曰云云, 豈亦自爲元隻乎? 無論今與古人與己, 其見直是乖甚, 此箇乖見, 從甚麼太極來? 豈原來乘馬底, 使得氣如此, 抑如塞翁之得, 而自不得不爾歟? 只此一難, 便可覺悟。

「猥筆」所謂"氣之順理而發者, 氣發卽理發"數句, 非曰不然, 而栗翁所謂"機自爾", 亦安知其必爲逆理而動、逆理而靜者乎? 然則陰陽之順理而動靜, 亦可曰卽太極之動靜也。此是從根柢上統合說下來者, 然若但如此, 而更不細分其能所界至, 則指神通妙用爲道之釋氏, 認知覺運用爲性之告子, 目光輝燦爛爲理之金谿, 舉視聽言動爲理之姚江, 皆得與吾聖門爲一轍, 而靡所異同, 其害理亂眞之患, 有不可勝言者。此朱子所以於太極動靜四字, 亦界破理氣, 而不容混淆者也。愚於是亦曰: "理發兩字, 亦須認得理爲理而發爲氣, 方是具眼者。" 非惟是已, 如孟子言性之性固是性, 而性之卻是氣分事, 況氣發而曰卽理發, 陰陽動靜而曰卽太極動靜者, 尤何可不精辨活看, 而槪曰理而已耶? 今自家言氣發, 而栗翁之"機自爾", 則禁之使不得立, 何也? 栗翁言"太極尸機", 而不曾奉以周旋, 卻將"命者爲主"一句, 認做自家獨擅之詞, 又何也? 無乃其心先有輕視先賢之根苗, 故不及細察其指趣, 而妄肆其譏誚歟? 有志求道者, 最要先正心術而後, 可以講辨乎理氣之說, 其序不可亂也。【凡孝弟、禮義, 是所當行而不可緩者, 太極天命, 是所以然而不可躐者, 請吾儒諸公之自治與敎人者, 咸以此意, 爲爲學第一大主腦焉。】

「猥筆」言"到過不及處, 不得已而有說氣時, '蹶者趨者氣也', 是也。蓋過不及, 雖亦本於理, 而末流之害於理, 則不可無區別。" 此亦非曰不然, 而又有不盡然處。孟子雖說蹶趨之氣, 然未嘗不言"浩然之氣", 此何曾因過不及而不得已而言者耶? 且"末流之害理"者, 固"不可無區別"而謂之氣, 然其本體浩然而配義與道者, 亦何可混淪而直喚做理? 畢竟不得不謂之氣耳。

「猥筆」言"近世說理, 槪以無適莫者爲理。" 吾聞適爲專主, 莫爲不肯, 故君子之心, 於天下之事, 無此二病, 而惟義理之是從也。今謂理爲有專主, 有不肯, 則奚可哉? 豈或認心爲理, 故自不覺其言之至此歟? 未可知也。【按: 蘆沙「答人」書謂"以明德道心爲理者爲未安, 則今'此認心爲理'一句, 當改云'認神爲理'。" 蓋蘆沙旣不肯言明德是氣, 又不肯言是理,

則豈或認以爲默運妙用之神, 爲理歟? 更詳之, 可也. 乙巳二月追識.】

「猥筆」言“理發二字, 爲今日學士家一大禁避語.” 今日學士, 未知爲誰. 若是指栗翁, 則其言之悖慢無禮, 姑無論已, 雖以栗翁言議觀之, 亦有大不然者. 蓋天地旣無理氣迭化之理, 並無太極陰陽替動替靜之理, 則人心獨有理氣互發之理乎? 故栗翁於退翁理發之說, 每謂其未然. 然若直從根源說, 則『全書』中“太極動靜”, “性發爲情”等語, 皆不嫌而承用矣. 性發、理發, 初無異議, 何嘗禁避此二字來? 雖以後來羣賢之尊信栗翁者言之, 其言亦未嘗不如此, 何可槪以今日學士家五字了之耶?

有人擧有段落“行變化、成條理”者, 問於栗翁曰: “此無所主張者乎? 必將曰太極爲之主矣”. 此何等明白, 而彼乃自爲答語曰: “機自爾, 非有使之者.” 是直驅率先賢之言, 使不成道理, 而必欲見屈於自家, 這是甚麽講學? 甚麽心腸? 至於末, 又“無操縱之力”數句, 全然無理. 所謂太極是元來乘氣者, 然則將有做得事底氣力矣, 審如是也. 曩所謂末流害理之氣, 又何不到底操束, 而乃使之至此哉? 楚人有誇其盾之堅者曰: “物莫能陷.” 又譽其矛之利曰: “物無不陷。”. 或曰: “以子之矛陷子之盾, 何如?”, 其人無以應. 今「猥筆」上下文之不相副, 正如是矣.

「猥筆」言“由乘字失其本旨, 駸駸致得理輕氣重, 直至氣奪理位, 爲萬事本領, 一字之失, 其禍至此.” 謹按: 『全書』, 初無理能蠢動隨寓輒乘底意脈, 則所謂“失其本旨”, 指誰而言, 可異也. 今雖以不失本旨, 元來所乘者言之, 所謂道者, 從來是無爲底, 如何能撿攝得氣? 故栗翁之前, 朱子已有“氣強理弱”, “氣麤理微”之論, 而曰: “譬如子不肖, 父也管佗不得, 君所欲行, 臣下沮格, 君亦不能一一督責”. 此爲朱子六十四歲以後語也. 今有人擧以問於奇氏曰: “以「猥筆」觀之, 朱子也未免啓子奪父位, 臣行君權, 萬世亂賊之禍矣.” 此宜如何排闢, 彼將如何對?

「猥筆」曰“把氣與理對, 而喚做理氣, 始於何時? 此必非聖人之言.” 今按: 孟子之性命,【“性也有命, 命也有性。”】周子之眞精, 明道之性氣,【“性卽氣、氣卽性, 論性不論氣”云云。】伊川之理象,【“至微者理, 至著者象。”】朱子之心性,【“性猶太極, 心猶陰陽。”】皆理氣之對擧者也. 溯而上之, 虞帝之論心而曰人道,【“人是形氣, 道是性命。”】孔子之論學而曰人道,【"人是心覺, 道是性理。"】論『易』而曰道、器, 亦皆理氣之對舉者也。至於『語類』, 又直言"太極, 便與陰陽相對", 又直言"形而上, 便對形而下", 此類彼皆未之見歟? 何其言之妄也? 彼又謂"今人纔見理字, 必覓氣作對, 於是, 理之流行一大事, 盡被氣字帶去作家計, 遂歎其爲雙本領之履霜。" 今按: 朱子說中如言纔"有天命, 便有氣質", "有是理, 便有是氣"者, 豈非纔見理字覓氣做對之見乎? 然則雙本領之履霜, 朱子可以當之, 又推其本, 則舜、孔、孟、程皆不得免, 而至栗翁則可謂堅冰矣。吾聞一邊人推尊奇氏, 爲我東五百年來第一大賢, 而僅有一李華西, 與之同德相符。則靜、退以下諸先生, 原不足數, 而其言乃與大舜、孔子一切與之相貳, 抑何理也? 吾則寧被主氣之斥, 而不欲負四千年以來諸聖賢, 以假冒主理之名也。

「猥筆」言"聖人的見流行發見, 變化昭著, 莫非此道之爲。" 愚謂奇氏眞謂此道自能流行發見, 變化昭著, 如論太極動靜之見耶? 朱子既以太極爲理, 動靜爲氣, 則凡言"天命流行", "道體呈露", "天理發見昭著", "道理光明燦爛"之類, 皆是上面是理, 下面是氣也。此等處子細咀嚼, 其味無盡, 未可鹵淺說過便休也。若概以出於道理言之, 則邪妄過惡, 程、朱且指爲出於理, 況天理流行發見之云乎? 雖然, 吾聖門宗旨, 以道體爲無爲, 而凡有爲者, 皆屬乎氣。故"灑掃應對", 程子謂"便是形而上", 而朱子釋之曰: "其意蓋曰不離乎是耳, 非卽以此爲形而上者"。又如下學人事, 豈外於理? 而朱子辨蘇子由"非學之外別有形而上者"之說, 云: "如此則是但有事而無理, 但有下學而無可上達也。" 若不如此綜核辨析, 泛指天地造化, 聖賢行能, 皆謂之理, 則將使學者, 有錯認神通妙用, 直做性體, 而匍匐於佛子之門者矣。是其害理亂眞, 爲何如哉? 凡吾黨之士, 眞欲爲主理之學者, 於此宜猛著精采, 而審著腳跟也。

「猥筆」言"今人驅道理於冥漠, 纔有發見昭著, 一屬之氣, 如此者, 爲識理氣, 不如此者, 爲不識理氣, 雖以虛名過去說, 說道說理, 其實氣奪理位, 爲萬事本領而已。若是則天下更無跛淫邪遁矣。顚倒猖披, 何事不有。" 近日諸公, 多謂此指栗翁, 愚每隱之於心, 縱有恃才騁氣之人, 亦何敢乃爾? 故前後記箚, 不曾隨衆詆斥。近檢『全書』「答安應休」書言"理何以流行乎? 氣之流行, 理乘其機故也。理本無爲, 而乘氣流行, 變化萬端, 雖流行變化, 而其無爲之體, 固自若也。吾友見此理之流行變化, 乃以理爲有動有爲, 此所以不知理氣也。” 今以「猥筆」準此, 則其所謂“驅道理於冥漠”者, 豈或指“理本無爲, 無爲之體固自若”等語耶？ 其所謂“纔有發見昭著, 一屬之氣”者, 豈或指“理何以流行, 乘氣而流行”之云耶？ 其所謂“不如此者, 不識理氣”, 卽是指“吾友不知理氣”而云也。 此旣如是, 則詖淫邪遁, 顚倒猖披, 將何所歸？ 雖有善辨, 殆難爲之出脫矣。 以此而謂之“尊慕栗翁, 無如我奇、李二先生”,【此兩語, 出金監役「猥筆後題」】則夫子所謂“吾誰欺欺天乎”者, 恐不可不惕念而亟改之也。

「猥筆」言“欲以瑣力矯救, 則彼必曰, 前賢亦嘗云爾。 童行學子, 一能勝余。”
愚按: 主之所往, 僕焉有不往; 理之所專主, 氣焉有不從？ 理之所不肯, 氣何敢自行？ 果如奇論, 而天地間誠有此理此氣, 則栗翁亦必生於此理此氣, 何緣有此妄發？ 後人亦必生於此理此氣, 何緣誤信栗翁？ 且奇氏之言, 亦自亭亭當當, 直立不倒於天地之間, 而千人萬人, 自不敢與之爭衡矣。 何者栗翁之發之太快, 而流弊後世者, 亦氣也, 後人之頭戴前賢, 而聲討奇氏者, 亦氣也。 如使所謂“理者, 果能管攝乎氣”, 所謂“氣者, 果不能違悖乎理”, 則何以有此流弊聲討之變哉？ 以此究勘彼說之無理, 如視諸掌矣。 世之尊奇氏者, 請置辨。 ○以愚觀於奇氏, 其八十年內抱耿耿者, 不過見理之誤也。 其不敢發口明言者, 猶有畏義之象也。 今其後人, 大書深刻, 以暴揚於天地閒者, 豈非近於無忌憚耶？ 於是乎氣之有時乎違理, 理之不能管攝乎氣者, 亦可驗矣。 雖然, 奇氏當日銳意寫出之心, 卽今日放膽印布之源也。 惜乎！ 其祖孫師生, 生平謾說“太極自有適莫, 陰陽莫敢誰何”, 而不曾自檢其心, 自制其氣, 以致上謾祖師, 中誤自己, 而下迷後進之罪矣。 嗚呼！ 吾儒之於心, 其可自聖, 其於氣, 又豈可一刻不加撿束之功乎？ 其於太極性命之妙, 尤何可輕易立論？ 其於孝悌恭遜之道, 尤何可不盡心力以體之乎？

愚昔親聞金監役言“栗、尤理氣之說, 未敢以爲是者, 頗有駁正矣。” 柳稺程與人書, 謂愚捏造, 此被金所欺而爾也。 申仰汝則與愚同聽, 故雖爲金左袒, 然不敢諱之, 只歸之一時妄發。 今觀金「猥筆」跋語“已譏其尊畏先正者, 爲暴揚其過失於天下後世”, 此指沙、尤以下羣賢之祖述栗翁者言也。 又曰“知此則尊先正者, 莫如我奇、李兩先生。” 此指蘆沙、華西之自立門戶而一反栗翁定論者言也。 據此則知金前日之言, 非愚之捏造明矣. 知其爲平生所執, 非一時妄發更明矣. 抑余又有所感者, 往年蘆碑之出, 私與同志語云"勉台讚入華山同德"一句, 而使之並受人疑, 使金、柳而在者, 必厚誚勉台矣. 今見金跋, 亦自言"我華西不約而相符", 是其師友之間, 必有單傳密囑者矣. 愚曾因金語, 而有新學方熾, 栗翁見疑之云. 金不以自當, 乃奉以納諸華西, 而大張雄辯矣. 由今觀之, 豈不爲掩耳盜鐘之歸也耶?

余旣爲此篇, 或言"子之初辨, 言略而氣平, 觀者歎其無世儒氣象. 及此再辨, 則言之, 切論之備, 而斥之較嚴, 無乃有所激而不免於末俗之習歟?" 余曰: "否, 不然也. 彼之「猥筆」, 固足以亂人知思, 故余爲之條析, 而略其辭者, 蓋猶有爲之相惜者矣. 及得金監役題跋, 其尊尙奇氏之意已甚, 譏侮栗翁之辭更極, 其意將使後來之秀, 無不篤信彼說, 而『栗谷全書』, 則欲束之高閣, 而不復宣露於世, 是其爲害斯文, 豈止於陸、王二氏而已哉? 余故不得已而再加辨斥, 此正朱夫子所謂'彼之惑愈深, 而此之辨愈力'者也. 然是亦理之所當然, 而不敢肆其客氣, 騁其浮辯, 則又何損於持心之平裁義之中也乎? 蓋亦欲使吾黨之士, 無眩於彼, 彼之後人, 有悟於此而已, 吾何容私於其閒哉?" 甲辰上元.

客有問於臼山老生, 曰: 子以明德爲非理, 烏據諸?
曰: 據朱子.
何謂據?
朱子曰"虛靈是氣之明處, 具衆理應萬事, 是虛靈之能處", 吾故曰"據朱子"也.
曰: 湖南某人, 譏吾子爲明氣之異學, 子以爲如何?
曰: 明其氣者爲異學, 則昏了氣者乃正學也. 然吾願爲明氣之異學, 不願爲昏氣之正學也, 何以言之? 聖人之敎, 使人明其氣之昏而復其性之善而已. 今欲復其性, 而昏其氣則未有能成者也, 今且粗而言之, "日暮人倦, 昏氣易乘, 而不使之振發精明, 則心君昧而性天陰矣." 故陶山先生取陳氏之箴, 以充進御十圖之一, "怠惰昏睡, 則心不得正, 而中體不立矣." 故石潭先生以"篤志帥氣, 抖擻精神"之說, 眷眷陳達於黈纊之下矣, 彼皆未之見耶? 抑習聞其家庭之敎, 而不滿於二先生之說歟? 又精而言之, "上蔡之常惺惺, 朱子之常喚醒, 皆聖門要法也." 又進而言之, "天之明命, 朱子以爲這箇物事卽是氣, 此爲朱子六十八歲以後語." 而『大學註』

又以爲常目在之則無時不明矣, 彼于此亦將指爲異學歟? 又廣而言之, "凡聖賢所謂志氣淸明、虛明氣像、氣皃淸明、神彩淸明之屬, 彼將一切歸之異學, 而與吾儒無交涉耶? 又降而言之, "程、朱二夫子論禽獸之性, 每有氣昏推不得"之說, 今如彼之見, "一任氣之昏, 而禁不下明之"之功, 則瞌睡也不管, 酩酊也不管, 其于性果能推得去, 而有以自別於庶物矣乎? 甚矣! 人之好己勝也, 己勝縱好, 其奈背馳洛、閩, 而禽獸同科, 何哉? 彼誠能淸夜思省者, 則亦惕然懼赧然悔, 而改其舊見矣。吾惟是之望焉爾, 使其蚤有見於氣之不可不明焉, 則必不印出其先所秘之書, 以取譏於今與後之君子矣, 惜乎! 其未也。

客曰: 吾固疑彼之說, 今聞子之言, 而豁然悟矣。

臼山老生記其答問, 以示從遊之士。【「明氣問答」】

謙之問: 天地之氣, 當其昏明駁雜之時, 則其理亦隨而昏明駁雜否?

朱子曰: 理却只恁地, 只是氣自如此。

今此"氣自如此", 正以駁雜言, 其視"機自爾之只言動靜"者, 語意更重, 未知蘆沙又有何語。蓋栗翁只言"動靜之自然, 未嘗謂其理如彼而氣自駁雜", 則視朱語其所指, 豈不尤輕? 而乃厚受蘆沙之譏, 豈不異哉? ○ "氣强理弱", 此朱子語。「猥筆」之譏栗谷也, 引此句而曰: "吾懼大氣奪理位"。愚謂"氣强理弱", 元無此理則已, 今實有此理, 雖靡"機自爾"之云, 理之管攝它不得,【此亦朱子語。】依舊自如, 何必尤栗翁乎? "主之所向, 僕必往焉", 亦果有此理, 則雖天下萬人, 日誦機自爾三字, 理之操縱乎氣, 使之不敢之東之西, 而天地之寒暑災祥, 恒得其正, 人物之濁駁偏塞, 亦無可憂者。又固自如矣, 世間雖有栗翁妄言, 亦何必耿耿爲哉? 朱子又言"日用間運用, 都由這個氣。"【日用字, 代以天地亦得。】試使蘆沙見之, 豈不曰這個氣不關由天命, 而自運、自行, 便是雙本領云爾乎? 試使華西見之, 豈不曰天地之間動不動, 只有這個氣足矣, 尙何俟於理云爾乎? 竊以愚見言之, 理無爲故運用專藉乎氣, 氣屬麤故本源實在乎理。【此數句, 似儘當精察。】何必言理活有能, 然後乃可謂之主乎? 又何必氣死無力而後, 乃可謂之僕乎? ○ 朱子又論"氣麤理微"云, 如"父子若子不肖, 父亦管他不得。聖人所以立敎, 正是要救這些子"。今此父不能管子, 視"機自爾", 語益深重, 未知蘆沙又有何語。且欲救這些子, 則必曰"理活氣死",【「華西雅言」】"主向僕往"【蘆沙「猥筆」】而後可乎? 然據朱語觀之, 氣未嘗死,【運用都由氣,則不死明矣。】父未管子,【如此則恐難謂僕必從主矣。】則「雅」、「猥」云云, 恐無補於"氣麤理微"之弊矣。又孰若栗翁"撿束其氣而此理自顯"之爲得歟? 世方以是爲主氣, 吾不知其何謂也。【「讀語頹時舉錄」】

氣發【氣固載理而發見, 而理則無所知能, 故曰氣發。】而理乘者,【理固藉氣而流行, 而氣實爲之材具, 故曰理乘。此一句, 一書之大指也。】何也? 陰靜陽動, 機自爾也, 非有使之者也。【此言氣發也。此書方論氣有爲, 故上文專言氣發, 而至此統舉前後, 故幷言動靜。】陽之動則理乘於動, 非理動也; 陰之靜則理乘於靜, 非理靜也。【此言理乘也。理乘於動, 則理亦動矣; 理乘於靜, 則理亦靜矣。而今曰非理動、理靜, 何也? 朱子曰: "太極, 理也; 動靜, 氣也。" 然則理但乘氣之動靜而動靜耳, 不能自動靜, 故曰非理動、理靜也。】故朱子曰: "太極者, 本然之妙也;【引此以證原有乘載之理也。】動靜者, 所乘之機也。"【引此以證自能動靜之氣也。】陰陽動靜, 其機自爾,【此就流行上, 指此氣自能動靜而爲太極之器也。】而其所以陰靜陽動者, 理也。【此從根原處, 指此理所以動靜而爲陰陽之道也。此兩句, 總結上文之理也。○「讀栗谷先生答牛溪先生書」

自爾之機, 非雜糅之氣, 乃神靈之氣也。「鄭辨」第三條云: "弘道豈此心所乘之機所能爾乎?" 此全不察栗翁之意而云爾也。栗翁「答牛溪」書曰: "陰陽動靜, 機自爾也。朱子云'心之虛靈知覺一而已矣。' 先下一心字在前, 則心是氣也。或原或生, 無非心之發, 則豈非氣發乎?"【又曰: "心中之理乃性也, 未有心發而性不發之理, 則豈非理乘乎?"】然則氣發之氣, 卽"人能弘道"之人, 曷嘗有異乎? 只被鄭氏旣誤認心爲理, 則纔遇氣字, 便指爲氣質, 故於弘道之人, 自爾之機, 不能會通, 而有是支離之論也。
【「觀鄭栢軒集猥筆辨辨」】

尤翁言: "太極爲陰陽之主, 而反爲陰陽之所運用。凡生於太極陰陽者, 莫不皆然。" 按: 性與心亦然, 而心理家於首句道是, 於下句未免聽瑩。今看『語類』個錄云: "心之知覺, 是那氣之虛靈底。聰明視聽作爲運用, 皆是有這知覺, 方運用得這道理。【尤翁說, 何可疑?】所以橫渠說'人能弘道, 是心能盡性; 非道弘人, 是性不知檢'"。此見『語類』「孟子盡心章」, 而爲六十九歲以後語也。如何心理一派, 於此, 乃指人字知覺字, 硬說做形而上之道? 不知置朱子於何地。愚嘗言: "上帝能運用太極, 非太極運用上帝。氣化能運用天道, 非天道運用氣化。聖人所言'人能弘道', '非道弘

人’, 是從運用處指點。若從本源上說, 則又必言道爲人宰, 人爲道用, 彼此兩不相礙。【「華島漫錄」, 下同。】

朱子曰: "理氣決是二物。" 此因不分開說者說法。朱子又嘗曰: "器卽道, 道卽器, 莫離器而言道。"【本程子語。】就不離而言, 則曰"器卽道, 道卽器"; 就不雜而言, 則曰 "理氣決是二物", 此何嘗偏主一邊? 奉勸讀者, 要虛心細玩, 勿以朱攻朱。

「기질혼백氣質魂魄」(『性理類選』卷8)

1) 서지사항

유영선이 기질혼백(氣質魂魄)과 관련된 전우의 학설을 발췌·정리한 글. 유영선이 편찬하여, 1939년에 간행한 것으로 추정되는 『간재선생성리유선(艮齋先生性理類選)』(전 10권) 권8에 실려 있다.

2) 편저자

유영선(柳永善, 1893~1861)으로, 자는 희경(禧卿), 호는 현곡(玄谷)이다.

3) 내용

유영선이 스승인 간재(艮齋) 전우(田愚, 1841~1922)의 여러 글 중에서 성리사상에 긴요한 부분을 발췌하여 편찬한 『간재선생성리유선(艮齋先生性理類選)』의 내용은 태극(太極)·성리(性理)·심(心)·신(神)·덕(德)·허령지각(虛靈知覺)·정(情)·기(氣)·기질혼백(氣質魂魄)·학(學)이다. 이 가운데 「기질혼백(氣質魂魄)」은 전우가 쓴 편지글과 논설 중에서 관련 내용을 발췌하여 구성한 것이다. 편지글은 「상전재선생(上全齋先生)」, 「답송회경(答宋晦卿)」, 「답이군수(答李郡守)」, 「답모관(答某官)」, 「답서병갑(答徐柄甲)」, 「답방환영(答房煥永)」, 「답남진영(答南軫永)」, 「여이휘재(與李徽在)」에서 발췌한 것이고, 논설은 「정시기질설(靜時氣質說)」, 「기질본일론(氣質本一論)」, 「기질체청(氣質體淸)」에서 발췌한 내용이다. 「상전재선생」에서는 전재(全齋) 임헌회(任憲晦, 1811~1876)가 말한 "기질의 본체를 마음에 두어야 옳은데, 지금 사람들의 병통은 기질을 체와 용으로 나눈다는 것이다."에 대해 전우가 자신의 견해를 밝혔다. "사물은 하늘로부터 형(形)·기(氣)·심(心)·성(性) 네 가지를 받았는데, 총괄하여 말하면 성이 심·기·형의 본체가 되고 이 세 가지는 용이 된다. 분할해서 논하면 네 가지는 각각 체와 용을 갖는다."라고 주장했다. 「정시기질설」에서 간재는 어떤 객을 상정해 대화를 나누는 형식을 취하였다. 처음에 전우가 "미발시기질청수지설(未發時氣質淸粹之說)"을 믿는 사람은 체일(體一) 두 글자를 깨달은 사람이다. 그렇지 않다면 입으로만 지껄이는 것이니 그것은 도에 아무런 도움이 안 된다."고 말하자, 객이 난색을 표하며 "당신의 말은 그러하나, 옛날 성현의 말은 어떠한가?"라고 질문하는 것에서부터 대화가 이어진다. 전우는 미발시 기질이 청수(淸粹)한가 탁박(濁駁)한가에 대한 선유들의 견해를 소개하며 각각의 득실을 따졌다. 기질의 체와 용을 나누어 보는 입장에 따라 청수설에 대해서는 이들이 기질의 청수를 기질의 본체로 보는 것은 아니라고 비판했고, 탁박설에 대해서는 기질의 본체는 순수하기에 그 작용이 미발시에는 관여할 수 없다고 말해야 한다고 자신의 견해를 밝혔다.

先生嘗言: "氣質之體, 以心當之可也, 而今君之病, 不合就氣質分體用。" 愚復用意究之, 物所稟於天之形、氣、心、性四者, 總而言之, 性爲心氣形之體, 而三者皆爲之用。分而論之, 四者又各有體用。渾淪冲漠, 分派條理, 性之體用也; 湛然而息, 惻然而應, 心之體用也; 手足眼鼻, 執履瞬息, 形之體用也; 靜而醇然, 動或有雜,【天下古今許多病痛, 皆從此句上生出來。】氣之體用也。氣質之靜而醇然無雜, 從來臆見然爾, 非有所考據也。近偶閱『孟子』夜氣章, 輒疑其與己見合, 自此迤邐看, 朱子論此義者, 似可以爲證也。夜氣卽夜間所息氣質之澄淸者也, 平朝之氣卽是物之經宿者耳。愚見如此, 未審是否?【氣之用, 就賢人以下說, 則不能無失, 故云動或有雜。○「上全齋先生」, 下同。】

未發時, 氣質淸粹, 聖凡旣同一氣象, 又同一分數, 更無些子優劣, 更無些子加減,【未發以下三十有一字, 卽愚之說, 而先生於此終乃印可之者, 故擧以爲問。】則以此謂之氣質之本體, 似無不可。乞賜明誨。

氣質淸者本, 而濁者末。雖至濁之人, 其本之淸者未嘗無, 故至急切處, 尤易發見。愚見亦嘗如此。但洲、梅二老亟稱農翁四七說, 我輩後生不能無兢兢者耳。【「答宋晦卿」】

人之形氣凍餒, 則非鍼灸所能救, 須以布帛菽粟之屬養之; 血氣【精神、魂魄, 皆屬於此。】虛弱, 則非思學所與療, 須以蔘苓芢苄之屬治之。氣質濁駁, 則非衣食藥餌所能變, 須以省察矯揉之屬化之。三者之病, 各是一種證候, 故其治之之具亦各是一種材料。以此逐一對勘, 則所謂氣質云者, 庶幾可揣。而今人有有識解而行不逮者, 此氣之稍明而質不美也; 有有行檢而知未及者, 此質之近醇而氣不淸也。夫知未徹則思之, 思之以至於明; 行未純則勉之, 勉之以及於熟, 此程子所謂奪造化者也。大抵氣是流行底, 質是凝定底, 明暗屬氣, 敏鈍屬質。【「答李郡守」】

向承盛諭, 氣質濁駁少有在者, 不得爲未發者, 甚善甚善。但以此遂謂衆人無未發, 則却似未然也。"未發之中, 聖凡所同", 朱子、栗谷、農巖, 皆嘗言之, 而其所以然之故, 則未之及焉, 故先輩亦有如高明之疑者矣。愚嘗妄有所窺測者, 請試言之。

蓋天地所藉以生物者, 非他, 氣與質而已。所謂氣質者, 有體有用。體也者醇氣也, 醇氣者一於精之謂也; 用也者遊氣也, 遊氣則不能無雜也。遊氣紛擾之時, 其精醇之體, 未嘗自爲一物, 而特立於遊氣之外焉, 則只是卽用卽體, 更無二物也。故人物之生, 不惟得其用, 竝與其所謂體者而盡得之, 故得遊氣之美者, 體用俱美, 得其惡者, 體雖醇而用則雜矣。是以, 愚嘗(請)[謂]327)人之氣質, 不惟有可淸可粹之理, 固自有本淸本粹之體, 故雖非有矯治之功, 苟或値靜寂之時, 則其精醇之體自然呈露。此其衆人之所以有未發, 而與聖人一同者也。夫氣質體同之說, 先儒雖未有明言之者, 然苟得其意而後, 反以求諸孟、周、程、朱之書以及陶、巍、渼湖之說焉, 則必須有互相發者矣。論氣質者, 言體而不言用, 則無以盡其變, 知用而不知體, 則無以見其本, 判體用而兩之, 則不可也。昔李繼善問於朱先生曰: "氣之始, 有淸無濁, 有美無惡。濁者淸之變, 惡者美之變。以其本淸本美, 故可易之以反其本。然則所謂變化氣質者, 似亦所以復其初也。" 嗚呼! 繼善之說, 一何似余之所欲言也? 但氣之始, 固有善而無惡矣, 何不直擧其體爲言, 而必始之問而止也? 蓋言體則始終該, 擧始則今昔分, 所以先生之答, 亦只曰"始固善而今則雜也"。當時若使繼善再擧以質之曰: "騰倒到今日, 則其雜也固然矣。但未知此騰倒者之本然, 亦從而不純歟?【本然卽先生所言善也。】又未知下愚所禀之氣, 其本末體用, 一於惡而已否? 又未知下愚之人, 靜中之淸氣, 動時之善端, 無其體而自生歟? 又未知學者所反氣質之淸粹亦初無其體, 而但以學力襲而取之歟?" 則先生於此, 必明有指示, 而使後人無疑於氣質體醇之說者, 不但如今日之寫在册子上者。惜乎! 繼善之不復及此也。以『太極說』、『好學論』、『大學或問』觀之, 所謂精者, 乃人物之所同得者也。伊川於『易』之「損六三傳」, 論"天地絪縕、萬物化醇"之義, 曰: "天地之氣, 相交而密, 則生萬物之化醇。醇猶精一也。惟精醇專一, 所以能生也。"【朱子之訓"精"爲"不二", 蓋本於此也。愚嘗謂"精謂之不二"者, 蓋有"精醇、專一"兩意。"精醇"就本體上說, 如朱子所謂"天地之氣, 何嘗不正"者, 固不二也。"專一"就流行上說, 如朱子所謂"生氣流行, 一滾而出"者, 亦不二也。然若以此對其雜揉散殊者而言, 則精醇專一, 又統而爲之體, 此又不可不知也。】以是觀之, 物所禀氣質之體, 亦未嘗不醇且精矣。或疑濂翁所謂"惟人也得其秀"者, 此又何謂也? 愚以爲兩說初不相礙也。蓋精, 其體也; 秀, 其用也。【精秀體用之說, 雖似

---

327) (請)[謂]: 저본에는 '請'으로 되어 있으나, 『艮齋集』에 의거하여 '謂'으로 수정하였다.

創新, 將『太極圖說』、『好學論』子細玩索而有得焉, 則可見矣。】 語其體則精雖萬物之所同得,
然語其用則秀, 乃吾人之所獨得而秀之秀, 又聖人之所獨得也。語固各有當也, 如
此立語如何?【『答某官』】

『語類』個錄是先生最晚年議論, 而其一句有曰"人之所以能運動, 都是魂使之爾。"
或者將以"魂字本領"、"魂奪理位"等語, 誚之耶?【看"所以"字及"都是"字及"使之"字, 彼將
如何解耶? ○『與金駿榮』】

『孟子』牛山章正文, 三箇氣字, 以爲心氣則與良心相疊, 以爲血氣則血氣不能存
心, 不得不以氣質當之, 而其元初之淸明, 據『集註』可見。然則心與氣質有辨, 氣
質本體淸明, 皆如視諸掌紋矣。近聞一老成學人聞余此說, 大斥曰: "氣質體淸, 卽
是心。{心}328), 氣質無辨, 是自爲湖論, 而誤後學。"試以是微叩於志令, 看有何語?
因筆示及。【『答徐柄甲』, 下同。】

『延平答問』"心與氣合"之氣, 非以氣質言, 果如盛喩也。心與氣質有辨, 『大學或
問』"氣質有蔽之心"一句, 分明道破, 其他諸語善觀之, 亦可以見矣。今且擧一二,
以槪其餘, 程子"皆水也, 至海無汙,【氣質】何煩人力?【心】", 下文"澄治之功【心】", 張
子"有氣質之性,【氣質】善反之【心】", 楊氏"四者,【愚、魯、㘉、辟】性之偏,【氣質】使知自
勵【心】", 謝氏"從性偏難克處,【氣質】克將去【心】", 呂氏"昏明强弱之稟, 人所異也。
【氣質】誠之者, 所以變其異也【心】", 諸如此類, 不勝枚擧。特一邊士友不甚致察, 故
云云耳。

頻扣氣質說, 嘗聞天地之所以生物者, 元亨利貞之理也。其生物者, 陰陽五行之氣
與質也,【天氣有晴和與黮黭之時, 地質有醇正與偏駁之時。】故人物之生, 得是氣質以成形,
則其理亦一時完具無不足者。 但因所稟之氣有淸明昏蔽之分, 故其於所具之理,
知之有迷悟之異, 質有純粹雜糅之殊, 故其於所知之理, 行之有敏鈍之別。如今人
有曉解道理而持守疏脫者, 此氣精而質麤也, 有修飭事行而見識短淺者, 此質美
而氣昏也。質之麤者, 勉之又勉, 以至於熟; 氣之昏者, 思之又思, 以至於徹, 則氣
質可變, 而造化在我矣。以此反覆推勘, 則氣質本色庶可薦得, 而於日間知行工
夫, 亦可得其用力之方矣。近世有以形質、氣質爲一物者, 此甚可疑。如形質有病,
則用藥食療之, 氣質有病, 則以義理治之, 二者蓋不同也。【『答房煥永』】

---

328) {心}:『艮齋集』에 의거하여 '心'을 보충하였다.

魂魄說, 愚見先賢之論此者, 皆曰有靈, 則謂魂有知, 又何疑焉? 朱子嘗言“魄亦有知”,【見『語類』「中庸鬼神章」德明錄。】 況於魂乎!【『大全』「答楊子順書」云“謂魂爲知則不可”, 此誠然矣。 謂魂有知, 則恐無不可。”】 今以復禮推之, 疏家旣曰“朝衣, 冀精神識之而來”, 則豈可謂全無知識乎? 盛喩資助之說, 恐此處用不著也。 如天地間鬼神有知有能, 然何必引上帝之知能, 而謂有兩知能之嫌乎? 或據盛喩而曰以帝對鬼神, 則當云此有覺識而彼不能覺識, 則未知高明復以爲如何?【「答南參永」, 下同。】

賢者曾見朱子論“佛家理會得似那形而上者”之說否? 今其說見於『語類』「中庸首章」個錄, 最宜詳玩而實驗之。 其所謂這形而下者, 指精神魂魄而言, 似那形而上者, 指虛靈知覺而言。 余觀一邊所認底形而上者, 却只是似那形而上者, 其眞箇形而上底, 不曾見得。 所以雖極言心理、意理、靈理、覺理, 然畢竟是似者非眞也。 如使佛氏所謂心者, 只是精神魂魄, 則朱先生何故欲使學者, 先曉得這一層, 後却去理會那上面一層?

儒、釋心理一二之說, 見於『大全』「答鄭子上書」矣。 今試以是究之, 儒、釋之所謂心, 在我爲靈覺, 在彼爲精魂耶? 然則儒、釋之異, 却繫於認心之不同, 不關於心理之一二也。 是果爲朱子之本指乎?

氣質本體, 雖曰淸粹,【『巍巖集』“未發時氣質之有萬不齊者, 於是乎一齊於純淸至粹”一段, 是原於孟、朱夜氣之論也, 而『南塘集』深非之, 恐未然也。】 然但能不蔽乎心而已, 不能知覺爲主, 則其視此心本體之湛一, 不啻粗矣。 心之本體, 雖曰湛一, 然但能保守乎性而已, 不能冲漠無眹, 則其視此性本體之眞實, 亦較粗矣。【『朱子大全』「答鄭子上書」論心、性、天有“心粗”語, 宜細考之。】 如曰心與氣質無辨, 則變化氣質, 敎誰爲之? 曰心與性理一物, 則窮理盡性, 又誰爲之? 皆不通矣。【「與李徽在」】

余嘗有言曰: “未發時氣質淸粹之說, 有能信之者, 體一兩字盡之矣。 否則徒費唇舌耳, 無補於道也。” 客有難之者曰: “吾子言之然矣。 昔賢之論, 可得而聞歟?” 曰: “前言浩穰, 難以徧擧而悉論, 姑且一二言以該其餘, 可乎? 先輩有以美惡爲本領, 而謂未發之際亦有不齊者。 有謂人之氣質, 雖有定分, 也有好時, 也有不好時, (累)[屢]329)變而不常, 故雖衆人而其未發則淸而粹矣。 有謂衆人雖有未接物時, 其濁駁猶在, 所以無未發者。 是其爲說不同, 而以美惡爲本則同, 此余之所以不能無

---

329) (累)[屢]: 저본에는 ‘累’로 되어 있으나, 『艮齋集前編』권14 「靜時氣質說」에 의거하여 ‘屢’로 수정하였다.

惑也。” 客曰: “所引第二說則善矣。奈何疑之?” 曰: “其謂淸濁有定分, 則亦美惡本領之說也。其曰淸粹於未發者, 特指其偶然者耳, 非以是爲氣質之體。此余之所以不能無遺恨也。” 客曰: “巍巖說中, 有以未發時淸粹者爲氣之本然, 此則可謂盡之矣乎?” 曰: “氣質之論, 至此而庶幾焉。然謂之盡, 則未敢知也。若要盡也, 當曰‘氣質用雖不齊, 體則無二, 故衆人而靜則用息而體見, 玆其所以純於淸粹, 而與聖人一同也’云爾矣。今其言無慮百萬, 而卒不能以‘體一用殊’四字, 提其綱而振之, 則其於氣質所見, 無或有未盡而然歟? 抑識則已到, 而詞有未悉歟? 未敢質也。” 客曰: “寒泉先生答南宮氏之問者, 子以爲如何?” 曰: “亦善矣, 而其答之之詞, 疑亦有未盡者。夫濁云駁云, 豈體之云乎哉? 而彼南宮氏方以未發爲問, 而指濁駁爲本分, 而疑其自在於一邊, 則其見之可謂麤矣。苟欲正之, 當曰: ‘雖昏愚甚者, 其氣質之體則醇且全, 豈有用之濁駁而曾與於未發之時耶? 況可槪以濁駁爲本分耶?’ 如是爲言, 庶乎可以盡之矣。” 客唯而去。因記其說, 先儒諸論, 竝附見焉。○ 牛溪曰: “從人生以後而言, 則未發之性,【本註, 竝氣質言。】亦有善惡之一定者, 然未可謂之未發之中也。愚謂未發之體者, 指氣禀一定而言, 非言未發之中也。” ○ 遂庵曰: “人之氣質, 得於有生之初, 雖未發之前, 善惡自在。及其動也, 美者感於正而易趨於善, 惡者感於邪而易趨於惡, 此理勢之不得不然者也。” ○ 陶菴曰: “未發時, 不可着氣質字。雖昏愚之人, 或有未發, 則雖一霎之頃, 全是湛一本然之體, 有淸粹而無濁駁。不如是, 何以云未發時堯、舜、塗人一也? 若曰本分濁駁一邊在了, 則不幾於善惡之混者耶?” ○ 或曰: “人生而靜, 氣未用事, 其性渾然至善, 感於物而動, 氣得用事, 故其情有善有不善。” 魏莊渠曰: “如是則體用二原矣。性善, 情亦善。靜時性被氣禀夾雜, 先藏了不善之根, 故動時情被物欲污染, 不善之萌芽纔發。存養於靜, 默消其不善之根, 省察於動, 纔覺不善之萌芽, 便與鋤治, 積習久之, 本體渾然是善, 發用處亦粹然無惡矣。” ○ 南塘曰: “有生之初, 便有氣質之性, 淸濁粹駁, 有萬不齊, 其本領之美惡如此, 故爲發後淑慝之種子, 非謂未接物時, 惡念常存於心也。” 又曰: “未發之際, 心體惺惺, 湛然虛明, 而虛明之中, 隨人氣禀, 不能無偏全、美惡之不齊。” ○ 屛溪「與兪兼山書」曰: “高明只知人物之氣, 發用則異, 故所乘之理, 隨氣各異, 而不知人物之氣, 已自禀初而異, 故不待發用, 而其所囿之理隨其位分, 亦已不同矣。” ○ 兼山「答屛溪書」曰: “所謂‘人物之氣異, 故不待發用而所囿之理不同’者, 愚則曰氣質之性, 而執事則曰本然之性也云云。” ○ 巍巖曰: "求於未發之旨, 則無論聖凡, 必此心寂然不動, 如水止鏡明, 則所謂'淸粹濁駁之有萬不齊'者, 至是一齊於純淸至粹,【本註, 此氣之本然也。】 而不偏不倚之中體, 亦於是乎立。" ○『渼湖語錄』, 問: "人生氣稟, 得於有生之初, 淸濁粹駁, 自有定分。當未發之時, 卽此濁駁, 在於何處?" 先生曰: "人之氣質, 雖有定分, 也有好時, 也有不好時, 屢變而不常。衆人未發, 固未易有, 如或有之, 此時其氣質, 亦純淸極粹矣。" ○近齋曰: "衆人雖有未接物時, 卽其方寸之間, 氣質之濁駁猶在也。譬如火焰雖息, 而烟氣猶熏, 烏得有所謂中乎?"【靜時氣質說】

凡得游氣之有粹有雜有多有寡者, 以爲氣質, 則說者皆謂此乃得於有生之初, 卽認作氣質之體。殊不知遊氣之本卽是醇且全者, 其醇且全者爲其體, 而亦未嘗不得之於有生之初也。【右一條, 卽愚所嘗與申言汝書也。今見先輩諸說, 恐未免有今世說者之意, 敢附之于此。知罪知罪。】

愚少認氣質有本一者, 被人攔截終不服。後見孟、朱夜氣之論, 稍益自信, 後又見『大全』「答李繼善書」"其雜也久"之云, 有所辨論。【見「答申言汝書」】 後以氣質本體淸粹, 奉質於師門, 而得蒙印可矣。近得嶺李文集, 凡言氣字, 皆說做淆雜, 至謂湛一只是靜時影象, 其裏面包得麤濁, 與愚見正相反。又見其「答人書」, 引「答繼善」語, 爲氣質不齊之證。夫氣質, 統而論之, 固是不齊, 單指其本, 則却無不齊。今日看『語類』論歷代, 或說"二氣五行, 錯糅萬變", 曰: "物久自有弊壞。秦、漢而下, 二氣五行, 自是較昏濁, 不如太古之淸明純粹。" 或云: "本然底亦不壞。" 曰: "固是。"【見百三十四卷七板夔孫錄。此說與愚「答申書」, 大意略同。】 竊意天地二五之氣, 錯糅昏濁, 而自有本然之不壞者在。此所以稟游氣以生者, 竝得其本然, 以爲老釋賢愚未發之中之助, 省察矯糅變化之功之源矣。學者而見得到此, 豈不深有補於立德之地乎?
【「氣質本一論」】

二氣五行, 始何嘗不正。只袞來袞去, 便有不正。【『語類』「氣質性門」土毅錄】 蓋物久自有弊壞。秦、漢而下較昏濁, 不如太古之淸明純粹, 然其本然底亦不壞。「歷代門」夔孫錄, 節略。○『大全』「答李繼善書」云: "氣之始固無不善, 然騰倒到今日, 則其雜也久矣。" 此但說到物久弊壞處, 其本然淸明純粹之不壞底, 不及論也。】 故人之稟此氣者, 竝與其本然而盡得之。此所以暮夜休息, 則其氣復淸明耳。【『孟子或問』○『語類』節錄, "歇得些時, 氣便淸"。】 此氣質本體淸粹之實驗也。故雖衆人未有敬功者, 亦時有此心未發, 而與聖人無異, 但不知存之, 故不能立大本也。若夫變化氣質, 却只就朝晝昏亂處理會, 此乃宋人洗惠山泉水之法也。【『語類』胡泳錄】 鄭丕彦既不曾體認到底, 又未及考檢至此, 故(從)[徒]³³⁰⁾知洗後乃淸之理, 而未見纔歇還淸之妙, 亦其勢然也。今不必令強思索, 不如且自體察久之, 必有見處矣。○朱子於二氣五行言"本然", 李繼善於氣質言"本體、本然", 又言"本淸、本美", 又言"復其初"。李巍巖於未發時氣質, 指至淸至粹者爲本然。○此一義通, 則凡人物禀性同異之爭, 聖庸未發有無之辨, 未發時淑慝有無之疑, 人生時氣質一定之難, 種種葛藤, 世世墨守, 不可解不可破之說, 不覺一時豁然, 可以省得多少心力矣。昔朱先生論氣質之說, 始於關、洛而曰: "某以爲極有功於聖門, 有補於後學, 讀之深有感於程、張, 前此未有人說到此。" 區區竊不自遜, 以爲今此(指)[拈]³³¹⁾出氣質體淸之說, 後之聖賢, 亦應有感歎於吾言者矣。【「氣質體淸」, 示金鍾熙、權純命、柳永善。】

---

330) (從)[徒]: 저본에는 '從'으로 되어 있으나, 『艮齋集』에 의거하여 '徒'로 수정하였다.

331) (指)[拈]: 저본에는 '指'로 되어 있으나, 『艮齋集』에 의거하여 '拈'으로 수정하였다.

「여어당이장與啞堂李丈」

1) 서지사항

전우(田愚, 1841~1922)가 이상수(李象秀, 1820~1882)에게 보낸 서한. 『간재집(華西集)』전편 권1에 실려 있다. (한국문집총간 332)

2) 저자

전우

3) 내용

전우는 이 글에서 심과 성에 관한 기본적인 입장을 정리하였다. 특히 그가 주자의 심론을 따라 "리가 있은 후에 심이 있다.(必有是理然後有是心)"고 심과 리의 선후 관계를 밝힌 점은 중요하다. 또한 그는 이를 근거로 심즉리(心卽理)나 심즉본(心卽本)설을 비판하였다.

2-1-71 「與㟴堂李丈」(『艮齋集』前編 卷1)

人之運用, 繫於心; 心之運用, 本於性。是乃聖人本天之宗旨, 儒門主理之正學也。朱子「存齋記」, 作於二十九歲, 而全篇歸趣, 以心爲本而已。其後三十五年, 爲許中應, 作「稽古閣記」, 乃以取足於心爲異端之見, 察於義理爲聖人之敎, 則其以理爲心之本原明矣。而王陽明乃謂朱子之學終歸於存心, 程篁墩又以「稽古閣記」爲出於早年氣盛意健之時, 其矯誣前賢, 誑惑後生, 乃至於此, 不知佗許多心學, 寄放在何處?【陳氏建、余氏祐之辨得之。但余以「存齋記」爲作於未見延平之日, 此則少差耳。】昔年與一士友, 論心性二者, 孰爲本原之義也? 彼硬說心爲極本之理, 而力破性爲心主之說。如此, 則凡人之爲學, 但取足於心可矣。何必以"不踰矩、不違仁"爲功乎? 今以此二記初晚之分觀之, 可見其誤矣。朱子又嘗論聖賢立言之意曰: "必有是理然後有是心, 有是心而後有是事, 有是事然後有是言。四者如形影之相須, 而未始須臾離也。" 又嘗答"心是主宰, 理是道理"之問曰: "心固是主宰底意, 然所謂主宰者, 卽是理也。" 又譏"釋氏專認心爲主宰, 而不見天命實體, 故不可與入道。" 又於「中庸序」"以知覺之原於性命者爲道心"。只此數語, 便見得聖人以理爲主而不以心爲本, 亦便見得心與理有辨之妙矣。奈何硬說"心卽是理"、"心卽是本", 以亂孔、孟、程、朱之學也? 念之苦痛苦痛! 學者若知得彼學之誤, 則於自心發處, 亦不敢自用, 而必求所謂理者以爲之準, 亦非小補也。

「여유치정與柳穉程」【甲戌】

1) 서지사항

전우가 유중교에게 보낸 편지. 『간재집(艮齋集)』전편 권2에 실려 있다.(한국문집총간 333)

2) 저자

전우(田愚: 1841~1922)로, 자는 자명(子明), 호는 간재(艮齋)이다,

3) 내용

이 글은 1874년 전우가 유중교(1832~1893)에게 보낸 편지이다. 전우는 지난 편지에서 유중교와 심과 리에 대해 논한 바 있었는데, 유중교의 비판에 재차 문제를 제기한 것이다. 전우가 재론한 유중교의 답변은 『성재집(省齋集)』권14「왕복잡고(往復雜稿)」(갑술년 4월)에서 확인할 수 있다. 여기서 유중교는 본체를 위주로 말하면 "심은 리의 유행이고 우리 몸에 존재하여 주재하는 것으로 무위(無爲)하지만 유위(有爲)의 주재"이며 심은 마땅히 "유위(有爲)이지만 무위(無爲)의 용(用)이 된다"고 하였다. 또 전우가 "리의 동정(動靜)은 한결같이 기의 행하는 바를 따른다"고 한 것에 대해 사람이 말을 타는 비유를 통해 리의 주재성을 소홀히 다룬 점을 비판하고, 아울러 이를 내 마음에서 몸소 행하고자 하면 어떤 공부를 해야 하는지 물었다. 전우는 "리의 동정은 한결같이 기의 행하는 바를 따른다"고 한 문장은 "기는 행함이 있고 리는 반드시 행함의 주재가 된다."라는 구절과 함께 보면 문제 될 것이 없다고 하였다. 그에 의하면 성(性)이 심의 하는 바를 따르는 것이 곧 "리의 유행이 기의 하는 바를 따르는 것"이고, 정의와 조작이 없는 리가 한결같이 심이 하는 바를 따라 불선에 빠지지 않는 것은 심에 성찰공부가 있기 때문이다. 이는 노주 오희상(老州 吳熙常, 1763~1833)의 "성이 심의 주재가 된다"는 말과 통한다. 그러나 유중교가 말한 "리가 기의 주재가 된다"는 것은 이와 의미가 다르다. 전우는 유중교의 "심은 리의 유행이고, 우리 몸에 존재하고 주관하는 것"이라는 말은 바로 사려와 지각의 쓰임이 있는 것을 리로 설명한 것이기 때문에 정의와 조작이 없다는 리의 규정에 벗어난다고

보았다. 또 지금 유위와 무위를 모두 리에 귀속시키고 체용으로 구분하는 것은 송시열이 "발현하고 행하는 것을 말하는 부분은 모두 리가 기를 타고 유행하는 것을 용으로 삼은 것"일 뿐이라고 말한 것에 배치되는 것이라고 하였다. 전우가 보기에 심을 리와 기의 두 영역으로 구분하지 않고 리만 가지고 설명하는 유중교의 주장은 기를 리로 오해했다는 비판을 면할 수 없는 것이었다.

2-1-72 「與柳穉程」【甲戌】(『艮齋集』前編 卷2)

頃者, 賁臨得於積年慕望之餘, 聲氣相感, 心肝洞澈, 非直旣見之喜也。彼時因室憂方劇, 旣不能留止旬日, 如晦翁之寒泉, 又不能遠出相送, 如南軒之楮州, 爲可恨也。別後思念又切, 每與諸友, 私相慨歎, 計歸程之及此時稅駕里門久矣。山居幽勝, 開卷淸坐, 有足樂者, 惜乎! 不得從容叩質於前也。曩來別紙所詢, "理之動靜, 一隨氣之所爲", 此十字, 欲就吾心上親切體行, 當如何用功一段, 直是詰得逼切, 令人發深省也。竊念此一義, 是吾儒與異學分界處, 本體與功夫合一處, 不容少有差互。故敢據素日所聞於師友者, 以仰質焉言而是耶? 固願與士友共之, 言而謬耶? 亦望痛加掊擊, 庶乎其有警矣! 愚所謂"理之流行, 一隨氣之所爲"者, 須與其對句"氣之有爲理, 必爲之主宰"者, 交互看來, 自無可疑。且此說本但言道之流行自然之妙而已, 實未嘗遽及於惡一邊也。【朱子曰: "馬之一出一入, 人亦與之一出一入。" 勉齋亦有蟻隨磨轉之論, 意亦如此。】然其實凡天人聖凡、善惡偏全, 豈有出於此兩言之外者乎? 試嘗論之, 主理而論氣, 則氣之善者, 固是聽命於理, 而其惡者, 亦豈不出於理耶?【此言氣爲理之所宰。】由氣而言理, 則理之惡者固亦見拘於氣, 而其善者豈不有藉於氣乎?【此言理隨氣之所爲。】但其中自有常變之分耳, 自有帥役之別耳。此則當精辨而不可亂, 當力守而不可失也。大抵氣爲理之所宰, 理隨氣之所爲, 是爲道體之自然也。 人苟未至於自然中道之地, 則其所運用, 如何便與佗打做一片耶? 顏子之未達一間, 正坐此耳, 然吾人用功之道, 亦只在自心自省, 使其所載之性, 得遂其本然之善而已。性隨心之所爲, 卽所謂"理之流行, 一隨氣之所爲"也, 無情之理, 一隨心之所爲, 而得不陷於不善, 由其心有省察之功也。雖曰自心自省, 若性中原無此心自省, 使理不失其本然之善之理, 則此心何自而有此作用乎? 此則所謂"氣之有爲, 理必爲之主宰"也。由是觀之, 老洲所謂"性爲心宰"者, 益信其不我欺也。曩來執事, 據性不知檢其心, 疑鄙言之未妥, 盛見面應如此。然朱先生答心是主宰之問曰: "心固是主宰底意, 然所謂主宰者, 卽理也。" 栗翁曰: "無爲而爲有爲之主者, 理也。" 就此等言語, 虛心體究, 則可見老洲之言, 爲有見於性理源頭, 而說出人不敢說底道理者, 而決非出於一時苟且之計也矣。【苟且二字, 卽執事所以論老洲說之意也。愚嘗謂以心爲氣者, 又必以性爲本, 則其說雖若苟且, 其法則不害爲謹拙自守之道矣。以心爲理者, 不復以性爲主, 則其學雖若直截, 其歸則必須有猖狂自肆之弊矣。】至於性不知檢其心, 則又與此不相害。橫渠以理之無爲言, 老洲以心之所本言, 二說者, 實亦互相發也。且性不知檢心, 卽理不知撿氣之謂也, 而理不知撿氣之云, 則必不安於高見矣。且性爲心宰, 卽執事之謂理爲氣主也, 而卻以爲未便, 何也? 只爲以心爲理, 而遂以爲性之主宰, 則其勢自不得不然也, 且以不知檢心之故, 而便疑其不足於爲主, 則其所謂理爲氣宰者, 豈非有知覺有作用底物事耶? 於是乎執事者, 雖欲免認氣爲理之譏, 不可得矣; 雖自謂主理, 而不免爲本心之學矣, 如何如何? 愚於曏來面誨, 如經禮史文、心性理氣、聖賢氣象、學問規模, 與夫前輩出處之義, 當世士習之弊, 外佗羣言不啻累數百之多矣。愚雖不能深得其奧, 而其於傾心樂聞, 領略其大旨, 則可謂云爾矣。第於一處, 卻有將信將疑, 不知所以從之者, 所謂"釋氏本於心而止", 吾儒又"必本於理"二句是也。蓋據平日所論, 此言不宜出於執事之口矣, 而猶且云云, 愚實未曉也。彼之所本, 是尊誨所謂心也, 則釋氏不可謂不本於理矣。若曰彼之所心, 非吾所謂心云爾, 則釋氏謂之本心, 又豈不爲浮浪無根之說乎? 且未知心眞箇是理, 而本末終始, 一皆可恃之物,【可恃二字, 本執事語。】則吾儒何不本於是而止, 而又必曰本於理耶? 豈所謂理者, 有可恃不可恃之別耶? 愚於執事之言, 若只如燕國之擧賢而已, 則只此一言, 便可謂爛漫同歸矣。竊意其必不然, 從後子細垂示, 期以暢彼此之懷, 盡異同之趣, 俾無遺憾, 如何如何? 精爽二字, 左氏與朱子用之, 固無不同。但左氏之言, 似欲明魂魄之所從出, 故云"心之精爽是爲魂魄", 其意猶言性之仁是爲惻隱云爾, 恐非以精爽魂魄同一地頭說者矣。精爽以妙用言, 精神魂魄以功用言。 朱子言"知覺正是氣之虛靈處",【此以精爽言。】"魂遊魄降, 則亦隨以亡矣", 據此則精爽與魂魄之分, 可見矣。所論"理是無爲, 而爲有爲之主; 心是有爲, 而爲無爲之用"者, 語極精粹, 而意甚鶻突, 且道理之本體四字, 當屬之性乎?【如此則以性爲心之主宰, 卻與鄙說無不同矣。】抑性外別有一物, 可名爲理而爲心之主者乎? 然則與朱子所譏性外有理而疑於二者, 不幸近之矣。【今以性爲條理之理, 以心爲運用之理, 以理之本體爲主心之理, 如此則不但疑於二, 亦且有三層矣。】且旣以理爲理, 而又以心爲理而曰云云, 則與栗翁所謂"無形無爲, 而爲有形有爲之主者, 理也; 有形有爲, 而爲無形無爲之器者, 氣也"之說, 不相戾否? 昔年執事亦擧此語, 以爲古來說理氣微顯、帥役之分者, 未有若此訓之明著者, 此則以理氣分有爲無爲。今卻以有爲無爲, 皆歸於理而爲體用之分, 得無與舊說不相值否, 又得無與尤翁所謂"夫所謂發見顯行云者, 蓋謂此理乘氣流行而以爲用而已, 非謂其體則無情意造作, 而至於用則有情意造作"云者, 相背而馳乎否? 此愚之所以反覆致意, 而不敢曉也。【來書云: "心是理之流行, 而存主乎吾身者也, 無爲而爲有爲之主。此以理之本體言, 若論心則當曰有爲而爲無爲之用。"】來書謂"以妙用對本體言, 則本體是理, 而妙用是神; 以本體統妙用言, 則理是理, 而神亦理之用也", 愚於此無異論矣。然愚亦有一語, 試相質問可乎? 以陰陽對太極, 則太極是理, 陰陽是氣; 以太極統陰陽言, 則太極是理, 而陰陽亦理之用也。此於高見云何, 其必揮斥之矣。然而必欲以理與神, 分體與用, 獨不可以太極與陰陽, 分體用矣乎? 若欲就理上論體用, 須以所以然、所當然者當之, 其說方無滲漏處。今以理氣而分者, 便欲準單就理上說者, 則其爲說所以我欲同而彼自異也。且如盛論, 則所謂神者是行, 此所當然之理者耶? 抑卽是所當然之理耶? 以此求之, 其以理氣而分與單就理上說之辨, 可知已矣。『大全』「答林德久」書, 來教雖如此, 鄙見恐只是言人人所共有之知覺, 未見其必爲釋氏而發也。德久問目, 始雖以告子、釋氏爲言, 而其所疑問, 則乃在於人人所共有底知覺從何而發耳。今以其答語所謂"知覺正是氣之虛靈"者, 謂之言釋氏底知覺, 非愚慮之所及也。且若如此, 則儒釋生下來便有兩知覺矣, 其然乎? 愚意彼此知覺, 實無兩樣, 而但其運用, 有有揀擇無揀擇之別耳。知覺與良知, 論其部位, 則皆氣之屬。但泛言知覺, 則不似良知專以本然言者, 此爲少不同耳。農巖說云云, 前書已盡之, 此不必復云也。昔朱夫子於世儒之辨, 可謂極其宏博, 盡其精微, 而猶且恨其言之不盡, 至於遭讒見逐, 而不以爲悔, 此聖賢任道之心也。此等力量, 雖非後生之所敢遽議, 此箇義諦, 實亦吾人之所當體念也。且念今日所爭, 非止爲一人一時之計, 乃是斯文大事, 性理極致, 有不容不相與虛心講貫, 以求精一之歸者。故區區之於執事, 旣不以僭越自沮, 而屢發疑問, 執事之於小生, 亦不以降屈爲嫌, 而與之醻酢矣。然每讀南冥譏高峯語, 未嘗不悚汗浹衣也。今世亦安知無陳君擧輩, 冷看竊笑於吾人之後乎? 此等往復, 姑勿廣之, 爲幸爲幸。曾有一知舊見謂心理之說, 陸、王以還, 諸賢辨之詳矣。且蘗溪一派, 已成家計, 今何必往復紛紛, 以長浮辯增衍說乎? 愚意卻有不然者, 蓋心卽理之云, 則與二氏同, 而其所以立論之意, 則實有不盡同者。又其爲學, 以讀書窮理爲先, 以省察克治爲要矣, 則與二氏之任氣質致良知, 有大不同者矣。今若直以二氏相處, 而不爲之謀焉, 則恐爲不盡人言之失, 亦爲不盡吾心之過也。此愚所以不敢遽斷問目也。區區私指, 惟高明者知之, 餘人未敢望焉耳。許衡正法, 有時諷誦, 使人胷次痛快, 愚前說視此, 不啻較三十里也。"胡元驅大宋, 兩京迷黃塵, 魯齋許文正, 被髮爲其臣", 秋江之詩意, 可謂嚴於斧鉞矣。尤翁之先, 已有此論, 奇哉奇哉! 彼薛、羅諸公, 能不媿煞於此乎? 宋 高宗臣事虜人, 以後貶降與否, 依所戒, 質于上蘆師門, 則以爲當降無疑矣。曏來尊意, 頗以朱子爲難愼, 愚竊謂有臣如朱子, 而猶不免於法義之誅, 尤足以警夫後世之爲人君者矣, 如何如何? 粹言中"出處進退, 下聖人一等, 則無不謹愻"一條,【『宋子大全』五十一編, 二十二葉。】執事欲令去之。顧今賢士大夫, 滔滔是見諸侯書宰相者, 其於用行舍藏, 難進易退之義, 可謂寥寥無聞。甚者, 至於奴訴家叱牛維馬縶, 而蕩然無復媿恥, 聞有抱道自重之士, 不肯輕其去就, 則衆若駭然而驚, 闐然相非笑之。不然, 直處以桀溺, 荷蕢之流而止也。是以國家待士之道, 專以科擧爲重。不復致意於尊德、樂道、致敬、盡禮之事, 而士之所以自待, 亦惟科宦是急, 擧世奔蹶。若河決而海移, 眼前只見得此重, 而不知性命之爲何物, 名行之爲何事。嗚呼! 此世道之所以交喪而莫之捄焉者, 每一念之, 令人痛心。是以欲揭尤翁此說, 庶以爲警俗之一助矣, 未知如何。金鶴遠華陽諸作錄上, 卽其詩, 可見其人之不趦趄矣。聞其又有祭二帝文, 而無可得見, 爲歎。無緣拜誨, 不勝馳情, 切冀深爲斯道, 千萬自重。

別紙

"理隨氣之所爲",【非以氣貴於理, 理無爲而氣有爲, 則其言不得不如此; 氣爲理之所宰, 非謂理強於氣, 氣爲用而理爲本, 則其言不得不如此。】此道體之本然也。【理與氣, 渾融而無間也。】從心所欲不踰矩,【氣能循其本然, 則雖極言"理隨氣之所爲", 然其氣之所爲, 又莫非此理之正, 此所謂人心本善, 故其發亦無不善者也。】聖人體道之妙也。【心與理, 一也。】未能從心所欲不踰矩,【心之用固本善, 亦能流而入於不善, 方其心之流於不善也, 理亦隨而不善。夫隨氣而流於不善者, 固不可謂理之本然, 然亦不可不謂之理也。蓋理微而心麤, 理不能檢其心, 則其勢不得不如此。人苟未至於聖人, 則雖以顏、孟之賢, 猶有違仁之心, 害事之氣。由是觀之, 此理之不能不見輸於氣, 此心之不可不本之於理, 尤可以見矣。】而欲其從心所欲不踰矩,【欲其之欲字, 不可輕看。凡致知、存養、省察、克治, 皆在其中。此句與『中庸』未能眞實無妄而欲其眞實無妄之意, 正相類。】學者, 求道之事也。【心與理, 未能合一也。須是志聖人之學, 而自心自省, 使其所欲, 莫非至理, 則本體與功夫, 打成一片, 而雖聖人無以復加矣。○聖凡之學, 雖有心理一二之別, 而其爲本於理, 則一而已矣。】遺理而明心, 從心所欲, 而馳騖乎倫常之外者, 佛氏之諔道也; 認心以爲理, 從其心之所欲, 而不察乎氣稟物欲之私者, 陸氏之畔道也。【二氏之學, 心與理眞成二物, 而不相入, 蓋由不見天命實體, 而專認此心以爲主宰。故其說雖有心理一二之殊, 而其爲本於心, 則一而已矣。】使所謂理者, 不爲氣所奪而能自逐也, 天下之惡, 何從而生乎? 天下無惡, 則修道之敎, 由敎之學, 又何所用乎? 嗚呼! 可不反思其故矣乎?【理爲氣所勝, 而流於不善, 亦是有此理也。妄謂立言垂敎者, 要須指出此理本然之善, 使人樂於爲善。又須指其流於不善者以爲理, 亦不免有如此云爾, 則志於爲善者, 得無有警懼恐陷之慮乎? 如此則其爲善也, 益以固矣; 其察惡也, 益以密矣。】

附省齋別紙

壬申六月書改本云: "理之無爲, 從其流行而觀之, 其動其靜, 一隨氣之所爲矣。若自其本源而論之, 能使是氣有動有靜者, 必有理爲之主宰。" 妄謂對擧動靜, 意始完足, 乃知向來云云, 果出於遣辭時失檢, 而非本意之實然也。但"其動其靜, 一隨氣之所爲"一節, 語益丁寧而益難領解矣。謾設一譬云: "理之乘氣, 猶人之乘馬, 人在馬上。其行其止, 一隨馬之所爲, 則其能免束走荒原, 西入人田乎?" 請更入思。【愚書本有馬之行止, 人必爲之主宰之意, 今何不併擧耶? 然又須知得馬之行止, 時有不循塗轍之弊, 方無透漏處。○追註。】大凡聖賢說理說氣, 許多話頭, 要其歸則欲人就心上體行之也。"其動其靜, 一隨氣之所爲"此十字, 欲就吾心上親切體行, 則當如何用功耶?【愚按『語類』德明錄云: "氣升降無時止息, 理只附氣, 惟氣有昏濁, 理亦隨而間隔。" 尤菴「答沈明仲」書云: "從流行處看, 則理在氣中, 淸濁善惡, 隨氣之所成而已。" 愚所謂"從其流行而觀之, 其動其靜, 一隨氣之所爲"者, 與朱、宋語, 實相脗合, 而但言動靜不言昏濁, 尤無可疑。而柳之辨詰如此, 無乃未考乎二先生之訓歟? ○辛亥追貼。】

「답유치정答柳穉程」【甲戌】

1) 서지사항

전우가 유중교에게 답한 편지. 『간재집(艮齋集)』전편 권2에 실려 있다.(한국문집총간 333)

2) 저자

전우(田愚: 1841~1922)로, 자는 자명(子明), 호는 간재(艮齋)이다.

3) 내용

이 글은 전우가 유중교의 편지에 답한 것이다. 유중교의 편지는 『성재집(省齋集)』권14 「왕복잡고(往復雜稿)」(갑술년 10월 28)에서 확인할 수 있다. 여기서 유중교는 전우가 자신을 비판하는 것은 "심(心)은 리(理)로써 말하는 것이 있다."는 주장이고, 자신이 전우를 비판하는 것은 "기(氣)를 덕(德)으로 인식한다."는 주장이며, 전우의 주장은 심체를 잘 이해하지 못한 것이라고 정리한 바 있었다. 이 편지는 이에 대해 전우가 반론을 제기한 것이다.

전우는 "심은 리(理)로써 말하는 것이 있다."는 말은 본래 송시열이 한 말인데, 유중교의 말과는 차이가 있다고 하였다. 전우에 의하면 송시열은 "심을 리에 상대시키면 기가 되고 형(形)에 상대시키면 리가 된다"고 하였다. 심은 비록 기이지만 리를 지니고 있으므로 혹 리라고 말하고 혹 기라고 말해도 모두 통할 수 있으며, 오직 보는 데에 따라 달라질 뿐이라는 것이다. 그러나 유중교가 심을 리로써 말했다는 것은 관점에 따라 다르게 본 것이 아니라 실상 기를 리로 인식한 것이다. 전우는 유중교가 말한 "심은 리(理)로써 말하는 것이 있다."는 한 구절은 "심을 리로 삼는다"로 고치고, "기를 덕으로 인식한다"는 한 구절은 "기를 따라서 명덕을 말한다"로 고쳐야 본 뜻에 맞는 것이라고 하였다.

2-1-73 「答柳穉程」【甲戌】(『艮齋集』前編 卷2)

夏間一書, 每懼率爾, 伏蒙仁恩不以爲何, 反謂愛之深悶之切, 可見江河之量非栖勺所能測。此正區區所悅服, 而不憚於疑問也。第聞門下諸賢, 以愚書有蘖溪一派云云之語, 謂之借人言而妄肆譏斥於尊先師華西先生, 此何等大諱戾大皇恐者耶? 此殆愚行己無狀, 有以召之, 秖自媿懼而已。然細考其上下語意, 則區區私指, 庶或見諒, 而不敢望焉耳。又聞諸賢以愚妄以立言自任, 此豈因別紙註字而云爾歟? 未知其言果以立言自處耶? 其或以此有望於尊者耶? 平心徐究, 則不難辨也。至於謹密之云, 則惟不欲以嬰孩之高談, 流布四出, 以取人笑罵耳。非以其時有諷切語, 亦非欲併諱於同業之地也。觀於所引陳止齋、曺南冥二款, 可見矣。人之慮己, 有甚於吾之憂人之論, 固已知之久矣。年前與一士友往復, 以爲彼恐吾輩之歸於主氣而慮之, 來書謂"愚之憂執事, 在心有以理言"一句, "執事之病不侫, 在認氣爲德"一句, 此似說不著矣。"心有以理言"五字, 本尤翁語也。然其意則與尊誨有毫釐千里之別矣。蓋嘗考之, 『朱子大全』「吳伯豐問目」, 有心爲理之語, 而尤翁釋之曰: "以理對心, 則心爲氣;【執事, 亦肯如此道否?】以心對形, 則心爲理。【執事亦肯如此道否。】蓋心雖是氣,【此句請子細看。】而該貯此理, 故或謂理, 或謂氣, 而皆可通, 惟觀其所見如何耳。"【見『箚疑』又一說, 見『大全』辨柳櫻疏。】此何等宏裕含蓄之詞耶? 尤翁所謂心有以理言者, 意蓋如此, 未審尊意亦果如此否乎? 若爾則愚何敢強生疑難乎? 至於認氣爲德之云, 亦似欠曲折, 愚每謂心固有合理而言者, 究其實則不可直謂之理也; 明德固無對理而言者, 論其主則不得不屬之氣分也。鄙意原來如此爾, 而今日認氣爲德, 則無乃少疏矣乎? 愚意來書中"心有以理言"一句, 改以認心以爲理; "認氣爲德"一句, 改以從氣以言明德, 則庶得退溪詩"兩人駄物, 低昂已平"之意矣。若只如來書之云, 則無乃有剋乙歸甲, 勢不均正之弊也耶? 奉笑奉笑。【愚謂執事所謂心有以理言者, 驟看無可疑者, 認氣爲德之云, 則孰不以爲異乎? 蓋曰認氣爲德, 則猶言以人爲聖; 若曰以德爲氣, 則亦猶言以聖爲人, 如此庶幾近之矣。】高宗事, 先須定其降統與否。若以不降爲是, 則固無可論, 若以當降爲是, 如栗翁之訓, 則其紀年與稱號, 必有處之之道, 容更思索, 續有所稟矣。漢獻帝、晉懷、愍三主之失節均矣, 而『綱目』所以

處之有不同者, 此必有精義於其間。妄意漢獻之卒書魏山陽公者, 戒天王之失, 懷、
愍之過害稱帝者, 著弒逆之罪也。幸明敎之也。

「답유치정별지答柳穉程別紙」(『艮齋集』前篇 卷2)

---

1) 서지사항

전우가 유중교에게 보낸 편지. 『간재집(艮齋集)』전편 권2에 실려 있다.(한국문집총간 333)

2) 저자

전우(田愚: 1841~1922)로, 자는 자명(子明), 호는 간재(艮齋)이다,

3) 내용

이 글은 전우가 1876년 유중교에게 보낸 답서이다. 먼저 유중교에게 받은 편지는 『성재집(省齋集)』권14 「왕복잡고(往復雜稿)」(을해년 동짓달)에서 확인할 수 있다. 전우는 이전의 편지에서 유중교가 언급한 문제를 크게 네 가지로 구분하여 답하였다. 첫 번째는 전우가 "성이 심을 주재한다"고 하면서도 주자가 말한 "심이 성을 주재한다"는 말을 부정하지 않는데, 그렇다면 "주재"라는 말의 의미는 "능(能)"인지, 아니면 "소능(所能)"인지 질문한 부분이다. 전우는 "주재"를 자연의 측면에서 말할 때는 리이고, 운용의 측면을 말할 때는 기가 되며, 이를 구분할 필요가 있다고 하였다. 두 번째는 전우가 『중용(中庸)』의 성(誠)을 기(氣)로 본 근거를 물은 부분이다. 전우는 "천하의 지극한 성"이나 "성은 스스로 이루는 것"이라 할 때의 성은 기만 말한 것은 아니고 선(善)일변을 말한 것이지만, 작용의 측면은 기라고 답했다. 세 번째는 유중교가 리의 본체는 심의 근원을 미루어 나간 것이지 심 속에 갖추어진 성(性)을 가리킨 것은 아니라는 자신의 말이 곧 성은 리의 본체라고 할 수 없다는 말은 아니라고 한 부분이다. 유중교는 심, 성, 천이 하나의 리이지만 경우에 따라 명명을 달리한 것이라는 정자의 말을 인용했다. 이에 대해서 전우는 이것이 바로 심을 곧 리로 봤다는 증거이고, 리를 구분없이 혼합해서 말한 것이라고 비판했다. 그는 마지막으로 지난 편지에서 유중교는 심과 리를 구분하여 두 가지 물건으로 보는 것을 경계하고 심을 위주로 설명했지만, 반드시 리와 기의 영역을 나누어 말해야 한다고 강조하였다.

來書昔年高明,【止】謹玆奉叩耳。

主宰有以自然言者, 有以運用言者。運用者, 氣也; 自然者, 理也。自然者, 朱子所謂“太極者本然之妙”者是也; 運用者, 胡氏所謂“心也者妙性情之德”者是也。愚嘗病執事於主宰二字, 常不能以本色平看, 不記昔年因甚如此說。然今以意度之, 理爲氣之主宰, 只是自然而然, 實非有所作用也, 而執事直以理爲心, 則所謂理爲主宰者, 非復自然無爲之體, 而乃爲運用造作之物, 故區區者因而有是說歟? 若將主宰二字, 辨別其自然與運用之異, 而分理與氣爲言, 則愚不敢復疑矣。知此則來書所詰“兩箇宰字”云云, 及“能、所能”之說, 皆不待辭辨而明矣。來書說及鄙論處, 有性宰心三字, 此似認鄙意不著了。試檢愚前後書中, 果曾有此語否? 蓋性爲心宰, 只是自然之意, 而今曰“性宰心”, 則卻是運用之意也。告更詳之。

來書來敎以『中庸』,【止】明白指諭。

“天下至誠”、“誠者自成”之誠字, 本不是說氣, 只是說善一邊事, 使愚只就平平地說, 則亦不必言是屬氣。但旣被執事說到二理相疊處, 故乃以有作用、無作用, 究極乎理氣之賓主, 而以爲此當屬之氣云爾矣。今復承問, 此是吾兄創說耶? 抑有前訓可據耶? 愚竊謂“理無情意”, 旣是朱子之說; “作用是氣”, 又旣是朱子之說, 而今此兩箇誠字, 又端的是有情意、有作用底物事也。然則以誠屬氣, 語雖創新, 而實則朱子之意也。今若得理亦有作用, 及作用不是氣之證, 則愚當灑然於前後之敎矣。此篇中諸誠字屬理、屬氣之分, 只以有作用、無作用判之, 則亦不待言而知矣。

來書昨年四月,【止】仰報耳。

理之本體四字, 來敎以爲非指心中所具之性, 乃是推本說, 此心所出之源。此心所出之源, 是指在天之理而言耶, 則在吾人分上, 只有有爲之理,【此四字, 卽執事所以論心之說也。】而都無無爲之理矣。其不然也必矣。若是指在人之理而言耶，則於性外、心外，又有此一團物事矣，未知其名云何。只這些子，便是緊要所在處，似當明白下語，不可便放過也。○來書所引"心也、性也、天也，一理也"一段，似可爲心屬理之證。然嘗記『語類』論「近思」一之十九條，而曰："此一段，名雖不同，只是一理。"【『語類』說止此。】如"其體則謂之易，其用則謂之神"兩句，若如尊意，固當以理看，至如"浩然之氣"，亦當與"其理則謂之道"、"命于人則謂之性"之類，一例作理字看，而都無分別耶？恐無此理也。然則所謂一理云者，無乃性是理，心具是性，而天又理之所從出，故統同渾合說一理歟？

來書『語類』問天地之心，【止】乞賜批正。

愚竊詳問者，以心與理，太分開說，而又以主宰，專歸之心，則所謂理者，只是箇沒主宰底物事，此甚未便，故先生卻轉其語意，以爲心固是主宰底意，【此就運用上說。】然所謂主宰者，卽是理也。【此就根柢上說。】先生又恐學者錯認心與理眞作兩物看，故卽繼之曰"不是心外別有箇理，理外別有箇心"，欲人於此，分合看也。分說時，既非直爲兩物，則合說時，亦豈便爲一物乎？上兩句是分說底，下兩句是合說底。愚前日之書，方欲辨心理界至，故據其分言者以爲說，然不害有渾淪也。今見所以駁之者，便欲主下句合說者，直與上句分說者，而混合爲一義看，愚未知當日答問之意果如此否也。下文心字似帝字之說，則先生於上文，既以理合心而爲言，故其言乃如此。然此又何害其有分際乎？愚見如此，未審是否。不是"心外有理，理外有心"此語，似可謂心理一物之義。然明道云："灑掃應對，便是形而上者。"伊川云："道外無物，物外無道。"朱子云："不是於形氣之外別有所謂理。"又云："非於性外別有一箇知覺了。"，又云："非謂身外別有一物而謂之理。"此類都只作理氣一物之意看，爲可耶？

「여송동옥與宋東玉」【秉珣 ○ 壬寅】

해제

1) 서지사항

전우가 1902년에 송병순(宋秉珣)에게 보낸 서간문. 『간재집(艮齋集)』전편 권2에 실려 있다.(한국문집총간 333)

2) 저자

전우(田愚: 1841~1922)로, 자는 자명(子明), 호는 간재(艮齋)이다,

3) 내용

이 글에서 전우는 명덕과 도심을 리(理)로 보아야 한다는 주장을 비판하고 있으며, 노사 기정진의 학설에 대해서도 강하게 비판하고 있다. 전우는 "심은 기에 속하며, 리는 작위함이 없고, 리는 근본이 되고 기는 작용이 된다"는 것이 율곡과 우암의 주장일 뿐만 아니라, 공자와 맹자로부터 정자와 주자로 이어진 가르침이라고 주장했다. 그리고 이에 근거하여 명덕과 도심을 리로 볼 수 없다고 설명하고 있다. 또한 "한 번 양(陽)하고 한 번 음(陰)하는 것을 도라고 한다"와 "태극이 양의를 생한다"는 구절은 리가 근저가 된다는 의미를 표현하는 것일 뿐, 리가 실제로 작위한다는 뜻은 아니라고 주장하였다.

2-1-75 「與宋東玉」【秉珣 ○壬寅】(『艮齋集』前編 卷2)

愚稟氣浮淺, 不能涵蓄, 加以不肯詭隨, 與人多忤, 傎頓狼狽而不知悔, 遂爲君子之棄、細人之詬也。時遇宋君心原, 每言執事獨誤以爲可教, 至謂"今天下幾乎皆異學, 能守栗、尤正論者, 獨吾家與君之所師耳。" 遂擧近日事, 以爲此是斯文大變, 義不當泛視, 而不與之辨析。愚反復思惟, 不省何以得? 此豈非執事憫其道之衰微, 而冀其百一之助於夫(夫)[子][332]也耶? 噫! 此意惟仁者有之, 智者知之, 而愚之不肖, 實不堪焉。然竊惟栗、尤兩先生之說, 以爲心屬氣而理無爲也, 以爲理爲本而氣爲用也。此非兩先生之說, 實洛、閩之敎也; 非洛、閩之言, 實孔、孟之意也。何以言之? "人能弘道", 心屬氣也; "非道弘人", 理無爲也。如"氣配道義", "心原性命"之類, 皆是此說, 亦理爲本而氣爲用之指也。"止至善"、"尊德性"、"不踰矩"、"不違仁", 何者非此箇道理乎? 有以明德、道心, 直指爲理者, 則理何嘗是靈覺之物, 而心亦可謂沖漠之理耶? 又有以氣爲動者靜者, 而理爲動之靜之者, 則謂性能檢心, 而人卻爲道之所弘, 可乎? 且釋氏之認知覺作用爲性, 爲洞見道體者, 而凡程、朱、栗、尤之觝排者, 爲不識心性之妙也歟。恐決無是理矣。至於"一陰一陽之謂道"、"太極生兩儀"兩句, 只是明理爲根柢之意, 非直爲理實有爲之謂也。不然, 栗翁所謂"孰尸其機? 嗚呼太極", 尤翁所謂"太極爲陰陽之主"者, 豈皆忘其平日所謂"氣不動而理動, 萬無是理",【栗翁語】所謂"理之無情意造作, 無間於體與用"者,【尤翁語】而云爾歟? 只此數段, 便可斷得近日是非矣。愚見止此, 竊想執事更有十分精到之見, 可以告語人者, 願安承教。

蘆沙說, 昔年溪雲金丈在世時, 略聞其蓋矣。今夏始得『全集』觀之, 其立文命意, 大失"遜以出之"之禮, 顯有陵駕前賢之象, 而有礙於人眼, 故私立疑義十數段, 而未及修潤, 忽見嶺儒通章, 知其爲世所討矣。旣而又得尊伯氏祭酒丈席與人書, 知彼邊擬權公於柳櫟, 而心竊駭之矣。然在我之道, 旣未及勘刪於校讎之日, 又不能使之削出於旣印之後, 則只宜用曾南豐論『戰國策』之說, 權瘟溪辨『思辨錄』之義,

---

332) (夫)[子]: 저본에 '夫'로 되어 있으나, 문맥을 살펴 '子'로 수정하였다.

逐條說明, 使人知其說之非是而不可從, 則是如名醫之指示毒藥如何形色, 令人無誤食之患, 其於仁義之道, 可謂兩得矣。此則旣然矣。在彼之道, 又有爲親者諱之義。記得『姑蘇志』言, <u>姚榮國</u>著『道餘錄』, 妄詆<u>程</u>、<u>朱</u>。後其友<u>張洪</u>謂人曰: "少師於我厚, 今死矣, 無以報之。但每見『道餘錄』, 輒爲焚棄。" 朋友且然, 況門人、子孫, 何忍不爲之收藏, 遽然印布於世, 使其父師, 喫了無限譏罵, 而莫之捄也? 特不以道義爲主, 而氣稜爲尙, 不自知其失而乃爾歟? 君子於此, 敎之以義理之是非, 諭之以身名之利害, 使之曉然悟而幡然改, 恐爲仁人之用心, 如何如何? 雖通問之初, 旣承一番論辨之敎, 故忘其僭越, 而暴其情蘊。伏願執事, 取其意而略其禮, 指其錯而納之正也。

「답리계형答李季衡」【喆榮 ○ 己未】

1) 서지사항

전우가 1919년에 이철영에게 보낸 서간문.

2) 저자

전우(田愚, 1841~1922), 자는 자명(子明), 호는 간재(艮齋)이다.

3) 내용

일본의 식민정책에 항거하는 성암(醒菴)의 기개에 감탄과 응원의 마음을 전하고 있으며, 『대학장구』와 주자의 「대학강의(大學講義)」를 인용하여 자신의 주장이 율곡의 가르침에 어긋나지 않음을 역설하며 주장을 굽히지 않는다.

嗚呼痛矣！天何爲生我輩於此時, 罹此不可忍之凶？安得與高明相遇於殘山剩水之間, 望天末一慟而罷？竊聞高明于今者之變, 至情所激, 夷輩亦動。區區歎羨不已已。如愚者, 不能善媚時人, 相與造爲勿服之說, 欲陷之於凶逆之罪, 令人身靑。昔晦翁被無君之章, 尤翁遭卑主之疏, 此則聖賢之厄會也。至如賤臣者, 由行己之不善, 夫誰怨尤？直欲鑽地而入也。乃蒙仁賢獨垂察於衆惡之中, 旣數賜問訊, 又以理氣精奧之說, 告語諄諄, 使之審思而無失乎前賢之指, 窮途之感, 尤不可盡言也。栗翁所敎"明德是心性情之總稱"者, 非曰不然。但未審於其中, 都無賓主、輕重之分耶。『章句』一以字, 旣有主心之意, 「講義」以"萬理粲然, 應乎事變"兩句, 揷入於虛靈之下、不昧之上而結之, 曰"所謂明德也", 此又以心爲主之明據也。如此看, 則雖曰明德是主心底, 然具理應事之性情, 何嘗不總包在裏許, 而有乖於栗翁之敎耶？若此處相契, 則小小異同, 論亦可, 不論亦可。以故凡來示諸說, 不必一一請誨, 未審盛見以爲如何？

2

田愚 門人
心說論爭 資料

「간곽씨[종석]답권상원서看郭氏[鍾錫]答權相元書」

해제

1) 서지사항

　김준영(金駿榮, 1842~1907)가 곽종석(郭鍾錫, 1846~1919)이 권상원에게 보낸 답신을 평한 논변. 『병암집(炳菴集)』권2에 실려 있다.

2) 저자

　김준영

3) 내용

　이 글은 김준영이 곽종석이 권상원(權相元, 1862~1945)에게 보낸 답신에 대한 논변이다. 김준영은 심에는 리가 갖추어져서 지각, 운용이 있는데 형이하의 것이고, 리에는 심이 갖추어져서 지각, 운용이 없는데 형이상의 것이라고 하였다. 또 심은 일신을 주재하여 성정을 통괄하는 것이기 때문에 미발(未發)하여 오성이 갖추어졌는데 이발(已發)하게 되면 칠정이 나온다고 하였다. 심학(心學)에서 '리를 귀하게 여기는 것은 존심양성하여 모든 일에서 발하게 하는 것이 합리적인데 어찌 심즉리라고 말하는가?' 라고 하였다. 또 심과 리가 일물이 아니므로 심즉리는 곧 두 개의 리를 말하는 것과 같다고 비판하였다.

洲上心說, 驟看可駭, 此老平日, 豈不知心卽理三字爲陽明口氣也? 所以冒嫌疑犯笑侮, 說出人不敢說底話頭者, 豈其故爲異同, 自甘於落草哉? 誠以本心之妙, 渾然一眞, 而不可以扝帶也.【按: 洲上指李寒洲震相, 卽郭氏之師.】

　　本心之妙, 雖曰與理無間, 然心是具理而有知覺、有運用, 則形而下者也; 理是具於心而無知覺、無運用, 則形而上者也. 今曰"心卽理, 是其以形下喚做形上, 而與陽明無異矣", 却又不欲與陽明同歸, 其孰信之? 九原可作而使陽明詰之曰"吾平日所自信, 心卽理三字, 何嘗不以本然之妙、渾然一眞而不可以扝帶【扝帶二字, 郭氏以氣之麤者而言.】者爲言耶? 吾以良知爲天理、天下之所共知也. 良知是本然之善, 則本然之善, 非渾然一眞而何也?" 未知郭氏又將如何轉其舌?

蓋心之爲物, 其質則血肉也, 其氣則魂魄也, 其理則仁義之性而愛惡之情也. 此合理氣而爲心之統體者然也. 固爲論心之大全, 而所貴乎心者, 本心也、良心也、主宰之心也. 今於合焉之中而直指其本然之妙, 則心非別爲一物, 性乃未發之心, 情乃已發之心, 而心爲一箇字母矣. 程子所謂"心卽性、性卽理", 張子所謂"心統性情", 邵子所謂"心爲太極", 朱子所謂"心者天理, 在人之全體", 所謂"心固是主宰底, 而所謂主宰者, 卽此理也"者, 皆是也. 是以退陶亦於「中圖」不雜氣而只指理, 於「下圖」以理與氣相須言之. 然則直指本心而曰: "心卽理者, 亦程、朱以來諸老先生之所嘗勘破而同然者也." 豈若陽明之認氣以爲理, 而指事理爲此心也哉?

　　心是主宰一身, 而統性情者也, 未發而五性具焉, 已發而七情出焉. 故朱子曰: "性只是理, 情是流出運用處, 心之知覺, 卽所以具此理而行此情者也. 以智言之, 所以知是非之理, 則智也、性也, 所以知是非而是非之者, 情也, 具此理而覺其爲是非者, 心也. 此處分別只在毫釐間, 精而察之, 乃可見耳." 又曰: "未發而知覺不昧者, 豈非心之主乎性者乎? 已發而品節不差者, 豈非心之主乎情者乎?" 其曰具曰行曰主云者, 果以心性爲一物, 而無分之謂乎? 如其無分, 何以謂"分別只在毫釐間"乎? 且其具此理而行此情者, 與夫知覺不昧而主乎? 性品節不差而主乎? 情者非本然之心乎? 非主宰之心乎? 今曰"直指其本心之妙, 則心非別爲一物, 性乃未發之心, 情乃已發之心", 然則心與性情, 初無分別而心可喚做性、喚做情, 此與朱子說同乎異乎?

心具衆理, 故混淪說處, 亦有以理爲言者。此豈特郭氏所引程、張、邵、朱之說爲然? 如孟子"仁, 人心也"者, 已是如此說。然其分開說處, 又却不然, 曰"仁義禮智根於心", 曰"存其心、養其性"者, 是也。且以程、張、邵、朱諸說考之, 則曰: "心譬如穀種, 其中具生之理是性, 陽氣發生處是情。" 曰: "心能盡性, 人能弘道也; 性不知檢, 其心非道弘人也。"【按『正蒙』「中正篇」又引表記中心安仁之句而極稱之。】曰: "心者性之郛郭。" 曰: "性是實理, 心却虛, 故能包含萬理。" 曰: "心以性爲體, 心將性做餡子模樣。" 曰: "心比性, 則微有跡。" 此等分開說者亦何限, 而今皆一切掃却, 乃單擧混淪說者, 一兩段以爲"心卽理亦程、朱以來諸老先生之所嘗勘破而同然者也"。然則上項諸說, 皆是初年未定之論, 而不足以爲訓也耶! ○ 按: 張子心統性情一句, 郭氏之引據大不着題性卽理也。心又是理, 則是理統理也。此可以說得去否朱子曰"心統性情, 性情皆因心而後見", 又曰"性是未動, 情是已動, 心包得已動、未動。蓋心之未動則爲性, 已動則爲情, 【按: 此心之未動, 則爲性已動, 則爲情與郭氏性乃未發之心, 情乃已發之心, 其語意迥然不同。】所謂"心統性情也。" 據此, 則"心統性情"可以見心理之別, 安得爲心卽理之證耶?

退陶「心統性情圖說」曰: "「中圖」者, 就氣稟中指出本然之性不雜乎氣稟而爲言。" 又曰: "言性旣如此, 故其發而爲情, 亦皆指其善者而言。" 又引孔、思孟、程、張、朱言性、言情, 諸條以明之。而其下又擧程子"論性不論氣, 不備, 論氣不論性, 不明"之訓曰: "思、孟所以只指理言者, 非不備也, 以其幷氣而言, 則無以見性之本善。故爾此「中圖」之意也。" 據此, 則「中圖」是就氣中單指性, 單指情之善一邊而言, 何嘗直指心謂理也耶? 又況退翁「答奇高峯」書曰: "心有虛靈知覺之妙, 靜而具衆理, 性也, 而盛貯該載此性者, 心也, 動而應萬事, 情也, 而敷施發用此情者, 亦心也。故曰心統性情。" 「答鄭子中」書曰: "心爲太極, 北溪之說, 終是有病。"「答金而精」書曰: "性是心中所具之理, 性具於心, 而不能自發自做, 其主宰運用, 實在於心。" 又曰"朱子曰'心者, 氣之精爽'", 又於雜著引朱子「答劉叔文」書"不當以氣之精者爲性"之訓而明之, 則「中圖」之意, 亦可以推矣, 今却以爲心卽理之證, 錯之甚矣。

不言合氣, 則無以知心之有眞妄, 而省察矯揉之之功, 無所施矣。不言卽理, 則無以知心之爲本善, 而擴充存守之功, 無所厝矣。恐不可以擧一而廢一也, 正猶性之有兼氣、卽理之論矣。

心之本體, 初無不善, 而與理無間。及其發用, 有氣質之拘與不拘, 而眞妄始分。【先賢所謂"心有以理言, 有以氣言者", 正指此耳。】今只曰"心有合氣、卽理之別", 未知是原有兩個心耶。抑只是一心而有兩個樣子, 齊頭幷立耶。蓋性卽理也, 而離氣不得, 亦雜氣不得。故單指則曰"卽理", 兼指則曰"兼氣", 此固然矣。心則終是氣分上物事, 比性微有跡, 比氣自然又靈。故論其本色, 則只當曰"氣之精爽", 而不可言合氣; 論其本善, 則只當曰"與理合一"、曰"含具萬理", 而不可言卽理。此皆有先賢說可攷而知也。然則心之合氣、卽理之云, 與性之兼氣、卽理之說, 豈可同年語哉?

雖曰"卽理", 而亦自是貫動靜而該體用, 靜焉炯然存主者, 理之體也; 動焉燦然宰節者, 理之用也。而若其血肉之心, 則朱子謂此非心也。魂魄精神, 則又禪家之認作本心者, 而非神明不測之實也。

彼旣曰"心卽理也", 却又曰"雖卽理, 而貫動靜該體用, 靜焉炯然存主者, 理之體, 動焉燦然宰節者, 理之用"。然則理能有運用造作, 而亦以理存理、以理宰理耶? 心果是理, 則孟子止言"存心盡心"足矣, 却復言"養性知性", 何也? 禪家之認魂魄精神爲本心, 固誤矣。今以神明不測之本心, 直認做理, 則其相去又幾何?

心學必主理者, 良以本心之在理也。

心學貴乎主理者, 以其存心養性, 而發於事爲者, 無不合理之謂也。豈心卽理之云乎? 彼所謂"本心在理"四字, 縱不成話頭。然旣曰心在理則似亦知。夫心理之非一物, 而却又言心卽理, 是理在理而有兩個理矣。吾未知其何所謂也。

「유집여기사김씨왕복서의의柳集與其師金氏往復書疑義」

1) 서지사항

유중교(柳重教)가 김평묵(金平黙)에게 보낸 일련의 서한에서 이항로(李恒老)의 심설을 조정, 보완한다고 논한 것에 대해 김준영(金駿榮)이 논평한 글. 『병암집(炳庵集)』권2에 실려 있다.

2) 저자

김준영(金駿榮: 1842~1907)으로, 자는 덕경(德卿), 호는 병암(炳庵)이다. 간재 전우(田愚)의 대표적인 제자 가운데 한 사람이다.

3) 내용

이 글은 이항로(李恒老) 계열의 심설을 의론한 유중교의 논설에 대해 김준영이 간재학파의 관점에서 비판적으로 검토한 것이다. 여기서 김준영이 비평 대상으로 삼은 글은 대부분 유중교가 1887년과 1888년에 걸쳐 김평묵에게 보냈던 서한이며, 말미에 유중교가 1888년 최익현(崔益鉉)에게 보낸 서한 일부가 포함되어 있다. 이 서한들을 통해 유중교는 김평묵에게 스승 이항로의 가르침 가운데 일부를 다소 조정하고 보완할 필요가 있다는 주장을 지속적으로 피력하였다. 유중교는 신중한 태도로 이항로의 심설 가운데 다소 지나치거나 어폐가 있는 말을 빼거나 보충하는 것이 오히려 스승의 진면목을 제대로 드러내는 길이라는 입장을 취했다. 그런가 하면 때로 이항로의 견지를 적극적으로 옹호하며 김평묵의 의견에 반박하는 면모를 보이기도 하였다. 이러한 의론 과정은 최종적으로 「화서선생심설정안(華西先生心說正案)」을 품정(稟定)하는 일로 이어진다. 그러나 간재학파인 김준영은 스승의 학설을 보완하려는 유중교의 시도에 대해 대체로 성공적이지 못한 것이라고 평가하였다. 유중교는 심(心)과 신명(神明)의 명위(名位)를 기(氣)로 보는 입장을 견지했으나, 기본적으로 본심(本心)을 리(理)로 간주하는 화서학파의 종지(宗旨)를 따른다는 점에서, 그의 견해 역시 근본적인 차이를 보여주지는 못하였기 때문이다.

이 글에서 김준영이 비평 대상으로 삼은 유중교의 편지글 출처는 『성재집(省齋集)』권7의 「상중암선생(上重庵先生)」여덟 번째, 아홉 번째, 열두 번째, 열세 번째, 열다섯 번째 편지,『성재집』권8의 「상중암선생」첫 번째 편지, 그리고『성재집』권11의 「답최찬겸(答崔贊謙)」열두 번째와 열세 번째 편지이다. 먼저 유중교의 발언을 인용하고 그에 대한 논평으로 유중교를 비판하는 형식을 취하고 있으나, 내용상 이항로 계열의 주리적 심론을 아울러 비판한 논설이 주를 이룬다.

먼저 유중교가 이항로의 학문에 대해 "평생 강설하신 주리(主理)라는 큰 종지야말로 근세(近世)의 제현(諸賢)이 말하지 못한 것을 말했다"라고 상찬한 것에 대해, 김준영은 "화서는 심을 논하면서 매번 정상(精爽)을 기(氣)라고 하여 한 등급 낮추고, 신명(神明)을 리(理)라고 하여 지극히 받들어 높였으니, 이것은 결국 '심이 기'라는 의견이지 주리(主理)의 학문이 될 수 있는 가? '리로써 심을 단정하는 것[以理斷心]'은 근세 제현이 말하지 않았을 뿐 아니라 그 옛날 성인들 또한 이와 비슷한 말을 한 마디라도 한 적이 있는가?"라며 반박한다. 그는 '리로써 심을 단정함'을 주리(主理)의 대종지로 삼는다면 고자(告子)가 지각운동(知覺運動)을 성으로 여긴 것과 불교에서 작용(作用)을 성으로 여긴 것, 양명학의 심즉리(心卽理)설도 전부 주리(主理)의 학설이 될 것이라고 말한다. 여기서 김준영은 '주리(主理)'라는 표현을 부정적인 의미로 쓰지 않는다. 그는 리로써 심을 단정하는 이항로의 견해가 심의 명위(名位)를 혼동케 함으로써 진정한 주리론이 아니라 오히려 주기(主氣)의 학설에 가까워진다고 비판한다.

그렇다면 김준영은 화서학설의 어떤 부분을 문제 삼고 있는가? 이항로는 그의 「형기신리설(形氣神理說)」에서 심을 형(形)·기(氣)·신(神)·리(理)로 나누어 형과 기를 형이하자로, 신과 리를 형이상자로 배속한 바 있다. 여기서 문제가 되는 것은 신(神)의 위상이다. 이항로는 운동성을 지닌 신을 형이상자로 귀속시켰을 뿐 아니라 리(理)와 신(神)을 체용(體用)의 관계로 규정하였는데, 이로부터 신(神), 또는 심의 신명(神明)은 기의 작용이 아닌 리[太極]의 묘용(妙用)으로 간주된다. 유중교는 이러한 스승의 견해에 의문을 제기하였으나, 그럼에도 불구하고 결국에는 신(神)의 지위를 분명히 하고 이름을 바르게 한 공안(公案)으로써 이항로의 견해를 수용하는 면모를 보였다. 그러나 이는 리의 무위성을 철저하게 견지한 김준영의 입장에서는 수용될 수 없는 주장이다. 김준영은 유중교가 이 문제에 의구심을 가진 것은 당연한 일인데, 그가 끝내 "본심(本心)은 리에 속한다"는 이항로의 주장을 답습하고 신(神)을 리로 보는 것에 대해서만 의문을 표한 것은 모순이라고 비판한다.

유중교는 "리로써 심을 단정한다[以理斷心]"라는 이항로의 입장이 기를 리로 인식한다[認氣爲理]는 혐의에 쉽게 빠질 수 있음을 알고 있었기에 그 부분을 해명하기 위해 노력하였다. 그는 옛 경전에서도 심을 말할 때는 형이하자의 명위(名位)를 빌리면서도 본원진체(本源眞體)로서의 리(理)를 가리키는 경우가 많았음을 지적하며, "리로써 심을 단정한다"는 명제 역시 표현상 평실(平實)하지 못한 흠이 있을지언정 그 취지는 형이하자와 무관한 본원진체를 전적으로 가리켜 말한 것일 뿐이라고 말한다. 이에 대해 김준영은 옛 경전이 말하는 본원진체는 리(理)를 가리키지만 이항로가 말하는 본원진체는 심(心)을 가리키기에 그 대상이 같지 않으며, 성명(性命)에서 근원했다고 하여 도심(道心)을 곧바로 리라고 할 수 없듯이 심의 본체를 리로 단정하는 견해는 끝내 이단의 혐의를 벗어날 수 없다고 비판하였다.

또한 유중교는 이항로의 견해를 좇아 주희 심성론에 크게 심성물칙(心性物則)의 설과 심성일리(心性一理)의 두 가지 설이 있음을 구분한다. 이와 관련해 이항로는 주희가 『역학계몽(易學啓蒙)』에서 "심이 태극이 된다[心爲太極]"고 쓴 것에 의거해 심성일리설이 주희 만년의 정론이라는 입장을 취한 바 있는데, 유중교 역시 이에 동의하는 태도를 보인다. 이항로와 유중교의 관점에서 볼 때 심성물칙설은 심과 성과 대비해 심을 형이하의 기에만 국한시키는 논법이다. 그러나 이처럼 심을 기로써 말하는 경우는 공부와 무관한 측면에서 심을 그저 사물로써 규정하는 것일 뿐이다. 그와 달리 잡으면 보존하고 놓으면 잃어버리는[操存捨亡] 공부와 관련해 이야기한다면, '보존해야 할 심'이란 곧 리(理)를 가리킨다. 이것은 공부 혹은 수양이라는 실천적 의미와 연관해 심을 규정하는 것이다. 이러한 주장에 대해 김준영은 주희가 만년에 직접 저술한 문헌들에는 심을 허령한 지각으로 규정한 언급이 더 많다는 사실을 들어, 『역학계몽』의 한 구절에 천착해 주희 학설을 견강부회해서는 안 된다고 비판하였다. 또한 기로서의 심이 공부와 무관하다고 말한다면 오히려 기질의 차이에 따른 공부의 의미가 무색해짐을 지적하고 있다.

결론적으로 유중교는 그 자신이 이항로의 심설을 대부분 수긍하고 있으며, 의구심을 품은 부분은 다만 심의 명목을 형이상과 형이하로 변별하는 데 있다고 말한다. 사람의 마음 안에는 리도 있고 기도 있는데, 액면 그대로 심을 리로 명명할 경우 자칫 진망사정(眞妄邪正)이 섞여 있는 심의 당체(當體)를 곧바로 리로 여기는 오류에 빠질 수 있다. 그러므로 그 명위(名位)를 바르게 변별하는 차원에서는 심을 형이하자로 말해야 하지만, 리를 주로 해서 심을 말할 때는 곧 형이상의 본심(本心)을 가리키는 것이요, 여러 성현들이 심을 가리켜 전하고자 한 본뜻은 여기에 있다는 것이 유중교의 주장이다. 김준영은 유중교의 주장이 심의 당체(當體)를 진망사정(眞妄邪正)이 섞인 것으로 보고 심의 본체(本體)를 순수한 것으로 보아 심을 이분화하고 있는데, 양자는 그렇게 판연히 둘로 나뉘는 것이 아니라 심의 당체(當體) 가운데 진정(眞正)한 것이 곧 심의 본체라고 말한다. 그가 보기에 유중교의 문제는 하나의 허령지각일 따름인 심을 자꾸 둘로 쪼개어 형이상과 형이하 양쪽에 배분하고자 하는 데 있다. 이는 심의 명위(名位)를 형이하자로 규정하면서 동시에 이항로의 견해를 옹호하려는 유중교의 이율배반적인 태도에서 기인한다. 그러한 점을 들어 김준영은 유중교가 이항로의 주장을 전적으로 따르는 것도 아니고 부정하는 것도 아닌 모호한 입장에서 모순적인 발언들을 나열하고 있다고 비판하였다.

2-2-2 「柳集與其師金氏往復書疑義」(『炳庵集』卷2)

心性之論, 積費商度, 粗得所安處。妄竊自意, 於先師遺旨, 或有小小補塞云云。

> 所謂"積費商度, 粗得所安"者, 以其心說正案而言也。余取其所謂正案者而詳之, 與聖賢經傳之訓, 大相不同矣。然則彼雖曰"補塞其先師遺旨", 未知其果能眞補塞也。

下諭言"心是理氣之合", 鄙見政亦如此。蓋惟理氣之合也, 故摠舉全體, 則只喚做物, 就其中指上一面, 乃可以理言。且以尊說所引程子之言考之, 所謂"穀種", 非物之合理氣者, 而"生之性", 非指其中上一面者耶? 至如心性對言, 而以心爲一而無對者, 以當統體之太極; 以性爲兩而有對者, 以當各具之太極。【朱子言統體太極、各具太極, 本就一原異體上立名。今以一性內有仁義禮智之分者爲各具, 以心之包含此性者爲統體, 面目終是不類。政使主心性分合, 如先師之論, 只此名目或非遺旨, 恐合修改。】私見最所不安處, 政在此一言。

> 心合理氣之說, 固是矣。但其所謂"就其中上一面"者, 亦只是神明耳。程子說心如"穀種", 仁則其"生之性", 性字果指此也耶? "心性對言"以下云云, 金說大家醜差, 柳論固是也。【心合理氣, 前輩皆以心中具理言, 蘗門則以心上下兩面分理氣而言。然則摠舉上下全體時, 何獨喚做物, 而不可喚做理耶? 彼若曰"舉下面時, 只喚做物"云爾, 則於彼說當矣。】但其心說正案第三條, 載金氏"心統百體, 故心專言之, 則人極"之說, 而極稱之曰"此可爲'統體主宰當以理言'之明案"。今又曰"摠舉全體, 則只喚做物, 就其中指上一面, 乃可以理言", 何其說之自相南北矣乎?

先師文集全部, 其以氣言心處, 不爲不多。而以心對性, 作物則說處, 無端的可指擬者。其平生講說主理大宗旨, 悉本於養深積厚之中, 而著爲文詞, 光明磊落, 儘有近世諸賢道不到處。顧於其間精微曲折之際, 時有合商度者云云。

> 菙老論心, 每以精爽爲氣, 而低降一等; 以神明爲理, 而極其推尊。此果是心氣之論, 而爲主理之學耶? 以理斷心, 非惟近世諸賢所不道, 前古聖人, 亦何

嘗一言到得似此者乎? 以"以理斷心"爲主理大宗旨, 則告子之以知覺運動爲性、釋氏之作用是性、陽明之心卽理之說, 皆可爲主理之學耶? 以創立新說, 爲諸賢道不到處, 則異端之索隱行惟者, 亦皆足以稱述歟! 頭腦已差, 則其間小小枝葉合商度者, 雖商度得是, 猶無足觀, 況未必是耶!

先師文集「形氣神理說」, 略曰: "形陰而氣陽, 皆形而下之器也; 理體而神用, 皆形而上之道也。然形與氣, 有迹而對立, 故局而爲二; 神與理, 無迹而流行, 故通而爲一。一者, 何也? 太一是也。二者, 何也? 兩儀是也。一統乎二, 二從乎一, 妙合而凝, 生生不已, 體萬品而不遺, 貫億世而不易。物莫不然, 心爲其要。是以聖人之論心也, 或有以形言處, 火臟血肉是已; 或有以氣言處, 氣之精爽是已; 或有以神言處, 人之神明是已; 或有以理言處, 仁義之心是已。言形、言氣, 何爲也哉? 慮其或拘或蔽, 而害吾之明也。言神、言理, 何爲也哉? 欲其益彰益大, 而全吾之眞也。聖賢千言萬語, 一言以蔽之, 曰'惟精惟一'。精之爲言, 析夫理氣之界而不雜也; 一之爲言, 守其本心之正而不離也。天下之理, 豈有過於此者哉? 雖然形氣之屬陰、屬陽, 與夫理字之配於太極, 夫人皆知之, 夫人皆言之矣。特此神之一字, 疑於所屬。屬乎理歟, 則嫌其微有形迹; 屬乎氣歟, 則嫌其雜糅陰陽。不得已就一陰一陽元額之外, 別施一座而處之矣。然則太極缺闕其主宰運行之實用矣, 兩儀疑惑於區處應接之虛禮矣。惟神則貶其至尊無對之號, 而降編臣僕、卒徒之伍, 爲名不正, 而事不順矣。神之一字, 失其本職, 和形、氣、理三字而均失其職, 推此以往, 天下萬物, 無不受病矣。與其抱此終身不決之疑, 黯暗而自欺而誤人, 曷若一從聖人之訓, 而還他神爲太極之妙用之爲都無事也?【此是心之神明, 辨位正名之公案也。其他諸篇可參考者, 有難遍錄。只就與門下往復書中, 提起話頭, 附列于後。】"

華老亦旣曰"聖人之論心, 有以神言處, 神明是已; 有以理言處, 仁義之心是已"。聖人之以神明爲心,【指其本體。】仁義爲理,【指其所具。】豈不十分明白矣乎?【若曰"聖人以仁義爲理, 又以神明爲理", 聖人立言, 決不如是之絮也。】其下却復以神爲至尊無對之理, 而曰"一從聖人之訓, 而還他神爲太極之妙用", 其孰信之耶? 但其中"妙用"二字, 驟而觀之, 與先賢之說, 略似有髣髴者。然先賢所論, 自有曲折, 其曰"神是理之發用"【朱子說。】者, 非以神直謂之理, 其意若曰"神者, 是理之所以發用可見處"云爾。蓋神固非理, 然無理, 神亦何所本而爲用乎? 究極言之, 神亦畢竟是理之發用而至妙至精者也。故有曰: "謂神卽是理, 未然。將神全作氣, 又誤。"【亦朱子語也。】又有曰: "非太極不神, 然遂以太極爲神, 則不可。夫神乃太極之所爲, 而太極非神也。爲之爲言, 莫之爲而爲者也。"【羅整菴語也。】據此, 則神理之辨, 已極消詳矣。今華老尊神爲太極, 而神之妙處無以區處, 故但借妙用二字, 而彌縫之。此與先賢之訓, 外若相似, 而實則此矛而彼盾, 柳欲以此爲論心之公案, 錯矣。【精爽之氣, 卽神明之心也, 而華老分而二之, 何也? 且華老亦曰"神屬理, 嫌其微有形迹", 此與朱子所云"心比性, 微有迹"者, 相似矣。華老旣知理不可以迹言, 而却又以心之神處當理, 此又何也?】

與門下書, 有曰: "心是有形、有氣、有神、有理之物也。故有以形言處, 有以氣言處, 有以神言處, 有以理言處, 是皆指實而非假也。猪心切開之類, 實指血肉之心也。氣之精爽之類, 實指氣魄之心也。至虛至靈之類, 實指神明之心也。仁義之心、惻隱之心之類, 實指本心也。四者皆實有所指也。雖然血肉之心、精爽之心, 不干學者工夫, 故所論者多神明之心、仁義之心。然神明之心, 指(指)[1]虛靈也, 仁義之心, 指性情也。性情之屬理固也。神明、虛靈之屬理、屬氣, 是所擬也。蓄疑積久, 讀「中庸序」, 然後知虛靈之分屬理氣, 而屬乎理者爲本心。讀『孟子』盡心章『集註』, 然後知神明之爲理。讀「太極說」, 然後知心妙性情之德, 而爲天理之主宰。於是群疑氷釋, 而胸中若有安貼平穩底意思"云云。 ○ 又論『語類』"肺肝五臟之心, 却是實有一物, 學者操存舍亡之心, 自是神明不測"一段, 云: "旣有肺肝五臟之心, 又有操舍存亡之心, 有此兩樣, 何也? 彼以氣言, 此以理言故也"云云。○ 又曰: "所謂神者, 太極之神, 上帝之神, 陰陽、五行、人物、草木、禽獸之神, 同一神也"云云。○ 又曰: "以朱子之訓考之, 則心以虛靈知覺當之, 【自註云'曰神明, 曰主宰, 曰涵藏敷施, 曰妙, 曰統, 曰以', 皆一意。】性以仁義禮智當之, 情以愛恭宜別當之。分言, 則三者皆有所指, 合言, 則三者同爲一理, 渾然無間。火臟與精爽, 卽陰陽之器也, 而亦謂之心者, 以其神明之所舍所乘也。若夫神明, 卽心之當體也。何可喚做陰陽耶?"云云。○ 又曰: "以人之一身言之, 耳目所乘之氣, 精於手足, 心之所乘之氣, 又精於耳目。是乃所以載得神明之理, 發揮生色也。雖曰精之又精, 其爲陰陽一也。與

---

1) (指):『省齋集』권7「上重庵先生」【戊子二月十日】에 의거하여 연문으로 수정하였다.

太極分而爲二, 理自爲理, 氣自爲氣, 不相夾雜一也"云云。○ 先師文集說心, 如本心之以理言, 及心之主宰之以理言, 其指意明白無可疑。惟於人之神明辨位正名處, 直喚做太極, 戒不得說氣如右諸條者, 或非朱子本指。【觀「答杜仁仲」書謂"神卽是理, 未然", "將神全作氣, 又誤之"云, 及『孟子集註』"合存亡、出入而謂之'神明不測'", 則可見。】又與『雅言』所載二條【「神明」篇首條云: "心者, 人之神明, 而合理氣、包動靜者也。" 其下又有一條云: "心者, 理與氣合, 而自然神明者也。"】相牴牾。蓋如此所論, 則其言"心, 氣也, 物也", 是指火臟與精爽, 而卽所謂"不干學者工夫"者也。至若心之當體, 神明二字, 則只可以理言, 不可以氣言, 此無乃偏重過當而有所碍處耶? 尋常玩繹, 深有所不安, 或欲權行刪略, 以附闕疑之意。今細考全部, 此類文字甚多, 又似非一時偶然失檢之言, 後生淺學, 只憑一己私見, 遽爾犯手, 亦有所不敢云云。

華老之以神明直喚做太極, 戒不得說氣諸說, 柳之疑之, 是矣。但上段所論形、氣、神、理云云者, 亦與此初無異同。而柳於上段則曰"心之神明, 辨位正名之公案", 此段則曰"偏重過當有所碍處", 是未可知也。且柳以華老之本心屬理, 謂"明白無可疑", 則今此所疑者, 直不過百步五十步之間耳。以此補塞, 得無如以水濟水、以火救火也耶? 昔陳白沙高弟賀克恭謂其師說有過高之意, 後學從其善而改其差可也。今柳氏亦以其師說謂有碍處, 而思欲闕疑, 此可見人心之公。但終不能明白改正, 得自家許多光明燦爛、活化不測底理而止焉, 可惜。○ 朱子亞聖也。華老旣知朱子以虛靈知覺當心之訓, 而不之從也, 乃曰"一從聖人之訓", 不知更有何等聖人, 以心之神明, 直喚做太極之理乎? 柳亦曰"華老諸說, 非朱子本旨", 而却又以"近世諸賢道不到處"稱之。【見上。】金則"發前人之所未發", 然則不從朱子者, 亦可謂"發前人所未發、諸賢道不到處"邪?

重教近日講說"太極有主宰"之論, 猶夫前也。"明德主理"之論, 猶夫前也。"心有以理言, 有以氣言", 亦與前無別。惟謂"摠擧心之體段而斷其本分名位, 則只得(此)[且]2)據形而下者, 目之以物, 乃爲不實而無後弊", 此爲少異於前耳。

---

2) (此)[且]: 저본에는 '此'로 되어 있으나, 『省齋集』권7 「上重庵先生」【戊子四月二十八日】에 의거하여 '且'로 수정하였다.

理爲氣主,則謂"太極有主宰"者是矣。心是氣也而具衆理,則曰"以理言"、曰 "以氣言"、曰"形而下"者,亦皆是矣。但彼所謂"太極有主宰"者,是理有作用 之說也;曰"以理言"者,是本心明德之說也;曰"以氣言"、曰"形而下"者,亦只 是火臟之謂也。此與吾之所聞於師者,言雖近似,而實則燕、越。旣以心之體 段屬形下,又以明德主理看,則心果有二矣乎?

下書每言心字本分名位,須屬之形而下,而其於人之神明,則斷然作形而上說。至 最後二書言辨位正名,則"天是蒼蒼之物,而朱子言'天之所以爲天者,理而已',心 之神明,宜亦無異同"。又言"辨位正名,則天也、神也、心也,是形而下之物。必 (也)3)專言之,然後乃謂之道,乃謂之理,乃謂之人極也。" 區區於此,不敢有一毫 疑貳。

神明亦非心字本分名位耶? 心謂之道,謂之理,吾未之前聞。金旣曰"天也、神 也、心也,是形而下之物,而專言之則理也",今試就人身上辨位正名而言之, 曰"頭也、手也、足也,是形而下之物,而却擧全體則是理也",金果許之否乎? 華老之神明直喚做太極,【見上第五節。】金之神明斷然作形而上,初無異同,而柳 於華老則曰"有所碍",於金則曰"不敢一毫疑貳",是未可知也。柳嘗曰"心惟 理氣之合也,故摠擧全體,則只喚做物",今於金之"專言則理"之說,則深取之, 此又何也?【已見上第二節。】

竊觀前輩於其所事之地,見其言有偏重過當,不能無弊者,則或刪之於本書,以寓 爲賢者諱之義。若其言有不得刪者,則雖存之而不宣揚其文字,別自爲說,以足其 未盡之意,是則所謂陰補者也。此二者皆事理之所宜有。惟存其見成之言,而遷 就指意,以其所嘗非之者,謂是遺旨而發揮之,則深有所不安於心者。

以其所謂"心說正案"者觀之,則此可謂諱賢耶? 此可謂陰補耶?

蓋凡講說,隨人各有一副眞面目。以先師心說言之,以理斷心,【"以理斷心"與謂"心卽 理"者,語意不同。謂"心卽理"者,全以心當理,而無復揀別之辭也。"以理斷心"者,心有以理言,有以

---

3) (也):『重菴集』권21「答柳稺程」【戊子六月】에 의거하여 연문으로 수정하였다.

氣言, 特以理言者爲斷案耳。】卽其眞面目也。如「形氣神理說」一篇, 明是此心辨位正名之公案也。其言以火臟爲心之形, 以精爽爲心之氣, 以神明爲心之神, 以仁義爲心之理, 而以形而上下大分之曰: "形陰而氣陽, 形而下之器也; 理體而神用, 形而上之道也。" 又曰: "形與氣, 局而爲二; 神與理, 通而爲一。一者, 何也? 太一是也。二者, 何也? 兩儀是也。" 觀此, 則於形、氣、神、理, 皆可以言心, 而心之當體"神明"二字,【先師嘗言: "火臟是心之所舍, 精爽是心之所乘, 仁義是性情, 惟神明是心之當體。"】只可以屬形而上, 而不可以屬形而下矣。其辨"神明屬氣"之說, 曰: "貶至尊無對之號, 而降編臣僕、卒徒之伍, 爲名不正而言不順矣。神之一字, 失其本職, 和形、氣、理三字, 均失其職, 而天地萬物, 無不受病矣。" 此其義不亦嚴乎? 又如答門下辛酉正月書, 以"何故抵死主張一氣字"責門下, 而有"苦痛苦痛"之語。此時門下, 何嘗以以理言之心爲氣耶? 所爭只是此心本分地頭、本分名目, 當屬形而下之說, 而嚴教如此矣。合是數者而觀之, 其議論面勢, 大可見矣。然則『雅言』所載"心, 氣也, 物也"一段,【非獨此一段, 『全集』中往往有此等處。】蓋亦指火臟與精爽, 而未嘗以神明當體言之也。其論天、神、心一段, 亦言"此三者其專言時, 皆可以當理而已。若辨位正名, 則各自有所指,【形體謂之天, 功用謂之鬼神, 妙用謂之神。火臟之心自火臟, 神明之心自神明。】未必幷屬之形而下也"。今執此兩言, 而謂先師亦嘗爲此心名位當屬形而下之說, 則先師之靈, 其肯安而有之乎?

"以火臟爲心之形, 以精爽爲心之氣, 以神明爲心之神, 以仁義爲心之理", 此一段, 以其言則是矣。究其指意, 則以神明爲理, 而與仁義同占地頭, 齊頭幷立, 是其彼此說所以終不相合者也。

若謂以先師爲"以理斷心", 則有認氣爲理之嫌, 而或與告、釋、陸、王之見相近, (苟)[故]4)爲此以遠避外人之疑云爾, 則此有大不然者。先師說心, 其所指以爲心者, 元是與經傳所言心者, 微有不同。經傳所言, 蓋據此心形而下處, 有存亡兼眞妄者立名, 就其中專指本源眞體者以爲理, 朱子所謂"天理之主宰"是也。先師所謂心, 合下專指其本源眞體者言之, 而若其形而下者, 則直以爲無與於此心之當

---

4) (苟)[故]: 저본에는 '苟'로 되어 있으나, 『省齋集』권7 「上重庵先生」【戊子四月二十八日】에 의거하여 '故'로 수정하였다.

體。正猶孟子之言才, 專以其發於性者言之, 而視本地爲移上一級。【以朱子本指, 則氣之精爽卽指心之神明。而今挑出神明, 在精爽上面, 其主意所在亦可見矣。】故其言曰: "以氣言之心, 君子有不心者焉。" 曰: "釋氏所謂心, 是吾儒所謂形而下者。" 然則其"以理斷心"者, 雖其辨位正名之或欠平實, 而謂是認氣爲理, 則大不著題矣。且吾儒之所以深斥告子、釋氏者, 爲其不分形氣、性命, 而混謂之性, 混謂之道也。先師平生講道, 其宗旨專在剖判此兩路矣。陸、王之爲陸、王, 以其恃心以外天下之理也。先師平生爲學, 其大法政在存心以窮天下之理矣。其歸豈特燕、越之相遠哉?

"認氣爲理, 而與告、釋、陸、王之見相近"云云, 彼旣發端矣。請只就彼說而論之。其說曰: "經傳所言心, 據形而下處立名, 而就其中專指本源眞體者以爲理。先師所謂心, 專指其本源眞體者言之。" 未知此兩箇本源眞體, 是同乎異乎? 聖賢所言底理字死, 華老所言底理字活, 是指理爲氣也。聖賢以理爲本源眞體, 華老指心爲本源眞體, 是認氣爲理也。其所指之本源眞體, 旣與聖賢不同, 則異於聖賢者, 果是何學也? 與告、釋、陸、王之見, 遠乎近乎? 其引孟子之言才爲證者, 驟看之, 似若善喩也。然孟子論才, 就發用上, 拈出其人人所同底善一邊而爲言, 故朱子以爲專指其發於性者。此與道心之原於性命者, 語意略相似矣。以其原於性命, 直指道心爲理, 其可乎? 是以朱子却又曰"以事理考之, 程子爲密", 又曰"孟子所說, 未免少有疎處。但以程子爲主, 而陰補孟子之不足, 則於理無遺矣", 其微意可見矣。今直指心之本體而斷之以理, 則其所指之地頭, 豈得與孟子之言才, 比而同之乎? 且有一言致詰者。上段謂"金以此心本分地頭、本分名目爲當屬形下, 而華老嚴責之", 又曰"謂華老亦嘗爲此心名位當屬形下之說, 則華老之靈不安矣"。據此, 則其以此心之本分地頭, 直斷以形上者, 的無可疑矣。今於此欲避告、釋、陸、王認氣爲理之嫌, 則却又爲"視本地移上一級"之論而彌縫之, 無乃竄遁矣乎? 今若設問而曰: "移上一級之前, 乃本分地頭也。旣嘗謂華老以本分地頭屬之形上, 則此與告、釋、陸、王之見, 果有優劣耶?" 又問之曰: "於本地移上一級, 則理也。而乃以神明當之, 神明氣也。此亦與告、釋、陸、王之見, 有異同耶?" 彼將如何解之? 與其從疑似乎告、釋、陸、王之說, 而含糊呑吐, 右縫而左綻, 東補而西缺, 卒不得以揜之, 曷若從古昔聖賢傳授心說之光明正大, 煥如日星者乎?

心性物則之說, 亦有兩端。一是以神明與仁義對分者也, 一是以火臟與仁義對分者也。下一端, 先師文集中往往有之, 上一端, 則截然無之。其故何哉? 先師所言神明, 合下專指天理之主宰而名之。豈有天理之主宰, 而可以喚做形而下之物者耶? 所以與仁義相對, 只管就一理上分看, 未有作物則說處矣。前後下教, 常責重教以置先師於不識物則之科。重教非敢謂先師於心性, 全然不爲物則之分。只是於神明與仁義, 未嘗以物則處之, 而觀其意思, 又非不識先儒於此有物則之說。特自有所見, 不欲苟從耳。

神明苟理也而與仁義同占地位, 則聖人論性, 何故祇舉仁義禮智信五者, 而不幷此爲七性矣乎? 以神明與仁義對分而爲之物則焉, 則議論直截明快, 而與聖賢之說, 脗然相符矣。何故捨此而不從, 倡爲無稽之言, 自占一家於聖賢門庭之外乎? 彼所謂"自有所見"者, 吾未知其爲何見也。

下書第二條, 心也神也, 是形而下之物云云。雖述『雅言』所載, 而『雅言』本指, 似不如此。惟「神明」篇首條及第十一條, 以神明合理氣說。此與平日所論稍逕庭, 政是合消詳處。蓋先師平日說神, 非無以氣言處。【如論鬼神之類是。】其以形、氣、神、理, 分等位定名號處, 未有以神屬形而下者。【此則遍考全集, 乞未得見。】說心亦多以氣言處,【如說火臟、精爽之類是。】其以神明言心處, 皆專作形而上, 禁說形而下者。惟「神明」篇所載此二段, 爲合氣說。恐只是以理合氣說, 如橫渠"合虛與氣, 有性之名"之云耳。蓋言此心有以火臟、精爽言時, 有以神明、仁義言時, 非謂神明二字旣爲乘氣之理, 又爲載理之氣也。

形、氣、神、理, 分明是四箇名物也。今以神屬之形上, 則理之一字只是剩物, 更屬那處?【見下十五節。】

先師與門下書曰: "心是人身上一物, 而爲萬善之主宰者也。是物也, 必有爲是物之理矣, 必有爲是物之職矣, 是所謂心之道也。若曰'心是有氣之物, 非有理之物', 則更無可疑矣。若曰'亦有其理, 亦有其職', 則所謂明德, 非心之理而何哉?"【此書與『雅言』所載"心, 氣也, 物也"一段, 恰恰是一意。】○門下問目曰: "心之爲物, 必有爲是物之理, 爲是物之職, 明德是心之理, 聞命矣。但以朱子之訓, 仔細考證, 則心之理, 每每以仁義禮智之性當之, 未嘗便以虛靈字當之, 故積年兢兢, 不免更質。蓋'人心有覺, 道體無爲'八字, 亦朱子之定訓, 則有覺而弘道者, 謂心之職則可。 若便把覺底, 喚做心之理而無疑, 則與朱子所謂'所覺者, 心之理; 能覺者, 氣之靈'者, 無乃相戾乎?" ○ 先師答曰: "以朱子之訓考之, 則心以虛靈知覺當之, 性以仁義禮智當之, 情以愛恭宜別當之。 分言則三者皆有所指, 合言則三者同爲一理, 混然無間。 火臟與精爽, 卽陰陽之器也, 而亦謂之心者, 以其神明之所舍、所乘也。 若夫神明, 卽心之當體也。 何可喚做陰陽耶?" ○ 重教按: 先師前書, 只就一心上, 分言是物與是物之理而已, 而門下乃以便以虛靈字當心之理, 便把覺底喚做心之理之說, 奉詰之。 驟而觀之, 孰不以抑勒師訓疑之哉? 然答教無一句分疏, 只言心之虛靈知覺與性之仁義禮智同爲一理, 以實其言。 又以火臟、精爽爲心之所舍、所乘, 而屬之陰陽; 以神明爲心之當體, 而屬之太極。 以明前書所言是物與是物之理, 卽指出此二者而言也。 然後始知門下之所奉詰, 乃深得師訓本旨於文句之外, 而非餘人之所及也。 今也乃言"此心名位之當屬形而下, 先師平日所見, 元自如此", 此却與師訓本旨, 不啻相戾, 何也? 天下之物, 辨位正名, 皆於當體上剖判, 未有以所舍、所乘者矣。 詳味"火臟、精爽亦謂之心"之語, 則政使泛說時, 或以此而言心, 其不得爲本分名位, 亦較然矣。 門下於師訓, 昔旣深得其指, 今乃違失如此云云。

以明德當理, 則『章句』"具衆理"之理, 又是何理? 理可以具理耶? 且心之虛靈知覺與性之仁義禮智同爲理, 神明又爲心之當體, 而屬之太極, 則理之名目, 何其多歟? 苟使華老不知朱子之訓爲如何, 而偶爾違背, 則猶可說也。 今明言朱子之訓如此, 如此則可謂知之詳矣, 却自立異, 吾未知其何意也。 雖朱子說, 若其一時問答不能無初晚之異者, 則存疑猶或可也。 至若『大學章句』, 先生自以爲平生精力盡在於此, 而至於易簀之際, 隨得隨改, 未嘗斷手者, 則其爲萬世之定論, 豈有過於此書哉? 今華老自信甚篤, 不惟存疑, 直以虛靈, 斷之以理, 與『章句』截然背馳, 而無少顧慮, 以此謂"近世諸賢道不到處", 則未知置朱子於何地耶? 金氏問目中, 朱子之訓云云以下, 所論甚是, 當初見處, 若是其明快, 而後來被他說移去, 可謂不善變矣。 柳旣以金說謂"抑勒師訓", 却復謂"深得師訓", 何其言之相左耶? 以余觀之, 金說中惟"明德是心之理"一句外, 其與華老之說初無一毫近似者, 乃謂之"深得師訓", 吾恐華老之靈, 亦肯安而有之否也。

朱子「答杜仁仲」前書曰: "所論云云亦得之。但謂'神卽是理', 則却恐未然. 更宜思之。" 後書曰: "神是理之發用, 而乘氣以出入者。故『易』曰'神也者, 妙萬物而爲言者也'。來喩大槪得之, 但恐却將神字全作氣看, 則又誤耳。" ○ 按: 此二書, 語緒相因,【觀"又誤"之云, 可見。】必對勘看, 其意乃明。蓋謂"神卽是理, 未然"者, 何也? 形而上者是理, 才有作用便是形而下者也。【此二句是朱子成語。】"將神全作氣看, 又誤"者, 何也? (氣)[神]5)之作用, 卽是理之發用, 而乘氣以出入者也。合二說而一之, 則神字本分名位, 與裏面骨子, 皆可以了得矣。然天地無妄, 而人心有欲, 故在天地而言神, 則(氣)[神]6)之作用, 固卽是理之發用, 在人心而言神, 則(氣)[神]7)之作用, 未必是理之發用也。故於此特擧"神也者, 妙萬物而爲言"之語, 以明其所主而言者, 是天地之神也。如就人心而言, 則「感興」詩"人心妙不測, 出入乘氣機", 與此書"理之發用"云云, 脗然是一樣意。但不言理而言心, 爲有異耳。不言理而言心者, 政以其"凝氷而焦火, 淵淪而天飛"者, 不能無眞妄邪正之雜, 只可以言心, 而不可以言理也。至其下言"至人乘元化, 動靜體無違"然後, 所謂"理之發用"者, 可卽此見之, 而上下與天地同流云云。

　　神之不可喚做理, 非惟杜仁仲書爲然, 『語類』亦曰: "神卽是心之至妙處, 滾在氣裏說。" 又曰: "只是氣, 然神又是氣之精妙處。到氣又是麁了。"【程書門賀孫錄。】此豈非明白之訓耶? 柳說此段所論神字之義, 大槪是矣。但彼嘗以華老"理體神用, 皆形而上"之說, 謂心之神明辨位正名之公案,【見第四節。】而今曰"在人心而言神, 則(氣)[神]8)之作用, 未必是理之發用"。且其開口便說"以理斷心", 而今曰"妙不測底人心, 只可以言心, 而不可以言理"。【彼豈以妙不測, 只作火臟看耶?】此皆胡亂不可測也。抑神心面目本如此, 與理終混合不得, 故偶爾直發出來耶? 杜仁仲書"乘氣出入", 恐兼神理言; 「感興」詩, 單指心言。今謂"二說脗然是一樣意", 亦當更商。

黃勉齋始以形、氣、神、理, 分作四層, 而自神以下, 屬之形而下者, 後來諸先儒, 皆

---

5) (氣)[神]: 저본에는 '氣'로 되어 있으나, 문맥을 살펴 '神'으로 수정하였다.
6) (氣)[神]: 저본에는 '氣'로 되어 있으나, 문맥을 살펴 '神'으로 수정하였다.
7) (氣)[神]: 저본에는 '氣'로 되어 있으나, 문맥을 살펴 '神'으로 수정하였다.
8) (氣)[神]: 저본에는 '氣'로 되어 있으나, 문맥을 살펴 '神'으로 수정하였다.

從而受用之。先師獨深病其說, 以爲"貶至尊無對之神, 降編臣僕、卒徒之伍, 爲名不正而言不順", 至謂"其進不得爲太極, 退不得爲陰陽, 不免爲列國之寓公、天地之贅物", 又謂: "太極無主宰運用之妙, 而天下之禮樂征伐, 不得自天子出。於是改正名位, 以爲形屬陰, 氣屬陽, 而陰陽分作兩儀, 卽太極所乘之(氣)[器]⁹⁾也; 理爲體, 神爲用, 而體用合爲太極, 卽陰陽所載之道也。" 神字向屬之陰陽, 則降爲臣僕、卒徒; 今屬之太極, 則還他至尊無對, 此政是辨位之辭也。向屬之陰陽, 則名不正而言不順; 今屬之太極, 則名正言順, 此卽是正名之謂也。

勉齋以形、氣、神、理, 分爲四層說, 則其以神字做心看, 的無可疑。今以太極當之, 而爲至尊無對之物, 則理之一字乃降居下位, 而反爲列國之寓公、天地之贅物耶? 抑這兩箇理, 齊頭幷立, 如七國之爭雄、楚 漢之相對耶? (大)[太]¹⁰⁾極雖無作爲, 然萬化皆由是而出焉, 則不可謂"禮樂征伐, 不自天子出也"。且曰"理爲體, 神爲用, 而體用合爲太極", 則是神、理, 本是一物, 而但有體用之分耳。然則形、氣, 亦當作一物, 而氣爲體, 形爲用耶? 不然, 文義不均齊方正, 而歸於尖斜, 何哉?【今又以神之屬之太極之說, 謂之"辨位"、"正名", 則與前段"未必是理之發用"云者不同, 看來使人眩惑。】

"人之神明, 卽是統體太極", 此一言, 雖明白教告如此, 而終有所不安者。一言蔽之, 朱子明言謂"神卽是理, 則不可", 而今謂"神明卽是太極", 則於心得貼然否乎? 蒼蒼可喚做理, 鳶魚可喚做道, 而人之神明, 不可直喚做太極, 是何也? 人之神明, 卽虛靈知覺之別稱, 初非有二物也。神明而可喚做太極, 則虛靈亦可以喚做太極, 知覺亦可以喚做太極。虛靈知覺皆喚做太極時, 其名之不正, 言之不順, 顧當如何哉? 若必欲喚做太極, 則人字上加一聖字, 則庶可以無弊矣。至以『中庸』所謂"睿知"、所謂"大德敦化", 當神明字地頭, 亦恐不相稱。夫"睿知"與"大德敦化", 是人心之德之至盛者也。惟天下至聖, 爲能有之, 而餘人則不與焉。神明則是人心之依本分, 平釋正訓, 通"存亡出入"而爲言者也。【『孟子』註可考。】若謂神明卽是"睿知"

---

9) (氣)[器]: 저본에는 '氣'로 되어 있으나, 『省齋集』권7 「上重庵先生」【戊子八月十九日】에 의거하여 '器'로 수정하였다.

10) (大)[太]: 저본에는 '大'로 되어 있으나, '太'로 수정하였다.

也, 卽是 "大德敦化" 也, 則是天下之人, 皆有至聖之盛德. 不然, 則惟天下至聖, 爲能有其心矣.

神明、虛靈者, 心也, 不可喚做太極, 柳論固是矣. 然柳於上段, 旣明言理體神用合爲太極, 且其他以神明【本心】、虛靈【明德】直做理言者, 不一而足, 今於此却如此說, 未知何故也? 其曰 "人字上, 加一聖字, 則庶可以無弊" 云者, 亦甚未妥. 蓋聖人之心, 一理渾然, 泛應曲當, 則心之所存、所發, 無非理也. 指此而謂之心理合一, 則可, 若直指心做理看, 則不可. 雖在聖人分上, 道、器寧無別乎? 以『論語』 "從心所欲不踰矩" 一段觀之, 可見耳. 蒼蒼之所載者, 理也; 鳶魚之所以飛躍者, 道也. 今以蒼蒼與鳶魚, 直喚做理, 直喚做道, 則豈不誤哉? 且神明與『中庸』之 "睿知" 及 "大德敦化", 所指處不同, 柳說亦是矣. 但小德、大德, 幷以道言, 而今以人心之德之至盛者當之, 未知其如何也.

先師 "以理斷心" 之論, 視經傳恒訓, 雖或過高, 而本其爲說, 宣出主理苦心, 炳如日星, 可以有辭於來後矣. 門下亦嘗言先師說心, 可謂 "發前人之所未發". 若其指與經傳所言, 泯然一同, 則又烏可謂發其所未發邪?

所謂經傳, 是指何書邪? 非指聖賢之書則已, 若以聖賢之書爲言, 則過高於聖賢之訓者, 是果爲何學耶? 雖曰 "主理", 而認心爲理, 則其所主者是氣也. 此與陽明之認良知爲理者, 何以異哉? "發前人之所未發", 如孟子之性善、養氣, 程 朱之本然性、氣質性之類是也. 此於前聖之訓, 豈有毫髮不似者? 特發其未盡焉耳. 今以主心做理之說之異於經傳所訓者, 謂之 "發前未發", 則老、佛之虛無、寂滅, 荀、楊之性惡、善惡混, 陽明之致良知, 非惟不得罪於聖門, 皆得爲大有功之人也, 其可乎?

心性物則之分, 自朱子而已有此說. 但朱子則旣爲心性物則之說,【如『大學或問』格致條 "心之爲物" 一段, 及『語類』 "心猶陰陽, 性爲太極" 之類是也.】又爲心性一理之說.【如『孟子』盡心章註載程子 "心也、性也、天也, 一理也" 之訓, 及『太極說』 "以性情爲天理之自然, 以心爲天理之主宰", 是也.】後來諸先儒, 多濶略一理之說, 而偏主物則之論. 先師深病其說而不欲苟從, 固無可議. 但因此遂謂心{性}[11]物則, 元非正理, 溯而上之朱子二說, 幷疑其有初晚之異, 是亦未保其必無過當, 而講說實跡, 則蓋如是矣.

心爲物, 性爲則, 此非朱先生創說, 已自孔, 曾, 思, 孟, 其立言垂訓, 如將一板印出,【如曰"人能弘道", 如曰"明明德, 止至善", 如曰"苟不至德, 至道不凝", 如曰"存心養性"之類是也。】而朱先生特復發明之耳。今以此爲朱子初年未定之論, 豈不誤耶? 柳論是矣,【『庸』『學章句』是晚年定論, 而曰"性之德其於心", 曰"虛靈不昧, 其衆理", 此皆不足取歟? 況「學序」是六十歲所作, 而曰"聰明睿知能盡其性者"乎?】但程子"心也、性也、天也"一段, 是原其本而渾淪說者也, 故朱子旣載之。『集註』又引張子"合性與知覺, 有心之名"之說以別之, 則其立教之意, 槪可見矣。心爲天理之主宰, 則是亦張子"心統性情"之論, 此豈足爲心性一理之證邪?

先師太極有主宰之論, 明德主理言之說, 庶幾建不悖, 俟不惑。顧此心名言之際, 精微曲折之間, 不能無外人之斷斷。其內懷私心而敢於工訶者, 固無足道, 公心愛慕者, 亦常聽瑩, 不可不深念。一時議論之參差不齊者, 容或無怪, 考之先儒而亦鮮符合, 安得無瞿瞿乎? 況今所未逮, 與後人共正之, 臨歿之遺託丁寧, 爲門徒者, 奉體遺旨, 一番商量, 庸何傷乎? 若憚一時更張之艱, 而姑息彌縫, 以爲"吾師之見, 初無可補之缺, 吾師之言, 焉有可存之疑"而已, 則後輩之面前傳業者, 與身後聞風者, 皆將奉持其全集, 字字而執守之, 句句而張皇之, 以求伸於當世, 則必輾輾層激, 惹起無限風浪云云。世之承藉淵源而粗有聞見者, 皆將作氣勢揭名號, 竆本極源而攻斥之, 夫孰能禦之哉? 欲尊其師而不能尊, 反使其師爲天下衆矢之的, 幷與其大體之光潔者而掩翳之矣, 不亦悲夫? 夫如是, 故愚陋之見, 千萬不自量度, 敢爲區區調補之計, 原其設心, 非所謂陷也, 乃所以護全大體之光潔也, 非所謂射也, 乃所以外防衆矢之雜至也云云。

　　旣知其師說之有可疑, 而慮夫爲天下群矢之的, 則何不早卽改正, 以明其臨沒遺託之本志, 而因循未果也耶? 然彼以"太極有主宰, 明德主理"之說, 謂之"建不悖, 俟不惑", 則借使改得, 却復依舊是認心爲理之見, 恐不足以防衆矢之雜至, 而益致後人之疑而已。思之使人沓沓。

先師答門下書曰: "語錄中'性猶太極, 心猶陰陽'之說, 非謂無據。但朱子晚年親

---

11) {性}:『省齋集』권7「上重庵先生」【戊子八月十九日】에 의거하여 '性'을 보충하였다.

筆, 有‘心爲太極’之文, 現於『啓蒙』。然則‘心猶陰陽’, 亦朱子語也, ‘心爲太極’, 亦朱子語也。一屬之陰陽, 陰陽器也。一屬之太極, 太極道也。二說異同, 不啻如天壤晝夜之相反, 愚亦積年蓄疑, 而潛心玩索者久矣。尤翁於朱子說前後不同處, 舍前而從後, 則與其從門人記錄之可疑, 曷若從朱子親筆之定論乎?” ○「答朴弘菴」[12]書論心性理氣之辨曰: “朱子註釋, 分明灑落, 無復可疑。但以與南軒論中和第三書觀之, 則有初晚同異, 此不可不察也。愚有一說, 抄出朱子說同異去處, 各作一部, 注其年月於其下, 而參互商量, 自有歸宿, 似不至如此紛紜也。” ○「答重教」[13]書曰: “朱子訓說之同異疎密, 正好玩索。愚意竊欲盡錄其前後同異,【心與性同以理說者一部, 心氣性理者一部, 各以類附。】看去看來, 有以究見其同異、得失、疎密、淺深耳。蓋前後同異博約極備, 而後學先從一說, 入頭定脚, 却將其異處合爲一說, 故牽挽穿鑿, 終不恰好。與其左右彷徨, 迷於從違, 曷若備見其初晚同異, 同者爲同、異者爲異之脫灑邪?” ○ 謹按: 以答門下書言之, 則“心爲太極”, 是心性一理之說也; “性猶太極, 心猶陰陽”, 心性物則之說也。而一是朱子親筆, 一是門人語錄。以「答重教」書言之, 則心與性同以理說者一部, 皆心性一理之說也; 心氣性理者一部, 皆心性物則之說也。而一則爲得爲密爲深, 一則爲失爲疎爲淺。以「答弘菴」書言之, 則凡心性物則之說, 皆舊說, 無甚綱領時所言。凡心性一理之說, 皆體察得見此理, 須以心爲主然後所言也。先生平日存疑處, 大概如是矣。

虛靈具理,【『大學章句』】神明具理,【『孟子集註』】心之知覺, 原於性命,【「中庸序」】人心有覺, 道體無爲,【『論語集註』】心之知覺, 卽所以具此理,【『大全』】此亦皆朱子親筆, 而晚年定論也。華老除却此等許多說話, 獨擧『啓蒙』“心爲太極”一句, 以爲心性一理之證, 此亦非“先從一說, 入頭定脚”者耶? 蓋統論心之大用, 則性固在中, 故得太極之名, 程子所謂“器亦道, 道亦器”【尤翁亦曰: “心有以理言。”】是也。將心對性看, 則心實屬氣, 而性爲太極, 朱子所謂“太極, 形而上之道; 陰陽, 形而下之器”是也。然則『啓蒙』、『語類』兩說, 各有所指, 何可謂初晚、疎密之異, 而取舍之乎?

---

12) 「答朴弘菴」:『華西集』에는 「答朴善卿」으로 되어 있다. 弘菴 朴慶壽(1824~1897)의 자가 善卿이다.

13) 「答重教」:『華西集』에는 「答柳穉程」으로 되어 있다. 省齋 柳重敎(1832~1893)의 자가 穉程이다.

先師之以理當心, 重敎亦以爲正指心之本體。「答勉台」[14]書中言"其所指之本自純粹"者, 良以是也。但神明二字, 合下就太極本體上立名。故其以神明說心處, 不屑屑著本體字爲說, 而一例目之以理, 此其所以常嫌過高而或有流弊也。

華老旣以理當心, 則其以神明當太極, 固其宜也。柳信其一而疑其一, 何也? 且每誦其師說而曰"理體神用, 合爲太極",【見第九、第十五節。】今却謂"神明二字, 合下就太極本體上立名", 何也? "以理斷心"是其師生間傳受宗旨, 則心極是一物也。於此別而言之曰"心之本體", 曰"太極之本體", 抑又何也? 此皆不可曉也。【柳以神明爲心之本體, 以心之本體爲理者, 據其文集, 不可枚擧, 而勉台答書云云, 尤極分明矣。理與太極, 有何分別而其取舍不同耶?】

"火臟、精爽之不干學者工夫", 此是先師答門下書。又其前書有言"學者操舍存亡之心, 以理言也"。學者工夫在心者, 只是操舍存亡之間而已。若以操舍存亡之心爲以理言, 則其以氣言之心, 謂不干學者事, 不亦宜乎?

操存舍亡之心, 卽神明之心也。苟其理也, 孟子何不曰"莫知其鄕, 惟理之謂與", 而必曰"惟心之謂與"耶? 且"氣之精爽, 不干於學者工夫", 則雖使之麤率昏濁而不須鍊養, 亦無害於爲聖爲賢耶? 孟子何以謂"無暴其氣", 朱子亦何以曰"志氣淸明, 可以上達"矣乎?

蓋於先師講說, 其論心之神明者, 以所謂"合理氣"者爲正案, 其論形、氣、神、理者, 又以門下所言與勉齋說相須乃備者爲正案,【勉齋以神專屬之形而下, 其於辨位正名則得矣, 而但無以見主宰妙用之本乎理。先師以神專屬之形而上, 其於發明本體則至矣, 而但無以見本分名位之在形而下。故必以相須乃備之語爲正案。】則大體庶幾得正矣。大體旣正, 則其小小參差處, 處之不患無其說矣。

苟知神之屬形而上之爲未安也, 則何不改正, 而苟且彌縫之曰"與勉齋說相須乃備者爲正案"矣乎? 吾見其心勞而日拙也。【以心之神明合理氣看, 則心是半理半氣之物耶?】

14)「答勉台」: 『省齋集』에는 「答崔贊謙」으로 되어 있다. 勉菴 崔益鉉(1833~1906)의 자가 贊謙이다.

下論中"古今說理, 皆卽氣而言"一段, 重教於此, 非敢以爲不然。但欲以此分疏先師說"神明是理", 不害於辨位正名是氣之說, 則似稍迂闊, 未若專擧"神明合理氣"一段, 作正案之爲親切明白。蓋言神明是合理氣之物, 則理與氣包在心字內面, 摠擧全體而辨位正名時, 須屬之形而下, 從其所爲主而專言時, 亦可以理言者, 皆在其中矣。若泛以"古今說理, 皆卽氣而言"者爲說, 則是心全是理, 而氣卽其下面所乘者, 與所以說性、說道者, 未有揀別, 而無以見本分名位之是氣矣。

　　苟以其所謂"古今說理, 卽氣而言"者爲正案, 而心屬於氣, 以其中所具之理爲性, 則豈不井井明白, 而乃爲此"神明合理氣"之說, 以眩幻人耳目矣乎?

先師心說, 重教亦嘗謹守而無間然矣, 自數年來, 竊有疑端。以爲一心內有理有氣, 而理爲之主, 此據本體言之耳。若就人人身上, 考觀其當體, 則有理爲主時, 有氣爲主時。眞妄邪正, 常相混雜而不可恃。孔子所謂"操存舍亡, 出入無時, 莫知其向"者是也。若以本體理爲主之故, 而直以理名心, 則雖其所指之本自純粹, 而學者一傳再傳, 誦言而迷指, 遂以當體之不可恃者爲理, 則其害亦不可不念。用是積費商度, 略設數語以調補之云: "只將心字, 辨位正名, 則且據形而下者, 目之以物。令學者就加省察整釐之工, 至擧心之本體爲言然後, 乃以理當之, 以爲學者準的"云云。【此下與崔台往復說附。】

　　按: 彼旣曰"一心內有理有氣", 則心是理氣之外, 別有一物, 而包氣與理也。此果是何物邪? 且當體中之眞正者, 卽其本體也。彼以眞妄邪正者, 屬之當體, 純粹者, 屬之本體, 判而別之。然則心有兩般, 而朱子所謂"心之虛靈知覺, 一而已"者, 非歟? 是未可知也。

重教於先師心說全體, 如主宰、妙用之以理言, 專言心時, 喚做人極之類, 未嘗移動一字。其所存疑者, 只是當體名目形而上下之辨耳。【上同。】

　　旣以心之主宰、妙用, 屬之形而上, 則更有何樣名目, 可以屬之形而下者耶?

『雅言』「說心」篇有一段云: "心, 氣也, 物也。但此物、此氣上面, 指其德則曰理也。聖賢所謂心, 蓋多指此也"云云。此其立言主意, 有可得而言者。此段本出答重翁書中, 其書全篇大意, 皆言不可以形而下名心, 而此一段卽發明其曲折所以然耳。

其語意若曰"心本火臟"也。以火臟言，則豈不是物，豈不是氣？但此不干學者事，卽其上面，有所謂理者爲主宰，而從古聖賢，皆指此而言心，吾故曰"心當以形而上者正名"云爾。今執此段，以爲先師以形而下名心之證案，則不但與平生宗旨，有所逕庭，卽於一篇之內語意，豈無橫決處耶？

今舉聖賢所言心字以觀之，如成湯以禮制理，文王小理翼翼，孔子從理不踰矩，顏淵其理不違仁，孟子理義之悅我理，皆不成道理。不知華老如何如此說。

聖賢說心，有以氣言者，有以理言者。論其語序，則須以以氣言者爲本分田地。論此心神明處，是專言理者。

聖賢說心，其以氣言者，是直指本體說也；以理言者，是混淪合理說也。【理具於心，故或有以理言者。】何嘗有分破心體爲上下兩段，而或以上段言，或以下段言之時乎？柳旣曰"此心神明處，是專言理"者，則其曰"本分田地"者，亦依舊是華老之說耳。其所謂調補者，果何說耶？

「유집심설정안의의柳集心說正案疑義」

1) 서지사항

유중교(柳重敎)가 김평묵(金平黙)에게 「화서선생심설정안(華西先生心說正案)」의 타당성을 설명한 것에 대해 김준영(金駿榮)이 논평한 글. 『병암집(炳庵集)』권2에 실려 있다.

2) 저자

김준영(金駿榮: 1842~1907)으로, 자는 덕경(德卿), 호는 병암(炳庵)이다. 간재 전우(田愚)의 대표석인 제자 가운데 한 사람이다.

3) 내용

유중교는 1888년 10월 김평묵을 찾아가 「화서선생심설정안(華西先生心說正案)」을 품정(稟定)하고, 이 정안(正案)에 준하여 판단한다면 스승 이항로(李恒老)의 설 가운데 간혹 편중된 것이 있더라도 보완할 수 있다고 여겼다. 유중교는 이 정안이 타당한 이유를 해설하는 서한을 같은 해 9월 미리 김평묵에게 보낸 바 있는데, 그 내용이 『성재집』 7권의 「상중암선생(上重庵先生)」 열네 번째 편지에 보인다. 이에 김준영은 이 서한의 글을 인용하면서 「화서선생심설정안」을 옹호하는 유중교의 설명이 타당하지 않다고 비판적으로 논평하였다.

유중교가 애초에 이항로 심설의 정안으로 뽑은 것은 총 4개 조목이며, 후에 추가한 2개 조목을 포함해 총 6개 조목의 정안이 있다. 그 내용을 대략 정리하면, 유중교는 심(心)과 명덕(明德)을 각각 물(物)과 칙(則)으로 구분해야 한다는 것, 신명(神明)은 오로지 기가 아니라 리의 작용이라는 것, 심의 본분(本分)과 명위(名位)는 형이하에 속하지만 통체(統體)와 주재(主宰)는 리로 말해야 한다는 것, 심은 리기를 합한 명칭이지만 본심(本心)이란 오로지 리의 한 측면만을 가리킨다는 것 등을 이항로 심설의 정안으로 규정했다.

이에 대해 김준영은 유중교가 명덕을 리로 여기는 것은 결국 '심즉리(心卽理)'설에 불과할 따름이며, 심과 명덕을 나누어 허령(虛靈)과 명덕(明德)을 각각 기(氣)와 리(理)로 구분한 것 역시 어불성설이라고 반박하였다. 또한 유중교가 심의 신명(神明)에 대해 명위(名位)로는 기에 배속시키면서도 그 본체는 리라고 여기는 이항로의 설을 답습하는 모순을 범하고 있다고 비판하였다. 그리고 김준영은 유중교가 심(心)과 본심(本心)을 구분해 본심을 리라고 주장한 것에 대해서도 날카롭게 비판하였다. 만약 본심이 곧 리를 가리키는 것이라면 성(性)이라는 개념은 존재 의미가 모호해진다는 것이다. 결론적으로 김준영은 유중교가 「화서선생심설정안」을 통해 이항로 심설을 보완하려 한 시도가 설득력 없는 논설이라고 비판하였다.

2-2-3 「柳集心說正案疑義」(『炳庵集』卷2)

心是人身上一物。是物也, 必有爲是物之理矣, 必有爲是物之職矣, 是所謂心之道也。若曰“心是有氣之物, 非有理之物”, 則更無可疑矣。若曰“亦有其理, 亦有其職”, 則所謂明德, 非心之理而何哉? ○ 心, 氣也, 物也。但就此物此氣上面指其德, 則曰理也。聖賢所謂心, 蓋多指此也。

○ 先師論心與明德物則之分, 當以此二條爲正案也。若有詰之者曰: “心之虛靈知覺, 於是物與是物之理, 當何所屬?” 宜答之曰: “據朱子遺指及先生所論神明合理氣之說, 則虛靈知覺當屬是物, 所謂仁義禮智者, 乃是物之理也。” 曰: “然則朱子於明德章句, 以虛靈爲言, 何也?” 曰: “明德者, 是仁義禮智許多道理, 在心裏光明照徹者也。故就是物上, 舉起‘虛靈’二字, 配貼‘不昧’字成文, 以形容此德之明, 非直以虛靈知覺喚做明德也。” 曰: “言‘聖賢所謂心, 蓋多指此’, 則其指此物此氣而言心者, 亦時有之, 可見。聖賢所指, 何故有此兩樣?” 曰: “指此物此氣而言心者, 依本分辨位正名之辭也。要人見眞妄邪正之雜, 而加省察操存之工也。指是德是理而言心者, 就上面推明發揮之辭也。要人見本源眞體之正, 而加準的恢復之工也。言各有當, 不可闕一也。”

> 以明德爲心之理, 則依舊是“心卽理”之說,【“此物此氣上面指其德, 則曰理也”之德字, 若以“尊德性”之德、“仁者, 心之德”之德字看, 則以此爲理, 固是矣。其下乃曰“聖賢所謂心, 蓋多指此”, 此德字亦只是明德之德, 而以理斷心者也。】以此二條謂之正案, 人孰信之乎? 柳說中“虛靈知覺當屬是物, 仁義禮智乃是物之理”云者, 言則是矣。但其所謂“仁義禮智”者, 亦以明德爲言也, 則其曰理者, 又只是物而已矣。於其師說, 何補之有哉? 且彼以虛靈爲物, 明德爲理, 則『章句』“虛靈”二字, 無以區處, 故乃且彌縫而糊塗說去, 而曰“舉起‘虛靈’, 配貼‘不昧’字成文, 以形容此德, 非直以虛靈喚做明德也”。此果成說乎?【『章句』“所得乎天, 虛靈不昧”, 非直指明德而何也?】

心者, 人之神明, 而合理氣、包動靜者也。○ 心者, 理與氣妙合, 而自然神明者也。○ 先師論心之神明理氣名位, 當以此二條爲正案也。若有詰之者曰: “神明與虛靈知覺, 是一耶二耶?” 宜答之曰: “細分則曰神明, 曰虛靈, 曰知覺, 微有所指淺深之差。而斷之以名位, 則其爲理氣之合者, 未始不一也, 其當屬物而不得爲則者, 未始不一也。” 曰: “旣言理氣之合, 而有偏屬之物, 何也?” 曰: “凡言合理氣者, 對單言之理, 則須屬之形而下。且所謂物者, 元是理與氣合之名也。蓋神明靈覺, 惟其合理氣也。故擧其當體, 則是氣, 而究其本體, 則是理也。其運用也, 方其未揀別時, 不能無眞妄之相雜, 而及其已揀別後, 乃見天理之妙用也。觀朱子『孟子』操存章註【通‘存亡出入’言神明。】及『大學或問』致知條,【專以‘妙衆理, 宰萬物’言神明。】 可見也。” 曰: “大凡華翁說心, 其要指如何?” 曰: “世方以明德貶作氣看, 而先生則苦心闡明其爲天命之本體; 世方以神全作氣看, 而先生則苦心推明其爲是理之妙用。明德爲天命之本體, 而聖學之宗旨復明; 神爲是理之妙用, 而太極之主宰可見。是誠不世之大功也。若其名論抑揚之際, 小小參差, 梳洗不盡處, 後之讀者, 以右所列四條正案, 參互而{裁}[15)]補之可也。”

心中具理, 故先儒論心亦有以合理氣爲言者, 此固然矣。但華丈則以一心判作兩片, 上一半屬於理而爲精底心, 下一半屬於氣而爲麤底心, 心之面貌, 果如是乎? 柳氏以神明屬物, 則固是矣。其下却又曰“擧其當體, 則是氣, 而究其本體, 則是理也”, 又引『孟子集註』及『大學或問』而證之, 未知其何謂也。『孟子』盡心註曰“心者, 人之神明, 所以具衆理”, 若以神明字喚做理字而曰“心者, 人之理, 所以具衆理也”, 是果說得去否? 謂明德中具理, 則可也, 直指明德爲天命之本體, 則是認心爲理之學也; 謂神爲與理無間, 則可也, 直指神爲理之妙用, 則是理氣無別之論也。以此謂“得聖學之宗旨, 而有不世之大功也”, 苟使是說得行也, 則其貽害後學, 果何如哉? 此不可以不知也。

天統地, 故天專言之, 則道也。神統鬼, 故神專言之, 則理也。心統百體, 故心專言之, 則人極也。
○ 此一條, 謹依重菴先生所教, 追附之。蓋此心本分名位之當屬形而下, 與其統體主宰之當以理言者, 此可爲一明案也。

前輩君子之論心, 亦或有以理言處, 以其所具者理故也。今曰“此心之本分名

---

15) {裁}:『省齋集』권7「上重庵先生」【戊子九月】에 의거하여 ‘裁’를 보충하였다.

位, 當屬形下, 統體主宰, 當以理言", 心之爲物, 果如是, 而不悖於先賢之說耶?

心合理與氣而立名者也。單指理一邊, 則曰本心也。

○ 此一條, 重菴先生下世翌年, 追附之。蓋當初立定正案, 專主心與明德物則之分。後因洪思伯往復, 乃知心與本心之分, 亦不可不致力講明, 故增設此一條。大意蓋曰: "心旣合理與氣, 則其知覺運用, 須有理爲主時, 有氣爲主時。所謂本心者, 乃單指其理爲主一邊而名之也。" 此於論心字, 名位階級極明白, 有親切受用處。學者宜深察之。

泛言心, 則兼善惡。特言明德與本心, 則是善一邊也。似此分言, 則猶之可也。

今以心屬氣, 以明德與本心謂之單指之理, 則性之一字, 更屬何處? 欲屬之心也, 則心是氣也, 欲屬之理也, 則與本心明德并立爲理, 而理之頭目多端矣。

然則性之一字, 只是剩文, 如『書』之恒性、『論語』之言性、『中庸』之天命之性、『孟子』之道性善, 諸性字, 皆是贅言也耶?

2-2-3 「유집심설정안의의柳集心說正案疑義」

심(心)은 사람 몸에 있는 하나의 사물[物]이다. 이 물(物)에는 반드시 이 물의 리(理)가 있고 반드시 이 물의 직분[職]이 있으니, 이것이 이른바 심의 도(道)이다. 만약 "심이란 기(氣)를 지닌 사물이요, 리(理)를 지닌 사물이 아니다"라고 한다면 다시 의심스러울 게 없다. 만약 "또한 그 리가 있고 또한 그 직(職)이 있다"고 한다면, 이른바 명덕(明德)이 심의 리가 아니고 무엇이겠는가?

○ 심은 기(氣)이고 물(物)이다. 다만 이 물(物)과 기(氣) 위에 나아가 그 덕을 가리킨다면 리(理)라고 할 수 있다. 성현께서 말한 심이란 대개 이것을 가리킨 것이 많다.

○ 선사(先師)께서 심을 물(物)로, 명덕을 칙(則)으로 구분해 논하였으니, 마땅히 이 두 조목을 정식 안(案)으로 삼아야 한다.

만약 "심의 허령지각(虛靈知覺)은 이 물(物)과 물의 리(理) 가운데 어느 쪽에 소속되어야 하는가?"라고 힐문하는 사람이 있다면, 마땅히 "주자(朱子)가 남긴 뜻과 선사께서 논하신 '신명(神明)은 리와 기를 합한 것'이라는 설에 근거할 때, 허령지각은 당연히 물(物)에 속하고 이른바 인의예지는 이 물의 리(理)이다."라고 답해야 할 것이다.

또한 "그렇다면 주자가 『대학장구(大學章句)』에서 명덕(明德)을 허령으로 말한 것은 무엇 때문인가?"라고 묻는다면, "명덕이란 인의예지의 많은 도리(道理)가 심 안에서 환히 밝게 빛나는 것이다. 그러므로 이 물(物)에 나아가 '허령(虛靈)' 두 글자를 들어 '불매(不昧)'와 나란히 문장을 만듦으로써 이 덕의 밝음을 형용한 것이지, 허령지각을 곧바로 명덕으로 부른 것은 아니다."라고 답할 것이다.

또한 "'성현께서 말한 심이란 대개 이것을 가리킨 것이 많다'고 한다면, 이 물(物)과 기(氣)를 가리켜 심이라고 말한 것 또한 종종 있음을 알 수 있다. 성현께서 가리키는 바가 이처럼 두 가지 양상이 있는 까닭은 무엇인가?"라고 묻는다면, "이 물(物)과 기(氣)를 가리켜 심이라고 말한 것은, 본분에 의거해서 지위를 변별하고 이름을 바르게 함으로써, 사람들이 진실과 거짓, 사악함과 바름이 뒤섞여 있음을 알아 반성하고 살피며 마음을 굳게 지키는 공부를 더하도록 요구한 것이다. 이덕(德)과 리(理)를 가리켜 심이라고 말한 것은, 형이상의 측면에 나아가 미루어 밝히고 드러낸 것으로써, 사람들이 본원(本源)과 진체(眞體)의 바름을 알아 표준으로 삼고 회복하는 공부를 더하도록 요구한 것이다. 말이 각각 합당한 이유가 있으니 하나라도 빠뜨려서는 안 된다."라고 답할 것이다.

명덕(明德)을 심의 리(理)로 여기는 것은 구태의연하게 '심즉리(心卽理)'설에 의거한 것이니, 이 두 조목이 정안이라는 말을 누가 믿겠는가? 【"이 물(物)과 기(氣) 위의 그 덕을 가리킨다면 리(理)라고 할 수 있다"라고 할 때의 '덕(德)'자를 만약 "덕성을 높인다[尊德性]"의 '덕(德)'이나 "인(仁)은 심의 덕(德)이다"에서의 '덕(德)'자로 본다면, 그것을 리(理)로 여기는 것이 참으로 옳을 것이다. 그러나 그 아래에서는 곧 "성현께서 말한 심이 대개 이것을 가리킨 것이 많다"고 하였으니, 이 '덕(德)'자는 역시 다만 명덕(明德)의 덕으로서, 리로써 심을 단정한 것이다.】 유중교의 주장 중에 "허령지각은 당연히 물(物)에 속하고 인의예지는 이 물의 리(理)이다"라고 한 것은, 그 말만큼은 옳다. 다만 여기서 이른바 인의예지를 또 명덕이라 하였으니, 그 리(理)라고 말한 것이 다시 물(物)이 되어버리고 말았다. 그 스승의 학설에 무엇을 보완한 것이 있는가? 또한 그는 허령을 물(物)로 여기고 명덕을 리(理)로 여기니 『대학장구』의 '허령' 두 글자를 배치할 자리가 없어진다. 이에 대충 꿰매어 흐리멍덩하게 넘겨버리는 말로 "'허령' 두 글자로 첫머리를 일으키고 '불매(不昧)'라는 글자로 짝을 지어 문장을 완성하여 이 덕의 밝음을 형용한 것이요, 허령지각을 곧바로 명덕으로 부른 것이 아니다"라고 말하니, 이것이 과연 말이 되는가? 【『대학장구』에서 "하늘로부터 얻어 허령불매하다"고 한 것이 곧바로 명덕을 가리킨 게 아니면 무엇이란 말인가?】

심(心)은 사람의 신명(神明)으로, 리기(理氣)를 합하고 동정(動靜)을 포함하는 것이다. ○ 심은 리와 기가 오묘하게 합하여 자연히 신명할 수 있는 것이다.

○ 선사께서 심의 신명과 리기의 명위(名位)를 논하신 것은 마땅히 이 두 조목을 정안(正案)으로 삼아야 한다.

만약 "신명(神明)과 허령지각(虛靈知覺)은 하나인가, 둘인가?"라고 힐문하는 사람이 있다면 마땅히 "세분하자면 신명(神明), 허령(虛靈), 지각(知覺)이라고 부르는 것에 가리키는 바와 얕고 깊음의 차이가 약간 있다. 그러나 명칭과 지위로 판단하자면 그것이 리와 기가 합해진 것임은 처음부터 같지 않은 적이 없었으며, 당연히 사물[物]에 속하고 법칙[則]이 될 수 없는 것도 처음부터 같지 않은 적이 없었다."라고 답할 것이다.

또한 "이미 리와 기가 합해진 것이라 말하면서 오히려 한쪽으로 치우쳐 물(物)에 속한다고 하는 것은 무엇 때문인가?"라고 묻는다면, "일반적으로 리기를 합친 것이라 말함은, 리(理)만을 단독으로 말한 것에 대비하면 형이하에 속하기 마련이다. 또 이른바 물(物)이란 원래 리와 기를 합친 명칭이다. 대개 신명(神明)이나 영각(靈覺)은 리기를 합친 것이다. 그러므로 당체(當體)를 들어 말하면 기(氣)이고 본체(本體)를 궁구하면 리(理)이다. 그것이 운용됨에 아직 가려서 구별되지 않을 때는 진실과 거짓의 뒤섞임이 없을 수 없으나, 가려서 구별되고 나서는 천리의 오묘한 작용을 보게 된다. 주자의 『맹자(孟子)』 조존장(操存章)에 대한 주석【마음의 존망출입(存亡出入)을 통관하여 신명(神明)이라 하였다.]과 『대학혹문(大學或問)』 치지조(致知條)[오로지 '여러 이치를 묘하게 하고 만물을 주재함'을 신명(神明)이라 하였다.]를 보면 알 수 있다."라고 답할 것이다.

또한 "대체로 화옹(華翁, 이항로)께서 심을 설명한 요지는 무엇인가?"라고 묻는다면, "세상에서는 명덕(明德)을 깎아내려 기(氣)로 보지만, 선생께서는 고심한 끝에 그것이 천명(天命)의 본체(本體)임을 명백히 밝혔다. 세상에서는 신(神)을 순전히 기(氣)로 보지만, 선생께서는 고심한 끝에 그것이 리(理)의 오묘한 작용임을 미루어 밝혔다. 명덕이 천명의 본체가 되면서 성학(聖學)의 종지가 다시 밝혀졌고, 신(神)이 리의 오묘한 작용이 됨으로써 태극(太極)이 주재(主宰)함을 알 수 있게 되었다. 이것은 진실로 세상에서 볼 수 없는 위대한 공로이다. 그 용어를 논의하면서 억제하고 추켜세우는 가운데 소소하게 차이가 나거나 정리가 다 되지 못한 부분에 대해서는, 후세의 독자들이 위에 열거한 네 조목의 정안(正案)을 참고해 마름질하고 보충하면 된다."라고 답할 것이다.

심 안에 리가 갖춰져 있으니 선유(先儒)께서 심을 논하며 또한 리기를 합친 것으로 말한 바 있음은 진실로 그러하다. 다만 화장(華丈, 이항로)께서는 하나의 심을 판연히 두 쪽으로 갈라 위쪽 반절은 리에 속해 정상(精爽)한 마음이 되고 아래쪽 반절은 기에 속해 조잡한 마음이 된다고 하니, 심의 면모가 과연 이러한가? 유중교가 신명(神明)을 물(物)에 귀속한 것은 참으로 옳다. 그런데 그 아래 다시 말하기를 "당체(當體)를 들어 말하면 기(氣)이고 본체(本體)를 궁구하면 리(理)이다"라고 하고, 다시 『맹자집주(孟子集註)』와 『대학혹문(大學或問)』을 인용해 증거로 삼으니 무엇을 말하고자 하는지 모르겠다. 『맹자』 진심장(盡心章)의 주(註)에서는 "심이란 사람의 신명으로 여러 이치를 갖추고 있다"고 하였는데, 만약 '신명(神明)'이라는 글자를 '리(理)'라는 글자로 바꿔 부르며 '심이란 사람의 리로 여러 이치를 갖추고 있다'고 말한다면, 이는 과연 성립할 수 있는 말인가. '명덕(明德) 가운데 리가 갖추어져 있다'고 말하면 옳지만, 곧바로 명덕을 가리켜 천명의 본체라고 한다면 이는 심(心)을 리(理)로 오인하는 학문이다. '신(神)은 리(理)와 간격이 없다'고 말하면 옳지만, 곧바로 신을 가리켜 리의 오묘한 작용이라 한다면 이는 리(理)와 기(氣)를 구별하지 않는 의견이다. 이것으로 "성학(聖學)의 종지를 얻었다" 하고 "세상에 볼 수 없는 위대한 공로가 있다" 말하니, 진실로 이 설이 행해진다면 후학들에게 끼치는 해악이 과연 어떠하겠는가? 이를 알지 못해서는 안 될 일이다.

하늘은 땅을 통솔하므로, 하늘을 오로지 말한다면 도(道)이다. 신(神)은 귀(鬼)를 통솔하므로, 신을 오로지 말한다면 리(理)이다. 심(心)은 온 몸을 통솔하므로, 심을 오로지 말한다면 사람의 표준[人極]이다.

○ 이 한 조목은 삼가 중암(重菴, 김평묵) 선생의 가르침에 따라 추가로 첨부한 것이다. 심의 본분

(本分)과 명위(名位)는 형이하에 귀속시켜야 하고 아울러 통체(統體)와 주재(主宰)는 리(理)로 말해야 한다는 것이니, 이것이 하나의 명쾌한 정안(正案)이 될 수 있다.

선배 군자들께서 심(心)을 논하면서 간혹 리(理)로써 말한 곳이 있는 것은 그 갖추고 있는 것이 리이기 때문이다. 이제 "심의 본분(本分)과 명위(名位)는 형이하에 귀속시켜야 하고, 통체(統體)와 주재(主宰)는 리(理)로 말해야 한다"고 말하니, 심이라는 것이 과연 이러하겠으며, 선현의 설과 어긋나지 않겠는가?

심(心)은 리와 기를 합하여 명칭을 세운 것이다. 리의 한 측면을 단독으로 가리킨다면 본심(本心)이라고 한다.

○ 이 한 조목은 중암 선생께서 세상을 떠난 다음 해에 추가로 첨부한 것이다. 대개 당초에 정식 안(案)을 세워 정할 무렵에는 오로지 심(心)과 명덕(明德)을 물(物)과 칙(則)으로 구분하는 데 주력하였다. 나중에 홍재구(洪在龜)와 의견을 주고받으면서 심(心)과 본심(本心)의 구분에 대해서도 힘을 다해 밝히지 않을 수 없음을 알게 되었다. 그러므로 이 한 조목을 덧붙였다. 대략의 뜻은 다음과 같다. "심(心)이 리와 기를 합친 것이라면 그 지각과 운용은 모름지기 리가 주가 될 때도 있고 기가 주가 될 때도 있다. 이른바 본심(本心)이란 리가 주가 되는 한쪽 측면만을 가리켜 이름 붙인 것이다." 여기서 심(心)이라는 글자의 명위(名位)와 계급(階級)을 매우 명백하게 논하였으니, 가깝고 절실하게 받아들일 만한 부분이 있다. 배우는 이들이 깊이 고찰해야 한다.

일반적으로 말하는 심(心)은 선(善)과 악(惡)을 겸하나, 특별히 명덕(明德)과 본심(本心)이라고 말하면 이는 선(善)의 측면만 가리키는 것이니, 이러한 방식으로 구분한다면 오히려 괜찮을 것이다. 이제 심을 기(氣)에 귀속시키고 명덕과 본심은 리(理)를 단독으로 가리킨 것이라 말한다면, 성(性)이라는 한 글자는 다시 어디에 귀속시켜야 하는가? 심에 귀속시키고자 하니 심은 기이고, 리에 귀속시키고자 하니 본심·명덕과 함께 나란히 리가 되어 리의 두목(頭目)이 여러 갈래가 된다. 그렇다면 '성(性)'이라는 한 글자는 그저 남아도는 문자가 되어버리니, 『서경(書經)』의 '항성(恒性)', 『논어(論語)』에서 말한 성(性), 『중용(中庸)』의 천명지성(天命之性), 『맹자(孟子)』에서 말한 성선(性善) 등과 같은 여러 '성(性)'자가 모두 군더더기 말이라는 것인가?

心是人身上一物。是物也, 必有爲是物之理矣, 必有爲是物之職矣, 是所謂心之道也。若曰"心是有氣之物, 非有理之物", 則更無可疑矣。若曰"亦有其理, 亦有其職", 則所謂明德, 非心之理而何哉? ○心, 氣也, 物也。但就此物此氣上面指其德, 則曰理也。聖賢所謂心, 蓋多指此也。

○先師論心與明德物則之分, 當以此二條爲正案也。若有詰之者曰: "心之虛靈知覺, 於是物與是物之理, 當何所屬?" 宜答之曰: "據朱子遺指及先生所論神明合理氣之說, 則虛靈知覺當屬是物, 所謂仁義禮智者, 乃是物之理也。" 曰: "然則朱子於明德章句, 以虛靈爲言, 何也?" 曰: "明德者, 是仁義禮智許多道理, 在心裏光明照徹者也。故就是物上, 舉起'虛靈'二字, 配貼'不昧'字成文, 以形容此德之明, 非直以虛靈知覺喚做明德也。" 曰: "言'聖賢所謂心, 蓋多指此', 則其指此物此氣而言心者, 亦時有之, 可見。聖賢所指, 何故有此兩樣?" 曰: "指此物此氣而言心者, 依本分辨位正名之辭也。要人見眞妄邪正之雜, 而加省察操存之工也。指是德是理而言心者, 就上面推明發揮之辭也。要人見本源眞體之正, 而加準的恢復之工也。言各有當, 不可闕一也。"

以明德爲心之理, 則依舊是"心卽理"之說,【"此物此氣上面指其德, 則曰理也"之德字, 若以"尊德性"之德、"仁者, 心之德"之德字看, 則以此爲理, 固是矣。其下乃曰"聖賢所謂心, 蓋多指此", 此德字亦只是明德之德, 而以理斷心者也。】以此二條謂之正案, 人孰信之乎? 柳說中"虛靈知覺當屬是物, 仁義禮智乃是物之理"云者, 言則是矣。但其所謂"仁義禮智"者, 亦以明德爲言也, 則其曰理者, 又只是物而已矣。於其師說, 何補之有哉? 且彼以虛靈爲物, 明德爲理, 則『章句』"虛靈"二字, 無以區處, 故乃且彌縫而糊塗說去, 而曰"舉起'虛靈', 配貼'不昧'字成文, 以形容此德, 非直以虛靈喚做明德也"。此果成說乎?【『章句』"所得乎天, 虛靈不昧", 非直指明德而何也?】

心者, 人之神明, 而合理氣、包動靜者也。○心者, 理與氣妙合, 而自然神明者也。
○先師論心之神明理氣名位, 當以此二條爲正案也。若有詰之者曰: "神明與虛靈知覺, 是一耶二耶?" 宜答之曰: "細分則曰神明, 曰虛靈, 曰知覺, 微有所指淺深之差。而斷之以名位, 則其爲理氣之合者, 未始不一也, 其當屬物而不得爲則者, 未始不一也。" 曰: "旣言理氣之合, 而有偏屬之物, 何也?" 曰: "凡言合理氣者, 對單言之理, 則須屬之形而下。且所謂物者, 元是理與氣合之名也。蓋神明靈覺, 惟其合理氣也。故舉其當體, 則是氣, 而究其本體, 則是理也。其運用也, 方其未揀別時, 不能無眞妄之相雜, 而及其已揀別後, 乃見天理之妙用也。觀朱子『孟子』操存章註【通'存亡出入'言神明。】及『大學或問』致知條,【專以'妙衆理, 宰萬物'言神明。】可見也。" 曰: "大凡華翁說心, 其要指如何?" 曰: "世方以明德貶作氣看, 而先生則苦心闡明其爲天命之本體; 世方以神全作氣看, 而先生則苦心推明其爲是理之妙用。明德爲天命之本體, 而聖學之宗旨復明; 神爲理之妙用, 而太極之主宰可見。是誠不世之大功也。若其名論抑揚之際, 小小參差, 梳洗不盡處, 後之讀者, 以右所列四條正案, 參互而{裁}16)補之可也。"

心中具理, 故先儒論心亦有以合理氣爲言者, 此固然矣。但華丈則以一心判作兩片, 上一半屬

---

16) {裁}:『省齋集』권7「上重庵先生」【戊子九月】에 의거하여 '裁'를 보충하였다.

於理而爲精底心, 下一半屬於氣而爲麤底心, 心之面貌, 果如是乎? <u>柳氏</u>以神明屬物, 則固是矣。其下却又曰"舉其當體, 則是氣, 而究其本體, 則是理也", 又引『孟子集註』及『大學或問』而證之, 未知其何謂也。『孟子』盡心註曰"心者, 人之神明, 所以具衆理", 若以神明字喚做理字而曰"心者, 人之理, 所以具衆理也", 是果說得去否? 謂明德中具理, 則可也, 直指明德爲天命之本體, 則是認心爲理之學也; 謂神爲與理無間, 則可也, 直指神爲理之妙用, 則是理氣無別之論也。以此謂"得聖學之宗旨, 而有不世之大功也", 苟使是說得行也, 則其貽害後學, 果何如哉? 此不可以不知也。

天統地, 故天專言之, 則道也。神統鬼, 故神專言之, 則理也。心統百體, 故心專言之, 則人極也。
○ 此一條, 謹依<u>重菴</u>先生所敎, 追附之。蓋此心本分名位之當屬形而下, 與其統體主宰之當以理言者, 此可爲一明案也。

前輩君子之論心, 亦或有以理言處, 以其所具者理故也。今曰"此心之本分名位, 當屬形下, 統體主宰, 當以理言", 心之爲物, 果如是, 而不悖於先賢之說耶?

心合理與氣而立名者也。單指理一邊, 則曰本心也。
○ 此一條, <u>重菴</u>先生下世翌年, 追附之。蓋當初立定正案, 專主心與明德物則之分。後因<u>洪思伯</u>往復, 乃知心與本心之分, 亦不可不致力講明, 故增設此一條。大意蓋曰: "心旣合理與氣, 則其知覺運用, 須有理爲主時, 有氣爲主時。所謂本心者, 乃單指其理爲主一邊而名之也。" 此於論心字, 名位階級極明白, 有親切受用處。學者宜深察之。

泛言心, 則兼善惡。特言明德與本心, 則是善一邊也。似此分言, 則猶之可也。今以心屬氣, 以明德與本心謂之單指之理, 則性之一字, 更屬何處? 欲屬之心也, 則心是氣也, 欲屬之理也, 則與本心明德幷立爲理, 而理之頭目多端矣。然則性之一字, 只是剩文, 如『書』之恒性、『論語』之言性、『中庸』之天命之性、『孟子』之道性善, 諸性字, 皆是贅言也耶?

「조론최모상간옹서條論崔某上艮翁書」【丁巳】

1) 서지사항

전우의 문인 오진영(吳震泳, 1868~1944)이 1917년 지은 글. 최익한이 전우에게 올린 편지의 내용들을 조목화하여 논변한 것이다. 『석농집(石農集)』권18에 실려 있다.

2) 저자

오진영

3) 내용

이 글은 최익한(崔益翰, 1897~?)이 전우에게 올린 글 가운데, 심즉리설의 혐의가 있는 구절들을 제기하고, 이를 반박하는 내용으로 이루어져 있다. 개개 조목이 길지는 않지만, 모두 46조목에 걸쳐 심즉리설을 반박하였다. 오진영은 최익한의 글 가운데, 조선말 성리학계의 심즉리(心卽理)설의 주장과 유사하게 이해될만한 혐의가 있는 부분들을 지적한다.

오진영은 심즉리를 주장하는 이들이 기(氣)가 도(道)의 주인이 될 수 없다고 생각하는 것은 신명과 허령을 리(理)로 인식하기 때문이라 지적하고, 마음의 지각과 신명 및 허령은 기(氣)임을 분명히 한다. 주자의 언급 가운데 태극이 동정(動靜)한다거나 심(心)을 리(理)로 언급한 듯한 부분이 있지만, 이는 특정한 차원의 맥락에서 나온 것이며, 심성에 대한 주자학의 본령은 성(性)은 태극이고, 심(心)은 음양의 기(氣)라는 것이다. 따라서 심으로써 본체묘용을 말하는 것은 주자학의 대강령에 어긋난다고 지적한다. 또한 심즉리를 말하는 이들은 맹자가 심(心)을 기(氣)로 보지 않았다고 주장하지만, 맹자의 본지는 심(心)과 기(氣)를 구분한 것이지 결코 심즉리를 말한 것이 아니라고 반박한다. 그는 이진상과 곽종석의 입장을 비판하고, 이항로의 견해 역시 이들에 동조하는 것이라 비판한다.

2-3-1「條論崔某上艮翁書」【丁巳】(『石農集』卷18)

稽之孔、孟之旨, 而有所不合, 律之程、朱之言, 而不但小異。

　　孔子謂"心操存舍亡", 孟子謂"以仁禮存心", 程子謂"心穀種仁生性", 朱子謂
　　"心陰陽、性太極", 又謂"心, 氣之精爽", 此其心之所以不可爲理。心與仁性,
　　從來有別, 而心是氣者也。不知崔君所稽所律底四聖賢書, 獨無此等語歟? 大
　　抵聖賢所謂心是氣, 是指英明神妙虛靈知覺之類, 能妙理宰氣底, 非謂麁糙濁
　　雜之氣也。此當細心精察, 不可草草打定也。

從上聖賢, 莫不以卽理爲訓。

　　心卽理, 象山、陽明之所主, 乃若聖門未嘗直以心爲理。若夫眞氏謂"舜, 身卽
　　理, 理卽身",【見"由仁義行"小註。】程子謂"曾子易簀云'心是理'", 則是就成德上
　　說, 非謂心理元來是一物也。雖成德之人, 其心之能理之所, 又不容無別也。
　　今必曰"聖賢之於心, 莫不以卽理爲訓", 亦將曰"修身在正理"、"從理所欲不踰
　　矩"、"其理三月不違仁"、"理義之悅我理"、"道理微人理惟危"、"求其放理"、
　　"理要在腔子裡", 而可以說得去否?

帝言: "道心惟微。" 眞氏曰: "仁義禮智根於性, 所謂道心。"

　　道無情意知覺, 心有情意知覺。心能知覺道理, 故曰道心, 非謂心卽道也。仁
　　義禮智之理, 皆根於性。所謂道心, 眞說與朱子"虛靈知覺, 原於性命"不同而
　　語有病, 故『心經釋疑』"仁義禮智, 性也。" 今曰"根於性"語, 似未安也。

子言"易有太極", 而邵子言"心爲太極"。

　　孔子但言"易有太極", 不言"易卽太極"。『寒洲集』以易直喚作理, 豈不可怪?
　　"心爲太極", 固是邵子之言, "道爲太極"、"心者性之郛郭", 又非邵子之言乎?
　　以此觀之, "心爲太極"是以心所具者言, 非直指心爲太極。故趙致道謂"心爲
　　太極", 林正卿謂"心具太極"。朱子以其體謂之易, 其理謂之道, 其用謂之神,

曉說致道, 則意可見矣。按『啓蒙』, "道爲太極"、"心爲太極"兩語之上, 先以太極兩儀分太極兩儀, 又以兩儀四象分太極兩儀, 則"道爲太極", 固是太極之太極, "心爲太極", 豈非兩儀太極之太極歟? 又按:『語類』、『或問』康節云云, 道指天地萬物自然之理而言, 心指人得是理而爲一身之主而言。先生答曰: "固是繼。" 又曰: "太極只是一而無對者。" 未審崔君以天地萬物自然之理爲一而無對者乎? 抑以人得是理而爲一身之主者爲一而無對者乎? 請下一轉語來。

孟子以仁義爲心, 又以惻隱羞惡爲心。

性具於心, 心妙夫性, 性發爲情。然性非心不能發而爲情。蓋性無覺識作用, 情無計較商量, 而心有覺識作用, 有計較商量者也。孟子所急是性善惡之辨, 非心理氣之分。故直就心之順性而發, 緣情而行, 渾合而言之, 以明性之本善, 故曰"仁義之心", 曰"惻隱之心"。然理畢竟不可直喚做心, 故他日又言"理義之悅我心", 心、理之分, 不其明乎? 故朱子曰"孟子之言, 非以仁訓心也", 蓋以仁爲心之德也。如『禮記』、『程書』有"仁義之氣"語, 亦將指氣爲理乎? 況朱子「答蘇晉叟」書"仁義之心"四字, 便具心性之理,【言仁義是性, 心是心。】只此心之仁義便是性之所爲【爲恐有之誤。】也, 則此與道心, 道是性命, 心是靈覺, 同一語致, 豈可指仁義性命爲理, 又可指心爲理乎? 故朱子又以部析得名義界分, 各有歸著。【「答吳晦叔」。】

程子曰: "心也, 性也, 天也, 一理。"

此載『孟子』「盡心」註。朱子分明言"心者人之神明, 所以具衆理應萬事, 性則心所具之理天, 又理之所從出", 則心之非理, 性之爲天, 有目者皆見。然則所引程子此語, 豈謂心卽是太極道體之理者耶? 蓋心具性, 性出於天, 是其爲一理相貫, 不可云各自背馳也。是安得爲心卽理之確證乎? 況『大全』七十卷末, 明明言心卽性、性卽天、天卽性、性卽心, 此語亦無倫理者, 則『集註』之意, 非如近世心卽理之見也。『近思錄』"其體則謂之易,【止】神如在其左右"。『語類』【九五, 寓錄。】曰: "此一段皆是明道體無乎不在。名雖不同, 只是一理發出, 是箇無始無終底意。" 崔君亦將以易與神與浩氣、鬼神, 皆與道性之理一同而無所辨別乎? 胡敬齋又言心也、理也、氣也, 一理也, 此又將如何說乎? 更按: 白文

"存心養性, 所以事天", 心若是理, 則心與性天, 齊頭並駕已矣, 又何事之云乎? 吾聞以臣事君, 未聞天子而事天子也。若是有二天子, 其不相下也亦明矣。干戈日尋, 生民之禍極矣。不然, 閉關絕約, 不相往來矣。圖所以相吞情, 豈須臾忘哉? 嗚呼危哉!

朱子曰: "元亨利貞, 天地生物之心, 而人得之爲心, 未發而四德具。"

元亨利貞, 天地生物之心, 猶言仁義禮智, 人之應事之心。此爲流行運用上渾淪說。然元亨利貞、仁義禮智, 太極也; 生物、應事之心, 陰陽也。朱子曰: "陰陽一太極, 遂以陰陽爲太極, 而不爲之分理氣耶?" 未發已發, 心也; 四德, 性也; 四端, 情也。朱子之分別亦已核矣。何得爲卽理之訓乎?

朱子曰: "【止】擬例哉。"

朱子嘗言理無知無爲, 又譏告子、釋氏知覺當理, 作用爲性。今乃引知覺, 品節妙理, 立本行道之指, 其有知有爲底物事者以爲理, 與告、釋何所別? 若以心者性情之主、天理之主宰爲據, 則朱子又不曰"心固是主宰底意", 然所謂主宰者卽是理也乎? 蓋主宰有兩義, 性情之主宰, 心之能然也, 主宰卽是理性之所以然也。以能爲所, 又朱子所嘗譏呂子約者也。今其所引, 皆心之運用, 夫性情者而曰拈著一箇則都貫穿【心、性、理拈一, 則都貫穿。" 此固『語類』說然。其下句云"惟觀其所指處輕重如何?", 則與此直證心爲理者, 不翅不侔。】而非儱侗無別, 安可以此而疑晦其精義, 輕作卽氣之援哉? 分明是以能爲所之見也。若曰臣行君令, 子幹父蠱, 是亦君令、父蠱貫穿於臣子承用, 而君父臣子則有別也, 亦可曰臣卽君、子卽父也乎?

氣稟之心, 心之偏體, 而禪家之所主而導養者。

此說全不識禪所以譏裸, 伐燕而不知其同浴, 以燕也。"有物先天地, 無形本寂寥, 能爲萬象主, 不逐四時凋。" 應觀法界性, 一切唯心造, 千言萬語, 只要教君長不昧, "若人識得心, 大地無寸土"。諸如此說, 何嘗以氣稟之有偏者爲心? 特認心之神明不測, 與理無間者爲理, 故得罪聖門而不可逃也。故程子直斷以釋氏本心未嘗言其不能本乎心之本也。 朱子亦曰"釋氏磨擦得此心極精細", 便認做性, 殊不知此正聖人所謂心。又曰"禪家但有虛靈不昧, 而無具衆理以下事",【『語類』「大學門」】 虛靈不昧, 豈氣禀心之謂乎? 今以此四字認做理, 而反譏禪釋不知心, 未免於呵佛罵祖之習, 而無益於自家之躱閃也。

『孟子』一書"【止】"心之非氣。

孟、程、朱所言, 皆心與氣之分, 非心卽理之謂也。【只以『孟子』一言觀之, 心之非理亦明矣。思則得之也, 是心不思則失之也。是心如曰理, 思則得理, 理不思則失理, 則成說乎?】嶺人非惟不知理, 並不知氣。故纔見人之心屬氣, 便認謂血氣氣質, 而不知心之神明虛靈雖極與理無間, 然亦有知有爲之物, 畢竟是落在形而下之科也。【『語類』徐㝢、葉賀孫兩錄是朱子六十歲以後語, 而以神爲形下。】

氣之精爽比理有跡之訓, 亦指其資助僕役者而偏言之。

朱子曰: "虛靈只是心, 不是性。" 又曰: "性卽理。" 今人往往指有知覺者爲性, 只說得箇心。又曰氣之精英者爲神, 神在人言, 知覺便是神。然則今此氣之精爽卽是虛靈、精英、知覺之神。夫安得以血氣、氣質之爲資助爲僕役者目之乎? 況心比性微有跡, 比氣自然又靈, 不啻如晝夜黑白之不可相混。今乃無難爲指鹿爲馬之術, 於十目所視之地而壓良爲賤, 無乃亦認心爲理, 故不覺其爲猖狂自恣者乎?【『寒洲集』謂"氣之精英者爲神", 是指理之辭, 因曰氣之精爽, 亦安知非指理之辭耶? 又資助僕役亦時有以爲指理之辭。今崔君却以"精爽爲資助僕役而偏言", 無乃自知其淵源之不是而矯枉過其直耶? 令人一笑。】

禪家認氣做理而燕石誣玉。

禪所認做理卽是嶺所認神明妙理之心, 非血氣氣質之心。然則所謂燕石誣玉, 蓋自爲寫照也。雷扁之拍手傍唾, 恐在此而不在他也。

儒之昧理見氣而天子下堂。

寒洲曰"心可獨當太極, 性不可獨當太極", 華西曰"心如聖人在君師之位, 性如兆民", 此正天子下堂, 崔君蓋爲自然不易之公論者也。艮翁正爲救得此禍, 故極力說性爲太極, 極力說性非兆民, 心則屬之形下之器, 恭敬而奉性, 制氣正從。子思、孟子, 尊德性、志氣帥法門, 單傳密付得來, 於是乎卑高以定天地位矣。

理氣幷跱而王伯互用, 則方寸之間名號紊錯, 位次顚倒, 義利雙行, 同歸於乖亂之極。雷公、扁鵲, 安得不拍手而傍唾?

『中庸』之道, 不可離理也。戒愼恐懼, 心也。孔、朱之訓不其明乎? 道既理也, 戒懼又理也, 則是二理也。孟子所謂一本爲無實之空言, 而民眞有二王, 犧牲、玉帛將待于兩境而不害爲懷二心也。名號之紊錯乖亂, 崔君其自道盡也。

氣流滔滔, 性爲理, 心爲氣, 以心尊性, 正所謂主理之學, 何得爲氣流? 況形而下謂器, 孔子之言, 而朱子以神心皆屬之器, 而曰發出光彩, 曰精英、精爽, 今乃敢以氣流目之, 非唐突無嚴之習乎?

華、寒兩先生【止】心學赤骨。

『尚書』之降衷、『易』「繫」之成性、『中庸』之天命, 此性之所以爲千古聖學大本領。故『大學』之始, 初要止至善, 至善性也。『孟子』之開首, 先提仁義, 仁義性也。『論語』之學習帝舜之道心, 朱子必以人性本善, 心原性命註之至於『小學』, 亦必首揭天命之性以爲萬世敎學之本矣, 則華、寒何不言性學而必心學之云也? 釋氏曰心理也, 陸氏曰心理也, 王氏曰心理也, 華西亦曰心理也, 寒洲亦曰心理也, 乃惡夫人之疑於三氏, 苟爲揀別曰: "彼所言者氣稟之心, 非吾所謂理義之心也。" 雖然彼三氏有靈, 必曰"爾實出於吾道而乃自高卑", 吾非所謂以夫子之道反害夫子者耶? 然則不若主性以爲學, 以與三氏顯然各立之爲光明潔白也。

寒洲曰: 象山云云, 陽明云云。

象山「與曾宅之」書曰: "仁卽此心也【止】惻隱之心, 此理也。" 『年譜』又言: "仁義者人之本心也。" 陽明曰: "吾心之良知卽所謂天理也。忠孝之理只在吾心, 而心卽理也。" 由此觀之, 寒洲謂陸、王所謂心者氣而非仁義禮智之本心, 蓋欲自異於二家而爲此鯗魚, 蓋塩之術歟?

心無體以性爲體, 而今爲之氣, 則認性爲氣, 告子之見也, 人無以自異於禽獸。

心無體以性爲體, 蓋以性心分體用也。性體心用, 理固然矣。然單就心上, 分體用, 則未發而知覺不昧, 心之體也, 已發而品節不差, 心之用也。又安得謂心無體用也? 告子以知覺運動之血氣爲性, 吾儒以英明虛靈之神氣爲心, 塞洲乃一以槩之, 其亦不識氣者也。故謂人爲告子之見, 而却不知道自家所謂理卽是釋氏所謂理也。【退溪辨鍾城令心無體用說, 略見『年譜』二卷一板。】

華西曰: '朱子最喜橫渠心統性情'"【止】"理當爲主。

心者, 靜而具此性, 動而行此情, 故曰心統性情。朱子以兼也、包也、合也, 解統字, 則見得張子意不差。華西只主統攝之統而爲尊卑之意,【朱子嘗言"天子統攝天地", 蓋以有爲無爲而言, 非所以辨別尊卑者也。】故至有心君性民、心將性卒【『語類』亦有將統兵之說。然只取其將一兵萬之象而爲統合之語, 非所以辨別尊卑者也。】之說, 恐非聖門尊性之訣。至於心也者, 妙性情之德也, 所以致中和, 立大本, 行達道者也, 天理之主宰也。朱子以心之神化能然底說, 華西却主太極所以然之理。然則性外有理, 二理相疊, 而頭上安頭矣, 蓋不分主宰有兩義, 而至於二本也。

理爲萬物之主宰, 故謂帝心爲一身之主宰。故謂君曰帝曰君, 皆理之尊號也。

理爲萬物之主宰, 理之本體也。心爲一身之主宰, 心之妙用也。此謂主宰有兩義也。程子以主宰爲帝, 以性情爲乾。乾是理, 則帝不可謂理。【上帝亦有以理言處, 如心爲太極之渾合說也。】范氏以天君對百體而曰從令, 此出於荀卿心者形之君也, 出令而無所受令, 理果有號令乎氣, 則理無造作, 朱子不當云然也。夫安得以尊號之故, 謂心君爲理乎?

向所謂名位義理之紊錯, 不啻如九河之疏, 決以合於聖賢之旨而爲準, 於來學之無窮矣。其功也不亦至矣哉?

發明本心, 上接古聖, 下垂萬世, 此心神明, 莫非大道, 象山之見, 稱於袁甫者也。心之潔淨精微, 極天下之尊, 而莫之或攖, 取日虞淵, 洗光咸池, 陽明之見, 稱於劉宗周者也。崔君以心理之有大功, 推戴華、塞, 未知與此又如何?

退陶曰: "心合理氣【止】粹然至當。"

退陶之說, 此固爲合一之論, 卽張子所謂合性與知覺, 有心之名者也。然心之未發, 氣不用事, 惟理而已, 此其分析心與氣質與理, 大殺歷落, 若夫寂然不動爲性, 感而遂通爲情, 此又是張子統性情之旨, 不當爲心卽理之證也。「中圖」又先以主一身合理氣統性情該萬化言之, 依舊是「上圖」之旨至於氣質中指言本性, 此單指仁義禮智四字而言, 非幷與虛靈知覺而言, 則尤不當爲心卽理之證也。退翁答高峰曰"人之一身, 理與氣合而生", 崔君亦將以身爲理乎?『退溪集』册一之廿九, 譏陽明倡爲心卽理之論, 然則寒洲心卽理說中引退溪者誣矣。

栗谷曰: 云云。

仁爲本心之全德, 指心所具底, 說心性爲有二岐, 病夫心性互發之說, 此粗解文理者, 亦知其非心卽理之證, 而今曰云然, 其苟且援附之態爲之一。閔朱子「答李伯諫」書云, 不得已於儒者而姑爲此計, 以緩其攻也。又云從儒向佛, 故猶籍先生程子之言以爲重。今崔君於栗翁, 未知與伯諫何如也?

朱子明言心爲字母, 而門下曰: "心本於性。"

心爲字母, 故不當本於性, 則玉爲字母, 理當本於玉耶? 子思言尊性, 孟子言事天, 程子言本天, 朱子言原性, 此皆心本性之所自出, 而爲千古聖學正脈。

朱子明言"心主性情", 而門下曰: "性宰乎心"。

"心主性情", 朱子固以妙用言, 理爲氣主, 朱子又不以本體言乎?【朱子又曰: "人物之生, 莫不得其所以生以爲主。" 尤庵曰: "所以生者, 謂仁義禮智。"】然則性爲心宰, 實亦朱子意也。吾固曰主宰有兩義, 曰翁但擧老洲性爲心宰語, 而未嘗言性宰乎心。崔書却云云, 則性爲有作用之意, 而手分現化也, 不知是有心無心。

一轉而曰性尊心卑, 再轉而曰性師心弟。

朱子以恭敬奉持, 釋尊德性尊字。性原尊, 故心能恭敬而奉持之, 此所以謙謙君子, 卑以自牧君子, 正指心而言也。朱子以性之隨處發見, 釋歸求有師之師, 性之爲師, 心之爲弟, 不其然乎? 性尊心卑, 性師心弟, 實自聖門早已發端, 但心理家, 惟心之是信【信心, 象山語】而自尊【佛氏天上天下惟我獨尊】自師,【尤翁曰: "師心則易差。"】遂爲其所掩覆而不明, 艮翁表出而揭示之, 所以爲有功聖門也。

門下所挾者, 是漢獻之擁虛號, 而所令者, 乃皇叔之仗大義者也。

崔氏銚曰: "自求心習靜之論興, 而孔經之在世, 猶襄、獻之王周、漢。" 今日性理之於心學家, 亦猶是也。嶺氏以性無知覺情意, 邈之不以爲主, 本以有情意有知覺虛靈神妙之心爲理爲主, 此卽阿瞞之乘獻帝不武而僭越自恣者, 畢竟代漢自立, 又不是他人之子也。乃若治心御氣以尊夫性循夫理, 政爲其氣强理弱, 心之不善, 又未必皆氣使【兩語, 皆朱子云。】故也。其欲興衰撥亂乃心, 漢室之至幷與和魏之東吳而不見貸。今崔君乃有錯認了對頭語, 非所謂"諸葛入寇"者耶? 元來從陸子靜門前過者, 多悖慢無禮, 故擇術不可不愼也。

門下之言理, 一切以無動靜, 無寂感, 無虛靈, 無神妙, 無情意, 無知覺者, 硬定管歸, 則其所謂形容此理之妙主宰之體段者, 亦甚空無矣。

眼力止於神化妙用之地。而上面無形影、無兆朕、不宰而眞宰處, 蓋無見焉, 故謂人爲空無, 所謂豈不識此心卒不可與入堯、舜之道者也? 嘗聞郭俛宇與曺仲謹往復論誠意, 意者云"是理之計較", 然則理之知識, 理之忿懥, 自是下坂之步也。崔君所受原來如此, 則安得不以情意知覺等爲理乎? 然則「玉山講義」所譏, 後世言性者, 多雜佛、老而言, 所以將性作心意看之, 非聖賢所說性字本指者, 其將如何作轉身路子乎?

將心做氣, 則氣爲主宰, 終不淸快。故乃移其主宰於性, 然後心之爲氣, 方得安枕, 而理亦不失其主宰之稱矣。

泥辭則太極動靜與陰陽動靜, 疑若相換。明道生性與伊川生性, 同一字, 意然一是推原理體也, 一是當下氣機也, 一是稟受本然之性也, 一是發用偏全之氣也。何獨至於心主性主而疑之? 如知縣爲一縣之主宰, 方伯爲一省之主宰, 群侯爲一國之主宰, 若其一天下之大主宰乃天子也。天子固天下之主宰, 上帝又爲天子之主宰。上帝固天子之主宰, 太極實爲上帝之主宰, 性爲極本窮源之主宰。其說如此, 如又不曉。古賢云"太極爲陰陽之主, 反爲陰陽之所運用", 凡生於太極陰陽者, 莫不皆然。上句性爲心宰之說, 下句心主性情之說, 豈可以心主性情之故, 遂不以太極爲陰陽之主乎?

道體無爲者, 特云無其跡耳, 其爲之之妙, 乃其固有也。

　　心之應物, 程子亦以爲無跡, 無跡而有爲。故朱子曰: "微有跡, 道體無爲." 若作無跡而有爲看, 則心之與道何所別也? 今以有寂感、虛靈、神明、情意、知覺之屬, 目之爲理, 是指無爲之道體耶? 抑指有覺之人心耶? 須是一掃朱子『集註』, 而與陰陽形上、良知天理, 同其流波, 而後彼說方通。

恭己正南面無爲, 而百官十二牧, 則早已命之矣。典禮、典樂、掌兵, 各有其人, 而禮樂征伐, 自天子出, 所以爲至尊之實, 所以爲萬物之主。

　　帝王無爲, 是循理而無所作爲之謂也。道體無爲, 亦可曰循理而無所作爲之謂耶? 理若循循然命之, 如唐、虞之都兪, 殷、周之親征焉, 則後世之淫樂慝禮, 亂臣賊子所謂理者, 今去何處? 句當甚事而一任, 迷爛而不與救之, 若使唐、虞、殷、周之天子在者, 必不但已也。然則天子有爲之主宰, 實不親於理無爲之主宰。

心之一字, 其理則性情也, 其氣則精華也, 其質則血肉也。主理而言心者, 於氣於質有所緩後而無所闕遺也。若主氣而言心者, 旣落帽乎性精之體用, 而又不能不低頭於主質者之專於舍宇, 不以神明自居者也。

　　聖賢所言, 心是具理應事之神明, 非氣質也, 非血氣也。雖直與理無間, 畢竟是形而下之器, 不得不謂之氣分上物事也。必欲主理言心, 不害其爲得太極之名, 然兼包所具者而云爾, 非辨位正名而直指其當體也。神雖是形下其具理應事之體用, 固未嘗不然, 又自是帥於氣者, 落帽性情, 非其本分低頭氣血亦爲誣案也。至於以氣質謂心者, 不識氣之有本末精粗也。以神明謂性者, 又不識理氣之爲本末精粗也。降而編之卒, 升而犯夫天, 要之皆不道也。然使皐陶奏當, 則降編者, 猶有末減之理也。精華是血氣之上達【精華上達, 出『尙書』「君陳傳」。】者, 但以精華爲氣, 血肉爲質, 是以血氣爲氣質, 而氣質形質又無分, 則亦欠精當也。

夫以性善之理而及其發而有惡, 又是氣之挾此理而做出者。故惡亦不可不謂之性, 而其節性、忍性、約情、察情, 初不害乎以理訓性也。

性爲氣掩而發, 誠謂之惡。然惡者是氣而非性, 故另下不可不謂字, 以見性雖被害而其本則善, 故人之爲學, 治氣而復性, 未聞治夫性也。節性、忍性之性, 朱子分明以氣言, 情之善者, 孟子固以理言, 乃若「禮運」所言七情, 指其幾有善惡者矣, 則約之、察之, 其謂是也, 非節忍夫理底性, 約察夫善底情也。今曰"不害乎以理訓性", 其亦粗踈甚也。

心之非他, 卽是性也。苟雜氣言之, 放僻邪侈, 亦此心也。然則此心之可以禮制之可求, 而存養者, 又何致疑?

　　心卽是性, 除非(非)[17]體用合一之聖人, 不可道也。雖不雜乎氣, 亦有時乎自爲不善,【程子曰: "心本善, 發於思慮, 有善有不善。"○"心之不善, 未必皆氣使之。" 已見上。】非若性之兼言氣然後有惡, 故曰以禮制心, 曰求放心, 非若復性者之專治夫氣也, 則心之非理確矣。更詳以禮制心之心, 彼認做雜氣質之心, 然則以義制事之事, 豈亦生弊瘼之事歟? 殊可笑也。

不踰之心, 胡氏曰: "心卽體, 欲卽用, 體卽道, 用卽義。" 不違之心, 『集註』曰: "仁者, 心之德, 心不違仁, 無私欲而有其德。" 不容矩外於心, 心外於仁, 別爲二物。

　　心果理也, 則何故三千年來, 惟孔子之心卽體卽用卽道卽義, 三千人中, 惟顏子之心僅能三月無欲而有德也? 若曰氣故也, 則聖人氣極淸而理全善, 顏子三月之間, 亦當如聖人, 何不直謂之矩, 直謂之仁必不踰不違之云也? 心與矩、仁只是一物, 則亦可曰"從矩所欲不踰心", 亦可曰"某也, 其仁三月不違心", 而佛氏之卽心是道, 楊敬仲之心卽大道, 實自孔、顏單傳得來耶?

從古言心於其本體, 未嘗帶氣, 亦未嘗分聖凡而爲言, 於是說出得本心之氣, 虛明湛一, 初無聖凡而氣質之淸濁粹駁和靠於軀殼血氣。果如是說, 則孟子何獨言性善, 不一言及於氣善? 程、朱何故至有不齊之論, 而相反於氣同之旨耶? 是不惟昧亂於理邊, 而亦恐不能精到於氣上。

　　『孟子』「盡心」『集註』、『大學』明德『章句』是皆言心之本體者而曰神明虛靈, 神

明虛靈非氣而何？但彼認神明虛靈爲理，而氣只是有惡底，故不快於湛一氣質之有分，便謂孟言性而不言氣之善也。今按：孟子因平朝之氣指示好惡與人同之良心，朱子引延平湛然虛明氣象以形容良心之發見，張子以湛一爲氣之本，湛一，神也。程子曰“物形有大小精粗之不同”，而神則此非氣一之善而何？理之原一，氣之原亦一，氣一原者神也。所謂不齊指氣質，非湛一之氣也。雖然不齊，亦只是氣質之用，若其體則未嘗不齊也。朱子曰：“天地之氣，始何嘗不正？滾去滾來，便有不正。”又曰：“二氣五行，秦、漢以後較昏濁，其本然底亦不壞。”又曰：“暮夜休息，其氣復淸明。”【平朝之氣】周子論人物生生之具，亦以二五之精言之。”此皆與艮翁氣質體善之論脗合，而爲有益於學者治氣之功也。今曰亦不能精到於氣上，其考之未詳，思之未周而發之，太輕易者也。

及其往來【止】白鷽紛飛。

此乃氣質用，然非所以論湛一之氣者也。以此觀向，所謂豈不識此心者？余蓋過與矣。

衆凡之人稟氣本濁，精華亦掩翳雲時。未發粗有湛一之像，裡面包藏惡濁，纔打一動，查滓騰上。

但知衆凡氣稟之濁，而不知濁者在天在人只是用也。又不知氣稟之與湛一有本末之分，故爲此未發時包惡之論，蓋亦近世湖中之見，審如是也。朱子何以謂未發時堯、舜至於塗人一也。嶺人纔見氣字，不問何指，而便爲有惡，雖以湛一之一原於理體而通，同於聖人者，亦謂包惡在裡。蓋湛一有惡然後，聖凡心同以理也。心同以理然後，心之爲理，始得確證故也。其爲見爲說，雖若高妙，佛老不說氣以爲是查滓，必外此然後，爲道者亦是如此也。若但以理也，凡天下惡獸毒蛇塵壤汚穢之物，何者不能具衆理應萬事，而朱子乃於明德盡心兩皆單擧人字以爲說，是亦不可以思者耶？【湛一裡面，包藏濁惡，本出於『寒洲集』。『洲集』「與人書」又言“氣上無一半分修爲”，非所謂楚人矛盾之論耶？】

氣配道義，蓋嘗聞之矣。氣能弘道，未之聞也。

配道之浩氣、弘道之心氣，自不同乃一槪論太麁在也。道體無爲，人心有覺，旣是此註, 而朱子又曰: "心之知覺, 又那氣之靈底, 有這知覺方能運用得這道理。所以橫渠說心能盡性, 性不知檢其心, 此氣能弘道之說也。" 又如伯子言以氣明道, 叔子言以心求道, 晦翁言用氣尋理, 同一語意也。 其皆未之聞也, 則胡不愼思而放瞻大言也?【人能弘道之人, 華西以爲形而上之道, 嵞論同此矣。 然則道能弘道、非道弘道, 亦得也。 "君子·中庸、君子尊性、君子道四、某未能一"之君子字、某字, 皆是形而上之道耶?】

配助之也曰助之, 則道固爲主, 弘大之也曰大之, 則大之者自爲主也。 氣爲道主, 亦未之聞也。

  從承籍運用上說主字, 自與究極本源上說者異會, 讀者各隨本指, 而審定賓主所在, 不當泥字失意, 如遄賓遄朽者也。 朱子釋弘道, 旣如上所言, 則雖謂氣爲道主, 亦無不可。【朱子曰"心者, 天理之主宰", 與此參看。】此以朱子所論浩氣者推之, 可見也。「答萬正淳」曰: "集義所生則義爲主, 論配義與道則氣爲主, 一向都欲以義爲主, 故失之。" 又「答呂子約」曰: "若果如此, 則孟子於此, 不當以氣爲主, 以倒二者, 賓主之常勢也。" 浩氣配道, 可與此說心氣運性, 又何不可云也? 此人旣認神明虛靈爲理, 故曰"氣爲道主, 未之聞也"。 使其聞神靈爲道主之說, 必喜道之矣。 此與心造性之見, 何別?

朱子曰: "主宰常定者, 心也; 發出不同者, 性也。" 主宰常定者, 檢其發出不同者, 是以能弘之。 今不論主宰常定之本體妙用, 而欲以所乘之機當之, 誠不可曉也。

  人能弘道, 道, 太極也; 人, 陰陽也。【陰陽, 以靈處言。】陰陽循環不已, 主宰常定之心也, 四德流行各殊發出不同之性也。 心屬之太極, 本然之妙; 性屬之動靜, 所乘之機, 則果可爲正當道理, 而合於朱子性猶太極, 心猶陰陽之旨耶?

語者默者, 口也。 當語當默者, 理也。 會語會默者, 亦理也。 或曰: "無以理具理, 以理妙理之嫌乎?" 曰: "初無所嫌。"

  朱子曰: "凡人之能言語動作思慮營爲皆氣也, 而理存焉。"【『語類』四卷十三板, 僩錄。】"人心則語默動靜變化不測者是也。 言體則亦是形而下者, 其理則形而上者也。"【『語類』九十五卷十板。】"佛家只認得那視聽擧履便是道, 說我會說話底會作用底, 叫著便應底, 便是神通妙用, 更不問道理如何?【『語類』六十二卷廿三四板, 僩錄。】以此觀之, 此人於朱子、釋氏, 孰從孰背? 其曰以理具理, 以理妙理, 又是頭上安頭, 以口吃口者也。

朱子曰: "太極便會動靜。" 又曰: "性便是會恁地做底理。"

太極便會動靜, 朱子固以當初元無一物時推本說, 所以然之理非謂外陰陽而自能動靜也。【朱子又曰: "動靜非太極, 而所以動靜乃太極也。"】勉齋又曰: "太極不是會動靜底物, 動靜陰陽也。" 故尤翁合二義而分言之曰: "便會動而生陽, 從原頭處, 論其有是理然後有是氣, 所乘之機則却就流行處, 論此理無形狀無造作, 只乘此氣而運用。 言各有當, 如不能活看則節節滯泥也。"【「答沈明仲」。】 至於 "性便是會恁地做底理" 此句上先有 "主宰運用底便是心" 一句。 會恁地做是心底理二字方是性也。 今曰云云, 蓋欠文理密察而爲 "作用是性" 之見也。

理有以主宰常定者言, 在天曰常, 在人曰心。

上帝指其與天道合一處言, 亦有以爲理者。 此以舜之由仁義行而曰身卽理。孔子之不踰矩而曰心卽理者, 推之可見矣。 然以之對天道, 則帝不得不歸於神矣。 以之對仁義, 則身當爲形殼。 以之對矩, 則心當爲靈覺矣。 惡可以混合說者爲正義, 而不知其有辨別乎? 又以 "上帝云憎"、 "人心有覺" 觀之, 憎與覺, 豈埋之詞哉?

性之發也【止】所以主宰者。【氣配道義以下止此, 鄭艾山說崔君引之。】

此艾山認性爲心之學也。 蘆沙答天地心性之問曰 "太極性也, 陰陽心也。" 艾山以蘆門人, 晚與寒洲合, 其與『洲書』以心爲理而得蒙褒賞語。此與胡、季隨之, 南軒沒後, 與陸氏合者, 異同何如?

朱子嘗曰: "子靜不知有氣稟之雜" 云云。 釋氏雖自謂 "惟明一心" 云云。

謂認心爲理則其流弊至於如此。

門下大聲疾書, 便謂心與太極有眞靈之別, 不可專靠着心字爲大本, 竊恐不勉於朱訓之已斥, 而重爲吾道累矣。

不以心爲大本而以理爲性爲大本, 則非釋氏之本心。以太極爲性, 用敬心以尊之, 求見合一之效, 則非釋氏之心理爲二。朱子之所當許吾道之所以賴。崔君乃放言無忌, 蓋昧理無禮, 輕肆浮揚, 惟其心之所出者也。徐孟寶以至公之心爲大本, 則朱子以爲這如何當得大本, 如此容易天下聖賢殺多【『語類』「中庸」第九章。】王伯安以公心爲理, 而自謂滿街都是聖人。崔君棄朱子而從徐、王, 可怪!

至其銅範鐵籌不敢妄用手法者, 必下渾淪無間等語, 以就合之, 足令觀者轉怒爲憐, 有不忍斥者。

渾合分開, 自是講家三尺他姑無論。朱子曰: "孟子言'仁, 人心也'。" 這是合理說。又曰: "孟子之言固渾, 然心字、仁字略有別。" 始得不知亦將爲輕慢之辭曰"憐而不忍斥"乎? 嶺人大抵不學退陶之謙遜, 而尙多柳櫻之餘套, 無乃人材不出之兆耶? 令人惻惻心動也。

「화서답김감역서변華西答金監役書辨」

1) 서지사항

최병심이 이항로의 학설을 논변한 글. 『흠재집』권14에 실려 있다.

2) 저자

최병심(崔秉心: 1874~1957)으로, 자는 경존(敬存), 호는 금재(欽齋)이다.

3) 내용

이항로(李恒老: 1792~1868)가 자신의 문인 김평묵(金平默)에게 답한 편지에 대해, 최병심이 논변한 글이다. 화서학파(華西學派) 내에서 "성(性)은 태극(太極)과 같고, 심(心)은 음양(陰陽)과 같다", "심은 태극이 된다"라는 주자의 글을 근거로 심이 음양에 속하는지 태극에 속하는 지에 대한 논의가 있었는데, 최병심은 이항로가 김평묵에게 답한 편지를 논변하면서 "태극과 동정(動靜)의 구분이 성과 심의 구별이 된다."고 주장하였다.

2-4-1 「華西答金監役書辨」(『欽齋集』卷14)

書曰: 『語錄』中"性猶太極"、"心猶陰陽"之說, 非謂無據。但朱子晚年親筆, 有"心爲太極"之文, 現於『啓蒙』。然則"心猶陰陽", 亦朱子語也, "心爲太極", 亦朱子語也。一屬之陰陽, 陰陽器也; 一屬之太極, 太極道也。二說不同, 不啻與天壤晝夜之相反, 愚亦積年蓄疑而潛心玩索者久矣。尤翁於朱子說前後不同處, 舍前而從後, 則與其從門人記錄之可疑, 曷若從朱子親筆之論乎?

辨曰: 論有分合之異, 言有賓主之別, 苟能析其分而立其主, 會其合而統其分, 則其於心性之說, 將迎刃解而得秤平矣。夫太極, 性命, 天地人物, 自在之理也; 二五、心神, 天地人物動靜之氣也。理雖無朕而自爲氣主, 氣雖作用而實常載理。若論全體, 則靑黃碧綠, 飛潛蠢植, 皆可謂之太極。豈惟"心爲太極"已矣乎? 苟指本色, 則"性卽理也", "心屬陰陽", 較然有分而不相雜焉。然則朱子二說, 活絡各當, 互相發也, 烏可疑其相反如天壤晝夜乎? 且以前後言之, 『啓蒙』所引, 在丙午; 砥錄問答, 在庚戌。何砥錄謂"前而當舍", 『啓蒙』謂"後而定從"乎? 至若親筆云云, 『大全』「答楊子直」書, 亦朱子親筆也。其論"太極動靜"之義, 有曰: "若謂太極是動靜, 則是形而上下者不可分, 而『易』有太極之言亦贅矣。" 夫太極動靜之分, 卽性與心之別也。華門之心, 欲以心做極, 而惡言陰陽者, 豈不混形而上下之分, 而犯朱子之戒乎?

「조긍섭언난변曹兢燮言難辨」【甲午】

1) 서지사항

남진영이 심재 조긍섭의 「언난(言難)」을 읽고 지은 변론문. 『무실재유고(務實齋私稿)』권3에 실려 있다.

2) 저자

남진영(南診永, 1889~1972)으로, 자는 응팔(應八), 호는 무실재(務實齋)이다,

3) 내용

이 글은 남명 조식을 높이고 율곡과 우암을 낮춘 조긍섭의 글을 남진영이 비판한 것이다. 조긍섭은 남명 조식이 임종을 맞을 때에 경(敬)과 의(義)가 공부의 요점임을 강조하면서 그 완숙한 경지인 "가슴속에 어떤 것도 없음"에 아직 도달하지 못하고 죽는다고 말한 점을 들어 그 인(仁)한 심질이 동방에서 뿐만 아니라 중국에서도 듣지 못한 일이라고 극찬했다. 남진영이 이러한 칭찬이 지나치다고 비판했다. 또한 조긍섭이 율곡의 「만언봉사(萬言封事)」를 비판한 내용에 대해서도 반론하였다.

2-5-1「曺兢爕言難辨」【甲午】(『務實齋私稿』卷3)

兢爕「言難」, 引曾子、子張臨沒之言, 稱曾子之篤實, 而以南冥擬之; 譏子張之好名, 而以尤庵當之, 全篇蓋爲詆訾栗、尤而作也。

其言曰: "南冥先生臨沒, 告門人曰'題壁敬、義二字, 極切要, 熟此, 則胷中無一物, 吾未到此境以死矣'。夫旣曰'胷中無一物', 則先生之眞得其味, 可知; 曰'吾未到此境以死', 則其剛健篤實, 俛焉孳孳, 常若不足之意, 可見。此蓋先生一生從事爲仁之實, 自然發見於死生之際, 非一時意氣之所襲取, 不但吾東諸儒所未見, 雖以洛、閩大賢, 未聞有此, 直可與曾子兩言, 相符於千載之上矣。"

蓋儒門敬、義之傳, 出於『易經』, 而爲程、朱所發揮, 授之東賢, 其曰"心有主敬而已矣, 有主則虛, 謂邪不能入", 程子也; 其曰"心虛則理實, 以理爲主則此心虛明, 一毫邪意著不得", 朱子也; 其曰"心體湛然, 如明鏡止水, 雖日接萬事, 而心未嘗有一物", 退陶也; 其曰"涵養以存誠, 省察以去僞, 至虛至靜, 鑑空衡平之體, 雖鬼神不得窺其際", 栗谷也。此皆與南冥"胷無一物"之言, 爲一樣針度, 而兢都無擧論, 獨稱南冥, 何哉? 其心必曰: "諸賢說, 雖與南冥同, 而不出於死生之際, 亦無自歉之辭, 則畢竟是以意氣襲取, 垂無實之文, 辭於後世, 故獨稱南冥也。" 其推尊南冥, 固爲可欽, 然若謂南冥道業, 旣邁退、栗, 又到程、朱所未到, 直班於曾子, 則四賢所造, 不得不在南冥之下也。奉南冥於退、栗之上, 縱有未妥, 只可任之, 而置南冥於程、朱之上, 顚倒已甚, 將致來世之評議。南冥之精靈有知, 豈不縮瑟於冥中, 欲召六丁而取捋其文乎?

兢又言: "尤庵臨命,「答弟書」曰: '吾以此時死, 豈非光華乎?' 朱子之以黨籍爲光華, 是特一時之戲爾。若以傷於讒, 而不得其死爲光華,則是以死爲戲也。朱子之說, 蓋以自身之參黨籍, 而居諸賢之前爲光華也, 其確立之操、謙虛之像, 出自襟眞, 非有虛假之私也。若曰'朱子以權禍而不得其死爲光華'者, 喜災樂禍, 不近人情, 以愁慘爲光華者, 內無挺特之志氣, 外爲非情之戲語, 使人疑怪也。朱子有是, 烏在其壁立萬仞爲吾道光者歟?" 兢又言: "天下寧有父兄爲人所殺, 而子弟以爲光華, 而不足哀乎?"

子弟於父兄之遭禍, 固爲哀痛, 而其勉勵道義, 不以死生而二之, 故<u>方正學</u>之死, 其弟<u>孝友</u>詩以諷之曰: "就義成仁在此間, 阿兄何必淚濟濟。" 是蓋以成就仁義爲光華, 而慰兄之悲痛也。弟之慰兄旣如此, 則兄以死爲正類, 爲光華, 慰弟之悲痛者, 何害於義耶? 非惟弟兄爲然, 母子、朋友或謂"汝與<u>李、杜</u>齊名, 死亦何恨?", 或謂"留取丹心照汗靑", 非惟傍人爲然, 自家亦謂"願從逄干於地下", 又謂"含笑入地", 彼皆以服義蹈正爲光耀, 直言不諱也。此類一切, 以好名駁之, 則貼實之芳名與假粧之虛名, 同歸剗鋤也。先聖戒沒世無稱之意, 其果然歟?

<u>兢</u>又砭<u>栗谷</u>「萬言封事」曰: "旣曰聖賢, 則焉有聖賢而不知時宜, 不務實功者乎? 時宜之不知, 實功之不務, 則不當名之爲聖賢。"

<u>兢</u>之吹洗, 何若是甚也? <u>孟子</u>嘗言: "<u>堯、舜</u>之道, 不以仁政, 不能平治天下。"今曰"焉有<u>堯、舜</u>而不爲仁政者乎? 仁政之不爲, 不當名之爲<u>堯、舜</u>" 則<u>兢</u>將謂難所當難歟!

<u>兢</u>又詆「封事」"用臣之策, 付之能手"之說曰: "策則發於我, 而行之則欲付能手, 以我爲非能手, 則安有是策? 以佗人爲能手, 則不使用其所能, 而行吾之策, 何哉? 然則所謂能手者, 終必有所歸矣。"

他姑勿論, 今於所引<u>南冥</u>之說談者, 若謂得一世人才, 各任其事, 非材堪冢宰不能, 以我爲非人才, 則安有是策, 以他人爲人才, 則不用其才, 而行吾之策, 何哉? 然則所謂人才者, 自有所歸矣, 則<u>兢</u>又謂難所當難歟! 如曰不然, <u>栗翁</u>與<u>孟子</u>、<u>南冥</u>俱爲一般之說, 而在兩賢, 則奉如拱璧, 猶恐或傷在<u>栗谷</u>, 則注以蠆弩, 猶恐或完也。<u>兢</u>也, 胷中豈有一分公正之天耶?

<u>兢</u>欲奪<u>栗、尤</u>之陞廡, 代以<u>南冥</u>, 而其稱頌<u>南冥</u>, 不過以臨命一語爲主。誠若是言, 儒者臨命之吐一善言, 正如臘晦禪子以爆破舍利爲得道之左契也。<u>南冥</u>此言堪爲千古斯文之幸, 然但念中東數千載陞廡諸賢, 除<u>曾子</u>一人外, 未有一言及此, 生平底績, 將與<u>栗、尤</u>同歸虛假之科, 何哉? <u>兢</u>以虛假之學, 訶罵<u>栗、尤</u>, 靡極不至者, 恰

如侂冑之以僞學攻朱子, 兢若在宋朝, 必與侂冑比肩, 以網打朱、蔡爲業, 侂冑若在我東, 必與兢交喙以汚巇栗、尤爲功也。兢莫是以侂冑幻身生我東, 偏恣爲朱學之孟賊者耶?

或謂余曰: "兢紹述澤榮'仇讎何服'之說, 得罪人紀, 而吾子隨語立辨, 呶呶不已, 將以儒者待之人歟?" 余曰: "兢蛆化吾林, 以敗吾事, 故辨破之說, 施及儒詮, 非待儒者而語儒諦也。"

「최익한상간옹서변崔益翰上艮翁書辨」【己未】

1) 서지사항

최익한(崔益翰, 1897~?)이 전우(田愚, 1841~1922)에게 보낸 서한에 대해 권순명(權純命, 1891~1974)이 1919년에 지은 논변. 『양재집(陽齋集)』권8「잡저(雜著)」에 실려 있다.

2) 저자

권순명

3) 내용

이글은 곽종석(郭鍾錫, 1846~1919)의 문인 최익한(崔益翰)이 이진상의 심즉리설을 비판한 전우의 글을 살펴보고 재차 비판하자, 전우의 문인 권순명(權純命)이 1919년에 또다시 변론한 것이다. 권순명은 최익한의 서한을 33가지 조목으로 나누어 비판하였다. 먼저 첫 번째 조목에서 심종(心宗)의 주요 내용을 4가지로 파악했다. ① 성(性)은 태극에 해당되지 않고 오직 심이 태극에 해당된다. ② 심은 군사(君師)가 되고 성(性)은 백성이 된다. ③ 심은 상(上)이고 성(性)은 하(下)이다. ④ 심은 크고 성(性)은 작다. 권순명은 심종(心宗)의 이러한 관점에 대하여 성사심제(性師心弟)에 맞지 않는다고 비판하였다. 네 번째 조목에서 이진상(李震相, 1818~1886)은 "역유태극(易有太極)"과 "심위태극(心爲太極)"에 의거하여 심즉리설을 주장하였다. 그러나 권순명은 "역유태극(易有太極)"과 "심위태극(心爲太極)"이 혼합설에 의거한 것이고 분개설(分開說)에 의하면 "심은 성의 부각(郛郭)임"을 강조하여 심즉리설을 비판하였다. 일곱 번째, 이진상은 심통성정(心統性情)에 의거하여 통(統)을 통어(統御) 곧 주재로 파악하나, 권순명은 주희가 "겸(兼)"과 "포총(包總)"으로 풀이한 것을 거론하면서, 군사를 통어하는 말은 또한 하나가 여러 무리를 통어하는 측면으로 여겨, 존귀한 것이 비천한 것을 통어할 수 없다고 하였다. 열한 번째 조목은 최익한이 심을 세 가지로 분류한 것 가운데 "의리의 심은 심의 본체이다"고 한 것에 대해, 권순명은 공자·맹자·정자·주자의 발밑에서 흔적을 의탁한 것이라고 지적하였다. 열세 번째로 리와 기가 함께 대치하는 것을 왕패병용(王伯倂用)과 의리쌍행(義利雙行)으로 비유한 것을, 권순명은 왕수인과 이진상이 주희의 만년설에 의거하고 있으나 오히려 주희를 배척한 것이라고 간주하였다. 특히 근세 유중교(柳重敎, 1832~1893)가 스승 이항로(李恒老, 1792~1868)의 심설(心說)을 배반한 것에 견주기까지 하였다. 열네 번째 조목에서 이진상은 "육구연(陸九淵)이 음양을 도로 여기고 정신을 심으로 여겼으니 이른바 심은 기일 따름이고 리는 참된 리가 아니다", "왕수인(王守仁)이 말한 리는 우리가 말한 기이니, 기의 단서로 말하면 이른바 심은 인의예지의 본심이 아닌 것이 분명하다"라고 하였다. 이에 대해 권순명은 육구연에서 왕수인에게 이어지는 과정을 제대로 알아야 한다고 하면서, 스승인 전우가 「심의사(心疑似)」를 지어 육구연과 왕수인의 심즉리설 논지가 주희의 심설과 어긋난다고 피력한 내용을 그대로 전개하여 전우의 심즉리설 비판을 엿보게 하였다. 열여섯 번째 조목에서 이진상이 "심은 기의 정상이라는 것이 진실로 주희의 가르침이니 심은 리의 주재이고 리의 존호이다"는 것에 대해, 권순명은 상제나 심군은 리와 간격이 없기 때문에 리라고 할 수 있다. 만일 원래대로 리의 본색이라고 하면 도(道)와 기(器), 능(能)과 소(所)가 애매하게 된다고 하여 옳지 못하다고 비판하였다. 열일곱 번째에서는 이황의 "심은 리와 기를 합한다"는 것에 대해 권순명은 이황의 여러 글을 고찰하면서 이황은 심과 리, 능과 소를 분명하게 구분하였으나, 이진상을 비롯한 심을 으뜸이라고 주장하는 사람들은 장재(張載)가 여대방(呂大肪)을 만나 선종(禪宗)이 된 것처럼 심학(心學)의 종조가 되었다고 하였다. 권순명은 심설의 변화양상을 전우의 「회퇴율삼선생질의(晦退栗三先生質疑)」를 통해 고찰해야 함을 역설하기도 하였다. 최익한의 완정된 글은 없지만, 최익한이 전우에게 보낸 서한에 대해 권순명이 지은 논변을 통하여 간접적으로 그의 심즉리설을 파악할 수 있다. 특히 이 글은 20세기 초 간재학파와 한주학파 심설논쟁의 쟁점을 연구하는 데 큰 참고가 될 것이다.

2-6-1 「崔益翰上艮翁書辨」【己未】(『陽齋集』卷8)

"宗旨"、"心訣"云云。【止】稽之孔、孟之旨, 而有所不合律之程、朱之言, 而不但少異。

> 心宗, 既推尊心字爲極天下至尊, 無以復加底物, 一則曰"性[18]不可獨當太極, 惟心可以當太極", 再則曰"心爲君師, 性爲兆民", 三則曰"心上而性下", 四則曰"心大而性小"。夫其宗旨如是, 而聞性師心弟之說, 則安得不駭然驚而闖然斥也? 然至謂稽孔、孟、程、朱而不合, 吾不知其何說也。孔子有學道、學禮、學仁義語, 而程子以理義爲師, 孟子謂"歸求有餘師", 而朱子以性之發見爲無不可師者, 蓋求者學者, 是心也, 則非性師心弟之正案的證也乎?

心固是吾學總腦處, 從上聖賢, 莫不以卽理爲訓。

> 以心爲吾學總腦者, 非單指昭昭靈靈之心, 實主靈覺中所該載底性理也。故帝堯言心必以心尙之道。孔、顏言心必歸宿於矩與仁。孟子言存心, 必以仁禮; 言求放心, 必以仁人心; 言心所同然, 必以理也義也。若夫只說人心至善, 只識得心, 萬法流出, "天上天下, 惟我獨尊", 是釋迦之學; "只管說心, 心上面著不得一箇字", 是陸九淵之學; "心卽理, 吾心之良知卽天理", 王守仁之學也。蓋其所以言心, 正學異端, 霄壤之判, 所謂卽理爲訓之聖賢, 屬之於彼乎, 屬之於此乎?

帝言道心, 而眞氏曰"仁義禮智之理, 皆根於心, 所謂道心"。

> 既曰"理根於心", 卽心與理非一物, 而心卽理之說誤矣。故余謂道心者, 本於道之心也。朱子所釋"原於性命之正"者, 良由以也。況孟子"根於心", 『註』曰"無私欲之累, 則四德根於心。" 然則所謂"根於心"者, 又非人人所同然者也。

---

18) (設)[性]: 저본에 '設'로 되어 있으나, 문맥을 살펴 '性'으로 수정하였다.

子言"易有太極", 而邵子曰"心爲太極"。

　　不曰易卽太極, 而曰"易有太極", 則便見易中具有太極之理, 故朱子不非"心具太極"之說。 又謂: "心有動靜, 其體則謂之易, 其理則謂之道, 其用則謂之神。" 是分易與理爲二。 至於邵子"心爲太極", 亦是心包涵太極運用太極, 而渾合爲說, 非爲心是太極也。 故分開說, 又謂"心者, 性之郛郭也"。

孟子以仁義爲心, 又以惻隱爲心。

　　孟子所謂"仁義之心"、 "仁人心", 亦以心之粹然本於仁義者爲言, 非謂仁義是心也。 故『集註』曰: "但謂之仁, 則人不知其切於己, 故反而名之曰人心。" 旣曰"反而名之", 則可以黙喩矣。 且載程子"心如穀種, 仁則其生之性"之說, 尤可見也。 故它日又曰: "孟子言心固是渾然, 仁字、 心字, 亦須略有分別。" 如曰不然, 以仁存心, 理義悅心, 又爲贅疣語耶!

心也、 性也、 天也, 一理。

　　此言其心、 性、 天, 同出一原也。 若是一物之說, 則與白文盡心、 知性、 存心、 養性之說不相入, 安可載諸『集註』乎?

心統性情

　　統非統御, 乃兼包也。 朱子曰: "統猶兼也。" 又曰: "心是包總性情底。" 然則統兵之說, 亦當以一統衆看, 不可做以尊統卑也。

朱子曰"元亨利貞, 天地生物之心, 而人得之爲心", 未發四德具而已發四端著。

　　元亨利貞, 便是天地生物之心, 則已是渾合說。 如仁人心之語, 而便是與卽是, 語勢有輕重。 且未發而四德具, 則非心之未發, 卽是四德也。【本文, 利貞下有便是二字。】

夫以心、 性、 情、 理, 渾然一物, 而其所指, 亦或有不同者, 何也? 朱子曰: "仁義禮智, 性也, 惻隱、 羞惡、 辭讓、 是非, 情也, 以仁愛、 以義惡、 以禮讓、 以智別者, 心也。 性者, 心之理也; 情者, 心之用也; 心者, 性情之主也。" 又曰: "心也者, 妙性情之德, 所以立大本行達道。"云云, "但以吾心觀之。"云云, 又非儱侗了無微別也。

所引朱先生諸說, 於心、性、情之區分, 明白停當, 簡潔襯貼, 不容一毫加減也。學而異於此者, 非釋氏則告子, 非象山則陽明也。今心宗, 乃以心、性、情渾然一物之說作冒頭, 而引先生"拈著一箇, 則都貫穿"語, 籠罩說去, 閃躲爲計, 其亦勞矣。

安可以此而疑晦其精義徑作卽氣之援例哉?

朱子於「庸序」, 論心之本色曰: "虛靈知覺。" 又謂: "虛靈不昧, 便是心, 此理具足於中, 便是性。" 又謂: "靈處是心, 實底是性。" 又謂: "靈處只是心, 不是性, 性只是理。" 又曰: "有知有覺者, 皆氣之所爲也。" 又曰: "能覺者, 氣之靈。" 又曰: "心者, 氣之精爽。" 此等諸說昭揭於『集註』、『章句』、『大全』、『語類』, 朗乎日星, 無人不睹, 其亦騙夫疑晦精義之科歟!

若其血肉之心, 心之當體, 而醫家之所主, 而補瀉者也; 氣稟之心, 心之偏體, 而禪家之所主, 而導養者也; 義理之心, 心之本體, 而儒家之所主, 而擴充者也。合血氣義理, 而道其大全, 則此乃統體之心, 而擧世之所同然者也。

血肉之心是五臟形體之一, 不可以當當體必也。光明方正之體, 足以爲神明之舍臟, 不測之用, 乃可以當當體, 而其中靈昭活化未發而主乎? 性已發而宰乎物, 是卽所謂心之本體也。禪家固是本心。然以朱子說觀之, 所謂心非氣稟之心, 乃昭昭靈靈, 與理無間之心。曰: "磨擦得, 這心極精細。" 曰: "磨弄得這心精光, 便認做性, 殊不知此正聖人所謂心。" 曰: "只把定一心, 久後光明自發。" 此何嘗是氣稟之心? 近世心宗諸家認昭昭靈靈之心, 爲理與釋、陸同病, 而陰爲自脫之計。故每主『語類』、子靜之學, 千般萬般病, 只在不知有氣質之雜, 把做麤惡底, 認做心之妙理, 便謂至理一段, 以爲彼所謂心卽理是麤惡底心, 我所謂心卽理是主宰本體之心, 殊不知『語類』此條, 未必是定論, 而釋、陸所主之心, 原初與理無間者也。【詳見艮翁所著「心疑似」錄在下。】然則不須爲陽擠陰附, 而寧不若匍匐爲護法傳神之明白也? 何必假借義理之心、心之本體語, 以託跡於孔、孟、程、朱之脚下耶?

孟子言心最詳, 而未有一言指作氣者, 其對氣而言, 則却有之曰"志氣之帥", 又曰
"夜氣不足以存仁義之心。"【止】禪之認氣做理, 而燕石誣玉, 儒之昧理見氣, 而天
子下堂。

曰: "以仁禮存心。" 曰: "理義之悅我心。" 夫理義、仁禮是理, 則心安得不爲氣
乎? 若如心宗家說, 則是理存理, 理悅理也。其非蘆沙所譏以目視目乎? 蓋心
宗認靈識爲理, 如釋迦、陸、王, 故指血氣、氣質、氣象、浩氣爲氣, 而若見"靈
明精英"屬諸氣分者, 視若仇敵, 必驅之洪猛之禍。而於"氣之精爽"、"比性有
迹"、"氣分物事"等語, 降而編諸末, 用攬上而至尊無對之仁義禮智之理, 以名
心之當體。然則天子下堂, 無乃非夫子自道也乎?

又或理氣竝峙, 而王伯互用, 則方寸之(聞)[問][19], 名號紊錯, 位次顚倒, 義利雙行,
同歸於乖亂之極矣。雷公、扁鵲, 其安得不拍手而傍唾也哉?

王伯互用, 義利雙行, 吾儒法門無此風習。若於陽明、寒洲, 則不能無疑。陽明
收錄朱子說之近於己見者, 以爲「晚年定論」, 而序之曰: "世之所傳『集註』、『或
問』之類, 乃其中年未定之說, 其諸『語類』之屬。又其門人挾勝心, 以附己見。"
又曰: "世之學者, 徒守朱子中年未定之論, 而不復加求其晚歲旣悟之論。" 案:
先生答張元德書曰: "『論』、『孟集註』後來改定處多。" 此在丙辰後。曾祖道錄
曰: "『論』、『孟』訓詁, 某自卅歲便下工夫, 到今改猶未了。" 此在丁巳。至於「誠
意章」, 疾革前三日, 猶改不已, 此其陽明所謂中年未定之說, 而晚年旣悟之見,
他姑勿論, 如張南軒、呂東萊、何叔京諸書之在五十以前者, 亦皆收入。至於
寒洲, 曾聞艮齋先生之言曰: "李氏理氣說, 篇篇朱子, 口口朱子, 難與爭鋒, 然
獨怪夫掇拾朱子已改之舊說, 以拒更定之論, 如盡心說是也。年月有據者, 輒
自移動刪改, 以就己見者。如陳安卿庚戌己未所聞, 則單擧己未。葉味道辛亥
以後所聞, 徐居甫庚戌以後所聞, 皆削去以後二字是也。蔡季通語, 自爲一段,
而初無朱子可否之辭者, 貶稱朱門, 或稱『語類』。黃直卿語之不見許者, 單擧
黃語爲據, 而朱子不許之說, 則棄而不省。太極是性, 陰陽是心, 是葉味道錄,
而乃曰'不知見在何處'。理體氣用, 『語類』卅吉甫錄, 『大全』呂子約書, 而謂之

---

19) (聞)[問]: 저본에 '聞'으로 되어 있으나, 문맥을 살펴 '問'으로 수정하였다.

朱子所斥"云云。【見本集「雜著」。】吁! 朱子之『集註』、『章句』、『大全』、『語類』, 私於王氏、李氏之家, 而不可公於世, 則夫此二說足以塗天下後世之耳目。今此書如天之燾地之載, 如日月之炳烺, 如河岳之流峙, 則雖王氏、李氏之高文鉅筆, 雄辭巧辯, 代不乏人, 適足以自欺其天地, 自私其日月, 亦何傷哉? 吾故曰"王伯竝用, 義利雙行, 不能無疑於此二氏也"。昔劉念臺是陽明流派之傑然者, 而晚年乃曰: "文成【陽明諡。】不妨用禪其失也。" (玄)[玆][20] 又曰: "良知之學, 鮮有不流於禪。" 近世柳省齋, 亦改其師【華西。】心說。如二公者, 可謂不阿其所好, 而亦不害爲師門忠臣也。李門諸子, 蓋一觀省。

寒州曰: "象山以陰陽爲道, 以精神爲心, 所謂心者氣而已, 而所謂理者非眞理也。" 又曰: "陽明所謂理, 卽吾儒之所謂氣, 特以氣之端緒言之, 則其所謂心者, 亦非仁義禮智之本心明矣"云云。【止】 未嘗一言及於心之非理, 近世忽有"心卽氣"之論, 抛却主宰, 而專向作用上去。

排陸、王而自居正學, 自是必理家之一副活計。然陸氏、王氏之書, 載諸簡冊, 布之天下, 看者對照究覈, 則自應知其爲陸、王之三傳三昧也。玆錄艮齋先生說下以備參考。

「心疑似」中編有曰: "陸氏所信之心, 只是虛靈不昧底, 恐非麤惡之氣。特不以性命爲此心上面至尊之主宰耳。然則朱子何以有麤惡心理之譏也? 此宜子細究勘, 若使陸氏所見, 元來如此而已。當時門人, 如某某輩, 皆是賢者, 豈肯屈首北面師事之? 雖朱、張、呂諸先生, 亦豈肯與之往復, 而朱子答人書, 何云"南渡以來八字着脚?" 理會著實功夫者, 惟某與陸子靜二人而已。某實敬其爲人, 老兄未可以輕議也。此書不見於『大全』, 而只載『象山年譜』。然『語類』文蔚錄, 亦云"江西未有人似他八字著脚"。某竊意賀孫錄, 恐只從他旣認心爲理, 則其弊必至於此云爾。非直指他所認之心, 爲麤惡之氣也。如不信吾言, 請復以朱子手筆質之。『大全』「答陸氏」書云: "人之識太極者少。往往只於禪學中, 認得箇昭昭靈靈能作用底, 便謂此是太極。" 此微指子靜認虛靈不昧之心, 爲太極之理也。「答諸葛誠之」書云: "子靜平日所以自任, 正欲身率學者,

---

20) (玄)[玆]: 저본에 '玄'으로 되어 있으나, 문맥을 살펴 '玆'으로 수정하였다.

一於天理，而不以一毫人欲雜於其閒，恐決不至如賢者之所疑也。"「答趙子欽」書云："陸學於心地工夫，不爲無所見。"「答張敬夫」書云："子壽兄弟，其操持謹質，表裏不二，實有以過人者。"「答劉子澄」書云："子靜目下收斂得學者，身心不爲無力。" 以此諸說觀之，若使陸氏所認之心，果是黶惡底氣，則朱子決不指爲昭昭靈靈，心地工夫，表裏不二，實有過人，收斂得學者身心，不爲無力矣。某故每疑賀孫錄，恐似以其認昭昭靈靈者以爲理，而不復以性爲心之本源，則其究也必至於不察氣質物欲之害故云爾。此意『大全』、『語類』屢言之矣。朱子嘗譏陸氏，只要自心見得底，方謂之內。便一向執著，將聖賢言語亦不信，是其病痛，只在此。【『語類』㽦錄。】某謂，既曰"其病痛只在此，則所謂千般病萬般病云云者，蓋極言之爾"，讀者宜斟量看也。吾之此辨，非爲陸氏分疏，特以近日心宗，自謂吾之謂心卽理，何嘗是黶惡之氣？我是正學，而陸乃異端，故今略與指點，使讀者自知之爾。【本註，陸氏說，若干條，附記于左，以備參考。】『(棠)[象][21])山集』「與陳宰」書云："同志盍簪，(細)[紬][22])繹簡編，商略終古，粗有可樂，雖品質不齊，昏明異趣，未能純一，而開發之驗，變化之證，亦不謂無其涯也。"「與李宰」書云："心於五官，最尊大，四端者，卽此心也。人皆有此心，心皆具此理，心卽理也。所貴乎學者，爲其欲窮此理，盡此心也。"「與陳正己」書云："足下性本孝悌，惟病此過云云。能頓棄勇改，無復回翔戀戀於故意舊習，則本心之善，(始乃)[乃始][23])著明，營營馳騖之私，憂思抑鬱之意，當冰消霧晴矣。"「與包敏道」書云："爲學無他巧妙，但要理明義精，動皆聽於義理，不任己私耳。來書所述，未能臻此，平時氣質，復浮溢於紙墨間矣。"『語錄』云："七重鐵城私心也。私心所隔，雖思非正。" 又云："人之所以病道者，一資稟，二漸習。" 又云："積思勉之功，舊習自除。" 又云："學能變化氣質。" 又云："資稟不好底，與道相遠，却去鍛鍊。" 又云："人氣稟清濁不同，只自完養，不逐物。卽隨清明，須是剝落得淨盡，方是。"

「下」編曰："某(嘗)[當][24])見王氏諸說，無不以虛靈明覺、圓融洞徹之類，當心與

---

21) (棠)[象]: 저본에 '棠'으로 되어 있으나, 『艮齋集後編』卷14 「心疑似中」에 의거하여 '象'으로 수정하였다.

22) (細)[紬]: 저본에 '細'로 되어 있으나, 『象山集』에 의거하여 '紬'로 수정하였다.

23) (始乃)[乃始]: 저본에 '始乃'로 되어 있으나, 『象山集』에 의거하여 '乃始'로 수정하였다.

24) (嘗)[當]: 저본에 '嘗'으로 되어 있으나, 『艮齋集後編』卷14 「心疑似中」에 의거하여 '當'으로 수정하였다.

良知矣。今李氏所引一條中, 除妙用謂之神一句外, 皆非王氏之所以言心與良知者也。李氏乃勒定爲指陰陽精氣爲理之罪案。吾恐王氏復起, 將嘻嘻而笑曰: "君之一生, 持心神靈覺爲理者, 卽吾之所謂本心良知而無二體也。試取吾說而細究之。久之, 不覺以我爲君之眞正淵源, 而不復敢爲以夫子害夫子之論矣。"今略記王氏說於下方, 以與心宗諸公, 看詳而定取舍也。『陽明集』「答顧東橋」書云: "心之虛靈明覺, 卽良知也。"「答舒國用」書云: "心之本體, 卽天理也。天理之昭明靈覺, 所謂良知也。"「答黃宗賢」書云: "良知一提醒時, 卽如白日一出, 而魍魎自消矣。"「答南元善」云: "惟有道之士, 眞有以見其良知之昭明靈覺, 圓融洞徹, 廓然與太虛同體。"『傳習錄』云: "心之主宰, 常昭昭在此。何出之有?"又云: "天理卽是明德, 窮理卽是明明德。"又云: "這心體卽道心, 心體明卽道明。"又云: "心卽道, 道卽天。知心則知道知天。"又問心之本體。曰: "知是理之靈處。這箇靈能, 不爲私欲遮隔, 充拓得盡, 便完, 完是他本體。"又云: "人心本體, 原是明瑩無滯的。"

體心無體, 以性爲體。

心爲性情之主, 故程、朱論心之體用, 固多以性爲體。然亦有以心之當體分體用者, 又有以理之當體分體用者, 何必說晝底道理, 則說夜底道理; 說夜底道理, 則說晝底道理, 有如晦翁所譏耶?

又曰: "心者氣之精爽, 固是朱子之訓, 心者理之主宰【止】此理之尊號。"

臚列心者氣之精(幾)[爽]25), 理之主宰兩說, 而勿論委折如何, 强而名之曰: "論其主客, 則理當爲主。"人其信諸, 先生所謂"理之主宰"者, 蓋理是無爲, 心是有爲, 而無爲者, 爲有爲者之運用, 有如太極爲陰陽之主, 而反爲陰陽之所運用之說也。何嘗髣髴於心卽理, 而乃爲援去耶? 況華西心說已有其高第弟子柳省齋之正案, 不復借以爲重也。朱子曰: "人字似天字, 心字似帝字。"然則人之心君卽天之上帝, 帝是神之與理合者也。太極是理也, 心君是神之與理合者也, 性是理也, 夫上帝心君與理無間, 故謂之理則可也。如謂原來是理之本色, 則是昧道器、能所之分, 惡其可也?

---

25) (幾)[爽]: 저본에 '幾'로 되어 있으나, 문맥을 살펴 '爽'으로 수정하였다.

退陶曰: "心合理氣。"

　　義所在退陶所謂"心合理氣"者, 非謂心卽理、理卽心, 如心宗之說也。蓋以性情因心而敷施發用也, 何者? 其「靜齋記」曰: "動靜者氣也, 所以動靜者理也。" 金而精書曰: "動者是心, 而所以動之故是性也。" 禹景善書曰: "心動而太極之用行。" 李宏仲書曰: "理無形影, 而因心而敷施發用者, 情也。" 惻隱情也而謂之心者, 情因心而發故也。己巳夜對說話曰: "理是自然無爲之體也。其循自然之理而敷施發用者, 非心氣而何? 且於陽明心卽理之說, 辨論排闢, 無復餘地。夫先生之分心理、能所, 如是明白的確, 而心宗引之, 爲心理之證, 何也? 吁! 昔橫渠遇呂汲公爲禪學之宗, 今退陶遇李寒洲爲心學之祖, 其亦厄矣。然由前則得晦菴夫子, 由後則得艮齋先生辨正之, 發明之其於兩先生之卓然, 爲聖門眞儒性學正宗, 又何傷乎?" 若曰此與理發氣隨之說有異艮翁, 有「晦退栗三先生質疑」而分其初晚【本集,「雜著」。】, 可考而知也。

栗谷曰: "心是氣也, 而至其統論, 則有曰: '(往)[性]26)是心之體; 情是心之用, 心是未發已發之總名', 故曰: '心統性情。'" 克己復禮說以仁爲本心之全德,「雜記」以今之學者分心性爲二岐, 爲大差, 是亦以理言心。

　　所謂"心是氣"者, 單指本色, 而言性情之總名者, 以其主宰言也。病心性之爲二者, 爲其道器之元不相離, 心性之非有二用也。於此亦可見心氣、性道。心能運用此性, 而不敢自居乎性; 性爲所運用於心, 而不能自做自覺也。所以被氣學撓攘, 禍烈洪猛之誣於柳樾餘派, 而今其脚下乃反引重杠做心理之證, 何也? 李伯諫之援伊洛而自脫者, 同一手勢也。

朱子明言"心爲字母", 而門下曰"心本於性"; 朱子明言"心主性情", 而門下曰"性宰乎!"

　　性情字從心, 先生蓋謂心能主宰。夫性情何嘗性尊心卑, 心全性偏, 心大上而性小下, 如心派諸氏乎? 孔子曰"君子學道", 子思曰"君子尊德性", 而釋之者謂君子以心言, 此非心之本於性者乎? 至於性宰於心, 此因性爲心宰之說而

---

26) (往)[性]: 저본에 '往'으로 되어 있으나, 『율곡전서』권14 「극기복례설」에 의거하여 '性'으로 수정하였다.

轉化之, 然爲宰與宰之, 自有眞靈、能所之分, 不可混也。

門下之言"理一切以無動靜、無寂感、無虛靈、無神妙、無情意、無知覺者, 硬定管歸, 則其所謂形容此理之妙、主宰之體段者, 亦甚空無矣。"

理雖無動靜寂感、虛靈知覺, 而動靜寂感之本, 則理也; 虛靈知覺之主, 則理也。理何嘗空無乎? 彼之認心爲理, 而不知性之本源主宰者, 方是理空理無之見。

既將心做氣, 則氣爲主宰, 終不淸快, 故乃移其主宰於性。

朱子言主宰有有爲無爲兩義。心爲身主, 心爲性情之主, 是有爲之主宰也。所謂主宰者, 卽是理氣之流行, 性爲之主, 是無爲之主宰也。心宗眼力, 旣不及於此, 則宜其謂移主宰也。

道體無爲者, 特云"無其迹耳。"其爲之妙, 則乃其固有也。【止】後世公議。

若如此說, 所謂無作爲、無動靜者, 只謂無麤底作爲動靜也, 精底作爲運用, 則未嘗無也。旣曰"有爲有運, 則不得不爲有生爲死也。"五峯之心無死生、心有死生者, 自是不易之論, 而朱子之非之, 南軒之改之。未免苛評, 先賢妄易師旨者也歟?

若以氣言心, 則旣落帽乎性情之體用, 而又低頭於氣質者之專於宇舍, 不以神明自居者也。

吾所謂"心氣之氣", 卽朱子所謂"比性, 微有迹; 比氣, 又靈底物事"。下不降編於"比氣"之氣, 上不偪逼於"比性"之性。旣不害於性情、體用, 又不低頭於氣質宇舍, 而自居乎靈昭活化、湛一虛明之部位也。若夫以靈昭活化爲理者, 與黑腰子開門人, 奚以別?

湯"以禮制心"【止】不容作矩外於心, 心外於仁判爲二物。

常人之心, 固有上悖道義, 下雜氣慾, 而放辟邪侈也可爲, 奸謿詭僞也可爲。今言湯、文、孔、顏之心而概之, 以發而有惡、放辟、邪侈, 惡亦不可不謂之性。以心爲理之害, 乃至於此乎? 吁! 亦殆哉! 孔子曰: "操存舍亡。"朱子曰: "心是動底物事, 自有善惡。" 又曰: "心之不正, 未必皆氣使之。" 蓋心之爲物, 惟其如是, 故雖聖人、大賢, 必用操存、檢攝、節制之工, 以歸宿於仁禮矩度也。所以不踰矩、不違仁, 然後曰"心與理一", 曰"仁卽心", 而心不外於矩也。若是原來一物而不容爲二。如心宗之說, 朱子論理氣處, 又何以曰決是二物?

"主氣言心, 其初只據精神、魂魄, 徑做心"云云。於是說出本心之氣。虛明湛一, 初無聖凡, 而氣質淸濁粹駁, 移靠於軀殼血氣。果如是說, 則孟子何故獨言性善, 而不及於氣善?

虛明湛一, 靈昭活化心之氣也; 淸濁粹駁, 參差不齊氣質也。至於精神、魂魄, 可言於心與氣質之間, 何者? 心官之思慮者, 魂之靈; 耳目之聰明者, 魄之靈。視聽由於心神, 而聰明資於氣質。今心宗, 以魂魄, 專屬諸參差不齊之科, 心之湛一、靈昭, 又躋夫理之部分。於是心之本體, 借性理之僞號, 末用, 諉氣質之作用。夫見心字太重, 不唯性失其位, 氣質亦不得其名也。至於氣質, 吾師門發明體淸之說, 於千百年之下, 疏決其許多繳紛, 於天下後世有功於學者, 雖謂與橫渠之氣質性同科, 未爲過也。今心宗, 乃謂移氣質於軀殼血氣, 古今儒門安有如是誣評乎? 若夫孟子之言性善, 而未及氣善, 以其當世有荀、告性惡善惡, 皆有不忍人之心, 心獨無所同然之說, 此又非氣善乎? 雖氣質本淸之說, 亦早已說破, 所謂夜氣, 其非指其本淸也乎?

程、朱何故至有不齊之論, 而相反於氣同之旨也。

氣有體用、有動靜。不齊之論, 乃其就用處動處也。直指其本體至靜, 則朱子亦有淸粹之說。人暮夜休息, 則其氣復淸明。二氣五行, 始何嘗不正? 只袞來袞來, 便有不正。

原其二五之始。【止】惟理而已, 氣何嘗借涉而爲二本乎?

大抵心宗以一心字分作上、下二截, 以上一截屬之性理, 下一截屬之氣質。使心之本色歸, 夫烏有冥漠? 旣昧心理, 能所之分, 又不知心, 氣質有覺識、無覺識之別, 故醞釀來如是, 種種病痛。

二五之秀氣, 本不無美惡之別。

　　上文旣曰"二五之始, 固淸純澹泊", 則稟受處之, 或淳或漓是末用也。其本體
　　則自在也。此朱子所以謂秦、漢(以)[而]27)下, 二氣、五行較昏濁, 不如太古之
　　淸明純粹。然其本然底不壞, 艮齋先生亦以謂體一用殊也。

湛一裏面, 包藏惡慝。

　　此乃遵其祖師寒洲之說也。夫湛一橫渠旣謂氣之本, 晦翁又謂是未感時, 湛
　　然純一。心宗豈不知此, 急於排鬪心氣之說, 而雖張、朱定論, 亦不恤也。吾於
　　彼, 亦何爲哉?

"人能弘道。"【止】氣爲道主, 亦未聞也。

　　氣配道義, 是浩氣也; 氣能弘道, 是心氣也。心氣是昭昭靈靈能發揮運用者也,
　　浩氣是血氣之配合於道義者也。本色原來不同如何? 混而一之, 夫昭昭靈靈
　　之心, 不能弘道, 則無形無爲之理, 能弘道也。道能弘道, 果成說乎?

語者、默者, 口也; 當語、當默者, 理也; 會語、會默者, 亦理也, 云云。朱子曰: "太
極便會動靜。" 又曰: "性便會恁地做底理。"

　　朱子固有太極便會動靜, 性便會恁地做底理之說, 亦有太極無動靜, 性無情意
　　造作之訓, 則當觀其所指如何。夫從太極與性之主宰乎陰陽與心而看之, 則
　　有若使之然也。故曰"太極便會動靜", 理便會恁地做底。從心與陰陽之運用
　　乎性與太極而看之, 則太極無動靜, 性無情意造作, 而陰陽自能動靜, 心自能
　　情意造作也。故『大全』、『語類』, 隨人所從問之地頭, 而所答有如是不同者。
　　然若論其正訓, 則太極無動靜, 因氣而有動靜; 性無情意造作, 因心而有情意
　　造作。故於『集註』截然判別理氣, 能所之分, 而曰"人心有覺, 道體無爲", 曰
　　"心能盡性, 性不知檢其心", 曰"一陰一陽、一動一靜, 皆陰陽之所爲, 而非有
　　爲之者"。苟不究其精義所在, 言意所指摘, 取其近似。於吾之所見者, 而胡亂
　　說去, 以蔽其平生宗旨, 則吾不知其何爲也。【本文太極作理。朱子「答楊子直」書曰:

---

27) (以)[而]: 저본에 '以'로 되어 있으나, 『주자어류』에 의거하여 '而'로 수정하였다.

【"太極含動靜, 有動靜則可, 若謂太極便是動靜, 是形而上下不可分, 而'易有太極'之言贅矣。"此
說分明的當着眼看。】

以理具理, 以理妙理, 亦無所嫌。【所引艾山語。】

　　蘆沙曰: "以理具理, 如以目視目。" "以理具理", 既如是, 則以理妙理, 亦可知
也。嘗聞艾山鄭氏棄其師, 分心、性、情、明德是心之說, 而附於寒洲, 受萬戶
之賞。今又棄此說, 而得稱揚於雲擧, 可謂與胡季隨齊美於千載矣。

人之證其爲氣者, 必截取其半脚, 掇拾其餘諸, 左右牽補, 艱辛粧點, 以遮人眼目。
【止】足令觀者, 轉怒爲憐, 有不忍斥破者矣。

　　無形無爲, 而爲有知有覺之樞紐根柢者, 理也; 有知有覺, 而爲無形無爲之乘
載運用者, 心也; 無知覺, 而爲有知覺者之資助僕役者, 氣質也。此性理、心氣,
氣質之不相混雜, 亦不相離者也。然知覺本體之妙, 幾乎與理無間; 神末用之
流, 惟氣質之所使【心之不正, 未必皆氣使之也。】也。於是心理家占得心字界位太
高, 以本體推諸理之部分, 末用退諸氣質之科前言之。正訓心謂氣也有迹也
者曰"此是末用", 也推說理會語默、太極動靜者曰"此是本體"。證成心卽理之
大案, 以吾觀之, 今此云云, 誠朱子所謂"自然不易之公論"也。

崔益翰雲擧者, 茶田門下弱冠年少也。一見宿德元老, 便投萬言長書張皇, 卽心是
理之曲解。一則曰"王伯幷用, 義利雙行", 再則曰"足令觀者, 轉怒爲憐", 此非欲
聞至道, 乃假心理而肆訐辱也。紫陽夫子所云才過陸子靜門來, 便學得不恭者, 夫
其不識長幼, 而可與之言以褻吾道之尊乎? 旣而有人自茶田來曰: "益翰此書, 某
月日, 草於茶田, 吾所親見。" 然則益翰者, 特茶田之傳令走卒也。玆就心理名論
之錯誤處, 略加籤論, 如右云尒。己未元月日。

「관조긍섭성존심비변觀曺兢燮性尊心卑辨」【丙辰】

1) 서지사항

유영선이 조긍섭의 「성존심비변(性尊心卑辨)」을 비판한 변론문. 『현곡집(玄谷集)』권3에 실려 있다.

2) 저자

유영선(柳永善, 1893~1961)으로, 자는 희경(禧卿), 호는 현곡(玄谷)이며 전우의 제자이다.

3) 내용

이 글은 전우의 성존심비설을 비판한 조긍섭의 「성존심비변(性尊心卑辨)」을 인용하고 유영선이 반론을 제시하는 형태로 구성되었다. 조긍섭이 성존심비설은 "성(性)을 아버지로, 심(心)을 아들로" 여기는 것과 다를 게 없다고 비판한 것에 대해서는 애초에 성존심비는 그러한 의미가 아니라고 반대하였다. 또한 "심이 성에 비해서는 자못 형적이 있다"는 말에 대해서는 형적이 있는 심(心)이 형적이 없는 성(性)보다 낮은 것이 당연하다고 주장했다. 또한 심과 성이 평등해 져야만 정명(正名)에 부합하는 것은 아니라고 주장했다. 그리고 "심이 기라고 말하는 자들은 또한 말단에 걸려 근본을 잃어버렸다"는 비판에 대해서는, 그렇다면 심(心)은 기도 아니고 리도 아닌 것이냐고 반문하면서, 심을 기라고 할 때의 기는 허령정영(虛靈精英)한 것으로서 말단으로 볼 수 없다고 주장했다.

2-7-1 「觀曺兢燮性尊心卑辨」【丙辰】(『玄谷集』卷10)

性尊心卑之言, 未爲無見也, 於學者, 非不有功也。然其立言取譬【指性父、心子說。】之意, 則亦失於偏。

> 艮翁雖有性師心弟之譬, 何嘗有"性父、心子"如曺所辨之說也?信取塗傳, 而支離作辨, 大非君子審愼之道也。艮翁雖未嘗有此言, 然朱子論"理弱氣强"處, 有曰: "子乃父所生, 父賢而子不肖, 父也管他不得。"【『語類』四卷。柄錄。】又論"惻隱之心, 仁之端", 有曰: "如有這般兒子, 便知得是這樣母。"【五十三卷。賀孫錄。】今以此兩語詰之, 則不知曺某亦將歸之失於偏耶? 看者以此父子、母子之譬, 謂理氣心性之相生如父母之生子, 則誤矣。

夫心比性, 頗有迹, 對性爲形而下。

> 曺之此兩言, 眞千聖相傳之正宗也。旣曰有迹, 則有迹者, 豈不卑於無跡? 旣曰形而下, 則形而下者, 豈不卑於形而上耶? 如此, 則性尊心卑, 有何疑, 而必用費辭立辨哉?

心者, 衆理之所妙。

> 此語有病, 當曰"妙衆理", 不當曰"衆理之所妙"。

心, 無已則比之君乎! 夫君, 上承乎天, 而統百官、理萬民者也。承乎天, 則順而在下矣, 然不可以尊天而卑君也。百官萬民, 仰而禀令, 未嘗以屈於天而不伸其尊也。

> 君固尊於百官、萬民, 視天則又不得不卑矣。猶心固尊於四支百體, 而對性則又不得不卑矣。辨中旣曰"上承乎天", 又曰"順而在下", 則豈非天上而君下, 天尊而君卑乎? 所謂君卑者, 乃君自卑耳。百官、萬民, 何敢卑其君哉? 心卑之說, 亦如是而已。百官、萬民, 雖禀命於君, 然君能畏天而敬修天職, 則爲父母乎斯民矣。若反是, 而自行自止, 則其不爲獨夫者, 鮮矣。此猶四支百體, 雖禀令於心, 然心能尊性, 而恭敬奉持, 故得此天君之名。若耻其屈下, 而自立爲

西楚霸王, 則安得不爲形役, 而爲沛上翁之所擒哉?

名不正, 則言不順; 言不順, 則其實易差。故君子之立言, 貴乎平正。性之於心也, 猶心之於身也, 無心則無身, 然不可謂心貴而身賤, 重其身, 所以貴其心也。

    性尊、心卑, 爲名不正, 則必以心性平等, 乃爲名正耶? 竊觀其意, 似謂性爲極尊, 心爲次尊者然, 然則次尊, 豈不卑於極尊耶? 心貴身賤, 是朱子釋孟子"體有貴賤"者也。今此云云, 其欲飜孟、朱舊案耶?

謂心即理者, 吾固未知其如何也; 謂心即氣者, 亦恐滯於末而遺其本矣。

    然則如何可正名也? 旣非理又非氣, 則更有非理非氣之物耶? 蓋心性, 舉一則都貫穿, 然當觀其立言之賓主。心雖曰氣, 理未嘗不自在, 則何謂遺本滯末耶? 且所謂氣者, 乃指其虛靈精英者耳, 又豈可以虛靈精英者謂之末哉?

謂心是理而尊之者, 其弊流於猖狂自恣, 則謂心是氣而必卑者, 不或流於葸苶足恭之爲乎?

    聖人有"卑以自牧", "慮以下人"之敎, 而未聞流於"葸苶足恭"之耻也。心是形而下者, 自卑而尊性, 是乃所當爲者, 若以所當爲者, 謂之"葸苶足恭", 則必自高僭上者, 當爲禮恭矣。其害豈淺淺也哉?

名如何可正也? 百體主心, 心主理。百官、萬民命於君, 君命於天。

    百體主心, 則百體卑於心矣。心主理, 則豈非心卑而理尊耶? 百官萬民命於君, 則百官萬民卑於君矣。君命於天, 則豈非君卑而天尊耶? 此可謂正名也。以此正名, 則性尊心卑, 更何疑哉? 竊觀亶某不小心致思, 而惟務求勝, 自不覺其言之前後橫決, 惜哉! 孔子曰"畏天命", 又曰"後天而奉天時", 畏之奉之者, 誰也? 子思曰"尊德性", 尊之者, 誰也? 孟子曰"歸而求之, 有餘師", 求之者, 誰也? 求、尊、奉、畏者, 皆非在下者之責耶? 夫言者, 心之聲也。觀此辨, 則亶之心, 自高自聖, 而內懷驕慁, 外襲尊號者也。其心之僭越, 無所逃罪, 而猶且尊性, 其亦賢於世儒之貶性者矣。

인명사전

엮은이 : 정도원(원광대 한문번역연구원 연구교수)

범례

1. 이 인명사전은 『자료집명』에 나오는 한국 및 중국 등의 인명을 대상으로 한다.

2. 한국과 중국 등의 인명은 표제어에 현재의 해당 국적을 다음과 같은 약호로 표시한다.

    ex. 한국 → (韓), 중국 → (中), 몽골 → (蒙), 이탈리아 → (伊)

3. 한국 인명의 경우, 시대를 따로 구분하여 표기하지 않았다.

4. 중국 인명의 경우, 시대를 구분하고 파란색을 입혔다.

5. 중국 송나라의 경우 북송과 남송을 구분하였으나 생몰 연도나 출사 여부 등이 불분명하여 판정하기 어려운 경우 송대로 표시하였다.

6. 표제는 한자를 병기하되, 공식 본명과 생몰 연도를 기준으로 하였다.

7. 기본 소개는 한국의 경우 자, 호, 시호를 우선 기재하였고, 중국의 경우 시대, 분류, 자, 호, 시호 순으로 기재하였다. 저작은 문집을 위주로 대표적인 것들만 들었다.

8. 인물에 대한 소개는 특징적인 사실을 위주로 최대한 간략히 기술하는 것을 원칙으로 하였다.

9. 중국 인명의 경우 학자, 관리, 사상가, 정치가 등으로 분류하였으나, 본문에 인물에 대한 분명한 평가를 담고 있는 경우, 본문을 고려하여 설명을 부가하였다.

10. 본문의 표현이 같아도 다른 사람인 경우가 있으므로, 사전 내에 "☞" 표시를 넣고 본문에 사용된 다른 지칭들을 아울러 기재하였다.

11. 인명인 것은 분명하나 본명이나 생몰 연도 등이 불명확한 경우에도 최대한 다른 경우에 맞추어 기술하였다.

12. 전혀 확인할 수 없는 인명의 경우 "미상"으로만 기재하였다.

13. 지칭에 해당하는 사람이 여러 명 있는 경우, 본문의 내용과 각 인물의 생몰 연대 등을 참고하여 가장 확실하다고 판단되는 사람을 기재하였다.

14. 연도는 각종 사전 및 『화도연원록』을 서기로 환산하여 기재하였다. 다만, 『화도연원록』의 연도 표시가 정확하지 못한 부분이 있으므로, 간지와 전우의 생몰년 등을 기준으로 판단하여, 고전번역원의 연호 검색 결과를 최종 기재하였다.

순번	자료집 표기	쪽수	이름	국적	비고
1	甘吉父 / 甘節 / 甘吉甫 / 甘	535, 429, 752, 1015	감절(甘節, ?~?)	中	
2	姜敬熙 / 聖文		강경희(姜敬熙, ?~?)	韓	
3	耿天臺	309	경정향(耿定向, 1524~1596)	中	
4	姜孟熙		강맹희(姜孟熙, 1896~?)	韓	
5	江德功	287	강묵(江默, ?~?)	中	
6	季本	187	계본(季本, 1485~1563)	中	
7	高景逸	444, 456, 471, 493	고반룡(高攀龍, 1562~1626)	中	
8	顧氏	308, 327, 394, 676, 891	고염무(顧炎武, 1613~1682)	中	
9	高在鵬		고재붕(高在鵬, 1869~1936)	韓	
10	高濟奎		고제규(高濟奎, ?~?)	韓	
11	顧涇陽 / 涇陽	100, 126, 321, 322	고헌성(顧憲成, 1550~1612)	中	
12	孔文仲	631	공문중(孔文仲, 1038~1088)	中	
13	孔延之	636	공연지(孔延之, 1013~1074)	中	
14	鞏豐	515	공풍(鞏豐, 1148~1217)	中	
15	郭子和	468	곽옹(郭雍, 1106~1187)	中	
16	郭俛宇 / 郭鳴遠 / 郭 / 郭氏 / 郭公 / 茶田	253, 255, 465, 483, 485, 490, 518, 534, 559, 655, 821, 822, 887, 955, 956, 997, 1023	곽종석(郭鍾錫, 1846~1919)	韓	
17	郭立之 / 謙山	281	곽충효(郭忠孝, ?~1128)	中	
18	郭有道	150	곽태(郭泰/太, 128~169)	中	
19	仇士良	63, 447	구사량(仇士良, 781~843)	中	
20	歐陽德	882	구양덕(歐陽德, 1496~1554)	中	
21	六一翁 / 歐公 / 歐 / 歐陽公	271, 290, 300, 317, 453, 482, 882,	구양수(歐陽脩, 1007~1072)	中	
22	仇滄柱	290	구조오(仇兆鰲, 1638~1717)	中	
23	文莊 / 丘瓊山 / 丘氏	2281, 282	구준(丘濬, 1420~1495)	中	
24	權暻熙 / 稚昫		권경희(權暻熙, ?~?)	韓	
25	權球煥 / 應現		권구환(權球煥, ?~?)	韓	
26	權陽村	681	권근(權近, 1352~1409)	韓	
27	權大煥 / 應天		권대환(權大煥, ?~?)	韓	
28	權德晚 / 潤萬		권덕만(權德晚, ?~?)	韓	
29	權命熙 / 公立		권명희(權命熙, ?~?)	韓	
30	權秉淳 / 和叔		권병순(權秉淳, ?~?)	韓	
31	權鳳熙 / 聖岡		권봉희(權鳳熙, 1837~1902)	韓	

순번	자료집 표기	쪽수	이름	국적	비고
32	權相元		권상원(權相元, 1862~1945)	韓	
33	權癯溪 / 癯溪 / 癯溪公	654, 722, 775, 948	권상유(權尙游, 1656~1724)	韓	
34	遂菴 / 權文純公 / 遂菴先生	75, 89, 151, 444, 709, 791, 929	권상하(權尙夏, 1641~1721)	韓	
35	權純命	931	권순명(權純命, 1891~1974)	韓	
36	權思誠	774	권시(權諰, 1604~1672)	韓	
37	權膺善		권응선(權膺善, 1835~?)	韓	
38	權鞸~石洲 / 權石洲鞸	73	권필(權鞸, 1569~1612)	韓	
39	奇高峯 / 高峯 / 高峰	444, 656, 938, 996	기대승(奇大升, 1527~1572)	韓	
40	紀勻 / 勻	458, 480, 481, 535, 549, 635-637, 789	기윤(紀昀, 1724~1805)	中	
41	蘆沙 / 奇氏 / 奇蘆沙 / 蘆	191-193, 201-203, 205, 206, 209, 211-214, 224-228, 237, 239, 241, 243-247, 249, 250, 253, 255, 259, 302, 308, 322, 333, 404, 408, 410, 411, 413, 465, 483, 492, 532, 536, 561, 575, 576, 623, 648, 695, 730, 765, 781-786, 869, 904-907, 910-913, 915-920, 948, 1002, 1015, 1023	기정진(奇正鎭, 1798~1879)	韓	
42	奇景道	253, 255	기홍연(奇弘衍, 1828~1898)	韓	
43	金厚齋	524	김간(金榦, 1646~1732)	韓	
44	去僞	627, 650	김거위(金去僞, ?~?)	中	
45	金建周		김건주(金建周, ?~?)	韓	
46	金觀洙 / 光國		김관수(金觀洙, ?~?)	韓	
47	寒暄 / 寒暄先生 / 寒暄堂 / 金文敬公 / 金先生 / 文敬公	43, 70, 72, 495	김굉필(金宏弼, 1454~1504)	韓	
48	金敎潤		김교윤(金敎潤, ?~?)	韓	
49	金龜洛		김구락(金龜洛, 1897~1975)	韓	
50	金璂重		김기중(金璂重, 1862~?)	韓	
51	金洛鉉 / 溪雲金丈 / 溪丈	948, 748	김낙현(金洛鉉, 1817~1892)	韓	
52	金達		김달(金達, 1883~1960)	韓	
53	金萬壽 / 混泉		김만수(金萬壽, 1823~1904)	韓	
54	臺山	691	김매순(金邁淳, 1776~1840)	韓	
55	金旻煥 / 道成齋		김민환(金旻煥, 1824~1883)	韓	
56	金炳周		김병주(金炳周, 1869~?)	韓	
57	鳳岫金丈	133-135, 138, 139, 141, 142, 146	김병창(金炳昌, ?~?)	韓	

순번	자료집 표기	쪽수	이름	국적	비고
58	金福漢 / 元五		김복한(金福漢, 1860~1924)	韓	
59	金惇叙		김부륜(金富倫, 1531~1598)	韓	
60	金思珉		김사민(金思珉, 1858~?)	韓	
61	金思禹 / 勇菴 / 仁父 / 金仁父	319, 708, 883	김사우(金思禹, 1857~1907)	韓	
62	金濯溪	300, 705	김상진(金相進, 1531~1598)	韓	
63	金錫麟		김석린(金錫麟, ?~?)	韓	
64	金聲煜 / 金君聲煜	206	김성욱(金聲煜, 1868~?)	韓	
65	鶴峯	72	김성일(金誠一, 1538~1593)	韓	
66	金性夏		김성하(金性夏, 1875~?)	韓	
67	文谷	282	김수항(金壽恒, 1629~1689)	韓	
68	金道以		김시좌(金時佐, 1760~1806)	韓	
69	金是重		김시중(金是重, ?~?)	韓	
70	金以道		김여중(金麗中, 1879~?)	韓	
71	金演穆		김연목(金演穆, ?~?)	韓	
72	金士綏	152	김영록(金永祿, 1849~1900)	韓	
73	金容承		김용승(金容承, 1876~?)	韓	
74	聖培		김원직(金元直, ?~?)	韓	
75	渼湖 / 金文敬公	43, 73, 164, 178, 300, 670, 692, 721, 739, 926	김원행(金元行, 1702~1772)	韓	
76	金潤卿		김윤경(金潤卿, 1869~?)	韓	
77	金君 / 金君成執	487	김윤환(金允煥, ?~?)	韓	
78	仁山 / 金仁山	307, 325, 525, 526, 672, 680, 686	김이상(金履祥, 1232~1303)	中	
79	三山齋	711, 712	김이안(金履安, ?~?)	韓	
80	河西 / 金文正	444, 516, 517	김인후(金麟厚, 1510~1560)	韓	
81	健孫		김일건(金鎰健, ?~?)	韓	
82	沙溪 / 文元公	24, 33, 37, 42, 44, 50, 55, 59, 63, 65, 72, 74, 75, 78, 150, 317, 695	김장생(金長生, 1548~1631)	韓	
83	金仲固	157	김재(金栽, ?~?)	韓	
84	金濟煥	654	김제환(金濟煥, 1867~1916)	韓	
85	金鍾昊		김종호(金鍾昊, ?~?)	韓	
86	金本菴	692	김종후(金鍾厚, 1721~1780)	韓	
87	金鍾熙	931	김종희(金鍾熙, ?~?)	韓	
88	金周鏞		김주용(金周鏞, 1891~?)	韓	
89	德卿 / 炳庵	477	김준영(金駿榮, 1842~1907)	韓	

순번	자료집 표기	쪽수	이름	국적	비고
90	金振綱	892	김진강(金振綱, 1543~?)	韓	
91	金鄳謨		김찬모(金鄳謨, 1862~?)	韓	
92	農巖 / 農翁 / 金文簡公	73, 75, 94, 98-103, 112, 124-128, 141, 297, 319, 343, 423, 434, 436, 495, 504, 505, 510, 546, 590, 591, 593-595, 606-610, 635, 664, 680, 681, 721, 727, 739, 740, 743, 744, 756-758, 771, 843, 874, 884, 892-897, 901, 906, 908, 925, 938	김창협(金昌協, 1651~1708)	韓	
93	三淵 / 金文康公 / 三淵先生	75, 280, 722, 739	김창흡(金昌翕, 1653~1722)	韓	
94	金天挺		김천정(金天挺, ?~?)	韓	
95	金而精	511, 586, 677, 1019	김취려(金就礪, ?~?)	韓	
96	金澤述		김택술(金澤述, 1884~?)	韓	
97	金監役 / 嘉陵 / 金 / 金重菴 / 重菴 / 金樨章 / 金令 / 平默 / 金監役	49, 141, 149, 150-158, 160, 162-164, 174-178, 237 246, 247, 290, 304, 312, 313, 321, 324, 335, 388, 399, 416, 428, 450, 481, 486, 487, 492, 497, 499, 522, 524, 527, 532, 533, 580, 586, 634, 653-655, 702, 718, 761, 819, 839, 847, 851, 852, 918, 919, 961, 964, 965, 967, 969, 981, 982, 988	김평묵(金平默, 1819~1891)	韓	
98	金鶴遠 / 金鶴遠華陽	939	김학원(金鶴遠, ?~?)	韓	
99	金恒述		김항술(金恒述, ?~?)	韓	
100	金弘榟		김홍재(金弘榟, 1897~?)	韓	
101	金孝述 / 金行源	463	김효술(金孝述, 1895~?)	韓	
102	金希聖	154	김재학(金在學, 1843~?)	韓	
103	羅整庵 / 羅文莊 / 羅氏 / 整菴	98-100, 124-126, 181, 213, 214, 228, 290, 320, 332, 357, 379, 434, 559, 691, 739, 785, 786, 834, 881, 882, 909, 963	나흠순(羅欽順, 1465~1547)	中	
104	淵	285, 532, 553, 740	난연(暖淵, ?~?)	中	
105	南元善		남대길(南大吉, 1487~1541)	中	
106	南東岡 / 南時甫 / 東岡南公	50, 585	남언경(南彦經, 1528~1594)	韓	
107	南軫永		남진영(南軫永, 1889~1972)	韓	
108	南夏正	481	남하정(南夏正, 1678~1751)	韓	
109	南秋江	638	남효온(南孝溫, 1454~1492)	韓	
110	盧宁忠	673	노저충(盧宁忠, ?~?)	中	

순번	자료집 표기	쪽수	이름	국적	비고
111	盧憲九		노헌구(盧憲九, 1886~?)	韓	
112	婁一齋	290	누량(婁諒, 1422~1491)	中	
113	達摩 / 達摩大師	464, 484, 523, 559, 809, 811	달마(Bodhidharma, ?~528?)	印	
114	湛甘泉 / 甘泉	473, 505	담약수(湛若水, 1466~1560)	中	
115	唐介	659	당개(唐介, 1010~1069)	中	
116	唐荊川	647	당순지(唐順之, 1507~1560)	中	
117	唐仲友	635	당중우(唐仲友, 1136~1188)	中	
118	陶翁 / 陶靖節	463, 299, 713	도연명(陶淵明, 365~427)	中	
119	陶宗儀	331, 638	도종의(陶宗儀, 1329~1412)	中	
120	伯羽	507	동백우(童伯羽, 1144~?)	中	
121	銖 / 董叔重 / 董銖	242, 268, 332, 346, 352, 376, 399, 425, 431, 443, 501, 507, 512, 698, 708, 722, 725, 729, 731, 739, 741, 820, 830, 840, 847, 914	동수(董銖, 1152~1214)	中	
122	董蘿石		동운(董澐, 1457~1533)	中	
123	廣國	53	두광국(竇廣國, ?~BC151)	中	
124	杜工部 / 杜子美	275, 299	두보(杜甫, 712~770)	中	
125	杜仁仲 / 杜	65, 506, 970, 1008	두지인(杜知仁, ?~?)	中	
126	滕德粹	559	등린(滕璘, 1150~1229)	中	
127	鄧氏 / 鄧退菴	676, 701, 712, 870, 873	등림(鄧林, ?~?)	中	
128	利瑪竇	632	마테오 리치 (Matteo Ricci, 1552~1610)	伊	
129	人傑 / 萬正淳	327, 443, 504, 563, 684, 843	만인걸(萬人傑, ?~?)	中	
130	梅賾	358, 380, 835	매색(梅賾, ?~?)	中	
131	孟士幹	724	맹보순(孟輔淳, 1862~?)	韓	
132	任卿		맹인원(孟仁遠, ?~?)	韓	
133	孟超然	473	맹초연(孟超然, 1730~1797)	中	
134	毛奇齡	312, 481, 535, 650, 669, 675, 862	모기령(毛奇齡, 1623~1716)	中	
135	冒頓	509	묵돌(Bayatur / Mòdú, ?~?)	凶	
136	閔屯村		민유중(閔維重, 1630~1687)	韓	
137	弘菴 / 楊口 / 善卿		박경수(朴慶壽, 1824~1897)	韓	
138	朴遜齋 / 朴士元		박광일(朴光一, 1655~1723)	韓	
139	朴士述	511	박광후(朴光後, 1637~1678)	韓	
140	朴蘭緖		박난서(朴蘭緖, 1887~1972)	韓	
141	亨文	511	박대현(朴大鉉, 1867~?)	韓	

순번	자료집 표기	쪽수	이름	국적	비고
142	正瑞 / 朴察訪	24, 78	박만환(朴晩煥, 1830~?)	韓	
143	朴文鎬	655	박문호(朴文鎬, 1846~1918)	韓	
144	朴景初 / 朴公		박상현(朴尙玄, 1629~1693)	韓	
145	芸牕	641	박성양(朴性陽, 1809~1890)	韓	
146	朴玄石 / 南溪	302, 532	박세채(朴世采, 1631~1695)	韓	
147	朴子晦	64	박세휘(朴世輝, ?~?)	韓	
148	朴銖		박수(朴銖, 18641918)	韓	
149	思菴		박순(朴淳, 1523~1589)	韓	
150	朴鎔柱		박용주(朴鎔柱, 1899~1965)	韓	
151	朴元鎬		박원호(朴元鎬, 1861~?)	韓	
152	近齋 / 近翁	90, 98, 125, 269, 310, 332, 679, 703, 723, 814, 930	박윤원(朴胤源, 1734~1799)	韓	
153	朴準晦		박준회(朴準晦, 1868~?)	韓	
154	朴昌鉉		박창현(朴昌鉉, 1876~1946)	韓	
155	班固	713	반고(班固, 32~92)	中	
156	潘謙之 / 謙之	436, 657, 920	반병(潘柄, ?~?)	中	
157	植 / 立之	355, 378, 431, 442, 478, 559, 649, 832, 857, 858, 861	반식(潘植, ?~?)	中	
158	潘恭叔 / 恭叔		반우공(潘友恭, ?~?)	中	
159	潘端叔 / 端叔	93, 112, 853	반우단(潘友端, ?~?)	中	
160	方氏(蛟峯)	42, 327, 679	방봉진(方逢辰, 1221~1291)	中	
161	方學漸	825	방학점(方學漸, 1540~1615)	中	
162	方正學 / 方孝孺	313, 430, 1008	방효유(方孝孺, 1357~1402)	中	
163	房煥永		방환영(房煥永, 1876~?)	韓	
164	范忠宣		범순인(范純仁, 1027~1101)	中	
165	范伯達	517	범여규(范如圭, 11021160)	中	
166	范濟美	678	범제미(范濟美, ?~?)	中	
167	邊恒植	492	변항식(邊恒植, 1901~?)	韓	
168	輔漢卿 / 廣	321, 430, 443, 477, 504, 547, 590, 591, 607, 664, 760, 894	보광(輔廣, ?~?)	中	
169	傅大士名翕 / 傅翕	320	부흡(傅翕, 497~569)	中	
170	上蔡 / 謝氏	39, 96, 114, 134, 235, 289, 335, 337, 342, 350, 357, 374, 380, 384, 457, 461, 537, 560, 660, 675, 691, 739, 770, 828, 834, 852, 859, 860, 889, 899, 919, 927	사량좌(謝良佐, 1050~1130)	中	

순번	자료집 표기	쪽수	이름	국적	비고
171	公休 / 司馬康 / 康	214, 228, 300, 645, 817	사마강(司馬康, 1050~1090)	中	
172	司馬溫公 / 司馬公 / 溫公 / 涑水	33, 37, 149, 149, 152, 214, 228, 281, 289, 300, 302, 328, 478, 481, 633, 637, 871	사마광(司馬光, 1019~1086)	中	
173	司馬昭	476, 532	사마소(司馬昭, 211~265)	中	
174	史氏(字 文璣)	708, 878	사백선(史伯璿, 1299~1354)	中	
175	徐花潭	164, 516	서경덕(徐敬德, 1489~1546)	韓	
176	高	529, 620	서고(舒高, ?~?)	中	
177	徐孤靑	685	서기(徐起, 1523~1591)	韓	
178	徐孟寶 / 徐孟寶公	356, 379, 388, 465, 525, 806, 833, 1003	서맹보(徐孟寶, ?~?)	中	
179	徐柄甲		서병갑(徐柄甲, 1858~?)	韓	
180	舒芬 / 梓溪	532, 723, 790	서분(舒芬, 1484~1527)	中	
181	徐子融 / 子融		서소연(徐昭然, ?~?)	中	
182	寅	478, 488, 506, 580, 625, 629, 675, 682, 733, 848, 862, 991	서우(徐寅, ?~?)	中	
183	徐元聘		서응중(徐應仲, ?~?)	中	
184	徐野愚 / 野徐	151, 152, 154, 157	서정순(徐政淳, ?~1906)	韓	
185	徐峻淳	181	서준순(徐峻淳, ?~?)	韓	
186	席啓圖	632	석계도(席啓圖, 1638~1680)	中	
187	薛敬軒 / 薛文淸 / 敬軒	101, 127, 433, 456, 470, 532, 536, 638, 651, 734, 763, 848	설선(薛瑄 / 宣, 1389~1464)	中	
188	薛德老		설휘언(薛徽言, ?~?)	中	
189	賀孫 / 葉賀孫	95, 113, 296, 307, 350, 351, 352, 354, 374, 376, 377, 403, 408, 420, 424, 450, 478, 496, 501, 509, 545, 563, 564, 580, 590, 591, 607, 620, 625, 626, 629, 661, 673, 684, 706, 728, 728, 731, 733, 741, 818, 828, 830, 831, 844, 845, 850, 857, 861, 894, 970, 993, 1016, 1017, 1025,	섭미도(葉味道, 1167~1237)	中	
190	葉水心	317, 700, 703, 713	섭적(葉適, 1150~1223)	中	
191	深無知	681	섭주(葉晝, ?~?)	中	
192	成璣運		성기운(成璣運, 1877~?)	韓	
193	牛溪	50, 62, 89, 155, 503, 559, 811, 812, 905, 929	성혼(成渾, 1535~1598)	韓	
194	邵子文	650, 734, 848	소백온(邵伯溫, 1057~1134)	中	
195	蘇右丞 / 蘇子容	631	소송(蘇頌, 1020~1101)	中	

순번	자료집 표기	쪽수	이름	국적	비고
196	東坡 / 二蘇 / 蘇軾	37, 282, 631, 656, 675	소식(蘇軾, 1036~1101)	中	
197	梁武帝	319, 619	소연(蕭衍, 464~549)	中	
198	康節	270, 308, 328, 329, 476, 478, 545, 559, 651, 726, 734, 803, 847, 848, 991	소옹(邵雍, 1011~1077)	中	
199	蘇晉叟		소진(蘇溱, ?~?)	中	
200	蘇子由 / 二蘇 / 蘇轍	97, 114, 245, 289, 917, 325	소철(蘇轍, 1039~1112)	中	
201	蕭惠	534	소혜(蕭惠, ?~?)	中	
202	仁山 / 蘇仁山丈	307, 525, 526	소휘면(蘇輝冕, 1814~1889)	韓	
203	孫敬甫 / 敬甫	669	손자수(孫自修, ?~?)	中	
204	孫覿	152	손적(孫覿, 1081~1169)	中	
205	宋敬淑 / 畏己齋		송경숙(宋敬淑, 1867~?)	韓	
206	宋炳瓘 / 瑩叔		송병관(宋炳瓘, 1875~1945)	韓	
207	淵齋	308, 340, 341, 343, 483, 486, 489, 498, 523, 530, 815	송병선(宋秉璿, 1836~1905)	韓	
208	宋秉珣 / 東玉	343	송병순(宋秉珣, 1839~1912)	韓	
209	宋炳華 / 晦卿 / 約齋	654, 669	송병화(宋炳華, 1852~1916)	韓	
210	尤菴 / 宋子 / 尤翁 / 尤庵	24, 27, 33, 37, 42, 43, 45, 48, 50, 55, 60, 63, 65, 68, 70, 72, 74, 75, 78, 86, 94, 95, 98, 99-103, 113, 124-128, 133, 135, 136, 138, 139, 141, 146, 150-152, 157, 160-163, 175-177, 181, 187, 192, 194, 202, 203, 233, 239, 269, 270, 282, 289, 302, 314, 317, 330, 340, 341-343, 404, 408, 426, 434, 436, 444, 450, 461, 462, 472, 474, 496, 498, 500, 507, 511, 515, 518, 520, 523-525, 530, 532, 553, 569, 573, 580, 617, 621, 622, 626, 627, 630, 638, 642, 647, 654, 656, 665, 672, 680, 684, 692, 698, 712, 721, 724, 729, 731, 741, 749, 770, 774, 778, 786-788, 794, 796, 807, 811, 814, 817, 822, 836-839, 881, 882, 884, 887, 902, 905-907, 909, 910, 913, 921, 938, 939, 940, 942, 948, 951, 974, 996, 1002, 1005, 1007	송시열(宋時烈, 1607~1689)	韓	
211	宋毅燮		송의섭(宋毅燮, 1865~1944)	韓	
212	龜峯	63	송익필(宋翼弼, 1534~1599)	韓	
213	同春	480, 525	송준길(宋浚吉, 1606~1672)	韓	
214	宋深之		송지원(宋之源, ?~?)	中	

순번	자료집 표기	쪽수	이름	국적	비고
215	荀彧	37	순욱(荀彧, 163~212)	中	
216	蓋卿	510, 556, 682	습개경(襲蓋卿, ?~?)	中	
217	申言汝	930	신기선(申箕善, 1851~1909)	韓	
218	申仰汝 / 仰汝 / 申穉安	153, 154, 157, 246, 274, 918	신두선(申斗善, ?~?)	韓	
219	申若雨		신약우(申若雨, 1879~?)	韓	
220	申應榘	73	신응구(申應榘, 1553~1623)	韓	
221	荷菴 / 荷翁 / 申荷菴 / 荷菴先生	443, 450, 452, 458, 477-482, 484, 505, 506, 515, 517, 519, 521, 523, 544-546, 548, 557, 618, 619, 622, 631-633, 635-637, 639, 640, 641, 643, 646, 648, 665, 689, 690, 725, 843, 874	신응조(申應朝, 1804~1899)	韓	
222	仲肅	817, 873	신창(申漲, 申漲)	韓	
223	申弘澈		신홍철(申弘澈, 1866~?)	韓	
224	沈繼祖	637	심계조(沈繼祖, ?~?)	中	
225	沈氏	141, 192, 202, 839, 910	심귀보(沈貴珤, ?~?)	中	
226	雲稼 / 沈雲稼 / 沈景珪 / 沈丈	149, 151, 153, 154, 156, 157, 839	심기택(沈琦澤, 1826~?)	韓	
227	沈能浹		심능협(沈能浹, 1858~?)	韓	
228	沈德潛	636	심덕잠(沈德潛, 1673~1769)	中	
229	中卿		심의윤(沈宜允, ?~?)	韓	
230	沈明仲	28, 86, 133, 135, 192, 202, 729, 749, 786, 910	심정희(沈廷熙, 1656~1714)	韓	
231	沈梯		심제(沈梯, 1637~1706)	韓	
232	沈莊仲 / 僩 / 沈僩	319, 343, 346, 350, 352, 374, 375, 384, 421, 424, 427, 436, 437, 448, 459, 479, 486, 496, 498, 520, 521, 528, 554, 563, 579, 586, 591, 607, 621, 625-627, 642, 649, 650, 669, 671, 684, 693, 703, 732, 733, 741, 752, 817, 819, 820, 828, 829, 840, 844, 862, 887, 894, 921, 927, 928, 1001, 1002	심한(沈僩, ?~?)	中	
233	安應休	133, 816, 905	안천서(安天瑞, ?~?)	韓	
234	安裕 / 文成公	58	안향(安珦, 1243~1306)	韓	
235	楊慈湖 / 楊敬仲 / 簡 / 敬仲 / 沈僩	102, 127, 356, 378, 388, 416, 443, 451, 455, 456, 458, 487, 519, 631, 638, 694, 809, 821, 833, 850, 999	양간(楊簡, 1141~1226)	中	
236	啓超	523, 632, 753	양계초(梁啓超, 1873~1929)	中	

순번	자료집 표기	쪽수	이름	국적	비고
237	楊起元	699	양기원(楊起元, 1547~1599)	中	
238	道夫	424, 461, 501, 511, 529, 552, 564, 629, 650, 655, 669, 672, 677, 750, 797, 844, 852, 8761, 862, 898	양도부(楊道夫, ?~?)	中	
239	楊子直		양방(楊方, ?~?)	中	
240	陽伯	527	양백(陽伯, ?~?)	中	
241	楊龜山 / 龜山	136, 285, 289, 330, 404, 408, 440, 453, 480, 575, 618, 637, 709, 788, 815	양시(楊時, 1053~1135)	中	
242	楊時喬		양시교(楊時喬, 1531~1609)	中	
243	楊愼	458, 510, 535, 631, 636, 637, 640, 648, 789	양신(楊愼, 1488~1559)	中	
244	揚雄 / 子雲	152, 281, 440, 649	양웅(揚雄, BC53~18)	中	
245	楊儀	191, 201, 241, 910, 913	양의(楊儀, ?~235)	中	
246	楊長孺	462, 485, 535	양장유(楊長孺, 1157~1236)	中	
247	蘇梁	518	양적(梁適, 1000~1070)	中	
248	楊春	636, 637	양춘(楊春, ?~?)	中	
249	魚允甲		어윤갑(魚允甲, 1883~?)	韓	
250	嚴時亨		엄세문(嚴世文, ?~?)	中	
251	呂新吾	471	여곤(呂坤, 1536~1618)	中	
252	呂柟 / 涇野 / 呂涇野	635	여남(呂柟, 1479~1542)	中	
253	呂達燮		여달섭(呂達燮, ?~?)	韓	
254	東萊 / 伯恭 / 呂子約 / 子約 / 呂芸閣 / 呂東萊先生	68, 76, 135, 140, 289, 298, 306, 313, 323, 335, 429, 441, 547, 553, 714, 750, 787, 838, 992, 1015	여대림(呂大臨, 1042~1090)	中	
255	大雅 / 余大雅	355, 356, 378, 379, 465, 486, 832, 833, 908	여대아(余大雅, ?~?)	中	
256	余方叔		여대유(余大猷, ?~?)	中	
257	燾 / 呂燾	277, 347, 698, 703, 708, 752, 841	여도(呂燾, ?~?)	中	
258	呂舍人	633	여본중(呂本中, 1084~1145)	中	
259	余祐		여우(余祐, 1465~1528)	中	
260	呂留良 / 晩村 / 晩村呂氏 / 呂晩村 / 呂氏留良 / 呂晩邨	351, 353, 358, 375, 376, 381, 419, 422, 426, 500, 543, 617, 675, 676, 678, 706, 750, 809, 829, 830, 835, 858, 902, 927	여유량(呂留良, 1629~1683)	中	
261	呂大愚	517	여조검(呂祖儉, ?~1196)	中	
262	呂滎公	289, 676	여희철(呂希哲, 1039~1116)	中	

순번	자료집 표기	쪽수	이름	국적	비고
263	連嵩卿		연숭(連崧, ?~?)	中	
264	閻若璩	510, 535	염약거(閻若璩, 1636~1704)	中	
265	因之 / 吳季子 / 吳因之	682	오묵(吳默, 1551~1637)	中	
266	吳思齊	479	오사제(吳思齊, 1238~1301)	中	
267	壽昌	622	오수창(吳壽昌, ?~?)	中	
268	吳康齋	636	오여필(吳與弼, 1391~1469)	中	
269	通川公 / 老洲弟	181	오연상(吳淵常, 1765~1821)	韓	
270	吳晦叔	424	오익(吳翌, ?~?)	中	
271	振	424, 580, 642, 733	오진(吳振, ?~?)	中	
272	石農		오진영(吳震泳, 1868~1944)	韓	
273	臨川吳氏 / 臨川	134, 135, 729	오징(吳澄, 1249~1333)	中	
274	雉	480	오치(吳雉, ?~?)	中	
275	必大 / 吳伯豊	139, 150, 268, 485, 488, 793, 838	오필대(吳必大, ?~?)	中	
276	吳士遠	511	오혁(吳爀, ?~?)	韓	
277	老洲 / 洲翁 / 老洲先生 / 老洲吳先生	100, 101, 103, 125-128, 163, 164, 178, 181, 182, 214, 228, 340-344, 434, 437, 438, 451, 463, 487, 502, 504-506, 508-511, 514, 515, 523, 525, 545, 548, 554-556, 561, 595, 610, 654, 670, 677, 679, 683, 684, 698, 722, 733, 739, 744, 749, 757, 759, 762, 786, 805, 811, 816-818, 859, 866, 897, 901, 936, 937, 996	오희상(吳熙常, 1763~1833)	韓	
278	王汝止	451, 850	왕간(王艮, 1483~1540)	中	
279	王魯齋	724	왕백(王柏, 1197~1274)	中	
280	王裒	476, 477	왕부(王裒, ?~311)	中	
281	汪氏紱	619	왕불(汪紱, 1692~1759)	中	
282	汪長洲	681-684, 699, 871	왕빈(汪份, 1655~1721)	中	
283	王信伯	289, 517	왕빈(王蘋, ?~?)	中	
284	王陽明 / 陽明 / 王伯安 / 姚江 / 王守仁	69, 100, 125, 137, 138, 146, 149, 159, 162, 164, 173, 174, 176, 178, 187, 188, 192, 202, 233, 239, 243, 265, 290, 300, 333, 335, 353, 355, 376, 378, 421, 429, 444, 450-452, 455, 456, 464-468, 473, 487, 492, 496, 499, 500, 505, 514, 518, 522, 523, 526, 527, 532, 534, 535, 561, 566, 617, 619, 623, 624, 633, 639, 657, 664, 673, 676, 689, 802, 805, 808, 809, 823,	왕수인(王守仁, 1472~1528)	中	

순번	자료집 표기	쪽수	이름	국적	비고
		826, 827, 830, 833, 836, 837, 846, 850, 858, 873, 874, 881, 882, 887, 911, 915, 933, 955, 962, 972, 990, 994-996, 1003, 1012,1014-1016, 1019,			
285	王崇炳	313, 319, 431, 635	왕숭병(王崇炳, 1653~1739)	中	
286	王德修	626	왕시민(王時敏, ?~?)	中	
287	安石 / 王介甫	324, 330, 404, 408, 524, 575, 620, 659, 759	왕안석(王安石, 1021~1086)	中	
288	王子合	635	왕우(王遇, 1142~1211)	中	
289	叔度 / cf. 耿氏	495	왕위(汪偉, ?~?)	中	
290	王厚齋	516	왕응린(王應麟, 1223~1296)	中	
291	王儀	476	왕의(王儀, ?~252)	中	
292	王日休	645	왕일휴(王日休, ?~1173)	中	
293	德輔		왕장유(汪長孺, ?~?)	中	
294	浚川		왕정상(王廷相, 1474~1544)	中	
295	王勝之	516	왕직유(王直柔, ?~?)	中	
296	王充	659, 660	왕충(王充, 25~100?)	中	
297	王充耘		왕충운(王充耘, ?~?)	中	
298	文中子	164	왕통(王通, 584~617)	中	
299	謙 / 廖	346, 477, 478, 504, 861, 840, 857	요겸(廖謙, ?~?)	中	
300	德明	150, 424, 464, 493, 528, 556, 560, 627, 678, 684, 690, 691, 815, 928, 940	요덕명(廖德明, ?~?)	中	
301	饒 / 饒氏 / 饒雙峯	507, 678, 679, 681, 684, 692, 696, 700, 714, 715, 753, 760, 762	요로(饒魯, 1193~1264)	中	
302	姚福	214, 228	요복(姚福, ?~?)	中	
303	禹景善	1019	우성전(禹性傳, 1542~1593)	韓	
304	熊氏(字良孺)	495	웅명우(熊明遇, 1579~1649)	中	
305	袁和叔	519, 821	원섭(袁燮, 1144~1224)	中	
306	魏莊渠	90, 267, 272, 291, 308, 484, 681, 929	위교(魏校, 1483~1543)	中	
307	魏元履	150, 282	위섬지(魏掞之, 1116~1173)	中	
308	魏延	191, 201, 241, 910, 913	위연(魏延, ?~234)	中	
309	魏徵	150	위징(魏徵, 580~643)	中	
310	柳敬養		유경양(柳敬養, 1883~?)	韓	
311	劉共父		유공(劉珙, 1122~1178)	中	
312	游默齋 / 游誠之	650	유구언(游九言, 1142~1206)	中	

순번	자료집 표기	쪽수	이름	국적	비고
313	林夔孫 / 夔孫 / 虁孫	293, 353, 357, 376, 379, 488, 489, 545, 693, 830, 834, 930	임기손(林夔孫, ?~?)	中	
314	劉炘父	493, 670	유기부(劉炘父, ?~?)	中	
315	柳基一	324	유기일(柳基一, 1845~1904)	韓	
316	劉基鍾 / 允鳳		유기종(劉基鍾, ?~?)	韓	
317	柳基春 / 景晦		유기춘(柳基春, ?~?)	韓	
318	柳夢鶴		유몽학(柳夢鶴, ?~?)	韓	
319	劉眉峯	681, 684	유미봉(劉眉峯, ?~?)	中	
320	柳善一		유상대(柳相大, 1864~1935)	韓	
321	兪兼山 / 兼山	90, 703, 929	유숙기(兪肅基, 1696~1752)	韓	
322	元城 / 劉元城	214, 228, 276, 633, 637, 644	유안세(劉安世, 1048~1125)	中	
323	禧卿 / 玄谷	766, 931	유영선(柳永善, 1893~1961)	韓	
324	柳源模		유원모(柳源模, 1883~?)	韓	
325	聖欽		유원수(柳遠洙, 1893~?)	韓	
326	劉元杓	632	유원표(劉元杓, 1852~1929)	韓	
327	劉裕	441, 759	유유(劉裕, 363~422)	中	
328	劉因	331, 638	유인(劉因, 1249~1293)	中	
329	可浩		유종원(柳鍾源, 1838~1916)	韓	
330	劉念臺 / 念臺	262, 291, 292, 298, 451, 467, 473, 478, 496, 677, 808, 850, 995, 1016	유종주(劉宗周, 1578~1645)	中	
331	柳稚程 / 重教 / 省齋 / 柳省齋 / 柳持平 / 柳穉程 / 柳	151, 152, 154, 156-163, 173, 174, 176, 177, 181, 182, 186-188, 206, 237, 246, 285, 290, 293, 302, 305, 322, 324, 332, 335, 399, 419, 428, 432, 452, 455, 470, 486, 487, 489, 492, 519-521, 523, 580, 633, 634, 638, 650, 653, 671, 709, 711-713, 718, 767, 803, 819, 847, 851, 852, 859, 860, 866, 869, 918, 919, 940, 961, 963-965, 969, 970, 972, 973, 975, 977, 980, 987, 1016	유중교(柳重教, 1821~1893)	韓	
332	明化	859	유지성(柳志聖, ?~?)	韓	
333	柳稷	27, 86, 99, 125, 163, 807, 942, 948, 1003	유직(柳稷, 1602~1662)	韓	
334	原父 / 劉原父	669	유창(劉敞, 1019~1068)	中	
335	劉子澄 / 靜春 / 劉靜春	463, 636	유청지(劉淸之, 1134~1190)	中	
336	游察院	289, 635	유초(游酢, 1053~1123)	中	
337	柳定齋	424, 427	유치명(柳致明, 1777~1861)	韓	
338	劉向	632	유향(劉向, ?~?)	中	

순번	자료집 표기	쪽수	이름	국적	비고
339	漢獻帝 / 魏山陽公	942, 943	유협(劉協, 181~234)	中	
340	劉質夫	620	유현(劉絢, 1045~1087)	中	
341	柳炯相		유형상(柳炯相, 1891~?)	韓	
342	柳確淵		유확연(柳確淵, 1851~?)	韓	
343	陸賈	637	육가(陸賈, ?~?)	中	
344	子壽 / 復齋	564, 845, 1017	육구령(陸九齡, 1132~1180)	中	
345	象山 / 陸 / 陸子靜 / 陸子 / 子靜 / 金谿 / 陸象山 / 陸氏 / 江西	67, 69, 70, 94, 98, 99-101, 112, 124, 125-127, 138, 146, 149, 156-159, 161, 162, 164, 173, 175, 176, 178, 181, 188, 233, 239, 243, 247, 287, 289, 290, 293, 316, 318, 322, 332, 333, 353, 355, 358, 376, 378, 380, 388, 391, 393, 395, 413, 416, 418, 428, 431, 440, 442, 443, 449-453, 455, 456, 458, 463-465, 467, 475, 483, 485, 492, 496, 499, 510, 514, 517, 519, 520, 521, 523, 525, 527, 531, 532, 535, 536, 538, 552, 559, 564-566, 613, 617, 618, 619, 626, 631, 638, 642, 645, 653, 657, 664, 665, 675, 681, 686, 689, 694, 704, 713, 724, 727, 745, 753, 790, 803, 806, 807, 809, 811, 813-815, 817, 820-824, 827, 829, 830, 832-834, 837, 844-847, 850, 854, 867, 874, 875, 915, 919, 938, 940, 966, 967, 990, 994-997, 1002, 1014, 1016, 1023	육구연(陸九淵, 1139~1193)	中	
346	陸三魚 / 三魚堂	356, 379, 453, 491, 492, 496, 498, 531, 536, 681, 684, 703, 713, 762, 813, 833, 871, 886, 909	육롱기(陸隴其, 1630~1692)	中	
347	和靖	39, 152, 535, 557	윤돈(尹焞, 1071~1142)	中	
348	屛溪	90, 300, 670, 929	윤봉구(尹鳳九, 1683~1767)	韓	
349	大尹 / 吉甫	68, 150, 152, 492	윤선거(尹宣擧, 1610~1663)	韓	
350	尹拯 / 尹 / 尼尹	45, 68, 150, 151, 152, 617, 774	윤증(尹拯, 1629~1714)	韓	
351	謇齋		윤직(尹直, 14271511)	中	
352	容山	634	윤치중(尹致中, 1825~1886)	韓	
353	尹鳳瑞	692	윤행의(尹行儀, ?~?)	韓	
354	驪尹 / 鑴	459, 492, 662, 524	윤휴(尹鑴, 1617~1680)	韓	
355	巍巖	89, 90, 791, 929, 930, 931	이간(李柬, 1677~1727)	韓	
356	君萬		이경만(李庚萬, ?~?)	韓	
357	李景震	44	이경진(李景震, 15591594)	韓	

순번	자료집 표기	쪽수	이름	국적	비고
358	東窗	695	이관지(李貫之, ?~?)	中	
359	李光地	546	이광지(李光地, 1642~1718)	中	
360	閎祖 / 守約	328, 329, 488, 489, 544, 620, 651, 702, 703, 752	이굉조(李閎祖, ?~?)	中	
361	鍾城令		이구(李球, ?~1573)	韓	
362	李基秀		이기수(李基秀, 1855~?)	韓	
363	李季周	64	이단하(李端夏, 1625~1689)	韓	
364	李德來		이덕래(李德來, ?~?)	韓	
365	李宏中 / 德弘 / 李艮齋	30 / 35 / 466	이덕홍(李德弘, 1541~596)	韓	
366	陽來		이도복(李道復, 1862~1938)	韓	
367	延平	29, 40, 41, 151, 270, 300, 420, 522, 624, 802, 827, 933, 1000	이동(李侗, 1093~1163)	中	
368	李冕植	634	이면식(李冕植, ?~?)	韓	
369	方子 / 公晦		이방자(李方子, ?~?)	中	
370	李敬子		이번(李燔, 1163~1232)	中	
371	德漸		이병규(李柄逵, 1874~?)	韓	
372	李炳殷		이병은(李炳殷, 1877~1960)	韓	
373	峿堂	165, 593, 609, 655, 896, 908	이상수(李象秀, 1820~1882)	韓	
374	牧隱	641	이색(李穡, 1328~1396)	韓	
375	友明		이성렬(李聖烈, 1866~?)	韓	
376	李君輔	157	이세필(李世弼, 1642~1718)	韓	
377	樊隱	641	이숭인(李崇仁, 1347~1392)	韓	
378	光述		이승엽(李承燁, ?~?)	韓	
379	李承學 / 子悅 / 李子悅	449, 453, 462, 486, 500, 886	이승학(李承學, 1872~?)	韓	
380	澤堂	75, 524	이식(李植, 1584~1647)	韓	
381	李誠父	150	이신보(李信甫, ?~?)	中	
382	延慶	66	이연경(李延慶, 1484~1548)	韓	
383	李龜巖		이원배(李元培, 1745~1802)	韓	
384	草廬	321, 486, 731	이유태(李惟泰, 1607~1684)	韓	
385	李裕興		이유흥(李裕興, 1859~1923)	韓	
386	栗谷 / 珥 / 栗翁 / 石潭	24, 26, 27, 31, 36-38, 40, 44, 47, 49, 53, 58, 62, 64, 65, 67, 69, 72-75, 78, 85, 86, 98, 99, 101-103, 124, 125, 127, 128, 133-135, 137-139, 142, 149, 152, 155, 156, 157, 167, 170, 187, 191-193, 201-203, 233, 235, 237, 239, 241-247,	이이(李珥, 1536~1584)	韓	

순번	자료집 표기	쪽수	이름	국적	비고
		258, 265, 267, 275, 329, 331, 333, 343, 384, 385, 403, 404, 407, 408, 410, 411, 418, 430, 432, 434, 448, 454, 461, 462, 482, 492, 494, 498, 503-505, 507-509, 511, 513, 515, 517, 524, 527, 528, 530, 532-549, 552, 554, 556, 559, 560, 561, 575, 576, 580, 582, 583, 585, 586, 589, 590, 592-595, 606-610, 623, 624, 628, 629, 638, 639, 648, 657, 671, 679, 683, 684, 692, 695, 697, 728-731, 733, 734, 741, 759-762, 764, 766, 767, 771, 773, 775-778, 780, 786, 787, 791-793, 795, 799, 807, 811, 814, 817, 837, 839, 842, 859, 861, 868, 869, 872, 875, 876, 881, 882, 887, 891, 892-898, 900-902, 904-921, 925, 936, 937, 942, 948, 951, 996, 1007, 1008			
387	李氏瀷	898	이익(李瀷, 1681~1763)	韓	
388	李仁瑞		이인서(李仁瑞, ?~?)	韓	
389	李子善	152	이장우(李長宇, 1849~?)	韓	
390	李宰		이재(李宰, ?~?)	中	
391	陶菴	89, 99, 101, 125, 127, 477, 665, 672, 699, 712, 929	이재(李縡, 1680~1746)	韓	
392	李畋	659	이전(李畋, ?~?)	中	
393	月沙	73	이정구(李廷龜, 1564~1635)	韓	
394	顯可		이정기(李貞基, ?~?)	韓	
395	李伯諫	287, 289	이종사(李宗思, ?~?)	中	
396	李承旭 / 重九	152, 152, 532	이중구(李重九, ?~?)	韓	
397	李贄	298, 310, 324, 473, 696	이지(李贄, 1527~1602)	中	
398	土亭	47	이지함(李之菡, 1517~1578)	韓	
399	寒洲 / 李都事 / 李都事震相	346, 388, 399, 419, 466, 481, 624, 629, 657, 735, 767, 840, 847, 955, 1016	이진상(李震相, 1818~1886)	韓	
400	默信齋		이진옥(李鎭玉, ?~?)	韓	
401	終南守		이창수(李昌壽, 1453~1514)	韓	
402	李昌植	655	이창식(李昌植, ?~?)	韓	
403	李昌煥		이창환(李昌煥, 1896~?)	韓	
404	季衡		이철영(李喆榮, 1867~1919)	韓	
405	李治鎬		이치호(李治鎬, ?~?)	韓	

순번	자료집 표기	쪽수	이름	국적	비고
406	李鐸謨		이탁모(李鐸謨, 1857~?)	韓	
407	李太隣	655	이태린(李太隣, ?~?)	韓	
408	伊藤維禎	686	이토 고레사다(1627~1705)	日	
409	李平叔		이함형(李咸亨, 1550~?)	韓	
410	華西 / 華老 / 華翁 / 華丈	133-139, 141, 145, 146, 149, 152, 154, 156-158, 161, 162, 175, 176, 186, 187, 237, 245-247, 249, 250, 302, 397, 416, 426, 437, 519, 532, 550, 578, 579, 580, 620, 623, 633, 653, 662, 671, 690, 707, 709, 718, 729-731, 733, 761, 786-788, 799, 802, 822, 823, 836-839, 851, 852, 861, 907, 917-920, 961-965, 967, 969, 970, 974, 975, 977, 981, 987, 993-995, 1001, 1016, 1018	이항로(李恒老, 1792~1868)	韓	
411	李正庵		이현익(李顯益, 1678~1717)	韓	
412	退溪 / 退翁 / 陶山先生 / 退陶	24, 25, 27, 29, 35, 39, 43, 45, 48, 53, 57, 61, 65, 66, 69, 71, 72, 75, 78, 84, 86, 96, 102, 103, 114, 127, 128, 133, 235, 244, 265, 343, 354-356, 377-379, 388, 403, 407, 421, 434-436, 461, 466, 511, 526, 532, 547, 580, 585, 586, 589, 605, 606, 623, 624, 628, 637, 638, 656, 677, 678, 684, 692, 703, 721, 723, 740, 766, 786, 805, 822, 832, 833, 851, 887, 891-893, 900, 901, 916, 919, 942, 955, 956, 995, 996, 1003, 1007, 1019	이황(李滉, 1501~1570)	韓	
413	李畏齋	524	이후경(李厚慶, 1558~1630)	韓	
414	李徽在	643	이휘재(李徽在, 1893~1944)	韓	
415	李潤	503, 555, 560, 628, 664, 726, 773, 908	이희진(李喜璡, 1860~?)	韓	
416	陳氏	235, 330, 497, 670, 676, 710, 763, 919	진백(陳柏, 1506~1580)	中	
417	任穎西 / 穎西居士	817	임로(任魯, 1755~1828)	韓	
418	林栗 / 黃中	635, 668	임률(林栗, ?~?)	中	
419	林炳志		임병지(林炳志, 1874~1944)	韓	
420	林奭榮		임석영(林奭榮, 1855~?)	韓	
421	鹿門 / 鹿門任氏 / 任鹿門	164, 178, 213, 214, 228, 296, 432, 541, 550, 624, 646, 786, 908	임성주(任聖周, 1711~1788)	韓	
422	子蒙	672	임자몽(林子蒙, ?~?)	中	
423	林德久	160, 319, 436, 888	임지(林至, ?~?)	中	

순번	자료집 표기	쪽수	이름	국적	비고
424	林哲圭 / 子明	390, 391	임철규(林哲圭, ?~?)	韓	
425	林學履	545	임학리(林學履, ?~?)	中	
426	林正卿 / 學蒙	93, 111, 346, 651, 840, 990,	임학몽(林學蒙, 1146~1226)	中	
427	全齋 / 全老 / 星田 / 全翁 / 全齋先師 / 全齋任先生	24, 75, 78, 150, 151, 154, 156, 157, 282, 329, 330, 388, 444, 492, 522, 545, 679, 718	임헌회(任憲晦, 1811~1876)	韓	
428	林希元		임희원(林希元, 1482~1567)	中	
429	南軒 / 張敬夫 / 南軒張子	134, 214, 228, 283, 300, 323, 332, 422, 460, 471, 483, 561, 650, 705, 774, 860, 936, 974, 1002, 1020	장식(張栻, 1133~1180)	中	
430	張繹		장역(張繹, 1071~1108)	中	
431	張忠定	659	장영(張詠, 946~1015)	中	
432	莊定山昺 / 定山 / 昺	281, 282, 327	장영(莊昺, 1432~1498)	中	
433	張履祥		장이상(張履祥, 1611~1674)	中	
434	張子 / 橫渠 / 張子厚 / 橫渠先生	27, 33, 86, 96, 99, 114, 125, 139, 161, 175, 191, 201, 210, 225, 265, 270, 271, 294, 300, 306, 317, 329, 342, 355, 378, 384, 394, 430, 434, 436, 437, 438, 461, 469, 483, 500, 515, 521, 542, 551, 559, 569, 573, 579, 622, 627, 630, 655, 725, 751, 759, 760, 764, 766, 768, 783, 795, 796, 798, 802, 805, 806, 811, 812, 817, 832, 837, 852, 885, 886, 904, 906, 910, 921, 927, 937, 955, 956, 968, 973, 995, 996, 1000, 1001, 1019, 1021, 1022	장재(張載, 1020~1077)	中	
435	張在圭		장재규(張在圭, 1882~1977)	韓	
436	張志淵	480	장지연(張志淵, 1864~1921)	韓	
437	彦陵張氏		장진연(張振淵, ?~?)	中	
438	張元德	135, 416, 787, 830, 1015	장흡(張洽, 1161~1237)	中	
439	翟顥	673	적호(翟顥, 1736~1788)	中	
440	重睍		전구환(田九煥, ?~?)	韓	
441	田璣鎭	344	전기진(田璣鎭, 1889~1963)	韓	
442	木之	328, 339, 560, 727	전목지(錢木之, ?~?)	中	
443	全柄太		전병태(全柄太, ?~?)	韓	
444	臼山老生 / 華遯病叟 / 艮翁 / 艮齋 / 艮齋先生 / 臼山病生 / 潭 / 潭陽 / 田子明	25, 64, 76, 78, 149, 153, 154, 156, 158, 162, 176, 235, 450, 493, 550, 566, 586, 613, 655, 758, 768, 820, 919, 920, 993, 996, 1000, 1014-1016, 1019, 1022, 1025	전우(田愚, 1841~1922)	韓	

순번	자료집 표기	쪽수	이름	국적	비고
445	錢謙益	505	전익겸(錢謙益, 1582~1664)	中	
446	鎰精		전일정(田鎰精, 1898~?)	韓	
447	全祖望 / 全氏祖望	312, 633, 700, 714	전조망(全祖望, 1704~1755)	中	
448	性乃		전중환(田中煥, ?~?)	韓	
449	鄭子上	295, 305, 399, 424, 425, 725, 728, 729, 758, 847	정가학(鄭可學, 1152~1212)	中	
450	不憂軒		정극인(丁克仁, 1401~1481)	韓	
451	端蒙 / 程正思	292, 417, 468, 479, 482, 554, 592, 608, 625, 626, 820, 896, 904	정단몽(程端蒙, 1143~1191)	中	
452	丁大秀		정대수(丁大秀, 18821959)	韓	
453	鄭敦永		정돈영(鄭敦永, 1867~?)	韓	
454	圃隱	72, 343, 641	정몽주(鄭夢周, 1337~1392)	韓	
455	篁墩	66, 289, 290, 802, 933	정민정(程敏政, 1446~1499)	中	
456	鄭世永	816	정세영(鄭世永, 1872~1948)	韓	
457	絅齋		정연국(鄭然國, 1898~1971)	韓	
458	鄭禮殷		정예은(鄭禮殷, 1871~?)	韓	
459	鄭禮欽		정예흠(鄭禮欽, ?~?)	韓	
460	鄭子中		정유일(鄭惟一, 1533~1576)	韓	
461	鄭君祚	152, 154, 156	정윤영(鄭胤永, 1833~1898)	韓	
462	伊川 / 程子 / 程(二程)	50, 63, 213, 228, 239, 244, 264, 270, 273, 280-282, 285, 287, 294, 296, 325, 330, 339, 352, 375, 437, 441, 458, 478, 500, 503, 508, 512, 518, 535, 537, 545, 551, 557, 559, 578, 631, 636, 645, 656, 691, 693, 699, 748, 759, 766, 785, 826, 874, 885, 916, 926, 946, 997	정이(程頤, 1033~1107)	中	
463	鄭寅鉉	648	정인현(鄭寅鉉, 1868~?)	韓	
464	艾山鄭氏 / 鄭柏軒	1023, 1002, 1023	정재규(鄭載圭, 1843~1911)	韓	
465	宅新		정종엽(鄭鍾燁, 1885~1940)	韓	
466	秋巒	887	정지운(鄭之雲, 1509~1561)	韓	
467	窮村 / 鄭景由 / 鄭窮邨	138, 146, 187, 837	정찬휘(鄭纘輝, 1652~1723)	韓	
468	松江	62	정철(鄭澈, 1536~1593)	韓	
469	鄭憲泰		정헌태(鄭憲泰, 1894~1974)	韓	
470	鄭康成	650, 862	정현(鄭玄, 127~200)	中	
471	鄭衡圭		정형규(鄭衡圭, 1880~1957)	韓	

순번	자료집 표기	쪽수	이름	국적	비고
472	明道 / 程子 / 程(二程) / 伯子	39, 40, 60, 62, 64, 67, 96-98, 100, 114, 124, 126, 136, 156, 158, 159, 160, 163, 173-175, 178, 193, 203, 239, 244, 245, 258, 262, 264, 265, 268, 270, 273, 274, 277, 282, 283, 287-289, 291, 295, 297, 304, 308, 309, 314, 317, 322-324, 332, 333, 335, 340, 342, 343, 350-352, 373-375, 384, 386, 388, 419, 431, 433, 434, 436-438, 443, 445, 450, 454, 461-463, 465, 470, 472, 478, 480, 483, 491, 495, 498, 501, 503, 512, 515, 520, 521, 524, 526, 528, 530, 536, 541, 543, 545, 546, 550, 553-555, 557, 563, 568, 572, 578, 579, 589, 605, 620, 627, 632, 639, 640, 646, 651-653, 657, 661, 669, 672, 686, 693, 702, 705, 707, 708, 712, 715, 723, 725, 739, 740, 743-745, 748, 750-752, 754-759, 761, 762, 771, 779, 780, 788, 790, 794-796, 805-807, 809, 813, 827-829, 840, 844, 859, 860, 867, 871, 874, 886, 892, 899-902, 904, 906-908, 912, 916, 917, 922, 925, 927, 946, 955, 956, 961, 967, 972-974, 990-992, 995-1001, 1007, 1012, 1013	정호(程顥, 1032~1085)	中	
473	諸葛誠之		제갈천능(諸葛千能, ?~?)	中	
474	曹立之		조건(曹建, ?~?)	中	
475	靜菴 / 光祖	24, 25, 28, 34, 38, 43, 45, 48, 52, 57, 61, 65, 66, 72, 73, 75, 78, 84, 305, 343	조광조(趙光祖, 1482~1519)	韓	
476	趙復亨	525	조근(趙根, 1631~1690)	韓	
477	曺仲謹	997, 1007	조긍섭(曺兢燮, 1873~1933)	韓	
478	曹月川	242, 340, 730, 871, 901, 914	조단(曹端, 1376~1434)	中	
479	趙大男	47	조대남(趙大男, ?~?)	韓	
480	月川	731, 871	조목(趙穆, 1524~1606)	韓	
481	肅齋 / 三溪	154, 156, 545, 676, 757	조병덕(趙秉悳, 1800~1870)	韓	
482	趙致道	93, 111, 990	조사하(趙師夏, ?~?)	中	
483	趙子直	559	조상우(趙相愚, 1640~1718)	韓	
484	趙成卿	593, 609, 896	조성기(趙聖期, 1638~1689)	韓	
485	曹陶菴	473	조속조(曹續祖, ?~?)	中	
486	曺南冥 / 南冥	938, 942, 1007, 1008	조식(曺植, 1501~1572)	韓	
487	趙申喬	536	조신교(趙申喬, 1644~1720)	中	

순번	자료집 표기	쪽수	이름	국적	비고
488	趙子欽 / 復齋先生		조언숙(趙彦肅, ?~?)	中	
489	趙德淵	694	조여엽(趙與燁, ?~?)	中	
490	趙餘干	647	조여우(趙汝愚, 1140~1196)	中	
491	趙完燁		조완엽(趙完燁, ?~?)	韓	
492	趙翼	632	조익(趙翼, 1579~1655)	韓	
493	趙成汝(趙氏 / 成汝 / 趙某)	24, 393, 483, 485, 489, 664,	조장섭(趙章燮, ?~?)	韓	
494	操 / 阿瞞 / 曹操	37, 313, 440, 503, 509, 654, 661, 759, 842, 997	조조(曹操, 155~220)	中	
495	刁包		조포(刁包, 1603~1669)	中	
496	趙瀚奎		조한규(趙瀚奎, 1887~1957)	韓	
497	重峯	152	조헌(趙憲, 1544~1592)	韓	
498	周子 / 濂 / 濂溪 / 濂翁	24, 73, 78, 137, 159, 173, 237, 244, 270, 306, 312, 317, 319, 413, 458, 461, 502, 545, 549, 575, 576, 628, 631, 636, 641, 650, 651, 721, 722, 724, 726, 727, 732, 734, 749, 754, 774, 798, 808, 841, 848, 849, 861, 883, 916, 926, 1000	주돈이(周敦頤, 1017~1073)	中	
499	謨 / 周舜弼	417, 448, 580, 650, 669, 731, 733, 734, 765	주모(周謨, 1141~1202)	中	
500	周密	481	주밀(周密, 1232~1298)	中	
501	周秉中	689	주병중(周秉中, 1738~1801)	中	
502	愼齋	58, 150	주세붕(周世鵬, 1495~1554)	韓	
503	朱子 / 晦菴 / 考亭 / 朱夫子 / 晦翁 / 紫陽	24, 27, 30, 34, 36-38, 43, 51, 59, 64, 68, 70, 72-76, 78, 86, 93-96, 98-103, 111-114, 124-128, 133-142, 145, 146, 149-151, 156-162, 167, 169, 174-176, 181, 182, 186, 187, 191-194, 201-203, 205, 209-213, 224-226, 228, 230, 233, 235, 237, 241-245, 247, 262, 263, 265, 268-271, 274, 277-284, 286-298, 300, 302, 304, 307, 314, 317, 317-319, 321-327, 329, 331, 332, 337, 339-344, 346, 347, 350-358, 373-380, 383-386, 388, 389, 391, 397, 399, 403, 404, 407, 408, 410, 411, 413, 416-422, 424, 425, 427-443, 445, 447-455, 457, 458, 460-472, 474, 476-481, 483-488, 490-493, 496-505, 507-515, 517-522, 524-530, 532-534, 537, 541-547, 549, 550, 553-561, 564, 568, 569, 573, 575, 576, 578,	주희(朱熹, 1130~1200)	中	

순번	자료집 표기	쪽수	이름	국적	비고
		579, 585, 586, 589-595, 605-611, 617, 619-623, 625-631, 634, 635, 637-639, 642, 645, 646, 648-653, 655-657, 659-661, 664, 665, 668-679, 681-684, 690-694, 696-698, 702-710, 712, 713, 722-735, 739-745, 747-756, 758-792, 794-799, 802, 804-806, 808-818, 820, 822-834, 836-842, 845, 847, 849-853, 857-860, 862, 863, 866-875, 877, 881-883, 885-889, 891, 892, 894-902, 904, 906-917, 919-922, 925, 926, 928, 931, 933, 936-939, 945, 946, 951, 955-957, 961-976, 980, 981, 987, 990-998, 1000-1003, 1005, 1007, 1009, 1012-1023, 1025, 1026			
504	曾南豐	948	증공(曾鞏, 1019~1083)	中	
505	曾宅之 / 曾擇之	485	증조도(曾祖道, ?~?)	中	
506	陳正己		진강(陳剛, ?~?)	中	
507	陳淸瀾	691	진건(陳建, 1479~1567)	中	
508	枅	658, 777, 778, 792	진계(陳枅, ?~?)	中	
509	陳衛道	701	진공(陳鞏, ?~?)	中	
510	三山陳氏 / 膚仲	700	진공석(陳孔碩, ?~?)	中	
511	陳了翁 / 陳忠肅	276, 289, 632, 633, 644, 701	진관(陳瓘, 1057~1124)	中	
512	陳大士	708	진대사(陳大士, ?~?)	中	
513	西山 / 眞 / 眞西山	294, 300, 471, 543, 636, 805, 990	진덕수(眞德秀, 1178~1235)	中	
514	陳同甫 / 同甫 / 龍川	313, 323, 635	진량(陳亮, 1143~1194)	中	
515	陳定宇	740, 763	진력(陳櫟, 1252~1334)	中	
516	陳才卿 / 文蔚	430, 564, 706, 845, 1016	진문울(陳文蔚, 1154~1232)	中	
517	陳止齋 / 君擧	323, 942	진부량(陳傅良, 1137~1203)	中	
518	陳左丞	659	진서(陳恕, 946~1004)	中	
519	陳北溪 / 淳 / 陳安卿	98, 124, 160, 241, 268, 285, 343, 347, 351, 375, 399, 429, 448, 462, 468, 472, 486, 556, 586, 594, 610, 630, 669, 671, 684, 714, 727, 731, 739, 740, 763, 764, 767, 774, 828, 829, 841, 847, 897, 913, 1015	진순(陳淳, 1159~1223)	中	
520	陳器之	424	진식(陳埴, ?~?)	中	
521	陳白沙 / 白沙	69, 100, 126, 281, 623, 624, 887, 964	진헌장(陳獻章, 1428~1500)	中	
522	檜 / 秦 / 秦檜 / 陳	150, 164, 281, 290, 298, 300, 310, 313, 323, 332, 441, 453, 623, 631, 689, 702, 715, 818, 867	진회(秦檜, 1090~1155)	中	

순번	자료집 표기	쪽수	이름	국적	비고
523	陳塤	821	진훈(陳塤, 1197~1241)	中	
524	淸凉	239	징관(澄觀, 738~839)	中	
525	蔡伯諧	150	채옹(蔡邕, 133~192)	中	
526	蔡西山 / 季通	357, 380, 497, 655, 818, 834, 852	채원정(蔡元定, 1135~1198)	中	
527	蔡攸	637	채유(蔡攸, 1077~1126)	中	
528	鳳巖	776	채지홍(蔡之洪, 1683~1741)	韓	
529	蔡虛齋	453, 511, 684, 707, 759, 809	채청(蔡淸, 1453~1508)	中	
530	蔡九峯	546, 842	채침(蔡沈, 1167~1230)	中	
531	詹阜民	827	첨부민(詹阜民, ?~?)	中	
532	焦竑	473	초횡(焦竑, 1541~1620)	中	
533	崔大洙		최대수(崔大洙, 1870~?)	韓	
534	佐卿		최돈항(崔燉恒, ?~?)	韓	
535	崔秉心		최병심(崔秉心, 1874~1957)	韓	
536	崔相文		최상문(崔相文, 1877~?)	韓	
537	崔銑	266, 997	최선(崔銑, 1478~1541)	中	
538	鶴菴 / 崔鶴菴	486, 507, 523, 909	최신(崔愼, 1642~1708)	韓	
539	崔愿		최원(崔愿, 1896~1943)	韓	
540	崔益翰雲擧	1023	최익한(崔益翰, 1897~?)	韓	
541	勉菴 / 崔贊謙	580	최익현(崔益鉉, 1833~1906)	韓	
542	崔鍾和		최종화(崔鍾和, 1859~1918)	韓	
543	梅峯	776	최징후(崔徵厚, ?~?)	韓	
544	崔孝習	613	최효습(崔孝習, 1874~?)	韓	
545	鄒應博	690	추응박(鄒應博, ?~?)	中	
546	元武宗	641	카이산(qايσαη, 1281~1311)	蒙	
547	彭氏隴	475	팽롱(彭隴, ?~?)	中	
548	定求	475	팽정구(彭定求, 1645~1719)	中	
549	包敏道		포손(包遜, 1152~?)	中	
550	彪德美	561	표거정(彪居正, ?~?)	中	
551	馮道	314, 659	풍도(馮道, 882~954)	中	
552	馮作肅	497	풍윤중(馮允中, ?~?)	中	
553	河聖洛		하우식(河祐植, 1875~1943)	韓	
554	何叔京	1015	하호(何鎬, 1128~1175)	中	
555	韓魏公	300, 482	한기(韓琦, 1008~1075)	中	
556	韓德鍊		한덕련(韓德鍊, 1881~1956)	韓	

순번	자료집 표기	쪽수	이름	국적	비고
557	希殷		한서교(韓序教, 1843~1930)	韓	
558	韓立軒	690, 815	한운성(韓運聖, 1802~1863)	韓	
559	南塘 / 韓文純公 / 德昭	75, 90, 211, 213, 226, 227, 269, 448, 488, 523, 626, 654, 662, 669, 670, 679, 697, 707, 709, 710, 756, 759, 761, 766, 775, 777-781, 783, 785, 798, 817, 929	한원진(韓元震, 1682~1751)	韓	
560	韓退之 / 韓文 / 韓子 / 韓侍郎	274, 545, 546, 652, 756, 764	한유(韓愈, 768~824)	中	
561	韓希甯	259, 450	한유(韓愉, 1868~1911)	韓	
562	韓侂胄	637	한탁주(韓侂胄, 1152~1207)	中	
563	韓景春		한회선(韓晦善, 1846~1923)	韓	
564	東陽	695	허겸(許謙, 1270~1337)	中	
565	許敬菴	701	허부원(許孚遠, 1535~1604)	中	
566	許師可		허사가(許師可, 1235~1265)	中	
567	魯齋 / 許文正 / 許平仲 / 許衡	152, 314, 331, 518, 532, 637-939	허형(許衡, 1209~1281)	中	
568	嵇紹	476, 477	혜소(嵇紹, 253~304)	中	
569	胡敬齋 / 敬齋	100, 126, 283, 459, 534, 811, 991	호거인(胡居仁, 1434~1484)	中	
570	五峯	93, 111, 300, 432, 468, 512, 515, 534, 751, 812, 1020	호굉(胡宏, 1106~1161)	中	
571	胡紘	637	호굉(胡紘, 1137~1203)	中	
572	胡季隨	483, 1023	호대시(胡大時, ?~?)	中	
573	胡伯逢	337, 889	호대원(胡大原, ?~?)	中	
574	雲峯 / 胡氏	98, 124, 141, 277, 279, 653, 680, 684, 695, 712, 713, 839, 945, 999	호병문(胡炳文, 1250~1333)	中	
575	胡廣仲	337, 889	호실(胡實, 1136~1173)	中	
576	胡康侯 / 胡公 / 胡文定 / 康侯 / 胡子	149, 150, 152, 153, 318, 469, 535, 637, 678,	호안국(胡安國, 1074~1138)	中	
577	泳 / 伯諒	328, 352, 375, 454, 456, 649, 682, 829	호영(胡泳, 1138~1175)	中	
578	胡致堂	315, 535	호인(胡寅, 1098~1156)	中	
579	洪汝章	634	홍대심(洪大心, 1837~1877)	韓	
580	洪大徵	24, 75, 78	홍대징(洪大徵, ?~?)	韓	
581	文朽 / 晩柏 / 晩柏堂		홍이우(洪理禹, 1795~1879)	韓	
582	洪在龜	152, 153	홍재구(洪在龜, 1845~1898)	韓	
583	洪在碩		홍재석(洪在碩, ?~?)	韓	

순번	자료집 표기	쪽수	이름	국적	비고
584	梅山 / 梅翁	151, 155, 163, 178, 269, 270, 281, 284, 329, 487, 535, 545, 638, 654, 757	홍직필(洪直弼, 1776~1852)	韓	
585	勉齋 / 直卿 / 黃文肅公 / 榦	76, 95, 113, 135, 158, 275, 296, 325, 341, 342, 350, 374, 462, 470, 478, 488, 489, 492, 497, 501, 520, 522, 547, 579, 580, 619, 628, 635, 670, 707, 728, 729, 733, 766, 804, 818, 820, 828, 859, 861, 936, 971, 975, 1002	황간(黃榦, 1152~1221)	中	
586	黃瓊奎	648	황경규(黃瓊奎, ?~?)	韓	
587	黃洵饒	681	황관(黃寬, ?~?)	中	
588	黃正宥 / 黃靜有		황병중(黃炳中, ?~?)	韓	
589	黃鳳立		황봉립(黃鳳立, 1858~?)	韓	
590	士毅 / 子洪	860, 930	황사의(黃士毅, ?~?)	中	
591	㽦 / 黃子耕	425, 443, 460, 476, 488, 489, 501, 503, 529, 565, 626, 722, 729, 731, 740, 792, 793, 815, 845, 1017	황순(黃㽦, 1150~1212)	中	
592	升卿	655, 832, 852	황승경(黃升卿, ?~?)	中	
593	字薇香, 号儆居	689	황식삼(黃式三, 1789~1862)	中	
594	義剛	323, 556, 590, 607, 705, 710, 711, 762, 863, 881, 894	황의강(黃義剛, ?~?)	中	
595	孟達		황재삼(黃在三, ?~?)	韓	
596	黃啓陽 / 啓陽	448, 534, 883, 906	황종복(黃鍾復, 1858~?)	韓	
597	黃宗賢		황종현(黃宗賢, ?~?)	中	
598	黃宗羲	188, 281, 298, 319, 329, 521, 634, 637, 723-725, 790, 826, 827, 851	황종희(黃宗羲, 1610~1695)	中	
599	黃慈溪(東發)	633, 752	황진(黃震, 1213~1280)	中	
600	黃瓚奎		황찬규(黃瓚奎, 1880~?)	韓	
601	黃文叔		황탁(黃度, 1138~1213)	中	
602	卓	355, 378, 655, 852	황탁(黃卓, ?~?)	中	
603	黃商伯	739	황호(黃灝, ?~?)	中	
604	亨文	511	형문(亨文, ?~?)	韓	

감절(甘節, ?~?)(中)

중국 남송의 학자. 자는 길보(吉父 / 吉甫)이다. 주희의 문인이다. 『주자어류』에 1193년 이후에 감절이 기록한 약 300조목의 어록이 있고, 『주자대전』권62에 주희의 답서 2통이 있다. ☞ 甘吉父

강경희(姜敬熙, ?~?)(韓)

자는 성문(聖文)이다. 소휘면의 문인이다. ☞ 姜敬熙 / 聖文

강맹희(姜孟熙, 1896~?)(韓)

자는 승삼(承三)이다. 전우의 문인이다. ☞ 姜孟熙

강묵(江默, ?~?)(中)

중국 송대의 관리, 학자. 건녕 현령을 지냈다. ☞ 江德功

경정향(耿定向, 1524~1596)(中)

중국 명대의 관리, 학자. 자는 재륜(在倫), 호는 초동(楚侗), 시호는 공간(恭簡)이다. 양명학에 뿌리를 두어 양지현성설(良知現成說)을 주장했으며, 만년에 천태산(天台山)에서 강학하여 천태선생으로 불렸다. 장거정(張居正)을 칭송하다 사직했고, 이지(李贄)와는 생각이 달라 서로 미워하였다. 문집으로 『경천태문집(耿天台文集)』이 있다. ☞ 耿天臺

계본(季本, 1485~1563)(中)

중국 명대의 학자. 왕수인의 영향을 받아 주륙절충적 입장을 보이며, 『근사록』을 본떠, 『설리회편』을 저술하였다. ☞ 季本

고반룡(高攀龍, 1562~1626)(中)

중국 명대의 관리, 학자. 자는 운종(雲從) 또는 존지(存之), 호는 경일(景逸), 시호는 충헌(忠憲)이다. 스승 고헌성을 도와 동림학파를 일으켜 '고고(顧高)'로 병칭되었다. 동림서원에서 주자학을 가르치며, '실학'을 제창하고 환관들과 대립하였다. 위충현의 동림당 탄압 때 자살하였다. 문집으로 『고자유서』가 있다. ☞ 高景逸

고재붕(高在鵬, 1869~1936)(韓)

자는 윤거(允擧)이고, 호는 익재(翼齋)이다. 전우의 문인이다. 「유서석기」가 전한다. ☞ 高在鵬

고제규(高濟奎, ?~?)(韓)

전우의 문인이다. ☞ 高濟奎

고헌성(顧憲成, 1550~1612)(中)

중국 명대의 관리, 학자. 자는 숙시(叔時), 호는 경양(涇陽), 시호는 단문(端文)이다. 동생 고윤성과 함께 양시가 강학했던 동림서원을 수리하고, 고반룡, 전일본 등과 강학하면서 현실 정치를 비판하여 동림당의 영수가 되었다. 문집으로 『고단문유서』가 있다.　　　　　　　　　☞ 顧涇陽

공문중(孔文仲, 1038~1088)(中)

중국 북송의 관리, 학자. 자는 경보(經父)이다. 공자의 47대손이다. 왕안석의 신법을 반대하고, 시문 개혁 운동에 적극 참여하였다. 소식과 사이가 좋았고, 정이를 미워하였다. 세 형제가 문장으로 이름을 날려 "임강3공(臨江三孔)"으로 불렸고, 공동 문집으로 『삼공선생청강문집』을 남겼다　　☞ 孔文仲

공연지(孔延之, 1013~1074)(中)

중국 북송의 관리, 학자. 자는 장원(長源)이다. 공자의 46대손이다. 평생 주돈이와 교유하였다. 광서에서는 백성을 구제하는 데 힘썼고, 형호북로에서는 형옥을 점검하였다. 아들 셋이 문장으로 이름을 날려 "임강3공(臨江三孔)"으로 불렸다.　　　　　　　　　　　　☞ 孔延之

공풍(龔豐, 1148~1217)(中)

중국 남송의 관리, 학자. 자는 중지(仲至), 호는 율재(栗齋)이다. 임안현의 지사를 지냈고, 좌장고 제할로 마쳤다. 주희와 교유하였으며, 섭적이 묘명을 지었다.　　　　　　　☞ 龔豐

곽옹(郭雍, 1106~1187)(中)

중국 남송의 학자, 의학가. 자는 자화(子和), 호는 백운(白雲)선생이다. 곽충효의 아들로, 가학으로 역학을 계승하고, 의학 관련 저술도 많다. 평생 섬주 장양산에 은거하여, 조정에서 "충회처사"란 호를 하사하고, "이정선생"에 봉했다. 저서로 『곽씨전가역설』과 『상한보망론』 등이 있다.　　☞ 郭子和

곽종석(郭鍾錫, 1846~1919)(韓)

자는 명원(鳴遠), 호는 면우(俛宇)이다. 이진상의 문인이다. 음보로 출사하였고, 1905년 을사늑약이 체결되자 조약의 폐기와 매국노의 처단을 요구하였다. 1910년 국권 침탈 후 은거하다가 1919년 3·1운동이 일어나자 전국 유림의 궐기를 호소하고, 김창숙 등과 파리 장서 사건을 주도하였다. 문집으로 『면우집』이 있다. 1963년 건국훈장 독립장이 추서되었다.　　　　　　☞ 茶田 / 郭俛宇

곽충효(郭忠孝, ?~1128)(中)

중국 남송의 관리, 학자. 자는 입지(立之), 호는 겸산(兼山)이다. 이정(二程)의 문인이다. 금나라와의 화의를 배격하고, 전수(戰守) 방책을 올렸다. 금나라가 영흥에 침입했을 때 성을 지키다 죽었다.　　　　　　　　　　　　　　☞ 郭立之 / 兼山

곽태(郭泰/太, 128~169)(中)

중국 후한의 학자. 지는 임종(林宗)이다. 높은 학문과 덕으로 명성이 경사에 자자했고, 향리에 우거하여 제자를 가르칠 때는 그 수가 수천에 달했다. 인물 품평을 잘했고, 외척이나 환관에 절조를 굽히지 않았으나, 언행이 신중하여 당고(黨錮)의 화를 면할 수 있었다. ☞ 郭有道

구사량(仇士良, 781~843)(中)

중국 당대의 환관, 권신. 자는 광미(匡美)다. 순종, 헌종, 문종 등을 거치며 각종 벼슬을 역임하였다. 감로사변(甘露事變) 이후 세력을 잡았고, 이후 방자해져 20여 년 동안 두 명의 왕과 한 명의 왕비, 네 명의 재상을 살해했다. ☞ 仇士良

구양덕(歐陽德, 1496~1554)(中)

중국 명대의 관리, 학자. 자는 숭일(崇一), 호는 남야(南野), 시호는 문장(文莊)이다. 왕수인에게 수학하고, 나흠순을 비판하여 지각(知覺)과 양지(良知)가 같지 않음을 주장하였다. 1523년 출사하여 예부상서(禮部尙書)에 올랐으며, 용진서원(龍津書院)을 세우고 강학했다. 서계(徐階), 섭표(聶豹), 정문덕(程文德)과 함께 대학자로서의 명망이 있었다. 문집으로 『구양남야선생문집(歐陽南野先生文集)』이 있다. ☞ 歐陽德

구양수(歐陽脩, 1007~1072)(中)

중국 북송의 문인, 정치가. 자는 영숙(永叔), 호는 취옹(醉翁), 시호는 문충(文忠)이다. 한유의 영향을 받아 시문 혁신론을 주장하고, 범중엄, 한기 등과 관료사회 일신에 기여하였으며, 붕당론을 주장하였다. 1067년 왕안석의 신법에 반대하여 관직에서 물러났다. 문집으로 『구양문충공집』이 있다. ☞ 六一翁

구조오(仇兆鼇, 1638~1717)(中)

중국 명말청초의 학자. 자는 창주(滄柱), 호는 지기자(知幾子)이다. 황종희와 교유하였으며, 저서로 『두시상주(杜詩詳注)』가 유명하고, 『주역참동계』 및 『오진편』을 집주하였다. ☞ 仇滄柱

구준(丘濬, 1420~1495)(中)

중국 명대의 관리, 학자. 자는 중심(仲深), 호는 심암(深菴) 또는 경산(瓊山), 시호는 문장(文莊)이다. 주자학자로서 시폐(時弊)를 직언하여 황제를 잘 보필하였고, 예학(禮學)과 전고(典故)에도 밝아 『대학연의보(大學衍義補)』, 『가례의절(家禮儀節)』 등을 지었다. ☞ 文莊 / 丘瓊山 / 丘氏

권경희(權暻熙, ?~?)(韓)

『간재집』에 전우의 편지가 있다. ☞ 權暻熙 / 稚昫

권구환(權球煥, ?~?)(韓)

조면규의 사위이다.[1] 『간재집』에 전우의 편지가 있다.　　　　　　　☞ 權球煥 / 應現

권근(權近, 1352~1409)(韓)

초명은 진(晉), 자는 가원(可遠) 또는 사숙(思叔), 호는 양촌(陽村) 또는 소오자(小鳥子), 시호는 문충(文忠)이다. 고려 공민왕대에 출사하였으나, 조선 창업 후 태조의 부름에 응하였다. 고려말 석학들과 주자학을 연구하였고, 새 왕조의 학문을 진흥시켰다. 저술에 『입학도설』과 『오경천견록』이 있고, 『불씨잡변』 등을 주석하였다. 문집으로 『양촌집』이 있다.　　　　　　　☞ 權陽村

권대환(權大煥, ?~?)(韓)

자는 응천(應天)이다. 송병순, 전우 등과 교유하였다.　　　　　　　☞ 權大煥 / 應天

권덕만(權德晚, ?~?)(韓)

자는 윤만(潤萬), 호는 염노정(念老亭)이다. 전우의 문인이다. 전우의 편지 및 전우가 지어준 「염노정기」가 『간재집』에 있다.　　　　　　　☞ 權德晚 / 潤萬

권명희(權命熙, ?~?)(韓)

자는 공립(公立), 호는 삼외재(三畏齋)이다. 송병선의 문인이다. 송병순, 허유 등과도 교유했다.

☞ 權命熙 / 公立

권병순(權秉淳, ?~?)(韓)

자는 화숙(和叔)이다. 전우와 교유하였다.　　　　　　　☞ 權秉淳 / 和叔

권봉희(權鳳熙, 1837~1902)(韓)

자는 성강(聖岡), 호는 석오(石梧)이다. 1893년 시폐에 대해 상소한 후 유배되었다. 최익현, 정재규, 전우 등과 교유하였다.　　　　　　　☞ 權鳳熙 / 聖岡

권상원(權相元, 1862~1937)(韓)

『병암집』권2에 「看郭氏(鍾錫)答權相元書」(자료집 목록 참조)가 있다.　　　　　　　☞ 權相元

---

1) 『면우집』권152, 묘표, 「學生咸安趙公墓表(戊申)」 참조.

권상유(權尙游, 1656~1724)(韓)

자는 계문(季文) 또는 유도(有道), 호는 구계(癯溪), 시호는 정헌(正獻)이다. 맏형 권상하에게서 글을 배우다가 뒤에 송시열의 문하에서 수학하였다. 윤휴와 박세당을 공박하여 김창협의 칭찬을 들었다. 경연에서 호족과 궁장의 문제를 지적하고 군제 개혁을 주장하였다. 신임사화로 문외 출송되었다가 풀려났으나 향리로 돌아가 여생을 마쳤다. ☞ 權癯溪 /癯溪

권상하(權尙夏, 1641~1721)(韓)

자는 치도(致道), 호는 수암(遂菴) 또는 한수재(寒水齋), 시호는 문순(文純)이다. 송시열, 송준길의 문인이다. 송시열의 임종을 지키고, 유명에 따라 괴산 화양동에 만동묘와 대보단을 세웠다. 문하에서 강문8학사가 배출되었는데, 이중 한원진과 이간 사이에서 인성(人性)과 물성(物性)을 두고 논변이 벌어지자 한원진의 논리에 동조하였다. 문집으로 『한수재집』이 있다. ☞ 遂菴 / 權文純公

권순명(權純命, 1891~1974)(韓)

자는 고경(顧卿), 호 양재(陽齋)이다. 전우의 문인이다. 경술국치 이후 전우를 따라 섬을 돌며 15년 동안 공부하여 "화도주석(華島柱石)"이라고 불렸다. 전우의 문집』예설』연보』척독 등을 편집, 출간하다가 일본 경찰에 붙잡혔다. 문집으로 『양재집』이 있다. ☞ 權純命

권시(權諰, 1604~1672)(韓)

자는 사성(思誠), 호는 탄옹(炭翁)이다. 1649년 효종 즉위 뒤 출사했다. 1660년 예송에서 윤선도를 지지했다가 서인의 탄핵으로 파직되어 낙향하였다. 문집으로 『탄옹집』이 있다. ☞ 權思誠

권응선(權膺善, 1835~?)(韓)

자는 학여(學汝)이다. 1864년 출사하여 요직을 거치고 1894년에는 사헌부대사헌에 올라 갑신정변 주모자의 처리를 맡았다. 주로 외교와 학술을 관장하는 부서의 관리로 활동했다. ☞ 權膺善

권필(權韠, 1569~1612)(韓)

자는 여장(汝章), 호는 석주(石洲)이다. 정철의 문인이고, 허균의 친우였다. 임진왜란 때 주전론을 주장하고, 임진왜란 이후 강화부에 석주초당을 열어 후학을 양성하였다. 광해군 초에 궁류시(宮柳詩)를 지어 척족의 전횡을 풍자하다 친국을 받고 귀양길에 올랐다 죽었다. 이안눌과 함께 당대 최고 시인으로 평가받았다. 문집으로 『석주집』이 있다. ☞ 權韠 / 石洲

기대승(奇大升, 1527~1572)(韓)

자는 명언(明彦), 호는 고봉(高峯) 또는 존재(存齋), 시호는 문헌(文憲)이다. 1558년 문과에 응시하기 위하여 서울로 가던 중 김인후』이항 등을 만나 태극설을 이야기 하고, 1559년 이황이 수정한 정지운의

「천명도설」을 보고 이견을 제시해, 1566년까지 사단과 칠정에 관해 서신 토론하였다. 저서로 『논사록』, 『주자문록』 등이 있고, 문집으로 『고봉집』이 있다. ☞ 奇高峯

기윤(紀昀, 1724~1805)(中)

중국 청대 실학자. 자는 효람(曉嵐) 또는 춘범(春帆), 호는 석운(石雲), 시호는 문달(文達)이다. 1773년부터 『사고전서』 찬수의 총 책임자로 10여 년 간 종사하며, 『사고전서총목제요』 200권을 집필하였다. 문집으로 『기문달공유집』이 있다. ☞ 紀勻[2]

기정진(奇正鎭, 1798~1879)(韓)

자는 대중(大中), 호는 노사(蘆沙), 시호는 문간(文簡)이다. 1862년 「임술의책」에서 삼정(三政)의 폐단을 지적하고 이를 바로잡을 방책을 제시하려 하였고, 1866년에는 서양세력의 침략을 염려하여 「병인소」를 올렸다. 철학적으로는, 리(理) 중심의 독창적 이론 체계를 구축한 것으로 평가받는다. 「납량사의」와 「외필」을 저술하였고, 문집으로 『노사집』이 있다. ☞ 蘆沙 / 奇氏

기홍연(奇弘衍, 1828~1898)(韓)

자는 경도(景道), 호는 용산(龍山)이다. 기정진의 문인이다. 「사도책」을 지어 교육 및 과거제의 개혁을 촉구하였다. 저술에 『주서표기』가 있고, 문집으로 『용산유고』가 있다. ☞ 奇景道

김간(金榦, 1646~1732)(韓)

자는 직경(直卿), 호는 후재(厚齋), 시호는 문경(文敬)이다. 박세채·송시열의 문인이다. 『동유예설』을 편찬하고, 각종 차기(箚記)와 『동몽학규』·『거향계사』·『사제록』 등을 저술하였다. ☞ 金厚齋

김거위(金去僞, ?~?)(中)

중국 남송의 학자. 자는 경직(敬直), 초창(草窓)선생으로 불렸다. 주자의 문인이다. 『주자어류』에 김거위가 1175년 이후에 기록한 약 100조목의 어록이 있다. ☞ 去僞

김건주(金建周, 1861~?)(韓)

자는 성장(聖章), 호는 하근재(下根齋)이다. 전우의 문인이다. ☞ 金建周

김관수(金觀洙, ?~?)(韓)

울산 사람이다. 전우가 '벗[友]'으로 지칭했다. ☞ 金觀洙 / 光國

---

2) 조선 경종의 휘 윤(昀)을 피하여 균(勻)으로 쓴다.

김굉필(金宏弼, 1454~1504)(韓)

자는 대유(大猷), 호는 사옹(簑翁) 또는 한훤당(寒暄堂), 시호는 문경(文敬)이다. 김종직에게서 배웠으며, 스스로 "소학동자"라고 하였다. 1494년 유일(遺逸)로 천거되어 출사하였다. 1498년 무오사화로 평안도 희천에 유배되었으며, 조광조를 만나 학문을 전수하였다. 1504년 갑자사화 때 처형되었다. 1610년 문묘에 배향되었고, 문집으로 『한훤당집』이 있다.　　☞ 寒暄 / 寒暄先生 / 寒暄堂 / 金文敬公

김교윤(金敎潤, 1856~?)(韓)

자는 수겸(修謙), 호는 수당(秀堂)이다. 김택삼의 아들이고, 전우의 문인이다.　　☞ 金敎潤

김구락(金龜洛, 1897~1975)(韓)

자는 소련(巢蓮), 호는 백파(白坡)이다. 전우의 문인이다. 문집으로 『백파사고』가 있다.　　☞ 金龜洛

김기중(金璂重, 1862~?)(韓)

자는 성옥(聖玉), 호는 지재(止齋)이다. 전우의 문인이다. 문집으로 『지재집』이 있다.　　☞ 金璂重

김낙현(金洛鉉, 1817~1892)(韓)

자는 정여(定汝), 호는 계운(溪雲), 시호는 문경(文敬)이다. 김장생의 후손으로, 유화환의 문인이다. 1859년 진사시에 합격하고 음보로 출사하여 벼슬이 대사헌에 이르렀다. 문집으로 『계운유고』가 있다.　　☞ 金洛鉉 / 溪雲金丈

김달(金達, 1883~1960)(韓)

자는 경삼(景三), 호는 덕암(德巖)이다. 전우의 문인이다. 1922년 일제의 호적령에 반대하여 호적을 거부하다 체포, 수감되었다. 1943년 향리에서 서당을 열고 후진을 양성하였다.　　☞ 金達

김만수(金萬壽, 1823~1904)(韓)

자는 체일(體一), 호는 경산(景山)이다. 안아산의 문인이다. 문집으로 『경산집』이 있다.　　☞ 金萬壽 / 混泉

김매순(金邁淳, 1776~1840)(韓)

자는 덕수(德叟), 호는 대산(臺山), 시호는 문청(文淸)이다. 1795년 정시문과에 급제하여 초계문신이 되었고, 1821년 강화유수를 역임하였다. 여한 10대가의 한 사람으로 꼽히며, 호락논쟁에서 낙론을 지지하였다. 저서로 『대산공이점록』, 『주자대전차문목표보』, 『열양세시기』 등이 있고, 문집으로 『대집』이 있다.　　☞ 臺山

김민환(金旻煥, 1824~1883)(韓)

자는 사인(士仁), 호는 용암(勇菴)이다. 임헌회의 문인이다. 저술에 「통사문답」, 「중국학통」, 「성설」이 있고, 문집으로 『용암집』이 있다. 1904년 중학교관에 추서되었다. ☞ 金旻煥 / 道成齋

김병주(金炳周, 1869~?)(韓)

호는 위재(危齋), 자는 중문(仲文)이다. 전우의 문인이다. ☞ 金炳周

김병창(金炳昌, ?~?)(韓)

자는 염조(念祖), 호는 미산(薇山)이다. 김창흡의 후손으로, 조명희의 문인이다. ☞ 鳳岫金丈

김복한(金福漢, 1860~1924)(韓)

자는 원오(元吾), 호는 지산(志山)이다. 1890년 음직으로 출사하여 서연에 참여하고, 1892년 경시에 급제하였으며, 1894년 우부승지에 올랐다. 갑오변란 후 낙향하고, 1895년 홍주에서 을미의병을 일으켰다. 1905년에도 을사늑약에 반대하는 상소를 올리고 의병을 일으켰다. 1919년 파리 장서 사건을 주도하고, 석방 이후 인도공의소를 설립하는 등 유교 윤리 부식 활동을 하였다. 1963년 건국훈장 독립장이 추서되었다. ☞ 金福漢 / 元五

김부륜(金富倫, 1531~1598)(韓)

자 돈서(惇敍), 호 설월당(雪月堂)이다. 이황의 문인이다. 1580년부터 관직에 나갔다. 1592년 임진왜란이 일어나자 가산을 털어 향병(鄕兵)을 도왔고, 봉화 원이 도망가자 관찰사의 격문에 의해 봉화성을 지켰다. 이후 봉화 현감이 되어 1년간 선정을 베풀었다. 문집으로 『설월당집』이 있다. ☞ 金惇敍

김사민(金思珉, 1858~?)(韓)

자는 희언(希彦)이다. 전우의 문인이다. ☞ 金思珉

김사우(金思禹, 1857-1907)(韓)

자는 인보(仁父), 호는 용암(勇菴)이다. 전우의 문인이다. 문집으로 『용암집』이 있다.

☞ 金思禹 / 勇菴 / 仁父 / 金仁父

김상진(金相進, 1736~1811)(韓)

자는 사달(士達), 호는 탁계(濯溪)이다. 김원행의 문인이다. 저술에 「예설잡지」, 「경전경의」, 「미강어록」 등이 있고, 문집으로 『탁계집』이 있다. ☞ 金濯溪

김석린(金錫麟, ?~?)(韓)

『간재집』에 전우의 편지가 있다. ☞ 金錫麟

김성욱(金聲煜, 1868~?)(韓)

자는 공률(公律)이다. 전우의 문인이다. ☞ 金聲煜

김성일(金誠一, 1538~1593)(韓)

자는 사순(士純), 호는 학봉(鶴峯)이다. 이황의 문인이다. 1567년 대과에 합격하고, 1579년 사헌부 장령이 되어 전상호(殿上虎)로 불렸고, 1590년 통신사로 일본에 다녀와 왜침이 없을 것이라고 했다. 왜란 발발후 경상도에 초유사로 나가 의병을 모으고 관군과 협력할 수 있게 했으며, 경상도 관찰사가 되어 김시민을 도왔다. 저서로『해사록』,『상례고증』이 있고, 문집으로『학봉집』이 있다. ☞ 鶴峯

김성하(金性夏, 1875~?)(韓)

자는 태형(泰亨)이다. 전우의 문인이다. ☞ 金性夏

김수항(金壽恒, 1629~1689)(韓)

자는 구지(久之), 호는 문곡(文谷), 시호는 문충(文忠)이다. 1651년에 출사하여 1655년 사가독서하고 1672년 우의정과 좌의정을 역임하였다. 김상헌의 손자로 송시열·송준길과 종유하고, 서인 노론의 영수로서 남인과 대립하여 허적·윤휴 등을 배척하였다. 문집으로『문곡집(文谷集)』이 전한다. ☞ 文谷

김시좌(金時佐, 1664~1727)(韓)

자는 도이(道以)이다. 김창협의 문인이다. 과거에 응시하지 않았으나, 만년에 순릉 참봉에 제수된 뒤 왕자사부, 익위사 시직, 사복시 주부, 장례원 사평, 의령 현감 등을 역임하였다. 동문인 어유봉과 함께 1709년에『농암집』을 간행하였다. ☞ 金道以

김시중(金是重, ?~?)(韓)

자는 경후(景厚), 호는 노계(蘆磎)이다.『송자대전』에 송시열이 답한 편지가 있다.

☞ 金世重3) / 金是重

김여중(金麗中, 1879~?)(韓)

자는 이도(以道)이다. 전우의 문인이다. ☞ 金以道

김연목(金演穆, ?~?)(韓)

전우의 문인이다. ☞ 金演穆

---

3) 자료집에는 시(是)를 세(世)로 오기했다.

김영록(金永祿, 1849~1900)(韓)

자는 사유(士綏), 호는 충재(充齋)이다. 이항로의 문인이다. 호좌의진의 참모로, 을미의병의 통문을 작성하고, 조선가(의병가)를 전했다.　　　　　　　　　　　　　　　　　☞ 金士綏

김용승(金容承, 1876~?)(韓)

자는 성선(聖先), 호는 우당(尤堂)이다. 전우의 문인이다.　　　　　　　　　　☞ 金容承

김원직(金元直, ?~?)(韓)

자는 성배(聖培)이다. 전우와 교유하였다.　　　　　　　　　　　　　　　　　☞ 聖培

김원행(金元行, 1702~1772)(韓)

자는 백춘(伯春), 호는 미호(渼湖) 또는 운루(雲樓), 시호는 문경(文敬)이다. 이재의 문인이다. 신임사화를 계기로 벼슬에 나서지 않고, 낙론의 종장으로 활동하여, 많은 문인을 배출했다. 문집으로 『미호집』이 있다.　　　　　　　　　　　　　　　　　　　　　　　　☞ 渼湖 / 金文敬公

김윤경(金潤卿, 1869~?)(韓)

자는 덕윤(德允)이다. 전우의 문인이다.　　　　　　　　　　　　　　　　　☞ 金潤卿

김윤환(金允煥, ?~?)(韓)

미상. 김평묵의 제자로 추정됨.　　　　　　　　　　　　　　☞ 金君 / 金君成執

김이상(金履祥, 1232~1303)(中)

중국 송말원초의 학자. 자는 길보(吉父), 호는 차농(次農), 시호는 문안(文安)이다. 원나라에 벼슬하지 않고 인산(仁山)에 은거하여 인산선생이라 불렸으며, 하기, 왕백에게 배우고 허겸에게 전하여 금화 4선생으로 일컬어졌다. 문집으로 『인산집』이 있다.　　　　　　　　☞ 仁山 / 金仁山

김이안(金履安, ?~?)(韓)

자는 원례(元禮), 호는 삼산재(三山齋), 시호는 문헌(文獻)이다. 김원행의 아들이다. 1762년 학행(學行)으로 천거되어 경연관이 되었고, 1786년 좨주(祭酒)가 되었다. 북학파 및 낙론계 학자들과 교유하였다. 저술에 『의례경전기의』, 『계몽기의』 등이 있고, 문집으로 『삼산재집』이 있다.　　　☞ 三山齋

김인후(金麟厚, 1510~1560)(韓)

자는 후지(厚之), 호는 하서(河西) 또는 담재(澹齋), 시호는 문정(文正)이다. 1540년 문과에 합격하고

1543년 홍문관 박사 겸 세자시강원 설서를 역임하여 당시 세자였던 인종을 가르쳤다. 인종이 즉위 후 9개월 만에 사망하고 을사사화가 일어나자 고향으로 돌아가 성리학 연구와 후학 양성에만 정진하였다. 저서로 『주역관상편』, 『서명사천도』, 『백련초해』 등이 있고, 문집으로 『하서집』이 있다. ☞ 河西

김일건(金鎰健, ?~?)(韓)

『간재집』에 「시일건(示鎰健)」이 보이며, 김종호, 김택술에게 보낸 편지에도 등장한다. ☞ 健孫

김장생(金長生, 1548~1631)(韓)

자는 희원(希元), 호는 사계(沙溪), 시호는 문원(文元)이다. 송익필과 이이의 문인이다. 1581년 아버지를 따라 종계변무의 일로 명나라에 다녀왔고, 임진왜란 때는 호조정랑으로서 명군 군량 조달에 공이 있었다. 인조반정 후 이괄의 난에서 어가를 공주에서 맞았고, 정묘호란 때는 양호호소사로서 의병을 모아 세자를 호위하였다. 예학에 밝아 『상례비요』, 『가례집람』 등을 지었다. 1688년 문묘에 배향되었고, 문집으로 『사계유고』가 있다. ☞ 沙溪 / 文元公

김재(金栽, ?~?)(韓)

자는 중고(仲固)이다. 송시열·박세채의 문인으로 김간과 형제간이다. ☞ 金仲固

김제환(金濟煥, 1867~1916)(韓)

자는 문도(文道), 호는 소당(素堂)이다. 항일 운동가이다. 1910년 제자들을 모아 배일사상을 고취하고, 호적의 등록과 납세』부역 등을 거부하다가 투옥되었다. 1913년 배일항거 운동을 하고, 국권 회복을 위한 봉기를 주창하다가 다시 투옥되었다. 출옥 뒤 총독에게 일본의 불의를 힐책하는 항일유서를 송부하고, 단식 자결하였다. 1968년 대통령표창, 1977년에 건국포장, 1990년 애국장이 추서되었다. ☞ 金濟煥

김종호(金鍾昊, 1874~?)(韓)

자는 윤청(允淸)이다. 전우의 문인이다. ☞ 金鍾昊

김종후(金鍾厚, 1721~1780)(韓)

자는 백고(伯高) 또는 자정(子靜), 호는 본암(本庵) 또는 진재(眞齋)이다. 사도세자를 궁지로 몰아넣는 모의에 가담하고, 김귀주를 따르다가 홍국영에게 붙는 등, 유자의 행색을 했지만, 처신이 궁색했다. 문집으로 『본암집』이 있다. ☞ 金本菴

김종희(金鍾熙, ?~?)(韓)

전우의 문인이다. ☞ 金鍾熙

김주용(金周鏞, 1891~?)(韓)

자는 문약(文若)이다. 전우의 문인이다.　　　　　　　　　　　　☞ 金周鏞

김준영(金駿榮, 1842~1907)(韓)

자는 덕경(德卿), 호는 병암(炳菴)이다. 전우의 문인이다. 임헌회 등에게서 인정을 받고, 전우의 문하
에 들었다. 문집으로 『병암집』이 있다.　　　　　　　　　　　　☞ 德卿 / 炳庵

김진강(金振綱, 1543~?)(韓)

자는 자장(子張)이다. 해주 출신으로 1579에 출사하여 원종공신에 올랐다. 율곡 이이의 문인으로 「율
곡전서」에 그가 기록한 「어록(語錄)」이 실려 있다.　　　　　　　☞ 金振綱

김찬모(金鄼謨, 1862~?)(韓)

자는 우찬(虞贊)이다. 전우의 문인이다.　　　　　　　　　　　　☞ 金鄼謨

김창협(金昌協, 1651~1708)(韓)

자는 중화(仲和), 호는 농암(農巖) 또는 삼주(三洲), 시호는 문간(文簡)이다. 김상헌의 증손, 김수항의
아들이며, 김창집의 아우이다. 1682년 출사하였고, 왕명으로 『주자대전차의』를 교정하였다. 기사환국
이후 은거하였다. 낙론의 선구적 위치에 있으며, 문장과 시에 모두 능했다. 문집으로 『농암집』이 있다.
　　　　　　　　　　　　　　　　　　　　　　☞ 農巖 / 農翁 / 金文簡公

김창흡(金昌翕, 1653~1722)(韓)

자는 자익(子益), 호는 삼연(三淵), 시호는 문강(文康)이다. 김상헌의 증손, 김수항의 아들이며, 김창
집, 김창협의 아우이다. 아버지의 명으로 진사가 되었을 뿐, 환로에 들지 않았으며 기사환국 이후 포천
에 은거하였다. 도가와 불교 서적을 읽고 『사기』를 좋아했으며 시문에 힘쓰다 주자의 글을 읽고 깨달
은 바가 있어 유학에 전념하였다.　　　　　　　　　　　　　　☞ 三淵 / 金文康公

김천정(金天挺, ?~?)(韓)

안동 사람으로, 김득신이 종질이다. 첨지(僉知) 벼슬을 했다.　　☞ 金天挺

김취려(金就礪, ?~?)(韓)

자는 이정(而精), 호는 잠재(潛齋) 또는 정암(靜庵)이다. 이황의 문하에서 수학하고, 지평과 집의를
지냈으며, 평산, 죽산, 수원, 적성의 지방관을 역임하였다. 이이는 "비록 이황의 문하에 다녔다 하나
사실은 도학 제자가 아니다."라고 평가하였다.　　　　　　　　　☞ 金而精

김택술(金澤述, 1884~?)(韓)

자는 종현(鍾賢), 호는 후창(後滄)이다. 전우의 문인이다.   ☞ 金澤述

김평묵(金平默, 1819~1891)(韓)

자는 치장(稚章), 호는 중암(重庵), 시호는 문의(文懿)이다. 화서 이항로의 문인이다. 홍직필과 이항로를 같이 사사했으나 홍직필이 죽은 뒤로는 이항로의 학설을 따랐다. 같은 문하의 유중교와 명덕(明德)을 이(理)로 보느냐, 기(氣)로 보느냐를 두고 논쟁하였다. 1874년에 『화서아언』을 편집, 간행하였고, 1881년 위정척사를 주장하여 섬에 유배되었다. 문집으로 『중암집』 및 별집, 『중암고』 등이 있다.

☞ 金監役 / 嘉陵 / 金 / 重菴 / 金稚章 / 金令

김학원(金鶴遠, ?~?)(韓)

호는 설소(雪巢)이다. 경북 선산 사람으로, 문명이 높았다. 강문영, 이종상, 김윤식 등과 교유하였다. 『간재집』에 「화양(華陽)」이란 제목의 절구가 전한다.   ☞ 金鶴遠

김항술(金恒述, ?~?)(韓)

『간재집』에 전우가 답한 편지가 있다.   ☞ 金恒述

김홍재(金弘榟, 1897~?)(韓)

자는 의백(毅伯)이다. 전우의 문인이다.   ☞ 金弘榟

김효술(金孝述, 1895~?)(韓)

자는 행원(行源)이다. 전우의 문인이다.   ☞ 金孝述

김재학(金在學, 1843~?)(韓)

임헌회의 문인이다. 전우가 "동문외우(同門畏友)"로 칭하고, 묘표를 지었다.   ☞ 金希聖

나흠순(羅欽順, 1465~1547)(中)

중국 명대의 사상가. 자는 윤승(允升), 호는 정암(整菴), 시호는 문장(文莊)이다. 환관 유근과 대립하였으나 남경 이부상서까지 올랐다. 왕수인에 맞서 주자학을 옹호하였으나, 이기일원(理氣一元)의 입장에서 보주귀일(補朱歸一)을 주장하여 비정통, 기(氣) 철학자로 분류된다. 저서로 『곤지기』, 문집으로 『나정암집』이 있다.   ☞ 羅整菴 / 羅文莊 / 羅氏

난연(暖淵, ?~?)(中)

중국 남송의 학자. 자가 아부(亞夫)이고 호는 연당(蓮塘)이다. 주자의 문인이다. 『주자어류』에 난연이

1193년에 기록한 어록이 있다. 저서로 『맹자주』가 있다.   ☞ 淵

남대길(南大吉, 1487~1541)(中)

중국 명대의 관리, 학자. 자는 원선(元善), 호는 서천(瑞泉)이다. 왕수인의 문인이다. 벼슬이 군수에 이르렀고, 계산서원을 열어 양명학을 널리 폈다.   ☞ 南元善

남언경(南彦經, 1528~1594)(韓)

자는 시보(時甫), 호는 동강(東岡)이다. 서경덕의 문인이다. 1566년 학행으로 천거되었고, 1589년 정여립의 모반사건으로 파직되었다. 임진왜란이 일어나자 의병들과 함께 싸웠다. 1593년 공조참의가 되었으나 이요와 함께 이황을 비판하다가 양명학을 숭상한다는 이유로 탄핵받고 물러나 죽었다.   ☞ 南東岡 / 南時甫

남진영(南軫永, 1889~1972)(韓)

호는 무실재(務實齋)이다. 전우의 문인이다. 1911년 일왕의 죽음에 복을 입으라는 요구를 죽기로 거부하였다.   ☞ 南軫永

남하정(南夏正, 1678~1751)(韓)

자는 시백(時伯), 호는 동소(桐巢) 또는 동천(桐泉)이다. 학문에 전념하고, 글을 잘 지어 이름을 떨쳤다. 「출사책」이 명문으로 일컬어져 이식에 비교되었지만, 진위의 동천에서 은거하였다. 저서로 『사대춘추』와 『동소만록』 등이 있다.   ☞ 南夏正

남효온(南孝溫, 1454~1492)(韓)

자는 백공(伯恭), 호는 추강(秋江), 시호는 문정(文貞)이다. 김종직의 문인이고, 생육신의 한 사람이다. 세조를 옹립한 정난공신들이 집권한 세상에 굴복하지 않고, 「육신전」을 펴냈으며, 1504년 갑자사화 때 부관참시를 당했다. 『추강냉화』, 『사우명행록』, 「귀신론」 등의 저술이 있고, 문집으로 『추강집』이 있다.   ☞ 南秋江

노저충(盧宁忠, ?~?)(中)

중국 명대의 학자. 자는 헌보(獻甫), 호는 관암(冠巖)이다. 황좌(黃佐)의 문인이다. 왕수인의 문하에 들지 못한 것을 안타까워하고, 담약수와 서신 교류하였다.   ☞ 盧宁忠

노헌구(盧憲九, 1886~?)(韓)

자는 경문(敬文)이다. 전우의 문인이다. 남진영 등과 함께 일왕의 죽음에 복을 입으라는 요구를 끝까지 거부하였다.   ☞ 盧憲九

누량(婁諒, 1422~1491)(中)

중국 명나라의 사상가. 자는 극정(克貞), 호는 일재(一齋), 사시(私諡)는 문숙(文肅)이다. 오여필 문하에서 성리학을 공부하였으나, 심학에 치중하여 자신만의 사상을 일구었다. 문하에서 왕수인(王守仁)이 배출되었다. 『삼례정와(三禮訂訛)』, 『춘추본의(春秋本義)』, 『제유부회(諸儒附會)』, 『일록(日錄)』 등을 저술하였다.　　　　　　　　　　　　　　　　　　　　　　　☞ 婁一齋

달마(Bodhidharma, ?~528?)(印)

중국 남북조 시대 선종의 창시자. 달마는 Bodhidharma의 약칭이다. 남인도 향지국의 왕자로, 대승불교의 승려가 되고, 520년경 중국에 들어와 북위의 뤄양 동쪽의 쑹산 소림사에서 9년간 면벽좌선하였다. 『능가경』을 중시하고, 이입사행설을 주장하였다. 선법을 제자 혜가에게 전수하였다.
　　　　　　　　　　　　　　　　　　　　　　　　　　☞ 達摩 / 達摩大師

담약수(湛若水, 1466~1560)(中)

중국 명대의 사상가. 자는 원명(元明), 호는 감천(甘泉), 시호는 문간(文簡) 또는 문정(文正)이다. 진헌장의 문인이다. 1505 진사가 되고, 한림원 편수와 남경예부상서 등을 지냈다. 왕수인과 함께 강학했지만, 왕수인과 달리 수처체인천리(隨處體認天理)를 종지로 삼아 자신의 학파를 세웠다. 『백사시교해주』를 비롯한 많은 저술이 있다.　　　　　　　　　　　　　　　☞ 湛甘泉 / 甘泉

당개(唐介, 1010~1069)(中)

중국 북송의 관리, 학자. 자는 자방(子方), 시호는 질숙(質肅)이다. 황우 연간에 전중시어사가 되어 권력자들을 탄핵하였으나, 성망이 있던 전중시어사 장요좌와 재상인 문언박까지 탄핵하여 남의 단점만 꼬집는다는 평이 있었다. 왕안석의 중용을 반대하여 여러 차례 논쟁하였다.　　　　☞ 唐介

당순지(唐順之, 1507~1560)(中)

중국 명대의 학자, 관리. 자는 응덕(應德), 호는 형천(荊川)이다. 왕기의 학문을 전수한 양명학자이자 삼각법에 정통한 수학자였고 뛰어난 산문작가였다. 한림원 편수가 되어 역대의 실록 교정에 종사하였다. 상사와의 충돌로 관직에서 물러나 교육 연구에 힘썼으나, 왜구의 포악을 보고 나서 다시 관직에 복귀, 스스로 해상방위의 지휘 임무를 맡아 순무의 직에 올랐으나 병사하였다. 문집으로 『형천집』이 있다.　　　　　　　　　　　　　　　　　　　　　　　　　　　☞ 唐荊川

당중우(唐仲友, 1136~1188)(中)

중국 남송의 관리, 사상가. 자는 여정(與政), 호는 열재(說齋)이다. 예경(禮經)에 근본하여 경국(經國)의 제도를 갖추는 경세치용학을 강조하여 불교와 노장은 물론, 주희의 이학도 반대했다. 만언소가 효종에게 받아들여졌고, 정치와 이재(理財)에 관한 건의를 많이 올렸다. 강서제형에 발탁되었지만, 주희의 탄핵을 받고 파직되었다. 이후 저술과 후학 양성에만 전념했다. 『육경해』를 비롯한 저술이 있고, 문집으로 『열재문집』이 있다. ☞ 唐仲友

도종의(陶宗儀, 1329~1412)(中)
중국 원말명초의 문학가, 역사가. 자는 구성(九成), 호는 남촌(南村)이다. 원나라 말기에 송강 남촌에 머물다, 명나라 건국 후 교관이 되었다. 원대의 법령제도 및 지정 말년의 동남 지역의 병란을 기록하고, 서화와 문예를 고정(考訂)한 『철경록』를 남겼다. 이외에 『서사회요(書史會要)』, 『남촌시집(南村詩集)』, 『설부(說郛)』 등의 저술이 있다. ☞ 陶宗儀

도연명(陶淵明, 365~427)(中)
중국 위진남북조 시대의 시인. 송나라 이후로 이름을 잠(潛)으로 고쳤다. 자는 원량(元亮), 자호는 오류선생(五柳先生), 시호는 정절(靖節)이다. 어려서부터 그는 책 읽기를 좋아했고 도교와 불교에도 관심이 많아 관련 서적들을 외고 다닐 정도였다. 좨주(祭酒)를 시작으로 벼슬을 시작하여 팽택현령에 임명되었으나, 쌀 다섯 말 때문에 허리를 굽힐 수 없다며 관직을 버리고 고향으로 돌아가 죽을 때까지 벼슬하지 않고 살았다. 「오류선생전」, 「도화원기」, 「귀거래사」 등을 남겼다.
☞ 陶翁 463 / 陶靖節 299, 713

동백우(童伯羽, 1144~?)(中)
중국 남송의 학자. 자는 비경(蜚卿)이다. 주자의 문인이다. 진사에 합격했지만 출사하지 않고, 『효경연의』, 『사서집성』, 『오경훈해』, 『성리발미』, 『옥계음』 등을 남겼다. ☞ 伯羽

동수(董銖, 1152~1214)(中)
중국 남송의 학자. 자는 숙중(叔重)이고, 호는 반간(盤澗)이다. 주희의 문인이다. 영종 경원연간에 주희가 귀향하여 강연할 때 그 일을 관장했다. 가정 연간에 진사가 되어 벼슬이 종사랑에 이르렀다. 저서로 『역서주』와 『성리주해』가 있다. ☞ 銖 / 董叔重

동운(董澐, 1457~1533)(中)
중국 명대의 학자. 자는 복종(復宗), 호는 나석(蘿石)이다. 왕수인의 문인이다. 원래 시인으로 알려졌으나, 68세 때 왕수인의 강의를 듣고 깨달음이 있어 평생 왕수인의 학문에 전념하였다. ☞ 董蘿石

두광국(竇廣國, ?~BC151)(中)
중국 전한의 외척. 자는 소군(少君), 시호 경(景)이다. 문제 두황후의 동생이다. 항상 겸손하고 교만하지 않아 퇴양군자(退讓君子)로 일컬어졌다. 외척을 등용하지 않은 예로서 거론된다. 경제 때 장무후에 봉해졌다. ☞ 廣國

두보(杜甫, 712~770)(中)

중국 당나라의 시인. 자는 사미(子美), 호는 소릉(少陵)이다. 중국 최고의 시인으로서 시성(詩聖)이라 불렸다. 「북정(北征)」, 「추흥(秋興)」, 「삼리삼별(三吏三別)」, 「병거행(兵車行)」, 「여인행(麗人行)」 등이 대표작으로 꼽힌다. 북송(北宋) 왕수(王洙)의 『두공부집(杜工部集)』 20권과 1,400여 편의 시, 그리고 소수의 산문이 전해진다.　　　　　　　　　　　　　☞ 杜工部 / 杜子美

두지인(杜知仁, ?~?)(中)

중국 남송의 학자. 자는 인중(仁仲), 호는 방산(方山)이다. 주희의 문인이다. 어려서부터 과문에 특출했고 특히 시에 힘썼으나 배울만한 것이 아니라는 깨달음에 육경을 공부하고 당시 학자들의 글을 살피다가 주희의 글을 보고 "길이 여기에 있다. 이치를 궁구하고 인을 구하는 것이, 내 머물 곳임을 알았다." 하였다. 논술이 많았으나 엮지 못하고 죽었다.　　　　　　　☞ 杜仁仲 / 杜

등린(滕璘, 1150-1229)(中)

중국 남송의 관리, 학자. 자는 덕수(德粹), 호는 계재(溪齋)이다. 동생 공(珙)과 함께 주희의 문인이다. 여러 관직을 역임하고 조봉대부로 치사했다. 문집으로 『계재유고』가 있었으나, 실전되었다.　　　　　　　　　　　　　　　　　　　　☞ 滕德粹

등림(鄧林, ?~?)(中)

중국 명대의 관리, 학자. 자는 사제(士齊), 호는 퇴암(退庵)이다. 영락대전 편수에 참여하였고, 문인으로 이름이 높았다.[4]　　　　　　　　　　　　　　　　　☞ 鄧氏

마테오 리치(Matteo Ricci, 1552~1610)(伊)

이탈리아 예수회 선교사. 중국 선교의 사명을 가지고 1582년 마카오에 도착했다. 1601년부터 북경에 거주하며 만력제 등의 후원을 받아 선교 사업을 하였다. 『기하원본』을 번역하고, 『곤여만국전도』, 『산해여지전도』 등을 저술하였다. 저서로 『천주실의』와 『교우론』 등이 있다.　　☞ 利瑪竇

만인걸(萬人傑, ?~?)(中)

중국 남송의 학자. 자는 정순(正淳) 또는 정순(正純), 호는 지재(止齋)이다. 주희의 문인이다. 육구령, 육구연에게 배우다 남강에서 주희를 만난 뒤 그의 제자가 되었다.　　　☞ 人傑 / 萬正淳

---

4) 자료집 해제에 등림이 등장하지만 備旨를 만든 사람이라고 확신할 수는 없다. 현재 검색되는 인물 중 가장 근접한 인물이라 기재한다.

매색(梅賾, ?~?)(中)

중국 동진의 관리이다. 자는 중진(仲眞)이다. 예장내사를 역임하면서 사라진 『고문상서』 및 『상서공씨전』을 찾았다고 원제에게 바쳐 관학이 되도록 하였다. 송대 이후 위조인 것이 밝혀졌다. ☞ 梅賾

맹보순(孟輔淳, 1862~?)(韓)

자는 사간(士幹), 호는 동전(東田)이다. 일제강점기 용인 지역에서 활후한 교육자이다. 서정순에게 배우고 1894년 신갈에서 후학을 가르쳤다. 1906년 이도재와 명륜학교를 설립하다, 1910년 국치 이후 만주로 건너가 이동녕 등과 민족 신문을 발행하며 김혁, 이영선 등을 배출했다. 고종 승하 후 귀국하여 심곡서원에서 후학을 가르치고 심곡서원 부지를 되찾았다. ☞ 孟士幹

맹인원(孟仁遠, ?~?)(韓)

자는 임경(任卿), 호는 자하(紫霞)이다. 임헌회의 문인이다. ☞ 任卿

맹초연(孟超然, 1730~1797)(中)

중국 청대의 관리, 학자. 자는 조거(朝擧), 호는 병암(瓶菴)이다. 청렴하고 정직해 아부를 몰랐지만, 선비는 예우했다. 주희의 학설을 추종하였고, 저서로 『상례집략』, 『병암거사시초』 등이 있다. ☞ 孟超然

모기령(毛奇齡, 1623~1716)(中)

중국 청대의 학자. 자는 대가(大可), 호는 서하(西河)이다. 1679년 박학홍사과에 응시하고, 한림원검토에 임명되어 명사(明史) 편찬에 참여하였다. 양명학의 영향을 받았으나 고증학에 주력하여 경전과 역사, 지리 등에서 많은 저술을 남겼다. 주자를 비판한 『사서개착』, 염약거를 비판한 『고문상서원사』 등이 있다. 의론이 편파적이라는 평을 받는다. ☞ 毛奇齡

묵돌(Bayatur / Mòdú, ?~?)(지)

흉노의 선우이다. 묵돌은 투르크어 "바야투르(Bayatur, 용감한 자)"의 음차로 알려져 있다. BC3세기 말~BC2세기 초에 동호, 월지, 정령, 누번 등을 정복하였으며, 중국을 통일한 한나라 유방과의 전쟁에서 승리하여 흉노의 세력을 크게 강화하였다. ☞ 冒頓

민유중(閔維重, 1630~1687)(韓)

자는 지숙(持叔), 호는 둔촌(屯村), 시호는 문정(文貞)이다. 사헌부와 사간원에 근무하면서는 대신들과 시폐를 놓고 다투고, 이조참의로 있으면서는 병조판서와 다투어 지방관으로 나갔다. 지방관으로 선정을 베풀었고, 경신대출척 이후 서인 정권을 주도하였으나, 국구가 되어 정권을 전횡한다는 비난에 물러났다. 문집으로 『민문정유집』이 있다. ☞ 閔屯村

박경수(朴慶壽, 1824~1897)(韓)

자는 선경(善卿), 호는 홍암(弘菴)이다. 문집으로 『홍암집』이 있다.   ☞ 弘菴 / 楊口 / 善卿

박광일(朴光一, 1655~1723)(韓)

자는 사원(士元), 호는 손재(遜齋), 시호는 문숙(文肅)이다. 송시열의 문인이다. 왕명으로 대전(大全)과 『주역』 고경을 교정하였다. 저술에 『근사록차기』, 『우암선생어록』 등이 있고, 문집으로 『손재문집』이 있다.   ☞ 朴遜齋 / 朴士元

박광후(朴光後, 1637~1678)(韓)

자는 사술(士述), 호는 안촌(安村)이다. 재주가 조숙하였으나 시국에 불만을 품어 소과 이후 환로에 들 생각을 접었다. 윤휴나 민암 등을 배척하였으며, 송시열로부터 "은산철벽(銀山鐵壁)" 같다는 평을 들었다. 문집으로 『안촌집』이 있다.   ☞ 朴士述

박난서(朴蘭緒, 1887~1972)(韓)

자는 계향(繼馨)[5], 호는 향전(香田)이다. 전우의 문인이다. 시문집 『향전일고』를 남겼다. ☞ 朴蘭緒

박대현(朴大鉉, 1867~?)(韓)

자는 원집(元集)이다. 전우의 문인이다. 고종 때 장릉참봉을 지냈다.   ☞ 朴大鉉

박만환(朴晩煥, 1830~?)(韓)

자는 영달(英達), 호는 응천(凝川) 또는 창암(蒼庵)이다. 김도화의 문인이다. 『오현수언』의 출간을 돕고, 영주정사의 주인으로 서사(書社)를 운영하며 후진을 양성하였다.   ☞ 正瑞 / 朴察訪

박문호(朴文鎬, 1846~1918)(韓)

자는 경모(景模), 호는 호산(壺山) 또는 풍산(楓山)이다. 조선 말기 경학자로서 신헌의 집에 머물면서 학문을 가르쳤다. 저서로 『칠서상설』, 『사례집의』, 『고정인물성고』 등이 있다. 이 중 『칠서상설』은 중국과 한국의 학설을 집대성한 것이다.   ☞ 朴文鎬

박상현(朴尙玄, 1629~1693)(韓)

자는 경초(景初), 호는 우헌(寓軒)이다. 호란이 끝난 후 책력에서 청나라 연호를 모두 지웠다. 1667년 명나라의 유민들을 청나라로 돌려보내자 시를 지어 개탄했다. 이후 은둔하며 「음양소장도」를 만들었

---

5) 『한국민족문화대백과』, "향전일고"에 나온 저자 인적사항을 따랐다. 『화도연원록』에는 자가 "백훈(伯薰)"으로 되어 있다.

다. 이이의 사칠론과 김장생의 예학을 따랐고, 문집으로 『우헌집』이 있다. ☞ 朴景初 / 朴公

박성양(朴性陽, 1809~1890)(韓)
자는 계선(季善), 호는 운창(芸窓), 시호는 문경(文敬)이다. 이지수의 문인이다. 1866년에 병인양요 때 이를 물리쳐야 한다는 「벽사명」을 지었고, 송근수의 천거로 선공감감역에 임명되어 대사헌까지 역임하였다. 『이학통고』, 『가례증해보유』, 『속통감』 등을 저술하였고, 문집으로 『운창문집』이 있다.
☞ 芸牕

박세채(朴世采, 1631~1695)(韓)
자는 화숙(和叔), 호는 현석(玄石) 또는 남계(南溪), 시호는 문순(文純)이다. 김상헌의 문인이다. 송시열, 송준길 등과 교유하고 1차 예송에서 서인을 지지하였다. 1683년 서인이 갈리자 소론의 영수가 되었다. 숙종 후반 붕당 간 조제보합을 말하는 황극탕평설을 주장하였다. 저서로 『육례의집』, 『동유사우록』 등이 있다. 1764년 문묘에 종사되었으며, 문집으로 『남계집』이 있다. ☞ 朴玄石

박세휘(朴世輝, ?~?)(韓)
자는 자회(子晦), 호는 설곡(雪谷)이다. 송시열의 문인이다. 1689년 기사환국 때 송시열을 두호하다 유배되었다. ☞ 朴子晦

박수(朴銖, 1864~1918)(韓)
자는 형부(衡夫 / 父), 호는 중당(中堂)이다. 전우의 문인이다. 문집으로 『중당유고』가 있다. ☞ 朴銖

박순(朴淳, 1523~1589)(韓)
자는 화숙(和叔), 호는 사암(思菴), 시호는 문충(文忠)이다. 서경덕의 문인이다. 지방관으로서 선정을 베풀고, 중앙 요직을 두루 거쳤으며, 1565년에는 대사간으로서 대사헌 이탁과 함께 윤원형을 탄핵했다. 중년에 이황을 사사하고, 만년에 이이, 성혼과 깊이 사귀었으며, 기대승과도 교분이 두터웠다. 문집으로 『사암집』이 있다. ☞ 思菴

박용주(朴鎔柱, 1899~1965)(韓)
자는 남야(南冶), 호는 중천(重川)이다. 전우의 문인이다. ☞ 朴鎔柱

박원호(朴元鎬, 1861~?)(韓)
자는 선장(善長)이다. 전우의 문인이다. 『간재집』에 전우의 편지 및 제문이 있다. ☞ 朴元鎬

박윤원(朴胤源, 1734~1799)(韓)
자는 영숙(永叔), 호는 근재(近齋), 시호는 문헌(文獻)이다. 김원행의 문인이다. 벼슬을 하지 않았지만,

명성이 높았고, 문하에서 홍직필이 배출되었다. 문집으로 『근재집』이 있다. ☞ 近齋

박준회(朴準晦, 1868~?)(韓)
자는 이명(而明)이다. 김덕경(金德卿)의 문인이다. 전우의 문인이다. ☞ 朴準晦

박창현(朴昌鉉, 1876~1946)(韓)
자는 형문(亨文), 호는 사성재(師性齋)이다. 전우의 문인이다. 문집으로 『사성선생유고』가 있다.
朴昌鉉 / 亨文

반고(班固, 32~92)(中)
중국 후한의 역사가, 문학가. 자는 맹견(孟堅)이다. 반처의 아들로 부친의 뜻을 이어 『한서』를 저술했다. 또한 부(賦) 형식의 최고 작가였다. 두헌을 따라 흉노 정벌에 종군했다가 실패하고 투옥되어 옥사했다. ☞ 班固

반병(潘柄, ?~?)(中)
중국 남송의 학자. 자는 겸지(謙之), 호는 과산(瓜山)이다. 주희의 문인이다. 반식의 동생이다. 저서로 『주역집의』, 『역해』, 『상서해』가 있었으나 전해지지 않는다. ☞ 潘謙之 / 謙之

반식(潘植, ?~?)(中)
중국 남송의 학자. 자는 입지(立之)이다. 주희의 문인이다. 반병의 형이다. ☞ 植 / 立之

반우공(潘友恭, ?~?)(中)
중국 남송의 학자. 자는 공숙(恭叔)이다. 주희의 문인이다. 반우단의 아우이다. 저서로 『사서경의』, 『주자문답』 등이 있다. ☞ 潘恭叔 / 恭叔

반우단(潘友端, ?~?)(中)
중국 남송의 학자. 자는 단숙(端叔)이다. 장식과 주희의 문인이다. 반우공의 형이다. 저서로 『사서변의』, 『주자문답』 등이 있다. ☞ 潘端叔 / 端叔

방봉진(方逢辰, 1221~1291)(中)
중국 남송의 학자, 관리. 원 이름은 몽괴(夢魁), 자는 군석(君錫), 호는 교봉(蛟峰)이다. 석협서원을 비롯한 다수의 서원과 서당을 세웠다. 저서로 『효경해』, 『역외전』, 『상서석전』, 『학용주석』, 『격물입문』 등이 있고, 문집으로 『교봉집』이 있다. ☞ 方氏(蛟峯)

방학점(方學漸, 1540~1615)(中)

중국 명대의 학자. 자는 달경(達卿), 호는 본암(本庵)이다. 명대 동성(桐城)지역 학술의 영도자로 평생 교육에 종사하였다. 저서로 『이훈』, 『심학종』 등이 있다.   ☞ 方學漸

방환영(房煥永, 1876~?)(韓)

자는 미경(美卿), 호는 여재(勵齋)이다. 전우의 문인이다.   ☞ 房煥永

방효유(方孝孺, 1357~1402)(中)

중국 명나라의 관료, 학자. 자는 희직(希直)·희고(希古), 호는 손지(遜志)이다. 방정학(方正學)이라고 도 한다. 송렴의 문인으로 명망이 높았고, 혜제(惠帝)를 섬겨 시강학사로서 신임을 받았다. 1402년 영 락제의 황위 찬탈 뒤, 즉위 조서 작성을 거부하고, 처형되었다. 『손지재집(遜志齋集)』과 『방정학문집 (方正學文集)』이 전한다.   ☞ 方正學 / 方孝孺

범순인(范純仁, 1027~1101)(中)

중국 북송의 정치가. 자는 요부(堯夫), 시호는 충선(忠宣)이다. 범중엄의 둘째 아들로, 호원, 손복 등에 게서 수학하고, 석개, 호단 등과 교유하였다. "포의 재상"으로 불렸다. 허국공에 봉해졌다. 문집으로 『범충선공집』이 있다.   ☞ 范忠宣

범여규(范如圭, 1102-1160)(中)

중국 송대의 정치가. 자는 백달(伯達)이다. 호안국에게서 『춘추』를 배웠다. 강직하고 공정하였으며, 올바른 간언으로 유명했다. 학문은 경술에 근거하였으나 쓸모없는 글짓기는 하지 않았다. 집에 미처 올리지 못한 둔전법에 관한 상소가 있었는데, 장준이 이를 보고 베껴갔으나, 그 역시 실행하지 못하였 다고 한다.   ☞ 范伯達

범제미(范濟美, ?~?)(中)

중국 북송의 관리, 학자. 이름은 일실되었다. 양시의 문인이다. 숙주 교수, 종사랑, 검토관을 지냈다.   ☞ 范濟美

변항식(邊恒植, 1901~?)(韓)

자는 재안(再岸)이다. 전우의 문인이다.   ☞ 邊恒植

보광(輔廣, ?~?)(中)

중국 남송의 학자. 자는 한경(漢卿), 호는 잠암(潛庵)이다. 여조겸, 주희의 문인이다. 1197년 위학(僞

學) 금지령이 내렸을 때도 동요하지 않았고, 1220년 전후에 전태서원(傳胎書院)을 지어서 학생들을 가르쳤기 때문에 "전태선생"으로 불렸다. 『주자어록』에는 보광이 1194년 이후에 기록한 400여 조목이 있고,『주자대전』권59에는 보광에게 답하는 7통의 편지가 있다.　　　　　☞ 輔漢卿 / 廣

부흡(傅翕 / 傅大士, 497~569)(中)

중국 남조 양나라의 선종 사상가. 자는 현풍(玄風), 호는 선혜(善慧)이다. 『속고승전』에는 부홍(傅弘) 또는 선혜대사(善慧大士), 어행대사(魚行大士), 쌍림대사(雙林大士), 동양대사(東陽大士), 오상거사(烏傷居士) 등으로 일컬었다. 출가를 하지 않았지만 거사 신분으로 불교 수행을 했다. 24세에 달마의 가르침을 받아 성취함이 있었다. 『부대사집』 또는 『선혜대사어록』이 전한다.　　　　☞ 傅大士名翕

사량좌(謝良佐, 1050~1130)(中)

중국 북송의 사상가. 자는 현도(顯道), 호는 상채(上蔡), 시호는 문숙(文肅)이다. 이정(二程)의 문인이다. 상채학파의 비조이다. 어록으로 『상채어록』이 있고, 저술에 『논어설』이 있다.　　☞ 上蔡 / 謝氏

사마강(司馬康, 1050~1090)(中)

중국 북송의 관리, 학자. 자는 공휴(公休)이다. 사마광의 형 사마단의 아들로 사마광의 두 아들이 죽자 사마광의 대를 이었다. 사마광의 『자치통감』 편수 작업에 참여하고, 후에 『신종실록』의 검토관이 되었다. 인품이 뛰어났으나 일찍 죽었다는 평을 받았다.　　　　　　　　　　　☞ 公休

사마광(司馬光, 1019~1086)(中)

중국 북송의 정치가, 역사가, 학자. 자는 군실(君實), 호는 우부(迂夫) 또는 우수(迂叟), 시호는 문정공(文正公)이다. 온국공에 봉하여졌다. 양웅을 사숙하여 『태현』과 『법언』을 주석하고, 『잠허』를 지었고, 『자치통감』을 편찬하였다. 왕안석의 신법에 반대하였다.　　☞ 司馬溫公 / 司馬公 / 溫公 / 涑水

사마소(司馬昭, 211~265)(中)

중국 삼국시대 위(魏)의 장군. 서진에서 문황제로 추증되었다. 묘호는 진 태조이다. 권신 사마의의 둘째 아들로 서진의 초대 황제 무제 사마염의 아버지이다.　　　　　　　☞ 司馬昭

사백선(史伯璿, 1299~1354)(中)

중국 원대의 학자. 사백선(史伯琁)이라고도 한다. 자는 문기(文璣), 호는 유암(牖巖)이다. "해동대유(東海大儒)"로 일컬어졌다. 평생 강학에만 종사하였으며, 저술에 『사서관규』와 『관규외편』이 있고, 문집으로 『유암유고』가 있다. 『사고전서총목』에서는 "주자의 생각을 깊이 이해했다"고 평하였다.　☞ 史氏

서경덕(徐敬德, 1489~1546)(韓)

자는 가구(可久), 호는 복재(復齋), 화담(花潭), 시호 문강(文康)이다. 독자적인 기일원론(氣一元論)을 제창하고, 일기장존설(一氣長存說)을 주장하였다. 퇴계와 율곡으로부터 "기(氣)를 리(理)인 줄 안다"는 비판을 받았다. 문집으로 『화담집』이 있다. ☞ 徐花潭

서고(舒高, ?~?)(中)

중국 남송의 학자. 주희의 문인이다. 『주자어류』에 서고가 1194년 이후에 기록한 17조목의 어록이 있다. ☞ 高

서기(徐起, 1523~1591)(韓)

자는 대가(待可), 호는 고청초로(孤靑樵老), 구당(龜堂), 이와(頤窩)이다. 서경덕, 이지함의 문인이다. 박학하여 제자백가에 통하고 선학(禪學)을 좋아하였으나, 이지함을 만나 유학이 정도임을 깨닫고 홍주와 지리산·계룡산 근처를 옮겨 다니며 학문과 강학에 전념하였다. 문집으로 『고청유고』가 있다. ☞ 徐孤靑

서맹보(徐孟寶, ?~?)(中)

중국 남송의 학자. 『주자어류』에 주자와 문답한 내용이 있다. ☞ 徐孟寶

서병갑(徐柄甲, 1858~?)(韓)

자는 두선(斗善)[6]이다. 전우의 문인이다. ☞ 徐柄甲

서분(舒芬, 1484~1527)(中)

중국 명대의 학자. 자는 국상(國裳), 호는 재계(梓溪), 시호는 문절(文節)이다. 효정태후의 상, 황제의 남순(南巡) 등을 직간하다 장배(杖配)되었다. 복직되어서도 대례의(大禮議)에서 "후사된 자는 그의 아들이니, 자기 어버이를 돌볼 수 없다"고 상소하고, 무묘(武廟)에서 곡함으로써 황제의 뜻을 거슬러 장(杖)을 맞았다. 문집으로 『서문절공전집』이 있다. ☞ 舒芬 / 梓溪

서소연(徐昭然, ?~?)(中)

중국 남송의 학자. 자는 자융(子融)이다. 『주자대전』권59의 「답진재경(答陳才卿)」 14번째 편지에 "정숙과 자융이 함께 모여서 매일 강론하였다."는 말이 있다. 『주자대전』권58에 서소연에게 답하는 4통의 편지가 있다. ☞ 徐子融 / 子融

---

6) 『화도연원록』, 「관선록」에는 "두익(斗益)"으로 되어 있다.

서우(徐㝢, ?~?)(中)

중국 남송의 학자. 자는 기보(居父 / 居甫), 호는 반주수(盤州叟)이다. 주자의 문인이다. 1190년 5월 처음으로 임장에서 주자를 만났다. 『주자어류』에 서우가 기록한 300여 조목의 어록이 있고, 『주자대전』 권58에 주희의 답서 2통이 있다. ☞ 㝢 / 徐居甫

서응중(徐應仲, ?~?)(中)

중국 남송의 학자. 자가 원빙(元聘), 호는 운재(芸齋)이다. 주자의 문인이다. ☞ 徐元聘

서정순(徐政淳, ?~1906)(韓)

자는 유칠(幼七), 호는 야우(野愚)이다. 임헌회의 문인이다. 유일로 천거되어 감역을 지냈다. ☞ 徐野愚 / 野徐

서준순(徐峻淳, ?~?)(韓)

자는 덕경(德卿)이다. 오희상의 문인이다. ☞ 徐峻淳

석계도(席啓圖, 1638~1680)(中)

중국 청대의 장서가. 자는 문여(文與)이다. 동생 석계우(席啓㝢)와 함께 각자 수만권의 도서를 소장하였다. ☞ 席啓圖

설선(薛瑄 / 宣, 1389~1464)(中)

중국 명대의 학자. 자는 덕온(德溫), 호는 경헌(敬軒), 시호는 문청(文清)이다. 명대의 대표적 주자학자이다. 벼슬이 예부우시랑 겸 한림원학사에까지 이르고, 문인이 많았다. 하동파(河東派)로 분류된다. 저서로 『독서록』이 있다. ☞ 薛敬軒 / 薛文清

설휘언(辥徽言, ?~?)(中)

중국 남송의 정치가, 학자. 자는 덕로(德老)이다. 호안국의 문인이다. 국본(國本)을 정하라는 주장을 하였고, 진회에 맞섰다. ☞ 薛德老

섭미도(葉味道, 1167~1237)(中)

중국 남송의 학자. 초명은 하손(賀孫), 자는 지도(知道), 시호는 문수(文修)이다. 섭적의 아들이고, 주희의 문인이며, "계산(溪山) 선생"으로 불렸다. 『주자대전』 권58에 그에게 답하는 4통의 편지가 있는데 거의 예(禮)에 관한 것이다. 저서로 『사서설』, 『대학강의』, 『역회통』 등이 있고, 『주자어류』 편찬에 참여하였다. ☞ 賀孫 / 葉賀孫

섭적(葉適, 1150~1223)(中)

중국 남송의 사상가, 정치가. 자는 정칙(正則), 호는 수심(水心), 시호는 충정(忠定)이다. 경서를 경세적인 입장에서 해석하고, '이재(理財)'를 강조한 사공파의 대표 인물이다. 금나라와의 화의를 배격하고, 강회(江淮)에 둔전을 실시하였다. 문집으로 『수심문집』이 있다. ☞ 葉水心

섭주(葉晝, ?~?)(中)

중국 청대의 문인, 사상가. 자는 문통(文通)이다. 양명학, 특히 태주학에 마음이 경도되었고, 행동이 괴팍해 하심은(何心隱; 梁汝元)과 비슷했다. 스스로를 금옹(錦翁), 섭오엽(葉五葉), 섭불야(葉不夜) 등으로 일컬었으며, 마지막 이름이 양무지(梁無知)였다. 저술에 『중용송』, 『법해설』, 『열용편』 등이 있었다. ☞ 梁無知[7]

성기운(成璣運, 1877~?)(韓)

자는 순재(舜在), 호는 덕천(悳泉)이다. 전우의 문인이다.

성혼(成渾, 1535~1598)(韓)

자는 호원(浩源), 호는 우계(牛溪) 또는 묵암(默庵), 시호는 문간(文簡)이다. 성수침의 아들로 이이와 친했다. 기축옥사에서 최영경의 죽음에 대한 책임이 있다는 북인의 비난을 받았다. 임진왜란 시기 세자의 부름을 받고 출사하였고, 류성룡과 함께 주화론을 주장하였다. 사위 윤황으로 이어지는 서인 소론 계보를 형성한다. 1681년 문묘에 배향되었으며, 문집으로 『우계집』이 있다. ☞ 牛溪

소백온(邵伯溫, 1057~1134)(中)

중국 북송의 관리, 학자. 자는 자문(子文)이다. 소옹의 아들이다. 사마광에게 사사했고, 이정(二程) 및 여공저 등과 친했다. 부친의 상수학을 계승하여 역학에 뛰어났다. 저서로 『역학변혹』, 『황극계술』, 『관물내외편해』, 『하남소씨견문록』, 『하남집』 등이 있다. ☞ 邵子文

소송(蘇頌, 1020~1101)(中)

중국 북송의 관리, 과학자. 자는 자용(子容), 시호는 장간(正簡)이다. 1042년 진사로 출사하여 우재상에 이르렀다. 1088년에 수운의상대(水運儀象台)를 제작했고, 의약학과 천문학 방면에서 큰 공헌을 했다. 저서로 『도경본초』, 『신의상법요』가 있다. 위국공에 추증되었다. ☞ 蘇右丞 / 蘇子容

소식(蘇軾, 1036~1101)(中)

중국 북송의 문인, 정치가. 자는 자첨(子瞻) 또는 화중(和仲), 호는 동파(東坡), 시호는 문충(文忠)이다.

---

7) 자료집에는 深無知로 오기 되어 있다. 육롱기의 『사서강의곤면록(四書講義困勉錄)』을 근거로 수정한다.

시서에 모두 뛰어나 아버지 소순, 동생 소철과 함께 '3소'라고 불리며, 당송 8대가의 한 명으로 일컬어진다. 구법당의 중심이었으며, 황정견과 함께 "소황(蘇黃)"으로 불렸다. 문집으로 『동파전집』이 있다.

☞ 東坡 / 二蘇

소연(蕭衍, 464~549)(中)

중국 남조 양(梁)의 초대 황제. 소자는 연아(練兒), 자는 숙달(叔達)이다. 남제의 소보권을 무너뜨리고 양나라를 세워 선정을 베풀었으나, 불교에 빠져 수탈과 기강해이를 가져왔고, 후경의 난으로 유폐되어 실의 속에 죽었다.

☞ 梁武帝

소옹(邵雍, 1011~1077)(中)

중국 북송의 사상가. 자는 요부(堯夫), 시호는 강절(康節)이다. 이지재로부터 역학을 배우고, 이정(二程) 형제와 가까웠다. 후에 선천역학을 완성하여 주희에게 영향을 주었다. 저술로 『황극경세서』, 『이천격양집』 등이 있다.

☞ 康節

소진(蘇溱, ?~?)(中)

중국 남송의 학자. 자는 진수(晉叟)이다. 주자의 문인이다.

☞ 蘇晉叟

소철(蘇轍, 1039~1112)(中)

중국 북송의 문인, 관리. 자는 자유(子由), 호는 난성(欒城)이다. 소순의 아들이고, 소식의 동생으로 당송 8대가로 꼽힌다. 왕안석의 신법에 반대하였고, 많은 시문을 남겼다. 『시전』, 『춘추집전』, 『고사』 등의 저서가 있고, 문집으로 『난성집』이 있다.

☞ 蘇子由 / 二蘇

소혜(蕭惠, ?~?)(中)

중국 명대의 학자. 왕수인의 문인이다. 『전습록』에 다수의 문답이 남아 있다.

☞ 蕭惠

소휘면(蘇輝冕, 1814~1889)(韓)

자는 순여(純汝), 호는 인산(仁山), 시호는 문량(文良)이다. 홍직필의 문인으로 매문 5현으로 일컬어졌다. 1865년 만동묘 철폐에 반대하였고, 1876년 강화도조약을 계기로 은거하였다. 문집으로 『인산집』이 있다.

☞ 仁山 / 蘇仁山丈

손자수(孫自修, ?~?)(中)

중국 남송의 학자. 자는 경보(敬甫)이다. 종제들과 함께 주희와 교유하였다.

☞ 孫敬甫

손적(孫覿, 1081~1169)(中)

중국 송대의 관리. 자는 중익(仲益), 호는 홍경거사(鴻慶居士)이다. 5세에 소식의 인정을 받았고, 1109

년에 진사로 출사하였으며, 금나라가 변경을 함락했을 때 항복문서를 지었다. 평강부에서는 민중 소요로 직위를 잃었고, 임안부에서는 군비를 훔쳐 제명되었다. 글은 잘하였으나, 지조가 없었다. 『홍경거사집』과 『내간척독』이 전한다. ☞ 孫覿

송경숙(宋敬淑, 1867~?)(韓)

자는 의집(義集), 호는 외기재(畏己齋)이다. 전우의 문인이다. ☞ 宋敬淑 / 畏己齋

송병관(宋炳瓘, 1875~1945)(韓)

자는 형숙(瑩叔)이고, 호는 극재(克齋)이다. 족형 송병화에게 학문을 배웠다. 박학하고 문장에 뛰어나 명성이 높았고 이규헌 등 많은 명사들과 교유하였다. 1910년 국권피탈 후 대전 보문산(寶文山) 어천골에 은거하며 후학양성에 힘썼다. 문집으로 『극재집』이 전한다. ☞ 宋炳瓘 / 瑩叔

송병선(宋秉璿, 1836~1905)(韓)

자는 화옥(華玉), 호는 연재(淵齋), 시호는 문충(文忠)이다. 송시열의 9세손으로 큰아버지 송달수에게서 성리학과 예학을 배웠다. 출사하지 않고 시무, 척사 상소를 올렸다. 을사늑약이 체결되자 황제와 국민과 유생들에게 드리는 유서를 남기고 자결하였다. 『근사속록』, 『패동연원록』, 『동감강목』 등을 저술하였고, 문집으로 『연재집』이 있다. 1962년 건국훈장 독립장이 추서되었다. ☞ 淵齋

송병순(宋秉珣, 1839~1912)(韓)

자는 동옥(東玉), 호는 심석재(心石齋)이다. 송시열의 9세손이고 송병선의 아우로 함께 공부했다. 출사하지 않고 후진을 양성하였다. 1910년 경술국치에 투신 자결하려 했으나 실패하고, 1912년 유서를 남기고 음독 자결하였다. 『학문삼요』, 『용학보의』, 『주서선류』 등과 문집을 남겼다. 1968년에 대통령표창, 1977년 건국훈장 독립장이 추서되었다. ☞ 宋秉珣 / 東玉

송병화(宋炳華, 1852~1916)(韓)

자는 회경(晦卿) 또는 영중(英仲)이고, 호는 난곡(蘭谷) 또는 약재(約齋)이다. 임헌회의 문인이다. 1885년 증광시에 합격하고 학행으로 추천되어 침랑, 정릉참봉을 지냈다. 이후 경연관에 임명되었으나 나가지 않았고, 일제에 나라가 망한 후 후진양성에 힘썼다. 문집으로 『난곡집』이 있다. ☞ 宋炳華 / 晦卿 / 約齋

송시열(宋時烈, 1607~1689)(韓)

자는 영보(英甫), 호는 우암(尤庵) 또는 화양동주(華陽洞主), 시호는 문정(文正)이다. 김장생, 김집의 문인이다. 1635년 봉림대군의 사부가 되고, 효종 즉위 후 북벌계획을 담당하였다. 1659년과 1674년의 자의대비 복상문제에서 기년설(朞年說)과 대공설(大功說)을 주장하였고, 제자 윤증과 대립하여 1683

1081

년 노소 분당이 이루어졌다. 1756년 문묘에 배향되었고, 문집으로 『송자대전』이 있다.

☞ 宋子 / 尤庵 / 尤菴 / 尤翁

송의섭(宋毅燮, 1865~1944)(韓)

자는 강재(强哉), 호는 춘계(春溪)이다. 전우의 문인이다. 저서로 『동국강감』이 있다.　　☞ 宋毅燮

송익필(宋翼弼, 1534~1599)(韓)

자는 운장(雲長), 호는 구봉(龜峯) 또는 현승(玄繩), 시호는 문경(文敬)이다. 할머니 감정이 안돈후의 천첩 중금의 소생이었다. 부친 송사련은 안돈후의 손자 안처겸을 역모로 고변하여 신사무옥을 일으키고 공신이 되었다. 송익필은 유복하게 자라 예학에 밝았고, 이이, 성혼 등과 교유하며 서인의 막후 실력자로 군림하였다. 1586년 신사무옥이 무고였음이 밝혀지고, 감정이 안돈후의 소생이 아닌 것도 밝혀져 안씨 집안의 사노비로 환속이 결정되었으나, 송익필은 성과 이름을 바꾸고 도망하였다. 1589년 기축옥사로 동인들이 제거된 후, 예전 신분을 회복하였다. 문하에서 김장생을 배출하였으며, 문집으로 『구봉집』이 있다.

☞ 龜峯

송준길(宋浚吉, 1606~1672)(韓)

자는 명보(明甫), 호는 동춘당(同春堂), 시호는 문정(文正)이다. 김장생의 문인이다. 송시열과 동종(同宗)으로 정치적 부침과 주장을 같이 하였다. 1756년 문묘에 배향되었고, 문집으로 『동춘당집』이 있다.

☞ 同春

송지원(宋之源, ?~?)(中)

중국 남송의 관리, 학자. 자는 원래 적지(積之)였으나 주희가 심지(深之)로 바꾸었다. 형제가 다 주희의 문인이다.

☞ 宋深之

순욱(荀彧, 163~212)(中)

중국 후한의 관리. 자는 문약(文若)이다. 순자의 후손이다. 원소에게 인정받았으나 조조의 책사가 되었다. 196년 조조에게 헌제를 모시라 조언하였고, 인재를 알아보는 능력이 뛰어나 조조의 신임을 받았으나, 황권을 찬탈하려는 조조에 반대하여 사이가 벌어졌다. 손권 정벌 도중 병을 얻었는데, 조조의 위문품이 빈 상자임을 보고, 조조의 속마음을 짐작하고 음독 자결하였다는 말이 있다.　　☞ 荀彧

습개경(襲蓋卿, ?~?)(中)

중국 남송의 관리, 학자. 자는 몽석(夢錫)이다. 장식, 주희의 문인이다. 주희의 『지주어록』을 지었다. 1196년 경원학금이 일어났을 때, 고향으로 돌아가 후학을 양성하였다. 저술에 『정성편』, 『반성편』 등이 있다.

☞ 蓋卿

신기선(申箕善, 1851~1909)(韓)

자는 언여(言汝), 호는 양원(陽園) 또는 노봉(蘆峰), 시호는 문헌(文獻)이다. 1877년 출사하여 개화당과 함께 활동하였고, 1896년 의병이 일어나자 남로선유사로 활동하였다. 1904년 보안회 회장이 되어 항일운동을 전개하다 일본 경찰에 붙잡히기도 하였으나, 1907년까지 고위직을 역임하였고, 대동학회를 창립, 회장이 되었다. 신채호에게 서재를 개방해주었으며, 저서로 『유학경위』, 문집으로 『양원집』이 있다.
☞ 申言汝

신두선(申斗善, ?~?)(韓)

자는 앙여(仰汝), 호는 동양(東陽) 또는 이산(梨山)이다. 신기선의 형이다. 임헌회의 문인이다. 삼가현감으로 있으면서 뇌룡정을 중건하였고, 성균관 대사성을 역임하였다. ☞ 申仰汝 / 仰汝 / 申稺安

신약우(申若雨, 1879~?)(韓)

자는 중숙(仲肅), 호는 춘택(春澤)이다. 전우의 문인이다.
☞ 申若雨

신응구(申應榘, 1553~1623)(韓)

자는 자방(子方), 호는 만퇴헌(晩退軒)이다. 성혼, 이이의 문인이다. 1613년 이이첨 등이 폐모론을 주장하자 관직에서 물러나 충청도 남포로 낙향하였다. 인조반정 후에 형조참의, 동부승지, 좌부승지 등을 거쳐 장례원판결사, 춘천부사를 역임하였다. 문집으로 『만퇴집』이 있다. ☞ 申承旨應榘

신응조(申應朝, 1804~1899)(韓)

자는 유안(幼安), 호는 계전(桂田)[8] 또는 구암(荀菴), 시호는 문경(文敬)이다. 홍직필의 문인이다. 1852년 출사하여 예조판서에 이르고, 1882년 7월 판부사로 있으면서 서양세력을 배척하고 수교 및 통상을 제한할 것을 주장하였다. 후에 좌의정에 올랐으며, 기로소에 들어갔다. 문집으로 『구암집』이 있다.
☞ 荀菴 / 荀翁 / 申荀菴

신창(申漲[9], ?~?)(韓)

미상.
☞ 申仲肅 / 仲肅

신홍철(申弘澈, 1866~?)(韓)

자는 사의(士毅)이다. 전우의 문인이다.
☞ 申弘澈

---

8) 『화도연원록』에는 "계산(桂山)"으로 되어있다.

9) 『간재집』 후편 권3, 서, 「與李喜璡」에 "申仲肅漲問, 自不立矣"라고 되어 있다.

심계조(沈繼祖, ?~?)(中)

중국 남송의 관리. 자는 술지(述之)이다. 1169년에 출사하여, 1196년 정이의 학문이 위학이라고 하여 감찰어사가 되었다. 한탁주를 믿고 호굉(胡紘)과 함께, 주희를 헐뜯어 죽이고자 하였다. 문집으로『치림집』이 있었으나 일실되었다. ☞ 沈繼祖

심귀보(沈貴珤, ?~?)(中)

중국 원대의 학자. 호는 의재(毅齋)이다. 동몽정의 문인으로 호방평에게 주희의 역학을 전했다. ☞ (番易)沈氏

심기택(沈琦澤, 1826~?)(韓)

자는 경규(景珪), 호는 운가(雲稼)이다. 유신환의 문인이다. 강화군수, 금산군수, 병조참판 등을 지냈다. 문집으로『운가집』이 있다. ☞ 雲稼 / 沈雲稼 / 沈景珪 / 沈丈

심능협(沈能浹, 1858~?)(韓)

자는 윤화(允和)이다. 전우의 문인이다. ☞ 沈能浹

심덕잠(沈德潛, 1673~1769)(中)

중국 청대의 문인, 관리. 자는 확사(確士), 호는 귀우(歸愚), 시호는 문각(文慤)이다. 1739년 67세 고령으로 진사가 되었는데, 건륭제가 시재(詩才)를 아껴 "강남노명사(江南老名士)"라고 하였다. 1765년에 광록대부 태자태부에 봉해졌다. 시문집으로『심귀우시문전집』이 있다. ☞ 沈德潛

심의윤(沈宜允, ?~?)(韓)

자는 중경(中卿)이다. 김병주의 사위이다. 임헌회의 문인이다. 조병덕, 최익현, 송병선 등과 교유하였다. ☞ 中卿

심정희(沈廷熙, 1656~1714)(韓)

자는 명중, 호는 고송재(孤松齋)이다. ☞ 沈明仲

심제(沈梯, 1637~1706)(韓)

자는 덕승(德升), 호는 덕암(德菴)이다. 송시열의 문인이다. 윤증과 교분이 두터웠으나 송시열이 죽은 후에는 윤증과 절교하였다. ☞ 沈德升

심한(沈僩, ?~?)(中)

중국 남송의 학자. 자는 장중(莊仲)이다. 주희의 문인이다.『주자어류』에 심한이 1198년 이후에 기록한

700~800여 조목의 어록이 있다. 본인이 직접 질문한 것도 역시 수십 조목이다.   ☞ 沈莊仲 / 僩

안천서(安天瑞, ?~?)(韓)

자는 응휴(應休)이다. 이이의 문인이다.   ☞ 安應休

안향(安珦, 1243~1306)(韓)

자는 사온(士蘊), 호는 회헌(晦軒), 시호는 문성(文成)이다. 초명은 안유(安裕)였으나 뒤에 안향(安珦)으로 고쳤다. 1289년 원나라에 가서 주자서를 직접 베끼고, 공자와 주자의 화상을 그려왔다. 1297년 집 뒤에 정사를 짓고, 공자와 주자의 화상을 모셨다. 1303년 김문정을 남경에 보내 공자와 70제자의 화상, 문묘에서 사용할 제기 및 악기, 각종 서적을 구해오게 하였다. 양현고를 설립하고 섬학전을 마련하였으며, 1304년 대성전이 완성되자, 중국에서 구해온 공자를 비롯한 선성들의 화상을 모시고 관직 생활을 마쳤다.   ☞ 安裕 / 文成公

양간(楊簡, 1141~1226)(中)

중국 남송의 관리, 학자. 자는 경중(敬仲), 호는 자호(慈湖), 시호는 문원(文元)이다. 육구연의 문인이다. 저술에 『자호시전』, 『양씨역전』, 『오고해』 등이 있으며, 문집으로 『자호유서』가 있다.   ☞ 楊慈湖 / 楊敬仲

양계초(梁啓超, 1873~1929)(中)

중국 청말민국초 정치가, 사상가. 호는 임공(任公) 또는 음빙실주인(飮氷室主人)이다. 1890년 강유위에게 사사하여 육왕심학과 서학, 공양학을 익혔다. 1895년 변법자강 운동에 주력하다가 1898년 무술정변 실패 후 일본으로 망명하였다. 1911년 신해혁명 후 중화민국에서 정당 활동을 하다가 1920년 유럽 여행 후 정계를 은퇴하였다. 『청대학술개론』, 『선진정치사상사』, 『중국역사연구법』 등의 저서를 남겼다.   ☞ 啓超

양기원(楊起元, 1547~1599)(中)

중국 명대 관리, 학자. 자는 정복(貞復), 호는 복소(復所), 시호는 문의(文懿)이다.   ☞ 楊起元

양도부(楊道夫, ?~?)(中)

중국 남송의 학자. 자는 중사(仲思)이다. 『주자어류』에 1189년 이후에 기록한 150여 조목의 어록이 있고, 『주자대전』권58에 주희의 답서 4통이 있다.   ☞ 道夫

양방(楊方, ?~?)(中)

중국 남송의 학자. 자는 자직(子直), 호는 담헌(淡軒)이다. 주희의 문인이다. 융흥 초에 출사하여 길주

지주에 이르렀다. 경원당금으로 조여우, 주희에 연좌되어 파직되었으나 당금이 해제된 뒤 복권되어 직보모각, 광서제형에 이르렀다.　　　　　　　　　　　　　　　　　　　　　　☞ 楊子直

양백(陽伯)(中)

미상. 『왕문성전서』권19, 외집1에 「양백에게 드림[贈陽伯]」이 있다.　　　　　　　　☞ 陽伯

양시(楊時, 1053~1135)(中)

중국 북송의 관리, 사상가. 자는 중립(中立), 호는 귀산(龜山), 시호는 문정(文靖)이다. 이정(二程)의 문인이다. 도남학파의 비조로서, 민(閩) 지역에 이정의 학문을 전파하였다. 저술에 『이정수언』이 있고, 문집으로 『귀산집』이 있다.　　　　　　　　　　　　　　　　　　　　　☞ 楊龜山

양시교(楊時喬, 1531~1609)(中)

중국 명대의 관리, 학자. 자는 의천(宜遷), 호는 지암(止庵), 시호는 단결(端潔)이다. 저서로 『양절남관 각사서』, 『주역고금문전서』, 『마정기』 등이 있고, 문집으로 『단결집』이 있다.　　　☞ 楊時喬

양신(楊愼, 1488~1559)(中)

중국 명대의 관리, 학자. 자는 용수(用修), 호는 월계(月溪) 또는 승암(升庵), 시호는 문헌(文憲)이다. 명대 3재자(三才子)의 으뜸이고, 기송(記誦)의 해박함과 저술의 풍부함은 명대 최고로 평가된다. 문집 으로 『승암집』이 있다.　　　　　　　　　　　　　　　　　　　　　　　　☞ 楊愼

양웅(楊雄, BC53~18)(中)

중국 신(新)의 사상가. 자는 자운(子雲)이다. 전한 말에 태어나 왕망의 신에서 대부가 되었다. 『법언』 과 『태현』을 지었다. 사부(詞賦)에도 능했다.　　　　　　　　　　　　　☞ 楊雄 / 子雲

양의(楊儀, ?~235)(中)

중국 후한 촉한의 관리. 제갈량의 북벌을 돕고, 제갈량이 사후 위연의 반란을 막았음에도 중용되지 않는다고 불평하다 쫓겨났다.　　　　　　　　　　　　　　　　　　　　　☞ 楊儀

양장유(楊長孺, 1157~1236)(中)

중국 남송의 관리, 학자. 원래 이름은 수인(壽仁)이다. 자는 백대(伯大), 호는 동산(東山), 시호는 문혜 (文惠)이다. 양만리의 아들이다. 음서로 출사하여 뛰어난 치적을 올렸고, 부문각 직학사로 치사하였다. 문집으로 『동산집』이 있었다.　　　　　　　　　　　　　　　　　　　　☞ 楊長孺

양적(梁適, 1000~1070)(中)

중국 북송의 관리. 자는 중현(仲賢)이다. 음서로 출사하였으나 진사에도 합격하여 스스로를 증명하였다. "충효 3량(忠孝三梁 : 梁顥, 梁固, 梁適)"으로 불리며, "문정 3소(文情三蘇 : 蘇洵, 蘇軾, 蘇轍)"에 비견되었다.　　　　　　　　　　　　　　　　　　　　　　　　　　　☞ 蘇梁

양춘(楊春, ?~?)(中)
미상　　　　　　　　　　　　　　　　　　　　　　　　　　　　　　　　☞ 楊春(從木)

어윤갑(魚允甲, 1883~?)(韓)
자는 영직(永直)이다. 전우의 문인이다.　　　　　　　　　　　　　　　☞ 魚允甲

엄세문(嚴世文, ?~?)(中)
중국 남송의 학자. 자는 시형(時亨) 또는 형보(亨父)이다. 주희의 문인이다. 출사하지 않았고, 저술에
「의의문답왕복서첩」이 있다.　　　　　　　　　　　　　　　　　　　　☞ 嚴時亨

여곤(呂坤, 1536~1618)(中)
중국 명대의 관리, 문인, 학자. 자는 숙간(叔簡) 또는 심오(心吾), 신오(新吾), 호는 포독거사(抱獨居
士)이다. 청렴하고 꼿꼿하였고, 만력 년간 천하 "3대현(大賢)"으로 일컬어졌다. 저술에 『실정록』, 『야
기명』, 『초양심시』, 『신음어』, 『거위재집』 등이 있다. 문집으로 『여곤전집』이 있다.　　☞ 呂新吾

여남(呂枏, 1479~1542)(中)
중국 명대의 학자, 관리. 자는 중목(仲木), 호는 경야(涇野), 시호는 문간(文簡)이다. 설경지의 문인이다.
환관 유근과 갈등하여 사직하였고, 복관 후 대례의로 황제를 거슬러 유배되었다. 정주학의 범주에 들지
만 양명학에도 유의하고 관학(關學)의 전통 또한 계승하였다. 저서로 『주역설익』, 『상서설요』, 『모시설
서』, 『예문내외편』, 『춘추설지』, 『사서인문』이 있고, 문집으로 『경야시문집』이 있다.　☞ 呂枏 / 涇野

여달섭(呂達燮, 1861~?)(韓)
자는 주언(周彦)이다. 전우의 문인이다.　　　　　　　　　　　　　　　☞ 呂達燮

여대림(呂大臨, 1042~1090)(中)
중국 북송의 사상가. 자는 여숙(與叔)이다. 장재에게 배우고 정이에게서 배워 정문 4선생으로 불렸다.
형제 네 명이 모두 학문으로 이름이 있어 "남전 4려(藍田四呂)"로 불렸다. 저술에 『고고도』, 『속고고
도』, 『석문』이 있고, 문집으로 『옥계집』이 있다.　　☞ 東萊 / 伯恭 / 呂子約 / 子約 / 呂芸閣

여대아(余大雅, ?~?)(中)
중국 남송의 관리, 학자. 자는 정숙(正叔)이다. 주희의 문인이다. 벼슬이 광서경략(廣西經略)에 이르렀
다. 『주자어류』에 여대아가 1178년 이후에 기록한 약 150조목의 어록이 있고, 『주자대전』권59에 주희

의 답서 3통이 있다.　　　　　　　　　　　　　　　　　　　　☞ 大雅

여대유(余大猷, ?~?)(中)

중국 남송의 학자. 자는 방숙(方叔)이다. 주희의 문인이고, 여대아(余大雅)의 동생이다. 『주자어류』에 60여 조목의 문답이 있고, 『주자대전』권59에 그에게 답하는 1통의 편지가 있다.　　　☞ 余方叔

여도(呂燾, ?~?)(中)

중국 남송의 학자. 자는 덕소(德昭)이다. 세 형제가 다 주희의 문인이다. 『주자어류』에 여도, 여환이 1199년 이후에 기록한 300여조목의 어록이 있는데, 모두 여도의 이름으로 기재되어 있다.　　☞ 燾

여본중(呂本中, 1084~1145)(中)

중국 남송의 문인, 학자. 초명은 대중(大中), 자는 거인(居仁), 호는 동래(東萊), 시호는 문청(文淸)이다. 양시, 유초, 윤돈의 문인이며, 유안세, 진권에게도 배웠다. 1136년 출사하여 중서사인 겸 시강을 지냈다. 시인으로 유명했고, 하학상달(下學上達)의 학문을 강조했으며, 불교에 대한 이해가 깊었다. 저서로 『춘추집해』, 『동몽훈』, 『강서시사종파도』, 『자미시화』, 『사우연원록』이 있고, 시문집으로 『동래선생시집』이 있다.　　　　　　　　　　　　　　　　　　　　　　　　☞ 呂舍人

여우(余祐, 1465~1528)(中)

중국 명대의 관리, 학자. 자는 자적(子積), 호는 인재(認齋)이다. 호거인의 문인이자 사위이다. 주자학의 입장에서 양명학을 비판하였다. 1499년에 출사하여 운남포정사에 이르렀다. 서주병비부사로 있을 때 환관의 모함으로 투옥되었는데, 이 때 『성서』와 『문공선생경세대훈』을 지었고, 호거인의 강학어록인 『거업록』을 편찬하였다.　　　　　　　　　　　　　　　　　　　　　☞ 余祐

여유량(呂留良, 1629~1683)(中)

중국 명말청초의 문인, 사상가. 다른 이름이 광륜(光輪 / 光綸)이고, 자는 장생(莊生) 또는 용해(用晦), 호는 만촌(晚村) 혹은 치옹(恥翁)이다. 순치 10년에 응시하여 제생이 되었지만, 강희 연간에 박학홍사과를 거부하고 삭발하였다. 중이었을 때의 이름은 내가(耐可), 자는 불매(不昧), 호는 하구노인(何求老人)이다. 옹정 10년에 부관참시 당하였다. 청대 문자옥의 시발이다. 시문집으로 『여만촌집』과 『동장시존』이 있다.　　　　　　　　　　　　　　　☞ 呂留良 / 晚村 / 晚村呂氏 / 呂晚村

여조검(呂祖儉, ?~1196)(中)

중국 남송의 학자, 관리. 자는 자약(子約), 호는 대우(大愚), 시호는 충(忠)이다. 여조겸(呂祖謙)의 동생이다. 형에게 수학하고, 주륙의 절충을 시도하였다. 대부승에 올랐으나 조여우의 파직을 극간하다 유배되었다. "명주 4선생(明州四先生)"으로 불렸다. 문집으로 『대우집』이 있다.　　　☞ 呂大愚

여희철(呂希哲, 1039~1116)(中)

중국 북송의 학자, 관리. 자는 원명(原明), 호는 형양(滎陽)이다. 손복, 호원, 석개, 소옹, 왕안석 등에게서 배우고, 이정(二程) 및 장재와도 교유하였다. 범조우의 추천으로 출사하였고, 당화를 입어 좌천, 유배되었다. 저술에 『여씨잡기』, 『형양공설』이 있다. ☞ 呂滎公

연숭(連崧, ?~?)(中)

중국 남송의 학자. 자는 숭경(崧卿)이다. 『주자대전』에 지구문인(知舊門人)으로 분류되어 있다. 아호의 모임에 참석했으며, 『주자대전』권41에 답서 4통이 있다. ☞ 連崧卿

염약거(閻若璩, 1636~1704)(中)

중국 청대의 학자. 자는 백시(百時), 호는 잠구(潛邱)이다. 20세 무렵 『상서』에 문헌적인 의심을 가져 30년의 연구 끝에 『상서고문소증』을 저술하였다. 여기서 고문 25편 및 『상서공전』이 매색의 위작임을 실증적으로 논증하여, 청대 고증학의 선구가 되었다. 저술에 『사서석지』, 『잠구차기』가 있다. ☞ 閻若璩

오묵(吳默, 1551~1637)(中)

중국 명대 관리, 학자. 자는 인지(因之) 또는 언잠(言箴)이다. 1592년 회시에서 장원하여 "오회원(吳會元)"으로 불렸고, 강직한 인품으로 "오철한(吳鐵漢)"이라 일컬어졌다. ☞ 因之 / 吳季子

오사제(吳思齊, 1238~1301)(中)

중국 남송의 유민, 시인. 자는 자선(子善), 호는 전귀자(全歸子)이다. 남송 말에 가흥현승을 지냈고, 남송이 멸망한 뒤 은거하며 사고, 방봉 등과 중국 최초의 시사(詩社)를 맺었다. ☞ 吳思齊

오수창(吳壽昌, ?~?)(中)

중국 남송의 학자. 자는 대년(大年)이다. 주희의 문인이다. 처음에 승려 소산(疏山)을 배알하고 선학(禪學)을 말하기 좋아하였으나, 후에 주희를 따랐다. 저서로 『문답략』이 있다. 『주자어류』에 오수창이 1186년에 기록한 40여 조목의 어록이 있다. ☞ 壽昌

오여필(吳與弼, 1391~1469)(中)

중국 명대의 학자. 초명은 몽상(夢祥) 또는 장필(長弼), 자는 자부(子傅) 또는 자전(子傳), 호는 강재(康齋)이다. 숭인학파의 창시자로 문하에서 호거인, 진헌장, 누량 등이 배출되었다. 문집으로 『강재집』이 있다. ☞ 吳康齋

오연상(吳淵常, 1765~1821)(韓)

자는 사묵(士默), 호는 약암(約菴)이다. 오재순의 아들이고, 오희상의 동생이다. 1800년에 출사하여 이조참의에 이르렀다. 1811년 홍경래의 난 때 태천을 수복하고 변대익을 주살하였다. 이후 이조참판』부제학』도승지』비변사제조 등을 역임하였다. 문집으로 『약암집』이 필사본으로 전한다.

☞ 通川公 / 老洲弟[10]

오익(吳翌, ?~?)(中)
중국 남송의 학자. 자는 회숙(晦叔), 호는 징재(澄齋)이다. 호인, 호굉의 문인이다. 호굉 사후 장식, 호실 등과 교유하였다. 주희가 쓴 행장이 『주자대전』에 있다.

☞ 吳晦叔

오진(吳振, ?~?)(中)
중국 남송의 학자. 자는 자기(子奇) 혹은 백기(伯起)이다. 1187년에 진사가 되었고, 『요후록』권17에 대략 100조목의 어록이 전한다.

☞ 振

오진영(吳震泳, 1868~1944)(韓)
자는 이견(而見), 호는 석농(石農)이다. 전우의 문인이다. 저서로 『석농집』이 있고, 『대동사감』을 감수하였다.

☞ 石農

오징(吳澄, 1249~1333)(中)
중국 원대의 학자. 자는 유청(幼淸) 또는 백청(伯淸), 시호는 문정(文正)이다. 남송이 멸망하자 은거하여 초가집에 살았으므로, 초려(草廬) 선생으로 불렸다. 원 세조 이후 여러 번 조정의 부름을 받고 출사하였다. 원나라에 유학을 전파하고 발전시키는데 크게 기여하여, 허형과 함께 "남오북허(南吳北許)"라고 일컬어졌다. 임천군공(臨川郡公)에 봉해졌다. 문집으로 『오문정집』이 있다. ☞ 臨川吳氏 / 臨川

오치(吳雉, ?~?)(中)
중국 남송의 학자. 자는 화중(和中)이다. 『요후록』에 오치가 기록한 100여 조목의 어록이 있고, 『주자대전』권84에 주자가 1199년에 쓴 「제오화중감추부후」가 있다.

☞ 雉

오필대(吳必大, ?~?)(中)
중국 남송의 학자. 자는 백풍(伯豐)이다. 장식, 여조겸을 사사하고 만년에 주희의 문인이 되었다. 음보로 출사하여 길수(吉水)의 현승이 되었다.

☞ 必大 / 吳伯豐

오혁(吳爀, ?~?)(韓)
자는 사원(士遠)이다. 『노주집』에 오희상이 보낸 편지 2통이 있다.

☞ 吳士遠

---

10) 6촌 동생 吳澈常일 가능성도 있음.

오희상(吳熙常, 1763~1833)(韓)

자는 사경(士敬), 호는 노주(老洲), 시호는 문원(文元)이다. 형 오윤상(吳允常)에게 수학하였다. 1800년에 출사하였고, 1818년 징악산에 은거하였다. 문집으로 『노주집』이 있다.   ☞ 老洲 / 洲翁

왕간(王艮, 1483~1540)(中)

중국 명대의 학자. 자는 여지(汝止), 호는 심재(心齋)이다. 왕수인의 문하생이다. 소금 생산 판매업을 하였으나, 1520년 왕수인의 강학을 듣고 문하에 들었다. 후에 왕문좌파의 영수로 태주학파의 시조가 되었다. 저서로 『왕심재전집』이 있다.   ☞ 王汝止

왕백(王柏, 1197~1274)(中)

중국 남송의 학자. 자는 회지(會之) 또는 백회(伯會), 호는 노재(魯齋) 또는 장소(長嘯), 시호는 문헌(文憲)이다. 황간의 문하 하기의 문인이다. 하기, 김이상, 허겸과 함께 "금화 4선생(金華四先生)" 또는 "북산 4선생(北山四先生)"으로 불렸다. 저서로 『시의』, 『서의』, 『독역기』, 『독서기』, 『시변설』, 『함고역설』, 『오경장구』, 『연기도』, 『주자지요』, 『천관고』, 『지리고』 등이 있다.   ☞ 王魯齋

왕부(王裒, ?~311)(中)

중국 서진의 효자. 자는 위원(偉元)이다. 아버지 왕의(王儀)가 문제(文帝, 司馬昭)에게 직간했다가 죽임을 당하자 벼슬하지 않았다.   ☞ 王裒

왕불(汪紱, 1692~1759)(中)

중국 청대 학자. 초명은 훤(烜), 자는 찬인(燦人), 호는 쌍지(雙池) 또는 경당(敬堂)이다. 평생 강학과 저술에 전념했다. 저서로 『역경전의』, 『상서전의』, 『시경전의』, 『시운석』, 『춘추집전』, 『예기장구』, 『예학혹문』, 『사서전의』, 『효경장구』, 『참독례지의』, 『이학봉원』, 『악경율려통해』, 『독근사록』 등이 있다.   ☞ 汪氏紱

왕빈(汪份, 1655~1721)(中)

중국 청대 관리, 학자. 자는 무조(武曹)이다. 어려서부터 배우기를 좋아하고, 문학으로 이름이 있었다. 서건학, 옹숙원의 문인이다. 1704년에 출사하여 운남 독학에 이르렀으나, 부임하지 못하고 죽었다. 저서로 『하방고』, 문집으로 『천희재집』이 있다.   ☞ 汪長洲

왕빈(王蘋, ?~?)(中)

중국 북송의 학자. 자는 신백(信伯)이다. 정이의 문인으로, 양시 등의 후배인데, 양시가 크게 인정하였다. 고종의 친정 때 천거되어 문대하였는데, 고종이 "통유(通儒)"로 평가하고 비서정자를 내렸다. 『신종실록』 편수에 참여하였다. 진회의 미움을 사 벼슬을 빼앗겼으나, 다시 태주 숭도궁사를 맡았다. 만년에 『논어집해』를 저술하다 마치지 못하고 죽었다.   ☞ 王信伯

왕수인(王守仁, 1472~1528)(中)

중국 명대의 사상가. 자는 백안(伯安), 호는 양명(陽明), 시호는 문성(文成)이다. 환관 유근에 맞서다 귀양간 용장에서 깨달음을 얻어 심즉리(心卽理), 지행합일(知行合一), 치양지(致良知) 등을 주장하였다. 문집으로 『왕문성공전집』이 있다. ☞ 王陽明 / 陽明 / 王伯安 / 姚江

왕숭병(王崇炳, 1653~1739)(中)

중국 청대의 학자. 자는 호문(虎文), 호는 학담(鶴潭)이다. 건륭 연간에 거인이 되고, 여정서원 주강을 지냈다. 저서로 『금화문략』, 『학누당문집』, 『학누당시집』, 『광성리음』, 『동호강의』, 『사서구담』, 『역조회고』 등이 있다. ☞ 王崇炳

왕시민(王時敏, ?~?)(中)

중국 송대의 학자. 자는 덕수(德修)이다. 윤돈의 문인이다. 저술에 『사설』이 있고, 주희가 편지로 윤돈의 학문에 관하여 질문하였다. ☞ 王德修

왕안석(王安石, 1021~1086)(中)

중국 북송의 문인, 정치가. 자는 개보(介甫), 호는 반산(半山)이다. 당송 8대가의 한 명이며, 20여년에 걸친 지방관 임기 동안 관개 사업과 재정 관리에서 역량을 보였다. 신종 즉위 후 신법(新法)을 입안하고 추진하였으나, 보수파의 반발과 1074년의 기근으로 실패하였다. 죽은 뒤 형국공에 봉해졌다. ☞ 安石 / 王介甫

왕우(王遇, 1142~1211)(中)

중국 남송의 관리, 학자이다. 자는 자합(子合) 또는 자정(子正), 호는 동호(東湖)이다. 1169년 출사하여 세 번 교관을 지내면서 17년 동안 주희, 장식, 여조겸 문하에서 수학했다. 대당(大塘)의 수리시설을 정비하여 10만여 경의 전답을 개간했고, 비릉을 지키면서 절동제거상평사자가 되어 혜정을 베풀었다. 저서로 『논맹강의』, 『양한박의』 등이 있다. ☞ 王子合

왕위(汪偉, ?~?)(中)

중국 명말의 충신. 자는 숙도(叔度)이다. 숭정 원년에 출사하였다. 시무에 관해 여러 번 건의했으나, 사정이 좋아지지 않았다. 이자성의 난으로 도성이 떨어지자 아내 경(耿)씨와 함께 목을 매었다. 남명 홍광제 때 문열(文烈)로 시호하였고, 청조 순치제 때 문의(文毅)로 시호하였다. ☞ 叔度 / cf. 耿氏

왕응린(王應麟, 1223~1296)(中)

중국 송말원초의 관리, 학자. 자는 백후(伯厚), 호는 심녕(深寧)거사 또는 후재(厚齋)이다. 1241년 출사하여 예부상서 겸 급사중에 이르렀다. 왕야, 진덕수 등과 교유하였다. 변경의 수비와 당시 정치에 대해 상소하였고, 남송이 망한 뒤 고향에 은거하며 강술하였다. 저술에 『옥해』, 『곤학기문』, 『한제고』, 『통감지리통석』, 『소학감주』, 『삼자경』, 『백가성』 등 다방면에 걸친 성과를 남겼다.　☞ 王厚齋

왕의(王儀, ?~252)(中)
중국 삼국시대 위(魏)의 관리. 사마소의 사마였다. 사마소가 오나라를 정벌하다 동관에서 패하고, 책임을 묻자 수장이 책임져야 한다고 대답했다가 사마소에게 참수됐다.　☞ 王儀

왕일휴(王日休, ?~1173)(中)
중국 남송의 학자. 자는 허중(虛中)이다. 저서로 『역해』, 『춘추해』, 『춘추명의』, 『양현록』, 『모해서』 등이 있다. 나중에 불교에 귀의해 매일 염불과 1000배를 했고, 1160년에 『대아미타경』을 교정하였으며, 『정토문』을 지었다.　☞ 王日休

왕장유(汪長孺, ?~?)(中)
중국 남송의 학자. 자는 덕보(德輔)이다. 주희의 문인이다. 『주자대전』 권52에 답서 1통이 있다.
　☞ 德輔

왕정상(王廷相, 1474~1544)(中)
중국 명대의 관리, 사상가. 자는 자형(子衡), 호는 준천(浚川) 또는 평애(平厓)이다. 감찰어사, 도찰원 좌도어사 등을 역임했다. 기일원론(氣一元論), 성기일관론(性氣一貫論) 등을 주장하였다. 저서로 『신언』, 『왕씨가장집』, 『아술』, 『설군채론성서』, 『석룡서원학변』, 『답하백재조화론』 등이 있다. ☞ 浚川

왕직유(王直柔, ?~?)(中)
중국 북송의 문인. 술 마시고 성인을 희롱하는 시를 지어 인종의 노여움을 샀다. 『주자어류』 권129, 19 조목에 관련 내용이 자세히 나온다.　☞ 王勝之

왕충(王充, 25~100?)(中)
중국 후한의 관리, 사상가. 자 중임(仲任)이다. 반고의 아버지 반표의 문인이다. 기존 사유에 반하는 주장을 많이 하여 오랫동안 이단시 되었다. 『논형』, 『양생서』, 『정무서』 등을 저술하였다.

왕충운(王充耘, ?~?)(中)
중국 원대의 관리, 학자. 자는 경야(耕野)이다. 1333년 출사하여 동지영신주사를 지냈다. 사직하고 모친을 봉양하며 강연과 저술에 힘썼다. 채침의 『서집전』 고정하고, 『독서관견』, 『서의궁식』, 『사서경의관통』, 『서의주의』 등을 썼다.　☞ 王充耘

왕통(王通, 584~617)(中)

중국 수(隋)의 학자. 자는 중엄(仲淹), 사시(私諡)는 문중자(文中子)이다. 오경을 깊이 연구하여 『속서』, 『속시』, 『원경』, 『예경』, 『악론』, 『찬역』 등을 지었으나 모두 없어졌다. 문하에서 위징, 방현령 등이 배출되었다. 자식과 제자들이 『논어』를 모방하여 『중설』을 편찬했다.　　　　☞ 文中子

요겸(廖謙, ?~?)(中)

중국 남송의 학자. 자는 익중(益仲) 또는 덕지(德之)이다. 주희의 문인으로, 1194년 주희와 강학했다. 『주자어류』에 요겸이 1194년에 기록한 약 40조목의 어록이 있다.　　　　☞ 謙

요덕명(廖德明, ?~?)(中)

중국 남송의 학자. 자는 자회(子晦), 호는 사계(槎溪)이다. 주희의 문인이다. 어릴 때 불교를 공부하다 양시의 책을 읽고 깨우침이 있어 주희를 따랐다. 1169년에 출사하여 보전현지사와 광주지사, 이부좌선랑 등을 역임하고, 『가례』와 이정(二程)의 여러 책들을 출간했다. 『주자어류』에 요덕명이 1173년 이후에 기록한 300여 조목이 있고, 『주자대전』권45에 주희의 답서 18통이 있다.　　　　☞ 德明

요로(饒魯, 1193~1264)(中)

중국 남송의 학자. 자는 백여(伯輿) 또는 중원(仲元), 호는 쌍봉(雙峰)이다. 시원유, 시중행, 황간, 이번 등에게서 배웠다. 예장서원, 동호서원 등에서 유학하고 붕래관(朋來館), 석동서원 등을 세워 후진을 양성하였다. 저서로 『오경강의』, 『어맹기문』, 『서명도』 등이 있다.　　　　☞ 饒 / 饒氏 / 饒雙峯

요복(姚福, ?~?)(中)

중국 명대의 문인. 자는 세창(世昌), 호는 수소도인(守素道人)이다. 『청계가필(靑溪暇筆)』을 지었다.　　　　☞ 姚福

우성전(禹性傳, 1542~1593)(韓)

자는 경선(景善), 호는 추연(秋淵) 또는 연암(淵庵), 시호는 문강(文康)이다. 허엽의 사위이고, 이황의 문인이다. 동서분당 때 동인으로 분류되고, 남북 분당 때 남인의 거두로 앞장섰다. 임진왜란이 일어나자 의병을 모집하고, 난민을 구제하였으며, 강화도를 장악하여 남북으로 통하게 하였다. 권율이 행주에 이르자 의병을 이끌고 지원하고, 퇴각하는 왜군을 추격하다 과로로 병을 얻어 부평에서 사망하였다. 저서로 『계갑록』, 「역설」, 「이기설」 등이 있다.　　　　☞ 禹景善

웅명우(熊明遇, 1579~1649)(中)

중국 명말의 관리, 문인. 자는 양유(良孺), 호는 단석(壇石)이다. 1601년 출사하여 남경 병부상서에 이르러 치사하였다. 이후 병부상서로 복직하여, 공부상서를 역임하던 중 병으로 귀향하였으며, 명이 망한 후 사망하였다. 동림당과 가깝고, 시폐에 대하여 극렬하게 상소하여 위충현과 불화하였으므로 여러 번 탄핵, 유배되었다. 저서로 『남추집』, 『청옥집』 등이 있다.　　　　　☞ 熊氏(字良孺)

원섭(袁燮, 1144~1224)(中)

중국 남송의 관리, 학자. 자는 화숙(和叔), 호는 혈재(絜齋), 시호는 정헌(正獻)이다. 태학정으로 있을 때 당금(黨禁)으로 해직되고, 나중에 복직되어 국자감 좨주가 되었다. 예부시랑 때 권신 사미원과 다투다가 파직되었다. "명주 순희 4선생"으로 불리며 절동 사명학파를 대표했다. 문집으로 『혈재집』 등이 있다.　　　　　☞ 袁和叔

위교(魏校, 1483~1543)(中)

중국 명대의 관리, 학자. 자는 자재(子才) 또는 자재(子材), 호는 장거(莊渠), 시호는 장간(莊簡)이다. 1505년 출사하여 태상시경장좨주에 올랐다. "남부 4군자"로 불렸다. 저서로 『주례연혁전』, 『주례의소』, 『교사론』, 『춘추경세』, 『대학지귀』, 『혁세증광록』, 『관직회통』, 『체인설』, 『항유록』이 있고, 문집 및 어록 등이 전한다.　　　　　☞ 魏莊渠

위섬지(魏掞之, 1116~1173)(中)

중국 남송의 학자. 자는 자실(子實) 또는 원리(元履), 호는 간재(艮齋)이다. 호헌의 문인으로 주희와 종유했다. 여러 번 시무를 건의했으나 받아들여지지 않았다. 최초로 지역에서 사창을 시행했다. 저서로 『무오당의』가 있다.　　　　　☞ 魏元履

위연(魏延, ?~234)(中)

중국 후한 촉한의 장군. 자는 문장(文長)이다. 유표 휘하에 있다 유비에게 항복하고 촉한의 무장이 되어 공적을 쌓았으나 자부심이 강하고 오만하였다. 제갈량 사후에 양의와 서로 반역을 했다고 표를 올리며 대립하였는데, 장완과 동윤이 모두 양의를 보증하였다. 234년 양의가 마대를 보내 위연의 목을 베고, 삼족을 멸했다.　　　　　☞ 魏延

위징(魏徵, 580~643)(中)

중국 당대의 정치가. 자는 현성(玄成), 시호는 문정(文貞)이다. 정국공(鄭國公)에 봉해졌다. 언론이 『정관정요』에 많이 보이고, 『간태종십사소』가 유명하다. 문집으로 『위정공문집』과 『위정공시집』이 있다.　　　　　☞ 魏徵

유경양(柳敬養, 1883~?)(韓)

자는 경덕(景德)이다. 전우의 문인이다. 『간재집』에 전우의 답서 4통과 지어준 글이 1편 있다.　　　　　☞ 柳敬養

유공(劉珙, 1122~1178)(中)

중국 남송의 학지, 관리. 자는 공보(共父), 시호는 충숙(忠肅)이다. 계부 유자휘에게서 수학하고, 장식, 주희 등과 교유하였다. 음보로 출사한 뒤 진사에 급제하였다. 예부랑이 되었을 때 진회가 자기 아버지 시호 추증으로 예관을 소집하였지만, 응하지 않아서 쫓겨났다. 진회 사후 복직하여 관문전 학사에 이르렀다.
☞ 劉共父

유구언(游九言, 1142~1206)(中)

중국 남송의 관리, 학자. 초명은 구사(九思), 자는 성지(誠之), 호는 묵재(默齋), 시호는 문정(文靖)이다. 장식의 문인이다. 경원당금 때 「상원현명도사기」를 지어 권신들을 비판했다. 문집으로 『묵재유고』가 있다.
☞ 游默齋 / 游誠之

유기부(劉圻父, ?~?)(中)

중국 남송의 학자. 『주자어류』에 주희와 문답한 내용이 4조목 보인다.
☞ 劉圻父

유기일(柳基一, 1845~1904)(韓)

자는 성존(聖存), 호는 용계(龍溪) 또는 용서(龍西)이다. 이항로, 김평묵의 문인으로 초기 화서학파 위정척사운동의 전면에서 활동하였으나 청일전쟁 이후로는 홍재구 등과 함께 '자정수의'(自靖守義) 입장을 표명하였다. 문집과 『능언(能言)』 등의 단행본이 전한다.
☞ 柳基一

유기종(劉基鍾, ?~?)(韓)

자는 윤봉(允鳳)이다. 전우와 교유하였다.
☞ 劉允鳳基鍾

유기춘(柳基春, ?~?)(韓)

자는 경회(景晦), 호는 영산(瀛山)이다. 전우의 문인 유영선의 아버지이다. 전우와 교유하여, 『간재집』에 전우의 편지가 4통 있다.
☞ 柳景晦基春

유몽학(柳夢鶴, ?~?)(韓)

자는 응서(應瑞)이다. 이이와 친구이다. 1575년 공조좌랑 재직 중, 습전에 쓸 물품 준비에 소홀하여 파직되었고, 1583년 양양부사로 있을 때 사직을 청하였으나 받아들여지지 않았다. 사헌부장령에 있을 때 시장의 여러 가지 폐해를 개혁해야 한다고 주장하였다. 『율곡집』에 이이가 지어준 「치군설」이 있다.
☞ 柳應瑞

유미봉(劉眉峯, ?~?)(中)

미상
☞ 劉眉峯

유상대(柳相大, 1864~1935)(韓)

자는 선일(善一), 호는 돈재(敦齋) 또는 소산(素山)이다. 기정진, 정재규의 문인이다. 을사늑약이 체결되자 노성 궐리사에서 최익현, 정재규와 의병을 일으키려 하였으나 뜻을 이루지 못하고, 위정척사운동을 계속하다 1935년 병사했다. 문집으로 『돈재집』이 있다. ☞ 柳善一

유숙기(兪肅基, 1696~1752)(韓)

자는 자공(子恭), 호는 겸산(兼山)이다. 김창흡의 문인이다. 송산(松山)에서 성리서를 연구하고, 교하(交河)의 매음(梅陰)에서 후학을 가르쳤으며, 1733년 출사하여 지방관으로서 선정을 베풀었다. 문집으로 『겸산집』이 있다. ☞ 兪兼山 / 兼山

유안세(劉安世, 1048~1125) (中)

중국 북송의 관리, 학자. 자는 기지(器之), 호는 원성(元城) 또는 독역노인(讀易老人)이다. 사마광의 문인이다. 사마광의 추천으로 비서성정자, 여공저의 추천으로 우정언이 되었으며, 추밀도승지까지 승진하였다. 직간을 잘하여 전상호(殿上虎)로 불렸다. 상수와 의리를 아울러 『주역』을 공부해야 한다고 하였다. 『원성선생어록』 등이 전한다. ☞ 元城 / 劉元城

유영선(柳永善, 1893~1861)(韓)

자는 희경(禧卿), 호는 현곡(玄谷)이다. 전우의 문인이다. ☞ 禧卿 / 玄谷

유원모(柳源模, 1883~?)(韓)

자는 경조(景肇)이다. 전우의 문인이다. 『간재집』에 전우의 답서 3통이 있다. ☞ 柳源模

유원수(柳遠洙, 1893~?)(韓)

자는 성흠(聖欽)이다. 전우의 문인이다.[11] 『간재집』에 전우의 답서 1통이 있고, 『노백헌』집에 증여하는 글이 1편 있다. ☞ 聖欽

유원표(劉元杓, 1852~1929)(韓)

호는 밀아자(蜜啞子)이다. 1900년부터 1905년 사이에 참위(參尉)와 부위(副尉)의 계급으로 황주(黃州)에 근무하였으며, 을사조약 체결 전후에 휴직하였고, 강연과 저술 활동을 하였다. 저서로 「몽견제갈량」이 있다. ☞ 劉元杓

---

11) 『화도연원록』의 「종유록」과 「급문」 양쪽에 기재되어 있다. 출생년도로 보아 종유보다 급문에 가깝다고 판단했다.

유유(劉裕, 363~422)(中)

중국 남조 송(宋)의 제1대 황제. 시호는 무제(武帝), 묘호는 고조(高祖)이다. 동진 말에 남연과 후진을 멸망시켰다. 호족을 누르고, 호적 개정을 단행했다. 공제(恭帝)의 선위로 제위에 올랐다. ☞ 劉裕 / 裕

유인(劉因, 1249~1293)(中)

중국 원대의 학자. 자는 몽길(夢吉), 호는 정수(靜修), 시호는 문정(文靖)이다. 조강한의 문인이다. 1291년 원 조정이 집현학사 가의대부로 임명하였으나 고사하였다. 오징, 허형 등과 함께 원대 유학을 대표하였다. 문집으로 『정수집』이 있다. ☞ 劉因

유종원(柳鍾源, 1838~1916)(韓)

자는 가호(可浩), 호는 경승재(敬勝齋)이다. 임헌회의 문인이다. 일찍이 과업을 포기하고 천문, 지리 등을 학문을 익혔으며, 세도정치 현실을 보고 중국으로 가려다가 돌아왔다. 이후 잡서를 불태우고 주자학에 전념하며, 강학하였다. 1895년 의병을 일으키려고 하였으나 뜻을 이루지 못하였고, 1905년 을사늑약 체결 후 덕유산으로 들어가 두문불출하였다. 문집으로 『경승재집』이 있다. ☞ 可浩

유종주(劉宗周, 1578~1645)(中)

중국 명말의 관리, 학자. 자는 기동(起東), 호는 염대(念臺) 또는 즙산(蕺山)이다. 24세에 출사하여 좌도어사에 이르렀다. 정주학에서 양명학으로 전향하여 성의, 신독을 강조하였고, 문하에서 황종희 등이 배출되었다. 항주가 청나라에 함락되자 음식을 끊고 자결하였다. 문집으로 『유자전서』가 있다.☞ 劉念臺 / 念臺

유중교(柳重敎, 1832~1893)(韓)

자는 치정(穉程), 호는 성재(省齋)이다. 화서(華西) 이항로(李恒老)의 문인으로, 이항로의 사후에는 김평묵(金平默)을 스승으로 섬겼다. 이항로 심설의 심즉리(心卽理)의 취지에 대해 조보(調補) 함으로써 김평묵과 일대 논쟁을 일으켰으며, 이 논쟁은 끝내 결론을 보지 못하였다. 저서로는 『성재문집(省齋文集)』 60권이 있다. ☞ 柳稚程 / 重敎 / 省齋 / 柳持平 / 柳穉程

유지성(柳志聖, ?~?)(韓)

자는 명화(明化), 호는 수당(邃堂)이다. 전우와 교유하여, 전우가 묘명(墓銘)을 지었다. ☞ 明化

유직(柳稷, 1602~1662)(韓)

자는 정견(廷堅), 호는 백졸암(百拙庵)이다. 1650년 성균관 유생들이 이이와 성혼의 문묘 종사를 주장하자 영남 유생 800여 명이 반대소를 올렸는데, 소두였다. 이에 성균관에서 유직의 이름을 유적에서 삭제하고 부황의 벌까지 내렸다. 이로부터 세상일에 뜻을 접고 '백졸암'이라는 편액을 걸었다. 문집으로 『백졸암집』이 있다.

유창(劉敞, 1019~1068)(中)

중국 북송의 관리, 학자. 자는 원보(原父), 호는 공시(公是)이다. 1046년에 출사하여 거란에 사신으로 갔고, 외직으로 판남경어사대까지 지냈다. 경서, 특히 『춘추』에 정통하였고, 주석에 얽매이지 않고 한 대의 학설을 비판적으로 검토했다. 저서로 『칠경소전』, 『춘추권형』, 『춘추전』, 『춘추의림』, 『춘추전설 례』 등이 있고, 문집으로 『공시집』이 있다.　　　　　　　　　　　　　　　　　　☞ 原父

유청지(劉淸之, 1134~1190)(中)

중국 남송의 학자. 자는 자징(子澄)이고, 호는 정춘당(靜春堂)이다. 형인 유정지에게 배웠으나, 주희를 만나고서 의리지학에 뜻을 두었다. 여조겸, 장식과도 교유했다. 저서로 『증자내외잡편』, 『제의』, 『훈몽 신서』 등이 있다.　　　　　　　　　　　　　　　　　　　　　　　　　　☞ 劉子澄 / 靜春

유초(游酢, 1053~1123)(中)

중국 북송의 학자, 관리. 자는 정부(定夫) 또는 자통(子通), 호는 녹산(鷹山) 또는 광평(廣平), 시호는 문숙(文肅)이다. 이정(二程)의 문인이다. 1083년 출사하여 태학박사, 감찰어사 등을 지냈다. "정문4선 생"으로 불린다. 저서로 『역설』, 『중용의』, 『논어맹자잡해』, 『시이남의』 등이 있었고, 문집으로 『녹산 집』이 있다.　　　　　　　　　　　　　　　　　　　　　　　　　　　　　☞ 游察院

유치명(柳致明, 1777~1861)(韓)

자는 성백(誠伯), 호는 정재(定齋)이다. 이상정의 외증손으로 남한조·유범휴·정종로·이우 등의 문하에서 수학하였고, 초산부사로 있으면서 치적을 쌓아 백성들이 생사당을 지었다. 문하에서 이진상·류종교·이돈우·권영하·이석영·김흥락 등을 배출하였다. 『예의총화(禮疑叢話)』, 『가례집해(家禮輯解)』, 『학기장구(學記章句)』, 『상변통고(常變通攷)』, 『주절휘요(朱節彙要)』, 『대학동자문(大學童子問)』, 『태극도해(太極圖解)』, 『대산실기(大山實記)』, 『지구문인왕복소장(知舊門人往復疏章)』 등을 저술하였다.　　　　　　　　　　　　　　　　　　　　　　　　　　　　　　☞ 柳定齋

유향(劉向, BC79?~BC8?)(中)

중국 전한의 학자. 초명은 갱생(更生), 자는 자정(子政)이다. 선제에게 기용되어 간대부가 되었다. 수십 편의 부송을 지었고, 석거각에서 오경을 강의하였다. 성제 때 이름을 향으로 고치고, 외척과 환관의 횡포를 막으려고 노력하였다. 저술에 『홍범오행전론』, 『설원』, 『신서』, 『열녀전』, 『전국책』 등 있다.　　　　　　　　　　　　　　　　　　　　　　　　　　　　　　　　☞ 劉向

유협(劉協, 181~234)(中)

중국 후한의 마지막 황제. 자는 백화(伯和)이다. 동탁에 의해 9세 때 진류왕에 봉해졌다. 뒤에 조조의 옹립을 받았지만, 220년 조조의 아들 조비에게 양위했다.　　　　　　☞ 漢獻帝 / 魏山陽公

유현(劉絢, 1045~1087)(中)

중국 북송의 관리, 학자이다. 자는 질부(質夫)이다. 이정(二程)의 문인이다. 원우 초에 학식과 행동으로 경조부 교수에 추천되었고, 태학박사로 죽었다. 학문에 힘써 정호가 크게 신뢰하였다.   ☞ 劉質夫

유형상(柳炯相, 1891~?)(韓)

자는 백경(伯敬)이다. 전우의 문인이다. 『간재집』에 전우의 편지 4통이 있다.   ☞ 柳炯相

유확연(柳確淵, 1851~?)(韓)

자는 과이(果而)이다. 전우의 문인이다. 『간재집』에 전우의 답서 5통이 있다.   ☞ 柳確淵

육가(陸賈, ?~?)(中)

중국 전한의 학자, 정치가. 말재주가 좋고, 유방의 중국통일에 공헌하였다. 시서(詩書)를 좋아하고, 문무병용를 주장하였다. 저서로 『신어』가 있다.   ☞ 陸賈

육구령(陸九齡, 1132~1180)(中)

중국 남송의 학자. 자는 자수(子壽), 호는 복재(復齋), 시호는 문달(文達)이다. 육구연, 육구소와 형제이다. 동생 육구연과 함께 아호의 모임에 참석하였다. 주희와 견해는 달랐지만 평생 교유하였고, 장식, 여조겸과도 교유하였다. 문집으로 『복재집』이 있다.   ☞ 子壽 / 復齋

육구연(陸九淵, 1139~1193)(中)

중국 남송의 사상가. 자는 자정(子靜), 호는 상산(象山) 또는 존재(存齋), 시호는 문안(文安)이다. 정강의 변에 분개해 국세 회복책을 건의했으나 받아들여지지 않자 상산에 은거하며 강학하였다. 1190년 형문군을 맡아 치적이 있었으나 재임 중 병사했다. 상산학의 창시자로서 명대 왕수인과 함께 육왕(陸王)으로 일컬어진다.   ☞ 象山 / 陸 / 陸子靜 / 子靜 / 金谿

육롱기(陸隴其, 1630~1692)(中)

중국 청대의 학자. 원명은 용기(龍其), 족보에는 세표(世穮)라고 되어있다. 자는 가서(稼書), 호는 당기(當湖) 또는 삼어당(三魚堂), 시호는 청헌(清獻)이다. 1670년 출사하여 순리(循吏)로 일컬어졌으며, 청렴했다. 육세의(陸世儀)와 병칭되어 "이륙(二陸)"으로 불렸으며, 청조 제일의 주자학자로 일컬어졌다. 저서로 『곤면록』, 『독서지의』가 있고, 문집으로 『삼어당집』이 있다.   ☞ 陸三魚 / 三魚堂

윤돈(尹焞, 1071~1142)(中)

중국 북송의 학자. 자는 언명(彦明), 또는 덕충(德充)이다. 이정(二程)의 문인이다. "화정(和靖)처사"라는 호가 내려졌다. 1134년 좌선교랑이 주어지고, 숭정전 설서가 되었고, 1138년에 시강이 되었다. 저서로 『논어해』가 있고, 문집으로 『화정집』이 있다.   ☞ 和靖

윤봉구(尹鳳九, 1683~1767)(韓)

자는 서응(瑞膺), 호는 병계(屛溪) 또는 구암(久菴), 시호는 문헌(文獻)이다. 권상하의 문인이다. 유일(遺逸)로 천거되어 1725년 청도군수가 되었다. 권상하의 문하에서 강문 8학사로 꼽혔고, 호락논쟁에서 한원진, 최징후와 입장을 같이 하여 '호론'으로 지칭되었다. 문집으로 『병계집』이 있다.   ☞ 屛溪

윤선거(尹宣擧, 1610~1669)(韓)

자는 길보(吉甫), 호는 미촌(美村)『노서(魯西)『산천재(山泉齋), 시호는 문경(文敬)이다. 아버지는 윤황이며, 어머니는 성혼의 딸이다. 윤문거의 아우이며, 윤증의 아버지이고, 김집의 문인이다. 1636년 성균관의 유생들을 규합하여 청나라 사신의 목을 베라고 주청하였으나, 강화도가 함락되었을 때는 평민의 복장으로 탈출하였다. 윤휴를 변호하다 송시열로부터 배척을 당했다. 문집으로 『노서유고』가 있다.   ☞ 大尹 / 吉甫

윤증(尹拯, 1629~1714)(韓)

자는 자인(子仁), 호는 명재(明齋) 또는 유봉(酉峰), 시호는 문성(文成)이다. 성혼의 외증손이고, 윤선거의 아들이며, 권시, 김집, 송시열에게서 배웠다. 서인이 노론과 소론으로 분리될 때 소론의 영수로 추대되어 송시열과 대립하였다. 문집으로 『명재유고』가 있다.   ☞ 尹拯 / 尹

윤직(尹直, 1427~1511)(中)

중국 명대 관리, 학자. 자는 정언(正言), 시호는 문화(文和)이다. 1454년에 출사하여 한림원 편수가 되고, 병부상서, 태자태보 등을 역임하였다. 『영종실록』을 편수하였다. 저서로 『명상찬』, 『황명잡록』이 있다.   ☞ 尹直

윤치중(尹致中, 1825~1886)(韓)

자는 자경(子敬), 호는 용산(容山) 또는 독수재(篤守齋)이다. 임헌회의 문인이다.   ☞ 容山

윤행의(尹行儀, ?~?)(韓)

자는 봉서(鳳瑞)이다. 『간재집』에 전우의 답서가 1통 있다.   ☞ 尹鳳瑞

윤휴(尹鑴, 1617~1680)(韓)

자는 희중(希仲), 호는 백호(白湖) 또는 하헌(夏軒)이다. 1635년 복천사에서 송시열을 만나 높은 평가를 받았다. 병자호란 후 벼슬을 하지 않을 결심이었으나 삼번의 난이 일어나자 북벌을 주장하는 상소를 올렸고 이후 출사하였다. 예송으로 송시열과 갈라선 뒤 남인으로 활동하며 북벌을 위한 노력을 하였으나 경신환국으로 축출되었다. 문집으로 『백호전서』가 있다. ☞ 驪尹 / 鑴

이간(李柬, 1677~1727)(韓)

자는 공거(公擧), 호는 외암(巍巖) 또는 추월헌(秋月軒), 시호는 문정(文正)이다. 권상하의 문인이다. 1716년 세자시강원 자의에 임명되었다. 한원진과 호락논쟁을 일으켜, 낙론을 이끌었다. 문집으로 『외암유고』가 있다. ☞ 巍巖

이경만(李庚萬, ?~?)(韓)

『간재집』에 전우의 답서가 1통 있다. ☞ 君萬

이경진(李景震, 1559-1594)(韓)

자는 성보(誠甫)이다. 이이의 조카이고, 성혼의 문인이다. 이이 사후 정여립이 이이를 무고하자, 이귀 등과 변무하였다. 임진왜란 때 이이의 부인 노씨를 모시고 피난하다 노씨가 화를 당하자 1593년에 석담으로 돌아가 성혼으로부터 강학을 받았다. 1594년 제릉참봉이 되었다가 난중에 죽었다. ☞ 李景震

이관지(李貫之, ?~?)(中)

중국 송대의 학자. 호는 동창(東牕)이다. 『대학혹문』과 『서산독서기』, 『중용통』 등에 언설이 하나 남아 있다. ☞ 東牕

이광지(李光地, 1642~1718)(中)

청(淸)의 학자, 관료. 자는 진경(晉卿), 호는 용촌(榕村) 또는 후암(厚庵), 시호는 문정(文貞)이다. 강희제의 칙명으로 『성리정의』와 『주자대전』 등을 편수했다. 저서로 『주역통론』, 『상서해의』, 『효경전주』 등이 있고, 문집으로 『용촌전집』이 있다.

이굉조(李閎祖, ?~?)(中)

중국 남송의 관리, 학자. 자는 수약(守約), 호는 강재(綱齋) 또는 경재(綱齋)이다. 주희의 문인이다. 1211년에 진사가 되었다. 『주자어류』에 이굉조가 1188년 이후에 기록한 200여 조목의 어록이 있고, 『주자대전』권55에 주희의 답서 14통이 있다. ☞ 閎祖 / 守約

이구(李球, ?~1573)(韓)

자는 숙옥(叔玉), 호는 연방(蓮坊)이다. 왕실 종친으로 군호는 종성령(鍾城令)이다. 서경덕의 문인이다. 심무체용설(心無體用說)을 주장하여 이황과 논란을 벌였다. ☞ 鍾城令

이기수(李基秀, ?~?)(韓)

자는 중실(仲實)이다. 전우의 문인이다.   ☞ 李基秀

이단하(李端夏, 1625~1689)(韓)

자는 계주(季周), 호는 외재(畏齋) 또는 송간(松磵), 시호는 문충(文忠)이다. 송시열의 문인이다. 숙종 즉위 후 서인으로서 제2차 복상문제로 숙청한 것이 부당하다고 상소하여 파직되었다. 1680년 경신대출척으로 풀려나『현종개수실록』편찬에 참여했다. 1684년「사창절목」과『선묘보감』을 지어 올렸다. 문집으로『외재집』이 있다.   ☞ 李季周

이덕래(李德來, ?~?)(韓)

『간재집』에 전우가 답한 편지와 시 등이 있다.   ☞ 李君德來

이덕홍(李德弘, 1541~596)(韓)

자는 굉중(宏仲), 호는 간재(艮齋)이다. 이황의 문인이다. 1578년 조정에서 이름난 선비 아홉 사람을 천거할 때 제4위로 뽑혀 집경전참봉이 되고, 임진왜란 때는 세자를 성천까지 호종하였으며, 상소문에 거북선 그림을 넣어 바다에서는 거북선, 육지에서는 거북거의 사용을 진언하였다. 난중에 영춘현감으로 나아가 백성을 구제에 힘을 기울였다. 저술에『주역질의』,『사서질의』,『계산기선록』,『주자서절요강록』이 있고, 문집으로『간재집』이 있다.   ☞ 李宏仲[12]

이도복(李道復, 1862~1938)(韓)

자는 양래(陽來), 호는 후산(厚山)이다. 송병선, 최익현의 문인이다. 1905년에는 을사늑약의 무효와 오적 처단을 상소하고, 1919년에는 이완용 등을 토벌하자는 글을 종로에 걸었다.『연재집』,『면암집』을 교정하고,『치종록』,『기정종감』등을 편집하였다. 문집으로『후산집』이 있다.   ☞ 陽來

이동(李侗, 1093~1163)(中)

중국 남송의 학자. 자는 원중(願中), 호는 연평(延平), 시호는 문정(文靖)이다. 나종언에게 배웠다. 주희의 아버지 주송과 동문이며, 주희의 스승이다. 주희에게 정좌(靜坐)를 지도하고, 감정이 생기기 이전의 마음 상태를 직접 깨닫도록 가르쳤다. 저서로『소산독서담』과『논어연구』가 있고, 문집으로『이연평집』이 있다.   ☞ 延平

이면식(李晃植, ?~?)(韓)

전우의「화도만록」에 원래 윤치중의 문인이었다가 전우의 문하에 들었는데, 후에 배사하고 다른 문하

---

12) 자료에는 李宏中으로 되어 있다. 오류이다.

에 투신했다는 내용이 보인다.　　　　　　　　　　　　　　　　　　　　☞ 李冕植

이방자(李方子, ?~?)(中)

중국 남송의 관리, 학자. 자는 공회(公晦), 호는 과재(果齋)이다. 1214년에 출사하였다. 『주자어류』에 이방자가 1188년 이후에 기록한 200여 조목이 있고, 『주자대전』 권59에 주희의 답서 3통이 있다. 『주자연보』 3권을 지었다고 하는데, 전하지 않는다.　　　　　　　　　　　　☞ 方子 / 公晦

이번(李燔, 1163~1232)(中)

중국 남송의 관리, 교육자, 학자. 자는 경자(敬子), 호는 홍재(弘齋) 또는 굉재(宏齋), 시호는 문정(文定)이다. 주희의 문인이다. 1190년에 출사 후 32년을 강학에 종사하였다. 백록동서원에서 수십 년을 강학하였는데, 주희 사망 후에도 동문들을 규합해 강학을 유지했다. 『주자어류』와 『주자대전』에 관련 기록이 있고, 『송사』에 전기가 있다.　　　　　　　　　　　　　　　　　　☞ 李敬子

이병규(李柄逵, 1874~?)(韓)

자는 덕점(德漸)이다. 1894년에 진사시에 합격했다. 전우와 교유하여, 『간재집』에 전우가 지어준 재명(齋名)과 답서 4통이 있다.　　　　　　　　　　　　　　　　　　　　　☞ 德漸

이병은(李炳殷, 1877~1960)(韓)

자는 자승(子乘), 호는 고재(顧齋)이다. 전우의 문인이다. 1902년 이성열의 천거로 재랑에 제수되었으나 나아가지 않았고, 조희제의 『염제야록』에 발문을 써 임실경찰서에 구속되었다. 이후 후진을 양성하여 많은 인재를 배출시켰다. 문집으로 『고재집』이 있다.　　　　　　　　　　　☞ 李炳殷

이상수(李象秀, 1820~1882)(韓)

자는 여인(汝人), 호는 어당(峿堂), 시호는 문간(文簡)이다. 호론 계열 학자로서 구방심(求放心)을 학문의 요체로 삼았고, 문리의 중요성을 강조해 갱신고(更辛苦)』순승법(循繩法)과 같은 독특한 교수법을 창안하였으며, 박문호(朴文鎬) 등을 배출하였다. 임술민란 뒤 「응지삼정소」를 올렸고, 임오군란 때 개화 정책에 반대하는 소와 실학(實學)과 실사(實事)에 힘쓸 것을 주장하는 소를 거듭 올렸다.　　　　　　　　　　　　　　　　　　　　　　　　　　　　☞ 峿堂

이색(李穡, 1328~1396)(韓)

자는 영숙(潁叔), 호는 목은(牧隱), 시호는 문정(文靖)이다. 1341년 진사가 되고, 1348년 원나라에 가서 국자감 생원이 되었다. 1352년 공민왕에게 시정개혁안을 올리고, 1356년 정방을 폐지하게 하였으며, 1357년 삼년상의 시행을 건의하였다. 1367년부터 성균관 교육의 부흥에 힘썼다. 1377년 우왕의 사부가 되고, 1389년 창왕을 옹립하였다. 이성계 일파에 의해 유배, 안치되었다 석방되어 한산백에 봉해지고,

출사를 종용받았으나 끝내 고사하고 여강(驪江)으로 가던 도중에 죽었다. 문집으로 『목은집』이 있다.

☞ 牧隱

이성렬(李聖烈, 1866~?)(韓)

자는 우명(友明), 호는 퇴암(退菴) 또는 회당(晦堂)이다. 이간의 후손이다. 1885년 출사하여 여러 관직을 거치고[13], 온양 외암촌에서 일본인들에게 살해된 이남규(李南珪)의 시신을 거두었다. 『간재집』에 전우의 편지 24통과 찬, 제문 등이 있고, 『매천집』 권3에 기리는 시가 있다.

☞ 友明

이세필(李世弼, 1642~1718)(韓)

자는 군보(君輔), 호는 구천(龜川), 시호는 문경(文敬)이다. 1674년 제2차 복상문제로 송시열이 삭직되자, 송시열을 적극 옹호하다가 영광에 유배되었다. 1678년 귀양에서 풀려 출사하였으나 1689년 기사환국 이후 귀향하였고, 1694년 갑술옥사 이후 재출사하여 김제군수, 사복시정, 장악원정을 지냈다. 저술에 묘악(廟樂)의 전고(典故)를 설명하고, 악장(樂章)에 관한 여러 사람의 논의를 수집해 엮은 『악원고사』가 있다.

☞ 李君輔

이숭인(李崇仁, 1347~1392)(韓)

자는 자안(子安), 호는 도은(陶隱)이다. 공민왕 대에 출사하여 여러 관직을 역임하였다. 창왕 때 영흥군 왕환의 진위를 변론하다 무고죄로 연좌되어 유배와 석방을 반복하였다. 조선 개국 후 평소 앙심을 품었던 정도전에 의해 장살되었다. 뛰어난 문장가였으며, 문집으로 『도은집』이 있다.

☞ 樊隱

이승엽(李承燁, ?~?)(韓)

자는 광술(光述)이다. 『송사집』에 「자사(字詞)」 있고, 전우는 벗으로 칭했다.

☞ 光述

이승학(李承學, 1872~?)(韓)

자는 자열(子悅)이다. 전우의 문인이다.

☞ 李承學 / 子悅 / 李子悅

이식(李植, 1584~1647)(韓)

자는 여고(汝固), 호는 택당(澤堂), 시호는 문정(文靖)이다. 1610년 출사하였으나 폐모론이 일자 낙향하여 출사를 거부하였다. 인조반정 후 이조참판에 이르렀고, 1642년 척화를 주장하여 심양에 잡혀갔다

---

13) 『간재집』, 전편, 권5, 서, 「答金駿榮(乙未)」에는 "외제의 관보를 보니 6월 14일에 총리와 내무 두 부서에서 올린, 군현에 임명할 자가 7인인데, 그 중 이성렬, 박문오, 곽종석은 다 학문으로 이름이 있는 자들이다[外除見官報, 六月十四日, 總理內務兩府奏任郡縣者七人, 而其中如李聖烈·朴文五·郭鍾錫, 皆有學名者矣]"라고 되어 있다.

가 돌아왔다. 한문 4대가로 꼽히며, 『선조실록』의 수정을 책임졌다. 저서로 『초학자훈증집』이 있고, 문집으로 『택당집』이 있다. ☞ 澤堂

이신보(李信甫, ?~?)(中)

중국 남송의 관리, 학자이다. 자는 성보(誠父)이다. 이동의 아들이다. 1157년에 출사하여 감찰어사 및 지사를 역임하고, 강동제형이 되었는데 주장을 굽히지 않다가 파직되었다. 용대연, 증적 등 간신이 집권할 때 간관 자리에 임명되어 주희가 편지를 보내어 조심케 한 일이 있다. ☞ 李誠父

이연경(李延慶, 1484~1548)(韓)

자(字)는 장길(長吉), 호는 탄수(灘叟) 또는 용탄자(龍灘子), 시호는 정효(貞孝)이다. 1507년 출사하였으나 곧 물러났고, 충주에서 향약 보급에 힘썼다. 1518년 현량과로 다시 출사하여 조광조를 도왔다. 기묘사화 후 출사하지 않았다. ☞ 延慶

이원배(李元培, 1745~1802)(韓)

자는 여달(汝達), 호는 구암(龜巖), 시호는 문의(文懿)이다. 이재형의 문인이다. 함경도를 대표하는 경학자로서 1798년 정조의 9경(經)에 대한 문제에 답하여 상을 받았다. 함경도 분교관에 임명되어 많은 제자를 길러냈고, 함경도 경성의 도북서원에 배향되었다. 문집으로 『구암집』이 있다. ☞ 李龜巖

이유태(李惟泰, 1607~1684)(韓)

자는 태지(泰之), 호는 초려(草廬), 시호는 문헌(文憲)이다. 김장생, 김집의 문인이다. 김집, 송시열, 송준길의 천거로 출사하여 공조참의, 동부승지까지 이르렀다. 1660년 복제시비 때 송시열에 동조하고, 만언소를 올려 시폐를 논하고 대책을 제시하였으나 채택되지 않자 사직, 귀향하였다. 1674년의 갑인예송 때 윤휴 등의 탄핵으로 유배되었다 경신대출척으로 서용되었다. 『상례비요』, 『의례문해』 등을 교감했다. 문집으로 『초려집』이 있다. ☞ 草廬

이유흥(李裕興, 1859~1923)(韓)

자는 사중(思中), 호는 성암(誠菴) 또는 성재(誠齋)이다. 전우, 김준영의 문인이다. 1891년 "앎과 실천 사이, 정신에서 긴요한 부분"을 전우가 묻자 "성(誠)"이라고 답하여, 전우가 「성암기」를 지어주었다. 평생 유학 연구에 몰두하였다. 문집으로 『성암유고』가 있다. ☞ 李裕興

이이(李珥, 1536~1584)(韓)

자는 숙헌(叔獻), 호는 율곡(栗谷)·석담(石潭)·우재(愚齋), 시호는 문성(文成)이다. 1548년 진사시에 합격했으나 1554년 금강산에 들어가 불교를 공부했다. 1555년 다시 유학에 전념하여 「자경문」을 지었고, 1558년부터 출사하였다. 1569년 「동호문답」, 1574년 「만언봉사」, 1575년 『성학집요』를 올렸고, 1577년 『격몽요결』을 편찬했다. 해주 석담에 은병정사(隱屏精舍)를 세우고, 후진을 양성하였다. 1681년 문

묘에 배향되었으며, 문집으로 『율곡전서』가 있다.   ☞ 栗谷 / 珥 / 栗翁 / 石潭

이익(李瀷, 1681~1763)(韓)
자는 자신(子新), 호는 성호(星湖)이다. 평생 과거에 응하지 않고 학문과 후진 양성에 힘써 근기 남인 또는 근기 실학의 대표이자 조선 후기 경세치용을 표방하는 실학파의 비조로 평가된다. 저서에 『성호사설』 등이 있다.   ☞ 李氏瀷

이인서(李仁瑞, ?~?)(韓)
전우의 「화도만록」에 전우의 아들 전화구에게 보낸 편지의 일부가 언급되었다.   ☞ 李仁瑞

이장우(李長宇, 1849~?)(韓)
병원(炳元)이라고도 한다. 자는 자선(子善), 호는 강와(剛窩)이다. 이항로의 문인이다. 항일활동을 하였다.   ☞ 李子善

이재(李宰, ?~?)(中)
미상. "이 재상"이라는 의미이다. 지칭하는 사람을 특정할 수 없다. 자료에는 『상산집』의 「與李宰」에서 내용을 뽑은 것으로 되어 있으나, 『상산집』의 「與李宰」에는 자료집의 내용이 없다. 『상산집』 목록에 「與李宰」가 2편인 것을 보고, 서두가 사라진 편지를 「與李宰」로 단정한 듯하다.   ☞ 李宰

이재(李縡, 1680~1746)(韓)
자는 희경(熙卿), 호는 도암(陶庵) 또는 한천(寒泉), 시호는 문정(文正)이다. 이만성에게 학문을 배웠다. 1716년 『가례원류』 시비 이후 노론의 중심인물로서 대명의리론과 신임의리론을 내세우고, 영조의 탕평책을 강력히 반대하였다. 낙론(洛論) 계열의 대표적 인물로서 1727년 정미환국으로 문외출송된 이후 용인의 한천에 살면서 임성주, 김원행 등을 배출했다. 저서로 『사례편람』, 『어류초절』 등이 있고, 문집으로 『도암집』이 있다.   ☞ 陶菴

이전(李畋, ?~?)(中)
중국 북송의 관리, 학자. 호는 곡자(谷子)이다. 장영의 문인이다. 학행으로 이름이 있었고, 출사하여 영주지사에 이르렀다. 저서로 『가시잡문』, 『곡자』, 『장영어록』이 있다.   ☞ 李畋

이정구(李廷龜, 1564~1635)(韓)
자는 성징(聖徵), 호는 월사(月沙), 시호는 문충(文忠)이다. 1590년 출사하여 임진왜란 때 행재소로 나아가 설서가 됐다. 1593년 명나라 사신 송응창에게 『대학』을 강론했다. 시재가 뛰어나고 중국어에 능하여 어전통역관으로 활약하는 등 명과의 외교에서 큰 역할을 했다. 한문 4사대가로 일컬어진다. 문집으로 『월사집』이 있다. ☞ 月沙

이정기(李貞基, ?~?)(韓)

자는 현가(顯可)이다. 『간재집』에 전우의 답서 2통이 있다. ☞ 顯可

이종사(李宗思, ?~?)(中)

중국 남송의 학자. 자는 백간(伯諫)이다. 주희의 문인이다. 1163년에 출사하였고, 저술로 『예범』, 『존유의훈』이 있다. ☞ 李伯諫

이중구(李重九, ?~?)(韓)

자는 승욱(承旭)이다. 화서의 문인이다. 자료에는 이름이 "승욱(承旭)", 자가 "중구(重九)""라고 표기되어 있으나[李重九【承旭】], 『성재집』과 『중암집』에는 모두 "友人李承旭重九"라고 되어 있다. 『간재집』에는 이중구가 날조하거나 와전하였다고 비난한 내용이 많은데, 모두 '이승욱'으로 기재하고 있다. ☞ 李承旭 / 李重九 / 重九

이지(李贄, 1527~1602)(中)

중국 명대의 관리, 사상가. 원래 이름은 임재지(林載贄)이다. 자는 굉보(宏甫), 호는 탁오(卓吾)이다. 26세에 거인이 되어 하급 관료로 지내다가 54세에 운남 요안지부를 끝으로 관직을 마쳤다. 40세 전후로 양명학, 특히 태주학파에 심취했으나, 이후 불교에 귀의해 62세에 출가하였다. 스스로 이단을 자처하고 유가의 말기적 폐단을 공격하여, 혹세무민의 죄로 수감되었다. 76세에 자살했다. 저술로 『장서』, 『분서』 등이 있다. ☞ 李贄

이지함(李之菡, 1517~1578)(韓)

자는 형백(馨伯) 또는 형중(馨仲), 호는 수산(水山) 또는 토정(土亭), 시호는 문강(文康)이다. 서경덕의 문인이다. 1574년 출사하였으나 사직하였고, 1578년 아산현감이 되어 윤춘수의 악정을 해결하였다. 기인적 풍모를 가져 『토정비결』의 저자로 알려졌다. 문집으로 『토정유고』가 있다. ☞ 土亭

이진상(李震相, 1818~1886)(韓)

자는 여뢰(汝雷), 호는 한주(寒洲)이다. 가학을 이었다. 1866년 국가제도의 개혁안을 제시한 『묘충록』을 저술하였다. 1871년 서원철폐령을 반대하였고, 1876년 운양호 사건 때는 의병을 일으키려 하였다. 개화, 통상에 반대하였고, 심즉리설을 제창하여 학계의 논쟁을 초래했다. 곽종석, 허유 등의 문인을 배출하였으며, 저술에 『이학종요』, 『사례집요』, 『춘추집전』, 『직자심결』 등이 있고, 문집으로 『한주집』이 있다. ☞ 寒洲 / 李都事 / 李都事震相

이진옥(李鎭玉, ?~?)(韓)

자는 사온(士蘊), 호는 묵신재(默信齋)이다. 홍직필의 문인이다. 천거로 박사를 역임하였고, 전우와 교유하여 『간재집』에 전우가 쓴 답서 4통이 있다.　　　　　　　　　　　☞ 默信齋

이창수(李昌壽, 1453~1514)(韓)

자는 인로(仁老), 호는 치재(恥齋)이다. 1504년 출사하였다. 정종의 현손으로 김굉필의 학문을 사모하고 조광조와 교유했다.　　　　　　　　　　　　　　　　　　　　　☞ 終南守

이창식(李昌植, ?~?)(韓)

전우의 「화도만록」에 언급이 있다.　　　　　　　　　　　　　　　　　　　☞ 李昌植

이창환(李昌煥, 1896~?)(韓)

호는 오재(悟齋)이다. 전우의 문인이다. 『간재집』에 전우의 답서 6통이 있다.　　　☞ 李昌煥

이철영(李喆榮, 1867~1919)(韓)

자는 계형(季衡), 호는 성암(醒菴)이다. 1905년 이유태의 후손이다. 이유태의 『사서답문』을 교정, 발간하고, 을사늑약이 체결되자 의병을 일으키려다가 실패하였다. 1908년 돈암서원과 부여향교의 신학문 교육 계획을 막고, 1909년 일제의 호적 정책에 반대하는 등 일제의 정령을 모두 거부했다. 성리논쟁을 율곡의 관점에서 절충한 「사상강설」을 짓고 후진 양성에 힘썼다. 문집으로 『성암집』이 있다. 1977년 대통령표창이 추서되었고, 1990년 애족장이 추서되었다.　　　　　　　　　　　☞ 季衡

이치호(李治鎬, ?~?)(韓)

『간재집』에 전우의 답서 3통이 있다.　　　　　　　　　　　　　　　　　　☞ 李治鎬

이탁모(李鐸謨, 1857~?)(韓)

자는 성원(聲遠)이다. 전우의 문인이다.　　　　　　　　　　　　　　　　　☞ 李鐸謨

이태린(李太隣, ?~?)(韓)

전우의 기록에 의하면, 허형이 원나라에 출사하여 학문이 이어진 것을 긍정하고, 자제들이 신학문을 하고 유학을 하도록 해야 한다고 전우에게 권유했다고 한다.　　　　　　　☞ 李太隣

이토 고레사다(伊藤維禎, 1627~1705)(日)

일본 에도 시대의 유학자. 본명은 겐키치 고레사다(源吉維貞) 또는 겐스케 고레에다(源佐維禎), 호는 인재(仁齋) 또는 경재(敬齋), 시호는 '고학선생(古學先生)'이다. 상인의 아들로 태어나 주자학을 접했으나, 공맹의 본의에 충실해야 한다는 입장으로 선회하여 고의학(古義學)을 주장했다. 저술에 『논어고의』, 『맹자고의』, 『어맹자의』, 『중용발휘』, 『동자문』 등이 있고, 문집으로 『고학선생문집』이 있다.

☞ 伊藤維禎

이함형(李咸亨, 1550~?)(韓)

자는 평숙(平叔), 호는 천산재(天山齋)이다. 이황의 문인이다. 『심경강록』, 『심경표제』 등의 주석서를 남겼다.

☞ 李平叔

이항로(李恒老, 1792~1868)(韓)

초명은 광로(光老), 자는 이술(而述), 호는 화서(華西), 시호는 문경(文敬)이다. 조숙형 천재로 1808년 반시에 합격하였으나, 당시의 관례에 격분하여 과거에 응하지 않았고, 벼슬도 고사했다. 리(理)를 강조한 한말 유학의 대가로서, 최익현, 김평묵, 유중교 등의 문인을 배출하였다. 1866년 병인양요에 주전론을 건의하고, 대원군을 비정을 비판하였으며, 만동묘 재건을 요청하였다. 저술로 『화동사합편강목』, 『주자대전차의집보』가 있고, 문집으로 『화서집』, 어록으로 『화서아언』이 있다.

☞ 華西 / 華老 / 華翁 / 華丈

이현익(李顯益, 1678~1717)(韓)

자는 중겸(仲謙), 호는 정암(正菴)이다. 1710년 출사하여 영조의 왕자사부 및 진안현감을 역임하였다. 송시열의 재전 제자에 속하며, 성리설과 경학에 관하여 천착하였다. 문집으로 『정암집』이 있다.

☞ 李正庵

이황(李滉, 1501~1570)(韓)

자는 경호(景浩), 호는 퇴계(退溪) 또는 도옹(陶翁), 도수(陶叟), 퇴도(退陶), 청량산인(淸凉山人), 시호는 문순(文純)이다. 1534년 출사하여 1549년 은퇴하였다. 1543년 백운동서원에 사액하도록 하였고, 1551년 이후 도산서당을 세우고 후진을 양성하였다. 1567년 선조 즉위로 잠시 경연을 맡고 명종실록 편찬에 참여하였으며, 1568년 「성학십도」와 「무진육조소」를 제진하였다. 1610년 문묘에 배향되었으며, 문집으로 『퇴계전서』가 있다.

☞ 退溪 / 退翁 / 陶山先生 / 退陶

이후경(李厚慶, 1558~1630)(韓)

자는 여무(汝懋), 호는 외재(畏齋)이다. 정구의 문인이다. 광해군 때 학행으로 천거 받아 세자익위사 세마에 임명되었으나 사퇴했다. 1627년 정묘호란 때 왕을 강화로 호종하고 돌아와 음성 현감을 지냈다.

☞ 李畏齋

이휘재(李徽在, 1893~1944)(韓)

자는 회성(晦誠), 호는 용암(龍巖)이다. 전우의 문인이다. 전우 사후 오진영을 종유하며 전우의 사상을 계승하였다. 문집으로 『용암사고』가 있다.　☞ 간재 사후에는 석농 오진영을 종유(從遊)하여 간재사상을 계승하였다.

이희진(李喜璡, 1860~?)(韓)

자는 계륜(季潤), 호는 원재(遠齋)이다. 전우의 문인이다. 문집으로 『원재집』이 있다.　☞ 季潤

임기손(林夔孫, ?~?)(中)

중국 남송의 학자. 주희의 문인이다. 자는 자무(子武), 호는 몽곡(蒙谷)이다. 『주자어류』에 임기손이 1197년 이후에 기록한 어록 약 150조목이 있다. 1214년 현위가 되었고, 백록동서원에서 주희에게서 배운 것을 강의하였다. 저서로 『상서본의』, 『중용장구』 등이 있다.　☞ 夔孫 / 林夔孫

임로(任魯, 1755~1828)(韓)

자는 득여(得汝), 호는 영서(潁西)거사이다. 임성주의 문인이다. 1777년 아버지가 홍국영에게 죽은 뒤 학문에만 주력했다. 1809년 제용감부봉사로 출사하여 신령현감, 충원현감을 역임하며 아전과 토반을 눌러 질서와 풍속을 바로잡았으나, 반발한 세력이 암행어사 서좌보에게 모함해 1822년 충청도 진천으로 귀양갔다. 이듬해 석방되었지만, 이후 세상일에 간여하지 않고 독서로 여생을 마쳤다.

☞ 任潁西 / 潁西居士

임률(林栗, ?~?)(中)

중국 남송의 관리, 학자. 자는 황중(黃中) 또는 관부(寬夫) 시호는 간숙(簡肅)이다. 1142년에 출사하여 남안군 교수, 태학정 등을 거쳐 공왕부 직강, 병부시랑 등을 역임하였다. 주희와 학문이 합치하지 않자 주희를 탄핵했다가 섭적이 변호와 호진의 탄핵으로 지방관으로 쫓겨났다. 저서로 『주역경전집해』가 있다.

☞ 林栗 / 黃中

임병지(林炳志, 1874~1944)(韓)

자는 사상(士尙), 호는 과헌(果軒)이다. 전우의 문인이다. 일본의 통치에 항거해 호적을 거부했다. 저서로 『화도견문록』, 문집으로 『과헌유고』가 있다.)　☞ 林炳志

임석영(林奭榮, 1855~?)(韓)

자는 백당(伯棠)이다. 전우의 문인이다. 문집으로 『경소사고』가 있다.　☞ 林奭榮

임성주(任聖周, 1711~1788)(韓)

자는 중사(仲思), 호는 녹문(鹿門), 시호는 문경(文敬)이다. 이재(李縡)의 문인이다. 1750년 세자익위사

세마가 되었으나 곧 사직하고, 1758년 공주의 녹문에 은거하였다. 1776년 정조 즉위 후 동궁을 보도하고 지방관을 지내다가 다시 녹문에 은거하며 학문으로 일생을 마쳤다. 처음 스승을 따라 낙론의 입장에 동조하다 후에 기일원론적인 주장을 수립하였다. 문집으로 『녹문집』이 있다.

☞ 鹿門 / 鹿門任氏 / 任鹿門

임자몽(林子蒙, ?~?)(中)

중국 남송의 학자. 주희의 문인이다. 『요후록』에 임자몽이 기록한 약 60조목의 어록이 실려 있다. 1194년 경으로 추정된다.

☞ 子蒙

임지(林至, ?~?)(中)

중국 남송의 학자. 자는 덕구(德久)이다. 주희의 문인이다. 출사하여 비서랑에 이르렀다. 저서로 『역비전(易裨傳)』이 있다.

☞ 林德久

임철규(林哲圭, ?~?)(韓)

자는 자명(子明), 호는 반암(磻巖)이다. 전병순의 문인이다.

☞ 林哲圭 / 子明

임학리(林學履, ?~?)(中)

중국 남송의 학자. 자는 안경(安卿)이다. 주희의 문인이다. 『주자어류』에 임학리가 1200년에 기록한 130여 조목의 어록이 있는데, 대부분 『주역』에 관한 기록이다.

☞ 林學履

임학몽(林學蒙, 1146~1226)(中)

중국 남송의 학자. 자는 정경(正卿), 호는 매오(梅塢)이다. 주희의 문인이다. 용문암(龍門庵)에서 강학하였다. 문집으로 『매오집』이 있다.

☞ 林正卿 / 學蒙

임헌회(任憲晦, 1811~1876)(韓)

자는 명로(明老), 호는 고산(鼓山)·전재(全齋)·희양재(希陽齋), 시호는 문경(文敬)이다. 송치규·홍직필 등의 문인으로서 낙론(洛論) 계열의 인물이다. 1865년 호조참의로 만동묘의 제향을 폐지하라는 왕명의 부당함을 상소하였고, 천주교를 극력 배척하였다. 문집으로 『고산집』이 있다.

☞ 全齋 / 全老 / 星田

임희원(林希元, 1482~1567)(中)

중국 명대의 관리, 학자. 자는 무정(茂貞) 또는 사헌(思獻), 호는 차애(次崖)이다. 남경 대리시승, 광동 안찰사 등을 지냈다. 가정제에게 「신정 8요」를 올리고, 강북의 이재민 구제에 힘썼으며, 광동의 염정과 둔전 등을 관리했다. 『대학경전정본』, 『사서존의』, 『역경존의』 등을 저술하여, 가정제에게 올렸다.

☞ 林希元

장역(張繹, 1071~1108)(中)

중국 북송의 학자. 자는 사숙(思叔)이다. 정이의 문인이다. 원래 술집 주보였는데 속어로라도 시를 짓기 좋아했다. 그 시를 본 사현도가 불러보고 『논어』를 읽게 한 다음 이천에게 추천하여 문인이 되게 하였다. 윤돈과 함께 정이 만년의 가장 두드러진 제자로, 조정의 부름을 여러 차례 사양하고, 이천의 저작을 정리하였으며, 『명덕록』을 편찬하였다. 「張思叔座右銘」, 「師說」, 「祭程伊川文」 등의 저술이 있고, 한림학사에 추증되었다.　　　　　　　　　　　　　　　　☞ 張思叔

장식(張栻, 1133~1180)(中)

중국 남송의 학자. 자는 경부(敬夫) 또는 낙재(樂齋), 호는 남헌(南軒), 시호는 선(宣)이다. 승상이었던 위국공 장준의 아들로서 호굉에게 배워 호상학파의 정통을 이었다. 악록서원에서 많은 학생들을 배출했으며, 주지사를 거쳐 이부랑에 이르렀다. 문집으로 『남헌집』이 있다.　　☞ 南軒 / 張敬夫

장영(張詠, 946~1015)(中)

중국 북송의 관리, 학자. 자는 복지(復之)이고, 호는 괴애(乖崖), 시호는 충정(忠定)이다. 980년에 출사하여 추밀원 직학사, 예부상서에 이르렀다. 시문이 뛰어나고, 명신으로 이름이 높았는데, 특히 촉 지역을 잘 다스린 것이 유명하다. 문집으로 『장괴애집』이 있다.　　　　　　☞ 張忠定

장영(莊㫤, 1432~1498)(中)

중국 명대의 관리, 학자. 자는 공양(孔暘), 호는 정산(定山)이다. 1466년에 출사하여 길사(吉士)로 뽑혔다. 나륜(羅倫), 진헌장(陳獻章) 등과 잘 지냈다.　　　　　☞ 莊定山㫤 / 定山 / 㫤

장이상(張履祥, 1611~1674)(中)

중국 명말청초 학자. 자는 고부(考夫), 호는 염지(念芝)이다. 대대로 양원촌에서 살아 양원선생으로 불렸다. 유종주의 문인으로 젊어 육왕학을 하였으나, 후에 『소학』과 『근사록』을 읽고 정주학으로 전향해 경제지학을 제창했다. 명말에 제생이 되었지만, 청이 들어서자 은거, 강학하였다. 육롱기와 함께 "낙민정전(洛閩正傳)"으로 불렸다. 저술로 『원학기』, 『독역필기』, 『독사우기』, 『초학비망』, 『경정록』, 『근고록』 등이 있다.　　　　　　　　　　　　　　　　☞ 張履祥

장재(張載, 1020~1077)(中)

중국 북송의 사상가. 자는 자후(子厚), 시호는 헌(獻)이다. 횡거진(橫渠鎭)에 살아 횡거선생으로 불렸다. 도학을 개창한 다섯 선생의 한 명으로 일컬어지며, 예학과 역학에 밝았고 후대 기철학에 영향을 주었다. 문집으로 『장자전서』가 있다.　　　　☞ 張子 / 橫渠 / 張(程)張) / 張子厚

장재규(張在圭, 1882~1977)(韓)

자는 근삼(謹三)이다. 전우의 문인이다. 1915년 일본 헌병의 민적조사에 불응하고 민적부 중 본인 관계 부분을 찢어 소각했다. 이후 납세 거부 운동을 벌여 1917년 형 장재학, 조카 장화진과 함께 거금도 및 제주도로 유배되었었다. 2009년 장재규에게 대통령 표창을 추서하고 유해를 국립대전현충원 독립유공자 묘역에 안장했다. ☞ 張在圭

장지연(張志淵, 1864~1921)(韓)

자는 화명(和明), 호는 위암(韋庵)이다. 1894년 식년시에 합격하였고, 1895년 의병궐기 격문을 발송하였다. 황성신문 기자 등 언론인으로 활동하면서 애국 계몽과 반유교 논설을 주로 하였다. 1914년부터 불교인으로서 불교 진흥 활동을 더하였다. 1962년 대한민국 건국훈장 국민장이 추서되었으나, 1914년부터 1918년까지의 논설에 보인 친일 성향이 문제가 되어 2011년 서훈이 취소되었다. 2012년 법원이 이 결정을 무효처리하였다. ☞ 張志淵

장진연(張振淵, ?~?)(中)

중국 명대의 학자. 자는 언릉(彦陵)이다. 『주역설통』 등을 저술했다. ☞ 彦陵張氏 / 張彦陵

장흡(張洽, 1161~1237)(中)

중국 남송의 학자. 자는 원덕(元德), 호는 주일(主一), 시호는 문헌(文憲)이다. 주희의 문인이다. 관리로서 선정을 베풀고, 백록동서원 주강을 역임하였다. 이종 초에 직비각에 올랐다. 저서로 『춘추집전』, 『춘추집주』, 『속통감장편사략』, 『좌씨몽구』, 『역대지리연혁표』가 있다. ☞ 張元德

적호(翟灝, 1736~1788)(中)

중국 청대 교육가. 자는 대천(大川) 또는 청강(晴江)이다. 1754년 출사하였으나 공무직보다 교직을 희망하여 금화교수와 구주교수 등을 지냈다. 경서와 각종 잡서를 갖추고, 한나라부터 송나라까지의 학설을 모은 『사서고이』를 비롯한 다양한 주석서를 저술하였다. ☞ 翟灝

전구환(田九煥, ?~?)(韓)

자는 중현(重晛), 호는 농은(農隱)이다. 전우와 교유하였다. ☞ 重晛

전기진(田璣鎭, 1889~1963)(韓)

자는 순형(舜衡), 호는 비천(飛泉)이다. 전우의 문인이다. 문집으로 『비천집』이 있다. ☞ 田璣鎭

전목지(錢木之, ?~?)(中)

중국 남송의 학자. 자는 자산(子山)이다. 『주자어류』에 전목지가 1197년에 기록한 100조목 가량의 어록이 있다. ☞ 木之

전병태(全柄太, 1898~?)(韓)

자는 경화(景化)이다. 전우의 문인이다. ☞ 全柄太

전우(田愚, 1841~1922)(韓)

자는 자명(子明), 호는 구산(臼山)『추담(秋潭)』간재(艮齋)이다. 임헌회의 문인이다. 고종의 부름을 받았으나 나아가지 않았다. 자정(自靖)을 결의하고 일체의 의병이나 파리장서운동 등에 참여하지 않았으며, 1908년 이후 부안』군산 등의 섬을 옮겨 다니다 1912년 계화도에 정착해서는 죽을 때까지 저술과 제자 양성에 힘썼다. 문집으로 『간재집』이 있다. ☞ 臼山老生 / 華遯病叟

전익겸(錢謙益, 1582~1664)(中)

중국 명말청초 관리, 시인. 자는 수지(受之), 호는 목재(牧齋)이다. '우산(虞山)선생'으로 불렸다. 1610년 출사하여 동림당 영수의 한 명이 되고, 예부시랑에 이르렀으나 온체인과의 권력투쟁에서 실패하고 벼슬이 갈렸다. 명 멸망 후 남명(南明)에 붙었다 청에 투항하여 예부시랑이 되었고, 청초 시단의 맹주 역할을 하였다. ☞ 錢謙益

전일정(田鎰精, 1898~?)(韓)

자는 사유(士裕)이다. 전우의 문인이다. ☞ 鎰精

전조망(全祖望, 1704~1755)(中)

중국 청대의 학자. 자는 소의(紹衣), 호는 사산(謝山)이다. 황종희를 사숙하여 『송원학안』을 완성시키고, 『수경주』를 교정하고자 했으며, 유종주의 즙산학원 및 단계서원에서 강학하였다. 문집으로 『길기정집』이 있다. ☞ 全祖望

전중환(田中煥, ?~?)(韓)

자는 성내(性乃), 호는 춘파(春葩)이다. 전우와 교유하였다. ☞ 性乃

정가학(鄭可學, 1152~1212)(中)

중국 남송의 학자. 자는 자상(子上), 호는 지재(持齋)이다. 주희의 문인이다. 성질이 급하여 징분(懲忿) 공부를 하였다. 주희가 『대학집주』를 산정할 때 함께 했다. 저서로 『춘추박의』, 『삼조북맹거요』, 『사설』이 있다. ☞ 鄭子上

정극인(丁克仁, 1401~1481)(韓)

자는 가택(可宅), 호는 불우헌(不憂軒)이다. 문종 때 음보로 인수부승을 지내고 1453년 문과에 급제하여 정언에 이르렀으나 단종이 왕위를 찬탈당하자 사직하고 고향에서 후진을 가르쳤다. 가사 작품인 『상춘곡』을 지었다. 문집으로 『불우헌집』이 있다. ☞ 不憂軒

정단몽(程端蒙, 1143~1191)(中)

중국 남송의 학자. 자는 정사(正思), 호는 몽재(蒙齋)이다. 주희의 문인이다. 주희의 『사서장구집주』에 근거하여 명(命), 성(性), 심(心) 등 30개 범주의 성리학 개념을 정리한 『성리자훈』을 저술했다.

☞ 端蒙 / 程正思

정대수(丁大秀, 1882-1959)(韓)

자는 사중(士中), 호는 양천(陽泉)이다. 기우만, 전우의 문인이다. 1906년 경의책으로 박사 초시에 합격했다. 1912년 전우가 왕등도로 가자 여러 차례 왕래하였다. 전우가 세상을 떠난 뒤 1년간 심상하였다. 770여 수의 시, 265편의 문장을 남겼다. 문집으로 『양천유고』가 있다. ☞ 丁大秀

정돈영(鄭敦永, 1867~?)(韓)

자는 윤구(允九)이다. 전우의 문인이다. 1891년 증광시에 합격하고, 1920년 정규영의 도장재에서 강의하였다. ☞ 鄭敦永

정몽주(鄭夢周, 1337~1392)(韓)

자는 달가(達可), 호는 포은(圃隱), 시호는 문충(文忠)이다. 1357년 감시(監試)에 합격하여 출사하였다. 이후 여진족 및 왜구 토벌에 참여하고, 명과의 외교를 정상화하였으며, 일본에 왜구의 단속을 요청하고 고려인의 귀국을 성사시켰다. 공양왕을 옹립하고, 의창, 5부 학당, 향교 등을 세우고, 『주자가례』을 보급하였으며, 신율(新律)을 편찬하였다. 1392년 이방원 일파에 의해 피살되었다. 1517년 문묘에 배향되었고, 문집으로 『포은집』이 있다. ☞ 圃隱

정민정(程敏政, 1446~1499)(中)

중국 명대의 학자. 자는 극근(克勤), 호는 황돈(篁墩) 또는 유난도인(留暖道人)이다. 어려서부터 두각을 나타내어 예부시랑까지 올랐으나 과거 시험 제목을 팔았다는 죄목으로 옥에 갇히고 출옥 후 분을 삭이지 못하고 죽었다. 저서로 『심경부주』가 있고, 문집으로 『황돈집』이 있다. ☞ 篁墩

정세영(鄭世永, 1872~1948)(韓)

자는 제경(濟卿), 호는 석천(石泉)이다. 전우의 문인이다. 1910년 경술국치 이후 여생 동안 서울에 가거나 시장에 가는 일이 없었으며 죽을 때까지 흰 옷과 삿갓을 쓰고 다니다 77세를 일기로 생을 마감하였다. 문집으로 『석천사고』가 있다. ☞ 鄭世永 / 濟卿

정연국(鄭然國, 1898~1971)(韓)

자는 언모(彦模), 호는 경재(絅齋)이다. 남진영의 문하를 거쳐 전우 문하로 들어갔고, 전우 사후 오진영에게 배웠다. 문집으로 『경재사고』가 있다. ☞ 絅齋

정예은(鄭禮殷, 1871~?)(韓)

자는 청일(淸一)이다. 안교익의 문인이다.[14] 『간재집』에 전우가 쓴 시와 증여한 글이 있다. ☞ 鄭禮殷

정예흠(鄭禮欽, ?~?)(韓)

안교익의 문인이다.[15] ☞ 鄭禮欽

정유일(鄭惟一, 1533~1576)(韓)

자는 자중(子中), 호는 문봉(文峯)이다. 이황의 문인이다. 1558년 출사하여 진보·예안 현감, 영천군수 등을 거쳐 이조좌랑에 이르고, 사가독서 후 춘추관 편수관이 되어『명종실록』편찬에 참여한 뒤 대사간, 승지 등을 지냈다. 관직에서 물러난 뒤『한중록』,『관동록』,『송조명현록』등을 저술하였으나 임진왜란 때 소실되었다. 문집으로『문봉집』이 있다. ☞ 鄭子中

정윤영(鄭胤永, 1833~1898)(韓)

자는 군조(君祚), 호는 석화(石華) 또는 후산(后山)이다. 임헌회의 문인이다. 1881년 신사척사운동 때「척사만인소」를 작성하고 경기도 유생들을 지원하여 이원현으로 정배되었다. 1895년 을미사변 때는 "신하들은 마땅히 나가서 죽어야 하고, 선비들은 자정(自靖)해야 한다."고 하였다. 저서로『위방집략』, 『화동연표』가 있고, 문집으로『후산집』이 있다. ☞ 鄭君祚

정이(程頤, 1033~1107)(中)

중국 북송의 사상가. 자는 정숙(正叔), 호는 이천(伊川), 시호는 정공(正公)이다. 형 정호와 함께 주돈이에게 배우고 도학의 기초를 놓아 북송 다섯 선생의 한 명으로 꼽히며, 특히 형과 함께 "이정(二程)"으로 일컬어진다.「안자소호하학론」과『역전』등이 유명하고, 문집으로『이정전서』가 있다.

☞ 伊川 / 程子 / 程(二程)

정인현(鄭寅鉉, 1868~?)(韓)

자가 옥윤(玉潤)이다. 전우의 문인이다.『간재집』에 전우의 편지 6통이 있다.[16] ☞ 玉潤

정재규(鄭載圭, 1843~1911)(韓)

자는 영오(英五) 또는 후윤(厚允), 호는 백헌(柏軒) 또는 노백헌(老柏軒)이다. 기정진의 문인이다. 척사위정론을 주장하였다. 을사늑약이 체결되자 노성 궐리사에서 최익현과 거의하기로 하였으나 이루지 못하였다. 1903년「납량사의기의변」,「외필변변」등을 지어 전우의 기정진 비판을 반박하였다. 문

---

14)『화도연원록』에는 전우의 문인으로 기록하였으나, 전우가 지은 안교익의「묘갈명」(『혼재집』)에 '정예은이 안교익의 문인이며, 안교익이 정예은의 집에서 죽었다'고 기록되어 있다.

15)『화도연원록』에는 전우의 문인으로 기록하였으나, 전우가 지은 안교익의「묘갈명」(『간재집』)에 '정예은이 안교익의 문인이며, 안교익이 정예흠의 집에서 죽었다'고 기록되어 있다.

16)『간재집』전편9, 서,「答鄭寅鉉(丙午)」에 "願玉潤務要講明義理, 以資躬行謹守禮坊, 以裨世程焉"라고 되어 있다.

집으로 『노백헌집』이 있다.   ☞ 艾山鄭氏 / 鄭柏軒

정종엽(鄭鍾燁, 1885~1940)(韓)

자는 택신(宅新), 호는 수당(修堂)이다. 전우와 기우만의 문인이다. 정진희, 정진용 등의 가명이 있다. 이석용이 의병을 일으키는 것을 돕고 군자금을 지원하였으며, 1912년에는 이석용의 임자동 밀맹단에 가입하여 직접 참여하였다. 이석용의 『창의일기』가 일본 경찰에게 빼앗길 우려가 있자 자기 집에 숨겨 후세에 전하게 하고, 이석용 체포 후 수시로 개명하고 도피하였다. 말년에는 진안 도장각에서 후진을 양성하였다. 문집으로 『수당유고』가 있다. 2003년 8월 15일에 국가 보훈처에서 건국 포장을 추서하였다.   ☞ 宅新

정지운(鄭之雲, 1509~1561)(韓)

자는 정이(靜而), 호는 추만(秋巒)이다. 김안국, 김정국의 문인이다. 「천명도설」을 제작하고, 이황의 의견을 따라 수정하였다.   ☞ 秋巒

정찬휘(鄭纘輝, 1652~1723)(韓)

자는 경유(景由), 호는 궁촌(窮村)이다. 송시열의 문인이다. 1681년 송시열과 민정중의 천거로 출사하여 현감을 역임하였다. 송시열 유배 후 유성에 복거하였다.   ☞ 窮村 / 鄭景由

정철(鄭澈, 1536~1593)(韓)

자는 계함(季涵), 호는 송강(松江), 시호는 문청(文淸)이다. 기대승, 김인후, 양응정의 문인이다. 1580년 강원, 전라, 함경도 관찰사를 지내며, 「관동별곡」, 「훈민가」 등을 짓고, 1585년 이후 「사미인곡」, 「속미인곡」 등 많은 가사와 단가를 지었다. 1589년 정여립의 모반사건을 가혹하게 처리하여, 최영경 옥사를 야기하고 동인 세력을 몰아냈다. 1592년 임진왜란이 일어나자 선조를 호종하였고, 사은사로 명나라에 다녀왔다. 문집으로 『송강집』 등이 있다.   ☞ 松江

정헌태(鄭憲泰, 1894~1974)(韓)

자는 보경(輔卿)이고, 호는 용재(庸齋) 또는 하당(荷堂)이다. 전우의 손녀사위이고, 문인이다. 문집으로 『하당사고』가 있다.   ☞ 鄭憲泰

정현(鄭玄, 127~200)(中)

중국 후한의 학자. 자는 강성(康成)이다. 마융의 문인이다. 한대 경학을 대표한다. 44세 때 환관들이 반대당을 금고한 '당고(黨錮)의 화'를 입어, 두문불출하며 연구와 저술에 몰두하였다. 14년 뒤 금고가 풀리자 하진, 공융, 동탁, 원소 등이 초빙하고, 황제가 대사농 직을 내렸으나 모두 사양하였다. 금고문에 모두 정통하여 대부분의 경서를 주석하였고, 특히 하휴의 공양전 해석을 비판하여 승복하게 하였다.   ☞ 鄭康成

정형규(鄭衡圭, 1880~1957)(韓)

자는 평언(平彦), 호는 창수(蒼樹)이다. 송병선, 송병순, 전우의 문인이다. 중년 이후 고향 모원재에서 강학하며 후진을 양성하였다. 일제에 항거한 순국한 열사들의 전기와 우리나라 역사서『한사초집』을 지었다. 문집으로『창수집』이 있다. ☞ 鄭衡圭

정호(程顥, 1032~1085)(中)

중국 북송의 사상가. 자는 백순(伯淳), 호는 명도(明道), 시호는 순공(純公)이다. 동생 정이와 함께 주돈이에게 배우고 도학의 기초를 놓아 북송 다섯 선생의 한 명으로 꼽히며, 특히 동생과 함께 "이정(二程)"으로 일컬어진다.「정성서」,「식인편」등이 유명하고, 문집으로『이정전서』가 있다. ☞ 明道 / 程子 / 程(二程) / 伯子

제갈천능(諸葛千能, ?~?)(中)

중국 남송의 학자. 자는 성지(誠之)이다. 육구연의 문인이다. 조건의 묘표에 관한 일로 주희와 육구연 사이에 다툼이 일자 중재하고자 하였다. ☞ 諸葛誠之

조건(曹建, ?~?)(中)

중국 남송의 학자. 자는 입지(立之)이다. 무망선생(無妄先生)으로 일컬어졌다. 주희의 문인이다. 처음에 정형을 좇아 공부하였고, 이어서 육씨 형제를 따랐으나, 마지막에는 남강에서 주희를 따랐다. 육구연은 '평소 불교와 도교를 미워해서 나를 버리고 주희를 따랐다'고 하였다. ☞ 曹立之

조광조(趙光祖, 1482~1519)(韓)

자는 효직(孝直), 호는 정암(靜庵), 시호는 문정(文正)이다. 김굉필에게 수학하였다. 1515년 출사하여 도학정치를 실현하고자 하였다. 정몽주의 문묘종사, 김굉필, 정여창의 추증 등을 요청하고,『여씨향약』을 반포하였으며, 현량과를 실시하고, 소격서를 없앴다. 1519년 위훈을 삭제하였고, 기묘사화로 유배되었다가 사사되었다. 1610년 문묘에 종사되었으며, 문집으로『정암집』이 있다. ☞ 靜庵

조근(趙根, 1631~1690)(韓)

자는 복형(復亨), 호는 손암(損庵)이다. 송시열의 문인이다. 1662년 이이와 성혼의 문묘종사를 상소하였다. 1664년 제릉 숲이 남벌 되자, 제릉참봉으로서 투옥되었다. 1679년 복제 시비에서 송상민의 옥사에 연루되어 경흥에 유배되었다. 문집으로『손암집』이 있다. ☞ 趙復亨

조긍섭(曺兢燮, 1873~1933)(韓)

자는 중근(仲謹), 호는 심재(深齋)이다. 곽종석과 토론하고, 한주와 전우의 학설을 비판하였다. 1910년 국권침탈 이후 두문불출하면서『곤언』을 저술하고,「거빈해」,「성존심비변」등의 논문을 썼다. 부친상을 치룬 뒤 대구의 정산에 숨어 후학을 길렀다. 저서로 『암서집』, 『조명록』 등이 있고, 문집으로 『심재집』이 있다.   ☞ 曺仲謹

조단(曺端, 1376~1434)(中)
중국 명대의 학자, 관리. 자는 정부(正夫), 호는 월천(月川), 사시(私諡)는 정수(靜修)이다. 마자재와 팽종고의 문인이다. 1408년 거인이 되고, 곽주학정과 포주학정을 지냈다. 명대 초기 이학의 거두로, 『효경술해』, 『사서상설』, 『주역건곤이괘해의』, 『태극도서명통서해』, 『가규집략』, 『존의록』, 『야행촉(夜行燭)』, 『유종통보』 등을 저술하였고, 어록으로 『월천어록』, 『조정학선생언행록』, 『월천조선생수록』 등이 있다.   ☞ 曺月川

조대남(趙大男, ?~?)(韓)
이이의 누나 이매창의 남편이다.   ☞ 趙大男

조목(趙穆, 1524~1606)(韓)
자는 사경(士敬), 호는 월천(月川) 또는 동고(東皐)이다. 이황의 문인이다. 1576년 봉화현감을 지냈고, 1594년 군자감 주부로서 일본과의 강화를 반대하는 상소를 올렸다. 1601년 공조참판에 이르렀다. 저서로 『곤지잡록』이 있고, 문집으로 『월천집』이 있다.   ☞ 月川

조병덕(趙秉悳, 1800~1870)(韓)
자는 유문(孺文), 호는 숙재(肅齋), 시호는 문경(文敬)이다. 홍직필과 오희상의 문인이다. 임헌회와 병칭되었으며, 문집으로 『숙재집』이 있다.   ☞ 肅齋 / 三溪

조사하(趙師夏, ?~?)(中)
중국 남송의 학자. 자는 치도(致道), 호는 원암(遠庵)이다. 송의 종친이고, 주희의 문인이다. 『성기선악도』를 제작했다.   ☞ 趙致道

조상우(趙相愚, 1640~1718)(韓)
자는 자직(子直), 호는 동강(東岡), 시호는 효헌(孝憲)이다. 송준길의 문인이다. 남구만·최석정 등과 함께 온건한 소론으로서 정치 활동을 하였다. 또한, 오랜 기간 관직에 있으면서 부세제도·형사제도·예론을 비롯한 국정 전반에 대한 건의를 많이 하였다.   ☞ 趙子直

조성기(趙聖期, 1638~1689)(韓)
자는 성경(成卿), 호는 졸수재(拙修齋)이다. 20세에 「퇴율양선생사단칠정인도이기설후변」을 지어 이황과 이이의 학설을 논변하며 4가지 설명 관점을 수립했다. 임영과 학문적으로 깊이 교유하였고, 한문

소설 『창선감의록』을 지었다. 문집으로 『졸수재집』이 있다.　　　　　　　　☞ 趙成卿

조속조(曹續祖, ?~?)(中)

중국 청대의 학자. 자는 자성(子成), 호는 도암(陶菴)이다. 1654년 거인이 되었으나 출사하지 않았다. 이학 연구에 몰두했고, 실천적인 학문을 강조했다. 저서로 『와운동초』와 『사서준주강령』이 있다.

　　　　　　　　☞ 曹陶菴

조식(曺植, 1501~1572)(韓)

자는 건중(楗仲 / 健中), 호는 남명(南冥), 시호는 문정(文貞)이다. 이황과 함께 영남 유학의 거두로서 평생 처사로 살면서, 학문과 후학 양성에 진력하여 김우옹, 오건, 정구, 곽재우 등을 배출했다. 정인홍을 비롯한 북인정권 다수가 조식의 문인이었던 관계로 북인 정권 몰락 후 학문 계승이 이루어지지 않았다. 저술로 『학기』 등이 있고, 문집으로 『남명집』이 있으나, 후대에 산삭이 심하게 이루어져 원형이 많이 훼손되었다.

　　　　　　　　☞ 曺南冥

조신교(趙申喬, 1644~1720)(中)

중국 청대의 관리. 자는 신전(愼旃), 시호는 공의(恭毅)이다. 1670년 출사하여, 지현과 주사를 역임하고 절강에서 포정사 및 순무로 근무하며 청렴하다는 칭송을 들었다. 호남편원순무로서 묘민(苗民)의 반란을 진압하고, 좌도어사가 되어 대명세를 탄핵했다.

　　　　　　　　☞ 趙申喬

조언숙(趙彦肅, ?~?)(中)

중국 남송의 관리, 학자. 자는 자흠(子欽) 호는 복재(復齋)이다. 송의 종친으로서 출사하여 여러 벼슬을 역임하였고 조여우의 추천으로 영해군 절도추관이 되었으나 얼마 후 병사했다. 저서로 『광잡학변』, 『사관례혼례궤식도』가 있다. 『주역』에 대한 견해는 주희와 달라 『주자어류』에 관련 언급이 있다.

　　　　　　☞ 趙子欽 / 復齋先生

조여엽(趙與爗, ?~?)(中)

중국 남송의 학자. 자는 덕연(德淵), 호는 절재(節齋)이다. 양간의 문인이다. 1220년에 출사하여 관문전 학사에 이르고, 7부의 지사가 되었고, 소사(少師)가 추증되었다. 양간에게 마음을 귀숙시키는 것에 대한 가르침을 받고 평생 실천하였다.

　　　　　　　　☞ 趙德淵

조여우(趙汝愚, 1140~1196)(中)

중국 남송의 정치인, 학자. 자는 자직(子直)이고, 시호는 충정(忠定)이다. 송의 종친이다. 1166년에 출사하여 추밀원사에 이르렀다. 광종이 정신병을 앓자 영종을 즉위케 하고, 우승상이 되어 주희에게 경연을 맡겼다. 한탁주의 모함과 압박 속에 갑자기 죽었다. 저서로 『태조실록거요』, 『국조제신주의』 등이 있다.

☞ 趙餘干

조완엽(趙完燁, 1877~?)(韓)
자는 영회(永晦)이다. 전우의 문인이다.

☞ 趙完燁

조익(趙翼, 1579~1655)(韓)
자는 비경(飛卿), 호는 포저(浦渚) 또는 존재(存齋), 시호는 문효(文孝)이다. 장현광, 윤근수의 문인이다. 임진왜란 중 정포만호가 되어 군량미 운반에 공을 세우고, 왜란 후 다시 공부하여 1602년 출사했으나, 인목대비 유폐를 보고 낙향했다. 인조반정 후 재출사하여 이원익을 도와 대동법 시행에 적극 참여하였다. 병자호란과 부친상을 마친 뒤 조정에 나가 김육과 함께 대동법을 시행하고 각종 폐단을 개혁하였다. 저술로 『곤지록』, 『중용주해』, 『대학주해』, 『서경천설』 등이 있고, 문집으로 『포저집』이 있다.

☞ 趙翼

조장섭(趙章燮, ?~?)(韓)
호는 위당(韋堂)이다. 송병선의 문인이다. 「성사심제변」을 지어 전우를 비판했다.

☞ 趙成汝(趙氏 / 成汝 / 趙某)

조조(曹操, 155~220)(中)
중국 후한의 정치가. 위나라에서 무황제(武皇帝)로 추존되었다. 묘호는 태조(太祖)이다. 자는 맹덕(孟德), 아명은 아만(阿瞞) 또는 길리(吉利)이다. 위나라 건국의 기초를 닦았다.

☞ 操 / 阿瞞

조포(刁包, 1603~1669)(中)
중국 명말의 충의지사, 학자. 자는 몽길(蒙吉), 호는 용육(用六)거사이다. 1627년 거인이 되었으나 합격을 못해 과거를 포기하고 저술로 일생을 마쳤다. 이자성이 기주를 공격할 때 사람들을 모아 지키고, 난민을 구제했다. 숭정제가 죽었다는 소식을 듣고 복상하였으며, 청군이 산해관으로 들어오자 은거하였다. 동림당과 교유하고 고반룡을 사숙하였다. 저술에 『사서익주』, 『변도록』, 『용육집』, 『사문정통』, 『잠실차기』 등이 있다.

조한규(趙瀚奎, 1887~1957)(韓)
자는 수경(受卿), 호는 척암(惕庵)이다. 전우의 문인이다. 문집으로 『척암집』이 있다. ☞ 趙瀚奎

조헌(趙憲, 1544~1592)(韓)

자는 여식(汝式), 호는 중봉(重峯) 또는 후율(後栗), 시호는 문열(文烈)이다. 이이와 성혼의 문인이다. 1567년 출사했다. 임진왜란 때 의병을 일으켜 청주를 탈환하고, 금산에서 왜병을 막다가 전사했다. 저술로 『동환봉사』가 있고, 문집으로 『중봉집』이 있다.　　　　　　　　　　☞ 重峯

주돈이(周敦頤, 1017~1073)(中)

중국 북송의 사상가. 자는 무숙(茂叔), 시호는 원공(元公)이다. 염계선생(濂溪先生)으로 불렸다. 송대 신유학을 연 인물로서, 북송오자(北宋五子)로 불린 사람들 가운데 한 명이다. 복건성 남안에서 관직 생활을 하던 중 이정(二程)을 가르쳤다. 문집으로 『주원공집(周元公集)』이 있다.　　　☞ 周子

주모(周謨, 1141~1202)(中)

중국 남송의 학자. 자가 순필(舜弼)이다. 주희의 문인이다. 『주자어류』에 주모가 1179년에 기록한 200여 조목의 어록이 있고, 『주자대전』에 주희의 답서 10통이 있다.　　　　　☞ 謨 / 周舜弼

주밀(周密, 1232~1298)(中)

중국 송말원초의 관리, 문인이다. 자는 공근(公謹), 호는 초창(草窗) 또는 소재(霄齋)이다. 문음으로 출사하였으나 가사도에게 쫓겨났다. 이후 하급관리로 있으면서 시사(詩社) 활동을 하였다. 남송 멸망 후 출사하지 않고 저술만 하였다. 저술로 『초창구사』, 『평주어적보』, 『운연과안록』, 『호연재아담』 등이 있고, 『절묘호사전』을 편찬했다.　　　　　　　　　　　☞ 周密

주병중(周柄中, 1738~1801)(中)

중국 청대의 학자. 『사서전고변정』을 지었다.　　　　　　　　　☞ 周秉[17](中)

주세붕(周世鵬, 1495~1554)(韓)

자는 경유(景遊), 호는 신재(愼齋), 시호는 문민(文敏)이다. 1522년 출사하고 1541년 풍기군수로 나가 1542년 백운동에 회헌사를 세워 안향을 모시고, 1543년에 백운동서원을 세웠다. 1551년 해주에 수양서원을 세워 최충을 제향하였다. 저술로 『무릉잡고』, 편서로 『죽계지』, 『동국명신언행록』, 『심도이훈』 등이 있다.　　　　　　　　　　　　　　　☞ 愼齋

주희(朱熹, 1130~1200)(中)

중국 남송의 사상가. 자는 원회(元晦), 또는 중회(仲晦), 호는 회암(晦庵) 또는 회옹(晦翁), 시호는 문

---

17) 『간재집』에는 秉으로 되어 있고, 『사서변정』을 지은 것으로 되어 있으나(후편, 권20, 『중용기의』), 이런 이름이나 저술은 없다. 周柄中의 『四書典故辨正』을 잘못 기재한 듯하다.

공(文公)이다. 이동에게 수학하고 장식의 사상에 영향을 받았으나, 40세 이후로 중화신설(中和新說)로 일컬어지는 자기 철학을 수립하여 주자학을 열었다. 구휼사업과 교육사업에서 탁월한 업적을 보였고, 많은 주석과 저술로 송대 신유학을 대표한다. 주자(朱子)로 존칭되며, 문집으로 『주자대전』이 있다.
☞ 朱子 / 晦菴 / 考亭 / 朱夫子 / 晦翁 / 紫陽

증공(曾鞏, 1019~1083)(中)

중국 북송의 관리, 문인. 자는 자고(子固), 시호는 문정(文定)이다. 1057년 출사하여 태평주 사법참군으로서 엄격히 법을 집행하고, 1069년 『영종실록』을 검토하였다. 이후 지방관을 역임하다 1081년 사관 수찬에 임명되었다.
☞ 曾南豐

증조도(曾祖道, ?~?)(中)

중국 남송의 학자. 자는 택지(擇之) 또는 택지(宅之)이다. 주희의 문인이다. 『주자어류』에 증조도가 1197년에 기록한 100여 조목의 어록이 있고, 『주자대전』 권60에 편지 4통이 있다.
☞ 曾宅之 / 曾擇之

진강(陳剛, ?~?)(中)

중국 남송의 학자. 자는 정기(正己)이다. 육구연의 문인이다. 진사로 출사하여 교수를 지냈다.
☞ 陳正己

진건(陳建, 1479~1567)(中)

중국 명대의 관리, 학자. 자는 정조(廷肇), 호는 청란(淸瀾)이다. 1528년에 출사하여 후관현 교유와 양신지현 등을 지낸 뒤 사직, 은거했다. 육왕학을 배척하고 정주학을 계승하였다. 저술로 『학부통변』, 『황명통기』 등이 있다.
☞ 陳淸瀾

진계(陳枅, ?~?)(中)

중국 남송의 학자. 자는 자수(自修), 호는 장락(長樂)이다. 주희의 문인이다. 『휘속류』에 진계가 기록한 주희 어록 20여 조목이 실려 있다.
☞ 枅

진공(陳鞏, ?~?)(中)

중국 남송의 학자. 『주자대전』에 주희와 선불교에 대한 의견을 주고받은 편지가 있다. ☞ 陳衛道

진공석(陳孔碩, ?~?)(中)

중국 남송의 관리, 학자. 자는 부중(膚仲) 또는 숭청(崇淸), 호는 후관(侯官)이다. 주희의 문인이다. 1175년에 출사하여, 진비각 수찬으로 치사했다. "북산선생"으로 불렸다. ☞ 三山陳氏 / 膚仲

진관(陳瓘, 1057~1124)(中)

중국 북송의 관리, 학자, 서예가. 자는 영중(瑩中), 호는 요재(了齋), 시호는 충숙(忠肅)이다. 1079년에 출사하여 좌사간에 이르렀다. 『주역』에 정통하고, 글씨를 잘 썼으며, 꼿꼿한 간원으로 유명하였다. 저술로 『요재역설』, 『논육서』 등이 있고, 문집으로 『요재집』이 있다.　　☞ 陳了翁 / 陳忠肅

진대사(陳大士, ?~?)(中)

미상.　　☞ 陳大士[18]

진덕수(眞德秀, 1178~1235)(中)

중국 남송의 학자. 자는 경원(景元), 호는 서산(西山), 시호는 문충(文忠)이다. 첨체인의 문인이다. 경원당금 이후 주자학 부흥에 공헌하였다. 저서로 『대학연의』, 『독서기』 등이 있고, 문집으로 『서산집』이 있다.　　☞ 西山 / 眞 / 眞西山

진량(陳亮, 1143~1194)(中)

중국 남송의 사상가. 자는 동보(同甫), 호는 용천(龍川)이다. 1169년에 『중흥오론』을 올리고, 1178년에 금나라와의 화의에 반대하였다. 실사실공(實事實功)을 강조하여 영강학파를 수립하였다. 주희와 가까웠지만 왕패(王霸), 의리(義利) 등에 대해서는 의견이 갈렸다. 문집으로 『용천집』이 있다.　　☞ 陳同甫

진력(陳櫟, 1252~1334)(中)

중국 송말원초의 학자. 자는 수옹(壽翁)이고, 호는 정우(定宇) 또는 동부노인(東阜老人)이다. 남송이 망하자 은거하여 학문과 제자 양성에 힘썼다. 저술로 주희 및 제가의 설을 채집하고 자신의 견해를 덧붙인 『상서집전찬소』가 있다. 이외에도 『사서발명』, 『예기집의』 등이 있고, 문집으로 『정우집』이 있다.　　☞ 陳定宇

진문울(陳文蔚, 1154~1232)(中)

중국 남송의 학자. 자는 재경(才卿), 호는 극재(克齋)이다. 주희의 문인. 저서로 『상서해주』가 있다.　　☞ 陳才卿 / 文蔚

진백(陳柏, 1506~1580)(中)

중국 명대의 관리, 학자. 자는 자견(子堅) 또는 헌경(憲卿)이고, 호는 소산(蘇山)이다. 1550년에 출사하여 병부직방사주사가 되었는데, 엄숭의 비위를 건드려 외직으로 쫓겨났고, 모친상으로 낙향했다. 시를

---

18) 『복건통지』에 陳大士를 陳懋이라고 한 것이 보인다.

잘 지었고, 저술에 『견남산집』, 『소산집』, 『겸산집』 등이 있다. ☞ 陳氏

진부량(陳傅良, 1137~1203)(中)

중국 남송의 관리, 학자. 자는 군거(君擧), 호는 지재(止齋)며, 시호는 문절(文節)이다. 영가학파의 창시자 설계선과 정백웅에게 수학하고, 장식, 여조겸 등과 교유했다. 1172년 출사하여 이부원외랑에 올라 백성을 아끼는 것을 정치의 근본으로 삼아야 한다고 주장했다. 학문적으로는 공리공담을 반대하고 경세치용을 중시했다. 저술로 『주례설』, 『춘추후전』, 『좌씨장지』 등이 있고 문집으로 『지재집(止齋集)』이 있다. ☞ 陳止齋

진서(陳恕, 946~1004)(中)

중국 북송의 관리. 자는 중언(仲言)이다. 977년 출사하여 이부에서 일한 뒤 염철사가 되고 참지정사에 이르렀다. 국가 재정을 맡아 묵은 폐단을 개혁한 대표적인 관리이고, 구준을 천거해 삼사사를 대신하게 했다. 병으로 죽었다. 태종이 그를 위해 "참된 소금과 철 같은 진서(眞鹽鐵陳恕)"라는 글을 써서 궁전 기둥에 붙여 두었다고 한다. ☞ 陳左丞

진순(陳淳, 1159~1223)(中)

중국 남송의 학자. 자는 안경(安卿), 호는 북계(北溪), 시호는 문안(文安)이다. 주희의 문인으로서 네 명의 고제 중 한 명으로 꼽힌다. 상산학과 사공학을 배척했다. 저서로 『북계자의』19)가 있고, 문집으로 『북계집』이 있다. ☞ 陳北溪 / 淳 / 陳安卿

진식(陳埴, ?~?)(中)

중국 남송의 학자. 자는 기지(器之)이다. 어려서 섭적에게 배웠으나, 후에 주희를 좇았다. 명도서원의 산장을 지냈고, 잠실선생이라 일컬어졌다. 저술로 「禹貢辯」, 「洪範解」, 「王制章句」 등이 있다. ☞ 陳器之

진헌장(陳獻章, 1428~1500)(中)

중국 명대의 사상가. 자는 공보(公甫), 호는 백사(白沙) 또는 석재(石齋), 시호는 문공(文恭)이다. 오여필의 문인이다. 과거를 준비했으나 오여필을 만나 과거를 단념하고, 정좌하며 천리를 직접 느껴보는 공부를 주장했다. 명대 심학의 선구자이다. 문집으로 『백사자집』이 있다. ☞ 陳白沙 / 白沙

진회(秦檜, 1090~1155)(中)

중국 남송의 정치가. 자는 회지(會之)이다. 1115년 출사하여 1131년부터 24년간 재상으로 있었다. 주화

---

19) 공식적으로는 『북계선생자의상강』이고, '자의상강', '사서자의', '사서성리자의', '경서자의' 등으로도 불린다.

(主和)를 주장하며, 금과 국경을 나누고, 금에 신하의 예와 세폐(歲幣)를 바쳤다. '문자의 옥'을 일으켜
반대파를 억압하고, 악비를 옥사시켰다. 현재까지 중국에서 대표적인 간신으로 인식된다.

☞ 檜 / 秦 / 秦檜

진훈(陳塤, 1197~1241)(中)

중국 남송의 관리, 학자. 자는 화중(和仲), 호는 습암(習庵)이다. 양간의 문인이다. 1217년 출사하여
황주, 처주교수를 거쳐 태학박사가 되고, 여러 지방관을 역임하였다. 『상산집』을 간행하였다.

☞ 陳塤

징관(澄觀, 738~839)(中)

중국 당대의 승려. 청량대사 또는 화엄보살로 호칭된다. 『화엄경소』, 『수소연의초』, 『법계현경』 등을
저술하여, 혜원의 학설을 꺾고 법장을 조술하였으므로 화엄종의 제4조로 일컬어졌다. 저술로 『오온
관』, 『십이인연관』, 『삼성원융관』 등이 있고, 제자로 종밀(宗密)이 있다.

☞ 淸涼

채옹(蔡邕, 133~192)(中)

중국 후한의 관리, 문인, 서예가. 자는 백개(伯喈)이다. 170년 영제의 낭중이 되어 동관에서 서지를
교정하고, 175년 '희평석경(熹平石經)'을 태학에 세웠다. 189년 동탁에게 발탁되어 좌중랑장에 올랐으
나 동탁이 죽은 후 투옥되어 옥중에서 사망하였다. 저술로 『독단』, 문집으로 『채중랑집』이 있으며, 비
백체를 창시하였다.

☞ 蔡伯喈

채원정(蔡元定, 1135~1198)(中)

중국 남송의 학자. 자는 계통(季通), 호는 서산(西山), 시호는 문절(文節)이다. 벼슬에 나가지 않고 학
문과 강학에 몰두했다. 가학을 이은 뒤 주희의 문인이 되었다. 심계조 등이 주희를 공격할 때 연루되
어 도주로 귀양갔다. 악률(樂律)에 조예가 깊어 18악률을 개발했다. 저술로 『황극경세지요』, 『홍범해』,
『대연상설』, 『팔진도설』, 『율려신서』, 『발미고』, 『연악원변』, 『태현잠허지요』가 있고, 문집으로 『서산
공집』이 있다.

☞ 蔡西山

채유(蔡攸, 1077~1126)(中)

중국 북송의 관리. 자는 거안(居安)이다. 채경(蔡京)의 장자로 휘종과 친해 고위직을 역임했으나 업무
보다 왕의 비위 맞추기에만 힘썼다. 흠종 즉위 후 탄핵받고 사사되었다.

☞ 蔡攸

채지홍(蔡之洪, 1683~1741)(韓)

자는 군범(君範), 호는 삼환재(三患齋) 또는 봉암(鳳巖)이다. 권상하의 문인이다. 신임사화로 노론이
실각하자 은거하였다. 1740년 형조좌랑, 익위사 사어를 거쳐, 공홍도 도사에 취임하였다가 사퇴하고

귀향하였다. 호락논쟁에서 한원진과 함께 호론에 속하였으며, 저술로 『봉암집』, 『성리관규』, 『세심요결』, 『독서전보』, 『천문집』 등이 있다.   ☞ 鳳巖

채청(蔡淸, 1453~1508)(中)

중국 명대의 관리, 학자. 자는 개부(介夫), 호는 허재(虛齋), 시호는 문장(文莊)이다. 임비(林玭)의 문인이다. 1481년 출사하여 강서제학부사에 이르렀지만, 주신호에게 미움받아 치사했다. 『주역』과 『중용』에 정통했고, "주허(主虛)"를 중시했다. 저술로 『사서몽인』, 『역경몽인』, 『간하도낙서설』, 『어요』, 『성신법』 등이 있고, 문집으로 『허재집』이 있다.   ☞ 蔡虛齋

채침(蔡沈, 1167~1230)

중국 남송의 학자. 자는 중묵(仲默), 호는 구봉(九峯), 시호는 문정(文正)이다. 채원정의 둘째 아들이다. 어려서 가학을 익히고, 백록동서원에서 주희에게 배웠다. 1196년 경원당금으로 채원정이 유배될 때, 모시고 가서 독서, 강학했으며, 부친 사망 후 시신을 모시고 돌아왔다. 구봉에 은거하면서 『서집전』을 완성했다. 저서로 『홍범황극』, 『채구봉서법』 등이 있다.   ☞ 蔡九峯

첨부민(詹阜民, ?~?)(中)

중국 남송의 관리, 학자. 자는 자남(子南)이다. 육구연의 문인이다. 휘주지부를 지냈다.   ☞ 詹阜民

초횡(焦竑, 1541~1620)(中)

자는 약후(弱侯), 호는 담원(澹園), 시호는 문단(文端)이다. 나여방, 경정향의 문인이다. 1589년 출사하여 한림원수찬을 지냈다. 1594년 국사를 찬수하고, 동궁을 시강했으며, 1597년 순천향시를 주관하다 탄핵되어 치사했다. 이탁오와 친하고, 선불교의 관점에서 정호의 불교 비판을 반박하며, 유불 조화를 시도했다. 저술로 『초씨필승』, 『국사경적지』, 『노자익』, 『장자익』 등이 있고, 문집으로 『담원집』이 있다.   ☞ 焦竑

최대수(崔大洙, 1870~?)(韓)

자는 언일(彦一)이다. 전우의 문인이다. 『간재집』에 전우가 준 편지와 명(銘)이 있다.   ☞ 崔大洙

최돈항(崔燉恒, ?~?)(韓)

자는 좌경(佐卿)이다. 『간재집』에 전우가 쓴 편지가 1통 있다.   ☞ 佐卿

최병심(崔秉心, 1874~1957)(韓)

자는 경존(敬存), 호는 흠재(欽齋)이다. 전우의 문인이다. 1917년 일제가 전주에 잠업소(蠶業所)를 설치한다고 대지를 매도하라고 했으나 거부하고, 토지 수용령에 단식 투쟁으로 맞섰다. 독립 운동

비사를 기록한 조희제의 『염재야록』에 서문을 쓰고, 전주에서 후진을 양성했다. 문집으로 『흠재집』이 있다.　　　　　　　　　　　　　　　　　　　　　　　　　　　　　　　☞ 崔秉心

최상문(崔相文, 1877~?)(韓)

자는 명중(明中)이다. 전우의 문인이다. 『간재집』에 전우의 답서 5통이 있다.　　☞ 崔相文

최선(崔銑, 1478~1541)(中)

중국 명대의 관리, 학자. 자는 자종(子鍾) 또는 중부(仲鳧), 호는 후거(後渠) 또는 원야(洹野), 시호는 문민(文敏)이다. 1505년에 출사하여 한림원 편수가 되었으나 유근에게 미움을 사 남경으로 쫓겨났다. 유근이 죽임을 당한 뒤 복권되어 남경 국자감 좨주가 되었으나, 대례의에서 세종을 거슬러 파직되었다 후에 남경 예부시랑이 되었다. 저술에 『원사』, 『창덕부지』가 있다.　　　　　　　☞ 崔氏銑

최신(崔愼, 1642~1708)(韓)

자는 자경(子敬), 호는 학암(鶴庵), 시호는 문간(文簡)이다. 송시열의 문인이다. 회인 현감으로 나가 선정을 베풀었다. 송시열의 부침에 따라 귀양과 석방을 반복했다. 문집으로 『학암집』이 있다.
　　　　　　　　　　　　　　　　　　　　　　　　　　　　　　　　☞ 鶴菴 / 崔鶴菴

최원(崔愿, 1896~1943)(韓)

자는 의숙(毅叔), 호는 경암(敬菴)이다. 전우의 문인이다. 문집으로 『경암집』이 있다.　☞ 崔愿

최익한(崔益翰, 1897~?)(韓)

호는 창해(滄海)이다. 15세에 곽종석의 문하에 들어갔다. 곽종석의 권유로 신학문을 배우고, 항일운동에 가담하여 임시정부의 군자금 모금원으로 활동하였다. 후에 와세다대학 정경학부를 다니며 사회주의를 받아들여 조선공산당 등에서 활동하였으며, 1928년 체포되어 1935년 출옥하였다. 이후 언론 활동을 하였고, 광복 직후 조선공산당에서 활동하다 1948년 월북하였다. 1925년 이후 많은 글을 발표하였고, 1930년대 국학운동에도 참여하였다. 저술로 『조선사회정책사』, 『실학파와 정다산』이 있다.
　　　　　　　　　　　　　　　　　　　　　　　　　　　　　　☞ 崔益翰雲擧20)

최익현(崔益鉉, 1833~1906)(韓)

자는 찬겸(贊謙), 호는 면암(勉菴)이다. 이항로의 문인이다. 1868년과 1873년에 상소를 올려 대원군을 비판하여 고종이 친정토록 했다. 민씨 일족의 문제를 지적하여 제주도로 유배되고, 병자수호조약 반대 상소로 흑산도로 유배되었다. 을미사변, 을사늑약에 항일척사 상소를 올렸고, 1906년 태인에서 의

---

20) 자료집에는 "崔益翰雲擧"로 되어 있으나, 자와 명을 바꿔 쓴 것으로 보인다.

병을 일으켰다. 체포되어 대마도에서 순국하였다. 1962년 건국훈장 대한민국장이 추서되었으며, 문집으로 『면암집』이 있다. ☞ 勉菴 / 崔贊謙

최종화(崔鍾和, 1859~1918)(韓)
자는 봉여(鳳汝)이다. 전우의 문인이다. 『화동충의록』을 지었다. ☞ 崔鍾和

최징후(崔徵厚, ?~?)(韓)
호는 매봉(梅峯)이다. 권상하의 문인이다. 강문 8학사의 한 명으로, 인물성동이논쟁에서 한원진을 지지하였다. ☞ 梅峯

최효습(崔孝習, 1874~?)(韓)
자는 증헌(曾憲)[21]이다. 전우의 문인이다. 『간재집』에 전우가 쓴 편지가 2통 있다.
☞ 崔孝習

추응박(鄒應博, ?~?)(中)
중국 남송의 관리, 학자. 요덕명의 문인이다. 1205년 출사하였다. 진덕수의 추천으로 강남서로제형을 역임했다. ☞ 鄒應博

카이샨(ᠬᠠᠶᠢᠱᠠᠨ, 1281~1311)(蒙)
몽골 원(元)의 칸. 묘호는 무종(武宗), 시호는 인혜선효황제(仁惠宣孝皇帝), 칸호는 쿨룩 카안(몽골어: ᠬᠦᠯᠦᠭ ᠬᠠᠭᠠᠨ)이다. 본명은 카이샨으로 쿠빌라이 칸의 손자 황태손 다르마발라와 옹기라트부 출신 다기의 아들이다. 1307년 성종 테무르가 후계자 없이 사망하자, 동생 아유르바르와다와 정변을 일으키고, 그해 6월 대칸위에 올랐다. 1307년 공자에게 지성문선왕(至聖文宣王)의 시호를 추가하였다. ☞ 元武宗

팽롱(彭隴, ?~?)(中)
중국 명말청조의 학자. 팽정구의 아버지이다. 가학을 전수했다. ☞ 彭氏隴

팽정구(彭定求, 1645~1719)(中)
중국 청대의 관리, 학자. 자는 근지(勤止), 또는 남균(南畇)이다. 1676년 출사하여 시강에 올랐으나, 부친상으로 귀향한 뒤 출사하지 않았다. 양명학을 추종하였다. 저술로 『양명석훼록』, 『유문법어』이 있고, 문집으로 『남균집』이 있다. ☞ 定求

---

21) 「관선록」 22면 하단 b를 참조하여 보완할 것

포손(包遜, 1152~?)(中)

중국 남송의 학자. 자는 민도(敏道)이다. 육구연의 문인이었으나, 후에 주희의 문하에 들었다.

☞ 包敏道

표거정(彪居正, ?~?)(中)

중국 남송의 학자. 자는 덕미(德美), 호는 경재(敬齋)이다. 호굉의 문인이다. 1166년 악록서원 산장이 되어, "표(彪) 부자"라고 불렸다.

☞ 彪德美

풍도(馮道, 882~954)(中)

중국 5대10국 시대의 정치가. 자는 가도(可道)이다. 당나라 말에 연나라의 유수광을 섬기고, 923년에는 후당에서 재상이 되었다. 이후 후진, 요, 후한, 후주까지 11명의 황제를 섬기며 30년 동안 고관을 지냈다. 저술로 『장락로자서』가 있다.

☞ 馮道

풍윤중(馮允中, ?~?)(中)

중국 남송의 학자. 자는 작숙(作肅), 호는 견재(見齋)이다. 주희의 문인이다.

☞ 馮作肅

하우식(河祐植, 1875~1943)(韓)

자는 성락(聖洛), 호는 담산(澹山) 또는 목재(木齋)이다. 송병선의 문인이다. 문집으로 『담산집』이 있다.

☞ 河聖洛

하호(何鎬, 1128~1175)(中)

중국 남송의 학자. 자는 숙경(叔京), 호는 태계(台溪)이다. 아버지 하태의 가학을 잇고, 주희와 교유했다. 정주 상항의 승(丞)으로 있으면서 너그럽게 다스리고 명목 없는 세금을 없애고, 군수 업무를 보조하여 번잡한 사무를 10일만에 처리했다. 전세의 불공평을 문제제기했으나 받아들여지지 않자 사임했다. 저서로 『역학설어』가 있고 문집으로 『태계집』이 있다.

☞ 何叔京

한기(韓琦, 1008~1075)(中)

중국 북송의 정치가. 자는 치규(稚圭), 호는 공수(贛叟), 시호는 충헌(忠獻)이다. 젊어서 출사하여 지주 안무사로서 사천의 굶주린 백성 190만 명을 구제하고, 서하의 침입을 격퇴하여, 30살에 추밀부사가 되었다. 자청하여 지방관을 역임하고, 1056년 삼사사, 1058년에는 재상에 올랐다. 영종을 세워 위국공이 되고, 신종을 세워 시중이 되었으나, 왕안석의 청묘법을 반대하고, 거란의 영토할양에도 반대하여 관직에서 물러났다. 문집으로 『안양집』이 있다.

☞ 韓魏公

한덕련(韓德鍊, 1881~1956)(韓)

초명은 덕수(德銖), 자는 정중(正中), 호는 송계(㻏溪)이다. 전우의 문인이다. 문집으로 『송계집』이

있다.   ☞ 韓德鍊

한서교(韓序敎, 1843~1930)(韓)

자는 희은(希殷), 호는 순사재(順事齋)이다. 임헌회의 문인이다. 천거로 참봉을 지냈다.   ☞ 希殷

한운성(韓運聖, 1802~1863)(韓)

자는 위동(魏東) 또는 문오(文五), 호는 입헌(立軒)이다. 홍직필의 문인이다. 홍직필의 문집을 교정했다. 문집으로 『입헌집』이 있다.   ☞ 韓立軒運聖

한원진(韓元震, 1682~1751)(韓)

자는 덕소(德昭), 호는 남당(南塘), 시호는 문순(文純)이다. 권상하의 문인이다. 이간과 대립하여 성삼층설(性三層說), 미발심체유선악설(未發心體有善惡說), 인물성이론(人物性異論)을 주장함으로써 호락논변을 야기하였다. 저서로 『경의기문록』과 『주자언론동이고』가 있고, 문집으로 『남당집』이 있다.
      ☞ 南塘 / 韓文純公 / 德昭

한유(韓愈, 768~824)(中)

중국 당대의 문인. 자는 퇴지(退之), 호는 창려(昌黎), 시호는 문공(文公)이다. 792년 출사하여 이부시랑까지 올랐다. 고문 운동을 벌여 산문체의 변혁을 일으켰으며, 불교와 도교를 배척하고 유교를 높여 송대 성리학의 선구로 평가된다. 문집으로 『창려집』이 있다.   ☞ 韓退之 / 韓文 / 韓子 / 韓侍郎

한유(韓愉, 1868~1911)(韓)

자는 희녕(希甯), 호는 우산(愚山)이다. 송병선, 최익현, 전우 등에게서 수학했으며, 1896년에 『남명집』 중간에 참여했다. 저술로 「율곡서고증」, 「우암사실」 등이 있으며, 문집으로 『우산집』이 있다.
      ☞ 韓希甯

한탁주(韓侂胄, 1152~1207)(中)

중국 남송의 권신. 자는 절부(節夫)이다. 영종을 옹립하고 외척으로 정계에 등장하여, 우승상 조여우를 모함하여 유배 보내고, 주희와 그 학파를 위학으로 몰아 '경원의 당금'을 일으켰다. 이후 국정을 마음대로 하다, 1206년 금 토벌에 실패하고 사미원에게 살해당하였으며, 수급은 금나라로 보내졌다.
      ☞ 韓侂胄

한회선(韓晦善, 1846~1923)(韓)

자는 경춘(景春), 호는 유재(腴齋)이다. 임헌회의 문인이다. 관북의 문헌록, 삼강록을 편집하고, 많은 제자를 배출하여 관북의 사기(士氣)를 일신시켰다. 문집으로 『유재집』이 있다.   ☞ 韓景春

허겸(許謙, 1270~1337)(中)

중국 송말원초의 학자. 자는 익지(益之), 호는 백운산인(白雲山人), 시호는 문의(文懿)이다. 김이상의 문인이다. 과거에는 응시하지 않았고, 금릉강학을 지냈다. 하기에서 왕백, 김이상으로 이어지는 학맥을 계승하여 '금화 4선생'으로 불렸고, 허형에 대비하여 '남북 2허'로 일컬어졌다. 저술로 『독사서총설』, 『시집전명물초』, 『춘추온고관규』, 『춘추삼전소의』, 『치흘기미』, 『자성편』이 있고, 문집으로 『백운집』이 있다. ☞ 東陽

허부원(許孚遠, 1535~1604)(中)

중국 명대의 관리, 학자. 자는 맹중(孟中) 또는 맹중(孟仲), 호는 경암(敬菴), 시호는 공간(恭簡)이다. 담약수의 제자 당추의 문인이다. 양명학을 존숭하고 극기(克己)를 중시했다. 1562년 출사하여 1592년 복건 순무가 되었다. 주민들에게 전답을 개간하고 성을 쌓게 하였으며, 절중 등의 섬들을 경영할 것을 요청했다. 광동첨사와 병부우시랑 등을 지냈다. 문집으로 『경화당집』이 있다. ☞ 許敬菴

허사가(許師可, 1235~1265)(中)

중국 원대의 관리, 학자. 자는 가신(可臣), 시호는 문간(文簡)이다. 허형의 장자이다. 하동안찰부사 등을 거쳐 통의대부를 지냈다. ☞ 許師可

허형(許衡, 1209~1281)(中)

중국 원대의 학자. 자는 중평(仲平)[22], 호는 노재(魯齋), 시호는 문정(文正)이다. 요추와 두묵에게서 주자학을 배워 원나라 주자학의 기초를 닦았다. 위국공(魏國公)에 봉해졌다. 저서로 『독역사언』이 있고, 문집으로 『노재유서』가 있다. ☞ 魯齋 / 許文正 / 許平仲

혜소(稽紹, 253~304)(中)

중국 서진의 관리. 자는 연조(延祖), 시호는 충목(忠穆)이다. 죽림칠현 혜강의 아들이다. 304년 하간왕 옹의 반란으로 혜제가 몽진하게 되었을 때, 황제를 호위하다 화살에 맞아 숨을 거두었다. 반란을 평정한 뒤 그의 피가 묻은 어복을 신하들이 빨려고 하자, 황제가 '이것은 혜시중의 피이니 없애지 말라'고 하였다. ☞ 稽紹

호거인(胡居仁, 1434~1484)(中)

중국 명대의 학자. 자는 숙심(叔心), 호는 경재(敬齋), 시호는 문경(文敬)이다. 오여필의 문인이다. 충신(忠信)을 위주로 방심(放心)을 구하는 것을 학문의 핵심으로 삼았다. 백록서원과 동원서원에서 강

---

22) 허형의 자는 본디 중평(仲平)이다. 그러나 많은 책에서 평중(平仲)으로 쓰이고 있고, 자료집에서도 평중으로 쓰고 있다.

의하고, 회왕에게 초청받아 『주역』을 강의하였다. 저술로 『거업록』과 『역상초』 등이 있고, 문집으로 『호문경공집』이 있다.   ☞ 胡敬齋

호굉(胡宏, 1106~1161)(中)

중국 남송의 학자. 호는 오봉(五峯), 자는 인중(仁仲)이다. 호안국의 아들로서, 가학을 이었다. 금과의 화의를 배척했으므로, 벼슬하지 않고 후진을 양성했다. 호상학파의 영수이고, 형 호인과 학문적으로 달랐다. 대표 저서로 『지언』 등이 있고, 문집으로 『오봉집』이 있다.   ☞ 五峯

호굉(胡紘, 1137~1203)(中)

중국 남송의 관리. 자는 응기(應期)이다. 심계조와 함께 경원당금을 일으키고, 주희를 무고했다.   ☞ 胡紘

호대시(胡大時, ?~?)(中)

중국 남송의 학자. 자는 계수(季隨), 호는 반곡(盤谷)이다. 장식의 문인이다. 장식 사후 진부량과 육구연에게 배우고, 주희와 교유했다. 호안국의 손자로 호굉의 아들이고 장식의 사위로서 호상학을 대표했다. 저술로 『호남답문』 등이 있다.   ☞ 胡季隨

호대원(胡大原, ?~?)(中)

중국 남송의 학자. 자는 백봉(伯逢)이다. 호인의 아들이고, 호굉의 조카이다. 호상학의 학설을 굳게 지키고, 주희, 장식 등과 변론하였다.   ☞ 胡伯逢

호병문(胡炳文, 1250~1333)(中)

중국 원대의 학자. 자는 중호(仲虎), 호는 운봉(雲峰)이다. 주희의 종손으로부터 『주역』과 『서경』을 배웠다. 도일서원의 산장을 지내고, 명경서원을 창건하였다. 저서로 『사서통』, 『주역본의통석』 등이 있고, 문집으로 『운봉집』이 있다.   ☞ 雲峯胡氏

호실(胡實, 1136~1173)(中)

중국 남송의 학자. 자는 광중(廣仲)이다. 호굉의 종제이다. 처음에는 사예에게 배우다가 호굉을 따라 공부했다. 주희, 장식 등과 변론하였다.   ☞ 胡廣仲

호안국(胡安國, 1074~1138)(中)

중국 북송의 학자. 자는 강후(康侯), 호는 청산(青山), 시호는 문정(文定)이다. 사량좌 양시의 문인이다. 태학박사, 시강관을 역임하였으며, 평생 『춘추』를 연구하였다. 호상학파의 개창자이다. 저서로 『춘추호씨전』, 『자치통감거요보유』, 『상채어록』 등이 있다.   ☞ 胡康侯 / 胡公 / 胡文定 / 康侯 / 胡子

호영(胡泳, 1138~1175)(中)

중국 남송의 학자. 자는 백량(伯量), 호는 통원(洞源)이다. 『주자어류』에 호영이 기록한 1198년의 200조목 가량의 어록이 있고, 『주자대전』에 주희의 답서 2통이 있다. 저술로 『사서연설』이 있다.

☞ 泳 / 伯諒23)

호인(胡寅, 1098~1156)(中)

중국 송대의 관리, 학자. 자는 명중(明仲), 호는 치당(致堂), 시호는 문충(文忠)이다. 양시의 문인이고, 호안국의 조카다. 1121년에 출사하여 교서랑이 되고, 고종 때 장준의 천거로 기거랑이 되었다. 금나라와의 화의에 반대하였고, 진회가 꺼려 파직, 유배시켰다. 저술로 『논어상설』, 『독사관견』, 『비연집』 등이 있다.

☞ 胡致堂

홍대심(洪大心, 1837~1877)(韓)

초명은 대유(大猷) 또는 대헌(大憲), 자는 여장(汝章), 호는 확재(確齋)이다. 이항로의 문인이다.

☞ 洪汝章

홍대징(洪大徵, ?~?)(韓)

전우의 문인이다.

☞ 洪大徵

홍이우(洪理禹, 1795~1879)(韓)

자는 문표(文杓), 호는 만백(晩栢)이다. 홍직필의 문인이다.24) 문집으로 『만백집』이 있다.

☞ 文杓 / 晩栢 / 晩栢堂

홍재구(洪在龜, 1845~1898)(韓)

자는 사백(思伯), 호는 손지(遜志)이다. 이항로의 문인이자 김평묵의 사위이다. 이항로의 사후 김평묵을 스승으로 섬겨 1876년 가평군 귀곡(龜谷)으로 이주하였다. 1876년 유인석, 윤정구, 유기일 등 화서학파 48인과 함께 개항 반대 상소를 올렸고, 1881년에는 「관동유소」를 집필했다. 자정(自靖)으로 일생을 마쳤다.

☞ 洪在龜

홍재석(洪在碩, ?~?)(韓)

『간재집』에 전우의 답서가 있다.

☞ 洪在碩

---

23) 『송원학안』에는 量으로 되어 있다.
24) 『화도연원록』에는 전우와 같이 임헌회에게서 수학한 동문으로 기록되어 있다.

홍직필(洪直弼, 1776~1852)(韓)

자는 백응(伯應)·백림(伯臨), 호는 매산(梅山), 시호는 문경(文敬)이다. 박윤원의 문인이다. 1814년 세자익위사세마로서 서연에 참여하였다. 명사들과 교유하여 높은 평가를 받고, 여러 차례 벼슬이 내려졌지만 대부분 사양하였다. 한원진과 임성주의 학설에 반대하였다.　　　　　☞ 梅山 / 梅翁

황간(黃榦, 1152~1221)(中)

중국 남송의 학자. 자는 직경(直卿), 호는 면재(勉齋), 시호는 문숙(文肅)이다. 처음 유청지에게 배우고자 했으나 재주가 남다름을 보고 주희에게 배우도록 하였다. 주희의 네 고제의 한명이자 사위이다. 주희를 이어 『의례경전통해』 편찬 작업을 하였고, 주희의 『행장』을 지었다. 문집으로 『면재집』이 있다.　　　　　☞ 勉齋黃氏 / 黃直卿 / 勉齋 / 直卿 / 黃文肅公

황경규(黃瓊奎, ?~?)(韓)

『간재집』, 「화도만필」에 언급이 있다.　　　　　☞ 黃瓊奎

황관(黃寬, ?~?)(中)

중국 송말원초의 학자. 자는 순요(洵饒)이다. 한신동의 문인이다. 효자로 일컬어졌다. 저술로 『사서부찬』, 『시사직기』가 있다.　　　　　☞ 黃洵饒

황병중(黃炳中, ?~?)(韓)

자는 정유(靜有)이다. 전우와 교유하여, 『간재집』에 전우의 편지 4통이 있다.　　　　　☞ 黃靜有

황봉립(黃鳳立, 1858~?)(韓)

자는 여강(汝强)이다. 안교익의 문인이다. 『화도연원록』에는 전우의 문인으로 기록되어 있다.

☞ 黃鳳立

황사의(黃士毅, ?~?)(中)

중국 남송의 학자. 자는 자홍(子洪), 호는 호산(壺山)이다. 주희의 문인이다. 1196년 위학에 대한 금지가 엄격한 상황에서 걸어서 민 땅으로 가서 주희에게 『대학장구』를 전수받았다. 『주자대전』과 『주자어류』를 편찬하였다. 황사의가 기록한 어록은 『촉류』에 실려 있다.　　　　　☞ 士毅 / 子洪

황순(黃瑽, 1150~1212)(中)

중국 남송의 학자. 자는 자경(子耕), 호는 복재(復齋)이다. 주희의 문인이다.　　　　　☞ 瑽 / 黃子耕

황승경(黃升卿, ?~?)(中)

중국 남송의 학자. 「주자어록성씨」에는 '승경'이 이름이나 『주자문인』에는 이름이 고(杲), 자는 승경(升卿)이라고 하였으며, 황간(黃幹)의 맏형이라고 하였다. 『주자어류』에 황승경이 1191년에 기록한 약 100조목의 어록이 있다.　　　　　　　　　　　　　　　　　　　　　　☞ 升卿

황식삼(黃式三, 1789~1862)(中)

중국 청대의 학자. 자는 미향(薇香), 호는 경거(儆居)이다. 정현을 위주로 하면서도 주자학을 아울러 존숭했고, 육왕학은 반대했다. 『춘추』를 연구해 두예의 주석을 정정한 『춘추석』을 지었다. 그 밖의 저술로 『논어후안』, 『시서통설』, 『시전전고』, 『시총설』, 『역석』, 『상서계몽』, 『경거집경설』, 『음운부략』, 『주계편략』 등이 있고, 문집으로 『경거집』이 있다.　　　　　　　　　　　　　☞ 黃式三

황의강(黃義剛, ?~?)(中)

중국 남송의 학자. 자는 의연(毅然)이다. 『주자어류』에는 황의강이 1193년 이후 기록한 600~700여 조목의 어류가 있다.　　　　　　　　　　　　　　　　　　　　　　　　　　☞ 義剛

황재삼(黃在三, ?~?)(韓)

자는 맹달(孟達)이다. 전우와 교유하여, 『간재집』에 전우의 답서가 1통 있다.　　　☞ 孟達

황종복(黃鍾復, 1858~?)(韓)

자는 계양(啓陽), 호는 소심재(小心齋)이다. 『화도연원록』에는 전우의 문인으로 기록되어 있으나, 『간재집』, 「해상만필」에는 "원기(元氣)에는 취산(聚散)이 없고, 심(心) 역시 생사(生死)가 없다"는 주장을 한 것으로 되어 있다.　　　　　　　　　　　　　　　　　　　　　　　　　　☞ 黃啓陽

황종현(黃宗賢, ?~?)(中)

중국 명대의 학자. 『전습록』에 왕수인의 답서가 있다.　　　　　　　　　　　　☞ 黃宗賢

황종희(黃宗羲, 1610~1695)(中)

중국 명말청초의 지사, 학자. 자는 태충(太沖), 호는 남뢰(南雷) 또는 이주(梨洲)이다. 아버지 황존소가 동림당 탄압 때 옥사하였다. 1644년 명나라가 멸망하자 의용군을 조직하였고, 노왕을 따라 청군에 저항하였다. 청에 출사하지 않았으나, 『명사』 편찬 때에는 아들과 제자를 보냈다. 박람(博覽)과 실증(實證)을 존중하여, 청조 학술에 큰 영향을 남겼다. 저술로 『송원학안』, 『명유학안』, 『명이대방록』 등이 있다.　　☞ 黃宗羲

황진(黃震, 1213~1280)(中)

중국 남송의 학자. 자는 동발(東發), 호는 유월(兪越), 사시(私諡)는 문결(文潔)이다. 왕문관의 문인이다. 1256년 사관검열이 되어 『국사』와 『실록』을 편찬했다. 무주지주로 선정을 베풀고, 절동제거상평으로 기득권 세력을 억누르고 굶주린 주민을 구휼하였다. 주희의 3전 제자로서 주자학을 계승 발전시켰다. 저술로 『황씨일초』, 『고금기요』, 『고금기요일편』, 『무진수사전』 등이 있다.　　　　☞ 黃慈溪

황찬규(黃贊奎, 1880~?)(韓)

자는 형중(亨中)이다. 전우의 문인이다. 『간재집』에 전우가 준 편지와 제발이 있다.　　☞ 黃贊奎

황탁(黃度, 1138~1213)(中)

중국 남송의 관리, 학자. 자는 문숙(文叔), 호는 수초(遂初), 시호는 선헌(宣獻)이다. 1163년 출사하여 건강부를 다스릴 때 흉년 구제에 애썼고, 예부상서와 환장각 학사 등을 지냈다. 보저술로 『상서설』, 『사통』, 『예조헌감』, 『인황종간록』, 『둔전편의』, 『역대변방』 등이 있다.　　　　☞ 黃文叔

황탁(黃卓, ?~?)(中)

중국 남송의 학자. 자는 선지(先之) 또는 덕미(德美)이다. 『요후록』에 황탁이 기록한 150조목의 어록이 있다.　　　　☞ 卓

황호(黃灝, ?~?)(中)

중국 남송의 학자. 자는 상백(商伯), 호는 서파(西坡), 시호는 문간(文簡)이다. 주희의 문인이다. 출사하여 융흥부 교수를 거쳐 태부사승에 이르렀다. 융흥부에 주돈이의 사당을 세워 주희가 「융흥부학렴계선생사기」를 써주었고, 『면재집』에는 『서파문집』의 서문이 있다. 『어맹요의』를 융흥부 학교에서 판각하였다. 『요후록』에 황호가 기록한 3조목의 어록이 있고, 『주자대전』에 주희의 답서 6이 있다.　　　　☞ 黃商伯

心說論爭 자료집 편찬 연구진

연구책임자　최영성_한국전통문화대 교수

전임연구원　김병애_한국전통문화대

　　　　　　김방울_한국전통문화대

　　　　　　이선경_한국전통문화대

　　　　　　유지웅_전북대

　　　　　　이난수_한국전통문화대

　　　　　　김윤경_성균관대

　　　　　　안유경_경북대

　　　　　　주용성_성균관대

공동연구원　김낙진_진주교대

　　　　　　이상익_부산교대

　　　　　　이형성_전남대

　　　　　　배제성_성균관대

　　　　　　김현우_한국효문화진흥원

　　　　　　이미림_안양대

　　　　　　이남옥_한국국학진흥원

　　　　　　정경훈_원광대

心說論爭 아카이브 구축 자료집 총서 02

조선후기 심설논쟁

간재학파 표점·해제·선역

초판 인쇄   2022년 8월 1일
초판 발행   2022년 8월 16일

엮 은 이 | 한국전통문화대학교 한국철학연구소
펴 낸 이 | 하운근
펴 낸 곳 | 學古房

주   소 | 경기도 고양시 덕양구 통일로 140 삼송테크노밸리 A동 B224
전   화 | (02)353-9908 편집부 (02)356-9903
팩   스 | (02)6959-8234
홈페이지 | www.hakgobang.co.kr
전자우편 | hakgobang@naver.com, hakgobang@chol.com
등록번호 | 제311-1994-000001호

ISBN 979-11-6586-467-5 94150
      979-11-6586-089-9(세트)

값 : 120,000원